Head First Java™

Head First Java: 뇌 회로를 자극하는 자바 학습법(개정판)

지은이 케이시 시에라(Kathy Sierra), 버트 베이츠(Bert Bates)
옮긴이 서환수
펴낸이 김태헌
펴낸곳 한빛미디어(주)
주소 서울시 서대문구 연희로2길 62 한빛미디어(주) IT출판부
전화 02-325-5544
팩스 02-336-7124
등록 1999년 6월 24일 제25100-2017-000058호
초판 1쇄 발행 2003년 12월 31일
개정판 23쇄 발행 2022년 9월 30일
정가 28,000원
ISBN 978-89-7914-371-3 13000

총괄 전정아
기획 임성춘
진행 김선우

Published by HANBIT Media, Inc. Printed in Korea

이 책에 대한 의견을 주시거나 오탈자 및 잘못된 내용의 수정 정보는 한빛미디어(주)의 홈페이지나
아래 이메일로 연락주십시오. 잘못된 책은 구입하신 서점에서 교환해 드립니다.

https://www.hanbit.co.kr
ask@hanbit.co.kr

Head First Java™

케이시 시에라
버트 베이츠 저

서환수 역

O'REILLY®

한빛미디어
Hanbit Media, Inc.

'Head First Java'를 만든 사람들

케이시는 게임 설계를 하던 시절(Virgin, MGM, Amblin' 등에서 게임을 제작했습니다)부터 학습 이론에 관심이 있었습니다. UCLA 평생교육원의 엔터테인먼트 연구 프로그램에서 뉴 미디어 제작 강의를 하는 동안에 'Head First 포맷'의 상당 부분을 개발했습니다. 최근에는 썬 마이크로시스템즈에서 썬의 자바 강사들에게 자바 최신 기술을 가르치는 방법을 지도하는 수석 강사로도 활동하고 있습니다. 썬의 몇 가지 자바 프로그래머 및 개발자 자격 시험의 수석 개발자이기도 하죠. 버트 베이츠와 함께 이 책에 있는 개념을 적극적으로 활용하여 수백여 명의 강사, 개발자, 심지어는 프로그래머가 아닌 일반인들에게도 강의를 하고 있습니다. 전세계에서 가장 큰 자바 커뮤니티 웹사이트 가운데 하나인 javaranch.com및 creating passionate users 블로그의 설립자이기도 합니다.

이 책 외에 『Head First Servlets & JSP』, 『Head First EJB』, 『Head First Design Patterns』의 공동 저자이기도 합니다. 여가 시간에는 아이슬랜드 조랑말이나 스키를 타기도 하고 달리기를 하거나 빛의 속도를 즐기기도 합니다.

이메일 주소: kathy@wickedlysmart.com

버트는 소프트웨어 개발자와 설계자로 활동하고 있지만 십여 년 전부터 인공 지능에 관심을 두고 있었기 때문에 학습 이론과 학습 기술을 바탕으로 한 교육과 훈련에 대한 관심이 지대합니다. 그는 아주 오래 전부터 고객들에게 프로그래밍을 가르치고 있습니다. 최근에는 몇 가지 자바 자격증 시험의 개발팀에서 일하기도 했습니다.

소프트웨어 업계에 몸을 담은 후 처음 10년 간은 전 세계를 돌면서 라디오 뉴질랜드(Radio New Zealand), 웨더 채널(Weather Channel), A&E(Arts & Entertainment Network) 등 방송국을 위한 소프트웨어를 개발했습니다. 그가 지금까지 한 것 중에서 가장 마음에 드는 프로젝트는 유니온 퍼시픽 철도(Union Pacific Railroad)의 철도 시스템 시뮬레이션 프로젝트입니다.

버트는 지독한 바둑 중독자라서 틈이 나는 대로 바둑 프로그램을 만듭니다. 기타를 꽤 잘 치는 편이고 요새는 밴조에도 손을 대고 있습니다. 스키를 타거나 달리기를 하기도 하고, 앤디라는 아일랜드 조랑말을 훈련시키면서 그 조랑말한테서 인생을 배우기도 합니다.

케이시와 같이 여러 권의 헤드 퍼스트 시리즈를 저술했고, 다음 시리즈물을 열심히 만들고 있습니다. (블로그를 확인해보세요.)

IGS 바둑 서버(아이디: jackStraw)에서 종종 만날 수 있습니다.

이메일 주소: terrapin@wickedlysmart.com

케이시와 버츠가 최대한 열심히 답장을 하고 있긴 하지만, 워낙 이메일이 많이 오기도 하고, 바쁘게 출장을 다니다 보니 답장하는 게 여간 힘든 일이 아니랍니다. 이 책을 읽으면서 생기는 궁금증을 해결할 수 있는 가장 빠른 방법은 javaranch.com의 초보자 포럼을 활용하는 방법인 것 같습니다.

가끔씩 깜빡깜빡하긴 하지만

언제나 열심히 돌아가고 있는 두뇌를 위하여...

지금까지는 경험해볼 수 없었던 새로운 자바 책(역자 서문)

이 책을 읽을 정도의 독자라면 아마도 10대 중반 이후의 나이는 되었을 것이라고 생각합니다. 물론, 그보다 어리면 안 되는 것도 아니고, 어리다고 해서 이 책을 읽을 수 없는 것도 아니지만 말이죠. 제가 이 얘기를 꺼내는 이유는 10대 중반 이상이라면, 그리고 연령대가 위로 올라갈수록 아마 머릿속에 "뭔가를 배우려면 조금은 지루하고 딱딱한 책을 끈기와 참을성을 가지고 읽어야 돼. 공부란 그런 것이지"란 생각이 들어있을 것이라고 추측하기 때문입니다. 지금까지 우리가 뭔가를 배우기 위해 읽어왔던 책은 아주 얕은 지식과 이해만을 위한 것을 제외하면 대부분 딱딱하고, 지루하고, 그림은 별로 없고(있더라도 내용 이해에 필수적인 정도만 있고) 글씨만 가득 차 있는, 그런 책이었습니다. 하지만 이 책은 그런 고정관념을 과감히 깨 버리는 책입니다. 이 책의 저자들은 교육 심리학, 인지과학 등에 대한 이해를 통해서 어떻게 하면 배우는 사람 입장에서 가장 잘 이해하고, 가장 잘 기억할 수 있는지에 대해 고민하고 상당한 교육 경험과 아주 효과적인 방법으로 독자를 이해시켜주고 있습니다. 아울러 지금까지 상당수의 프로그래머들이 단순히 머릿속에 맴도는 '전문 용어'와 딱딱한 도식 정도로만 이해하고 있던 내용을 그림과 함께 진정으로 '이해' 시켜주기 위해 노력하고 있습니다.

단순히 글을 읽는 것만으로는 글을 쓴 사람이 의미하는 바를 확실하게 이해하기가 그리 쉽지 않습니다. 그 글을 다시 한 번 되새겨보고 정확한 의미를 파악하기 위해 생각을 해 볼 필요가 있으니까요. 그런데 그런 '배우는', '공부하는' 과정이 글만 가지고 쉽게 해결되는 것은 아닙니다. 아주 건조하고 필요한 내용만 들어있는 책(제가 본 컴퓨터 관련 서적 중에서 가장 대표적인 책은 그 유명한 『The C Programming Language』였습니다. 물론, 이 책은 명저로 알려져 있고, 저도 그 의견에 전적으로 동감하지만 아마 어느 정도 C에 익숙한 독자들이 보거나 아니면 두 번 정도는 읽어봐야 그 책이 왜 좋은 책인지를 깨달을 수 있을 것입니다)도 경우에 따라 아주 좋을 수 있지만, 독자들이 빠르고 명쾌하게 그 속뜻까지 이해하는 것은 거의 불가능하다고 봐야 할 것입니다. 하지만 적절한 비유와 그림이 덧붙여져 있다면 상황은 크게 달라집니다. '조금은 어렵지만 좋은 책'을 두 세 번 정도 읽어보고 의미를 되새김질한 후에 뭔가를 깨닫게 되는 그런 희열은 없을지 몰라도 '쉽고도 좋은 책'을 읽었을 때는 읽을 때도 재미있고, 읽고 나서 조금만 생각해 보면 확실히 빠르게 이해가 될 것입니다. 책을 '어렵지만 많은 것을 얻을 수 있는 책', '어려운 데도 별로 얻을 것이 없는 책', '쉽지만 별로 배울 것이 없는 책', '쉬우면서도 뭔가를 배울 수 있는 책' 이렇게 네 개로 나눠본다면, 아까 말씀 드렸던 『The C Programming Language』는 첫번째 부류에, 이 책은 마지막 부류에 속한다고 할 수 있을 것입니다.

독자들 중에는 특이한 표지를 보고 이 책을 집어 들었다가 "뭐야? 그림책이네. 이런 책에서 뭘 배울 수 있겠어?"란 생각을 하는 분도 있을지 모르겠습니다. 하지만 그렇게 생각하면 큰 오산입니다. 물론, 자바 전문가들에게는 부족한 느낌이 들겠지만, 초보자라면(물론, 프로그래밍을 전혀 해 본 적이 없는 독자들에게는 힘들겠지만) 자바를 처음으로 시작하는 데 전혀 손색없는 내용을 배울 수 있을 것이고, 중급자라고 하더라도 지금까지 피상적으로만 알고 있던 내용을 좀 더 명쾌하게 이해하는 데 크게 도움이 될 것이라고 생각합니다. 뭔가 길 건너편에 있는 자바와 나 사이에 있는 희뿌연 안개가 싹 사라지는 듯한 느낌이 들지도 모르겠습니다. 물론, 이 책 한 권만 읽고 자바 프로그래밍을 잘 할 수 있게 되는 것은 분명 아닐 것입니다. 프로그래밍도 다른 분야처럼 단순한 이해나 지식 못지 않게 실전 경험이 중요한 분야니까요. 하지만 적어도 객체지향적인 접근법에 대한 이해, 자바의 구조와 방법론에 대한 이해 면에서 볼 때는 딱딱하고 조금은 지루한 책을 몇 번 읽는 것보다 이 책을 즐기는 마음으로 한 번 읽어보는 것이 크게 도움이 될 것입니다.

원서가 상당히 좋은 책이고 꽤 특이한 책이기 때문에 그 느낌과 저자들의 집필 의도를 최대한 살리기 위해 노력했습니다. 하지만 독자들께서는 모자라게 느낀다거나 하는 일이 있지 않을까 상당히 걱정스럽습니다. 부디 많은 독자들이 이 책을 통해서 재미있고, 효과적인 방법으로 자바를 잘 이해할 수 있기를 바랍니다.

이 책이 나오기까지 부족한 역자를 믿고 도와주셨던 한빛미디어(주)의 임성춘 팀장님 그리고 특이한 구성 때문에 많이 힘드셨을 디자인팀의 김미경씨께 감사의 마음을 전하고 싶습니다. 마지막으로 아직도 대학원 다닌답시고 고생시키는 데도 항상 변함없이 저를 지원해주고 사랑해주는 아내 혜선에게도 사랑과 감사의 마음을 전합니다.

2005년 풍성한 가을 2판 번역을 끝내며

서환수

역자 **서환수**는 물리학을 전공하는 대학원생입니다. 유치원에도 들어가기 전부터 아무것도 모르고 물리학을 하겠다고 마음먹은 이후로 서른이 넘은 지금까지도 "어떤 사람이 되고 싶냐?"는 질문을 받으면 "훌륭한 과학자요"라고 대답하고 있습니다(조금 대책이 없지요). 한빛미디어에서 『제대로 배우는 자바2』를 비롯한 다양한 역서를 내기도 했고, 자바는 99년에 전산물리 수업을 들을 때 아주 간단한 시뮬레이션 프로그램을 만들면서 처음으로 심각하게 다뤄봤습니다. 결혼한지 3년이 넘었지만 아직도 신혼 기분으로, 아내와 함께 알콩달콩 지내고 있습니다. :)

헤드 퍼스트 시리즈에 대한 평

 『Head First Java』 – 아마존
편집자 선정 컴퓨터 서적 분야
TOP 10 (2003년, 1판)

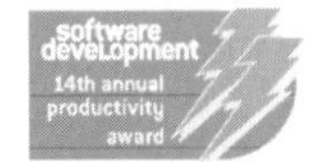 『Head First Java』 – Software Development
Magazine 제 14회 연례 Jolt Cola/Product Excellence
Awards 최종 후보 선정

"케이시와 버트의 『Head First Java』는 지금까지 여러분이 봤던 어떤 책보다도 GUI스러운 책일 것입니다. 이 책을 가지고 자바를 공부하다 보면 '이 사람들이 이제 뭘 하려나?' 하는 기대를 가지고 재미있게 공부할 수 있는 신선한 경험을 맛 볼 수 있을 것입니다."

> — 워렌 쿠펠, Software Development Magazine

"튜토리얼의 가치를 판단할 수 있는 유일한 방법은 얼마나 잘 배울 수 있는지를 판단하는 것입니다. 『Head First Java』는 배우는 사람 입장에서 정말 최고의 책입니다. 처음에는 황당하다고 생각했지만, 이 책을 보면서 내용을 정말 확실히 배울 수 있다는 것을 깨달았습니다."

"『Head First Java』 스타일 덕분에 정말 쉽게 배울 수 있었습니다."

> — 슬래시닷(honestpuck)

"자바에 대해 전혀 모르는 사람들도 자바 전사 수준으로 끌어올릴 수 있을 만큼 독자들을 강력하게 빨아들이는 흡인력을 갖추고 있으면서도 다른 교재에서는 웬만하면 '독자들을 위한 연습문제'로 남겨놓는 실용적인 내용까지 방대하게 다루고 있습니다. 재미있고 실용적이면서도 객체 직렬화라든가 네트워크 구동 프로토콜에 이르는 내용을 다루는 자바 교재는 거의 없지만 이 책은 다릅니다."

> — 댄 러셀 박사, 사용자 과학 및 경험 연구원
> IBM 알마덴 연구소 (스탠포드에서 인공지능을 강의합니다.)

"빠르고 재미있고 정신없는 책입니다. 보다 보면 정말로 뭔가를 배울 수 있습니다."

> — 켄 아놀드, 썬 마이크로시스템즈 선임 엔지니어
> 『The Java Programming Language』 저자

"자바 기술은 모든 곳에 쓰입니다. 휴대전화, 자동차, 카메라, 프린터, 게임, PDA, ATM, 스마트 카드, 가스 펌프, 운동장, 의학용 기기, 웹캠, 서버 등 일일이 셀 수 없이 많은 분야에서 자바 기술을 볼 수 있습니다. 소프트웨어 개발자임에도 불구하고 아직 자바를 배우지 않았다면 지금 당장 시작하세요. 헤드 퍼스트 시리즈가 있습니다."

> — 스캇 맥닐리, 썬 마이크로시스템즈 회장

"『Head First Java』는 정말 재미있습니다. 퍼즐, 각종 이야기, 퀴즈, 예제가 본문과 멋지게 어우러져서 지금까지 나왔던 컴퓨터 책과는 전혀 다른 방식으로 내용을 전달해줍니다."

> — 더글라스 로위, 컬럼비아 자바 사용자 모임

헤드 퍼스트 자바에 쏟아진 찬사

"『Head First Java』를 읽어보세요. 즐겁게 배우는 것이 무엇인지 알 수 있습니다. 전산 비전공자 또는 프로그래밍 경험이 적은 사람 중에서 새로운 프로그래밍 언어를 배우고 싶어하는 분에게 이 책은 보석 같은 책입니다. 복잡한 컴퓨터 언어를 즐겁게 배울 수 있는 책이죠. 앞으로 더 많은 저자들이 별로 재미 없는 '고전적인' 저술법의 틀을 깨고 나왔으면 합니다. 컴퓨터 언어를 배우는 일은 짜증나는 일이 아닌, 재미있는 일이어야 합니다."

— 주디스 테일러, 남동 오하이오 매크로미디어 사용자 모임

"자바를 배우고 싶다면 괜히 어렵게 여러 책을 찾아보지 마세요. 세계 최초의 GUI 기반 기술 서적인 『Head First Java』를 보면 됩니다. 이 책은 혁신적인 형식으로 다른 자바 교재와는 전혀 다르게 자바를 가르쳐 줍니다. 이 책으로 신나게 자바랜드를 누벼 봅시다."

— 닐 R. 바우만, 긱 크루즈 선장 겸 CEO (www.GeekCruises.com)

"프로그래밍은 잘 모르지만 자바에 관심이 있다면 바로 이 책이 적격입니다. 객체에서 그래픽 사용자 인터페이스(GUI)를 만드는 것까지, 예외 처리에서 네트워킹(소켓)과 다중스레딩까지, 심지어 클래스를 설치 파일로 만드는 법까지 나와 있습니다. 여러분이 필요로 하는 거의 모든 것이 들어 있습니다... 이 책의 스타일을 좋아한다면... 분명히 이 책을 좋아하게 될 거예요. 저처럼 말이죠. 헤드 퍼스트 시리즈가 다른 여러 분야로도 나왔으면 좋겠습니다."

— LinuxQuestions.org

"이 책에 나와있는 짧은 이야기들, 손으로 쓴 것 같은 설명, 가상 인터뷰, 연습문제에 홀딱 빠져 버렸어요."

— 마이클 유앤, 『Enterprise J2ME』 저자

"『Head First Java』는 분명히 오라일리 책일 거야라는 오라일리의 홍보 슬로건에 새로운 의미를 부여해 줬습니다. 주변 사람들로부터 '혁명적이다', '급진적일 만큼 새로운 접근법으로 만들어진 교과서다' 같은 표현을 듣고 이 책을 구입하게 됐습니다. 저도 결국 그 사람들 말이 맞았다는 것을 깨달았죠. 오라일리 답게 매우 과학적이고 신중한 접근법을 택하고 있습니다. 그 결과 아주 재미있고 파격적이고, 독자들과 공감대를 만들어줄 수 있는 끝내주는 책이 나왔어요. 이 책을 읽고 있으면 무슨 발표회장에 와 있는 듯한 기분이 듭니다. 옆에 있는 사람들하고 함께 웃으면서 배우는 것 같은 느낌이예요. 자바를 정말 이해하고 싶다면 이 책을 사세요."

— 앤드류 폴락, www.thenorth.com

"저처럼 '헤드 퍼스트' 개념을 잘 알고 있는 사람도 없지 않겠어요? 이 책 너무 마음에 들어요. TV 속에서였다면 이 책하고 결혼했을 거예요."

— 릭 락웰, 코미디언
　　오리지널 폭스 TV "백만장자하고 결혼하기"의 주인공

"너무 좋아서 눈물이 막 나오려고 해요... 정말 좋아요."

— 플로이드 존스, BEA 선임 테크니컬 라이터/풀보이

"며칠 전에 케이시 시에라와 버트 베이츠의 『Head First Java』를 한 부 받았습니다. 아직 다 읽지 못 했지만 처음 이 책을 받은 날 졸려 죽겠는데도 '한 페이지만 더 읽고 자자...'하는 생각이 들 정도였어요. 정말 놀라워요."

— 조 리튼

케이시와 버트가 참여한 다른 헤드 퍼스트 서적에 대한 찬사

『Head First Servlets & JSP』
– 아마존 편집자 선정 컴퓨터 서
적 분야 TOP 10 (2004년, 1판)

『Head First Servlets & JSP』, 『Head First Design
Patterns』 – Software Development Magazine 제 15
회 연례 Product Excellence Awards 최종 후보 선정

"머리 속에 들어있던 몇 톤 치는 되는 분량의 책을 다 들어내고 이 책만 집어넣어도 될 것 같군요."

— 워드 커닝햄, 위키 창시자, 힐사이드 그룹 창립자

"저를 웃기고, 울리고, 감동시켰어요."

— 댄 스타인버그, java.net 편집장

"이 책을 보고는 웃겨서 죽는 줄 알았어요. 그런데 정신을 차리고 다시 보니 이 책이 기술적으로 정확할 뿐만 아니라 지금까지 본 어떤 디자인 패턴 입문 서적 중에 가장 이해가 잘 되는 책이라는 것을 깨달을 수 있었습니다."

— 티모시 A. 버드 박사, 오레건 주립대 전산학과 부교수, 『C++ for Java Programmers』 저자

"우리 안에 숨어 있는 끼와 재능을 일깨워주기에 딱 적당한 책입니다. 실용적인 개발 전략을 위한 레퍼런스로도 좋습니다. 이제 따분한 강의 때문에 꾸벅꾸벅 졸 필요가 없습니다. 재미있게 공부합시다."

— 트레비스 캘러닉, Scour and Red Swoosh 창립자, MIT TR100 멤버

"딱 내가 만들고 싶었던 자바 책이예요. 정말 진지하게 말하는 건데, 지금까지 읽어 본 소프트웨어 책을 압도할 만한 책입니다. 좋은 책을 만든다는 게 쉬운 일이 아니죠. 자연스럽고 '독자 지향적인' 순서대로 가르쳐 줘야 하니까요. 정말 힘든 일이죠. 이런 일을 훌륭하게 해 내는 저자들이 사실 거의 없어요. 하지만 『Head First EJB』 팀에서는 정말 최고의 책을 만들었습니다."

— 월리 플린트

"IT 책을 보면서 웃게 될 줄은 꿈에도 상상하지 못했어요. 『Head First EJB』를 본 덕분에 좋은 점수(91%)를 받을 수 있었고, 열네살에 세계 최연소로 SCBCD를 취득할 수 있었습니다."

— 아프사 샤프코트 (세계 최연소 SCBCD)

"『Head First Servlets & JSP』 책은 『Head First EJB』 만큼이나 훌륭한 것 같아요. 덕분에 재미있게 공부하고도 시험에서 97%나 되는 높은 점수를 받았습니다."

— 제프 컴프스, J2EE 컨설턴트, 크로노스

목차(요약)

목차(진짜 목차)

서문

자바에 대해 생각해봅시다. 지금 독자 여러분은 뭔가를 배우려 하고 있습니다. 하지만 여러분의 두뇌를 배우는 일에만 집중시키는 것은 쉽지가 않습니다. "밖으로 나가면 어떤 들짐승을 주의해야 할지, 실오라기 하나 걸치지 않고 스노우보드를 타는 것이 왜 안 좋은지 등을 알아보는 것이 더 낫지 않을까?"란 생각을 하고 있을 수도 있습니다. 그러면 두뇌로 하여금 자바를 배우는 것이 살아가는 데 매우 중요한 일이라는 생각이 들게 하려면 어떻게 해야 할까요?

1 껍질을 깨고

자바가 여러분을 새로운 장소로 인도합니다. 1.02 버전이 처음 공개된 이후로 자바는 친숙한 문법. 객체지향적인 기능. 메모리 관리. 그리고 무엇보다도 이식성에 대한 약속을 통해서 많은 프로그래머를 유혹했습니다. 1장에서는 자바에 대해 간단하게 알아보고 몇 가지 코드를 직접 만들어서 컴파일하고 실행해봅니다. 문법. 순환문. 분기문. 그리고 자바가 왜 훌륭한지에 대해 간략하게 살펴볼 예정입니다. 일단 한 번 뛰어들어보지요.

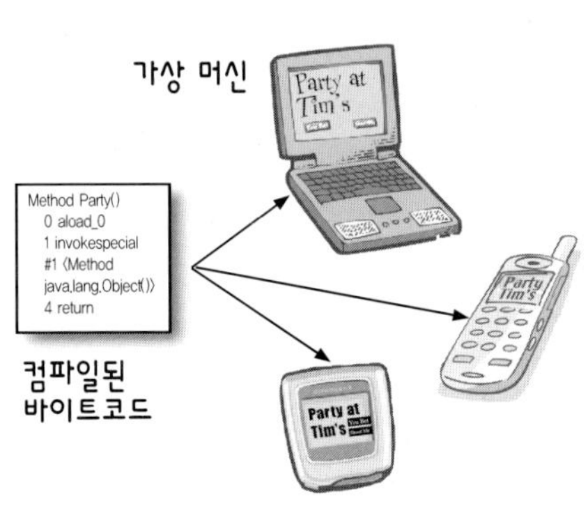

2 객체 마을로의 여행

객체가 있다는 얘기를 들었던 것 같지요? 1장에서는 코드를 전부 main() 메소드에 집어넣었지요. 그 방법은 정확하게 말하자면 객체지향적인 방법은 아닙니다. 이제 절차적인 프로그래밍의 세계는 완전히 제쳐두고 main()을 벗어나서 직접 객체를 만들어보기로 합시다. 자바에서 객체지향적인(OO. Object-Oriented) 개발이 얼마나 재미있는지를 확인할 수 있을 것입니다. 그리고 클래스와 객체의 차이점도 알아보고 객체가 어떻게 여러분의 삶의 질을 향상시켜줄 수 있는지도 배울 수 있습니다.

3 네 변수를 알라

변수는 크게 원시 변수와 레퍼런스, 이렇게 두 가지로 나눌 수 있습니다.
살아가는 데는 정수. 문자열. 배열외에도 다양한 것이 필요합니다. Dog라는 인스턴스 변수가 들어있는 PetOwner라는 객체가 필요하다면 어떻게 해야 할까요? 아니면 Engine이라는 인스턴스 변수가 들어있는 Car라는 객체가 필요하다면? 이 장에서는 자바에서의 유형(type)이라는 비밀을 벗겨보고 어떤 것을 변수로 선언(declare)할 수 있는지. 어떤 것을 변수에 넣을 수 있는지. 변수로 무엇을 할 수 있는지 알아볼 것입니다. 그리고 실제 인생과 가비지 컬렉션 기능이 있는 힙의 유사성에 대해서도 알아보겠습니다.

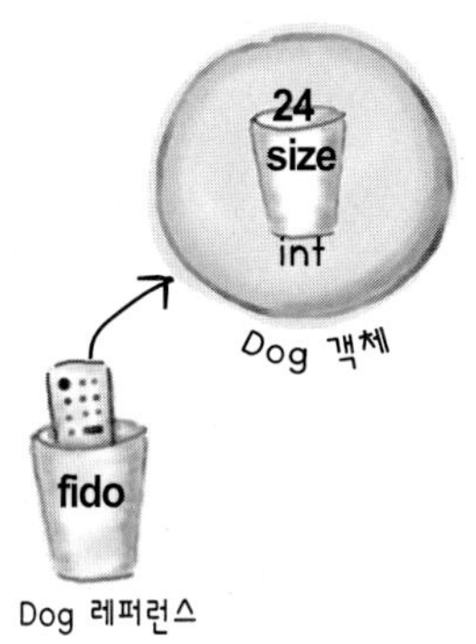

4 객체의 행동

상태는 행동에 영향을 끼치고 행동은 상태에 영향을 끼칩니다. 객체에는 각각 **인스턴스 변수**와 **메소드**로 표현되는 **상태**와 **행동**이 있습니다. 여기에서는 상태와 속성이 어떻게 연관되는지를 알아봅니다. 객체의 속성에서는 객체의 유일한 상태를 사용합니다. 바꿔 말하자면 **메소드에서는 인스턴스 변수의 값**을 사용합니다. '개의 체중이 7kg을 넘어가면 이상한 소리를 낸다. 그렇지 않으면...' 과 같은 식으로 말이죠. 직접 어떤 상태를 바꿔봅시다.

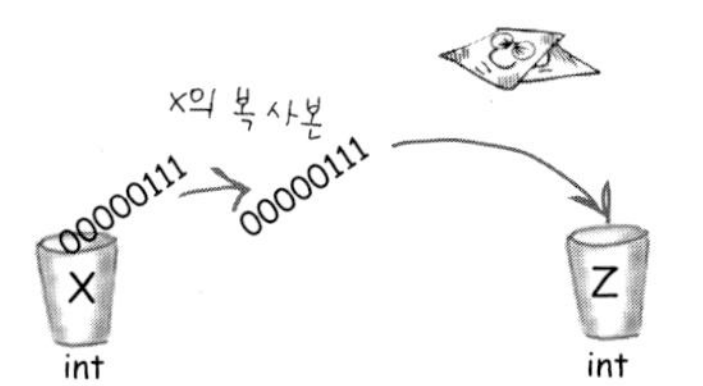

5 메소드를 더 강력하게

메소드에 근육을 좀 붙여줍시다. 지금까지는 변수를 가지고 장난 좀 쳐보고 몇 가지 객체와 간단한 코드를 조금 만들어봤습니다. 하지만 **연산자**나 **순환문** 같은 더 강력한 도구가 필요합니다. 이런 도구는 난수를 만들 때도 유용합니다. 그리고 `String`을 `int`로 바꿀 수 있다면 참 좋겠지요? 그리고 뭔가 실질적인 것을 만들어보면서 프로그램을 밑바닥부터 만드는 방법, 그리고 테스트하는 방법을 알아봅시다. '닷컴 가라앉히기' 라는 게임을 한번 직접 만들어보지요.

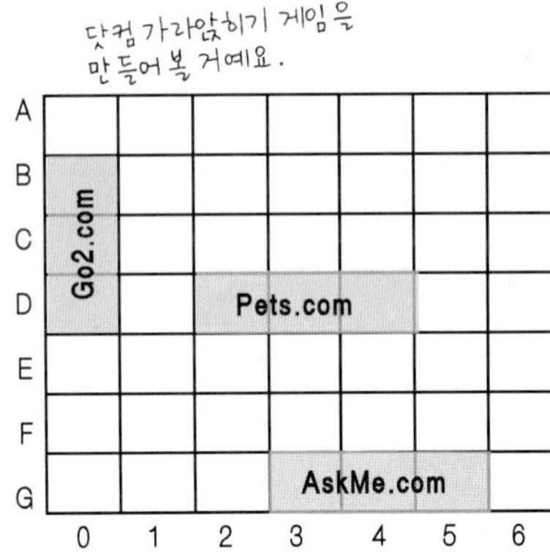

6 자바 라이브러리

자바에는 클래스 수백 개가 내장되어있습니다. 자바 API라고 부르는 자바 라이브러리에서 필요한 것을 찾는 방법만 안다면 굳이 모든 것을 새로 만들지 않아도 됩니다. 여러분은 다른 더 중요한 것을 만들어야 합니다. 코드를 작성할 때도 자신의 애플리케이션에서 사용할 부분만 새로 만들면 됩니다. 핵심 자바 라이브러리는 클래스를 잔뜩 쌓아놓은 것과 마찬가지입니다. 레고 블록을 쌓듯이 필요한 것을 골라서 적당히 조립해서 쓰면 됩니다.

"java.util 패키지에 ArrayList가 있다는 걸 배운 건 정말 다행이군요. 그런데 혼자서는 어떻게 그런 걸 알 수 있죠?"

— 줄리아, 31세, 손 모델

7 객체 마을에서의 더 나은 삶

프로그램을 계획할 때는 미래를 생각해보세요. 다른 누군가가 **쉽게** 확장할 수 있는 코드를 만들 수 있다면. 귀찮게 마감 직전에 스펙을 변경하는 짜증나는 상황에 대비해서 유연한 코드를 만들 수 있다면 좋지 않을까요? 다형성을 활용하기 시작하면 더 나은 클래스 설계를 위한 다섯 가지 단계. 다형성을 사용하는 데 도움이 되는 세 가지 트릭. 유연한 코드를 만들기 위한 여덟 가지 방법. 그리고 상속을 배울 수 있는 네 가지 추가 수업을 받을 수 있답니다.

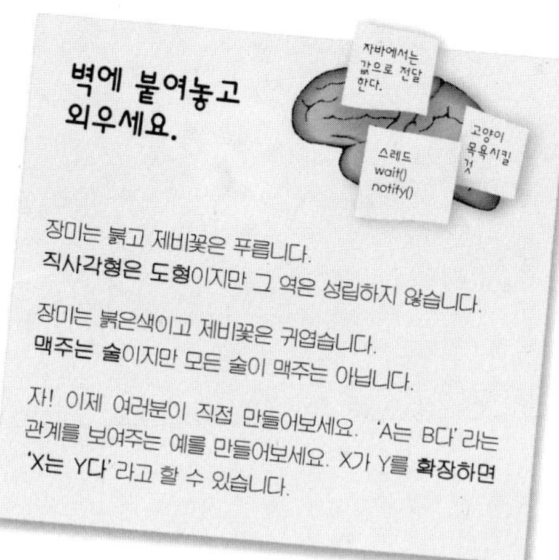

8 심각한 다형성

상속은 시작에 불과합니다. 다형성을 제대로 활용하려면 인터페이스가 필요합니다. 이제 간단한 상속을 뛰어넘어 인터페이스 규격을 설계하고 코딩하는 것을 통해서만 얻을 수 있는 융통성과 확장성으로 건너가야 합니다. 인터페이스란 무엇일까요? 인터페이스는 100% 추상 클래스입니다. 추상 클래스란 무엇일까요? 인스턴스를 만들 수 없는 클래스를 추상 클래스라고 합니다. 근데 이런 추상 클래스를 어디에 써먹을 수 있을까요? 8장으로 건너가서 직접 읽어보면 궁금증이 해결될 것입니다.

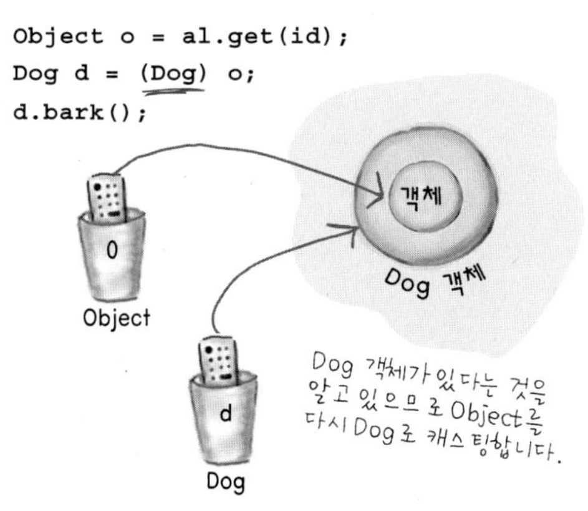

9 객체의 삶과 죽음

객체는 태어나고, 객체는 죽습니다. 객체의 라이프사이클은 여러분이 책임져야 합니다. 언제, 어디서, 그리고 어떻게 객체를 생성할지는 여러분이 결정합니다. 버리는 시기도 여러분이 결정합니다. **가비지 컬렉터(gc, Garbage Collector)**는 사용이 끝난 객체의 메모리를 다시 찾아갑니다. 여기서는 객체가 어떻게 만들어지는지, 그런 객체가 어디에서 사는지, 그리고 그런 객체를 효율적으로 보관하거나 버리는 방법을 알아봅니다. 즉 힙, 스택, 영역, 생성자, 수퍼클래스 생성자, 널 레퍼런스 등에 대해 알아볼 것입니다.

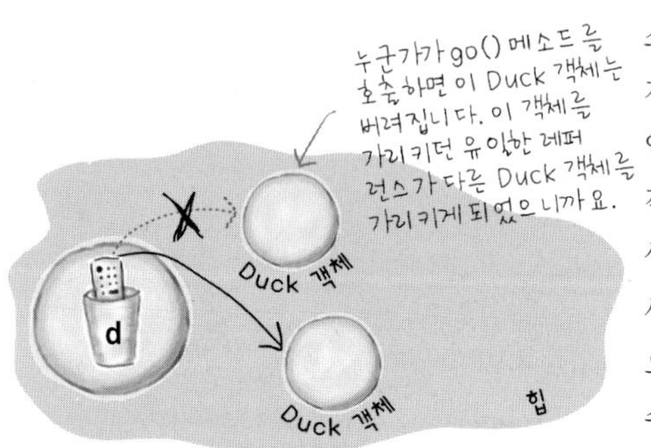

10 숫자는 정말 중요합니다

정적 변수는 한 클래스의 모든 인스턴스에 의해 공유됩니다.

계산을 해 봅시다. 자바 API에는 절대값, 반올림한 값, 최대값, 최소값 등을 구하는 메소드가 들어있습니다. 포매팅은 어떻게 해야 할까요? 숫자를 출력할 때 소수점 이하 두 자리까지만 출력한다든가 큰 숫자를 출력할 때 읽기 좋게 중간중간에 쉼표를 추가한다든가 해야 할 수도 있습니다. 종종 날짜를 다양한 방식으로 출력하는 것과 같은 작업을 해야 할 수도 있습니다. String을 숫자로 파싱할 때는 어떻게 해야 할까요? 아니면 숫자를 String으로 바꾸려면 어떻게 해야 할까요? 우선 정적 변수와 정적 메소드에 대해 알아보고 자바에서의 상수인 static final 변수를 알아보는 것부터 시작해봅시다.

11 위험한 행동

종종 예상치 못한 일이 일어나곤 합니다. 있는 줄 알았던 파일이 없거나 서버가 다운되는 경우도 흔히 있습니다. 아무리 뛰어난 프로그래머라도 모든 것을 마음대로 제어할 수는 없습니다. 위험한 메소드를 사용할 때는 안 좋은 일이 일어났을 때 그 문제를 처리하기 위한 코드가 있어야 합니다. 하지만 메소드가 위험한지 어떻게 알 수 있을까요? **예외적인 상황**을 처리하기 위한 코드는 어디에 넣어야 할까요? 이 장에서는 위험 요소가 있는 JavaSound API를 사용하는 MIDI 음악 재생용 프로그램을 만들어야 하므로 이런 예외적인 상황을 처리하는 방법을 알아보기로 합시다.

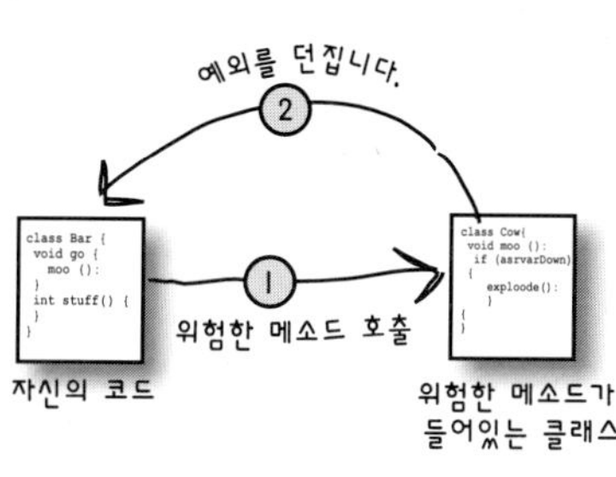

12 그래픽 이야기

현실을 직시합시다. 평생 서버에서 돌리는 프로그램만 만들고 살 작정이라고 하더라도 언젠가는 GUI가 들어가는 도구를 만들어야 할 때가 닥칠지도 모릅니다. 이 책에서는 두 장에 걸쳐서 GUI에 대해 알아볼 것입니다. 그리고 **이벤트 처리** 및 **내부 클래스**와 같은 자바의 또 다른 기능에 대해서도 알아볼 것입니다. 화면에 버튼을 만들고 색을 칠하고 jpeg 이미지를 표시하고 간단한 애니메이션도 만들어봅니다.

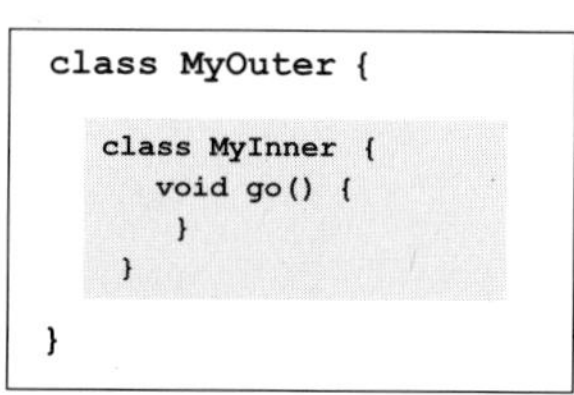

이제 외부 객체와 내부 객체가
밀접하게 연결됩니다.

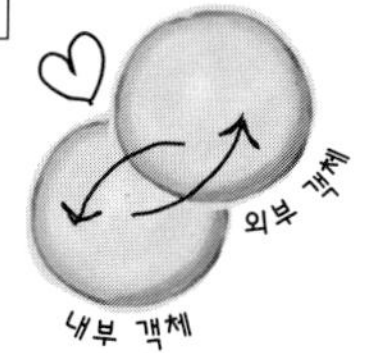

힙에 들어있는 이 두 객체 사이에는
특별한 결합이 있습니다. 내부 클래스에서는
외부 클래스의 변수를 사용할 수 있습니다
(마찬가지로 외부 클래스에서도 내부 클래스의
변수를 사용할 수 있습니다).

13 스윙을 알아봅시다

스윙은 쉽습니다. 모든 요소가 어디에 있어야 하는지를 중요하게 여기지 않는다면 그렇습니다. 스윙 코드는 쉬워 보이지만 컴파일한 다음 실행해보면 "어. 이게 아닌데?"하는 생각이 들지도 모릅니다. 이렇게 코딩하기 쉽다는 것은 거꾸로 제어하기가 힘들다는 것을 의미합니다. 하지만 조금만 노력하면 **레이아웃 관리자**도 자유자재로 제어할 수 있을 것입니다. 이 장에서는 스윙에 대해 알아보고 위젯에 대해 조금 더 자세하게 알아봅니다.

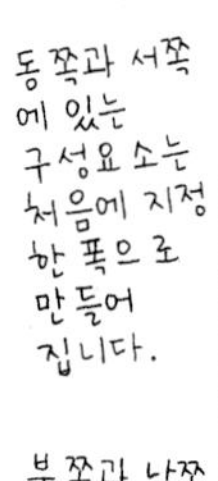

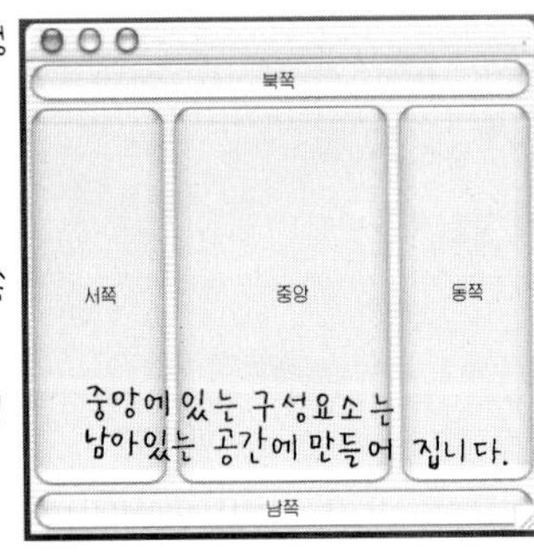

14 객체 저장

객체는 납작하게 압축할 수도 있고 빵빵하게 부풀릴 수도 있습니다. 객체에는 상태와 속성이 있습니다. 속성은 클래스에 들어있지만 상태는 각 객체마다 들어갑니다. 프로그램에서 상태를 저장해야 할 때. 각 객체를 확인하면서 각 인스턴스 변수의 값을 일일히 기록하는 힘든 방법을 쓸 수도 있습니다. 하지만 **매우 편리한 객체지향적인 방법**을 사용할 수도 있습니다. 그 객체를 동결건조한 다음(직렬화한 다음) 나중에 필요할 때는 재구성(역직렬화)하면 됩니다.

15 연결하는 방법

외부 세계와 연결해봅시다. 별로 어렵지도 않습니다. 저수준 네트워킹과 관련된 자잘한 내용은 java.net 라이브러리에 들어있는 클래스에서 알아서 처리해줍니다. 자바의 가장 큰 장점 가운데 하나는 네트워크를 통해서 데이터를 주고받는 것이 사슬 끝에 조금 다른 연결 스트림이 있다는 것을 제외하면 일반적인 입출력과 전혀 다르지 않다는 점입니다. 이 장에서는 클라이언트 소켓과 서버 소켓을 만들어봅니다. 그리고 이 장이 끝날 무렵이면 완벽하게 작동하는 멀티스레드 기능을 갖춘 채팅 클라이언트를 완성할 것입니다. 오, 게다가 멀티스레딩까지 배우는군요.

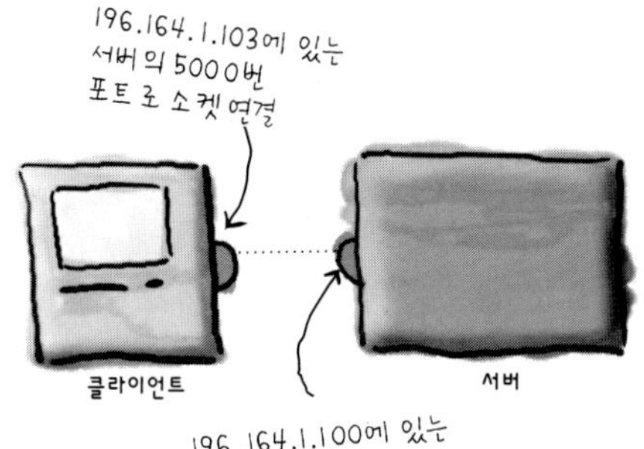

16 자료구조

자바에서는 정렬도 한 방에 할 수 있습니다. 정렬 알고리즘을 직접 구현하지 않아도 되죠. 데이터를 모으고 조작할 수 있는 도구들이 모두 갖춰져 있으니까요. 자바 컬렉션 프레임워크에는 상황에 맞게 활용할 수 있는 거의 모든 자료구조가 있습니다. 새로운 항목을 추가하기 좋은 리스트가 필요하신가요? 이름만 가지고 뭔가를 찾고 싶으세요? 자동으로 중복된 항목을 빼주는 리스트가 있으면 좋겠다고요? 동료들의 목록을 배신 때린 횟수 순으로 정렬해야 한다고요?

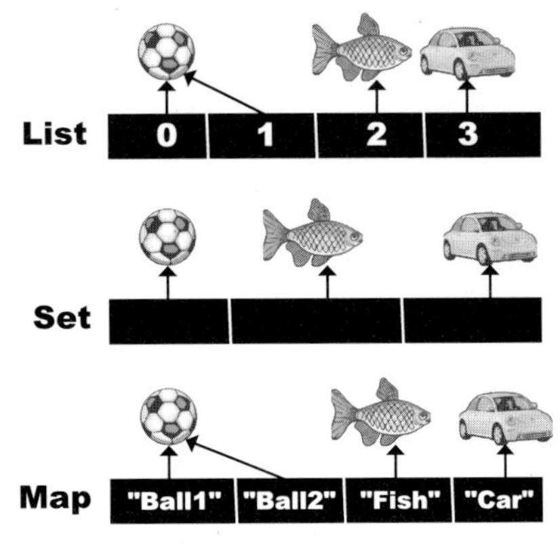

17 코드를 배포합시다

이제 코드를 배포할 때가 되었습니다. 지금까지 코드를 만들었고 코드를 테스트했습니다. 그리고 코드를 다시 다듬었습니다. 뭔가 그럴듯한 프로그램을 만들어서 제대로 작동하는 것까지 확인했는데, 이제 어떻게 해야 할까요? 자신이 만든 자바 코드를 조직화하고 패키지로 묶고 배포하는 방법을 알아볼 때가 되었습니다. 실행 가능한 JAR 파일. 자바 웹 스타트. RMI. 서블릿과 같은 것을 포함한 로컬. 세미로컬. 원격 실행 옵션을 살펴봅시다. 생소한 것이 나왔다고 해서 긴장할 필요는 없답니다. 생각보다 쉽게 사용할 수 있으니까요.

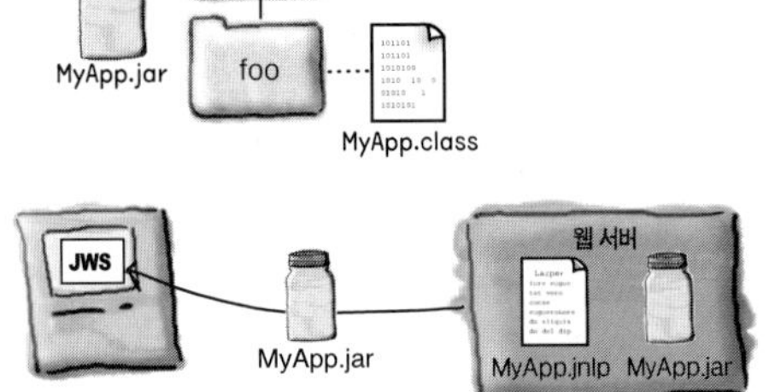

18 분산 컴퓨팅

멀리 떨어져 있는 것이 반드시 나쁜 것은 아닙니다. 물론. 애플리케이션 전체가 한 장소에서. 같은 힘에서. JVM 하나를 통해서 실행되면 일이 상당히 쉬워지긴 합니다. 하지만 언제나 그럴 수는 없죠. 그리고 항상 그 방법이 좋다고 할 수도 없습니다. 애플리케이션에서 복잡한 계산을 해야 한다면 어떻게 해야 할까요? 애플리케이션에서 안전한 데이터베이스로부터 데이터를 받아야 한다면 어떻게 해야 할까요? 이 장에서는 매우 쉬운 자바의 원격 메소드 호출(RMI. Remote Method Invocation) 사용 방법을 배울 것입니다. 또한 서블릿. 엔터프라이즈 자바 빈즈(EJB), 지니 등에 대해서도 간략하게 알아봅니다.

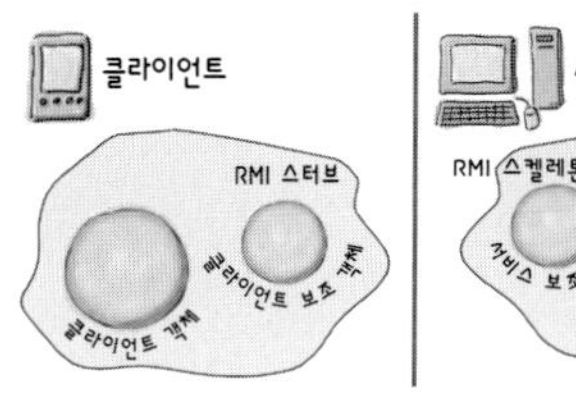
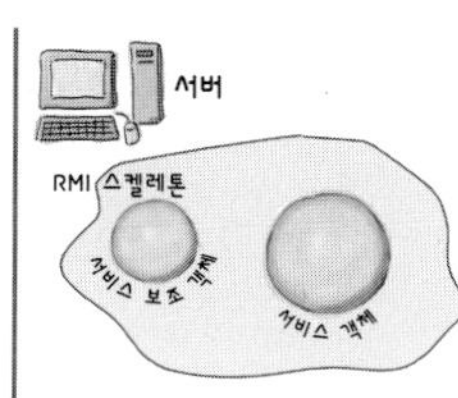

A 부록 A

마지막 코드 키친 프로젝트. 클라이언트 서버 구조의 비트박스 코드를 수록했습니다. 모두들 락 스타가 되어봅시다.

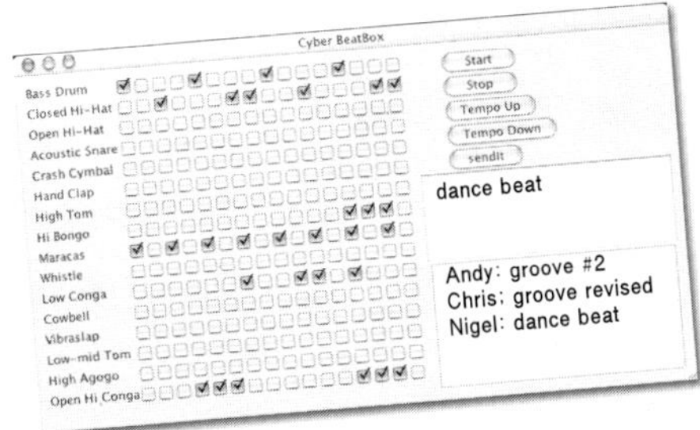

B 부록 B

거의 책에 들어갈 뻔했던 내용 Top 10. 아직은 독자 여러분을 험한 세상으로 바로 보낼 수가 없네요. 몇 가지 내용을 더 알려드려야겠습니다. 하지만 이번엔 정말 끝입니다.

i 찾아보기

이 책의 활용 방법
서문

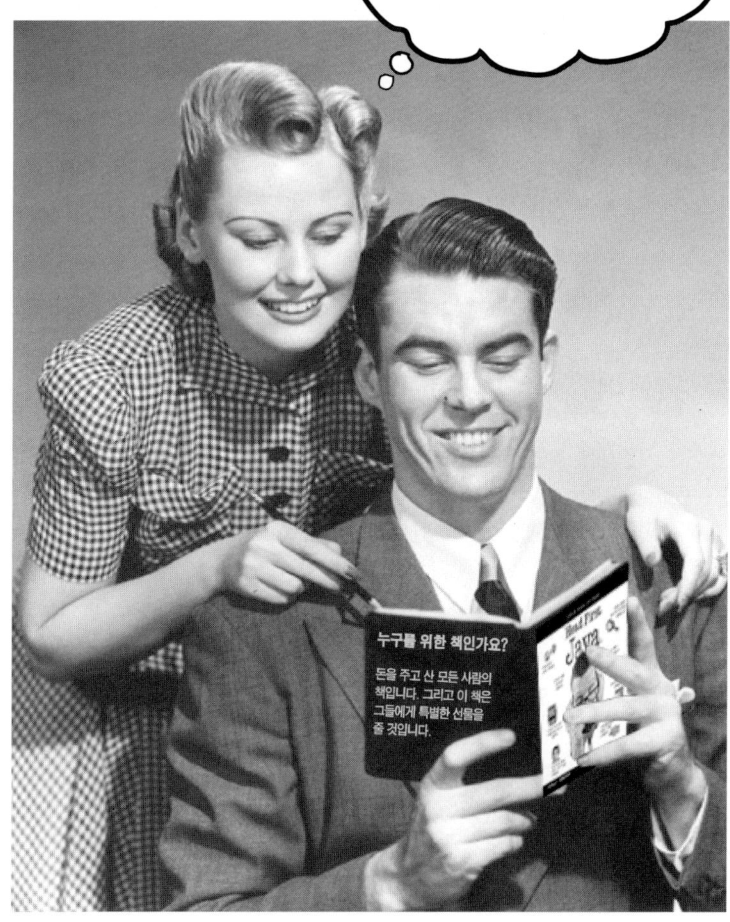

이 부분은 "왜 자바 프로그래밍 책을 이런 식으로 만들었을까?"
하는 독자들의 궁금증을 해소하기 위한 내용으로 구성했습니다.

이 책은 어떤 독자를 위한 책일까요?

다음 질문에 모두 '예'라고 답할 수 있다면:

① 프로그래밍 경험이 있습니까?

② 자바를 배우고 싶습니까?

③ 무미건조하고 기술적인 내용만 강조하는 강의보다는 재미있는 디너 파티를 더 좋아합니까?

이 책은 바로 당신을 위한 책입니다.

이 책은 레퍼런스가 아닙니다. Head First Java는 자바 백과사전이 아니고, 자바를 배우기 위한 책이죠

그러면 어떤 독자들에게 이 책이 맞지 않을까요?

다음 중 한 가지 질문에라도 '예'라고 답할 수 있다면:

① 스크립트 언어를 사용해본 경험도 없고 HTML 코딩만 해봤습니까?(순환문이나 if/then 논리가 포함된 프로그램을 만들어봤다면 괜찮습니다. 하지만 HTML 태그만 써봤다면 문제가 있습니다)

② 레퍼런스용 책을 원하는 C++ 프로그래머입니까?

③ 새로운 것에 대한 두려움이 있습니까? 가볍게 읽을 수 있는 것보다 뭔가 근엄하고 딱딱한 것을 좋아합니까? 기술 서적에서 메모리 관리를 설명하는 부분에 오리 그림이 있으면 그 책은 심각한 책이 될 수 없다고 생각합니까?

이 책은 당신에게 어울리지 않을 것 같습니다.

[마케팅 팀에서 한마디: 어? 신용 카드만 있으면 아무나 사도 좋다는 말은 누가 빼먹었습니까? 그리고 전에 얘기하던 '크리스마스 선물은 자바로' 홍보 캠페인은 어떻게 된겁니까? — 프레드 (Fred)]

아마 지금쯤 여러분 머릿속에는 이런 생각이 지나가고 있겠죠?

"어떻게 이런 걸 자바 프로그래밍 책이라고 할 수 있지?"

"이런 그림은 왜 집어넣었을까?"

"정말 이런 식으로 배워도 되나?"

"어? 피자 냄새가 나는 것 같은데?"

그리고 여러분의 머리에서 어떤 것을 생각하고 있는지 알고 있습니다.

여러분의 머리는 항상 새로운 것을 갈망합니다. 항상 뭔가 특이한 것을 기다리고 있지요. 원래 머리란 그런 것이랍니다. 그리고 이런 특징은 생존을 위해 반드시 필요합니다.

물론, 여러분이 지금 당장 호랑이 밥이 될 가능성은 거의 없겠죠. 하지만 머리에서는 여전히 주의를 기울여야 합니다. 언제 어떤 일이 일어날지 알 수 없으니까요.

그렇다면 여러분의 머리에서 일상적이고 흔하디 흔한, 너무나도 평범한 것을 접할 때는 어떤 일이 일어날까요? 머리에서는 정말 해야 하는 일(즉, 정말 중요한 것을 기억하는 일)을 방해하는 것을 모두 거부하려고 합니다. 지루한 것을 굳이 기억하려고 하지 않지요. 결국 흔해 빠진, 별로 중요할 것 같지 않은 내용은 '중요하지 않은 것을 차단해버리는' 필터에서 걸러지고 맙니다.

그러면 머리에서는 무엇이 중요한지 어떻게 판단할까요? 등산을 갔는데, 갑자기 호랑이가 나타났다고 생각해봅시다. 머릿속에서는 어떤 일이 일어날까요?

뉴런이 갑자기 폭발하면서 감정이 북받치게 됩니다. 화학물질이 쭉쭉 솟아나지요. 바로 이런 과정을 거쳐서 여러분의 머리가 활발하게 돌아가게 된다고 합니다.

이건 정말 중요한 거야! 잊어버리면 안 돼!

하지만 집이나 도서관에 있다고 생각해봅시다. 그런 장소는 안전하고 따뜻합니다. 호랑이가 나타날 리도 없습니다. 거기에서 공부를 하고 있다고 생각해봅시다. 시험 공부를 한다거나 직장 상사가 일주일, 길어도 열흘 안에 모두 습득하라고 한 내용을 공부하는 경우를 생각해보세요.

한 가지 문제가 있습니다. 머리에서는 중요하지 않은 내용을 저장하느라고 중요한 내용을 저장할 자리가 모자라게 되는 것을 싫어합니다. 호랑이라든가 화재의 위험, 반바지만 입고 스노우보드를 타면 안 되는 이유와 같이 중요한 것을 저장하려면 쓸 데 없는 내용은 무시하는 것이 낫지요.

게다가 머리에게 "날 위해서 수고해주는 것이 정말 고맙긴 한데, 이 책이 아무리 지루하고 재미없어도, 아무리 별 감흥이 느껴지지 않아도, 지금 이 내용은 정말 기억해야 한단 말이야"라고 말하는 것이 그리 간단하지가 않습니다.

우리는 이 책의 독자들을 학생이라고 간주하겠습니다.

뭔가를 배우려면 어떻게 해야 할까요? 우선 어떤 것을 이해한 다음 잊어버리지 말아야 되겠죠. 하지만 지식을 그냥 머릿속에 밀어 넣는다고 해서 무조건 배울 수 있는 것은 아닙니다. 인지 과학, 신경생물학, 학습심리학 분야에서의 최근 연구 결과에 의하면 종이 위에 적혀 있는 텍스트만으로는 부족하다고 합니다. 여러분의 머리가 쌩쌩하게 돌아가게 하려면 다음과 같이 하는 것이 좋습니다.

헤드 퍼스트 학습 원리:

비주얼하게 만들자. 단어만 있는 것보다는 그림을 사용하는 편이 기억하기도 훨씬 좋고 학습 효과를 향상시키는 데도 도움이 됩니다(기억과 전이 분야의 연구에 의하면 최대 89%까지 향상된다고 합니다). 그리고 단어 외의 것을 기억하는 데도 크게 도움이 됩니다. **단어를 관련된 그림 안에, 또는 그 바로 옆에 집어넣으면** 그림 아래. 또는 그림과 동떨어진 위치에 집어넣는 경우에 비해 그 내용과 관련된 문제를 성공적으로 해결할 가능성이 두 배 이상 올라간다고 합니다.

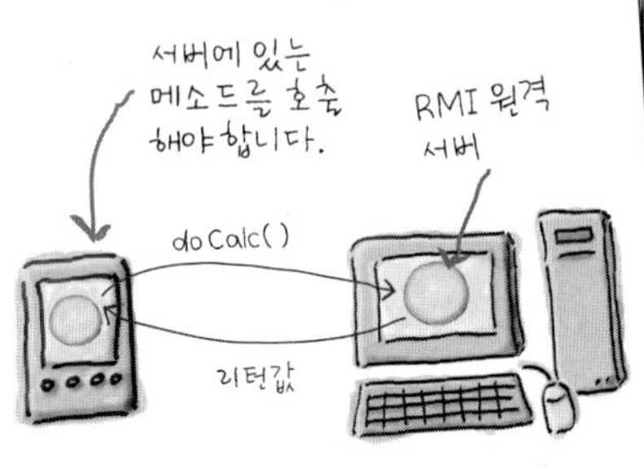

개인적인 대화 형태의 문체를 사용하자. 최근 연구에 의하면 내용을 딱딱하고 유형적인 말투로 설명하는 경우에 비해 개인적인 대화를 나누는 듯한 문체로 설명하면 학습 후 테스트에서 40% 정도까지 더 나은 점수를 받을 수 있다고 합니다. 일상적인 구어체로 설명하는 것이 좋습니다. 그리고 너무 심각한 말투는 별로 좋지 않습니다. 재미있는 디너 파티와 강의 중에서 어떤 것에 더 관심이 쏠릴까요?

더 깊이 생각할 수 있게 만들자. 즉. 뉴런을 활발하게 사용하지 않으면 머릿속에서 그리 특별한 일이 일어나지 않습니다. 항상 독자에게 문제를 풀고. 결과를 유추하고. 새로운 지식을 만들어낼 수 있는 동기. 흥미. 호기심. 사기를 불어넣을 수 있어야 합니다. 그리고 그렇게 하려면 뭔가 도전의식을 고취시킬 수 있을만한 연습문제. 질문. 그리고 양쪽 머리를 모두 써야 하는 활동. 여러 감각을 활용할 수 있는 일을 제공해야 합니다.


```
abstract void roam();
```

메소드는 본체가 없기 때문에 끝에 세미콜론만 붙이면 됩니다.

독자가 계속해서 주의를 기울일 수 있게 하자. 아마도 거의 모든 사람들이 "아. 이거 꼭 해야 되는데. 한 페이지만 봐도 졸려 죽겠네"라고 생각해본 경험이 있을 것입니다. 사람의 머리는 언제나 일상적이지 않은 것. 재미있는 것. 특이한 것. 눈길을 끄는 것. 예기치 못한 것에 주의를 기울이게 됩니다. 어려운 기술적인 내용을 새로 배우는 것이 반드시 지루해야 하는 것은 아닙니다. 지루하지만 않다면 머리에서 새로운 내용을 훨씬 빠르게 받아들일 수 있습니다.

독자들의 감성을 자극하자. 뭔가를 기억하는 능력은 그 내용이 얼마나 감성을 자극하는지에 따라 크게 달라집니다. 자신이 좋아하는 것. 많은 관심을 가지고 있는 것은 매우 쉽게 기억할 수 있습니다. 뭔가를 느낄 수 있으면 수월하게 기억할 수 있습니다. 뭐 그렇다고 해서 한 소년과 강아지 사이의 가슴 뭉클한 사연 같은 것을 알아보려는 것은 아닙니다. 퍼즐을 풀어내거나 남들이 모두 어렵다고 생각하는 것을 알았을 때. 다른 친구는 모르는 것을 더 정확하게 알게 되었을 때 느끼게 되는 놀라움. 호기심. 재미. "오. 이럴 수가!". 아니면 "내가 해냈어!"와 같은 감정을 느낄 수 있다면 배우는 과정에 크게 도움이 된다고 합니다.

초인지: 생각하는 것에 대해 생각하는 것

정말 배우고 싶다면, 그리고 더 빠르게, 더 자세하게 배우고 싶다면 자신이 어떤 식으로 주의를 기울이는지에 대해 주의를 기울일 필요가 있습니다. 생각하는 방법을 생각해보고, 배우는 방법을 배워야 합니다.

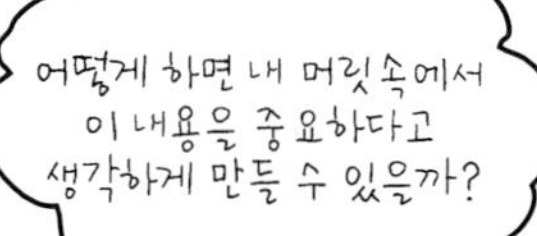

대부분의 독자들은 학창시절에 초인지(metacognition) 또는 학습 이론 등에 대해 배운 적이 없을 것입니다. 그냥 배워야 했을 뿐, 배우는 방법은 배우지 못했을 것입니다.

일단, 이 책을 읽고 있는 독자라면 자바를 배우고 싶어서 읽고 있는 것이겠죠? 그리고 가능하면 빠른 시간 안에 배우고 싶을 것입니다.

이 책을 볼 때, 그리고 어떤 형태로든지 공부를 할 때 최대한 많은 것을 얻어내려면 머리를 자유자재로 쓸 수 있어야 합니다. 자신의 머리를 그 내용에만 집중해야 합니다.

그렇게 하려면 여러분의 머리에서 새로 배우는 내용을 아주 중요한 것, 생존에 필수적인 것이라고 느끼게 만들어야 합니다. 즉, 호랑이만큼이나 중요하다고 느끼게 만들어야 합니다. 그렇지 않으면 새로운 내용을 받아들이지 않으려고 하는 머리와 끊임없이 씨름할 수 밖에 없습니다.

어떻게 하면 내 머릿속에서 이 내용을 중요하다고 생각하게 만들 수 있을까?

그러면 어떻게 해야 머리에서 자바를 굶주린 호랑이만큼 중요한 것으로 인식할 수 있을까요?

느리고 지루한 방법도 있고 빠르고 효율적인 방법도 있습니다. 느린 방법은 반복에 의지하는 것입니다. 같은 내용을 계속 반복해서 주입하면 아무리 재미없는 내용이라도 배우고 기억할 수 있습니다. 충분히 여러 번 반복하다 보면 "사실 별로 중요한 것 같진 않지만 똑같은 걸 계속해서 반복해서 보고 있으니 일단 기억은 해 주자"라는 생각이 들겠죠.

빠른 방법은 머리 활동, 그 중에서도 **서로 다른 유형의 머리 활동을 증가시킬 수 있는 방법**을 활용하는 것입니다. 26페이지에 있는 내용은 모두 이렇게 머리 활동을 증가시키기 위한 것이며, 학습 과정에 도움이 된다고 밝혀진 방법입니다. 예를 들어, 어떤 단어를 설명하는 그림 안에 그 단어를 넣어두면 (그림 밑에 있는 그림 설명 부분 또는 본문에서 설명하는 경우에 비해) 그 단어와 그림 사이의 관계를 이해하기 위해 머리가 활발하게 움직이면서 더 많은 뉴런이 활성화됩니다. 더 많은 뉴런이 활성화되면 두뇌에서 그 내용을 집중해서 살펴볼 가치가 있는 것이라고 인식할 가능성이 높아지고, 결과적으로 기억할 수 있는 확률도 높아지겠죠.

대화하는 듯한 문체가 더 나은 이유는 보통 대화를 할 때 상대방이 하는 말을 들으면서 그것을 이해하고 내용을 따라잡기 위해 노력하기 때문입니다. 그리고 더 중요한 것은 그런 대화가 책과 독자 사이의 대화인 경우에도 우리의 머리에서는 별로 다르게 느끼지 않는다는 점입니다. 하지만 문체가 딱딱하고 재미없으면 학생 수백 명이 대형 강의실에 앉아서 건성으로 수업을 들을 때와 마찬가지로 학습 효과가 떨어진다고 합니다.

하지만 그림과 대화형 문체가 전부는 아닙니다.

이 책에서는 이렇게 했습니다:

이 책에는 **그림**이 많습니다. 여러분의 머리는 문자 위주의 텍스트보다는 시각적인 쪽에 더 민감하게 반응하기 때문이지요. 머리에서 받아들이는 정도를 생각해보면 그림 한 장이 단어 1,024개보다 낫습니다. 백문이 불여일견이라는 말이 정말 딱 맞습니다. 그리고 텍스트와 그림을 함께 사용할 때 텍스트를 그림에 포함시켰습니다. 텍스트를 그림 밑에 설명하는 식으로 적어놓거나 다른 곳에 있는 텍스트에 적어놓기보다는 그림 안에 넣었을 때 교육 효과가 더 좋기 때문이죠.

이 책에서는 같은 내용을 서로 다른 방법으로, 서로 다른 매체를 통해서, 여러 감각을 거쳐서 전달하여 설명한 내용이 머리에 더 쏙쏙 잘 들어갈 수 있게 했습니다. 여러 번 **반복**하면 그만큼 효과가 좋아지니까요.

개념과 그림을 **의외의 방식**으로 활용했습니다. 여러분의 머리는 새로운 것을 더 잘 받아들이기 때문입니다. 그리고 그림과 개념을 통해 **감성**을 자극할 수 있게 했습니다. 머리에서 어떤 감흥을 불러 일으킬만한 것을 더 빠르게 받아들이기 때문이지요. 독자가 뭔가를 느낄 수 있다면 그만큼 머릿속에 오래 남습니다. 그 감정이 사소한 **유머, 놀라움, 재미** 같은 것에 불과할지라도 말이죠.

이 책에서는 개인적인 **대화를 하는 듯한 문체**를 사용했습니다. 여러분의 머리는 앉아서 강의를 듣는다고 느낄 때보다는 상대방과 대화를 한다고 느낄 때 더 집중을 잘 하기 때문이지요. 책을 읽을 때도 마찬가지입니다.

이 책에는 **연습문제**가 50개 이상 있습니다. 어떤 것에 대한 내용을 읽을 때보다는 실제로 어떤 일을 할 때 더 잘 배울 수 있고 더 잘 기억할 수 있기 때문입니다. 그리고 문제의 난이도는 조금 어려운 느낌이 드는 정도로, 하지만 어느 정도 노력하면 풀 수 있을 정도로 맞추었습니다. 대부분의 독자들이 좋아할만한 정도의 난이도로 맞추었으니 꼭 풀어보기 바랍니다.

그리고 **여러 가지 학습 방식**을 섞어서 사용했습니다. 단계별로 공부하는 쪽을 선호하는 독자도 있지만 큰 그림을 먼저 파악하는 것을 좋아하는 독자들도 있고 코드 예제만 보면 된다고 생각하는 독자도 있기 때문입니다. 하지만 어느 것을 더 좋아하든 같은 내용을 여러 방법으로 표현하는 방식은 모든 독자에게 도움이 될 것입니다.

독자들의 **양쪽 두뇌**를 모두 사용할 수 있는 내용을 포함시켰습니다. 두뇌의 더 많은 부분을 사용할수록 더 많은 것을 배우고 기억할 수 있으며, 더 오랫동안 집중할 수 있기 때문이지요. 한 쪽 두뇌를 사용하고 있을 때는 나머지 한 쪽 두뇌는 쉴 수 있기 때문에 더 오랜 시간 동안 공부할 때도 높은 효율을 유지할 수 있습니다.

두 가지 이상의 관점을 보여주는 **이야기**와 연습문제를 포함시켰습니다. 직접 어떤 것을 평가하거나 판단을 해야 하는 경우에 더 깊이 이해할 수 있기 때문이지요.

독자 여러분의 **도전 의식**을 고취시킬 수 있을만한 연습문제와 뚜렷한 정답이 없는 **질문**을 포함시켰습니다. 여러분의 머리는 실제로 뭔가를 할 때 더 많은 것을 배우고 더 잘 기억할 수 있기 때문이지요 (체육관에서 운동하는 사람들을 쳐다보기만 하는 것으로는 운동이 될 턱이 없죠? 공부하는 것도 똑같습니다). 하지만 항상 열심히 할 가치가 있는 것만 열심히 할 수 있게 노력했습니다. 너무 이해하기 힘든 예제를 붙잡고 끙끙대거나 어려운 전문용어만 잔뜩 들어있는 짤막한 문장을 해석하느라 머리가 아픈 일은 없게 했습니다.

80/20 접근법을 사용했습니다. 자바를 가지고 박사학위를 받을 생각이라면 이 책만 가지고는 안 되겠죠. 이 책에서 모든 것을 설명하지 않습니다. 여러분이 실제로 사용할 내용만 설명할 것입니다.

자신의 두뇌를 정복하는 방법

이제 여러분이 행동할 차례입니다. 여기에 나와있는 팁에서부터 시작해보세요. 자신의 두뇌에서 어떤 반응을 보이는지 살펴보고 어떤 것이 적절하고 어떤 것이 부적절한지 알아봅시다. 항상 새로운 것을 시도해보세요.

① 천천히 하세요. 한꺼번에 많은 것을 배우면 그만큼 기억할 수 있는 내용은 적어집니다.

그냥 무작정 읽지 맙시다. 잠깐씩 쉬면서 생각을 해 봅시다. 책에 있는 질문을 보고 바로 정답으로 넘어가면 안 됩니다. 누군가 다른 사람이 정말로 질문을 하고 있다고 생각하세요. 더 깊이, 신중하게 생각할수록 더 잘 배우고 기억할 수 있습니다.

② 연습문제를 꼭 풀어봅시다. 간단하게 메모를 하는 것도 좋습니다.

연습문제는 독자들을 위해 수록한 것입니다. 그냥 답만 보고 넘어가면 다른 사람이 대신 운동을 해 주는 것을 구경하는 것과 마찬가지입니다. 연습문제를 눈으로만 보고 넘어가면 안 됩니다. 반드시 **직접 필기도구를 들고** 문제를 해결해봅시다. 실제로 배우는 과정에서 몸을 움직이는 것이 도움이 된다고 합니다.

③ "바보 같은 질문은 없습니다" 부분을 반드시 읽어보세요.

반드시 모두 읽어보세요. 그냥 참고자료로 수록한 것이 아니라 이 책의 주 내용의 일부분입니다. 오히려 답보다는 문제가 더 중요한 경우도 있답니다.

④ 한 자리에만 앉아서 공부하지 맙시다.

자리에서 일어나서 스트레칭도 해 보고 방 안을 돌아다녀보거나 다른 의자에 앉아보거나 다른 방으로 옮겨보세요. 이렇게 하면 여러분의 두뇌에서 뭔가 다른 것을 느낄 수도 있고, 자신이 공부한 내용이 한 장소에만 연결되는 것도 방지할 수 있습니다.

⑤ 잠자리에 들기 직전에 마지막으로 이 책을 읽어보세요.

학습 과정의 일부(특히 장기 기억으로의 전이 과정)는 책을 놓은 후에 일어납니다. 여러분의 두뇌에서 어떤 처리 과정을 처리하는 데에는 시간이 필요하기 때문이죠. 그런 처리 작업 중간에 다른 것이 끼어들면 새로 배운 것을 잊어버릴 가능성이 높아집니다.

⑥ 물을 마십시다. 될 수 있으면 많이 마시는 것이 좋습니다.

두뇌가 잘 돌아가려면 물이 많이 필요합니다. 수분이 부족하면(목이 마르다는 느낌이 들면 수분이 부족한 것입니다) 인지 기능이 저하됩니다.

⑦ 새로 배운 것을 소리내어 말해봅시다.

말을 두뇌에서 눈으로 읽기만 할 때와는 다른 부분이 활성화됩니다. 뭔가를 이해하려고 하거나 나중에 더 잘 기억하고 싶다면 크게 소리내어 말해보세요. 다른 사람한테 설명하면 더 좋습니다. 더 빠르게 배울 수 있는 데다가 몰랐던 것도 새삼 알게 될 수 있기 때문입니다.

⑧ 자신의 두뇌의 반응에 귀를 기울여봅시다.

여러분의 두뇌가 너무 힘들어하고 있지는 않은지 관심을 가져봅시다. 대강 훑어보고 있거나 방금 읽은 것을 바로 잊어버린다는 느낌이 들면 잠시 쉬는 것이 좋습니다. 일단 어느 정도 공부를 하고 나면 무조건 파고든다고 해서 더 빨리 배울 수 있는 것이 아닙니다. 오히려 공부하는 데 방해가 될 수도 있습니다.

⑨ 뭔가를 느껴봅시다.

여러분의 두뇌에서 지금 공부하고 있는 것이 중요하다고 느낄 수 있어야 합니다. 책 속에 나와있는 이야기에 몰입해보세요. 그리고 책에 나와있는 사진에 직접 제목을 붙여보세요. 아무것도 느끼지 않는 것보다는 썰렁한 농담을 보고 비웃기라도 하는 쪽이 낫습니다.

⑩ 직접 코드를 입력하고 실행해봅시다.

코드 예제를 직접 입력해서 실행해보세요. 그리고 코드를 조금씩 고쳐보세요(물론, 그러다 보면 프로그램이 아예 돌아가지 않을 수도 있습니다. 하지만 그런 과정에서 프로그램이 어떤 식으로 돌아가는지 더 자세하게 알아낼 수 있습니다). 긴 예제나 인스턴트 코드를 실행시킬 때는 wickedly smart.com에서 소스 파일을 내려 받아서 써도 됩니다.

이 책을 읽는 데 필요한 것:

통합 개발 환경(IDE, Integrated Development Environment)과 같은 개발 도구는 전혀 필요 없습니다. 이 책을 끝낼 때까지는 (특히 16장이 끝나기 전까지는) 무조건 기본적인 텍스트 편집기만 사용합시다. IDE를 사용하면 정말 중요한 내용을 자세하게 모르고 넘어갈 수 있기 때문에 일단 처음 배울 때는 명령행에서 정확한 내용을 이해하고, 그런 과정을 자동으로 처리해주는 도구는 나중에 사용하는 것이 좋습니다.

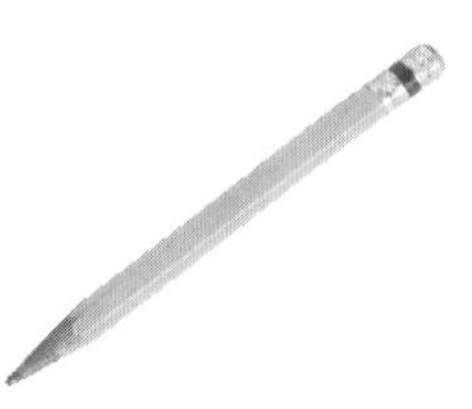

자바 설치 방법

- 1.3 이상 버전의 **자바 2 스탠다드 에디션 SDK**(J2SE SDK, Java 2 Standard Edition Software Development Kit)가 없으면 새로 설치해야 합니다. 리눅스나 윈도우즈, 또는 솔라리스를 사용한다면 java.sun.com(썬의 자바 개발자용 웹사이트)에서 무료로 내려받을 수 있습니다. 보통 메인 페이지에서 두세 번 정도만 클릭하면 J2SE 내려받기 페이지가 나옵니다. 이 중에서 베타 버전을 제외한 것 가운데 가장 최근에 나온 버전을 내려받아서 쓰면 됩니다. Mac OS X 10.4에는 자바 SDK가 자동으로 설치됩니다. OS X에 기본으로 포함되기 때문에 따로 설치하지 않아도 됩니다. OS X의 이전 버전을 사용하고 있다면 아마 이전 버전이 깔려 있을텐데, 그래도 이 책에 있는 코드의 95% 정도는 실행시킬 수 있을 것입니다.

  참고: 이 책은 자바 1.5를 기준으로 만들었습니다. 썬에서는 자바 1.5 출시 직전에 마케팅용으로 자바 5라고 이름을 바꿨습니다. 하지만 개발자 킷은 여전히 "버전 1.5"로 나옵니다. 자바 1.5, 자바 5, 자바 5.0, 또는 "타이거"(자바 5의 코드명)는 전부 똑같습니다. 자바 3.0이나 4.0은 한 번도 나오지 않았습니다. 버전 1.4에서 5.0으로 바로 넘어갔죠. 자바 5가 아니라 자바 1.5라고 부르는 경우가 종종 있을 텐데, 그냥 똑같다고 생각하면 됩니다. (신기하게도 자바 5와 Mac OS X 10.4의 코드명이 둘 다 "타이거"입니다. 자바 5를 쓰려면 Mac OS X 10.4가 필요하기 때문에 종종 "타이거에서 타이거를 돌린다"는 표현을 하기도 하는데, Mac OS X 10.4에서 자바 5를 사용한다는 뜻으로 이해하면 됩니다.)

- SDK에는 **API 설명서**가 기본으로 포함되어있지 않은데, 그 설명서도 자바를 공부하는 데 반드시 필요합니다. java.sun.com에서 J2SE API documentation을 내려받으세요. 내려받지 않고 온라인으로 읽을 수도 있지만 상당히 귀찮습니다. 웬만하면 내려받아 두고 보는 것이 좋습니다.

- **텍스트 편집기**가 있어야 합니다. vi, emacs, pico를 비롯한 아무 텍스트 편집기나 써도 됩니다. 운영체제에 기본으로 포함되어있는 GUI 편집기(메모장, 워드패드, TextEdit 등)를 써도 됩니다. 소스 코드 파일명 끝에 .txt를 덧붙이면 안 된다는 점만 주의하면 됩니다.

- 내려받기와 설치(운영체제에 따라 방법은 조금씩 다릅니다)가 끝나면 **PATH** 환경 변수에 메인 자바 디렉토리 밑에 있는 /bin 디렉토리를 추가해야 합니다. 예를 들어, J2SDK가 j2sdk1.5.0이라는 디렉토리에 설치되어 있다면, 그 디렉토리 안에 자바 바이너리 파일(각종 프로그램)이 들어있는 bin이라는 디렉토리가 있을 것입니다. 바로 그 디렉토리를 PATH 변수에 추가하면 됩니다.

  ```
  % javac
  ```

  그러면 명령행에서 위와 같은 명령을 입력했을 때 터미널에서 javac라는 자바 컴파일러를 바로 실행시킬 수 있습니다.

  참고: 설치할 때 문제가 있다면 javaranch.com의 초보자 포럼에 들어가 보세요. 꼭 문제가 없어도 이 초보자 포럼에 들어가 보면 많은 것을 배울 수 있을 것입니다.

참고: 이 책에 수록된 코드는 대부분 wickedlysmart.com에서 내려받아서 쓸 수 있습니다.

마지막으로 알아둬야 할 몇 가지:

이 책은 레퍼런스용 책이 아니라 자바를 배우기 위한 책입니다. 그래서 내용 설명에 방해될 만한 부분은 최대한 생략했습니다. 그리고 이 책은 앞서 배운 내용을 알아야만 뒷부분의 내용을 이해할 수 있는 형태로 만들었기 때문에 맨 앞부터 순서대로 읽어야 합니다.

간단한 UML 형태의 도표를 사용했습니다.

순수한 UML을 사용했다면 정말 자바와 비슷하게 생긴 것이 나오겠지만 문법이 틀립니다. 그래서 자바 문법과 충돌하는 것을 방지하기 위해 UML을 간단하게 만든 형태로 수록했습니다. UML을 모른다고 해도 굳이 새로 배울 필요는 없습니다. 자바에만 전념하세요.

간단한 형태의 변형된 UML 비스무레한 도표를 사용했습니다.

코드를 구조화하고 패키지를 만드는 방법은 맨 뒷부분에 수록했습니다.

이 책은 자바 프로그램을 개발할 때 필요한 자질구레한 행정적인 문제는 신경 쓰지 않고 자바를 배우는 데만 전념할 수 있게 만들었습니다. 물론, 실제 세계에서는 이런 자세한 내용을 알아야 하고 잘 활용할 수 있어야 합니다. 그래서 이 책에서도 그런 내용을 배울 수 있습니다. 하지만 이 책의 끝부분(18장)에서 알아볼 것입니다. 일단 그 전까지는 자바를 공부하는 데 전념하도록 합시다.

각 장 끝에 있는 연습문제는 필수사항입니다. 퍼즐은 꼭 해 보지 않아도 됩니다. 연습문제와 퍼즐의 정답은 각 장 맨 뒤에 나와있습니다.

퍼즐은 그냥 퍼즐에 불과합니다. 논리 퍼즐, 십자 낱말풀이와 같은 퍼즐을 생각하면 됩니다. 연습문제는 그 장에서 배운 내용을 정리해보기 위한 것으로, 모두 풀어봐야 합니다. 하지만 퍼즐은 조금 다릅니다. 퍼즐 중에는 꽤 까다로운 것도 있습니다. 이런 퍼즐은 정말 퍼즐을 좋아하는 독자들을 위한 것입니다. 잘 모르겠다면 그냥 일단 몇 개를 풀어보세요. 그리고 퍼즐이 안 풀린다거나 퍼즐을 푸는 시간이 아깝게 느껴진다면 그냥 넘어가도 됩니다.

'연필을 깎으며' 부분도 반드시 직접 해 보세요.

'연필을 깎으며' 연습문제에는 정답이 없습니다.

아, 이 책에 안 나와있다는 말입니다. 딱히 정확한 정답이라고 할 수 있는 것이 없는 문제도 있고 답이 맞는지, 답이 맞는 조건은 어떻게 되는지 여러분이 결정해야 하는 문제도 있습니다 (저자들이 추천하는 답안을 보고 싶다면 *headfirstjava.com*을 참조하세요).

연습문제는 반드시 풀어보세요. 정말 자바를 배우고 싶다면 절대로 건너뛰면 안 됩니다.

코드 예제는 최대한 간단하게 만들었습니다.

코드가 200줄이 넘는데 그 중에서 꼭 읽어봐야 하는 내용이 두 줄 밖에 안 된다면 짜증나겠죠? 이 책에 있는 대부분의 예제에서는 최소한의 분량만 수록했습니다. 그래야 그 때 그 때 배우고 있는 내용만 확실하게 이해할 수 있으니까요. 그러다 보니 이 책에 나와있는 코드는 자세하다거나 완벽하다고 할 수 없습니다. 코드를 다듬는 일은 독자 여러분의 몫입니다. 이 책에 나와있는 예제는 주로 배우기 위한 용도로 만든 것이므로 완벽한 기능을 갖추고 있는 것은 아닙니다.

이렇게 생긴 퍼즐 그림으로 표시된 것은 꼭 할 필요는 없습니다. 까다로운 논리 문제나 십자 낱말풀이를 별로 좋아하지 않는다면 그냥 건너뛰어도 됩니다.

기술 편집인

보통 이 부분에는 "정말 많은 사람들이 작업했지만 이 책에 실수가 있다면 그 책임은 모두 필자에게 있습니다…" 같은 내용이 들어갑니다. 그런데 솔직히 말해서 다 거짓말입니다. 여기에 두 명의 사진이 나와있지요? 이 책에 뭔가 기술적인 문제가 있다면 아마 그 둘 중 한 사람이 잘못했기 때문일 것입니다. :)

제시카(Jessica Sant)는 휴렛팩커드의 HP 미들웨어 선셋 팀(Sunset Team)에서 일합니다. 빌라노바 대학교(Villanova University)에서 컴퓨터 공학 학사과정을 마쳤고 SCPJ 1.4 와 SCWCD 자격증을 가지고 있으며 이제 몇 달만 있으면 드렉셀 대학교 소프트웨어 공학과에서 석사 학위를 받게 됩니다.

여가 시간에는 미니 쿠퍼 S를 가지고 노는 걸 즐깁니다. 뜨개질 작품이 완성될 때마다 고양이랑 뜨개실 때문에 다투곤 하죠. 유타 주의 솔트레이크 씨티에서 왔고 (몰몬교도는 아닙니다) 지금은 남편 멘드라와 고양이 두 마리(차이, 세이크)와 함께 필라델피아 근처에서 살고 있습니다.

그리고 javaranch.com에 있는 기술 포럼 중 하나에서 모더레이터로도 활동하고 있습니다.

발렌틴(Valentin Crettaz)은 스위스 로잔에 있는 스위스 연방 공과대학교(EPFL)에서 전산학 석사를 받았습니다. 캘리포니아주 먼로 파크에 있는 SRI 인터내셔널에서 소프트웨어 엔지니어로 일했고, EPFL의 소프트웨어 엔지니어링 연구실의 선임 엔지니어로 일했습니다.

소프트웨어 아키텍처 솔루션 개발을 전문으로 하는 콘드리스 테크놀로지의 공동 창립자이며, CTO를 맡고 있습니다.

애스펙트 지향 기술, 디자인 및 아키텍처 패턴, 웹 서비스, 소프트웨어 아키텍처 같은 분야의 연구 및 개발에 관심이 많습니다. 여가 시간에는 아내와 함께 시간을 보내거나 정원을 손질하거나 책을 읽거나 운동을 하는 것 외에 javaranch.com에서 SCBCD 및 SCDJWS 포럼의 모더레이터로 활동하기도 합니다. SCJP, SCJD, SCBCD, SCWCD, SCDJWS 자격증을 가지고 있습니다. 위즈랩스(Whizlabs) SCBCD 시험 시뮬레이터를 만드는 데도 참여했습니다.

(발렌틴이 넥타이를 매고 있는 모습은 정말 쇼킹하군요)

~~감사~~ ~~불평~~의 글

오라일리:

누구보다도 이 모든 것을 시작할 기회를 주고, 헤드 퍼스트 개념을 책으로(게다가 시리즈로) 내는 데 가장 큰 도움을 준 마이크 루키디스에게 고맙다는 말을 전하고 싶습니다. 지금까지 헤드 퍼스트 시리즈가 다섯 권이나 나오는 동안 항상 적극적으로 지원해 주었습니다. 기존의 책과 완전히 다른 작업을 시작하는, 쉽지 않은 결정을 내려준 팀 오라일리에게도 감사드립니다. 헤드 퍼스트 시리즈를 현실에 맞게 만드는 방법을 제시해주고 시리즈 기획을 맡아 준 똑똑하고 재능 있는 카일 하트에게도 고마운 마음을 금할 길이 없답니다. 마지막으로 헤드 퍼스트 시리즈답게 "머리가 크게 강조된" 커버를 디자인해 준 에디 프리드먼에게도 고맙다는 말을 하고 싶습니다.

베타테스터와 리뷰어:

누구보다도 중요한 사람은 조해너스 드 종입니다. 벌써 헤드 퍼스트 시리즈로 다섯 권째 작업을 하는 동안 항상 우리 곁에서 많은 도움을 주고 있습니다. 제프 컴프스는 세 권째 작업을 같이 했는데, 쉴 틈 없이 더 명료하고 정확하게 만들 수 있도록 도움을 주고 있습니다.

코레이 맥글론은 정말 대단합니다. 자바랜치에서 가장 깔끔하게 설명을 해 주는 사람입니다. 그 중에 몇 가지는 저희가 훔쳐 썼어요. 제이슨 메나드도 기술적인 면에서 몇 가지 큰 오류를 지적해 주었고, 토마스 폴은 꾸준히 피드백을 해 주면서 우리가 빠뜨린 몇 가지 미묘한 문제들을 지적해 주었습니다. 놀라운 자바 내공으로 2판을 만드는 데 도움을 준 제인 그리츠티와 자바랜치의 고참 회원인 배리 곤트에게서도 많은 도움을 받았습니다.

1, 2판에 걸쳐서 많은 도움을 준 마릴린 드 퀘이로즈, 1판에서 이루 말할 수 없이 많이 도와줬던 크리스 존스, 존 나이퀴스트, 제임스 쿠베타, 테리 쿠베타, 아이라 베커에게도 감사의 마음을 전합니다.

초창기부터 우리를 도와준 헤드 퍼스트 멤버인 안젤로 셀레스티, 미칼라이 자이킨, 토마스 더프(twduff.com)도 빼놓을 수 없습니다. 우리의 끝내주는 요원인 스튜디오 B의 데이비드 로젤버그에게도 감사드립니다. (그런데 진지하게 묻는 건데, 영화 판권은 어때요?)

코레어 맥글론

제프 컴프스

이 책에 큰 도움을 준 자바 리뷰어...

조해너스 드 종

제이슨 메나드

토마스 폴

마릴린 드 퀘이로즈

로드니 J. 우드러프

제임스 쿠베타   테리 쿠베타

아이라 베커

존 나이퀴스트

크리스 존스

아직 감사의 글이 끝나지 않았습니다.*

1판 제작에 도움을 준 자바 전문가(무작위순)

에미코 호리, 마이클 토피츠, 마이크 갤리휴, 매니시 하트완, 제임스 체그위든, 슈웨타 매터, 모하메드 마자힘, 존 페이버드, 조셉 비, 스쿨라트 파타나비치, 서닐 팔리차, 수다사트와 고시, 램키 스리니바산, 알프레드 라우프, 안젤로 셀레스테, 니콜라이 자이킨, 존 죄테비어, 짐 플레거, 배리 곤트, 마크 딜렌

1판 퍼즐 팀:

더크 슈렉만, 메리 "자바 십자낱말풀이 챔피언" 레너스, 로드니 J. 우드러프, 개빈 봉, 제이슨 메나드. javaranch.com에 여러분이 있다는 것이 정말 다행이라고 생각해요.

또 다른 도움을 주신 분

폴 휘튼, 수천명의 자바를 배우는 사람들을 지원하는 javaranch 책임자
솔베이그 호글랜드, J2EE의 여왕, 『*Dating Design Patterns*』의 저자
기술서적의 세계를 파악하는 데 도움을 준 도리 스미스와 톰 네그리노(backupbrain.com)

이 책을 시간 내에 끝낼 수 있도록 Bawls™를 제공해 준 헤드 퍼스트 공범 **에릭 프리먼과 베스 프리먼**(『Head First Design Patterns』의 저자)

정말 중요한 도움을 준 **셰리 도리스**

용감한 얼리 어답터

조 리톤, 로스 골드버그, 도미니크 다 실바, 어니스트퍽, 대니 브롬버그, 스티븐 레프, 엘튼 휴즈, 에릭 크리스텐센, 벌린 느구옌, 마크 라우, 압둘하프, 네이슨 올리펀트, 마이클 브래들리, 알렉스 대로, 마이클 피셔, 사라 노팅엄, 팀 앨런, 밥 토머스, 마이크 비비

*실은 이 책을 적어도 한 권 이상(친척이나 친구들한테도 주겠죠) 사지 않을까 하는 우리들의 이론을 확인해보기 위해 이렇게 많은 사람들의 이름을 감사의 글에 올렸습니다. 다음 책의 감사의 글에 실리고 싶으신 분, 그 중에서도 친척이나 친구가 많은 분들은 저희한테 연락해주세요. ^^;

껍질을 깨고

자바가 여러분을 새로운 세계로 인도합니다. 1.02 버전이 처음 공개된 이후로 자바는 친숙한 문법, 객체 지향적인 기능, 메모리 관리 그리고 무엇보다도 이식성에 대한 약속을 통해 많은 프로그래머를 유혹했습니다. **한 번 만들면 어디에서든지 실행**할 수 있다는 장점은 정말 뿌리치기 힘들만큼 매혹적이지요. 하지만 수많은 프로그래머가 버그나 제약 조건, 그리고 무엇보다도 무지무지하게 느리다는 단점에 대항하여 열심히 싸워야 했습니다. 물론, 이제는 다 옛날 얘기가 됐습니다. 지금 막 자바를 시작하고 있다면 '여러분은 **정말 행운아**'라고 말할 수 있을 것 같군요. 오래 전에 자바를 시작한 사람은 간단한 애플릿 하나를 만드는 데도 정말 맨 발로 산을 넘고, 바다를 건너야 할 정도로 고생을 했답니다. 하지만 이제는 **더 폼 나고, 더 빠르고, 훨씬 강력해진** 최신 버전의 자바가 있기 때문에 정말 좋아졌어요.

자바는 어떤 식으로 돌아갈까요?

애플리케이션 하나만 만들어서(여기에서는 대화형 파티 초대장)
친구들이 가지고 있는 다양한 장치에서 돌아갈 수 있게 만드는
방법을 생각해봅시다.

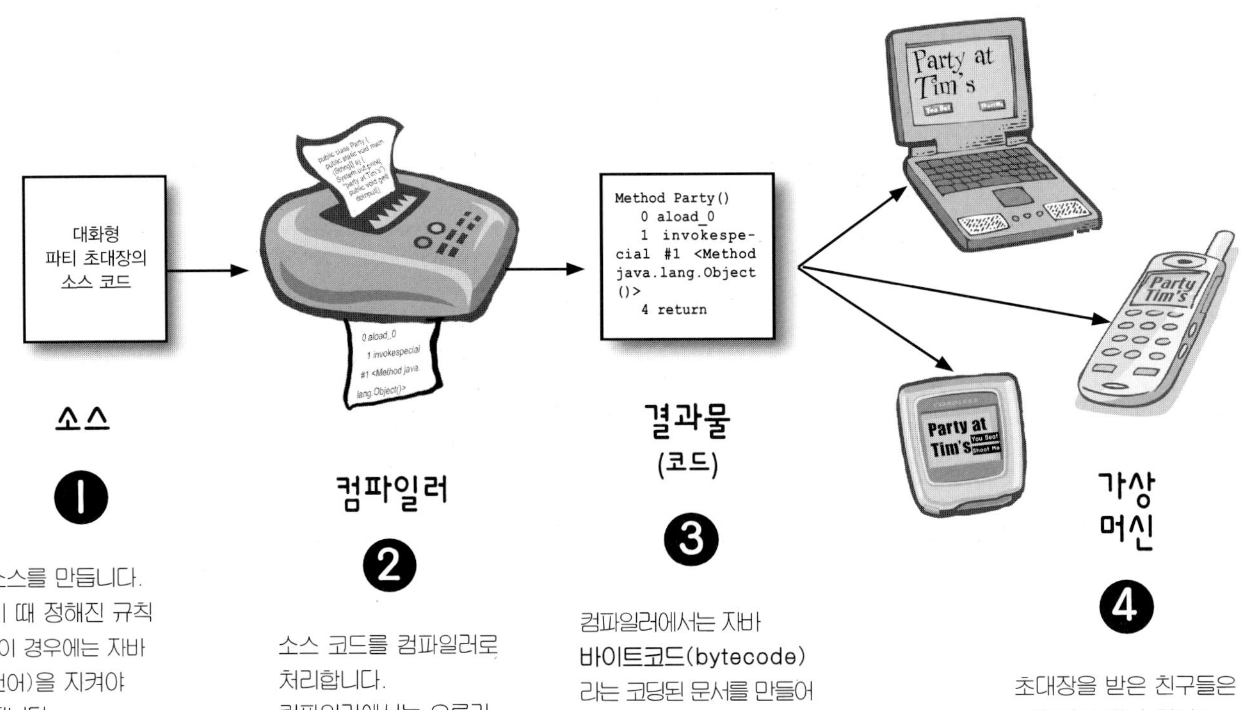

1

소스를 만듭니다.
이 때 정해진 규칙
(이 경우에는 자바
언어)을 지켜야
됩니다.

2

소스 코드를 컴파일러로
처리합니다.
컴파일러에서는 오류가
없는지 확인하고 모든 것이
제대로 돌아가는 경우에만
최종 결과를 만들어줍니다.

3

컴파일러에서는 자바
바이트코드(bytecode)
라는 코딩된 문서를 만들어
줍니다. 자바를 돌릴 수 있는
모든 장치에서는 이 파일을
뭔가 실행시킬 수 있는 형태로
해석(번역) 할 수 있습니다.
그리고 컴파일 바이트코드는
플랫폼에 무관하게 사용할
수 있습니다.

4

초대장을 받은 친구들은
물리적인 자바 머신은
없지만 다른 전자제품
안에서 돌아가는 **가상**
자바 머신(소프트웨어로
구현됩니다)을 가지고
있습니다.
이런 자바 가상 머신에서
바이트코드를 실행시킬
수 있지요.

실제 자바로 할 수 있는 일

일단 소스 코드를 입력하고 javac 컴파일러로 컴파일한 다음,
컴파일된 바이트코드를 자바 가상 머신에서 실행시키면 됩니다.

```
import java.awt.*;
import java.awt.event.*;
class Party {
  public void buildInvite() {
    Frame f = new Frame();
    Label l = new Label("Party at Tim's");
    Button b = new Button("Y ou bet");
    Button c = new Button("Shoot me");
    Panel p = new Panel();
    p.add(l);
    } // 기타코드 ...
}
```

소스

소스 코드를 입력합니다.
그리고 Party.java라는
이름으로 저장합니다.

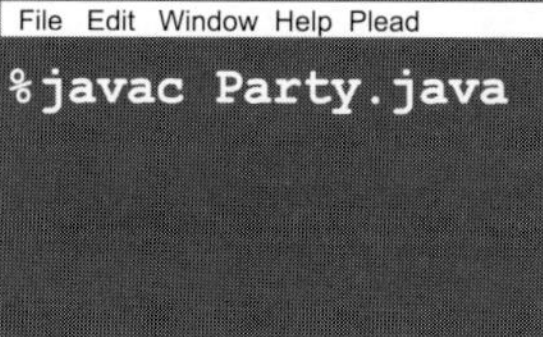

컴파일러

javac(컴파일러 애플리케
이션)를 실행시켜서
Party.java 파일을
컴파일합니다. 아무런
오류도 생기지 않으면
Party.class라는
새로운 파일이
만들어집니다.

```
Method Party()
  0 aload_0
  1 invokespecial #1 <Method
java.lang.Object()>
  4 return
Method void buildInvite()
  0 new #2 <Class java.awt.Frame>
  3 dup
  4 invokespecial #3 <Method
java.awt.Frame()>
```

결과물
(코드)

컴파일된 코드: Party.class

가상
머신

자바 가상 머신(JVM,
Java Virtual Machine)을
통해 Party.class 파일을
실행시킵니다. JVM은 바이
트코드를 해당 플랫폼에서
이해할 수 있는 형태로
해석하여 그 프로그램을
실행시켜줍니다.

(참고: 이 부분은 아직 튜토리얼은 아닙니다. 진짜
코드는 잠시 후에 알아볼 거예요. 일단 지금은 어떤
식으로 돌아가는지 대강감을 잡을 수 있도록 합시다.)

간단히 정리해 본 자바의 역사

자바 1.02

클래스 개수: 250개

느림

귀여운 이름과 로고를 달고 나왔고 재미있는 면이 많이 있었습니다. 버그도 많았죠. 무엇보다도 **애플릿**(applet)을 만들기 위한 용도로 많이 쓰였습니다.

자바 1.1

클래스 개수: 500개

약간 빠름

기능도 **다양**해지고 더 **친숙**하게 바뀌었습니다. 이 때부터 인기를 끌기 시작했고 GUI 코드도 향상되었죠.

자바 2
(버전 1.2~1.4 이후)

클래스 개수: 2,300개

훨씬 빠름

정말 **강력**해졌습니다. 심지어 **네이티브 고유 코드**와 거의 같은 속도로 실행되는 경우도 있습니다. J2ME, J2SE, J2EE의 세 종류로 분리되어 나옵니다. 엔터프라이즈(주로 웹 기반) 및 모바일 애플리케이션의 주력 언어가 됐습니다.

자바 5.0
(버전 1.5 이상)

클래스 개수: 3500개

더 강력해지고 개발하기 편해짐

자바 5.0("타이거")에서는 천 개 이상의 클래스가 추가된 것 외에, 언어 자체에도 많은 기능이 추가되었습니다. 프로그래머 입장에서는 (적어도 이론적으로는) 개발하기가 편해지고, 다른 언어에서 많이 쓰이던 새로운 기능들이 추가되었습니다.

자바 코드는 정말 쉽게 만들 수 있습니다.

각 행의 의미가 어떻게 되는지 적어봅시다. (정답은 다음 페이지에…)

```java
int size = 27;
String name = "Fido";
Dog myDog = new Dog(name, size);
x = size - 5;
if (x < 15) myDog.bark(8);

while (x > 3) {
    myDog.play();
}

int[] numList = {2,4,6,8};
System.out.print("Hello");
System.out.print("Dog: " + name);
String num = "8";
int z = Integer.parseInt(num);

try {
    readTheFile("myFile.txt");
}
catch(FileNotFoundException ex) {
    System.out.print("File not found.");
}
```

'size'라는 정수 변수를 선언하고 27이라는 값을 대입합니다.

Q: 옆에 있는 표에 보니까 자바 2랑 자바 5.0은 있는데, 자바 3하고 자바 4는 어디 있어요? 그리고 자바 5.0이라고 나와 있는데, 자바 2는 왜 자바 2.0이라고 안 쓰죠?

A: 마케팅의 세계란 정말 심오하죠… 자바 버전이 1.1에서 1.2로 올라갔을 때, 바뀐 것이 정말 많았어요. 그러다 보니 마케팅 팀에서 아예 이름을 새로 정해야 되겠다는 생각에 "자바 2"라는 이름을 붙였죠. 실제 자바 버전은 1.2였는데도 말예요. 버전 1.3하고 1.4는 계속 자바 2로 간주되었습니다. 자바 3나 자바 4 같은 건 없었죠. 자바 1.5가 나올 때도 정말 많은 변화가 있었습니다. 그래서 마케팅 팀에서는 (개발자들도 대부분 동의했죠) 새로운 이름이 필요하다는 생각에 어떤 이름을 쓸까 고민을 했습니다. 사실 숫자 상으로 볼 때 "3"이 와야 했는데, 자바 1.5를 "자바 3"이라고 부르려니 오히려 더 혼란스러울 것 같다는 생각이 들어서 그냥 버전 "1.5"의 "5"에 맞춰서 "자바 5.0"이라고 부르기로 했습니다.

그래서 오리지널 자바는 버전 1.02(처음으로 공식 릴리즈된 버전)부터 1.1까지는 "자바"였습니다. 버전 1.2, 1.3, 1.4는 "자바 2"였죠. 그리고 버전 1.5부터는 "자바 5.0"이라고 부릅니다. 하지만 종종 (.0을 빼고) "자바 5"라고 부르기도 하고, 또는 (코드명을 따라서) "타이거"라고 부르기도 합니다. 다음 릴리즈에 어떤 이름이 붙을지는 저희도 잘 모르겠네요.

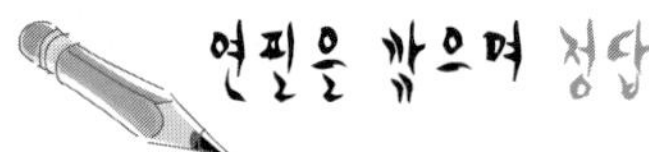

자바 코드는 정말 쉽게 만들 수 있습니다.

잘 모르겠다고 주눅이 들 필요는 없습니다.
여기에 있는 내용은 이 책의 초반부에서 아주 자세하게 배우게 됩니다. 이미 자바하고 비슷한 언어를 써 본 적이 있다면 별로 안 어려울 겁니다. 혹시 잘 모르겠더라도 걱정하진 마세요. 금방 배울 수 있을 거예요…

```java
int size = 27;
String name = "Fido";
Dog myDog = new Dog(name, size);
x = size - 5;
if (x < 15) myDog.bark(8);

while (x > 3) {
    myDog.play();
}

int[] numList = {2,4,6,8};
System.out.print("Hello");
System.out.print("Dog: " + name);
String num = "8";
int z = Integer.parseInt(num);

try {
    readTheFile("myFile.txt");
}
catch(FileNotFoundException ex) {
    System.out.print("File not found.");
}
```

'size'라는 정수 변수를 선언하고 27을 대입합니다.
'name'이라는 문자열 변수를 선언하고 "Fido"라는 값을 대입합니다.
'myDog'라는 Dog 변수를 선언하고 'name', 'size'를 써서 새로운 Dog 객체를 만듭니다.
27('size'의 값)에서 5를 빼고 'x'라는 변수에 대입합니다.
x(22)가 15보다 작으면 개가 여덟 번 짖도록 합니다.
x가 3보다 크면 순환문을 돌립니다.
개가 놀도록 만듭니다. (play() 메소드를 실행시킴)
순환문이 끝나는 부분 - { } 안에 있는 것들이 조건에 따라 반복됩니다.
'numList'라는 정수 배열을 선언하고 2, 4, 6, 8을 집어넣습니다.
"Hello"를 출력합니다. 아마 명령행으로 출력되겠죠?
명령행에 "Dog: Fido"라고 출력합니다.
'num'이라는 문자열 변수를 선언하고 "8"이라는 값을 대입합니다.
"8"이라는 문자열을 8이라는 숫자 값으로 변환합니다.
뭔가를 시도해 봅니다. 잘 안될 수도 있습니다.
"myFile.txt"라는 텍스트 파일을 읽습니다. (적어도 시도는 해야죠…)
"시도하는 부분"이 끝났나 봅니다. 여러 가지를 함께 시도할 수도 있나 봅니다.
시도했던 게 잘 안 됐을 때 쓰이는 부분입니다.
실패했을 경우에 명령행에 "File not found."라고 출력합니다.
'try' 부분이 잘 안 됐을 경우에 실행할 내용이 끝났나 봅니다.

자바 코드의 구조

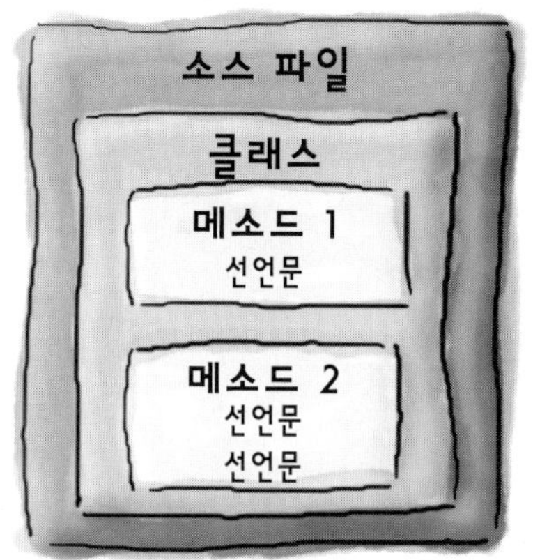

소스 파일 안에는 클래스가 들어갑니다.

클래스에는 메소드가 들어갑니다.

메소드에는 선언문이 들어가지요.

소스 파일에는 무엇이 들어있을까요?

소스 코드 파일(.java라는 확장자가 붙은 파일)에서는 **클래스**(class) 각각 한 개씩을 정의합니다. 클래스는 보통 프로그램의 한 부분이라고 할 수 있지만 아주 작은 애플리케이션 중에는 클래스 단 하나만으로 이뤄진 것도 있습니다. 클래스는 한 쌍의 중괄호({ }) 안에 들어가야 합니다.

클래스 안에는 무엇이 들어있을까요?

클래스에는 **메소드**(method)가 한 개 이상 들어갑니다. 예를 들어, (개를 나타내는) Dog 클래스에는 (짖는 것을 의미하는) bark 라는 메소드가 들어갈 수 있으며, 이 메소드에는 개가 짖는 방법을 지시하는 내용이 들어가면 될 것입니다. 메소드는 클래스 안에서(즉, 클래스 전체를 감싸는 중괄호 안에서) 선언해야 합니다.

메소드 안에는 무엇이 들어있을까요?

메소드를 감싸는 중괄호 안에는 메소드에서 처리할 일을 지시하는 내용이 들어갑니다. 메소드 코드는 기본적으로 일련의 선언문을 모아놓은 것이므로 지금은 메소드를 일종의 함수나 프로시저와 비슷한 것으로 생각해도 됩니다.

클래스를 해부합시다.

JVM이 실행되면 우선 사용자가 명령행에서 지정한 클래스를 살펴봅니다.
그리고 나서 다음과 같은 특별한 메소드를 찾아봅니다.

```java
public static void main (String[] args) {
    // 코드가 들어갈 자리
}
```

이런 메소드를 찾으면 JVM에서는 main 메소드의 중괄호 ({}) 안에 있는 것을 모두 실행시킵니다.
모든 자바 애플리케이션에는 최소한 클래스 한 개가 있어야 하며 적어도 main 메소드 하나가 있어야
합니다(클래스마다 하나씩이 아니라 애플리케이션마다 하나씩 있어야 합니다).

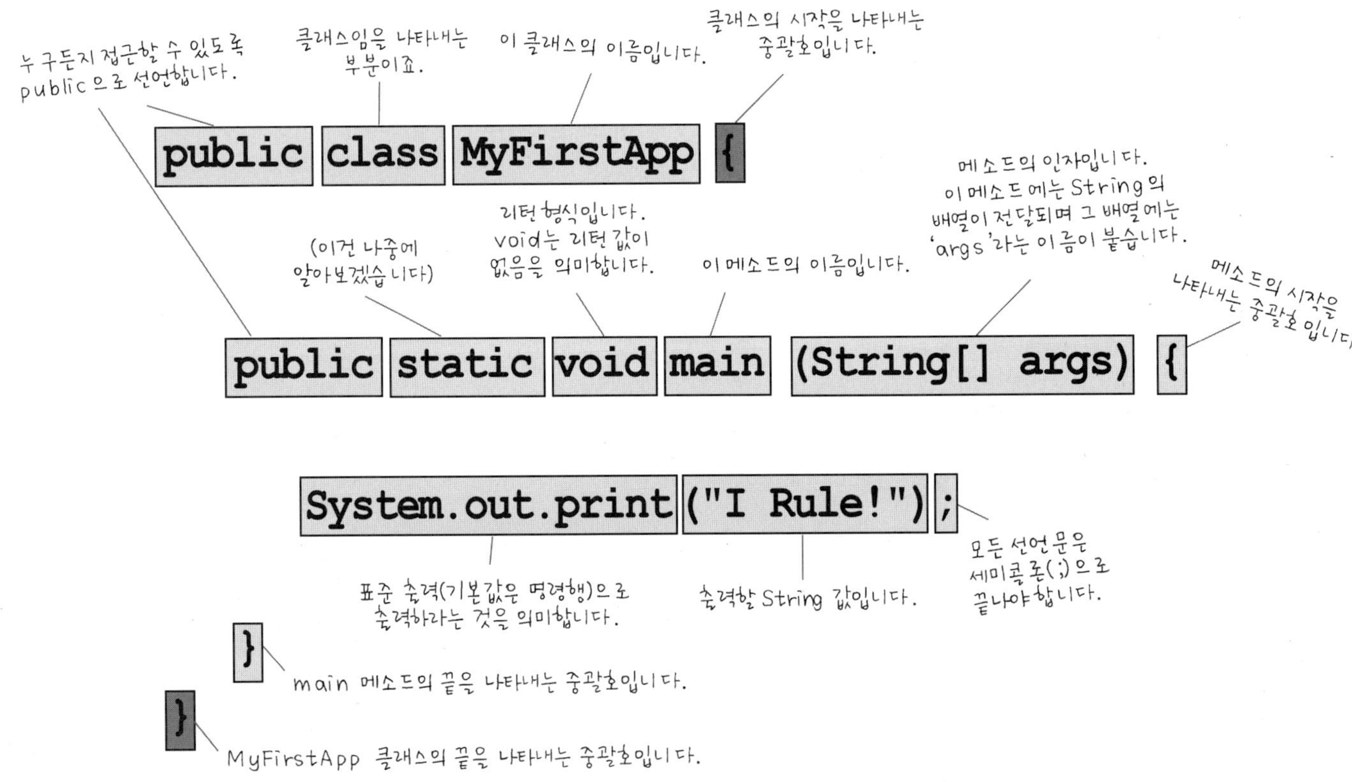

main이 들어있는 클래스 만들기

자바에서는 모든 것이 **클래스** 안에 들어갑니다. 우선 (.java 확장자가 붙어있는) 소스 코드 파일을 입력한 다음 컴파일해서 (.class 확장자가 붙어있는) 새로운 클래스 파일을 만들면 됩니다. 프로그램을 실행시킨다는 것은 사실 클래스를 실행시키는 것이라고 할 수 있지요.

프로그램을 실행시킨다는 것은 자바 가상 머신(JVM, Java Virtual Machine)에 "**My First App** 클래스를 불러오고 그 **main**() 메소드를 시작하라. 그리고 **main**() 메소드에 있는 모든 코드가 실행될 때까지 계속 실행시켜라"라는 뜻의 명령을 내리는 것입니다.

클래스에 대한 자세한 내용은 2장에서 알아보기로 하고, 지금은 **실행 가능한 자바 코드를 만드는 방법**에 대해 살펴보기로 하겠습니다. 그러면 우선 **main**()부터 시작해보죠.

프로그램 실행 절차가 시작되는 부분은 바로 **main**() 메소드입니다.

프로그램이 아무리 커도(바꿔 말하자면 프로그램에서 얼마나 많은 개수의 클래스를 사용하든 상관없이) 프로그램을 실행시키려면 반드시 **main**() 메소드가 필요합니다.

```
public class MyFirstApp {

    public static void main (String[] args) {
       System.out.println("I Rule!");
       System.out.println("The World");
    }

}
```

❶ 저장
MyFirstApp.java

❷ 컴파일
javac MyFirstApp.java

❸ 실행

main 메소드란?

일단 main 안으로 들어가면 (또는 어느 메소드든) 본격적으로 뭔가가 돌아갑니다. 즉 대부분의 프로그래밍 언어에서 **컴퓨터로 하여금 어떤 일을 하게 만드는** 모든 일반적인 지시사항은 메소드 안에 들어있습니다.

코드에서는 JVM에 다음과 같은 것을 지시할 수 있습니다.

❶ 뭔가를 하는 것

선언문: 선언, 대입, 메소드 호출 등

```
int x = 3;
String name = "Dirk";
x = x * 17;
System.out.print("x는  "+ x + "입니다.");
double d = Math.random();
// 주석은 이렇게 씁니다.
```

❷ 뭔가를 여러 번 반복하는 것

순환문: for와 while

```
while (x > 12) {
    x = x  - 1;
}

for (int x - 0; x < 10; x = x + 1) {
    System.out.print("x의 값은   "+ x + "입니다.");
}
```

❸ 조건에 따라 뭔가를 하는 것

분기문: if/else 테스트

```
if (x == 10) {
        System.out.print("x가 10이군요.");
} else {
        System.out.print("x는 10이 아닙니다.");
}
if ((x < 3) & (name.equals("Dirk"))) {
        System.out.println("Gently");
}
System.out.print("이 선언문은 무조건 실행됩니다.");
```

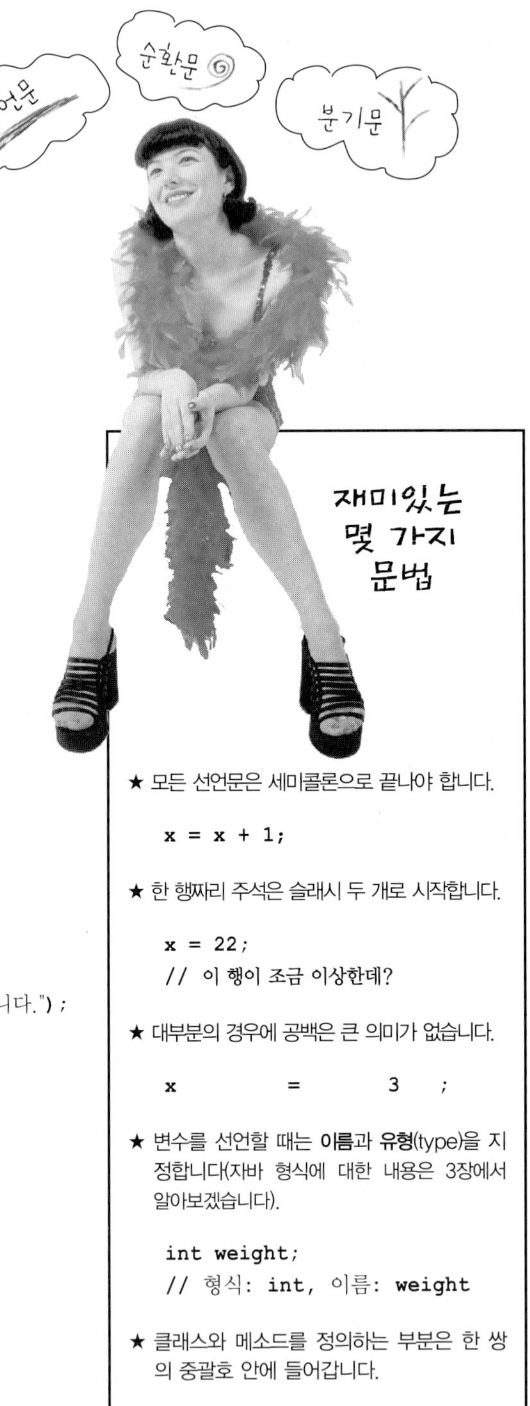

★ 모든 선언문은 세미콜론으로 끝나야 합니다.

```
x = x + 1;
```

★ 한 행짜리 주석은 슬래시 두 개로 시작합니다.

```
x = 22;
// 이 행이 조금 이상한데?
```

★ 대부분의 경우에 공백은 큰 의미가 없습니다.

```
x        =        3   ;
```

★ 변수를 선언할 때는 **이름**과 **유형(type)**을 지정합니다(자바 형식에 대한 내용은 3장에서 알아보겠습니다).

```
int weight;
// 형식: int, 이름: weight
```

★ 클래스와 메소드를 정의하는 부분은 한 쌍의 중괄호 안에 들어갑니다.

```
public void go() {
    // 코드가 들어갈 자리
}
```

```
while (moreBalls == true) {
  keepJuggling();
}*
```

돌리고 돌리고 돌리고...

자바에는 while, do-while, for의 세 가지 표준 순환 구조가 있습니다. 순환문에 대한 자세한 내용은 나중에 알아보기로 하고 일단 여기에서는 while만 생각해보겠습니다.

문법이 워낙 간단하기 때문에 설명이 지루하게 느껴질지도 모르겠네요. 어떤 조건이 만족되기만 하면 순환문 블록(block) 안에 들어있는 작업을 모두 처리합니다. 중괄호 한 쌍 안에 들어가는 내용이 바로 순환문 블록이며 반복하고자 하는 내용은 그 블록 안에 집어넣으면 됩니다.

순환문에서 가장 중요한 것은 바로 조건 테스트 부분입니다. 자바에서 조건 테스트의 결과는 부울 값(boolean)입니다. 즉, 참(true) 또는 거짓(false) 값을 가지게 됩니다.

"iceCreamInTheTub**가 참인 동안 계속 아이스크림을 퍼라"와 같은 것이 바로 부울 테스트라고 할 수 있습니다. 통 안에 아이스크림이 있거나 없거나 둘 중 하나기 때문이지요. 하지만 이 때 참과 거짓이 분명하지 않으면 안 됩니다. 반드시 참과 거짓이 명확하게 구분되는 것만 조건 테스트로 사용할 수 있습니다.

간단한 부울 테스트

다음과 같은 비교 연산자를 이용하여 변수의 값을 확인함으로써 간단한 부울 테스트를 할 수도 있습니다.

〈 (오른쪽보다 작은)

〉 (오른쪽보다 큰)

== (동치) (등호 두 개가 들어가야 합니다.)

대입 연산자(등호 한 개)와 동치 연산자(등호 두 개)의 차이점에 주의하세요. 실수로 ==를 써야 할 자리에 =를 쓰는 프로그래머를 적지 않게 볼 수 있습니다(여러분은 그렇지 않겠죠?).

```
int x = 4; // x에 4를 대입합니다.
while (x > 3) {
    // x가 3보다 크기 때문에
    // 순환문 코드가 실행됩니다.
    x = x - 1; // 이런 게 없으면 순환문이 무한히 반복되겠죠?
}
int z = 27; // z에 27을 대입합니다.
while (z == 17) {
    // z는 17과 같지 않으므로
    // 순환문 코드는 실행되지 않습니다.
}
```

*공이 남아있으면 (moreBalls == true) 계속 공을 돌린다(keepJuggling( ))는 것을 의미하는 코드입니다. 그림을 보면 이해가 되죠?

**통 안에 아이스크림이 있음을 의미하는 변수나 메소드 정도로 생각하면 됩니다.

바보 같은 질문은 없습니다

Q : 왜 모든 것이 클래스 안에 있어야 하나요?

A : 자바는 객체지향(OO, Object-Oriented) 언어입니다. 구닥다리 컴파일러에서 무지하게 많은 프로시저가 몽땅 들어가는 커다란 소스 파일을 컴파일하던 시절과는 다릅니다. 2장에 가면 클래스라는 것이 객체에 대한 청사진이며 자바에서 거의 모든 것이 객체라는 점을 배우게 될 것입니다.

Q : 모든 클래스에 main 메소드가 있어야 하나요?

A : 아닙니다. 자바 프로그램 한 개에서 클래스 수십 개, 혹은 클래스 수백 개를 사용할 수 있지만 main 메소드가 들어있는 클래스는 하나, 즉 프로그램을 시작시키는 클래스에만 있어야 합니다. 물론, 다른 클래스를 테스트하기 위한 용도로 main 메소드가 들어있는 테스트 클래스를 만들 수는 있겠죠.

Q : 다른 언어에서는 정수에 대해 부울 테스트를 할 수 있는 경우도 있습니다. 자바에서도 다음과 같은 식으로 할 수 있나요?

```java
int x = 1;
while (x) { }
```

A : 안 됩니다. 자바에서는 부울과 정수가 호환되지 않습니다. 조건 테스트의 결과는 반드시 부울이어야 하므로 (비교 연산자를 쓰지 않고) 직접 테스트할 수 있는 변수는 **부울 변수**뿐입니다. 예를 들자면 다음과 같은 식으로 할 수 있습니다.

```java
boolean isHot = true;
while (isHot) { }
```

while 순환문 예제

```java
public class Loopy {
  public static void main (String[] args) {
    int x = 1;
    System.out.println("순환문 이전");
    while (x < 4) {
      System.out.println("순환문 내부");
      System.out.println("x의 값은 " + x + "입니다.");
      x = x + 1;
    }
    System.out.println("여기는 순환문 이후입니다.");
  }
}
```

```
% java Loopy
순환문 이전
순환문 내부
x의 값은 1입니다.
순환문 내부
x의 값은 2입니다.
순환문 내부
x의 값은 3입니다.
여기는 순환문 이후입니다.
```

핵심정리

- 선언문은 세미콜론으로 끝나야 합니다. ;

- 코드 블록은 중괄호 한 쌍에 의해 정의됩니다. { }

- int 변수를 정의할 때 오른쪽과 같이 이름과 형식을 지정해줘야 합니다. int x;

- **대입** 연산자는 등호 한 개로 구성됩니다. =

- **동치** 연산자는 등호 두 개로 구성됩니다. ==

- while 순환문에서는 조건 테스트가 **참**이면 그 블록(중괄호 안에 있는 부분)에 있는 것을 모두 실행시킵니다.

- 조건 테스트가 **거짓**이면 while 순환문 코드 블록은 실행되지 않으며 순환문 블록 바로 뒤에 있는 코드로 넘어갑니다.

- 부울 테스트는 괄호 안에 들어갑니다.

  ```java
  while (x == 4) { }
  ```

조건에 따른 분기문

자바에서 사용하는 **if** 테스트는 기본적으로 **while** 순환문에 있는
부울 테스트와 똑같습니다.

```java
class IfTest {
  public static void main (String[] args) {
    int x = 3;
    if (x == 3) {
        System.out.println("x는 3이군요.");
    }
    System.out.println("이 부분은 무조건 실행됩니다.");
  }
}
```

```
% java IfTest
x는 3이군요.
이 부분은 무조건 실행됩니다.
```

코드 실행 결과

위에 있는 코드에서는 조건(x가 3과 같음)이 참인 경우에만 "x는 3이군요."를 출
력하는 행을 실행시킵니다. 하지만 "이 부분은 무조건 실행됩니다."를 출력하
는 행은 조건의 성립 여부에 상관없이 무조건 실행됩니다. 따라서 x의 값에 따
라 문장 한 개, 아니면 두 개가 출력되겠죠.

조건에 else를 추가하면 "맥주가 아직 남아있으면 계속 코딩을 하고 그렇지 않
으면(else) 맥주를 더 가져온 다음 계속 코딩을 하고…"와 같은 식의 명령을 내
릴 수 있습니다.

```java
class IfTest2 {
  public static void main (String[] args) {
    int x = 2;
    if (x == 3) {
        System.out.println("x는 3이군요.");
    } else {
        System.out.println("x는 3이 아니군요.");
    }
    System.out.println("이 부분은 무조건 실행됩니다.");
  }
}
```

```
% java IfTest2
x는 3이 아니군요.
이 부분은 무조건 실행됩니다.
```

코드 실행 결과

책을 자세하게 읽은 독자라면(물론, 그랬겠
죠?) print를 쓸 때도 있고 println을 쓸
때도 있다는 것을 발견했을 것입니다.

어떻게 다른지 아시겠어요?

System.out.println에서는 맨 뒤에 줄바
꿈 문자(newline)를 붙이지만
System.out.print에서는 그냥 같은 행에
계속 출력을 합니다(println은 printnewline
의 약자라고 생각하면 됩니다). 출력할 내용을
별도의 행으로 출력하고 싶다면 println
을, 모든 내용을 한 행에 이어서 출력하고
싶다면 print를 사용하면 됩니다.

연필을 깎으며

다음과 같이 DooBee라는 클래스를 실행하
는 경우를 생각해봅시다.

```
% java DooBee
DooBeeDooBeeDo
```

위와 같은 결과가 나오려면 아래의 빈 칸에
는 어떤 코드가 들어가야 할까요?

```java
public class DooBee {
  public static void main
  (String[] args) {
    int x = 1;
    while (x < ______) {
      System.out.______ ("Doo");
      System.out.______ ("Bee");
      x = x + 1;
    }
    if (x == ______) {
      System.out.print("Do");
    }
  }
}
```

본격적인 실전용
애플리케이션

지금까지 배운 내용을 바탕으로 뭔가 실용적인 것을 만들어봅시다. 클래스에 main() 메소드를 집어넣고 int와 String 변수를 만들고 while 순환문과 if 조건문을 써봅시다. 그리고 약간만 신경 쓰면, 간단한 프로그램 하나를 금방 만들 수 있습니다. 하지만 이 페이지에 있는 코드를 보기 전에 잠시 '맥주 99병'이라는 노래 가사를 출력하는 문제를 생각해봅시다.

```java
public class BeerSong {
    public static void main (String[] args) {
        int beerNum = 99;
        String word = "bottles";     // 복수형

        while (beerNum > 0) {

            if (beerNum == 1) {
              word = "bottle";        // 단수형(한 병인 경우)
            }

            System.out.println(beerNum + " " + word + " of beer on the wall");
            System.out.println(beerNum + " " + word + " of beer.");
            System.out.println("Take one down.");
            System.out.println("Pass it around.");
            beerNum = beerNum - 1;

            if (beerNum > 0) {
                System.out.println(beerNum + " " + word + " of beer on the wall");
            } else {
                System.out.println("No more bottles of beer on the wall");
            } // else 문 끝
        } // while 순환문 끝
    } // main 클래스 끝
} // 클래스 끝
```

이 코드에도 한 가지 흠이 있습니다. 컴파일도 잘 되고 실행도 잘 되지만 출력 결과가 완벽하다고는 할 수 없습니다. 어떤 문제가 있는지, 그리고 그 문제를 고칠 수 있는지 확인해보세요.

월요일 아침, 밥의 집 풍경

밥(Bob)의 알람시계는 월요일 아침에도 어김없이 여덟 시 반이면 울립니다. 하지만 주말에 너무 열심히 놀아서 그런지 바로 일어나지 못하고 스누즈 버튼을 누릅니다. 바로 그 때, 자바 기능이 내장된 가전제품들이 깨어납니다.

우선 알람시계는 커피 메이커에게 "어이, 저 인간 또 잔다. 커피는 12분만 더 기다렸다가 만들자"라는 메시지를 보냅니다.*

그리고 커피 메이커는 모토롤라™ 토스터에게 "잠깐! 토스트 좀 있다 만들자. 밥이 더 잘 모양인가 봐"라는 메시지를 보냅니다.

그리고 알람시계는 밥의 노키아 네비게이터™ 핸드폰에게 "집 전화로 9시 정각에 전화해서 좀 늦었다고 알려줘"라는 메시지를 보냅니다.

마지막으로 알람시계가 샘(샘은 강아지 이름입니다)의 무선 개목걸이에게 "신문지를 가져와라. 근데 오늘 아침에는 산책 못 나갈 것 같구나"라는, 이제는 익숙해져 버린 신호를 보냅니다.

몇 분이 지난 후, 알람시계가 다시 울립니다. 하지만 밥은 이번에도 스누즈 버튼을 누릅니다. 그러자 가전제품끼리 다시 한 바탕 속닥거립니다. 마지막으로 알람이 세 번째 울리기 시작합니다. 하지만 이번에는 밥이 스누즈 버튼을 채 누르기도 전에 알람시계가 샘의 목걸이에게 "밥 좀 깨우게 마구 뛰면서 짖어!"라는 메시지를 보냅니다. 그제서야 밥은 정신을 차리고 자리에서 일어나면서 그가 익힌 자바 기술과 전자상가에서 구입한 몇 가지 가전제품 덕에 바른 생활 사나이가 되었다는 점에 대해 고마운 마음을 가지겠죠.

이미 토스트도 구워졌고

커피에서는 김이 모락모락 나고

신문도 샘이 집 안으로 가져다 놨습니다.

자바 홈 시스템을 갖췄을 때 누릴 수 있는 멋진 아침 시간입니다.

여러분도 자바 홈 시스템을 갖출 수 있습니다. 자바, 이더넷, 그리고 지니(Jini) 테크놀러지를 적절히 조합해서 쓰면 됩니다. 다른 플러그 앤 플레이(사실은 "꽂으면 제 맘대로 놀기 때문에 그걸 가지고 3일 정도는 씨름을 해야 한다"는 뜻이라죠?) 또는 휴대용 플랫폼을 사용할 때는 이런 것이 그리 만만치 않을 것입니다. 밥의 여동생 베티(Betty)가 그런 플랫폼을 써봤는데, 그리 매력적이라거나 안전하다는 느낌을 받지 못했다고 합니다.

그리고 베티네 집 강아지도 그리 똑똑하지 못했다나 뭐라나....

이 이야기가 실화일까요? 사실도 있고 꾸며낸 것도 있습니다. PDA, 핸드폰(핸드폰에서 정말 많이 쓰임), 삐삐, 벨, 스마트 카드와 같은 장치에서 돌아가는 버전의 자바도 있긴 하지만 아마 자바 토스터나 개목걸이는 아직 없을 겁니다. 하지만 쓰고 싶은 가전제품 중에 자바가 내장된 것이 없더라도 자바를 실행시킬 수 있는 다른 인터페이스(노트북 컴퓨터 등)를 통해 자바 장치인 것처럼 작동시킬 수 있습니다. 이런 것을 보통 지니 대체 아키텍처(Jini surrogate architecture)라고 부릅니다. 여기에 나와있는 것과 같은 꿈같은 홈 시스템을 구축하는 것도 불가능한 것은 아닙니다.

*혹시 궁금해하는 독자들을 위해서 한 마디! 이런 메시지를 보낼 때는 IP 멀티캐스트 프로토콜을 사용합니다.

앞서 나온 맥주 노래는 사실 본격적인 실전용 애플리케이션이라고 하기는 좀 힘들겠죠? 뭔가 남들에게 인상적인 것을 보여주고 싶으세요? 여기에 있는 자동 구문 생성기(Phrase-O-Matic) 코드를 한 번 생각해보세요.

주의: 이 코드를 입력할 때 책에 나와있는 그대로 쓰고, 강제로 줄을 바꾸지 마세요. String 값(큰따옴표 사이에 들어있는 값)을 입력하는 중간에는 엔터 키를 누르면 안 됩니다. 그렇게 줄을 바꾸면 컴파일이 되지 않습니다. 여기에 있는 하이픈은 원래 들어가는 하이픈이기 때문에 그냥 입력하면 되는데, 한 문자열이 끝난 후에만 엔터 키를 누르도록 합시다.

```java
public class PhraseOMatic {
    public static void main (String[] args) {
```

① // 세 종류의 단어 목록을 만듭니다. 적당히 필요한 단어를 추가해도 됩니다.

```java
    String[] wordListOne = {"24/7","multi-
Tier","30,000 foot","B-to-B","win-win","front-
end", "web-based","pervasive", "smart"", "six-
sigma", "critical-path", "dynamic"};

    String[] wordListTwo = {"empowered", "sticky",
"valued-added", "oriented", "centric", "distributed",
"clustered", "branded", "outside-the-box", "positioned",
"networked", "focused", "leveraged", "aligned",
"targeted", "shared", "cooperative", "accelerated"};

    String[] wordListThree = {"process", "tipping-
point", "solution", "architecture", "core competency",
"strategy", "mindshare", "portal", "space", "vision",
"paradigm", "mission"};
```

② // 각 단어 목록에 단어가 몇 개씩 들어있는지 확인합니다.

```java
    int oneLength = wordListOne.length;
    int twoLength = wordListTwo.length;
    int threeLength = wordListThree.length;
```

③ // 난수 세 개를 발생시킵니다.

```java
    int rand1 = (int) (Math.random() * oneLength);
    int rand2 = (int) (Math.random() * twoLength);
    int rand3 = (int) (Math.random() * threeLength);
```

④ // 이제 구문을 만듭니다.

```java
    String phrase = wordListOne[rand1] + " " +
wordListTwo[rand2] + " " + wordListThree[rand3];
```

⑤ // 구문을 출력합니다.

```java
    System.out.println("What we need is a " + phrase);
    }
}
```

자동 구문 생성기

이 프로그램은 어떻게 돌아갈까요?

간단하게 설명하자면 이 프로그램에서는 단어 목록 세 개를 만든 다음 이 세 목록에서 각각 단어 하나씩을 무작위로 선택합니다. 이 때 각 행의 의미를 정확하게 이해하지 못한다고 해서 걱정할 필요는 없습니다. 아직 이 책을 다 읽으려면 페이지가 많이 남았으니까 긴장을 풀고 가벼운 마음으로 읽어도 됩니다. 그냥 간단하게 이 프로그램이 어떤 식으로 돌아가는지 윤곽만 파악하고 넘어가면 됩니다.

1. 첫번째 단계는 String 배열 세 개를 만드는 것입니다. 모든 단어는 이 배열 세 개에 들어갑니다. 배열을 선언하고 만드는 방법은 간단합니다. 예를 들어, 다음과 같은 식으로 하면 됩니다.

```
String[] pets = {"Fido", "Zeus", "Bin"};
```

각 단어는 따옴표(일반 String을 만들 때와 마찬가지로)로 싸여있으며 각 단어는 쉼표로 구분됩니다.

2. 목록(배열) 세 개에서 한 단어씩을 임의로 선택해야 하므로 우선 각 목록에 단어 몇 개가 들어있는지 확인해야 합니다. 예를 들어, 목록에 단어 14개가 들어있다면 0 이상 13 이하의 난수를 만들어야 합니다(자바 배열은 0부터 시작하기 때문에 원소 14개가 있는 배열에서 첫번째 단어는 0번 위치에 있고, 두 번째 단어는 1번 위치에, 그리고 마지막 단어는 13번 위치에 들어있습니다). 다행히도 자바에서는 배열의 길이를 매우 쉽게 알 수 있습니다. 그냥 배열에게 물어보면 되죠. 예를 들어, 앞에 나온 pets 배열에 대해서는 다음과 같은 식으로 하면 알 수 있습니다.

```
int x = pets.length;
```

이렇게 하면 x에는 3이라는 값이 저장되겠죠.

3. 난수 세 개를 만들어야 합니다. 자바에는 여러 가지 수학 메소드(일단은 함수(function)라고 생각해두면 됩니다)가 내장되어있습니다. **random()** 메소드에서는 0 이상 1 미만의 난수를 리턴하니까, 이 메소드에서 리턴한 값을 목록에 있는 원소의 개수(배열의 길이)에 곱하면 되겠죠. 그리고 그 결과를 강제로 정수(소수점 이하 부분이 있으면 안 됩니다)로 바꿔줘야 하므로 캐스트 연산자(자세한 내용은 4장에서 알아보겠습니다)를 사용합니다. 다음과 같이 임의 부동소수점 수를 정수로 변환할 때와 똑같은 식으로 하면 됩니다.

```
int x = (int) 24.6;
```

4. 이제 목록 세 개에서 단어 하나씩을 골라서 연결하여 (각 단어 사이에 스페이스도 추가해야겠죠) 구문을 만들면 됩니다. 이 때 String 객체를 연결하기 위해 + 연산자를 사용합니다. 배열에서 원소를 뽑아낼 때는 배열에 사용하고자 하는 단어의 인덱스 번호(위치)를 넘겨줘야 합니다.

```
String s = pets[0]; // 이제 s는 "Fido"라는 String 객체가 됩니다.
s = s + " " + "is a dog"; // 이제 s는 "Fido is a dog"가 됩니다.
```

5. 마지막으로 이 구문을 명령행으로 출력합니다. 오~~ 이제 마케팅부서 사람들처럼 유려한 구문을 구사할 수 있겠군요.

집중 토론

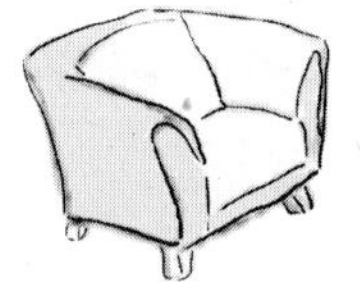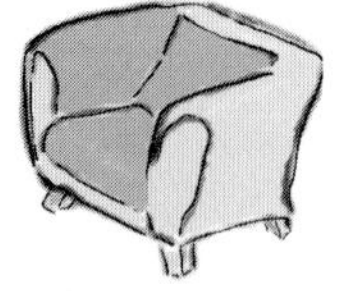

오늘의 주제:

컴파일러와 자바 가상 머신이 "과연 누가 더 중요할까?"에 대해 열띤 토론을 펼칩니다.

자바 가상 머신

뭐라고요? 농담하는 겁니까? 이봐요! 내가 바로 자바예요. 내가 프로그램을 실행시킨다고요. 컴파일러는 파일을 줄 뿐이잖아요. 그렇죠? 파일을 주는 것 빼면 별 것 없죠. 뭐 그 파일을 출력해서 벽지로 쓰거나, 불쏘시개로 쓰거나, 포장지로 쓰거나 별로 상관없는데, 내가 없으면 그 파일만 가지고는 아무것도 할 수 없죠.

뭐 지금 얘기하고 있는 거랑 별 상관은 없지만, 컴파일러씨는 유머감각도 좀 부족하군요. 하긴, 하루 종일 쪼잔하게 문법이 맞았는지 틀렸는지 그런 것만 쳐다보고 있으면 그럴 수도 있겠네요.

아, 컴파일러씨가 전혀 쓸모가 없다는 뜻은 아니예요. 하지만 컴파일러씨가 하는 일이 뭡니까? 난 정말 모르겠어요. 프로그래머가 직접 바이트코드를 작성해도 되긴 하잖아요. 이봐요 친구, 머지 않아 댁이 할 일이 완전히 없어질 수도 있단 말입니다.

(유머를 이해하지 못하시는군요) 하지만 아직 제 질문에는 대답을 안 하셨네요. 진짜로 컴파일러씨가 하는 일이 뭡니까?

컴파일러

말투가 좀 듣기 거북하군요.

이봐요! 하지만 내가 없으면 그 쪽은 뭘 실행시킬 수 있습니까? 혹시 잊고 있나 해서 하는 말인데, 자바에서 바이트코드 컴파일러를 사용하도록 한 데는 다 이유가 있잖아요. 자바가 순수한 인터프리터 언어라면 (실행할 때) 가상머신에서 텍스트 편집기로 만든 소스 코드를 해석해야 될 테고, 그러면 자바 프로그램 실행 속도는 무지막지하게 느리지 않겠습니까? 지금까지 자바가 자리잡는 과정에서 자바가 거의 모든 면에서 충분히 빠르고 강력하다는 것을 보여주는 과정이 얼마나 힘들었는지 알고 있지 않습니까?

허, 이봐요. 그것 참 (거만한 건 말할 것도 없고) 무식한 생각이군요. 뭐 이론적으로는 자바 컴파일러로 만든 것이 아니더라도 제대로 만들어진 바이트코드라면 다 처리할 수 있다는 것이 틀린 말은 아니지만 사실 거의 불가능하지 않습니까? 일일이 손으로 바이트코드를 짜는 건 워드 프로세서를 쓰지 않고 포스트스크립트를 직접 작성하는 것과 마찬가지라고 할 수 있겠군요. 그리고 나보고 "이봐요 친구" 이런 식으로 부르는 건 듣기가 좋지 않군요.

자바 가상 머신

하지만 그래도 그냥 넘어오는 것도 있잖습니까? 원래 들어가야 할 것이 아닌 다른 유형의 값이 들어갈 때는 내가 ClassCast Exception을 발생시키지 않습니까? 그리고…

뭐 그런 건 있군요. 하지만 보안은요? 내가 처리하는 보안 관련 작업을 생각해보세요. 컴파일러씨는 보통 세미콜론이나 체크하고 그러지 않나요? 우와~ 보안 문제 예방에 크게 도움이 되겠네요. 정말 고마워요.

어쨌든, 나도 그런 일을 해야 하는 건 마찬가지입니다. 바이트코드가 만들어진 다음 바이트코드가 실행되기 전까지 다른 누군가가 그걸 건드리지 않았는지 확인하는 작업도 하지 않습니까?

물론 그래야죠. 친구…

컴파일러

자바는 유형(type)을 철저하게 지키는 언어라는 걸 기억하세요. 그래서 변수에 이상한 유형의 데이터를 저장하게 할 수 없죠. 안전상 얼마나 위험한지 다 알잖아요. 내가 아니면 이런 심각한 위반 사항을 누가 막아주겠습니까? 그리고…

잠깐만요. 아직 말 안 끝났어요. 그리고 실행 과정에서 생길 수 있는 데이터 유형 예외도 있긴 하지만 그런 건 자바의 중요한 다른 기능, 즉 동적 바인딩을 지원하기 위한 것 아닙니까? 자바 프로그램에서는 실행 과정에서, 처음에 프로그래머가 생각하지 못했던 새로운 객체를 포함시킬 수도 있기 때문에 어느 정도의 유연성은 확보해줘야 하죠. 하지만 실행할 때 절대로 일어나면 안 되는 일을 방지하는 것이 바로 제 의무죠. 보통 어떤 것이 절대 작동하지 않는 경우, 예를 들어, 프로그래머가 Button 객체를 Socket 연결 용도로 사용하려고 하면, 그런 문제를 미리 감지하고 프로그램 실행 도중에 문제가 생기는 것을 방지해줘야죠.

이봐요, 그래도 난 소위 최전방 수비수란 말입니다. 앞에서 설명한 데이터 유형 위반 사항이 난무한다면 프로그램이 얼마나 엉망이 되겠습니까? 그리고 비공개(private) 메소드를 호출하려고 한다거나 (보안상의 이유로) 절대 바꿔서는 안 되는 메소드를 변경하려는 것과 같은 접근 위반을 방지하는 것도 내가 맡아서 하지 않습니까? 다른 클래스의 핵심적인 내용에 접근하는 코드와 같이 사람들이 함부로 보면 안 되는 코드를 건드리려는 등의 일을 방지하는 것도 제가 맡아서 하지요. 내가 하고 있는 일이 얼마나 중요한지는 몇 시간, 아니 몇 일을 꼬박 설명해도 모자랄 겁니다.

그렇긴 하죠. 하지만 앞서도 말했듯이 발생할 수 있는 문제점의 99%를 내가 미리 잡아내지 않는다면 가상 머신도 어쩔 수 없죠. 이런, 시간이 너무 많이 지났군요. 아무래도 이 얘기는 나중에 다시 해야 될 것 같네요.

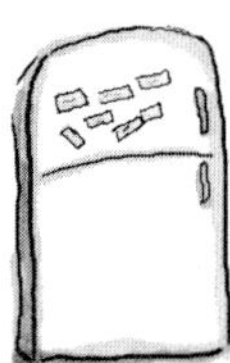

연습문제

코드 자석

냉장고 위에 자바 프로그램 코드가 아무렇게나 널려 있습니다. 코드 쪼가리를 재배치해서 아래에 있는 것과 같은 결과를 출력하는 자바 프로그램을 만들어보세요. 아. 그런데 중괄호 몇 개는 바닥에 떨어져버렸군요. 찾기 힘드니까 필요하면 마음대로 추가해보세요.

```java
if (x == 1) {
    System.out.print("d");
    x = x - 1;
}
```

```java
if (x == 2) {
    System.out.print("b c");
}
```

```java
class Shuffle1 {
    public static void main(String [] args) {
```

```java
if (x > 2) {
    System.out.print("a");
}
```

```java
int x = 3;
```

```java
x = x - 1;
System.out.print("-");
```

```java
while (x > 0) {
```

출력결과:

연습문제

컴파일러가 되어봅시다.

이 페이지에 나와있는 각 자바 파일은 하나의 온전한 소스 파일입니다. 이제 컴파일러 입장에서 각 파일을 무사히 컴파일할 수 있을지 생각해보세요. 컴파일이 되지 않는다면 어떻게 해야 문제점을 해결할 수 있을까요?

B

```java
public static void main(String [] args) {

    int x = 5;

    while ( x > 1 ) {

      x = x - 1;

      if ( x < 3) {

        System.out.println("small x");

      }

    }

}
```

A

```java
class Exercise1b {

  public static void main(String [] args) {

    int x = 1;

    while ( x < 10 ) {

      if ( x > 3) {

        System.out.println("big x");

      }

    }

  }

}
```

C

```java
class Exercise1b {

    int x = 5;

    while ( x > 1 ) {

      x = x - 1;

      if ( x < 3) {

        System.out.println("small x");

      }

    }

}
```

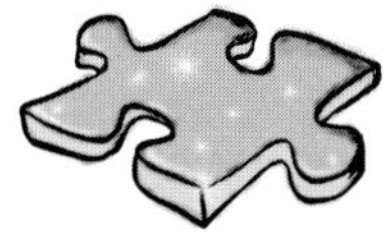

자바낱말풀이 7.0

이제 오른쪽 두뇌도 일을 시켜봅시다.

일반적인 십자 낱말풀이랑 똑같이 하면 됩니다. 해답은 대부분 1장에 나와있습니다. 정신을 바짝 차리고 한번 풀어보세요. 자바랑은 상관없는 기술 용어도 몇 개 들어있습니다(정답은 60페이지에 있습니다).

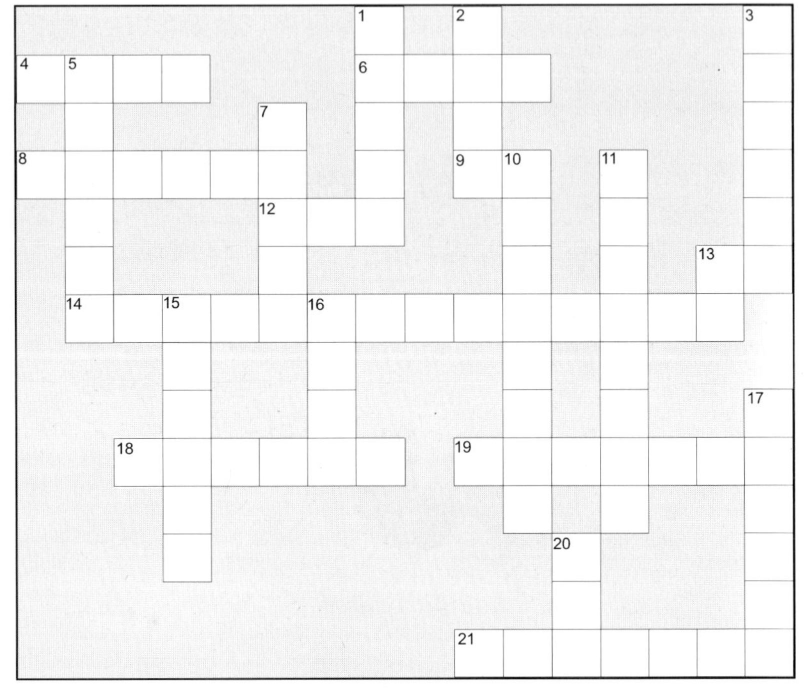

가로

4. 명령행에서 자바 프로그램을 실행할 때 호출할 프로그램

6. 같은 내용을 반복시키는 것

8. 둘 다 할 수는 없음

9. 노트북 전원의 약자

12. 숫자 변수 유형

13. 칩의 약자

14. 뭔가를 출력할 때 쓰는 것

18. 문자 여러 개가 모여있는 것

19. 새로운 클래스나 메소드가 있음을 알리는 것

21. 프롬프트를 사용하는 용도

세로

1. 정수가 아님

2. 빈 손으로 돌아옴

3. 공개된 것

5. '뭔가'를 여러 개 집어넣는 것

7. 태도가 향상될 때까지

10. 소스 코드를 처리하는 것

11. 고정할 수 없음

13. 랜 전문가들이 모여있는 곳(○○ 부서)

15. 특이한 변경자

16. 하나만 있어야 함

17. 어떤 일을 처리하게 해주는 것

20. 바이트코드를 처리하는 것

역자 힌트: 다음 단어를 영어로 써야 합니다.

배열(arrays), 분기문(branch), 순환문(loop), 컴파일러 (compiler), 변수(variable), 선언(declare), 메소드(method), 명령어(command), 문자열(string)

다음은 간단한 자바 프로그램입니다. 그런데 한 블록이 빠져있습니다. 왼쪽에 있는 후보 코드를 사용했을 때 어떤 것이 출력될지 맞춰봅시다. 출력 행 가운데 쓰이지 않는 것도 있고 그 중 일부는 여러 번 쓰일 수도 있습니다. 후보 코드 블록과 그 블록을 사용했을 때 출력될 내용을 연결하는 선을 그어보세요(정답은 60페이지에 있습니다).

```java
class Test {
  public static void main(String [] args) {
    int x = 0;
    int y = 0;
    while ( x < 5 ) {



      System.out.print(x + "" + y +" ");
      x = x + 1;
    }
  }
}
```


후보 코드:


```java
y = x - y;
```

```java
y = y + x;
```

```java
y = y + 2;
if( y > 4 ) {
    y = y - 1;
}
```

```java
x = x + 1;
y = y + x;
```

```java
if ( y < 5 ) {
    x = x + 1;
    if ( y < 3 ) {
      x = x - 1;
    }
}
y = y + 2;
```

출력 결과:

```
22 46
```

```
11 34 59
```

```
02 14 26 38
```

```
02 14 36 48
```

```
00 11 21 32 42
```

```
11 21 32 42 53
```

```
00 11 23 36 410
```

```
02 14 25 36 47
```

수영장 퍼즐

수영장 안에 있는 코드 조각을 꺼내서 코드의 빈칸에 채워보세요. 같은 조각을 여러 번 사용하면 안 되고. 이 중에는 전혀 쓰이지 않는 조각도 있을 수 있습니다. 이 퍼즐의 목표는 문제없 이 컴파일과 실행이 되어 다음과 같은 결과 를 출력하는 클래스를 만드는 것입니다. 너무 얕보지는 마세요. 이 퍼즐… 생각보다 어렵습니다.

출력결과:

```
File  Edit  Window  Help  Cheat
%java PoolPuzzleOne
a noise
annoys
an oyster
```

```java
class PoolPuzzleOne {
  public static void main(String [] args){
    int x = 0;

    while ( ___________ ) {

      ___________________________

      if ( x < 1 ) {

        ___________________________

      }

      ___________________________

      if ( ___________ ){

        ___________________________

        ___________

      }
      if ( x == 1 ) {

        ___________________________

      }
      if ( ___________ ){

        ___________________________

      }
      System.out.println("");

      ___________

    }
  }
}
```

주의: 수영장 안에 있는 코드 조각은 한 번까지만 사용할 수 있습니다.

연습문제 정답

코드 자석:

```java
class Shuffle1 {
  public static void main(String [] args) {

    int x = 3;
    while (x > 0) {

      if (x > 2) {
        System.out.print("a");
      }

      x = x - 1;
      System.out.print("-");

      if (x == 2) {
        System.out.print("b c");
      }

      if (x == 1) {
        System.out.print("d");
        x = x - 1;
      }
    }
  }
}
```

```
File  Edit  Window  Help  Poet
% java Shuffle1
a-b c-d
```

A

```java
class Exercise1b {
  public static void main(String [] args) {
    int x = 1;
    while ( x < 10 ) {
      x = x + 1;
      if ( x > 3 ) {
        System.out.println("big x");
      }
    }
  }
}
```

이 파일도 컴파일해서 실행할 수는 있지만 여기 나와있는 것처럼 한 행을 추가하지 않으면 while 순환문이 끊임없이 계속 돌아가는 무한 순환문이 되고 맙니다.

B

```java
class Foo {
  public static void main(String [] args) {
    int x = 5;
    while ( x > 1 ) {
      x = x - 1;
      if ( x < 3 ) {
        System.out.println("small x");
      }
    }
  }
}
```

클래스 정의 부분이 없으면 컴파일할 수가 없겠죠. 그리고 클래스의 시작과 끝을 나타내는 중괄호도 잊지 마세요.

C

```java
class Exercise1b {
  public static void main(String [] args) {
    int x = 5;
    while ( x > 1 ) {
      x = x - 1;
      if ( x < 3 ) {
        System.out.println("small x");
      }
    }
  }
}
```

while 순환문 코드는 반드시 메소드 안에 있어야 합니다. 클래스 안에 들어 있어도 어떤 메소드에도 속해있지 않다면 컴파일이 안 됩니다.

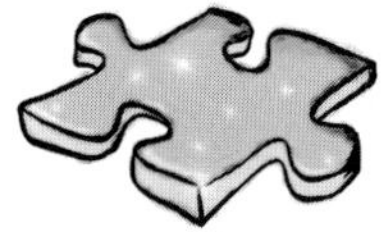

```
class PoolPuzzleOne {
  public static void main(String [] args){
    int x = 0;

    while ( X < 4 ) {

      System.out.print("a");
      if ( x < 1 ) {
        System.out.print(" ");
      }
      System.out.print("n");

      if ( X > 1 ) {

        System.out.print(" oyster");
        x = x + 2;
      }
      if ( x == 1 ) {
        System.out.print("noys");
      }
      if ( X < 1 ) {

        System.out.print("oise");
      }
      System.out.println(" ");

      X = X + 1;
    }
  }
}
```

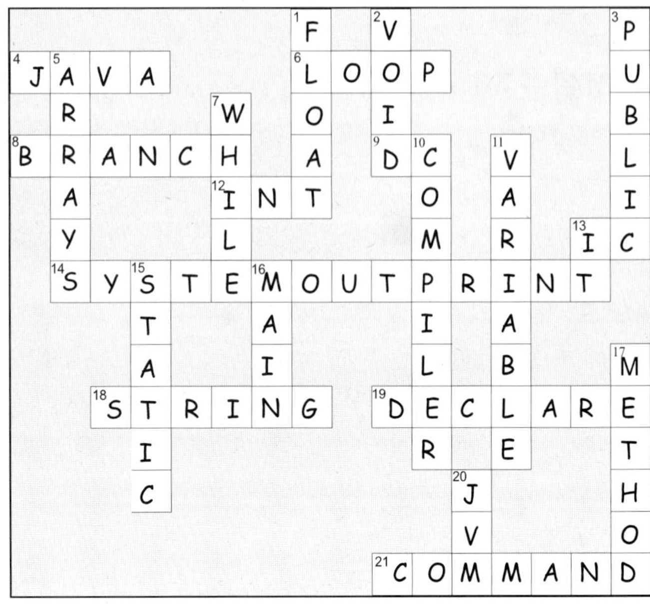

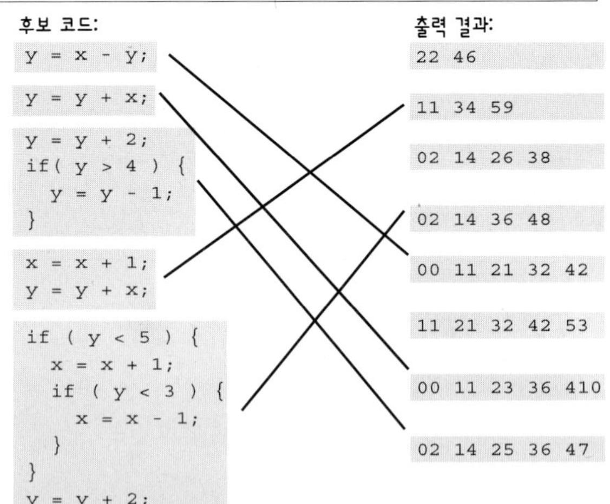

객체 마을로의 여행

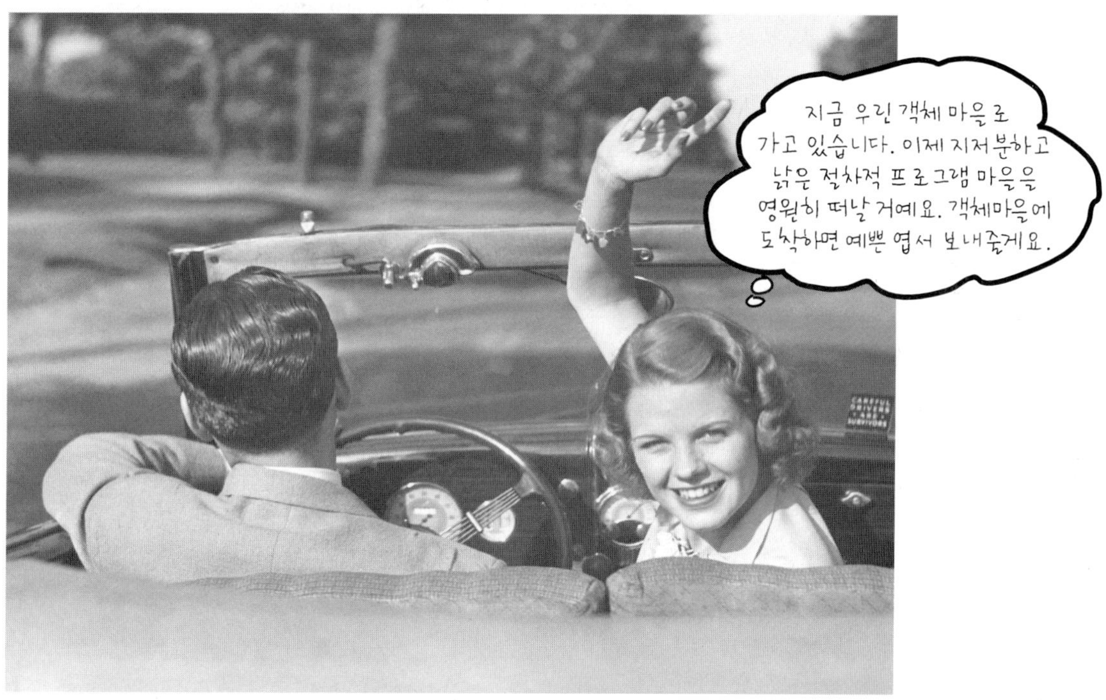

객체라는 것이 있다는 얘기를 들었습니다. 1장에서는 코드를 전부 main() 메소드에 집어넣었지요. 그 방법은 정확하게 말하자면 객체지향적인 방법이 아닙니다. 사실. 객체지향적인 면이 전혀 없다고 할 수 있지요. 자동 구문 생성기를 만들기 위해 String의 배열 같은 것을 쓰긴 했지만 직접 객체 유형을 만들지는 않았습니다. 이제 절차적인 프로그래밍 세계는 완전히 제쳐두고 main()을 벗어나서 직접 객체를 만들어보기로 합시다. 자바 객체지향(OO, object-oriented) 개발이 얼마나 재미있는지를 확인할 수 있을 것입니다. 우선 클래스(class)와 객체(object)가 어떻게 다른지 알아보고 객체를 사용함으로써 삶의 질(물론. 프로그래밍과 관련된 삶의 질이겠지요. 패션 감각을 향상시킨다거나 하는 데는 별 도움이 안 됩니다)을 어떻게 향상시킬 수 있는지도 알아보겠습니다. 주의! 일단 한 번 객체 마을로 옮기고 나면 다시 돌아오고 싶지 않을 거예요. 나중에 엽서나 한 장 보내주세요.

의자 전쟁
(객체가 어떻게 삶을 바꿀 수 있을까?)

옛날 옛적에 어떤 소프트웨어 회사에서 팀장이 두 프로그래머에게 똑같은 스펙을 주고는 프로그램을 만들라고 지시했습니다. 사람을 짜증나게 만드는 데 일가견이 있는 그 팀장은 두 프로그래머를 경쟁시키기 위해 둘 중에서 프로그램을 더 빨리 완성한 사람에게 실리콘 밸리에 있는 사람이라면 누구나 가지고 있는 에어론™(Aeron™) 의자를 주겠다고 했지요. 절차적 프로그래밍을 선호하는 래리(Larry)와 객체지향적인 방법을 구사하는 브래드(Brad)는 둘 다 이 프로그램을 만드는 것이 식은 죽 먹기라고 생각했답니다.

래리는 사무실에 앉아서 곰곰이 생각했습니다. "이 프로그램에서 어떤 일을 해야 할까? 어떤 **프로시저**(procedure)가 있어야 할까?" 그리고는 "(rotate 프로시저를 써서) 돌린 다음 (playSound 프로시저를 써서) 사운드를 재생하면 된다"는 결론을 내렸습니다. 그리고는 잽싸게 프로시저를 만들었습니다. 프로그램이라는 것이 결국은 프로시저를 모아놓은 것이 아닐까요?

그 동안 브래드는 카페에 가서 궁리를 했습니다. "이 프로그램에는 뭐가 들어가야 할까? 그 중에서 어떤 것이 가장 중요한 역할을 할까?" 그래서 "**도형이 가장 중요한 역할을 하지 않을까?**"라는 결론을 내렸습니다. 물론, 사용자, 사운드, 클릭 이벤트와 같은 객체도 생각해봤습니다. 하지만 그런 객체와 관련된 코드는 이미 가지고 있었기 때문에 도형에 대한 코드만 신경 쓰면 됐습니다. 브래드와 래리가 각각 어떻게 프로그램을 만들었는지, 그리고 **결국 누가 에어론 의자를 차지할지** 계속 살펴봅시다.

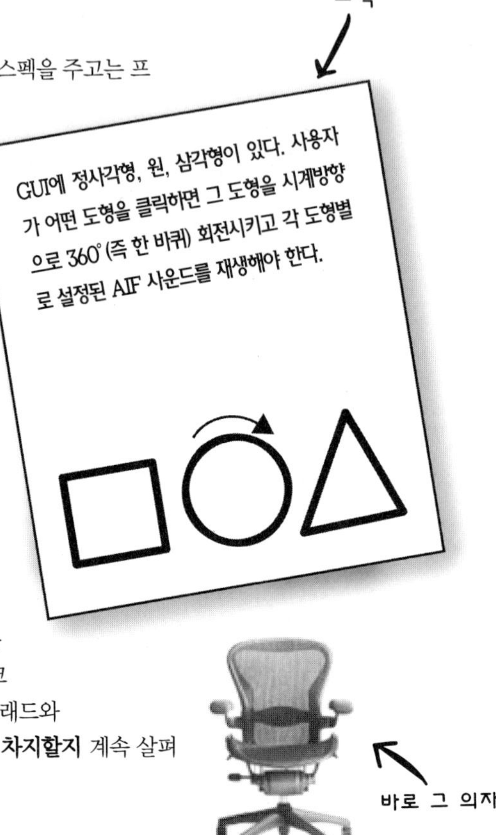

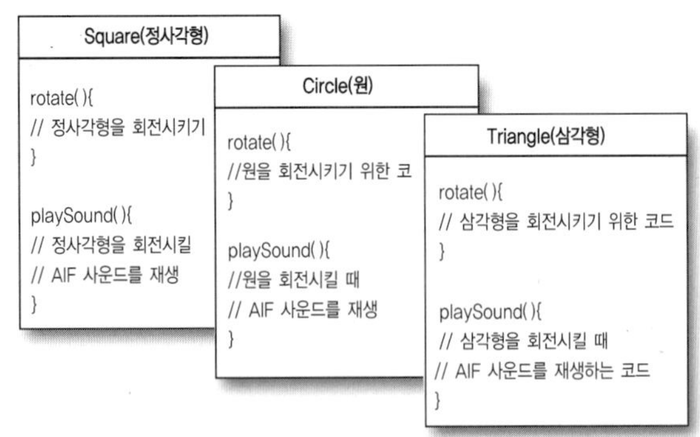

래리의 사무실에서는

래리는 그 전까지 수없이 많이 했듯이 **중요한 프로시저**를 작성하기 시작했습니다. **rotate**(도형을 회전시키는 프로시저)와 **playSound**(사운드를 재생하는 프로시저)는 정말 금방 만들 수 있었습니다.

```
rotate(shapeNum) {
        // 도형을 360° 회전시킨다.
}
playSound(shapeNum) {
        // shapeNum 값으로 어떤 AIF 사운드를
        // 재생할지 확인한 다음 재생한다.
}
```

브래드는 노트북을 들고 카페에 앉아서

브래드는 각 도형마다 클래스 하나씩을 만들었습니다.

```
Square(정사각형)

rotate(){
// 정사각형을 회전시키기
}

playSound(){
// 정사각형을 회전시킬
// AIF 사운드를 재생
}
```

```
Circle(원)

rotate(){
//원을 회전시키기 위한 코
}

playSound(){
//원을 회전시킬 때
// AIF 사운드를 재생
}
```

```
Triangle(삼각형)

rotate(){
// 삼각형을 회전시키기 위한 코드
}

playSound(){
// 삼각형을 회전시킬 때
// AIF 사운드를 재생하는 코드
}
```

래리는 작업이 거의 끝났다고 생각했습니다. 에어론 의자가
거의 내 것이 되었다고 생각하고 있었는데...

이런! 갑자기 스펙이 바뀌었습니다.

팀장은 "래리 자네가 먼저 완성한 것이 맞긴 하지만 프로그램에 기능을 조금 추가해야겠어. 자네같은 훌륭한 프로그래머라면 별로 어렵지 않게 할 수 있을 거야"라고 했습니다.

"별로 안 바뀌었어. 금방 될거야."라는 말이 입에 발린 말이라는 것을 이미 오래 전에 깨달아버린 래리는 "저런 말은 정말 수도 없이 들어서 이제는 지긋지긋하군"이라고 생각했습니다. 그러면서 한편으론 "근데 브래드는 별로 기분이 나빠 보이지 않는걸? 어떻게 저럴 수 있을까?"라는 생각도 했습니다. 그렇지만 객체지향적 방법은 귀여운 면이 있긴 하지만 느릴 수밖에 없다는 래리의 믿음에는 변함이 없었습니다. 그의 마음을 돌리려면 그의 마음을 밑바닥부터 뒤흔들어 놓을만한 뭔가가 필요했죠.

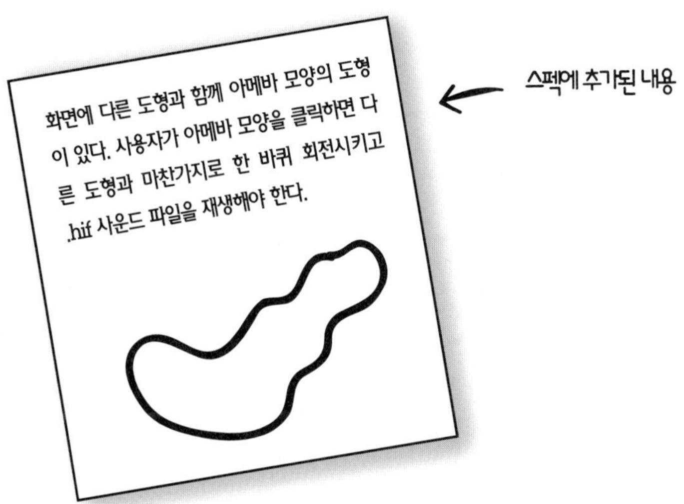

래리의 사무실에서는

rotate 프로시저에서는 룩업 테이블을 써서 shapeNum과 실제 도형 그래픽을 매치시키기 때문에 rotate의 코드는 그냥 둬도 됩니다. **하지만 playSound는 바꿔야 합니다.** 아, 도대체 왜... 그런데, .hif 파일은 뭐죠?

```
playSound(shapeNum) {
    // 도형이 아메바 모양이 아니면
        // shapeNum으로 재생할 AIF 사운드를
        // 찾아서 재생한다.
    // 그렇지 않으면
        // 아메바에 해당하는 .hif 사운드를 재생한다.
}
```

그리 복잡한 작업은 아니지만 **이미 테스트를 끝낸 코드를 고쳐야 했습니다.** 다른 사람은 몰라도 래리는 팀장이 뭐라고 하든지 **스펙이 언제 또 바뀔지 모른다**는 것을 이미 알고 있습니다.

브래드는 노트북을 들고 해변에서

브래드는 한 번 쓱 웃어주고는 마가리타를 마시면서 여유있게 새로운 클래스를 하나 만들었습니다. OO(객체지향)에서 그가 가장 좋아하는 점은 바로 한 번 만들어두고 테스트를 끝낸 코드는 다시 건드리지 않아도 된다는 점이었습니다. 브래드는 "유연성, 확장성, ..."과 같은 OO의 장점을 흥얼거리면서 기분 좋게 작업했습니다.

```
Amoeba(아메바)

rotate( ){
// 아메바를 회전시키기 위한 코드
}

playSound( ){
// 아메바를 회전시킬 때
// .hif 파일을 재생하는 코드
}
```

래리는 브래드보다 조금 먼저 완성된 프로그램을 제출했습니다.

(하하! OO는 너무 느리다니깐...) 하지만 사람 짜증나게 만드는 데 일가견이 있는 그 팀장이(실망한 말투로) "이런, 아메바를 이런 식으로 돌리면 안 되는데..."라고 말하기 시작할 무렵 래리의 얼굴에서는 그 능글맞은 웃음이 서서히 사라지고 있었습니다.

두 프로그래머는 모두 다음과 같은 식으로 도형을 회전시켰습니다.

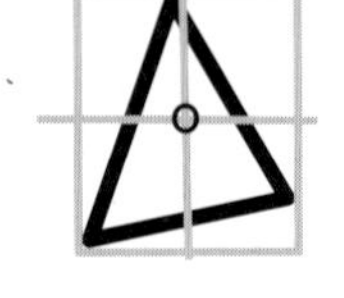

1) 도형을 둘러싸고 있는 직사각형을 결정한다.

2) 직사각형의 중심을 구해서 그 점을 중심으로 도형을 회전시킨다.

하지만 아메바 모양의 도형은 한 쪽 끝을 중심으로 회전시켜야 했습니다.

래리는 새까맣게 타 버린 토스트를 떠올리며 "아, 이거 참 열 받는구만"이라고 중얼거렸습니다. 그리고는 "흠... 그래도 rotate에 if/else를 추가해서 아메바를 돌릴 때 필요한 회전 중심을 그냥 코드에 집어넣으면 되겠지. 그렇게 해도 별 문제는 없을 거야"라고 생각했습니다. 하지만 그의 마음 한 구석에서는 "정말 문제야, 문제... 스펙이 다시 바뀌지 않으리라는 보장도 없잖아"라는 생각이 꿈틀거리고 있었습니다.

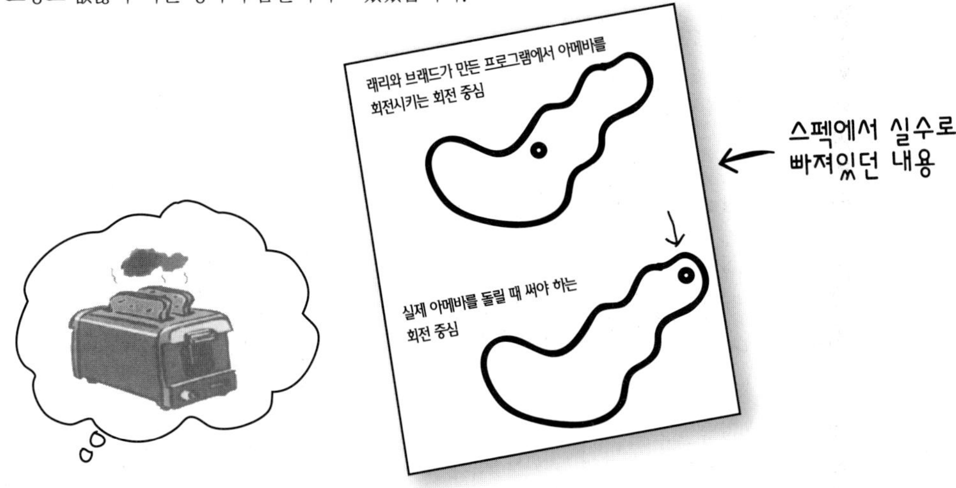

래리의 사무실에서는

래리는 rotate 프로시저에 회전 중심점을 가리키는 인자를 추가하기로 했습니다. 그러다 보니 **코드를 꽤 많이 고쳐야 했습니다.** 코드를 거의 모두 새로 테스트하고 컴파일해야 했죠. 그런데 이전에는 잘 되던 것이 이상하게 잘 안 되기 시작했습니다.

```
rotate(shapeNum, xPt, yPt) {
    // 도형이 아메바 모양이 아니면
        // 직사각형의 중심을 계산해서
        // 회전시킨다.
    // 그렇지 않으면
        // xPt와 yPt를 회전 중심으로 하여
        // 아메바 모양을 회전시킨다.
}
```

브래드는 야외 콘서트장의 잔디밭에서 의자에 기댄 채로 노트북을 들고...

브래드는 음악을 즐기면서 rotate 메소드를 고쳤습니다. Amoeba 클래스에 있는 메소드만 고치면 됩니다. 프로그램의 다른 부분에 해당하는 코드는 컴파일해놓은 걸 그대로 쓰면 되기 때문에 전혀 건드리지 않아도 됩니다. 아메바의 회전 중심을 지정하기 위해서 아메바 클래스에서 사용할 모든 속성(attribute)을 추가했습니다. 브래드는 벨라 플렉의 CD 한 장을 듣는 동안 코드를 수정하고 테스트하고 무선 네트워크를 통해 새 프로그램을 모두 전송하는 작업까지 끝낼 수 있었습니다.

```
Ameoba(아메바)

int xPoint
int yPoint
rotate(){
// 아메바의 회전 중심을 기준으로
// 아메바 모양을 회전시키는 코드
}

playSound(){
// 아메바를 회전시킬 때
// .hif 파일을 재생하는 코드
}
```

아, 그래서 OO를 사용하는 브래드가 의자를 받았군요. 그렇죠?

별로 빠르지도 않군. 래리는 브래드의 접근 방법에서 문제점을 발견했습니다. 그리고 그 의자를 받으면 회계부에 있는 루시하고도 더 친해질 수 있을 것이라고 생각했기 때문에 브래드의 프로그램을 깎아 내리기로 했습니다.

래리: 코드가 중복됐잖아! rotate 프로시저가 도형 거시기에 전부 들어있네.

브래드: 그건 프로시저가 아니라 **메소드**야. 그리고 거시기가 아니라 클래스라고 부르지.

래리: 뭐라고 부르든지 상관없는데, 설계가 영 이상하잖아. rotate '메소드'라는 걸 네 개나 따로 만들어야 되는데, 그런 설계는 좋다고 볼 수 없지.

브래드: 아, 아직 최종판을 못 봤구나. OO에서 **상속(inheritance)**이 어떤 식으로 돌아가는지 보여줄게. 아마 너도 그리 어렵지 않게 이해할 수 있을 거야.

래리가 원했던 것
(에어론 의자를 받아서 루시에게 잘 보이고 싶었다고 합니다)

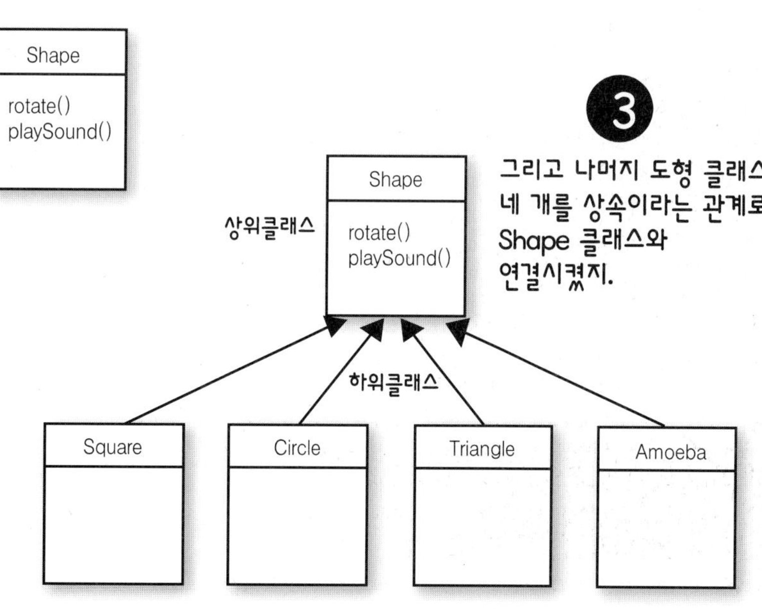

네 개는 전부 도형(Shape)에 속하고 모두 그 도형을 회전(rotate)시키고 사운드를 재생(playSound)하는 기능을 하잖아? 그래서 공통적인 기능을 뽑아서 Shape라는 새로운 클래스에 집어넣었어.

이런 관계가 성립하면 "Square는 Shape로부터 상속을 받는다", "Circle은 Shape로부터 상속을 받는다" 같은 식으로 얘기할 수 있어. 다른 도형에서는 rotate()와 playSound()는 뺐으니깐 한 개만 관리하면 되지.

이 때 Shape라는 클래스는 다른 네 클래스의 **상위클래스(superclass)**가 되고 나머지 네 클래스는 Shape의 **하위클래스(subclass)**가 되지. 하위클래스는 상위클래스의 메소드를 상속해. 바꿔 말하자면 Shape 클래스에 어떤 기능이 있으면 그 하위클래스에서도 자동적으로 같은 기능을 발휘할 수 있지.

그럼 Amoeba의 rotate( )는 어떻게 될까요?

래리: 하지만 아메바 모양의 도형에 대해서는 rotate와 playSound 프로시저가 완전히 달라지잖아.

브래드: 메소드라니까.

래리: 어쨌든, Shape 클래스의 기능을 '상속받는다면' Amoeba 클래스에서는 다른 식으로 어떻게 작업을 처리할 수 있지?

브래드: 그게 마지막 단계야. Amoeba 클래스에서는 Shape 클래스의 메소드를 오버라이드(override)하지. 그러면 실행할 때 Amoeba 클래스에 대해 회전시키라는 명령을 하면 JVM에서는 알아서 올바른 rotate( ) 메소드를 실행시켜주지.

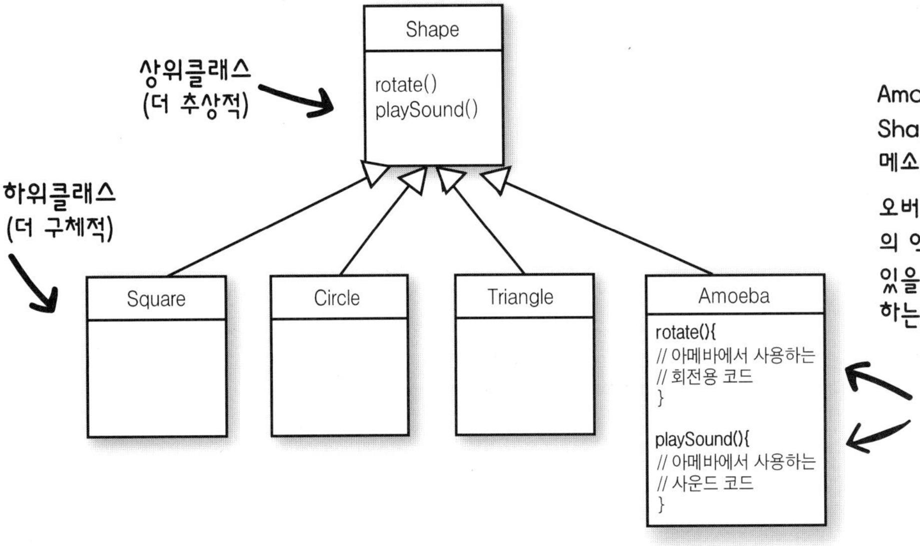

상위클래스
(더 추상적)

Shape

rotate()
playSound()

하위클래스
(더 구체적)

Square

Circle

Triangle

Amoeba

rotate(){
// 아메바에서 사용하는
// 회전용 코드
}

playSound(){
// 아메바에서 사용하는
// 사운드 코드
}

오버라이드하는 메소드

❹

Amoeba 클래스에서 상위클래스인 Shape의 rotate( )와 playSound( ) 메소드를 오버라이드했어.

오버라이딩은 "하위클래스에서 메소드의 역할을 변경하거나 확장할 필요가 있을 때 상속받은 메소드를 새로 정의하는 것"을 의미하지.

래리: Amoeba에 대해 어떤 일을 시킬 때는 어떻게 해야 하지? 프로시저, 아니 메소드를 호출하고 어떤 것을 회전시킬지를 알려줘야 하잖아.

브래드: 바로 그 부분이 **OO**에서 가장 멋진 부분이야. 예를 들어, 삼각형을 회전시켜야 한다면 프로그램 코드에서 삼각형 객체에 대한 rotate( ) 메소드를 호출하면 돼. 프로그램의 나머지 부분에서는 실제로 삼각형을 돌리는 방법 같은 것에는 신경을 쓸 필요가 없지. 프로그램에 뭔가 새로운 것을 추가할 때는 새로운 객체 유형에 대한 새로운 클래스만 만들면 되기 때문에 새로운 객체는 그 객체 고유의 성질을 가지게 되는 것이지.

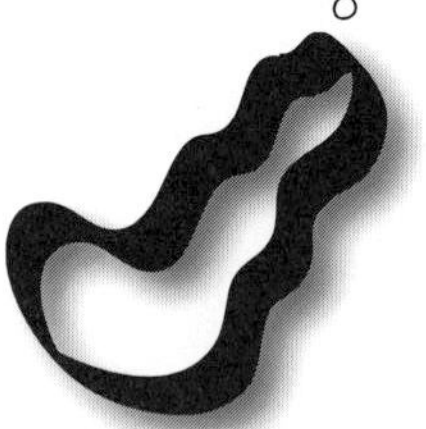

근데 결국 그 의자는 누가 받았나요?

2층에 있는 에이미가 받았습니다.
(팀장이 아무도 모르게 똑같은 일을 세 명에게 시켰지요)

OO에서 마음에 드는 점은?

"더 자연스러운 방식으로 설계하는 데 도움이 됩니다. 모든 것이 진화할 수 있지요."
— 조이(Joy), 27세, 소프트웨어 기획자

"새로운 기능을 추가하기 위해 이미 테스트까지 완료한 코드를 수정하지 않아도 된다는 점이 가장 마음에 듭니다."
— 브래드(Brad), 32세, 프로그래머

"데이터와 그 데이터로 작업을 처리하기 위한 메소드가 한 클래스에 같이 들어있다는 점이 마음에 들어요."
— 조시(Josh), 22세, 맥주 애호가

"다른 애플리케이션의 코드를 재사용할 수 있다는 점입니다. 새로운 클래스를 만들 때 나중에 다른 작업에서도 써먹을 수 있도록 융통성 있게 만들지요."
— 크리스(Chris), 39세, 프로젝트 관리자

"크리스가 저런 말을 했다니 믿을 수가 없군요. 5년 동안 코드는 한 줄도 만들지 않았는데요."
— 데릴(Daryl), 34세, 크리스의 부하직원

"의자 받은 게 제일 좋은데요."
— 에이미(Amy), 34세, 프로그래머

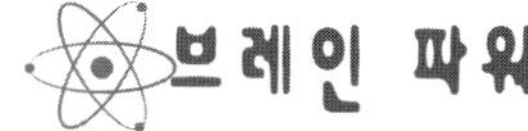 브레인 파워

뉴런을 팍팍 굴려봅시다.

지금까지 절차적 프로그래밍을 하는 프로그래머와 OO 프로그래머가 경쟁하는 이야기를 살펴봤습니다. 그리고 클래스, 메소드, 속성과 같은 몇 가지 OO의 핵심 개념에 대해서도 간략하게 알아봤습니다. 이제 이 장에서는 클래스와 객체에 대해 자세히 알아보기로 합시다(상속과 오버라이딩에 관한 내용은 나중에 다른 장에서 살펴볼 것입니다).

지금까지 읽은 내용을 바탕으로 (그리고 지금까지 경험한 OO 언어에 대한 지식을 바탕으로) 아래의 질문에 대답해봅시다.

자바 클래스를 설계할 때 가장 근본적으로 고려해야 할 것은 무엇일까요? 어떤 의문점으로부터 출발해야 할까요? 클래스를 설계할 때 사용할 체크 목록을 만든다면 어떤 내용을 포함시키는 것이 좋을까요?

공부하는 방법에 관한 팁

연습문제를 풀다가 막히면 그 문제를 크게 소리 내어 말해보세요. 말을 하는 과정에서 (그리고 듣는 과정에서) 두뇌의 다른 부분이 활성화된답니다. 될 수 있으면 다른 사람하고 토론하는 것이 가장 좋겠지만, 상황이 여의치 않다면 애완동물하고 얘기하는 것도 나쁘지 않습니다. 우리 집 강아지는 그렇게 하다 보니 다형성(polymorphism)까지 배울 수 있었답니다.

클래스를 설계할 때는 그 클래스 유형으로부터 생성되는 객체에 대해 생각해보세요. 다음과 같은 것을 생각하면 되겠죠?

- 객체에서 아는 것
- 객체에서 하는 것

ShoppingCart
cartContents
addToCart() removeFromCart() checkOut()

아는것

하는것

Button
label color
setColor() setLabel() dePress() unDepress()

아는것

하는것

Alarm
alarmTime alarmMode
setAlarmTime() getAlarmTime() isAlarmSet() snooze()

아는것

하는것

객체에서 자신에 대해 아는 것은 다음과 같이 부릅니다.

- 인스턴스 변수

객체에서 자신이 하는 것은 다음과 같이 부릅니다.

- 메소드

인스턴스 변수
(상태)

메소드
(행동)

Song
title artist
setTitle() setArtist() play()

아는것

하는것

객체에서 자신에 대해 아는 것을 인스턴스 변수라고 합니다. 인스턴스 변수는 객체의 상태(데이터)를 나타내며 그 유형에 속하는 각 객체마다 값이 다릅니다.

인스턴스(instance)란 객체(object)를 부르는 다른 이름이라고 생각하세요.

객체에서 할 수 있는 일을 메소드라고 부릅니다. 객체를 설계할 때는 객체에서 알아야 할 데이터도 생각해봐야 하지만 그 외에, 그 데이터에 대해 어떤 일을 처리하는 메소드에 대해서도 생각해봐야 합니다. 객체를 보면 인스턴스 변수를 읽거나 쓰는 메소드가 있는 것을 흔히 볼 수 있습니다. 예를 들어, 위의 Alarm 객체를 보면 알람이 울릴 시각을 저장하기 위한 alarmTime이라는 인스턴스 변수와 alarmTime 변수를 읽고 쓰기 위한 메소드 두 개(getAlarmTime(), setAlarmTime())가 들어있죠.

정리해보자면, 객체에는 인스턴스 변수와 메소드가 있지만 그러한 인스턴스 변수와 메소드는 클래스의 일부로 설계되어 있습니다.

텔레비전 객체에서는 어떤 것을 알고, 어떤 것을 해야 할지 아래의 빈칸에 채워봅시다.

Television

인스턴스 변수

메소드

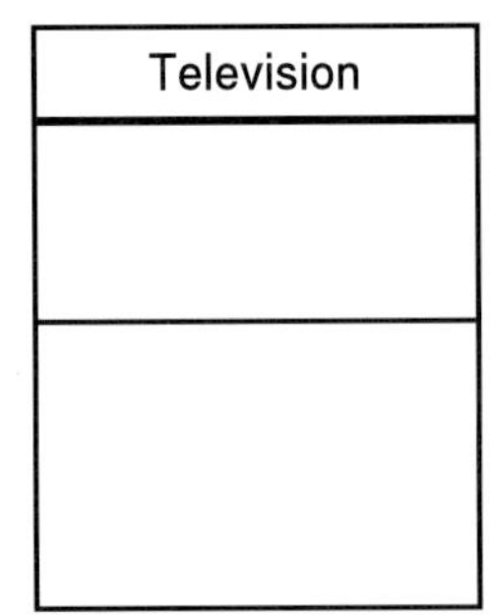

클래스와 객체 사이에는 어떤 차이점이 있을까요?

클래스는 객체가 아닙니다.
(객체를 만들기 위한 용도로 쓰이지요)

클래스는 객체를 만들기 위한 청사진입니다. 가상 머신에 그 유형의 객체를 만드는 방법을 알려주는 역할을 하죠. 클래스로부터 만들어진 각 객체는 클래스의 인스턴스 변수용으로 쓰기 위한 변수를 가질 수 있습니다. 예를 들어, Button 클래스를 이용하여 서로 다른 버튼 수십 개를 만들 수 있고, 각 버튼마다 서로 다른 색, 크기, 모양, 레이블 등을 지정할 수 있습니다.

저는 이런 식으로 생각한답니다.

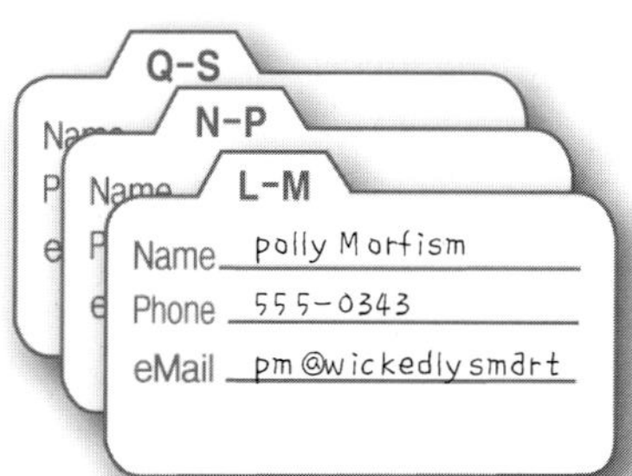

객체를 주소록의 한 항목이라고 생각해보세요.

객체를 아직 사용하지 않은 주소록 카드에 비유해봅시다. 각 카드에는 모두 똑같은 빈 칸(인스턴스 변수)이 있습니다. 이 카드에 어떤 내용을 기입하면 인스턴스를 만드는 것이고, 그 카드에 집어넣은 내용은 객체의 상태를 나타낸다고 할 수 있습니다.

클래스의 메소드는 특정 카드에서 하는 일에 비유할 수 있습니다. AddressCard라는 클래스에는 getName( ), changeName( ), setName( ) 같은 메소드가 있다고 생각할 수 있겠죠.

따라서 모든 카드에서 같은 일(getName( ), changeName( ), setName( ))을 할 수 있지만 각 카드마다 서로 다른 것을 알고 있다고 할 수 있습니다.

첫번째 객체를 만들어봅시다.

그러면 객체를 만들고 사용하려면 어떻게 해야 할까요? 우선 클래스 두 개가 필요합니다. 하나는 사용할 객체에 해당하는 클래스(Dog, AlarmClock, Television 등)고 다른 하나는 새로운 클래스를 테스트하기 위한 클래스입니다. 테스트용 클래스에는 main() 메소드가 들어가며 그 main() 메소드에서 테스트할 클래스 유형의 객체를 만들어서 접근합니다. 테스트용 클래스에서는 한 가지 일만 하면 됩니다. 새로운 클래스 유형의 객체에 들어있는 메소드와 변수를 테스트해보는 것이지요.

지금부터는 많은 예제에서 클래스 두 개가 등장할 것입니다. 하나는 진짜 클래스(실제로 사용할 객체의 유형을 나타내는 클래스)고 나머지 하나는 **〈클래스명〉TestDrive**와 같은 식으로 이름이 붙는 테스트용 클래스입니다. 예를 들어, Bungee라는 클래스를 만들었다면 BungeeTestDrive 같은 테스트용 클래스를 만들 수 있겠죠. main() 메소드는 〈클래스명〉TestDrive 클래스에만 들어가며 그 클래스에서는 새로운 유형(테스트용 클래스가 아닌 다른 클래스 유형)의 객체를 만들고 점 연산자(.)를 써서 새로운 객체의 메소드와 변수에 접근하기만 하면 됩니다. 아래의 예제를 보면 그 의미를 정확하게 이해할 수 있을 겁니다.

1 클래스를 만듭니다.

```
class Dog {

  int size;
  String breed;
  String name;

  void bark() {
    System.out.println("Ruff! Ruff!");
  }

}
```

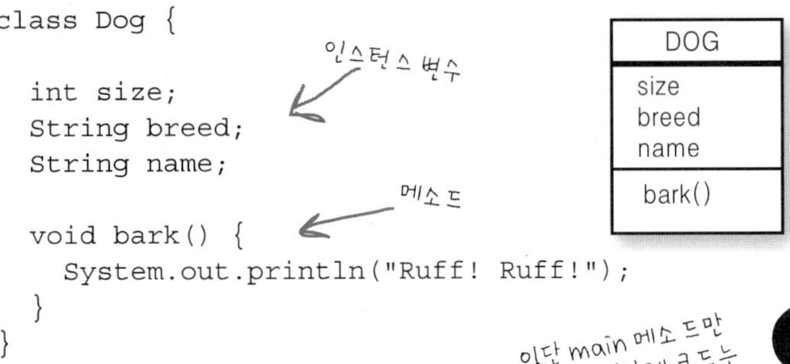

2 테스트용 클래스(TestDrive)를 만듭니다.

```
class DogTestDrive {
    public static void main (String[] args) {
        // 클래스를 테스트하기 위한 코드
    }
}
```

3 테스트용 클래스에서 객체를 만들고 그 객체의 변수와 메소드에 접근합니다.

```
class DogTestDrive {
    public static void main (string[] args) {
        Dog d = new Dog();
        d.size = 40;
        d.bark();
    }
}
```

점 연산자

> 일단 main 메소드만 만드세요(실제 코드는 다음 단계에서 만들어봅시다).

> Dog 객체를 만듭니다.

> 점 연산자(.)를 써서 Dog 의 크기를 설정합니다.

> 그리고 그 bark() 메소드를 호출합니다.

점 연산자(.)

점 연산자(.)는 객체의 상태와 행동(인스턴스 변수와 메소드)을 접근할 수 있게 해주는 역할을 합니다.

```
// 새로운 객체를 만듭니다.
Dog d = new Dog( );

// 점 연산자를 d 변수에 적용하여
// bark( ) 메소드를 호출하여
// 그 개가 짖도록 합니다.
d.bark( );

// 점 연산자를 써서
// 크기를 설정합니다.
d.size = 40;
```

이미 OO를 좀 배웠다면 아직 캡슐화를 사용하지 않는다는 것을 알 수 있을 겁니다. 캡슐화에 대한 내용은 4장에서 배우겠습니다.

Movie 객체를 만들어서 테스트해봅시다.

```java
class Movie {
  String title;
  String genre;
  int rating;

    void playIt() {
    System.out.println("영화를 상영합니다.");
  }
}

public class MovieTestDrive {
  public static void main (String[] args) {
    Movie one = new Movie();
    one.title = "주식과 함께 사라지다";
    one.genre = "비극";
    one.rating = -2;
    Movie two = new Movie();
    two.title = "로스트 인 큐비클 스페이스";
    two.genre = "코미디";
    two.rating = 5;
    two.playIt();
    Movie three = new Movie();
    three.title = "바이트 클럽";
    three.genre = "기분이 좋아지는 비극";
    three.rating = 127;
  }
}
```

연필을 깎으며

MOVIE
title genre rating
playIt()

MovieTestDrive 클래스에서는 Movie 클래스를 가지고 객체 (인스턴스) 세 개를 만들고 점 연산자(.)를 써서 인스턴스 변수 를 특정 값으로 설정합니다. 또한 MovieTestDrive 클래스에서 는 그 중 한 객체의 메소드를 호출합니다. main() 메소드가 끝나는 시점을 기준으로 각 객체 안에 들어있는 변수의 값을 적어보세요.

1번 객체
```
title
genre
rating
```

2번 객체
```
title
genre
rating
```

3번 객체
```
title
genre
rating
```

얼른 main에서 벗어납시다.

main()에만 머물러 있으면 진정 객체 마을에 있다고 할 수가 없습니다. main 메소드를 써서 테스트 프로그램을 실행시키는 정도는 괜찮겠지만 진정한 OO 애플리케이션에서는 정적인 main() 메소드 에서 객체를 만들고 테스트하는 것과는 다르게 객체끼리 서로 다른 객체와 대화를 할 수 있게 해야 합니다.

main 메소드의 두 가지 용도:

- 클래스를 테스트하기 위한 용도
- 자바 애플리케이션을 시작하기 위한 용도

사실 자바 애플리케이션이란 객체가 다른 객체와 대화하는 것에 불과합니다. 여기서 대화를 한다는 것은 객체에서 서로 다른 객체의 메소드를 호출하는 것을 의미합니다. 이전 페이지와 4장을 보면 별 도의 테스트용 클래스에서 main() 메소드를 사용하여 다른 클래스의 객체를 만들고 그 메소드와 변 수를 테스트합니다. 6장을 보면 main() 메소드가 있는 클래스를 사용하여 진짜 자바 애플리케이션을 돌리는 것을 볼 수 있습니다(객체를 만들고 그러한 객체가 다른 객체와 서로 상호작용하게 만듭니다).

하지만 진짜 자바 애플리케이션이 어떤 식으로 행동하는지를 간단하게 보여주기 위한 예제를 하나 살펴보고 넘어갑시다. 이제 막 자바를 배우기 시작한 상태고 간단한 툴킷만을 사용하고 있으므로 이 프로그램은 아직 투박하고 비효율적이라는 느낌이 많이 들 것입니다. 이런 걸 보면서 어떻게 개선할 수 있을지 곰곰이 생각해보는 독자들도 있을 텐데, 조금 있으면 그런 내용에 대해 자세하게 배우게 될 것입니다. 아직 잘 이해하지 못하는 코드가 있더라도 걱정하지 마세요. 이 예제에서 가장 중요한 점은 객체가 다른 객체와 서로 의사 소통을 할 수 있다는 점이니까요.

숫자 맞추기 게임

설명:
숫자 맞추기 게임은 게임 객체 한 개와 선수 객체 세 개로 구성됩니다. 게임 객체에서는 0과 9 사이 의 난수를 발생시키고 선수 객체 세 개는 적당한 숫자를 찍어서 그 숫자를 맞춰야 합니다(뭐 그다지 재 미있는 게임이라고 할 순 없겠죠?).

클래스:
`GuessGame.class`   `Player.class`   `GameLauncher.class`

논리:
1) 게임은 GameLauncher 클래스에서 시작합니다. 이 클래스에는 main() 메소드가 들어있죠.

2) main() 메소드에서는 GuessGame 객체를 만들고 startGame() 메소드를 호출합니다.

3) 실제 게임은 모두 GuessGame 객체의 startGame() 메소드에서 진행됩니다. 이 메소드에서는 선수 객체 세 개(Player 객체)를 만들고 난수 하나를 생각합니다(선수들은 이 난수를 맞춰야 하지 요). 그리고 각 선수에게 숫자를 물어보고 그 결과를 확인한 다음 승자에 대한 정보를 출력하거나 다시 맞춰보라는 메시지를 출력합니다.

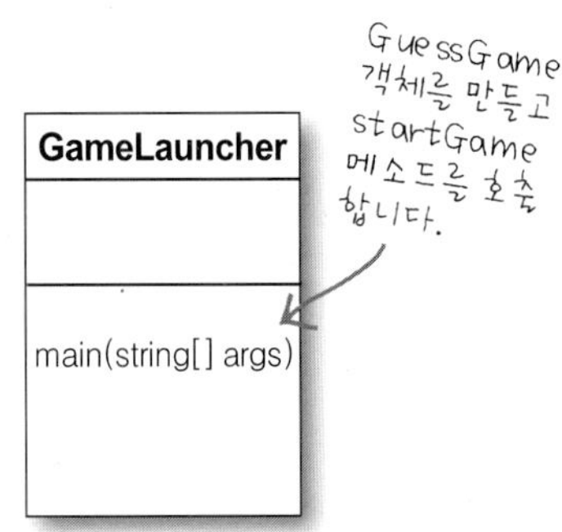

GuessGame 객체를 만들고 startGame 메소드를 호출 합니다.

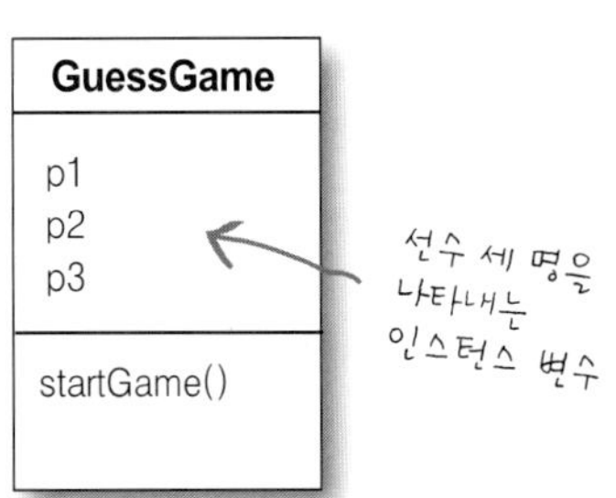

선수 세 명을 나타내는 인스턴스 변수

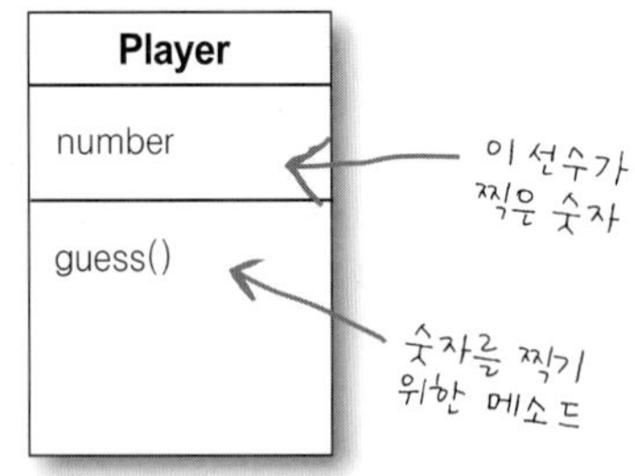

이 선수가 찍은 숫자

숫자를 찍기 위한 메소드

```java
public class GuessGame {
    Player p1;
    Player p2;
    Player p3;

    public void startGame() {
        p1 = new Player();
        p2 = new Player();
        p3 = new Player();

        int guessp1 = 0;
        int guessp2 = 0;
        int guessp3 = 0;

        boolean p1isRight = false;
        boolean p2isRight = false;
        boolean p3isRight = false;

        int targetNumber = (int) (Math.random() * 10);
        System.out.println("0 이상 9 이하의 숫자를 맞춰보세요.");

        while(true) {
          System.out.println("맞춰야 할 숫자는 " + targetNumber + "입니다.");

          p1.guess();
          p2.guess();
          p3.guess();

          guessp1 = p1.number;
          System.out.println("1번 선수가 찍은 숫자: " + guessp1);

          guessp2 = p2.number;
          System.out.println("2번 선수가 찍은 숫자: " + guessp2);

          guessp3 = p3.number;
          System.out.println("3번 선수가 찍은 숫자: " + guessp3);

          if (guessp1 == targetNumber) {
            p1isRight = true;
          }

          if (guessp2 == targetNumber) {
            p2isRight = true;
          }

          if (guessp3 == targetNumber) {
            p3isRight = true;
          }

          if (p1isRight || p2isRight || p3isRight) {

            System.out.println("맞춘 선수가 있습니다.");
            System.out.println("1번 선수: " + p1isRight);
            System.out.println("2번 선수: " + p2isRight);
            System.out.println("3번 선수: " + p3isRight);
            System.out.println("게임 끝.");
            break; // 게임이 끝났으므로 break문으로 순환문을 빠져나갑니다.

          } else {
            // 아직 아무도 못 맞췄기 때문에 계속 해야 합니다.
            System.out.println("다시 시도해야 합니다.");
          } // if/else 부분 끝
        } // 순환문 끝
    } // 메소드 끝
} // 클래스 끝
```

GuessGame에는 Player 객체 세 개를 저장하기 위한 인스턴스 변수 세 개가 있습니다.

Player 객체 세 개를 생성하고 각각을 Player 인스턴스 변수 세 개에 대입합니다.

Player 객체 세 개에서 찍은 숫자를 저장하기 위해 변수 세 개를 선언합니다.

세 선수가 찍은 숫자가 맞는지 여부를 저장하기 위해 변수 세 개를 선언합니다.

선수들이 맞출 숫자를 만듭니다.

각 선수별로 guess() 메소드를 호출합니다.

각 객체의 인스턴스 변수를 접근하여 각 선수가 찍은 숫자(guess() 메소드를 실행시킨 결과)를 알아냅니다.

각 선수가 찍은 숫자 중에서 맞춘 숫자가 있는지를 확인합니다. 맞춘 선수가 있으면 그 선수에 해당하는 변수를 참으로 설정합니다(기본값은 거짓(false)으로 설정했었죠?).

1번 선수 또는 2번 선수 또는 3번 선수가 맞았으면… (|| 연산자는 또는(OR)을 의미합니다)

그렇지 않으면 순환문을 계속 돌리면서 숫자를 다시 찍게 합니다.

숫자 맞추기 게임을 실행해봅시다.

```java
public class Player {
    int number = 0; // 찍은 숫자를 저장할 변수

    public void guess() {
        number = (int) (Math.random() * 10);
        System.out.println("찍은 숫자: " + number);
    }
}


public class GameLauncher {
    public static void main (String[] args) {
        GuessGame game = new GuessGame();
        game.startGame();
    }
}
```

결과(매번 실행시킬 때마다 결과가 다릅니다)

```
File  Edit  Window  Help  Explode

% java GameLauncher

0 이상 9 이하의 숫자를 맞춰보세요.

맞춰야 할 숫자는 5입니다.

찍은 숫자: 2

찍은 숫자: 8

찍은 숫자: 3

1번 선수가 찍은 숫자: 2

2번 선수가 찍은 숫자: 8

3번 선수가 찍은 숫자: 3

다시 시도해야 합니다.

맞춰야 할 숫자는 5입니다.

찍은 숫자: 4

찍은 숫자: 1

찍은 숫자: 2

1번 선수가 찍은 숫자: 4

2번 선수가 찍은 숫자: 1

3번 선수가 찍은 숫자: 2

다시 시도해야 합니다.

맞춰야 할 숫자는 5입니다.

찍은 숫자: 3

찍은 숫자: 5

찍은 숫자: 1

1번 선수가 찍은 숫자: 3

2번 선수가 찍은 숫자: 5

3번 선수가 찍은 숫자: 1

맞춘 선수가 있습니다.

1번 선수: false

2번 선수: true

3번 선수: false

게임 끝.
```

자바는 청소도 알아서 합니다.

자바에서 객체가 만들어지면 **힙(Heap)**이라는 메모리 공간에 저장됩니다. 모든 객체는 (언제, 어디에서, 어떻게 만들어졌든 상관없이) 힙에서 살지요. 하지만 우리가 기존에 알고 있던 메모리 힙과는 조금 다릅니다. **가비지 컬렉션 기능이 있는 힙**이지요. 객체를 만들면 자바에서는 그 객체의 크기에 따라 힙 안에 적당한 메모리 공간을 할당합니다. 예를 들어, 인스턴스 변수 15개가 있는 객체를 만들려면 아마도 인스턴스 변수 두 개만 있는 객체와 비교해서 공간을 더 많이 잡아먹겠죠? 그런데 그 공간을 되찾아오려면 어떻게 해야 할까요? 어떤 객체가 더 이상 필요 없을 때 어떻게 힙에서 치워버릴 수 있을까요? 자바에서는 그런 메모리 관리를 자동으로 처리해줍니다. JVM에서 어떤 객체가 절대로 다시 쓰이지 않을 것이라는 결론을 내릴 수 있으면 그 객체는 가비지 컬렉션 대상이 됩니다. 그리고 메모리가 모자라게 되면 가비지 컬렉터가 작동하면서 더 이상 사용할 수 없는 객체를 치워버려서 재활용할 수 있는 메모리 공간을 확보합니다. 이 과정에 대해서는 다음 장에서 더 자세하게 알아보겠습니다.

바보 같은 질문은 없습니다

Q: 전역 변수나 전역 메소드가 필요하면 어떻게 하죠? 모든 것을 클래스에 넣어야 한다면 그런 것을 넣을 자리가 없지 않나요?

A: 자바 OO 프로그램에는 '전역' 변수나 메소드의 개념이 아예 없습니다. 하지만 실제 프로그래밍을 하다 보면 프로그램의 어디에서든지 쓸 수 있는 메소드(또는 상수)가 필요한 경우가 있지요. 자동 구문 생성기 애플리케이션에서 썼던 random( ) 메소드를 생각해보세요. 이 메소드는 어디에서든지 호출할 수 있어야 합니다. 아니면 파이(π) 같은 상수도 아무 데서나 쓸 수 있어야겠죠? 10장에서 배우게 되겠지만 메소드를 public으로, 그리고 static으로 지정하면 '전역' 메소드와 비슷하게 쓸 수 있습니다. public, static 메소드는 애플리케이션의 어떤 클래스의 어떤 코드에서든지 접근할 수 있습니다. 마찬가지로 변수도 public, static 그리고 final로 지정하면 어디에서든지 접근할 수 있는 상수를 만들 수 있습니다.

Q: 그러면 전역 함수나 전역 데이터를 만들면서 어떻게 객체 지향적이라고 할 수 있나요?

A: 우선 자바에서는 모든 것이 클래스 안으로 들어갑니다. 따라서 π라는 상수나 random( ) 같은 메소드도 모두 public이면서 static이긴 하지만 Math 클래스 내에서 정의되어있습니다. 그리고 이런 정적인 (static, '전역'과 비슷한) 것들은 자바에서 비교적 예외적인 것으로 생각해야 한다는 점을 꼭 기억해두세요. 이런 변수와 메소드는 인스턴스/객체 여러 개에 들어가지 않는 매우 특별한 경우에 해당합니다.

Q: 자바 프로그램이 뭔가요? 실질적인 최종 결과물은 무엇인가요?

A: 자바 프로그램은 클래스 여러 개가 모여있는 것(클래스 한 개만으로 구성될 수도 있습니다)이라고 할 수 있습니다. 자바 애플리케이션에서는 여러 클래스 가운데 한 클래스에 main 메소드가 있어야 합니다. 그리고 그 클래스를 통해서 프로그램을 시작하게 되지요. 따라서 프로그래머 입장에서는 클래스 한 개 이상을 만들게 됩니다. 그리고 그런 클래스가 바로 최종적인 결과물이 되는 거죠. 만약, JVM이 없다면 프로그램을 실행시킬 수 없으니까 프로그램을 사용할 사용자한테 JVM도 포함시켜서 넘겨줘야 할겁니다. 클래스를 다양한 JVM(플랫폼마다 다른 걸 써야겠죠?)과 함께 묶어주는 인스톨러 프로그램이 많이 나와있으니까 그런 것을 써서 CD롬과 같은 매체에 한꺼번에 넣어서 넘겨주는 식으로 해도 됩니다. 그러면 사용자는 (아직 JVM이 깔려있지 않다면) 자신의 플랫폼에 맞는 JVM을 골라서 설치할 수 있을 것입니다.

Q: 클래스가 수백, 또는 수천 개가 된다면 어떻게 해야 할까요? 그런 파일을 일일이 전달하려면 너무 힘들지 않을까요? 그냥 전부 다 묶어서 하나의 애플리케이션 형태로 만들 수는 없나요?

A: 물론, 그렇게 많은 파일을 일일이 사용자에게 전달하려면 참 골치 아프겠죠. 하지만 그렇게 하지 않아도 됩니다. 해당 파일을 자바 아카이브(.jar 파일) 하나에 넣을 수 있으니까요.(.jar 파일은 pkzip 유형을 바탕으로 만들어집니다). jar 파일에는 manifest라고 부르는 간단하게 포매팅된 텍스트 파일이 들어가는데, 바로 그 파일에 jar에 들어있는 파일 중에서 어떤 파일을 실행시켜야 할지를 알려주는 (즉, 어떤 파일에 main( ) 메소드가 들어있는지 알려주는) 내용이 들어있습니다.

핵심정리

- 객체지향적인 프로그래밍을 하면 제작과 테스트 과정이 끝난 코드를 건드리지 않고도 프로그램을 확장할 수 있습니다.

- 모든 자바 코드는 **클래스** 내에서 정의됩니다.

- 클래스는 해당 클래스 유형의 객체를 만드는 방법을 설명하는 역할을 합니다. **클래스는 청사진과 같다고 할 수 있지요.**

- 객체는 각자 알아서 자기 할 일을 처리할 수 있습니다. 사용자는 객체에서 작업을 처리하는 방법에 대해서는 신경 쓰지 않아도 됩니다.

- 객체에는 **알고 있는 것**과 **할 수 있는 것**이 있습니다.

- 객체가 자기 자신에 대해 알고 있는 것은 **인스턴스 변수**라고 부릅니다. 객체의 상태를 나타내지요.

- 객체가 할 수 있는 것은 **메소드**라고 부릅니다. 객체의 행동을 나타내지요.

- 클래스를 새로 만들 때는 그 클래스 유형의 객체를 만들어서 테스트하는 테스트용 클래스를 따로 만들어보는 것이 좋습니다.

- 클래스에서는 **덜 구체적인 상위클래스**로부터 인스턴스 변수와 메소드를 **상속**할 수 있습니다.

- 프로그램을 실행시킬 때 보면 자바 프로그램이란 결국 다른 객체와 대화를 하는 객체에 불과합니다.

컴파일러가 되어봅시다.

이 페이지에 나와있는 각 자바 파일은 하나의 온전한 소스 파일입니다. 이제 컴파일러 입장에서 각 파일을 무사히 컴파일할 수 있을지 생각해보세요.

컴파일이 되지 않는다면 어떻게 해야 문제점을 해결할 수 있을까요? 그리고 컴파일이 잘 된다면 그 출력 결과는 어떻게 될까요?

A

```java
class TapeDeck {

  boolean canRecord = false;

  void playTape() {
    System.out.println("tape playing");
  }

  void recordTape() {
    System.out.println("tape recording");
  }
}

class TapeDeckTestDrive {
  public static void main(String [] args) {

    t.canRecord = true;
    t.playTape();

    if (t.canRecord == true) {
      t.recordTape();
    }

  }
}
```

B

```java
class DVDPlayer {

  boolean canRecord = false;

  void recordDVD() {
    System.out.println("DVD recording");
  }
}

class DVDPlayerTestDrive {
  public static void main(String [] args) {

    DVDPlayer d = new DVDPlayer();
    d.canRecord = true;
    d.playDVD();

    if (d.canRecord == true) {
      d.recordDVD();
    }

  }
}
```

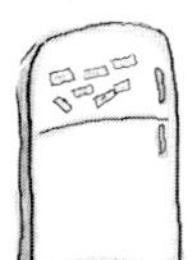

코드 자석

연습문제

냉장고 위에 자바 프로그램 코드가 아무렇게나 널려 있습니다. 코드 쪼가리를 재배치해서 아래에 있는 것과 같은 결과를 출력하는 자바 프로그램을 만들어보세요. 아. 그런데 중괄호 몇 개는 바닥에 떨어져버렸군요. 찾기 힘드니까 필요하면 마음대로 추가해보세요.

```java
d.playSnare();
```

```java
DrumKit d = new DrumKit();
```

```java
boolean topHat = true;
boolean snare = true;
```

```java
void playSnare() {
  System.out.println("bang bang ba-bang");
}
```

```java
public static void main(String [] args) {
```

```java
if (d.snare == true) {
    d.playSnare();
}
```

```java
d.snare = false;
```

```java
class DrumKitTestDrive {
```

```java
d.playTopHat();
```

```java
class DrumKit {
```

```java
void playTopHat () {
  System.out.println("ding ding da-ding");
}
```

```
File  Edit  Window  Help  Dance

% java DrumKitTestDrive
bang bang ba-bang
ding ding da-ding
```

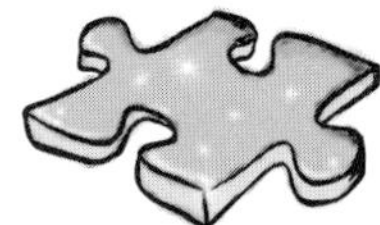

수영장 퍼즐

수영장 안에 있는 코드 조각을 꺼내서 코드의 빈칸에 채워 보세요. 같은 조각을 여러 번 사용해도 되지만 이 중에는 전혀 쓰이지 않는 조각도 있을 수 있습니다. 이 퍼즐의 목표는 문제없이 컴파일과 실행이 되어 다음과 같은 결과를 출력하는 클래스를 만드는 것입니다.

출력결과:

```
File  Edit  Window  Help  Implode
%java EchoTestDrive
helloooo...
helloooo...
helloooo...
helloooo...
10
```

```java
public class EchoTestDrive {
  public static void main(String [] args) {
    Echo e1 = new Echo();
    _______________________
    int x = 0;
    while ( ___________ ) {
      e1.hello();
      _______________________
      if ( ___________ ) {
        e2.count = e2.count + 1;
      }
      if ( ___________ ) {
        e2.count = e2.count + e1.count;
      }
      x = x + 1;
    }
    System.out.println(e2.count);
  }
}
```

```java
class ___________ {
  int _________ = 0;
  void ___________ {
    System.out.println("helloooo... ");
  }
}
```

보너스 문제!

출력 결과의 마지막 행이 10이 아니라 24가 되려면 어떻게 해야 할까요?

주의: 수영장 안에 있는 코드 조각 중에서 같은 것을 여러 번 사용할 수도 있습니다.

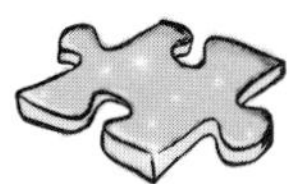

여러 가지 자바 구성요소가 완벽하게 분장을 하고는 "나는 누구일까요?" 게임을 하고 있습니다. 각 힌트를 보고 그 내용을 바탕으로 누군지 알아 맞춰 보세요. 물론. 항상 진실만을 말한다고 가정해야겠죠? 여러 구성 요소에 대해 적용할 수 있는 내용이 나온다면 모든 항목을 선택하면 됩니다. 각 문장 옆에 있는 빈 칸에 이름을 적어 보세요. 첫번째 답은 우리가 미리 적어놓았습니다.

오늘의 참석자:

클래스　메소드　객체　　인스턴스 변수

나는 누구일까요?

.java 파일을 컴파일하면 만들어집니다.   __클래스__

내 인스턴스 변수의 값은 다른 친구의 값과 다를 수 있습니다.   ______________

탬플릿 같은 역할을 합니다.   ______________

저는 뭔가 하는 것을 좋아합니다.   ______________

저는 메소드 여러 개를 가질 수 있습니다.   ______________

저는 '상태'를 나타냅니다.   ______________

저는 특정 행동을 할 수 있습니다.   ______________

저는 객체 안에 들어있습니다.   ______________

저는 힙 안에서 산답니다.   ______________

저는 객체 인스턴스를 만들기 위한 용도로 쓰입니다.   ______________

제 상태는 바뀔 수 있죠.   ______________

저는 메소드를 선언합니다.   ______________

저는 실행 중에 바뀔 수 있습니다.   ______________

연습문제 정답

코드 자석:

```java
class DrumKit {

  boolean topHat = true;
  boolean snare = true;

  void playTopHat() {
    System.out.println("ding ding da-ding");
  }

  void playSnare() {
    System.out.println("bang bang ba-bang");
  }
}


class DrumKitTestDrive {
  public static void main(String [] args) {

    DrumKit d = new DrumKit();
    d.playSnare();
    d.snare = false;
    d.playTopHat();

    if (d.snare == true) {
      d.playSnare();
    }
  }
}
```

```
File  Edit  Window  Help  Dance

% java DrumKitTestDrive
bang bang ba-bang
ding ding da-ding
```

컴파일러가 되어봅시다.

```java
class TapeDeck {
  boolean canRecord = false;
  void playTape() {
    System.out.println("tape playing");
  }
  void recordTape() {
    System.out.println("tape recording");
  }
}


class TapeDeckTestDrive {
  public static void main(String [] args) {

    TapeDeck t = new TapeDeck( );
    t.canRecord = true;
    t.playTape();

    if (t.canRecord == true) {
      t.recordTape();
    }
  }
}
```

A

템플릿은 있으니까 실제 객체를 만들어야 되겠죠?

```java
class DVDPlayer {
  boolean canRecord = false;
  void recordDVD() {
    System.out.println("DVD recording");
  }
  void playDVD ( ) {
    System.out.println("DVD playing");
  }
}


class DVDPlayerTestDrive {
  public static void main(String [] args) {
    DVDPlayer d = new DVDPlayer();
    d.canRecord = true;
    d.playDVD();
    if (d.canRecord == true) {
      d.recordDVD();
    }
  }
}
```

B

메소드가 없으면 d.playDVD();가 들어있는 행이 컴파일이 되지 않겠죠?

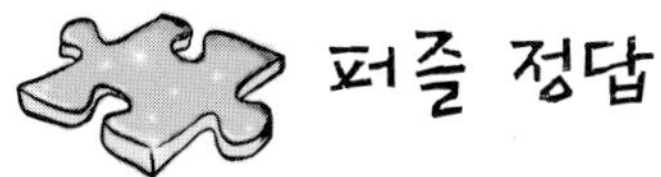 퍼즐 정답

수영장 퍼즐

```java
public class EchoTestDrive {
  public static void main(String [] args) {
    Echo e1 = new Echo();
    Echo e2 = new Echo( ); // 정답

    Echo e2 = e1;  // 보너스 문제의 정답
    int x = 0;
    while ( x < 4 ) {
      e1.hello();
      e1.count = e1.count + 1;
      if ( x == 3 ) {
        e2.count = e2.count + 1;
      }
      if ( x > 0 ) {
        e2.count = e2.count + e1.count;
      }
      x = x + 1;
    }
    System.out.println(e2.count);
  }
}
```

```java
class Echo {
  int count = 0;
  void hello() {
    System.out.println("helloooo... ");
  }
}
```

```
File  Edit  Window  Help  Assimilate
%java EchoTestDrive
helloooo...
helloooo...
helloooo...
helloooo...
10
```

나는 누구일까요?

.java 파일을 컴파일하면 만들어집니다.	클래스
내 인스턴스 변수의 값은 다른 친구의 값과 다를 수 있습니다.	객체
탬플릿 같은 역할을 합니다.	클래스
저는 뭔가 하는 것을 좋아합니다.	객체, 메소드
저는 메소드 여러 개를 가질 수 있습니다.	클래스, 객체
저는 '상태'를 나타냅니다.	인스턴스 변수
저는 특정 행동을 할 수 있습니다.	객체, 클래스
저는 객체 안에 들어있습니다.	메소드, 인스턴스 변수
저는 힙 안에서 삽니다.	객체
저는 객체 인스턴스를 만들기 위한 용도로 쓰입니다.	클래스
제 상태는 바뀔 수 있죠.	객체, 인스턴스 변수
저는 메소드를 선언합니다.	클래스
저는 실행 중에 바뀔 수 있습니다.	객체, 인스턴스 변수

주의: 클래스와 객체에는 모두 상태와 행동이 있습니다. 이 둘은 모두 클래스에서 정의하지만 객체에도 상태와 행동은 있지요. 일단은 인스턴스 변수와 메소드가 정말 그 안에 들어있는지에 대한 것은 그냥 무시하고 넘어갑시다.

네 변수를 알라

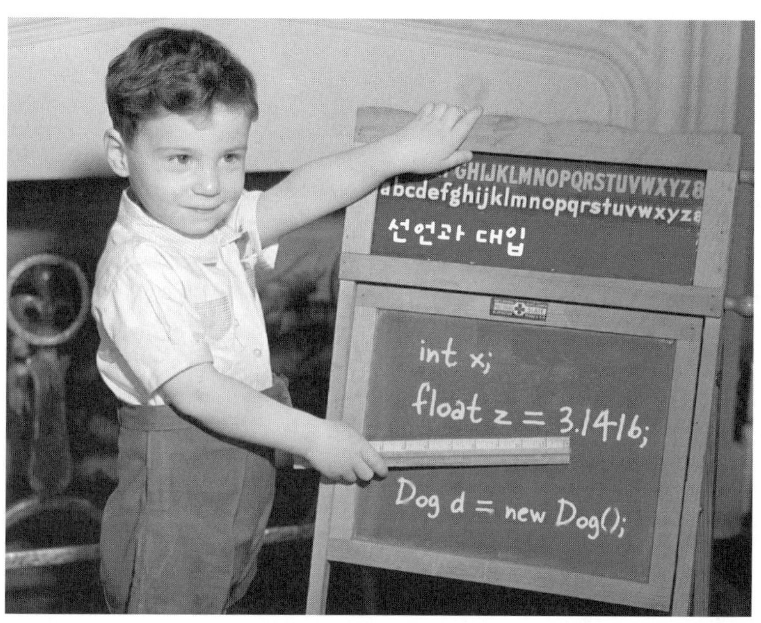

변수는 크게 원시 변수와 레퍼런스, 이렇게 두 가지로 나눌 수 있습니다. 지금까지는 변수를 두 가지 용도로 사용했습니다. 하나는 **객체 상태**(인스턴스 변수)였고 다른 하나는 **지역 변수**(메소드 안에서 정의된 변수)였지요. 앞으로는 변수를 **인자**(호출하는 코드에 의해 메소드로 전달되는 값)와 **리턴 유형**(메소드를 호출한 부분으로 돌아가는 값)으로도 사용할 것입니다. 이미 간단한 **원시 정수 값**(int 유형)으로 선언된 변수도 써 봤고 String이나 배열과 같이 **조금 더 복잡한 것**으로 선언된 변수도 써 봤습니다. 하지만 **우리가 살아가는 데는** 정수, String, 배열 외에도 **훨씬 더 복잡한 것**이 많이 필요합니다. Dog라는 인스턴스 변수가 들어있는 PetOwner*라는 객체 같은 것을 생각할 수 있겠죠? 아니면 Engine이라는 인스턴스 변수를 가진 Car라는 객체는 어떨까요? 이 장에서는 자바 유형의 미스터리를 밝혀보고 변수로 선언할 수 있는 것, 변수에 집어넣을 수 있는 것, 그리고 변수를 가지고 할 수 있는 것에 대해 살펴보기로 합시다. 그리고 마지막에는 가비지 컬렉션 기능이 있는 힙에서의 삶도 알아보겠습니다.

*역자주: 애완동물 주인을 나타내는 객체라고 생각하면 됩니다.

변수 선언

자바에서는 유형(type)을 철저하게 따집니다. Giraffe(기린) 인스턴스를 Rabbit(토끼) 변수에 집어넣는 것과 같이 이상하고 위험한 일은 할 수 없죠. 더욱이 그런 식으로 Giraffe가 들어있는 Rabbit 변수에 대해 토끼처럼 깡총깡총 뛰라는 hop() 메소드를 호출한다면 더욱 안 되겠죠? 마찬가지로 정확성이 떨어지는 것(소수점 이하 부분이 다 없어지는 것)을 감수하더라도 그렇게 하겠다고 컴파일러에 별도로 알려주지 않는 이상 부동소수점 수를 정수 변수에 집어넣을 수도 없습니다.

엉뚱한 유형의 값을 변수에 대입하려고 할 때는 대부분 컴파일러에서 잡아냅니다.

```
Rabbit hopper = new Giraffe();
```

위와 같은 구문은 컴파일이 되지 않습니다. 참 다행이지요.

이렇게 유형과 관련된 문제가 생기는 것을 방지하려면 변수의 유형을 선언해야 합니다. 즉 정수인지, Dog인지, 한 글자인지 등을 지정해야 합니다. 변수는 **원시 변수**(primitive variable)와 **객체 레퍼런스**(objectreference)로 나눌 수 있습니다. 원시 변수에는 정수, 부울, 부동소수점 수와 같은 기초적인 값(단순한 비트 패턴으로 나타낼 수 있는 값)이 들어갑니다. 그리고 객체 레퍼런스에는 객체에 대한 레퍼런스가 들어갑니다.

먼저, 원시 변수를 알아본 다음 객체 레퍼런스의 정확한 의미를 알아보겠습니다. 하지만 유형에 무관하게 두 가지 선언 규칙은 반드시 준수해야 합니다.

변수에는 유형이 있어야 합니다.

그리고 유형 외에도 코드에서 그 변수를 부를 때 사용할 이름이 있어야 합니다.

변수에는 이름이 있어야 합니다.

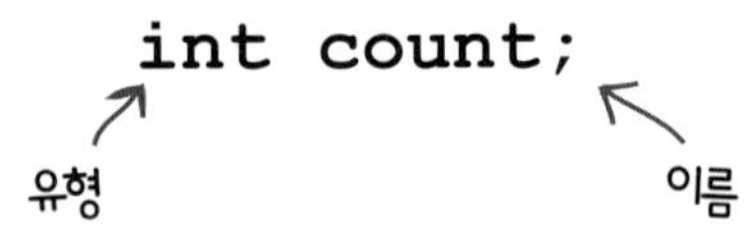

주의: 'X 유형의 객체' 라는 표현이 나온다면 유형과 클래스의 의미가 똑같다고 생각하면 됩니다(이와 관련된 내용은 잠시 후에 더 자세히 알아보겠습니다).

"더블 모카로 주세요. 아, int로 합시다."

자바 변수를 컵에 비유해서 생각해봅시다. 컵에는 커피잔, 찻잔, 맥주를 엄청나게 많이 담을 수 있는 피처잔, 극장에서 팝콘을 담아서 파는 커다란 컵, 부드러운 곡선형 손잡이가 달려있는 컵, 전자레인지에 절대로 넣으면 안 되는 금속 테두리가 있는 컵과 같이 다양한 컵이 있습니다.

변수는 컵이라고 할 수 있습니다. 뭔가를 담아두기 위한 용도로 쓰이지요.

컵에는 크기도 있고 유형도 있습니다. 이 장에서는 우선 원시 변수를 담기 위한 변수(컵)에 대해 알아보고, 객체에 대한 레퍼런스를 담기 위한 컵에 대해서는 잠시 후에 알아보겠습니다. 일단, 여기에 있는 컵에 대한 비유를 주의 깊게 읽어보세요. 지금은 무지 간단해 보이겠지만 복잡해질 수록 더 쉽게 이해하는 데 도움이 될 것입니다.

원시 변수는 커피전문점에서 사용하는 컵에 비유할 수 있습니다. 스타벅스 같은 커피 전문점에 가보면 지금 얘기하고 있는 것을 더 잘 이해할 수 있을 겁니다. 그런 가게에 있는 컵은 종류가 상당히 다양한데, '쇼트(작은 잔)', '톨(큰 잔)'과 같은 이름이 붙어있죠. 커피를 주문할 때는 "모카 커피를 '그란데 (grande, 가장 큰 잔)' 사이즈로 크림 얹어서 주세요"와 같은 식으로 말하면 됩니다.

보통 카운터 근처에 보면 컵이 전시되어 있어서 그 컵을 직접 보고 적당한 크기로 주문을 할 수 있게 되어 있습니다.

스몰(small)　쇼트(short)　톨(tall)　그란데(grande)

자바의 원시 변수 유형도 그 크기가 다양하며 각각 이름이 붙어있습니다. 자바에서 변수를 선언할 때에는 유형을 지정해야 합니다. 여기에 있는 컵 네 개는 각각 자바에서 사용하는 정수형 원시 변수 네 개에 해당한다고 볼 수 있습니다. 각 컵에는 값이 들어가므로 자바 원시 변수를 주문할 때는, 커피를 주문할 때 "프렌치 로스트 톨로 주세요"라고 말하는 것처럼 "90이라는 숫자가 들어있는 int 변수를 주세요"라고 말하면 됩니다. 하지만 한 가지 다른 점이 있습니다. 자바에서는 컵에 이름을 붙일 수 있다는 것입니다. 그러므로 정확하게 말하자면 "int 하나만 주세요. 값은 2,486으로

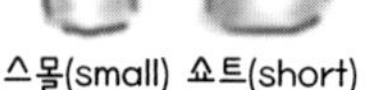

long　　int　　short　　byte

하고 변수 이름은 height로 해 주세요"라고 주문해야겠죠. 각 원시 변수에는 고정된 개수의 비트가 할당됩니다(즉, 컵의 크기가 고정되어있죠). 자바에서 쓰이는 '숫자 원시 변수' 여섯 개의 크기는 다음과 같습니다.

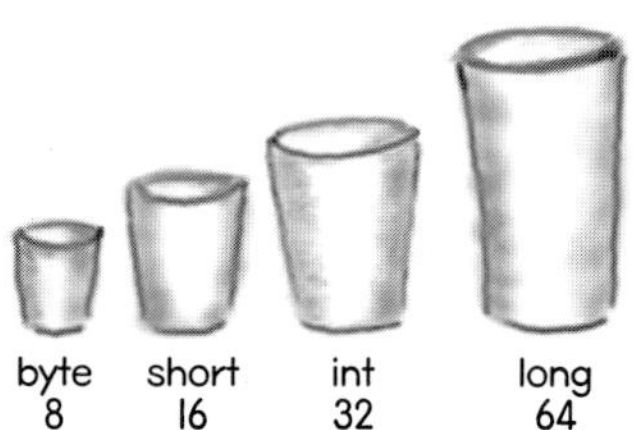

byte　short　int　long
8　　16　　32　　64

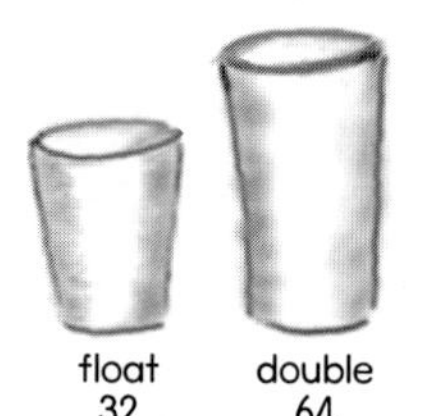

float　double
32　　64

원시 유형

유형	비트 수	범위

부울과 문자

boolean　(JVM에 따라 다름)　true 또는 false

char　16비트　0~65535

숫자(모두 부호가 있음)

정수

byte　8비트　-128~127

short　16비트　-32768~32767

int　32비트　-2147483648 ~2147483647

long　64비트　-아주 큰 값~아주 큰 값

부동소수점 소수

float　32비트　바뀔 수 있음

double　64비트　바뀔 수 있음

변수 선언과 대입 방법:

```
int x:
x = 234:
byte b = 89:
boolean isFun = true:
double d = 3456.98:
char c = 'f':
int z = x:
boolean isPunkRock:
isPunkRock = false:
boolean powerOn:
powerOn = isFun:
long big = 3456789:
float f = 32.5f:
```

주의: 'f'를 써야하는 점에 주의하세요. 자바에서는 소수점이 들어있는 것을 기본적으로 double로 간주하기 때문에 float 값으로 쓰고 싶다면 반드시 'f'를 뒤에 붙여야합니다.

넘치면 안 되겠죠?

값이 변수에 들어갈 수 있는지 반드시 확인하세요.

작은 컵에 너무 많은 것을 집어넣을 수는 없습니다.

하고 싶다면 왕창 넣어도 되겠지만 그러면 분명히 넘쳐서 버리는 게 있겠죠? 컵(변수)에 집어넣을 수 없는 너무 큰 값을 집어넣으려고 한다는 것을 코드에서 직접 알 수 있는 경우에는 컴파일러가 그런 사고를 미연에 방지합니다.

예를 들어, 다음과 같이 int 변수를 byte 변수에 대입하려고 하면 컴파일이 되지 않습니다.

```
int x = 24;

byte b = x;

// 이렇게 하면 안 됩니다.
```

왜 이렇게 하면 안 될까요? 사실 x의 값은 24고, byte 변수에도 24를 저장할 수 있는 데 말이죠. 물론, 우리들이야 24를 byte에 저장할 수 있다는 것을 알 수 있지만 컴파일러에서는 큰 것을 작은 컵에 넣으려고 하면 무조건 넘칠 가능성이 있다는 결론을 내립니다. 컴파일러에서 x의 값을 알 수 있으리라 생각하지 마세요. 코드 내용을 보면 별 문제가 없다는 것을 알 수 있는 경우에도 말이죠.

변수에 값을 대입할 때는 다음과 같은 방법을 쓸 수 있습니다.

- 등호 옆에 리터럴 값을 입력하는 방법(x = **12**, isGood = **true** 등)
- 한 변수의 값을 다른 변수에 대입하는 방법(x = y)
- 위의 두 가지 방법을 결합한 방법(x = y + **43**)

아래의 예에서 리터럴 값은 굵은 글자로 표시했습니다.

`int size = `**`32`**`;`	size라는 int 변수를 선언하고 32라는 값을 대입합니다.
`char initial = `**`'j'`**`;`	initial이라는 char 변수를 선언하고 'j'라는 값을 대입합니다.
`double d = `**`456.709`**`;`	d라는 double 변수를 선언하고 456.709라는 값을 대입합니다.
`boolean isCrazy;`	isCrazy라는 boolean 변수를 선언합니다(값은 대입하지 않습니다).
`isCrazy = `**`true`**`;`	앞서 선언한 isCrazy에 true라는 값을 대입합니다.
`int y = x + `**`456`**`;`	y라는 int 변수를 선언하고 x의 현재 값에 456을 더한 값을 대입합니다.

연필을 깎으며

컴파일러에서는 큰 컵에 있는 값을 작은 컵에 넣는 것을 허용하지 않습니다. 하지만 그 반대(작은 컵에 있는 값을 큰 컵에 넣는 것)는 어떨까요? **그런 것은 허용한답니다.**

원시 변수의 크기와 유형에 대해 알고 있는 것을 바탕으로 다음 중 할 수 있는 것과 할 수 없는 것을 구분해보세요. 아직 필요한 규칙을 모두 배우지는 않았기 때문에 아래에 있는 것 중에는 조금 어려운 것도 있습니다. **팁:** 컴파일러에서는 안전성을 해치는 요소가 있으면 항상 오류를 발생시킵니다.

아래 목록에 있는 코드가 모두 한 메소드 안에 들어있다고 가정했을 때 사용할 수 있는 코드(오류가 나지 않는 것)를 골라보세요.

```
1. int x = 34.5;

2. boolean boo = x;

3. int g = 17;

4. int y = g;

5. y = y + 10;

6. short s;

7. s = y;

8. byte b = 3;

9. byte v = b;

10. short n = 12;

11. v = n;

12. byte k = 128;

13. int p = 3 * g + y;
```

키워드와 변수명

변수를 만들 때는 이름과 유형이 필요합니다.

지금까지는 원시 유형에 대해 알아보았습니다.

하지만 어떤 것을 이름으로 쓸 수 있을까요? 기본 규칙은 매우 간단합니다. 클래스, 메소드 또는 변수명은 다음과 같은 규칙을 바탕으로 정하면 됩니다(실제 규칙은 약간 더 융통성이 있지만 다음과 같은 규칙을 따르는 편이 훨씬 안전합니다).

- 반드시 알파벳 글자, 밑줄(_) 또는 달러 기호($)로 시작해야 합니다. 숫자로 시작하면 안 됩니다.

- 두 번째 문자부터는 숫자도 쓸 수 있습니다. 숫자로 시작 하지만 않으면 괜찮습니다.

- 위의 두 가지 규칙을 지키고 자바 예약어만 사용하지 않는다면 어떤 이름이든지 마음대로 사용할 수 있습니다.

컴파일러에서 인식할 수 있는 키워드(keyword)를 비롯한 단어들이 바로 예약어(reserved word)입니다. 컴파일러에서 헷갈리면 어떻게 되는지 궁금한 분은 예약된 단어를 이름으로 한 번 써 보세요.

첫번째 main 클래스를 만들 때 이미 몇 가지 예약된 단어를 사용한 적이 있습니다.

`public   static   void` ← 이런 단어는 이름으로 쓰면 안 됩니다.

그리고 원시 변수 유형도 예약되어있습니다.

`boolean   char   byte   short   int   long   float   double`

하지만 아직 배우지 않은 예약어도 많이 있습니다. 그 의미를 정확하게 알 필요는 없어도 "그런 예약어를 이름으로 사용하면 안 된다"는 정도는 알아둬야 합니다. 하지만 절대로 (어떤 상황에서도) 그런 예약어를 모두 **한꺼번에 외우려고 하진 마세요**. 괜히 이런 걸 외우려고 하다 보면 뭔가 **다른 걸 잊어버리게 되니까요**. 예를 들어, 오늘 차를 어디에다가 주차했는지 등을 잊어버리면 곤란하겠죠? 걱정할 필요는 없습니다. 어차피 이 책을 다 읽을 때쯤이면 거의 다 외울 수 있을테니까요.

예약어

boolean	byte	char	double	float	int	long	short	public	private
protected	abstract	final	native	static	strictfp	synchronized	transient	volatile	if
else	do	while	switch	case	default	for	break	continue	assert
class	extends	implements	import	instanceof	interface	new	package	super	this
catch	finally	try	throw	throws	return	void	const	goto	

자바의 키워드와 기타 예약어. 이런 예약어는 이름으로 사용하면 안 됩니다. 컴파일 과정에서 뭔가 오류가 날 겁니다.

*역자주: "조심하세요. 곰은 커다란 털북숭이 개를 먹으면 안 됩니다."라고 해석할 수 있겠죠.
그런데 저는 그냥 BCBSILFD라고 외우는 게 편한 것 같네요.

Dog 객체를 제어하는 방법

이제 원시 변수를 선언하고 값을 대입하는 건 잘 할 수 있겠죠? 하지만 원시 변수가 아닌 변수는 어떻게 해야 할까요? 다시 말하자면 객체는 어떻게 해야 할까요?

■ 객체 변수라는 것은 없습니다.

■ 객체 레퍼런스 변수라는 것만 있지요.

■ 객체 레퍼런스에는 객체에 접근하는 방법을 알려주는 비트가 들어있습니다.

■ 객체 레퍼런스에 객체 자체가 들어있는 것은 아닙니다. 포인터 같은 것이 들어있을 뿐이죠. 아니면 주소가 들어있다고 봐도 됩니다. 하지만 자바에서는 레퍼런스 변수 안에 무엇이 들어있는지 알 수 없습니다. 그렇지만 그 안에 무엇이 들어있든지 상관없이 그 레퍼런스가 객체 단 하나를 가리킨다는 것은 확실합니다. 그리고 JVM은 레퍼런스를 사용하여 객체를 다루는 방법을 알고 있습니다.

Dog d = new Dog();
d.bark();

이건 요것과 같다고 생각하면 됩니다.

Dog 레퍼런스 변수는 Dog에 대한 리모컨이라고 생각해보세요. 이 리모컨을 가지고 해당 객체에 어떤 일을 지시할 수 있습니다(메소드 호출).

객체를 변수에 집어넣을 수는 없습니다. 물론, 객체를 변수와 거의 비슷한 것으로 생각하긴 합니다. "그 String을 System.out.println() 메소드로 넘겼어", "메소드에서 Dog를 리턴하는군요", "새로운 Foo 객체를 myFoo라는 이름의 변수에 집어넣었지" 같은 표현을 많이 쓰곤 하지요.

하지만 실제로는 그런 식으로 되지 않습니다. 임의 크기의 객체에 맞게 크기가 무한정 늘어나는 컵 같은 건 없으니까요. 객체는 한 군데에서 삽니다. 바로 가비지 컬렉션 기능이 있는 힙에서만 살지요(이와 관련된 내용은 잠시 후에 알아보겠습니다).

원시 변수는 변수의 실제 값을 나타내는 비트가 들어있지만 객체 레퍼런스 변수에는 객체에 접근하는 방법을 나타내는 비트가 들어있을 뿐입니다.

레퍼런스 변수에 대해 점 연산자(.)를 사용하면 "점 앞에 있는 것을 이용해서 점 뒤에 있는 것을 갖다주세요"라고 주문할 수 있습니다. 예를 들어, 다음과 같은 코드를 봅시다.

```java
myDog.bark();
```

위 코드는 "myDog라는 변수로 참조할 수 있는 객체를 이용하여 bark() 메소드를 호출하라"는 것을 의미합니다. 객체 레퍼런스 변수에 대해 점 연산자를 사용하는 것은 그 객체에 해당하는 리모컨의 버튼을 누르는 것으로 생각하면 됩니다.

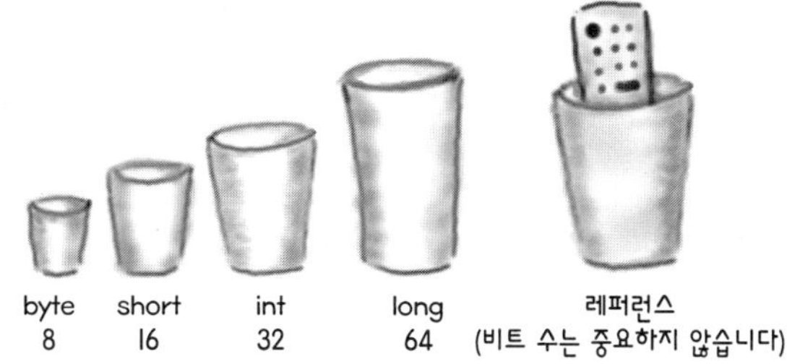

객체 레퍼런스는 단지 또 다른 변수 값에 불과합니다.

즉, 컵에 들어가는 것이라고 보면 됩니다.
단지 이번에는 그 컵 안에 리모컨이 들어간다고 볼 수 있는 것이죠.

원시 변수

byte x = 7;

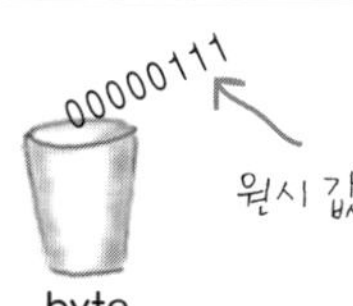

7을 나타내는 비트들이 변수에 저장됩니다(00000111).

레퍼런스 변수

Dog myDog = new Dog();

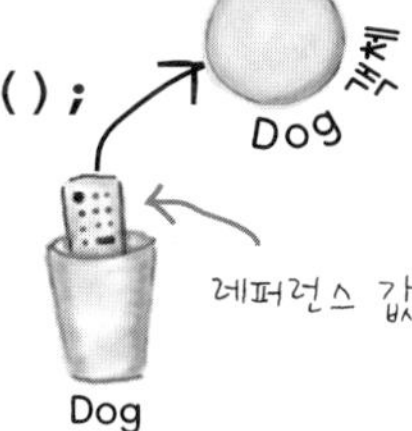

Dog 객체에 접근하는 방법을 나타내는 비트들이 변수에 저장됩니다.

Dog 객체 자체는 변수에 저장되지 않습니다.

> 원시 변수를 사용할 때는 변수에 어떤 값이 저장됩니다 (5, −26.7, 'a' 등).
>
> 레퍼런스 변수를 사용할 때는 특정 객체에 접근하는 방법을 나타내는 비트가 변수 값이 됩니다.
>
> 각 JVM에서 객체 레퍼런스를 구현하는 구체적인 방법은 사용자가 알 수 없으며 굳이 알 필요도 없습니다. 물론, 포인터에 대한 포인터의 포인터 같은 것일 수도 있지만 그런 것을 안다고 하더라도 그러한 비트는 객체에 접근하는 것을 제외한 다른 용도로는 사용할 수 없습니다.

레퍼런스 변수에 들어있는 1과 0의 개수에는 신경 쓸 필요가 없습니다.
JVM과 그 날의 운세에 따라 달라질 수 있기 때문이죠.

객체 선언, 생성과 대입의 3단계

Dog myDog = new Dog();

① 레퍼런스 변수 선언

Dog myDog = new Dog();

JVM에 레퍼런스 변수용 공간을 할당해달라는 요청을 한 다음 그 변수명을 myDog로 지정합니다. 이렇게 하고 나면 myDog라는 레퍼런스 변수는 영원히 Dog 유형의 변수가 됩니다. 즉, Dog 객체를 제어하기 위한 버튼이 장착된 리모컨이라고 할 수 있지요. 하지만 그 레퍼런스 변수는 Cat, Button, Socket 같은 유형으로는 절대 사용할 수 없습니다.

② 객체 생성

Dog myDog = new Dog();

JVM으로 하여금 힙에 새로운 Dog 객체를 위한 공간을 마련하도록 지시합니다(그 과정에 대해서는 주로 9장에서 자세하게 알아보겠습니다).

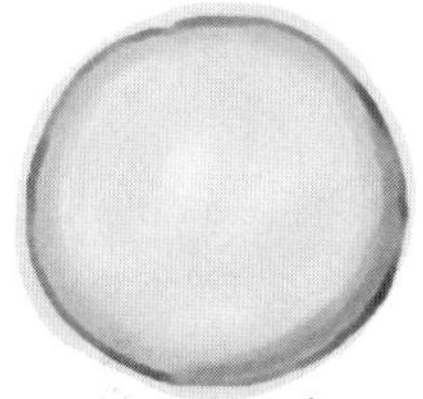

③ 객체와 레퍼런스 연결

Dog myDog = new Dog();

새로운 Dog 객체를 myDog라는 레퍼런스 변수에 대입합니다. 즉, 리모컨의 기능을 결정한다고 할 수 있겠죠.

바보 같은 질문은 없습니다

Q: 레퍼런스 변수의 크기는 얼마인가요?

A: 알 수 없습니다. JVM 개발 팀에 있는 사람하고 개인적인 친분이 있지 않은 이상 레퍼런스가 내부적으로 표현되는 방식은 알 수가 없습니다. 어딘가에는 포인터도 있긴 하겠지만 그 포인터를 접근할 수 있는 방법이 없습니다. 그리고 그럴 필요도 없죠(그래도 정말 알아야 한다면, 그냥 64비트 값이라고 상상해도 될 겁니다). 하지만 메모리 할당과 관련된 문제를 생각할 때 중요한 것은 객체 레퍼런스의 개수가 아닌 객체의 개수 그리고 그 실제 크기(객체의 실제 크기)입니다.

Q: 그러면 모든 객체 레퍼런스의 크기가 실제 객체의 크기와는 상관없이 똑같다는 뜻인가요?

A: 그렇죠. 같은 JVM에서는 레퍼런스의 크기가 그 레퍼런스가 참조하는 객체의 크기와는 상관없이 똑같습니다. 하지만 JVM마다 레퍼런스를 표현하는 방법이 다를 수 있기 때문에 JVM의 종류에 따라 레퍼런스의 크기가 다를 수는 있습니다.

Q: 레퍼런스 변수에 대해 증가시키는 것과 같은 계산 연산을 할 수 있나요? C에서처럼요.

A: 안 됩니다. 자바는 C가 아니니까요.

이 주의 인터뷰:
객체 레퍼런스

헤드퍼스트: 객체 레퍼런스로 살아간다는 것이 어떤지 말씀해주시겠습니까?

레퍼런스: 사실 단순합니다. 저는 리모컨에 불과하며 다른 객체를 제어하도록 프로그래밍 될 수 있지요.

헤드퍼스트: 실행 중에 다른 객체를 참조할 수도 있다는 뜻인가요? 예를 들자면 Dog 객체를 참조하다가 나중에 Car 객체를 참조할 수도 있습니까?

레퍼런스: 물론, 그런 건 안 됩니다. 일단 한 번 선언되고 나면 끝이죠. 만약, 내가 Dog에 대한 리모컨으로 정해지고 나면 Dog를 제외한 다른 것은 가리킬(아, 좀 틀렸군요. 가리킨다는 표현은 쓰지 않는 게 좋은데), 아니, 참조할 수 없습니다.

헤드퍼스트: 그러면 Dog 단 하나만 참조할 수 있다는 뜻인가요?

레퍼런스: 아닙니다. Dog 객체 하나를 참조하다가 나중에 다른 Dog를 참조할 수도 있습니다. Dog 객체기만 하면 다른 객체를 참조할 수도 있습니다(다른 TV를 제어하도록 리모컨을 재설정하는 것처럼 말이죠). 그렇지 않으면... 아, 그냥 넘어가죠.

헤드퍼스트: 왜요? 계속 말씀해주세요. 무슨 말을 하려고 했죠?

레퍼런스: 아직은 이런 말을 할 때가 안 된 것 같아서요. 그럼 일단, 간단하게 설명을 드리겠습니다. 만약, 저한테 final이라는 꼬리표가 붙어있다면, 그리고 일단 Dog 객체 하나가 대입되었다면 바로 그 Dog 객체가 아닌 다른 Dog 객체를 참조할 수 없습니다. 바꿔 말하자면 그런 경우에는 다른 객체를 저한테 대입할 수가 없습니다.

헤드퍼스트: 아, 그렇군요. 그 얘기는 이 정도로 마치고 넘어가는 게 좋겠습니다. 그러면 final이라는 꼬리표가 붙어있지 않다면 Dog 객체 하나를 참조하다가 다른 Dog 객체를 참조하는 것도 가능한 것이군요. 그러면 아무것도 참조하지 않는 것도 가능합니까? 즉, 아무것도 제어하지 않도록 리모컨을 설정하는 것도 가능한가요?

레퍼런스: 예 그렇죠. 하지만 그런 얘기는 조금 껄끄럽군요.

헤드퍼스트: 왜 그렇습니까?

레퍼런스: 그러면 제가 null이 되는 것이니까요. 그렇게 되면 조금 화가 나거든요.

헤드퍼스트: 아, 값이 없어서 화가 난다는 말인가요?

레퍼런스: 아니요. null도 값은 있다고 할 수 있습니다만 여전히 리모컨은 리모컨이죠. 하지만 TV용 리모컨을 새로 가져왔는데, 정작 집에는 TV가 없는 것과 마찬가지로 생각하면 됩니다. 어떤 것이든지 제어할 수 있는 리모컨은 아니지요. 뭐 하루 종일 버튼을 눌러도 되긴 하지만 그렇다고 해서 어떤 결과가 생기지는 않습니다. 어떻게 보면 공간 낭비라고 할 수 있겠죠. 물론, 그리 많은 공간이 낭비되는 것은 아니지만 어쨌든 낭비는 낭비지요. 뭐 그것도 그리 나쁜 것은 아닙니다. 내가 특정 객체에 대한 유일한 레퍼런스라면, 그리고 그 상황에서 나를 null로 설정한다면(아무 것도 제어하지 않는 리모컨으로 설정한다면) 원래 내가 참조하고 있던 객체는 이제 아무도 사용할 수 없게 되는 것입니다.

헤드퍼스트: 그러면 나쁜 이유라도...?

레퍼런스: 그걸 꼭 말해야 하겠습니까? 여태까지 객체 하나와 밀접한 관계를 맺고 있었습니다. 그런데 갑자기 그 연결 고리가 툭 끊어지고 만거죠. 그리고 저는 그 객체를 다시는 볼 수 없게 되는 겁니다. 그 객체는 이제 (PD님, 슬픈 음악 좀 깔아주세요) 가비지 컬렉션의 대상이 되었습니다. 그런데 프로그래머는 그런 걸 신경이나 쓰는 줄 아세요? 흑흑, 왜 저는 원시 변수가 될 수 없는 거죠? 내가 레퍼런스라는 사실이 정말 혐오스러워요. 책임감은 무겁고 친구와의 관계는 언제 끊어질지 모르고...

가비지 컬렉션 기능이 있는 힙에서의 삶

Book b = new Book();
Book c = new Book();

Book 레퍼런스 두 개를 선언합시다. 아울러 새로운 Book 객체 두 개를 생성합니다. 그리고 생성한 Book 객체를 레퍼런스 변수에 대입합니다.

Book 객체 두 개는 이제 힙에서 살고 있습니다.

레퍼런스: 2개

객체: 2개

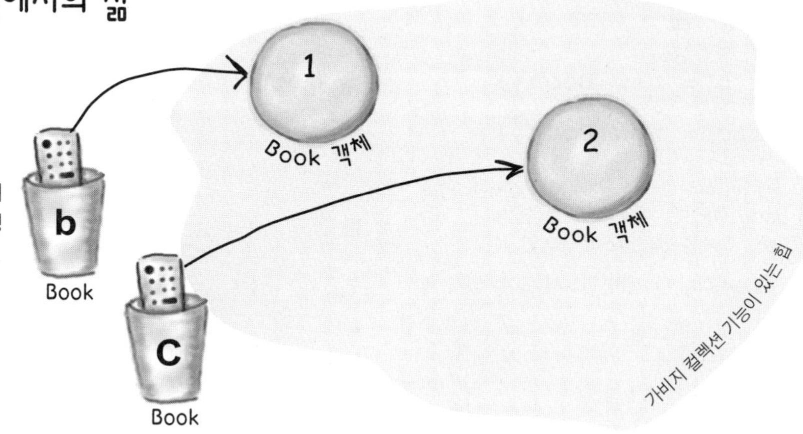

Book d = c;

새로운 Book 레퍼런스 변수를 선언합니다. 세 번째 Book 객체를 새로 생성하는 대신 c라는 변수에 들어있는 값을 d라는 변수에 대입합니다. 하지만 그 의미는 무엇일까요? "c에 들어있는 비트들을 꺼내서 복사한 다음 그 복사본을 d에 집어넣으시오"라는 뜻으로 이해하면 됩니다.

c와 d는 똑같은 객체를 참조합니다.

c와 d 변수에는 같은 값의 서로 다른 복사본 두 개가 들어있습니다. 똑같은 TV를 제어할 수 있는 리모컨이 두 개라고 할 수 있겠죠.

레퍼런스: 3개

객체: 2개

c = b;

변수 b의 값을 변수 c에 대입합니다. 이제 무슨 뜻인지 알 수 있겠죠? b에 들어있는 비트들을 복사해서 그 새로운 복사본을 c 변수에 집어넣습니다.

그러면 b와 c는 모두 같은 객체를 참조합니다.

레퍼런스: 3개

객체: 2개

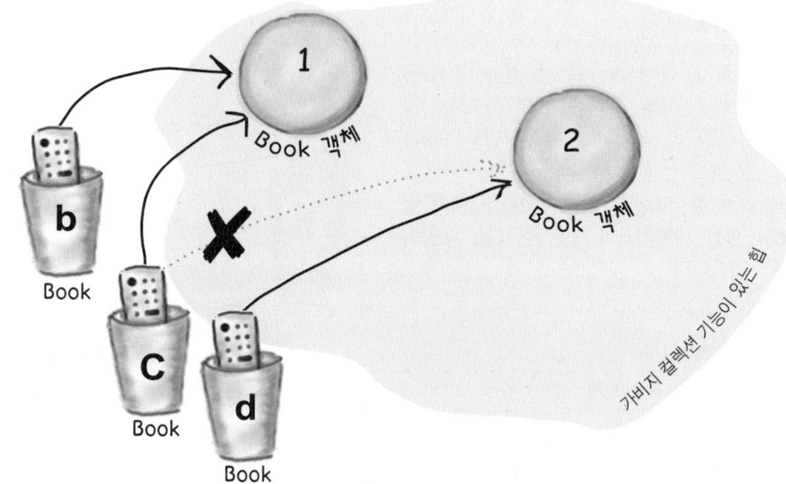

힙에서의 삶과 죽음

```
Book b = new Book();

Book c = new Book();
```

Book 레퍼런스 변수 두 개를 선언합니다. 아울러 Book 객체 두 개를 새로 생성합니다. 그리고 Book 객체를 레퍼런스에 대입합니다.

이제 Book 객체 두 개가 힙에서 살 수 있게 되었습니다.

활성 레퍼런스: 2개

접근할 수 있는 객체: 2개

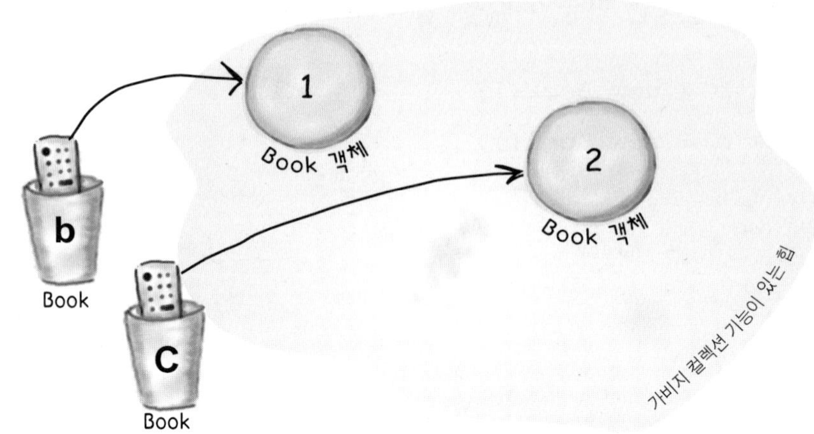

`b = c;`

c의 값을 b에 대입합니다. c에 들어있는 비트들을 복사한 다음 새로운 복사본을 b 변수에 집어넣습니다. 이제 두 변수에는 똑같은 값이 들어있습니다.

b와 c는 모두 같은 객체를 참조합니다. 1번 객체는 버림받았기 때문에 가비지 컬렉션(GC, Garbage Collection) 대상이 됩니다.

활성 레퍼런스: 2개

접근할 수 있는 객체: 1개

버림받은 객체: 1개

처음에 b로 참조했던 1번 객체에는 더 이상 아무 레퍼런스도 남아있지 않습니다. 따라서 접근할 수가 없습니다.

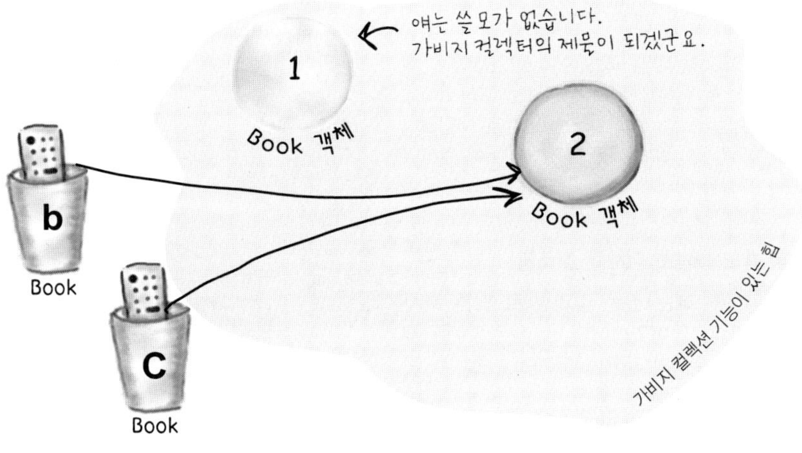

`c = null;`

c 변수에 null 값을 대입합니다. 그러면 c가 널 레퍼런스가 됩니다. 즉 어떤 것도 참조하지 않지요. 그래도 c는 여전히 레퍼런스 변수고 나중에 다른 Book 객체를 c에 대입할 수 있습니다.

2번 객체에는 여전히 활성 레퍼런스(b)가 있으며 활성 레퍼런스가 있는 한 GC 대상이 되진 않습니다.

활성 레퍼런스: 1개

null 레퍼런스: 1개

접근할 수 있는 객체: 1개

버림받은 객체: 1개

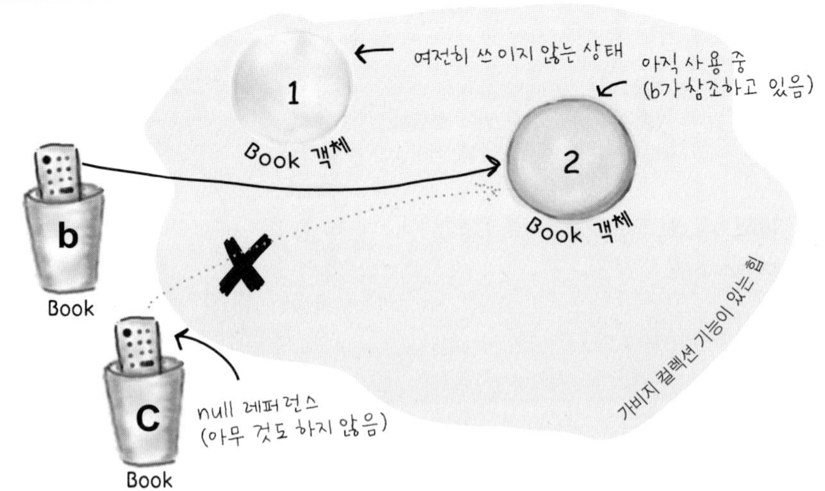

배열은 찬장의 컵과 같습니다.

1 int 배열 변수를 선언합니다. 배열 변수는 배열 객체에 대한 리모컨입니다.

```
int[] nums;
```

2 길이가 7인 새로운 int 배열을 생성하고 앞에서 만든 nums라는 int[] 변수에 대입합니다.

```
nums = new int[7];
```

3 배열의 각 원소에 int 값을 대입합니다. int 배열에 있는 원소는 int 변수일 뿐이라는 점을 기억해두세요.

```
nums[0] = 6;
nums[1] = 19;
nums[2] = 44;
nums[3] = 42;
nums[4] = 10;
nums[5] = 20;
nums[6] = 1;
```

int 배열의 원소

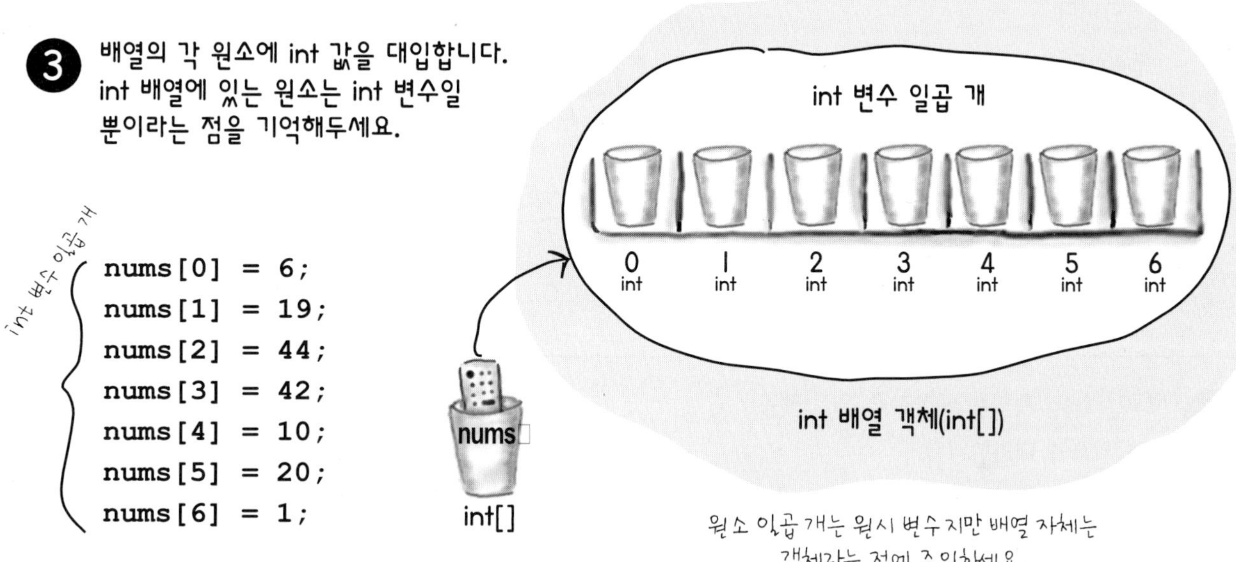

원소 일곱 개는 원시 변수지만 배열 자체는 객체라는 점에 주의하세요.

배열도 객체입니다.

자바 표준 라이브러리에는 맵(map), 트리(tree), 집합(set)을 비롯한 여러 가지 복잡한 자료 구조(data structure)가 있습니다('부록 B'를 참조하세요). 하지만 어떤 사물의 순서가 있는, 그리고 효율적인 목록을 빠르게 만들 때는 배열을 쓰면 좋습니다. 배열을 사용하면 인덱스 위치를 써서 배열에 있는 임의 원소를 사용할 수 있기 때문에 올바른 임의 접근이 가능하지요.

배열의 모든 원소는 그냥 변수입니다. 즉, 여덟 개의 원시 변수 유형(곰이 커다란 털북숭이 개를 먹으면 안 된다는 이야기 기억하시죠?)이나 레퍼런스 변수입니다. 그런 유형의 변수에 집어넣을 수 있는 것은 모두 그 유형의 배열 원소로 대입할 수 있습니다. 따라서 int형 배열(int[])의 각 원소에는 int가 들어갑니다. 그러면 Dog 배열(Dog[])의 각 원소에는 Dog가 들어갈까요? 그건 아니죠. 레퍼런스 변수에는 객체 자체가 아닌 레퍼런스(리모컨)가 들어간다는 점을 잊지 마세요. 그러면 Dog 배열에서는 각 원소에, Dog에 대한 리모컨이 들어가게 되겠죠? 물론, Dog 객체를 만들어야 합니다.

그건 다음 페이지에서 알아보겠습니다.

위에 있는 그림에서 한 가지 중요한 점에 주목해봅시다. 배열은 비록 원시 변수의 배열이라고 하더라도 객체라는 점입니다.

배열은 원시 변수의 배열이든 객체 레퍼런스에 대한 배열이든 상관없이 항상 객체입니다. 물론, 원시 값을 저장하도록 선언된 배열 객체를 만들 수 있습니다. 즉, 배열 객체의 원소가 원시 값이더라도 배열 자체는 절대 원시 값이 아닙니다. 배열에 어떤 것이 들어가든 배열 자체는 언제나 객체라는 점을 꼭 기억해두세요.

Dog 배열을 만들어봅시다.

1 Dog 배열 변수를 선언합니다.

```
Dog[] pets;
```

2 길이가 7인 Dog 배열을 만들어서 앞서
선언한 Dog[] 변수인 pets에
대입합니다.

```
pets = new Dog[7];
```

뭐가 빠졌을까요?

Dog 객체가 없네요. Dog 레퍼런
스에 대한 배열을 만들긴 했는데
실제 Dog 객체가 아직 하나도 없
습니다.

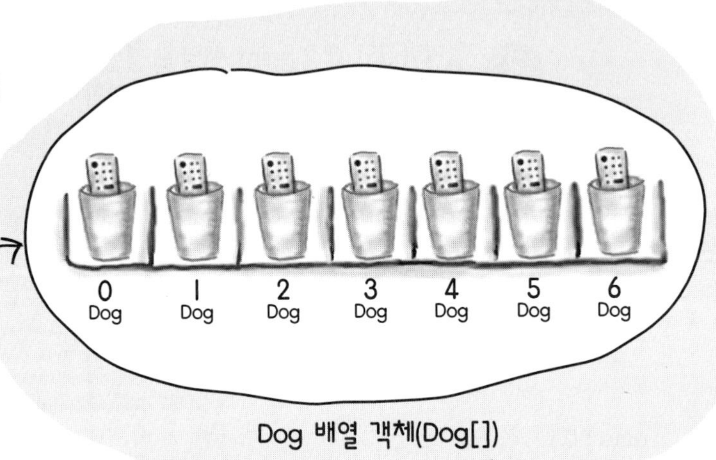

---

3 새로운 Dog 객체를 생성하고 그 객체를
배열 원소에 대입합니다.

Dog 배열에 들어있는 원소는 Dog
레퍼런스 변수에 불과하다는 점을
잊지 마세요. Dog 객체는 따로
만들어야 합니다.

```
pets[0] = new Dog();
pets[1] = new Dog();
```

연필을 깎으며

pets[2]의 현재 값은 무엇일까요?

____

pets[3]이 이미 만들어진 Dog 객체
두 개 중 하나를 참조하게 하려면 어
떤 코드를 쓰면 될까요?

____

<table>
<tr><td colspan="2">Dog</td></tr>
<tr><td colspan="2">name</td></tr>
<tr><td colspan="2">bark()
eat()
chaseCat()</td></tr>
</table>

Dog를 제어해봅시다.

(레퍼런스 변수를 사용합니다)

```
Dog fido = new Dog();
fido.name = "Fido";
```

여기서는 Dog 객체를 만들고 fido라는 레퍼런스 변수에 대해 점 연산자를 사용하여 name 변수에 접근했습니다.[*]

fido 레퍼런스를 사용하여 그 개가 짖거나(bark()) 먹거나(eat()) 고양이를 쫓아가도록(chaseCat()) 할 수도 있습니다.

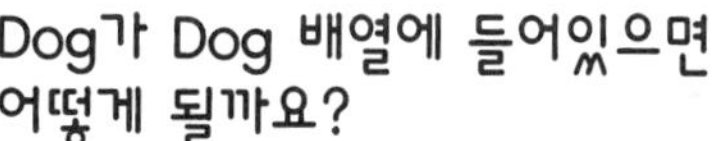


```
fido.bark();
fido.chaseCat();
```

Dog가 Dog 배열에 들어있으면 어떻게 될까요?

점 연산자를 이용하면 Dog의 인스턴스 변수나 메소드에 접근할 수 있다는 것은 알고 있습니다. 하지만 어떤 것에 대해서 점 연산자를 적용할 수 있을까요?

Dog가 배열에 들어있을 때는 실제 변수명(fido 같은 것)이 없습니다. 대신 배열 표기법을 이용하여 리모컨의 버튼(점 연산자)을 배열의 특정 인덱스(위치)에 있는 객체에 집어넣을 수 있습니다.

```
Dog[] myDogs = new Dog[3];
myDogs[0] = new Dog();
myDogs[0].name = "Fido";
myDogs[0].bark();
```

자바에서는 유형을 철저하게 따집니다.

일단 배열을 선언하고 나면 선언할 때 지정한 배열의 유형에 속하는 것을 제외하고 다른 것은 절대 집어넣을 수 없습니다.

예를 들어, Dog 배열에 Cat을 집어넣을 수는 없습니다 (누군가가 배열에 개(Dog)만 들어있다는 가정 아래, 각 객체에 대해 짖으라는 명령(bark() 메소드)을 실행시켰을 때 고양이(Cat)가 갑자기 튀어나온다면 황당하겠죠?). 마찬가지로 int 배열에 double을 집어넣을 수는 없겠죠?(아까 컵에서 넘치는 얘기 기억나시죠?) 하지만 byte는 언제나 int 크기의 컵에 들어갈 수 있으니까 byte를 int 배열에 집어넣을 수는 있습니다. 이런 것을 암묵적인 확대(implicit widening)라고 합니다. 자세한 내용은 나중에 알아보기로 하고 일단 지금은 배열을 선언할 때 지정한 유형이 아닌 다른 유형을 넣으려고 하면 컴파일러에서 오류를 발생시킨다는 점을 기억해두세요.

[*]여기서는 내용이 복잡해지지 않도록 하기 위해 일단 캡슐화를 사용하지 않았습니다. 캡슐화에 대해서는 4장에서 알아보겠습니다.

```java
class Dog {
 String name;
 public static void main (String[] args) {
    // Dog 객체를 만들고 접근합니다.
    Dog dog1 = new Dog();
    dog1.bark();
    dog1.name = "Bart";

    // 이번에는 Dog 배열을 만듭니다.
    Dog[] myDogs = new Dog[3];
    // 그리고 개를 몇 마리 집어넣습니다.
    myDogs[0] = new Dog();
    myDogs[1] = new Dog();
    myDogs[2] = dog1;

    // 배열 레퍼런스를 써서 Dog 객체에
    // 접근합니다.
    myDogs[0].name = "Fred";
    myDogs[1].name = "Marge";

    // myDogs[2]의 이름이 뭐였지?
    System.out.print("마지막 개의 이름: ");
    System.out.println(myDogs[2].name);

    // 이제 순환문을 써서 배열에 들어있는
    // 모든 개가 짖도록 합시다.
    int x = 0;
    while(x < myDogs.length) {
      myDogs[x].bark();
      x = x + 1;
    }
 }

 public void bark() {
    System.out.println(name + "이(가) 왈! 하고 짖습니다.");
 }
 public void eat() { }
 public void chaseCat() { }
}
```

배열에는 'length'라는 변수가 있어서 그 변수를 통해 배열에 들어있는 원소의 개수를 알아낼 수 있습니다.

Dog 예제

Dog
name
bark() eat() chaseCat()

출력결과:

핵심정리

- 변수에는 원시 변수와 레퍼런스 변수, 이렇게 두 종류가 있습니다.

- 변수를 선언할 때는 반드시 이름과 유형이 있어야 합니다.

- 원시 변수의 값은 그 값을 표시하는 비트로 구성됩니다. (5, 'a', true, 3.1416 등)

- 레퍼런스 변수의 값은 힙에 들어있는 객체를 건드릴 수 있는 방법을 나타내는 비트입니다.

- 레퍼런스 변수는 리모컨과 같습니다. 레퍼런스 변수에 대해 점 연산자(.)를 사용하는 것은 리모컨의 버튼을 눌러서 메소드나 인스턴스 변수에 접근하는 것과 비슷합니다.

- 레퍼런스 변수가 아무 객체도 참조하지 않으면 그 값은 null이 됩니다.

- 배열은 항상 객체입니다. 배열에 원시 변수를 저장하도록 선언해도 마찬가지죠. 원시 배열 같은 것은 없습니다. 원시 변수가 들어있는 배열이 있을 뿐입니다.

연습문제

컴파일러가 되어봅시다.

이 페이지에 나와있는 각 자바 파일은 하나의
온전한 소스 파일입니다. 이제 컴파일러 입장에서
각 파일을 무사히 컴파일할 수 있을지 생각해보
세요. 컴파일이 되지 않는다면 어떻게 해야 문제
점을 해결할 수 있을까요?

A

```java
class Books {
  String title;
  String author;
}

class BooksTestDrive {
  public static void main(String [] args) {

    Books [] myBooks = new Books[3];
    int x = 0;
    myBooks[0].title = "The Grapes of Java";
    myBooks[1].title = "The Java Gatsby";
    myBooks[2].title = "The Java Cookbook";
    myBooks[0].author = "bob";
    myBooks[1].author = "sue";
    myBooks[2].author = "ian";

    while (x < 3) {
      System.out.print(myBooks[x].title);
      System.out.print(" by ");
      System.out.println(myBooks[x].author);
      x = x + 1;
    }
  }
}
```

B

```java
class Hobbits {

  String name;

  public static void main(String [] args) {

    Hobbits [] h = new Hobbits[3];
    int z = 0;

    while (z < 4) {
      z = z + 1;
      h[z] = new Hobbits();
      h[z].name = "bilbo";
      if (z == 1) {
        h[z].name = "frodo";
      }
      if (z == 2) {
        h[z].name = "sam";
      }
      System.out.print(h[z].name + " is a ");
      System.out.println("good Hobbit name");
    }
  }
}
```

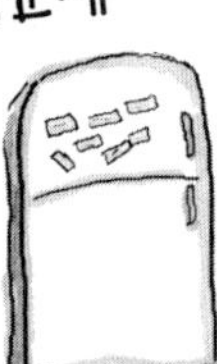

코드 자석

냉장고 위에 자바 프로그램 코드가 아무렇게나 널려 있습니다. 코드 쪼가리를 재배치해서 아래에 있는 것과 같은 결과를 출력하는 자바 프로그램을 만들어보세요. 아. 그런데 중괄호 몇 개는 바닥에 떨어져버렸군요. 찾기 힘드니까 필요하면 마음대로 추가해보세요.

```java
int y = 0;
```

```java
ref = index[y];
```

```java
islands[0] = "Bermuda";
islands[1] = "Fiji";
islands[2] = "Azores";
islands[3] = "Cozumel";
```

```java
int ref;
while (y < 4) {
```

```java
System.out.println(islands[ref]);
```

```java
index[0] = 1;
index[1] = 3;
index[2] = 0;
index[3] = 2;
```

```java
String [] islands = new String[4];
```

```java
System.out.print("island =");
```

```java
int [] index = new int[4];
```

```java
y = y + 1;
```

```java
class TestArrays {

    public static void main(String [] args) {
```

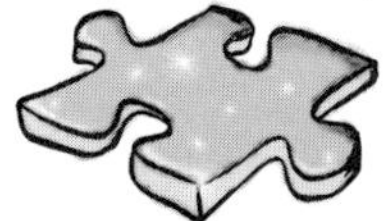

수영장 퍼즐

수영장 안에 있는 코드 조각을 꺼내서 코드의 빈 칸에 채워보세요. 같은 조각을 여러 번 사용해도 되는데. 이 중에는 전혀 쓰이지 않는 조각도 있을 수 있습니다. 이 퍼즐의 목표는 문제없이 컴파일과 실행이 되어 다음과 같은 결과를 출력하는 클래스를 만드는 것입니다.

출력결과:

```
File  Edit  Window  Help  Bermuda
%java Triangle
triangle 0, area = 4.0
triangle 1, area = 10.0
triangle 2, area = 18.0
triangle 3, area = _____
y = ______________________
```

보너스 문제!

출력 결과에서 밑줄로 표시된 부분에 들어갈 내용을 아래 수영장에서 찾아보세요.

```java
class Triangle {
    double area;
    int height;
    int length;
    public static void main(String [] args) {

        _______________

        _______________________

        while ( ___________ ) {

            ___________________________

            __________.height = (x + 1) * 2;

            __________.length = x + 4;

            ___________________

            System.out.print("triangle "+x+", area");
            System.out.println(" = " + ________.area);

            ___________________

        }

        ___________

        x = 27;
        Triangle t5 = ta[2];
        ta[2].area = 343;
        System.out.print("y = " + y);
        System.out.println(", t5 area = "+ t5.area);
    }

    void setArea() {

        ______________ = (height * length) / 2;

    }
}
```

(지면 관계상 테스트용 클래스를 따로 만드는 대신 바로 main 메소드를 집어넣은 것도 있습니다)

주의: 수영장 안에 있는 코드 조각 중에서 같은 것을 여러 번 사용할 수도 있습니다.

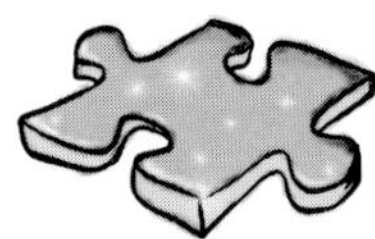

힙 문제

오른쪽에 간단한 자바 프로그램이 있습니다. '// 여기' 부분에 다다르면 객체 몇 개와 레퍼런스 변수가 만들어져 있을 것입니다. 여러분이 할 일은 그 시점에서 어떤 레퍼런스 변수가 어떤 객체를 참조하는지 알아내는 것입니다. 모든 레퍼런스 변수가 쓰이는 것도 아니며 일부 객체는 두 번 이상 참조될 수도 있습니다. 레퍼런스 변수와 레퍼런스 변수가 참조하는 객체를 연결해보세요.

팁: 89 페이지와 91 페이지에 있는 것과 같은 그림을 그려보면 퍼즐을 풀기가 한결 수월해질 것입니다. 연필을 들고 레퍼런스를 연결하는 선을 그리고 지우다 보면 답이 나오겠죠?

```java
class HeapQuiz {
  int id = 0;
  public static void main(String [] args) {
    int x = 0;
    HeapQuiz [ ] hq = new HeapQuiz[5];
    while ( x < 3 ) {
      hq[x] = new HeapQuiz();
      hq[x].id = x;
      x = x + 1;
    }
    hq[3] = hq[1];
    hq[4] = hq[1];
    hq[3] = null;
    hq[4] = hq[0];
    hq[0] = hq[3];
    hq[3] = hq[2];
    hq[2] = hq[0];
    // 여기
  }
}
```

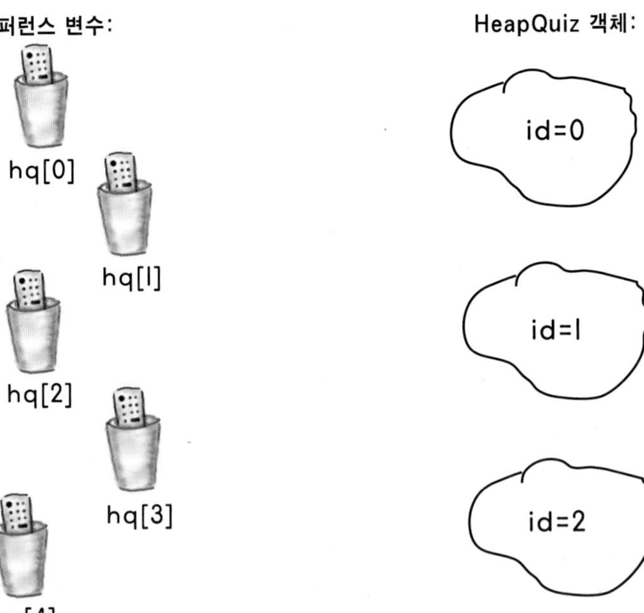

머리가 충분히 좋다면 굳이 종이와 연필을 쓰지 않고 머릿속에서 모두 해결할 수도 있겠지만, 너무 복잡해지면 골치가 조금 아프겠죠?

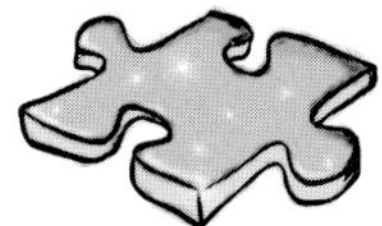

레퍼런스 도용 사건

폭풍우가 몰아치는 음산한 날이었습니다. 갑자기 토니가 당당하게 프로그래머 사무실에 걸어 들어왔습니다. 물론, 그녀도 모든 프로그래머들이 일을 하느라 바쁘다는 것 정도는 알고 있었겠죠. 하지만 그녀는 도움이 필요했습니다. 그녀는 자바 기능이 내장된 고객의 핸드폰에 들어갈 핵심 클래스에서 사용할 새로운 메소드가 필요했습니다. 그 핸드폰은 일급 비밀이었지요. 핸드폰 메모리에서 사용할 수 있는 힙 공간은 토니의 짝 달라붙는 셔츠만큼이나 작다는 것을 누구든지 알 수 있었죠. 그녀가 화이트보드 쪽으로 다가가자 웅성거리던 사무실은 쥐 죽은 듯 조용해졌습니다. 그녀는 새로운 메소드의 기능을 간략하게 설명한 다음 사무실을 천천히 둘러보았습니다. "자, 이제 시작해봅시다. 메모리 효율을 최대한 끌어올릴 수 있는 방법으로 메소드를 만든 사람은 내일 저와 함께 마우이에서 열리는 고객의 점심 파티에 갈 수 있습니다. 물론, 새 소프트웨어를 설치하러 가는 거죠."

**5분
미스터리**

다음날 아침 토니는 짧은 알로하 드레스를 입고는 사무실로 들어왔습니다. 그녀가 "여러분, 몇 시간만 있으면 비행기가 출발합니다. 지금까지 만든 걸 보여주세요"라고 하자 밥이 가장 먼저 앞으로 나갔습니다. 그가 화이트보드에 그가 설계한 메소드를 쓰기 시작할 무렵 토니가 "밥, 본론으로 들어갑시다. 연락처 객체의 목록을 갱신하는 과정을 어떤 식으로 처리했는지 보여주세요" 밥은 재빠르게 화이트보드에 코드를 썼습니다.

```java
Contact [] ca = new Contact[10];
while (x < 10) {  // 연락처 객체 10개를 만듭니다.
  ca[x] = new Contact();
  x = x + 1;
}
// ca에 들어있는 내용을 갱신하는 복잡한 작업을 처리합니다.
```

밥은 "토니, 저도 메모리가 모자란다는 점은 잘 알아요. 하지만 스펙을 보면 연락처 10개에 대해 모두 각각의 연락처 정보를 접근할 수 있어야 하기 때문에 이 방법 외에는 마땅한 방법을 찾을 수가 없었어요"라고 말했습니다. 그 다음으로는 켄트가 나왔습니다. 그는 벌써부터 토니와 함께 코코넛 칵테일을 마시는 상상을 하고 있었지요. "밥, 그 코드는 조금 지저분하지 않아요?"라고 말하고는 능글맞은 웃음을 지으며 "이거 한 번 보세요"라고 말했습니다.

```java
Contact refc;
while (x < 10) {  // 연락처 객체 10개를 만듭니다.
  refc = new Contact();
  x = x + 1;
}
// refc에 들어있는 내용을 갱신하는 복잡한 작업을 처리합니다.
```

"이렇게 하면 레퍼런스 변수 여러 개가 들어갈 만한 공간을 절약할 수 있죠. 밥, 마우이에는 제가 가야겠습니다" 켄트는 벌써부터 자기가 간다고 생각하고 있었습니다. 하지만 토니가 그를 가로막으며 말했습니다. "켄트, 너무 급하군요. 메모리를 약간 절약할 수는 있었지만 마우이에는 밥이 같이 가야겠군요."

토니는 왜 켄트가 메모리를 더 적게 사용했는데도 밥과 함께 가기로 했을까요?

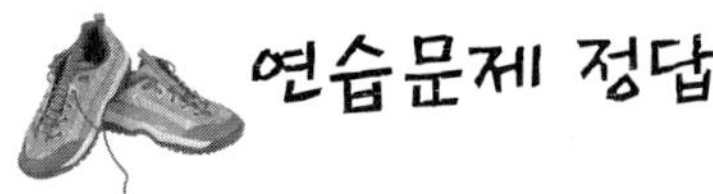# 연습문제 정답

코드 자석:

```java
class TestArrays {
  public static void main(String [] args) {
    int [] index = new int[4];
    index[0] = 1;
    index[1] = 3;
    index[2] = 0;
    index[3] = 2;
    String [] islands = new String[4];
    islands[0] = "Bermuda";
    islands[1] = "Fiji";
    islands[2] = "Azores";
    islands[3] = "Cozumel";
    int y = 0;
    int ref;
    while (y < 4) {
      ref = index[y];
      System.out.print("island = ");
      System.out.println(islands[ref]);
      y = y + 1;
    }
  }
}
```

```
File Edit Window Help Bikini

% java TestArrays
island = Fiji
island = Cozumel
island = Bermuda
island = Azores
```

```java
class Books {
  String title;
  String author;
}
class BooksTestDrive {
  public static void main(String [] args) {
    Books [] myBooks = new Books[3];
    int x = 0;
    myBooks[0] = new Books();
    myBooks[1] = new Books();
    myBooks[2] = new Books();
    myBooks[0].title = "The Grapes of Java";
    myBooks[1].title = "The Java Gatsby";
    myBooks[2].title = "The Java Cookbook";
    myBooks[0].author = "bob";
    myBooks[1].author = "sue";
    myBooks[2].author = "ian";
    while (x < 3) {
      System.out.print(myBooks[x].title);
      System.out.print(" by ");
      System.out.println(myBooks[x].author);
      x = x + 1;
    }
  }
}
```

A


```java
class Hobbits {
  String name;
  public static void main(String [] args) {
    Hobbits [] h = new Hobbits[3];
    int z = -1;
    while (z < 2) {
      z = z + 1;
      h[z] = new Hobbits();
      h[z].name = "bilbo";
      if (z == 1) {
        h[z].name = "frodo";
      }
      if (z == 2) {
        h[z].name = "sam";
      }
      System.out.print(h[z].name + " is a ");
      System.out.println("good Hobbit name");
    }
  }
}
```

B

퍼즐 정답

```java
class Triangle {
  double area;
  int height;
  int length;
  public static void main(String [] args) {
    int x = 0;
    Triangle [ ] ta = new Triangle[4];
    while ( x < 4 ) {
      ta[x] = new Triangle();
      ta[x].height = (x + 1) * 2;
      ta[x].length = x + 4;
      ta[x].setArea();
      System.out.print("triangle "+x+", area");
      System.out.println(" = " + ta[x].area);
      x = x + 1;
    }
    int y = x;
    x = 27;
    Triangle t5 = ta[2];
    ta[2].area = 343;
    System.out.print("y = " + y);
    System.out.println(", t5 area = "+ t5.area);
  }
  void setArea() {
    area = (height * length) / 2;
  }
}
```

```
File  Edit  Window  Help  Bermuda
%java Triangle
triangle 0, area = 4.0
triangle 1, area = 10.0
triangle 2, area = 18.0
triangle 3, area = 28.0
y = 4, t5 area = 343.0
```

레퍼런스 도용 사건

토니는 켄트의 메소드에서 심각한 결점을 발견했습니다. 사용한 레퍼런스 변수 개수는 밥의 메소드에 비해 작았지만 그의 메소드에서 만든 Contact 객체 중에서 마지막 것을 제외한 나머지는 접근할 수가 없다는 문제가 있었습니다. 순환문을 한 바퀴 돌 때마다 그는 새로운 객체를 레퍼런스 변수 하나에 대입했기 때문에 전에 참조하고 있던 객체는 버림받게 된겁니다. 즉, 그 객체를 다시는 사용할 수 없습니다. 따라서 기껏 객체 10개를 만들고는 객체 하나에만 접근할 수 있는 켄트의 메소드는 아무 쓸모가 없었죠.

(이 프로젝트가 아주 잘 끝나서 그 고객이 토니와 밥에게 1주일 동안 하와이에 더 머물 수 있게 해 줬습니다. 이 책을 다 읽을 무렵이면 여러분도 그만큼 프로그램을 잘 만들 수 있을 겁니다)

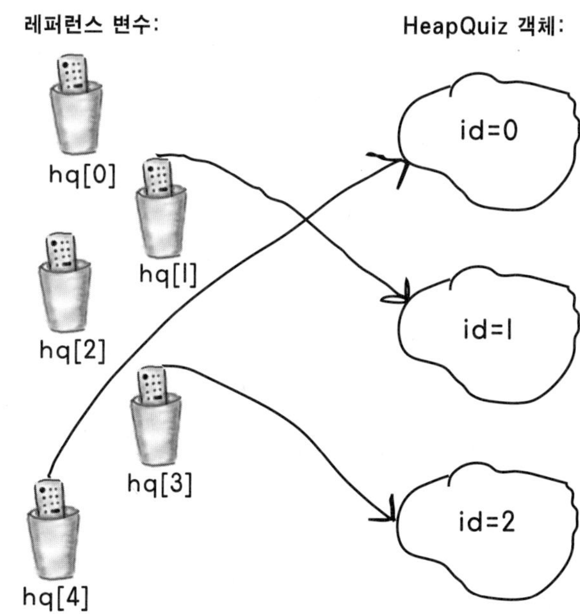

객체의 행동

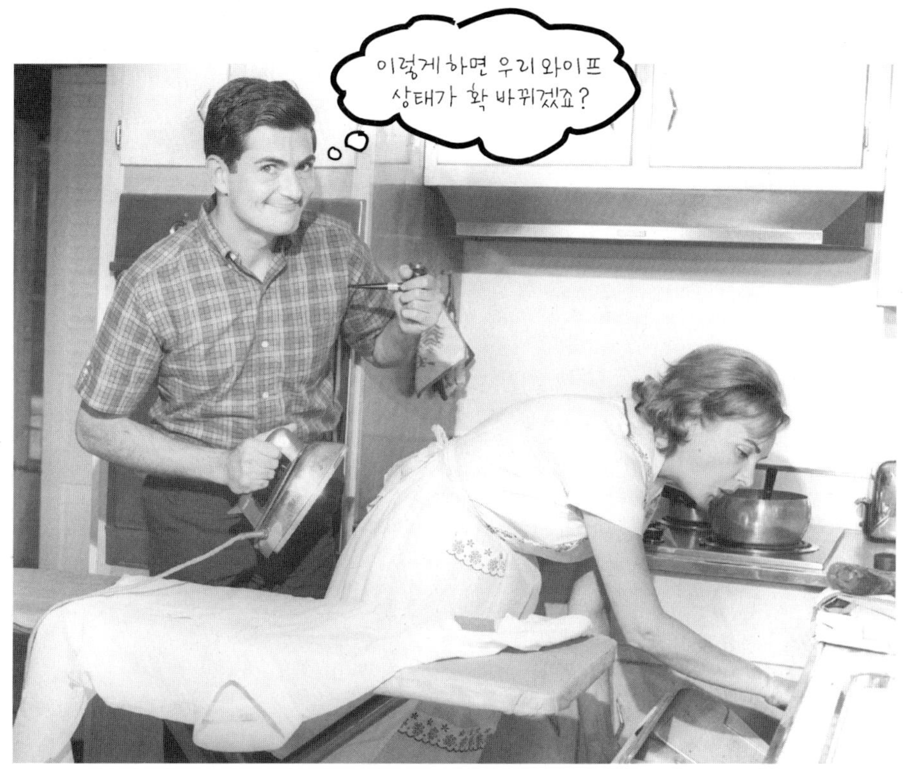

상태는 행동에 영향을 끼치고 행동은 상태에 영향을 끼칩니다. 객체에는 각각 **인스턴스 변수**와 **메소드**로 표현되는 **상태**와 **행동**이 있습니다. 하지만 아직 상태와 행동이 어떤 식으로 연결되어있는 지에 대해서는 알아보지 않았습니다. 클래스의 각 인스턴스(특정 유형에 속하는 각 객체)의 인스턴스 변수는 고유의 값이 있습니다. 예를 들어, A라는 Dog 객체에 들어있는 name이라는 인스턴스 변수에는 "Fido"라는 값이, weight라는 변수에는 "70파운드"라는 값이 들어갈 수 있고, B라는 Dog 객체의 name 변수에는 "Killer"가, weight 변수에는 "9파운드"가 들어갈 수 있습니다. 그리고 Dog 클래스에 makeNoise( )라는 메소드(짖는 메소드)가 있다고 할 때 70파운드짜리 개와 9파운드짜리 개가 짖는 소리가 다른 것이 자연스럽 겠죠?(물론 앙앙거리는 소리도 '짖는' 소리라고 할 수 있다면 말이지요) 다행히도 객체란 바로 그런 용도로 만들 어진 것이지요. 객체에는 그 상태에 대해 어떤 작업을 처리할 수 있는 행동(behavior)라는 것이 있습니다. 즉 **메소드에서는 인스턴스 변수의 값을 사용**합니다. "체중이 14파운드 미만이면 앙앙거리는 소리를 내라"라 든가 "체중을 5만큼 증가시켜라" 같은 식으로 말이죠. 자, **이제 직접 어떤 상태를 바꿔봅시다.**

잊지 마세요: 클래스에서는 객체가 <u>아는 것</u>과 객체가 <u>하는 것</u>을 기술합니다.

클래스는 객체에 대한 청사진입니다. 클래스를 만든다는 것은 "JVM에서 어떻게 그 유형의 객체를 만드는지 기술하는 것"이라고 할 수 있습니다. 이미 배웠듯이 어떤 유형의 모든 객체는 서로 다른 인스턴스 변수의 값을 가질 수 있습니다. 하지만 메소드는 어떨까요?

같은 유형에 속하는 모든 객체들이 서로 다른 행동을 하는 메소드를 가질 수 있을까요?

흠... 그렇다고 볼 수 있겠네요.*

특정 클래스의 모든 인스턴스에 들어있는 메소드 자체는 똑같지만 메소드의 행동은 인스턴스 변수의 값에 따라 달라질 수 있습니다.

Song이라는 클래스에 title(곡명)과 artist(가수)라는 인스턴스 변수 두 개가 있다고 해봅시다. play() 메소드는 그 곡을 재생합니다. 하지만 어떤 인스턴스에 대해 play()를 실행시키면 그 인스턴스의 title 인스턴스 변수에 해당하는 곡을 재생시키겠죠. 그러므로 어떤 인스턴스에 대해서는 play() 메소드를 호출했을 때 "Politik"이 재생된다고 할 때 또 다른 인스턴스에서는 "Darkstar"가 재생될 수 있습니다. 하지만 메소드 코드 자체는 똑같겠죠.

```java
void play() {
    soundPlayer.playSound(title);
}
```

```java
Song t2 = new Song();
t2.setArtist("Travis");
t2.setTitle("Sing");
Song s3 = new Song();
s3.setArtist("Sex Pistols");
s3.setTitle("My Way");
```

*사실은 정말 그렇습니다.

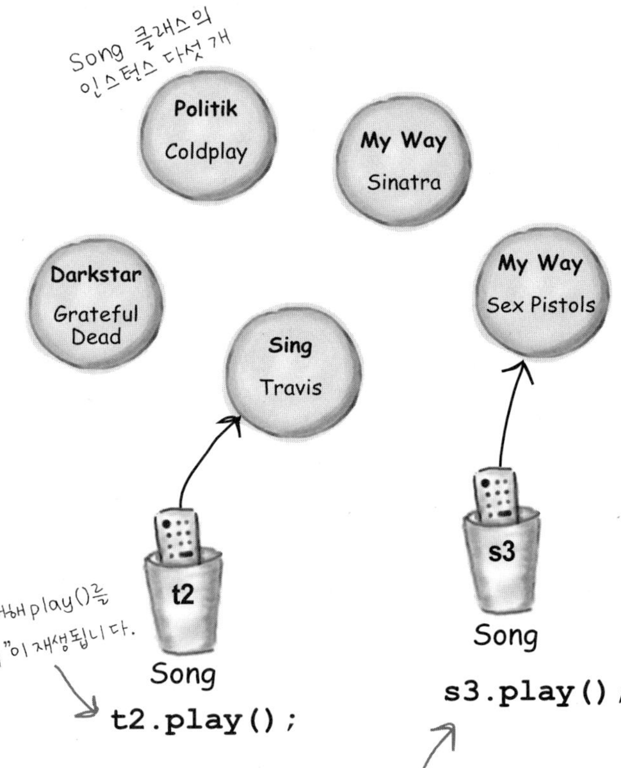

크기와 짖는 소리

조그만 개와 큰 개는 서로 다른 소리로 짖습니다.

Dog 클래스에는 size라는 인스턴스 변수가 있는데, bark() 메소드에서 이 값을 이용하여 짖는 소리를 결정할 수 있습니다.

```
class Dog {
  int size;
  String name;

  void bark() {
    if (size > 60) {
        System.out.println("Wooof! Wooof!");
    } else if (size > 14) {
        System.out.println("Ruff! Ruff!");
    } else {
        System.out.println("Yip! Yip!");
    }
  }
}
```

Dog
size name
bark()

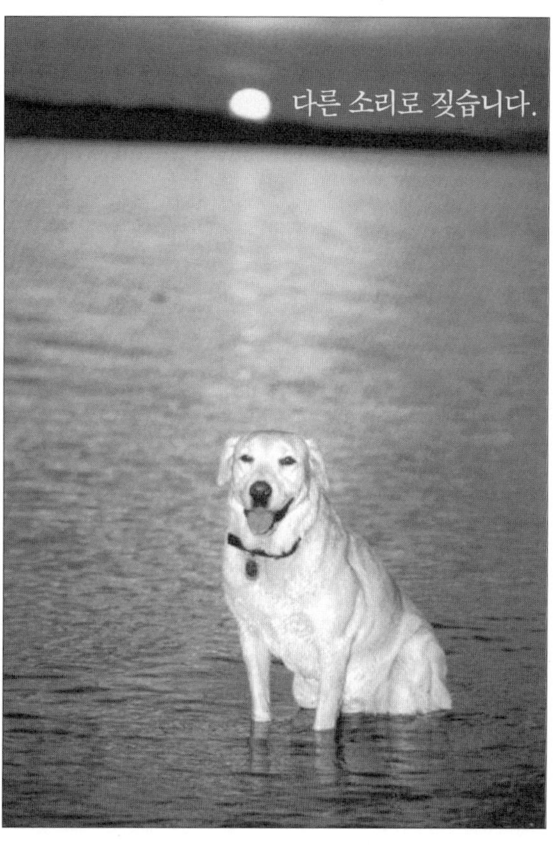


```
class DogTestDrive {

  public static void main (String[] args) {
    Dog one = new Dog();
    one.size = 70;
    Dog two = new Dog();
    two.size = 8;
    Dog three = new Dog();
    three.size = 35;

    one.bark();
    two.bark();
    three.bark();
  }
}
```

```
File Edit Window Help Playdead

%java DogTestDrive
Wooof! Wooof!
Yip! Yip!
Ruff!  Ruff!
```

메소드에 뭔가를 보낼 수도 있습니다.

다른 프로그래밍 언어와 마찬가지로 자바에서도 메소드에 어떤 값을 전달할 수 있습니다. 예를 들어, 다음과 같은 식으로 Dog 객체에 짖는 회수를 지정해줄 수도 있겠죠?

```
d.bark(3);
```

각자의 경험과 개인적 취향에 따라 다를 수 있지만 메소드로 전달하는 값을 지칭할 때는 보통 매개변수(parameter) 또는 인자(argument)라는 용어를 사용합니다. 전산학을 전공하는 전문가들은 이 두 용어의 의미를 확실히 구분해서 사용하기도 하지만, 그런 분들은 이 책을 읽을 필요가 없겠죠? 사실 용어야 마음대로 사용해도 되겠지만('인자' 라고 부르든 '도넛' 이라고 부르든 '거시기' 라고 부르든 별 상관은 없겠죠. 그냥 혼자만 사용할 생각이라면 말이죠) 이 책에서는 다음과 같은 식으로 쓰겠습니다.

메소드에서 <u>사용하는 것</u>은 매개변수. 호출하는 쪽에서 <u>전달하는 것</u>은 인자.

메소드에 전달하는 것은 인자라고 부르겠습니다. 인자(2, "Foo", Dog에 대한 레퍼런스 등)는 음... 매개변수가 됩니다. 매개변수는 사실 지역변수에 불과하죠. 즉, 매개변수도 결국은 메소드 본체 안에서 사용할 수 있는, 이름과 유형이 있는 변수입니다.

하지만 한 가지 중요한 점이 있습니다. 메소드에서 매개변수를 받도록 선언했다면 그 메소드를 사용할 때 반드시 뭔가를 전달해야 합니다. 그리고 그 '뭔가' 는 반드시 정해진 유형의 값이어야 합니다.

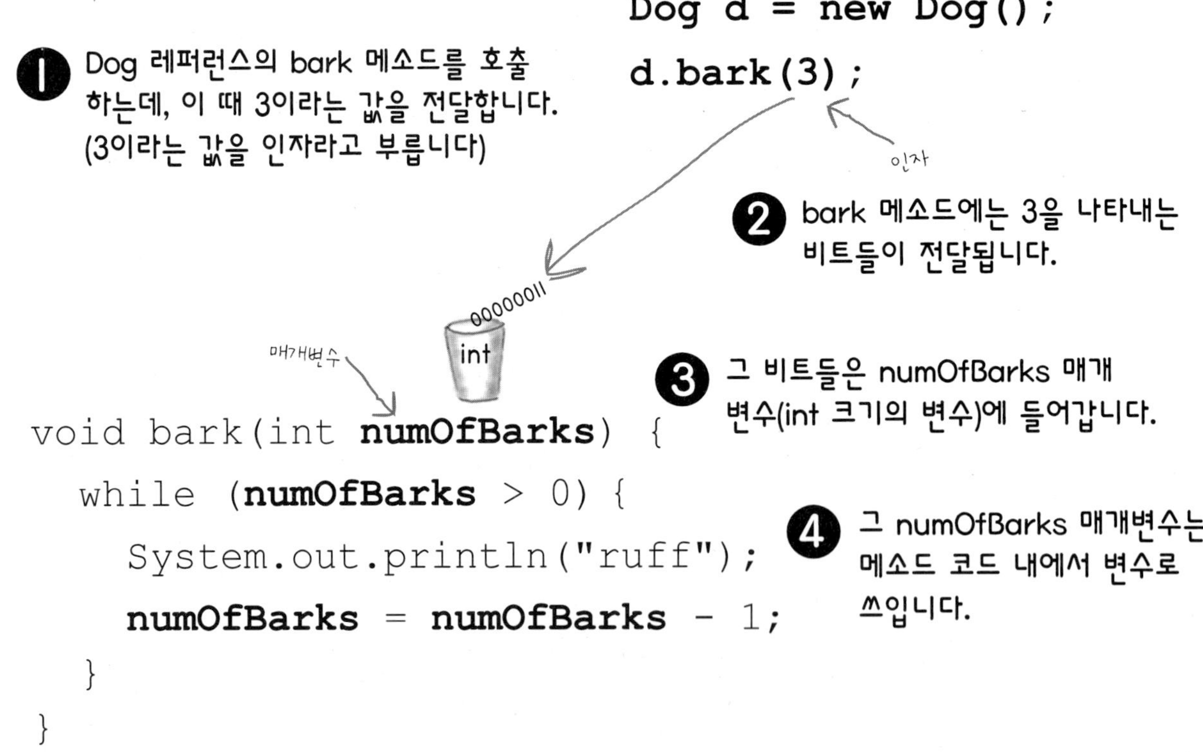

메소드에서 뭔가를 돌려받을 수도 있습니다.

메소드에서 어떤 값을 돌려줄 수도 있습니다. 이렇게 어떤 값을 돌려주는 것을 '리턴한다' 라
고 합니다. 어떤 메소드를 선언하든지 반드시 리턴 유형을 지정해야 하는데, 지금까지는 모든
메소드의 리턴 유형을 **void**로 선언했습니다. 리턴 유형을 void로 선언하면 그 메소드에서는
아무것도 리턴하지 않습니다.

```
void go() {
}
```

하지만 다음과 같은 식으로 호출한 쪽에 특정한 유형의 값을 돌려주도록
메소드를 선언할 수도 있습니다.

```
int giveSecret() {
    return 42;
}
```

메소드를 선언할 때 어떤 값을 리턴하겠다고 선언
했다면 반드시 그렇게 선언한 유형의 값을 리턴해
야 합니다(또는 선언한 유형과 호환 가능한 값을 리
턴할 수도 있습니다. 이와 관련된 내용은 7장과 8장에
서 다형성에 대해 배울 때 자세하게 알아보겠습니다).

뭔가를 돌려주기로
약속했으면 반드시
돌려주는 것이
좋습니다.

엉뚱한 유형의 값을 리턴하려고 하면 컴파일러가 가만히 놔두지 않을 겁니다.

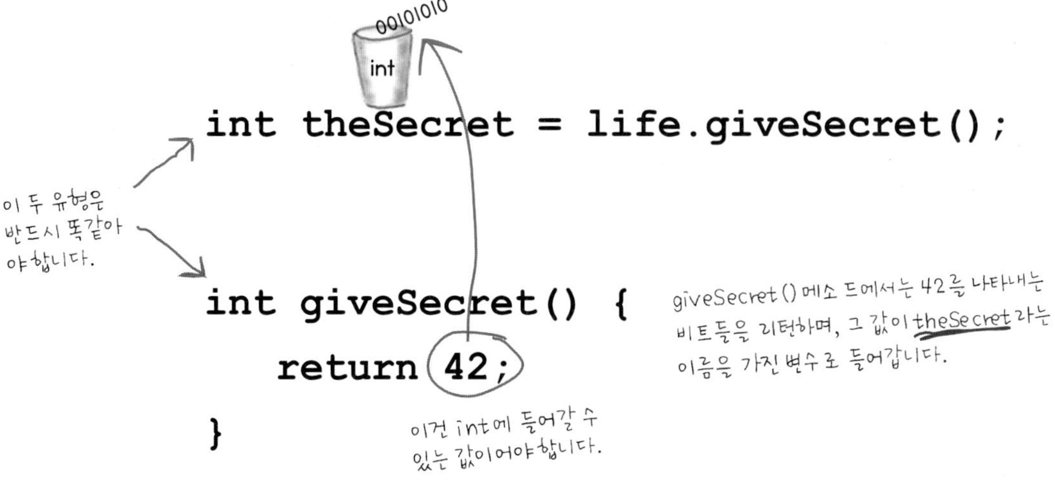

메소드에 인자 두 개 이상을 전달할 수도 있습니다.

메소드에 매개변수 여러 개가 있을 수도 있습니다. 이렇게 매개변수 여러 개가 필요하다면 선언할 때 각 매개변수를 쉼표로 구분해서 쓰면 됩니다. 그리고 인자를 전달할 때도 각 인자를 쉼표로 구분하면 됩니다. 무엇보다도 가장 중요한 것은 메소드에 매개변수가 있을 때 그 유형과 순서를 정확하게 맞춰서 전달해야 한다는 것입니다.

매개변수 두 개가 있는 메소드를 호출하면서 인자 두 개를 보낼 때:

```java
void go() {
    TestStuff t = new TestStuff();
    t.takeTwo(12, 34);
}

void takeTwo(int x, int y) {
    int z = x + y;
    System.out.println("Total is " + z);
}
```

이렇게 인자 두 개를 보내면 그 두 인자는 보낸 순서대로 매개변수로 들어갑니다. 첫번째 인자는 첫번째 매개변수에, 두 번째 인자는 두 번째 매개변수에 들어가는 식으로 말이죠.

변수 유형이 매개변수 유형과 일치한다면 변수를 매개변수로 전달할 수도 있습니다:

```java
void go() {
    int foo = 7;
    int bar = 3;
    t.takeTwo(foo, bar);
}

void takeTwo(int x, int y) {
    int z = x + y;
    System.out.println("Total is " + z);
}
```

foo와 bar의 값은 x와 y 매개변수로 들어갑니다. 그러면 x에 들어있는 비트들은 foo에 들어있는 비트(정수 '7'을 나타내는 비트 패턴)들과, y에 들어있는 비트들은 bar에 들어있는 비트들과 똑같아집니다.

z의 값은 무엇인가요? takeTwo 메소드로 foo와 bar를 전달하는 시점에서 foo와 bar를 더한 값과 똑같습니다.

자바에서는 <u>값</u>으로 전달합니다.

즉, <u>복사본을</u> 전달하는 것이지요.

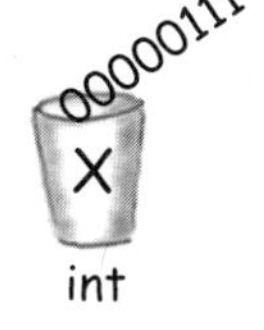

`int x = 7;`

❶ int 변수를 선언하고 거기에 '7'이라는 값을 대입합니다. 그러면 7에 해당하는 비트 패턴이 x라는 이름의 변수에 들어갑니다.

`void go(int z) { }`

❷ z라는 이름의 int 매개변수가 있는 메소드를 선언합니다.

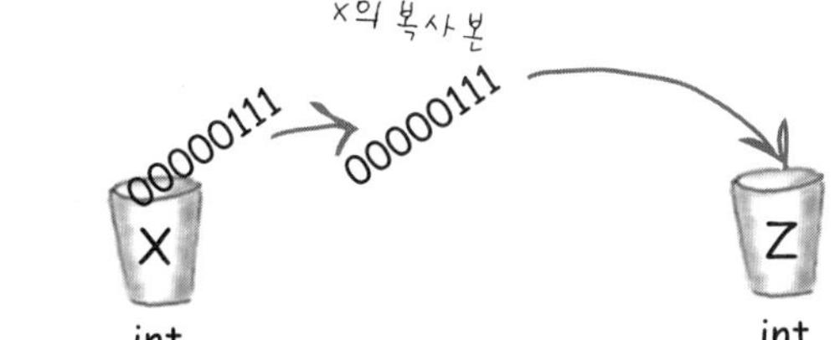

`foo.go(x);`   `void go(int z) { }`

❸ go( ) 메소드를 호출하는데, 이 때 x 변수를 인자로 전달합니다. x에 들어 있는 비트들이 복사되며 그 복사본은 z로 들어갑니다.

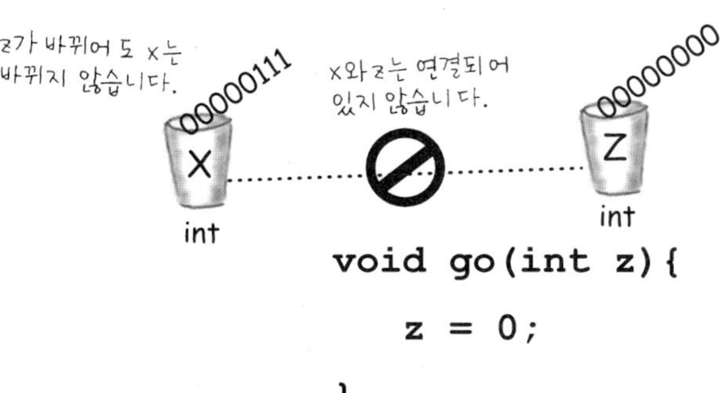

```
void go(int z){
    z = 0;
}
```

❹ 메소드 안에 있는 z의 값을 바꿉니다. 그래도 x의 값은 바뀌지 않습니다. z 매개변수로 전달된 인자는 x의 복사본일 뿐이니까요.

따라서 메소드에서는 그 메소드를 호출할 때 사용했던 x 변수에 들어있는 비트는 바꿀 수가 없습니다.

바보 같은 질문은 없습니다

Q: 전달하려고 하는 인자가 원시 변수가 아니고 객체인 경우에는 어떻게 되나요?

A: 그런 경우에 대한 내용은 나중에 다른 장에서 더 배울 겁니다. 자바에서는 모든 것을 값으로 전달합니다. 정말 **모든 것**을 말이죠. 하지만 이 때 값이라고 하는 것은 변수 안에 들어있는 비트들을 의미합니다. 그리고 앞서 배웠듯이 여러분은 객체 자체를 변수에 집어넣는 것은 아니죠. 변수는 리모컨에 불과합니다. 객체에 대한 레퍼런스지요. 따라서 메소드에 객체에 대한 레퍼런스를 전달하면 그 리모컨의 복사본을 전달하게 되는 것이죠. 하지만 계속 읽어보세요. 이와 관련해서 아직 설명할 것이 많이 남아있으니까요.

Q: 메소드에서 리턴값 여러 개를 선언할 수 있나요? 아니면 값 두 개 이상을 리턴할 수 있는 방법이 있습니까?

A: 방법이 전혀 없는 것은 아닙니다. 일단 메소드에서 리턴값은 한 가지 밖에 선언할 수 없습니다. 하지만 예를 들어, int값 세 개를 리턴하고 싶다면 리턴 유형을 int 배열로 선언하면 됩니다. 즉, 리턴할 int값 세 개를 배열에 집어넣고 그 배열을 리턴하는 것이지요. 서로 유형이 다른 값을 함께 리턴하는 것은 조금 더 복잡합니다. 이와 관련된 내용은 나중에 ArrayList를 알아볼 때 다시 살펴보겠습니다.

Q: 정확하게 처음에 선언한 유형으로만 리턴해야 하나요?

A: 자동으로 선언한 유형으로 바뀔 수 있는 것은 그냥 리턴해도 됩니다. 따라서 int를 리턴하겠다고 선언한 경우에는 byte도 리턴할 수 있습니다. 어차피 int가 들어갈 자리에는 byte도 들어갈 수 있기 때문에 메소드를 호출한 쪽에서도 그 값을 사용하는 데 문제가 없겠죠? 하지만 선언한 유형이 리턴하려는 것보다 작은 경우에는 강제로 캐스팅을 해야 합니다.

Q: 메소드에서 리턴한 값으로 반드시 뭔가를 해야 하나요? 그냥 무시하면 안 되나요?

A: 자바에서는 리턴값의 사용 여부에 전혀 신경을 쓰지 않습니다. 따라서 리턴값을 아예 사용하지 않는 경우에도 리턴 유형이 void가 아닌 메소드를 호출할 수 있습니다. 메소드에서 리턴하는 값이 필요하다기보다는 메소드 안에서 처리하는 일이 필요한 경우에 이런 식으로 하겠죠? 자바에서 반드시 리턴값을 특별한 용도로 사용하거나 어디에 대입해야 하는 것은 아닙니다.

핵심정리

- 클래스에서는 객체가 **아는 것**과 객체가 **하는 것**을 정의합니다.

- **인스턴스 변수**(상태)는 객체가 아는 것입니다.

- **메소드**(행동)는 객체가 하는 것입니다.

- 메소드에서 인스턴스 변수를 이용하여 같은 유형의 객체가 다른 식으로 행동하게 할 수 있습니다.

- 메소드에서 매개변수를 사용할 수 있습니다. 즉 메소드에 값 한 개 이상을 전달할 수 있습니다.

- 전달하는 값의 개수와 유형은 반드시 메소드를 선언할 때 지정한 것과 같아야 하며 그 순서도 같아야 합니다.

- 메소드 안팎으로 전달되는 값은 상황에 따라 자동으로 더 큰 유형으로 올라갈 수 있습니다. 더 작은 유형으로 바꿔야 한다면 강제로 캐스팅을 해야 합니다.

- 메소드에 인자를 전달할 때는 리터럴값(2, 'c' 등)을 사용할 수도 있고 선언된 매개변수 유형의 변수(예를 들어, int 변수 x)를 사용할 수도 있습니다(이 외에도 인자로 전달할 수 있는 것이 있지만 일단은 이 정도로만 알아두고 넘어갑시다. 나중에 배우게 될 것입니다).

- 메소드를 선언할 때 반드시 리턴 유형을 지정해야 합니다. 리턴 유형을 void로 지정하면 아무것도 리턴하지 않아도 됩니다.

- 메소드를 선언할 때 void가 아닌 리턴 유형을 지정했을 때는 반드시 선언된 리턴 유형과 호환 가능한 값을 리턴해야 합니다.

매개변수와 리턴 유형 활용 방법

매개변수와 리턴 유형에 대해 배웠으니까 이제 그 활용 방법을 알아 봅시다. 가장 대표적인 것은 게터(**getter**)와 세터(**setter**)입니다. 사실 정식 명칭은 액세서(accessor)와 뮤테이터(mutator)지만 말이 너무 길죠? 그리고 게터와 세터라는 명칭은 자바에서 일반적으로 메소드에 이름을 붙이는 방법하고도 연관이 있으므로 이 책에서는 그냥 게터와 세터라는 명칭을 사용하겠습니다.

게터와 세터는 각각 어떤 것을 가져오고(get) 설정하는(set) 역할을 합니다. 보통 인스턴스 변수의 값에 대해 그런 작업을 하죠. 게터는 단지 그 게터가 가져오기로 되어있는 값을 리턴값 형태로 받아오기 위한 용도로만 쓰입니다. 세터는 그 세터가 설정할 값을 인자로 받아서 인스턴스 변수를 그 값으로 설정하기 위한 용도로 쓰인다는 것을 짐작할 수 있겠죠?

<table>
<tr><td align="center">ElectricGuitar</td></tr>
<tr><td>brand
numOfPickups
rockstarUsesIt</td></tr>
<tr><td>getBrand()
setBrand()
getNumOfPickups()
setNumOfPickups()
getRockStarUsesIt()
setRockStarUsesIt()</td></tr>
</table>

주의: 인스턴스 변수와 메소드명은 이런 식으로 붙이는 것이 좋습니다. (사실상 자바 표준이라고 할 수 있죠)

```java
class ElectricGuitar {

    String brand;
    int numOfPickups;
    boolean rockStarUsesIt;

    String getBrand() {
        return brand;
    }

    void setBrand(String aBrand) {
        brand = aBrand;
    }

    int getNumOfPickups() {
        return numOfPickups;
    }

    void setNumOfPickups(int num) {
        numOfPickups = num;
    }

    boolean getRockStarUsesIt() {
        return rockStarUsesIt;
    }

    void setRockStarUsesIt(boolean yesOrNo) {
        rockStarUsesIt = yesOrNo;
    }
}
```

캡슐화

캡슐화(Encapsulation)하지 않으면
웃음거리가 되기 십상입니다.

지금 이 순간까지는 OO에서 가장 큰 잘못 가운데 하나를
공공연하게 저지르고 있었습니다. 그냥 단순한 실수 정도
가 아니라 정말 어마어마한 과오라고 해야 할 것 같군요.

우리가 어떤 부끄러운 일을 저질렀던 걸까요?

바로 우리의 데이터를 완전히 노출시키고 있었다는 것이
문제입니다.

데이터를 아무나 볼 수 있도록, 심지어는 아무나 건드릴
수 있도록 무관심하게 방치해놓고 있으면서 별 생각 없이
즐거워하고 있었지요.

이렇게 인스턴스 변수를 그냥 노출시켜 놓은 것 때문에 뭔가
찜찜한 것을 느끼고 있던 독자들도 있을지 모르겠습니다.

노출되어있다는 것은 다음과 같은 식으로 점 연산자를 써
서 접근할 수 있다는 것을 의미합니다.

```
theCat.height = 27;
```

이렇게 리모컨을 사용하여 theCat이라는 객체의 height
인스턴스 변수(키, 즉 고양이의 크기를 나타내는 변수라고
볼 수 있겠죠?)를 직접 변경하는 것에 대해 다시 한 번 생
각해봅시다. 나쁜 사람 손에 들어가면 레퍼런스 변수(리모
컨)는 아주 위험한 무기가 될 수 있습니다. 다음과 같은 경
우를 생각해봅시다.

```
theCat.height = 0;
```


이렇게 되면 문제가 심각해지겠죠? 바로 이런 문제가 있
기 때문에 모든 인스턴스 변수에 대해 세터 메소드를 만
들어야 되죠. 그리고 다른 코드에서는 그 데이터를 절대
직접 접근할 수 없도록, 반드시 세터 메소드를 사용해야
합니다.

누구든지, 반드시 세터 메소드만을 사용하도록
강요하면 고양이의 크기가 말도 안 되게 바뀌는
것을 방지할 수 있겠죠?

```
public void setHeight(int ht) {
    if (ht > 9) {
        height = ht;
    }
}
```

고양이 키의 최소값을
보장하기 위해 확인
과정을 집어 넣었습니다.

데이터를 숨깁시다.

안 좋은 데이터를 구별하는 구현 방법에서, 데이터와 자신이 구현한 코드를 나중에 수정할 권한을 보호할 수 있도록 구현하는 방법은 매우 간단합니다.

그럼 정확하게 어떻게 해야 데이터를 숨길 수 있을까요? 바로 **public**과 **private**라는 접근 변경자를 사용하면 됩니다. 아마 public은 그리 낯설지 않을 것입니다. 모든 main 메소드 앞에는 public이라는 변경자가 붙으니까요.

캡슐화를 하려면 인스턴스 변수를 private로 지정하고 접근 제어를 위해 public으로 지정된 게터와 세터를 만들면 됩니다(물론, 이 방법은 경험에서 우러나온 규칙입니다).

자바 디자인 및 코딩 경험이 쌓이다 보면 다른 식으로 할 수도 있겠지만, 일단 지금은 이런 방법을 기억해둡시다.

> ### 인스턴스 변수는
> ### private로
>
> ### 게터와 세터는
> ### public으로

"빌이 깜빡하고 Cat 클래스를 캡슐화하지 않았다더라. 결국 그 고양이 완전히 찌부러져 버렸다지?"

(자판기 옆에서 엿들은 내용)

이 주의 인터뷰:
객체가 캡슐화에 대해 이야기합니다.

헤드퍼스트: 캡슐화가 왜 그리 중요한가요?

객체: 혹시 수백 명이나 되는 사람들 앞에서 연설을 하고 있었는데, 문득 자신이 벌거벗고 있다는 것을 깨달은 꿈을 꿔본 적이 없나요?

헤드퍼스트: 아, 우리도 그런 꿈을 꿔본 적이 있어요. 그게 뭐더라? 하여간 어디서 또 그런 얘기를 들은 적이 있는 것 같기도 한데... 하여간, 벌거벗고 있는 느낌이 들더라도 사실 그냥 노출되는 것뿐이지 않나요? 그게 위험한가요?

객체: 그게 위험한가요? [갑자기 웃기 시작합니다] 이봐요, 인스턴스 변수 여러분, 지금 "그게 위험한가요?"라고 하는 말 들었습니까? [바닥을 데굴데굴 구르면서 웃습니다]

헤드퍼스트: 뭐가 그리 웃긴가요? 그리 이상한 질문 같진 않은데요?

객체: 좋아요. 제가 설명해드리죠. 그건 말이죠... [다시 웃기 시작합니다. 웃음을 주체하기가 힘든 모양입니다]

헤드퍼스트: 마실 것 좀 드릴까요? 물이라도?...

객체: 아이구... 아, 괜찮아요. 이제 좀 진지하게 해야겠네요. 일단 심호흡 한번하고... 예, 시작합시다.

헤드퍼스트: 자, 그러면 캡슐화라는 것이 당신을 어떤 것으로부터 보호해줍니까?

객체: 캡슐화는 제 인스턴스 변수 주변에 방어막 같은 것을 만들어줍니다. 아무도 인스턴스 변수를 부적절한 값으로 설정하지 못하게 말이죠.

헤드퍼스트: 예를 들어서 설명해주시겠습니까?

객체: 뭐 그리 어렵지 않습니다. 대부분의 인스턴스 변수를 만들다 보면 그 범위에 제한이 있어야 하는 경우가 많습니다. 예를 들어, 음수가 들어가면 안 되는 것들을 생각할 수 있겠죠. 사무실에 있는 화장실의 개수, 비행기의 속도, 생일, 역기의 무게, 핸드폰 번호, 전자렌지의 소비전력 같은 것이 그렇죠.

헤드퍼스트: 아, 무슨 뜻인지 알겠네요. 그러면 캡슐화를 쓰면 어떻게 범위를 제한할 수 있죠?

객체: 다른 코드에서 항상 세터 메소드를 사용하게 하는 겁니다. 그러면 세터 메소드에서 매개변수의 값을 확인하고 그 값이 올바른 값인지 결정할 수 있죠. 그 값을 거부하고 아무 일도 하지 않을 수도 있고 예외를 던질 수도 있고(신용카드 애플리케이션에서 주민번호가 없는 경우에는 예외를 발생시켜야 하겠죠) 전달된 매개변수를 허용된 범위 내에서 가장 가까운 값으로 바꿔서 저장할 수도 있겠죠. 중요한 점은 인스턴스 변수가 그냥 공개된 경우에는 아무것도 할 수 없지만 세터 메소드를 사용하면 자신이 원하는 것을 모두 할 수 있다는 것입니다.

헤드퍼스트: 하지만 아무것도 확인하지 않고 그냥 값을 설정하는 세터 메소드도 있지 않습니까? 범위에 제한이 없는 인스턴스 변수에 대해 괜히 세터 메소드를 사용하면 불필요하게 과부하가 발생하지 않을까요? 성능이 저하될 수 있잖아요?

객체: 세터에서 가장 중요한 점은 나중에 뭔가를 변경하더라도 다른 코드는 건드리지 않아도 된다는 점입니다(그리고 게터에서도 마찬가지죠). 여러분 회사에서 절반 가량의 프로그래머들이 클래스에 들어있는 public으로 선언된 인스턴스 변수를 사용하고 있다고 생각해봅시다. 그런데 어느 날 "어, 원래 계획에는 없던 일이 생겼네. 세터 메소드를 사용해야겠어"라는 생각이 들었다고 가정해보죠. 이런 경우에는 다른 사람들이 만든 코드도 전부 다 고쳐야 합니다. 캡슐화의 가장 큰 장점은 언제든지 마음을 바꿀 수 있다는 점입니다. 마음을 바꾼다고 하더라도 다른 사람이 피해를 보는 일은 없으니까요. 이런 장점을 생각하면 변수를 직접 접근해서 얻을 수 있는 성능의 이득은 정말 아무 것도 아니라고 할 수 있죠.

GoodDog 클래스
캡슐화

인스턴스 변수를
private로 만듭니다.

게터와 세터 메소드는
public으로 만듭니다.

메소드에 새로운 기능이 추가된 것은
아니지만 나중에 마음을 바꿀 수도
있다는 큰 장점이 있습니다. 나중에
메소드를 더 안전하고 빠르게, 그리고
더 좋게 고칠 수가 있지요.

어떤 값이 들어가는 자리에는 그 유형의 값을 리턴하는 메소드를 사용할 수 있습니다.

int x = 3 + 24;

위와 같은 코드 대신 다음과
같은 코드를 쓸 수도 있습니다.

int x = 3 + one.getSize();

```java
class GoodDog {

    private int size;

    public int getSize() {
        return size;
    }

    public void setSize(int s) {
        size = s;
    }

    void bark() {
        if (size > 60) {
            System.out.println("Wooof! Wooof!");
        } else if (size > 14) {
            System.out.println("Ruff!  Ruff!");
        } else {
            System.out.println("Yip! Yip!");
        }
    }
}

class GoodDogTestDrive {

    public static void main (String[] args) {
        GoodDog one = new GoodDog();
        one.setSize(70);
        GoodDog two = new GoodDog();
        two.setSize(8);
        System.out.println("Dog one: " + one.getSize());
        System.out.println("Dog two: " + two.getSize());
        one.bark();
        two.bark();
    }
}
```

GoodDog
size
getSize() setSize() bark()

배열에 있는 객체는 어떤 식으로 행동할까요?

다른 객체와 똑같습니다. 접근하는 방법이 조금 다를 뿐이죠.
즉, 리모컨을 사용하는 방법이 조금 다르다고 생각하면 됩니다.
배열에 들어있는 Dog 객체의 메소드를 호출해봅시다.

1 Dog 레퍼런스 일곱 개를 담을 수 있는
Dog 배열을 선언하고 생성합니다.

```
Dog[] pets;
pets = new Dog[7];
```

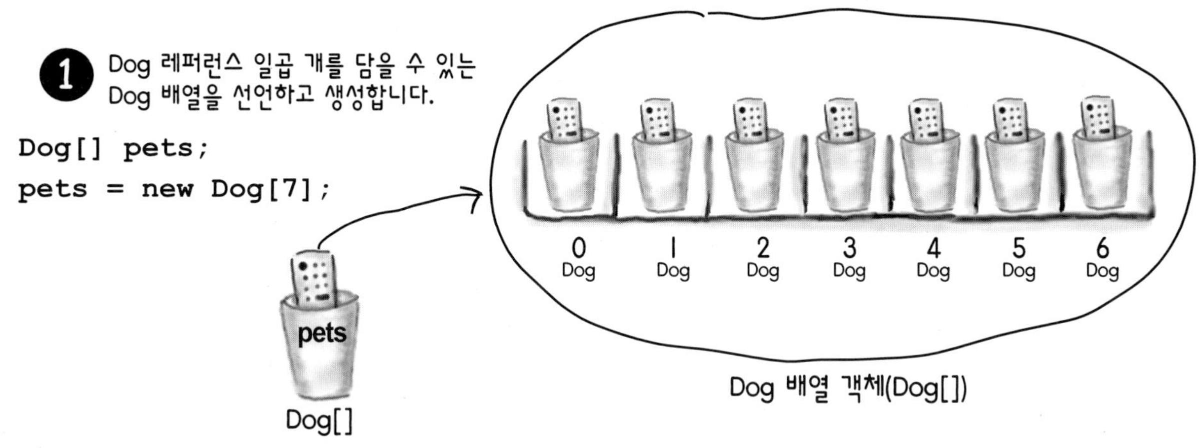

2 Dog 객체 두 개를 새로 만들고 첫번째와
두 번째 배열 원소에 대입합니다.

```
pets[0] = new Dog();
pets[1] = new Dog();
```

3 Dog 객체 두 개에 대해 메소드를
호출합니다.

```
pets[0].setSize(30);
int x = pets[0].getSize();
pets[1].setSize(8);
```

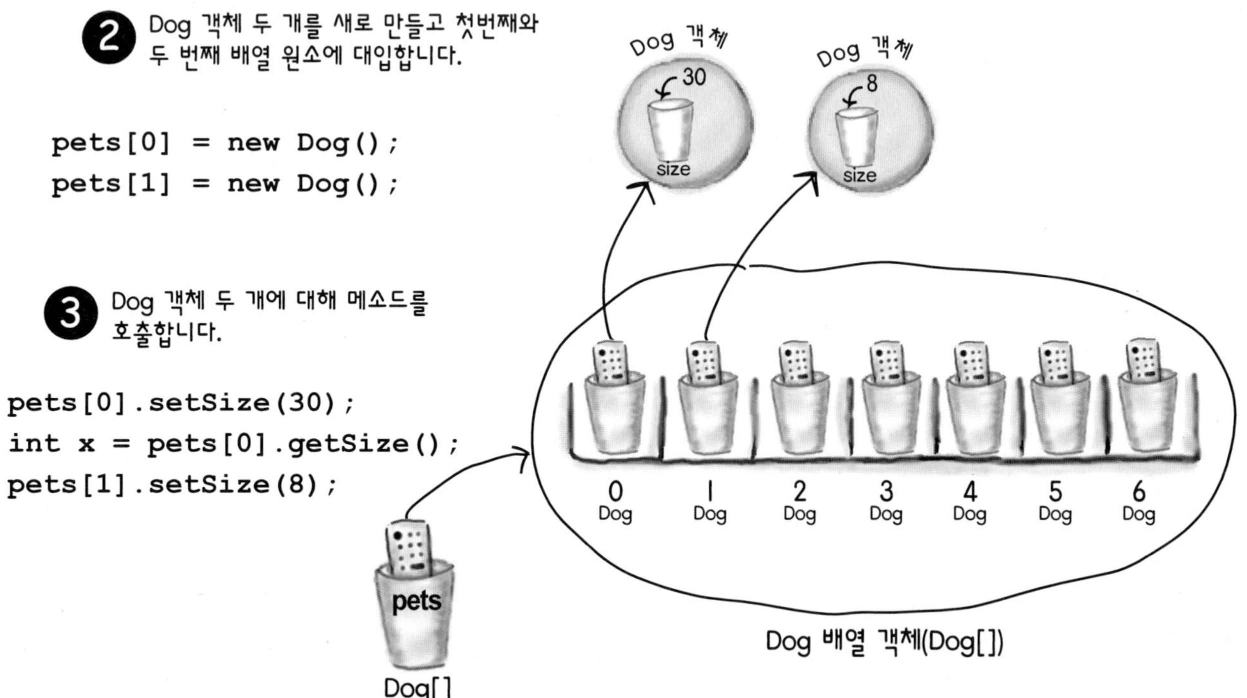

인스턴스 변수 선언과 초기화

앞서 배웠듯이 변수를 선언할 때는 적어도 이름과 유형은 반드시 지정해야 합니다.

```java
int size;
String name;
```

그리고 변수를 선언하면서 동시에 변수를 초기화(값을 대입하는 것) 할 수 있다는 것도 이미 알고 있죠?

```java
int size = 420;
String name = "Donny";
```

하지만 인스턴스 변수를 초기화하지 않은 상태에서 게터 메소드를 호출하면 어떻게 될까요? 즉, 초기화하기 전의 인스턴스 변수의 값은 어떻게 될까요?

```java
class PoorDog {

    private int size;
    private String name;

    public int getSize() {
        return size;
    }
    public String getName() {
        return name;
    }

}

public class PoorDogTestDrive {
    public static void main (String[] args) {
        PoorDog one = new PoorDog();
        System.out.println("Dog size is " + one.getSize());
        System.out.println("Dog name is " + one.getName());
    }
}
```

인스턴스 변수 두 개를 선언합니다. 하지만 값을 대입하진 않습니다.

이 메소드에서는 무엇을 리턴할까요?

어때요? 과연 컴파일이 될까요?

인스턴스 변수에는 항상 어떤 기본값이 들어갑니다. 인스턴스 변수에 직접 어떤 값을 대입하거나 세터 메소드를 호출하지 않은 경우에도 그 인스턴스 변수에는 기본값이 들어있습니다.

정수	0
부동소수점 수	0.0
부울	false
레퍼런스	null

```
File Edit Window Help CallVet

% java PoorDogTestDrive
Dog size is 0
Dog name is null
```

인스턴스 변수를 무조건 초기화할 필요는 없습니다. 항상 어떤 기본값으로 설정되기 때문이죠. 숫자 원시 변수(char 포함)는 0, 부울형은 false, 객체 레퍼런스는 null이라는 기본 초기값이 있습니다.

(잊지 않으셨겠죠? 널(null)은 리모컨이 어떤 것도 제어하지 않는 상태를 의미할 뿐입니다. 즉, 레퍼런스긴 한데 어떤 객체도 참조하지 않는 레퍼런스가 되는 거죠)

인스턴스 변수와 지역 변수의 차이점

❶ 인스턴스 변수는 클래스 내에서 선언됩니다.
메소드 내에서 선언되는 것이 아닙니다.

```java
class Horse {
    private double height = 15.2;
    private String breed;
    // 나머지 코드...
}
```

❷ 지역 변수(local variable)는 메소드 내에서 선언됩니다.

```java
class AddThing {
    int a;
    int b = 12;

    public int add() {
        int total = a + b;
        return total;
    }
}
```

❸ 지역 변수는 사용하기 전에 반드시 초기화해야 합니다.

```java
class Foo {
    public void go() {
        int x;
        int z = x + 3;
    }
}
```

컴파일이 되지 않습니다! x를 선언할 때 아무 값도 지정하지 않아도 되긴 하지만 그렇게 값이 선언되지 않은 값을 사용하려고 하면 컴파일할 때 오류가 납니다.

```
File  Edit  Window  Help  Yikes
% javac Foo.java
Foo.java:4: variable x might
not have been initialized
        int z = x + 3;
                ^
1 error
```

지역 변수에는 기본값이 없습니다. 따라서 지역 변수를 초기화하기 전에 사용하려고 하면 컴파일 과정에서 오류가 납니다.

바보 같은 질문은 없습니다

Q: 메소드 매개변수는 어떤가요? 지역 변수와 관련된 규칙이 매개변수에는 어떻게 적용되죠?

A: 메소드 매개변수는 지역 변수와 거의 똑같습니다. 메소드 내에서 선언되죠(정확하게 말하자면 메소드 본체 내에서라기보다는 메소드의 인자 목록(argument list) 내에서 선언됩니다. 하지만 그래도 인스턴스 변수는 아니고 지역 변수입니다). 하지만 메소드 매개변수는 절대 초기화되었던 것이 해제되는 일이 없기 때문에 컴파일러에서 매개변수가 초기화되지 않았을 수 있다는 오류 메시지가 나오는 일은 일어나지 않습니다.

그러나 메소드를 호출할 때 메소드에서 필요로 하는 인자를 전달하지 않으면 컴파일할 때 오류가 나지요. 따라서 매개변수는 항상 초기화됩니다. 컴파일러에서는 메소드를 호출할 때, 메소드를 선언할 때 지정한 것과 같은 인자를 전달했는지 그리고 매개변수에 (자동으로) 인자가 대입되었는지 반드시 확인하기 때문이지요.

변수(원시 변수와 레퍼런스) 비교

종종 원시값 두 개가 똑같은지 알아야 하는 경우도 있습니다. 원시값이 똑같은지 확인하는 것은 어렵지 않습니다. 그냥 == 연산자를 쓰면 되지요. 또는 레퍼런스 변수 두 개가 힙에 들어있는 같은 객체를 참조하는지 확인해야 하는 경우가 있습니다. 이것도 그리 어렵지 않죠. == 연산자를 쓰면 되니까요. 하지만 객체 두 개가 같은지 확인해야 하는 경우도 있습니다. 그런 경우에는 .equals() 메소드를 사용하면 됩니다. 객체의 동치(equality)라는 개념은 객체의 유형에 따라 달라질 수 있습니다. 예를 들어, String 객체 두 개에 똑같은 문자가 들어있다면(예를 들어, "expeditious") 똑같다고 할 수 있겠죠(힙에 서로 다른 객체 형태 두 개로 들어있다고 하더라도요). 하지만 Dog 객체가 같은지는 어떻게 따져야 할까요? 크기(size 변수)와 무게(weight 변수)가 같은 두 Dog 객체는 그냥 같다고 할 수 있을까요? 그러면 안 되겠죠? 따라서 서로 다른 두 객체를 같은 것으로 간주할 수 있을지는 객체 유형에 따라 달라집니다. 객체의 동치에 대한 것은 나중에 ('부록 B'에서) 알아보겠지만 일단 지금은 == 연산자가 두 변수에 들어있는 비트를 비교하는 역할만 한다는 것만 이해하고 넘어가면 될 것 같군요.

> **원시 유형 두 개를 비교하거나 레퍼런스 두 개가 같은 객체를 참조하고 있는지 알고 싶다면 ==를 쓰면 됩니다.**
>
> **서로 다른 두 객체가 똑같은지 알고 싶을 때는 equals() 메소드를 사용하면 됩니다.**
>
> **(예를 들어, 서로 다른 String 객체가 모두 "Fred"라는 문자열을 나타내는 것인지 확인하고 싶다면 이 메소드를 쓰면 됩니다)**

두 원시값을 비교할 때는 == 연산자를 씁니다.

== 연산자는 임의 유형의 두 변수를 비교하기 위한 용도로 쓸 수 있는데, 단순하게 비트들을 비교하는 역할을 합니다.

if (a == b) {...}라는 코드에서는 a와 b에 들어있는 비트들을 살펴보고 비트 패턴이 똑같으면 참을 리턴합니다(물론, 변수의 크기에 대해서는 신경을 쓰지 않기 때문에 왼쪽에 여분의 0이 있는 것은 중요하지 않습니다).

```
int a = 3;
byte b = 3;
if (a == b) { // 참 }
```

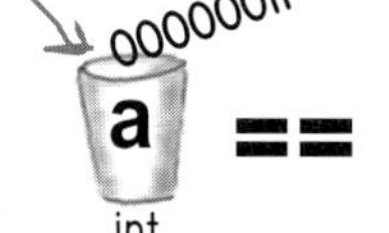

비트 패턴이 똑같기 때문에 ==로 확인해보면 이 둘은 똑같습니다.

(int에는 왼쪽에 0이 더 많이 있습니다. 하지만 여기에서는 그런 여분의 0은 중요하지가 않습니다)

레퍼런스 두 개가 똑같은지(즉 힙에 들어있는 똑같은 객체를 참조하는지) 확인할 때도 == 연산자를 쓸 수 있습니다.

== 연산자는 변수에 들어있는 비트들의 패턴에만 신경을 쓴다는 점을 기억해두세요. 변수가 레퍼런스든 원시 변수든 상관없이 똑같은 규칙이 적용됩니다. 따라서 레퍼런스 변수 두 개가 똑같은 객체를 참조하면 == 연산자에서 참을 리턴합니다. 그런 경우에 비트 패턴을 알 수는 없지만 그 비트 패턴이 어떻게 되든지 두 레퍼런스가 동일한 객체에 대한 서로 다른 레퍼런스라는 점을 알 수 있습니다(사실 레퍼런스의 비트 패턴은 JVM에 따라 다를 수 있으며 사용자는 그 비트 패턴을 직접 알 수 없습니다).

```
Foo a = new Foo();
Foo b = new Foo();
Foo c = a;
if (a == b) {// 거짓 }
if (a == c) {// 참 }
if (b == c) {// 거짓 }
```

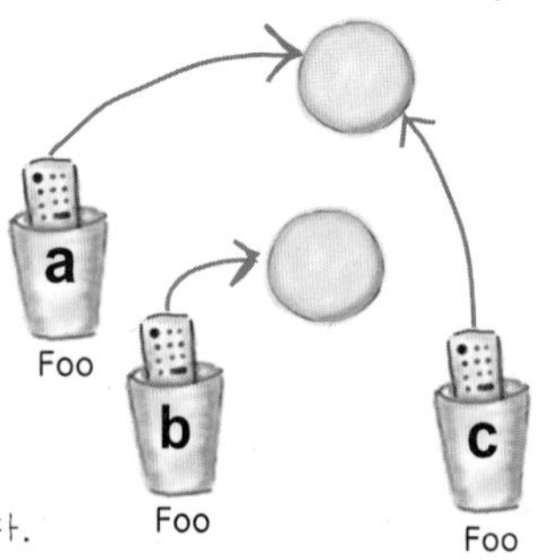

a와 c의 비트 패턴은 똑같기 때문에 ==로 확인해보면 이 둘은 똑같습니다.

a==c는 참입니다.
a==b는 거짓입니다.

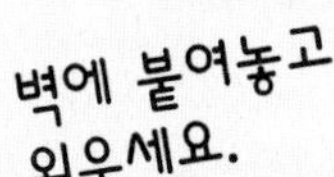

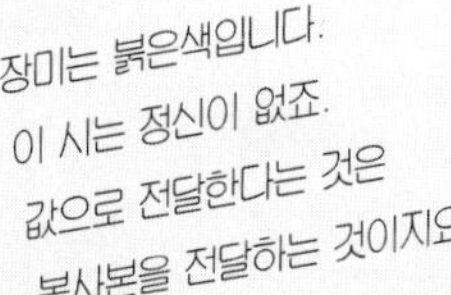

벽에 붙여놓고 외우세요.

장미는 붉은색입니다.

이 시는 정신이 없죠.

값으로 전달한다는 것은

복사본을 전달하는 것이지요.

더 잘 만들어보고 싶으세요? 두 번째 행은 별 의미가 없으니까 마음대로 바꿔도 됩니다. 그리고 전부 다 여러분이 직접 만들면 기억하기가 훨씬 수월할 겁니다.

연필을 깎으며

무엇이 맞을까요?

메소드를 다음과 같이 선언했다면 오른쪽에 있는 코드 중에서 메소드를 제대로 호출한 것은 어떤 것일까요?

올바르게 호출한 코드 옆에 표시를 해 보세요(이 중에는 메소드를 호출할 때 사용할 변수값을 대입하기 위한 코드도 있습니다).

```java
int calcArea(int height, int width) {
    return height * width;
}
```

```java
int a = calcArea(7, 12);

short c = 7;

calcArea(c,15);

int d = calcArea(57);

calcArea(2,3);

long t = 42;

int f = calcArea(t,17);

int g = calcArea();

calcArea();

byte h = calcArea(4,20);

int j = calcArea(2,3,5);
```

연습문제

컴파일러가 되어봅시다.

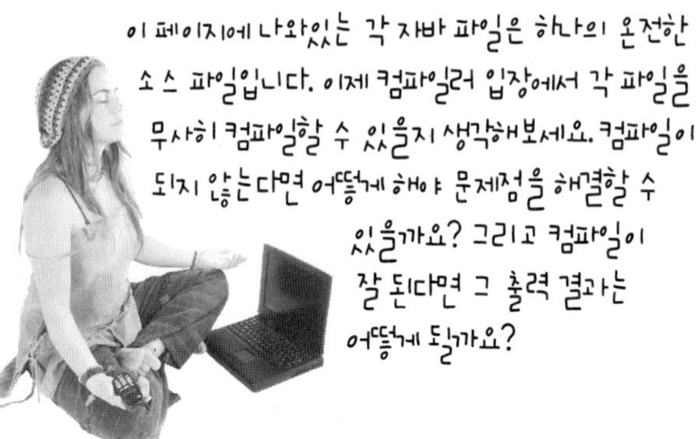

이 페이지에 나와있는 각 자바 파일은 하나의 온전한 소스 파일입니다. 이제 컴파일러 입장에서 각 파일을 무사히 컴파일할 수 있을지 생각해보세요. 컴파일이 되지 않는다면 어떻게 해야 문제점을 해결할 수 있을까요? 그리고 컴파일이 잘 된다면 그 출력 결과는 어떻게 될까요?

A

```java
class XCopy {

  public static void main(String [] args) {

    int orig = 42;

    XCopy x = new XCopy();

    int y = x.go(orig);

    System.out.println(orig + " " + y);
  }

  int go(int arg) {

    arg = arg * 2;

    return arg;
  }
}
```

B

```java
class Clock {
  String time;

  void setTime(String t) {
    time = t;
  }

  void getTime() {
    return time;
  }
}

class ClockTestDrive {
  public static void main(String [] args) {

    Clock c = new Clock();

    c.setTime("1245");
    String tod = c.getTime();
    System.out.println("time: " + tod);

  }
}
```

연습문제

나는 누구일까요?

여러 가지 자바 구성요소가 완벽하게 분장을 하고는 "나는 누구일까요?" 파티 게임을 하고 있습니다. 각 힌트를 보고 그 내용을 바탕으로 누군지 알아 맞춰 보세요. 물론, 항상 진실만을 말한다고 가정해야겠죠? 여러 구성요소에 대해 적용할 수 있는 내용이 나온다면 모든 항목을 선택하면 됩니다. 각 문장 옆에 있는 빈칸에 이름을 적어 보세요.

오늘의 참석자:

인스턴스 변수, 인자, 리턴값, return문, 게터, 세터, 캡슐화, public, private, 값으로 전달, 메소드

클래스에 들어갈 수 있는 '이것'의 개수에는 제한이 없습니다. ____________________

메소드에 이것은 하나밖에 들어갈 수 없습니다. ____________________

이것은 자동으로 더 큰 유형이 될 수 있습니다. ____________________

저는 인스턴스 변수가 private인 것을 좋아합니다. ____________________

원래는 "복사본을 만든다"는 뜻이 있습니다. ____________________

세터에서만 이 값을 갱신할 수 있습니다. ____________________

메소드에 이것은 많이 들어갈 수 있습니다. ____________________

저는 반드시 뭔가를 리턴해야 합니다. ____________________

인스턴스 변수에 대해서는 사용할 수 없습니다. ____________________

인자 여러 개를 가질 수 있습니다. ____________________

반드시 인자 하나만을 받을 수 있습니다. ____________________

캡슐화에 도움이 되지요. ____________________

항상 하나뿐입니다. ____________________

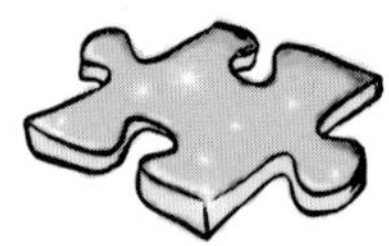

다음은 간단한 자바 프로그램입니다. 그런데 두 블록이 빠져있습니다. 저 밑에 있는 후보 코드와 그에 맞는 **출력 결과를 연결해보세요.**

출력 결과 가운데 쓰이지 않는 것도 있고 그 중 일부는 여러 번 쓰일 수도 있습니다. 후보 코드 블록과 그 블록을 사용했을 때의 출력 결과를 연결하는 선을 그어보세요.

```java
public class Mix4 {
  int counter = 0;
  public static void main(String [] args) {
    int count = 0;
    Mix4 [] m4a = new Mix4[20];
    int x = 0;
    while (            ) {
      m4a[x] = new Mix4();
      m4a[x].counter = m4a[x].counter + 1;
      count = count + 1;
      count = count + m4a[x].maybeNew(x);
      x = x + 1;
    }
    System.out.println(count + " "
                        + m4a[1].counter);
  }

  public int maybeNew(int index) {
    if (            ) {
      Mix4 m4 = new Mix4();
      m4.counter = m4.counter + 1;
      return 1;
    }
    return 0;
  }
}
```

후보 코드:

x < 9

index < 5

x < 20

index < 5

x < 7

index < 7

x < 19

index < 1

출력 결과:

14 7

9 5

19 1

14 1

25 1

7 7

20 1

20 5

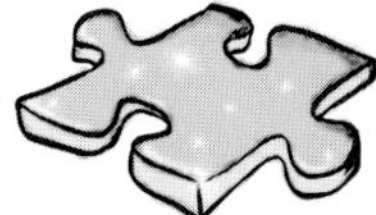

수영장 퍼즐

수영장 안에 있는 코드 조각을 꺼내서 코드의 빈칸에 채워보세요. 같은 조각을 여러 번 사용하면 안 되고, 이 중에는 전혀 쓰이지 않는 조각도 있을 수 있습니다. 이 퍼즐의 목표는 문제없이 컴파일과 실행이 되어 다음과 같은 결과를 출력하는 클래스를 만드는 것입니다.

출력결과:

```
File  Edit  Window  Help  BellyFlop
%java Puzzle4
result 543345
```

```java
public class Puzzle4 {
    public static void main(String [] args){

        int y = 1;
        int x = 0;
        int result = 0;
        while (x < 6) {
            _______________________

            _______________________
            y = y * 10;

            _______________
        }
        x = 6;
        while (x > 0) {

            _______________
            result = result + _______________
        }
        System.out.println("result " + result);
    }
}
class _____________ {
    int ivar;

    _________  _______  doStuff(int _________){
        if (ivar > 100) {
            return _______________________
        } else {
            return _______________________
        }
    }
}
```

주의: 수영장 안에 있는 코드 조각은 한 번만 사용할 수 있습니다.

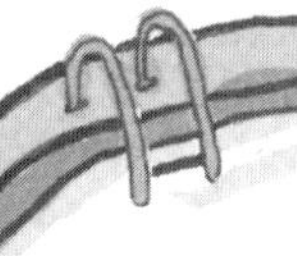

```
                    doStuff(x);
                    obs.doStuff(x);
                    obs[x].doStuff(factor);
                    obs[x].doStuff(x);
    ivar = x;
    obs.ivar = x;                                ivar + factor;          Puzzle4
    obs[x].ivar = x;        ivar                 ivar * (2 + factor);    Puzzle4b        int
    obs[x].ivar = y;        factor               ivar * (5 - factor);    Puzzle4b( )      short
                            public               ivar * factor;
Puzzle4 [ ] obs = new Puzzle4[6];   private                              obs [x] = new Puzzle4b(x);
Puzzle4b [ ] obs = new Puzzle4b[6];                  x = x + 1;          obs [ ] = new Puzzle4b( );
Puzzle4b [ ] obs = new Puzzle4[6];                   x = x - 1;          obs [x] = new Puzzle4b( );
                                                                         obs = new Puzzle4b( );
```

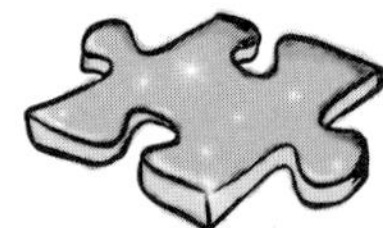

스팀 시티에서의 급박한 순간

뷰캐넌(Buchanan)이 제이(Jai)의 옆구리에 총을 들이댔을 때 그는 꼼짝도 할 수 없었습니다. 제이는 뷰캐넌이 못생겼고, 못생긴 만큼이나 멍청한 사람이라는 걸 알았기 때문에 그 덩치 큰 인간의 심기를 불편하게 만들고 싶지는 않았습니다. 뷰캐넌은 제이를 자신의 상관이 있는 사무실로 데려갔지만 제이는 (최근에는) 나쁜 짓을 하지 않았기 때문에 뷰캐넌의 상관인 레벨러(Leveler)와 잠시 얘기를 하는 것 정도는 별 문제가 없으리라고 생각했습니다. 그는 최근에 서쪽에 있는 많은 뉴럴 스티머(neural-stimmer)를 이동시켰기 때문에 레벨러도 기뻐할 것이라고 생각했습니다. 스티머 암시장에서 장사를 하는 것은 최고의 돈벌이 수단이라고 할 수는 없었지만 대신 그리 위험한 일은 아니었습니다. 그가 본 대부분의 스팀 중독자는 전보다 약간 초점이 없어진 것을 제외하면 별 문제 없이 일상생활로 돌아갔습니다.

레벨러의 '사무실'은 지저분하고 좁은 곳이었습니다. 하지만 제이는 뷰캐넌에게 끌려서 사무실로 들어갔을 때 그 곳이 레벨러 같은 중간 관리자가 좋아할 만한 스피드와 방화벽을 제공할 수 있게 개조되었다는 것을 알 수 있었습니다. 레벨러는 쉰 목소리로 "오, 제이. 다시 만나게 되어 반갑군"이라고 말했습니다. 제이는 레벨러의 인사말에서 뭔가 사악한 기운을 느끼면서 "나도 그렇군요. 우리 사이는 깔끔하게 정리된 줄 알았는데, 아직 남은 게 있나요?"라고 물었죠. 그러자 레벨러가 "오, 상태가 좀 좋아 보이는군. 전보다 많이 컸어. 그런데 요즘 들어 뭔가 위반 행위가 발견되고 있다고 들었네만..."라고 말했습니다.

제이는 순간 움찔했습니다. 그는 한 때 최고의 실력을 가진 해커였으니까요. 해킹과 관련된 큰 사건이 일어날 때마다 그에게 의혹에 눈길이 쏠렸지요. 제이는 "나는 정말 아닙니다. 내가 왜 새삼 그런 짓을 했겠어요? 이제 해킹은 관뒀습니다. 요즘은 그냥 제 일 하기도 바쁘다고요"라고 말했죠. 그러자 레벨러가 웃으면서 말했습니다. "오, 그런가? 나도 자네가 이 일하고 연관되어있다고 생각하진 않아. 하지만 이 해커를 한시바삐 잡아야 하거든" 제이는 이렇게 말했죠. "그렇군요. 행운을 빕니다, 레벨러. 어쨌거나 빨리 좀 풀어주세요. 내일 짐 싸서 옮기기 전까지 할 일이 좀 많이 남았거든요."

레벨러가 갑자기 환심을 사려 하는 듯한 말투로 입을 열었습니다. "문제가 그리 간단하지가 않네, 제이. 여기 있는 뷰캐넌이 그러는데 요즘 J37NE를 만지고 있다면서?" "뉴럴 에디션이요? 물론, 어느 정도 건드리고 있죠. 그런데 그게 어쨌다는 겁니까?" 제이가 불쾌하다는 말투로 반문했지요. "나는 뉴럴 에디션을 통해서 스팀 중독자들에게 다음 공급 장소가 어디인지를 알려주지" 레벨러가 설명했습니다. "그런데 일부 스팀 중독자들이 계속 남아서 내 WareHousing 데이터베이스를 해킹하는 방법을 알아냈어. 나는 제이 자네처럼 머리 회전이 빠른 친구가 필요하다네. 내 StimDrop J37NE 클래스 좀 살펴봐주게. 메소드, 인스턴스 변수, 그런 걸 전부 좀 봐줬으면 하네. 그리고 그 놈들이 어떻게 침입하고 있는지 찾아봐" 갑자기 뷰캐넌이 끼어들었습니다. "잠깐만요. 제이 같은 해커 자식이 내 코드를 훔쳐보는 건 절대 안 됩니다." 그러자 제이가 말했죠. "진정하시오, 뷰캐넌. 접근 변경자를 알아서 잘 썼겠지만..." 뷰캐넌이 갑자기 소리를 지르기 시작했습니다. "그만해! 도둑놈 같은 해커 주제에... 나도 알 건 다 안다고. 그 스팀 중독자들이 공급 지점을 알아내는 데 필요한 수준의 메소드는 모두 public으로 설정했어. 하지만 중요한 WareHousing 메소드는 모두 private로 설정했다고. 외부에서는 아무도 그 메소드를 접근할 수 없어, 이 양반아. 아무도 볼 수 없다고."

"레벨러, 어디에 문제가 있는지 감이 잡히는군요. 뷰캐넌은 여기 남겨두고 천천히 한 블록 정도 산책하면서 얘기해볼까요?" 제이가 제안을 했지요. 뷰캐넌이 그의 총에 손을 가져갔지만 레벨러가 조금 더 빨랐습니다. 레벨러는 속삭이는 듯한 말투로 뷰캐넌에게 말했습니다. "관두게, 뷰캐넌. 총은 버리고 밖으로 나가있으라고. 제이랑 잠시 둘이 얘기를 나눠야겠어."

** 제이는 어떤 것을 의심했을까요? **

** 그는 과연 레벨러의 사무실에서 성한 몸으로 걸어나갈 수 있을까요? **

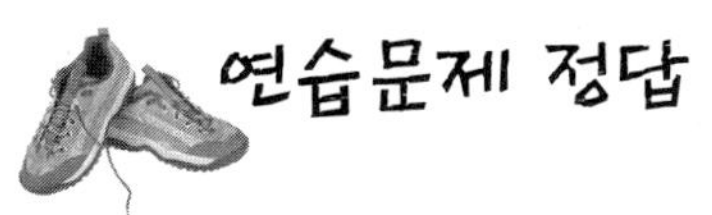

연습문제 정답

```java
class Clock {
  String time;
  void setTime(String t) {
    time = t;
  }
  String getTime() {
    return time;
  }
}

class ClockTestDrive {
  public static void main(String [] args) {
    Clock c = new Clock();
    c.setTime("1245");
    String tod = c.getTime();
    System.out.println("time: " + tod);
  }
}
```

B

주의: 그 용도를 생각해 보면 게터 메소드에는 반드시 리턴 유형이 있어야만 합니다.

A XCopy 클래스는 별 문제 없이 컴파일과 실행이 됩니다. 출력 결과는 '42 84'지요. 자바에서는 값으로 전달(즉, 복사본으로 전달)한다는 점을 기억하시죠? 따라서 go() 메소드를 실행시키더라도 원래 'orig' 변수에 들어있던 값은 바뀌지 않습니다.

클래스에 들어갈 수 있는 이것의 개수에는 제한이 없습니다.	인스턴스 변수, 게터, 세터, 메소드
메소드에 이것은 하나밖에 들어갈 수 없습니다.	return문
이것은 자동으로 더 큰 유형이 될 수 있습니다.	리턴값, 인자
저는 인스턴스 변수가 private인 것을 좋아합니다.	캡슐화
원래는 '복사본을 만든다'는 뜻이 있습니다.	값으로 전달
세터에서만 이 값을 갱신할 수 있습니다.	인스턴스 변수
메소드에 이것은 많이 들어갈 수 있습니다.	인자
저는 반드시 뭔가를 리턴해야 합니다.	게터
인스턴스 변수에 대해서는 사용할 수 없습니다.	public
인자 여러 개를 가질 수 있습니다.	메소드
반드시 인자 하나만을 받을 수 있습니다.	세터
캡슐화에 도움이 되지요.	게터, 세터, public, private
항상 하나뿐입니다.	리턴값

```java
public class Puzzle4 {
  public static void main(String [] args) {
    Puzzle4b [ ] obs = new Puzzle4b[6];
    int y = 1;
    int x = 0;
    int result = 0;
    while (x < 6) {
      obs[x] = new Puzzle4b( );
      obs[x] . ivar = y;
      y = y * 10;
      x = x + 1;
    }
    x = 6;
    while (x > 0) {
      x = x - 1;
      result = result + obs[x].doStuff(x);
    }
    System.out.println("result " + result);
  }
}
class Puzzle4b {
  int ivar;
  public int doStuff(int factor) {
    if (ivar > 100) {
      return ivar * factor;
    } else {
      return ivar * (5 - factor);
    }
  }
}
```

출력결과:

```
File  Edit  Window  Help  BellyFlop
%java Puzzle4
result 543345
```

5분 미스터리 정답

제이는 뷰캐넌이 그리 똑똑한 사람은 아니라는 것을 알고 있었죠. 뷰캐넌이 코드에 대한 이야기를 하는 것을 보면 인스턴스 변수에 대한 얘기는 하나도 안 나왔죠? 제이는 뷰캐넌이 메소드는 제대로 처리했지만 인스턴스 변수를 private로 지정하지 않았을 거라고 추측할 수 있었죠. 레벨러가 지금까지 고생한 것은 아마 그 문제 때문이었을 겁니다. 정말 사소한 일이었을지 모르지만 레벨러에게는 큰 손해를 입힌 실수였습니다.

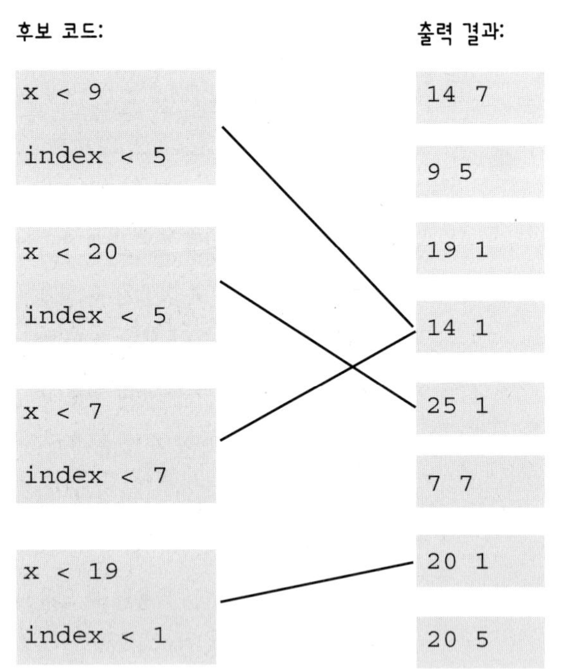

메소드를 더 강력하게

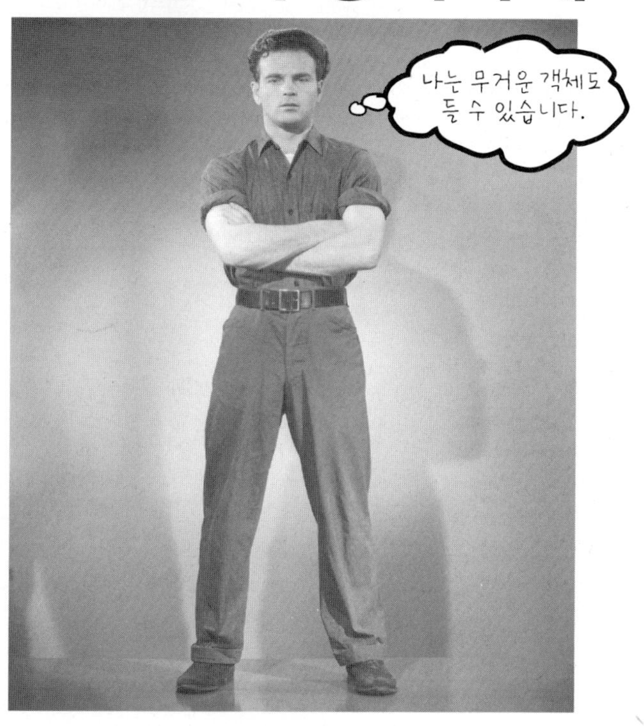

메소드에 근육을 좀 붙여줍시다. 지금까지는 변수를 가지고 장난도 쳐보고 몇 가지 객체와 간단한 코드를 조금 만들어봤습니다. 하지만 지금까지 배운 건 너무 약하죠. 우리에게는 더 많은 도구가 필요합니다. **연산자(operator)** 같은 것 말이죠. 앞서 살펴본 bark 같은 메소드보다는 더 강력한 것이 필요하죠. 그리고 **순환문(loop)**도 있어야 합니다. 하지만 지금까지 사용한 간단한 while 순환문만으로는 부족하겠죠. 뭔가 심각한 걸 하려면 **for 순환문**을 쓰는 것이 좋습니다. **난수를 발생시킬 때도** 유용하겠죠? 그리고 **String**을 **int**로 바꾸는 방법도 알아볼 것입니다. 이것도 여러 모로 쓸모가 있을 테니 잘 배워두세요. 그리고 뭔가 더 진짜 같은 걸 만들면서 이런 내용을 배워봅시다. 그 과정에서 어떻게 맨 밑바닥부터 프로그램을 만들고 테스트하는지도 알 수 있을 것입니다. **게임을 하나 만들어보는 것도 재미있겠죠?** 하지만 생각만큼 그리 간단한 일은 아니니까 두 장에 걸쳐서 만들도록 하겠습니다. 이 장에서는 일단 간단한 버전을 만들고 더 강력하고 훌륭한 프로그램은 6장에서 완성하겠습니다.

"닷컴(.COM) 가라앉히기" 게임을 만들어봅시다.

이 게임은 여러분이 컴퓨터를 상대로 하는 게임입니다. 컴퓨터에서 사이트명을 그리드 위에 배치하면 여러분은 가능하면 적은 횟수만큼 찍어서 그 '닷컴(.COM)' 을 침몰시켜야 합니다.

목표: 컴퓨터가 가지고 있는 모든 닷컴명을 가능한 적게 찍어서 모두 가라앉혀야 합니다. 닷컴을 모두 잡고 나면 성적에 따라 등급이 출력됩니다.

설정: 게임 프로그램이 시작되면 컴퓨터에서는 닷컴 세 개를 가상의 7×7 그리드 위에 배치합니다. 그 작업이 끝나면 사용자가 추측한 위치를 입력할 수 있도록 프롬프트를 출력합니다.

게임 방법: 아직은 GUI를 만드는 방법을 배우지 않았기 때문에 명령행에서 실행시키는 버전으로 만들겠습니다. 컴퓨터에서는 여러분에게 위치를 찍어보라는 프롬프트를 띄웁니다. 그러면 여러분은 "A3", "C5" 같은 식으로 명령행에 위치를 입력하면 됩니다. 컴퓨터에서는 명령행을 통해 맞으면 "hit", 틀리면 "miss"라고 결과를 알려줍니다. 어떤 닷컴 사이트를 모두 적중시켰을 때는 "You sunk Pets.com(사이트명은 바뀔 수 있습니다)" 같은 메시지를 출력합니다. 닷컴 세 개를 모두 잡으면 여러분의 등급이 출력됩니다.

7×7 그리드에 닷컴 사이트명 세 개가 들어가는 닷컴 가라앉히기 게임을 만들 것입니다.
각 닷컴은 셀 세 개를 차지합니다.

게임 진행 화면

```
File  Edit  Window  Help  Sell

%java DotComBust
Enter a guess   A3
miss
Enter a guess   B2
miss
Enter a guess   C4
miss
Enter a guess   D2
hit
Enter a guess   D3
hit
Enter a guess   D4
Ouch! You sunk Pets.com     : (
kill
Enter a guess   B4
miss
Enter a guess   G3
hit
Enter a guess   G4
hit
Enter a guess   G5
Ouch! You sunk Askme.com    : (
```

7X7 그리드

우선 고수준 설계부터 시작합니다.

클래스와 메소드가 필요하다는 것은 이미 알고 있겠죠? 하지만 클래스와 메소드에서 어떤 일을 해야 할까요? 그 물음에 답하려면 게임 프로그램을 돌리는 방법에 대해 더 자세한 정보가 필요합니다.

우선 게임의 전반적인 흐름을 확실히 규정해야겠지요? 기본 개념은 다음과 같습니다.

① **사용자가 게임을 시작시킵니다.**

    A 닷컴 세 개를 만듭니다.

    B 닷컴 세 개를 가상 그리드에 배치합니다.

② **게임이 본격적으로 시작됩니다.**
닷컴이 하나도 남지 않게 될 때까지 다음과 같은 과정을 반복합니다.

    A 사용자가 예상 위치("A2", "C0" 등)를 입력하도록 프롬프트를 띄웁니다.

    B 사용자가 입력한 위치가 맞는지, 틀리는지, 아니면 방금 찍은 것으로 인해 닷컴이 가라앉았는지를 판별합니다. 상황에 따라 적절한 행동을 취합니다(맞았으면 셀("A2", "D4" 등)을 지우고 닷컴이 가라앉았으면 그 닷컴을 지웁니다).

③ **게임을 끝냅니다.**
찍은 횟수를 바탕으로 사용자의 등급을 매깁니다.

이제 프로그램에서 해야 하는 일을 어느 정도 파악했습니다. 다음 단계는 이런 작업을 하기 위해 필요한 **객체**를 파악하는 것이겠지요. 래리보다는 브래드처럼 생각해야 한다는 점을 잊지 마세요. 그리고 프로시저보다는 프로그램에 있는 어떤 **대상**이나 물건 같은 것에 초점을 맞춰야 합니다.

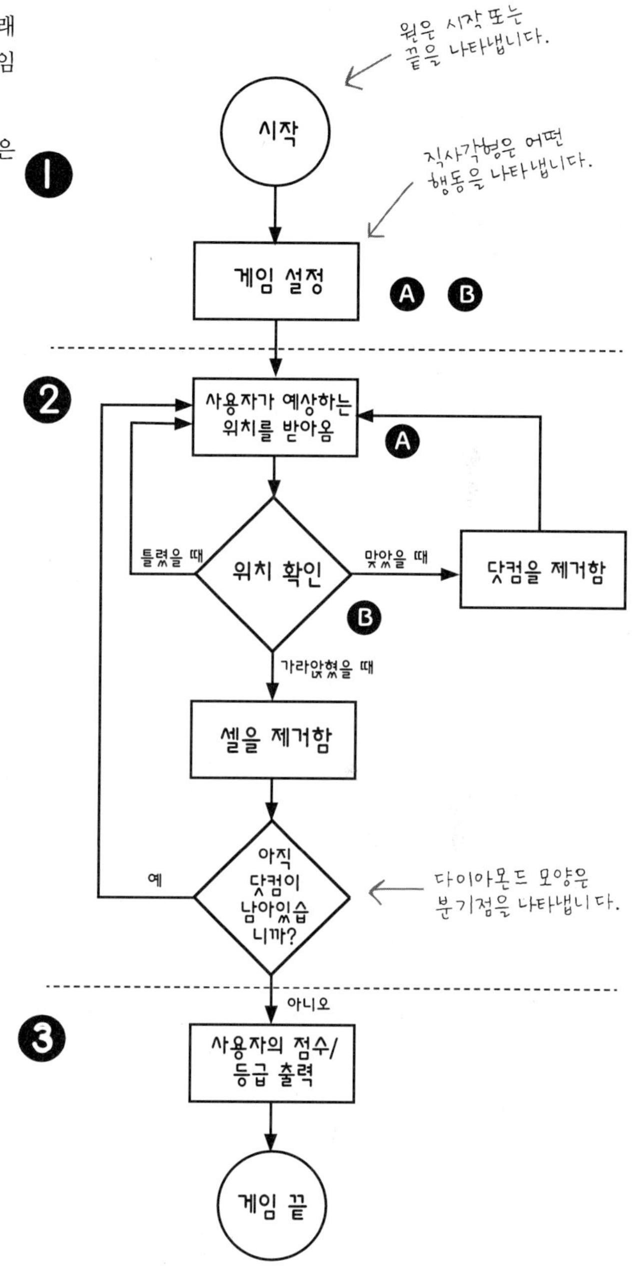

와, 진짜 플로우 차트가 만들어졌네요.

"간단한 닷컴 게임"의
전반적인 소개

최소한 클래스 두 개가 필요할 것 같군요. 하나는 게임 클래스고 다른 하나는 닷컴 클래스죠. 하지만 완전한 닷컴 가라앉히기 게임을 만들기 전에 간단한 닷컴 게임을 먼저 만들겠습니다. 이 장에서는 간단한 버전만 만들고 진짜 버전은 다음 장에서 만들도록 하지요.

여기서는 게임을 최대한 단순하게 고쳐보겠습니다. 닷컴을 2차원 그리드가 아닌 한 줄 위에 배치하고 닷컴의 개수도 한 개로 제한하겠습니다.

하지만 목표는 똑같기 때문에 여전히 닷컴 인스턴스를 만들고, 그 인스턴스를 어딘가에 위치시키고, 사용자가 입력한 내용을 받아오고, 모든 닷컴 셀이 맞으면 게임을 끝냅니다. 이렇게 간단한 버전을 먼저 만들어보면 실제 게임을 만들기가 훨씬 수월해질 것입니다. 이 프로그램이 잘 작동하면 나중에 더 복잡한 것으로 만들 수 있죠.

이 버전의 게임 클래스에는 인스턴스 변수가 없고 모든 코드는 main() 메소드에 저장됩니다. 즉, 프로그램이 시작되고 main()이 실행되면 닷컴 인스턴스를 한 개만 만들고 그 위치(셀 일곱 개가 들어있는 가상의 행에 들어있는 연속적인 셀 세 개)를 고르고 사용자로부터 예상 위치를 입력받고 그 위치를 확인합니다. 그리고 셀 세 개를 모두 맞출 때까지 이 작업을 반복합니다.

이 때 가상적인 행은 어디까지나 가상적이라는 점을 꼭 기억해두세요. 즉 프로그램 어디에도 그 행(배열 등)은 존재하지 않습니다. 게임과 사용자 모두 닷컴이 가능한 위치(0에서 시작) 일곱 개 중에서 연속된 셀 세 개 안에 들어있다는 것만 알고 있다면 굳이 코드에서 그 행을 표현할 필요가 없겠죠(즉, 배열 등을 만들 필요가 없겠죠). int 일곱 개가 들어있는 배열을 만들고 "닷컴을 배열의 원소 일곱 개 가운데 원소 세 개로 집어넣으면 어떨까?" 하는 생각이 들 수도 있지만, 굳이 그럴 필요는 없습니다. 닷컴이 차지하는 셀 위치 세 개를 저장할 배열만 있으면 되지요.

❶ 게임을 시작합니다. 그리고 닷컴 하나를 만들고 셀 일곱 개 가운데 셀 세 개에 그 위치를 할당합니다.

여기에서는 "A2", "C4" 같은 식으로 할 필요 없이 그냥 정수 한 개만 있어도 됩니다(예를 들어, 아래 그림에서는 1, 2, 3이 셀 위치가 됩니다).

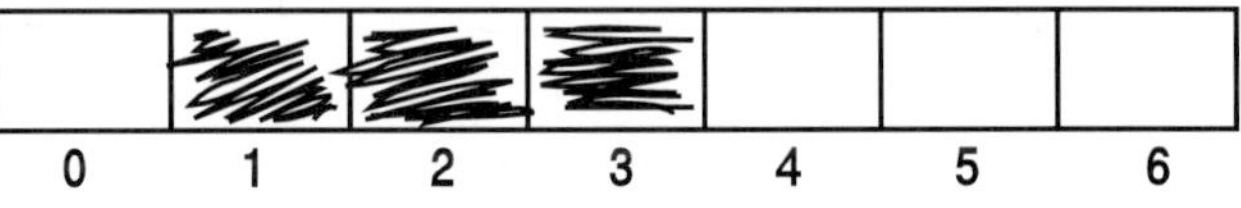

❷ 게임을 진행합니다. 사용자에게 위치를 물어보는 프롬프트를 띄우고 닷컴이 들어있는 셀 세 개 가운데 하나에 적중했는지 확인합니다. 제대로 맞은 경우에는 numOfHits 변수를 증가시킵니다.

❸ 셀 세 개를 모두 맞추면(numOfHits 변수의 값이 3이 되면) 게임이 끝납니다. 사용자에게 몇 번의 추측 끝에 닷컴을 가라앉혔는지 알려줍니다.

SimpleDotComGame	
void main	

SimpleDotCom
int [] locationCells int numOfHits
String checkYourself(String guess) void setLocationCells(int[] loc)

게임 과정

```
File  Edit  Window  Help  Destroy
%java SimpleDotComGame
enter a number  2
hit
enter a number  3
hit
enter a number  4
miss
enter a number  1
kill
You took 4 guesses
```

클래스 개발

독자마다 코드를 만드는 데 있어서 자신만의 방법론/절차/접근법이 있을 수 있습니다. 우리도 마찬가지입니다. 여기에서는 우리가 클래스를 코딩할 때 어떤 것을 생각하는지, 독자들이 보고 배울 수 있도록 표준화된 절차를 제시하고 있습니다. 실전에서 무조건 이런 식으로 코드를 만들지는 않습니다. 물론, 실제 애플리케이션을 만든다거나 할 때는 개인적인 취향이라든가 프로젝트, 아니면 윗사람의 규칙에 따라 코딩을 하겠죠. 하지만 여기에서는 뭐... 꼭 어떤 방식으로 해야 한다는 것이 정해져 있지 않고 배우는 과정의 일부분이므로 자바 클래스를 만들 때 다음과 같은 방식으로 하는 것을 권하겠습니다.

- ☐ 클래스에서 어떤 것을 해야 하는지를 **파악**합니다.

- ☐ **인스턴스 변수와 메소드 목록**을 작성합니다.

- ☐ 메소드를 만들기 위한 **준비 코드**를 만듭니다. (잠시 후에 알아보겠습니다)

- ☐ 메소드에 대한 **테스트 코드**를 만듭니다.

- ☐ 클래스를 **구현**합니다.

- ☐ 메소드를 **테스트**합니다.

- ☐ 필요하면 **디버그**를 하거나 **다시 구현**합니다.

- ☐ 배우는 과정에 있기 때문에 실제 사용자를 대상으로 테스트하지 않아도 된다는 점에 감사 드립니다.

⚛ 브레인 파워

머릿속에 있는 세포를 활발하게 움직여봅시다

프로그램을 만들 때 먼저 만들 클래스를 어떻게 결정해야 할까요? 아주 작은 프로그램을 제외하면 거의 모든 프로그램이 클래스 여러 개로 구성된다는 점을 감안할 때 (객체지향 원리를 잘 따르려면 한 클래스로 너무 많은 것을 처리하지 않는 것이 좋습니다) 어디에서 시작하는 것이 좋을까요?

각 클래스별로 만들어야 할 세 가지:

준비 코드	테스트 코드	실제 코드

이 막대는 앞으로 이 장과 다음 장에서 해당 페이지에서 어떤 부분을 다루고 있는지를 보여주기 위한 용도로 쓰입니다. 예를 들어, 페이지 맨 위에 다음과 같은 그림이 있다면 지금 SimpleDotCom 클래스의 준비 코드를 다루고 있음을 의미합니다.

SimpleDotCom 클래스

준비 코드	테스트 코드	실제 코드

준비 코드

문법보다는 논리를 중점적으로 살펴보기 위해 유사코드 형태로 표현한 것입니다.

테스트 코드

실제 코드를 테스트하고 작업이 제대로 처리되는지 확인하기 위한 클래스 또는 메소드입니다.

실제 코드

클래스를 실제로 구현한 코드로써. 이 부분이 실제로 사용할 자바 코드입니다.

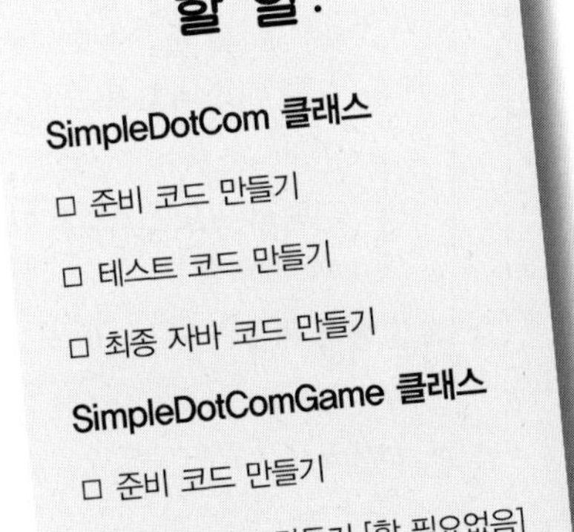

이 예제를 살펴보면 준비 코드(유사코드(pseudocode))가 어떤 식으로 쓰이는지 알 수 있을 것입니다. 유사코드는 실제 자바 코드와 그냥 사람들이 쓰는 언어의 중간쯤으로 생각하면 됩니다.* 대부분의 준비 코드는 인스턴스 변수 선언, 메소드 선언, 메소드 논리, 이렇게 세 부분으로 이루어집니다. 준비 코드에서 가장 중요한 부분은 메소드 논리 부분입니다. 어떤 일이 일어나야 하는지를 정의하는 부분이기 때문이죠. 나중에 메소드 코드를 실제로 만들 때는 그것을 바탕으로 코드를 어떻게 작성할지를 결정해야 합니다.

SimpleDotCom
int [ ] locationCells int numOfHits
String checkYouself(String guess) void setLocationCells(int[ ] loc)

셀의 위치를 저장하기 위한 locationCells라는 int 배열을 **선언**한다.

맞춘 셀의 개수를 저장하기 위한 numOfHits라는 int를 **선언**하고 값은 0으로 **설정**한다.

사용자가 추측한 위치를 String("1", "3" 등)으로 받아들이고 그 값을 확인하고 "hit", "miss", "kill" 중 하나를 나타내는 결과를 리턴하는 checkYourself()라는 메소드를 **선언**한다.

int 배열(셀 위치 세 개를 나타내는 int(2, 3, 4 등) 세 개가 들어감)을 받아들이는 setLocationCells()라는 세터 메소드를 **선언**한다.

메소드: String checkYourself(String userGuess)

사용자가 추측한 위치를 String 매개변수 형태로 **받아온다**.

사용자가 추측한 위치를 int로 **변환한다**.

int 배열에 있는 각 셀에 대해 다음 작업을 **반복한다**.

　　// 사용자가 추측한 위치를 닷컴이 들어있는 셀과 **비교하는 부분**

　　만약 사용자가 추측한 것이 맞으면

　　　　맞춘 개수를 **증가**시킨다.

　　　　// **마지막 위치** 셀인지 확인한다.

　　　　만약 맞춘 회수가 3이면 "kill"을 결과로 **리턴**한다.

　　　　그렇지 않으면 "hit"를 **리턴**한다.

　　　　만약 부분 끝

　　그렇지 않으면 틀린 것이므로 "miss"를 **리턴**한다.

　　만약 부분 끝

반복 부분 끝

메소드 끝

메소드: void setLocationCells(int[] cellLocations)

　　셀 위치를 int 배열 매개변수로 **받아온다**.

　　셀 위치 매개변수를 셀 위치 인스턴스 변수에 **대입한다**.

메소드 끝

*역자주: 안타깝게도 우리말로 쓰면 자바 코드하고는 많이 멀어지게 됩니다. 영어권 언어와 우리말이 어순이 다른데, 자바를 비롯한 대부분의 프로그래밍 언어는 영어권 언어를 쓰는 사람들이 만들었기 때문에 그렇게 된 것이죠. 그래도 유사코드의 기본적인 목적은 "문법은 일단 접어두고 만들어야 할 코드를 아이디어 위주로 적어두는 것"이라는 정도로 기억해두세요 (나중에 프로그래밍 언어로 자연스럽게 연결되는 느낌은 좀 떨어지긴 하지만). 프로그래밍을 할 때 한글로 적더라도 이런 유사코드를 미리 만들어보는 습관을 기르는 것이 좋습니다.

메소드를 구현하여 코드를 만듭니다.

이제 진짜 메소드 코드를 작성해봅시다. 그리고 한 번 돌려봐야죠.

하지만 메소드 코딩을 시작하기 전에 그 메소드를 테스트하기 위한 보조 코드를 만들어봅시다. 이상해보일지 몰라도 테스트할 대상을 만들기 전에 미리 테스트 코드를 만드는 것이 좋습니다.

테스트 코드를 먼저 만들어놓는 것은 익스트림 프로그래밍(XP, eXtreme Programming)의 여러 규칙 가운데 하나며 이렇게 하면 더 쉽고 빠르게 코드를 만드는 데 도움이 됩니다. 독자 모두에게 XP 방법론을 강요하는 것은 아니지만, 적어도 테스트 코드를 먼저 만들어보는 방법 자체는 상당히 좋다고 생각합니다. 그리고 XP라고 하면 폼도 나잖아요.

익스트림 프로그래밍(XP)

익스트림 프로그래밍(XP, eXtreme Programming)이라는 방법은 최근의 소프트웨어 개발 방법론 분야에 새로 등장했습니다. 많은 사람들이 "프로그래머들이 정말 원하는 방법"이라고 하는 XP는 90년대 말에 등장했으며 두 명으로 구성된 조그만 회사에서 포드 자동차에 이르기까지 다양한 규모의 회사에서 쓰이고 있습니다. XP의 가장 큰 장점은 막판에 스펙이 변경되는 일이 있어도 고객이 원하는 것을 고객이 원하는 기한에 맞춰서 제공할 수 있다는 점입니다.

XP는 서로 조화롭게 쓸 수 있도록 계획된 일련의 규칙이 있습니다. 물론, 그 가운데 일부만을 채택하고 있는 프로그래머도 많이 있긴 하죠. 이런 규칙에는 다음과 같은 것들이 있습니다.

- 조금씩, 하지만 자주 발표한다.
- 사이클을 반복해서 돌리면서 개발한다.

- 스펙에 없는 것은 절대 집어넣지 않는다. (아무리 그 기능이 나중에 쓰일 것 같은 느낌이 들어도 그러지 않는 것이 좋다)
- 테스트 코드를 먼저 만든다.
- 야근은 하지 마라. 항상 정규 일과 시간에만 작업한다.
- 기회가 생기는 족족 언제 어디서든 코드를 개선한다.
- 모든 테스트를 통과하기 전에는 어떤 것도 발표하지 않는다.
- 조금씩 발표하는 것을 기반으로 하여 현실적인 작업 계획을 만든다.
- 모든 일을 단순하게 처리한다.
- 두 명씩 팀을 편성하고 모든 사람이 대부분의 코드를 알 수 있도록 돌아가면서 작업한다.

준비 코드 | **테스트 코드** | 실제 코드

SimpleDotCom 클래스를 위한 테스트 코드 만들기

SimpleDotCom 객체를 만들고 그 메소드를 실행하는 테스트 코드를 만들어야 합니다. SimpleDotCom 클래스에서 가장 중요한 것은 checkYourself() 메소드입니다. 물론, 그 메소드가 제대로 돌아가려면 setLocationCells() 메소드도 구현해야 됩니다.

아래에 있는 checkYourself() 메소드용 준비 코드를 자세히 살펴봅시다(setLocationCells() 메소드는 사실 별 내용이 없는 세터 메소드에 불과하기 때문에 여기에서는 별로 신경을 쓰지 않아도 됩니다. 물론, '실제' 애플리케이션에서는 더 든든한 '세터' 메소드가 있어야 하고, 그러려면 그 메소드도 테스트하는 것이 좋습니다).

그리고 나서 다음과 같은 질문에 답해봅시다. "checkYourself() 메소드가 구현되었다면(만들어졌다면) 그 메소드가 제대로 작동한다는 것을 증명하기 위해 어떤 테스트 코드를 만들어야 할까?"

이 준비 코드를 바탕으로:

메소드: String checkYourself(String userGuess)

사용자가 추측한 위치를 String 매개변수 형태로 **받아옵니다.**

사용자가 추측한 위치를 int로 **변환합니다.**

int 배열에 있는 각 셀에 대해 다음 작업을 **반복합니다.**

    // 사용자가 추측한 위치를 닷컴이 들어있는 셀과 **비교하는 부분**

    만약 사용자가 추측한 것이 맞으면

        맞춘 개수를 **증가**시킵니다.

        // 마지막 위치 셀인지 확인합니다.

        만약 맞춘 회수가 3이면 "kill"을 결과로 **리턴**합니다.

        그렇지 않으면 "hit"를 **리턴**합니다.

        만약 부분 끝

    그렇지 않으면 틀린 것이므로 "miss"를 **리턴**합니다.

    만약 부분 끝

반복 부분 끝

메소드 끝

다음과 같은 것을 테스트해야 합니다:

1. SimpleDotCom 객체의 인스턴스를 만듭니다.

2. 위치를 대입합니다.
   (|2,3,4|와 같은 int 값 세 개가 들어있는 배열)

3. 사용자가 추측한 위치를 나타내는 String을 만듭니다.

4. 3단계에서 만들어낸 String을 전달하면서 checkYourself() 메소드를 호출합니다.

5. 결과를 출력하여 옳은 결과가 나왔는지 확인합니다.
   (결과가 맞으면 "passed", 틀리면 "failed")

바보 같은 질문은 없습니다

Q: 제가 뭔가 잘못 이해하고 있는지도 모르겠는데, 아직 존재하지도 않는 것을 어떻게 테스트할 수 있습니까?

A: 테스트를 하는 것은 아닙니다. 실제로 테스트를 먼저 한다고 한 적은 없죠? 테스트 코드를 만든 시점에는 아직 테스트할 대상이 없기 때문에 뼈대만 있는 코드만이라도 미리 만들어주지 않으면 컴파일도 할 수 없습니다. 물론, 이렇게 뼈대만 있는 코드를 써서 컴파일을 하는 경우에는 컴파일은 될지 몰라도 실제 테스트를 할 수는 없겠죠?(널을 리턴한다거나 하는 문제가 있을 테니까요)

Q: 하지만 그래도 잘 이해가 안 되네요. 왜 실제 코드를 만들 때까지 기다리지 않고 테스트 코드만 먼저 만드나요?

A: 테스트 코드에 대해 생각을 하고 테스트 코드를 만들다 보면 테스트하고자 하는 메소드의 기능과 역할에 대한 개념을 더 깔끔하게 정리할 수 있습니다.

그리고 실제 자신이 구현한 코드가 완성되면 바로 테스트할 수 있다는 것도 장점이 될 수 있겠죠. 여러분 중에서도 "미리 만들어두지 않으면 나중에는 절대로 안 할 것"이라는 데 동의하는 독자들이 있을 것입니다. 막상 나중에 테스트 코드를 만들어서 테스트할 시점이 되면 다른 더 중요한 일이 닥치곤 하니까요.

가장 이상적인 방법은 간단한 테스트 코드를 만들고 그 테스트를 통과하기 위한 부분만 구현하는 식으로 개발 과정을 조금씩 진척시키는 것입니다. 그리고 같은 식으로 조금 더 복잡한 테스트 코드를 만들고 그 새로운 테스트를 통과하는 데 필요한 부분만 또 구현하고요. 이렇게 테스트를 하는 과정에서 전에 만들어 둔 테스트 과정을 모두 반복적으로 테스트하게 되고, 그러면 나중에 추가한 코드 때문에 이전에 테스트를 끝낸 코드에 문제가 생기지는 않는지도 모두 테스트할 수 있겠죠.

SimpleDotCom 클래스용 테스트 코드

```java
public class SimpleDotComTestDrive   {

    public static void main (String[] args) {

        SimpleDotCom dot = new SimpleDotCom();


        int[] locations = {2,3,4};

        dot.setLocationCells(locations);


        String userGuess = "2";

        String result = dot.checkYourself(userGuess);

        String testResult = "failed";

        if (result.equals("hit") ) {

            testResult = "passed";

        }

        System.out.println(testResult);

    }

}
```


연필을 깎으며

앞으로 몇 페이지에 걸쳐서 SimpleDotCom 클래스를 구현할 것입니다. 그리고 그 후에 테스트 클래스로 돌아가겠습니다. 위에 있는 테스트 코드를 살펴보고 어떤 것을 추가해야 할지 생각해보세요. 테스트해야 하는 것 가운데 이 코드에서 테스트하지 않은 것은 무엇일까요? 밑에 각자의 생각(또는 코드)을 적어보세요.

준비 코드　테스트 코드　실제 코드

checkYourself( ) 메소드

준비 코드를 자바 코드에 직접 대응시킬 수는 없습니다. 몇 가지 고쳐야 할 점이 있죠. 준비 코드는 코드에서 어떤 것을 해야 하는지를 더 명백하게 파악하는 데 도움이 됩니다. 그리고 우리는 어떻게 그것을 할 수 있을지를 알려주는 자바 코드를 만들어야 합니다.

다음 코드를 보면서 마음 속에서 코드의 어떤 부분을 개선시킬 수 있을지 (그리고 개선시켜야 할지) 생각해보세요. 아직 우리가 배우지 않은 것(문법과 기능)에는 ① 과 같은 식으로 숫자를 붙여놨고, 그에 대한 설명은 다음 페이지에 있습니다.

사용자가 추측한 위치를 **받아옵니다.**

사용자가 추측한 위치를 int로 **변환합니다.**

```java
public String checkYourself(String stringGuess) {

    int guess = Integer.parseInt(stringGuess);   // ①  String을 int로 변환합니다.

    String result = "miss";   // 리턴할 결과를 저장할 변수를 만듭니다.
                              // 기본값을 "miss"로 집어넣습니다.
                              // (즉, 못 맞추는 것을 기본으로 가정합니다)
```

int 배열에 있는 각 셀에 대해 다음 작업을 **반복합니다.**

만약. 사용자가 추측한 것이 맞으면

맞춘 개수를 **증가시킵니다.**

```java
    for(int cell : locationCells) {   // ②  배열에 들어있는 각 원소(객체의 각 위치 셀)에
                                      //     대해 반복합니다.

        if (guess == cells) {   // 사용자가 추측한 값을 배열에
                                // 들어있는 원소(셀)와 비교합니다.

            result = "hit";

            numOfHits++;   // ③  맞았군요!

            break;   // ④  순환문을 빠져나옵니다.
                     //     다른 셀은 확인하지
                     //     않아도 됩니다.

        } // if문 끝

    } // for문 끝
```

// 마지막 셀인지 확인합니다.

만약 맞춘 횟수가 3이면

"kill"을 결과로 **리턴합니다.**

그렇지 않으면 아직 살아있으므로

그냥 "hit"를 **리턴합니다.**

그렇지 않으면

"miss"를 **리턴합니다.**

```java
    if (numOfHits == locationCells.length) {

        result = "kill";   // 순환문 밖으로 나왔습니다. 하지만
                           // 그 객체가 죽었는지 (세 번 맞았는지)
                           // 확인해 보고, 그 경우에는 result라는
                           // String을 "kill"로 바꿉니다.

    } // if문 끝

    System.out.println(result);   // 사용자에게 결과를 보여줍니다("hit"나 "kill"로
                                  // 바뀌지 않았다면 "miss"가 출력되겠죠?).

    return result;   // 이 메소드를 호출한 메소드로
                     // 결과를 리턴합니다.

} // 메소드 끝
```

새로운 내용에 대한 설명

이 페이지에서는 아직 한 번도 본 적이 없는 내용을 설명하겠습니다. 걱정은 하지 마세요. 나머지 자세한 내용은 이 장 끝에 나와있습니다. 일단 이 정도만 알아두고 다음 내용으로 넘어가겠습니다.

자바에 기본적으로 내장된 클래스

String을 그 String이 나타내는 int로 파싱해 주는 방법을 알고 있는 Integer 클래스에 들어있는 메소드

이 메소드에서는 String을 받아들입니다.

① String을 int로 변환합니다.

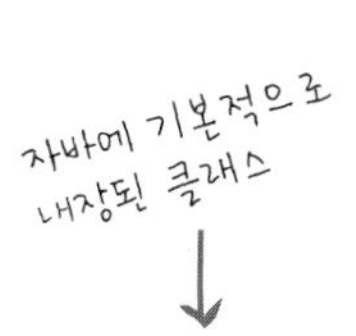

Integer.parseInt("3")

이 for 순환문은 "locationCells 배열에 들어있는 각 원소에 대해서 반복함: 배열에 있는 다음 항목을 가져와서 'cell'이라는 int 변수에 대입함"으로 이해하면 됩니다.

콜론(:)은 왼쪽에 있는 변수에 오른쪽에 있는 것의 각 원소의 값이 대입된다는 것을 뜻합니다. 즉 locationCells에 들어있는 모든 int 값에 대해서 순환문을 돌린다고 보면 되죠.

② for 순환문

for (int cell : locationCells) { }

배열에 들어있는 한 원소의 값을 저장해 둘 변수를 선언합니다. 매번 순환문이 반복될 때마다 이 변수(이 예에서는 "cell"이라는 이름을 가진 int 변수)에 배열 원소의 값이 대입됩니다. 이 순환문은 더 이상 남아있는 원소가 없게 될 때까지 (또는 "break"가 실행될 때까지 — 4번 참조) 반복됩니다.

이 for문에서 순환문을 돌릴 대상이 되는 배열. 매번 순환문이 반복될 때마다 배열에 들어있는 다음 원소가 "cell"이라는 변수에 대입됩니다. (자세한 내용은 이 장 맨 뒷부분에서 알아보겠습니다.)

++는 거기 있는 것에 무조건 1을 더하라는 것을 의미합니다.
(즉, 1을 증가시키는 것이지요)

③ 후 증가 연산자

numOfHits++

numOfHits++는 (이 경우에는) numOfHits = numOfHits + 1하고 똑같다고 보면 됩니다.

④ break 선언문

break;

순환문을 즉각 빠져나옵니다. 바로 그 자리에서 말이죠. 더 이상 반복도 하지 않고 부울 테스트도 하지 않고 무조건 바로 빠져나옵니다.

바보 같은 질문은 없습니다

Q: Integer.parseInt( )에 숫자가 들어있지 않은 문자열을 전달하면 어떻게 되나요? 그리고 "three"와 같은 식으로 쓴 숫자도 인식할 수 있나요?

A: Integer.parseInt( )는 숫자(0, 1, 2, 3, 4, 5, 6, 7, 8, 9)를 나타내는 아스키값으로 구성된 String에 대해서만 작동합니다. "two"나 "흑" 같은 것을 파싱하려고 하면 실행 중에 코드가 맛이 가고 맙니다(여기에서 맛이 간다는 것은 "예외를 던진다"는 것을 의미합니다. 예외에 대한 내용은 11장에서 알아볼 것입니다. 따라서 일단은 맛이 간다는 정도로 이해해두고 넘어갑시다).

Q: 이 책 앞 부분에도 for 순환문이 나왔던 것 같은데, 그때 본 건 여기 있는 것하고 전혀 달랐잖아요? 왜 그래요? for 순환문이 두 종류 있는 건가요?

A: 예, 맞습니다. 원래 자바에는 한 종류의 for 순환문만 있었습니다. (자세한 내용은 잠시 후에 알아보죠) 이렇게 생긴 for 순환문이죠.

```
for (int i = 0; i < 10; i++) {
    // 여기 있는 코드를 열 번 반복
}
```

이런 형식의 for 구절로도 어떤 순환문이든 돌릴 수 있습니다. 하지만 자바 5.0(타이거)부터 배열(또는 기타 컬렉션)의 원소들에 대해서 반복작업을 하고 싶을 때 쓸 수 있는 '향상된 for 순환문'이 등장했습니다. 물론 배열의 모든 원소에 대해서 반복작업을 할 때 기존 for 순환문을 써도 되지만 향상된 for 순환문을 쓰면 더 쉽겠죠?

SimpleDotCom과 SimpleDotComTestDrive의 최종 코드

```java
public class SimpleDotComTestDrive {

    public static void main (String[] args) {
        SimpleDotCom dot = new SimpleDotCom();
        int[] locations = {2,3,4};
        dot.setLocationCells(locations);
        String userGuess = "2";
        String result = dot.checkYourself(userGuess);
    }
}
```

```java
public class SimpleDotCom {

    int[] locationCells;
    int numOfHits = 0;

    public void setLocationCells(int[] locs) {
        locationCells = locs;
    }

    public String checkYourself(String stringGuess) {
        int guess = Integer.parseInt(stringGuess);
        String result = "miss";
        for(int i = 0; i < locationCells.length; i++) {
            if (guess == locationCells[i]) {
                result = "hit";
                numOfHits++;
                break;
            }
        } // 순환문 끝

        if (numOfHits ==
            locationCells.length) {
            result = "kill";
        }
        System.out.println(result);
            return result;
    } // 메소드 끝
} // 클래스 끝
```

여기에는 조그만 버그가 숨어있습니다. 컴파일 및 실행이 잘 되긴 하는데 가끔씩...아, 지금 당장은 걱정할 필요가 없을 것 같군요. 하지만 어떤 문제가 있는지 나중에 알 수 있을 것입니다.

> 이 코드를 실행시키면 어떤 결과가 나올까요?
>
> 이 테스트 코드에서는 SimpleDotCom 객체를 만들고 위치를 2, 3, 4로 지정합니다. 그리고 checkYourSelf()에 사용자가 입력한 가상의 값으로 "2"를 전달합니다. 코드가 제대로 작동한다면 다음과 같은 결과가 출력됩니다.

```
java SimpleDotComTestDrive
hit
passed
```

 연필을 깎으며

지금까지 테스트 클래스와 SimpleDotCom 클래스를 만들었습니다. 하지만 아직 실제 게임을 만든 것은 아니지요. 앞 페이지에 있는 코드와 실제 게임의 스펙을 바탕으로 게임 클래스의 준비 코드를 적어보세요. 아래에 몇 줄은 미리 적어놓았습니다. 실제 게임 코드는 다음 페이지에 있으니까 **이 연습문제를 끝내기 전에는 다음 페이지로 넘어가지 마세요.**

아마 12줄에서 18줄 정도의 준비 코드가 필요할 것입니다(미리 적어둔 행 포함. 중괄호만 들어가는 행은 제외).

메소드 public static void main (String[] args)

　　사용자가 추측한 값을 저장할 numOfGuesses라는 int 변수를 **선언합니다.**

　　셀 위치의 시작점으로 쓸 0 이상 4 이하의 난수를 **계산합니다.**

닷컴이 살아있는 동안(**while 문**)

　　명령행을 통해 사용자로부터 위치를 **받습니다.**

SimpleDotComGame에서는 다음과 같은 것을 해야 합니다.

1. SimpleDotCom 객체를 만듭니다.
2. 위치(가상적인 셀 일곱 개중에서 연속된 셀 세 개)를 만듭니다.
3. 사용자에게 위치를 물어봅니다.
4. 사용자가 추측한 위치를 확인합니다.
5. 닷컴이 죽을 때까지 같은 작업을 반복합니다.
6. 몇 번의 추측 끝에 닷컴을 잡았는지 알려줍니다.

게임 실행 결과

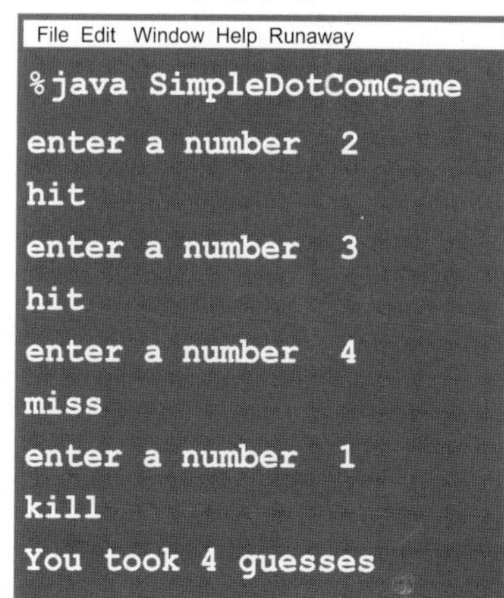

준비 코드　테스트 코드　**실제 코드**

SimpleDotComGame 클래스 준비 코드
main( )에서 할 일

몇 가지는 반드시 필요합니다. 예를 들어, "명령행을 통해 사용자로부터 위치를 받습니다"와 같은 준비 코드는 앞 페이지에 이미 있었죠? 사실 밑바닥부터 완전히 새로 구현하는 것보다는 이렇게 필수적인 요소를 미리 적어두면 편합니다. 다행인 것은 우리가 OO를 사용하고 있다는 것입니다. OO를 사용하면 구체적인 방법에는 신경 쓸 필요없이 다른 클래스 또는 객체에 필요한 것을 요구할 수 있습니다. 준비 코드를 만들 때는 어떻게든 필요한 것을 모두 할 수 있다고 가정하면 됩니다. 그러면 메소드의 논리에만 신경을 쓰면 되겠죠.

메소드 public static void main (String[] args)

　사용자가 추측한 횟수를 저장하기 위한 numOfGuesses라는 int 변수를 **선언합니다.**

　SimpleDotCom 인스턴스를 **만듭니다.**

　셀 위치의 시작점으로 쓸 0 이상 4 이하의 난수를 **계산합니다.**

　방금 구한 난수에 각각 1, 2를 더해서 int 세 개(2, 3, 4 등)가 들어있는 int 배열을 **만듭니다.**

　SimpleDotCom 인스턴스의 setLocationCells() 메소드를 **호출합니다.**

　게임의 상태를 나타내는 isAlive라는 부울 변수를 **선언하고** true로 **설정합니다.**

　닷컴이 살아있는 동안 (while (isAlive == true))

　　명령행을 통해 사용자로부터 위치를 **받습니다.**

　　// 사용자가 추측한 위치 **확인**

　　SimpleDotCom 인스턴스의 checkYourself() 메소드를 **호출합니다.**

　　numOfGuesses 변수를 **증가시킵니다.**

　　// 닷컴이 죽었는지 **확인**

　　만약 결과가 "kill"이면

　　　isAlive를 false로 **설정합니다.**

　　　(순환문이 중단됩니다)

　　　사용자가 추측한 횟수를 **출력합니다.**

　　만약 부분 끝

　while 문 끝

메소드 끝

공부하는 방법에 관한 팁

한쪽 뇌만 한 번에 몰아서 오랫동안 쓰는 것은 별로 좋지 않습니다. 왼쪽 뇌만 30분 동안 계속 쓰는 것은 왼쪽 팔만 30분 동안 운동하는 것과 비슷하다고 보면 됩니다. 정기적으로 양쪽 뇌를 바꿔가면서 써보세요. 한쪽을 열심히 돌리는 동안 반대쪽은 휴식을 취할 수 있습니다. 왼쪽 뇌에서는 순차적으로 단계를 밟아가는 것이라든지 논리적인 문제 해결, 분석 같은 작업을 처리하고 오른쪽 뇌에서는 은유, 창조적인 문제 해결, 패턴 매칭, 시각화 등을 처리합니다.

핵심정리

■ 자바 프로그램을 만들 때는 우선 고수준 설계부터 시작합니다.

■ 새로운 클래스를 만들 때는 일반적으로 다음과 같은 세 가지를 만들어야 합니다.

    준비 코드

    테스트 코드

    실제 (자바) 코드

■ 준비 코드에서는 어떻게 해야 할지 보다는 무엇을 해야 할지를 기술해야 합니다. 구현은 나중에 하면 됩니다.

■ 테스트 코드를 설계할 때는 준비 코드를 활용하면 좋습니다.

■ 메소드를 구현하기 전에 테스트 코드를 만들어야 합니다.

■ 순환문 코드 반복 횟수를 미리 알 수 있는 경우에는 while보다는 for를 쓰는 것이 좋습니다.

■ 변수에 1을 더할 때는 선/후 증가 연산자를 쓰면 됩니다. (x++;)

■ 변수에서 1을 뺄 때는 선/후 감소 연산자를 쓰면 됩니다. (x--;)

■ String을 int로 바꿀 때는 Integer.parseInt( )를 쓰면 됩니다.

■ Integer.parseInt( )는 숫자를 나타내는 String("0", "1", "2" 등)에 대해서만 사용할 수 있습니다.

■ 순환문을 중간에 무조건 (부울 테스트 조건이 아직 참인 경우에도) 빠져나올 때는 break를 사용하면 됩니다.

준비 코드　테스트 코드　실제 코드

게임의 main( ) 메소드

SimpleDotCom 클래스를 만들 때와 마찬가지로 이 main() 메소드를 살펴볼 때도 코드 중 어떤 부분을 고칠 수 있을지 생각해보세요. 따로 지적할 부분은 ① 같은 식으로 번호를 붙여놓았고 그에 대한 설명은 다음 페이지에 수록했습니다. 아, 그리고 "테스트 코드는 왜 안 만들었을까?" 궁금해하는 독자들이 있을지 모르겠는데, 게임 자체에 대해서는 테스트 코드를 만들 필요가 없습니다. 그냥 메소드가 한 개 있을 뿐인데, 테스트 코드에서 무엇을 해야 할까요? 이 클래스에 들어있는 main() 메소드를 호출하는 클래스를 따로 만들어야 할까요? 그럴 필요는 전혀 없겠죠.

```java
public static void main(String[] args) {

    int numOfGuesses = 0;

    GameHelper helper = new GameHelper();


    SimpleDotCom theDotCom = new SimpleDotCom();
    int randomNum = (int) (Math.random() * 5);


    int[] locations = {randomNum, randomNum+1, randomNum+2};

    theDotCom.setLocationCells(locations);

    boolean isAlive = true;


    while(isAlive == true) {

        String guess = helper.getUserInput("enter a number");

        String result = theDotCom.checkYourself(guess);

        numOfGuesses++;

        if (result.equals("kill")) {

            isAlive = false;

            System.out.println(numOfGuesses + " guesses");

        } // if문 끝

    } // while문 끝

} // main문 끝
```

사용자가 추측한 횟수를 저장하기 위한 numOfGuesses라는 int 변수를 선언하고 0으로 **설정합니다.**

SimpleDotCom 객체를 **만듭니다.**

0 이상 4 이하의 난수를 **계산합니다.**

셀 세 개의 위치가 들어있는 int 배열을 **만듭니다.**

닷컴 객체의 setLocationCells 메소드를 호출합니다.

isAlive라는 부울 변수를 **선언합니다.**

닷컴이 살아있는 동안

사용자로부터 위치를 **받습니다.**

// 위치 확인

닷컴 객체의 checkYourself()를 **호출합니다.**

numOfGuesses를 **증가시킵니다.**

만약 결과가 "kill"이면

isAlive를 false로 **설정합니다.**

사용자가 추측한 횟수를 **출력합니다.**

준비 코드　테스트 코드　실제 코드

random( )과 getUserInput( )

앞 페이지에서 두 가지 더 설명할 부분이 있습니다. 여기서는 일단 내용 전개에 필요한 정도만 간단하게 알아보겠습니다. 자세한 내용은 이 장 끝에 있는 GameHelper 클래스에서 알아보겠습니다.

① 난수를 만듭니다.

이런 것을 '캐스트'라고 합니다. 그 바로 뒤에 있는 것은 캐스트하고자하는 유형(괄호 안에 들어있는 유형)으로 바로 바꿔줍니다. Math.random은 double을 리턴하므로 int로 만들려면 캐스트해야합니다(0 이상 4 이하의 정수로 만들어야하니까요). 이 경우에는 캐스트 과정에서 double의 소수점 이하 부분이 없어집니다.

Math.random 메소드에서는 0 이상 1 미만의 숫자를 리턴합니다. 따라서 이렇게 하면 (캐스트 연산자를 썼을 때) 0 이상 4 이하의 정수가 리턴되겠죠?(0에서 4.999..사이의 double 값을 int로 캐스트하면 0, 1, 2, 3, 또는 4가 리턴됩니다)

```java
int randomNum = (int) (Math.random() * 5)
```

우리가 받은 난수를 저장하기 위한 int 변수를 선언합니다.

자바에 내장된 클래스

Math 클래스에 들어있는 메소드

② GameHelper 클래스를 써서 사용자가 입력한 것을 받아옵니다.

게임용 보조 클래스의 객체입니다. (앞서 선언했습니다) 이 객체는 GameHelper 클래스에 속하는데, 잠시 후에 알아보겠습니다.

이 메소드에서는 String 인자를 받는데, 프롬프트를 띄울 때 그 문자열을 사용합니다. 즉 명령행에 이 문자열을 출력한 다음 사용자가 내용을 입력할때까지 기다립니다.

```java
String guess = helper.getUserInput("enter a number");
```

사용자로부터 입력 받은 String ("3", "5"등)을 저장하기 위한 String 변수를 선언합니다.

GameHelper 클래스에 들어있는 메소드입니다. 사용자에게 명령행을 통해 뭔가를 입력하게한 다음 사용자가 엔터 키를 누르면 그 값을 읽어옵니다. 그리고 그 결과를 String 유형으로 리턴합니다.

마지막 클래스: GameHelper

닷컴 클래스를 만들었습니다.

게임 클래스도 만들었습니다.

이제 보조 클래스(helper class)만 만들면 됩니다: 이 클래스에는 getUserInput() 메소드가 들어있습니다. 사용자가 명령행으로 입력한 내용을 받아오는 코드는 여기에서 설명하기에 조금 복잡합니다. 자세한 내용은 나중에 알아보겠습니다(14장쯤에 나와있습니다).

그냥 아래에 있는 코드를 그대로 복사해서* 컴파일한 다음 Game Helper라는 클래스를 만드세요. 모든 클래스(SimpleDotCom, SimpleDotComGame, GameHelper)를 같은 디렉토리에 집어넣고 그 디렉토리로 이동하세요.

책에 　인스턴트 코드　 로고가 나와있으면 그냥 있는 그대로 입력하세요. 그 코드의 작동 원리는 나중에 배우면 됩니다.

인스턴트 코드

```java
import java.io.*;
public class GameHelper {
   public String getUserInput(String prompt) {
      String inputLine = null;
      System.out.print(prompt + " ");
      try {
        BufferedReader is = new BufferedReader(
        new InputStreamReader(System.in));
        inputLine = is.readLine();
        if (inputLine.length() == 0 )  return null;
      } catch (IOException e) {
        System.out.println("IOException: "+ e);
      }
      return inputLine;
   }
}
```

*다들 타이핑하는 걸 좋아하시죠? 그래도 혹시 바쁜 독자들을 위해서 인스턴트 코드는 hedfirstjava.com에 올려놨으니까 내려받아서 컴파일해도 됩니다.

해봅시다.

프로그램을 실행한 다음 1, 2, 3, 4, 5, 6을 입력
하면 다음과 같이 나옵니다. 잘 되는 것 같죠?

게임 실행 결과
(다른 결과가 나올 수도 있습니다)

```
File Edit Window Help Smile
%java SimpleDotComGame
enter a number  1
miss
enter a number  2
miss
enter a number  3
miss
enter a number  4
hit
enter a number  5
hit
enter a number  6
kill
You took 6 guesses
```

이게 뭐지? 버그가 있나?
헉!
1, 1, 1을 입력하면 다음과 같은 결과가 나옵니다.

또 다른 실행 결과

```
File Edit Window Help Faint
%java SimpleDotComGame
enter a number  1
hit
enter a number  1
hit
enter a number  1
kill
You took 3 guesses
```

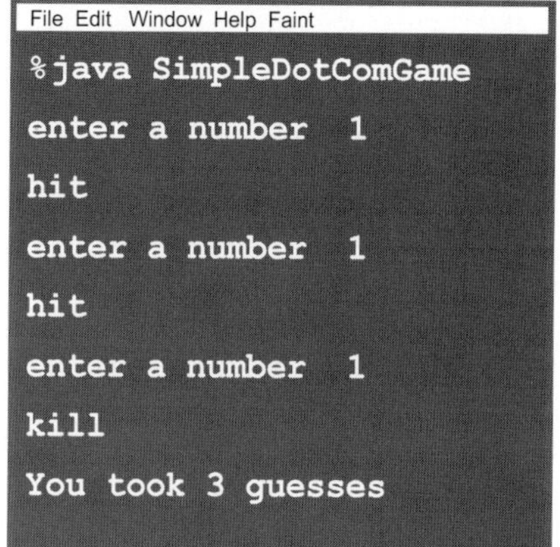

클리프 행어!

버그를 **찾을** 수 있을까요?

버그를 **고칠** 수 있을까요?

다음 장까지 꼼꼼하게 읽어보세요. 이 질문에 대한 답 외에도 꽤 많
은 내용이 나와있습니다.

하지만 그 전에 어떤 문제가 있는지, 그 문제를 어떻게 고칠 수 있을
지 생각해봅시다.

이 부분은 레퍼런스 책처럼
만들어 봤습니다.

일단 이 장에서 만들 코드는 모두 살펴보았습니다(하지만 다음 장에서 더 보강된 버전의 게임을 완성하겠습니다). 하지만 앞서 원활한 진행을 위해 몇 가지 배경 지식에 대한 설명을 잠시 뒤로 미뤄놨습니다. 이제 아까 미뤄뒀던 내용을 제대로 알아볼까요? 우선 for 순환문에 대해 자세히 알아봅시다. 아마 C++에 익숙한 프로그래머라면 몇 페이지는 그냥 대충 넘겨보고 지나가도 될 겁니다.

---

for 순환문

```
for(int i = 0; i < 100; i++){ }
```


이 코드의 의미: "100번 반복"

컴파일러에서 처리하는 절차:

* i라는 변수를 만들고 0으로 설정한다.

* i가 100 이상이 될 때까지 반복한다.

* 매번 반복이 끝나면 i에 1을 추가한다.

첫 번째 부분: 초기화

순환문 본체에서 사용할 변수를 선언하고 초기화하는 부분입니다. 보통 이런 변수는 카운터로 쓰입니다. 여기서 변수 두 개 이상을 초기화할 수도 있지만, 그 방법은 나중에 알아보겠습니다.

두 번째 부분: 부울 테스트

조건 테스트가 들어가는 자리입니다. 그 안에는 반드시 부울값(true 또는 false)이 나오는 코드가 들어가야 합니다. x >= 4와 같은 테스트가 들어가도 되고 부울값을 리턴하는 메소드가 들어갈 수도 있습니다.

세 번째 부분: 반복 표현식

이 부분에는 순환문을 한 번 반복할 때마다 실행할 내용을 집어넣습니다. 이 표현식은 매번 반복이 끝날 때마다 한 번씩 실행됩니다.

100번 반복하세요:

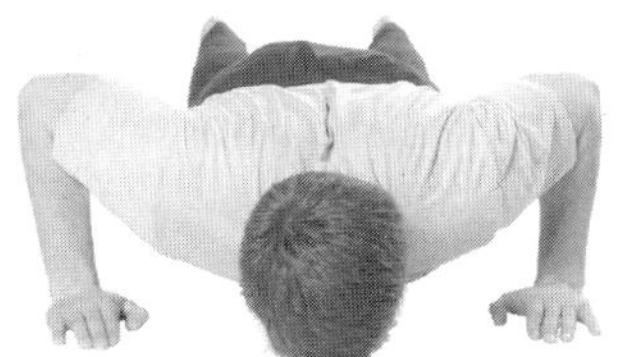

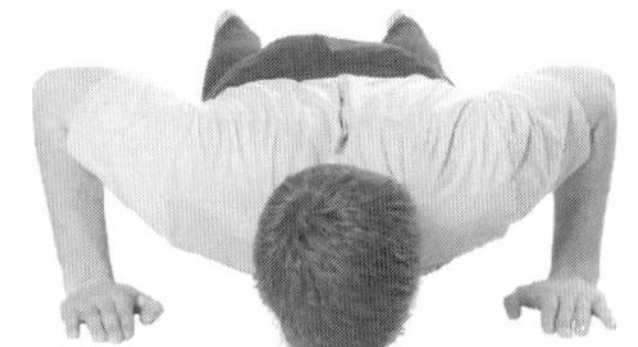

순환문을 둘러봅시다.

```java
for (int i = 0; i < 8; i++) {
    System.out.println(i);
}
System.out.println("done");
```

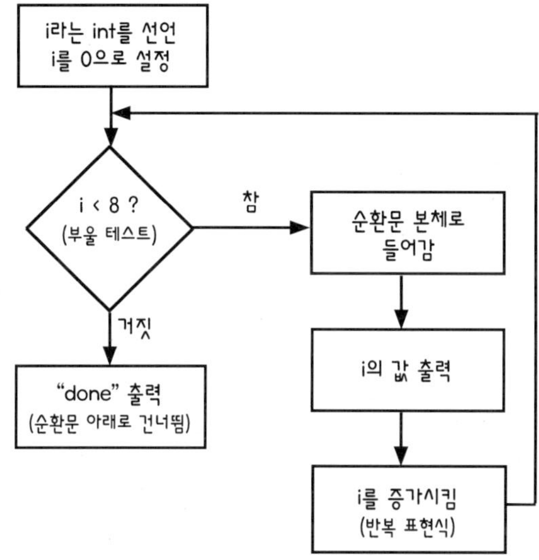

출력결과:

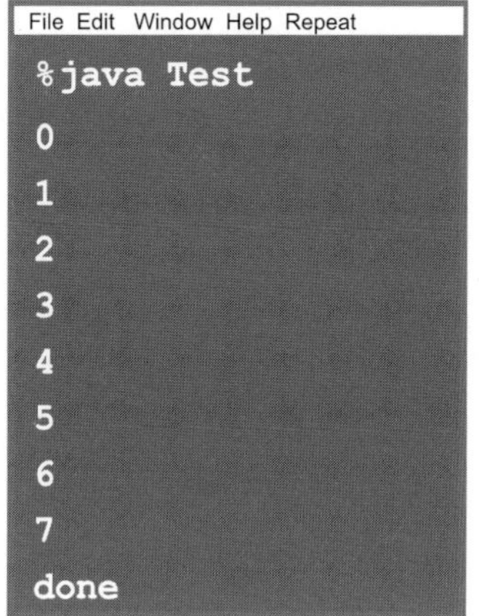

for와 while의 차이점

while 순환문에는 부울 테스트만 있습니다. 초기화 및 반복 표현식이 내장되어있지 않지요. while 순환문은 반복 횟수를 알 수 없을 때 어떤 조건이 만족되는 동안 계속 반복하는 경우에 유용합니다. 하지만 반복 횟수를 알고 있다면(배열의 길이가 7이라는 것을 알고 있다거나 하는 경우) for 순환문이 더 깔끔합니다. 위에 있는 순환문을 while을 쓰는 유형으로 고치면 다음과 같습니다.

```java
int i = 0;
while (i < 8) {
    System.out.println(i);
    i++;
}
System.out.println("done");
```

카운터 변수를 선언하고 초기화해야 합니다.

카운터의 값을 증가시켜야합니다.

++   --

선/후, 증가/감소 연산자

이 연산자는 변수에 1을 더하거나 변수에서 1을 빼는 것을 줄여 쓴 것입니다.

```java
x++;
```

위 코드는 아래의 선언문과 똑같습니다.

```java
x = x + 1;
```

이 경우에는 이 두 선언문의 의미가 똑같습니다.

"x의 현재 값에 1을 더한다", "x를 1 증가시킨다"

그리고 다음 코드를 봅시다.

```java
x -- ;
```

위 코드는 아래 선언문과 똑같습니다.

```java
x = x - 1;
```

물론, 이게 전부는 아닙니다. 연산자의 위치(변수 앞 또는 뒤)가 결과에 영향을 미칠 수도 있기 때문이죠. 연산자를 변수 앞에 놓으면(++x와 같이 선(pre) 연산자를 쓰면) "우선 x를 1 증가시키고 그 다음에 x의 새로운 값을 사용하라"는 것을 의미합니다. 하지만 ++x가 그냥 선언문 하나로 쓰일 때는 별로 달라지는 것이 없고 더 큰 선언문의 일부로 들어가는 경우에만 결과가 달라집니다.

```java
int x = 0;    int z = ++x;
```

이렇게 하면 x는 1이 되고 z도 1이 됩니다.

하지만 ++를 x 뒤에 놓으면(후(post) 증가 연산자를 쓰면) 결과가 달라집니다.

```java
int x = 0;    int z = x++;
```

이렇게 하면 x는 1이지만 z는 0이 됩니다. 일단 x의 값이 z에 대입된 다음에 x의 값이 증가되기 때문이지요.

향상된 for 순환문

자바 5.0(타이거)부터 자바에 "향상된 for 순환문(enhanced for loop)"이라는 새로운 유형의 for 순환문이 추가되었습니다. 이 새로운 for를 쓰면 배열 및 기타 컬렉션(다른 컬렉션에 대해서는 다음 장에서 배우겠습니다.)에 들어있는 모든 원소들에 대한 반복작업을 매우 쉽게 처리할 수 있습니다. 그 외에는 딱히 새로운 것은 없습니다. 컬렉션에 들어있는 모든 원소에 대해 더 쉽게 반복작업을 할 수 있어졌을 뿐이죠. 하지만 원래 for 순환문을 그런 용도로 사용하는 경우가 가장 흔했기 때문에, 충분히 새로운 for 순환문을 추가할 만한 가치는 있다고 할 수 있죠. 향상된 for 순환문에 대해서는 다음 장에서 배열 외의 다른 컬렉션에 대해 알아볼 때도 다시 한번 짚고 넘어갈 것입니다.

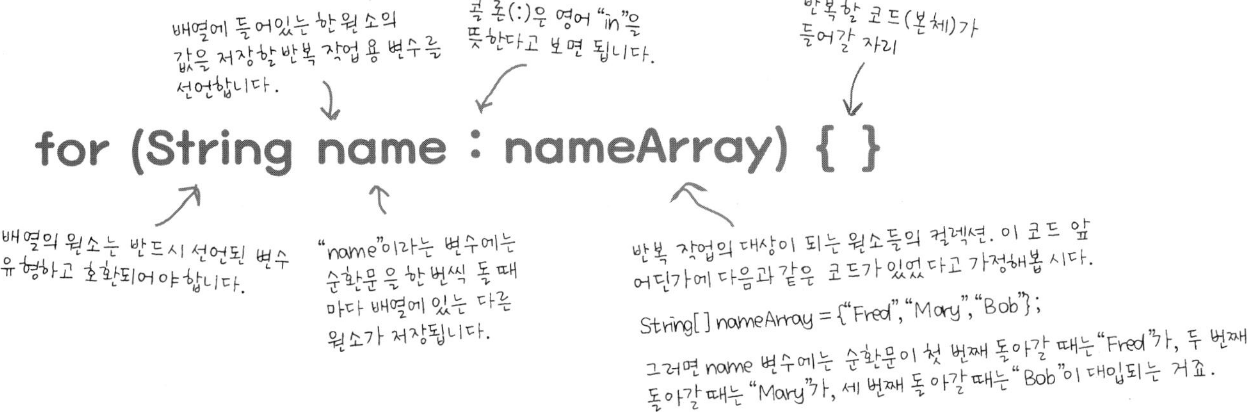

위 코드 해석 방법: "nameArray에 들어있는 각 원소에 대해서, 원소를 'name' 변수에 저장한 다음 순환문 본체를 실행시킨다."

컴파일러에서 작업을 처리하는 과정:

* name이라는 String 변수를 만들고 그 값을 null로 설정한다.

* nameArray의 첫 번째 값을 name에 대입한다.

* 순환문 본체(중괄호 사이에 들어있는 코드 블록)를 실행한다.

* nameArray의 다음 값을 name에 대입한다.

* 배열에 원소가 남아있는 동안 이 작업을 계속 반복한다.

프로그래밍 언어에 따라 이런 방식의 for 순환문을 "foreach"나 "for in" 순환문이라고 부르기도 합니다. "컬렉션에 들어있는(in) 각각의(each) 무언가에 대해서(for)..."라는 뜻으로 생각할 수 있기 때문이죠.

첫 번째 부분: 반복 작업용 변수 선언

이 부분에서는 순환문 본체 안에서 사용할 변수를 선언하고 초기화합니다. 순환문을 돌 때마다 이 변수에는 컬렉션에 들어있는 서로 다른 원소가 들어가게 됩니다. 이 변수의 유형은 배열에 들어있는 원소와 호환되어야만 합니다. 예를 들어 String[] 배열에 대해서 향상된 for문을 돌릴 때 반복 작업용 변수를 int로 선언하는 건 안 됩니다.

두 번째 부분: 실제 컬렉션

두 번째 부분에는 배열 또는 기타 컬렉션에 대한 레퍼런스가 있어야 합니다. '기타 컬렉션'에 대해서는 다음 장에서 알아보기로 할 테니까 걱정하지 마세요.

String을 int로 변환하는 방법

```
int guess = Integer.parseInt(stringGuess);
```

게임에서 프롬프트를 띄우면 사용자가 추측한 값을 명령행을 통해 입력합니다. 그리고 게임에서는 그 String을 checkYourself( ) 메소드로 전달하죠.

하지만 셀 위치는 단순하게 배열에 들어있는 int일 뿐입니다. 따라서 문자열과 그 정수를 그냥 비교할 수는 없죠.

예를 들어, **다음과 같은 식으로 할 수는 없습니다.**

String num = "2";

int x = 2;

if (x == num) // 이러면 안 됩니다.

이런 코드를 컴파일하려고 하면 컴파일러에서 다음과 같은 내용을 출력합니다.

```
operator == cannot be applied to
          int,java.lang.String
       if (x == num) { }
                ^
```

따라서 이런 문제가 생기지 않게 하려면 "2"라는 String을 2라는 int로 만들어야 합니다. 자바 클래스 라이브러리에는 Integer라는 클래스(정수 원시 유형이 아닌 정수 클래스)가 있는데, 이 클래스에는 숫자를 나타내는 String을 받아서 그 문자열을 진짜 숫자로 변환해주는 기능이 있습니다.

3장에서 다양한 원시 유형의 크기에 대해 알아봤는데, 그 때 큰 것을 바로 작은 것에 집어넣을 수 없다는 것을 배웠죠?

```
long y = 42;
int x = y;  // 컴파일이 되지 않습니다.
```

long은 int보다 크기 때문에 컴파일러에서는 그 long 변수가 어디에 있는지를 제대로 알 수가 없습니다. 다른 long이랑 놀러 갔을 수도 있고 정말 int에는 들어갈 수 없을 만큼 아주 큰 값이 들어있을 수도 있죠. 컴파일러에서 더 큰 원시 변수의 값을 작은 원시 변수에 구겨 넣으려면 캐스트(cast) 연산자를 사용하면 됩니다. 보통 다음과 같은 식으로 쓰지요.

```
long y = 42;       // 지금까지는 괜찮습니다.
int x = (int) y; // x = 42가 됩니다. 좋죠?
```

캐스트 연산자를 집어넣으면 컴파일러에서 y의 값을 가져와서 int 크기에 맞게 잘라낸 다음 남은 것을 x에 집어넣습니다. y의 값이 x의 최대값보다 크다면 이상한(하지만 계산할 수는 있는)*숫자가 남게 되겠지요.

```
long y = 40002;
// 40002는 short의 16비트 한계를 넘어서지요.
short x = (short) y;     // x는 -25534입니다.
```

어쨌든 중요한 것은 컴파일러에서 long을 short에 집어넣을 수 있게 해 준다는 것입니다. 이번에는 부동소수점 수가 있는데 그 중에서 정수 부분만을 구하는 경우를 생각해봅시다.

```
float f = 3.14f;
int x = (int) f; // x는 3이 됩니다.
```

그리고 부울(boolean)을 다른 유형으로, 또는 다른 유형을 부울로 캐스트할 수는 없습니다. 절대 안 되니까 아예 꿈도 꾸지 마세요.

*그 값을 구하려면 부호 비트나 이진수, '2의 보수 표현법'과 같은 복잡한 개념을 알아야 합니다. '부록 B'의 맨 앞 부분을 참조하세요.

JVM이 되어봅시다.

```java
class Output {

  public static void main(String [] args) {
    Output o = new Output();
    o.go();
  }

  void go() {
    int y = 7;
    for(int x = 1; x < 8; x++) {
      y++;
      if (x > 4) {
        System.out.print(++y + " ");
      }
      if (y > 14) {
        System.out.println(" x = " + x);
        break;
      }
    }
  }
}
```

```
File Edit Window Help OM

% java Output
12 14
```

-또는-

```
File Edit Window Help Incense

% java Output
12 14 x = 6
```

-또는-

```
File Edit Window Help Believe

% java Output
13 15 x = 6
```

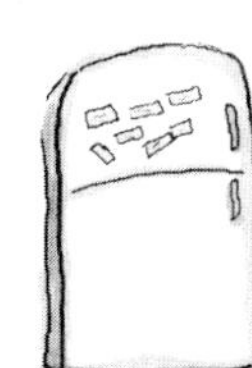

코드 자석

냉장고 위에 자바 프로그램 코드가 아무렇게나 널려 있습니다. 코드 쪼가리를
재배치해서 아래에 있는 것과 같은 결과를 출력하는 자바 프로그램을 만들어보
세요. 아. 그런데 중괄호 몇 개는 바닥에 떨어져버렸군요. 찾기 힘드니까 필요하
면 마음대로 추가해보세요.

```
x++;
```

```
if (x == 1) {
```

```
System.out.println(x + " " + y);
```

```
class MultiFor {
```

```
for(int  y = 4; y > 2; y--) {
```

```
for(int x = 0; x < 4; x++) {
```

```
public static void main(String [] args) {
```

```
File Edit Window Help Raid
% java MultiFor
0 4
0 3
1 4
1 3
3 4
3 3
```

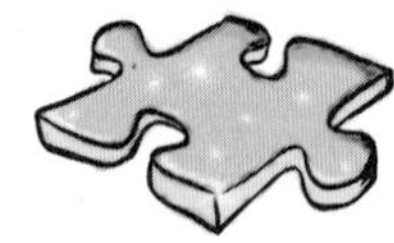

자바 낱말풀이

십자 낱말풀이 퍼즐을 사용하면 자바를 배우는 데 어떤 도움이 될까요? 여기에 있는 단어는 모두 자바와 관련된 단어입니다. 그리고 아래에 있는 힌트에는 은유적인 것, 말장난 등도 있습니다. 이렇게 이것저것 꼬아서 생각해보면 자바 지식을 머릿속에 더 잘 집어넣을 수 있습니다.

가로

1. 만드는 것을 폼나게 표현하는 컴퓨터 용어
4. 여러 부분으로 구성된 순환문
6. 일단 테스트합니다.
7. 32비트
10. 메소드의 응답
11. 준비 코드는 이것으로 표현하죠?
13. 바꿔줍니다.
15. 가장 큰 규모의 툴킷
17. 배열의 기본 단위
18. 인스턴스 또는 지역
20. 자동 툴킷
22. 원시 유형 같지만...
25. 캐스트 할 수 없는 것
26. Math에 들어있는 메소드
28. 변환하는 메소드
29. 중간에 그만두는 것

세로

2. 증가 유형
3. 클래스에서 어떤 작업을 처리하는 곳
5. 선 증가 ○○○
6. for의 반복 ○○○
7. 첫번째 값을 정합니다.
8. while 또는 for
9. 인스턴스 변수 갱신
12. 점점 줄입니다.
14. 사이클
16. 수다스러운 패키지
19. 메소드에서 뭔가를 전달하는 것
21. ~인 것 같은
23. 나중에 더함

24. 파이(π)가 들어있는 곳
26. 컴파일하고 나서 ○○합니다.
27. ++를 쓰면 ○이 더해집니다.

역자 힌트: 다음과 용어를 영어로 써야 합니다.

구현(implement), 전(pre), 후(post), 익스트림(extreme), 표현식(expression), 유사코드(pseudocode), 순환문(loop), 설정(set), 연산자(operator), 리턴(return), 초기화(initialize), 메소드(method), 변수(variable), 캐스트(cast), 반복(iteration), 원소(element), 감소(decrement), 실행(run), 가상(virtual), 일(one), 부울(boolean), 인자(argument, 줄여서 arg)

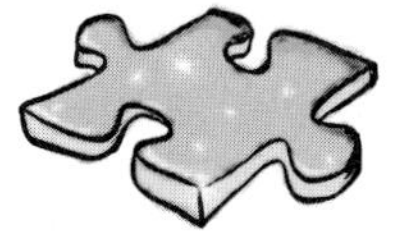

다음은 간단한 자바 프로그램입니다. 그런데 두 블록이 빠져있습니다. 저 밑에 있는
후보 코드와 그에 맞는 출력 결과를 연결해보세요. 출력 결과 가운데 쓰이지 않는 것
도 있고 그 중 일부는 여러 번 쓰일 수도 있습니다. 후보 코드 블록과 그 블록을 사용
했을 때의 출력 결과를 연결하는 선을 그어보세요.

```java
class MixFor5 {
  public static void main(String [] args) {
    int x = 0;
    int y = 30;
    for (int outer = 0; outer < 3; outer++) {
      for(int inner = 4; inner > 1; inner--) {



        y = y - 2;
        if (x == 6) {
          break;
        }
        x = x + 3;
      }
      y = y - 2;
    }
    System.out.println(x + " " + y);
  }
}
```


후보 코드:

```
x = x + 3;
```

```
x = x + 6;
```

```
x = x + 2;
```

```
x++;
```

```
x--;
```

```
x = x + 0;
```

출력 결과:

```
45 6
```

```
36 6
```

```
54 6
```

```
60 10
```

```
18 6
```

```
6 14
```

```
12 14
```

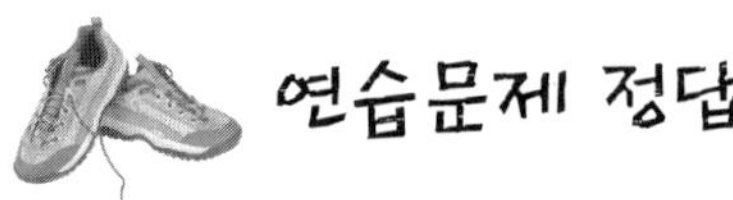 연습문제 정답

JVM이 되어봅시다.

```java
class Output {
  public static void main(String [] args) {
    Output o = new Output();
    o.go();
  }
  void go() {
    int y = 7;
    for(int x = 1; x < 8; x++) {
      if (x > 4) {
        System.out.print(++y + "");
      }
      if (y > 14) {
        System.out.println(" x = " + x);
        break;
      }
    }
  }
}
```



```
File Edit Window Help MotorcycleMaintenance

% java Output
13 15 x = 6
```

코드 자석:

```java
class MultiFor {
  public static void main(String [] args) {

    for(int x = 0; x < 4; x++) {

      for(int y = 4; y > 2; y--) {
        System.out.println(x + " " + y);
      }

      if (x == 1) {
        x++;
      }
    }
  }
}
```



```
File Edit Window Help Monopole

% java MultiFor
0 4
0 3
1 4
1 3
3 4
3 3
```

퍼즐 정답

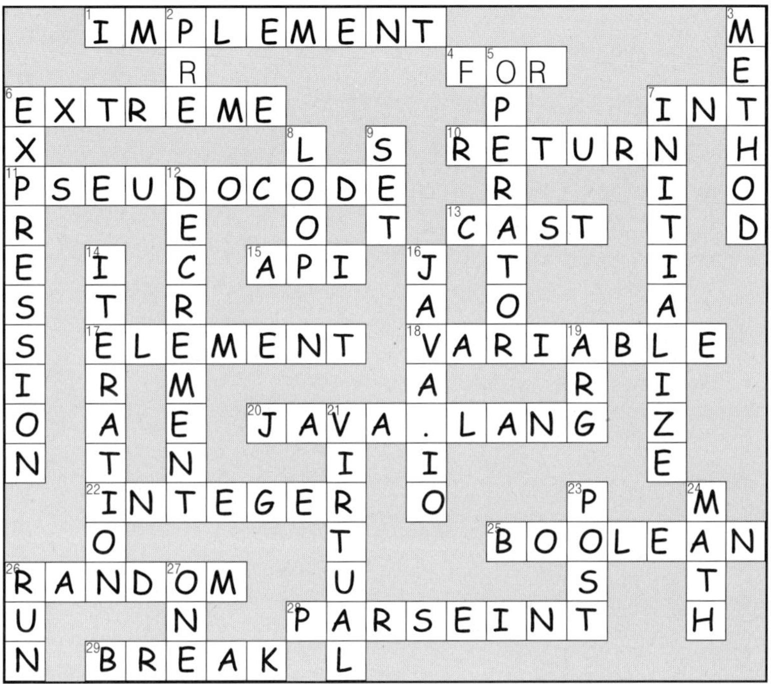

후보 코드:

```
x = x + 3;
x = x + 6;
x = x + 2;
x++;
x--;
x = x + 0;
```

출력 결과:

```
45 6
36 6
54 6
60 10
18 6
6 14
12 14
```

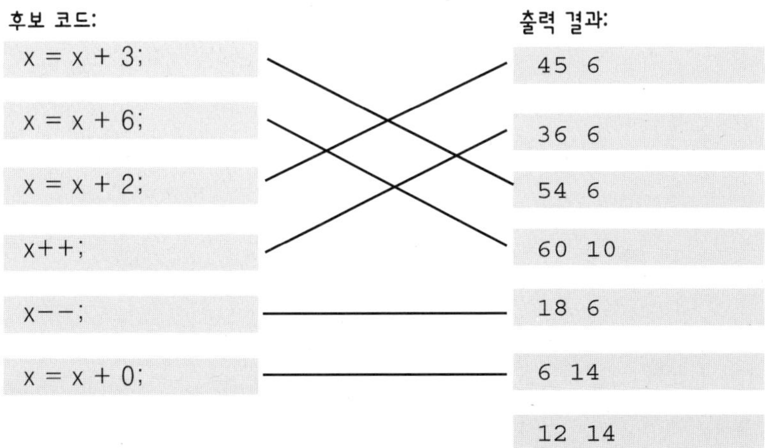

자바 라이브러리

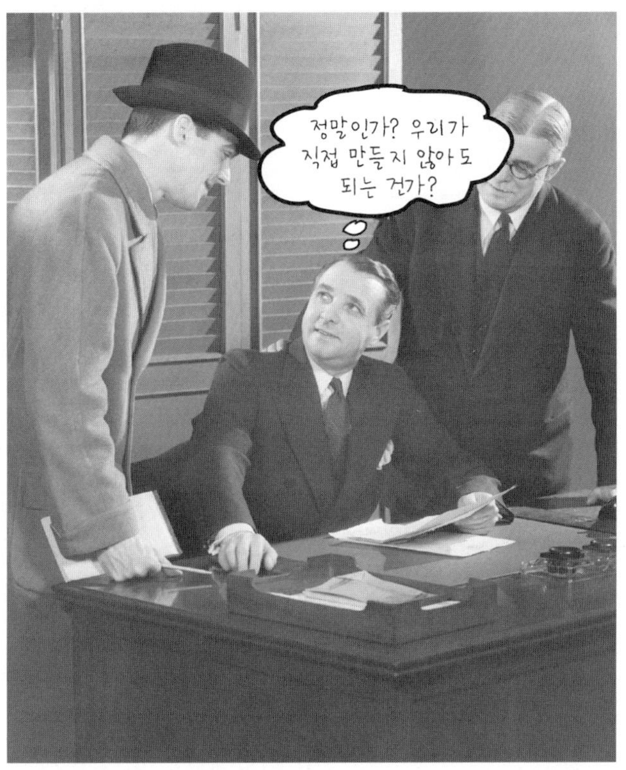

자바에는 클래스 수백 개가 내장되어있습니다. 따라서 **자바 API**라고 부르는 자바 라이브러리에서 필요한 것을 찾는 방법만 안다면 굳이 모든 것을 새로 만들지 않아도 됩니다. 그런 것말고도 해야 할 일은 많으니까요. 코드를 만들 때는 자신의 애플리케이션에서 사용할 부분만 새로 만들면 됩니다. 프로그래머 중에도 오후 다섯 시면 바로 퇴근하는 사람. 10시 이전에는 출근하지 않는 사람들이 있습니다. 그렇게 하고 싶다면 **자바 API를 잘 쓰면 됩니다.** 그리고 앞으로 8페이지 정도를 읽고 나면 여러분도 그렇게 될 수 있습니다. 핵심 자바 라이브러리(Core Java Library)는 클래스를 잔뜩 쌓아놓은 것과 비슷합니다. 미리 만들어진 코드를 적절하게 조립해서 필요한 프로그램을 만들면 됩니다. 이 책에 나와있는 인스턴트 코드 역시 여러분이 직접 만들지 않아도 된다는 점은 비슷하지만 여전히 타이핑은 해야 합니다. 하지만 자바 API에는 굳이 타이핑하지 않아도 되는 코드가 엄청나게 많이 들어있습니다. 그냥 사용 방법을 배워서 적절히 활용하기만 하면 됩니다.

앞 장에서 버그를 남겨둔 채로
그냥 넘어왔습니다.

정상적인 실행 결과

프로그램을 실행한 다음 1, 2, 3, 4, 5, 6을 차례로 입력하면 다음과 같이 됩니다. 별 문제가 없어 보이죠?

게임 실행 결과
(결과가 조금 다를 수도 있습니다)

```
File Edit Window Help Smile
%java SimpleDotComGame
enter a number  1
miss
enter a number  2
miss
enter a number  3
miss
enter a number  4
hit
enter a number  5
hit
enter a number  6
kill
You took 6 guesses
```

버그가 나는 경우

2, 2, 2를 입력하면 다음과 같이 나옵니다.

또 다른 게임 실행 결과

```
File Edit Window Help Faint
%java SimpleDotComGame
enter a number  2
hit
enter a number  2
hit
enter a number  2
kill
You took 3 guesses
```

이 버전에서는 일단 어떤 숫자를 한 번 맞추고 나서 그 숫자를 두 번 더 입력하기만 하면 닷컴을 죽일 수 있습니다.

왜 이럴까요?

```java
public String checkYourself(String stringGuess) {

    int guess = Integer.parseInt(stringGuess);

    String result = "miss";

    for(int i = 0; i < locationCells.length; i++) {

        if (guess == locationCells[i]) {

            result = "hit";

            numOfHits++;

            break;

        } // if문 끝

    } // for문 끝

    if (numOfHits == locationCells.length) {

        result = "kill";

    } // if문 끝

    System.out.println(result);

    return result;

} // 메소드 끝
```

여기서 문제가 생깁니다.
사용자가 추측한 위치가 셀
위치와 맞기만 하면 그 위치를
한 번 맞춘 뒤에도 그 위치에
만 들어오면 무조건 맞춘
것으로 간주했습니다.

사용자가 위치를 맞췄을 때
그 셀을 이미 맞췄는지 확인할
수 있는 방법이 필요합니다.
전에 이미 맞춘 적이 있다면
맞춘 것으로 간주하면
안 되니까요

String을 int로 변환합니다.

리턴할 결과를 저장할 변수를 만듭니다. 기본값은 "miss"로 집어넣습니다. (즉, 못 맞추는 것을 기본으로 가정합니다)

배열에 들어있는 각 원소(객체의 각 위치 셀)에 대해 반복합니다.

사용자가 추측한 값을 배열에 들어있는 원소(셀)와 비교합니다.

맞았군요!

순환문을 빠져나옵니다. 다른 셀은 확인하지 않아도 됩니다.

순환문 밖으로 나왔습니다. 하지만 그 객체가 죽었는지 (세 번 맞았는지) 확인해보고, 그 경우에는 result라는 String을 "kill"로 바꿉니다.

사용자에게 결과를 보여줍니다("hit"나 "kill"로 바뀌지 않았다면 "miss"가 출력되겠죠?).

이 메소드를 호출한 메소드로 결과를 리턴합니다.

어떻게 고쳐야 할까요?

셀을 이미 맞췄는지 확인할 수 있는 방법이 필요합니다. 이제 몇 가지 옵션을 살펴봐야 하는데,
그 전에 지금까지 파악한 내용을 간단하게 정리해봅시다.

이 프로그램에는 셀 일곱 개가 들어있는 가상의 행이 있고, DotCom 객체는 연속적인 셀
세 개를 차지합니다. 밑에 있는 가상의 행에서는 DotCom이 4, 5, 6번 셀에 들어있는 것으로
가정했습니다.

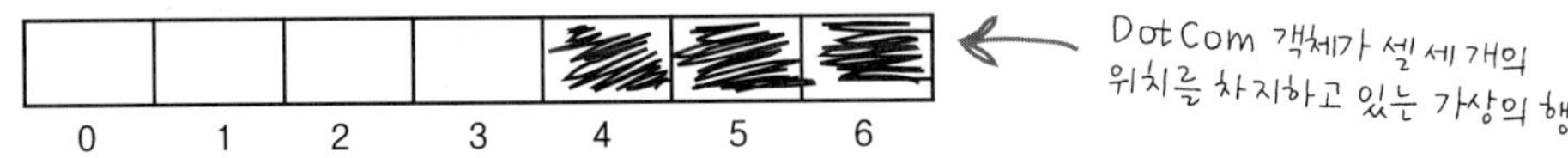

DotCom에는 그 객체의 셀 위치를 저장하기 위한 인스턴스 변수(int 배열)가 들어있습니다.

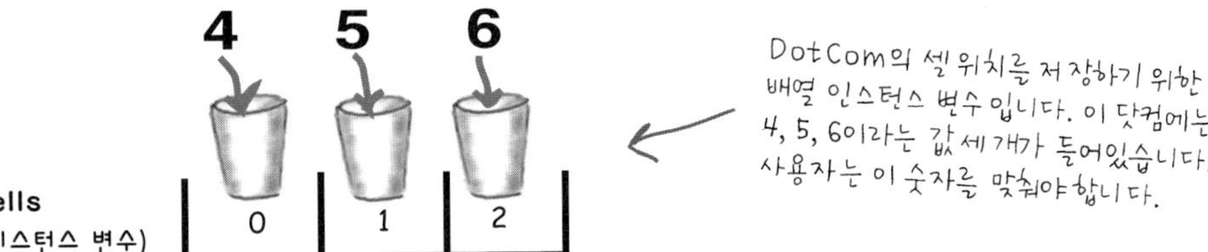

loactionCells
(DotCom의 인스턴스 변수)

---

① **첫번째 옵션**

배열을 하나 더 만들고 사용자가 위치를 맞출 때마다 그 맞춘 위치를 두 번째 배열에 집어넣습니다.
사용자가 위치를 맞출 때마다 그 배열을 확인하여 그 셀을 이미 맞췄는지 확인합니다.

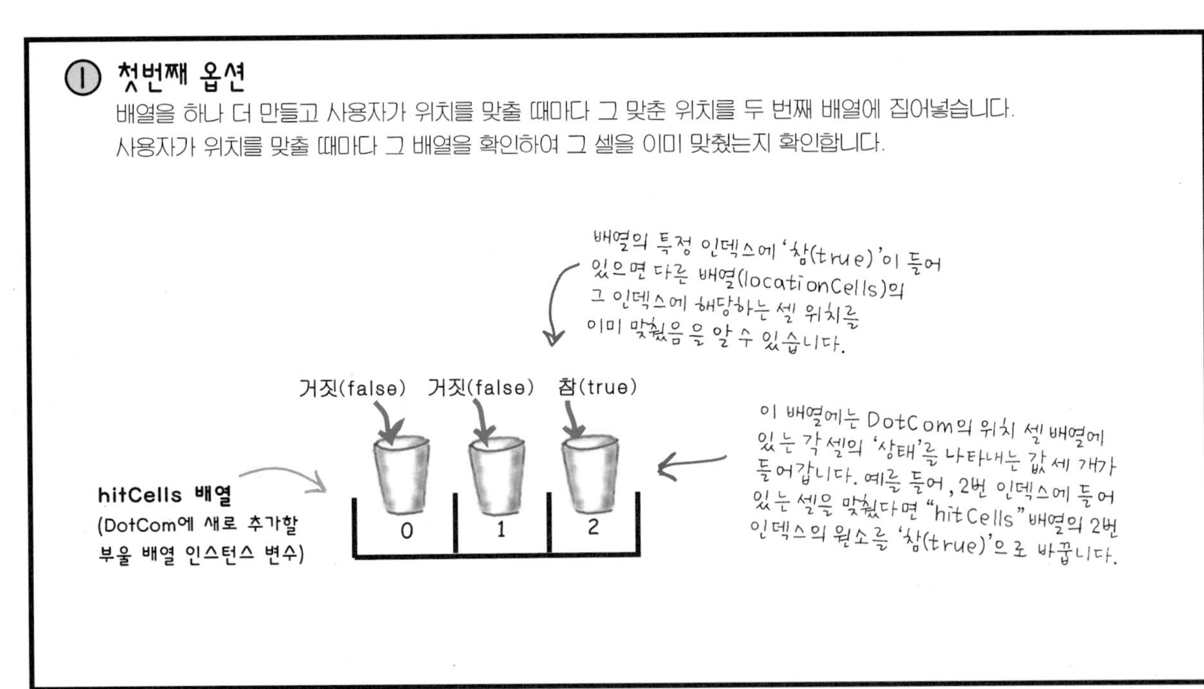

첫번째 옵션은 너무 지저분합니다.

첫번째 옵션에서 설명한 방법을 쓰려면 의외로 작업이 복잡해집니다. 사용자가 맞출 때마다
두 번째 배열('hitCells' 배열)의 상태를 바꿔야 합니다. 그리고 그 전에 'hitCells'
배열을 확인하여 이미 맞춘 적이 있는지 확인해야만 합니다. 이런 방법을 쓰면 안 되는
것은 아니지만 뭔가 더 나은 방법이 있지 않을까요?

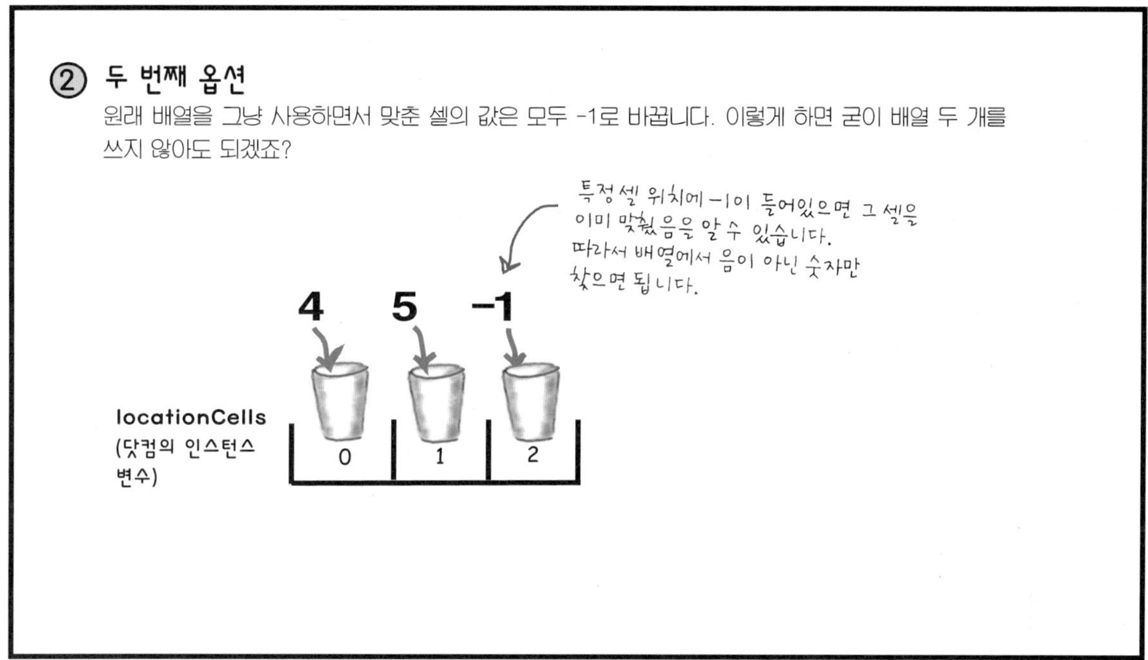

두 번째 옵션은 조금 낫긴 한데 여전히 지저분합니다.

두 번째 옵션은 첫번째 옵션에 비하면 낫지만 그리 효율적이지 않습니다. 사용자가
한 개 이상을 맞춘 후에도 배열의 모든 칸(인덱스 위치)을 돌아야 하기 때문이죠.
더 나은 방법을 찾아봅시다.

③ **세 번째 옵션**

맞출 때마다 각 셀 위치를 삭제하고 배열을 더 작게 고칩니다. 하지만 배열의 크기를 바꿀 수가 없기 때문에 새로운 배열을 만들고, 이전 배열에 남아있는 셀을 복사하고 새로 만든 작은 배열로 옮깁니다.

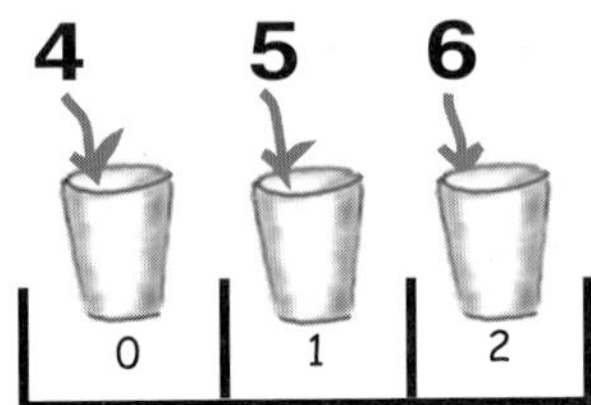

locationCells 배열
아직 아무 셀도 맞추지 않은 상태

처음에는 배열의 크기가 3이므로 사용자가 추측한 것과 셀 값(4, 5, 6)이 매치되는지 찾아볼 때 셀(배열에 들어있는 위치) 세 개 모두에 대해 순환문을 돌려야 합니다.

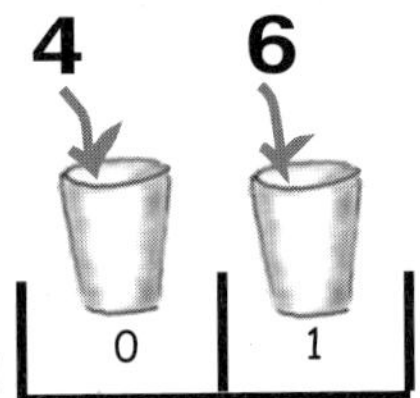

locationCells 배열
배열의 1번 인덱스에 들어 있던 '5'를 맞춘 후의 상태

'5'번 셀을 맞췄을 때 나머지 셀 위치만 집어넣을 작은 배열을 새로 만들고 그 배열에 원래의 locationCells 레퍼런스를 대입합니다.

배열의 크기가 줄어들 수 있다면(즉, 작은 배열을 새로 만들고 남아있는 값을 새 배열로 복사하고 레퍼런스에 다시 대입하는 작업을 하지 않아도 된다면) 세 번째 옵션이 아주 좋겠죠.

기존의 checkYourself() 메소드 준비코드:

int 배열에 있는 각 셀에 대해 다음 작업을 **반복합니다.**

　　// 사용자가 추측한 위치를 닷컴이 들어있는 셀과 비교하는 부분

　　만약 사용자가 추측한 것이 맞으면

　　　　맞춘 개수를 **증가시킵니다.**

　　　　// 마지막 위치 셀인지 확인합니다.

　　　　만약 맞춘 횟수가 3이면 "kill"을 **리턴합니다.**

　　　　그렇지 않으면 "hit"를 **리턴합니다.**

　　　　만약 부분 끝

　　그렇지 않으면 틀린 것이므로 "miss"를 **리턴합니다.**

　　만약 부분 끝

반복 부분 끝

이렇게 고칠 수 있다면 정말 좋을 것입니다.

남아있는 각 위치 셀에 대해 다음 작업을 **반복합니다.**

　　// 사용자가 추측한 위치를 닷컴이 들어있는 셀과 비교하는 부분

　　만약 사용자가 추측한 것이 맞으면

　　　　그 셀을 배열에서 **제거합니다.**

　　　　// 마지막 위치 셀인지 확인합니다.

　　　　만약 배열이 비어있으면 "kill"을 **리턴합니다.**

　　　　그렇지 않으면 "hit"를 **리턴합니다.**

　　　　만약 부분 끝

　　그렇지 않으면 틀린 것이므로 "miss"를 **리턴합니다.**

　　만약 부분 끝

반복 부분 끝

뭔가를 없애면 자동으로 줄어드는 배열이 있으면 얼마나 좋을까? 그리고 굳이 순환문을 돌리면서 각 원소를 확인하지 않아도 찾고 싶은 것이 들어있는지 물어볼 때, 알아서 찾아준다면 얼마나 좋을까? 정확한 위치를 몰라도 그 안에 있는 것을 마음대로 꺼낼 수 있다면? 정말 좋을텐데... 꿈 속에서나 있을 법한 일이겠지?

모두들 잠에서 깨어나 라이브러리를 써봅시다.

우리에게 정말로 필요한 것이 있습니다.

배열은 아닙니다. ArrayList라는 것이죠.

그리고 그 클래스는 핵심 자바 라이브러리(API)에 들어있습니다.

자바 스탠다드 에디션(소형 기기에서 사용하기 위한 마이크로 에디션을 설치하지 않았다면 아마 이 에디션이 설치되어있을 것입니다)에는 미리 만들어진 클래스 수 백 개가 들어있습니다. '인스턴트 코드'와 똑같지만 이렇게 내장된 클래스는 모두 미리 컴파일이 된 상태로 제공됩니다.

즉, 굳이 타이핑을 하지 않아도 되지요.

그냥 쓰기만 하면 됩니다.

자바 라이브러리에 들어있는 수 많은 클래스 가운데 한 클래스입니다.

자신이 직접 만든 것과 마찬가지로 사용할 수 있습니다.

(참고: add(Object elem) 메소드는 사실 방금 보여준 것에 비하면 약간 이상해 보입니다. 진짜 메소드는 나중에 알아보도록 하고, 일단 지금은 우리가 추가하고자하는 객체를 인자로 받아들이는 메소드라고 생각하고 넘어가도 록 합시다.)

ArrayList

add(Object elem)
객체 매개변수(elem)를 목록에 추가합니다.

remove(int index)
index 매개변수로 지정한 위치에 있는 객체를 제거합니다.

remove(Object elem)
주어진 객체가 ArrayList에 있으면 그 객체를 제거합니다.

contains(Object elem)
객체 매개변수 elem에 매치되는 것이 있으면 '참'을 리턴합니다.

isEmpty( )
목록에 아무 원소도 없으면 '참'을 리턴합니다.

indexOf(Object elem)
객체 매개변수(elem)의 인덱스 또는 -1을 리턴합니다.

size( )
현재 목록에 들어있는 원소의 개수를 리턴합니다.

get(int index)
주어진 index 매개변수 위치에 있는 객체를 리턴합니다.

ArrayList에 있는 메소드 중 몇 개만 나열해 봤습니다.

ArrayList로 할 수 있는 것

새로 등장한 〈Egg〉 구문은 너무 어렵게 생각하지 마세요.
그냥 Egg 객체들로 이루어진 목록이라는 것을 나타내는
부분이라고 생각하면 됩니다.

① **새로 만듭니다.**

```
ArrayList<Egg> myList = new ArrayList<Egg>();
```

새로운 ArrayList 객체가 힙에
만들어집니다. 아직은 비어있기
때문에 조그맣죠.

② **뭔가를 집어넣습니다.**

```
Egg s = new Egg();


myList.add(s);
```

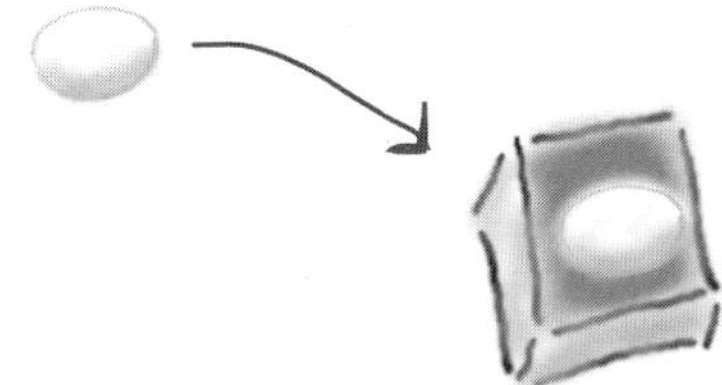

이제 그 ArrayList 객체는 Egg
객체를 담기 위한 '상자'가 됩니다.

③ **다른 것을 또 집어넣습니다.**

```
Egg b = new Egg();


myList.add(b);
```

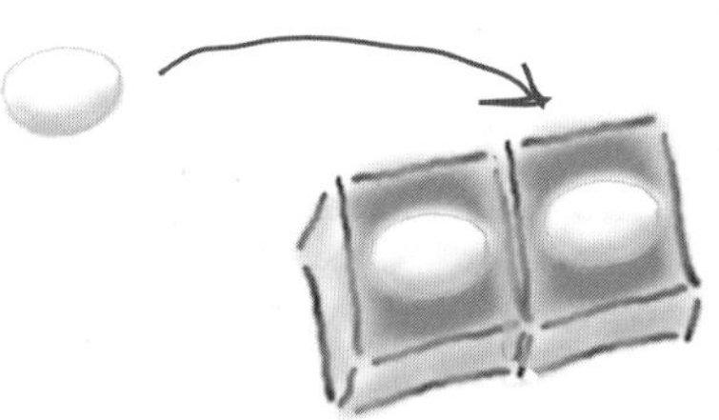

두 번째 Egg 객체를 담기 위해
ArrayList 객체가 더 커집니다.

④ **몇 개가 들어가 있는지 알아냅니다.**

```
int theSize = myList.size();
```

ArrayList에는 객체가 두 개 들어있기 때문에 size()
메소드에서는 2를 리턴합니다.

⑤ **어떤 것이 안에 들어있는지 찾아냅니다.**

```
boolean isIn = myList.contains(s);
```

ArrayList에 's'로 표현되는 Egg 객체가 들어있기
때문에 contains()에서 참(true)을 리턴합니다.

⑥ **어떤 것의 위치(즉 인덱스)를 찾아냅니다.**

```
int idx = myList.indexOf(b);
```

ArrayList의 첫 번째 인덱스는 0이고 'b'로 참조할 수
있는 객체는 목록에 두 번째로 추가되었기 때문에
indexOf()에서 1을 리턴합니다.

⑦ **비어있는지 확인합니다.**

```
boolean empty = myList.isEmpty();
```

비어있지 않으니까 isEmpty()에서 false를 리턴합니다.

⑧ **목록에 들어있는 것을 제거합니다.**

```
myList.remove(s);
```

어, 작아졌네요?

왼쪽에 있는 ArrayList 코드를 보고 오른쪽에 있는 빈 칸에 일반 배열로, 같은 작업을 처리하기 위해 필요한 코드를 적어보세요. 지금 바로 정답을 모두 맞추기가 힘들 수도 있습니다. 그냥 지금 알고 있는 것을 바탕으로 최선을 다해 보세요.

ArrayList	일반 배열
`ArrayList<String> myList = new ArrayList<String>();`	`String [] myList = new String[2];`
`String a = new String("whoohoo");`	`String a = new String("whoohoo");`
`myList.add(a);`	
`String b = new String("Frog");`	`String b = new String("Frog");`
`myList.add(b);`	
`int theSize = myList.size();`	
`Object o = myList.get(1);`	
`myList.remove(1);`	
`boolean isIn = myList.contains(b);`	

바보 같은 질문은 없습니다

Q: ArrayList는 참 좋네요. 그런데 그런 게 있다는 것을 어떻게 알아내죠?

A: 그 질문을 조금 바꿔보면 "API에 어떤 것이 있는지 어떻게 알아낼 수 있을까요?"라고 고칠 수 있을 텐데, 자바 프로그래머로 성공하는 데 있어서 가장 중요한 점이라고 할 수 있습니다. 바로 이 능력이 소프트웨어를 제대로 만들면서도 게으름의 미덕을 최대한 발휘하는 데 가장 핵심적이라는 것은 말할 필요도 없겠죠? 골치 아프고 복잡한 부분은 남들이 해놓은 것을 그대로 쓰고 재미있는 부분만 직접 만들어서 쓰면 정말 많은 시간을 절약할 수 있습니다.

갑자기 얘기가 다른 데로 샜는데, 위의 질문에 간단하게 답하자면 시간을 조금 투자해서 API에 어떤 것이 들어있는지 대강 파악을 해야 한다고 말할 수 있습니다. 좀더 자세한 대답은 이 장 맨 뒤에서 API에 들어있는 것을 파악하는 방법을 설명하는 부분에 나와있습니다.

Q: 상당히 중요한 문제군요. 그런데 자바 라이브러리에 ArrayList가 기본적으로 내장되어있다는 것을 아는 것도 중요하지만 더 중요한 것은 우리가 필요로 하는 것이 바로 Array List라는 것을 아는 것이 아닐까요? 그렇다면 API를 이용하여 어떤 것을 어떻게 할지를 알아내려면 어떻게 해야 할까요?

A: 드디어 핵심적인 질문을 했군요. 이 책을 끝낼 때쯤이면 언어에 대한 내용은 꽤 잘 알 수 있을 것입니다. 자바를 공부하는 데 있어서 그 후에는 어떤 문제를 어떻게 해결할지를 알아내는 것, 그리고 최소한의 코드만을 써서 원하는 것을 만들어내는 방법을 익혀야 합니다. 몇 페이지만 꾹 참고 읽어보면 이 장 마지막 부분에서 이와 관련된 내용을 알아볼 수 있을 것입니다.

이 주의 인터뷰:
ArrayList가 배열에 대해 이야기합니다.

헤드퍼스트: 그러면 ArrayList는 배열과 비슷한 거죠?

ArrayList: 뭐 배열 입장에서는 그렇게 생각하고 싶어할지도 모르겠습니다. 하지만 저는 객체거든요.

헤드퍼스트: 제가 잘못 알고 있는 것이 아니라면 배열도 객체 아닌가요? 배열도 다른 모든 객체와 마찬가지로 힙 안에 들어가잖아요.

ArrayList: 물론, 배열도 힙에 들어가죠. 하지만 배열은 여전히 ArrayList가 되고 싶어할 뿐입니다. 객체에는 상태와 행동이 있다는 것 아시죠? 그 점은 모두 잘 알고 있을 것입니다. 하지만 배열에 대해 메소드를 호출해본 적이 있으신가요?

헤드퍼스트: 듣고 보니 정말 배열에 대해 메소드를 호출해본 적은 없네요. 그런데 배열에 대해 어떤 메소드를 호출하죠? 배열에 들어있는 것에 대해 메소드를 호출하기만 할 뿐 배열 자체의 메소드를 호출할 일은 없었거든요. 그리고 배열에 어떤 것을 집어넣거나 배열에서 어떤 것을 꺼낼 때도 그냥 배열 문법을 사용하면 되잖아요.

ArrayList: 그래요? 정말 배열에서 뭔가를 꺼내서 제거해본 적이 있단 말입니까?(자바 어디서 배웠나요? 어디 이상한 데서 배웠나요?)

헤드퍼스트: 당연히 배열에서 뭔가를 꺼내죠. Dog d = dogArray[1]이라고 하면 배열의 1번 인덱스에 있는 Dog 객체를 꺼낼 수 있잖아요.

ArrayList: 그러면 이해하기 쉽게 천천히 말할께요. 그렇게 배열에서 뭔가를 꺼내더라도 Dog 객체가 배열에서 제거되는 것은 아닙니다. 단지 그 Dog 객체에 대한 레퍼런스를 복사해서 다른 Dog 변수에 대입했을 뿐이죠.

헤드퍼스트: 아, 그런 거였군요. 무슨 뜻인지 알겠어요. 그 원소가 없어진 것은 아니니까요. 하지만 그 레퍼런스를 널(null)로 설정할 수는 있는 거잖아요. 그렇죠?

ArrayList: 하지만 저는 1등급 객체기 때문에 메소드도 있고 Dog의 레퍼런스를 그냥 널로 설정하는 것뿐 아니라 그 레퍼런스를 진짜로 제거할 수도 있습니다. 그리고 동적으로 크기를 바꿀 수도 있습니다. 배열로 그런 일을 하려면 정말 힘들겠죠?

헤드퍼스트: 조금 힘든 질문이긴 한데 들리는 소문에 의하면 ArrayList가 기능이 좀더 많고 효율은 조금 떨어지는 배열이라고 하던데요? 그러니까 크기를 조절한다거나 하는 메소드를 추가해놓은 배열에 대한 래퍼일 뿐이라고 하던데... 그리고 원시 유형은 저장할 수 없다던데, 그건 정말 치명적인 결점이잖아요.

ArrayList: 그런 잘못된 소문을 아직도 믿고 계시다니... 어이가 없군요. 저는 절대 비효율적인 배열에 불과한 놈이 아니예요. 배열이 눈꼽만큼, 정말 무지무지하게 조금 빠른 경우가 극히 드물긴 하지만 있다는 건 인정할 수 있겠어요. 하지만 그런 미미한 속도 개선을 위해 이 강력한 파워를 포기해야 할까요? 유연성은 또 어떻고요? 그리고 원시 유형도 래퍼(wrapper) 클래스(10장에 자세하게 나와 있습니다)로 감싸고 나면 ArrayList에 집어넣을 수 있어요. 자바 5.0부터는 래퍼로 감싸거나 래퍼에서 원시값을 꺼내는 작업이 전부 자동으로 처리되니 전혀 불편하지 않죠. 탁 까놓고 얘기해서 원시 유형은 ArrayList보다는 배열에 집어넣고 쓰는 게 빠르긴 하죠. 래퍼로 싸고 래퍼에서 꺼내는 작업을 하지 않아도 되니까요. 근데 요즘 원시값은 별로 쓰지도 않잖아요.

헉. 시간이 벌써 이렇게 됐군요. 필라테스 하러 가야 할 시간인데. 다음에 언제 다시 한번 인터뷰 합시다. 안녕히 계세요.

ArrayList와 일반 배열의 차이점

ArrayList	일반 배열
`ArrayList<String> myList = new ArrayList<String>();`	`String [] myList = new String[2];`
`String a = new String("whoohoo");`	`String a = new String("whoohoo");`
`myList.add(a);`	`myList[0] = a;`
`String b = new String("Frog");`	`String b = new String("Frog");`
`myList.add(b);`	`myList[1] = b;`
`int theSize = myList.size();`	`int theSize = myList.length;`
`Object o = myList.get(1);`	`String o = myList[1];`
`myList.remove(1);`	`myList[1] = null;`

`boolean isIn = myList.contains(b);`	`boolean isIn = false;`
	
	`for (String item : myList) {`
	
	`    if (b.equals(item)) {`
	
	`        isIn = true;`
	
	`        break;`
	
	`    }`
	
	`}`

여기서부터 많이 달라집니다.

ArrayList의 메소드 사용 방법을 잘 보세요. 단순히 ArrayList 유형의 객체를 다루는 것이므로 일반 객체에서 점 연산자를 써서 메소드를 호출하는 것과 똑같이 하면 됩니다.

배열을 쓸 때는 배열에서만 쓰일 뿐 다른 데서는 쓰이지 않는 특별한 배열 문법(myList[0] = foo 등)을 사용해야 합니다. 배열이 객체긴 하지만 특별한 세상에 살고 있기 때문에 배열에 대해 메소드를 호출할 수는 없습니다. length라는 (단 하나뿐인) 인스턴스 변수가 있긴 하지만요.

① **기존의 일반 배열은 만들어질 때부터 유형과 크기가 정해집니다.**

하지만 ArrayList에서는 ArrayList 유형의 객체만 만들면 됩니다. 언제나 말이죠. 객체를 추가하거나 제거하면 저절로 커지고 작아지고 하기 때문에 크기를 따로 지정할 필요가 없습니다.

```
new String[2]
```

크기를 지정해야함

```
new ArrayList<String>()
```

크기 지정하지 않아도 됨 (원하면 지정 할 수도 있음)

② **객체를 일반 배열에 집어넣을 때는 위치를 지정해야 합니다(즉 0이상, 배열의 길이에서 1을 뺀 숫자 이하의 인덱스를 지정해야 합니다).**

```
myList[1] = b;
```

인덱스를 지정해야합니다.

인덱스가 배열의 경계를 넘어가면 (배열을 선언할 때 크기를 2로 지정했는데 인덱스로 3을 지정해서 뭔가를 대입하려고 하는 등의 작업을 하면) 실행 중에 큰 문제가 생길 수 있습니다.

ArrayList를 쓸 때는 add(정수, 객체) 메소드를 써서 인덱스를 지정할 수도 있고, 아니면 그냥 add(객체)라고만 하면 자동으로 새로 추가된 객체가 들어갈 자리가 만들어집니다.

```
myList.add(b);
```

인덱스를 안 써도 됩니다.

③ **배열을 쓸 때는 자바의 다른 부분에서는 쓰이지 않는 배열 전용 문법을 써야 합니다.**

하지만 ArrayList는 일반 자바 객체기 때문에 특별한 전용 문법을 쓸 필요가 없습니다.

```
myList[1]
```

배열 전용 대괄호([])는 배열에서만 쓰이는 특별한 기호입니다.

④ **자바 5.0에서는 배열이 매개변수화되어 있습니다.**

방금 말씀드렸듯이 ArrayList를 쓸 때는 배열과 달리 전용 기호를 사용하지 않습니다. 하지만 자바 5.0 타이거에서는 매개변수화된 유형(parametrized type)이라는 특별한 기능이 추가되었습니다.

```
ArrayList<String>
```

<String>에서 <>안에 들어있는 String은 "유형 매개변수(type parameter)"입니다. ArrayList<String>은 String으로 구성된 ArrayList를, ArrayList<Dog>는 Dog로 구성된 ArrayList를 뜻하죠.

자바 5.0이 나오기 전에는 ArrayList에 들어갈 것의 유형을 선언할 수가 없었기 때문에 컴파일러 입장에서는 모든 ArrayList가 그냥 객체들이 들어있는 컬렉션일 뿐이었습니다. 하지만 이제는 <유형> 구문을 사용함으로써 그 안에 들어갈 수 있는 유형을 미리 알고 있고, 그에 따라 들어갈 수 있는 객체의 종류에 제한을 가할 수 있는 ArrayList를 선언하고 생성할 수 있습니다. ArrayList에서의 매개변수화된 유형에 대한 자세한 내용은 컬렉션에 대해 다루는 장에서 살펴보기로 하고, 일단은 ArrayList를 사용할 때 등장하는 <>에 대해서 부담 갖지 말고 넘어갑시다. 그냥 컴파일러한테 그 ArrayList에는 어떤 유형의 객체들이 들어갈 수 있는지 알려주기 위한 용도로 쓰인다는 정도만 기억해둬도 충분할 겁니다.

DotCom 코드를 고쳐봅시다.

원래 버그가 있는 버전은 다음과 같았습니다:

```java
public class DotCom {

    int[] locationCells;
    int numOfHits = 0;

    public void setLocationCells(int[] locs) {
        locationCells = locs;
    }

    public String checkYourself(String stringGuess) {
        int guess = Integer.parseInt(stringGuess);
        String result = "miss";

        for (int cell : locationCells) {
            if (guess == cell) {

                result = "hit";
                numOfHits++;

                break;
            }
        } // 순환문 끝

        if (numOfHits == locationCells.length) {
            result = "kill";
        }
        System.out.println(result);
        return result;
    } // 메소드 끝
} // 클래스 끝
```

잠시 후에 나올 수정된 버전하고 구분하기 위해서 이름을 (SimpleDotCom에서 DotCom으로) 바꿨습니다. 하지만 코드 자체는 5장에 나왔던 것과 똑같습니다.

바로 여기에서 문제가 생겼습니다. 전에 맞췄는지 여부와는 상관 없이 무조건 맞기만 하면 numOfHits 값을 증가시키기 때문이죠.

새로 바꾼 DotCom 클래스

ArrayList
채용!

```java
import java.util.ArrayList;

public class DotCom {

    private ArrayList<String> locationCells;
    // private int numOfHits;
    // (없어도 됩니다)

    public void setLocationCells(ArrayList<String> loc) {
        locationCells = loc;
    }


    public String checkYourself(String userInput) {

        String result = "miss";

        int index = locationCells.indexOf(userInput);

        if (index >= 0) {

            locationCells.remove(index);


            if (locationCells.isEmpty()) {
                result = "kill";
            } else {
                result = "hit";
            } // if문 끝

        } // 바깥쪽 if문 끝

        return result;
    } // 메소드 끝
} // 클래스 끝
```

이 부분은 일단 넘어가고 이 장 끝 부분에서 살펴보겠습니다.

배열 대신 string이 들어가는 ArrayList를 사용합니다.

새로 바뀐 인자명입니다.

사용자가 추측한 위치가 ArrayList에 들어있는지 확인합니다. 들어있으면 인덱스 번호가, 그렇지 않으면 -1이 리턴됩니다.

인덱스가 0 이상이면 사용자가 추측한 위치가 목록에 들어있는 것이므로 제거합니다.

목록이 비어있다면 그 닷컴이 죽었다는 것을 알 수 있습니다.

이제 진짜 '닷컴 가라앉히기' 게임을 만들어봅시다.

지금까지는 간단한 버전만 다뤘는데, 이제 진짜 버전을 만들어봅시다. 아까와 달리 한 줄이 아닌 제대로 된 그리드를 사용하고 닷컴도 세 개를 만들겠습니다.

목표: 컴퓨터가 가지고 있는 모든 닷컴 사이트명을 가능한 적은 횟수만에 모두 맞춰서 가라앉혀야 합니다. 닷컴을 모두 잡고 나면 성적에 따라 등급이 출력됩니다.

설정: 게임 프로그램이 시작되면 컴퓨터에서는 닷컴 세 개를 가상의 7×7 그리드 위에 배치합니다. 그 작업이 끝나면 사용자가 추측한 위치를 입력할 수 있도록 프롬프트를 출력합니다.

게임 방법: 아직은 GUI를 만드는 방법을 배우지 않았기 때문에 명령행에서 실행시키는 버전으로 만들겠습니다. 컴퓨터에서는 여러분에게 위치를 찍어보라는 프롬프트를 띄웁니다. 여러분은 "A3", "C5" 같은 식으로 명령행에 위치를 입력하면 됩니다. 그러면 컴퓨터에서는 명령행을 통해 그 결과를 알려줍니다. 맞으면 "hit", 틀리면 "miss", 어떤 닷컴 사이트를 모두 적중시켰을 때는 "You sunk Pets.com(사이트 이름은 바뀔 수 있습니다)" 같은 메시지를 출력합니다. 닷컴 세 개를 모두 잡으면 등급이 출력됩니다.

7×7 그리드에 닷컴 사이트명 세 개가 들어가는 닷컴 가라앉히기 게임을 만들 것입니다. 각 닷컴은 셀 세 개를 차지합니다.

게임 진행 화면

```
File  Edit  Window  Help  Sell
%java DotComBust
Enter a guess   A3
miss
Enter a guess   B2
miss
Enter a guess   C4
miss
Enter a guess   D2
hit
Enter a guess   D3
hit
Enter a guess   D4
Ouch! You sunk Pets.com    : (
kill
Enter a guess   B4
miss
Enter a guess   G3
hit
Enter a guess   G4
hit
Enter a guess   G5
Ouch! You sunk Askme.com   : (
```

7X7 그리드

무엇을 바꿔야 할까요?

닷컴 클래스(이번에는 SimpleDotCom이 아닌 DotCom이라는 이름을 사용합니다), 게임 클래스(DotComBust), 그리고 게임 보조 클래스(일단은 신경 쓰지 않아도 됩니다), 이렇게 클래스 세 개를 바꿔야 합니다.

Ⓐ DotCom 클래스(닷컴 클래스)

⊙ **name 변수를 추가합니다.**

여기에는 그 닷컴의 이름("Pets.com", "Go2.com" 등)이 저장되고, 닷컴이 죽으면 그 이름이 출력됩니다(앞 페이지의 게임 진행 화면 참조).

Ⓑ DotComBust 클래스(게임 클래스)

⊙ **DotCom 객체 하나가 아니라 세 개를 만듭니다.**

각 DotCom 객체의 세터 메소드를 호출하여 그 name 인스턴스 변수에 이름을 대입합니다.

⊙ **닷컴 세 개를 모두 한 행이 아닌 그리드 전체에 배치합니다.**

닷컴을 무작위로 배치하는 방법이 전보다 훨씬 복잡해 졌습니다. 내용 전개상 수학적으로 복잡한 과정을 설명하기는 부적절하므로 닷컴의 위치를 정하기 위한 알고리즘은 GameHelper 클래스(인스턴트 코드)에 집어넣었습니다.

⊙ **세 DotCom 객체에 대해 사용자가 추측한 위치를 확인합니다.**

⊙ **모든 닷컴이 가라앉을 때까지 게임을 계속 진행합니다.**

(즉, 사용자가 추측한 위치를 받아서 남아있는 닷컴의 위치와 비교해봅니다)

⊙ **main 메소드에서 빠져나옵니다.** main 메소드는 편의상 최대한 간단하게 만들었습니다. 하지만 실제 게임에서는 그렇지 않겠죠.

클래스 세 개:

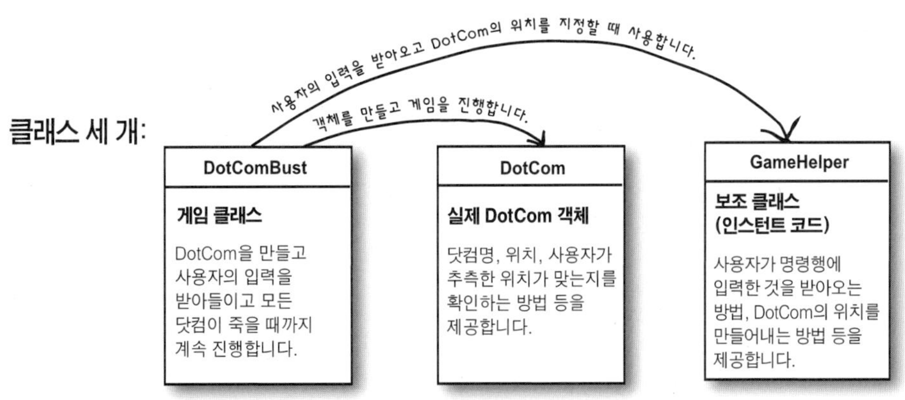

객체 다섯 개:

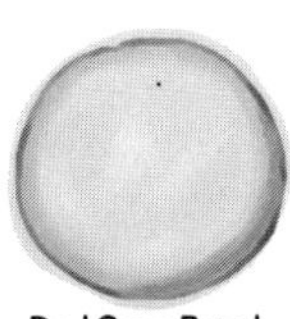
DotComBust

DotCom

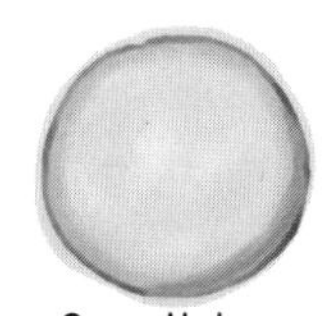
GameHelper

그리고 ArrayList도 네 개가 필요합니다. 하나는 DotComBust용으로, 나머지 세 개는 각 DotCom 객체용으로 쓰입니다.

DotComBust 게임에서는
누가 무엇을 (그리고 언제) 할까요?

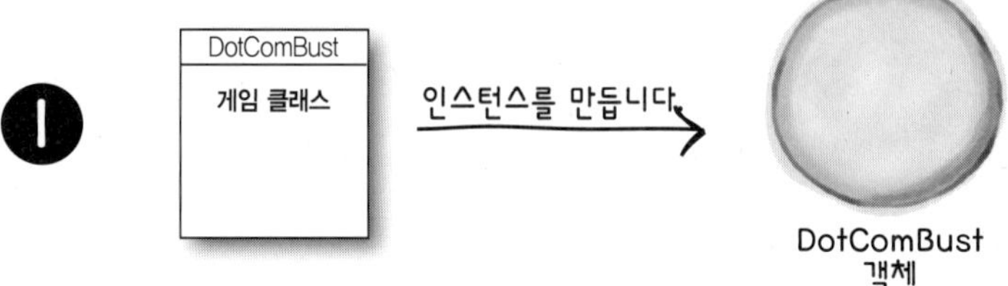

DotComBust 클래스의 main( ) 메소드에서 게임의 모든 것을 책임지는 DotComBust 객체의 인스턴스를 만듭니다.

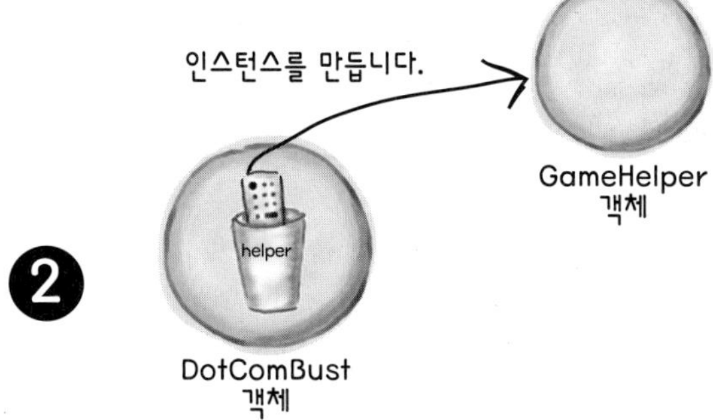

DotComBust(게임) 객체에서, 게임에 필요한 작업을 처리하는 데 도움을 주는 GameHelper의 인스턴스를 만듭니다.

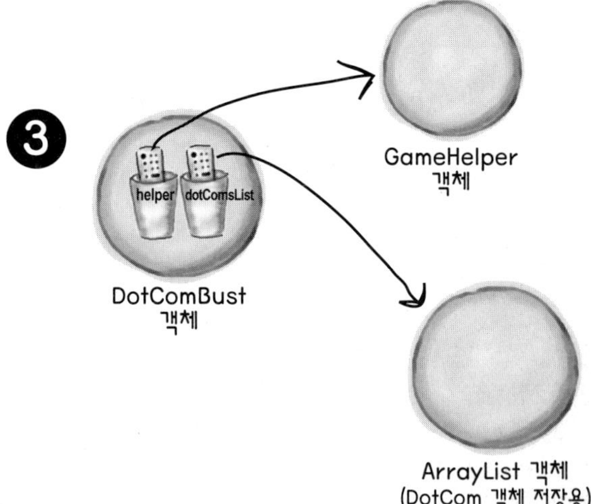

DotComBust 객체에서 DotCom 객체 세 개를 저장할 ArrayList의 인스턴스를 만듭니다.

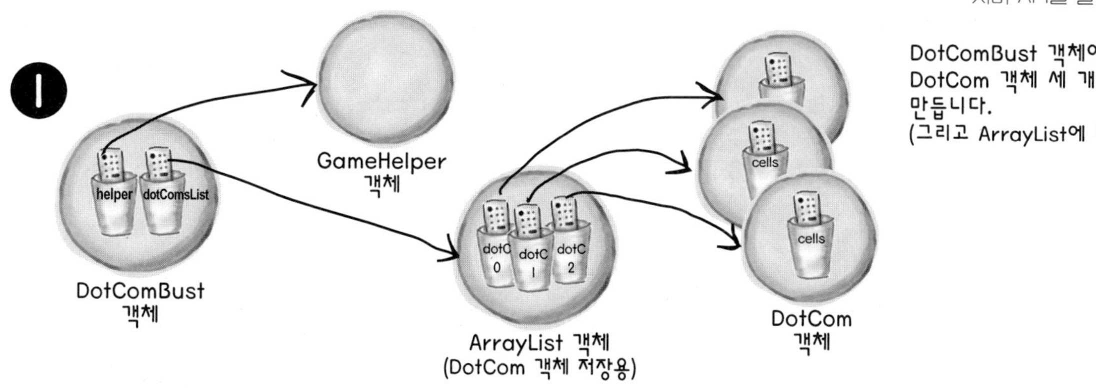

GameHelper
객체
helper
dotComsList
DotComBust
객체
dotC 0
dotC 1
dotC 2
ArrayList 객체
(DotCom 객체 저장용)
cells
cells
cells
DotCom
객체
DotComBust 객체에서
DotCom 객체 세 개를
만듭니다.
(그리고 ArrayList에 넣습니다)

위치 지정해주세요.
여기 있습니다.
GameHelper
객체
helper
dotComsList
DotComBust
객체
dotC 1
dotC 1
dotCom 2
ArrayList 객체
(DotCom 객체 저장용)
cells
cells
cells
DotCom
객체
cell 0
cell 1
cell 2
ArrayList 객체
(DotCom 셀 위치
저장용)
cell 0
cell 1
cell 2
ArrayList
객체
cell 0
cell 1
cell 2
ArrayList
객체
DotComBust 객체에서 보조 객체에
DotCom의 위치를 요청합니다.
(각 DotCom마다 한 번씩, 총 세 번 반복)
DotComBust 객체에서는 각 DotCom 객체에 "A2",
"B2" 같은 위치(보조 객체로부터 받은 위치)를 할당합니다.
각 DotCom 객체에서는 ArrayList에 각각 위치 셀
세 개씩을 추가합니다.

추측한 위치를 알려주세요.
여기 있습니다.
GameHelper
객체
추측한 위치 확인해주세요.
"hit"
helper
dotComsList
DotComBust
객체
dotC 0
dotC 1
dotC 2
ArrayList 객체
(DotCom 객체 저장용)
cells
cells
cells
DotCom
객체
cell 0
cell 1
cell 2
ArrayList 객체
(DotCom 셀 위치
저장용)
cell 0
cell 1
cell 2
ArrayList
객체
dotC 0
dotC 1
dotC 2
ArrayList
객체
DotComBust 객체에서 사용자가 추측한
값을 보조 객체에 물어봅니다(보조 객체에서는
명령행에 사용자의 추측을 입력 받기 위한
프롬프트를 띄웁니다).
DotComBust 객체에서는 DotCom의 목록에 대해 순환문을 돌리
면서 각 DotCom 객체에 대해 사용자가 추측한 위치가 맞았는지
확인합니다. DotCom에서는 그 위치가 들어있는 ArrayList를
확인한 다음 결과("hit", "miss" 등)를 리턴합니다.
이런 식으로 게임이 계속 진행됩니다(사용자가
입력한 값을 받아오고 각 DotCom별로 맞췄는지
확인하는 작업을 계속 반복합니다). 모든 닷컴이
죽을때까지 이 과정을 반복합니다.

❶

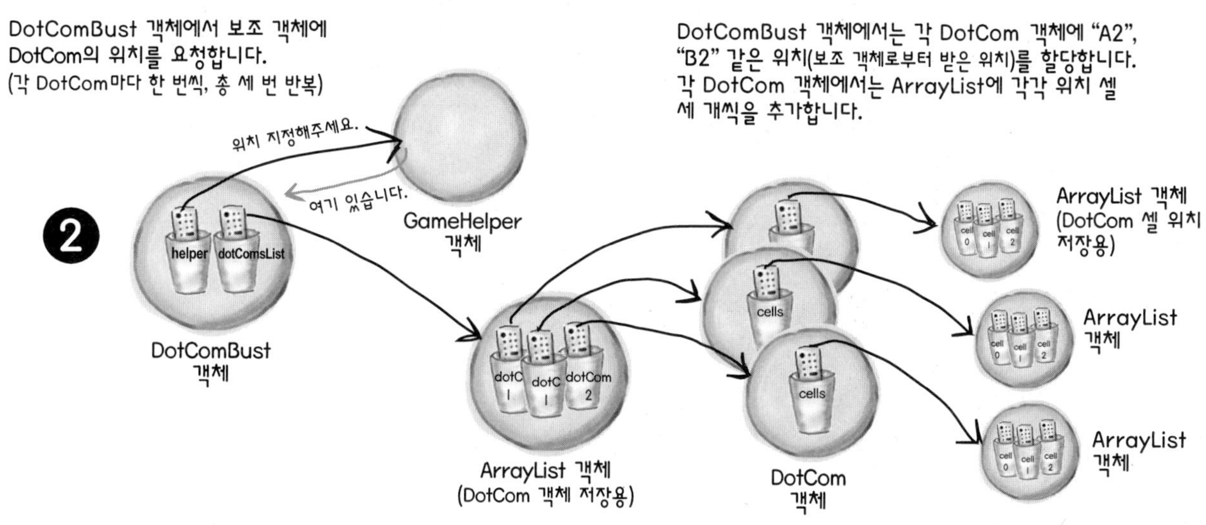

❷

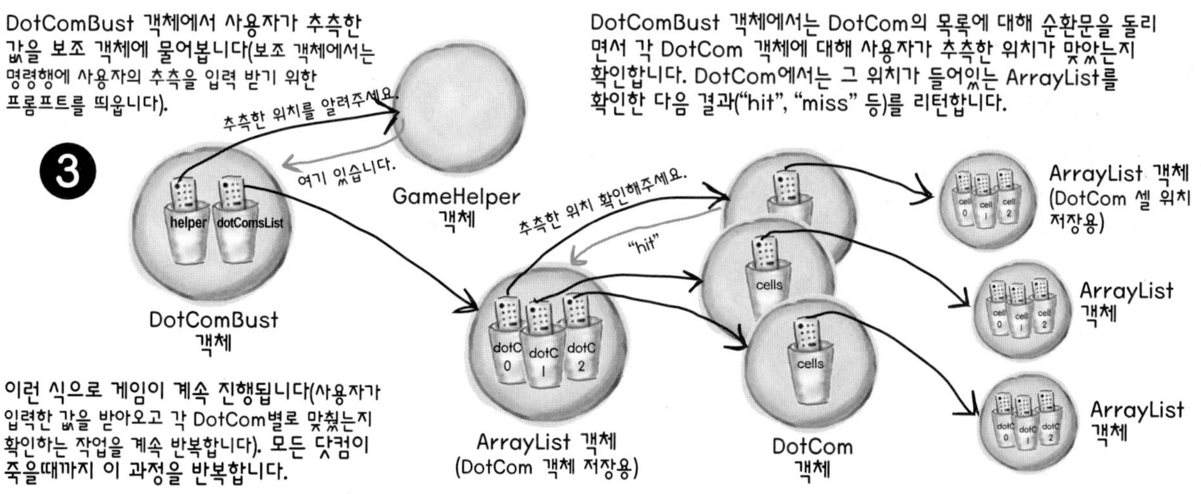

❸

DotComBust

GameHelper helper
ArrayList dotComsList
int numOfGuesses

setUpGame()

startPlaying()

checkUserGuess()

finishGame()

DotComBust 클래스를 만들기 위한 준비 코드

DotComBust 클래스에는 게임을 설정하고, DotCom이 모두 죽을 때까지 게임을 진행하고, 게임을 종료하는 세 가지 기본 임무가 있습니다. 이런 세 가지 임무를 메소드 세 개에 바로 대응시킬 수도 있겠지만 메소드를 나눠서 중간 임무(게임 진행)를 메소드 두 개로 만들겠습니다. 메소드를 더 작게 만들면(즉, 기능을 더 잘게 쪼개면) 코드를 테스트하고 디버그하고 변경하기가 수월해집니다.

변수 선언

GameHelper 인스턴스를 만들고 helper라는 인스턴스 변수를 **선언합니다.**

DotCom 목록 세 개를 저장하기 위한 ArrayList를 **선언하고** 인스턴스를 만듭니다. 이름은 dotComsList로 합니다.

사용자가 추측한 횟수를 저장하기 위한 numOfGuesses라는 int 변수를 **선언하고** 값을 0으로 설정합니다. (나중에 이 값을 써서 게임이 끝났을 때 점수를 출력합니다)

메소드 선언

DotCom 객체를 생성하고 초기화하여 이름과 위치까지 모두 지정해주는 setUpGame() 메소드를 **선언합니다.** 이 메소드에서는 간단한 게임 방법도 출력합니다.

모든 DotCom 객체가 없어질 때까지 사용자로부터 추측한 위치를 받아들이고 checkUserGuess() 메소드를 호출하는 startPlaying() 메소드를 **선언합니다.**

남아있는 모든 DotCom 객체에 대해 순환문을 돌리면서 각 DotCom 객체의 checkYourself() 메소드를 호출하는 checkUserGuess() 메소드를 **선언합니다.**

모든 DotCom 객체들을 가라앉힐 때까지의 추측 횟수를 바탕으로 사용자의 성적에 대한 메시지를 출력하는 finishGame() 메소드를 **선언합니다.**

메소드 구현

메소드: void setUpGame()

　// DotCom 객체 세 개를 **만들고** 이름을 붙입니다.

　DotCom 객체 세 개를 **생성합니다.**

　각 DotCom의 이름을 **설정합니다.**

　모든 DotCom을 dotComsList라는 ArrayList에 **추가합니다.**

　dotComsList에 들어있는 각 DotCom 객체에 대해 다음을 **반복합니다.**

　　helper 객체의 placeDotCom() 메소드를 **호출하여** 무작위로 선택된 DotCom의 위치를 구합니다(7×7 그리드에 수평 또는 수직 방향으로 배치된 셀 세 개).

　　placeDotCom()을 호출한 결과를 바탕으로 각 DotCom의 위치를 **설정합니다.**

　반복 끝

메소드 끝

준비 코드　테스트 코드　실제 코드

메소드 구현 계속:

메소드: void startPlaying()

　　DotCom이 남아있는 동안 **반복합니다.**

　　　　helper의 getUserInput() 메소드를 호출하여 입력을 **받습니다.**

　　　　checkUserGuess() 메소드를 통해 사용자가 추측한 위치를 **평가합니다.**

　　반복 끝

메소드 끝

메소드: void checkUserGuess(String userGuess)

　　// 명중된(또는 가라앉은) DotCom 객체가 있는지 확인합니다.

　　numOfGuesses 변수에 저장된 사용자가 추측한 횟수를 **증가시킵니다.**

　　사용자가 추측한 위치가 틀렸을 것이라는 가정하에 result라는 지역 변수(String)를 "miss"로 **설정합니다.**

　　dotComsList에 들어있는 각 DotCom 객체에 대해 다음을 **반복합니다.**

　　　　DotCom 객체의 checkYourself() 메소드를 호출하여 사용자가 추측한 위치를 **평가합니다.**

　　　　리턴값에 따라 result의 값을 "hit" 또는 "kill"로 **설정합니다.**

　　　　만약 결과가 "kill"이면 그 DotCom을 dotComList에서 **제거합니다.**

　　반복 끝

　　result의 값을 **출력합니다.**

메소드 끝

메소드: void finishGame()

　　게임이 끝났음을 알리는 메시지를 **출력합니다.**

　　만약 추측한 횟수가 적으면

　　　　축하 메시지를 **출력합니다.**

　　그렇지 않으면

　　　　결과가 좋지 않다는 메시지를 **출력합니다.**

　　만약 부분 끝

메소드 끝

연필을 깎으며

준비 코드에서 최종 코드로 넘어가려면 어떻게 해야 할까요? 우선 테스트 코드에서 시작해서 메소드를 하나씩 만들고 테스트합니다. 하지만 테스트 코드를 수록하지는 않았습니다. 여러분이 직접 각 메소드를 테스트하기 위해 어떤 것이 필요할지 생각해보세요. 그리고 어떤 메소드를 먼저 테스트하고 만들어야 할까요? 몇 가지 준비코드에 대해 어떻게 테스트할 수 있을지 생각해봅시다. 일단 이 연습문제에서는 준비 코드 또는 몇 가지 핵심적인 내용만 생각해봐도 됩니다. 하지만 (자바로 만든) 진짜 테스트 코드를 만드는 것은 상당히 힘들 수도 있습니다.

준비 코드   테스트 코드   **실제 코드**

```java
import java.util.*;
public class DotComBust {

    private GameHelper helper = new GameHelper();
    private ArrayList<DotCom> dotComsList = new ArrayList<DotCom>();
    private int numOfGuesses = 0;

    private void setUpGame() {
        // 우선 닷컴 객체 몇 개를 만들고 위치를 지정합니다.
        DotCom one = new DotCom();
        one.setName("Pets.com");
        DotCom two = new DotCom();
        two.setName("eToys.com");
        DotCom three = new DotCom();
        three.setName("Go2.com");
        dotComsList.add(one);
        dotComsList.add(two);
        dotComsList.add(three);

        System.out.println("Your goal is to sink three dot coms.");
        System.out.println("Pets.com, eToys.com, Go2.com");
        System.out.println("Try to sink them all in the fewest number of guesses");

        for (DotCom dotComToSet : dotComsList) {
            ArrayList<String> newLocation = helper.placeDotCom(3);
            dotComToSet.setLocationCells(newLocation);
        } // for 순환문 끝
    } // setUpGame() 메소드 끝

    private void startPlaying() {
        while(!dotComsList.isEmpty()) {
            String userGuess = helper.getUserInput("Enter a guess");
            checkUserGuess(userGuess);
        } // while문 끝
        finishGame();
    } // startPlaying 메소드 끝
```

①②③④⑤⑥⑦⑧⑨⑩

연필을 깎으며

코드에 적당한 설명을 붙여봅시다.

각 페이지 밑에 있는 설명을 코드에 있는 번호와 연결해보세요. 각각의 설명 앞에 그 설명이 들어갈만 한 위치의 번호를 적으면 됩니다.

모든 설명을 각각 한 번씩 사용해야 합니다.

사용할 변수를 선언하고 초기화합니다.

사용자의 입력을 받습니다.

DotCom의 위치를 지정하기 위한 보조 메소드를 호출합니다.

목록에 있는 각 DotCom 에 대해 반복합니다.

이 DotCom 객체의 세터 메소드를 호출하여 방금 보조 메소드에서 받아온 위치를 지정합니다.

checkUserGuess 메소드를 호출합니다.

사용자에게 간단한 게임 방법을 설명합니다.

DotCom 객체 세 개를 만들고 각각 이름을 부여하고 ArrayList에 저장합니다.

DotCom 목록이 비어있지 않으면

finishGame 메소드를 호출합니다.

준비 코드　테스트 코드　실제 코드

```java
private void checkUserGuess(String userGuess) {

    numOfGuesses++;                                          ⑪

    String result  = "miss";                                ⑫

    for (DotCom dotComToTest : dotComsList) {                ⑬
        result = dotComToTest.checkYourself(userGuess);      ⑭
        if (result.equals("hit")) {
            break;                                           ⑮
        }
        if (result.equals("kill")) {
            dotComsList.remove(dotComToTest);                ⑯
            break;
        }
    } // close for
    System.out.println(result);                              ⑰
} // close method


private void finishGame() {
    System.out.println("All Dot Coms are dead! Your stock is now worthless.");
    if (numOfGuesses <= 18) {
        System.out.println("It only took you" + numOfGuesses + "guesses.");
        System.out.println("You got out before your options sank.");      ⑱
    } else {
        System.out.println("Took you long enough." + numOfGuesses + "guesses.") ;
        System.out.println("Fish are dancing with your options.");
    }
} // close method

public static void main (String[] args) {
    DotComBust game = new DotComBust();                      ⑲
    game.setUpGame();                                        ⑳
    game.startPlaying();                                     ㉑
} // close method
}
```

이 페이지에 있는 연습문제를 끝내기 전에는 절대 다음 페이지로 넘어가지 마세요.

다음 페이지에는 필자들이 설명을 추가해놓았습니다. →

목록에 들어있는 모든 DotCom 객체에 대해 반복합니다.

결과를 출력합니다.

이 친구는 죽었으니까 DotCom 목록에서 빼고 순환문을 빠져나갑니다.

게임 결과를 알려주는 메시지를 출력합니다.

사용자가 추측한 횟수를 증가시킵니다.

게임 객체에 게임을 설정하라는 명령을 내립니다.

따로 바꾸지 않으면 'miss'라고 가정합니다.

순환문에서 일찍 빠져나옵니다. 나머지는 더 이상 확인하지 않아도 되니까요.

게임 객체에 게임을 진행하는 순환문을 돌리라는 명령을 내립니다(사용자에게 계속해서 위치를 물어 보고, 그 위치를 확인합니다).

DotCom 객체에 사용자가 입력한 위치가 맞는지(또는 그 객체가 죽었는지) 물어봅니다.

게임 객체를 만듭니다.

```java
import java.util.*;
public class DotComBust {

    private GameHelper helper = new GameHelper();
    private ArrayList<DotCom> dotComsList = new ArrayList<DotCom>();
    private int numOfGuesses = 0;

    private void setUpGame() {
        // 우선 닷컴 객체 몇 개를 만들고 위치를 지정합니다.
        DotCom one = new DotCom();
        one.setName("Pets.com");
        DotCom two = new DotCom();
        two.setName("eToys.com");
        DotCom three = new DotCom();
        three.setName("Go2.com");
        dotComsList.add(one);
        dotComsList.add(two);
        dotComsList.add(three);

        System.out.println("Your goal is to sink three dot coms.");
        System.out.println("Pets.com, eToys.com, Go2.com");
        System.out.println("Try to sink them all in the fewest number of guesses");

        for (DotCom dotComToSet : dotComsList) {

            ArrayList<String> newLocation = helper.placeDotCom(3);

            dotComToSet.setLocationCells(newLocation);

        } // for 순환문 끝

    } // setUpgame 메소드 끝

    private void startPlaying() {

        while (!dotComsList.isEmpty()) {

            String userGuess = helper.getUserInput("Enter a guess");
            checkUserGuess(userGuess);

        } // while문 끝
        finishGame();

    } // startPlaying 메소드 끝
```

사용할 변수를 선언하고 초기화합니다.

DotCom 객체로 이루어진 ArrayList를 만듭니다. (즉, DotCom[]이 DotCom 객체들이 들어있는 배열을 뜻하는 것과 마찬가지로 ArrayList<DotCom>을 DotCom 객체들이 들어있는 ArrayList라고 생각하면 됩니다.)

DotCom 객체 세 개를 만들고 각각 이름을 부여하고 ArrayList에 저장합니다.

사용자에게 간단한 게임 방법을 설명합니다.

목록에 있는 각 DotCom에 대해 반복합니다.

DotCom의 위치를 지정하기 위한 보조 메소드를 호출합니다.

이 DotCom 객체의 세터 메소드를 호출하여 방금 보조 메소드에서 받아온 위치를 지정합니다.

DotCom 목록이 비어있지 않으면 (!는 부정(NOT)을 의미합니다. dotComsList.isEmpty() == false와 똑같습니다)

사용자의 입력을 받습니다.

checkUserGuess 메소드를 호출합니다.

finishGame 메소드를 호출합니다.

```java
private void checkUserGuess(String userGuess) {

    numOfGuesses++;                              // 사용자가 추측한 횟수를 증가시킵니다.

    String result  = "miss";                     // 따로 바꾸지 않으면 'miss'라고 가정합니다.

    for (DotCom dotComToTest : dotComsList) {     // 목록에 들어있는 모든 DotCom 객체에 대해 반복합니다.

        result = dotComToTest.checkYourself(userGuess);   // DotCom 객체에 사용자가 입력한 위치가
                                                          // 맞는지(또는 그 객체가 죽었는지) 물어봅니다.
        if (result.equals("hit")) {
            break;                               // 순환문에서 일찍 빠져나옵니다. 나머지는
        }                                        // 더 이상 확인하지 않아도 되니까요.
        if (result.equals("kill")) {

            dotComsList.remove(dotComToTest);    // 이 친구는 죽었으니까 DotCom
            break;                               // 목록에서 빼고 순환문을 빠져나갑니다.
        }

    } // for문 끝

    System.out.println(result);                  // 결과를 출력합니다.
} // 메소드 끝


private void finishGame() {
    System.out.println("All Dot Coms are dead! Your stock is now worthless");
    if (numOfGuesses <= 18) {
        System.out.println("It only took you " + numOfGuesses + " guesses.");
        System.out.println(" You got out before your options sank");
    } else {
        System.out.println("Took you long enough. "+ numOfGuesses + " guesses.");
        System.out.println("Fish are dancing with your options");
    }
} // 메소드 끝


public static void main (String[] args) {
    DotComBust game = new DotComBust();          // 게임 객체를 만듭니다.
    game.setUpGame();                            // 게임 객체에 게임을 설정하라는 명령을 내립니다.
    game.startPlaying();
} // 메소드 끝
```

게임 결과를 알려주는 메시지를 출력합니다.

게임 객체에서 주 게임 진행 순환문을 돌리라는 명령을 내립니다(사용자에게 계속해서 위치를 물어보고, 그 위치를 확인합니다).

DotCom 클래스 최종 버전

```java
import java.util.*;

public class DotCom {
   private ArrayList<String> locationCells;
   private String name;

   public void setLocationCells(ArrayList loc) {
      locationCells = loc;

   }


   public void setName(String n) {
      name = n;

   }


   public String checkYourself(String userInput) {
      String status = "miss";
      int index = locationCells.indexOf(userInput);
      if (index >= 0) {
         locationCells.remove(index);
         if (locationCells.isEmpty()) {
            status = "kill";
            System.out.println("Ouch! You sunk " + name + "   : ( ");
         } else {
            status = "hit";
         }
      } // if문 끝
      return status;
   } // 메소드 끝

} // 클래스 끝
```

DotCom의 인스턴스 변수
- 셀 위치가 들어있는 ArrayList
- DotCom의 이름

DotCom의 위치를 갱신하는 세터 메소드
(GameHelperV2.placeDotCom()메소드
에서 제공하는 무작위로 만든 위치)

기초적인 세터 메소드

ArrayList의 indexOf() 메소드를 쓰고
있습니다. 사용자가 추측한 위치가
ArrayList에 들어있으면 indexOf()에서
그 항목의 인덱스를 리턴합니다.
그렇지 않으면 -1을 리턴합니다.

ArrayList의 remove() 메소드를 써서 그 항목을 지웁니다.

isEmpty() 메소드를 써서 모든 위치를
맞췄는지 확인합니다.

DotCom이 가라앉았음을 알려줍니다.

'miss', 'hit', 또는 'kill'을 리턴합니다.

초강력 부울 표현식

지금까지는 순환문이나 if문에서 매우 간단한 부울 표현식만 사용했습니다. 앞으로 나오게 될 인스턴트 코드에서는 더 강력한 부울 표현식을 사용할 것입니다. 필자들도 여러분이 인스턴트 코드를 자세히 보지 않으리라는 것을 알고 있지만 지금쯤 여러 가지 부울 표현식에 대해 설명하는 것이 좋을 것 같아서 정리해보았습니다.

'AND'와 'OR' 연산자(&&, ||)

카메라를 선택하기 위한 여러 가지 규칙이 들어있는 chooseCamera( )라는 메소드를 만들고 있다고 가정해봅시다. 50달러에서 1,000달러 사이의 모든 카메라를 선택할 수도 있지만 때때로 가격대를 더 정확하게 제한하고 싶은 경우도 있을 것입니다. 다음과 같이 하고 싶다고 가정해봅시다.

"가격이 300달러 이상, 400달러 미만이면 X를 선택한다."
아래의 코드를 쓰면 됩니다.

```java
if (price >= 300 && price < 400) {
    camera = "X";
}
```

카메라 브랜드가 총 열 개 있는데, 그 중 브랜드 몇 개에 대해 어떤 작업을 하고 싶은 경우에는 다음과 같이 할 수 있겠죠.

```java
if (brand.equals("A") || brand.equals("B")) {
    // A 브랜드 또는 B 브랜드에만 적용할 작업
}
```

다음과 같이 아주 복잡한 부울 표현식을 쓸 수도 있습니다.

```java
if ((zoomType.equals("optical") &&
    (zoomDegree >= 3 && zoomDegree <= 8)) ||
    (zoomType.equals("digital") &&
    (zoomDegree >= 5 && zoomDegree <= 12))) {
    // 줌과 관련된 작업 처리
}
```

부울 표현식을 정말 자유자재로 사용하려면 연산자의 우선순위에 대해서도 알아야 합니다. 하지만 까다로운 우선순위를 바탕으로 복잡한 표현식을 만드는 것보다는 코드가 깔끔해 보일 수 있도록 괄호를 쓰는 것이 좋습니다.

같지 않음(!=, !)

"카메라 열 가지 모델 가운데 하나를 제외한 나머지 모두"와 같은 식의 논리가 필요한 경우도 있습니다.

```java
if (model != 2000) {
    // 2000이라는 모델을 제외한 나머지 모델인 경우
}
```

또는 다음과 같은 식으로 String 객체를 비교할 수도 있습니다.

```java
if (!brand.equals("X")) {
    // 브랜드가 X가 아닌 경우
}
```

단락 연산자(&&, ||)

앞서 살펴본 &&와 || 연산자를 **단락 연산자**(short circuitoperator)라고 부르기도 합니다. && 연산자를 쓸 때는 양쪽이 모두 참인 경우에만 참이 됩니다. 따라서 JVM의 표현식에서 && 왼쪽에 있는 부분이 거짓이면 바로 그 자리에서 멈춥니다. 그 오른쪽에 있는 부분은 아예 쳐다보지도 않습니다.

||가 있을 때는 왼쪽이나 오른쪽 둘 중 하나만 참이면 전체가 참이 됩니다. 따라서 JVM에서는 왼쪽이 참이면 선언문 전체를 참으로 간주하고 오른쪽에는 신경을 쓰지 않습니다.

이런 특징이 왜 중요할까요? 어떤 레퍼런스 변수가 있는데, 그 변수에 어떤 객체를 대입했는지 확실치 않은 경우를 생각해봅시다. 아무 객체도 대입하지 않은 상태에서 널 레퍼런스 변수의 메소드를 호출하면 NullPointerException이 발생합니다. 따라서 다음과 같이 하는 것이 좋습니다.

```java
if (refVar != null &&
    refVar.isValidType() ) {
    // isValidType()에서 참을 리턴하는 경우
}
```

비단락 연산자(&, |)

&와 | 연산자를 부울 표현식에서 사용하면 각각 &&와 || 연산자와 의미가 같습니다. 하지만 JVM에서 반드시 표현식의 양쪽을 모두 확인하도록 하는 기능이 추가됩니다. &와 |는 비트를 조작하기 위한 용도로도 쓰입니다.

이 클래스는 게임을 위한 보조 클래스입니다. 사용자가 입력한 것을 받아들이는(즉, 명령행에 프롬프트를 띄우고 사용자가 입력한 것을 읽어오는) 것 외에도 DotCom의 위치를 만들어내는 중요한 임무를 띠고 있습니다. 사실 필자들도 여러분 입장이라면 이 코드의 내용은 자세히 살펴보지 않고 그냥 타이핑해서 컴파일만 할 것 같군요. 타이핑하기 편하도록 코드 분량을 줄이다 보니 가독성은 좀 떨어지는 코드가 나오고 말았습니다. 양해해주세요. 이 클래스가 없으면 DotComBust 게임 클래스를 아예 컴파일도 할 수 없습니다.

```java
import java.io.*;
import java.util.*;

public class GameHelper {

   private static final String alphabet = "abcdefg";
   private int gridLength = 7;
   private int gridSize = 49;
   private int [] grid = new int[gridSize];
   private int comCount = 0;

   public String getUserInput(String prompt) {
      String inputLine = null;
      System.out.print(prompt + " ");
      try {
         BufferedReader is = new BufferedReader(
         new InputStreamReader(System.in));
         inputLine = is.readLine();
         if (inputLine.length() == 0 )  return null;
      } catch (IOException e) {
         System.out.println("OException: " + e);
      }
      return inputLine.toLowerCase();
   }
```

참고: placeDotCom( ) 메소드의 작동 과정을 더 잘 알고 싶다면 그 메소드에서 System.out. print(ln) 메소드를 호출하는 부분의 주석을 해제해보세요. 주석을 해제해주면 DotCom들의 정확한 위치도 알 수 있습니다. 컨닝하는 느낌이 들지도 모르겠지만, 테스트 용도로는 매우 유용하겠죠?

```java
   public ArrayList<String> placeDotCom(int comSize) {
      ArrayList<String> alphaCells = new ArrayList<String>();   // 'f6' 과 같은 좌표가 들어감
      String temp = null;                                       // 나중에 연결하기 위한 임시 String 배열
      int [] coords = new int[comSize];                         // 현재 후보 좌표
      int attempts = 0;                                         // 시도 횟수를 세기 위한 카운터
      boolean success = false;                                  // 적당한 위치를 찾았는지 표시하기 위한 플래그
      int location = 0;                                         // 현재 시작 위치

      comCount++;                                               // n번째 닷컴
      int incr = 1;                                             // 수평 방향으로 증가시킬 값 설정
      if ((comCount % 2) == 1) {                                // 홀수 번째 닷컴인 경우(수직으로 배치)
        incr = gridLength;                                      // 수직 방향으로 증가시킬 값 설정
      }

      while ( !success & attempts++ < 200 ) {                   // 주 검색 순환문(32)
          location = (int) (Math.random() * gridSize);          // 임의 시작 위치를 구함
          //System.out.print(" try " + location);
          int x = 0;                                            // 위치시킬 닷컴의 n번째 위치
             success = true;                                    // 성공할 것으로 가정함
             while (success && x < comSize) {                   // 닷컴이 들어갈 자리가 비었는지 확인
```

GameHelper 클래스 코드 계속...

```java
        if (grid[location] == 0) {                              // 아직 사용하지 않았으면
          coords[x++] = location;                               // 위치 저장
          location += incr;                                     // 다음 칸 확인
          if (location >= gridSize){                            // 경계를 벗어난 경우
            success = false;                                    // 실패
          }
          if (x>0 & (location % gridLength == 0)) {             // 경계를 벗어난 경우(오른쪽)
            success = false;                                    // 실패
          }
        } else {                                                // 이미 사용 중인 경우
          // System.out.print(" used " + location);
          success = false;                                      // 실패
        }
      }
    }                    // while 끝

  int x = 0;                                                    // 위치를 알파벳 좌표로 바꿈
  int row = 0;
  int column = 0;
  // System.out.println("\n");
  while (x < comSize) {
    grid[coords[x]] = 1;                                        // 기본 그리드 좌표를 '사용 중'으로 표시
    row = (int) (coords[x] / gridLength);                       // 행 값을 구함
    column = coords[x] % gridLength;                            // 열 값(숫자)를 구함
    temp = String.valueOf(alphabet.charAt(column));             // 숫자된 된 열을 알파벳으로 변환

    alphaCells.add(temp.concat(Integer.toString(row)));
    x++;
    // System.out.print("   coord  " + x + " = " + alphaCells.get(x-1));
  }

  // System.out.println("\n?");

  return alphaCells;
  }
}
```

라이브러리(자바 API)

ArrayList 덕분에 DotComBust 게임을 완성할 수 있었습니다. 이제 앞서
약속한대로 자바 라이브러리를 활용하는 방법을 알아보겠습니다.

**자바 API에서 클래스는
패키지 단위로 묶여있습니다.**

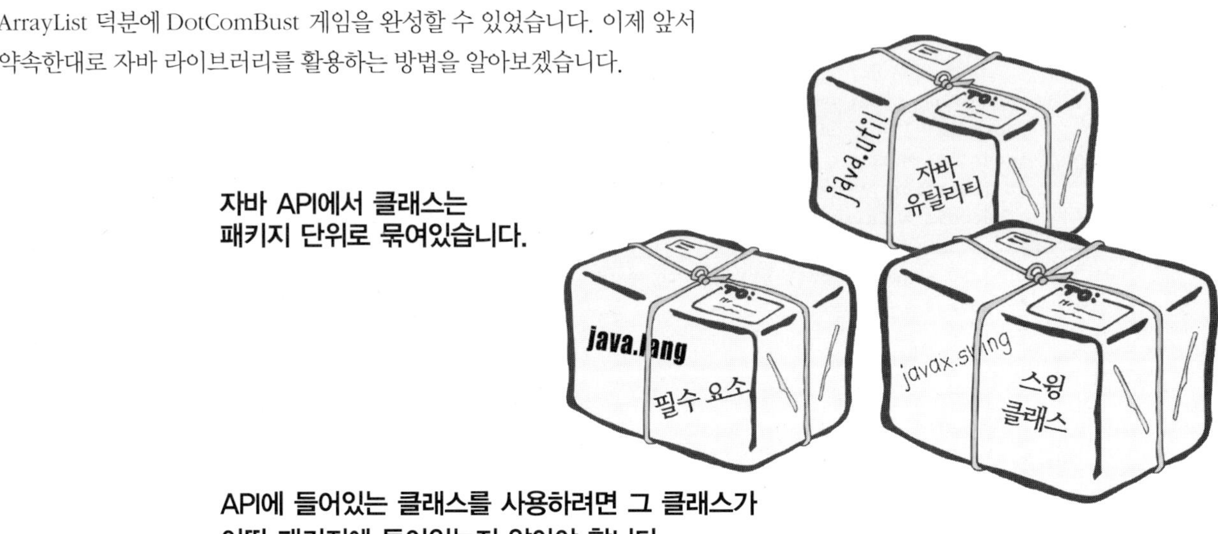

**API에 들어있는 클래스를 사용하려면 그 클래스가
어떤 패키지에 들어있는지 알아야 합니다.**

자바 라이브러리에 있는 클래스는 모두 패키지에 들어있습니다. 패키
지에는 **javax.swing**(조만간 배우게 될 스윙 GUI 클래스 중 일부가 들어
있는 패키지) 같은 이름이 있습니다. ArrayList는 각종 유틸리티 클래스
를 모아놓은 **java.util**이라는 패키지에 들어있습니다. 패키지에 대해서
는 17장에서 자세히 알아보겠습니다(자신이 만든 클래스를 직접 별도의
패키지에 집어넣는 방법도 나와있습니다). 일단 지금은 자바에서 기본으
로 제공하는 클래스의 사용 방법을 중점적으로 살펴봅시다.

코드를 만들 때 API에 들어있는 클래스를 사용하는 방법은 간단합니다.
그냥 자신이 직접 만든 클래스인 것처럼 처리하면 됩니다. 즉, 미리 컴
파일해서 사용할 준비를 끝낸 클래스와 마찬가지라고 생각하면 됩니다.
하지만 한 가지 다른 점이 있습니다. 코드 어딘가에서 그 코드에서 사용
할 라이브러리 클래스의 전체 이름, 즉 패키지명 + 클래스명을 지정해
야 한다는 것이죠.

잘 모르고 있었겠지만 **이미 앞서도 패키지에 들어있는 클래스를 사용했
습니다.** System(System.out.println() 등), String, Math(Math.random()
등)는 사실 **java.lang** 패키지에 들어있는 클래스입니다.

어떤 클래스를 사용하려면 클래스의 전체 이름*을 알아야 합니다.

'케이시(Kathy)' 가 전체 이름이 아닌 것과 마찬가지로 ArrayList는 전체 이름(full name)이 아닙니다(뭐, 마돈나(Madonna), 셰어(Cher) 등은 전체 이름이라고 할 수도 있지만, 그런 건 조금 다르죠?).   사실 ArrayList의 전체 이름은 다음과 같습니다.

자바에 어떤 ArrayList를 사용할지 알려줘야 하는데, 두 가지 방법이 있습니다.

A import 선언문을 씁니다.

소스 코드 파일 맨 위에서 import 선언문을 사용합니다.

```
import java.util.ArrayList;
public class MyClass {... }
```

또는

B 일일이 입력합니다.

코드에서 일일이 전체 이름을 입력합니다. 언제나. 어디에서나 직접 타이핑해야 합니다.

객체를 선언하고 인스턴스를 만들 때:
```
java.util.ArrayList<Dog> list = new java.util.ArrayList<Dog>();
```

인자 유형으로 사용할 때:
```
public void go(java.util.ArrayList<Dog> list) {}
```

리턴 유형으로 사용할 때:
```
public java.util.ArrayList<Dog> foo() {}
```

* java.lang 패키지에 들어있는 클래스는 제외합니다.

 같은
질문은 없습니다

Q : 왜 꼭 전체 이름이 필요하죠? 패키지의 목적이 그것뿐인가요?

A : 패키지의 중요성은 세 가지 정도로 요약할 수 있습니다. 우선 프로젝트 또는 라이브러리를 더 용이하게 편성할 수 있습니다. 엄청나게 큰 클래스 더미를 만들어놓는 대신 구체적인 기능의 종류(GUI, 자료구조, 데이터베이스 등)에 따라 모두 패키지 단위로 묶을 수 있습니다.

두 번째로 패키지를 이용하면 이름 영역(name scope)을 지정해서 여러 프로그래머들이 같은 이름을 가진 클래스를 만드는 경우에 생길 수 있는 충돌을 미연에 방지할 수 있습니다. Set이라는 이름을 가진 클래스를 만들었는데, 다른 사람이 똑같이 Set이라는 이름을 가진 클래스를 만들었다면(자바 API에도 그 이름을 가진 클래스가 있습니다) JVM에 지금 어떤 Set 클래스를 사용하고 있는지를 알려줄 수 있는 방법이 있어야겠지요.

세 번째로 패키지를 통해 어느 정도 보안 기능을 제공할 수 있습니다. 같은 패키지에 들어있는 클래스에서만 그 클래스에 들어있는 코드를 접근할 수 있도록 할 수 있으니까요. 이와 관련된 내용은 16장에서 알아보기로 합시다.

Q : 그러면 이름 충돌 문제로 다시 돌아가보죠. 전체 이름을 사용하면 어떤 장점이 있습니까? 클래스명뿐만 아니라 패키지명까지 똑같이 붙으면 어떻게 해야 하나요?

A : 자바에는 이런 문제가 생기는 것을 방지하기 위한 명명 규칙 같은 것이 있습니다. 이 규칙만 지킨다면 이름 충돌이 거의 생기지 않지요. 자세한 내용은 17장에서 알아보겠습니다.

'x'는 왜 붙어있을까?

(javax로 시작하는 이름은 어떤 패키지에 붙나요?)

자바의 첫번째와 두 번째 버전(1.02와 1.1)에서는 자바에 내장된 클래스(표준 라이브러리)가 모두 **java**로 시작하는 이름을 가진 패키지에 들어있었습니다. **java.lang**도 물론 있었고(이 패키지는 import문으로 불러오지 않아도 되죠) **java.net**, **java.io**, **java.util**(그 시절에는 ArrayList 같은 것은 없었습니다) 외에도 GUI 관련 클래스가 들어있는 **java.awt** 패키지를 비롯한 몇 가지 패키지가 더 있었습니다.

하지만 표준 라이브러리에 속하지 않는 다른 다양한 패키지가 등장하기 시작했습니다. 이런 클래스를 **확장 패키지**(extension)라고 불렀는데, 크게 두 가지 종류(표준(standard)과 비표준(not standard))가 있었습니다. 표준 확장 패키지는 썬에서 공식적인 것으로 간주한 패키지로, 실제 출시 여부가 불확실한 실험적인 초기 베타 패키지와 반대되는 개념으로 보면 됩니다.

표준 확장 패키지에는 보통 **java** 뒤에 x가 붙은 javax로 시작하는 이름이 붙었습니다. 모든 표준 확장 패키지의 어머니는 바로 스윙(Swing) 라이브러리입니다. 여기에는 **javax.swing**으로 시작하는 이름을 가지는 여러 가지 패키지가 포함됩니다.

하지만 표준 확장 패키지는 자바에 기본으로 포함되는 기본 라이브러리 패키지인 일급 패키지로 승격될 수 있었습니다. 그리고 버전 1.2('자바 2'의 첫번째 버전)부터는 스윙이 일급 패키지에 포함되었죠.

모든 사람들이 잘 된 일이라고 생각했습니다. 모든 시스템에 스윙 클래스가 설치된다면 더 이상 "사용자의 시스템에 스윙이 설치되어있을까?"란 걱정을 하지 않아도 되니까요.

하지만 커다란 문제가 숨어있었습니다. 패키지가 승격되면서 승격된 패키지명을 **javax**가 아닌 **java**로 시작하는 이름으로 바꿔야 했던 것입니다. 표준 라이브러리에 들어있는 패키지명에는 "x"가 들어가지 않고 확장 패키지명에만 "x"가 들어간다는 것은 모두들 알고 있었죠. 그래서 버전 1.2가 최종적으로 확정되기 직전에 썬에서는 패키지명에서 x를 뺐습니다(물론, 다른 변동 사항도 있었죠). 이렇게 바뀐 이름을 가진 스윙 코드가 들어있는 책도 출간되었습니다. 명명 방법에는 전혀 변화가 없었습니다. 자바 세계에서는 모든 것이 제대로 돌아가고 있었죠.

하지만 2만 명이 넘는 개발자들이 이름을 바꾸는 것이 엄청난 재앙이라는 사실을 깨닫고는 울부짖기 시작했습니다. 전에 만든 스윙을 사용한 코드를 모두 바꿔야 했기 때문이죠. 정말 끔찍한 일이었습니다. **javax**로 시작하는 그 수많은 **import** 선언문을 생각해보면 얼마나 심각한 문제였을지 짐작할 수 있을 것입니다.

1.2 버전의 최종판이 나오는 시점이 가까워지면서 개발자들은 점점 희망을 잃어가고 있었습니다. 하지만 그 와중에도 그들은 썬에 "명명 방법을 고치면 우리 코드를 살릴 수 있다"고 절박하게 외치고 있었습니다. 결국 그들의 요구가 받아들여져서 지금 볼 수 있는 것처럼 **javax**로 시작하는 이름을 그대로 유지하게 되었죠. 라이브러리에서 javax로 시작하는 이름을 가진 패키지는 처음에는 확장 패키지로 시작했다가 나중에 승격된 패키지라고 생각하면 됩니다.

핵심정리

- **ArrayList**는 자바 API에 포함되어있는 클래스입니다.

- **ArrayList**에 뭔가를 집어넣을 때는 **add( )**를 쓰면 됩니다.

- **ArrayList**에서 뭔가를 제거할 때는 **remove( )**를 쓰면 됩니다.

- **ArrayList**에 들어있는 어떤 것의 위치를 알고 싶다면 (또는 들어있는지 알고 싶다면) **indexOf( )**를 쓰면 됩니다.

- **ArrayList**가 비어있는지 확인할 때는 **isEmpty( )**를 쓰면 됩니다.

- **ArrayList**의 크기(원소의 개수)를 알고 싶다면 **size( )** 메소드를 쓰면 됩니다.

- 일반 배열의 길이(원소의 개수)를 알고 싶을 때는 **length**라는 변수를 쓰면 됩니다.

- **ArrayList**는 필요에 따라 그 크기가 **동적으로 바뀝니다.** 객체를 추가하면 커지고 제거하면 작아집니다.

- **ArrayList**에 저장할 객체 유형은 유형 이름을 〈〉 안에 집어넣은 형태의 유형 매개변수(type parameter)로 선언합니다. 예: ArrayList〈Button〉은 Button (또는 Button의 서브클래스) 유형의 객체만 넣을 수 있는 ArrayList를 뜻합니다.

- **ArrayList**에는 원시 유형의 값은 저장할 수 없고 일반 객체만 저장할 수 있지만, 컴파일러에서 원시 값을 Object 객체로 감싸고 그 객체를 원시 유형이 아닌 ArrayList에 저장하는 (또는 그와 반대로 가는) 일을 자동으로 처리해줍니다. (이 기능에 대한 자세한 내용은 나중에 알아봅시다)

- 클래스는 패키지 단위로 묶입니다.

- 클래스에는 패키지명과 클래스명을 합쳐서 만든 전체 이름이 있습니다. ArrayList 클래스의 전체 이름은 java.util.ArrayList입니다.

- java.lang을 제외한 다른 패키지에 들어있는 클래스를 사용하려면 자바에 클래스의 전체 이름을 알려줘야 합니다.

- 소스 코드 맨 위에서 import 선언문을 사용하거나 코드에서 그런 클래스를 사용할 때마다 항상 전체 이름을 입력해도 됩니다.

바보 같은 질문은 없습니다

Q: import를 사용하면 클래스가 커지나요? 그렇게 불러온 클래스나 패키지가 내가 만든 코드에 추가되어 같이 컴파일되는 건가요?

A: 혹시 C 프로그래머 출신인가요? import는 include와 다릅니다. 따라서 둘 다 "아니요"가 정답입니다. 한 번 소리 내어 말해보세요. "import 선언문을 사용하면 타이핑할 코드가 줄어든다" 그게 전부입니다. import 선언문을 많이 쓰더라도 코드가 불어나거나 느려지는 일은 없습니다. import는 단순히 자바에게 클래스의 전체 이름을 알려주기 위한 도구에 불과합니다.

Q: 그러면 String이나 System 같은 클래스는 왜 import 선언문 없이 써도 괜찮은가요?

A: java.lang 패키지는 import 선언문을 쓰지 않아도 자동으로 들어간다는 것을 기억해 두세요. java.lang에 들어있는 클래스는 워낙 기초적이기 때문에 굳이 전체 이름을 쓰지 않아도 됩니다. java.lang.String 클래스와 java.lang.System 클래스는 하나밖에 없기 때문에 자바에서도 어디에서 찾아야 할지를 너무나 잘 알고 있지요.

Q: 내가 만든 클래스도 패키지에 집어넣어야 하나요? 어떻게 하죠? 정말 그렇게 할 수 있나요?

A: 실전에서는 자신이 만든 클래스도 패키지에 집어넣을 필요성을 느끼게 될 것입니다. 이에 대한 내용은 17장에서 알아보겠습니다. 일단 그 전까지는 코드 예제를 패키지에 집어넣지 않겠습니다.

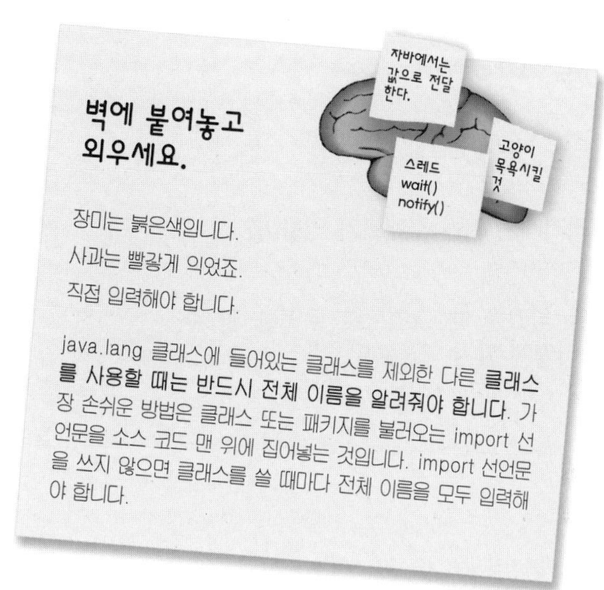

아직 잘 모르겠다면 다음 그림을 눈여겨보세요.

API를 쓰는 방법

다음과 같은 두 가지가 궁금할 것입니다.

① 라이브러리에는 어떤 클래스가 있을까?

② 클래스를 찾았을 때 그것으로 무엇을 할 수 있을지 어떻게 알 수 있을까?

"java.util 패키지에 ArrayList가 있다는 걸 배운 건 정말 다행이군요. 그런데 혼자서는 어떻게 그런 걸 알 수 있죠?"

— 줄리아, 31세, 손 모델

① 라이브러리에는 어떤 클래스가 있을까?

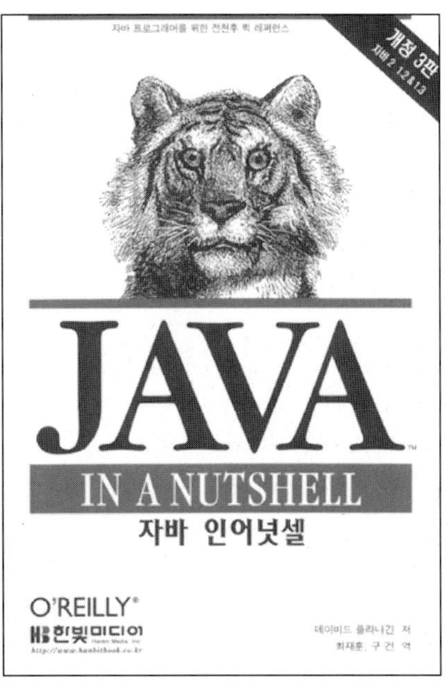

② HTML API 문서를 활용합니다.

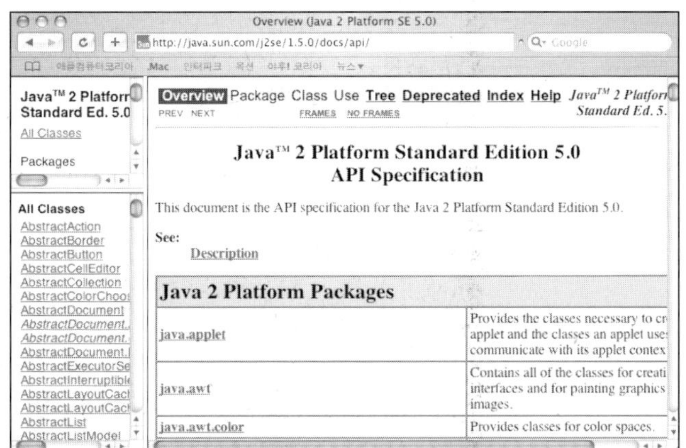

책을 뒤져봅니다.

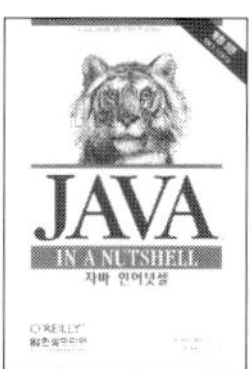

자바 라이브러리에 어떤 것이 들어있는지 파악할 수 있는 가장 좋은 방법은 레퍼런스 책을 뒤적 거려 보는 것입니다. 여기저기 돌아다니다 보면 유용해 보이는 클래스를 발견할 수 있습니다.

클래스명

패키지명

클래스 설명

메소드(아직 우리가 배우지 않은 것도 나와있습니다.)

Method   Java 1.1

java.lang.reflect   *PJ1.1*

이 클래스는 메소드를 나타낸다. Method의 인스턴스는 java.lang.Class의 getMethod( )와 관련 메소드를 호출하여 얻을 수 있다. Method는 Member 인터페이스를 구현하기 때문에 메소드의 이름, 한정자, 그리고 그를 선언하는 클래스를 얻기 위해 그 인터페이스의 메소드를 사용할 수 있다. 추가적으로, getReturnType( ), getParameterTypes( ), 그리고 getExceptionTypes( )도 그가 나타내는 메소드에 관한 중요한 정보를 리턴한다.

아마도 가장 중요한 invoke( ) 메소드는, Method 객체가 나타내는 메소드가 지정한 인자값의 배열과 함께 호출되도록 한다. 이들 인자중에 원시 타입이 있으면 그는 해당 래퍼 객체로 변환되어야 한다. 이 클래스가 나타내는 메소드가 인스턴스 메소드이면(static이 아니면), 그 인스턴스도 invoke( )에 인자로 넘겨주어야 한다. 해당 메소드의 리턴값은 invoke( )에 의해 리턴된다. 만약 리턴값이 원시 타입이면 먼저 해당 래퍼 타입으로 변환된다. 호출된 메소드가 예외상황을 유발하면, 그 Throwable 객체는 InvocationTargetException에 포함되어 invoke( )에 의해 던져진다.

```
public final class Method extends AccessibleObject implements Member {
    // 생성자 없음
    // 프로퍼티 접근자 메소드(프로퍼티 이름에 따라)
    public Class getDeclaringClass( );                                          Implements:Member
    public Class[ ] getExceptionTypes( );
    public int getModifiers( );                                                 Implements:Member
    public String getName( );                                                   Implements:Member
    public Class[ ] getParameterTypes( );
    public Class getReturnType( );
    // 퍼블릭 인스턴스 메소드
    public Object invoke(Object obj, Object[ ] args) throws IllegalAccessException,    native
            IllegalArgumentException, InvocationTargetException;
    // 멤버를 구현하는 메소드
    public Class getDeclaringClass( );
    public int getModifiers( );
    public String getName( );
    // 객체를 오버라이딩하는 퍼블릭 메소드
    public boolean equals(Object obj);
    public int hashCode( );
    public String toString( );
}
```

Hierarchy: Object → AccessibleObject → Method(Member)
Passed To: 너무 많아 생략한다.
Returned By: java.beans.EventSetDescriptor.{getAddListenerMethod( ), getListenerMethods( ),

❷ HTML API 문서를 활용합니다.

자바에서는 자바 API라는 훌륭한 문서를 제공합니다. 자바 5 스탠다드 에디션 ("자바 2 스탠다드 에디션 5.0"이라고 부르기도 합니다.)다큐멘테이션의 일부분인데, 자바 API는 자바하고는 별도로 내려받아야 합니다. 인터넷 속도가 빠르거나 참을성이 좋다면 java.sun.com 웹사이트에서 직접 볼 수도 있습니다. 하지만 웬만하면 내려받아서 하드 디스크에 저장해놓고 보는 쪽이 훨씬 낫습니다.

API 문서는 클래스와 클래스에 들어있는 메소드에 대한 자세한 정보를 얻는 데 있어서 가장 좋은 레퍼런스입니다. 레퍼런스 책을 훑어보다가 java.util에 들어있는 Calendar라는 클래스를 찾았다고 가정해봅시다. 그 클래스가 자신이 사용해야 하는 클래스라는 정도는 책에 나와있는 것만으로도 알 수 있겠지만 메소드에 대해 더 자세한 내용을 알아봐야겠지요?

예를 들어, 레퍼런스 책에도 메소드의 인자나 리턴값에 대한 내용 정도는 나와있습니다. ArrayList를 살펴봅시다. 레퍼런스 책을 보면 DotCom 클래스에서 사용한 indexOf( )라는 메소드가 나와있습니다. 하지만 어떤 객체를 받아서 그 객체의 인덱스(int값)를 리턴하는 indexOf( )라는 메소드가 있다는 정도만 알고 있다면 아주 중요한 내용 한 가지는 여전히 제대로 알지 못하고 있는 것입니다. 즉 그 객체가 그 ArrayList에 들어있지 않은 경우에는 어떻게 되는지를 알 수가 없습니다. 메소드 서명(리턴값, 인자 등에 대한 정보)만 가지고는 알 수 없으니까요. 하지만 API 문서를 보면 그런 내용도 알 수 있습니다(대부분의 경우에 그렇습니다). API 문서를 보면 주어진 객체 매개변수가 그 ArrayList에 들어있지 않은 경우에는 indexOf( ) 메소드에서 -1을 리턴한다는 것을 알 수 있습니다. 따라서 어떤 객체가 ArrayList에 들어있는지 확인할 때도 그 메소드를 활용할 수 있고, 객체가 들어있는 경우에는 그 메소드를 써서 인덱스를 구할 수도 있습니다. 하지만 API 문서를 안 봤다면 객체가 ArrayList에 들어있지 않으면 indexOf( ) 메소드에서 문제가 생길 것이라고 생각할 수도 있겠죠.

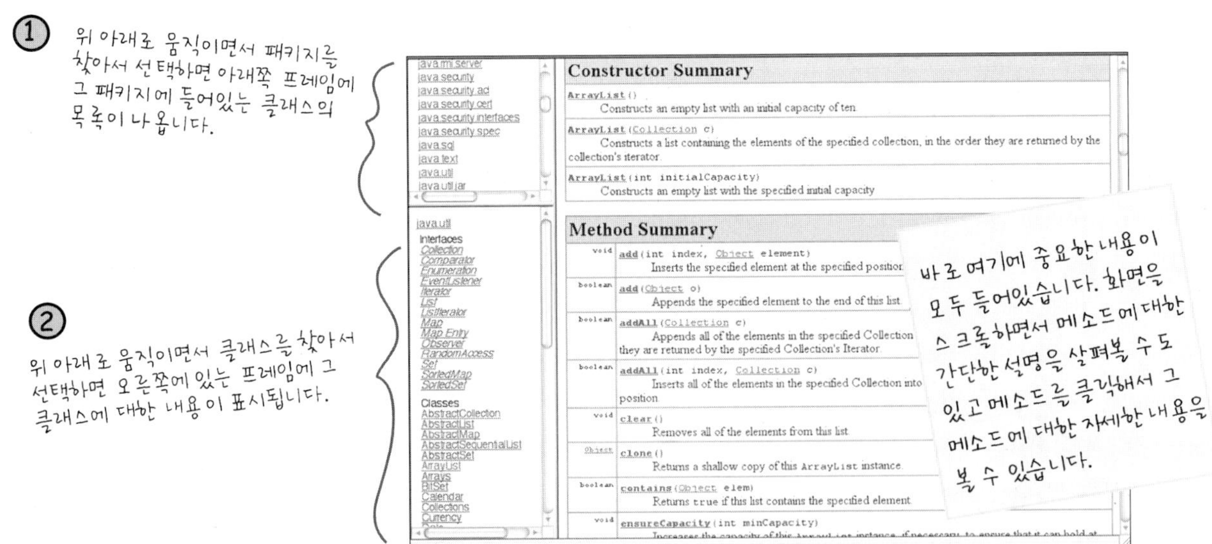

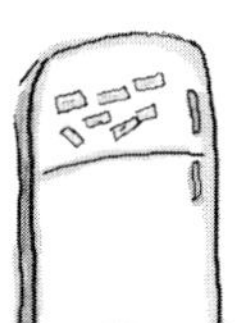

코드 자석

연습문제

여기에 아무렇게나 흩어져 있는 코드 조각들을 잘 짜맞춰서 아래에
있는 결과를 출력할 수 있는 자바 프로그램을 만들어 보세요. 주의:
이 연습문제를 풀려면 한 가지 새로운 내용을 배워야 합니다. API에
서 ArrayList를 찾아보면 다음과 같이 두 개의 인자를 받아들이는
add() 메소드가 있습니다.

add(int index, Object o)

이 메소드를 이용하면 ArrayList한테 객체를 추가할 위치 인덱스를
지정할 수 있습니다.

```java
a.remove(2);

printAL(a);

printAL(a);

a.add(0,"zero");
a.add(1,"one");

public static void printAL(ArrayList<String> al) {

if (a.contains("two")) {
    a.add("2.2");
}

a.add(2,"two");

public static void main (String[] args) {

System.out.print(element + "  ");
}
System.out.println(" ");

if (a.contains("three")) {
    a.add("four");

public class ArrayListMagnet {

if (a.indexOf("four") != 4) {
    a.add(4, "4.2");
}

}

}

import java.util.*;

}

printAL(a);

ArrayList<String> a = new ArrayList<String>();

for (String element : al) {

a.add(3,"three");
printAL(a);
```

```
File  Edit  Window  Help  Dance

% java ArrayListMagnet
zero   one   two    three
zero   one   three  four
zero   one   three  four  4.2
zero   one   three  four  4.2
```

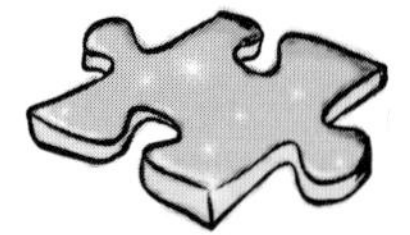

자바 낱말풀이 7.0

십자 낱말풀이 퍼즐을 사용하면 자바를 배우는 데 어떤 도움이 될까요? 여기에 있는 단어는 모두 자바와 관련된 단어입니다(별로 상관없는 단어도 있긴 합니다).

힌트: 잘 모르겠으면 ArrayList를 생각해보세요.

가로

1. 아무 행동도 할 수 없습니다.
6. '목적어'도 같은 단어로 씁니다.
7. 그게 어디 있죠?
9. 만약
12. ArrayList를 키웁니다.
13. 정말 큽니다.
14. 값을 복사합니다.
16. 객체가 아닙니다.
17. 한층 강력해진 배열
19. 크기
21. 19번과 다른 것
22. 스페인 음식명(자바와 아무 상관 없습니다)
23. 손가락을 움직이기 싫으면 이걸 써야 합니다.
24. 패키지가 모여있는 것

세로

2. 자바의 동작이 들어있는 곳
3. 주소를 지정할 수 있는 단위
4. 두 번째로 작은 것
5. 부동소수점 수는 기본적으로 이것입니다.
8. 라이브러리의 기본 단위
10. 조금 덜 정확한 부동소수점 수
11. 거기 어딘가에 있는지 확인할 때 씁니다.
15. 마치 ~인 것처럼
16. 비어있는지 확인하는 메소드
18. 물품 ○○. 배열도 이것입니다.
20. 라이브러리를 줄여 쓴 것
21. 빙빙 돌립니다.

추가 힌트:

가로

1. 여러 가지가 있습니다.
7. ArrayList를 생각해보세요.
16. 매우 자주 쓰이는 원시 유형
21. 배열의 크기
22. 재료만은 상관없는 단어입니다. 에피타이저로 스페인 음식입니다.

세로

2. 오버라이드할 수 있습니다.
3. ArrayList를 생각해보세요.
4, 10. 원시 변수
16. ArrayList를 생각해보세요.
18. ○○ 등 가상적이고 있습니다.

역자 힌트: 다음 단어를 영어로 써야 합니다.

(primitive), 객체(object), 메소드(method), 패키지(package), 원소(element), 가상적인(virtual), 타파스(tapas)

**연습문제
정답**

```
File  Edit  Window  Help  Dance

% java ArrayListMagnet
zero   one    two    three
zero   one    three  four
zero   one    three  four   4.2
zero   one    three  four   4.2
```

```java
import java.util.*;

public class ArrayListMagnet {

    public static void main (String[] args) {

        ArrayList<String> a = new ArrayList<String>();

        a.add(0,"zero");
        a.add(1,"one");

        a.add(2,"two");

        a.add(3,"three");
        printAL(a);

        if (a.contains("three")) {
            a.add("four");
        }

        a.remove(2);
        printAL(a);

        if (a.indexOf("four") != 4) {
            a.add(4, "4.2");
        }

        printAL(a);

        if (a.contains("two")) {
            a.add("2.2");
        }
        printAL(a);
    }

    public static void printAL(ArrayList<String> al) {

        for (String element : al) {

            System.out.print(element + "   ");
        }
        System.out.println(" ");
    }

}
```

자바낱말풀이 정답

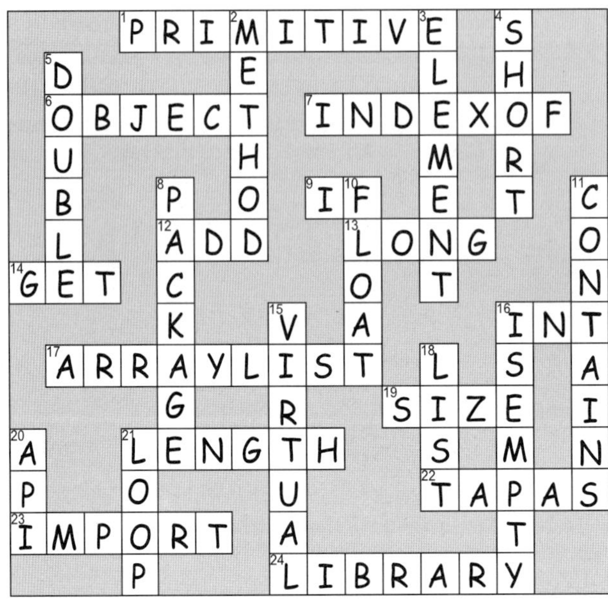

 연필을 깎으며

각자 위의 답의 힌트를 적당히 만들어보세요. 각 단어를 살펴보고 힌트를 써봅시다.
앞에 나와있는 힌트보다 더 쉽게, 혹은 어렵게, 혹은 전문적으로 만들어보세요.

가로

1. _______________________

6. _______________________

7. _______________________

9. _______________________

12. _______________________

13. _______________________

14. _______________________

16. _______________________

17. _______________________

19. _______________________

21. _______________________

22. _______________________

23. _______________________

24. _______________________

세로

2. _______________________

3. _______________________

4. _______________________

5. _______________________

8. _______________________

10. _______________________

11. _______________________

15. _______________________

16. _______________________

18. _______________________

20. _______________________

21. _______________________

객체마을에서의
더 나은 삶

프로그램을 계획할 때는 미래를 생각해보세요. 더 많은 여가 시간을 확보해줄 수 있는 자바 코드를 만들 수 있다면 얼마나 좋을까요? **다른 누군가가 쉽게 확장할 수 있는 코드를 만들 수 있다면 어떨까요?** 그리고 귀찮게 마감 직전에 스펙을 변경하는, 아주 짜증나는 상황에 대비해서 유연한 코드를 만들 수 있다면 좋지 않을까요? 그렇다면 이 장을 꼭 읽어보세요. 세 시간 정도만 투자하면 원하는 것을 얻을 수 있을 테니까요. 다형성 계획에 참가하면 클래스를 더 잘 설계하기 위한 다섯 가지 단계, 다형성을 활용하기 위한 세 가지 트릭, 융통성 있는 코드를 만들기 위한 여덟 가지 방법을 익힐 수 있고, 열심히 하면 상속을 활용하는 네 가지 팁까지 보너스로 배울 수 있습니다. 망설이지 마세요. 이 좋은 기회를 잘 활용하면 설계의 자유와 프로그래밍에 있어서의 융통성을 모두 누릴 수 있으니까요. 지금 당장 매우 빠르게, 그리고 쉽게 배울 수 있습니다. 지금 빨리 시작하세요. 추상화에 대한 몇 가지 개념도 더 배울 수 있을 겁니다.

의자 전쟁을 되돌아봅시다.

2장에 나온 래리(프로시저형 프로그래머)와 브래드(OO 프래그래머)가 에어론 의자를 놓고 경쟁하는 얘기를 벌써 잊진 않았겠죠? 기초적인 상속을 다시 되 짚어보기 위해 그 이야기로 돌아가봅시다.

래리: 코드가 중복됐잖아! rotate 프로시저가 도형 거시기에 전부 들어있네. 정말 멍청하게 설계한 것 아닌가? rotate "메소드"라는 걸 네 개나 따로 만들 어야 하는데, 그런 설계는 좋다고 볼 수 없지.

브래드: 아, 아직 최종판을 못 봤구나. OO에서 **상속(inheritance)**이 어떤 식으로 돌아가는지 보여줄께.

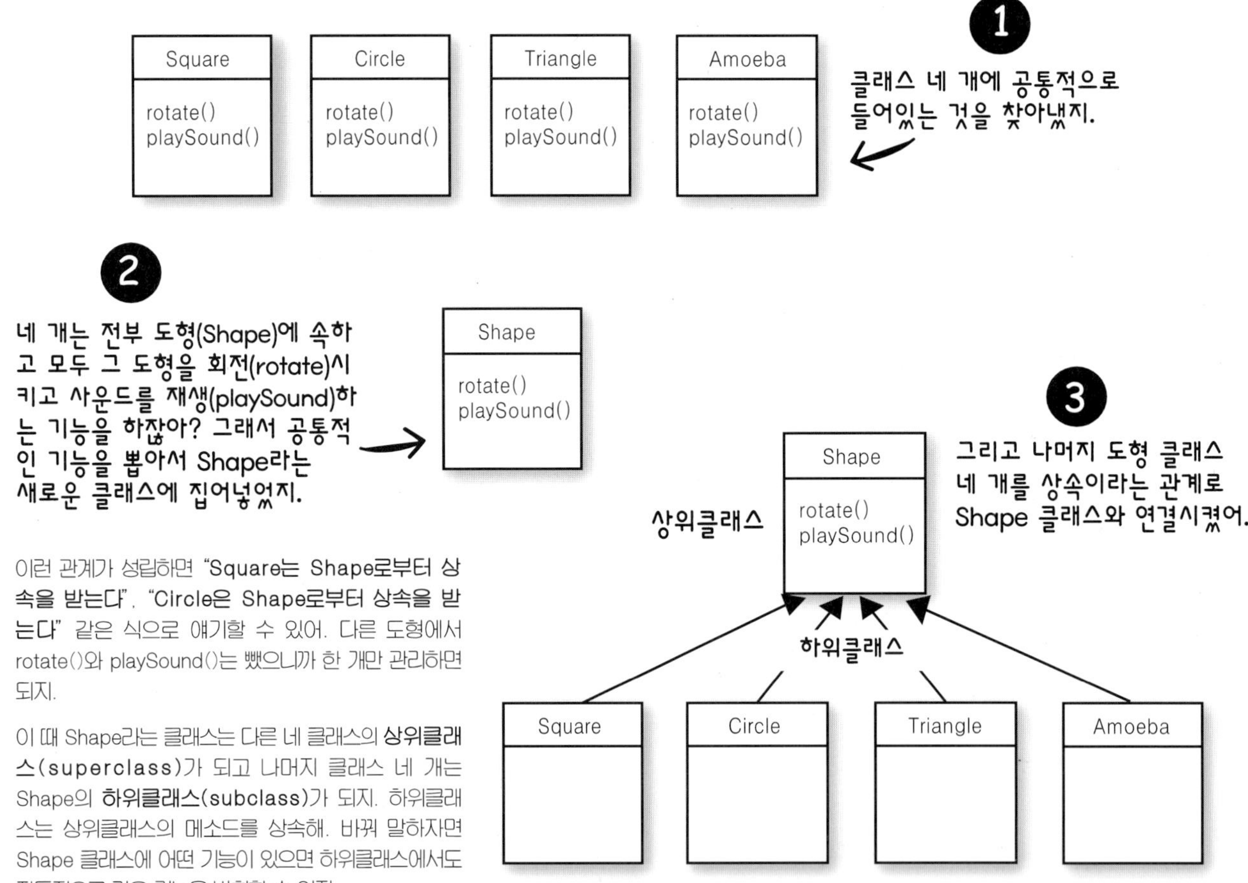

이런 관계가 성립하면 "Square는 Shape로부터 상 속을 받는다", "Circle은 Shape로부터 상속을 받 는다" 같은 식으로 얘기할 수 있어. 다른 도형에서 rotate()와 playSound()는 뺐으니까 한 개만 관리하면 되지.

이 때 Shape라는 클래스는 다른 네 클래스의 **상위클래 스(superclass)**가 되고 나머지 클래스 네 개는 Shape의 **하위클래스(subclass)**가 되지. 하위클래 스는 상위클래스의 메소드를 상속해. 바꿔 말하자면 Shape 클래스에 어떤 기능이 있으면 하위클래스에서도 자동적으로 같은 기능을 발휘할 수 있지.

그럼 Amoeba의 rotate( )는 어떻게 될까요?

래리: 하지만 아메바 모양의 도형에 대해서는 rotate와 playSound 프로시저가 완전히 달라지잖아.

브래드: 메소드라니까.

래리: 어쨌든. Shape 클래스의 기능을 "상속 받는다면" Amoeba 클래스에서는 어떻게 다른 식으로 작업을 처리할 수 있지?

브래드: 그게 마지막 단계야. Amoeba 클래스에서는 Shape 클래스의 메소드를 오버라이드(override)하지. 실행할 때 Amoeba 클래스에 대해 회전시키라는 명령을 하면 JVM에서는 올바른 rotate( ) 메소드를 알아서 실행시켜주지.

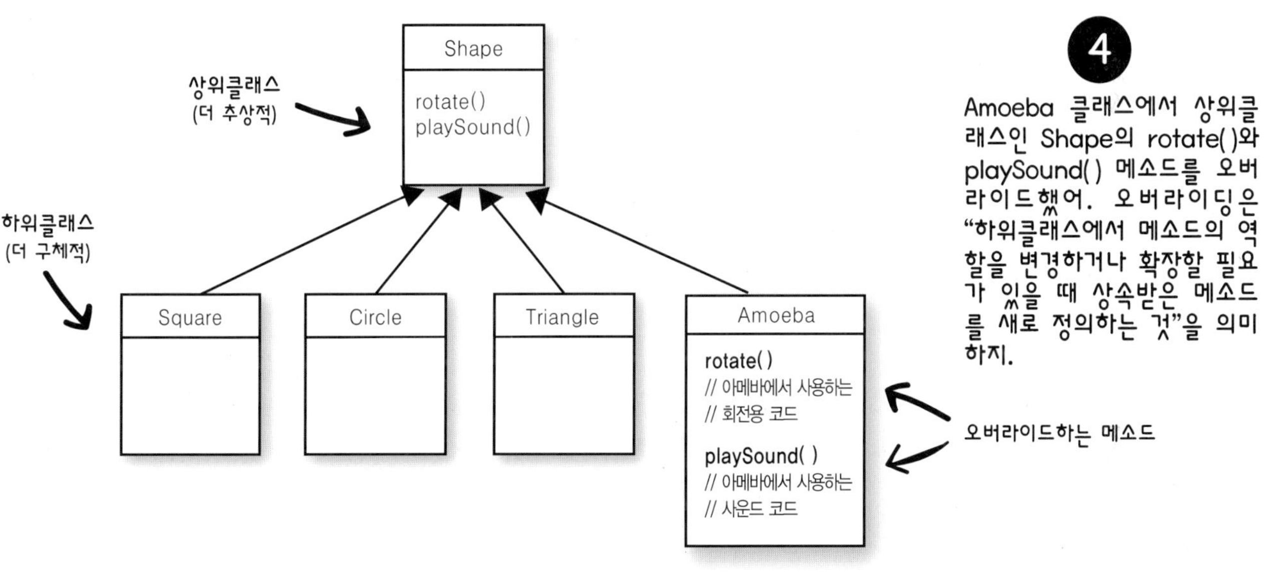

④ Amoeba 클래스에서 상위클래스인 Shape의 rotate( )와 playSound( ) 메소드를 오버라이드했어. 오버라이딩은 "하위클래스에서 메소드의 역할을 변경하거나 확장할 필요가 있을 때 상속받은 메소드를 새로 정의하는 것"을 의미하지.

오버라이드하는 메소드

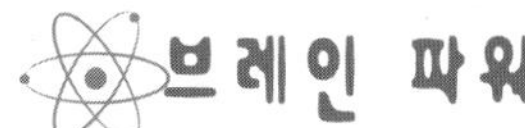

⚛ 브레인 파워

상속 구조 안에서, 집에서 키우는 고양이와 호랑이를 어떤 식으로 표현할 수 있을까요? 고양이를 호랑이의 특화된 버전이라고 할 수 있을까요? 무엇이 하위클래스가 되고 무엇이 상위클래스가 될까요? 아니면 둘 다 어떤 다른 클래스의 하위클래스라고 할 수 있을까요?

상속 구조를 어떻게 설계하겠습니까? 어떤 메소드를 오버라이드할 수 있을까요?

잘 생각해보고, 어느 정도 확신이 설 때까지는 다음 페이지로 넘어가지 마세요.

상속의 이해

상속을 이용하여 설계할 때는 공통적인 코드를 어떤 클래스에 넣은 다음, 다른 더 구체적인 클래스에 공통적인(더 추상적인) 클래스가 상위클래스라는 것을 알려주면 됩니다. 한 클래스가 다른 클래스를 상속하는 것을 **하위클래스가 상위클래스로부터 상속받는다고** 말합니다.

자바에서는 하위클래스가 **상위클래스를 확장(extend)**한다고 얘기합니다. 상속이라는 관계는 하위클래스가 상위클래스의 멤버를 물려받는다는 것을 의미합니다. 인스턴스 변수와 메소드를 **"클래스의 멤버"**라고 부릅니다.

예를 들어, PantherMan이 SuperHero의 하위클래스라면 PantherMan 클래스는 모든 '~맨' 시리즈에 공통적으로 있는 suit(옷), tights(쫄바지), specialPower(특수 능력), useSpecialPower( )(특수 능력을 발휘하는 메소드)와 같은 인스턴스 변수와 메소드를 자동으로 상속받습니다. 하지만 **PantherMan** 하위클래스에서 별도의 메소드와 인스턴스 변수를 추가할 수도 있고 상위클래스인 **SuperHero**에서 상속받은 메소드를 오버라이드할 수도 있습니다.

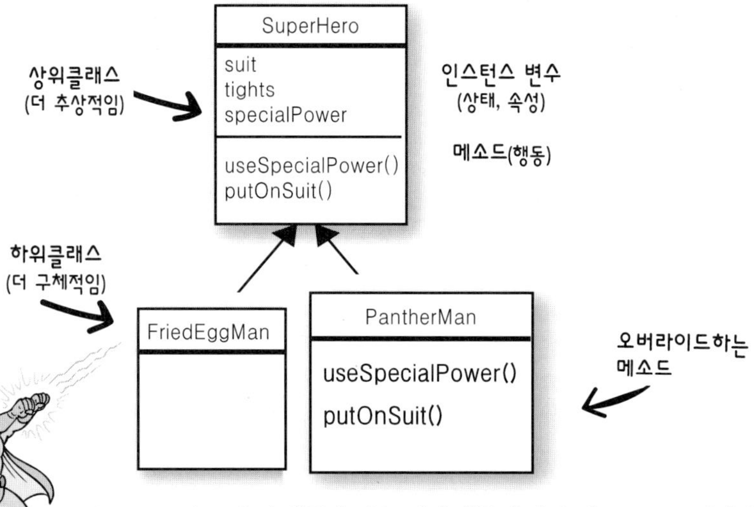

FriedEggMan은 고유의 행동이 필요 없기 때문에 아무 메소드도 오버라이드하지 않습니다. SuperHero에 들어있는 메소드와 인스턴스 변수만으로도 충분하다면 굳이 오버라이드할 필요가 없으니까요.

하지만 PantherMan은 옷과 특수 능력에 대한 별도의 요구사항이 있기 때문에 useSpecialPower( )와 putOnSuit( )(옷을 갈아입고 '~맨' 종류로 변신하는 메소드)를 모두 오버라이드합니다.

인스턴스 변수는 오버라이드할 필요가 없기 때문에 오버라이드하지 않습니다. 인스턴스 변수에서 특별한 행동을 정의하는 것이 아니기 때문에 하위클래스에서는 상속받은 인스턴스 변수를 그대로 사용하고 그 값을 마음대로 선택하면 됩니다. tights를 PantherMan에서는 보라로, FriedEggMan에서는 하양으로 설정하기만 하면 되겠죠?

상속 예제:

```java
public class Doctor {

    boolean worksAtHospital;

    void treatPatient() {
        // 진료를 합니다.

    }
}
```

```java
public class FamilyDoctor extends Doctor{

    boolean makesHouseCalls;
    void giveAdvice() {
        // 집에서 필요한 조언을 합니다.
    }

}
```

```java
public class Surgeon extends Doctor{

    void treatPatient() {
        // 외과 수술을 합니다.
    }

    void makeIncision() {
        // 살을 쨉니다(헉!)
    }
}
```

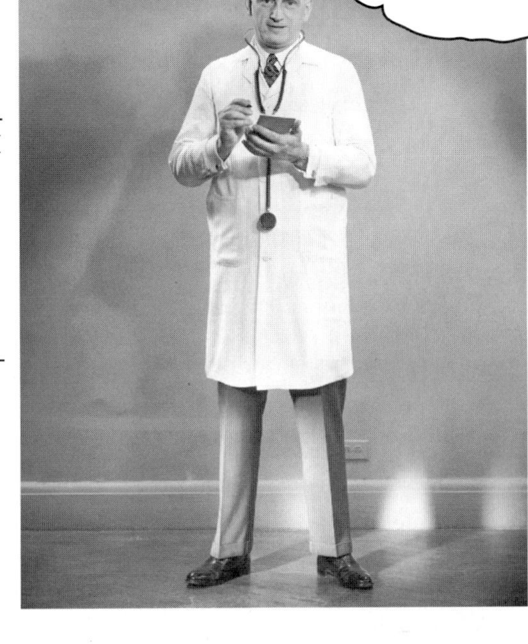

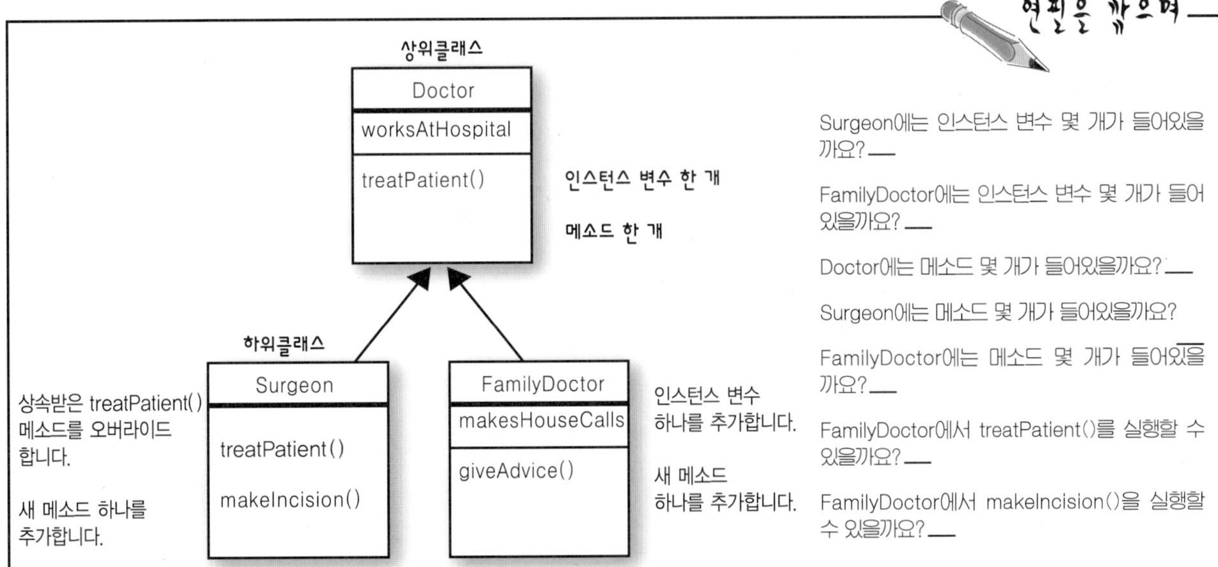

*역자주: Doctor는 일반적인 의사를 총칭하는 클래스, FamilyDoctor는 가정의를 Surgeon은 외과 의사를 나타내는 클래스라고 보면 됩니다.

동물 시뮬레이션 프로그램을 만들기 위한 상속 트리를 설계해봅시다.

여러 가지 서로 다른 동물이 특정 환경에 함께 들어 있을 때 어떤 일이 일어나는지를 살펴볼 수 있게 해주는 시뮬레이션 프로그램을 설계해야 한다고 생각해봅시다. 본격적으로 코딩을 시작하기 전에 일단 설계를 시작해봅시다.

프로그램에 들어갈 모든 동물의 목록은 아직 없고 일부 동물의 목록만 받은 상태입니다. 각 동물은 객체로 표현할 수 있고 그 객체는 각 형식을 프로그래밍할 때 지정한 대로 환경 내에서 움직일 것입니다.

그리고 다른 프로그래머들도 언제든지 프로그램에 새로운 종류의 동물을 추가할 수 있게 만들고 싶습니다.

우선 모든 동물에게 있는 공통적이고 추상적인 특성을 파악하고 그러한 특성을 클래스로 만든 다음 모든 동물이 그 클래스를 확장하게 만들면 됩니다.

❶ 공통적인 속성과 행동이 들어있는 객체를 찾아봅시다.

여기에 있는 여섯 종류의 동물에서 어떤 공통적인 특성을 찾을 수 있나요? 그 과정에서 행동을 추상화할 수 있습니다(2단계).

각 유형은 어떻게 연관될까요? 이 과정에서 상속 트리에서의 관계를 정의할 수 있습니다(4단계~5단계).

상속을 이용하여 하위클래스에 중복된 코드가 들어가는 것을 방지하는 방법

인스턴스 **변수** 다섯 개가 있습니다.

picture – 그 동물의 모습을 보여주는 JPEG 파일명

food – 그 동물이 먹는 음식의 형식. 일단은 meat(고기)와 grass(풀), 이렇게 두 가지만 있다고 가정해봅시다.

hunger – 그 동물의 배고픈 정도를 나타내는 int 변수. 그 동물이 가장 최근에 언제 (그리고 얼마나) 먹었는지에 따라 달라집니다.

boundaries – 그 동물이 돌아다니는 '공간'의 높이와 너비(예를 들어, 640×480)를 나타내는 값

location – 공간 내에서 그 동물이 있는 위치를 나타내는 X와 Y 좌표

그리고 **메소드** 네 개가 있습니다.

makeNoise( ) – 동물이 소리를 낼 때의 행동

eat( ) – 그 동물이 음식(meat 또는 grass)을 접했을 때의 행동

sleep( ) – 그 동물이 잠들어 있을 때의 행동

roam( ) – 그 동물이 먹거나 자고 있지 않을 때의 행동(그냥 먹이를 찾아 돌아다닐 때의 행동)

❷

공통적인 상태와 행동을 나타내는 클래스를 설계합니다.

이 객체들은 모두 동물이므로 Animal이라는 공통적인 상위클래스를 만들겠습니다.

그리고 그 안에는 모든 동물이 필요로 하는 메소드와 인스턴스 변수를 집어넣어야겠죠?

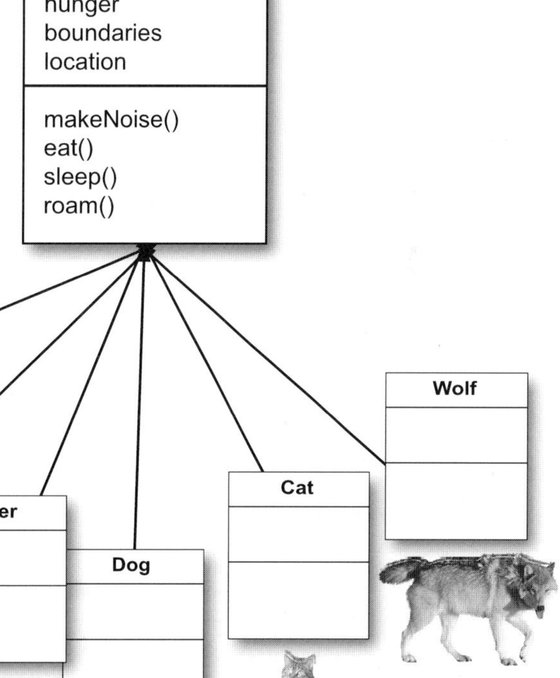

모든 동물이 똑같은 식으로 먹을까요?

우선 인스턴스 변수를 모든 Animal 형식에 적용할 수 있다고 가정합시다. 어떤 사자가 있다고 할 때 그 사자 고유의 picture, food(meat라고 생각할 수 있겠죠?), hunger, boundaries, location 값이 있을 것입니다. 하마같은 다른 동물의 인스턴스 변수의 값은 다르겠지만, 어쨌든 변수 자체는 다른 Animal 형식에 있는 것과 똑같은 것을 가지고 있겠죠. 개, 호랑이 등의 동물에서도 똑같을 것입니다. 하지만 행동도 그럴까요?

어떤 메소드를 오버라이드해야 할까요?

사자와 개가 **똑같은 소리를 낼까요**? 고양이가 하마와 **똑같은 식으로 먹을까요**? 누군가가 그런 버전을 만들지도 모르지만 우리가 보기에는 먹는 것과 소리를 내는 것이 동물 종류에 따라 달라집니다. 필자들은 makeNoise()나 eat() 같은 메소드를 모든 동물에 대해 똑같이 사용할 수 있게 만드는 방법을 찾을 수가 없었습니다. 예를 들어, 해당 형식에서 정의한 인스턴스 변수에 저장되어있는 사운드 파일을 재생하는 makeNoise() 메소드를 활용하는 방법도 있겠지만 그리 특화된 메소드라고는 할 수 없을 것입니다. 상황에 따라 다른 소리를 내는 동물들도 있을 테니까요(먹을 때 내는 소리, 적에게 달려들 때 내는 소리가 다른 동물이 많이 있죠?).

따라서 전에 Amoeba 클래스에서 Shape 클래스의 rotate() 메소드를 오버라이드해서 그 형식에만 적용되는 (즉, 고유의) 행동을 할 수 있었던 것처럼 Animal의 하위클래스에서도 메소드를 오버라이드 하는 것이 좋겠죠?

③ 특정 하위클래스 유형에만 적용되는 행동 (메소드 구현)이 필요한지 결정합니다.

Animal 클래스를 보면 각 하위클래스에서 eat( )와 makeNoise( )를 오버라이드해야 한다는 결정을 내릴 수 있습니다.

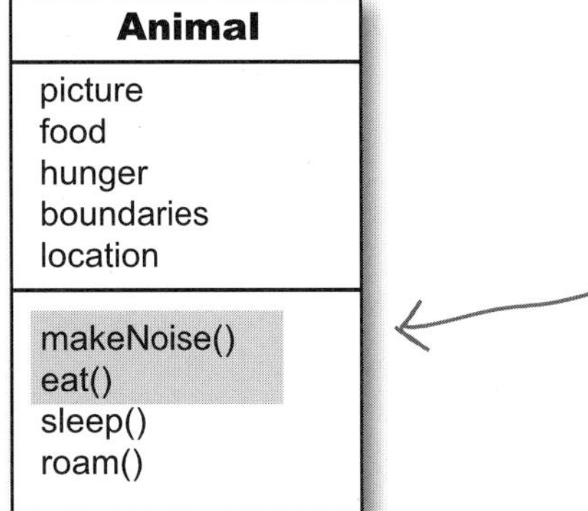

Animal
picture food hunger boundaries location
makeNoise() eat() sleep() roam()

상속을 더 많이 활용하는 방법을 찾아봅시다.

이제 슬슬 클래스 계층이 모양새를 갖춰가고 있습니다. 모든 하위클래스에서 makeNoise()와 eat() 메소드를 오버라이드하기로 했습니다. 그래야 Dog 객체에서 개가 짖는 소리를 내는 것과 Cat 객체에서 고양이가 울음소리를 내는 것을 확실히 구분할 수 있겠죠(소리가 똑같으면 서로 상당히 싫어하겠죠?). 그리고 Hippo 객체가 먹는 방식과 Lion 객체가 먹는 방식이 같을 수는 없을 것입니다.

하지만 뭔가 할 일이 더 있을지도 모릅니다. Animal의 하위클래스를 살펴보고 두 개 이상을 같은 그룹으로 묶을 수 있는지 알아봅시다. 그리고 그 그룹에만 공통적으로 적용할 수 있는 코드를 생각해봅시다. 늑대(Wolf)와 개(Dog)는 유사한 면이 많습니다. 그리고 사자(Lion), 호랑이(Tiger), 고양이(Cat)도 비슷한 점이 많이 있죠.

공통적인 행동이 필요한 하위클래스를 두 개 이상 찾아서 추상화의 개념을 더 폭넓게 활용할 수 있을지 찾아봅니다.

여러 클래스를 살펴보면 Wolf와 Dog에 공통적인 행동이 있고 Lion, Tiger, Cat에도 공통적인 행동이 있다는 것을 알 수 있습니다.

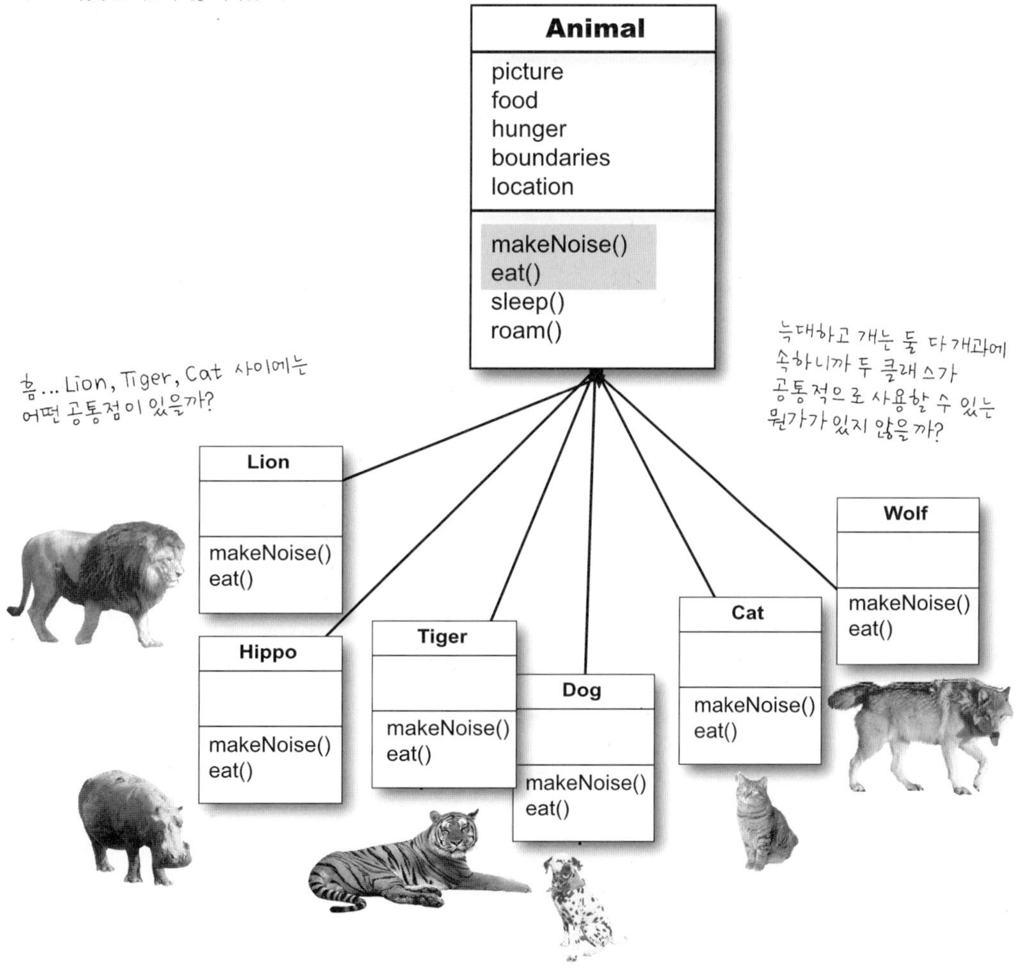

❺ 클래스 계층 구조를 완성해봅시다.

사실 동물에는 이미 계층 구조(hierarchy, 생물 시간에 계, 문, 강, 목, 과, 속 종 같은 생물 분류 체계를 배운 적이 있죠?)가 있으니까 클래스를 설계하는 과정에서도 최대한 활용해보겠습니다. 여기서는 생물 분류 체계에서의 "과(科)"를 활용하여 Feline(고양이과) 클래스와 Canine(개과) 클래스를 만들어서 동물을 조직화하겠습니다.

개과 동물은 무리를 지어서 움직이는 성향이 있다는 점을 감안하면 Canine 클래스에서 공통적인 roam() 메소드를 만들 수 있을 것입니다. 또한 고양이과 동물은 같은 종류에 속하는 다른 동물을 피하려는 습성이 있기 때문에 공통적인 roam() 메소드를 만들 수 있을 것입니다. Hippo 클래스에서는 그냥 Animal 클래스에 들어있는 일반적인 roam() 메소드를 활용하겠습니다.

일단 지금은 이 정도로 마치고 잠시 후에 다시 이 주제로 돌아오도록 하죠.

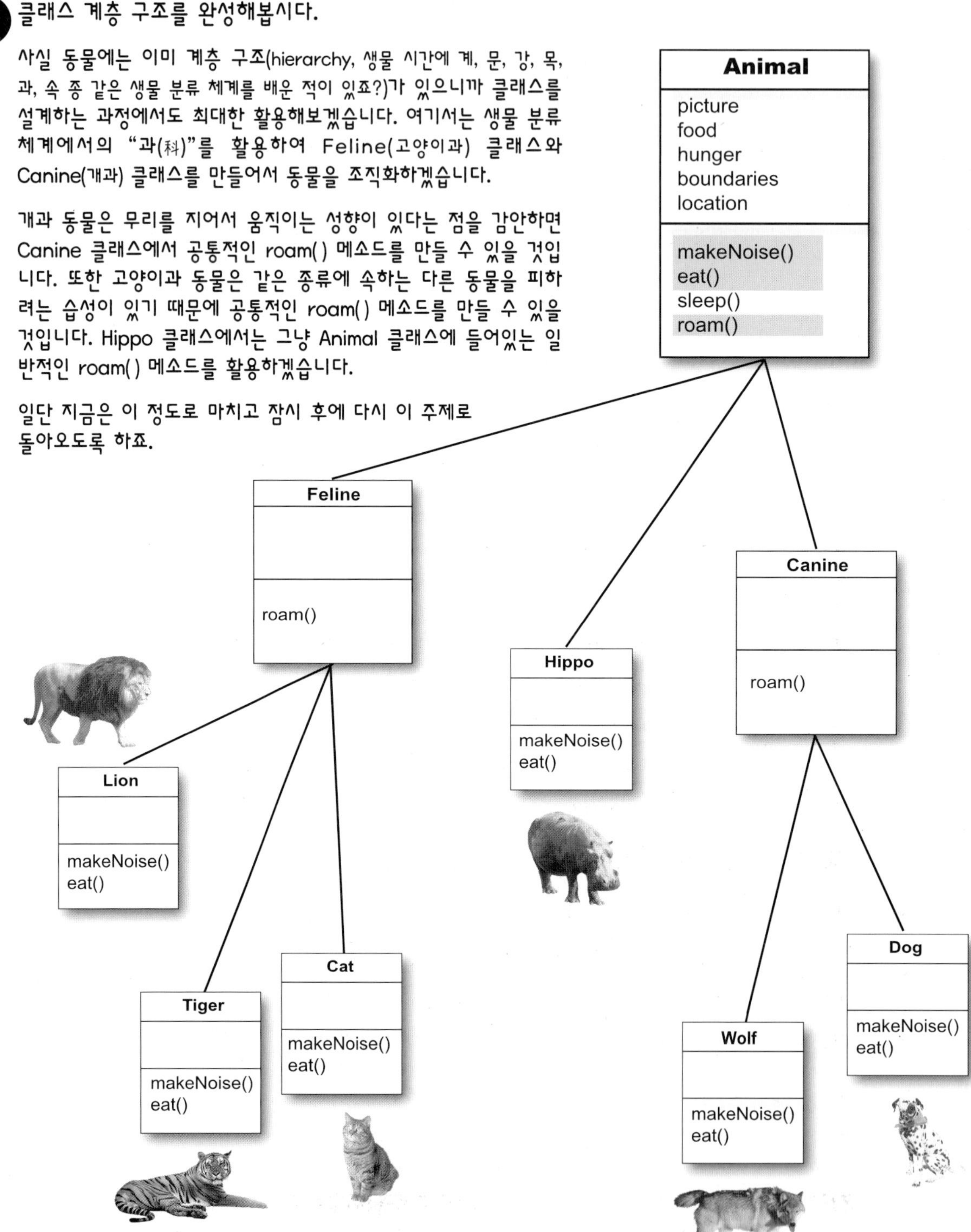

어떤 메소드가 호출될까요?

Wolf 클래스에는 메소드가 네 개 있습니다. 하나는 Animal에서, 하나는 Canine에서(정확하게 말하자면 Animal 클래스에 있는 메소드를 Canine 클래스에서 오버라이드한 것) 상속 받은 것이고 두 개는 Wolf 클래스에서 오버라이드한 것입니다. Wolf 객체를 만들어서 변수에 대입하면 그 레퍼런스 변수에 대해 점 연산자를 사용하여 메소드 네 개를 호출할 수 있습니다. 하지만 그 메소드의 어떤 버전이 호출될까요?

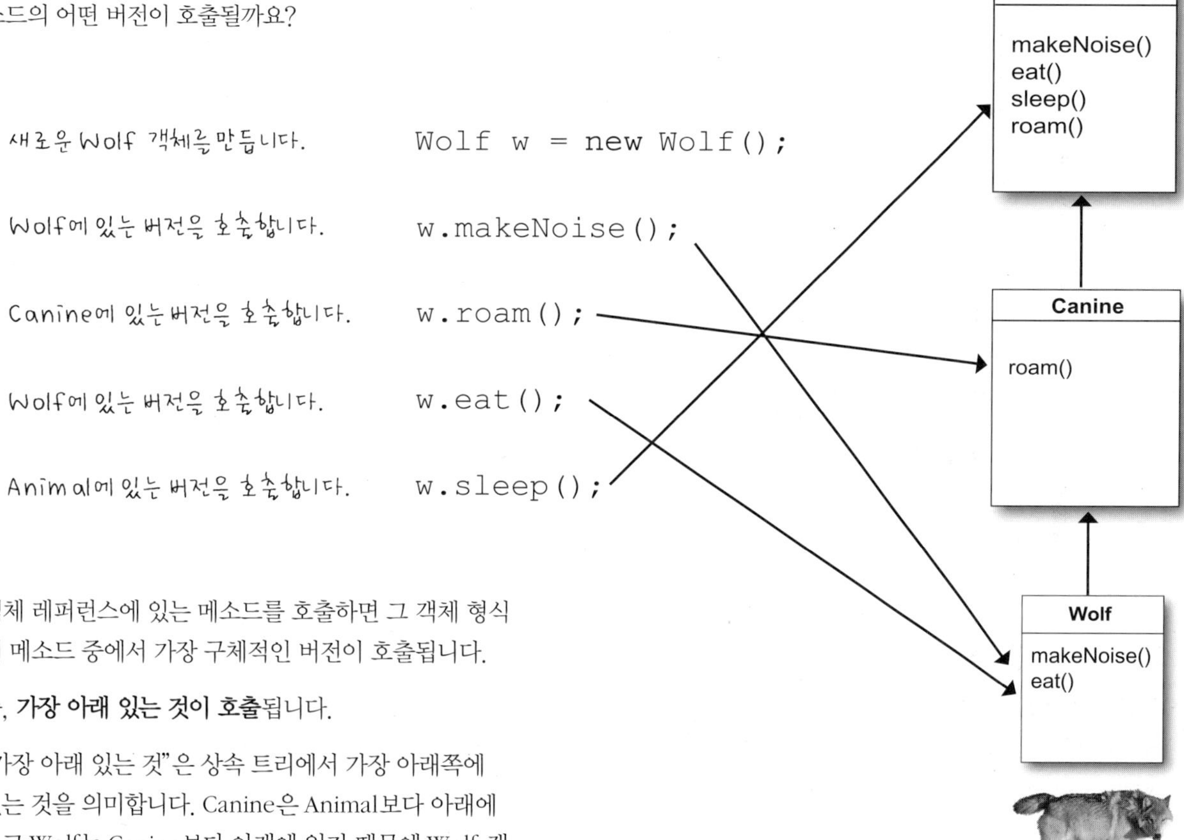

객체 레퍼런스에 있는 메소드를 호출하면 그 객체 형식의 메소드 중에서 가장 구체적인 버전이 호출됩니다.

즉, 가장 아래 있는 것이 호출됩니다.

"가장 아래 있는 것"은 상속 트리에서 가장 아래쪽에 있는 것을 의미합니다. Canine은 Animal보다 아래에 있고 Wolf는 Canine보다 아래에 있기 때문에 Wolf 객체에 대해 어떤 메소드를 호출하면 JVM에서는 일단 Wolf 클래스에 들어있는 것을 찾아봅니다. JVM에서 Wolf 클래스에 있는 버전을 찾을 수 없으면 매치되는 것을 찾을 때까지 상속 계층 구조를 따라 올라갑니다.

상속 트리 설계

클래스	상위클래스	하위클래스
옷	…	바지, 셔츠
바지	옷	
셔츠	옷	

상속 테이블

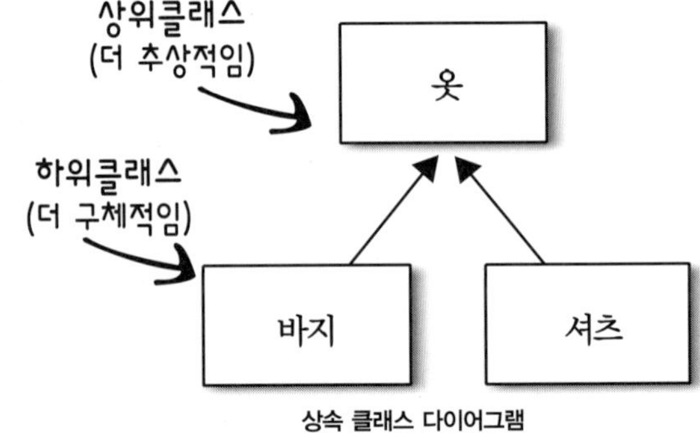

상속 클래스 다이어그램

연필을 깎으며

각각의 관계에 대해 생각해보고 오른쪽 두 열에 적당한 내용을 채워보세요.

여기에는 상속 다이어그램을 그려보세요.

클래스	상위클래스	하위클래스
음악가		
락 스타		
팬		
베이스 연주자		
피아노 연주자		

힌트: 모두 다른 것과 연결할 수 있는 것은 아닙니다.

힌트: 여기에 나와있는 클래스를 변경하거나 새로운 클래스를 추가해도 됩니다.

바보 같은 질문은 없습니다

Q: 메소드를 호출한 클래스 유형(예를 들어, 앞 페이지에 있는 Wolf 클래스)에서 시작해서 상속 트리를 따라 올라간다고 했는데요, JVM에서 매치되는 것을 전혀 찾을 수 없으면 어떻게 되나요?

A: 좋은 질문입니다. 하지만 그런 문제는 염려하지 않아도 됩니다. 컴파일러에서 실행할 때 메소드가 실제로 어떤 클래스에서 오는지는 알려주지 않지만 (신경을 쓰지도 않습니다만) 특정 레퍼런스 유형에서 어떤 메소드를 호출할 수 있는지의 여부는 확실하게 짚고 넘어가기 때문이죠. 앞서 나온 Wolf 예제의 sleep( ) 메소드를 생각해보면 그 메소드를 호출할 수 있는지 확실히 확인을 하고 넘어갑니다. 하지만 sleep( )이 실제로 Animal 클래스에 정의되어 있고 그 클래스로부터 상속을 받는다는 것까지는 확인하지 않습니다. 어떤 클래스에서 메소드를 상속한다면 그 메소드가 반드시 들어있다는 점을 기억해두세요. 컴파일러 입장에서는 상속한 메소드가 어디에 정의되어있는지(즉 어떤 상위클래스에서 정의하고 있는지)가 전혀 중요하지 않습니다. 하지만 실행 중에는 **JVM에서 반드시 올바른 것을 골라서 호출합니다.** 그리고 **'올바른 것'은 그 객체에서 호출할 수 있는 가장 구체적인 버전을 의미하죠.**

'**A는 B다**' 와 '**A에는 B가 있다**' 관계

앞서 배웠듯이 한 클래스가 다른 클래스를 상속하는 것을 하위클래스가 상위클래스를 확장한다고 합니다. 어떤 것이 다른 것을 확장하는지 알고 싶다면 'A는 B다' 테스트를 활용하면 됩니다.

삼각형(Triangle)은 도형(Shape)입니다. 되죠?

고양이(Cat)는 고양이과(Feline)입니다. 이것도 되는군요.

외과의사는 의사입니다. 이것도 마찬가지입니다.

욕조는 화장실을 확장할까요? 뭔가 맞을 것 같기도 하네요.

그런데 'A는 B다' 를 테스트해보면 이상하죠?

형식을 제대로 설계했는지 알고 싶다면 "'A는 B다' 관계가 성립할까?"를 확인해보면 됩니다. 그런 관계가 성립하지 않으면 설계상에 어떤 문제가 있는지를 의심해봐야 합니다. 욕조와 화장실 사이의 관계를 생각해보면 "욕조는 화장실이다"라는 명제가 틀렸다는 것을 알 수 있습니다.

화장실이 욕조를 확장한다고 거꾸로 생각해보면 어떨까요? 이것도 틀리죠? "화장실은 욕조다"라고 말할 수 없으니까요.

욕조와 화장실 사이에 전혀 관계가 없는 것은 아니지만 그 관계는 상속 관계는 아닙니다. 욕조와 화장실 사이에는 "A에는 B가 있다" 관계가 있습니다. "화장실에는 욕조가 있다"라는 관계가 성립한다고 할 수 있을까요? 그렇다면 화장실(Bathroom)에는 욕조(Tub) 인스턴스 변수가 들어간다고 할 수 있습니다. 즉, Bathroom 객체에는 Tub에 대한 레퍼런스가 있다고 할 수 있지만 Bathroom이 Tub를 확장한다거나 Tub가 Bathroom을 확장한다고 할 수는 없습니다.

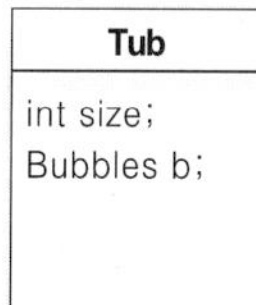

Tub
int size; Bubbles b;

Bathroom
Tub bathtub; Sink theSink;

Bubbles
int radius; int colorAmt;

화장실에는 욕조가 있고 욕조에는 거품(Bubbles)이 들어있겠죠.
이 셋 사이에는 서로 상속하는 관계가 전혀 없습니다.

아직 안 끝났습니다. 좀더 남았어요.

'A는 B다' 테스트는 상속 트리의 어느 곳에서도 성립합니다. 상속 트리를 잘 설계했다면
어떤 하위클래스를 골라도 '하위클래스는 상위클래스다' 라는 관계가 성립합니다.

B라는 클래스가 A라는 클래스를 확장하면 B 클래스는 A 클래스입니다.

이런 테스트는 상속 트리의 어느 곳에서도 성립합니다. C라는 클래스가 B라는 클래스를 확장한다면 C라는 클래스는 B와 A 모두에 대해 '~는 ~이다' 라는 관계가 성립해야 합니다.

Canine은 Animal을
확장합니다.

Wolf는 Canine을 확장합니다.

Wolf는 Animal을 확장합니다.

개과동물(Canine)은
동물(Animal)입니다.

늑대(Wolf)는
개과동물(Canine)입니다.

늑대(Wolf)는
동물(Animal)입니다.

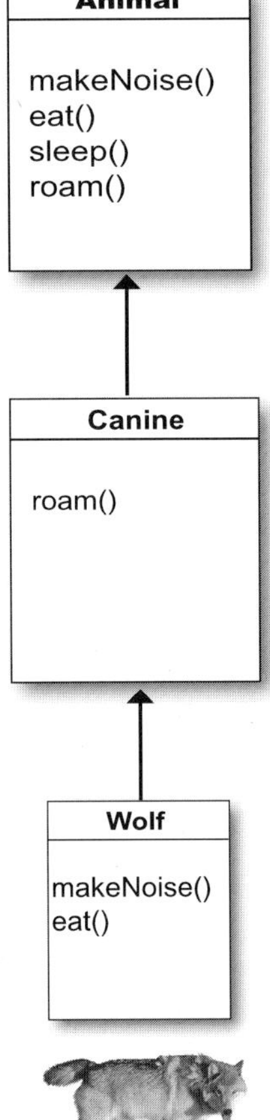

왼쪽에 있는 것과 같은 상속 트리가 있으면 언제든지 "늑대는 동물을 확장한다" 또는 "늑대는 동물이다"라고 할 수 있습니다. Animal이 Wolf의 상위클래스의 상위클래스인 경우에도 전혀 다를 것은 없습니다. **Animal이 상속 계층 구조에서 Wolf 위에 있기만 하면 "Wolf는 Animal이다"라는 명제는 항상 참이라고 할 수 있습니다.**

Animal 상속 트리의 구조를 보면 다음과 같은 것을 알 수 있습니다.

"Wolf는 Canine이므로 Wolf 객체는 Canine 객체에서 할 수 있는 것을 모두 할 수 있습니다. 그리고 Wolf는 Animal이므로 Wolf 객체는 Animal 객체에서 할 수 있는 것을 모두 할 수 있습니다."

Wolf에서 Animal 또는 Canine에 들어있던 메소드를 오버라이드하더라도 달라지지는 않습니다. 외부(다른 코드)에서 보기에는 Wolf에서도 그러한 메소드 네 개를 모두 실행시킬 수 있다는 것은 똑같으니까요. 그 방법이나 어떤 클래스에서 오버라이드한 것인지는 중요하지 않습니다. Wolf는 Animal 클래스를 확장한 것이므로 makeNoise(), eat(), sleep(), roam() 메소드를 쓸 수 있습니다.

상속 구조를 제대로 만들었는지 어떻게 알 수 있나요?

물론 지금까지 배운 것 외에도 중요한 내용이 많이 있지만 OO와 관련된 다른 내용은 다음 장에서 알아보기로 하겠습니다(다음 장에서는 이 장에서 해본 설계 과정을 더 정교하게 다듬고 개선시킬 것입니다).

일단 지금은 "'A는 B다' 테스트만 잘 해도 된다"는 정도로 알아두고 넘어가도 될 것 같습니다. 만약 'X는 Y다' 가 성립한다면 이 두 클래스(X와 Y)는 모두 같은 상속 계층 구조 안에 들어가도 됩니다.

상속에서의 'A는 B다' 관계는 한 방향으로만 작동합니다.

"삼각형은 도형이다"라고 할 수 있기 때문에 Triangle은 Shape 클래스를 확장하게 만들면 됩니다.

하지만 그 반대(도형은 삼각형이다)는 성립하지 않기 때문에 Shape 클래스가 Triangle 클래스를 확장하게 만들면 안 됩니다. 'X는 Y다' 라고 하면 X는 Y가 할 수 있는 것(또는 그 이상)을 모두 할 수 있다는 것을 의미한다는 것을 잊지 마세요.

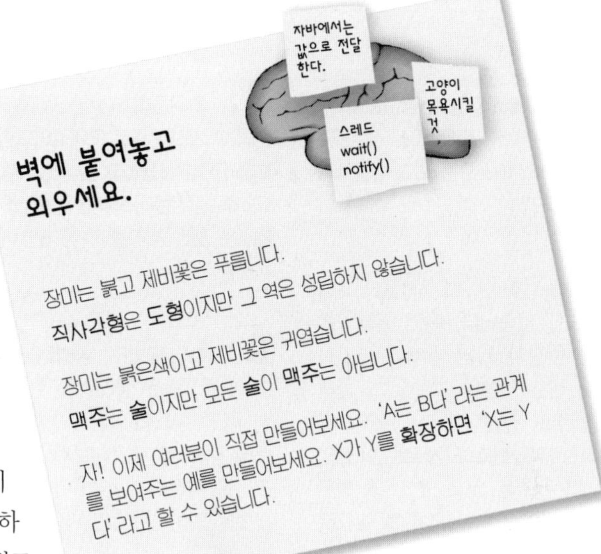

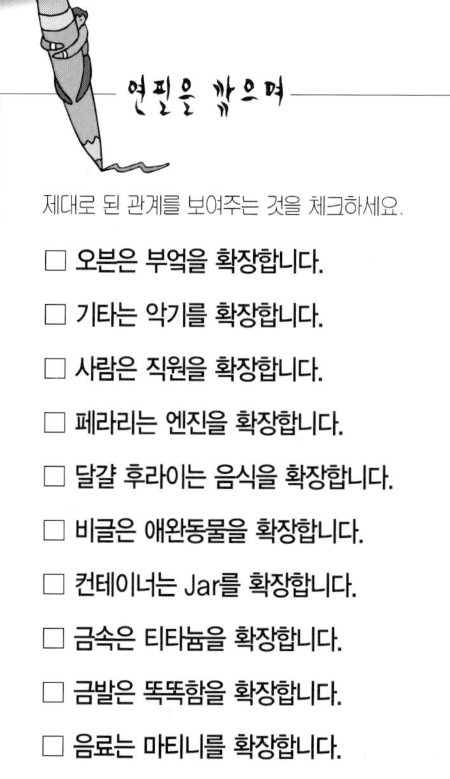

제대로 된 관계를 보여주는 것을 체크하세요.

☐ 오븐은 부엌을 확장합니다.

☐ 기타는 악기를 확장합니다.

☐ 사람은 직원을 확장합니다.

☐ 페라리는 엔진을 확장합니다.

☐ 달걀 후라이는 음식을 확장합니다.

☐ 비글은 애완동물을 확장합니다.

☐ 컨테이너는 Jar를 확장합니다.

☐ 금속은 티타늄을 확장합니다.

☐ 금발은 똑똑함을 확장합니다.

☐ 음료는 마티니를 확장합니다.

힌트: 'A는 B다' 테스트를 적용해보세요.

바보 같은 질문은 없습니다

Q: 하위클래스에서 어떻게 상위클래스의 메소드를 상속하는지는 알겠는데요, 상위클래스에서 하위클래스의 메소드를 쓰고 싶을 때는 어떻게 해야 하나요?

A: 상위클래스에서는 그 하위클래스에 대해 알 필요가 없습니다. 어떤 클래스를 만들고 나서 한참이 지난 후에 누군가가 (상위클래스를 만든 사람은 모르게) 그 클래스를 확장할 수도 있습니다. 상위클래스를 만든 사람이 하위클래스에 새로운 버전의 메소드가 있다는 것을 알고 있고, 그 하위클래스를 사용하고자 하는 경우에 반대로 상속하는 것 등은 불가능합니다. 보통 자식들이 부모로부터 상속을 받지, 부모가 자식들로부터 상속을 받는 것은 아니니까요.

Q: 하위클래스에서 상위클래스에 있는 버전의 메소드와 새로 오버라이드한 버전의 메소드를 둘 다 사용하고 싶다면 어떻게 해야 할까요? 즉, 상위클래스 버전을 완전히 버리지 않고 새로운 것을 추가하고 싶다면 어떻게 해야 할까요?

A: 그렇게 하는 방법이 있습니다. 그리고 그런 기능은 클래스를 설계하는 데 있어서 매우 중요합니다. '확장'이라는 단어의 뜻에 대해 잘 생각해보세요. "상위클래스의 기능을 확장하고 싶어"라고 하면 정확하게 무엇을 의미하는 것일까요?

```java
public void roam() {
    super.roam();
    // 새로 추가할 내용
}
```

하위클래스에서 기존의 메소드에 새로운 기능을 추가하는 경우에도 모든 하위클래스에서 필요로 하는 기본적인 내용을 포함해서 상위클래스의 메소드를 만들 수 있습니다. 나중에 하위클래스에서 그 메소드를 오버라이드할 때는 super라는 키워드를 써서 상위클래스에 있는 버전의 메소드를 호출할 수 있으니까요. "우선 상위클래스에 있는 버전을 실행한 다음 나머지 부분을 처리하자"라는 뜻으로 생각하면 됩니다.

일단 상속받은 버전의 roam()을 실행시킨 다음 하위 클래스에서만 실행할 코드로 돌아옵니다.

누가 포르셰를 받고 누가 포크레인을 받을까요?
(하위클래스는 상위클래스로부터 무엇을 상속 받을 수 있나요?)

하위클래스는 상위클래스의 멤버(member)를 상속받습니다. 나중에 상속되는 다른 멤버에 대해서도 알아보겠지만 일단 멤버에는 인스턴스 변수와 메소드가 있다고 생각하면 됩니다. 그리고 상위클래스에서는 멤버에 대해 접근 단계를 지정하여 하위클래스에서 상속받을 수 있는 것과 없는 것을 지정할 수 있습니다.

이 책에서 다룰 접근 단계(access level)에는 네 가지가 있습니다. 네 가지 접근 단계를 가장 제한된 것부터 가장 느슨한 것 순으로 열거하면 다음과 같습니다.

private	default	protected	public

접근 단계를 통해 누가 그 멤버를 볼 수 있는지를 제어할 수 있습니다. 그리고 접근 단계는 잘 설계된 강력한 자바 코드를 만드는 데 있어서도 매우 중요한 역할을 합니다. 일단 지금은 public과 private에 대해서만 신경을 쓰기로 하겠습니다. 이 둘만 생각할 때는 규칙을 다음과 같이 아주 간단하게 정리할 수 있습니다.

public으로 지정한 멤버는 상속됩니다.
private로 지정한 멤버는 상속되지 않습니다.

하위클래스에서 멤버를 상속받는 것은 하위클래스에서 **멤버 자체를 새로 정의하는 것과 똑같습니다.** 예를 들어, 전에 다루었던 도형 예제에서 Square는 rotate()와 playSound() 메소드를 상속했는데, 다른 코드에서 볼 때는 Square 클래스에 rotate()와 playSound() 메소드가 있다는 것만 중요할 뿐 그것을 어디에서 상속받았는지는 별 상관이 없습니다.

클래스의 멤버에는 그 클래스에서 정의한 변수와 메소드, 그리고 상위클래스로부터 상속받은 모든 것이 포함됩니다.

참고: default와 protected에 대한 자세한 내용은 17장과 '부록 B'에서 알아보겠습니다.

상속을 활용하여 설계할 때의 주의점

여기에 나와있는 규칙 중에는 아직 그 이유를 배우지 않은 것도 있지만 일단 지금 이런 규칙이 있다는 것을 알아두면 상속 구조를 설계하는 데 도움이 많이 될 것입니다.

어떤 클래스가 다른 클래스(상위클래스)를 더 구체화한 형식이라면 **상속을 활용합니다.** 예를 들어, 버드나무(Willow)는 나무(Tree)를 구체화한 것이라고 할 수 있으므로 Willow가 Tree를 확장하는 것이 좋습니다.

같은 일반적인 형식에 속하는 여러 클래스에서 공유해야 하는 어떤 행동(구현된 코드)이 있다면 상속을 활용합니다. 예를 들어, Square, Circle, Triangle에는 모두 그 도형을 회전시키고 소리를 재생하는 메소드가 필요합니다. 따라서 그런 기능을 Shape라는 상위클래스에 집어넣는 것이 자연스럽고, 그렇게 하면 클래스의 관리와 확장이 용이해집니다.

그러나 객체지향 프로그래밍에 있어서 상속이 핵심 기능 가운데 하나긴 하지만 행동을 재사용하는 데 있어서 무조건 최선의 방법이 아니라는 점에 주의해야 합니다. 처음에는 상속을 쓰게 마련이고, 그 방법이 가장 좋은 디자인 방법이 될 수도 있지만, 디자인 패턴을 공부하다 보면 다른 강력하면서도 유연한 방법을 익힐 수 있을 것입니다. 디자인 패턴에 관심이 있다면 이 책을 다 본 후에 『Head First Design Patterns: 스토리가 있는 패턴 학습법』(한빛미디어, 2005)을 읽어보세요.

상위클래스와 하위클래스 사이의 관계가 위에 있는 두 가지 규칙에 위배된다면 어떤 코드를 다른 클래스에서 재사용할 수 있다는 이유만으로 **상속을 사용하면 안 됩니다.** 예를 들어, Alarm이라는 클래스에서 특별한 출력 코드를 만들었는데, Piano라는 클래스에서도 출력하는 코드가 필요해서 Alarm에 있는 코드를 재사용하기 위한 용도로 Alarm을 확장해서 Piano 클래스를 만드는 경우를 생각해보세요. 이런 건 전혀 말이 안 되겠죠? Piano는 Alarm을 구체화한 것이 아니니까요(이런 경우에는 출력 코드를 Printer 같은 클래스에 집어넣고 출력을 하는 모든 객체에서 이런 클래스를 활용하여 출력하는 것이 좋습니다).

하위클래스와 상위클래스 사이에서 'A는 B다' 관계가 성립하지 않는다면 **상속을 사용하면 안 됩니다.** 항상 하위클래스가 상위클래스를 더 구체화한 형식인지 생각해보세요. 예를 들어, 차(Tea)가 음료(Beverage)라고 하는 것은 말이 되지만 음료가 차라고 하는 것은 말이 안 되겠죠?

핵심정리

- 하위클래스는 상위클래스를 확장합니다.

- 하위클래스는 상위클래스에 있는 모든 public으로 지정한 인스턴스 변수와 메소드를 상속합니다. 하지만 private로 지정한 인스턴스 변수와 메소드는 상속하지 않습니다.

- 메소드는 오버라이드할 수 있지만 인스턴스 변수는 오버라이드할 수 없습니다(하위클래스에서 재정의할 수는 있지만 오버라이드하는 것과는 다르죠. 그리고 사실 오버라이드할 필요성을 거의 느낄 수 없을 것입니다).

- 'A는 B다' 테스트를 활용하여 상속 계층이 올바른지 확인합시다. X가 Y를 확장한 것이라면 'X는 Y다' 라고 할 수 있어야 합니다.

- 'A는 B다' 관계는 한 방향으로만 작동합니다. 하마는 동물이지만 모든 동물이 하마라고 할 수는 없지요.

- 하위클래스에서 메소드를 오버라이드하면, 그리고 하위클래스의 인스턴스에 대해 그 메소드를 호출하면 오버라이드된 버전의 메소드가 호출됩니다(맨 밑에 있는 것이 호출됩니다).

- B라는 클래스가 A라는 클래스를 확장하고 C는 B를 확장한다면 클래스 B는 클래스 A고 클래스 C는 클래스 B고 클래스 C는 또한 클래스 A입니다.

이런 상속 기능을 활용하면
어떤 장점이 있나요?

상속을 활용해서 설계하면 OO의 여러 이점을 누릴
수 있습니다. 일련의 클래스에서 공통적으로 필요한
행동을 뽑아서 그 코드를 상위클래스에 집어넣으면
코드가 중복되는 것을 방지할 수 있습니다. 그렇게
하면 행동을 수정할 때, 코드를 한 군데만 고치면 그
행동을 상속받은 모든 클래스에서 새로운 변동사항
이 자동으로 반영됩니다. 뭐, 아주 특별한 방법이 필
요한 것은 아닙니다. 그냥 코드를 고치고 그 클래스
만 다시 컴파일하면 됩니다. 하위클래스는 전혀 건
드릴 필요가 없습니다.

새로 컴파일한 상위클래스를 기존의 상위클래스가
있던 자리에 넣기만 하면 그 클래스를 확장한 하위
클래스에서는 자동으로 새로운 버전을 활용합니다.

자바 프로그램은 클래스를 모아놓은 것이므로 새로
운 버전의 상위클래스를 이용하기 위해 하위클래스
까지 새로 컴파일할 필요는 없습니다. 상위클래스가
바뀐 것 때문에 하위클래스가 망가지지 않는 이상
전혀 문제 없습니다('망가진다'는 단어의 의미에 대
해서는 나중에 알아보겠습니다. 일단 지금은 특정 메소
드의 인자나 리턴 형식, 메소드명과 같이 상위클래스에
있는 것 가운데 하위클래스에서 반드시 필요로 하는 것
을 변경하면 심각한 문제가 생길 수도 있다는 점만 이
해하고 넘어가면 됩니다).

① **코드가 중복되는 것을 방지할 수 있습니다.**

공통적인 코드를 한 군데에 모아놓고 하위클래스에서 상위
클래스로부터 상속을 받을 때 그 코드도 받게 합니다.
그 행동을 변경하고 싶으면 한 군데만 변경하면 나머지 모
든 하위클래스에서 변경된 기능을 활용할 수 있습니다.

② **일련의 클래스를 위한 공통적인**
규약(protocol)를 정의합니다.

상속을 사용하면 특정 상위클래스 밑에 모여 있는 모든 클래스에, 상위클래스에 들어있는 모든 메소드가 들어가게 할 수 있습니다.*
즉, 상속을 통해 연관된 일련의 클래스에 대해 공통적인 규약을 정의할 수 있습니다.

상위클래스에서 메소드를 정의하면 그 메소드는 하위클래스로 상속될 수 있으며 그 메소드 정의는 다른 코드에 "내 형식에 속하는 모든 하위클래스에서는 다음과 같은 메소드를 써서 이런 일을 할 수 있습니다"라고 알려주는 일종의 규약이라고 할 수 있습니다.

즉, 어떤 '계약'을 맺는 것이죠.

Animal이라는 클래스에서는 Animal에 속하는 모든 하위클래스를 위한 공통적인 규약을 구축했습니다.

```
Animal

makeNoise()
eat()
sleep()
roam()
```

모든 Animal이 여기에 있는 것과 같은 네 가지를 할 수 있다는 것을 공표한 것입니다. 이 때 메소드 인자와 리턴 유형도 함께 알려주게 되지요.

그리고 여기에서 Animal이라는 것은 Animal과 Animal을 확장한 모든 클래스를 의미합니다. 즉, 상속 계층 구조에서 그 위 어딘가에 Animal이 있는 클래스를 의미합니다.

하지만 정말 중요한 것은 아직 시작하지도 않았습니다. 가장 중요한 다형성(polymorphism)은 일부러 뒤로 미뤄놨거든요.

일련의 클래스에 대한 상위클래스를 만들면 그 상위클래스 형식이 들어갈 수 있는 모든 자리에 해당 상위클래스와 임의 하위클래스에 속하는 객체를 마음대로 사용할 수 있습니다.

잘 모르겠다고요?

너무 걱정할 필요는 없습니다. 아직 설명이 끝난 것은 아니니까요. 앞으로 두 페이지만 더 읽어보면 여러분도 전문가가 될 수 있습니다.

이런 내용을 설명하는 이유는...

여러분도 다형성의 장점을 활용할 수 있어야 하기 때문입니다.

그게 우리에게 중요한 이유는...

상위클래스로 선언된 레퍼런스를 이용하여 하위클래스 객체를 참조할 수 있어야 하기 때문입니다.

그렇게 되면...

매우 융통성이 좋은 코드를 만들 수 있습니다. 즉 더 깔끔한(더 효율적이면서 간단한) 클래스를 만들 수 있지요. 단순히 개발하기가 편한 코드가 아니라 훨씬. 정말 훨씬 더 확장성이 좋은 코드를 만들 수 있습니다. 처음에 코드를 만들 때는 상상하지 못했던 방법으로 확장할 수도 있습니다.

그러면 다른 동료가 프로그램을 열심히 갱신하는 동안 여러분은 야자수 그늘 아래 드러누워 느긋하게 휴가를 즐길 수도 있습니다. 그리고 다른 동료는 여러분의 소스 코드조차 필요하지 않을 것입니다.

다음 페이지로 넘어가면 어떻게 그럴 수 있는지 알 수 있을 것입니다.

모두들 취향이 다를 수 있긴 하겠지만 필자들은 야자수 그늘 아래에서 휴가를 보내는 것이 정말 근사하다고 생각합니다.

*여기서 '모든 메소드'는 '상속 가능한 모든 메소드'를 의미합니다. 일단 지금은 '모든 public 메소드'라고 생각하면 됩니다. 더 정확한 의미는 나중에 알아보겠습니다.

다형성이 어떤 식으로 돌아가는지 이해하기 위해 한 발짝 뒤로 물러서서 일반적으로 어떻게 레퍼런스를 선언하고 객체를 만드는지 살펴봅시다.

객체 생성과 대입의 세 가지 단계

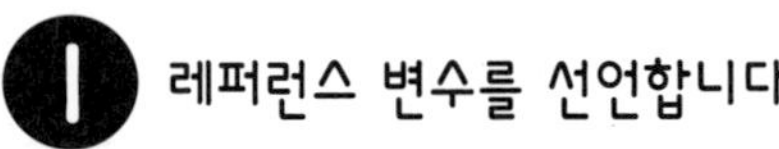

① 레퍼런스 변수를 선언합니다.

`Dog myDog` = new Dog();

JVM에 레퍼런스 변수를 위한 공간을 할당하도록 지시합니다. 레퍼런스 변수의 유형은 한 번 정해지면 바뀌지 않습니다. 즉 Cat이나 Button, Socket 같은 것이 아닌 Dog만을 위한 버튼이 달려있는 리모컨이 된다고 보면 됩니다.

② 객체를 만듭니다.

Dog myDog = **new Dog()**;

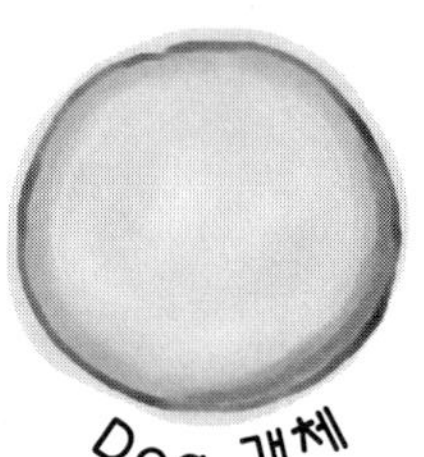

JVM에 가비지 컬렉션 기능이 있는 힙에 새로운 Dog 객체를 위한 공간을 할당하도록 지시합니다.

③ 객체와 레퍼런스를 연결합니다.

Dog myDog **=** new Dog();

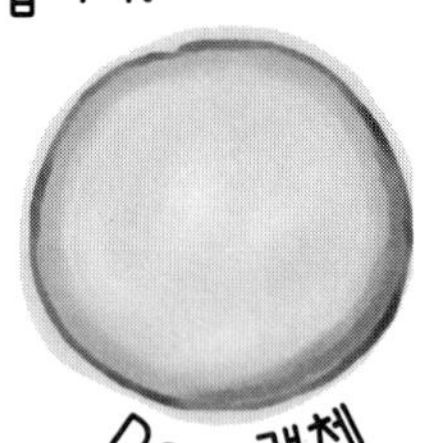

새로 만들어진 Dog 객체를 myDog라는 레퍼런스 변수에 대입합니다. 즉, 리모컨과 그 리모컨으로 제어할 객체를 연결한다고 보면 됩니다.

**중요한 것은 레퍼런스 유형과 객체 유형이
똑같아야 한다는 점입니다.**

이 예제에서는 모두 Dog입니다.

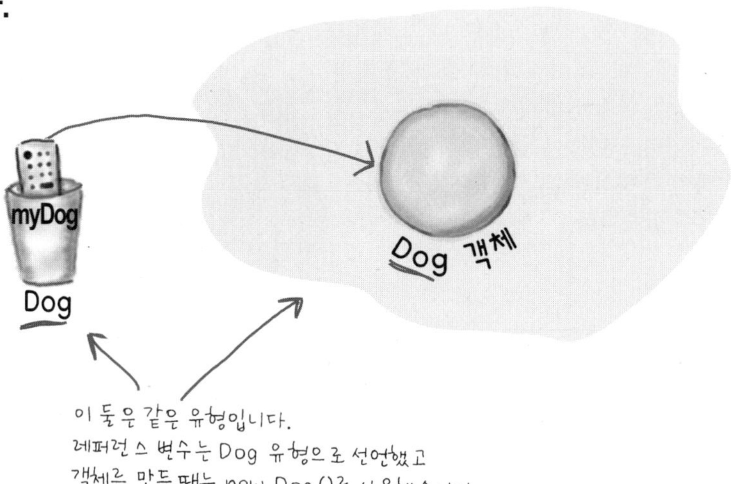

**하지만 다형성을 활용하면 레퍼런스와
객체가 다른 유형이어도 됩니다.**

```
Animal myDog = new Dog();
```

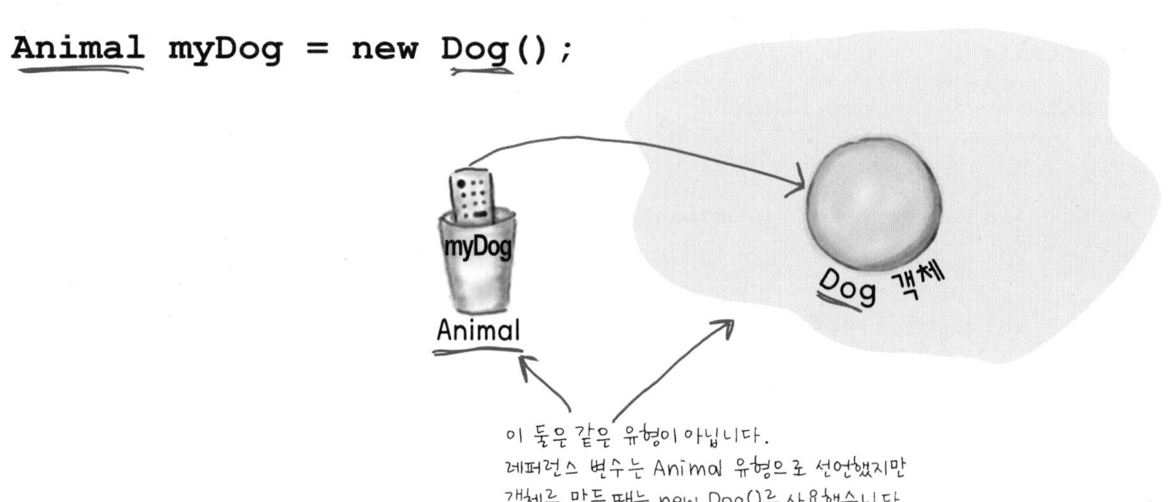

다형성을 사용하면 레퍼런스 유형을 실제 객체 유형의 상위클래스 유형으로 지정할 수 있습니다.

레퍼런스 변수를 선언할 때 레퍼런스 변수를 선언한 유형에
대해 'A는 B다' 테스트를 통과하는 모든 객체를
그 레퍼런스에 대입할 수 있습니다. 즉 레퍼런
스 변수 유형으로 선언한 유형을 확장하는 모
든 것을 그 레퍼런스 변수에 대입할 수 있습니
다. 이렇게 하면 다형적인 배열을 만드는 것과
같은 일을 할 수 있습니다.

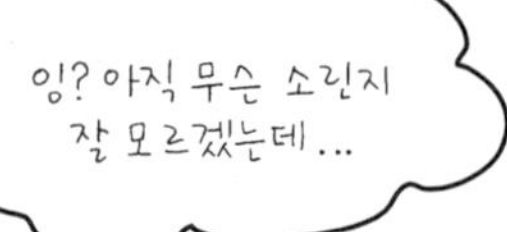

아, 알았습니다. 다음 예제를 살펴보면 조금 도움이 될지도 모르겠군요.

Animal 유형의 배열, 즉 Animal 유형의 객체를 저장할 수 있는 배열을 선언합니다.

```java
Animal[] animals = new Animal[5];

animals [0] = new Dog();

animals [1] = new Cat();

animals [2] = new Wolf();

animals [3] = new Hippo();

animals [4] = new Lion();


for (int i = 0; i < animals.length; i++) {


    animals[i].eat();


    animals[i].roam();

}
```

Animal 배열에는 Animal의 하위클래스에 속하는 모든 객체를 집어넣을 수 있습니다.

이 부분이 다형성과 관련하여 가장 중요한 부분입니다(이 예제의 존재의 이유라고 할 수 있죠). 배열의 모든 원소에 대해 순환문을 돌리면서 Animal 클래스에 들어있는 메소드 중 하나를 실행시키면 각 객체마다 올바른 메소드를 실행하는 것을 확인할 수 있습니다.

i가 0이면 배열의 0번 인덱스 위치에는 Dog 객체가 들어있으므로 Dog의 eat() 메소드를 호출하게 됩니다. i가 1이면 Cat의 eat() 메소드가 호출되지요.

roam() 메소드에 대해서도 마찬가지입니다.

아직 끝나지 않았습니다.

인자와 리턴 유형에 대해서도 다형성을 적용할 수 있습니다.

Animal과 같은 상위클래스 유형의 레퍼런스 변수를 선언하고 거기에 Dog같은 하위클래스 객체를 대입한 다음 그 레퍼런스를 메소드의 인자로 사용하면 어떻게 될지 생각해봅시다.

```java
class Vet {

    public void giveShot(Animal a) {

        // 'a' 매개변수로 가리키고 있는 Animal 객체에

        // 대해 끔찍한 일(주사를 놓음)을 합니다.

        a.makeNoise();

    }

}
```

a 매개변수 자리에는 임의의 Animal 유형을 인자로 쓸 수 있습니다. 그리고 수의사 (수의사를 나타내는 Vet 클래스 사용)가 주사를 놓고 나면(주사를 놓는 것을 의미하는 giveShot 메소드 사용) Animal 클래스의 makeNoise() 메소드를 실행합니다. 그러면 힙에 실제로 들어있는 Animal 클래스의 하위클래스 유형에 따라 적당한 makeNoise() 메소드가 실행됩니다.

```java
class PetOwner {

    public void start() {

        Vet v = new Vet();

        Dog d = new Dog();

        Hippo h = new Hippo();

        v.giveShot(d);

        v.giveShot(h);

    }

}
```

Vet의 giveShot() 메소드에서는 모든 Animal을 인자로 받을 수 있습니다. 인자로 전달된 객체가 Animal의 하위 클래스기만 하면 제대로 작동합니다.

Dog의 makeNoise()가 실행됩니다.

Hippo의 makeNoise()가 실행됩니다.

다형성을 활용하면 새로운 하위클래스 형식을 프로그램에 추가하더라도 코드를 굳이 바꿀 필요가 없습니다.

앞서 나온 Vet 클래스를 기억하시나요? Vet 클래스에서는 Animal 형식으로 선언한 인자를 사용했기 때문에 모든 Animal의 하위클래스를 처리할 수 있습니다. 즉, 다른 누군가가 Vet 클래스를 활용하려고 할 때에도 새로운 Animal 형식이 Animal 클래스를 확장한 것이기만 하면 전혀 문제가 되지 않습니다. Vet 클래스를 만들 때 새로운 Animal의 하위클래스에 대한 사전지식이 전혀 없었더라도 그 새로운 하위클래스 형식의 객체를 Vet 클래스에 전달할 수 있지요.

⚛ 브레인 파워

어떻게 다형성이 반드시 이런 식으로 돌아갈 것이라고 보장할 수 있을까요? 왜 상위클래스 유형(점 연산자를 적용하는 상위클래스 레퍼런스)에 대해 호출하는 메소드가 하위클래스 유형에도 들어있을 것이라는 가정이 항상 안전하다고 생각할 수 있을까요?

바보 같은 질문은 없습니다

Q: 하위클래스의 단계에 실질적인 제한이 있나요? 얼마나 깊이 들어갈 수 있어요?

A: 자바 API를 살펴보면 대부분의 상속 계층이 넓긴 하지만 깊진 않다는 것을 알 수 있습니다. 예외(특히 GUI 클래스)가 없는 것은 아니지만 대부분은 하나 또는 두 단계 밖에 내려가지 않습니다. 프로그래밍을 하다 보면 상속 트리를 얕게 만드는 것이 좋다는 것을 자연스럽게 깨닫게 되겠지만 하위클래스를 만드는 데 있어서 어떤 한계가 있는 것은 아닙니다(하위클래스의 단계가 너무 깊어서 더 이상 하위클래스를 만들 수 없는 일은 거의 없습니다).

Q: 방금 생각난 건데요, 클래스의 소스 코드를 직접 접근할 수는 없지만 어떤 클래스의 메소드가 작동하는 방식을 바꾸고 싶을 때 하위클래스를 만들어서 그렇게 할 수 있나요? 바꿔 말하자면 '나쁜' 클래스를 확장한 후 메소드를 오버라이드해서 더 나은 코드를 만들 수 있나요?

A: 예. 그렇게 할 수 있습니다. OO의 장점 가운데 하나라고 할 수 있죠. 그리고 그렇게 하는 것이 클래스를 완전히 새로 만들거나 소스 코드를 공개하지 않은 프로그래머를 찾아내는 것보다는 확실히 쉽죠.

Q: 아무 클래스나 확장할 수 있나요? 아니면 클래스 멤버와 마찬가지로 클래스를 private로 지정하면 상속할 수 없다던가 하는 제한이 있나요?

A: 아직 배우지 않은 내부 클래스(inner class)라는 아주 특이한 경우를 제외하면 private로 지정하거나 하는 식으로 상속을 할 수 없는 클래스 같은 것은 없습니다. 하지만 클래스의 하위클래스를 만들어내지 못하는 세 가지 경우가 있습니다.

첫번째는 접근 제어와 관련된 것입니다. 클래스를 private로 지정할 수는 없지만 클래스를 public이 아닌 것으로 만들 수는 있지요(클래스를 public으로 선언하지 않으면 됩니다). 이렇게 public이 아닌 클래스의 하위클래스는 그 클래스와 같은 패키지 안에서만 만들 수 있습니다. 다른 패키지에 속한 클래스에서는 그 public이 아닌 클래스를 확장할 수 없죠(사실, 아예 쓸 수도 없습니다).

두 번째는 final이라는 키워드 변경자로 클래스의 하위클래스를 만들 수 없게 한 경우입니다. 클래스를 final로 지정하면 그 클래스는 상속 계층에서 맨 아래에 있는 클래스가 됩니다. final 클래스는 절대 확장할 수 없습니다.

세 번째는 클래스의 생성자(생성자에 대한 내용은 9장에서 살펴보겠습니다)가 모두 private로 지정된 경우입니다. 그런 클래스는 하위클래스를 만들 수가 없습니다.

Q: 왜 final 클래스 같은 것을 만드나요? 클래스의 하위클래스를 못 만들게 하면 어떤 장점이 있을까요?

A: 보통 자신의 클래스를 final로 지정하는 일은 거의 없을 것입니다. 하지만 보안상의 이유로 그렇게 해야 하는 경우(보안을 유지하기 위해 메소드가 항상 자신이 만든 상태로 실행되도록 하고 싶은 경우 즉, 오버라이드할 수 없도록 만들고 싶은 경우)에 final 클래스를 사용하면 됩니다. 자바 API에도 그런 이유로 final로 지정해놓은 클래스가 많습니다. 예를 들어, String 클래스도 final 클래스입니다. 누군가가 String의 메소드를 마음대로 바꾼 경우에 어떻게 될지 상상해보세요. 왜 final로 지정했는지 감이 잡히죠?

Q: 클래스 전체는 final로 선언하지 않고 메소드만 오버라이드할 수 없게 할 수 있나요?

A: 특정 메소드를 오버라이드할 수 없게 하고 싶다면 그 메소드에 대해 final 변경자를 사용하면 됩니다. 그 클래스에 있는 어떤 메소드도 오버라이드할 수 없게 하고 싶다면 클래스 전체를 final로 지정하면 됩니다.

계약 지키기: 오버라이드 규칙

상위클래스의 메소드를 오버라이드할 때는 계약을 이행해야 합니다. 예를 들어, "인자를 받지 않을 것이며 부울 값을 리턴하겠음"과 같은 규칙을 그대로 따라야 하는 것이죠. 즉, 오버라이드하는 메소드의 인자와 리턴 형식은 외부에서 보기에 상위클래스에 있는 오버라이드를 당하는 메소드와 완벽하게 일치해야 한다는 것입니다.

메소드는 계약서입니다.

한 번 생각해봅시다. 다형성이 제대로 작동하려면 Toaster(토스터를 나타내는 클래스)에서 Appliance(가전제품을 의미하는 클래스)의 메소드를 오버라이드했을 때 그 메소드가 제대로 실행되어야 합니다. 컴파일러에서는 어떤 레퍼런스에 대해 특정한 메소드를 호출할 수 있는지를 결정할 때 레퍼런스의 형식을 살펴봅니다. Toaster에 대한 Appliance 레퍼런스가 있을 때, 컴파일러에서는 Appliance 레퍼런스에 대해 호출하는 메소드가 Appliance 클래스에 들어있는지에 대해서만 신경을 씁니다. 하지만 실행할 때 JVM에서는 레퍼런스 형식(Appliance)이 아닌 힙에 들어있는 실제 Toaster 객체를 사용합니다. 따라서 컴파일러에서 메소드 호출을 허가한 후에도 오버라이드하는 메소드의 인자와 리턴 형식이 똑같을 때만 그 메소드가 제대로 작동하겠죠. 그렇지 않으면 Appliance 레퍼런스를 가지고 있는 누군가가 turnOn()을, 인자가 없는 메소드 형태로 호출할 것입니다. Toaster에는 int를 인자로 받아들이는 버전이 있다고 하더라도 말이죠. 어떤 것이 호출될까요? Appliance에 들어있는 버전이 호출될 것입니다. 즉 Toaster에 들어있는 turnOn(int level) 메소드는 오버라이드한 메소드가 아닙니다.

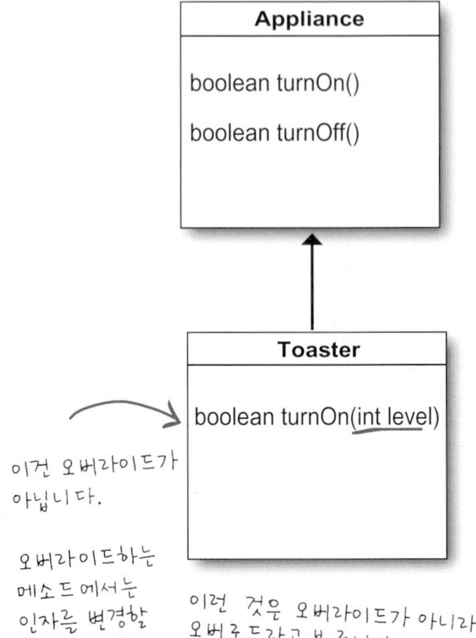

이건 오버라이드가 아닙니다.

오버라이드하는 메소드에서는 인자를 변경할 수 없습니다.

이런 것은 오버라이드가 아니라 오버로드라고 부릅니다.

(1) **인자는 똑같아야 하고, 리턴 유형은 호환 가능해야 합니다.**

상위클래스에서 어떤 인자를 받아들이든 오버라이드하는 메소드에서는 똑같은 인자를 사용해야 합니다. 그리고 상위클래스에서 어떤 리턴 유형을 선언하든지 오버라이드하는 메소드에서는 똑같은 유형, 또는 하위클래스 유형을 리턴하는 것으로 선언해야 합니다. 이미 배웠듯이 하위클래스 객체에서는 상위클래스에서 선언한 것이면 무엇이든 할 수 있어야 하기 때문에 상위클래스 객체가 리턴될 자리에 하위클래스 객체를 리턴해도 문제가 되지 않겠죠.

(2) **메소드를 더 접근하기 어렵게 만들면 안 됩니다.**

상위클래스의 계약서에서는 다른 코드에서 어떻게 메소드를 사용할 수 있는지를 정의합니다. 즉, 접근 단계는 그대로 유지하거나 완화시켜야 합니다. 예를 들어, public 메소드를 오버라이드해서 private 메소드를 만들 수는 없습니다(컴파일할 때를 기준으로 하면). public 메소드라고 생각하고 호출했는데, 실행할 때 호출한 오버라이드하는 버전이 갑자기 private라고 하면서 JVM에서 접근을 금지하면 얼마나 황당하겠습니까?

지금까지는 두 가지 접근 단계(private와 public)에 대해 배웠습니다. 나머지 두 접근 단계는 17장과 부록 B에서 알아보겠습니다. 예외 처리와 관련된 오버라이딩 관련 규칙이 한 가지 더 있는데, 그 규칙에 대해서는 나중에 예외에 대한 장에서 살펴보도록 하겠습니다.

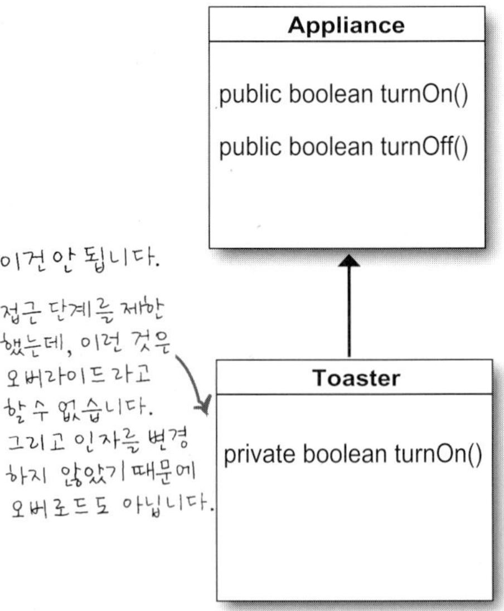

이건 안 됩니다.

접근 단계를 제한했는데, 이런 것은 오버라이드라고 할 수 없습니다. 그리고 인자를 변경하지 않았기 때문에 오버로드도 아닙니다.

메소드 오버로딩

메소드 오버로딩(overloading)은 이름이 같고 인자 목록이 다른 메소드 두 개를 만드는 것입니다. 오버로드된 메소드는 다형성과는 전혀 관계가 없습니다.

오버로딩을 활용하면 호출하는 쪽의 편의를 위해 같은 메소드를 서로 다른 인자 목록을 가진 여러 버전으로 만들 수 있습니다. 예를 들어, 어떤 메소드에서 int 인자만 받아들인다면 호출하는 코드에서 메소드를 호출하기 전에 double을 int로 변환한다던가 하는 과정을 거쳐야 할 것입니다. 하지만 double을 인자로 받아들이는 다른 버전의 메소드를 만들면, 즉 메소드를 오버로드하면 호출하는 입장에서 훨씬 편하겠죠. 객체 라이프사이클에 대한 내용을 다루는 장에서 생성자에 대해 알아볼 때 더 자세하게 알아보겠습니다.

오버로드하는 메소드에서는 상위클래스에서 정의한 다형성 계약을 이행하지 않아도 되기 때문에 메소드 오버로딩은 훨씬 더 융통성이 좋다고 할 수 있습니다.

> 오버로딩된 메소드는 메소드 이름만 같을 뿐 그냥 서로 다른 메소드입니다. 상속이나 다형성하고는 전혀 상관이 없죠. 오버로딩과 오버라이딩은 서로 다른 개념입니다.

① **리턴 유형이 달라도 됩니다.**

메소드를 오버로드할 때는 인자 목록만 다르면 리턴 유형을 마음대로 바꿔도 됩니다.

② **리턴 유형만 바꿀 수는 없습니다.**

리턴 유형만 다르게 하는 것은 올바른 오버로딩이 아닙니다. 컴파일러에서는 프로그래머가 메소드를 오버라이드하려는 것으로 간주하게 됩니다. 게다가 리턴 형식이 상위클래스에서 선언된 리턴 유형하고 같지 않거나 그 하위 유형이 아닌 경우에는 컴파일러에서 오류가 날 것입니다. 메소드를 오버로딩할 때는 리턴 유형하고는 무관하게 인자 목록을 반드시 변경해야 합니다.

③ **접근 단계를 마음대로 바꿀 수 있습니다.**

메소드를 오버로드해서 더 제한이 심한 메소드를 만들어도 됩니다. 새로운 메소드가 오버로드된 메소드의 계약 조건을 이행해야 하는 것은 아니기 때문에 전혀 문제될 것이 없습니다.

메소드 오버로딩의 예:

```java
public class Overloads {

  String uniqueID;

  public int addNums(int a, int b) {
    return a + b;
  }

  public double addNums(double a, double b) {
    return a + b;
  }

  public void setUniqueID(String theID) {
    // 여러 가지 검증 과정을 거치고 나서 다음을 실행
    uniqueID = theID;
  }

  public void setUniqueID(int ssNumber) {
    String numString = "" + ssNumber;
    setUniqueID(numString);
  }
}
```

연습문제

결과를 맞춰 봅시다.

```
a = 6;        56
b = 5;        11
a = 5;        65
```

다음은 간단한 자바 프로그램입니다. 그런데 한 블록이 빠져있습니다. 왼쪽에 있는 후보 코드를 사용했을 때 어떤 것이 출력될지 맞춰봅시다. 출력 행 가운데 쓰이지 않는 것도 있고 그 중 일부는 여러 번 쓰일 수도 있습니다. 후보 코드 블록과 그 블록을 사용했을 때 출력될 내용을 연결하는 선을 그어보세요.

프로그램:

```java
class A {
  int ivar = 7;
  void m1() {
    System.out.print("A's m1, ");
  }
  void m2() {
    System.out.print("A's m2, ");
  }
  void m3() {
    System.out.print("A's m3, ");
  }
}

class B extends A {
  void m1() {
    System.out.print("B's m1, ");
  }
}

class C extends B {
  void m3() {
    System.out.print("C's m3, "+(ivar + 6));
  }
}

public class Mixed2 {
  public static void main(String [] args) {
    A a = new A();
    B b = new B();
    C c = new C();
    A a2 = new C();



  }
}
```

후보 코드가 들어갈 자리(세 줄)

후보 코드:

```java
b.m1();
c.m2();
a.m3();
```

```java
c.m1();
c.m2();
c.m3();
```

```java
a.m1();
b.m2();
c.m3();
```

```java
a2.m1();
a2.m2();
a2.m3();
```

출력 결과:

```
A's m1, A's m2, C's m3, 6

B's m1, A's m2, A's m3,

A's m1, B's m2, A's m3,

B's m1, A's m2, C's m3, 13

B's m1, C's m2, A's m3,

B's m1, A's m2, C's m3, 6

A's m1, A's m2, C's m3, 13
```

컴파일러가 되어봅시다.

오른쪽에 A와 B로 나와있는 메소드 가운데 왼쪽에 있는 클래스에
집어넣었을 때 제대로 컴파일되어 아래에 있는 결과를 출력하는
것은 어떤 것일까요?

연습문제

```java
public class MonsterTestDrive {
  public static void main(String [] args) {
    Monster [] ma = new Monster[3];
    ma[0] = new Vampire();
    ma[1] = new Dragon();
    ma[2] = new Monster();
    for(int x = 0; x < 3; x++) {
      ma[x].frighten(x);
    }
  }
}


class Monster {

  A

}


class Vampire extends Monster {

  B

}


class Dragon extends Monster {
  boolean frighten(int degree) {
    System.out.println("breath fire");
    return true;
  }
}
```

```
File  Edit  Window  Help  SaveYourself

% java MonsterTestDrive
a bite?
breath fire
arrrgh
```

1

A
```java
boolean frighten(int d) {
    System.out.println("arrrgh");
    return true;
}
```

B
```java
boolean frighten(int x) {
    System.out.println("a bite?");
    return false;
}
```

2

A
```java
boolean frighten(int x) {
    System.out.println("arrrgh");
    return true;
}
```

B
```java
int frighten(int f) {
    System.out.println("a bite?");
    return 1;
}
```

3

A
```java
boolean frighten(int x) {
    System.out.println("arrrgh");
    return false;
}
```

B
```java
boolean scare(int x) {
    System.out.println("a bite?");
    return true;
}
```

4

A
```java
boolean frighten(int z) {
    System.out.println("arrrgh");
    return true;
}
```

B
```java
boolean frighten(byte b) {
    System.out.println("a bite?");
    return true;
}
```

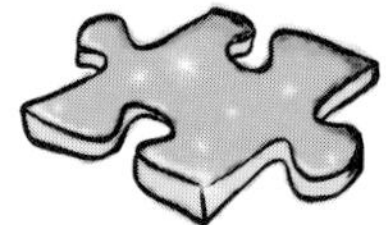

수영장 퍼즐

수영장 안에 있는 코드 조각을 꺼내서 코드의 빈 칸에 채워보세요. 같은 조각을 여러 번 사용해도 되지만 이 중에 전혀 쓰이지 않는 조각이 있을 수도 있습니다. 이 퍼즐의 목표는 문제없이 컴파일 및 실행이 되어 다음과 같은 결과를 출력하는 클래스를 만드는 것입니다. 너무 만만하게 보지 마세요. 생각보다 어렵습니다.

```java
public class Rowboat _________  _________ {
    public ___________ rowTheBoat() {
        System.out.print("stroke natasha");
    }
}
_________________________________________

public class _________ {
    private int __________ ;
    _______ void _________ ( ______ ) {
        length = len;
    }
    public int getLength() {
        ________ _________ ;
    }
    public ___________ move() {
        System.out.print("___________");
    }
}
```

```java
public class TestBoats {
    ______ ______ _______ main(String[] args){
        __________ b1 = new Boat();
        Sailboat b2 = new ___________();
        Rowboat _________ = new Rowboat();
        b2.setLength(32);
        b1.__________();
        b3.___________();
        _________.move();
    }
}
_________________________________________

public class ___________ _________ Boat {
    public ________ __________() {
        System.out.print("___________");
    }
}
```

출력결과: `drift  drift  hoist sail`

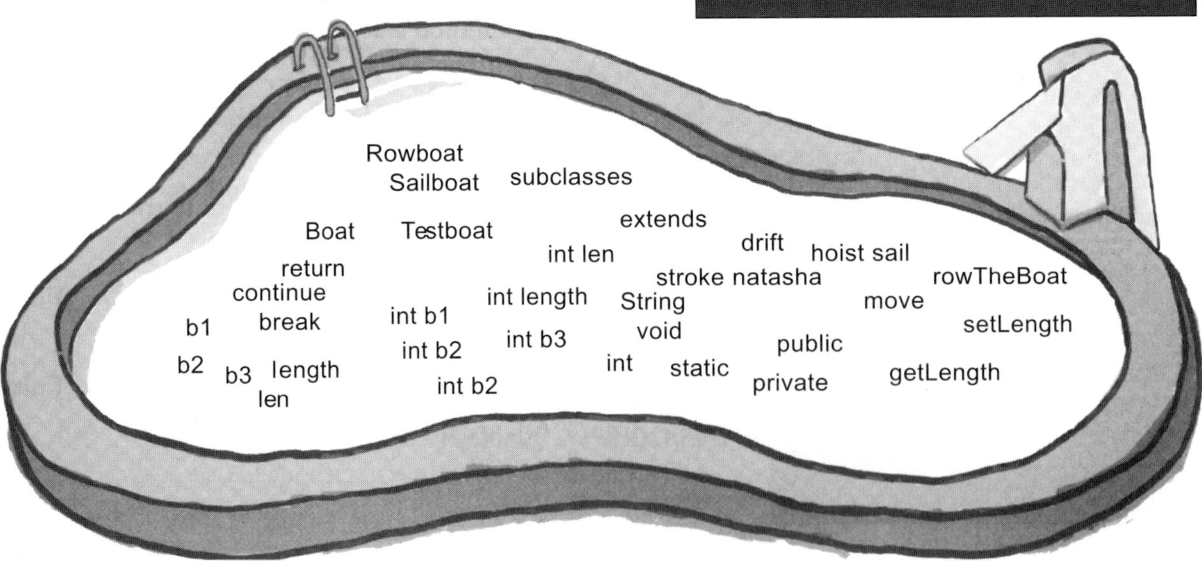

컴파일러가 되어봅시다.

1번 코드는 제대로 작동합니다.

2번 코드는 Vampire의 리턴 유형(int) 때문에 컴파일이 되지 않습니다. Vampire의 frighten() 메소드(B)는 Monster의 frighten() 메소드를 오버라이드한 것도, 오버로드한 것도 아닌 이상한 메소드입니다. 리턴 유형을 바꾸는 것만 가지고는 오버로딩이 성립되지 않으며, int가 boolean하고 호환되는 것도 아니기 때문에 오버라이딩이라고도 할 수 없습니다. (리턴 유형만 바꾼다면 그 리턴 유형은 상위클래스 버전의 리턴 유형하고 호환 가능해야 하며, 그 경우에 오버라이딩이 성립된다고 배웠었죠?)

3번과 4번은 컴파일은 되지만 다음과 같은 결과가 나옵니다.
arrrgh
breath fire
arrrgh

Vampire 클래스에서 Monster 클래스의 frighten() 메소드를 오버라이드하지 않았기 때문에 이런 결과가 나옵니다(4번 코드의 Vampire의 frighten() 메소드에서는 int가 아닌 byte를 인자로 받아들입니다).

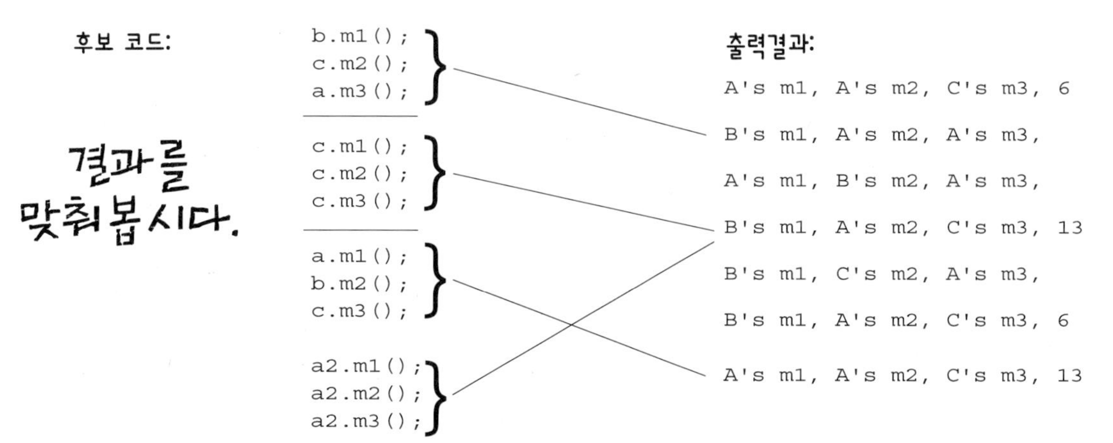

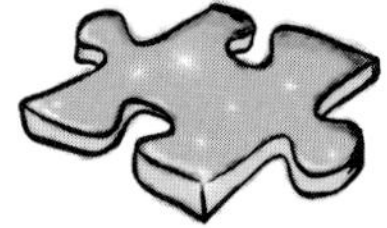

```java
public class Rowboat extends Boat {
    public void rowTheBoat() {
        System.out.print("stroke natasha");
    }
}

public class Boat {
    private int length ;
    public void setLength ( int len ) {
        length = len;
    }
    public int getLength() {
        return length ;
    }
    public void move() {
        System.out.print("drift ");
    }
}

public class TestBoats {
    public static void main(String[] args){
        Boat b1 = new Boat();
        Sailboat b2 = new Sailboat();
        Rowboat b3 = new Rowboat();
        b2.setLength(32);
        b1.move();
        b3.move();
        b2.move();
    }
}

public class Sailboat extends Boat {
    public void move() {
        System.out.print("hoist sail ");
    }
}
```

출력결과:

```
drift  drift  hoist sail
```

심각한 다형성

상속은 시작에 불과합니다. 다형성을 제대로 사용하려면 인터페이스(GUI 같은 것을 말하는 것이 아닙니다)가 필요합니다. 이제 간단한 상속을 뛰어넘어 인터페이스 규격을 설계하고 코딩하는 것을 통해서만 얻을 수 있는 융통성과 확장성으로 건너가야 합니다. 자바에서 가장 훌륭한 부분 중에는 인터페이스가 없으면 아예 불가능한 것도 있기 때문에 여러분이 직접 설계할 일은 없다고 하더라도 사용하는 방법은 알아야 합니다. 하지만 조만간 인터페이스를 설계하고 싶은 마음이 들 것입니다. 그리고 **"인터페이스 없이, 어떻게 지낼 수 있었을까?"**란 생각이 들 것입니다. 인터페이스란 무엇일까요? 인터페이스는 100% 추상 클래스입니다. 추상 클래스(abstract class)란 무엇일까요? 바로 인스턴스를 만들 수 없는 클래스입니다. 그런 것을 어디에 써먹을 수 있을까요? 얼마 후에 알게 될 것입니다. 7장의 마지막 부분에서 다형적 인자를 이용하여 Vet 메소드 하나에서 모든 유형의 Animal 하위클래스를 받아들일 수 있게 했던 것을 생각해보세요. 그것은 사실 **빙산의 일각**에 불과했습니다. 인터페이스는 **자바에서 정말 필수불가결한 부분**이라고 할 수 있습니다.

이걸 설계할 때 뭔가 잊어버린 것은 없을까요?

클래스 구조는 그리 나쁘지 않습니다. 코드가 중복되는 것을 최소화할 수 있게 설계했고 하위클래스마다 별도로 구현해야 할 메소드는 오버라이드했습니다. 다형성의 관점에서 봤을 때도 깔끔하고 융통성 있게 잘 만들었습니다. Animal 인자(그리고 배열 선언)를 이용하여 Animal을 사용하는 프로그램을 실행할 때 임의 Animal 하위클래스 유형(**심지어 코드를 만들 때는 생각도 하지 못한 유형까지 포함해서**)을 인자로 전달할 수 있게 만들었으니까요. Animal 상위클래스에, 모든 Animal에 대한 공통적인 규약(모든 동물에 있는 행동을 나타내는 네 가지 메소드)을 집어넣었기 때문에 Lion, Tiger, Hippo와 같은 새로운 Animal의 하위클래스를 마음대로 만들어서 쓸 수 있죠.

이렇게 할 수 있습니다:

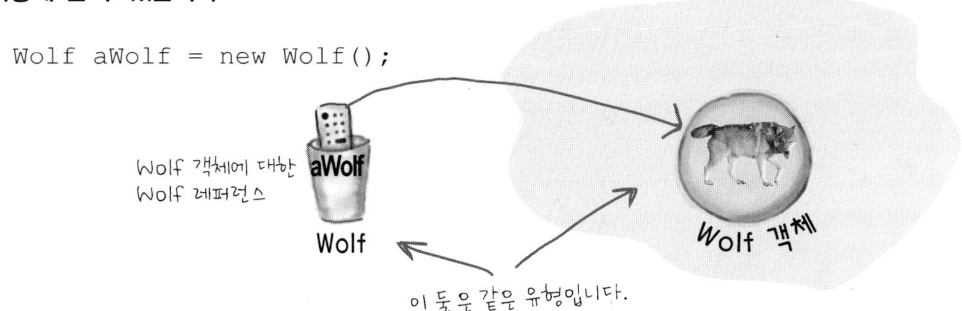

```
Wolf aWolf = new Wolf();
```


이렇게 할 수 있습니다:

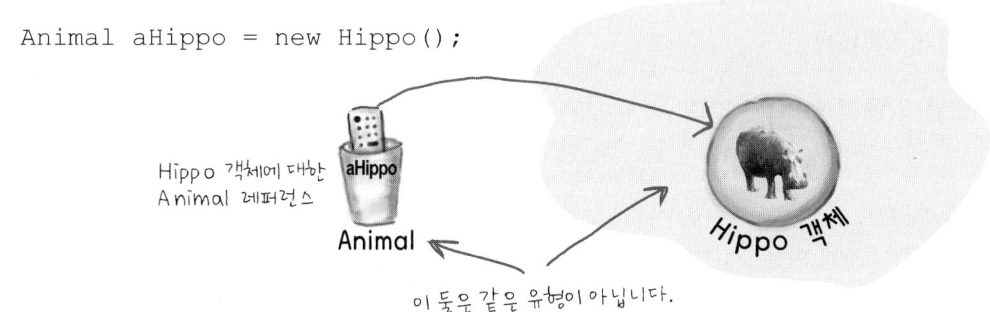

```
Animal aHippo = new Hippo();
```


그런데 이렇게 되면 이상해집니다:

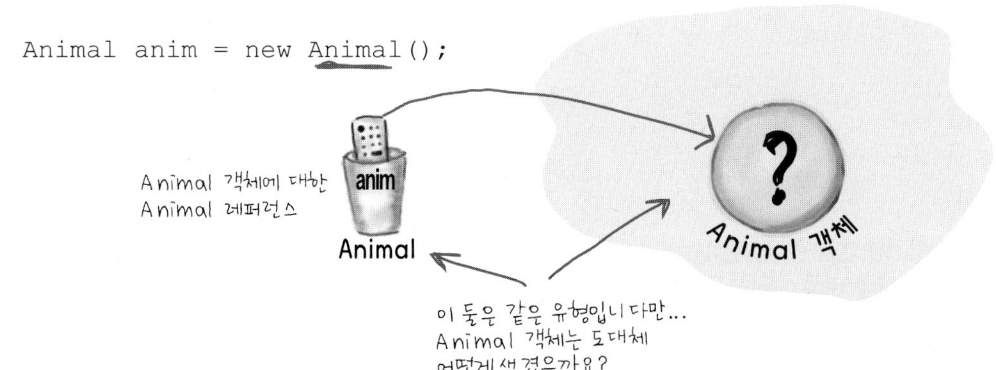

```
Animal anim = new Animal();
```

객체는 어떻게 생겼나요?

인스턴스 변수 값은 어떻게 되나요?

클래스 중에는 인스턴스를 만들면 <u>안 되는 것</u>도 있습니다.

Wolf 객체, Hippo 객체, Tiger 객체 같은 것을 만드는 것은 이해가 되지만 Animal 객체는 정확하게 어떤 것일까요? 어떻게 생겼을까요? 색, 크기, 다리 개수는 어떻게 될까요?

Animal 유형의 객체를 만들려고 하는 것은 **스타 트렉(Star Trek)™의 전송 과정에서 사고가 일어나는 것과 비슷하다고 볼 수 있습니다.** 어딘가로 전송하는 과정에서 버퍼에 뭔가 안 좋은 일이 생기는 것과 같은 결과가 나올 수 있죠.

그렇다면 이런 문제를 어떻게 해결할 수 있을까요? 상속과 다형성을 위해 Animal 클래스가 분명히 필요하긴 합니다. 하지만 프로그래머들은 Animal 클래스 자체가 아닌 덜 추상적인 Animal 클래스의 하위클래스의 인스턴스만 만들 수 있게 하면 좋겠죠? 우리가 원하는 것은 Tiger 객체나 Lion 객체지 **Animal 객체가 아니니까요.**

다행히도 어떤 클래스의 인스턴스를 만들 수 없게 하는 간단한 방법이 있습니다. 즉 특정 유형에 대해 "**new**" 키워드를 쓸 수 없게 하는 방법입니다. 클래스를 **abstract**로 지정하면 컴파일러에서 그 유형의 인스턴스를 만드는 코드를 허용하지 않습니다.

하지만 그 추상 유형(abstract type)을 레퍼런스로 사용할 수 있습니다. 사실 그렇게 레퍼런스로 사용하는 것이 바로 이런 추상 클래스를 만드는 핵심적인 이유 중의 하나라고 볼 수 있죠(다형적인 인자나 리턴 유형을 쓰기 위해, 또는 다형적인 배열을 만들기 위해 써야 되잖아요).

클래스의 상속 구조를 설계할 때는 클래스를 추상 클래스로 만들지 아니면 구상 클래스(concrete class)로 만들지를 결정해야 합니다. 구상 클래스는 인스턴스를 만들어도 될 만큼 구체적인 클래스를 의미합니다. 즉 구상 클래스에 대해서는 그 유형의 객체를 만들어도 됩니다.

클래스를 추상 클래스로 만드는 방법은 간단합니다. 클래스를 선언할 때 앞에 abstract만 붙여주면 됩니다

```
abstract class Canine extends Animal {
    public void roam() { }
}
```

컴파일러에서는 추상 클래스의 인스턴스를 만드는 것을 허용하지 않습니다.

추상 클래스란, 아무도 그 클래스의 새로운 인스턴스를 만들 수 없는 클래스를 의미합니다. 물론, 다형성을 활용하기 위해 레퍼런스 유형을 선언할 때는 추상 클래스를 쓸 수 있지만 다른 사람이 그 유형의 객체를 만드는 것에 대해서는 걱정하지 않아도 됩니다. 컴파일러에서 알아서 챙겨주니까요.

```java
abstract public class Canine extends Animal
{
    public void roam() { }
}
```

```java
public class MakeCanine {
    public void go() {
        Canine c;
        c = new Dog();
        c = new Canine();
        c.roam();
    }
}
```

> 상위클래스가 추상 클래스인 경우에도 하위클래스 객체를 상위클래스 레퍼런스에 대입하는 것은 가능하기 때문에 이 부분에는 전혀 문제가 없습니다.

> Canine 클래스는 추상 클래스기 때문에 컴파일러에서 이런 선언문을 허용하지 않습니다.

```
File  Edit  Window  Help  BeamMeUp
% javac MakeCanine.java
MakeCanine.java:5: Canine is abstract;
cannot be instantiated
      c = new Canine();
          ^
1 error
```

추상 클래스는 확장하지 않으면 거의 쓸모도 없고, 가치도 없고, 삶의 목적도 없습니다.

추상 클래스를 만들었을 때 실제 실행 중에 일을 처리하는 것은 그 추상 클래스의 **하위클래스 인스턴스**입니다.

---

* 예외도 있습니다. 추상 클래스에도 정적인 멤버가 있을 수 있습니다. (10장 참조)

추상 vs. 구상

추상 클래스가 아닌 것을 구상 클래스라고 합니다.
Animal 상속 트리에서 Animal, Canine, Feline은
추상 클래스, 나머지 Hippo, Wolf, Dog, Tiger,
Lion, Cat은 모두 구상 클래스입니다.

자바 API를 뒤져보면 특히 GUI 라이브러리에서
추상 클래스를 적지 않게 발견할 수 있습니다. GUI
의 Component는 어떻게 생겼을까요? Component
클래스는 버튼, 텍스트 영역, 스크롤바, 대화상자와
같은 GUI 관련 클래스의 상위클래스입니다.
Component라는 범용 클래스의 인스턴스를 만들
어서 화면에 집어넣지는 않죠. JButton 같은 하위
클래스를 화면에 집어넣을 뿐입니다. 즉 Component
자체의 인스턴스는 절대 만들지 않고 Component
의 구상 하위클래스의 인스턴스만 만들 뿐입니다.

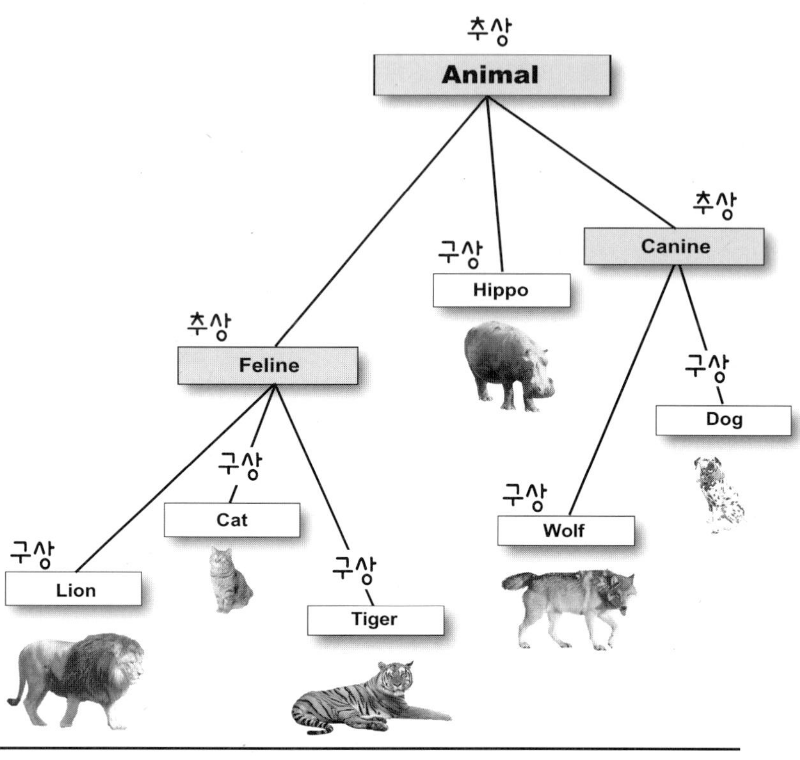

브레인 파워

추상? 또는 구상?

클래스를 추상 클래스로 만들어야 할지 어떻게 알
수 있을까요? Wine(포도주)은 추상 클래스로 만
들어야 하겠죠? 그러면 Red(적포도주)와
White(백포도주)는 어떨까요? 이것도 추상 클래
스로 만들어야 하겠죠? 그렇다면 상속 계층 구조
에서 어디부터 구상 클래스로 만들 수 있을까요?

Pinot Noir(피노 느와르) 클래스는 구상 클래
스로 만들어야 할까요? 아니면 이것도 추상 클래
스로 만들어야 할까요? 아마 카멜롯 포도원에서
나온 1997년산 피노 느와르는 구상 클래스로 만
들어야 하겠죠? 그런데 어떻게 확실하게 알 수 있
을까요?

위에 있는 Animal 상속 트리를 봅시다. 거기에서
추상과 구상으로 구분한 것이 정말 적절한 것일까
요? Animal 상속 트리에서 뭔가 고치고 싶은 것
이 없나요?(물론, 다른 동물을 추가하는 것은 제외
하고요)

추상 메소드

클래스뿐만 아니라 메소드도 abstract로 지정할 수 있습니다. 추상 클래스는 반드시 확장해야 하는 클래스를 의미합니다. 추상 메소드는 반드시 오버라이드해야하는 메소드를 의미합니다. 추상 클래스의 행동 가운데 일부(또는 전부)에 대해 더 구체적인 하위클래스에서 구현되지 않는 이상 전혀 의미가 없다는 결정을 내릴 수 있습니다. 즉, 하위클래스에서 유용하게 써먹을 수 있는 일반적인 메소드 구현 방법을 전혀 알 수 없는 경우가 있습니다. 일반적인 eat( ) 메소드는 어떻게 생겼을까요?

추상 메소드에는 몸통이 없습니다.

적당한 코드를 생각할 수 없는 메소드를 추상 메소드로 만들기 때문에 추상 메소드에는 몸통이 필요 없겠죠? 따라서 중괄호도 없습니다. 그냥 세미콜론을 써서 선언을 끝내면 됩니다.

```
public abstract void eat();
```


추상 메소드를 만들 때는 클래스도 반드시 추상 클래스로 만들어야 합니다. 추상 클래스가 아닌 클래스에 추상 메소드를 집어넣을 수는 없습니다.

클래스에 추상 메소드가 하나라도 있으면 그 클래스도 추상 클래스로 지정해야 합니다. 하지만 추상 클래스 안에 추상 메소드와 추상 메소드가 아닌 메소드를 모두 집어넣는 것은 괜찮습니다.

바보 같은 질문은 없습니다

Q : 추상 메소드가 왜 있는 거죠? 추상 클래스는 하위클래스에서 상속해서 쓸 공통적인 코드를 집어넣기 위해 있는 거라고 생각했는데요...

A : 상속 가능한 메소드 구현(즉, 실제 본체가 있는 메소드)은 상위 클래스에 집어넣기에 딱 좋습니다. 그런데 추상 클래스에서는 하위 클래스에서 유용하게 써먹을 수 있는 일반적인 코드를 전혀 만들 수 없기 때문에 메소드를 구현한다는 것이 아예 말이 안 되는 경우가 종종 있습니다. 추상 메소드를 만드는 이유는 실제 메소드 코드를 전혀 집어넣지는 않았더라도 일련의 하위클래스를 위한 규약(protocol)의 일부를 정의하기 위한 것이지요.

Q : 그러면 어떤 장점이 있죠?

A : 다형성이죠! 상위클래스(추상 클래스도 많죠) 유형을 메소드의 인자나 리턴 유형 또는 배열 유형으로 쓸 수 있게 만드는 능력이 필요합니다. 그래야만 새로운 유형을 처리하기 위한 새로운 메소드를 추가하거나 기존의 메소드를 고칠 필요없이 프로그램에 새로운 하위클래스 유형(새로운 Animal 하위클래스 등)을 추가할 수 있으니까요. 7장에 있는 Vet 클래스에서 Animal을 메소드의 인자 유형으로 사용하지 않았다면 코드를 어떻게 고쳐야 했을지 한번 생각해보세요. Animal 하위클래스마다 메소드를 따로 만들어야 되겠죠? Lion 인자용, Wolf 인자용 같은 식으로 말이죠. 추상 메소드는 다형성을 활용하기 위해 "이 유형에 속하는 모든 하위클래스 유형에는 이 메소드가 있어야 한다"는 것을 지정하기 위해 필요한 것입니다.

추상 메소드는 모두 구현해야만 합니다.

**추상 메소드를 구현하는 것은
메소드를 오버라이드하는
것과 같습니다.**

추상 메소드에는 몸통이 없습니다. 다형성을 위해 존재할 뿐이죠. 즉, 그 상속 트리에서 처음으로 등장하는 구상 클래스에서 모든 추상 메소드를 구현해야 합니다.

물론, 하위클래스도 추상 클래스로 만들면 다음 단계의 하위클래스로 짐을 넘길 수 있습니다. 예를 들어, Animal과 Canine이 모두 추상 클래스고 모두 추상 메소드가 있다면 Canine에서 Animal의 추상 메소드를 구현하지 않아도 됩니다. 하지만 Dog를 만드는 경우와 같이 구상 클래스를 처음으로 만들 때는 Animal과 Canine에서 물려받은 모든 추상 메소드를 구현해야 합니다.

추상 클래스에는 추상 메소드와 추상 메소드가 아닌 메소드가 들어갈 수 있다는 점을 생각해봅시다. 예를 들어, Canine에서 Animal에 있는 추상 메소드를 구현할 수도 있고, 그런 경우에는 Dog에서 그 메소드를 반드시 구현할 필요는 없겠죠. 하지만 Canine에서 Animal로 부터 물려받은 추상 메소드를 전혀 건드리지 않는다면 Dog에서 Animal에 있는 모든 추상 메소드를 구현해야만 합니다.

"추상 메소드를 반드시 구현해야 한다"고 하는 것은 메소드의 본체를 만들어야 한다는 것을 의미합니다. 즉, 클래스에서 추상 메소드에서 선언했던 것과 똑같은 메소드 서명(이름 및 인자)을 가지고 있고, 추상 메소드에서 선언한 리턴 유형과 호환가능한 리턴 유형을 가진 추상 메소드가 아닌 메소드를 만들어야 합니다. 그 메소드 안에 집어넣는 내용은 여러분 마음대로 만들면 됩니다. 자바에서 신경을 쓰는 부분은 여러분이 만든 구상 하위클래스에 메소드가 들어있어야 한다는 것뿐입니다.

 연필을 깎으며

추상 클래스 vs. 구상 클래스

지금까지 배운 추상적인 개념을 모두 구체적으로 활용해봅시다. 가운데 열에 여러 가지 클래스를 늘어놓았습니다. 이제 각 클래스를 구상 클래스로 사용할 수 있는 프로그램과 추상 클래스로 사용할 수 있는 프로그램을 생각해보세요. 독자 여러분이 감을 잡는 데 도움을 주기 위해 미리 빈칸을 몇 개 채워놓았습니다. 예를 들어, 나무 클래스는 참나무와 포플러 나무를 구분해야 하는 수목 관리 프로그램에서는 추상 클래스로 사용할 수 있을 것입니다. 하지만 골프 시뮬레이션 프로그램에서는 서로 다른 종류의 나무를 구분할 필요가 별로 없기 때문에 나무 클래스를 구상 클래스(장애물의 하위클래스 정도로 만들면 되겠죠?)로 사용할 수 있을 것입니다(정답이 딱 정해져 있는 것은 아닙니다. 여러분이 설계하기에 따라 답이 달라질 수 있습니다).

구상 클래스	샘플 클래스	추상 클래스
골프장 시뮬레이션	나무	수목 관리 프로그램
__________	집건축	건축 프로그램
위성사진 프로그램	마을	__________
__________	축구 선수	선수 감독 프로그램
__________	의자	__________
__________	고객	__________
__________	판매 주문	__________
__________	책	__________
__________	점포	__________
__________	제조업체	__________
__________	골프채	__________
__________	카뷰레터	__________
	오븐	__________

다형성을 활용해봅시다.

ArrayList 클래스에 대해 전혀 모르는 상태에서 Dog 객체를 집어넣기 위한 목록 클래스를 직접 만들어야 한다고 가정해봅시다. 우선 add( ) 메소드만 추가해봅시다. 추가되는 Dog 객체는 Dog 배열(Dog[ ])에 집어넣기로 하고, 배열의 길이는 5로 하겠습니다. Dog 객체 다섯 개가 다 차면 add( ) 메소드가 호출되어도 아무 일도 하지 않는 걸로 합시다. 만약 배열이 가득 차지 않았다면 add( ) 메소드에서 새로 들어온 Dog 객체를 빈 자리에 집어넣고 다음에 사용할 수 있는 인덱스 번호(nextIndex)를 1 증가시키면 될 것입니다.

Dog용 목록 제작

(세상에서 가장 형편없는 ArrayList 계열의 클래스를 만들어보겠습니다)

버전 ①

```java
public class MyDogList {

    private Dog [] dogs = new Dog[5];

    private int nextIndex = 0;


    public void add(Dog d) {

        if (nextIndex < dogs.length) {

            dogs[nextIndex] = d;

            System.out.println("Dog added at " + nextIndex);

            nextIndex++;
        }
    }
}
```

MyDogList

Dog[] dogs
int nextIndex

add(Dog d)

Cat 객체도 집어넣으려면 어떻게 해야 하죠?

몇 가지 옵션을 생각해봅시다.

1) Cat 객체를 저장하기 위해 MyCatList라는 클래스를 따로 만듭니다. 너무 지저분하죠.

2) 서로 다른 두 배열을 인스턴스 변수로 가지고 있고, addCat(Cat c)과 addDog(Dog d)라는 서로 다른 add( ) 메소드가 들어있는 DogAndCatList라는 클래스를 만듭니다. 이것도 참 지저분한 방법이죠.

3) (Cat을 추가할 수 있도록 사양이 변경되었다면 조만간 다른 것도 추가해야 할 수 있으므로) 모든 종류의 Animal 하위클래스를 받아들일 수 있는 AnimalList 클래스를 만듭니다. 이 옵션이 가장 좋은 것 같으므로 Dog 객체만이 아닌 Animal을 모두 받아들일 수 있는 포괄적인 클래스를 만들겠습니다. 중요한 변경 사항은 강조해놓았습니다(물론, 논리 자체는 똑같지만 모든 Dog 유형을 Animal 유형으로 바꿨습니다).

Animal용 목록 제작

```java
public class MyAnimalList {

    private Animal[] animals = new Animal[5];
    private int nextIndex = 0;

    public void add(Animal a) {
        if (nextIndex < animals.length) {
            animals[nextIndex] = a;
            System.out.println("Animal added at " + nextIndex);
            nextIndex++;
        }
    }
}
```

버전 ②

MyAnimalList

Animal[] animals
int nextIndex

add(**Animal** a)

놀라지 마세요. 새로운 Animal 객체를 만드는 것이 아니고 Animal 유형의 배열 객체를 새로 만드는 것입니다(앞에서 배웠듯이 추상 유형의 인스턴스를 새로 만들 수는 없지만 그 유형의 객체를 저장하기 위한 배열 객체를 만드는 것은 가능합니다.).

```java
public class AnimalTestDrive{
    public static void main (String[] args) {
        MyAnimalList list = new MyAnimalList();
        Dog a = new Dog();
        Cat c = new Cat();
        list.add(a);
        list.add(c);
    }
}
```

```
File Edit Window Help Harm

% java AnimalTestDrive
Animal added at 0
Animal added at 1
```

Animal이 아닌 객체는 어떻게 하죠? 어떤 것이든 받아들일 수 있는 더 포괄적인 클래스를 만드는 것은 어떨까요?

우리가 나아갈 방향을 잘 알고 있군요. Animal 위에 있는 것도 사용할 수 있게 배열의 유형과 add() 메소드의 인자 유형도 고치면 좋겠죠? Animal보다 더 포괄적인, 그리고 더 추상적인 것을 추가할 수 있게 말이죠. 하지만 어떻게 해야 할까요? Animal의 상위클래스는 없는데 말이죠.

그렇다면...

ArrayList에 들어있는 메소드가 기억나십니까? add, contains, indexOf 메소드에서 **Object**라는 유형의 객체를 인자로 사용했다는 것 기억나세요?

자바에서 모든 클래스는 Object라는 클래스를 확장한 것입니다.

Object라는 클래스는 모든 클래스의 어머니, 즉 모든 것의 상위클래스입니다.

다형성을 활용하더라도 여러분이 사용할 다형적인 유형을 인자로 받아들이고 리턴하는 메소드가 들어있는 클래스를 만들어야 합니다. 자바에 있는 모든 것에 공통적인 상위클래스가 없다면, 자바 개발자 입장에서는 여러분이 만든 새로운 유형을 인자나 리턴 유형으로 사용할 수 있는 메소드가 들어있는 클래스로 만들 수가 없습니다. ArrayList 클래스를 만들 시점에서는 전혀 없었던 유형이 새로 만들어질 수도 있을 테니까요.

즉, 우리도 모르게 처음부터 Object 클래스의 하위클래스를 만들었던 것입니다. **어떤 클래스를 만들더라도** 그 클래스는 반드시 Object 클래스를 확장한 클래스로 만들어집니다. 따로 지정하지 않아도 자동으로 그렇게 됩니다. 클래스를 만들 때 별도로 어떤 클래스를 확장하는지 지정하지 않으면 자동으로 다음과 같은 식으로 만드는 것과 똑같은 결과가 나오게 되는 것입니다.

```
public class Dog extends Object { }
```

어? 그런데 Dog는 이미 뭔가를 확장하고 있었죠. Dog는 Canine을 확장한 클래스니까요. 그래도 별 문제는 없습니다. 컴파일러에서 자동으로 Canine이 Object를 확장하게 해 주니까요. 그런데 Canine은 또 Animal을 확장한 클래스군요. 그래도 별 상관없습니다. 컴파일러에서 알아서 Animal이 Object를 확장하게 해 줍니다.

명시적으로 다른 클래스를 확장하지 않은 클래스는 자동으로 Object를 확장한 클래스로 정의됩니다.

Dog는 Canine을 확장한 것이므로 Object를 직접적으로 확장하진 않습니다. (물론 간접적으로 확장하긴 하죠.) Canine도 Object를 직접적으로 확장한 클래스는 아닙니다. 하지만 Animal은 Object를 직접 확장하는 클래스입니다.

버전 ③

(ArrayList에 있는 메소드 가운데 몇 가지만 열거했습니다. 사실 이 외에도 여러 메소드가 더 있습니다.)

ArrayList

boolean remove(Object elem)
인자로 주어진 객체를 삭제합니다. elem 객체가 목록에 있었다면 'true'를 리턴합니다.

boolean contains(Object elem)
인자로 주어진 객체하고 매치되는 것이 있으면 'true'를 리턴합니다.

boolean isEmpty()
목록에 아무 원소도 들어있지 않으면 'true'를 리턴합니다.

int indexOf(Object elem)
인자로 주어진 객체의 인덱스. 또는 -1을 리턴합니다.

Object get(int index)
목록에서 주어진 인덱스 위치에 있는 원소를 리턴합니다.

boolean add(Object elem)
인자로 주어진 객체를 목록에 추가합니다. ('true'를 리턴합니다.)

// 기타 메소드...

ArrayList 메소드 중에는 궁극의 다형적인 유형인 Object를 사용하는 것이 많습니다. 자바의 모든 클래스는 Object의 하위클래스이므로 그러한 ArrayList 메소드에서는 어떤 것이든 받아들일 수 있습니다.

(참고: 자바 5.0부터 get()과 add() 메소드가 여기에 나와 있는 것과 조금 다르게 바뀌었습니다. 하지만 일단은 이런 식으로 생각하도록 합시다. 자세한 내용은 나중에 설명 드리겠습니다.)

그러면 초특급 클래스인 Object 클래스에는 무엇이 들어있을까요?

자바 입장에서 모든 객체에 있어야 할 행동에는 어떤 것이 있을지 생각해봅시다. 어떤 객체가 다른 객체와 같은지 알아내기 위한 메소드는 어떨까요? 그 객체의 실제 클래스 유형을 알려주는 메소드도 필요하지 않을까요? 객체를 해시테이블(hashtable)에 집어넣는 데 필요한 객체의 해시코드(hashcode)를 알려주는 메소드도 있으면 좋겠죠?(자바의 해시테이블에 대한 내용은 16장에서 알아보겠습니다) 아, 중요한 걸 빼먹을 뻔 했네요. 그 객체의 내용에 해당하는 String 메시지를 출력하는 메소드도 있어야 되겠죠?

그런데 정말 신기하게도 Object 클래스에 바로 이런 기능을 하는 메소드 네 개가 들어있습니다. 물론, 그 밖에 다른 메소드도 있지만 일단 가장 중요한 이 네 메소드만 짚고 넘어가겠습니다.

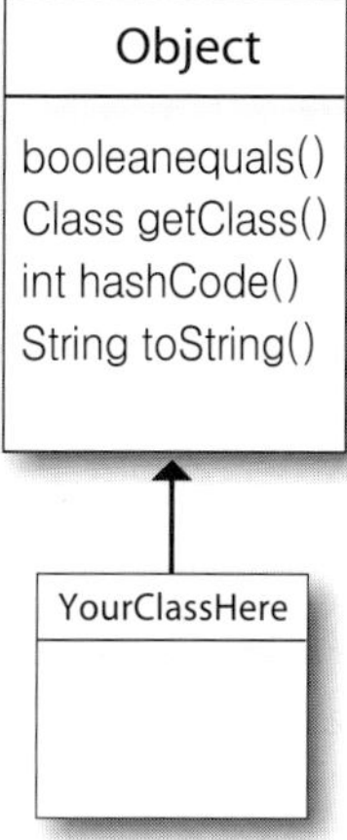

Object 클래스에 들어있는 메소드(일부)

새로 만드는 클래스는 무조건 Object 클래스의 모든 메소드를 상속받게 됩니다. 우리가 전에 만들었던 메소드에도 알고 보면 이런 메소드가 상속되어 있었습니다.

① equals(Object o)

```java
Dog a = new Dog();
Cat c = new Cat();

if (a.equals(c)) {
    System.out.println("true");
} else {
    System.out.println("false");
}
```


두 객체를 '같은' 것으로 볼 수 있을지 판단하는 메소드 (같다는 것의 의미에 대해서는 '부록 B'에서 알아보겠습니다)

② getClass()

```java
Cat c = new Cat();
System.out.println(c.getClass());
```

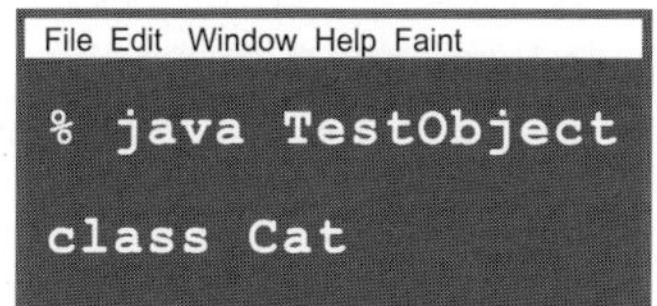

어떤 클래스의 인스턴스인지 알 수 있도록 그 객체의 클래스를 리턴합니다.

③ hashCode()

```java
Cat c = new Cat();
System.out.println(c.hashCode());
```


그 객체에 해당하는 해시코드(일단 고유 ID라고 생각해두세요)를 출력합니다.

④ toString()

```java
Cat c = new Cat();
System.out.println(c.toString());
```

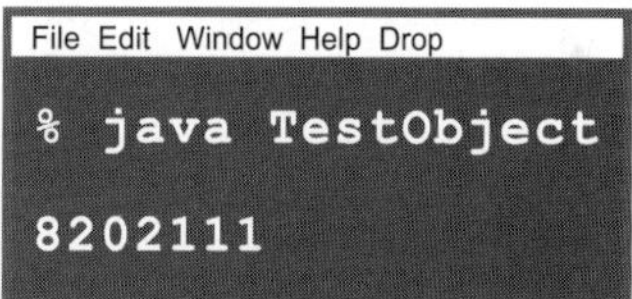

클래스명과 몇 가지 별로 잘 쓰이지 않는 숫자가 포함된 String 메시지를 출력합니다.

바보 같은 질문은 없습니다

Q: Object 클래스는 추상 클래스인가요?

A: Object는 추상 클래스가 아닙니다. Object를 추상 클래스로 선언하지 않는 이유는 모든 클래스에서 무조건 오버라이드할 필요 없이 그대로 사용할 수 있는 메소드를 구현해놓은 코드가 들어있기 때문입니다.

Q: 그러면 Object에 들어있는 메소드를 오버라이드할 수는 있나요?

A: 일부는 오버라이드할 수 있습니다. 하지만 final로 지정되어있어서 오버라이드할 수 없는 것도 있습니다. 클래스를 만들 때 될 수 있으면 hashCode( ), equals( ), toString( ) 메소드는 오버라이드하는 것이 좋은데, 그 방법은 잠시 후에 알아보겠습니다. 하지만 getClass( )와 같은 몇몇 메소드는 반드시 특정한 방식으로만 작동을 해야 합니다.

Q: ArrayList 메소드에서는 Object를 쓰기 때문에 범용으로 쓸 수 있다고 했는데, 왜 ArrayList〈DotCom〉 같은 식으로 써야 하나요? 그렇게 하면 그 ArrayList에는 DotCom 객체만 집어넣을 수 있게 제한을 가하는 것 아닌가요?

A: 예, 맞습니다. 자바 5.0이 나오기 전까지는 ArrayList에서 집어넣을 수 있는 객체의 유형에 제한을 가할 수 없었습니다. 자바 5.0 기준으로는 ArrayList〈Object〉라고 하는 것과 같은 ArrayList 객체만 사용할 수 있었죠. 즉, Object에 속하는 것만 넣을 수 있다고 볼 수 있는데, 이는 어떤 클래스로부터 만들었든 상관 없이 모든 자바 객체를 집어넣을 수 있는 ArrayList를 뜻합니다. 새로 추가된 〈type〉 문법에 대해서는 나중에 자세히 알아보겠습니다.

Q: 아, 그렇군요. 그럼 Object 클래스로 돌아가서, 그 클래스가 구상 클래스라고 했는데 Object 객체는 어떻게 만들죠? Animal 객체라는 것이 좀 이상했던 것과 마찬가지로 Object 객체도 진짜 '객체'라고 하기에는 어색하지 않나요?

A: 좋은 질문입니다. 새로운 Object 인스턴스를 만드는 것이 무슨 의미가 있을까요? Object 객체가 필요한 이유는 그냥 포괄적인 개념의 '객체'가 필요한 경우가 종종 있기 때문입니다. 보통 경량급 객체에 많이 쓰는데, 그 중에서도 특히 스레드 동기화를 할 때 많이 사용합니다(이와 관련된 내용은 15장에서 배울 것입니다). 일단 지금은 Object 유형의 객체를 만들 수는 있지만, 실제로 그렇게 할 일은 별로 없다는 정도로 알아두세요.

Q: 그러면 Object 유형은 주로 다형적인 인자나 리턴 유형으로 쓰인다고 할 수 있는 건가요? ArrayList에서처럼요?

A: Object 클래스는 주로 두 가지 용도로 쓰입니다. 하나는 임의 클래스에 대해 어떤 작업을 하는 메소드를 만들 때 다형적 유형으로 사용하는 경우고 다른 하나는 자바에 있는 모든 객체에서 실행 중에 필요한 진짜 메소드 코드를 제공하기 위해서 입니다(Object 클래스에 넣으면 다른 모든 클래스에서 그 메소드를 상속하게 되겠죠). Object에서 가장 중요한 메소드 중에는 스레드와 관련된 것들이 있지요. 이와 관련된 내용은 나중에 알아보겠습니다.

Q: 다형적 유형을 사용하는 것이 그리 좋다면 왜 모든 메소드의 인자와 리턴 유형을 Object로 하지 않나요?

A: 어떤 일이 일어날지 한번 생각해보세요. 우선 한 가지 문제점은 자바에서 코드를 보호하는 가장 중요한 메커니즘 가운데 하나인 '유형 안전성(type-safety)'이 완전히 무의미해진다는 것입니다. 자바에서는 유형 안전성을 통해서 어떤 객체 유형에 대해 요구해야 할 것을 엉뚱한 객체에 요구하는 일이 없도록 보장해줍니다. Ferrari(페라리 스포츠카를 나타내는 객체)에 Toaster(토스터 객체)에나 요구해야 할 '요리 시작'과 같은 명령을 하면 황당하겠죠?

하지만 실제로는 그런 일이 일어나지 않습니다. 모든 객체에 대해 무조건 Object 레퍼런스를 사용하더라도 말이죠. 어떤 객체를 Object 레퍼런스 유형을 써서 참조하면 자바에서는 항상 그 레퍼런스가 Object 유형의 인스턴스를 참조하고 있다고 생각하기 때문에 그 객체에 대해서는 Object 클래스에서 선언한 메소드만 호출할 수 있죠. 따라서 다음과 같이 하면 컴파일러에서 받아주지 않습니다.

```
Object o = new Ferrari();
o.goFast(); // 안 됩니다.
```

자바는 유형을 철저하게 따지는 언어기 때문에 컴파일러에서 어떤 객체에 대해 메소드를 호출할 때 그 객체가 주어진 메소드에 대해 응답을 할 수 있는지 따져봅니다. 즉 그 레퍼런스 유형의 클래스에 해당 메소드가 있는 경우에만 객체 레퍼런스에 대해 메소드를 호출할 수 있습니다. 이에 대한 내용은 잠시 후에 훨씬 자세하게 다룰 예정이니까 방금 설명한 내용이 잘 이해가 되지 않더라도 너무 걱정하지 마세요.

Object 유형의 다형적 레퍼런스를 쓸 때 치뤄야 할 대가...

인자 및 리턴 유형을 전부 Object로 만들면 엄청나게 유연한 메소드를 만들 수 있습니다. 하지만 그렇게 하기 전에 Object 유형의 레퍼런스를 사용할 때 생길 수 있는 문제점에 대해 생각해봐야 합니다. 그리고 여기에서 Object 유형의 인스턴스를 만드는 것에 대해 얘기하고 있는 것이 아니라는 점을 확실히 하고 넘어가야 되겠습니다. 여기에서는 어떤 다른 유형의 인스턴스를 만들지만 레퍼런스만 Object 유형을 사용하는 경우에 대해 생각하고 있는 거죠.

어떤 객체를 ArrayList<Dog>에 집어넣는다면 그 객체는 Dog로 저장되고, 나중에 꺼낼 때도 Dog가 됩니다.

```
ArrayList<Dog> myDogArrayList = new ArrayList<Dog>();
```
← Dog 객체를 저장하는 것으로 선언된 ArrayList를 만듭니다.

```
Dog aDog = new Dog();
```
← Dog 객체를 만듭니다.

```
myDogArrayList.add(aDog);
```
← Dog 객체를 목록에 추가합니다.

```
Dog d = myDogArrayList.get(0);
```
← 목록에 들어있는 Dog를 새로운 Dog 레퍼런스 변수에 대입합니다. (ArrayList<Dog>라고 했기 때문에 get() 메소드의 리턴 유형도 Dog로 선언되었다고 생각할 수 있습니다.)

하지만 ArrayList<Object>라고 선언했다면 어떻게 될까요? 어떤 종류의 Object 객체든 다 집어넣을 수 있는 ArrayList를 만들고 싶다면 다음과 같이 하면 됩니다.

```
ArrayList<Object> myDogArrayList = new ArrayList<Object>();
```
← 임의의 Object 객체를 저장할 수 있는 ArrayList를 만듭니다.

```
Dog aDog = new Dog();
```
← Dog 객체를 만듭니다.

```
myDogArrayList.add(aDog);
```
← Dog 객체를 목록에 추가합니다.

(이 두 단계는 전과 똑같습니다.)

하지만 Dog 객체를 꺼내서 Dog 레퍼런스에 대입하려고 하면 어떤 일이 일어날까요?

```
Dog d = myDogArrayList.get(0);
```
이렇게 하면 안 됩니다. 컴파일도 안 되죠. ArrayList<Object>를 사용할 때는 get() 메소드에서의 리턴 유형도 Object가 됩니다. 컴파일러에서는 그 객체가 Object의 하위클래스라는 것만 알 수 있을 뿐, Dog인지 전혀 알 수가 없습니다.

ArrayList<Object>에서 나오는 객체는 실제 객체의 유형이나 목록에 객체를 추가했을 때의 레퍼런스 유형하고는 상관 없이 무조건 Object 유형의 레퍼런스로 나오게 됩니다.

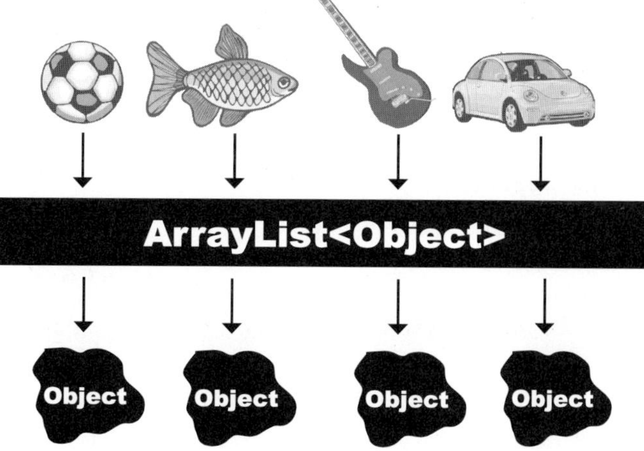

객체가 들어갈 때는 각각 SoccerBall, Fish, Guitar, Car 유형으로 들어갑니다.

하지만 나올 때는 모두 Object 유형으로 나옵니다.

ArrayList<Object>에서 나오는 객체는 모두 그냥 Object 클래스의 인스턴스인 것처럼 행동합니다. 컴파일러에서는 그 객체가 Object가 아닌 다른 클래스의 인스턴스라고 가정할 수가 없습니다.

개가 개처럼 행동하지 않으려고 할 때

모든 것을 다형적인 Object 유형으로 처리하면 객체가
그 객체의 성질을(영구적으로 그런 것은 아니지만) 잊어버
린 것 같이 보인다는 문제점이 있습니다. *Dog* 객체도 개
다운 성질을 잃어버리게 되죠. 매개변수로 전달한 인자
를 그대로 리턴해주는 어떤 메소드에 Dog 객체를 넘겼
다고 해봅시다. 그런데 그 메소드에서는 리턴 유형을
Dog가 아닌 Object로 선언했다고 해봅시다.

```java
public void go() {
    Dog aDog = new Dog();
    Dog sameDog = getObject(aDog);
}



public Object getObject(Object o) {
    return o;
}
```

좋지 않습니다.

이렇게 하면 안 됩니다. getObject( ) 메소드에서 인자로 받은
객체 레퍼런스를 그대로 리턴하기 때문에 똑같은 레퍼런스가
리턴되기는 하지만 그 레퍼런스는 Object 유형이 됩니다. 따라서
컴파일러에서는 리턴된 레퍼런스를 Object가 아닌 다른 유형
의 변수에는 대입하게 놔 두지 않습니다.

똑같은 Dog에 대한 레퍼런스를 리턴하긴 하지만 Object 유형으로 리턴하게 됩니다. 이 부분에
는 문법적인 문제가 전혀 없습니다. 참고: ArrayList<Dog>가 아닌 ArrayList<Object>의 get( ) 메
소드를 호출했을 때도 이런 식으로 Object 유형을 리턴하게 됩니다.

```
File  Edit  Window  Help  Remember
DogPolyTest.java:10: incompatible types
found    : java.lang.Object
required: Dog
        Dog sameDog = getObjects(aDog);
1 error                                ^
```

컴파일러에서는 메소드에서 리턴되는
것이 사실은 Dog였다는 것을 전혀 알 수
가 없기 때문에 Dog 레퍼런스에 리턴값
을 대입하는 것을 허락하지 않습니다.
(다음 페이지 참조)

```java
public void go() {
    Dog aDog = new Dog();
    Object sameDog = getObject(aDog);
}



public Object getObject(Object o) {
    return o;
}
```

좋습니다.

Object 유형의 레퍼런스에는 무엇이든지 집어넣을 수
있습니다.(그렇게 하더라도 그리 유용한 것만은 아닙니
다. 다음 페이지 참조) 모든 클래스가 Object에 대해 'A
는 B다' 테스트를 통과할 수 있기 때문이죠. 자바에 들어
있는 모든 클래스의 상속 트리를 따라올라가면 Object
클래스가 있기 때문에 자바의 모든 객체는 Object 유형
의 인스턴스입니다.

객체는 짖지 않는다.

이제 Object 유형으로 선언된 변수로 참조되는 객체를
실제 객체의 유형으로 선언된 변수에 대입할 수 없다는
것은 확실히 이해가 됐죠? 그리고 리턴 유형이나 인자
가 Object 유형으로 선언되어 있을 때도 이런 일이 일
어날 수 있다는 것도 알 수 있을 것입니다. 예를 들어
ArrayList〈Object〉 같은 식으로 Object 유형 ArrayList
에 객체를 집어넣는 경우를 생각할 수 있겠죠. 하지만
이런 현상으로 인해 어떤 일이 생길 수 있을까요? Dog
객체를 참조할 때 Object 레퍼런스 변수를 사용해야
하는 것 때문에 문제가 생길 수 있을까요? 컴파일러에
서는 Object라고 생각하지만 실제로는 Dog인 객체에
Dog 메소드를 호출해 볼까요?

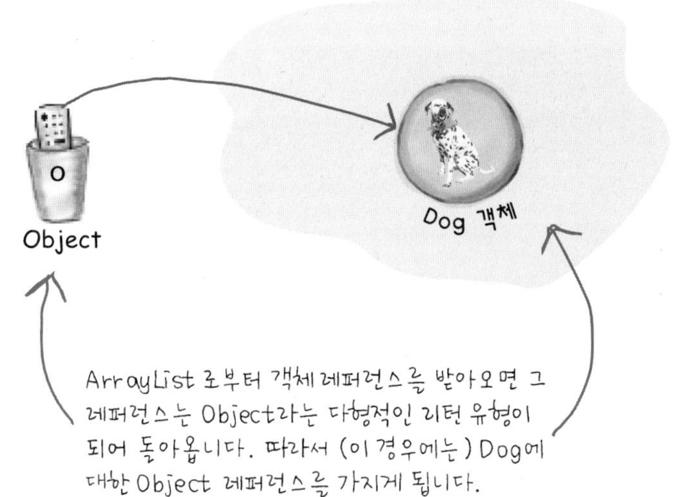

ArrayList로부터 객체 레퍼런스를 받아오면 그
레퍼런스는 Object라는 다형적인 리턴 유형이
되어 돌아옵니다. 따라서 (이 경우에는) Dog에
대한 Object 레퍼런스를 가지게 됩니다.

```
Object o = al.get(index);

int i = o.hashCode();

o.bark();
```

컴파일이 되지 않습니다.

이건 괜찮습니다. Object 클래스에도 hashCode()
메소드는 있기 때문에 이 메소드는 어떤 자바 객체에 대해
서도 호출할 수 있습니다.

이건 안 됩니다. Object 클래스에서는 bark()의
의미를 알 수가 없으니까요. 여러분은 그 인덱스
에 사실 Dog 객체가 들어있다는 것을 알고 있을
지 몰라도 컴파일러에서는 모르니까요.

> **컴파일러에서 어떤 메소드를 호출할 수 있
> 는지 결정할 때는 실제 객체 유형이 아닌
> 레퍼런스 유형을 기준으로 따집니다.**

여러분은 그 객체에 어떤 기능이 있다는 것을
알지 몰라도 컴파일러에서는 무조건 Object
객체로 생각할 뿐입니다. 사실, 컴파일러 입장
에서는 Button 객체가 들어있을지 Microwave
객체가 들어있을지 모르기 때문에 짖는 방법
을 모르는(bark() 메소드가 없는) 객체가 들어
있을 것이라고 생각하게 됩니다.

컴파일러에서는 어떤 레퍼런스를 사용하여
어떤 메소드를 호출할 수 있는지 확인할 때
(객체 유형이 아닌) 레퍼런스 유형의 클래스를
기준으로 삼습니다.

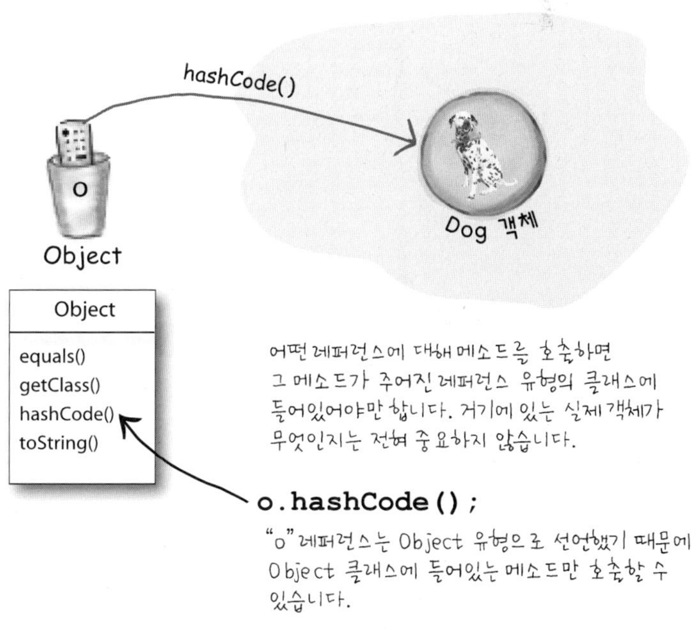

어떤 레퍼런스에 대해 메소드를 호출하면
그 메소드가 주어진 레퍼런스 유형의 클래스에
들어있어야만 합니다. 거기에 있는 실제 객체가
무엇인지는 전혀 중요하지 않습니다.

o.hashCode();

"o" 레퍼런스는 Object 유형으로 선언했기 때문에
Object 클래스에 들어있는 메소드만 호출할 수
있습니다.

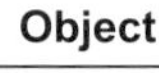

객체를 만나봅시다.

객체에는 그 객체가 여러 상위클래스들에서 상속받은 모든 것이 들어있습니다. 즉, 실제 클래스 유형에 상관없이 모든 객체는 Object 클래스의 인스턴스입니다. 따라서 자바에 들어있는 모든 객체는 단지 Dog, Button, Snowboard 같은 구체적인 것 뿐만 아니라 Object로 간주할 수도 있습니다. **new Snowboard**()라고 하면 힙에는 Snowboard 객체 단 하나가 생성되지만 그 Snowboard 객체 안에는 자신의 Object 객체 성분에 해당하는 알맹이 같은 것이 들어있다고 볼 수 있습니다.

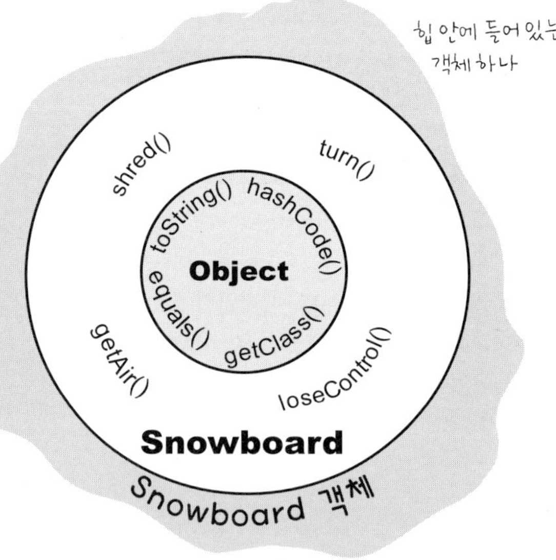

여기에 있는 힙에는 객체 단 하나(Snowboard 객체)밖에 없습니다. 하지만 그 안에는 자신의 <u>Snowboard</u> 클래스 부분과 <u>Object</u> 클래스 부분이 모두 들어있습니다.

'다형성'은 '여러 형태'를 의미합니다.

Snowboard를 Snowboard 또는 Object로 간주할 수 있습니다.

레퍼런스를 리모컨에 비유한다면 상속 트리를 따라 내려갈수록 리모컨에 있는 버튼의 개수가 늘어난다고 할 수 있습니다. Object 유형의 리모컨(레퍼런스)에는 버튼(Object라는 클래스에 들어있는 외부로 공개된 버튼)이 그리 많지 않습니다. 하지만 Snowboard 유형의 리모컨에는 Object 클래스에 있는 모든 버튼 외에도 Snowboard의 모든 버튼(새로운 메소드)이 들어있습니다. 클래스가 더 구체적이 될수록 버튼이 더 많아집니다.

물론, 항상 그런 것은 아닙니다. 하위클래스에서 전혀 새로운 메소드를 전혀 추가하지 않고 상위클래스의 메소드를 오버라이드하기만 할 수도 있으니까요. 가장 중요한 점은 어떤 객체가 Snowboard 유형의 객체인 경우에도 그 Snowboard 객체에 대한 Object 레퍼런스에서는 Snowboard에만 있는 메소드를 사용할 수가 없다는 점입니다.

> ArrayList〈Object〉에 객체를 집어넣으면 그 객체는 원래의 유형과는 무관하게 Object로만 처리할 수 있습니다.
>
> ArrayList〈Object〉로부터 레퍼런스를 받아오면 그 레퍼런스는 항상 Object 유형입니다.
>
> 즉, Object의 리모컨을 받게 됩니다.

```
Snowboard s = new Snowboard();

Object o = s;
```

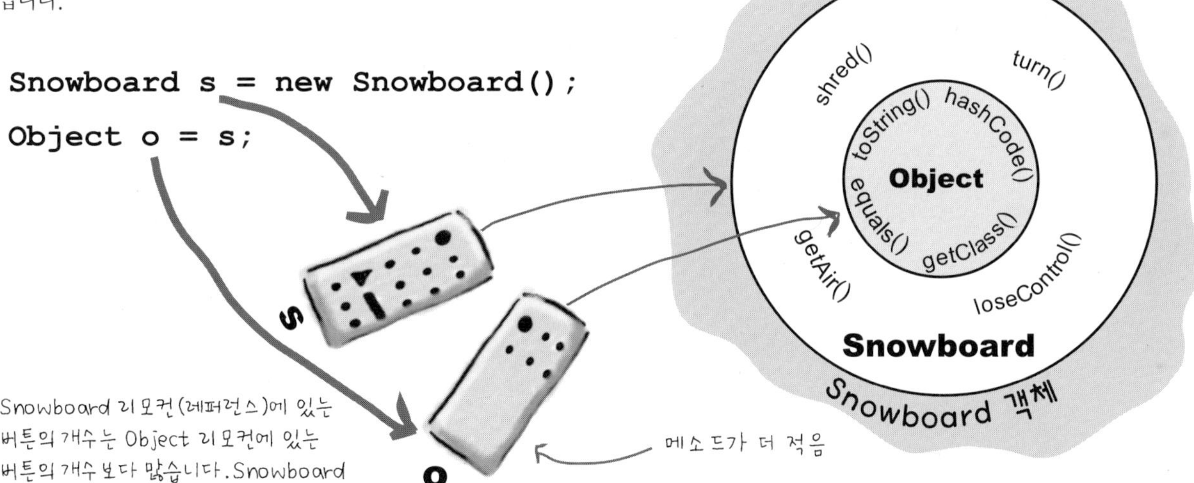

메소드가 더 적음

Snowboard 리모컨(레퍼런스)에 있는 버튼의 개수는 Object 리모컨에 있는 버튼의 개수보다 많습니다. Snowboard 리모컨을 쓸 때는 Snowboard 객체의 기능을 모두 발휘할 수 있습니다. Object로부터 상속받은 메소드와 Snowboard에서 새로 만든 메소드를 포함한 Snowboard에 들어있는 모든 메소드에 접근할 수 있습니다.

Object 레퍼런스에서는 Snowboard 객체의 Object 부분만 볼 수 있습니다. 즉, Object 클래스에 들어있는 메소드만 접근할 수 있습니다. Snowboard 리모컨에 비해 버튼의 개수가 더 적죠.

객체 레퍼런스를 실제 유형으로 캐스트하는 방법

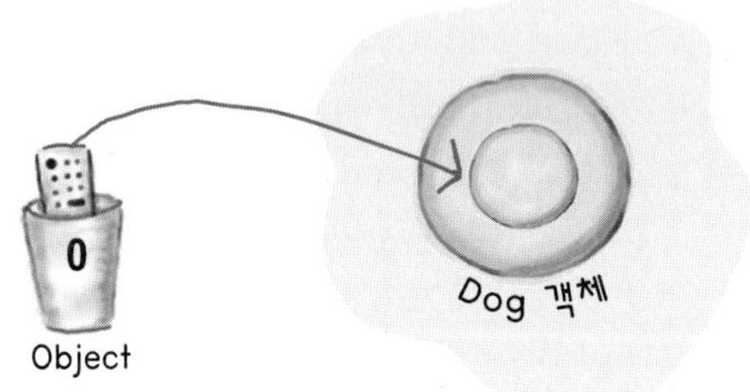

사실 여전히 Dog 객체긴 한데 Dog 객체에만 있는 메소드를 호출하려면 Dog 유형으로 선언된 레퍼런스가 필요합니다. 그 객체가 확실히 Dog 객체라면[*] Object 레퍼런스를 복사한 다음 캐스트 연산자(Dog)를 써서 그 사본을 강제로 Dog 레퍼런스 변수로 만드는 방법을 통해 새로운 Dog 레퍼런스를 만들면 됩니다.

```
Object o = al.get(index);
Dog d = (Dog) o;
d.roam();
```


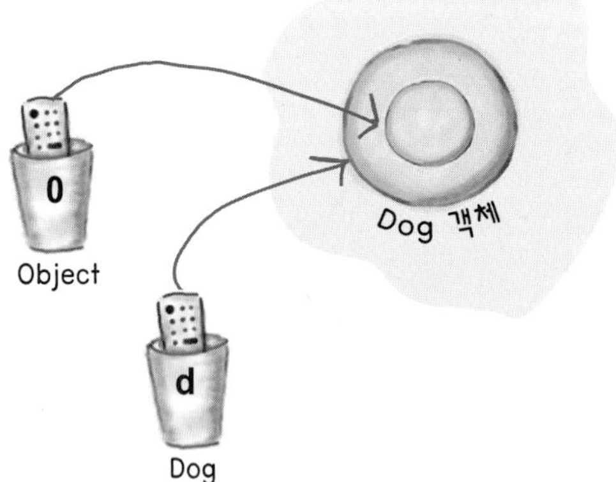

[*]Dog인지 잘 모르겠다면 instanceof 연산자를 써서 확인하면 됩니다. 엉뚱한 클래스로 캐스트하면 실행 중에 ClassCastException이 나면서 프로그램이 멎어버립니다.

```
if (o instanceof Dog) {
    Dog d = (Dog) o;
```

이제 자바에서 레퍼런스 변수의 클래스에 들어있는 메소드를 사용한다는 것을 확실히 이해했을 것입니다.

어떤 객체에 있는 메소드를 호출하려면 그 메소드가 레퍼런스 변수의 클래스에 들어있어야만 합니다.

여러분이 만든 클래스에 들어있는 public으로 지정된 메소드는 계약서, 즉 어떤 일을 할 수 있는지에 대한 외부와의 약속이라고 생각하면 됩니다.

클래스를 만들 때는 (거의) 항상 일부 메소드를 클래스 외부로 노출시키게 됩니다. 메소드를 노출시킨다는 것은 보통 public으로 지정하여 메소드를 외부에서 접근할 수 있게 만든다는 것을 의미합니다.

중소기업용 회계 프로그램으로 쓰기 위한 코드를 만드는 경우를 생각해봅시다. "사이먼 서핑 용품점"이라는 조그만 가게에서 쓸 프로그램이라고 생각해보죠. 재사용할만한 것이 없나 살펴보다가 (적어도 설명서에 있는 내용만 가지고 보면) 모든 필요사항에 딱 들어맞는 Account라는 클래스를 찾아냈습니다. Account의 각 인스턴스는 그 상점에 있는 개별 고객의 구좌를 나타냅니다. 구좌의 잔고를 확인할 때 credit()와 debit()(각각 선입금한 금액과 외상 금액과 관련된 메소드라고 생각하면 됩니다) 메소드를 호출해야 하는 것일까요? 걱정할 필요 없습니다. getBalance() 메소드를 쓰면 구좌의 잔고를 바로 확인할 수 있으니까요.

Account
debit(double amt)
credit(double amt)
double getBalance()

하지만 getBalance() 메소드를 호출하면 실행 중에 프로그램이 완전히 죽어버린다는 것을 발견했습니다. 설명서와 달리 클래스에는 그 메소드가 안 들어있었나 봅니다. 이런 황당한 일이...

하지만 사실 그런 일은 일어나지 않습니다. 어떤 레퍼런스에 대해 점 연산자를 사용하면(예를 들어, a.doStuff()) 컴파일러에서 그 레퍼런스 유형('a'를 선언할 때 지정한 유형)을 살펴보고 그 클래스에 주어진 메소드가 있는지, 그리고 그 메소드에서 실제로 사용자가 전달한 인자를 받아들일 수 있고 올바른 유형의 값을 리턴하는지 확인합니다.

컴파일러에서는 레퍼런스가 참조하는 실제 객체의 클래스가 아닌 레퍼런스 변수를 선언할 때 지정한 유형의 클래스를 확인한다는 점을 꼭 기억하세요.

계약서를 고쳐야 한다면 어떻게 해야 할까요?

여러분이 Dog 객체라고 생각해봅시다. 이 때 여러분을 정의하는 계약서가 Dog 클래스뿐인 것은 아닙니다. 모든 상위클래스로부터 접근 가능한(보통 public으로 지정한) 메소드를 상속받기 때문이죠.

물론, Dog 클래스도 일종의 계약서라고 할 수 있습니다.

하지만 계약서가 그것밖에 없는 것은 아닙니다.

Canine 클래스에 들어있는 것도 모두 계약서에 포함됩니다.

Animal 클래스에 들어있는 것도 모두 계약서에 포함됩니다.

Object 클래스에 들어있는 것도 모두 계약서에 포함됩니다.

'A는 B다' 테스트를 적용해보면 Dog 클래스는 Canine, Animal, Object 클래스라고 할 수 있습니다.

하지만 클래스를 설계한 사람이 Animal 시뮬레이션 프로그램을 염두에 두고 만들었다면, 그리고 여러분(Dog 클래스)을 Animal 객체를 활용한 과학 교육 프로그램에서 사용하고 싶다면 어떻게 될까요?

뭐, 별 문제없이 여러분을 그런 용도로 활용할 수 있을 것입니다.

하지만 그 사람이 나중에 다시 여러분을 애완동물 상점 프로그램(PetShop 프로그램)에서 사용하고 싶다면 어떻게 될까요? 여러분에게는 Pet의 행동(애완동물들이 하는 행동)이 없는데 말이죠. Pet 객체(애완동물 객체)에는 beFriendly( ), play( )(각각 친근감 있게 구는 메소드, 장난치는 메소드라고 볼 수 있겠죠?) 같은 메소드가 들어있어야 하지 않겠습니까?

자, 이제 Dog 클래스를 만드는 프로그래머 입장에서 생각해봅시다. 별 문제 없지 않을까요? 그냥 Dog 클래스에 새로운 메소드를 집어넣으면 될 것 같은데요. 메소드를 추가하기만 한다면 다른 코드에서 Dog 객체에 대해 호출하는 기존의 메소드가 망가지는 일은 없겠죠? 다른 코드에서 Dog 객체에 대해 호출하는 기존의 메소드는 건드리지 않으니까요.

이렇게 할 때 (Dog 클래스에 Pet 메소드를 추가하는 방법을 쓸 때) 어떤 문제가 생길 수 있을까요?

여러분이 Dog 클래스를 만드는 **프로그래머라고 가정**하고 Dog 객체에서, Pet에서 하는 일을 수행하도록 고쳐야 한다면 어떻게 할 수 있을지 생각해보세요. Dog 클래스에 그냥 Pet의 행동(메소드)을 추가하는 식으로 해도 원하는 결과를 얻을 수 있고 다른 사람이 쓴 코드를 고치거나 할 필요도 없다는 것도 이미 알고 있습니다.

하지만 이 프로그램은 PetShop 프로그램입니다. 그냥 Dog 클래스에 비해 더 많은 것이 들어가야 합니다. 그리고 누군가 다른 사람이 Dog 클래스를 야생 개가 들어가야 하는 프로그램에서 사용하려고 한다면 어떻게 될까요? 어떻게 하는 것이 좋을까요? 자바에서 실제로 일을 처리하는 방식에는 신경 쓰지 말고 일부 Animal 클래스에 Pet 클래스의 행동을 포함시킬 수 있도록 클래스를 고치는 방법을 한번 생각해봅시다.

다음 페이지로 넘어가기 전에 꼭 이 문제를 생각해보세요. 다음 페이지부터 그 내용을 본격적으로 알아볼 거니까요.

(다음 페이지로 그냥 넘어가면 전혀 두뇌 운동의 효과를 기대할 수 없습니다. 꼭 깊이 생각해보고 넘어가야 여러분이 두뇌를 확실하게 쓸 수 있습니다.)

PetShop 프로그램에서 기존의 클래스를 재사용하기 위한 설계 방법을 알아봅시다.

앞으로 몇 페이지에 걸쳐서 몇 가지 옵션을 살펴볼 것입니다. 아직은 자바에서 우리가 생각해보고 있는 옵션을 실제로 사용할 수 있는지는 신경 쓰지 않겠습니다. 그런 내용은 몇 가지 옵션의 장단점을 알아본 다음에 살펴보죠.

---

① **첫번째 옵션**

가장 간단한 방법으로, 애완동물의 성질을 나타내기 위한 메소드를 Animal 클래스에 집어넣습니다.

장점:

모든 Animal 객체가 바로 애완동물의 행동을 상속받을 수 있습니다. 기존의 Animal 하위클래스를 전혀 건드리지 않아도 되고 Animal의 하위클래스를 새로 만들어도 그러한 메소드를 상속받을 수 있다는 장점도 있습니다. 이렇게 하면 Animal 객체를 애완동물 용도로 사용하려는 어떤 프로그램에서든지 Animal을 다형적인 유형으로 활용할 수도 있습니다.

단점:

애완동물을 파는 가게에서 하마나 사자, 늑대 같은 것을 본 적이 있나요? 애완동물이 아닌 동물에 애완동물에게나 있을법한 메소드를 부여한다는 것이 위험할 수도 있습니다.

그리고 개와 고양이의 애완동물로써의 행동이 워낙 많이 다르기 때문에 Dog와 Cat 클래스와 같은 애완동물 클래스를 따로 수정해야 할 것입니다.

② 두 번째 옵션

첫번째 옵션과 마찬가지로 애완동물용 메소드를 Animal 클래스에 집어넣지만 메소드를 추상 메소드로 만들어서 Animal 하위클래스에서 오버라이드해야만 쓸 수 있게 만듭니다.

장점:

첫번째 옵션의 장점을 모두 누릴 수 있으면서 애완동물이 아닌 Animal 클래스에서 (beFriendly()와 같은) 애완동물 메소드를 사용할 수 있다는 단점을 극복할 수 있습니다. (Animal 클래스에 메소드가 들어있기 때문에) 모든 Animal 클래스에 그 메소드가 포함되지만 추상 메소드기 때문에 애완동물이 아닌 Animal 클래스에서는 그 기능을 상속받지 않을 수 있습니다. 물론, 모든 클래스에서 그 메소드를 오버라이드해야 하지만 그냥 아무 일도 하지 않는 메소드로 만들면 됩니다.

단점:

Animal 클래스에 들어있는 애완동물 메소드가 모두 추상 메소드기 때문에 Animal의 하위클래스 중에서 구상 클래스에서는 반드시 모든 애완동물 메소드를 구현해야 합니다(상속 트리를 따라 내려갈 때 첫번째 구상 하위클래스에서는 반드시 모든 추상 메소드를 구현해야 합니다). 정말 시간 낭비가 심하겠죠? 애완동물이 아닌 동물에 해당하는 클래스에 대해서도 구상 클래스를 만들 때 추상 메소드를 모두 구현해야 하고(타이핑도 많이 해야 하겠죠) 새로운 하위클래스를 만들 때도 마찬가지로 똑같은 작업을 해야 하니까요. 그리고 이렇게 하면 애완동물이 아닌 객체에서 애완동물이 하는 행동을 하는 문제는 해결할 수 있지만 계약을 제대로 이행하지 않게 된다는 문제가 생깁니다. 애완동물이 아닌 Animal 클래스에서도 모두 애완동물 메소드가 있다고 해 놓고 메소드를 호출하면 실제로 아무 일도 하지 않을테니까요.

이 접근 방법은 정말 안 좋아 보이는군요. 그리고 모든 Animal 유형이 아닌 일부 유형에만 적용할 것을 Animal 클래스에 집어넣는다는 것 자체가 뭔가 잘못되어 보이지 않나요?

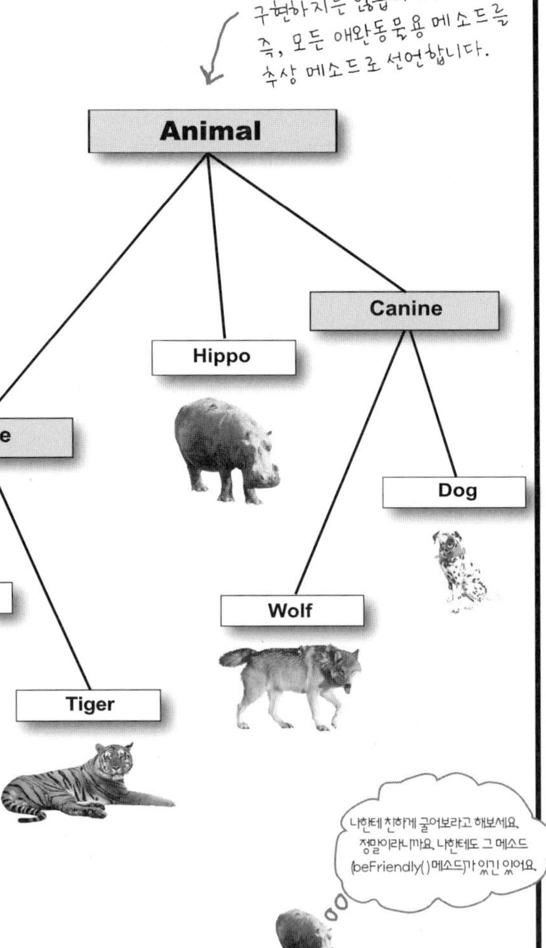

③ 세 번째 옵션

애완동물용 메소드는 그 메소드를 사용할 클래스에만 집어넣습니다.

장점:

집에 들어갈 때 하마가 사람을 반겨준다거나 하마가 얼굴을 핥는다거나 하는 일을 걱정하지 않아도 됩니다. 메소드는 그 메소드가 필요한 클래스에만 들어가니까요. Dog나 Cat 객체에서는 그런 메소드를 구현할 수 있지만 다른 클래스에서는 그런 메소드를 전혀 모르게 됩니다.

단점:

이런 접근 방법에는 두 가지 심각한 문제가 있습니다. 첫째, 여러분이 어떤 규약에 동의를 해야 하고 애완동물 Animal 클래스를 사용하는 모든 프로그래머도 앞으로 그 규약을 알고 있어야 합니다. 여기에서 규약(protocol)이란 모든 애완동물에 있어야만 하는 정확한 메소드를 의미합니다. 아무것도 뒷받침할 것이 없는 애완동물 계약서라고 할 수 있죠. 하지만 프로그래머 중에 그런 것을 잘못 이해하는 사람이 있다면 어떻게 될까요? 원래 정수를 받아들여야 하는 메소드를, String을 받아들이는 메소드로 이해하는 식으로 말이죠. 아니면 beFriendly()를 써야 하는데, doFriendly()를 쓰면 어떻게 될까요? 그런 규약은 계약서에는 들어있지 않기 때문에 컴파일러에서 메소드를 제대로 구현했는지 확인할 길이 없습니다. 누군가가 기껏 애완동물 Animal 클래스를 사용하려고 할 때 엉뚱하게 작동하는 것이 생길 가능성이 있지요.

둘째, 애완동물용 메소드에 대해서는 다형성을 적용할 수 없다는 문제가 있습니다. 애완동물의 행동이 필요한 모든 클래스에서는 각각의 클래스를 알고 있어야 합니다. 즉 Animal을 더 이상 다형적인 유형으로 쓸 수 없게 됩니다. Animal 클래스에는 필요한 애완동물용 메소드가 없어서 Animal 레퍼런스에 대해 애완동물용 메소드를 호출할 수가 없기 때문이죠.

애완동물용 메소드를 그냥 Animal 클래스에 넣지 않고 대신 애완동물이 될 수 있는 Animal 클래스에만 집어넣습니다.

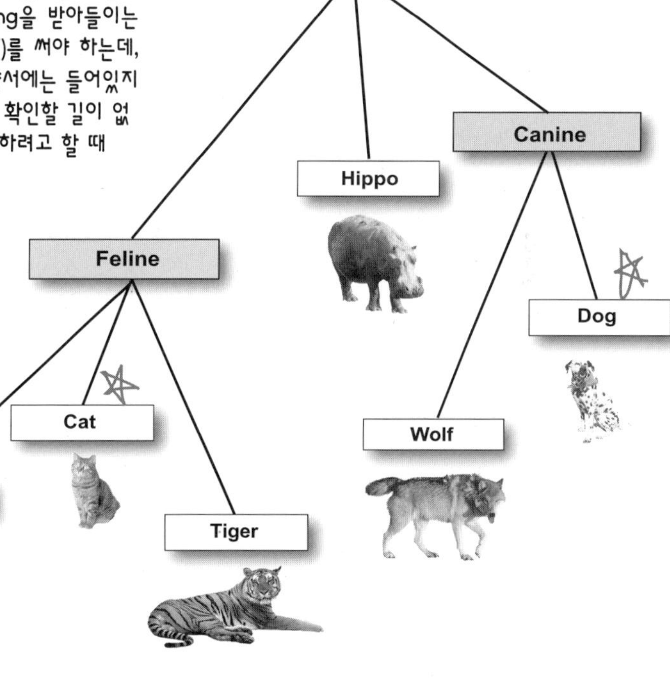

그러면 다음과 같은 것이 필요하겠군요:

● 애완동물의 행동을 Pet 클래스에만 집어넣는 방법

● 모든 애완동물 클래스에 똑같은 메소드가 정의되게 하는 방법. 이 때 모든 프로그래머가 그런 메소드를 제대로 사용할 수 있게 해야 합니다(똑같은 이름, 똑같은 리턴 유형을 가져야 하며 모든 메소드가 빠짐없이 있어야 합니다).

● 각 애완동물 클래스마다 다른 인자, 리턴 유형, 배열을 사용하지 않고도 다형성을 활용하여 모든 애완동물에 대해 애완동물용 메소드를 호출할 수 있게 하는 방법

상위클래스가 두 개 있어야 할 것 같군요.

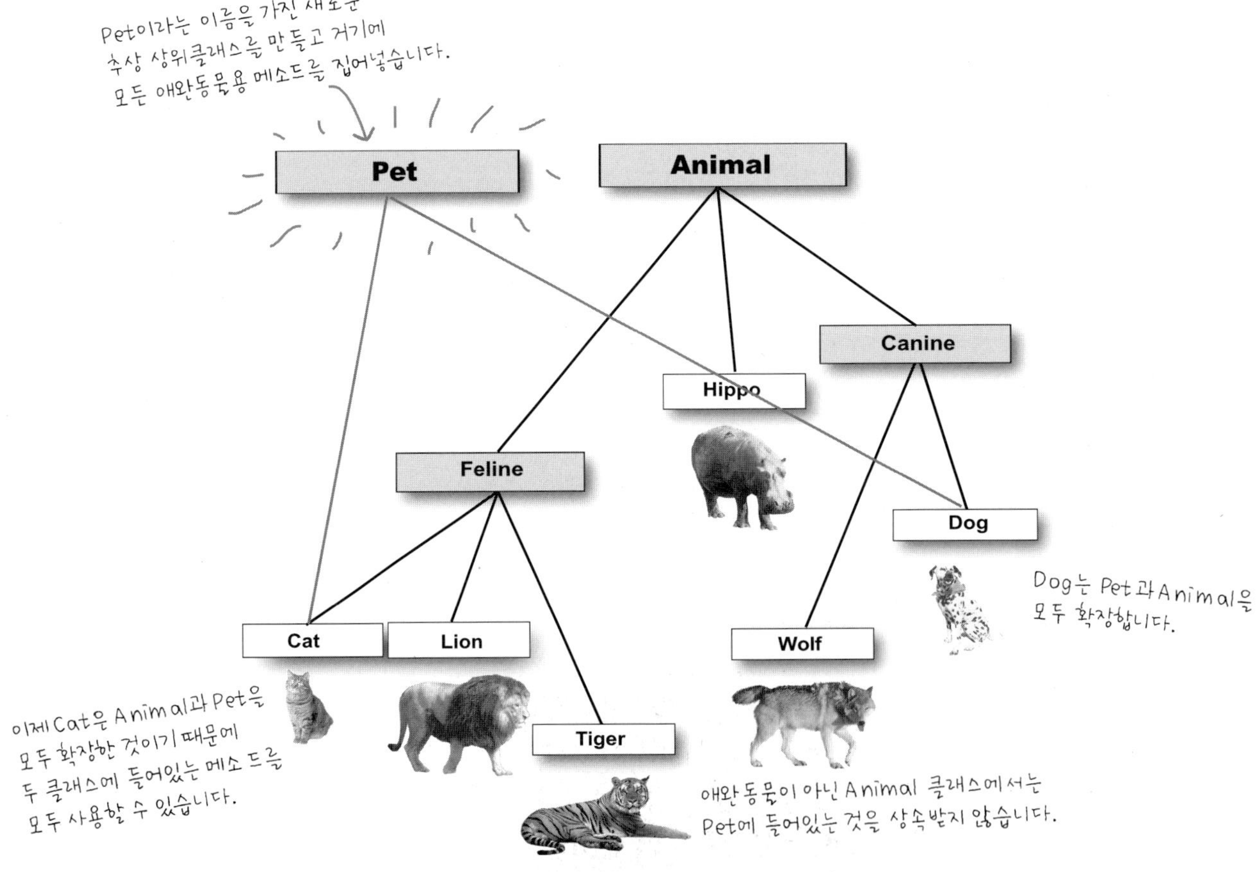

그런데 '상위클래스를 두 개 사용하는' 접근법에는 한 가지 문제점이 있습니다.

그런 것을 '다중 상속(multiple inheritance)'라고 부르는데, 정말 안 좋은 결과를 불러올 수도 있습니다.

자바에서 다중 상속이 가능하다면 그렇단 말이죠.

하지만 자바에서는 다중 상속을 쓸 수 없습니다. 다중 상속에는 '죽음의 다이아몬드 (The Deadly Diamond of Death)'라고 알려져 있는 문제가 있기 때문입니다.

죽음의 다이아몬드

애매한 상황이 나올 가능성에 대비하기 위한 특별한 규칙이 필요하기 때문에 죽음의 다이아몬드를 허용하는 언어에서는 골치 아픈 문제가 생길 수 있습니다. 새로운 규칙이 추가되면 그런 규칙을 배우기도 힘들어지고 그런 '특별한 경우'에 대해 신경을 쓰는 것도 힘들어집니다. 자바는 원래 특정한 상황에서 큰 문제를 일으키지 않는 간단한 언어여야 합니다. 따라서 자바에서는 (C++와 달리) 죽음의 다이아몬드에 대해서는 신경을 쓰지 않아도 됩니다. 하지만 다중 상속이 불가능하다면 결국 문제가 원점으로 돌아가게 되겠군요. Animal/Pet 문제는 어떻게 처리해야 할까요?

우리에게는 인터페이스가 있습니다.

자바에서는 다른 해결책을 제공합니다. 바로 인터페이스(interface)입니다. GUI 인터페이스가 아닙니다. "Button 클래스 API를 위한 공개 인터페이스입니다"라고 할 때 쓰이는 인터페이스도 아닙니다. 바로 interface라는 자바 키워드입니다.

자바의 인터페이스는 죽음의 다이아몬드(줄여서 DDD라고도 부릅니다) 때문에 생기는 부작용없이 다중 상속의 다형적인 장점을 대부분 누릴 수 있게 해 줌으로써 다중 상속 문제를 해결해줍니다.

인터페이스를 사용하여 DDD 문제를 비켜가는 방법은 매우 간단합니다. 모든 메소드를 추상 메소드로 만드는 것입니다. 그러면 하위클래스에서 반드시 메소드를 구현해야 하므로 (추상 메소드는 첫번째 구상 하위클래스에서 반드시 구현해야 한다는 점을 벌써 잊진 않았겠죠?) 실행 중에 JVM에서 상속받은 두 가지 버전 중에 어떤 것을 호출해야 할지 결정하지 못하는 문제가 생길 리 없습니다.

<table>
<tr><td>Pet</td></tr>
<tr><td></td></tr>
<tr><td>abstract void beFriendly();

abstract void play();</td></tr>
</table>

자바 인터페이스는 100% 순수한 추상 클래스와 비슷합니다.

인터페이스에 들어있는 모든 메소드는 추상 메소드입니다. 따라서 "A는 Pet입니다" 테스트를 통과하는 모든 클래스는 Pet의 메소드를 구현(오버라이드)해야 합니다.

인터페이스를 정의하려면:

```
public interface Pet {...}
```

"class" 대신 "interface" 키워드를 사용합니다.

인터페이스를 구현하려면:

```
public class Dog extends Canine implements Pet {...}
```

"implements" 뒤에 인터페이스명을 지정해줍니다. 이때 어떤 인터페이스를 구현하더라도 다른 클래스를 확장하긴 해야 합니다.

Pet 인터페이스 제작과 구현

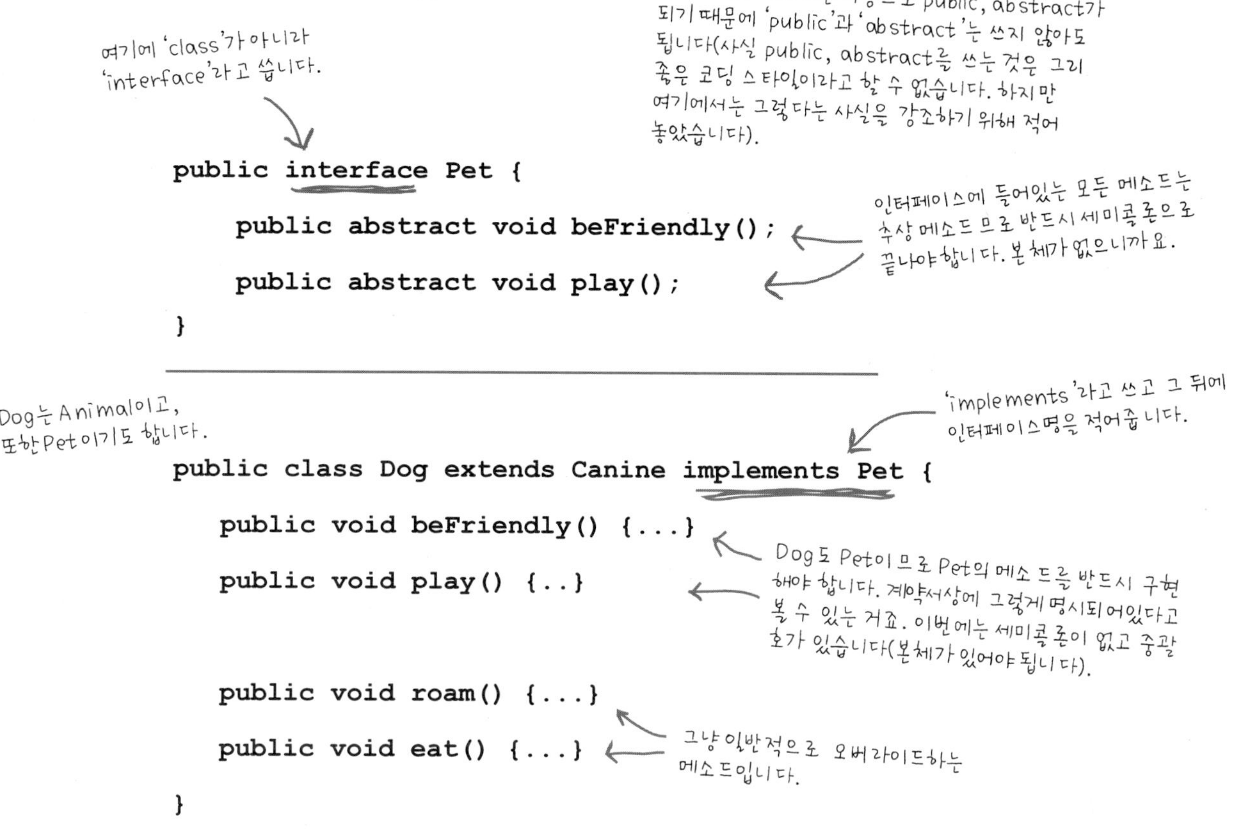

바보 같은 질문은 없습니다

Q: 잠깐만요. 인터페이스에서는 전혀 코드를 구현할 수 없으니까 진정한 의미에서 인터페이스가 다중 상속 기능을 제공한다고 할 수 없지 않나요? 모든 메소드가 추상 메소드라면 인터페이스를 왜 사용해야 하나요?

A: 다형성 때문입니다. 인자나 리턴 유형으로 구상 클래스(또는 추상 상위클래스 유형) 대신 인터페이스를 사용하면 그 인터페이스를 구현하는 것은 무엇이든 사용할 수 있습니다. 그리고 한번 생각해보세요. 인터페이스가 있으면 클래스가 반드시 상속 트리 하나로부터 나오지 않아도 됩니다. 클래스 하나는 클래스 하나를 확장하고 인터페이스 하나를 구현할 수 있습니다. 하지만 완전히 다른 상속 트리에서 나온 또 다른 클래스에서 같은 인터페이스를 구현할 수도 있습니다. 따라서 객체를 그 인스턴스의 클래스 유형이 아닌 그 역할을 기준으로 처리할 수 있습니다.

사실, 인터페이스를 사용하는 코드를 만들었다면 확장해야 할 상위클래스를 알려주지 않아도 됩니다. 그냥 인터페이스만 알려주면 어떤 상속 구조에서 파생된 클래스인지에 관계없이 그 인터페이스만 구현하면 된다는 뜻을 공표하게 되는 것입니다.

구현 코드를 집어넣을 수 없다는 사실은 크게 문제가 되지 않습니다. 대부분의 인터페이스 메소드는 포괄적인 용도로 구현하는 것이 별 의미가 없습니다. 즉 인터페이스의 메소드를 abtract로 지정해야 할 필요가 없다고 하더라도 대부분의 인터페이스 메소드는 오버라이드해야 할 것입니다.

서로 다른 상속 트리에 속한 클래스에서도 같은 인터페이스를 구현할 수 있습니다.

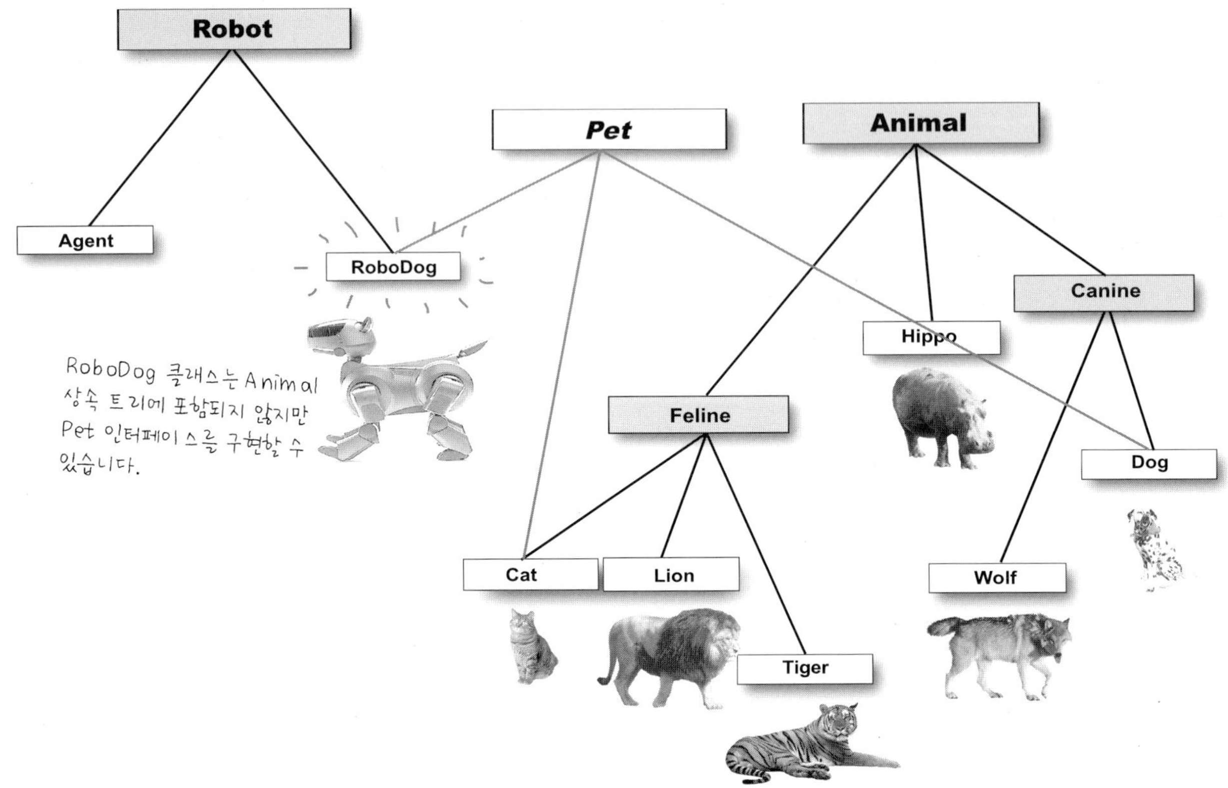

어떤 클래스를 (Animal 유형의 배열을 만들거나 Canine 인자를 받아들이는 메소드를 만드는 식으로) 다형적인 유형으로 사용하면 같은 상속 트리에 속한 유형만 집어넣을 수 있습니다. 다른 상속 트리에 들어있는 것은 사용할 수 없고 바로 그 다형적 유형의 하위 클래스로 만든 객체만 사용할 수 있습니다. 즉, 인자 유형을 Canine으로 지정하면 Wolf나 Dog 객체는 받아들일 수 있지만 Cat이나 Hippo는 받아들일 수 없습니다.

하지만 **인터페이스**를 (Pet 유형의 배열을 만드는 식으로) 다형적인 유형으로 사용하면 어떤 상속 트리에 있는 객체도 집어넣을 수 있습니다. 그 객체가 해당 인터페이스를 구현하는 클래스로부터 만들어진 것이기만 하다면 말이죠. 서로 다른 상속 트리에 들어있는 클래스에서 공통적인 인터페이스를 구현할 수 있게 하는 것은 자바 API에서 매우 중요하게 작용합니다. 객체에서 그 상태를 파일에 저장하고 싶은 경우에는 Serializable 인터페이스를 구현하면 됩니다. 객체에서 메소드들을 서로 다른 실행 스레드로 실행시키고 싶다면 Runnable 인터페이스를 구현하면 됩니다. 대강 감이 잡히죠? Serializable과 Runnable에 대한 내용은 나중에 배울 것입니다. 일단 지금은 어떤 상속 트리에 들어있는 클래스에서도 그러한 인터페이스를 구현할 수 있다는 것만 기억해두세요. 파일에 저장하거나 스레드를 활용하는 기능은 거의 모든 클래스에서 써야 할 수도 있으니까요.

그리고 더 좋은 점은 한 클래스에서 인터페이스 여러 개를 구현할 수도 있다는 것입니다.

Dog 객체는 Canine이고, Animal이고, Object입니다. 이런 관계는 모두 상속을 통해 맺어지지요. 하지만 Dog가 Pet이라는 것은 인터페이스 구현을 통해 맺어지는 관계입니다. 그런데 Dog에서 동시에 여러 인터페이스를 구현할 수도 있습니다. 다음과 같은 식으로 하면 되지요.

```
public class Dog extends Animal implements
Pet, Saveable, Paintable { ... }
```

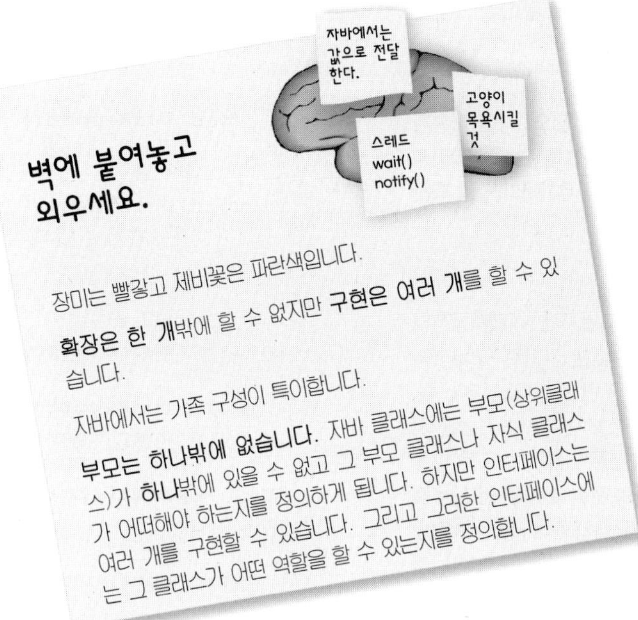

벽에 붙여놓고 외우세요.

장미는 빨갛고 제비꽃은 파란색입니다.

확장은 한 개밖에 할 수 없지만 **구현은 여러 개를 할 수 있습니다.**

자바에서는 가족 구성이 특이합니다.

부모는 하나밖에 없습니다. 자바 클래스에는 부모(상위클래스)가 하나밖에 있을 수 없고 그 부모 클래스나 자식 클래스가 어떠해야 하는지를 정의하게 됩니다. 하지만 인터페이스는 여러 개를 구현할 수 있습니다. 그리고 그러한 인터페이스에는 그 클래스가 어떤 역할을 할 수 있는지를 정의합니다.

어떤 클래스를 하위클래스로 만들지, 추상 클래스로 만들지, 아니면 인터페이스로 만들지를 어떻게 결정할 수 있을까요?

➤ 클래스를 새로 만들려고 할 때 그 클래스가 (Object를 제외한) 다른 어떤 유형에 대해서도 'A는 B다' 테스트를 통과할 수 없다면 그냥 클래스를 만듭니다.

➤ 어떤 클래스의 더 구체적인 버전을 만들고 어떤 메소드를 오버라이드하거나 새로운 행동을 추가해야 한다면 하위클래스를 만듭니다(즉, 클래스를 확장합니다).

➤ 일련의 하위클래스에서 사용할 틀(template)을 정의하고 싶다면, 그리고 모든 하위클래스에서 사용할 구현 코드가 조금이라도 있다면 추상 클래스를 사용합니다. 그리고 그 유형의 객체를 절대 만들 수 없게 하고 싶다면 그 클래스를 추상 클래스로 만듭니다.

➤ 상속 트리에서의 위치에 상관없이 어떤 클래스의 역할을 정의하고 싶다면 인터페이스를 사용하면 됩니다.

상위클래스에 있는 버전의 메소드를 호출하는 방법

Q : 어떤 구상 클래스를 만들어서 메소드를 오버라이드해야 하는데 그 메소드의 상위클래스 버전에 있는 행동이 필요하다면 어떻게 해야 하나요? 즉, 오버라이드할 때 기존의 메소드를 완전히 버리지 않고 상위클래스의 행동에 좀더 구체적인 기능을 추가하기만 할 때는 어떻게 해야 할까요?

A : '확장' 이라는 단어의 의미를 생각해봅시다. 객체지향적인 설계를 잘 하는 데 있어서 중요한 것 가운데 한 가지로 '오버라이드할 구상 코드를 어떻게 설계해야 하는가?' 란 것이 있습니다. 즉, 어떤 추상 클래스에, 구상 클래스에서 구현할 대부분의 기능을 지원할 수 있을 정도의 포괄적인 작업을 할 수 있는 메소드를 만들어놓는 것이 좋습니다. 하지만 그런 정도의 구상 코드를 만드는 것만으로는 하위클래스에서 해야 하는 모든 작업을 처리할 수 없습니다. 따라서 하위클래스에서 그런 메소드를 오버라이드해서 나머지 코드를 추가하여 확장해야 합니다. 이 때 super라는 키워드를 사용하면 하위클래스에서 메소드를 오버라이드할 때 상위클래스에 있는 버전의 메소드를 호출할 수 있습니다.

```java
abstract class Report {
    void runReport() {
        // 보고서 설정
    }
    void printReport() {
        // 포괄적인 인쇄 작업
    }
}

class BuzzwordsReport extends Report {

    void runReport() {
        super.runReport();
        buzzwordCompliance();
        printReport();

    }
    void buzzwordCompliance() {...}
}
```

상위 클래스 버전의 메소드에서 하위 클래스에서 사용할 수 있는 중요한 작업을 처리합니다.

상위클래스 버전을 호출한 다음 하위 클래스에서 해야할 일을 처리합니다.

BuzzwordReport 하위클래스에 들어있는 메소드 코드에서 다음과 같은 식으로 호출하면

`super.runReport();`

Report 상위클래스에 있는 runReport() 메소드가 실행됩니다.

`super.runReport();`

하위클래스(BuzzwordReport) 객체에 대한 레퍼런스를 사용하면 언제나 오버라이드된 메소드의 하위클래스 버전이 호출됩니다. 다형성이 원래 그런 것이니까요. 하지만 하위클래스 코드에서도 super.runReport()를 사용하면 상위클래스 버전을 호출할 수 있습니다.

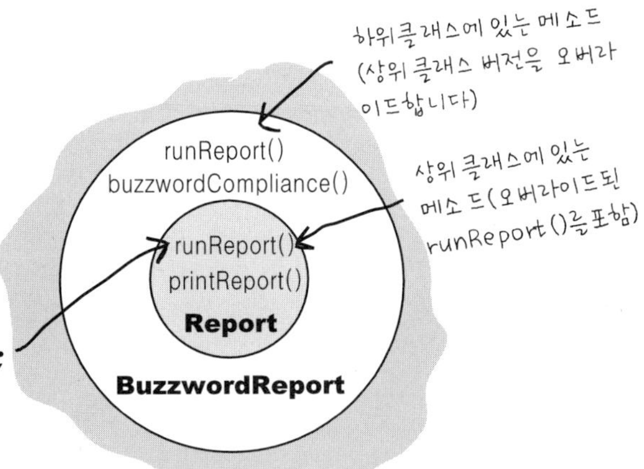

하위클래스에 있는 메소드 (상위 클래스 버전을 오버라이드합니다)

상위 클래스에 있는 메소드 (오버라이드된 runReport()를 포함)

super 키워드는 사실 객체의 상위클래스 부분에 대한 레퍼런스입니다. 하위클래스 코드에서 super.runReport()와 같은 식으로 super를 사용하면 그 메소드의 상위클래스 버전을 실행할 수 있습니다.

핵심정리

- 클래스를 만들 때 인스턴스를 만들 수 없게 하고 싶다면 (즉, 그 클래스 유형의 객체를 만들 수 없게 하고 싶다면) **abstract** 키워드를 사용하면 됩니다.

- 추상 클래스에는 추상 메소드와 추상 메소드가 아닌 메소드를 모두 집어넣을 수 있습니다.

- 클래스에 추상 메소드가 하나라도 있으면 그 클래스는 추상 클래스로 지정해야 합니다.

- 추상 메소드에는 본체가 없으며 선언 부분은 세미콜론으로 끝납니다(중괄호를 쓰지 않습니다).

- 상속 트리에서 처음으로 나오는 구상 클래스에서는 반드시 모든 추상 메소드를 구현해야 합니다.

- 자바에 들어있는 모든 클래스는 직접 또는 간접적으로 Object(java.lang.Object)의 하위클래스입니다.

- 메소드를 선언할 때 인자, 리턴 유형을 Object로 지정해도 됩니다.

- 어떤 객체에 대해서 메소드를 호출하려면 그 객체를 참조하는 레퍼런스 변수 유형의 클래스(또는 인터페이스)에 그 메소드가 있어야만 합니다. 객체의 실제 유형하고는 무관합니다. 따라서 Object 유형의 레퍼런스 변수로는 Object 클래스에 정의되어 있는 메소드만 호출할 수 있습니다. (레퍼런스가 참조하는 객체의 유형과는 무관합니다.)

- Object 유형의 레퍼런스 변수는 캐스팅을 하지 않고는 다른 유형의 레퍼런스에 대입할 수 없습니다. 한 유형의 레퍼런스 변수를 하위 유형의 레퍼런스 변수에 대입하고 싶다면 캐스팅을 이용할 수 있습니다. 하지만 힙에 들어있는 객체가 캐스팅 호환 가능한 유형이 아니라면 실행 중에 캐스팅에 실패할 수도 있습니다.

  예: `Dog d = (Dog) x.getObject(aDog);`

- ArrayList〈Object〉에서 나오는 객체는 모두 Object 유형으로 나옵니다.(즉, 캐스팅을 하지 않으면 Object 레퍼런스 변수로만 참조할 수 있습니다.)

- "죽음의 다이아몬드"와 관련된 문제 때문에 자바에서는 다중 상속을 허용하지 않습니다. 클래스는 단 하나만 확장할 수 있습니다(즉, 직속 상위클래스는 하나밖에 없습니다).

- 인터페이스는 100% 순수한 추상 클래스입니다. 인터페이스에서는 추상 메소드만 정의합니다.

- 인터페이스를 만들 때는 **class** 대신 **interface**라는 키워드를 사용합니다.

- 인터페이스를 구현할 때는 **implements**라는 키워드를 쓰면 됩니다(예를 들어, **Dog implements Pet**).

- 클래스를 만들 때 인터페이스를 여러 개 구현할 수 있습니다.

- 인터페이스의 모든 메소드는 자동으로 public 메소드, 그리고 abstract 메소드가 되기 때문에 **인터페이스를 구현하는 클래스에서는 인터페이스에 들어있는 모든 메소드를 구현해야 합니다.**

- 하위클래스에서 어떤 메소드를 오버라이드했는데, 상위클래스 버전을 호출하고 싶다면 super라는 키워드를 사용하면 됩니다. 예: `super.runReport();`

Q: 아직 뭔가 좀 이상한데요. ArrayList 클래스에서는 메소드에서 원래 Dog(나 DotCom 등등)가 아닌 Object를 사용하는데도 불구하고 ArrayList〈Dog〉에서는 어떻게 캐스팅하지 않아도 되는 Dog 레퍼런스를 리턴하는지 설명해 주지 않았잖아요. ArrayList〈Dog〉라고 했을 때 도대체 어떤 마술 같은 일이 일어나는 거예요?

A: 정말 신기한 일이죠? ArrayList에 있는 메소드에서는 Object 외에는 Dog라든가 기타 객체에 대해서는 전혀 모르는 것 같은데도 ArrayList〈Dog〉에서 Dog를 바로 리턴해주니까요. 캐스팅하지 않아도 되고 편하죠.

간단하게 설명하자면 컴파일러에서 자동으로 캐스팅을 해주는 것입니다. ArrayList〈Dog〉라고 했을 때, Dog 객체를 인자로 받거나 리턴하는 특별한 클래스가 따로 있는 게 아닙니다. 대신 〈Dog〉 덕분에 컴파일러에서 Dog 객체만 집어넣을 수 있도록 하고, 다른 유형의 객체를 목록에 집어넣으려고 하면 오류가 나게 해주는 거죠. 이 ArrayList에 Dog가 아닌 다른 것은 전혀 넣을 수 없기 때문에 여기에서 나오는 것은 무엇이든 Dog 레퍼런스에 집어넣어도 전혀 문제가 없습니다. 바꿔 말하자면 ArrayList〈Dog〉를 사용하면 나중에 받은 Dog 객체를 캐스팅하지 않아도 되는 거죠. 하지만 단순하게 캐스팅하는 데 필요한 노력이 줄어드는 정도보다는 훨씬 더 큰 장점이 있습니다. 캐스팅 관련 오류는 런타임에서(실행 중에) 발생할 수 있고, 컴파일 시에 오류가 나는 것이 실행 중에 오류가 나는 것보다는 훨씬 나으니까요. 특히 아주 결정적인 용도로 쓰이는 애플리케이션을 만들고 있다면 그 장점이 훨씬 두드러지게 될 겁니다.

아직 이와 관련해서 할 얘기가 많지만, 나중에 컬렉션에 대한 장에서 더 자세히 알아보기로 하겠습니다.

연습문제

여러분의 예술적 재능을 보여줄 수 있는 기회가 왔습니다. 왼쪽에는 몇 가지 클래스와 인터페이스 선언이 나와있습니다. 여러분은 오른쪽에 그와 관련된 클래스 다이어그램을 그리면 됩니다. 1번은 저희가 미리 해 놨습니다. 나머지는 여러분께서 그려보세요. 구현(implements)은 점선으로, 확장(extends)은 실선으로 연결하면 됩니다.

클래스와 인터페이스 선언:

그림을 그려보세요.

1)
```java
public interface Foo { }
public class Bar implements Foo { }
```

2)
```java
public interface Vinn { }
public abstract class Vout implements Vinn { }
```

3)
```java
public abstract class Muffie implements Whuffie { }
public class Fluffie extends Muffie { }
public interface Whuffie { }
```

4)
```java
public class Zoop { }
public class Boop extends Zoop { }
public class Goop extends Boop { }
```

5)
```java
public class Gamma extends Delta implements Epsilon { }
public interface Epsilon { }
public interface Beta { }
public class Alpha extends Gamma implements Beta { }
public class Delta { }
```

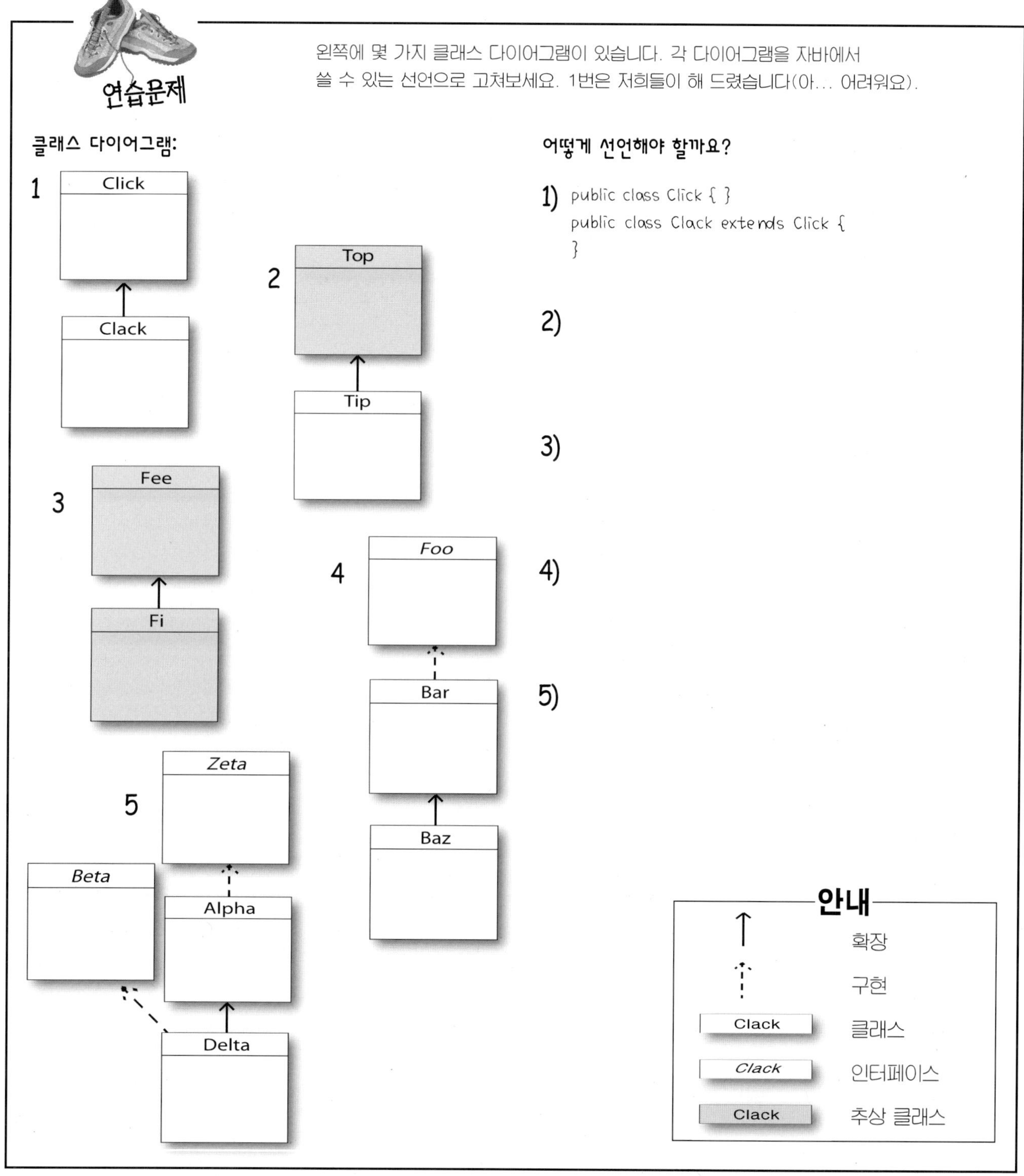
연습문제

왼쪽에 몇 가지 클래스 다이어그램이 있습니다. 각 다이어그램을 자바에서
쓸 수 있는 선언으로 고쳐보세요. 1번은 저희들이 해 드렸습니다(아... 어려워요).

클래스 다이어그램:

1
Click

Clack

2
Top

Tip

3
Fee

Fi

4
Foo

Bar

5
Zeta

Beta

Alpha

Delta

Baz

어떻게 선언해야 할까요?

1) public class Click { }
public class Clack extends Click {
}

2)

3)

4)

5)

안내

↑   확장

구현

Clack   클래스

Clack   인터페이스

Clack   추상 클래스

수영장 안에 있는 코드 조각을 꺼내서 코드와 출력 결과의 빈칸에 채워보세요. 같은 조각을 여러 번 사용해도 되지만 이 중에 전혀 쓰이지 않는 조각이 있을 수도 있습니다. 이 퍼즐의 목표는 문제없이 컴파일과 실행이 되어 다음과 같은 결과를 출력하는 클래스를 만드는 것입니다.

```
____________ Nose{

    _____________________

}


abstract class Picasso implements _____{

    _______________________

        return 7;

    }

}


class _________ _________ _________ { }


class _________ _________ _________{

    ______________________

        return 5;

    }

}
```

```
public __________ ________ extends Clowns {

    public static void main(String [] args) {

        ______________________

        i[0] = new ___________

        i[1] = new ___________

        i[2] = new ___________

        for(int x = 0; x < 3; x++) {

            System.out.println(________________

                + " " + _____.getClass( ) );

        }

    }

}
```

출력결과

```
File  Edit  Window  Help  BeAfraid
%java ____________
5 class Acts
7 class Clowns
______Of76
```

주의: 수영장 안에 있는 각 코드 조각을 두 번 이상 써도 됩니다.

```
Acts( );            class            i
Nose( );            extends          i( )
Of76( );            interface        i(x)
Clowns( );          implements       i[x]
Picasso( );

                                     class
                                     5 class
                                     7 class
                                     7 public class

Of76 [ ] i = new Nose[3];    public int iMethod( );
Of76 [3] i;                  public int iMethod { }
Nose [ ] i = new Nose( );    public int iMethod ( ) {        i.iMethod(x)
Nose [ ] i = new Nose[3];    public int iMethod ( ) {}       i(x).iMethod[]
                                                             i[x].iMethod( )
                                                             i[x].iMethod[ ]

                                                             Acts
                                                             Nose
                                                             Of76
                                                             Clowns
                                                             Picasso
```

연습문제 정답

그림을 그려보세요.

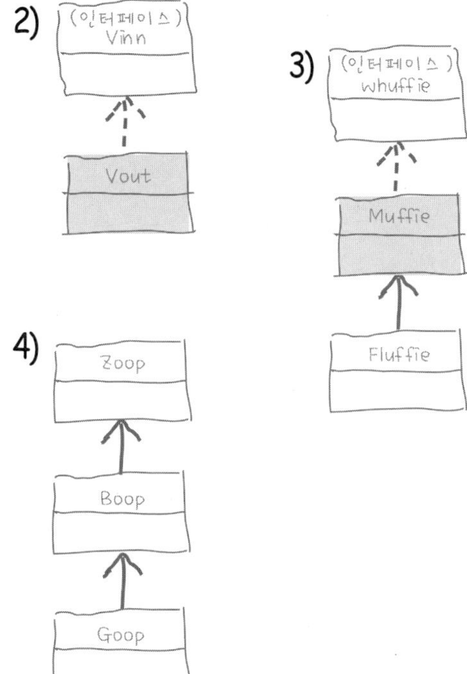

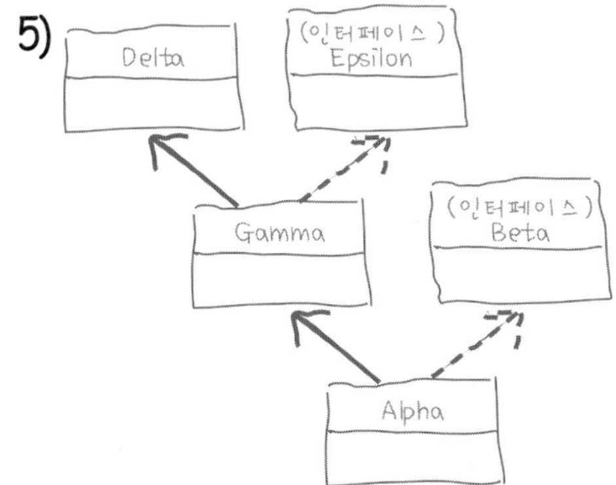

어떻게 선언해야 할까요?

2)
```
public abstract Tops { }
public class Tip extents Top { }
```

3)
```
public abstract class Fee { }
public abstract class Fi extents Fee { }
```

4)
```
public interface Foo { }
public class Bar implements Foo { }
public class Baz extends Bar { }
```

5)
```
public interface Zeta { }
public class Alpha implements Zeta { }
public interface Beta { }
public class Delta extends Alpha implemnts Beta { }
```

```java
interface Nose {
   public int iMethod( );
}
abstract class Picasso implements Nose {
   public int iMethod( ){
      return 7;
   }
}
class Clowns extends Picasso { }

class Acts extends Picasso {
   public int iMethod( ){
      return 5;
   }
}
```

```java
public class Of76 extends Clowns {
   public static void main(String [] args)
      Nose [ ] i = new Nose [3];
      i[0] = new Acts( );
      i[1] = new Clowns( );
      i[2] = new Of76( );
      for(int x = 0; x < 3; x++) {
        System.out.println( i [x] . iMethod( )
               + " " + i [x].getClass( ) );
      }
   }
}
```

출력 결과

```
File  Edit  Window  Help  KillTheMime
%java Of76
5 class Acts
7 class Clowns
7 class  Of76
```

객체의 삶과 죽음

객체는 태어나고, 객체는 죽습니다. 객체의 라이프사이클은 여러분이 책임져야 합니다. 언제, 그리고 어떻게 객체를 **생성**할지도 여러분이 결정합니다. **버리는 시기**도 여러분이 결정합니다. 객체는 여러분이 직접 파괴해도 되지만 그냥 내버려둬도 됩니다. 일단 객체를 버리면 무자비한 **가비지 컬렉터(gc, garbage collector)**가 그 객체를 흔적도 없이 제거해버리고 그 객체가 쓰고 있던 메모리 공간을 회수해갑니다. 자바 프로그램을 만들려면 객체를 만들어야 합니다. 그리고 언젠가는 만든 객체를 없애버려야겠죠. 그러지 않으면 램이 모자랄 테니까요. 이 장에서는 객체가 어떤 식으로 만들어지는지, 객체가 살아있는 동안 어떻게 살아가는지, 그리고 객체를 어떻게 효율적으로 관리하고 버리는지를 알아볼 것입니다. 즉 힙, 스택, 영역, 생성자, 상위 생성자, 널 레퍼런스 같은 것을 알아볼 것입니다. 이 장에는 객체의 죽음에 대한 내용도 들어있는데, 혹시 마음이 무거워지는 독자들도 있을지 모르겠습니다. 객체에 너무 정이 많이 들지 않게 주의하세요.

스택과 힙: 삶의 공간

객체를 생성할 때 실제로 어떤 일이 일어나는지 이해해보기 전에 약간 뒤로 물러서서 다른 것을 생각해봐야겠습니다. 자바에서 모든 것이 어디에서 사는지, 그리고 얼마나 오랫동안 사는지를 배워야 합니다. 즉, 스택(stack)과 힙(heap)을 더 배워야 합니다. 우리(프로그래머)는 자바를 쓸 때 두 가지 메모리 공간을 다룹니다. 하나는 객체가 사는 곳(힙)이고 다른 하나는 메소드 호출과 지역 변수가 살아가는 곳(스택)입니다. JVM이 시작되면 JVM이 돌아가고 있는 운영체제로부터 메모리를 받아서 그 메모리에서 자바 프로그램을 실행시킵니다. 메모리 용량과 그 용량을 사용자가 조작할 수 있는지는 여러분이 사용하는 JVM의 버전과 플랫폼에 따라 다릅니다. 하지만 일반적으로 프로그래밍만 잘 하면 별로 신경 쓰지 않아도 됩니다(이와 관련된 내용은 잠시 후에 알아보겠습니다).

모든 객체가 가비지 컬렉션 기능이 있는 힙에서 산다는 것은 이미 배웠지만 변수가 어디에 사는지는 아직 배우지 않았습니다. 그리고 변수가 사는 곳은 변수의 종류에 따라 달라집니다. 이 때 '종류(kind)'는 유형(type, 원시 유형, 객체 레퍼런스 등)과는 다릅니다. 지금 우리가 신경을 써야 하는 두 종류의 변수는 인스턴스 변수(instance variable)와 지역 변수(local variable)입니다. 지역 변수를 스택 변수라고 부르기도 하는데, 그 이름을 보면 그 변수가 어디에서 살고 있는지 조금 더 잘 알 수 있습니다.

스택

메소드 호출과 지역 변수가 사는 곳

힙

모든 객체가 사는 곳

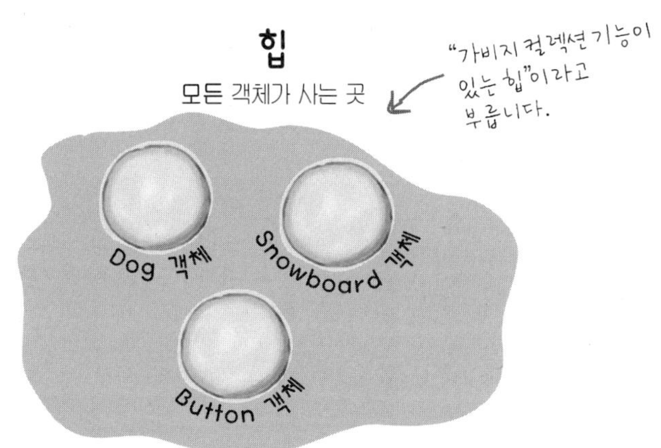

인스턴스 변수

클래스 내에서 선언한 것을 인스턴스 변수라고 부르는데, 메소드 내에서 선언한 것은 인스턴스 변수에 포함되지 않습니다. 인스턴스 변수는 각각의 개별 객체가 가지고 있는 '필드(field)'를 나타냅니다(여기에는 그 클래스에 속하는 각 인스턴스별로 서로 다른 값이 채워질 수 있습니다). 인스턴스 변수는 그 변수가 속한 객체 안에서 삽니다.

```java
public class Duck {

    int size;

}
```

모든 Duck에는 "size" 인스턴스 변수가 들어 있습니다.

지역 변수

메소드 안에서 선언한 것을 지역 변수라고 부르는데, 메소드 매개변수도 지역 변수에 포함됩니다. 지역 변수는 임시 변수며 메소드가 스택에 들어있는 동안만 (즉. 메소드 전체를 감싸는 오른쪽 중괄호가 나타나기 전까지만) 살아있습니다.

```java
public void foo(int x) {

    int i = x + 3;

    boolean b = true;

}
```

매개변수 x와 변수 i, b는 모두 지역 변수입니다.

메소드는 스택에 차곡차곡 쌓입니다.

메소드를 호출하면 그 메소드는 호출 스택(call stack) 맨 위에 올라갑니다. 실제로 스택에 들어가는 것은 스택 프레임(frame)인데, 거기에는 실행하는 코드, 모든 지역 변수의 값을 포함한 메소드의 상태가 들어있습니다.

스택 맨 위에 있는 메소드는 항상 그 스택에서 현재 실행 중인 메소드입니다(일단 지금은 스택이 하나뿐이라고 가정하겠습니다. 14장에서는 스택 여러 개를 사용하는 경우를 볼 수 있습니다). 메소드는 그 메소드의 끝을 나타내는 중괄호에 다다를 때까지 (즉, 메소드가 끝날 때까지) 스택에 머무릅니다. 만약, foo()라는 메소드에서 bar()라는 메소드를 호출한다면 bar() 메소드는 스택에서 foo() 위에 얹히게 됩니다.

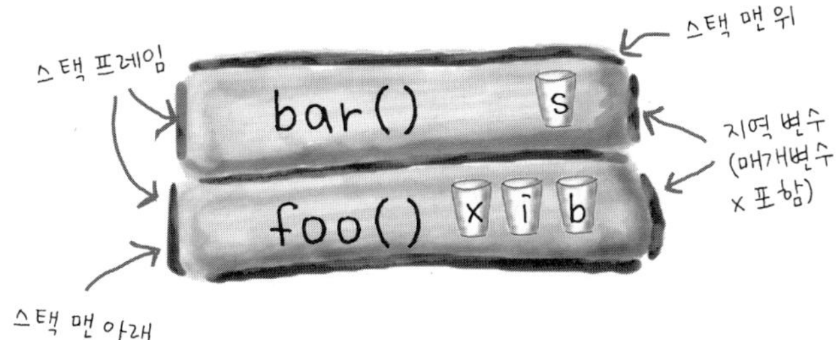

스택 맨 위에 있는 메소드는 항상 현재 실행 중인 메소드입니다.

```java
public void doStuff() {
    boolean b = true;
    go(4);
}
public void go(int x) {
    int z = x + 24;
    crazy();
    // 다른 코드가 들어갈 수 있습니다.
}
public void crazy() {
    char c = 'a';
}
```

스택 시나리오

왼쪽에는 메소드 세 개가 들어있는 코드가 있습니다(클래스의 나머지 부분에는 신경쓰지 않겠습니다). 첫번째 메소드(doStuff())는 두 번째 메소드(go())를, 두 번째 메소드는 세 번째 메소드(crazy())를 호출합니다. 각 메소드에서는 메소드 본체 내에서 지역 변수를 하나씩 선언하고 go() 메소드에는 매개 변수도 있습니다(즉, go() 메소드에는 지역 변수가 두 개 있습니다).

① 다른 클래스에 있는 코드에서 doStuff()를 호출하고 doStuff()가 스택 맨 위의 스택 프레임으로 들어갑니다. 'b'라는 부울 변수도 doStuff() 스택 프레임으로 들어갑니다.

② doStuff()에서 go()를 호출합니다. 그러면 go()가 스택의 맨 위로 올라갑니다. go() 스택 프레임에는 'x'와 'z' 변수가 들어있습니다.

③ go()에서 crazy()를 호출합니다. 이제 crazy()가 스택 맨 위로 올라갑니다. 그리고 그 프레임에는 변수 'c'도 들어갑니다.

④ crazy()가 끝나면 스택에서 그 스택 프레임이 제거됩니다. 그러면 go() 메소드로 돌아가서 crazy()를 호출한 바로 다음 행으로 넘어갑니다.

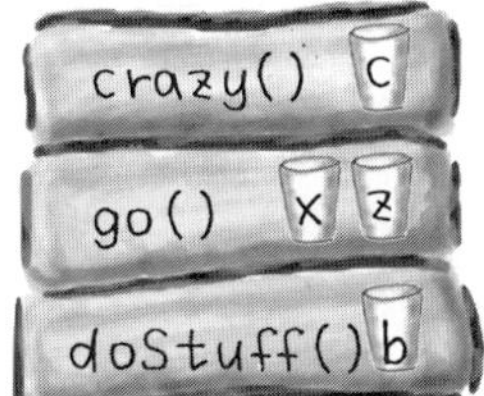

지역 변수로 들어있는 객체는 어떻게 되나요?

원시 변수가 아닌 변수에는 객체 자체가 아닌 객체에 대한 레퍼런스가 들어있습니다. 이미 알고 있겠지만 객체는 실제로 힙 안에 들어있습니다. 선언되었는지 생성되었는지는 전혀 중요하지 않습니다. **지역 변수가 객체에 대한 레퍼런스인 경우에는 변수(레퍼런스, 즉 리모컨)만 스택에 들어갑니다.**

객체 자체는 여전히 힙 안에 들어있죠.

```
public class StackRef {
   public void foof() {
      barf();
   }

   public void barf() {
      Duck d = new Duck(24);
   }
}
```

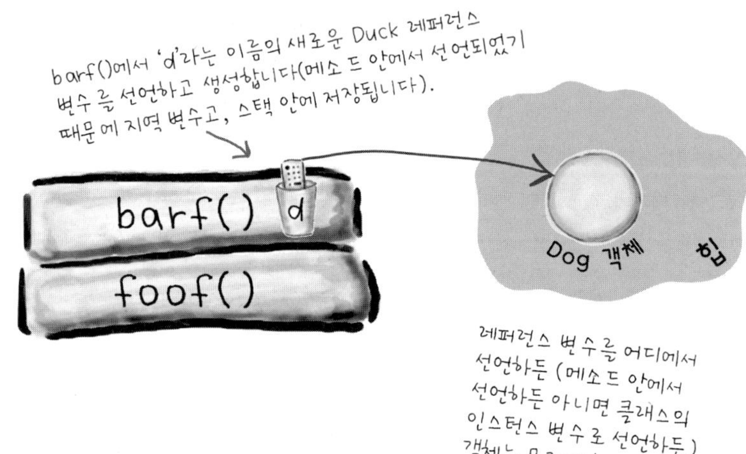

레퍼런스 변수를 어디에서 선언하든 (메소드 안에서 선언하든 아니면 클래스의 인스턴스 변수로 선언하든) 객체는 무조건 힙에 들어 갑니다.

바보 같은 질문은 없습니다

Q: 그런데 이런 스택이나 힙에 대한 내용을 왜 배우는 거죠? 어디에 써먹을 수 있나요? 정말 배워야 하는 건가요?

A: 변수 영역, 객체 생성 문제, 메모리 관리, 스레드, 예외 처리 등을 이해하는 데 있어서 자바의 스택과 힙에 대한 기본적인 내용을 이해하는 것은 필수불가결한 요소입니다. 스레드와 예외 처리는 나중에 알아보겠지만 나머지는 이 장에서 알아보겠습니다. 특정 JVM이나 플랫폼에서 스택과 힙을 구현하는 방법은 몰라도 됩니다. 스택과 힙에 대해서는 앞 페이지와 이 페이지에 있는 정도만 알아도 됩니다. 이 내용을 확실히 이해하고 나면 나머지 내용을 정말 쉽게 이해할 수 있습니다. 언젠가는 스택과 힙에 대한 내용을 이해할 수 있었다는 것이 정말 고맙게 느껴질 날이 올 것입니다.

핵심정리

- ➤ 자바에서 우리가 관심을 가져야 할 메모리 공간에는 힙과 스택, 이렇게 두 개가 있습니다.

- ➤ 클래스 안에서, 하지만 메소드 밖에서 선언된 변수가 인스턴스 변수입니다.

- ➤ 메소드 안에서 선언된 변수 또는 매개변수는 지역 변수입니다.

- ➤ 모든 지역 변수는 스택에 들어있으며 그 변수를 선언한 메소드에 해당하는 프레임 안에 들어있습니다.

- ➤ 객체 레퍼런스 변수도 원시 변수와 마찬가지로 지역 변수로 선언했으면 스택에 저장됩니다.

- ➤ 레퍼런스가 지역 변수든 인스턴스 변수든 상관없이 모든 객체는 힙에 저장됩니다.

지역 변수가 스택에서 산다면
인스턴스 변수는 어디에서 사나요?

new CellPhone( ) 같은 명령을 내리면 자바에서는 힙에 그
CellPhone 객체를 위한 공간을 만들어야 합니다. 하지만 얼마나 많은
공간을 만들까요? 그 객체를 저장하기에 충분한 공간을 만듭니다. 즉,
그 객체의 모든 인스턴스 변수를 저장하는 데 충분한 공간을 확보하지
요. 그러니까 인스턴스 변수는 힙에, 그 변수가 속하는 객체 안에서 살
지요.

객체의 인스턴스 변수값은 그 객체 안에서 살고 있습니다. 그 인스턴
스 변수가 모두 원시 변수라면 자바에서는 그 원시 유형을 바탕으로
인스턴스 변수를 저장하기 위한 공간을 만듭니다. int에는 32비트,
long에는 64비트 같은 식으로 말입니다. 그 원시 변수에 들어있는 값
에 대해서는 신경을 쓰지 않습니다. int 안에 들어있는 숫자가 32,000,
000이든 32든 int 변수의 비트 크기(32비트)는 똑같습니다.

하지만 인스턴스 변수가 객체면 어떻게 될까요? CellPhone 객체에
Antenna 객체가 들어있다면 어떻게 될까요? 즉 CellPhone에
Antenna 유형의 레퍼런스 변수가 있으면 어떻게 될까요?

새로운 객체에 원시 변수가 아닌 객체 레퍼런스인 인스턴스 변수가 들
어있으면 "그 객체에서는 그 안에 들어있는 모든 레퍼런스가 참조하
는 객체를 저장할 공간을 필요로 할까?"하는 의문점에 대해 생각해봐
야 할 것입니다. 그 답은 "그렇지 않다"입니다. 물론, 그 인스턴스 변
수의 값을 저장하기 위한 공간은 확보해야 합니다. 하지만 레퍼런스
변수의 값은 객체 전체가 아닌 그 객체에 대한 리모컨이라는 점을 상
기시켜보세요. 따라서 CellPhone에서 Antenna라는 원시 유형이 아
닌 변수를 선언한다면 자바에서는 CellPhone 객체 내에 Antenna 객
체가 아닌 Antenna의 리모컨(레퍼런스 변수)이 들어갈 만한 공간만 확
보하면 됩니다.

그러면 그 Antenna 객체는 언제 힙에 자리를 잡을까요? 우선 Antenna
객체 자체가 언제 생성되는지 알아야 하는데, 그 시기는 인스턴스 변
수 선언에 따라 달라집니다. 인스턴스 변수가 선언되긴 했지만 거기에
객체를 대입하지 않는다면 레퍼런스 변수(리모컨)를 저장하기 위한 공
간만 생성됩니다.

```
private Antenna ant;
```

레퍼런스 변수에 새로운 Antenna 객체를 대입하기 전까지는 힙에 실
제 Antenna 객체가 만들어지지 않습니다.

```
private Antenna ant = new Antenna();
```

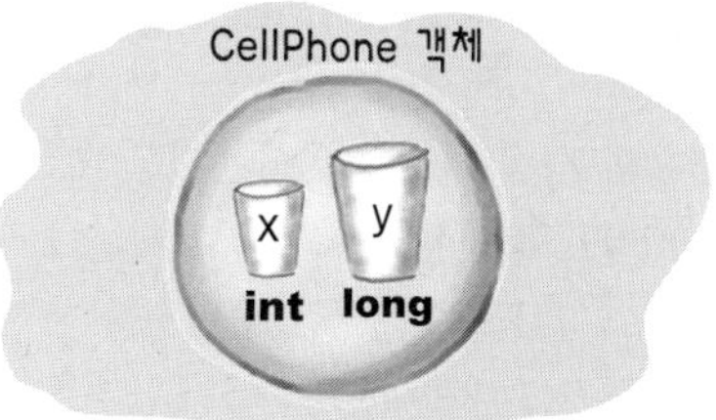

원시 인스턴스 변수 두 개가 들어있는 객체. 변수를
저장하기 위한 공간은 객체 안에 마련됩니다.

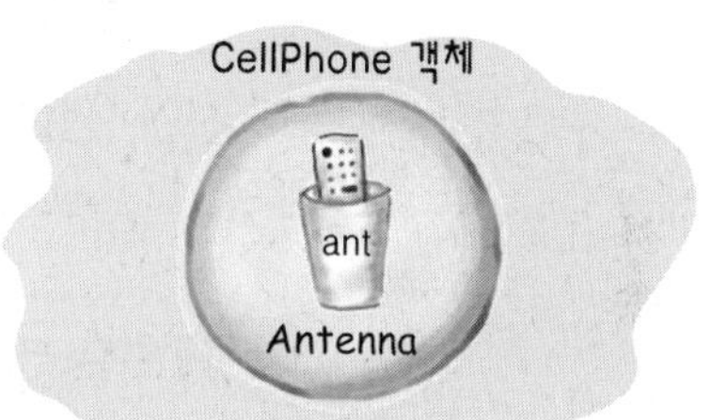

원시 변수가 아닌 인스턴스 변수(Antenna 객체에 대
한 레퍼런스)가 한 개 들어있는 객체. 하지만 실제
Antenna 객체는 그 안에 들어가지 않습니다. 변수를
선언하기만 하고 실제 Antenna 객체로 초기화하기
전에는 이런 상태로 남습니다.

```
public class CellPhone {
    private Antenna ant;
}
```

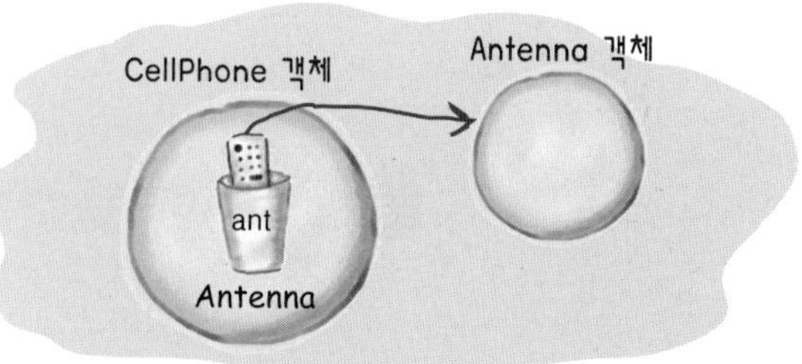

원시 변수가 아닌 인스턴스 변수가 하나 들어있는 객체.
Antenna 변수에 새로운 Antenna 객체가 대입되어있는
상태입니다.

```
public class CellPhone {
    private Antenna ant = new Antenna();
}
```

기적과도 같은 객체 생성

이제 변수와 객체가 어디에 사는지도 배웠으니까 객체 생성이라는 불가사의한 세계로 뛰어들어봅시다. 객체 선언과 생성, 대입의 세 가지 단계를 기억하고 있겠죠? 레퍼런스 변수를 선언하고 객체를 생성하고 그 객체를 레퍼런스에 대입하는 세 가지 단계를 앞서 배웠잖아요.

하지만 아직 두 번째 단계(어떤 기적이 일어나서 새로운 객체가 '태어나는' 단계)는 잘 모릅니다. 자, 이제 객체의 삶의 비밀을 밝혀보겠습니다.

객체 선언, 생성 및 대입의 3단계를 다시 훑어봅시다:

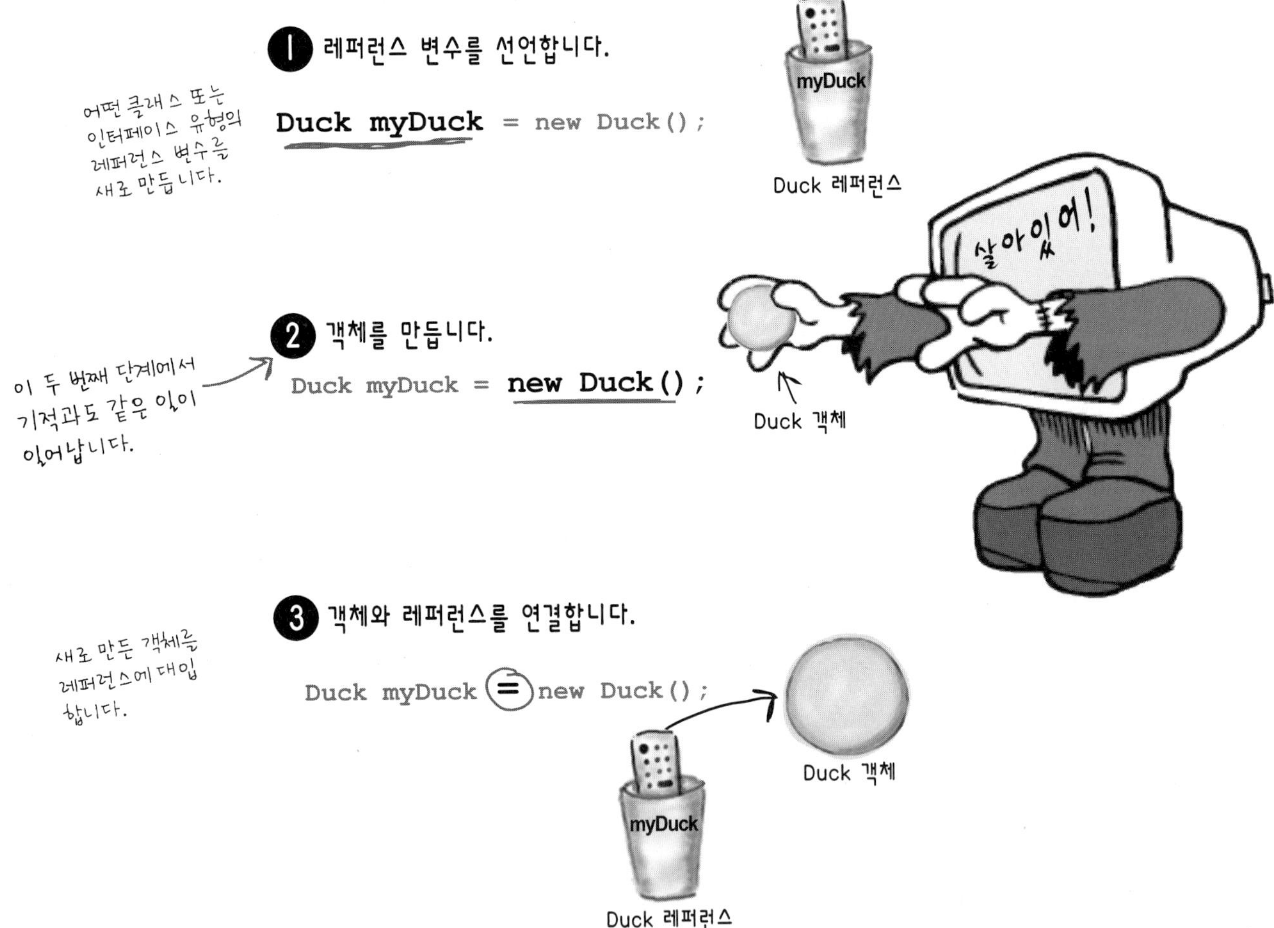

① 레퍼런스 변수를 선언합니다.

```
Duck myDuck = new Duck();
```

어떤 클래스 또는 인터페이스 유형의 레퍼런스 변수를 새로 만듭니다.

② 객체를 만듭니다.

```
Duck myDuck = new Duck();
```

이 두 번째 단계에서 기적과도 같은 일이 일어납니다.

③ 객체와 레퍼런스를 연결합니다.

```
Duck myDuck = new Duck();
```

새로 만든 객체를 레퍼런스에 대입합니다.

Duck( )이라는 이름을 가진 메소드를 호출하는 건가요?
겉으로 보기에는 확실히 그런 것 같은데요?

```
Duck myDuck = new Duck();
```

괄호가 있는 걸 보면 Duck()이라는 이름의 메소드를 호출하는 것 같네요.

아닙니다.
Duck 생성자를 호출하는 것입니다.

생성자는 겉으로 보기에는 메소드와 거의 똑같지만 메소드가 아닙니다. **new**라는 키워드를 사용했을 때 실행할 코드가 들어있죠. 즉, 어떤 클래스 유형의 인스턴스를 만들 때 실행할 코드가 들어있습니다.

생성자를 호출할 때는 반드시 **new**라는 키워드를 쓰고 그 뒤에 클래스명을 적어줘야 합니다. JVM에서는 클래스를 찾아서 그 클래스에 들어있는 생성자를 호출합니다(정확하게 말하자면 생성자를 호출하는 방법이 이것뿐인 것은 아닙니다. 그래도 생성자 밖에서 생성자를 호출하는 방법은 이것뿐입니다. 제약이 따르긴 하지만 생성자 내부에서 다른 생성자를 호출하는 것도 가능한데, 그와 관련된 내용은 잠시 후에 알아보겠습니다).

그런데 생성자는 어디에 있지요?
우리가 만들지 않았다면 누가 만들죠?

여러분이 직접, 자신이 만드는 클래스에 대한 생성자를 만들 수도 있지만(조금 후에 해보겠습니다) 생성자를 만들지 않더라도 컴파일러에서 알아서 만들어줍니다.

컴파일러에서 만드는 기본 생성자는 다음과 같습니다.

```
public  Duck() {

}
```

뭔가 빠진 것 같죠?
이것하고 메소드가 어떻게 다른 건가요?

생성자명은 반드시 클래스명과 같아야합니다.

```
public  Duck() {
    // 생성자 코드가 들어갈 자리
}
```

리턴 유형이 없네요. 메소드라면 "public"과 "Duck()" 사이에 리턴 유형이 들어가야 하겠죠?

> 생성자에는 객체를 생성할때 실행되는 코드가 들어있습니다. 즉, 어떤 클래스 유형에 대해 new 키워드를 사용했을 때 실행되는 코드가 들어있죠.
>
> 우리가 만드는 모든 클래스에는 생성자가 있습니다. 우리가 직접 만들지 않아도 말이죠.

Duck 객체를 만듭니다.

생성자의 가장 중요한 특징은 객체가 레퍼런스에 대입되기 전에 실행된다는 점입니다. 즉, 객체를 실제로 사용하기 전에 그 객체를 쓰는 데 필요한 작업을 처리할 수 있습니다. 바꿔 말하자면 누군가가 어떤 객체에 대한 리모컨을 사용하기 전에 그 객체가 생성되는 과정에 도움을 줄 수 있습니다. 여기에 있는 Duck 생성자에서는 그다지 특별한 작업을 처리하는 것은 아니지만 어떤 일이 일어나는지를 보여주기 위해 한번 만들어 봤습니다.

```java
public class Duck {

    public Duck() {
        System.out.println("Quack");
    }
}
```

생성자 코드

생성자는 new 가운데
끼어들 수 있는 기회를 제공합니다.

```java
public class UseADuck {

    public static void main (String[] args) {
        Duck d = new Duck();
    }
}
```

Duck 생성자를
호출합니다.

연필을 깎으며

생성자를 사용하면 객체 생성 단계 중간에(즉, new 중간에) 끼어들 수 있습니다. 그런 기능을 써먹을 수 있는 상황을 상상해보세요. 자동차 경주 게임에서 Car라는 자동차 객체를 사용한다면 다음 중 Car 클래스 생성자에서 써먹을 수 있는 것을 골라봅시다. 뭔가 시나리오가 머릿속에 떠오를 수 있는 것을 체크해보세요.

☐ 이 클래스 유형으로 만든 객체의 개수를 추적하기 위한 카운터를 증가시킵니다.

☐ 실행 중에 필요한 상태(실시간으로 생기는 데이터)를 대입합니다.

☐ 객체에서 중요한 역할을 하는 인스턴스 변수에 값을 대입합니다.

☐ 새로운 객체를 생성하고 있는 객체의 레퍼런스를 구해서 저장합니다.

☐ 객체를 ArrayList에 추가합니다.

☐ 그 객체에 집어넣을 다른 객체를 생성합니다.

☐ _________________________________ (여러분이 생각한 용도를 적어보세요)

새로운 Duck 객체의 상태를 초기화하는 방법

객체의 상태를 초기화하는 작업은 대부분 생성자에서 처리합니다. 즉, 객체의 인스턴스 변수에 값을 대입하는 작업은 대부분 생성자에서 처리합니다.

```java
public Duck() {
    size = 34;
}
```

Duck 클래스 개발자가 Duck 객체의 크기를 알고 있다면 위와 같이 해도 됩니다. 하지만 Duck을 사용하는 프로그래머가 그 오리(Duck)의 크기를 결정하게 하고 싶다면 어떻게 해야 할까요?

Duck에 size라는 인스턴스 변수가 있는데, 그 Duck 클래스를 사용하는 프로그래머가 새로운 Duck의 크기를 결정할 수 있게 하고 싶다고 가정해봅시다. 여러분이라면 어떻게 하겠습니까?

클래스에 setSize()라는 세터 메소드를 만드는 방법을 생각할 수 있겠죠. 하지만 그렇게 하면 Duck 클래스의 size 변수가 얼마 동안 정해지지 않고* Duck을 사용하는 프로그래머가 반드시 선언문 두 개(Duck을 생성하기 위한 것과 setSize() 메소드를 호출하기 위한 것)를 사용해야 한다는 문제점이 있습니다. 아래의 코드에서는 세터 메소드를 이용하여 새로운 Duck 객체의 초기 크기(size 변수)를 설정합니다.

```java
public class Duck {
    int size;                                    ← 인스턴스 변수

    public Duck() {
        System.out.println("Quack");             ← 생성자
    }

    public void setSize(int newSize) {           ← 세터 메소드
        size = newSize;
    }
}
```

```java
public class UseADuck {
    public static void main (String[] args){
        Duck d = new Duck();

        d.setSize(42);
    }
}
```

이 부분이 문제가 됩니다. 코드의 이 지점에서는 Duck 객체가 엄연히 있는데, 그 크기(size 변수)가 정해지지 않은 상태입니다.* 그리고 Duck을 사용하는 프로그래머들에게 Duck을 생성할때 두 단계(생성자 호출과 세터 메소드 호출)를 거쳐야한다는 점을 알려줘야만 하는 문제점도 있습니다.

*물론, 인스턴스 변수에는 초기값이 있습니다. 숫자 형태의 원시 유형에 대해서는 0 또는 0.0이라는 값이, 부울 유형에 대해서는 false가, 레퍼런스에 대해서는 null이 초기값으로 자동 대입됩니다.

Q : 컴파일러에서 자동으로 만들어준다면 왜 굳이 생성자를 만들어야 하죠?

A : 객체를 초기화하는 것을 보조하고 객체를 사용자가 쓰기 전에 필요한 준비 작업을 하는 코드가 필요하다면 생성자를 직접 만들어야 합니다. 예를 들어, 객체를 준비하는 과정을 끝내기 전에 사용자로부터 뭔가를 입력 받아야 하는 경우를 생각할 수도 있을 것입니다. 그리고 별도의 생성자 코드를 직접 만들 필요가 없는 경우에도 생성자를 만들어야 하는 경우가 있습니다. 상위 클래스의 생성자와 관련된 문제인데, 잠시 후에 알아보겠습니다.

Q : 메소드와 생성자를 어떻게 구분할 수 있나요? 그리고 클래스와 이름이 같은 메소드를 만들 수 있나요?

A : 자바에서는 클래스와 이름이 같은 메소드를 만들 수도 있습니다. 하지만 클래스와 이름이 똑같다고 해서 무조건 생성자가 되는 것은 아닙니다. 메소드와 생성자를 구분하는 것은 바로 리턴 유형이지요. 메소드에는 반드시 리턴 유형이 있어야 하지만 생성자는 리턴 유형이 없어야만 합니다.

Q : 생성자도 상속되나요? 상위클래스에서만 생성자를 만들고 하위클래스에서 생성자를 만들지 않으면 기본 생성자 대신 상위클래스의 생성자가 쓰이나요?

A : 아닙니다. 생성자는 상속되지 않습니다. 잠시 후에 그와 관련된 내용을 알아볼 것입니다.

생성자를 이용하여 중요한 Duck의 상태를 초기화하는 방법*

한 개 이상의 상태(인스턴스 변수)가 초기화되기 전까지 객체를 사용해선 안 된다면 초기화가 끝나기 전까지는 어느 누구도 Duck 객체를 가질 수 없게 하면 됩니다. setSize() 메소드를 호출하기 전까지는 아직 준비가 안 된 상태인 새로운 Duck 객체를 누군가가 만들 수 있게 한다는 것은(그리고 그 객체에 대한 레퍼런스를 가질 수 있게 한다는 것은) 너무 위험한 일이라고 할 수 있겠죠. Duck을 사용하는 프로그래머 입장에서는 새로운 Duck 객체를 만든 다음에 반드시 세터 메소드를 호출해야 한다는 것을 알아내는 것도 쉽지는 않습니다.

초기화 코드를 집어넣기에 가장 좋은 장소는 생성자입니다. 인자가 있는 생성자만 만들면 이런 문제를 해결할 수 있습니다.

```java
public class Duck {
    int size;

    public Duck(int duckSize) {
        System.out.println("Quack");

        size = duckSize;

        System.out.println("size is " + size);
    }
}
```

Duck 생성자에 int 매개변수를 추가합니다.

인자값을 이용하여 size 인스턴스 변수를 설정합니다.

```java
public class UseADuck {

    public static void main (String[] args) {
        Duck d = new Duck(42);
    }
}
```

이번에는 선언문 한개만 있어도 됩니다. 이 새로운 Duck 객체를 만들고 크기를 설정하는 것을 선언문 하나로 해결할 수 있게 고쳤으니까요.

생성자에 값을 전달합니다.

```
File Edit Window Help Honk
% java UseADuck
Quack
size is 42
```

*그렇다고 해서 어떤 상태는 중요하지 않다는 것을 의미하는 것은 아닙니다.

Duck을 쉽게 만들 수 있게 하는 방법
인자가 없는 생성자를 꼭 만듭시다.

Duck 생성자가 인자를 필요로 한다면 어떤 일이 일어날까요? 한 번 생각해보세요. 앞 페이지를 보면 Duck 생성자가 하나 밖에 없습니다. 그런데 그 생성자는 Duck의 크기를 지정하기 위한 인자를 받아들이지요. 그렇다고 해서 무슨 문제가 생기는 것은 아니지만 프로그래머 입장에서 Duck 객체를 만들기가 힘들어집니다. 특히 프로그래머가 Duck의 크기를 얼마로 해야 할지 모르는 경우에는 정말 난감해지겠죠. 그러면 Duck의 기본 크기를 정해놓고 사용자가 적당한 크기를 모르는 경우에도 무난하게 쓸 수 있는 Duck 객체를 만들 수 있게 하면 어떨까요?

Duck을 사용하는 사람이 Duck 객체를 만들 때 두 가지 옵션 가운데 하나를 선택할 수 있게 할 수 있다면 어떨까요? 하나는 사용자가 (생성자의 인자로) Duck의 크기를 지정하는 방법, 다른 하나는 크기를 지정하지 않아도 되는 (대신 Duck의 기본 크기가 자동으로 설정되는) 방법, 이렇게 말이죠.

생성자 하나만 가지고는 이 작업을 깔끔하게 처리할 수 없습니다. 어떤 메소드(생성자에 대해서도 똑같은 규칙이 적용됩니다)에 매개변수가 있으면 그 메소드나 생성자를 호출할 때 반드시 적당한 인자를 전달해야 합니다. 그냥 "생성자에 아무것도 전달하지 않으면 기본 크기를 사용한다"라고 할 수는 없습니다. 생성자를 호출할 때 int 인자를 전달하지 않으면 그 코드가 아예 컴파일도 되지 않으니까요. 다음과 같은 식으로 할 수는 있지만 그리 좋은 방법이라고는 할 수 없습니다.

```java
public class Duck {
    int size;

    public Duck(int newSize) {
        if (newSize == 0){
            size = 27;
        } else {
            size = newSize;
        }
    }
}
```

매개변수의 값이 0이면 새로 만들어지는 Duck의 크기를 기본값으로 설정하고 0이 아니면 크기를 매개변수로 주어진 값으로 설정합니다. 좋은 방법이라고는 할 수 없습니다.

이렇게 하면 새로운 Duck 객체를 만드는 프로그래머가 크기를 기본값으로 하고 싶으면 "0"을 전달하면 된다는 규약을 알고 있어야 합니다. 정말 나쁜 방법이죠. 다른 프로그래머가 그 사실을 모른다면 어떻게 될까요? 아니면 정말 크기가 0인 Duck을 원한다면 어떻게 될까요?(크기가 0인 Duck을 만드는 것을 허용한다는 가정에서 말입니다. 만약, 크기가 0인 Duck을 원치 않는다면 생성자에 그런 일이 일어나지 않을 수 있게 매개변수의 값을 확인하는 코드를 추가하는 것이 좋겠죠?) 여기에서 중요한 점은 사용자가 0을 인자로 전달할 때 "size 값을 0으로 하고 싶어"와 "0을 넘길 테니까 기본값으로 설정해줘"를 구분하는 것이 불가능하다는 것입니다.

새로운 Duck을 만드는 두 가지 방법을 제공해야 합니다.

```java
public class Duck2 {
    int size;

    public Duck2() {
        // 기본값을 지정합니다.
        size = 27;
    }

    public Duck2(int duckSize) {
        // duckSize 매개변수를 사용합니다.
        size = duckSize;
    }
}
```

크기를 알고 있는 상태에서 Duck을 만들 때:

```java
Duck2 d = new Duck2(15);
```

크기를 모르는 상태에서 Duck을 만들 때:

```java
Duck2 d2 = new Duck2();
```

즉, 이렇게 두 가지 옵션 중에 하나를 택해서 Duck 객체를 만들 수 있게 하려면 생성자를 두 개 만들어야 합니다. 하나는 int를 받아들이는 것이고 다른 하나는 아무 인자도 받아들이지 않는 것이죠. **클래스에 두 개 이상의 생성자가 있다는 것은 오버로드된 생성자가 있다는 것을 의미합니다.**

인자가 없는 생성자는 컴파일러에서 항상 자동으로 만들어주지 않나요? 아닙니다.

"인자가 있는 생성자만 만들면 컴파일러에서 인자가 없는 생성자가 없음을 알고 자동으로 그런 생성자를 하나 만들어주지 않을까?"라고 생각하는 독자들이 있을지도 모르겠습니다. 하지만 그렇지 않습니다. 컴파일러에서는 생성자가 전혀 없는 경우에만 생성자를 자동으로 만들어줍니다.

인자를 받아들이는 생성자를 만들었는데, 인자를 받아들이지 않는 생성자도 만들고 싶다면 인자를 받아들이지 않는 생성자도 직접 만들어야 합니다.

프로그래머가 직접 생성자를 만든다면 생성자의 종류에는 상관없이 컴파일러에서 "생성자는 프로그래머가 모두 책임을 지는구나"라고 생각합니다.

클래스에 생성자가 두 개 이상 있으면 각 생성자의 인자 목록은 반드시 서로 달라야 합니다.

인자 목록을 구분할 때는 인자의 순서와 유형을 모두 따집니다. 인자 목록만 다르다면 생성자 두 개 이상을 만들 수 있습니다. 이 규칙은 메소드에 대해서도 그대로 적용되는데, 그에 대한 내용은 다른 장에서 알아보겠습니다.

생성자 오버로딩을 이용하면 한 클래스에 두 개 이상의 생성자를 만들 수 있습니다.

이 때 각 생성자의 인자 목록이 서로 다르지 않으면 컴파일이 되지 않습니다.

아래에 있는 클래스는 각 생성자의 인자 목록이 서로 다르기 때문에 문법적으로 전혀 문제가 없는 클래스입니다. 하지만 예를 들어, int 한 개를 받아들이는 생성자가 두 개 있으면 그 클래스는 컴파일이 되지 않습니다. 매개변수명을 다르게 한다고 해도 마찬가지로 컴파일을 할 수 없습니다. 중요한 것은 변수의 유형(int, Dog 등)과 순서입니다. 순서가 다르다면 똑같은 유형의 인자들을 가지는 생성자를 만들 수도 있습니다. String 다음에 int를 받아들이는 생성자는 int 다음에 String을 받아들이는 생성자와 다른 것으로 간주됩니다.

서로 다른 생성자 네 개가 있다는 것은 네 가지의 서로 다른 방법으로 새로운 버섯(Mushroom. 객체)을 만들 수 있다는 것을 의미합니다.

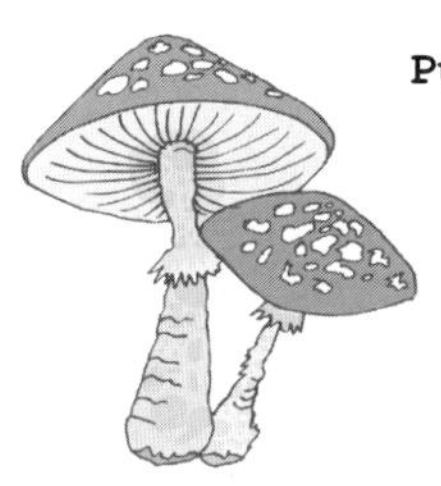

```
Public class Mushroom {

    public Mushroom(int size) { }

    public Mushroom( ) { }

    public Mushroom(boolean isMagic) { }

    public Mushroom(boolean isMagic, int size) { }

    public Mushroom(int size, boolean isMagic) { }

}
```

크기는 아는데 독버섯*인지 아닌지를 모르는 경우

아무것도 모르는 경우

독버섯인지 아닌지 알고 크기는 모르는 경우

같은 인자들이 쓰이지만 순서가 다르므로 괜찮습니다.

이 두 생성자는 인자의 유형은 똑같지만 순서가 다르기 때문에 서로 다른 생성자입니다.

핵심정리

- ▶ 인스턴스 변수는 그 변수가 들어있는 객체 안에(힙 안에) 저장됩니다.
- ▶ 인스턴스 변수가 객체에 대한 레퍼런스인 경우에는 레퍼런스와 객체가 모두 힙에 저장됩니다.
- ▶ 어떤 클래스 유형에 대해 **new** 키워드를 사용할 때 실행되는 코드를 생성자라고 합니다.
- ▶ 생성자명은 반드시 클래스명과 같아야 하며 리턴 유형은 없어야 합니다.
- ▶ 생성자를 이용하여 생성되는 객체의 상태(인스턴스 변수)를 초기화할 수 있습니다.
- ▶ 클래스에 생성자가 없으면 컴파일러에서 기본 생성자를 만듭니다.
- ▶ 기본 생성자는 언제나 인자가 없는 생성자입니다.
- ▶ 클래스를 만들 때 생성자를 만들면(어떤 종류의 생성자를 만들어도) 컴파일러에서 기본 생성자를 만들어주지 않습니다.

- ▶ 인자가 없는 생성자를 만들고 싶은데, 인자가 있는 생성자가 따로 있다면 인자가 없는 생성자도 손수 만들어야 합니다.
- ▶ 가능하면 프로그래머가 제대로 된 객체를 만들 수 있게 인자가 없는 생성자도 만드는 것이 좋습니다. 그런 경우에는 기본값을 지정해야겠죠?
- ▶ 생성자 오버로딩을 활용하면 클래스에 두 개 이상의 생성자를 만들 수 있습니다.
- ▶ 오버로드된 생성자들의 인자 목록은 반드시 서로 달라야 합니다.
- ▶ 인자 목록이 똑같은 생성자가 두 개 이상 있을 수 없습니다. 인자 목록을 따질 때는 순서와 인자의 유형을 모두 따집니다.
- ▶ 프로그래머가 직접 기본값을 지정하지 않아도 인스턴스 변수에는 자동으로 기본값이 지정됩니다. 원시 유형의 기본값은 0/0.0/false고 객체에 대한 레퍼런스의 기본값은 null입니다.

*역자주: magic mushroom은 미국산 독버섯의 일종입니다.

연필을 깎으며

각 new Duck() 선언문과 Duck의 인스턴스를 만들 때 실행되는 생성자를 연결해보세요. 첫째 것은 필자들이 미리 해놓았습니다.

```java
public class TestDuck {
  public static void main(String[] args){

    int weight = 8;
    float density = 2.3F;
    String name = "Donald";
    long[] feathers = {1,2,3,4,5,6};
    boolean canFly = true;
    int airspeed = 22;

    Duck[] d = new Duck[7];

    d[0] = new Duck();

    d[1] = new Duck(density, weight);

    d[2] = new Duck(name, feathers);

    d[3] = new Duck(canFly);

    d[4] = new Duck(3.3F, airspeed);

    d[5] = new Duck(false);

    d[6] = new Duck(airspeed, density);
  }
}
```

```java
class Duck {
  int pounds = 6;
  float floatability = 2.1F;
  String name = "Generic";
  long[] feathers = {1,2,3,4,5,6,7};
  boolean canFly = true;
  int maxSpeed = 25;

  public Duck() {
    System.out.println("type 1 duck");
  }

  public Duck(boolean fly) {
    canFly = fly;
    System.out.println("type 2 duck");
  }

  public Duck(String n, long[] f) {
    name = n;
    feathers = f;
    System.out.println("type 3 duck");
  }

  public Duck(int w, float f) {
    pounds = w;
    floatability = f;
    System.out.println("type 4 duck");
  }

  public Duck(float density, int max) {
    floatability = density;
    maxSpeed = max;
    System.out.println("type 5 duck");
  }
}
```

Q: 앞서 누군가가 인자가 없는 생성자를 호출했을 때 기본값을 지정해줄 수 있게 인자가 없는 생성자도 만드는 것이 좋다고 했잖아요? 그런데 기본값을 지정할 수 없는 경우는 없나요? 클래스에 인자가 없는 생성자를 만들지 않아야 하는 경우는 없나요?

A: 맞습니다. 인자가 없는 생성자라는 것이 무의미한 경우도 있습니다. 자바 API에도 인자가 없는 생성자가 들어있지 않은 클래스가 있습니다. 예를 들어, 색을 나타내는 Color 클래스를 생각할 수 있는데, Color 객체는 스크린 폰트나 GUI 버튼의 색을 설정하거나 변경하는 것과 같은 용도로 쓰입니다. Color 인스턴스를 만들 때는 그 인스턴스가 반드시 특정 색을 표현할 수 있어야 합니다(데스 바이 초콜렛(Death-by-Chocolate)*의 갈색이라든가 죽음의 블루스크린의 파란색이라든가 선정적인 빨간색 등). Color 객체를 만들 때는 어떤 방법으로든지 색을 지정해야만 합니다.

```java
Color c = new Color(3,45,200);
```

*역자주: 모 외식업체에 있는 디저트 메뉴명입니다.

(여기에서는 RGB 값을 나타내는 정수 세 개를 썼습니다. Color 클래스와 관련된 내용은 나중에 스윙에 대한 내용을 다룰 때 알아보겠습니다) 이렇게 색을 지정하지 않으면 어떤 것이 만들어질까요? 자바 API 프로그래머가 인자가 없는 Color 생성자를 호출하면 예쁜 분홍색이 기본적으로 지정되게 할 수도 있었겠지만, 대신 더 안전한 방법을 선택했습니다. 다음과 같이 Color 객체를 만들 때 생성자에 인자를 전달하지 않을 경우를 살펴봅시다.

```java
Color c = new Color();
```

컴파일러에서는 Color 클래스에 주어진 선언문에 맞는, 인자가 없는 생성자가 없다는 것을 알아내고는 다음과 같은 오류 메시지를 출력합니다.

```
File Edit Window Help StopBeingStupid
cannot resolve symbol
:constructor Color()
location: class
java.awt.Color
Color c = new Color();
                    ^
1 error
```

리뷰: 생성자에 대해 반드시 알아야 할 네 가지

① 생성자는 누군가가 어떤 클래스 유형에 대해 new를 쓸 때 실행되는 코드입니다.

```
Duck d = new Duck();
```

② 생성자명은 반드시 클래스명과 같아야 하며 리턴 유형은 없습니다.

```
public Duck(int size) { }
```

③ 클래스를 만들 때 생성자를 만들지 않으면 컴파일러에서 기본 생성자를 자동으로 추가해줍니다. 기본 생성자는 언제나 인자가 없는 생성자입니다.

```
public Duck() { }
```

④ 인자 목록만 다르면 한 클래스에 생성자 여러 개를 만들 수도 있습니다. 한 클래스에 두 개 이상의 생성자가 있으면 오버로드된 생성자가 있다고 말합니다.

```
public Duck() { }

public Duck(int size) { }

public Duck(String name) { }

public Duck(String name, int size) { }
```

이 책에 나와있는 두뇌 운동을 모두 하면 뉴런의 크기가 42%나 커진다고 합니다. 뉴런이 커지면 그만큼 머리가 쌩쌩하게 돌아가겠죠?

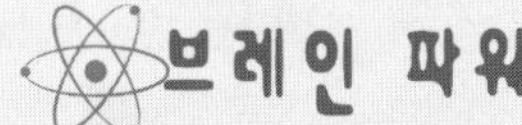

상위클래스는 어떻게 될까요?

Dog 객체를 만들 때 Canine의 생성자도 실행될까요?

상위클래스가 추상 클래스라면 생성자가 있어야 할까요?

이 질문에 대한 내용은 다음 페이지부터 시작해서 몇 페이지에 걸쳐서 알아볼 것입니다. 다음 페이지로 그냥 넘어가지 말고 생성자와 상위클래스를 깊이 생각해보고 나서 넘어가세요.

바보 같은 질문은 없습니다

Q: 생성자는 반드시 public으로 지정해야 하나요?

A: 아닙니다. 생성자는 public, private 또는 default(접근 변경자를 전혀 사용하지 않은 경우)로 지정할 수 있습니다. default 접근에 대한 내용은 16장과 '부록 B'에서 알아보겠습니다.

Q: private 생성자는 어떤 용도로 쓰나요? 아무도 그 생성자를 호출할 수 없으면 그 생성자를 가지고 새로운 객체를 만들 수 없지 않나요?

A: 그렇진 않습니다. 어떤 것을 private로 지정한다고 해서 그것에 아무도 접근할 수 없는 것은 아닙니다. 클래스 밖에서 아무도 접근할 수 없을 뿐이죠. 조금 당황스럽게 느껴질지도 모르겠습니다. private로 선언한 생성자가 들어있는 클래스와 같은 클래스에 있는 코드에서만 그 클래스로부터 새로운 객체를 만들 수 있다면 애초에 그 객체를 만들지도 못한 상태에서 어떻게 그 클래스 내부로부터 코드를 실행시킬 수 있을까요? 조금만 참아주세요. 다음 장에 가면 모두 알 수 있습니다.

잠깐만요... 아직 상위클래스와 상속, 그리고 생성자의 관계에 대해서는 알아보지 않은 것 같은데요?

지금부터가 정말 재미있는 부분입니다. 8장에서 Snowboard 클래스의 Object 부분을 나타내는, 안쪽 핵심을 감싸고 있는 Snowboard 객체에 대해 설명한 부분이 기억나죠? 그 부분에서 가장 중요한 포인트는 모든 객체에는 그 객체에서 선언한 인스턴스 변수뿐만 아니라 상위클래스에서 받아온 것도 모두 들어있다는 것이었습니다(최소한 Object 클래스는 들어있겠죠? 모든 클래스는 Object를 확장한 클래스니까요).

따라서 어떤 객체가 만들어지면(즉, 누군가가 **new** 키워드를 사용하면, 누군가가 어디에서 해당 클래스 유형에 대해 **new** 키워드를 사용하지 않으면 객체를 생성할 수가 없으니까요) 그 객체에는 상속 트리 전체에 걸쳐 축적된 그 객체에 들어있는 모든 인스턴스 변수에 대한 공간이 부여됩니다. 조금만 더 생각해봅시다. 상위클래스에 private 변수를 캡슐화하는 세터 메소드가 있으면 어떻게 될까요? 그런 변수는 어딘가 다른 곳에서 살아야 합니다. 어떤 객체가 생성된다는 것은 객체 여러 개가 만들어지는 것이라고 할 수 있습니다. new 키워드를 써서 새로 만든 객체 뿐만 아니라 각 상위클래스마다 객체가 하나씩 더 생기는 셈이죠. 하지만 개념적으로 본다면 밑에 나와있는 것처럼 새로 만들어지는 객체에 각 상위클래스를 나타내는 알맹이 같은 층이 들어있는 것으로 이해하는 편이 훨씬 낫습니다.

<table>
<tr><td>

Object

Foo a;
int b;
int c;

---

equals()
getClass()
hashCode()
toString()

</td><td>

Object에는 세터 및 게터 메소드로 캡슐화된 인스턴스 변수가 있습니다. 그런 인스턴스 변수는 하위클래스의 인스턴스가 만들어질 때 생성됩니다. (왼쪽에 있는 것이 진짜 Object 변수는 아니지만 어차피 캡슐화되어 있으니까 구체적으로 어떤 변수가 들어있는지는 신경 쓰지 않아도 되겠죠?)

</td></tr>
<tr><td>

Snowboard

Foo x;
Foo y;
int z;

---

turn()
shred()
getAir()
loseControl()

</td><td>

Snowboard에도 별도의 인스턴스 변수가 있으므로 Snowboard 객체를 만들려면 두 클래스 모두의 인스턴스 변수를 저장하기 위한 공간이 필요합니다.

</td></tr>
</table>

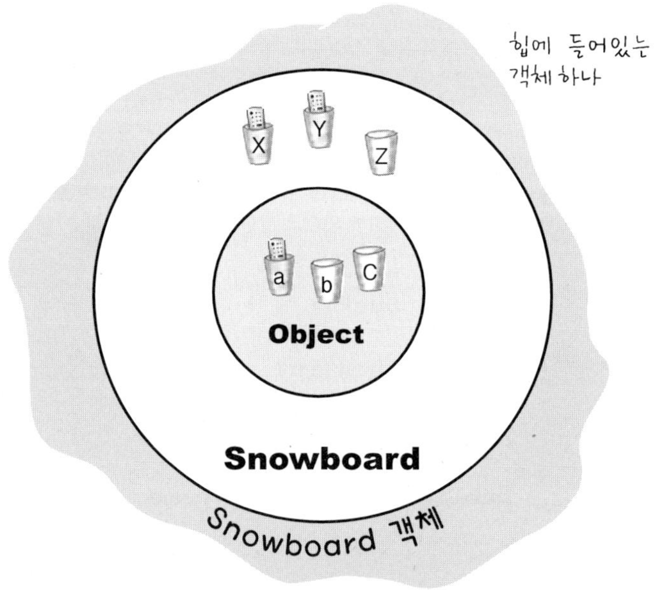

여기에는, 힙에 객체가 단 하나밖에 없습니다. Snowboard 객체죠. 하지만 그 객체 자체의 Snowboard 부분과 Object 부분이 모두 들어있습니다. 두 클래스에 들어있는 모든 인스턴스 변수가 그 안에 들어갑니다.

객체의 일생에서 상위클래스 생성자의 역할

새로운 객체를 만들 때 객체의 상속 트리에 들어있는 모든 생성자가 실행되어야 합니다.

자세히 따져봅시다.

이 말을 잘 생각해보면 (모든 클래스에는 생성자가 있으니까) 모든 상위클래스에 생성자가 있고 하위클래스의 객체가 생성될 때 계층 구조를 따라 올라가면서 나오는 모든 상위클래스의 각 생성자가 실행됩니다.

new 키워드를 사용하는 것은 참 큰 일입니다. 모든 생성자 연쇄 반응을 시작시키는 것이니까요. 추상 클래스에도 생성자는 있습니다. 추상 클래스에 대해 new 키워드를 사용할 수는 없지만 추상 클래스도 상위클래스기 때문에 구상 클래스의 인스턴스를 만들면 그 생성자가 실행됩니다.

상위클래스의 생성자가 실행되면 그 객체의 상위클래스 부분이 구축됩니다. 하위클래스에서 상위클래스의 상태(즉, 상위클래스에 들어있는 인스턴스 변수의 값)에 의존하는 메소드를 상속할 수도 있습니다. 객체가 제 모양을 갖추려면 그 객체의 상위클래스 부분도 제 모양을 갖춰야 하는데, 바로 그런 이유로 인해 상위클래스의 생성자도 실행되어야 합니다. 상속 트리에 들어있는 모든 클래스의 인스턴스 변수가 선언되고 초기화되어야 합니다. Animal에 있는 인스턴스 변수 중에 Hippo에서 상속하지 않는 것이 있더라도 (private 변수 같은 것을 생각할 수 있겠죠) Hippo 객체는 여전히 그러한 변수에 의존하는 Animal의 메소드에 의존할 수 있습니다.

생성자가 실행되면 바로 그 상위클래스 생성자를 호출하고, Object 클래스의 생성자에 다다를 때까지 상속의 사슬을 거슬러 올라가면서 각 상위클래스의 생성자를 호출하게 됩니다.

앞으로 몇 페이지에 걸쳐서 어떤 식으로 상위클래스 생성자가 호출되는지, 그리고 자신이 직접 호출할 때는 어떻게 하면 되는지를 알아보겠습니다. 그리고 상위클래스 생성자에 인자가 있을 때 어떻게 해야 하는지에 대해서도 배울 것입니다.

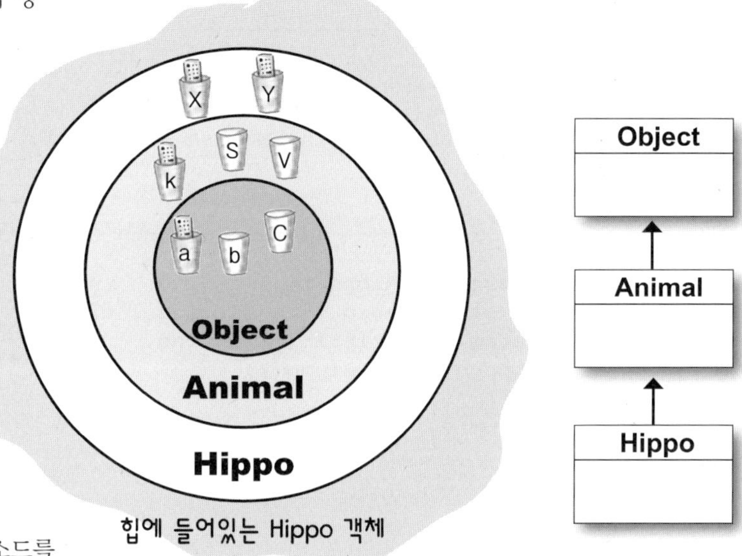

힙에 들어있는 Hippo 객체

새로 만들어지는 Hippo 객체는 Animal 객체기도 하고 Object 객체기도 합니다. Hippo를 만들고 싶다면 그 안에 Animal과 Object도 만들어야 합니다.

이런 모든 과정은 생성자 연쇄(constructor chaining)라는 과정을 통해 이뤄집니다.

Hippo를 만들면 Animal과 Object 부분도 같이 만들어집니다.

```java
public class Animal {
    public Animal() {
        System.out.println("Making an Animal");
    }
}
```

```java
public class Hippo extends Animal {
    public Hippo() {
        System.out.println("Making a Hippo");
    }
}
```

```java
public class TestHippo {
    public static void main (String[] args) {
        System.out.println("Starting...");
        Hippo h = new Hippo();
    }
}
```

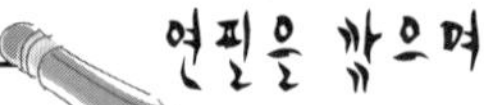

실제 출력 결과는 어떻게 될까요? 왼쪽에 있는 코드를 컴파일해서 TestHippo를 실행시키면 A와 B 중에 어떤 결과가 나올까요?

(정답은 이 페이지 맨 아래에 있습니다)

A

B

① 다른 클래스에 있는 코드에서 new Hippo()를 호출하면 Hippo() 생성자가 스택 맨 위의 스택 프레임에 들어갑니다.

② Hippo()에서 상위클래스 생성자를 호출하면 Animal() 생성자가 스택 맨 위에 올라갑니다.

③ Animal에서 상위클래스 생성자를 호출하면 Object가 Animal의 상위클래스기 때문에 Object() 생성자가 스택 맨 위로 올라갑니다.

④ Object()가 종료되면 그 스택 프레임이 스택에서 제거됩니다. 그러면 다시 Animal() 생성자로 돌아가서 Animal에서 그 상위클래스 생성자를 호출한 바로 아랫줄에서 실행이 계속됩니다.

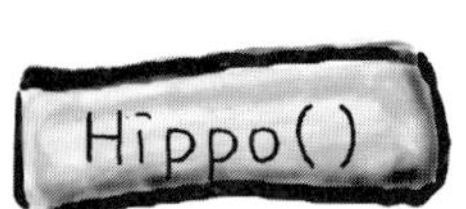

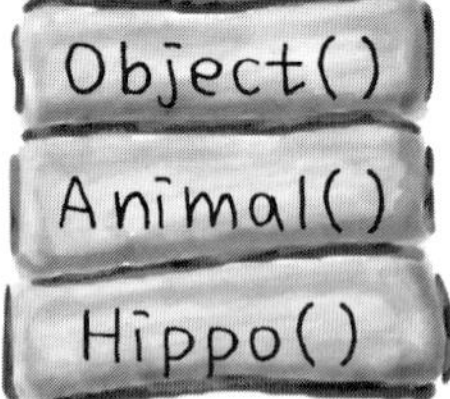

정답은 A가 됩니다. 위쪽 결과가 정답이죠. Hippo()가 먼저 시작되긴 하지만 호출되자마자 위로 올라가는 Animal 생성자가 먼저 종료됩니다.

상위클래스 생성자는 어떻게 호출할까요?

예를 들어, Duck이 Animal을 확장한 클래스라면 Duck 생성자 어딘가에서 Animal()을 호출할 것이라고 생각하는 독자들도 있을 것입니다. 하지만 실제로는 그렇지 않습니다.

```
public class Duck extends Animal {
    int size;


    public Duck(int newSize) {
        Animal();
        size = newSize;
    }
}
```

아닙니다. → Animal(); ← 문법에 어긋납니다.

상위클래스 생성자를 호출하는 유일한 방법은 super()를 호출하는 것입니다. super()라고 하면 상위 생성자(상위클래스 생성자)가 호출됩니다.

조금 이상하긴 하죠?

```
public class Duck extends Animal {
    int size;

    public Duck(int newSize) {
        super();
        size = newSize;
    }
}
```

super(); ← super()라고만 하면 됩니다.

생성자에서 super()를 호출하면 상위클래스 생성자가 스택 맨 위에 올라갑니다. 그러면 그 상위클래스 생성자에서는 어떤 일을 할까요? 그 클래스의 상위클래스 생성자를 호출하겠죠. 그리고 Object의 생성자가 스택 맨 위에 올라갈 때까지 이 과정이 반복됩니다. Object()가 종료되고 나면 스택에서 제거되고 스택에서 그 밑에 있는 것(Object()를 호출한 하위클래스 생성자)이 맨 위에 남게됩니다. 그 생성자가 종료되면 그 밑에 있는 생성자가 스택 맨 위에 남고, 이런 식으로 반복하다 보면 처음에 호출한 생성자가 스택 맨 위에 남게 되고 결국은 생성자 호출이 완전히 종료됩니다.

그런데 지금까지는 어떻게 super()를 호출하지 않고도 괜찮았죠?

분명히 이런 의문을 가지는 독자가 있을 것입니다.

우리가 직접 super()를 호출하지 않으면 컴파일러가 알아서 처리해줍니다.

따라서 컴파일러는 생성자를 만드는 데 있어서 두 가지 방법으로 개입을 합니다.

① 생성자를 만들지 않은 경우

컴파일러에서 다음과 같은 내용을 추가합니다.

```
public ClassName() {
        super();
    }
```

② 생성자를 만들긴 했는데 super()를 호출하지 않은 경우

컴파일러에서 모든 생성자에 super()를 호출하는 코드를 자동으로 추가해줍니다.[*] 컴파일러에서는 다음과 같은 선언문을 추가해줍니다.

```
super();
```

항상 저런 식입니다. 즉, 컴파일러에서 상위클래스 생성자를 호출하는 선언문을 자동으로 추가할 때는 반드시 인자가 없는 형태의 생성자를 사용합니다. 상위클래스에 오버로드된 생성자가 있어도 인자가 없는 생성자를 호출합니다.

[*]생성자에서 다른 오버로드된 생성자를 호출하지 않는 경우에만 그렇습니다(몇 페이지 뒤에서 알 수 있습니다).

부모가 존재하기 전에 자식이 존재할 수 있을까?

상위클래스를 하위클래스라는 자식의 부모라고 생각하면 어떤 것이 먼저 만들어져야 하는지 쉽게 알 수 있습니다. 객체의 상위클래스 부분은 하위클래스 부분이 구축되기 전에 완전히 제 모습을 갖춰야 합니다(즉, 완전히 만들어져야 합니다). 하위클래스 객체는 상위클래스로부터 상속받은 것을 필요로 할 수 있기 때문에 상속받을 대상이 미리 만들어져야 하는 것이 당연하겠죠. 어떻게 돌아갈 수 있는 방법은 전혀 없습니다. 하위클래스 생성자가 종료되기 전에 상위클래스 생성자가 반드시 종료되어야 합니다.

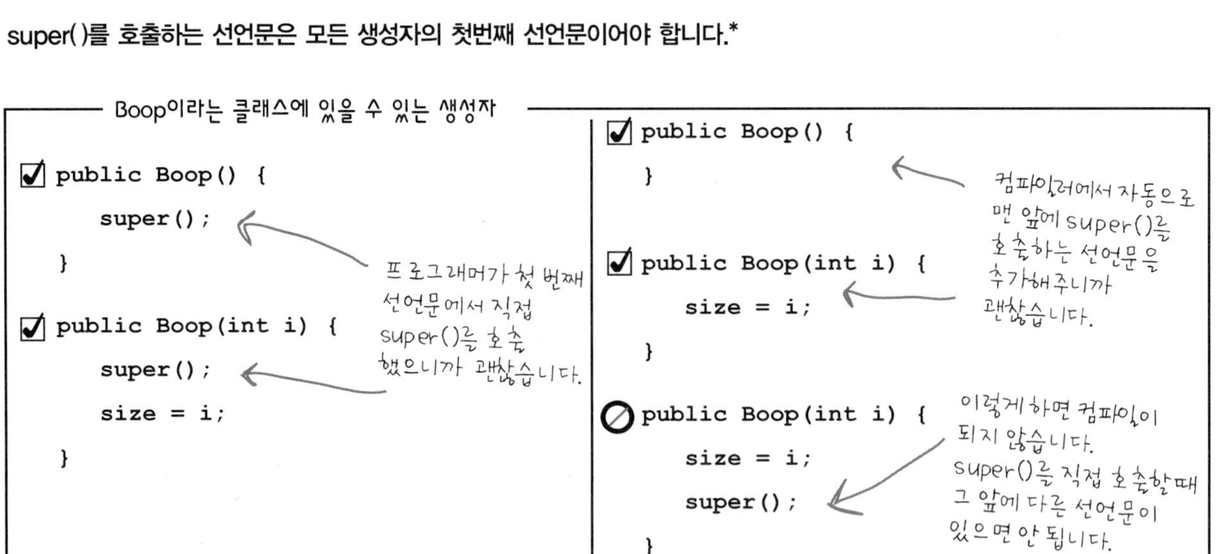

286페이지에 나와있는 스택 그림을 다시 살펴보면, 가장 먼저 호출되는 것은 Hippo 생성자지만(즉, 스택에 가장 먼저 들어갑니다) 마지막으로 종료되는 것도 Hippo입니다. 각 하위클래스 생성자에서는 그 바로 위에 있는 상위클래스 생성자를 호출하고, Object의 생성자가 호출될 때까지 이 과정이 반복됩니다. 그러면 Object의 생성자가 스택 맨 위에 올라갑니다. Object 생성자가 종료되면 다시 스택에서 그 밑에 있는 Animal의 생성자로 돌아갑니다. Animal의 생성자가 종료된 후에야 결국 Hippo 생성자의 나머지 부분을 실행할 수 있지요.

super( )를 호출하는 선언문은 모든 생성자의 첫번째 선언문이어야 합니다.[*]

Boop이라는 클래스에 있을 수 있는 생성자

```java
☑ public Boop() {
       super();
   }

☑ public Boop(int i) {
       super();
       size = i;
   }
```



```java
☑ public Boop() {
   }

☑ public Boop(int i) {
       size = i;
   }
```



```java
🚫 public Boop(int i) {
       size = i;
       super();
   }
```


---

[*]물론 예외가 있습니다. 290페이지를 참조하세요.

인자가 있는 상위클래스 생성자

상위클래스 생성자에 인자가 있으면 어떻게 될까요? super()를 호출할 때 뭔가를 전달할 수 있을까요? 예. 가능합니다. 그게 불가능하다면 '인자가 있는 생성자'가 있는 클래스를 확장하는 것이 아예 불가능하겠죠. 모든 동물에 이름이 있다고 상상해봅시다. 그리고 Animal 클래스에 name이라는 이름이 들어있는 인스턴스 변수의 값을 리턴하는 getName()이라는 메소드가 있다고 가정해보죠. 그 인스턴스 변수는 private로 지정되어 있지만 하위클래스(Hippo 클래스)에서는 getName() 메소드를 상속받습니다. 그러면 Hippo에는 getName()이라는 메소드는 있는데, name이라는 인스턴스 변수가 없는 다소 이상한 상황이 벌어지겠죠? 따라서 Hippo에서는 누군가가 getName()을 호출했을 때 name의 값을 리턴하기 위해 그 객체의 Animal 부분에 의존하게 됩니다. 하지만 Animal 부분에서는 어떻게 이름을 알아낼까요? Hippo가 자신의 Animal 부분을 참조하는 방법은 super()를 이용하는 방법밖에 없기 때문에 Animal 부분에서 private로 선언된 name 인스턴스 변수를 저장할 수 있도록 super()를 통해서 자신의 이름을 Animal 부분으로 올려보냅니다.

```java
public abstract class Animal {
    private String name;

    public String getName() {
        return name;
    }

    public Animal(String theName) {
        name = theName;
    }
}
```

모든 동물(하위클래스 포함)에 이름이 있습니다.

Hippo에서도 상속하는 게터 메소드

이름을 받아서 그 값을 name 인스턴스 변수에 저장하는 생성자

```java
public class Hippo extends Animal {

    public Hippo(String name) {
        super(name);
    }
}
```

Hippo 생성자에서도 이름을 받아들입니다.

스택 바로 위로 올라가는 Animal 생성자로 이름을 보냅니다.

```java
public class MakeHippo {
    public static void main(String[] args) {
        Hippo h = new Hippo("Buffy");
        System.out.println(h.getName());
    }
}
```

Hippo 생성자에 "Buffy"라는 이름을 전달하여 Hippo 객체를 만듭니다. 그리고 나서 Hippo에서 상속받은 getName() 메소드를 호출합니다.

Animal

private String name

Animal(String n)

String getName()

Hippo

Hippo(String n)

[기타 Hippo에만 있는 메소드]

File Edit Window Help Hide

```
%java MakeHippo
Buffy
```

다른 오버로드된 생성자를 호출하는 방법

(서로 다른 인자를 처리하는 것을 제외하면) 똑같은 일을 하는 오버로드된 생성자를 만든다면 어떻게 하는 것이 좋을까요? 여러 생성자에 중복된 코드가 들어있는 것이 좋지 않다는 것은 여러분도 알고 있을 것입니다(관리하기가 상당히 까다롭겠죠?). 따라서 생성자 코드의 대부분(super()를 호출하는 부분 포함)을 오버로드된 생성자 하나에 몰아놓는 것이 좋습니다. 그러면 처음에 어떤 생성자가 호출되든 상관없이 진짜 생성자(대부분의 코드가 들어있는 생성자)에서 생성 작업을 마무리할 수 있겠죠. 그 방법은 간단합니다. this() 또는 this(aString), this(27,x) 같은 식으로 하면 됩니다. 즉 this는 현재 객체에 대한 레퍼런스라고 생각하면 됩니다.

this()는 생성자 안에서만 쓸 수 있으며 생성자의 첫번째 선언문으로만 쓸 수 있습니다.

하지만 뭔가 문제가 있는 것 같네요. 앞서 super()는 반드시 생성자의 첫번째 선언문이어야 한다고 했잖아요. 그러면 둘 중 하나를 선택해야겠군요.

모든 생성자에는 super( ) 또는 this( )를 호출하는 선언문이 들어갈 수 있지만 둘 다 쓸 수는 없습니다.


```java
class Mini extends Car {

    Color color;

    public Mini() {
        this(Color.Red);
    }

    public Mini(Color c) {
        super("Mini");
        color = c;
        // 나머지 초기화 코드
    }

    public Mini(int size) {
        this(Color.Red);
        super(size);
    }
}
```

인자가 없는 생성자에서는 기본 색을 지정하여 오버로드된 진짜 생성자(super()를 호출하는 생성자)를 호출합니다.

이게 바로 객체를 초기화하는 일(super() 호출 과정 포함)을 실제로 처리하는 진짜 생성자입니다.

이렇게 하면 안 됩니다. 한 생성자에 super()와 this()가 동시에 들어있으면 안 됩니다. 둘 다 생성자의 첫번째 선언문으로만 쓸 수 있으니까요.

```
File Edit  Window Help Drive

javac Mini.java

Mini.java:16: call to super must
be first statement in constructor

        super();
          ^
```

연필을 깎으며

밑에 있는 SonOfBoo 클래스의 생성자 중에는 컴파일할 수 없는 것이 있습니다. 어떤 생성자가 틀렸는지 찾아보세요. 오른쪽에 나와있는 컴파일러 오류 메시지와 그런 오류 메시지가 나오게 만든 잘못된 생성자를 연결해보세요.

```java
public class Boo {
    public Boo(int i) { }
    public Boo(String s) { }
    public Boo(String s, int i) { }
}
```

```java
class SonOfBoo extends Boo {

    public SonOfBoo() {
        super("boo");
    }

    public SonOfBoo(int i) {
        super("Fred");
    }

    public SonOfBoo(String s) {
        super(42);
    }

    public SonOfBoo(int i, String s) {
    }

    public SonOfBoo(String a, String b, String c) {
        super(a,b);
    }

    public SonOfBoo(int i, int j) {
        super("man", j);
    }

    public SonOfBoo(int i, int x, int y) {
        super(i, "star");
    }
}
```

벽에 붙여놓고 외우세요.

장미는 빨갛고 제비꽃은 파란색입니다.

항상 부모가 먼저 만들어집니다. 부모는 자식보다 먼저 태어나지요.

새로운 하위클래스 객체가 생기기 전에 그 객체의 상위클래스 부분이 제 모양을 갖춰야만 합니다. 자식이 부모보다 먼저 태어날 수 없는 것과 같은 원리라고 생각하면 됩니다.

```
File Edit  Window  Help Blahblahblah
%javac SonOfBoo.java
cannot resolve symbol

symbol : constructor Boo
(java.lang.String,java.la
ng.String)
```

```
File Edit  Window  Help Yadayadayada
%javac SonOfBoo.java
cannot resolve symbol

symbol  : constructor Boo
(int,java.lang.String)
```

```
File Edit  Window  Help ImNotListening
%javac SonOfBoo.java
cannot resolve symbol
symbol:constructor Boo()
```

이제 객체가 어떻게 태어나는지는 알겠는데 객체는 얼마나 오래 사나요?

객체의 일생은 그 객체를 참조하는 레퍼런스의 일생에 의해 좌우됩니다. 레퍼런스가 '살아있으면' 그 레퍼런스가 참조하는 객체도 힙 안에서 계속 살아갈 수 있고 그 레퍼런스가 죽으면(죽는다는 의미는 잠시 후에 알아보겠습니다) 그 객체는 죽고 맙니다.

어떤 객체의 생사가 레퍼런스 변수의 생사에 의해 결정된다면 변수는 얼마나 오래 살 수 있을까요?

그 변수가 지역 변수인지 아니면 인스턴스 변수인지에 따라 달라집니다. 아래에 있는 코드는 지역 변수의 삶을 보여줍니다. 이 예제에 있는 변수는 원시 변수인데, 변수의 생존 기간은 원시 변수든 레퍼런스 변수든 똑같습니다.

```java
public class TestLifeOne {

    public void read() {
        int s = 42;
        sleep();
    }

    public void sleep() {
        s = 7;
    }
}
```

's'는 read() 메소드 영역(scope) 내에 있으므로 다른 곳에서는 쓸 수 없습니다.

이렇게 하면 안 됩니다. 's'는 여기에서 쓸 수 없습니다.

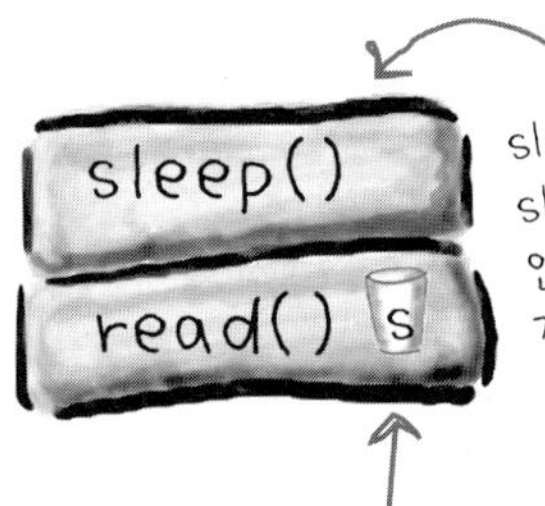

sleep()에서는 's' 변수를 볼 수 없습니다. sleep()의 스택 프레임에는 's'가 들어있지 않기 때문에 sleep()에서는 's'에 대해 전혀 알 수가 없습니다.

's' 변수는 read() 메소드 영역 내에서만 유효합니다. sleep()이 종료되고 read()가 스택의 맨 위로 올라가면서 다시 실행되면 read()에서는 여전히 's'을 볼 수 있습니다. read()가 종료되고 스택에서 제거되면 's'는 같이 사라집니다. 죽어버리고 마는 거죠.

① **지역 변수는 그 변수를 선언한 메소드 안에서만 살 수 있습니다.**

```java
public void read() {
    int s = 42;
    // 's'는 이 메소드 안에서만
    // 쓸 수 있습니다.
    // 이 메소드가 끝나면
    // 's'도 완전히 사라집니다.
}
```

's'라는 변수는 read() 메소드 내에서만 쓸 수 있습니다. 즉, 변수의 영역은 그 메소드 내로 제한됩니다. 그 클래스에 있는(또는 다른 클래스에서도) 다른 어떤 코드에서도 's'를 볼 수 없습니다.

② **인스턴스 변수는 객체가 살아있는 동안 계속 살 수 있습니다. 즉 객체가 살아있다면 그 인스턴스 변수도 살아있죠.**

```java
public class Life {
    int size;

    public void setSize(int s) {
        size = s;
        // 이 메소드가 끝나면
        // 's'도 사라집니다.
        // 하지만 'size'는 클래스의
        // 어디에서든지 쓸 수 있습니다.
    }
}
```

's'라는 변수(이번에는 메소드 매개변수)의 영역은 setSize() 내부로 제한됩니다. 하지만 size라는 인스턴스 변수의 영역은 메소드가 아닌 객체 내부기 때문에 객체와 생사를 함께 합니다.

지역 변수의 삶과 영역의 차이점

삶(life)

지역 변수는 그 스택 프레임이 스택에 들어있는 한 계속 살아있습니다. 즉, 메소드가 종료할 때까지 살아있습니다.

영역(scope)

지역 변수의 영역은 그 변수를 선언한 메소드 내부로 제한됩니다. 그 메소드에서 다른 메소드를 호출하면 그 변수는 아직 살아있지만 원래의 메소드가 계속해서 실행되기 전까지는 영역 밖에 있기 때문에 쓸 수 없습니다. 변수는 자신의 영역 안에서만 쓸 수 있습니다.

```java
public void doStuff() {
    boolean b = true;
    go(4);
}
public void go(int x) {
    int z = x + 24;
    crazy();
    // 기타 코드
}
public void crazy() {
    char c = 'a';
}
```

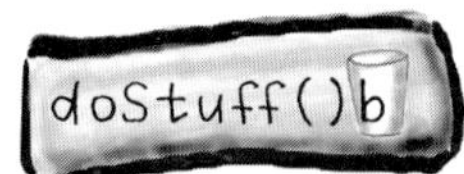

❶ doStuff( )가 스택에 들어갑니다. 'b'는 살아있고, 지금 실행중인 영역 안에 들어있습니다.

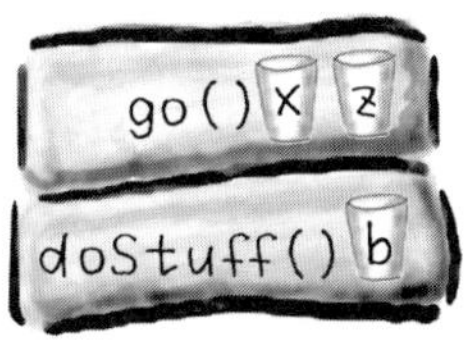

❷ go( )가 스택 맨 위로 올라갑니다. 'x'와 'z'는 살아있고 지금 실행중인 영역에 들어있습니다. 'b'는 살아있긴 하지만 실행중인 영역에 들어있진 않습니다.

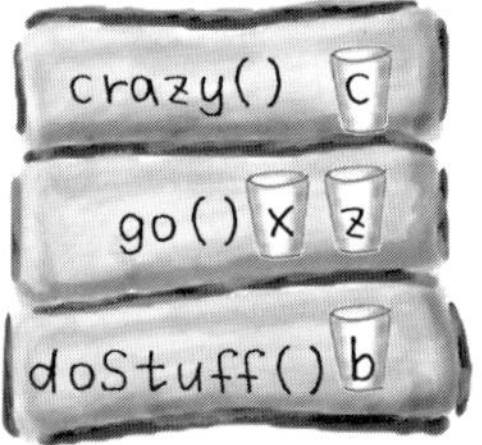

❸ crazy( )가 스택 맨 위로 올라가면 이제 'c'가 살아있으면서 실행중인 영역 안에 들어있는 상태가 됩니다. 나머지 변수 세 개는 살아있긴 하지만 영역 밖에 있습니다.

❹ crazy( )가 종료되고 그 스택 프레임이 스택에서 제거되면 'c'는 영역 밖으로 나가면서 죽습니다. go( )가 계속 실행되면 'x'와 'z'는 살아있는 상태로 영역 안에 들어옵니다. 'b'는 여전히 살아있긴 하지만 영역 밖에 있습니다. (go( )가 종료되어야만 영역 안으로 들어갈 수 있습니다)

지역 변수가 살아있는 동안 그 상태는 계속 유지됩니다. 예를 들어, doStuff( )가 스택에 들어있으면 'b' 변수의 값이 변하지 않고 유지됩니다. 하지만 'b'의 값은 doStuff( )의 스택 프레임이 스택의 맨 위에 있을 때만 사용할 수 있습니다. 즉, 지역 변수는 그 지역 변수가 들어있는 메소드가 실제로 돌아가고 있는 경우에만 사용할 수 있습니다(그 위에 있는 스택 프레임이 종료되기를 기다리는 동안에는 사용할 수 없습니다).

레퍼런스 변수는요?

레퍼런스 변수에 대해서도 원시 변수와 똑같은 규칙이 적용됩니다. 레퍼런스 변수도 영역 안에 있을 때만 쓸 수 있습니다. 즉, 자기 영역 안에 들어있는 레퍼런스 변수가 없으면 객체에 대한 리모컨을 쓸 수가 없죠. 사실 더 중요한 질문은 아래에 있습니다.

"변수의 삶이 객체의 삶에 어떻게 영향을 미칠까요?"

객체는 그 객체에 대해 레퍼런스가 살아있는 동안 살아있습니다. 레퍼런스 변수가 영역 밖으로 나가더라도 살아있기만 하면 그 레퍼런스 변수가 참조하는 객체는 힙 안에 살아있습니다. 그러면 다음과 같은 의문이 들겠죠? "그 레퍼런스가 들어있는 스택 프레임이 메소드가 종료되면서 스택에서 제거되면 어떻게 될까?"

만약, 그 레퍼런스 변수가 그 객체에 대해 유일하게 살아있는 레퍼런스였다면 그 객체는 힙에서 버려집니다. 레퍼런스 변수가 스택 프레임과 함께 사라지면 그렇게 버려진 객체는 공식적으로 끝장난 것이라고 할 수 있죠. 중요한 것은 "언제 객체가 가비지 컬렉션의 대상이 되느냐"입니다.

일단 객체가 가비지 컬렉션(GC, garbage collection)의 대상이 되고 나면 그 객체가 차지하고 있던 메모리 공간을 되찾아오는 데 신경을 쓸 필요가 없습니다. 프로그램에서 쓸 메모리가 부족해지면 GC에서 가비지 컬렉션 대상이 되는 객체들 중 일부 또는 전체를 없애버리고 램이 다 떨어지는 사태를 미연에 방지하게 됩니다. 물론, 그렇다고 해서 메모리가 모자라는 일이 절대 없다고는 할 수 없겠지만 적어도 메모리가 부족하게 된 상태에서 가비지 컬렉션 대상인 객체가 메모리에 남아있는 일은 없을 것입니다(완전히 치웠는데도 메모리가 모자라는 것은 어쩔 수 없죠). 여러분은 가비지 컬렉터에서 메모리 공간을 되찾아올 수 있도록 객체가 더 이상 쓸모가 없으면 확실하게 버려야 합니다 (즉, 가비지 컬렉션 대상이 될 수 있게 만들어야 합니다). 객체를 계속 붙들고 있으면 GC도 어쩔 수 없이 메모리를 되찾아올 수 없고, 따라서 메모리가 부족해서 프로그램이 죽어버리게 될 수도 있습니다.

마지막으로 살아남은 객체에 대한 레퍼런스가 사라지면 객체는 가비지 컬렉션의 대상이 됩니다.

객체의 레퍼런스를 제거하는 세 가지 방법

① 레퍼런스가 영원히 영역을 벗어납니다.

```java
void go() {
    Life z = new Life();
}
```


② 레퍼런스에 다른 객체를 대입합니다.

```java
Life z = new Life();
z = new Life();
```


③ 레퍼런스를 직접 null로 설정합니다.

```java
Life z = new Life();
z = null;
```

객체를 제거하는 첫번째 방법

레퍼런스가 영원히 영역을
벗어납니다.

```java
public class StackRef  {
    public void foof() {
        barf();
    }

    public void barf() {
        Duck d = new Duck();
    }
}
```

① foof( )가 스택에 들어갑니다.
아무 변수도 선언되지 않습니다.

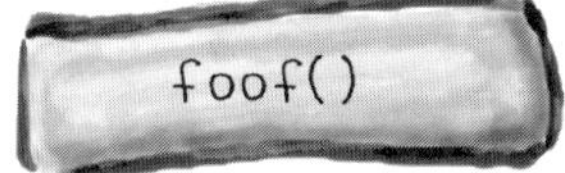

② barf( )가 스택에 들어갑니다.
여기서는 레퍼런스 변수를 선
언하고 새로운 객체를 만든 다
음 그 변수에 대입합니다. 힙
에 객체가 만들어지는데, 레퍼
런스는 살아있고 영역 안에 있
습니다.

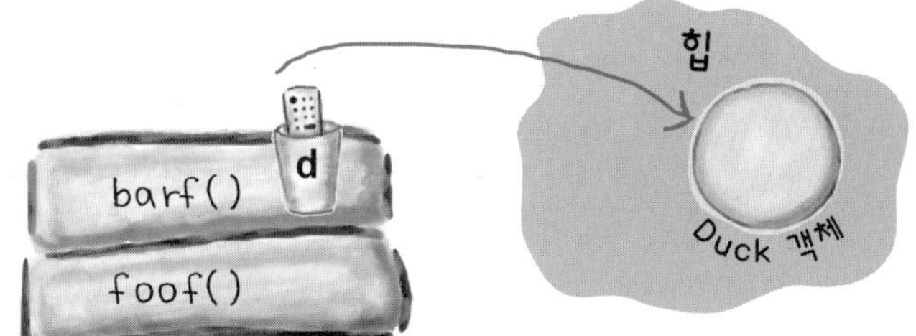

새로운 Duck이 힙에 들어
갑니다. barf( )가 실행되는
동안은 'd' 레퍼런스가 살아
있고 영역 안에 있으므로
Duck도 살아있는 것으로
간주됩니다.

③ barf( )가 종료되고 스택에서
제거됩니다. 프레임이 없어지
기 때문이 이제 'd'도 사라집
니다. foof( )로 되돌아가게 되
는데, foof( )에서는 'd'를 사
용할 수 없습니다.

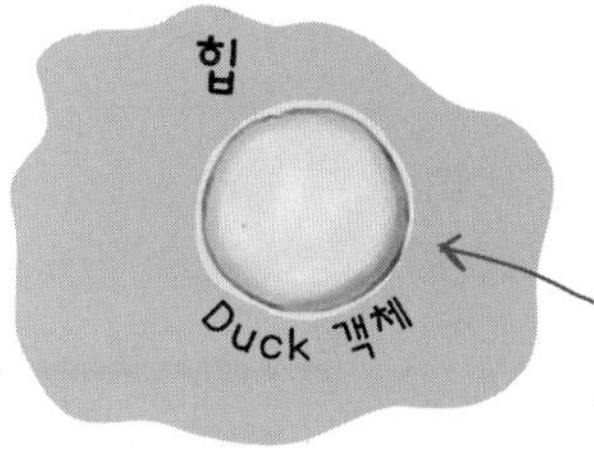

헉! barf( )의 스택 프레임이
스택에서 제거되면서
'd' 변수도 같이 사라졌기
때문에 Duck은 이제 버려진
신세가 되었습니다.
가비지 컬렉터의 먹이가
되고 말겠군요.

객체를 제거하는 두 번째 방법

레퍼런스에 다른 객체를
대입합니다.

```java
public class ReRef {

    Duck d = new Duck();

    public void go() {
      d = new Duck();
    }
}
```

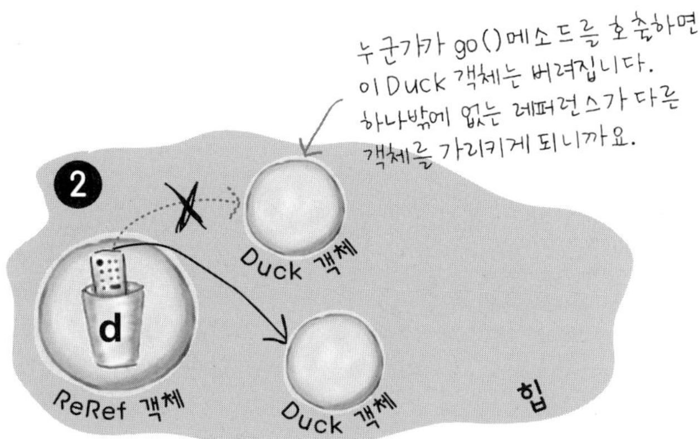

힙에 새로운 Duck 객체가 만들어지고, 그 객체는 'd'로
참조합니다. 'd'는 인스턴스 변수므로 그 인스턴스를
만든 ReRef 객체가 살아있으면 Duck 객체도
살아있을 수 있습니다. 하지만...

누군가가 go()메소드를 호출하면
이 Duck 객체는 버려집니다.
하나밖에 없는 레퍼런스가 다른
객체를 가리키게 되니까요.

'd'에는 새로운 Duck 객체가 대입되면서 원래 참조하고
있던 첫번째 Duck 객체는 버려진 신세가 되고 말았군요.
결국 그 첫번째 Duck 객체는 죽은 거나 다름없습니다.

객체를 제거하는 세 번째 방법

레퍼런스를 직접 null로
설정합니다.

```java
public class ReRef {

    Duck d = new Duck();

    public void go() {
      d = null;
    }
}
```

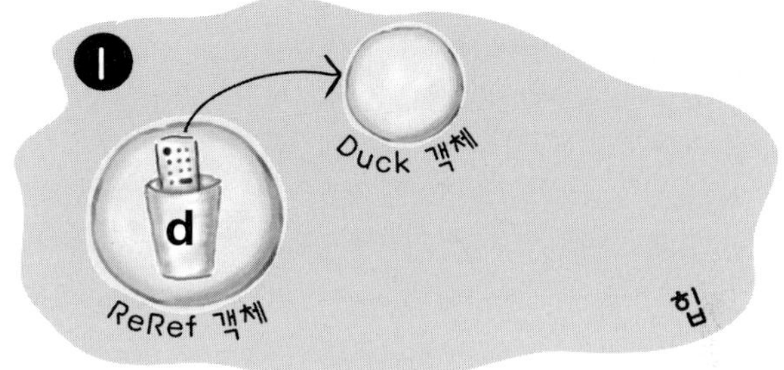

힙에 새로운 Duck 객체가 만들어지고, 그 객체는 'd'로
참조합니다. 'd'는 인스턴스 변수므로 그 인스턴스를
만든 ReRef 객체가 살아있으면 Duck 객체도 살아
있을 수 있습니다. 하지만...

이 Duck은 이제 버려진 신세가
되었습니다. 하나밖에 없던
레퍼런스가 널로 설정되었으니까요.

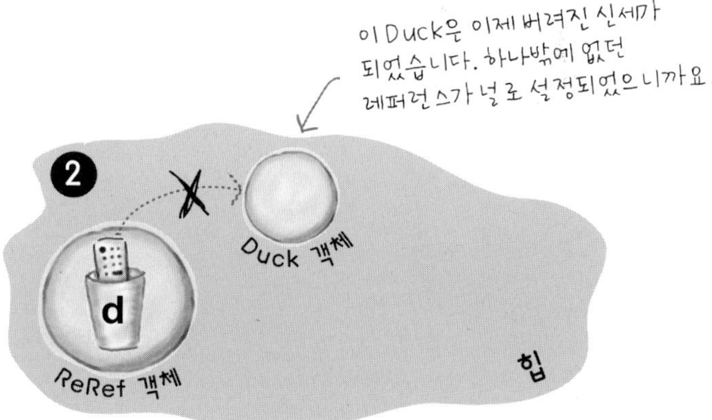

'd'가 널로 설정되었습니다. 즉, 아무것도 조종할 수 없는
리모컨처럼 되었죠. 다른 객체를 대입하지 않으면 'd'에
대해 점 연산자도 사용할 수 없습니다.

---

null의 의미

레퍼런스를 null로 설정하는 것은 리모컨의 기능
을 해제하는 것과 같습니다. 즉, 리모컨은 있는
데 그 리모컨으로 조종할 TV가 없는 셈입니다.
널 레퍼런스에는 '널(아무 것도 없음)'을 나타내
는 비트들이 들어있습니다(그 비트들의 구체적인
내용은 모릅니다. 그리고 굳이 알 필요도 없습니다.
JVM에서만 알아서 잘 처리하면 되죠).

실제로 프로그래밍이 되지 않은 리모컨이 있다
면 거기에 있는 버튼을 눌러도 아무 일이 일어
나지 않습니다. 하지만 자바에서는 널 레퍼런스
의 버튼을 누를 수 없습니다(즉, 점 연산자를 사
용할 수 없습니다). 사용자가 그 버튼에 해당하는
행동이 실행되길 원하지만 실제로 그 작업을 처
리할 객체가 없다는 것을 JVM에서 알고 있기
때문이죠(컴파일러 오류와는 무관하며 실행 중에
일어나는 문제입니다).

널 레퍼런스에 대해 점 연산자를 사용하면
실행 중에 NullPointerException이 생깁니
다. 예외에 대한 내용은 11장에서 알아볼 것입
니다.

집중 토론

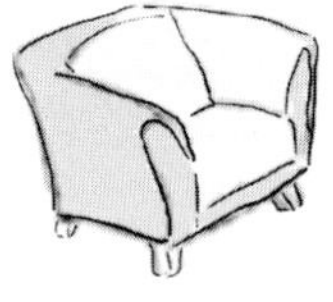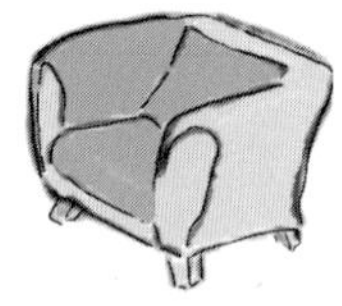

오늘의 주제: 인스턴스 변수와 지역 변수가 삶과 죽음에 대해 이야기합니다(매우 예의 바른 토론자들입니다).

인스턴스 변수

제가 먼저 시작하겠습니다. 프로그램에서 지역 변수보다는 제가 중요한 편이니까요. 저는 객체를 지원하는 역할을 하며 보통 객체가 살아있는 동안 항상 객체와 함께 합니다. 아무리 객체가 중요하다 한들 상태가 없으면 무슨 쓸모가 있겠습니까? 그리고 상태가 무엇입니까? 바로 인스턴스 변수에 저장된 값 아닙니까?

그건 아닌 것 같은데요? 물론, 메소드에서의 지역 변수님의 역할은 충분히 이해합니다만 지역 변수는 정말 짧게 살다 가지 않습니까? 그래서 어떤 사람들은 '임시 변수(temporary variable)' 라고 부르기도 하잖아요.

죄송합니다. 무슨 뜻인지 잘 알겠습니다.

그런 점은 전혀 생각도 못 했었군요. 다른 메소드가 실행되는 동안 여러분의 프레임이 스택 맨 위로 올라올 때까지 기다릴 때는 뭘 하고 지내십니까?

지역 변수

인스턴스 변수님의 관점은 잘 이해할 수 있겠습니다. 저도 객체 상태 같은 것의 가치는 충분히 알고 있으니까요. 하지만 대중들이 오해를 할까봐 걱정이군요. 인스턴스 변수님께서 하신 말을 고쳐보자면 아무리 객체가 중요하다 한들 행동이 없으면 무슨 쓸모가 있겠습니까? 그리고 행동이란 무엇입니까?로 바꿀수 있고 그 대답으로는 메소드에 들어있는 알고리즘이라고 할 수 있죠. 그런데 그런 알고리즘을 작동시키려면 메소드에 반드시 지역 변수가 있어야 하지 않습니까?

지역 변수 커뮤니티에서 '임시 변수' 라는 말은 치욕적인 말입니다. 우리는 '지역' , '스택' , '자동' , '영역 제한' 같은 용어를 선호합니다.

어쨌거나 우리가 짧게 살다 간다는 말은 맞습니다. 그리고 그다지 좋은 삶이라고 하기도 힘들겠죠. 우선 다른 여러 지역 변수와 함께 스택 프레임에 빼곡하게 들어가 있어야 합니다. 그리고 우리가 속해있는 메소드에서 다른 메소드를 호출하면 우리 머리 위에 다른 프레임이 올라오죠. 그리고 그 메소드에서 다른 메소드를 호출하면 새로운 프레임이 올라오고 그런 식입니다. 심지어 우리 메소드가 다시 실행되려면 우리 위에 있는 다른 메소드가 끝날 때까지 한참 동안을 기다려야 할 때도 있습니다.

아무것도 안 합니다. 정말 아무것도 안 해요. SF 영화 같은 데 보면 아주 오랫동안 우주여행을 할 때 사람들이 잠을 자잖아요? 그런 것과 비슷해요. 애니메이션에서 화면이 갑자기 정지한 것하고 정말 똑같습니다. 그냥 가만히 기다리는 거죠. 프레임이 사라지지 않는 이상 우리는 안전하고 우리가 저장하고 있는 값도 그대로 유지되는데, 우리가 들어있는 프레임이 다시 실행되기 시작하면 희비가 교차하게 됩니다.

인스턴스 변수

그런 내용의 교육용 비디오를 본 기억이 나네요. 결말이 꽤 잔혹했던 것으로 기억합니다. 메소드의 끝을 나타내는 중괄호에 이르고 나서 곧바로 프레임이 스택에서 튕겨나가고 말더군요. 이제야 그 고통을 어느 정도 이해할 수 있을 것 같네요.

저는 객체와 함께 힙에서 삽니다. 정확하게 말하자면 객체와 함께 사는 게 아니고 객체 안에서 살지요. 그리고 저는 그 객체의 상태를 저장하고 있습니다. 힙 안에서의 삶은 꽤 호화스럽습니다. 종종 죄책감도 느끼곤 하죠. 특히 휴가 기간에는 더 그런 기분이 든답니다.

그렇게 가정한다면 지역 변수님께서 하신 말씀이 맞습니다. 제가 Collar 객체의 인스턴스 변수고 그 객체가 가비지 컬렉터에 의해 처리된다면 저도 마찬가지로 버려지게 되겠죠. 하지만 그런 일은 거의 없다고 들었어요.

정말 우리가 술 마시고 놀 수 있는 건가요?

지역 변수

좋게 생각하면 우리가 다시 활발하게 활동을 하게 되지만 나쁘게 생각하면 우리의 짧은 삶의 끝이 점점 가까워지기 때문이죠. 우리 메소드가 돌아가는 시간이 길어질수록 우리의 삶이 얼마 남지 않게 되지 않겠습니까. 조금만 있으면 우리의 삶이 끝나리라는 것 정도는 우리도 알고 있지요.

전산 분야에서는 "스택에서 프레임을 제거한다"는 식으로 제거한다는 용어를 쓰지요. 그 단어 자체부터 끔찍한 느낌이 들지 않습니까? 그런데 그 쪽은 어떤가요? 우리가 살고 있는 스택 프레임은 어떻게 생겼는지 알겠는데, 인스턴스 변수는 어떤 곳에서 사나요?

하지만 인스턴스 변수를 선언한 객체만큼 오래 살진 않죠? Collar(개 목걸이)라는 인스턴스 변수가 들어있는 Dog 객체가 있다고 해봅시다. 그리고 인스턴스 변수님은 Collar라는 객체의 인스턴스 변수라고 하고요. Dog 객체 안에서 그리고 Collar 객체 안에서 행복하게 살고 있는 Buckle(개 목걸이의 버클) 같은 것에 대한 레퍼런스라고 해 두죠. 하지만 그 Dog 객체가 새로운 개 목걸이를 원한다거나 개 목걸이를 없애버린다거나 하면 어떻게 되나요? 그러면 그 Collar 객체는 가비지 컬렉터에서 처리할 대상이 되지 않나요? 인스턴스 변수님이 그 Collar 객체의 인스턴스 변수라면 말이죠. 그런데 Collar 객체가 몽땅 버려진다면 어떤 일이 일어나나요?

그걸 정말 믿으세요? 그런 말은 그냥 우리에게 헛된 희망을 심어주고 일을 열심히 하도록 구슬리기 위해 하는 말일 뿐입니다. 그리고 한 가지 간과하는 사실이 있으신 것 같은데, 인스턴스 변수님이 어떤 객체에 들어있는 인스턴스 변수긴 한데, 그 객체를 지역 변수에서만 참조한다면 어떻게 되죠? 만약 제가 인스턴스 변수님이 들어있는 객체에 대한 유일한 레퍼런스라면 제가 사라질 때 인스턴스 변수님도 같이 사라지잖아요. 좋든 싫든 우리는 같은 배를 탄 운명이 될 수도 있습니다. 그런 의미에서 우리가 살아있는 동안 양껏 마시고 취해보는 건 어떨까요? 우리가 살아있는 바로 이 순간을 즐겨야죠.

가비지 컬렉터가 되어봅시다.

오른쪽에 있는 코드 가운데 왼쪽에 있는 클래스의 A 지점에 집어넣었을 때 단 하나의 객체만 가비지 컬렉션 대상에 추가시킬 수 있는 것은 무엇일까요? A 지점(// 다른 메소드를 호출합니다)이 충분히 오랜 시간 동안 실행되어 가비지 컬렉터가 자신의 역할을 수행하는 데 충분한 시간이 주어진다고 가정합시다.

```java
public class GC {
  public static GC doStuff() {
    GC newGC = new GC();
    doStuff2(newGC);
    return newGC;
  }


  public static void main(String [] args) {
    GC gc1;
    GC gc2 = new GC();
    GC gc3 = new GC();
    GC gc4 = gc3;
    gc1 = doStuff();


    A


    // 다른 메소드를 호출합니다.
  }


  public static void doStuff2(GC copyGC) {
    GC localGC = copyGC;
  }
}
```

```
1   copyGC = null;

2   gc2 = null;

3   newGC = gc3;

4   gc1 = null;

5   newGC = null;

6   gc4 = null;

7   gc3 = gc2;

8   gc1 = gc4;

9   gc3 = null;
```

연습문제 인기 객체

이 코드에서는 여러 새로운 객체가 생성됩니다. 이 중에서 가장 인기가 좋은 객체. 즉 그 객체를 참조하는 레퍼런스 변수가 가장 많은 객체를 찾아보세요. 그리고 그 객체에 대한 레퍼런스의 개수와 어떤 레퍼런스 변수가 그 객체를 참조하는지 알아보세요. 새로운 객체 중 한 개와 그 객체를 참조하는 레퍼런스 변수는 필자들이 표시해놓았습니다.

건투를 빕니다.

```java
class Bees {
  Honey [] beeHA;
}

class Raccoon {
  Kit k;
  Honey rh;
}

class Kit {
  Honey kh;
}

class Bear {
  Honey hunny;
}

public class Honey {
  public static void main(String [] args) {
    Honey honeyPot = new Honey();
    Honey [] ha = {honeyPot, honeyPot, honeyPot, honeyPot};
    Bees b1 = new Bees();
    b1.beeHA = ha;
    Bear [] ba = new Bear[5];
    for (int x=0; x < 5; x++) {
      ba[x] = new Bear();
      ba[x].hunny = honeyPot;
    }
    Kit k = new Kit();
    k.kh = honeyPot;
    Raccoon r = new Raccoon();

    r.rh = honeyPot;
    r.k = k;
    k = null;
  }    // main 메소드 끝
}
```

새로운 Raccoon 객체

그 객체에 대한 레퍼런스 변수 'r'

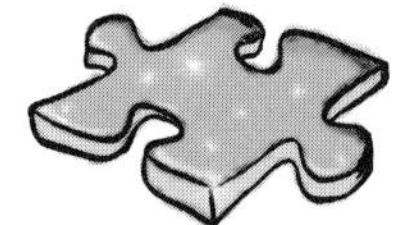

"시뮬레이션을 네 번이나 돌렸는데, 메인 모듈의 온도가 계속 차갑게 나와" 사라가 화난 목소리로 말했습니다. "지난 주에 임시 장치를 새로 설치했잖아. 거주 구역의 온도를 내리기 위한 용도로 만들어진 방열 장치의 수치는 별 문제 없는 것 같아서 열 유지 장치(RetentionBot)를 주로 분석했거든? 거주 구역의 온도를 올려주기 위한 보조 장치 말이야" 그 말을 듣고 톰은 긴 한숨을 내쉴 수밖에 없었습니다. 처음에는 나노 기술 덕분에 예상보다 빨리 끝낼 수 있을 것 같았습니다. 하지만 발사까지 5주 밖에 남지 않은 지금, 우주선에서 가장 핵심적인 생명 유지 장치가 아직 시뮬레이션도 통과하지 못하고 있습니다.

"어떤 비율로 시뮬레이션하고 있었어?" 톰이 물었습니다.

"무슨 생각을 하고 있는지 알겠는데, 벌써 그것도 살펴봤어" 사라가 대답했죠. "그 부분이 규격에서 벗어나면 우주 비행 관제 센터 쪽에서 승인이 나지 않거든. v3 방열 장치(V3Radiator)의 SimUnit하고 v2 방열 장치(V2Radiator)의 SimUnit이 2:1이 되게 실행해야 돼. 그리고 전체적으로 볼 때 열 유지 장치와 방열 장치의 비율은 4:3이 돼야 하고"

"전력 소모는 어때?" 톰이 물었습니다. 사라는 잠시 머뭇거리다가 대답했습니다. "그것도 조금 문제가 되는 것 같아. 전력 소모가 예상치보다 조금 높거든. 다른 팀에서 그 부분을 알아보고 있는데, 나노 기술하고 무선 기술을 도입하면서 방열 장치와 열 유지 장치의 전력 소모를 분리하기가 힘들게 됐어. 총 전력 소모량은 3:2로 방열 장치 쪽에서 무선 전력 체계로부터 더 많은 전력을 끌어다 쓰게 되어있지"

톰이 입을 열었습니다. "알았어. 그럼 시뮬레이션 시작 코드부터 살펴보자. 어디에 문제가 있는지 빨리 찾아야 돼."

```java
import java.util.*;
class V2Radiator {
  V2Radiator(ArrayList list) {
    for(int x=0; x<5; x++) {
      list.add(new SimUnit("V2Radiator"));
    }
  }
}


class V3Radiator extends V2Radiator {
  V3Radiator(ArrayList lglist) {
    super(lglist);
    for(int g=0; g<10; g++) {
      lglist.add(new SimUnit("V3Radiator"));
    }
  }
}
```

5분
미스터리
계속…

```java
class RetentionBot {
  RetentionBot(ArrayList rlist) {
    rlist.add(new SimUnit("Retention"));
  }
}

public class TestLifeSupportSim {
  public static void main(String [] args) {
    ArrayList aList = new ArrayList();
    V2Radiator v2 = new V2Radiator(aList);
    V3Radiator v3 = new V3Radiator(aList);
    for(int z=0; z<20; z++) {
      RetentionBot ret = new RetentionBot(aList);
    }
  }
}


class SimUnit {
  String botType;
  SimUnit(String type) {
    botType = type;
  }
  int powerUse() {
    if ("Retention".equals(botType)) {
      return 2;
    } else {
      return 4;
    }
  }
}
```

코드를 잠시 살펴본 톰의 입가에 미소가 번졌습니다. 그리고는 톰이 말했죠. "문제가 뭔지 알겠어. 전력 소모량이 몇 퍼센트 차이를 보이는지도 맞춰볼까?"

톰은 어디에 문제가 있다고 생각한 것일까요? 전력 소모량의 차이는 어떻게 알 수 있었을까요? 그리고 어떤 코드를 추가하면 이 문제를 해결하는 데 도움이 될까요?

1 `copyGC = null;`   X - 영역 밖에 있는 변수에 접근하려고 합니다.

2 `gc2 = null;`   O - 그 객체를 참조하는 레퍼런스 변수는 gc2밖에 없었습니다.

3 `newGC = gc3;`   X - 이것도 영역 밖에 있는 변수입니다.

4 `gc1 = null;`   O - newGC는 영역 밖에 있기 때문에 gc1이 유일한 레퍼런스 변수입니다.

5 `newGC = null;`   X - newGC는 영역 밖에 있습니다.

6 `gc4 = null;`   X - gc3가 여전히 그 객체를 참조하고 있습니다.

7 `gc3 = gc2;`   X - gc4가 여전히 그 객체를 참조하고 있습니다.

8 `gc1 = gc4;`   O - 그 객체에 대한 유일한 레퍼런스를 대입했습니다.

9 `gc3 = null;`   X - gc4가 여전히 그 객체를 참조하고 있습니다.

인기 객체

맨 처음에 honeyPot 변수로 참조한 Honey 객체가 이 클래스 최고의 '인기' 객체라는 것은 그리 어렵지 않게 알아낼 수 있을 것입니다. 하지만 그 코드에서 Honey 객체를 가리키는 모든 변수가 같은 객체를 참조한다는 것을 알아내는 것은 조금 어려울 수도 있습니다. main() 메소드가 끝나기 직전을 기준으로 이 객체에 대한 활성화된 레퍼런스 총 12개가 있습니다. k.kh 변수는 얼마 동안은 유효하지만 마지막에 k가 널로 설정됩니다. r.k는 Kit 객체를 참조하기 때문에(직접적으로 선언된 적은 없지만) r.k.kh도 그 객체를 참조합니다.


```java
public class Honey {
  public static void main(String [] args) {
    Honey honeyPot = new Honey();
    Honey [] ha = {honeyPot, honeyPot,
                   honeyPot, honeyPot};
    Bees b1 = new Bees();
    b1.beeHA = ha;
    Bear [] ba = new Bear[5];
    for (int x=0; x < 5; x++) {
      ba[x] = new Bear();
      ba[x].hunny = honeyPot;
    }
    Kit k = new Kit();
    k.kh = honeyPot;
    Raccoon r = new Raccoon();

    r.rh = honeyPot;
    r.k = k;
    k = null;
  }    // main 메소드 끝
}
```

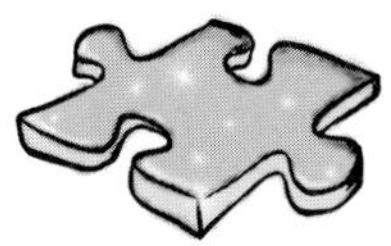

5분 미스터리 정답

톰은 V2Radiator 클래스의 생성자에서 ArrayList를 받아들인다는 점에 주목했습니다. 즉 V3Radiator를 호출할 때마다 super()를 통해 V2Radiator 생성자를 호출할 때 ArrayList를 전달하게 됩니다. 따라서 불필요하게 V2Radiator의 SimUnit 다섯 개가 추가로 만들어집니다. 톰이 맞았다면 총 전력 소모량이 사라가 예상한 비율대로 100이 아니라 120이 된다고 예상했을 것입니다.

모든 Bot 클래스에서 SimUnit을 만들기 때문에 SimUnit 클래스에 SimUnit이 생성될 때마다 메시지를 출력하는 생성자를 만들면 문제를 더 빨리 찾을 수 있을 것입니다.

숫자는 정말 중요합니다

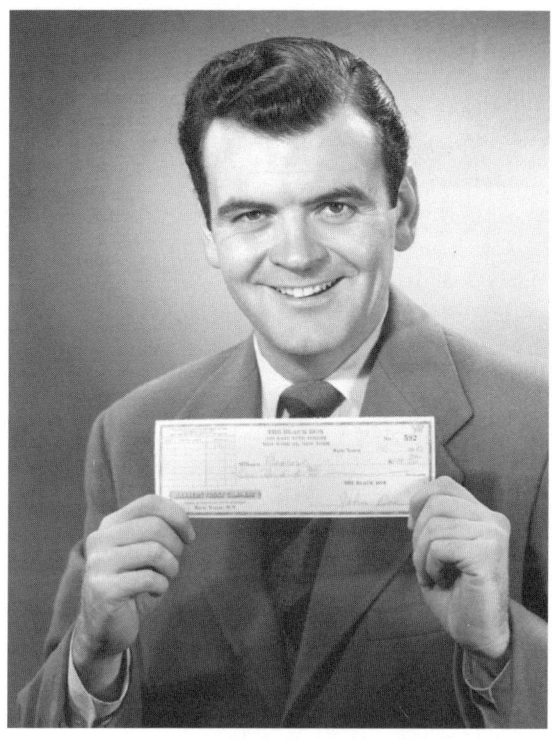

계산을 해 봅시다. 하지만 수를 다루는 것은 기초적인 계산을 하는 것보다는 좀더 복잡합니다. 어떤 수의 절대값을 구하거나 반올림을 하거나 두 수 가운데 더 큰 것을 찾는 작업이 필요할 수 있습니다. 숫자를 소수점 이하 두 자리까지만 출력한다든가 큰 숫자를 출력할 때 읽기 좋게 중간중간에 쉼표를 추가한다든가 해야 할 수도 있습니다. 종종 날짜를 다루는 작업을 해야 할 수도 있습니다. 날짜를 다양한 방식으로 출력한다거나 오늘 날짜에 3주를 더한다거나 하는 일이 필요할 수도 있죠. String을 수 형태로 파싱할 때는 어떻게 해야 할까요? 아니면 수를 String 객체로 어떻게 바꿀 수 있을까요? 다행히도 자바 API에서는 쉽게 쓸 수 있는 수많은 수 관련 메소드를 제공합니다. 하지만 그 중 대부분은 **정적** 메소드기 때문에 일단 변수나 메소드가 정적이라는 것이 무엇을 의미하는지를 알아보고 자바에서의 상수(static final 변수)에 대해서도 살펴보겠습니다.

Math 메소드: 거의 전역 메소드입니다.

자바에서는 전역이라는 이름이 붙은 것이 전혀 없다는 사실을 감안하면 '거의' 전역 메소드라고 할 수 있습니다. 그 행동이 인스턴스 변수의 값에 의존하지 않는 메소드에 대해 한 번 생각해봅시다. Math 클래스에 있는 round()라는 메소드를 예로 들어보죠. 이 메소드는 항상 똑같은 일만 합니다. 부동 소수점 수(메소드로 전달된 인자)를 가장 가까운 정수로 바꿔주는 일이죠(즉, 반올림을 하는 메소드입니다). Math 클래스의 인스턴스를 10,000개쯤 만들어놓고 round(42.2)를 전부 실행시키더라도 항상 42라는 정수만 리턴될 것입니다. 즉, 이 메소드는 인자에 대해 어떤 작업을 할 뿐 인스턴스 변수 상태에 의한 영향은 전혀 받지 않습니다. round() 메소드가 실행되는 방식을 변경할 수 있는 것은 메소드에 전달된 인자밖에 없습니다.

round() 메소드를 실행시키기 위한 용도만으로 Math 클래스의 인스턴스를 만드는 것에 대해 "힙 공간을 너무 낭비하는 게 아닌가"란 생각이 드는 독자도 있을 것입니다. 그리고 수(원시 유형의 값) 두 개를 받아서 그 중에서 더 작은 것을 리턴하는 min() 메소드나 더 큰 것을 리턴하는 max(), 수 한 개를 받아서 그 절대값을 리턴하는 abs()와 같은 Math 클래스의 다른 메소드에 대해서도 마찬가지입니다.

이런 메소드에서는 인스턴스 변수를 전혀 사용하지 않습니다. 사실, Math 클래스에는 인스턴스 변수가 전혀 없습니다. 따라서 Math 클래스의 인스턴스를 만들어도 전혀 쓸모가 없죠. 그러면 어떻게 해야 할까요? 예. 그렇습니다. 인스턴스를 만들지 않으면 되겠죠. 사실은 만들 수도 없습니다.

다음과 같은 식으로 Math 클래스의 인스턴스를 만들어 봅시다.

```
Math mathObject = new Math();
```

그러면 아래와 같은 오류가 나옵니다.

이런 메소드 에서는 인스턴스 변수의 값을 전혀 사용하지 않습니다. 그런 메소드는 '정적' 이기 때문에 Math의 인스턴스는 필요 없습니다. Math 클래스만 있으면 되지요.

```
int x = Math.round(42.2);
int y = Math.min(56,12);
int z = Math.abs(-343);
```

이런 메소드에서는 인스턴스 변수를 전혀 사용하지 않기 때문에 객체마다 행동이 달라지는 일이 없습니다.

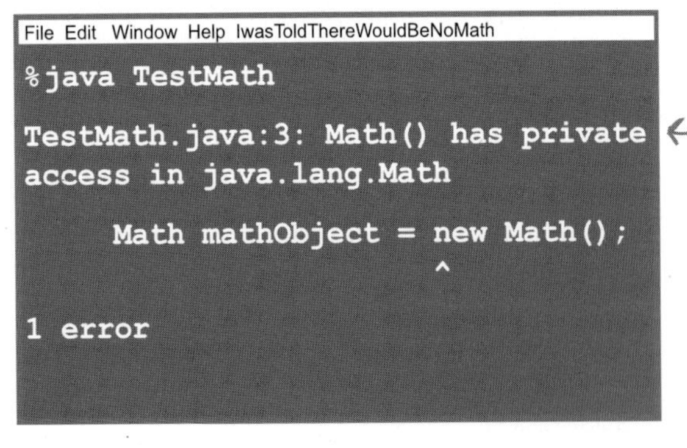

이 오류를 보면 Math 생성자가 private로 지정되어있음을 알 수 있습니다. 즉, Math 클래스에 대해 new 키워드를 사용하여 새로운 Math 객체를 만들 수 없습니다.

일반 메소드와 정적 메소드 사이의 차이점

자바는 객체지향적인 언어지만 가끔씩 클래스의 인스턴스가 필요하지 않은 특수한 경우가 있습니다. Math 메소드와 같은 유틸리티 메소드를 쓰는 경우가 대표적인 경우라고 할 수 있습니다. **static**이라는 키워드를 사용하면 **클래스의 인스턴스없이 메소드를 실행할 수 있습니다.** 정적(static) 메소드는 "인스턴스 변수에 따라 행동이 달라지지 않기 때문에 인스턴스나 객체가 필요하지 않습니다. 클래스만 있어도 됩니다"를 의미합니다.

일반(정적 메소드가 아닌) 메소드

```java
public class Song {
    String title;
    public Song(String t) {
        title = t;
    }
    public void play() {
        SoundPlayer player = new SoundPlayer();
        player.playSound(title);
    }
}
```


정적 메소드

```java
public static int min(int a, int b){
    // a와 b중에서 더 작은 것을 리턴합니다.
}
```

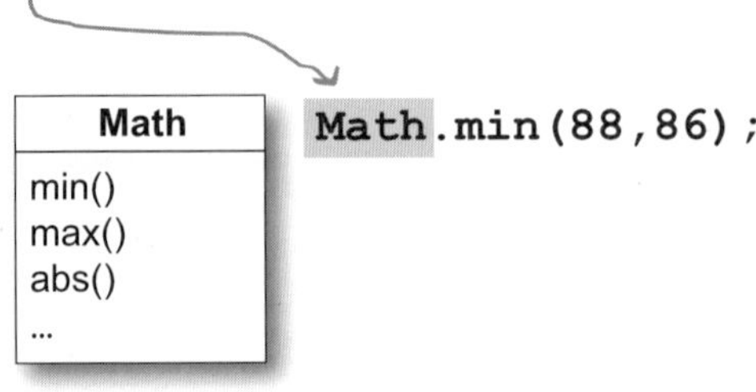

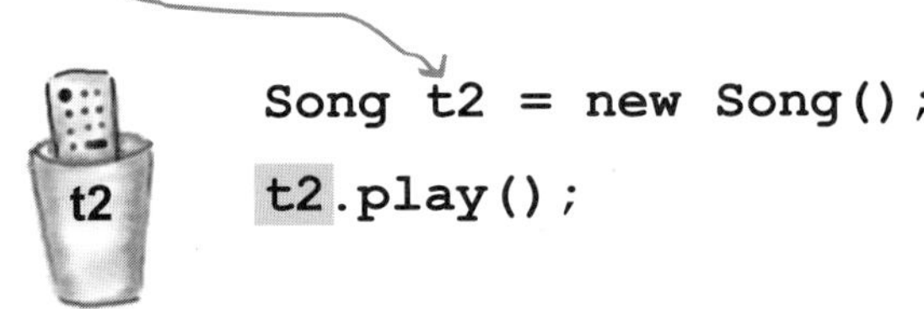

정적 메소드가 들어있는 클래스란?

항상 그런 것은 아니지만 정적 메소드가 들어있는 클래스는 인스턴스를 만들 수 없도록 되어있는 경우를 종종 볼 수 있습니다. 8장에서도 배웠듯이 클래스를 선언할 때 **abstract** 변경자를 사용하면 아무도 그 클래스 유형에 대해 'new'를 사용할 수 없습니다. **추상 클래스의 인스턴스는 만들 수 없으니까요.**

하지만 생성자를 **private**로 지정해서 다른 코드에서 추상 클래스가 아닌 클래스의 인스턴스를 만드는 것을 제한할 수도 있습니다. 메소드를 private로 지정하면 그 메소드는 같은 클래스 내에 있는 코드에서만 호출할 수 있습니다. 생성자를 private로 지정하는 것도 의미가 같습니다. 즉, 같은 클래스 안에 있는 코드에서만 그 생성자를 호출할 수 있지요. 그러면 클래스 밖에서는 아무도 'new'를 사용할 수 없습니다. 예를 들어, Math 클래스에서도 그런 방법을 사용합니다. 생성자가 private로 지정되어있기 때문에 Math의 인스턴스를 새로 만들 수가 없습니다. 클래스 밖에 있는 코드에서 private로 지정된 생성자를 호출하면 컴파일러 오류가 납니다.

하지만 정적 메소드가 있는 클래스의 인스턴스를 무조건 만들면 안 되는 것은 아닙니다. 사실 main() 메소드가 들어있는 클래스에도 모두 정적 메소드가 들어있으니까요.

main() 메소드는 다른 클래스를 구동시키거나 테스트할 때 많이 사용하는데, 거의 항상 main 메소드 내에서 클래스의 인스턴스를 만들고 그 새로운 인스턴스의 메소드를 호출하는 방법을 사용합니다.

따라서 한 클래스에서 정적 메소드와 정적 메소드가 아닌 메소드를 마음대로 섞어 써도 됩니다. 정적 메소드가 아닌 메소드가 하나라도 있으면 그 클래스의 인스턴스를 만들 수 있는 방법이 반드시 있어야 합니다. 새로운 객체를 구하는 방법은 new를 사용하는 방법과 역직렬화(deserialization)를 이용하는 방법뿐입니다(자바 리플렉션 API라는 방법도 있는데, 여기에서는 다루지 않습니다). 그 외에는 다른 방법이 전혀 없습니다. 하지만 어디에서 new 키워드를 사용하는지는 상당히 중요한 질문이라고 할 수 있는데, 그에 대한 내용은 잠시 후에 알아보겠습니다.

정적 메소드에서는 정적 변수가 아닌 변수 (인스턴스 변수)를 쓸 수 없습니다.

정적 메소드는 그 정적 메소드가 들어있는 클래스의 특정 인스턴스와는 전혀 무관하게 실행됩니다. 그리고 앞 페이지에서 봤듯이 정적 메소드가 들어있는 클래스에는 인스턴스 변수가 하나도 없는 경우가 있습니다. 정적 메소드는 인스턴스에 대한 레퍼런스(t2.play())가 아닌 클래스(Math.random())에 대해 호출되기 때문에 정적 메소드에서는 그 클래스에 있는 어떤 인스턴스 변수도 참조할 수가 없습니다. 정적 메소드에서 어떤 인스턴스에 있는 변수를 사용할지를 알 수 있는 방법이 없으니까요.

정적 메소드에서 인스턴스 변수를 사용하려고 하면 컴파일러에서는 "얘가 지금 어떤 객체의 인스턴스 변수를 말하는 거야?" 같은 의문을 가지게 됩니다. 힙에 Duck 객체가 열 개쯤 있어도 정적 메소드에서는 그런 객체들에 대해 전혀 알지 못합니다.

다음과 같은 코드를 컴파일하려고 하면:

```java
public class Duck {

    private int size;

    public static void main (String[] args) {
        System.out.println("Size of duck is " + size);
    }

    public void setSize(int s) {
        size = s;
    }
    public int getSize() {
        return size;
    }
}
```

어떤 Duck 객체죠? 어떤 것의 size를 묻는 건지 모르겠네요.

힙 어딘가에 Duck이 있더라도 그 객체에 대해서는 전혀 알 수가 없습니다.

다음과 같은 오류가 납니다.

```
File Edit  Window Help Quack

% javac Duck.java
Duck.java:6: non-static variable
size cannot be referenced from a
static context

        System.out.println("Size
of duck is " + size);

          ^
```

정적 메소드에서는 정적 메소드가 아닌 메소드도 사용할 수 없습니다.

정적 메소드가 아닌 메소드는 보통 인스턴스 변수(상태)에 따라 그 행동이 달라집니다. getName() 메소드는 name 변수의 값을 리턴합니다. 누구의 이름일까요? 물론 getName() 메소드를 호출할 때 사용한 객체의 이름이겠죠?

이 클래스는 컴파일할 수 없습니다:

```java
public class Duck {

    private int size;

    public static void main (String[] args) {
        System.out.println("Size is " + getSize());
    }

    public void setSize(int s) {
        size = s;
    }
    public int getSize() {
        return size;
    }
}
```

getSize()를 호출하면 문제가 생깁니다. getSize()에서는 size 인스턴스 변수를 사용해야 하니까요.

결국 똑같은 문제가 대두됩니다. 누구의 size를 리턴하라는 것인가요?

```
File Edit Window Help Jack-in

% javac Duck.java
Duck.java:6: non-static method
getSize() cannot be referenced
from a static context
        System.out.println("Size
of duck is " + getSize());
        ^
```

벽에 붙여놓고 외우세요.

장미는 빨갛습니다.
그 꽃은 천천히 핍니다.

정적 메소드에서는
인스턴스 변수 상태를 보지 못합니다.

바보 같은 질문은 없습니다

Q: 정적 메소드에서 인스턴스 변수를 전혀 사용하지 않는 정적 메소드가 아닌 메소드를 호출하는 경우는 어떤가요? 컴파일러에서 그런 건 허용하지 않을까요?

A: 아닙니다. 정적 메소드가 아닌 메소드에서 인스턴스 변수를 쓰든 쓰지 않든 인스턴스 변수를 쓸 가능성은 남아있기 때문이죠. 그 의미를 다시 생각해봅시다. 그런 식으로 만든 코드를 컴파일할 수 있다고 가정해 보면 일단 인스턴스 변수를 쓰지 않은 정적 메소드가 아닌 메소드를 만들었다가 나중에 그 정적 메소드가 아닌 메소드에서 인스턴스 변수를 쓰는 쪽으로 코드를 변경한다면 어떻게 될까요? 아니면 하위클래스에서 그 메소드를 오버라이드해서 오버라이드한 버전에서 인스턴스 변수를 사용한다면 어떻게 될까요?

Q: 클래스명이 아니라 레퍼런스 변수명을 써서 정적 메소드를 호출하는 것을 직접 본 적이 있는데, 그건 어떻게 된 건가요?

A: 그렇게 할 수는 있습니다. 다만 무엇을 할 수 있다고 해서 그렇게 하는 것이 항상 좋은 것은 아니죠. 클래스의 인스턴스를 통해 정적 메소드를 호출할 수도 있지만 그런 코드에는 오해의 소지가 있습니다. 다음과 같은 코드를 생각해봅시다.

```java
Duck d = new Duck();
String[] s = {};
d.main(s);
```

이 코드는 문법적으로 보면 문제가 없습니다. 컴파일러에서 원래의 클래스 이름을 찾아내고 알아서 처리해주니까요("d는 Duck 형식이고 main( )은 정적 메소드니까 Duck 클래스에 있는 정적 메소드인 main( )을 호출해야겠군"이라고 생각하겠죠?). 즉, d를 써서 main( )을 호출할 수 있다고 해서 그 main( ) 메소드에서 d로 참조하는 객체에 들어있는 인스턴스 변수를 사용한다거나 하는 것은 아닙니다. 그냥 정적 메소드를 호출하는 조금 다른 방법일 뿐 그 메소드가 정적 메소드가 아닌 메소드가 되는 것은 아닙니다.

정적 변수:

클래스의 어떤 인스턴스에서든 값이 똑같습니다.

프로그램이 실행되는 동안 Duck 인스턴스가 몇 개 만들어 지는지 헤아려보고 싶은 경우를 생각해봅시다. 어떻게 하면 좋을까요? 인스턴스 변수를 만들고 생성자에서 그 값을 증가시키면 될까요?

```java
class Duck {
    int duckCount = 0;
     public Duck() {
        duckCount++;
    }
}
```

이렇게 하면 Duck이 만들어 질 때마다 duckCount의 값이 1로 설정됩니다.

이렇게 하면 안 됩니다. duckCount가 인스턴스 변수기 때문에 각 Duck 객체별로 무조건 0이라는 초기값을 가진 duckCount 인스턴스 변수가 하나씩 만들어지기 때문입니다. 다른 클래스에서 메소드를 호출하는 방법을 생각할지도 모르겠지만 그런 방법은 너무 지저분합니다. 모든 인스턴스에서 복사본 하나를 공유할 수 있게 만들어야 이 문제를 제대로 해결할 수 있습니다.

바로 이런 경우에 정적 변수를 사용할 수 있습니다. 정적 변수(static variable)는 한 클래스의 모든 인스턴스에서 공유합니다. 즉, 그 값은 인스턴스마다 하나씩 있는 것이 아니라 클래스마다 하나씩 있습니다.

duckCount 정적 변수는 클래스가 처음 로딩될 때만 초기화됩니다. 매번 인스턴스가 만들어질 때마다 초기화되지 않습니다.

```java
public class Duck {

    private int size;
    private static int duckCount = 0;

    public Duck() {
        duckCount++;
    }

    public void setSize(int s) {
        size = s;
    }
    public int getSize() {
        return size;
    }
}
```

duckCount가 정적 변수라서 그 값이 0으로 재설정되지 않기 때문에 Duck 생성자가 실행될 때마다 그 값을 증가시킬 수 있습니다.

Duck 객체에서는 별도의 duckCount의 복사본을 보관하지 않습니다.

duckCount는 정적 변수기 때문에 모든 Duck 객체가 복사본 단 하나를 공유합니다. 정적 변수는 객체가 아닌 클래스에서 살고 있는 변수라고 생각할 수 있습니다.

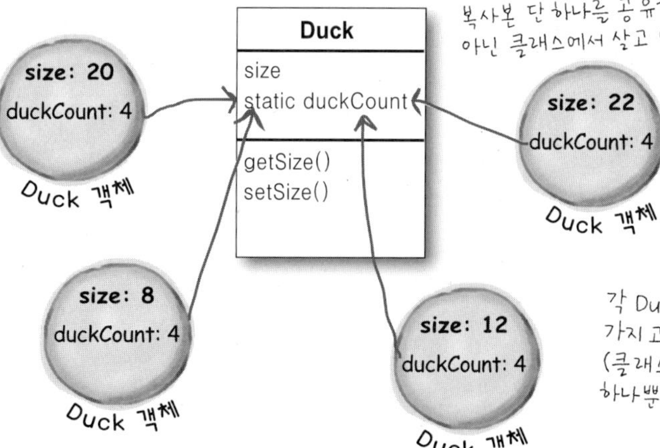

각 Duck 객체마다 size 변수를 가지고 있지만 duckCount 변수 (클래스에 들어있는 것)는 하나뿐입니다.

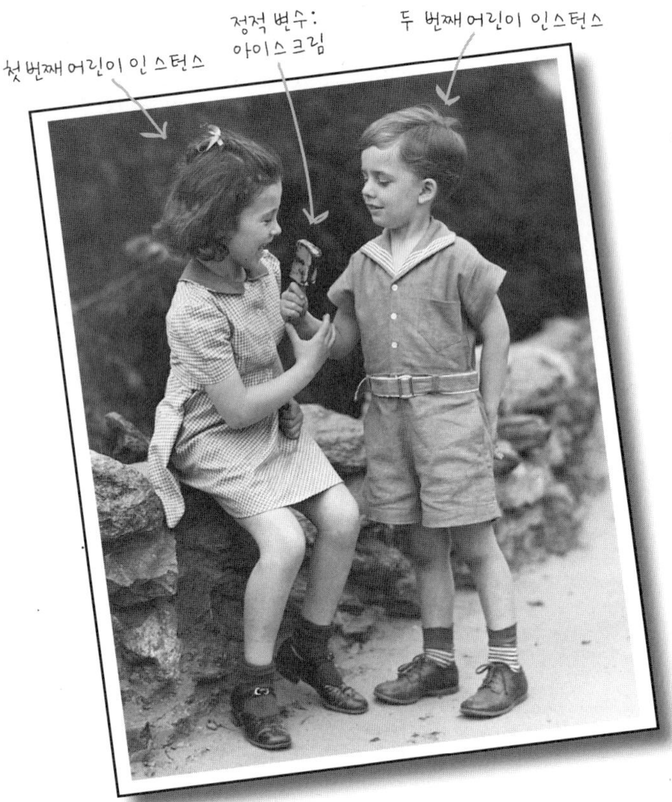

정적 변수는 공유됩니다.

같은 클래스에 속하는 모든 인스턴스에서 그 정적 변수의 하나뿐인 복사본을 공유합니다.

인스턴스 변수: 인스턴스마다 한 개씩
정적 변수: 클래스마다 한 개씩

 브레인 파워

이 장 앞부분에서 private 생성자가 있으면 그 클래스 밖에서 돌아가고 있는 코드에서는 그 클래스의 인스턴스를 만들 수 없다는 것을 배웠습니다. 즉, 클래스 안에 있는 코드에서만 private 생성자를 써서 만든 클래스의 인스턴스를 만들 수 있습니다(닭이 먼저냐 달걀이 먼저냐 하는 문제가 있군요).

어떤 클래스를 만들 때 인스턴스를 하나만 만들 수 있게 한 다음 그 클래스의 인스턴스를 사용할 때는 그 하나뿐인 인스턴스만 사용하게 만들려면 어떻게 할까요?

정적 변수 초기화

정적 변수는 클래스가 로딩될 때 초기화됩니다. 클래스는 JVM에서 로딩할 때가 되었다고 결정하면 로딩됩니다. 보통 누군가가 그 클래스의 새로운 인스턴스를 처음으로 만들려고 할 때, 또는 그 클래스의 정적 메소드 또는 정적 변수를 사용하려고 할 때 JVM에서 클래스를 불러옵니다. 프로그래머가 JVM에 클래스를 불러오라고 할 수 있는 방법도 있지만 굳이 그렇게 해야 하는 경우는 거의 없습니다. 거의 모든 경우에 JVM에서 클래스를 불러올지의 여부를 결정하는 것이 낫습니다.

그리고 정적 변수 초기화와 관련하여 다음과 같은 두 가지 규칙이 있습니다.

정적 변수는 그 클래스에 속하는 객체가 생성되기 전에 초기화됩니다.

정적 변수는 그 클래스에 속하는 정적 메소드가 실행되기 전에 초기화됩니다.

> **클래스에 들어있는 모든 정적 변수는 그 클래스의 객체가 처음으로 만들어지기 전에 초기화됩니다.**

```java
class Player {
    static int playerCount = 0;
    private String name;
     public Player(String n) {
        name = n;
        playerCount++;
    }
}

public class PlayerTestDrive {
    public static void main(String[] args) {
        System.out.println(Player.playerCount);
        Player one = new Player("Tiger Woods");
        System.out.println(Player.playerCount);
    }
}
```

클래스가 로딩되면 playerCount가 초기화됩니다. 여기서는 직접 0으로 초기화했지만 명시적으로 초기화를 하지 않을 때 int의 기본값은 0이기 때문에 0으로 초기화할때는 굳이 이렇게 값을 지정하지 않아도 괜찮습니다. 정적 변수에도 인스턴스 변수와 마찬가지로 기본값이 대입됩니다.

정적 변수도 인스턴스 변수와 마찬가지로 선언만 하고 초기화를 하지 않으면 다음과 같이 똑같은 기본값으로 초기화됩니다.

원시 정수 (long, short 등): 0

원시 부동 소수점 수 (float, double): 0.0

부울: false

객체 레퍼런스: null

정적 변수를 접근할때에도 정적 메소드를 접근할때와 마찬가지로 클래스명을 사용합니다.

인스턴스를 만들기전

객체 한 개를 생성한 후

정적 변수는 클래스가 로딩될 때 초기화됩니다. 정적 변수를 직접 초기화하지 않으면(즉, 선언할 때 값을 대입하지 않으면) 기본값으로 초기화됩니다. 따라서 int 변수는 0으로 초기화되기 때문에 굳이 "playerCount = 0"이라고 하지 않아도 됩니다. 즉, 정적 변수를 선언하기만 하고 초기화하지 않으면 인스턴스 변수의 경우와 마찬가지로 그 정적 변수에, 변수 형식에 따른 기본값이 대입됩니다.

static final로 선언된 변수는 상수입니다.

final로 지정한 변수는 (일단 초기화되고 나면) 절대 그 값을 바꿀 수 없습니다. 즉, static final로 선언한 변수는 클래스가 로딩되어있는 동안 계속 똑같은 값을 유지합니다. API에서 Math.PI를 찾아보면 다음과 같이 선언되어 있습니다.

```
public static final double PI = 3.141592653589793;
```

이 변수는 **public**으로 선언되어있기 때문에 어떤 코드에서든지 접근할 수 있습니다.

또한 **static**으로 선언되어있기 때문에 Math 클래스의 인스턴스를 만들지 않아도 쓸 수 있습니다(Math 클래스의 인스턴스는 만들 수 없습니다. 설마 잊진 않으셨겠죠?).

그리고 π의 값은 바뀌지 않기 때문에 이 변수는 **final**로 지정되어있습니다.

static final로 지정하는 방법이 변수를 상수로 지정하는 유일한 방법인데, 보통 어떤 변수가 상수라는 것을 쉽게 알 수 있도록 이름을 붙일 때는 다음과 같은 규칙을 따릅니다.

상수의 변수명은 모두 대문자로 씁니다.

정적 초기화 부분(static initializer)이라는, 클래스가 로딩되었을 때 다른 코드에서 클래스를 쓸 수 있게 되기 전에 실행되는 코드 블록이 있습니다. 이 코드 블록은 정적 final 변수를 초기화하기에 딱 알맞은 곳입니다.

```
class Foo {
    final static int X;
    static {
        X = 42;
    }
}
```

---

final로 지정된 정적 변수를 초기화하는 방법:

① 선언할 때 초기화하는 방법:

```
public class Foo {
    public static final int FOO_X = 25;
}
```

이름을 붙이는 방법을 잘 보세요. static final로 지정된 변수는 상수기때문에 모두 대문자로 이루어진 이름을 붙였습니다. 그리고 각 단어는 밑줄로 분리했습니다.

또는

② 정적 초기화 부분에서 초기화하는 방법:

```
public class Bar {
    public static final double BAR_SIGN;

    static {
        BAR_SIGN = (double) Math.random();
    }
}
```

클래스가 로딩되면 어떤 정적 메소드도 호출되기전에, 그리고 어떤 정적 변수도 쓸 수 있게 되기 전에 이 코드가 실행됩니다.

이 두 방법으로 final 변수를 지정하지 않으면 어떻게 될까요?

```
public class Bar {
    public static final double BAR_SIGN;
}
```

초기화를 하지 않았네요.

다음과 같은 식으로 컴파일 오류가 납니다:

```
File Edit  Window  Help  Jack-in
% javac Bar.java
Bar.java:1: variable BAR_SIGN
might not have been initialized
1 error
```

final은 정적 변수에 대해서만
쓸 수 있는 변경자가 아닙니다.

final 키워드는 인스턴스 변수나 지역 변수, 심지어는 메소드 매개변수에 이르기까지 정적 변수가 아닌 변수의 특성을 지정하기 위한 용도로도 쓸 수 있습니다. 그리고 어떤 변수에 대한 변경자로 사용하더라도 그 의미는 똑같습니다. 그 값을 바꿀 수가 없게 되죠. 하지만 final 변경자를, 다른 사람이 메소드를 오버라이드하거나 하위클래스를 만드는 것을 방지하기 위한 용도로 쓰기도 합니다.

정적 변수가 아닌 변수를 final로 지정하는 경우

```java
class Foof {
    final int size = 3;
    final int whuffie;

    Foof() {
        whuffie = 42;
    }

    void doStuff(final int x) {
        // x도 바꿀 수 없습니다.
    }

    void doMore() {
        final int z = 7;
        // z도 바꿀 수 없습니다.
    }
}
```

이렇게 하면 size의 값을 변경할 수 없습니다.

이제 whuffie 변수의 값도 변경할 수 없습니다.

메소드를 final로 지정하는 방법

```java
class Poof {
    final void calcWhuffie() {
        // 절대로 오버라이드하면 안 되는
        // 중요한 메소드
    }
}
```

클래스를 final로 지정하는 방법

```java
final class MyMostPerfectClass {
    // 이 클래스는 확장할 수 없습니다.
}
```

변수를 final로 지정하면 그 값을 바꿀 수가 없습니다.

메소드를 final로 지정하면 그 메소드를 오버라이드할 수 없습니다.

클래스를 final로 지정하면 그 클래스를 확장할 수 없습니다.
(즉, 하위클래스를 만들 수 없습니다)

바보 같은 질문은 없습니다

Q : 정적 메소드는 정적 변수가 아닌 변수에는 접근할 수 없잖아요. 그런데 정적 메소드가 아닌 메소드에서는 정적 변수에 접근할 수 있나요?

A : 물론입니다. 정적 메소드가 아닌 메소드는 언제나 클래스에 들어있는 정적 메소드를 호출하거나 정적 변수에 접근할 수 있습니다.

Q : 어떤 경우에 클래스를 final로 지정하나요? 클래스를 final로 지정하면 객체지향의 의미가 퇴색되지 않나요?

A : 보통 클래스를 final로 지정하는 이유는 보안 문제 때문입니다. 예를 들어, String 클래스의 하위클래스는 만들 수 없습니다. 누군가가 String 클래스를 확장해서 String 객체가 들어갈 자리에 다형적으로 String 하위클래스 객체를 사용하는 경우를 생각해보세요. 어떤 클래스에 있는 특정 메소드를 반드시 그대로 써야 한다면 클래스를 final로 지정하면 됩니다.

Q : 클래스를 이미 final로 지정해놓고 메소드를 다시 final로 지정하면 괜히 중복해서 지정하는 것이 아닌가요?

A : 클래스가 이미 final로 지정되어있다면 메소드를 굳이 final로 지정하지 않아도 됩니다. 클래스를 final로 지정했다면 그 클래스의 하위클래스를 만들 수 없기 때문에 그 클래스에 들어있는 메소드는 오버라이드를 할 수가 없으니까요.

하지만 어떤 클래스를 확장할 수 있게 해 놓고 그 중 일부 메소드는 오버라이드할 수 있게 하고 싶지만 어떤 메소드는 오버라이드할 수 없게 하고 싶다면 클래스는 final로 지정하지 않고 특정 메소드만 final로 지정하는 것이 좋습니다. 메소드를 final로 지정하면 하위클래스에서 그 메소드를 오버라이드할 수 없으니까요.

핵심정리

- **정적 메소드**(static method)는 객체 레퍼런스 변수 대신 클래스명을 써서 호출합니다.

  ```
  Math.random() vs. myFoo.go()
  ```

- 정적 메소드는 힙에 그 메소드가 들어있는 클래스의 인스턴스가 없어도 호출할 수 있습니다.

- 특정 인스턴스 변수값에 의존하지 않는(그리고 그럴 가능성도 전혀 없는) 유틸리티 메소드는 정적 메소드로 만드는 것이 좋습니다.

- 정적 메소드에서는 특정 인스턴스와는 연관되지 않기 때문에 (클래스하고만 연관되기 때문에) 어떤 인스턴스 변수값도 사용할 수 없습니다. 어떤 인스턴스에 들어있는 인스턴스 변수값을 사용해야 할지 결정할 수 없기 때문입니다.

- 정적 메소드가 아닌 메소드는 보통 인스턴스 변수 상태와 연관되어 있기 때문에 정적 메소드에서는 정적 메소드가 아닌 메소드를 사용할 수 없습니다.

- 정적 메소드만 들어있는 클래스가 있다면 그 클래스의 인스턴스를 만들 필요가 없기 때문에 그 생성자를 private로 지정하는 것이 좋습니다.

- **정적 변수**(static variable)는 해당 클래스에 속하는 모든 객체에서 공유하는 변수입니다. 인스턴스 변수는 각 인스턴스마다 사본이 하나씩 있지만 정적 변수는 한 클래스에 복사본이 하나밖에 없습니다.

- 정적 메소드에서도 정적 변수를 사용할 수 있습니다.

- 자바에서 상수를 만들 때는 변수에 static과 final로 지정하면 됩니다.

- final로 지정한 정적 변수는 변수를 선언할 때 또는 정적 초기화 부분에서 반드시 값을 대입해야 합니다.

  ```
  static {
      DOG_CODE = 420;
  }
  ```

- 상수(final로 지정한 정적 변수)의 이름은 (일반적으로) 모두 대문자로 붙입니다.

- final로 지정한 변수값은 값을 한 번 대입하면 바꿀 수 없습니다.

- final 인스턴스 변수값은 선언할 때 또는 생성자에서 대입해야 합니다.

- final 메소드는 오버라이드할 수 없습니다.

- final 클래스는 확장할 수 없습니다(하위클래스를 만들 수 없습니다).

무엇이 맞을까요?

지금까지 static과 final에 대해 배운 내용을
바탕으로 다음 중 어떤 것이 제대로 컴파일될
수 있는지 찾아보세요.

①
```java
public class Foo {
    static int x;

    public void go() {
        System.out.println(x);
    }
}
```

②
```java
public class Foo2 {
    int x;

    public static void go() {
        System.out.println(x);
    }
}
```

③
```java
public class Foo3 {
    final int x;

    public void go() {
        System.out.println(x);
    }
}
```

④
```java
public class Foo4 {
    static final int x = 12;

    public void go() {
        System.out.println(x);
    }
}
```

⑤
```java
public class Foo5 {
    static final int x = 12;

    public void go(final int x) {
        System.out.println(x);
    }
}
```

⑥
```java
public class Foo6 {
    int x = 12;

    public static void go(final int x) {
        System.out.println(x);
    }
}
```

Math 메소드

이제 정적 메소드가 어떤 식으로 돌아가는지 배웠으니까 Math 클래스에 들어있는 정적 메소드 가운데 몇 가지를 알아보겠습니다. 물론, 여기에 있는 것이 전부는 아니고, 중요한 것 몇 가지만 뽑아놓았습니다. API에서 sqrt(), tan(), ceil(), floor(), asin()을 비롯한 다른 메소드에 대해서도 찾아보세요.

Math.random( )

0.0 이상 1.0 미만의 double값을 리턴합니다.

```
double r1 = Math.random();
int r2 = (int) (Math.random() * 5);
```

Math.abs( )

주어진 인자의 절대값을 나타내는 값을 리턴합니다. 이 메소드는 오버로드되어있기 때문에 int를 전달하면 int가, double을 전달하면 double이 리턴됩니다.

```
int x = Math.abs(-240);          // 240이 리턴됩니다.
double d = Math.abs(240.45);   // 240.45가 리턴됩니다.
```

Math.round( )

주어진 수를 반올림하여 가장 가까운 int 또는
long(인자가 float인지 double인지에 따라 결정됨)을 리턴합니다.

```
int x = Math.round(-24.8f);   // -25가 리턴됩니다.
int y = Math.round(24.45f);   // 24가 리턴됩니다.
```

뒤에 f를 추가하지 않으면 부동소수점
리터럴은 모두 double로 간주됩니다.

Math.min( )

두 인자 중 더 작은 값을 리턴합니다. 이 메소드는 오버로드되어있기 때문에
int, long, float, double을 모두 사용할 수 있습니다.

```
int x = Math.min(24,240);   // 24가 리턴됩니다.
double y = Math.min(90876.5, 90876.49);
// 90876.49가 리턴됩니다.
```

Math.max( )

두 인자 중 더 큰 값을 리턴합니다. 이 메소드는 오버로드되어있기 때문에
int, long, float, double을 모두 사용할 수 있습니다.

```
int x = Math.max(24,240);    // 240이 리턴됩니다.
double y = Math.max(90876.5, 90876.49);
// 90876.5가 리턴됩니다.
```

원시 유형을 포장하는 방법

때때로 원시 유형도 객체인 것처럼 다뤄야 할 때도 있습니다. 예를 들어, 자바 5.0보다 전에 나온 버전에서는 원시값을 ArrayList 나 HashMap 같은 컬렉션에 직접 집어넣을 수 없습니다.

```
int x = 32;
ArrayList list = new ArrayList()
list.add(x);
```

자바 5.0 이상 버전을 사용하지 않는 이상 이 코드는 작동하지 않습니다. ArrayList에는 int를 인자로 받아들이는 add(int) 메소드가 없으니까요 (ArrayList의 add() 메소드에서는 원시값이 아닌 객체 레퍼런스만을 인자로 받아들입니다).

모든 원시 유형마다 래퍼(wrapper)가 있는데 래퍼는 모두 java.lang 패키지에 들어있습니다. 따라서 import 선언문을 쓰지 않아도 됩니다. 각 래퍼 클래스의 이름은 원시 유형의 이름을 따서 붙였기 때문에 쉽게 파악할 수 있습니다(물론, 클래스 명명 규칙에 따라 첫 글자는 대문자입니다).

무슨 이유인지는 잘 모르겠지만 API를 설계할 때 래퍼 클래스의 이름이 원시 유형의 이름과 완전히 대응되지 않도록 만들어놓았습니다. 그래도 어떤 유형을 감싸는 클래스인지 쉽게 알 수 있을 것입니다.

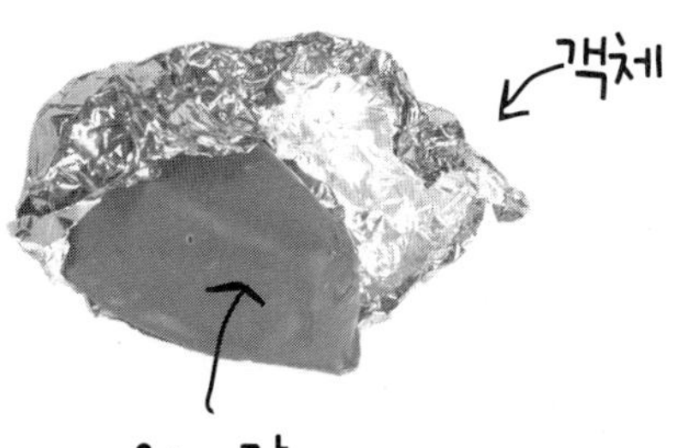

원시 형식을 객체처럼 다뤄야 할 때는 포장을 하면 됩니다. 자바 5.0 보다 전에 나온 버전에서 원시 값을 ArrayList나 HashMap 같은 것에 집어 넣을 때 이런 방법을 사용합니다.

Boolean

Character

Byte

Short

Integer

Long

Float

Double

이 이름은 원시 형식의 이름에 정확하게 대응되지 않습니다. Character는 char를, Integer는 int를 감싸는 래퍼 클래스입니다.

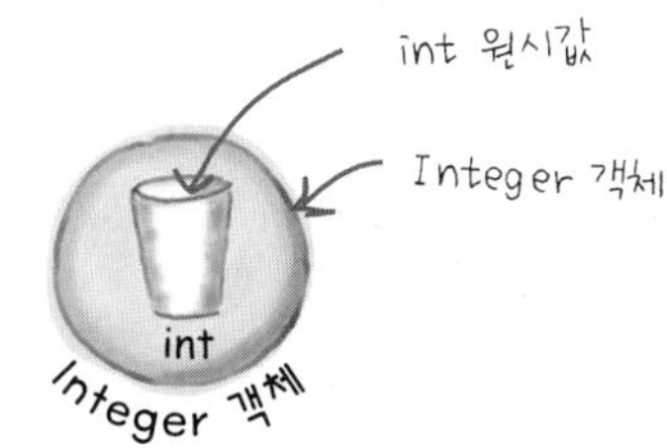

래퍼는 그 래퍼 형식에 해당하는 원시 형식의 인스턴스 변수가 들어있는 객체입니다(하지만 이름은 약간 주의해야 합니다. int 원시 값의 래퍼는 Integer 클래스입니다).

값을 포장하는 방법

```
int i = 288;
Integer iWrap = new Integer(i);
```

원시값을 래퍼 생성자에 전달하기만 하면 됩니다.

포장을 벗겨서 값을 구하는 방법

```
int unWrapped = iWrap.intValue();
```

모든 래퍼를 이런 식으로 벗길 수 있습니다. Boolean에는 booleanValue(), Character에는 charValue() 같은 메소드가 있습니다.

위에 있는 사진은 은박 포장지로 싸여있는 초콜릿을 찍은 것입니다. 포장한다, 감싼다는 말이 무엇을 뜻하는지 감이 잡히죠? 어떤 사람은 감자를 은박지로 싸서 구운 걸 찍은 사진이 아니냐고 하기도 하는데, 그렇게 생각해도 기본적인 의미는 마찬가지로 이해할 수 있을 것입니다.

자바 5.0이 나오기 전까지는 그래야 했습니다.

예. 정말 맘에 안 들죠? 자바 5.0이 나오기 전 버전의 자바에서는 원시 변수와 객체 레퍼런스가 엄격하게 구분되어 있었기 때문에 절대로 서로 맞바꿔서 사용할 수 없었습니다. 원시값을 감싸고, 그 포장을 풀어내는 일은 전부 프로그래머가 해야 하죠. 객체 레퍼런스를 인자로 받는 메소드에 원시값을 바로 전달할 수도 없고, 메소드에서 객체를 리턴한다면 그것을 바로 원시 변수에 대입할 수도 없습니다. 심지어 Integer가 리턴되더라도 int 변수에 바로 대입할 수가 없습니다. Integer에 (Integer가 감싸는 int 값을 저장하기 위한) int 유형의 인스턴스 변수가 들어있다는 점을 제외하면 Integer와 int는 서로 아무 사이도 아닙니다. 그만큼 프로그래머가 해야 할 일이 많죠.

원시 int로 구성된 ArrayList

오토박싱을 쓰지 않는 경우 (자바 5.0이 나오기 전 버전)

```java
public void doNumsOldWay() {

    ArrayList listOfNumbers = new ArrayList();

    listOfNumbers.add(new Integer(3));

    Integer one = (Integer) listOfNumbers.get(0);

    int intOne = one.intValue();
}
```

ArrayList를 만듭니다. (자바 5.0이 나오기 전에는 유형을 지정할 수 없었기 때문에 ArrayList는 무조건 Object 객체로 구성된 목록이었습니다.)

'3'이라는 원시값을 목록에 추가할 수 없으므로 Integer로 감싸야합니다.

목록에서 꺼낼 때는 무조건 Object 유형입니다. 캐스팅을 통해서 Integer로 바꿔야 되죠.

드디어 Integer로부터 원시값을 꺼낼 수 있습니다.

오토박싱: 원시값과 객체 사이의 경계를 없애다.

자바 5.0부터 도입된 오토박싱(autoboxing)은 원시값과 래퍼 객체 사이의 변환을
자동으로 처리해주는 기능입니다.

그러면 int를 저장하기 위한 ArrayList를 한번 만들어 볼까요?

원시 int ArrayList

오토박싱을 쓰는 경우 (자바 5.0 이후 버전)

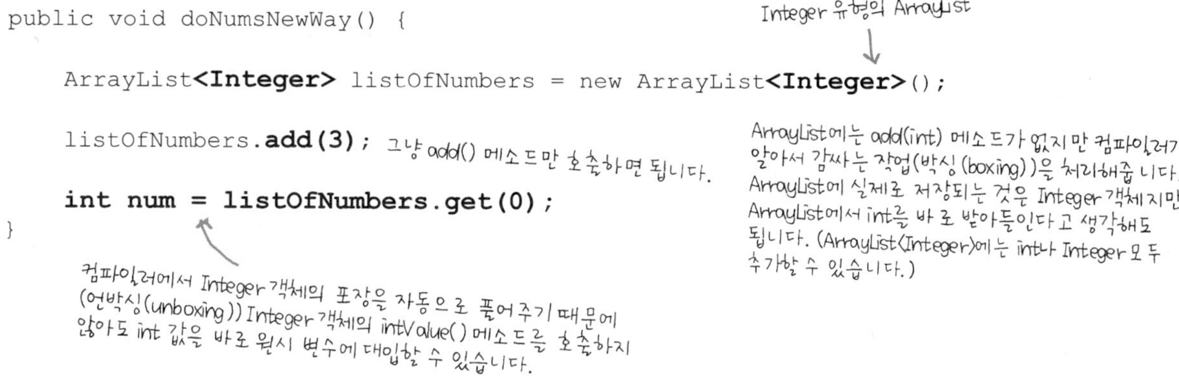

```
public void doNumsNewWay() {

    ArrayList<Integer> listOfNumbers = new ArrayList<Integer>();

    listOfNumbers.add(3);

    int num = listOfNumbers.get(0);

}
```

Q: int를 저장하는데 왜 ArrayList〈int〉라고 선언하지 않죠?

A: 그렇게 할 수 없으니까요. 제네릭(generic) 유형을 사용할
때는 클래스 또는 인터페이스 유형만 지정할 수 있고, 원시 유형은
지정할 수 없습니다. 따라서 ArrayList〈int〉라고 하면 컴파일이 되
지 않습니다. 하지만 위에 있는 코드에서 볼 수 있듯이 별 문제는
없습니다. int를 ArrayList〈Integer〉에 집어넣을 수 있으니까요. 사
실 자바 5.0 호환 컴파일러를 사용하는 경우, 어떤 ArrayList가 어
떤 원시 유형의 래퍼 유형으로 이루어져 있다면 그 ArrayList에 해
당 원시 유형을 집어넣지 못하게 하는 것이 불가능합니다. 오토박
싱이 자동으로 작동하니까요. 따라서 ArrayList〈Boolean〉에 부울
원시값을 집어넣거나 ArrayList〈Characters〉에 char 값을 집어넣
어도 됩니다.

거의 언제나 작동하는 오토박싱

오토박싱은 원시 유형을 컬렉션에 집어넣거나, 컬렉션에서 꺼낼 때만 쓰이는 것은 아닙니다.
거의 언제나 원시 유형이 들어갈 자리에 그 유형에 해당하는 래퍼 객체를 집어넣거나, 반대로
어떤 래퍼 객체가 들어갈 자리에 원시값을 집어넣을 수 있게 해줍니다.

다양한 오토박싱 사용 예

메소드 인자

어떤 메소드에서 래퍼 유형을 받아들인다면,
래퍼에 대한 레퍼런스, 또는 해당 유형의 원
시값을 인자로 사용할 수 있습니다. 반대도
마찬가지죠. 어떤 메소드에서 원시값을 받아
들인다면 그 유형과 호환되는 원시값이나 그
원시 유형에 해당하는 래퍼 레퍼런스를 전달
할 수 있습니다.

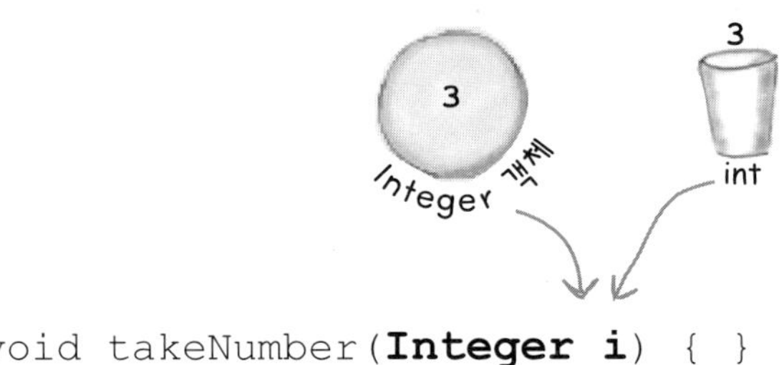


```
void takeNumber(Integer i) { }
```

리턴값

어떤 메소드에서 원시 유형을 리턴 유형으로 선언
한 경우에 그 유형과 호환되는 원시값 또는 해당
유형의 래퍼에 대한 레퍼런스 가운데 아무거나 리
턴해도 됩니다. 리턴 유형을 래퍼 유형으로 선언
한 경우에도 래퍼 레퍼런스를 리턴해도 되고 해당
유형의 원시값을 리턴해도 됩니다.

```
int giveNumber() {
    return x;
}
```

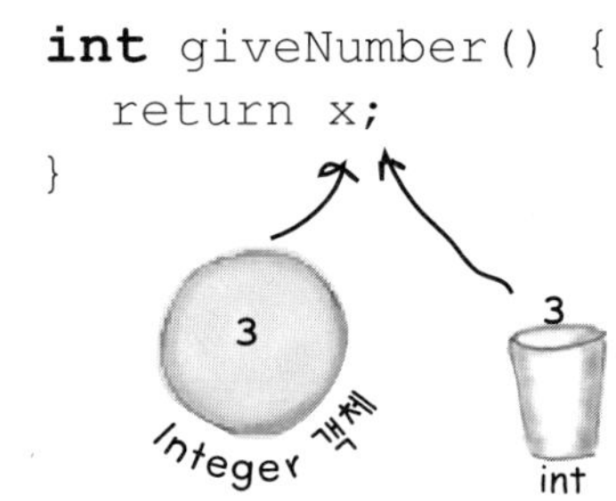

부울 표현식

부울값이 들어갈 자리에는 부울값을 결과로 가지
는 표현식(4>2)이나 원시 부울값, Boolean 래퍼
에 대한 레퍼런스 가운데 어떤 것이든 집어넣을
수 있습니다.

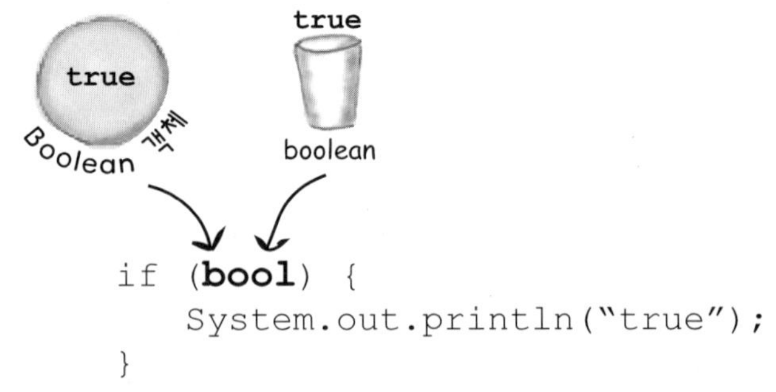


```
if (bool) {
    System.out.println("true");
}
```

수에 대한 연산

가장 특이한 부분이라고 할 수 있을 것 같네요. 예, 예상하시는 그대로입니다. 이제 원시 유형이 들어갈 자리에 래퍼 유형을 피연산자로 사용할 수도 있습니다. 즉 Integer 객체에 대한 레퍼런스에 대해서 ++ 연산자를 쓴다거나 하는 것도 가능합니다.

하지만 그렇다고 해서 자바 언어 자체가 크게 바뀐 건 아닙니다. 컴파일러에서 살짝 장난을 치는 것 뿐이니까요. 객체에 대해서 연산자를 사용할 수 있도록 자바 자체가 바뀐 것은 아니고, 컴파일러가 연산이 진행되기 전에 객체를 원시 유형으로 변환해줄 뿐이니까요. 물론 꽤 어색해 보이긴 할 겁니다.

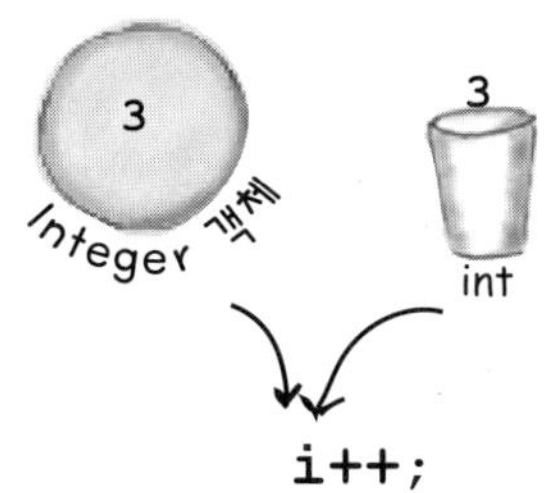


```java
Integer i = new Integer(42);
i++;
```

위와 같이 할 수도 있고, 아래와 같이 할 수도 있습니다.

```java
Integer j = new Integer(5);
Integer k = j + 3;
```

대입

어떤 원시 유형, 또는 래퍼 유형으로 선언된 변수에 원시값과 래퍼 중 어떤 것이든 마음대로 대입할 수 있습니다. 예를 들어 Integer 레퍼런스 변수에 원시 int 변수를 대입할 수도 있고, int 원시 유형으로 선언된 변수에 Integer 객체에 대한 레퍼런스를 대입할 수도 있습니다.

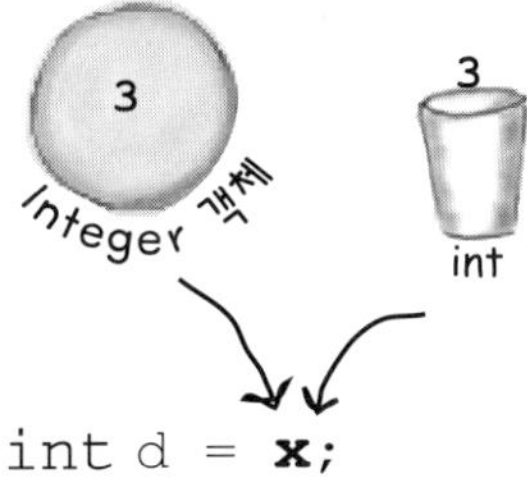

이 코드는 컴파일이 될까요? 실행이 될까요? 실행이 된다면 어떤 결과가 나올까요?

대강 넘어가지 말고 곰곰히 생각해보세요. 아직 다루지 않은. 오토박싱 뒤에 함축된 의미에 대해 생각해볼 수 있을 것입니다.

직접 컴파일해봐야 답을 제대로 알 수도 있습니다. (웬만하면 직접 한번 해보고 확인해 보세요.)

```java
public class TestBox {

    Integer i;
    int j;

    public static void main (String[] args) {
        TestBox t = new TestBox();
        t.go();
    }

    public void go() {
        j=i;
        System.out.println(j);
        System.out.println(i);
    }
}
```

잠깐! 래퍼에는 정적 유틸리티 메소드도 있습니다.

래퍼에는 일반적인 클래스처럼 사용할 수 있다는 점 외에도 여러 유용한 정적 메소드가 들어있다는 장점이 있습니다. 앞서 몇 번 썼던 Integer.parseInt()도 그런 메소드 가운데 하나입니다.

파싱 메소드는 String을 인자로 받아서 그에 해당하는 원시 유형을 리턴합니다.

String을 원시값으로 변환하는 방법은 매우 간단합니다.

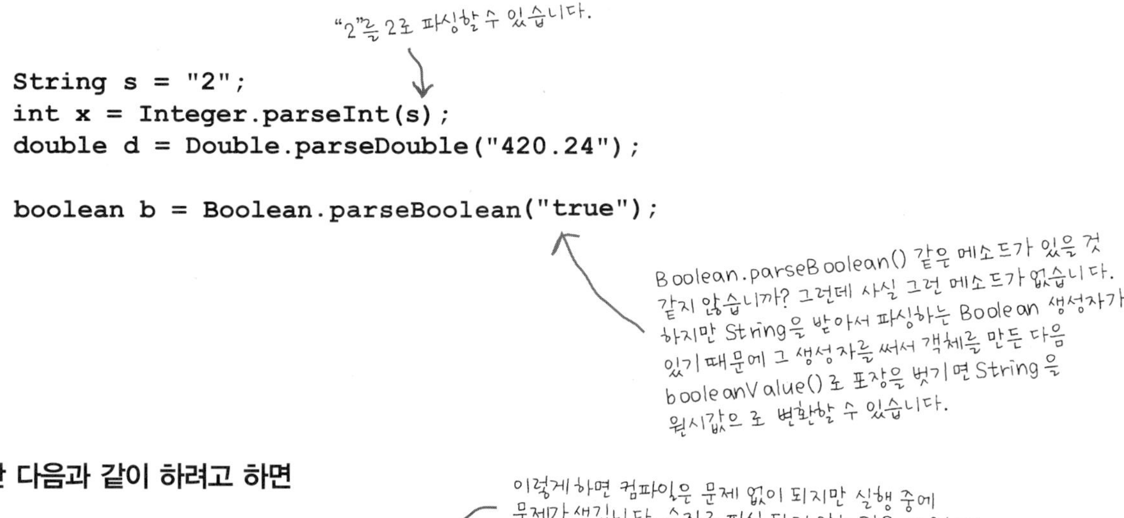


```
String s = "2";
int x = Integer.parseInt(s);
double d = Double.parseDouble("420.24");

boolean b = Boolean.parseBoolean("true");
```

Boolean.parseBoolean() 같은 메소드가 있을 것 같지 않습니까? 그런데 사실 그런 메소드가 없습니다. 하지만 String을 받아서 파싱하는 Boolean 생성자가 있기 때문에 그 생성자를 써서 객체를 만든 다음 booleanValue()로 포장을 벗기면 String을 원시값으로 변환할 수 있습니다.

하지만 다음과 같이 하려고 하면

```
String t = "two";
int y = Integer.parseInt(t);
```

이렇게 하면 컴파일은 문제 없이 되지만 실행 중에 문제가 생깁니다. 숫자로 파싱 되지 않는 것을 사용하면 NumberFormatException 예외가 생깁니다.

다음과 같은 런타임 예외가 발생합니다.

```
File  Edit  Window  Help  Clue
% java Wrappers
Exception in thread "main"
java.lang.NumberFormatException: two
at java.lang.Integer.parseInt(Integer.java:409)
at java.lang.Integer.parseInt(Integer.java:458)
at Wrapers.main(Wrapers.java:9)
```

String을 파싱하는 모든 메소드와 생성자에서는 NumberFormatException을 발생시킬 수 있습니다. 이 예외는 실행 중에 생기는 예외이므로 직접 처리하거나 선언하지 않아도 됩니다. 하지만 원한다면 그렇게 하는 것도 가능합니다. (예외(exception)에 대한 내용은 다음 장에서 배울 것입니다)

반대로 원시 숫자를 String으로 변환하는 방법

수를 String으로 변환하는 방법은 다양합니다.

가장 간단한 방법은 기존의 String에 수를 덧붙이는 방법입니다.

```
double d = 42.5;
String doubleString = "" + d;
```

자바에서는 '+' 연산자를 오버로드하여 (사실 이 연산자가 유일한 오버로드 된 연산자입니다) String을 연결하는 기능을 부여했습니다. String에 어떤 것을 붙이든 그 값은 String으로 바뀝니다.

```
double d = 42.5;
String doubleString = Double.toString(d);
```

Double 클래스에 들어있는 정적 메소드를 사용하는 방법

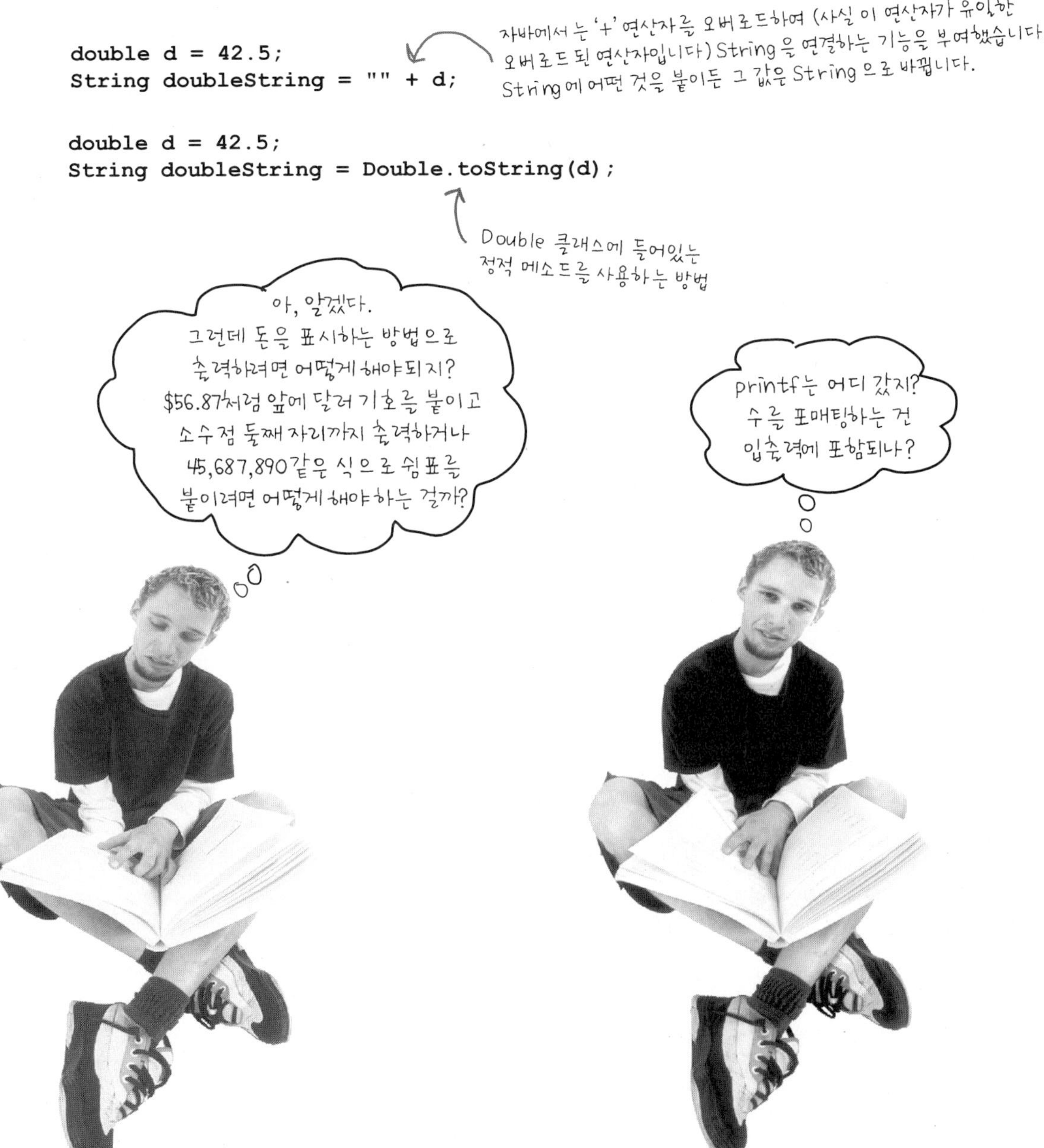

숫자 포매팅

 자바에서 숫자와 날짜 포매팅은 입출력과 분리되어 있습니다. 왜 그런지 생각해볼까요? 숫자를 사용자에게 보여주는 작업 중에 가장 흔한 것으로 GUI를 통해서 보여주는 것을 떠올릴 수 있습니다. 만약 숫자 포매팅이 출력 선언문에만 내장되어 있다면 숫자를 GUI로 보여주기에 적합한 String 형태로 포매팅하기가 힘들겠죠. 자바 5.0이 나오기 전까지는 대부분의 포매팅이 java.text 패키지에 있는 클래스를 통해서 이루어졌습니다. 하지만 이 책(2판)에서는 그 방법에 대해서는 전혀 다루지 않을 예정입니다. 많이 바뀌었거든요.

자바 5.0에서는 java.util에 있는 Formatter 클래스를 통해서 더욱 강력하면서도 유연한 포매팅 기능이 추가됐습니다. 하지만 Formatter 클래스를 만들고 그런 클래스의 메소드를 호출하지 않아도 됩니다. 자바 5.0에서는 일부 입출력 클래스(printf( ) 포함)와 String 클래스에 몇 가지 편의 메소드가 추가되었기 때문이죠. 따라서 포매팅할 숫자와 포매팅 방법을 인자로 넘기면서 String.format( ) 정적 메소드를 호출하기만 하면 됩니다.

물론 포매팅 관련 지시사항을 넘겨주는 방법을 확실히 알고 있어야 하는데, C/C++의 printf( ) 함수를 잘 모른다면 어느 정도 노력이 필요하긴 하겠지만, 몇 가지 간단한 사용법을 익히는 정도는 할 수 있을 것입니다. (이 장에서 다루고 있는 것만 알아도 기본적인 내용은 알고 있다고 할 수 있습니다.) 물론 여러분이 만들고자 하는 것을 자유자재로 만들어내고 싶다면 포매팅에 대해서 더 공부해야 하겠죠.

우선 기본적인 예제부터 시작한 다음 어떻게 그렇게 동작하는지 알아보도록 하겠습니다. (포매팅에 대해서는 나중에 입출력에 대한 내용을 배우는 장에서 다시 다룰 예정입니다.)

숫자를 표기할 때 쉼표를 써서 포매팅하는 방법

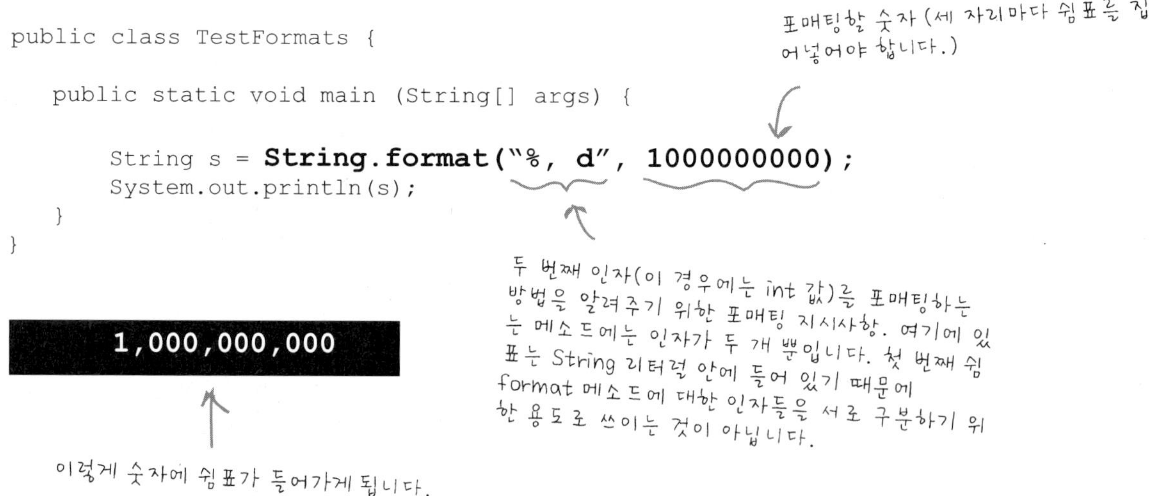

```java
public class TestFormats {

    public static void main (String[] args) {

        String s = String.format("%, d", 1000000000);
        System.out.println(s);
    }
}
```

포매팅 뒤집어 보기

간단하게 설명하자면 포매팅은 크게 두 부분으로 구성됩니다. (다른 부분도 있지만 일단 간단하게 두 부분으로 나눠서 생각하는 것부터 시작해 보겠습니다.)

① 포매팅 지시사항

인자를 포매팅하는 방법을 기술하기 위해 특별한 지시자를 사용합니다.

② 포매팅 대상 인자

인자가 두 개 이상이 될 수도 있지만 일단 한 개만 있는 것부터 시작해봅시다. 인자 유형으로 아무 유형이나 쓸 수 있는 것은 아닙니다. 포매팅 지시사항 부분에 들어있는 포맷 지시자를 써서 포매팅할 수 있는 것이어야만 되죠. 예를 들어 포매팅 지시자가 부동소수점 수를 대상으로 하는 것이라면 Dog 같은 객체는 물론 부동소수점 수를 나타내는 문자들이 들어있는 String을 쓰는 것도 불가능합니다.

> 참고 : 이미 C/C++의 printf()에 대해 알고 있다면 앞으로 몇 페이지는 대강 훑어보기만 해도 됩니다. 잘 모른다면 꼼꼼히 읽어 보세요.

"이렇게 해 주세요..." ①

"요걸 가지고 왼쪽에 있는 지시사항대로 하면 됩니다." ②

```
format("%, d", 1000000000);
```

이 지시사항대로 해주면 되고요... 이 인자를 포매팅해 주면 됩니다.

위에 있는 지시사항의 의미

"이 메소드에 전달된 두 번째 인자를 **십진 정수**(decimal integer)로 표시하되 **쉼표**(,)를 찍어주세요."

어떤 식으로 작동할까요?

'%d'의 정확한 의미에 대해서는 다음 페이지에서 더 자세하게 알아보겠지만 일단 지금은 포맷 문자열(format() 메소드의 첫 번째 인자로 쓰이는 String)에 퍼센트 기호(%)가 있으면 그것이 어떤 변수를 나타내는 것으로 생각하면 됩니다. 그 변수는 format() 메소드의 다른 인자로 주어지죠. 퍼센트 기호 뒤에 붙는 다른 문자는 주어진 인자에 대한 포매팅 지시사항을 기술해주는 역할을 합니다.

퍼센트(%)는 "인자가 들어갈 자리"를 뜻합니다.
(그 뒤에는 표현 방법을 나타내는 것들이 들어갑니다)

format() 메소드의 첫 번째 인자는 포맷 문자열(format string)이라고 부르며, 그 문자열에는 별도의 포매팅 없이 있는 그대로 출력할 문자열을 포함시켜도 됩니다. 하지만 그 안에 % 기호가 있으면 그 퍼센트 기호는 메소드의 다른 인자를 나타내는 변수라고 생각해야 합니다.

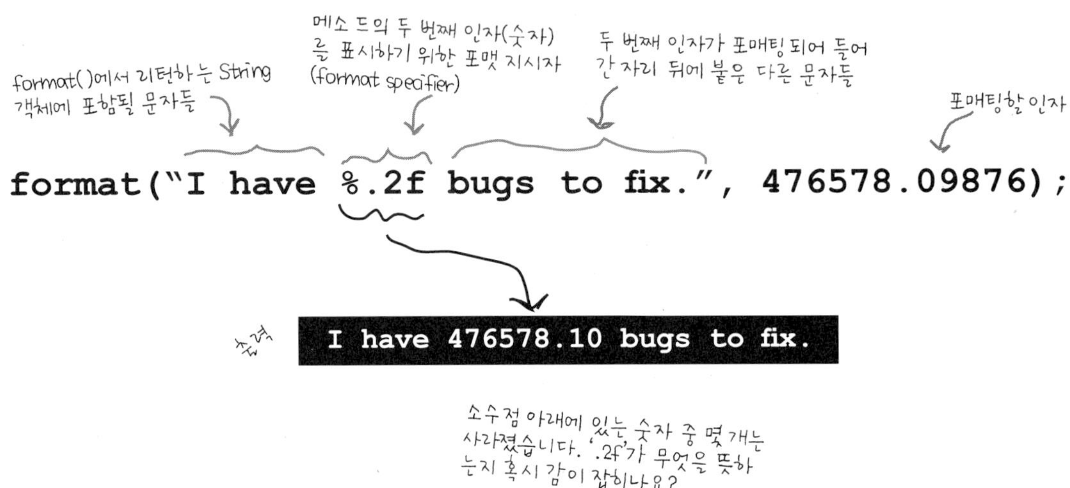

'%' 기호는 포매터한테 "이 자리에는 이 메소드의 다른 인자(두 번째 인자로 주어진 숫자)를 넣어 주시고요, 퍼센트 기호 뒤에 붙어 있는 .2f를 기준으로 포매팅해주세요."라고 얘기해주는 역할을 합니다. 그 뒤에는 포맷 문자열의 나머지 부분인 'bugs to fix'가 붙어서 출력되죠.

쉼표 추가

```
format("I have %,.2f bugs to fix.", 476578.09876);
```

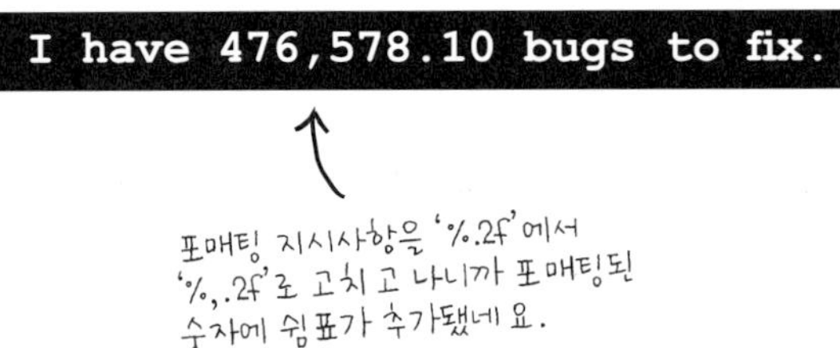

포맷 문자열은 자체적으로 간단한 언어 구문을 사용합니다.

'%' 기호 뒤에 아무거나 집어넣을 수는 없습니다. 퍼센트 기호 뒤에 들어가는 부분에는 특별한 규칙이 있고, 포매팅된 String의 특정 지점에 삽입될 인자를 포매팅하는 방법을 지시해주는 역할을 합니다.

이미 등장한 몇 가지 예에 대해 언급해볼까요?

%,d는 "쉼표를 집어넣고 10진 정수로 포매팅하라"는 것을 뜻합니다.

%.2f는 "부동소수점을 소수점 아래 둘째 자리까지 출력되도록 포매팅하라"는 것을 의미하죠.

%,.2f는 "쉼표를 집어넣고 소수점 아래 둘째 자리까지 나오는 부동소수점 수로 포매팅하라"는 것을 뜻합니다.

사실 더 중요한 것은 "원하는 형태로 포매팅하기 위해 퍼센트 기호 뒤에 무엇을 집어넣어야 할까?"입니다. 포매팅을 제대로 하려면 (십진 정수를 나타내는 d나 부동소수점 수를 나타내는 f 같은) 기호와 퍼센트 기호 뒤에 들어갈 각종 지시사항을 적어주는 순서에 대해서 알아야 합니다. 예를 들어 '%d' 같이 쉼표를 'd' 뒤에 쓰면 '%,d'라고 썼을 때하고는 전혀 다른 결과가 나옵니다.

다음과 같은 코드를 사용하면 어떻게 출력될까요?

```java
String.format("I  have %.2f, bugs to fix.", 476578.09876);
```

(답은 다음 페이지에서 알 수 있습니다.)

포맷 지시자

퍼센트 기호에서부터 유형 지시자('d' 나 'f' 같은 것)까지는 전부 포매팅 지시사항(formatting instruction)에 포함됩니다. 유형 지시자 뒤로 퍼센트 기호(%)가 다시 등장하기 전까지는 출력 문자열에 그대로 포함되는 것으로 간주됩니다. 근데... 퍼센트 기호가 두 번 이상 들어가는 게 가능할까요? 포매팅될 인자 변수를 두 개 이상 써도 될까요? 일단 그런 의문은 미뤄 두기로 하겠습니다. 잠시 후에 다시 알아볼 테니까요. 일단 지금은 포맷 지시자(퍼센트 기호(%) 뒤에 있으면서 인자를 포매팅할 방법을 알려주는 것)의 구조에 대해 살펴보도록 하겠습니다.

포맷 지시자는 (퍼센트 기호를 제외하고) 다섯 개까지의 서로 다른 부분으로 구성될 수 있습니다. 밑에서 대괄호([]) 안에 있는 것들은 전부 필수 사항은 아닙니다. 반드시 필요한 것은 퍼센트 기호와 유형을 나타내는 부분 뿐입니다. 하지만 순서는 정확하게 지켜야 하니까 밑에 있는 내용을 잘 기억해두세요.

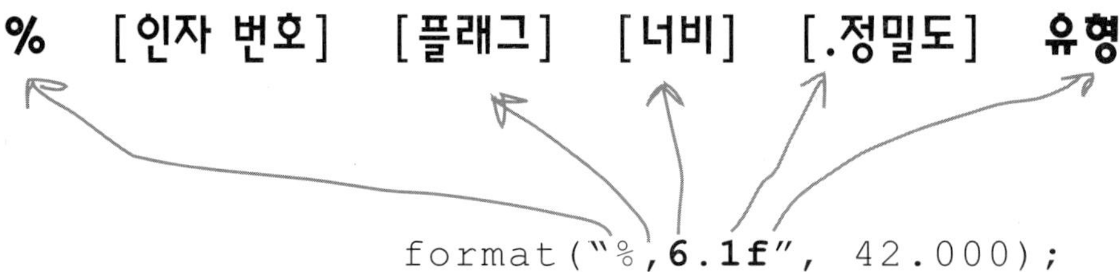

%　　[인자 번호]　　[플래그]　　[너비]　　[.정밀도]　**유형**

이건 나중에 자세히 알아보겠습니다. 인자가 두 개 이상일 때 어떤 인자를 쓸지를 지정해줄 수 있습니다. (일단 지금은 신경 끕시다.)

쉼표를 집어넣는다거나 음수는 괄호 안에 집어넣는다거나 숫자를 왼쪽 정렬한다든가 하는 경우에 쓸 수 있는 특별한 포매팅 옵션을 지정하기 위한 부분

사용할 최소 문자 개수. 총 문자 개수가 아니라 최소 문자 개수라는 점에 주의합시다. 숫자가 너비보다 길어지면 그냥 있는 그대로 출력되고, 너비보다 짧으면 0이 덧붙여져서 출력됩니다.

이건 다들 아시죠? 정밀도를 지정하기 위한 부분입니다. 다시 말하면 소수점 아래로 몇 자리를 출력할지 설정하기 위한 것이죠. '.'을 포함시키는 것을 잊지 마세요.

유형은 반드시 지정해야 합니다. (다음 페이지 참조) 보통 십진 정수를 뜻하는 'd'와 부동소수점 수를 뜻하는 'f'가 많이 쓰입니다.

%　　[인자 번호]　　[플래그]　　[너비]　　[.정밀도]　**유형**

```
format("%,6.1f", 42.000);
```

'인자 번호'를 제외한 나머지가 모두 들어있네요.

유일한 필수 지시자: 유형

유형을 나타내는 부분은 유일한 필수적인 요소라는 점 외에 반드시 마지막에 와야 한다는 것도 함께 기억해둡시다. 유형 변경자(modifier)의 종류는 10여 가지도 넘지만 (그것도 날짜 및 시간에 대한 것은 제외한 것입니다. 날짜와 시간에 대해서는 별도의 변경자들이 쓰입니다.) 그 중에서 %d(십진 정수)와 %f(부동소수점)가 가장 흔하게 쓰입니다. 그리고 %f를 쓸 때는 소수점 아래 자리수를 지정하기 위한 정밀도를 나타내는 요소를 함께 쓰는 경우가 많습니다.

유형은 필수, 나머지는 선택

%d   십진 정수

```
format("%d", 42);
```

```
42
```

인자가 반드시 int와 호환되어야 합니다. 즉 byte, short, int, char(및 각각에 대응되는 래퍼 유형)만 들어갈 수 있습니다.

42.25가 들어가면 안 됩니다. double을 int 변수에 직접 대입하려고 하는 것과 똑같은 셈이니까요.

%f   부동소수점

```
format("%.3f", 42.000000);
```

```
42.000
```

인자가 반드시 부동소수점 유형이어야 합니다. float, double(원시 유형 또는 래퍼 유형), 또는 BigDecimal(이 책에서는 다루지 않습니다.)이라는 것만 쓸 수 있습니다.

여기에서는 'f'하고 정밀도를 나타내는 '.3'을 함께 사용했습니다. 그래서 뒤에 0이 세 개 붙어서 출력됩니다.

%x   16진수

```
format("%x", 42);
```

```
2a
```

byte, short, int, long(원시 유형 또는 래퍼 유형), 그리고 BigInteger를 인자로 쓸 수 있습니다.

%c   문자

```
format("%c", 42);
```

```
*
```

byte, short, char, int(원시 유형 또는 래퍼 유형)를 인자로 사용할 수 있습니다.

숫자 42는 char로는 ''에 해당합니다.*

포맷 지시사항에 유형은 반드시 포함시켜야 하며 유형과 함께 다른 옵션을 추가할 때는 유형 변경자를 맨 뒤에 써야만 합니다. 가장 흔하게 쓰이는 유형 변경자는 'd'와 'f'입니다.

인자가 두 개 이상 있으면 어떻게 될까요?

다음과 같은 String이 필요하다고 가정해봅시다.

"The rank is *20,456,654* out of *100,567,890.25*"

그런데 이 숫자들은 변수에 들어 있다고 해봅시다. 어떻게 해야 할까요? 이럴 때는 그냥 포맷 문자열(첫 번째 인자) 뒤에 인자를 두 개 추가하면 됩니다. format()에 두 개가 아닌 세 개의 인자를 전달하는 거죠. 그리고 첫 번째 인자(포맷 문자열) 안에는 두 개의 서로 다른 포맷 지시자(%로 시작하는 부분)를 집어넣는 거죠. 첫 번째 포맷 지시자 자리에는 format() 메소드의 두 번째 인자가, 두 번째 포맷 지시자 자리에는 세 번째 인자가 들어갑니다. 즉 format() 메소드에 인자가 전달되는 순서대로 포맷 지시자에 변수가 삽입되는 것이죠.

```
int one = 20456654;
double two = 100567890.248907;
String s = String.format("The rank is %,d out of %,.2f", one, two);
```

```
The rank is 20,456,654 out of 100,567,890.25
```

두 변수에 모두 쉼표를 집어넣고, 부동 소수점 수(세 번째 인자)는 소수점 아래 둘째 자리까지만 출력합니다.

인자가 두 개 이상이면 format() 메소드에 전달된 순서대로 삽입됩니다.

날짜 포매팅에 대해 배울 때 나오겠지만 같은 인자에 대해 서로 다른 포매팅 지시자를 적용시켜야 하는 경우도 있습니다. 날짜 포매팅이 (지금 배우고 있는 숫자 포매팅과는 다르게) 어떤 식으로 작동하는지 배우기 전에는 조금 이해하기 힘들긴 할 겁니다. 잠시 후에 어떤 인자에 어떤 포맷 지시자가 적용되는지 더 구체적으로 배우게 될 거라는 정도만 일단 알아두고 넘어갑시다.

Q: 정말 신기하네요. 근데 최대 몇 개까지 인자로 전달할 수 있지요? 도대체 String 클래스에는 format() 메소드가 몇 개나 오버로드되어 있는 건가요? 만약 한 개의 String을 포매팅하기 위해서 열 개의 서로 다른 인자를 전달한다면 어떤 일이 일어나나요?

A: 좋은 지적입니다. 정말 신기한 (적어도 새롭고 기존의 것과는 다른) 일이라고 할 수 있을 것입니다. 사실 들어갈 수 있는 인자의 개수에 맞춰서 여러 개의 format() 메소드가 오버로드되어 있는 것은 아닙니다. 지금 보고 있는 (printf() 방식) 포매팅을 지원하기 위해서 자바에는 가변 인자 목록(variable argument lists, 줄여서 *varargs*라고도 씁니다.)이라는 새로운 기능이 추가되었습니다. 시스템을 잘 설계하기만 한다면 포매팅 용도를 제외하면 varargs를 쓸 일이 거의 없습니다.

숫자는 된 것 같고, 날짜는 어떻게 포매팅하죠?

"Sunday, Nov 28 2004" 같은 String이 필요하다고 가정해봅시다.

별로 특별할 것이 없지 않냐고요? Date 유형 변수(타임스탬프를 나타내기 위한 타임스탬프)가 있는데, (숫자가 아닌) 그 객체를 포매터를 통해서 보내야 한다면 그냥 간단한 일이라고 하긴 힘들겠죠?

숫자와 날짜 포매팅의 가장 큰 차이점은 날짜 포맷은 t로 시작하는 두 글자 유형을 사용한다는 점입니다. (숫자의 경우에는 f나 d 같은 한 글자로 유형을 표시하죠.) 아래에 있는 예제를 보면서 어떤 식으로 포매팅할 수 있는지 알아봅시다.

날짜와 시간을 전부 표시할 때　　　%tc

```
String.format("%tc", new Date());
```

```
Sun Nov 28 14:52:41 MST 2004
```

> 역자의 한 마디: 여기에 있는 코드들을 실행시켰을 때 실제로 여러분 컴퓨터에서 출력되는 결과는 달라질 수 있습니다. 지역 설정에 따라 다른 결과가 나올 수 있기 때문이죠. 한 번 직접 실행시켜 보고 여러분이 사용하는 환경에서는 어떤 식으로 출력되는지 확인해보세요.

시간만 표시할 때　　　%tr

```
String.format("%tr", new Date());
```

```
03:01:47 PM
```

요일, 월, 일을 표시할 때　　　%tA %tB %td

딱 요일, 월, 일만 표시해줄 수 있는 것은 없으므로 요일(%tA), 월(%tB), 일(%td)을 나타내는 포맷 지시자를 사용해야 합니다.

```
Date today = new Date();
String.format("%tA, %tB %td", today, today, today);
```

쉼표는 포매팅 지시자에 포함되지 않습니다. 그냥 첫 번째 인자가 출력된 바로 뒤에 출력될 뿐이죠.

```
Sunday, November 28
```

하지만 이렇게 하려면 Date 객체를 각 부분마다 한 번씩, 총 세 번 인자로 전달해야 되겠죠? %tA에서는 요일만 출력하기 때문에 월, 일을 출력하려면 인자를 매번 새로 전달해야 합니다.

위와 똑같지만 인자를 한 번만 전달할 때　　　%tA %tB %td

```
Date today = new Date();
String.format("%tA, %<tB %<td", today);
```

한 Date 객체에 대해 서로 다른 세 게터 메소드를 호출해서 서로 다른 세 종류의 데이터를 가져온다고 생각하면 됩니다.

왼쪽 꺾쇠 '<'는 포매터한테 "이전 인자를 다시 써 주세요"라고 말해주는 플래그입니다. 이렇게 하면 같은 변수를 여러 번 인자로 전달하지 않아도 됩니다. 대신 같은 인자를 세 가지 서로 다른 방식으로 포매팅하는 거죠.

Date 활용 방법

날짜를 처리하는 객체를 가지고 오늘에 대한 정보를 알아내는 것 외에 훨씬 더 많은 일을 해야 할 것입니다. 프로그램에서 날짜를 조절하거나 경과 시간을 알아내거나 스케줄 우선 순위를 따져 본다거나 스케줄을 만든다거나 하는 작업을 해야 되죠. 충분히 많은 기능을 제공하는 날짜 처리 기능이 필요합니다.

물론 날짜를 처리하는 루틴을 직접 만들어도 됩니다. (윤년도 잘 따질 수 있어야 하죠.) 가끔씩 등장하는 윤초도 신경써야 할 수 있습니다. 자질구레한 것 다 챙기려면 여간 까다로운 일이 아닐 것 같죠? 하지만 다행히도 자바 API에는 날짜를 처리할 수 있는 다양한 클래스를 제공합니다. 어쩔 때는 너무 많은 기능을 제공하는 건 아닐까 하는 생각도 들 정도죠.

시간을 앞 뒤로 옮기기

우리가 다니는 회사가 월요일부터 금요일까지 근무한다고 해봅시다. 올해 매 달 마지막 근무일이 언제인지를 알아내야 하는 임무가 떨어졌다고 가정해볼까요?

java.util.Date는 솔직히... 좀 구식인 것 같죠?

앞에서 java.util.Date를 써서 오늘 날짜를 알아냈으니까 이번에도 일단 이 클래스에서 간편한 날짜 처리 기능을 찾아봐야 되겠죠? 하지만 API를 직접 확인해보면 알겠지만 Date에 있는 메소드는 대부분 더 이상 쓰이지 않는 것으로 되어 있습니다.

현재 날짜와 시간을 나타내는 타임스탬프 객체로 쓰기에는 여전히 좋기 때문에 지금 날짜와 시각을 알아내기 위한 용도로는 계속 써도 괜찮습니다.

다행히도 API 문서를 보면 앞으로는 java.util.Calendar를 대신 사용하라는 권고가 들어 있습니다. 이제 이 클래스를 한번 살펴볼까요?

날짜를 처리할 때는 java.util.Calendar를 씁시다.

Calendar API를 디자인한 사람들은 전역 메소드를 사용하는 것과 같은 식으로 모든 작업을 할 수 있도록 만들었습니다. 기본적으로 이 클래스를 사용할 때는 Calendar한테 (다음 페이지에 나와 있는 Calendar 클래스의 정적 메소드를 통해서) 물어보면 JVM에서 Calendar 구상 클래스의 인스턴스를 돌려주는 것을 받아서 사용하는 방법을 씁니다. (Calendar는 사실 추상 클래스기 때문에 항상 구상 '서브' 클래스를 사용하게 됩니다.)

더 신기한 점은 리턴되는 각 컴퓨터에서 사용하는 지역 설정(locale)에 적합한 Calendar 객체가 리턴된다는 것입니다. 전 세계 대부분 지역에서 그레고리안력을 사용하지만 만약 그레고리안력을 사용하지 않는 곳에 살고 있다면 불교력, 이슬람력, 일본력과 같은 다른 달력을 처리해줄 수 있는 라이브러리를 구해서 쓸 수도 있습니다.

표준 자바 API에는 java.util.GregorianCalendar가 들어있기 때문에 여기에서는 그것을 쓰기로 하겠습니다. 하지만 대부분의 경우에 Calendar의 하위클래스 가운데 어떤 클래스를 썼는지에 대해서 신경 쓸 필요가 없습니다. Calendar 클래스에 들어있는 메소드에만 신경 쓰면 되죠.

Calendar를 확장하는 객체 인스턴스를 받는 방법

세상에... 추상 클래스의 '인스턴스'를 어떻게 받을 수 있죠?

물론 추상클래스의 인스턴스를 직접 받는 게 아닙니다. 아래 코드는 작동하지 않지요.

이런 코드는 쓸 수 없습니다.

```
Calendar cal = new Calendar();
```


대신 getInstance()라는 정적 메소드를 씁니다.

```
Calendar cal = Calendar.getInstance();
```

Calendar의 인스턴스는 받을 수 없겠지만 Calendar의 구상 하위클래스의 인스턴스는 받을 수 있죠.

Calendar가 추상 클래스이므로 Calendar 클래스의 인스턴스를 받는 것은 불가능하겠죠. 하지만 정적 메소드는 특정 인스턴스가 아닌 클래스 자체에 대해 호출되기 때문에 Calendar에 대해서 정적 메소드를 호출하는 데는 문제가 없습니다. 따라서 Calendar 클래스의 getInstance() 메소드를 호출하면... 구상 하위클래스의 인스턴스를 받을 수 있습니다. Calendar를 확장한, 그리고 Calendar 클래스에서 선언한 메소드에 대해 응답할 수 있는 객체를 받을 수 있는 거죠. (그리고 Calendar의 하위클래스 인스턴스이므로 당연히 Calendar 레퍼런스 변수에 대입할 수 있습니다.)

거의 모든 지역에서 그레고리안력을 사용하기 때문에 대부분 **java.util. GregorianCalendar** 인스턴스를 리턴받게 될 것입니다.

Calendar 객체 사용법

Calendar 객체를 사용하려면 몇 가지 개념을 이해하고 넘어가야 합니다.

- **필드에 *상태가* 저장됩니다** – Calendar 객체에는 여러 개의 필드가 있고, 이 필드들에 궁극적인 상태(날짜와 시간)가 저장됩니다. 예를 들어 Calendar 객체의 연도나 달을 알아내거나 설정할 수 있습니다.

- **날짜와 시간을 증감시킬 수 있습니다** – Calendar 클래스에는 다양한 필드의 값을 증가 또는 감소시킬 수 있게 해주는 메소드가 들어있습니다. 예를 들어 한 달을 더하거나 세 달 빼는 것 같은 작업을 할 수도 있습니다.

- **날짜와 시각을 *밀리초 단위로* 표현할 수 있습니다** – Calendar 클래스를 써서 날짜/시각을 밀리초 단위의 시각(좀더 정확하게 말하자면 1970년 1월 1일로부터 경과한 시간을 밀리초 단위로 표현한 값)으로 변환할 수 있습니다. 이런 기능을 이용하여 '두 개의 서로 다른 시각 사이의 시간차' 또는 '이 시각에 63시간 23분 12초를 더한 시각' 등을 정확하게 계산할 수 있습니다.

Calendar 객체 사용 예:

```java
Calendar c = Calendar.getInstance();
c.set(2004,0,7,15,40);
long day1 = c.getTimeInMillis();
day1 += 1000 * 60 * 60;
c.setTimeInMillis(day1);
System.out.println("new hour " + c.get(c.HOUR_OF_DAY));
c.add(c.DATE, 35);
System.out.println("add 35 days " + c.getTime());
c.roll(c.DATE, 35);
System.out.println("roll 35 days " + c.getTime());
c.set(c.DATE, 1);
System.out.println("set to 1 " + c.getTime());
```

```
File  Edit  Window  Help  Time-Flies
new hour 16
add 35 days Wed Feb 11 16:40:41 MST 2004
roll 35 days Tue Feb 17 16:40:41 MST 2004
set to 1 Sun Feb 01 16:40:41 MST 2004
```

Calendar API 요약

Calendar 클래스의 몇 가지 필드와 메소드에 대해 알아봤습니다. 이 API는
상당히 크기 때문에 여기에는 많이 쓰이는 몇 가지 필드와 메소드만 열거해
보았습니다. 일단 몇 가지만 익히고 나면 나머지도 그리 어렵지 않게 활용할
수 있을 것입니다.

Calendar의 중요 메소드

add(int field, int amount)
　　Calendar의 필드에 시간을 더하거나 뺍니다.

get(int field)
　　주어진 필드의 값을 리턴합니다.

getInstance( )
　　Calendar를 리턴합니다. 지역 설정을 따로 지정할 수도
　　있습니다.

getTimeInMillis( )
　　이 Calendar 객체의 시각을 밀리초 단위의 long 값으로
　　리턴합니다.

roll(int field, boolean up)
　　더 큰 단위의 필드는 바꾸지 않은 채로 시간을 더하거나
　　뺍니다.

set(int field, int value)
　　주어진 Calendar 필드의 값을 설정합니다.

set(year, month, day, hour, minute) (전부 정수)
　　연, 월, 일, 시, 분을 설정합니다.

setTimeInMillis(long millis)
　　1970년 1월 1일로부터 경과한 시간을 밀리초 단위로 표
　　현한 값(long)을 가지고 Calendar 시각을 설정합니다.

// 기타 메소드

Calendar의 중요 필드

DATE / DAY_OF_MONTH
　　일

HOUR / HOUR_OF_DAY
　　12시간, 또는 24시간 값

MILLISECOND
　　밀리초 값

MINUTE
　　분

MONTH
　　달

YEAR
　　연도

ZONE_OFFSET
　　그리니치 표준시와의 차이(밀리초 단위)

// 기타 필드

한 차원 높은 정적 요소, 정적 임포트

자바 5.0에 새로 추가된 기능 중에 정적 임포트(static import) 기능이 있습니다. 어떤 사람들은 좋아하고 어떤 사람들은 싫어하는, 평이 엇갈리는 기능인데요, 타이핑하기 싫어하는 사람들에게는 아주 좋은 기능입니다. 이 기능의 가장 큰 단점은 (조심하지 않으면) 코드를 읽기가 훨씬 어려워질 수 있다는 것입니다.

기본 개념은 정적 클래스, 정적 변수, enum 값 등을 사용할 때 정적 임포트를 활용해서 타이핑을 더 적게 해보자는 것입니다.

기존 코드:

```java
import java.lang.Math;

class NoStatic {

    public static void main(String [] args) {

        System.out.println("sqrt " + Math.sqrt(2.0));

        System.out.println("tan " + Math.tan(60));

    }

}
```

주의: 정적 임포트 기능을 잘못 사용해면 코드의 가독성이 크게 떨어질 수 있습니다.

정적 임포트를 사용한 코드:

정적 임포트는 이런 식으로 선언합니다.

```java
import static java.lang.System.out;

import static java.lang.Math.*;

class WithStatic {

    public static void main(String [] args) {

        out.println("sqrt " + sqrt(2.0));

        out.println("tan " + tan(60));

    }

}
```

정적 임포트를 활용한 부분

장단점

- 정적 멤버를 몇 번 정도만 쓸 생각이라면 코드의 가독성을 감안해서 정적 임포트를 쓰지 않는 쪽이 낫습니다.

- (Math를 이용해서 계산용 코드를 만들 때처럼) 정적 멤버를 아주 많이 쓴다면 정적 임포트를 써도 좋습니다.

- 정적 임포트를 선언할 때 와일드카드(.*)를 쓸 수도 있습니다.

- 정적 임포트와 관련해서 가장 큰 문제 가운데 하나는 바로 이름이 중복될 가능성이 적지 않다는 것입니다. 예를 들어 똑같이 add()라는 메소드가 들어있는 클래스가 두 개 있다면 컴파일러든 프로그래머든 그 중 어느 쪽을 써야 할지 알 수 있는 방법이 없겠죠?

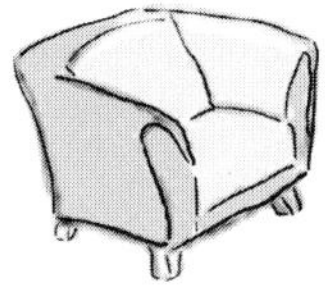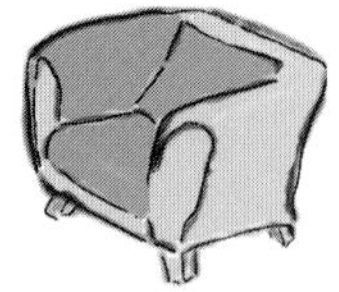

집중 토론

**오늘의 주제: 인스턴스 변수가
정적 변수를 공격합니다.**

인스턴스 변수

우리가 왜 이런 얘기를 하고 있는지 잘 모르겠네요. 정적 변수가 상수에 불과하다는 건 모두 알고 있잖아요. 그리고 정적 변수가 몇 개나 있죠? 게다가 모든 사람들이 정적 변수를 사용하는 건 아니잖아요.

잔뜩 들어있다고요? 거 참 듣기 좋은 말이군요. 스윙 라이브러리에는 그래도 정적 변수가 조금 있나 보군요. 하지만 스윙은 특별한 경우잖아요.

알겠어요. 하지만 얼마 안 되는 GUI 관련 클래스말고 실생활에서 누구든지 사용할만한 정적 변수의 예를 하나만이라도 들어주실래요?

그것도 사실 특별한 경우라고 할 수 있죠. 그리고 디버깅할 때 아니면 누가 그런 걸 씁니까?

정적 변수

좀 제대로 알고 말씀하세요. 마지막으로 API를 쳐다본 게 언제입니까? API에 정적 변수가 얼마나 많은데요. 심지어 상수만 들어있는 클래스도 있다고요. 예를 들어 SwingConstants 같은 클래스에는 상수만 잔뜩 들어있어요.

특별한 경우일 수도 있지만 어쨌든 중요하지 않습니까? Color 클래스는 또 어떻고요? 표준적인 색을 사용할 때마다 RGB 값을 외워서 써야 한다면 얼마나 귀찮겠습니까? 다행히도 Color 클래스에서 파란색, 보라색, 하양, 빨간색 같은 색을 상수로 지정해놨기 망정이지 안 그랬으면 정말 죽을 맛이었겠죠.

System.out부터 시작해볼까요? System.out의 out은 System 클래스의 정적 변수죠. 보통 개인적으로 System의 인스턴스를 직접 만드는 일은 없지 않습니까? System 클래스의 변수를 사용하는 경우가 대부분이죠.

디버깅이 중요하지 않다는 투로 말씀하시는군요.

그렇다면 당신 같이 속 좁은 사람은 생각하지 못했을 주제를 얘기해볼까요? 정적 변수가 더 효율적이라는 것은 인정할 수 있겠죠? 인스턴스마다 하나씩 있는 게 아니고 클래스마다 하나씩 있으니까요. 메모리가 얼마나 많이 절약됩니까?

인스턴스 변수

아, 뭔가를 잊고 계시군요.

정적 변수는 정말 객체지향적이지 않아요. 아예 그냥 옛날로 돌아가서 프로시저 위주의 프로그래밍이나 하시죠.

전역 변수랑 비슷하다는 겁니다. 자기가 갖고 있는 PDA 값을 제대로 하는 프로그래머라면 그게 안 좋다는 것은 다 알고 있습니다.

클래스에 살고 있는 것은 맞습니다만 사람들이 '클래스 지향 프로그래밍'이라고 부르는 걸 혹시 들어보셨나요? 말도 안 되죠. 그런 게 어디 있습니까? 댁은 단지 구시대의 잔재에 지나지 않습니다. 옛 관습에 젖어있는 사람들이 자바를 쓰는 데 필요해서 남아있을 뿐이라고요.

뭐 그렇긴 하네요. 아주 가끔씩 정적 변수를 쓰는 게 나은 경우가 있긴 하죠. 하지만 정적 변수(그리고 정적 메소드)를 남용하는 것은 아직 숙달되지 않은 객체 지향 프로그래머의 상징이라고 할 수 있죠. 프로그램을 설계할 때는 객체의 상태에 대해서만 생각해야지, 클래스의 상태에 대해서는 생각하지 않죠.

정적 메소드는 프로그래머가 고유한 객체의 상태를 바탕으로 해서 객체가 어떤 식으로 일을 처리하는지를 생각할 때 쓰는 게 아니고 프로시저 위주로 생각할 때 쓰는 것 아닙니까? 정적 메소드는 정말 나쁜 겁니다.

알았어요. 맨날 자기 얘길 할 때는 그런 식이죠.

정적 변수

뭘요?

객체지향적이지 않다니요?

저는 전역 변수가 아닙니다. 자바에는 전역 변수가 없잖아요. 저는 클래스 안에서 살고 있습니다. 클래스는 객체지향적인 것이죠. 저는 어디 이상한 데 떨어져있는 게 아니고 객체의 자연적인 상태의 한 부분이라고 할 수 있습니다. 한 클래스에 속하는 모든 인스턴스에 의해서 공유된다는 것이 다를 뿐이죠. 얼마나 효율적입니까?

잠깐만요. 그건 말도 안 되는 소리입니다. 정적 변수 중에는 시스템에서 필수적인 것도 있잖아요. 그리고 필수적이라고 할 수 없는 것들도 분명히 유용하게 쓰이지요.

왜 그런 말씀을 하시는 거죠? 그리고 정적 메소드는 또 왜 물고 늘어지십니까?

물론, 저도 객체가 객체지향적인 설계 과정에 있어서 가장 중요하다는 정도는 압니다. 하지만 몇몇 몰지각한 프로그래머들이 그렇게 한다고 해서 그런 식으로 매도할 수는 없죠. 정적 변수나 정적 메소드가 적절한 경우가 분명히 있고 보통 그런 경우에는 다른 마땅한 대안이 없잖아요.

컴파일러가 되어봅시다.

이 페이지에 있는 자바 파일은 각각 하나씩의 소스 파일입니다.
이제 자신이 컴파일러라고 생각하고, 각 파일을 컴파일할 수
있는지 결정해봅시다. 컴파일이 되지 않는다면
어떤 것을 고쳐야 할까요? 그리고 컴파일이
되면 출력 결과는 어떻게 될까요?

```java
class StaticSuper{

  static {
    System.out.println("super static block");
  }

  StaticSuper{
    System.out.println(
      "super constructor");
  }
}

public class StaticTests extends StaticSuper {
  static int rand;

  static {
    rand = (int) (Math.random() * 6);
    System.out.println("static block " + rand);
  }

  StaticTests() {
    System.out.println("constructor");
  }

  public static void main(String [] args) {
    System.out.println("in main");
    StaticTests st = new StaticTests();
  }
}
```

컴파일이 된다면 어떤 결과가
출력될까요?

출력 결과:

```
File  Edit  Window  Help  Cling
%java StaticTests
static block 4
in main
super static block
super constructor
constructor
```

후보 코드:

```
File  Edit  Window  Help  Electricity
%java StaticTests
super static block
static block 3
in main
super constructor
constructor
```

이 장에서는 자바의 정적 변수와 정적 메소드를 알아보았습니다. 다음 각 문장을 보고 참인지 거짓인지를 맞춰보세요.

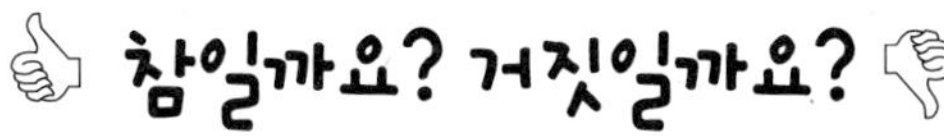

연습문제

1. Math 클래스를 쓸 때 가장 먼저 할 일은 인스턴스를 만드는 것입니다.

2. 생성자에도 static 키워드를 붙일 수 있습니다.

3. 정적 메소드는 그 객체의 인스턴스 변수를 사용할 수 없습니다.

4. 정적 메소드를 호출할 때는 레퍼런스 변수를 사용하는 것이 좋습니다.

5. 정적 변수를 써서 클래스의 인스턴스의 개수를 셀 수 있습니다.

6. 정적 변수가 초기화되기 전에 생성자가 호출됩니다.

7. MAX_SIZE는 정적 final 변수의 이름으로 쓰기에 적당한 이름입니다.

8. 정적 초기화 블록은 클래스의 생성자가 실행되기 전에 실행됩니다.

9. 클래스를 final로 지정하면 그 클래스에 있는 모든 메소드도 final로 지정해야 합니다.

10. final 메소드는 클래스가 확장되었을 때만 오버라이드할 수 있습니다.

11. 부울 원시 형식에 대해서는 래퍼 클래스가 없습니다.

12. 원시 형식을 객체인 것처럼 다룰 때는 래퍼를 사용하면 됩니다.

13. parseXxx 메소드에서는 항상 String을 리턴합니다.

14. 포매팅 클래스(입출력과 분리된 클래스)는 java.format 패키지에 들어있습니다.

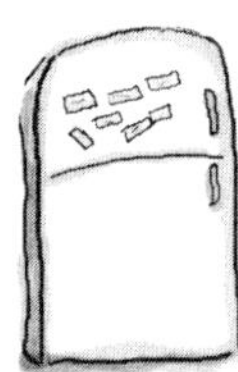

음력 코드 자석

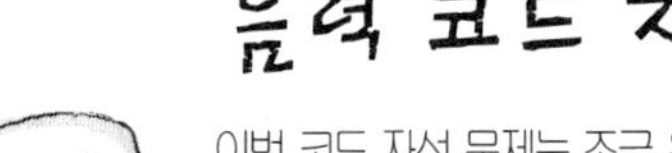

이번 코드 자석 문제는 조금 유용하게 쓰일 수도 있습니다. 이 문제를 풀려면 조금 전에 몇 페이지에 걸쳐서 배운 내용 외에 몇 가지 추가로 알아야 할 것이 있습니다. 첫 번째는 보름달은 29.52일 정도마다 한 번씩 뜬다는 것입니다. 그리고 두 번째는 2004년 1월 7일에 보름달이 떴다는 것입니다. 이제 여기에 있는 코드 조각들을 재구성해서 아래에 나와 있는 것과 같은 결과를 출력해주는 (그 외에도 보름달이 뜨는 날짜를 몇 개 더 출력해주는) 자바 프로그램을 만들어 보세요. (여기에 있는 코드 자석 조각들을 전부 사용해야만 하는 것은 아닙니다. 그리고 여기에 나와 있지 않은 중괄호들을 필요에 따라 추가해야 할 수도 있고요.) 그리고 출력 결과는 여러분이 있는 지역의 표준시간대에 따라 달라질 수도 있습니다.

```
long day1 = c.getTimeInMillis();

c.set(2004,1,7,15,40);

import static java.lang.System.out;

static int DAY_IM = 60 * 60 * 24;

("full moon on %tc", c));

(c.format

Calendar c = new Calendar();

class FullMoons {

public static void main(String [] args) {

day1 += (DAY_IM * 29.52);

for (int x = 0; x < 60; x++) {

static int DAY_IM = 1000 * 60 * 60 * 24;

println

import java.io.*;

("full moon on %t", c));

import java.util.*;

static import java.lang.System.out;

c.set(2004,0,7,15,40);        out.println

c.setTimeInMillis(day1);      (String.format

Calendar c = Calendar.getInstance();
```

```
File  Edit  Window  Help  Howl

% java FullMoons
full moon on Fri Feb 06 04:09:35 MST 2004
full moon on Sat Mar 06 16:38:23 MST 2004
full moon on Mon Apr 05 06:07:11 MDT 2004
```

연습문제 정답

컴파일러가 되어봅시다.

```
StaticSuper( ) {
  System.out.println(
    "super constructor");
}
```

StaticSuper는 생성자므로 반드시 ()가 있어야 합니다. 밑에 있는 결과에서 볼 수 있듯이 두 클래스의 정적 초기화 블록은 생성자가 실행되기 전에 실행됩니다.

출력결과:

```
File  Edit  Window  Help  Cling
%java StaticTests
super static block
static block 3
in main
super constructor
constructor
```

참일까요? 거짓일까요?

1. Math 클래스를 쓸 때 가장 먼저 할 일은 인스턴스를 만드는 것입니다. **거짓**

2. 생성자에도 static 키워드를 붙일 수 있습니다. **거짓**

3. 정적 메소드는 그 객체의 인스턴스 변수를 사용할 수 없습니다. **참**

4. 정적 메소드를 호출할 때는 레퍼런스 변수를 사용하는 것이 좋습니다. **거짓**

5. 정적 변수를 써서 클래스의 인스턴스의 개수를 셀 수 있습니다. **참**

6. 정적 변수가 초기화되기 전에 생성자가 호출됩니다. **거짓**

7. MAX_SIZE는 정적 final 변수의 이름으로 쓰기에 적당한 이름입니다. **참**

8. 정적 초기화 블록은 클래스의 생성자가 실행되기 전에 실행됩니다. **참**

9. 클래스를 final로 지정하면 그 클래스에 있는 모든 메소드도 final로 지정해야 합니다. **거짓**

10. final 메소드는 클래스가 확장되었을 때만 오버라이드할 수 있습니다. **거짓**

11. 부울 원시 형식에 대해서는 래퍼 클래스가 없습니다. **거짓**

12. 원시 형식을 객체인 것처럼 다룰 때는 래퍼를 사용하면 됩니다. **참**

13. parseXxx 메소드에서는 항상 String을 리턴합니다. **거짓**

14. 포매팅 클래스(입출력과 분리된 클래스)는 java.format 패키지에 들어있습니다. **거짓**

연습문제 정답

```java
import java.util.*;

import static java.lang.System.out;

class FullMoons {

  static int DAY_IM = 1000 * 60 * 60 * 24;

  public static void main(String [] args) {

    Calendar c = Calendar.getInstance();

    c.set(2004,0,7,15,40);

    long day1 = c.getTimeInMillis();

    for (int x = 0; x < 3; x++) {

      day1 += (DAY_IM * 29.52)

      c.setTimeInMillis(day1);

      out.println(String.format("full moon on %tc", c));

    }

  }

}
```

음력 코드 자석에 관하여:

이 프로그램을 실행시켰을 때 나오는 결과 중에 어떤 건 하루 정도 틀리게 나올 수도 있습니다. 원래 천문 관련 날짜 계산이 그리 쉬운 일이 아니기 때문에 완벽한 결과를 얻으려면 훨씬 복잡해집니다.

힌트: 시간대 설정 문제도 상당히 까다롭죠. 그 문제는 어떻게 해결할 수 있을까요?

```
 File  Edit  Window  Help  Howl
% java FullMoons
full moon on Fri Feb 06 04:09:35 MST 2004
full moon on Sat Mar 06 16:38:23 MST 2004
full moon on Mon Apr 05 06:07:11 MDT 2004
```

11 예외 처리

위험한 행동

종종 예상치 못한 일이 일어나곤 합니다. 있는 줄 알았던 파일이 없거나 서버가 다운되는 경우도 흔히 있습니다. 프로그래머가 아무리 뛰어나도 모든 것을 마음대로 제어할 수 있는 것은 아닙니다. 위험 요소가 있는 메소드를 만들 때는 (일어날 가능성이 있는) 안 좋은 일을 처리할 코드가 필요합니다. 하지만 메소드가 언제 위험에 빠질지 어떻게 알 수 있을까요? 그런 **예외적인 상황을 처리할 코드는 어디에 집어넣어야 할까요?** 이 책에서는 아직까지 위험한 행동을 한 적이 없습니다. 실행 중에 문제가 생기는 경우도 있긴 했지만 그런 문제는 모두 코드에 문제가 있어서 생긴 것이었습니다. 즉, 버그 때문이었죠. 그리고 그런 버그는 개발 과정에서 고쳐야 합니다. 지금 우리가 얘기하고 있는 문제 처리용 코드는 실행 중에 원하는 대로 되지 않는 경우에 대비해서 만드는 코드입니다. 예를 들어, 파일이 올바른 디렉토리에 있다고 가정하는 코드, 서버가 돌아가고 있다고 가정하는 코드, 스레드가 여전히 잠들어 있는 상태라고 가정하는 코드 같은 경우에는 이러한 가정에 맞지 않는 상황에 대비해야 합니다. 이 장에서는 위험 요소가 있는 JavaSound API를 사용하는 프로그램을 만들 계획이므로 그런 문제를 처리하는 방법을 생각해봐야 합니다. 이 장에서는 미디 음악 재생 프로그램을 만들어보겠습니다.

음악 재생 프로그램을 만들어봅시다.

앞으로 세 장에 걸쳐서 비트박스 드럼 머신을 비롯한 몇 가지 서로 다른
사운드 애플리케이션을 만들어보겠습니다. 이 책이 끝날 무렵에는
멀티플레이어 버전을 만들어서 채팅방과 비슷한 식으로 자신의 드
럼 루프를 다른 사용자에게 보낼 수 있는 프로그램을 완성하게 될 것
입니다. GUI 부분은 인스턴트 코드를 써도 되지만 그 부분을 제외한
모든 부분은 여러분이 만들 것입니다. IT 분야의 일을 하기 위해 비트
박스 서버 같은 것이 반드시 필요한 것은 아니지만 이 책에서는 그런
프로그램을 통해 자바를 배워보기로 하겠습니다. 이런 비트박스를 만
들다 보면 자바도 배우고 재미도 느낄 수 있으니까요.

비트박스를 완성하고 나면 다음과 같은 화면을 볼 수 있을 것입니다.

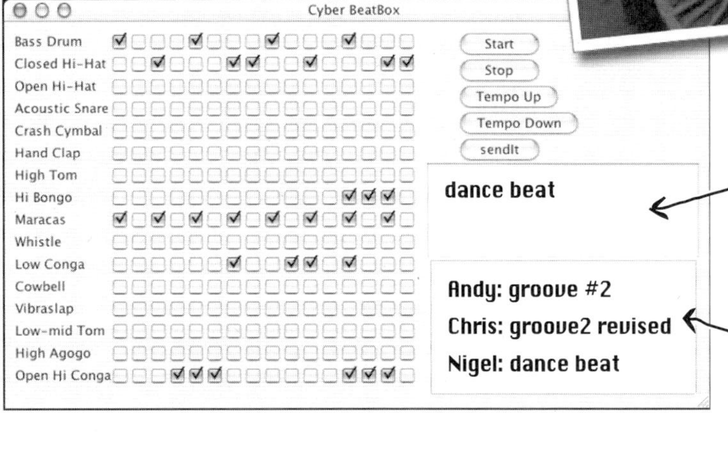

각각 '박자' 16개를 나타내는 상자를 체크하는 식으로 쓰면 됩니다. 예를 들어, 16박자
가운데 첫번째 박자(beat)에서는 베이스 드럼(Bass Drum)과 마라카스(Maracas)가 연주
되고 두 번째 박자에서는 아무것도 연주되지 않고 세 번째 박자에서는 마라카스와 닫힌
하이햇(Closed Hi-Hat)이 연주되는 식으로 프로그램이 진행됩니다. 감이 잡히죠?
'Start'를 클릭하면 'Stop'을 누를 때까지 이 패턴이 끊임없이 반복됩니다. 그리고 자
기가 만든 패턴을 비트박스 서버로 보내면 그 패턴을 캡처할 수 있습니다(즉, 다른 사용
자가 그 패턴을 들어볼 수 있습니다). 그리고 메시지와 패턴이 함께 들어오면 메시지를 클
릭해서 그 패턴을 불러올 수도 있습니다.

기초부터 시작합시다.

프로그램을 모두 만들려면 새로 배워야 할 것이 몇 가지 있습니다. 스윙 GUI를 만드는 방법, 네트워크를 통해 다른 시스템에 연결하는 방법, 다른 시스템에 뭔 가를 보내는 데 필요한, 간단한 입출력과 같은 것을 배워야 합니다.

그리고 JavaSound API도 알아야 합니다. 우선 이 장에서는 JavaSound API부 터 시작하겠습니다. 일단은 GUI나 네트워크, 입출력 같은 것은 잊어버리 고 여러분의 컴퓨터에서 미디로 만들어진 소리가 나오게 하는 방법에만 집 중해봅시다. 미디에 대해 모른다거나 악보를 읽고 음악을 만드는 방법을 전혀 몰라도 걱정할 필요는 없습니다. 여러분이 알아야 할 것은 모두 여기 에 나와있으니까요. 미디 음악 전문가까지는 아니어도 간단한 내용은 알 수 있게 될 것입니다.

JavaSound API

JavaSound는 자바 1.3부터 추가된 클래스와 인터페이스의 모음인데, 따로 추 가해야 하는 것이 아니라 표준 J2SE 클래스 라이브러리에 포함되어 있습니다. JavaSound는 두 부분으로 나뉘어있는데, 하나는 MIDI고 다른 하나는 Sampled입니다. 이 책에서는 MIDI 부분만 사용합니다. 미디(MIDI) 는 악기 디지털 인터페이스(Musical Instruments Digital Interface)의 머리글자로 서로 다른 종류의 전자 음악 기기끼리 의 사소통을 하는 데 필요한 표준 프로토콜입니다. 하지만 이 비트박스 애플리케이션을 만드는 입장에서 보면 그냥 최신형 자동 재생 피아노 에서 사용할 악보라고 생각할 수도 있습니다. 미디 데이터에는 소리 자 체가 들어가는 것이 아니라 미디를 읽어 들이는 악기에서 재생할 수 있는 지시사항이 들어있습니다. 미디 파일을 HTML 문서에 비유한다면 미디 파일을 재생하는 악기는 웹 브라우저에 비유할 수 있습니다.

미디 데이터에는 무엇을 할지를 (가운데 '다' 음을 어떤 세기로 연주하고 얼마 동 안 그대로 지속하라는 식으로) 지정하는 내용이 들어있을 뿐 실제 여러분이 듣는 소리에 대한 내용은 없습니다. 미디에서는 플룻, 피아노, 지미 헨드릭스의 기타 소리 등을 어떻게 만들어내야 할지를 알 수 없습니다. 실제 소리는 미디 파일을 읽고 재생할 수 있는 악기(미디 장치)에서 만들어냅니다. 보통 미디 장치는 밴드 하나 또는 오케스트라의 악기 하나와 비슷하다고 볼 수 있습니다. 그런 악기는 밴드에서 사용하는 전자 키보드 신서사이저일 수도 있고 컴퓨터 안에 완전히 소프트웨어적으로 들어가 있는 악기일 수도 있습니다.

우리가 만들 비트박스에서는, 자바에 기본으로 내장되어있는 소프트웨어만으 로 구현된 악기를 사용하겠습니다. 이런 것을 신서사이저(synthesizer, 소프트 웨어 신서사이저라고 부르기도 합니다)라고 부릅니다. 여러분이 들을 수 있는 소 리를 합성하는 역할을 하기 때문이죠.

미디 파일에는 음악을 어떤식으로 재생해야 하는지에 대한 정보만 들어있을 뿐 실제 소리에 대한 데이터는 들어있지 않습니다. 자동 재생 피아노에 들어가는 악보와 비슷하다고 생각하면 됩니다.

미디 장치에서는 미디 파일을 '읽고' 재생하는 방법을 알고 있습니다. 그런 장치로는 키보드 신서사이저를 비롯한 다양한 장치가 있습니다. 일반적으로 미디 악기에서는 여러 가지 서로 다른 소리 (피아노, 드럼, 바이올린 등)를 낼 수 있고 그런 소리를 동시에 낼 수 있습니다. 따라서 미디 파일은 밴드에 있는 한 연주자가 사용할 악보라기보다는 한 곡을 연주하기 위해 필요한 모든 연주자의 악보를 모아놓은 것이라고 할 수 있습니다.

우선 Sequencer가 필요합니다.

어떤 소리를 재생하려면 우선 Sequencer 객체가 있어야 합니다. 시퀀서는 모든 미디 데이터를 모아서 올바른 악기로 보내주는 객체입니다. 즉, 실제로 음악을 연주하는 객체라고 할 수 있죠. 시퀀서로 다양한 일을 할 수 있지만 이 책에서는 단순한 재생 장치로만 사용하겠습니다. 오디오에 들어있는 CD 플레이어에 몇 가지 기능이 추가된 정도라고 생각하면 됩니다. Sequencer 클래스는 javax.sound.midi 패키지에 들어있습니다(자바 1.3부터 표준 자바 라이브러리에 포함되기 시작했습니다). 일단 Sequencer 객체를 만드는 방법부터 시작해보겠습니다.

```java
import javax.sound.midi.*;

public class MusicTest1 {

    public void play() {
        Sequencer sequencer = MidiSystem.getSequencer();

        System.out.println("We got a sequencer");
    } // 메소드 끝

    public static void main(String[] args) {
        MusicTest1 mt = new MusicTest1();
        mt.play();
    } // 메소드 끝
} // 클래스 끝
```


뭔가 잘못되었습니다.

이 코드는 컴파일할 수 없습니다. 컴파일러에서 예외를 잡아내거나 처리해야 하는데, 그렇게 하지 않았다고 뭐라고 하는군요.

```
File  Edit  Window  Help  SayWhat?

% javac MusicTest1.java

MusicTest1.java:13: unreported exception javax.sound.midi.
MidiUnavailableException; must be caught or declared to be
thrown

    Sequencer sequencer = MidiSystem.getSequencer();
                                    ^

1 errors
```

위험 요소가 있는 메소드를 호출하려고 하면
어떤 일이 일어날까요?

① 다른 누군가가 만든 클래스에 들어있는 메소드를 호출하는 경우를 가정해봅시다.

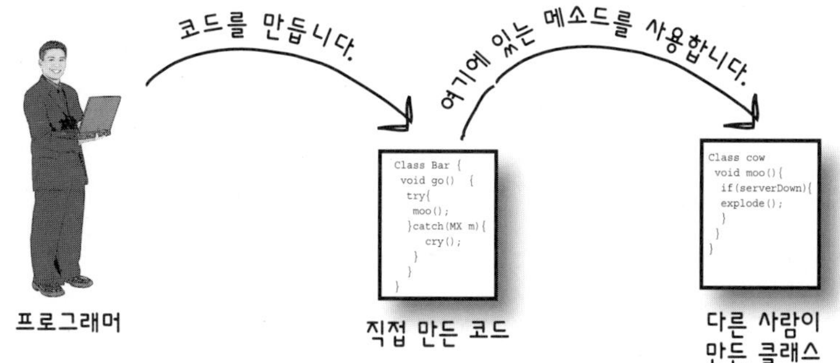

② 그 메소드에서는 제대로 실행이 되지 않을 수도 있는 뭔가 위험 요소가 있는 작업을 합니다.

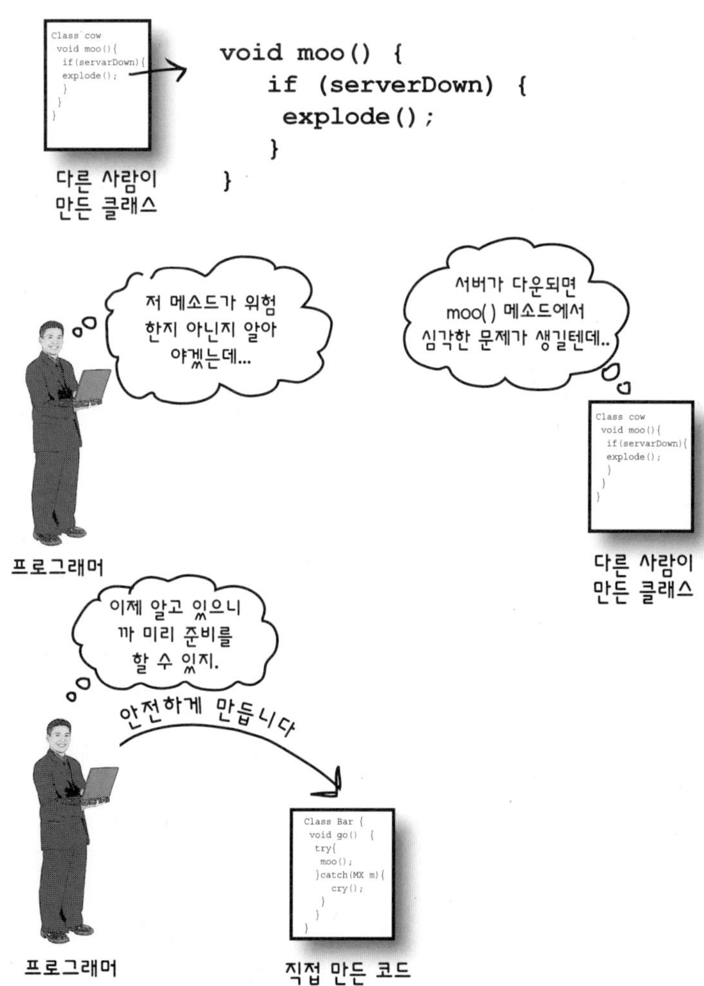


```
void moo() {
    if (serverDown) {
        explode();
    }
}
```

③ 호출하려고 하는 메소드에 위험 요소가 있다는 것을 알아야 합니다.

④ 위험하다는 것을 알아내고 나면 실패했을 경우에 그 실패 상황을 처리할 수 있는 코드를 만듭니다. 만약에 대비해서 미리 준비해야 합니다.

자바 메소드에서는 문제가 생기면 예외를 사용하여
자신을 호출한 메소드에 그 사실을 알려줍니다.

자바의 예외 처리(exception handling) 메커니즘은 실행 중에 생길 수 있는 '예외적인 상황' 을 처리할 수 있는 깔끔하고도 부담이 없는 방법입니다. 이 방법을 사용하면 오류 처리 코드를 한 군데로 모아둘 수 있기 때문에 코드를 이해하기도 매우 편리합니다. 이 방법에서는 호출할 메소드가 위험하다는 것(즉, 그 메소드에서 예외를 발생시킬 수 있다는 것)을 알고 있다는 것에 기반하여 그런 문제를 해결할 수 있는 코드를 만들도록 하고 있습니다. 특정 메소드를 호출할 때 예외가 발생할 수 있다는 것을 알고 있다면 그러한 예외를 발생시킨 문제에 미리 대비할 수 있습니다(그런 문제의 원인을 해결할 수도 있겠죠).

그렇다면 메소드에서 예외를 발생시킬 수 있다는 것은 어떻게 알 수 있을까요? 메소드 선언에서 **throws**[*] 구문을 찾으면 됩니다.

getSequencer( ) 메소드는 위험 가능성이 있는 메소드입니다. 실행 중에 문제가 생길 수도 있습니다. 따라서 그 메소드를 호출했을 때 생길 수 있는 위험 요인을 선언해야 합니다.

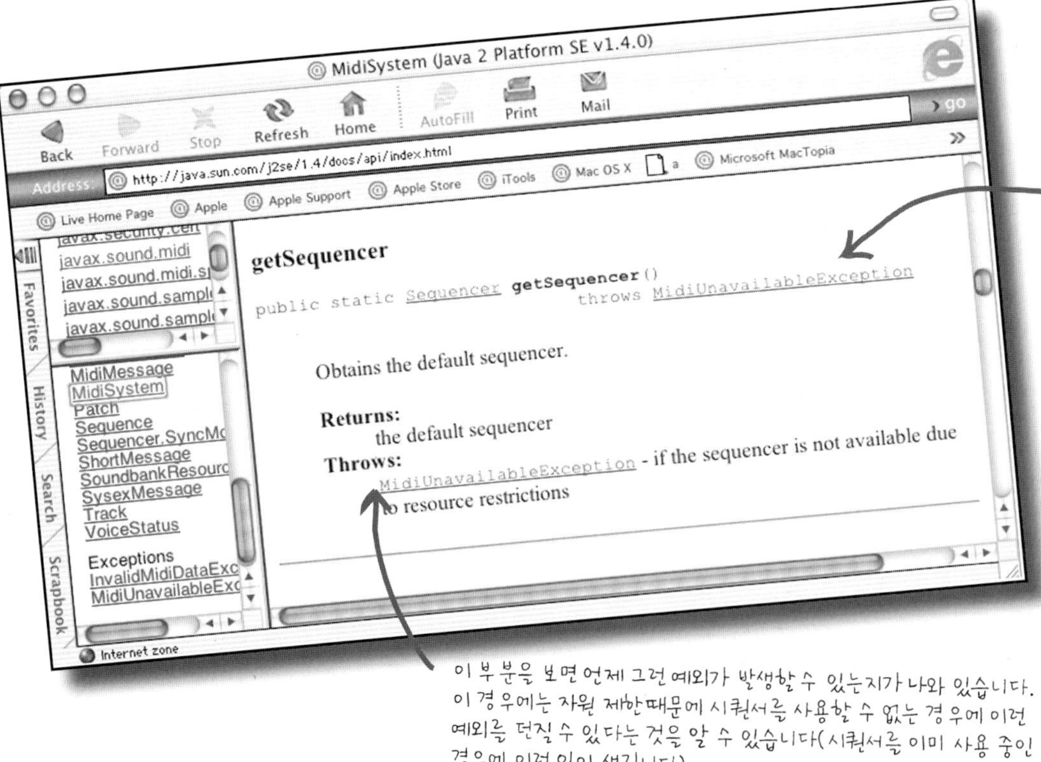

API 문서를 보면 "getSequencer()에서 MidiUnavailable Exception" 예외를 던질 수 있다는 것을 알 수 있습니다. 메소드에서는 그 메소드에서 던질 가능성이 있는 예외를 반드시 선언해줘야합니다.

이 부분을 보면 언제 그런 예외가 발생할 수 있는지가 나와 있습니다. 이 경우에는 자원 제한때문에 시퀀서를 사용할 수 없는 경우에 이런 예외를 던질 수 있다는 것을 알 수 있습니다(시퀀서를 이미 사용 중인 경우에 이런 일이 생깁니다).

[*]역자주: 예외를 발생시키는 것을 예외를 '던진다(throw)' 라고 표현하기 때문에 throws라는 키워드를 사용합니다.

컴파일러에서는 프로그래머가 위험한 메소드를 호출하고 있다는 것을 알아야 합니다.

위험한 코드를 **try/catch**라는 것으로 포장해주면 컴파일러에서는 아무 불평도 하지 않습니다.

try/catch 블록은 호출할 메소드에서 예외와 관련된 일이 일어날 수 있다는 것을 알고 있음을, 그리고 그런 예외를 처리할 준비가 되어있음을 컴파일러에 알려주는 역할을 합니다. 컴파일러에서는 프로그래머가 그 예외를 처리하는 구체적인 방법에는 신경쓰지 않습니다. 그냥 그런 예외를 처리할 것이라는 것만 밝혀주면 불평을 늘어놓지 않습니다.

컴파일러에게

지금 위험을 감수하고 있다는 것은 저도 알고 있습니다. 하지만 그만한 가치가 있다는 정도는 알고 계시죠? 어떻게 하면 좋을까요?

와이키키에서 한 프로그래머가

프로그래머에게

인생은 정말 짧습니다(특히 힙에서는 더 그렇죠). 위험을 감수해 보세요. try 구문을 시도해보세요. 하지만 일이 제대로 풀리지 않을 때를 대비해서 문제가 커지기 전에 catch 구문을 써서 모든 문제를 잡아내야 합니다.

```java
import javax.sound.midi.*;

public class MusicTest1 {
    public void play() {

        try {
            Sequencer sequencer = MidiSystem.getSequencer();
            System.out.println("Successfully got a sequencer");
        } catch(MidiUnavailableException ex) {
            System.out.println("Bummer");
        }
    } // play 메소드 끝

    public static void main(String[] args) {
        MusicTest1 mt = new MusicTest1();
        mt.play();
    } // main 메소드 끝
} // 클래스 끝
```

위험한 부분은 'try' 블록에 넣습니다.

예외적인 상황이 일어났을 때 할 일을 지정하기 위한 'catch' 블록을 만듭니다. 괄호 안에 있는 내용은 getSequencer()를 호출했을 때 MidiUnavailableException이 발생할 수 있다는 것을 의미합니다.

집에서는 따라하지 마세요

예외(exception)도 객체입니다.
Exception 유형의 객체지요.

예외는 Exception이라는 유형의 객체입니다.

앞서 다형성에 대한 내용을 다루는 장에서 배웠듯이 Exception 유형의 객체에는 Exception 하위클래스의 모든 인스턴스가 포함됩니다.

Exception이 객체므로 우리가 '잡아야' 하는 것도 객체입니다. 다음 코드에서 **catch**의 인자는 Exception 유형으로 선언되어 있고 매개변수는 ex라는 이름을 가진 레퍼런스 변수입니다.

```
try {

    // 위험한 일을 합니다.

} catch(Exception ex) {

    // 문제를 처리합니다.

}
```

메소드 인자를 선언하는 것과 마찬가지입니다.

이 코드는 예외가 던져진 경우에만 실행됩니다.

catch 블록에 들어가는 코드는 발생된 예외에 따라 결정됩니다. 예를 들어, 서버가 다운되어있다면 다른 서버를 시도하는 catch 블록을 만들면 되겠죠? 그리고 파일이 없는 경우에는 사용자에게 파일을 찾아달라는 요청을 할 수 있을 것입니다.

*역자주: '던질 수 있는' 범주에 속하는 클래스를 의미하는 것이겠죠.

Exception 클래스 계층 구조의 한 부분입니다. 모두 Throwable* 이라는 클래스를 확장하며 핵심적인 메소드 두 개를 물려받습니다.

Throwable
getMessage() printStackTrace()

Exception

IOException

InterruptedException

'예외를 잡는 것'은 우리가 만든 코드에서 처리할 수 있는데, 예외를 던지는 것은 어떤 코드로 아나요?

자바 코드를 만들 때 직접 예외를 만들고 던지는 시간보다는 예외를 처리하는 데 걸리는 시간이 훨씬 많을 것입니다. 일단 지금은 코드에서 위험한 메소드(예외를 선언하는 메소드)를 호출할 때 호출한 쪽에 예외를 던지는 것이 바로 그 위험한 메소드라고 기억해두면 되겠습니다.

물론, 여러분이 그런 위험한 메소드를 만드는 경우도 있습니다. 사실, 코드를 누가 만드는지는 중요하지가 않습니다. 어떤 메소드에서 예외를 던지고 어떤 메소드에서 예외를 잡아내는지가 중요하겠죠.

누군가가 예외를 던질 수 있는 코드를 만든다면 반드시 그 예외를 선언해야 합니다.

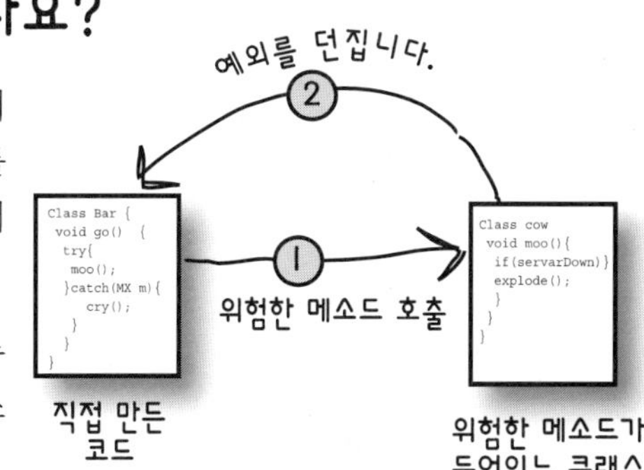

① 예외를 던지는 위험한 코드:

예외를 선언하는 과정을 통해 BadException을 던질 수 있다는 것을 외부에 알립니다.

```java
public void takeRisk() throws BadException {
  if (abandonAllHope) {
    throw new BadException();
  }
}
```

새로운 Exception 객체를 만들고 던집니다.

② 그 위험한 메소드를 호출하는 코드:

```java
public void crossFingers() {
  try {
    anObject.takeRisk();
  } catch (BadException ex) {
    System.out.println("Aaargh!");
    ex.printStackTrace();
  }
}
```

한 메소드에서 던진 것을 다른 메소드에서 잡아야 합니다. 예외는 언제나 그 메소드를 호출한 곳으로 던져집니다. 예외를 던지는 메소드에서는 반드시 그 메소드에서 예외를 던질 수 있다는 것을 선언해야만 합니다.

예외 상황을 해결할 수 없다면 적어도 모든 예외 객체에서 물려받는 printStackTrace() 메소드를 써서 스택 트레이스(stack trace)를 출력하는 정도는 해줘야 합니다.

컴파일러에서는 RuntimeException을 제외한 모든 것을 확인합니다.

컴파일러에서는 다음과 같은 것을 확인합니다:

RuntimeException의 하위클래스에 속하지 않은 Exception 객체는 컴파일러에서 확인해야 합니다. 그러한 예외를 '확인 예외(checked exception)'라고 부릅니다.

① 코드에서 예외를 던진다면 반드시 메소드를 선언하는 부분에서 throws 키워드를 써서 선언해줘야 합니다.

② 예외를 던지는 메소드(즉, 예외를 던진다고 선언한 메소드)를 호출하면 예외 발생 가능성이 있음을 알고 있다는 것을 표현해야 합니다. 이런 경우에 컴파일러를 만족시키는 방법 가운데 하나로 그런 메소드를 호출하는 부분을 try/catch 블록으로 감싸는 것이 있습니다(두 번째 방법은 잠시 후에 알아보겠습니다).

```
          Exception

IOException   InterruptedException   RuntimeException

                    ClassCastException   NullPointerException
```

RuntimeException 객체는 컴파일러에서 확인하지 않습니다. 그런 예외를 즉 '미확인 예외(unchecked exception)'라고 부릅니다. RuntimeException도 던지고 잡고 선언할 수 있지만 컴파일러에서 확인을 하지도 않으며 꼭 그래야하는 것도 아닙니다.

바보 같은 질문은 없습니다

Q: 잠깐만요. 왜 이제서야 try/catch 블록을 쓰나요? 앞에서 벌써 NullPointerException이나 DivideByZero 같은 예외가 나온 적이 있잖아요. 그리고 Integer.parseInt() 메소드에서는 NumberFormat Exception이 던져지는 경우도 있었고요. 그런 예외는 왜 잡지 않아도 괜찮았나요?

A: 컴파일러에서는 RuntimeException이라는 특수한 유형을 제외한 Exception의 모든 하위클래스에 대해 신경을 씁니다. 하지만 RuntimeException을 확장한 예외 클래스는 모두 그냥 통과됩니다. RuntimeException은 try/catch 블록 사용 여부, 또는 선언 부분에 throws 구문이 있는지 여부에 상관없이 어디에서든 사용할 수 있습니다. 컴파일러에서는 RuntimeException을 던진다고 선언을 했는지, 호출하는 쪽에서 실행 중에 예외가 생길 수 있음을 감안하고 있는지 등을 따지지 않습니다.

Q: 컴파일러에서 그런 런타임 예외에 대해서는 왜 신경을 쓰지 않나요? 그런 예외는 큰 문제를 일으키지 않는 건가요?

A: 대부분의 런타임 예외는 실행 중에 어떤 조건에 문제가 생기는 경우보다는 코드의 논리에 예측 및 예방할 수 없는 방식으로 문제가 생기는 경우에 발생합니다. 파일이 있는지 여부는 항상 장담할 수 없습니다. 그리고 서버가 잘 돌아가고 있는지도 언제나 장담할 수 있는 것이 아닙니다. 하지만 배열에서 인덱스 범위를 벗어나는 일은 코드를 잘 짜면 확실히 방지할 수 있습니다(.length 속성을 사용하는 가장 중요한 이유라고도 할 수 있죠).

개발과 테스트 단계에서는 RuntimeException이 그냥 일어나게 하는 것이 좋습니다. 예를 들어, try/catch 블록을 써서 "애초에 일어나지 않았어야"하는 문제를 잡아서 고치는 것은 바람직하지 않겠죠.

try/catch는 예외적인 상황을 처리하기 위한 것이지 코드에 있는 문제점을 처리하기 위한 것이 아닙니다. catch 블록은 반드시 성공하리라는 보장이 없는 코드를 시도해보고 코드가 실패했을 때 그런 예외적인 상황을 해결하기 위한 것입니다. 상황 해결이 여의치 않다면 사용자에게 메시지를 출력하고 스택 트레이스를 보여줌으로써 무슨 문제가 있는지 알려주는 일이라도 해야 되겠죠.

핵심정리

- 실행 중에 문제가 생기면 메소드에서 예외를 던질 수 있습니다.

- 예외는 언제나 Exception 유형의 객체입니다(다형성을 설명한 장에서 배웠 듯이 어떤 객체의 상속 트리 위쪽 어딘가에 Exception이 있다면 그 객체는 Exception 객체입니다).

- RuntimeException 유형에 속하는 예외에 대해서는 컴파일러에서 신경 을 쓰지 않습니다. RuntimeException은 선언하지 않아도 되고 try/catch 로 포장할 필요도 없습니다(물론, 선언을 하거나 try/catch 블록을 써도 되긴 합니다).

- 컴파일러에서 항상 확인하는 Exception 유형을 '확인 예외'라고 부르는데, 정확하게 말하자면 '컴파일러에서 확인하는 예외'라고 할 수 있습니다. 컴 파일러에서 확인하지 않는 예외는 RuntimeException 뿐입니다. 다른 모 든 예외에 대해서는 정해진 규칙에 따라 적절한 코드를 사용해야 합니다.

- 메소드에서 예외를 던질 때는 throw 키워드를 사용하며, 그 뒤에는 새로운 예외 객체를 만드는 구문을 적어주면 됩니다.

  ```
  throw new NoCaffeineException();
  ```

- 확인 예외를 던질 수 있는 메소드를 선언할 때는 반드시 **throws Exception** 선언문을 써서 예외를 던질 수 있다는 사실을 공표해야 합니다.

- 확인 예외를 던지는 메소드를 호출할 때는 반드시 정해진 규칙을 준수해야 합니다.

- 예외를 처리할 준비가 되어있다면 예외를 던지는 메소드를 호출하는 코드 를 try/catch로 감싸야 하며 예외 처리/복구 코드는 catch 블록 안에 넣어 야 합니다.

- 예외를 처리할 준비가 되지 않았다면 공식적으로 예외를 '회피'함으로써 컴파일러에서 그냥 넘어가게 할 수 있습니다. 이와 관련된 내용은 잠시 후 에 알아보겠습니다.

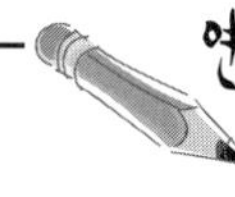

공부하는 방법에 관한 팁

뭔가 새로운 것을 공부할 때는 자기 전에 마지막으로 그 내용을 공부하세요. 즉, 일단 책을 덮은 다음에는 머리를 많이 써야 하는 일은 절대 하지 마세요. 머리 에서 여러분이 읽고 배운 내용을 처리하려면 어느 정 도 시간이 걸립니다. 몇 시간이 걸릴 수도 있죠. 어떤 것을 배운 다음 바로 다른 것을 공부하려고 하면 제대 로 이해가 되지 않을 수 있습니다.

물론, 몸으로 하는 일은 별 상관없습니다. 자바에 대 한 내용을 열심히 공부하고 나서 열심 히 발차기 연습을 해도 자바 공부에 는 별로 나쁜 영향을 끼치지 않습 니다.

학습 효과를 극대화시키고 싶다 면 잠들기 직전에 이 책을 읽어보세요(적어도 그림 이라도 보면 확실히 도움 이 될 것입니다).

연필을 깎으며

다음 중에서 확인 예외를 던질 가능성이 있는 것을 골라보세요. 코드만으로는 어떻게 할 수 없는 경우만 생각해보세요. 첫번째 것은 필자 들이 해 놓았습니다.

(그게 제일 쉽거든요)

하고자 하는 일	생길 수 있는 문제
✔ 원격 서버에 접속	서버가 다운되어 있음
___ 길이 제한을 벗어난 배열 접근	
___ 화면에 창을 표시함	
___ 데이터베이스로부터 데이터를 가져옴	
___ 텍스트 파일이 예상 위치에 있는지 확인	
___ 새로운 파일 생성	
___ 명령행으로부터 문자를 읽어옴	

try/catch 블록에서의 흐름 제어

위험한 메소드를 호출하면 둘 중 한 가지 일이 일어날 수 있습니다. 위험한
메소드가 성공해서 try 블록이 무사히 종료되거나 위험한 메소드에서 예외
를 던질 수 있겠죠.

try 블록이 성공하면

**(doRiskyThing( )에서 예외를
던지지 않으면)**

```
try {
①   Foo f = x.doRiskyThing();
    int b = f.getNum();


} catch (Exception ex) {
    System.out.println("failed");
}
② System.out.println("We made it!");
```

try 블록이 실행된 다음
catch 블록 <u>밑</u>에 있는
코드가 실행됩니다.

catch 블록에 들어있는 코드는
실행되지 않습니다.

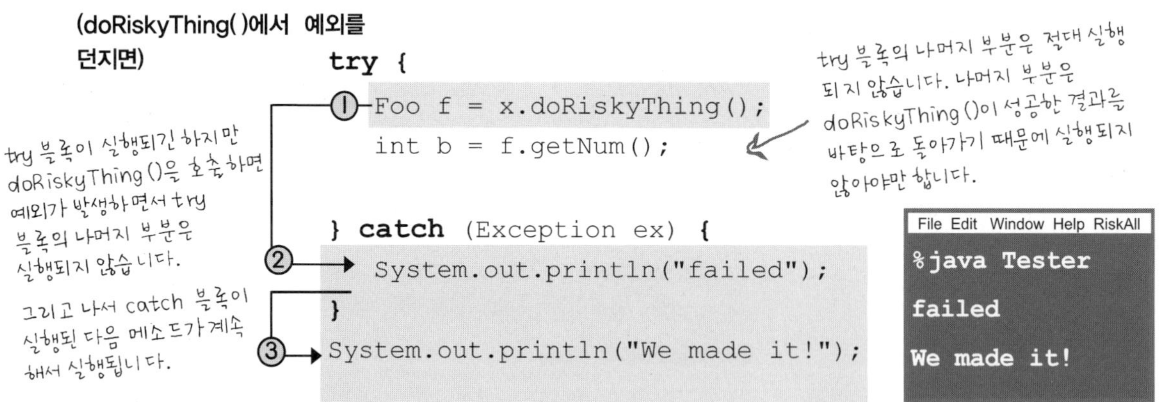

try 블록이 실패하면

**(doRiskyThing( )에서 예외를
던지면)**

```
try {
①   Foo f = x.doRiskyThing();
    int b = f.getNum();


} catch (Exception ex) {
②   System.out.println("failed");
}
③ System.out.println("We made it!");
```

try 블록이 실행되긴 하지만
doRiskyThing ()을 호출하면
예외가 발생하면서 try
블록의 나머지 부분은
실행되지 않습니다.

그리고 나서 catch 블록이
실행된 다음 메소드가 계속
해서 실행됩니다.

try 블록의 나머지 부분은 절대 실행
되지 않습니다. 나머지 부분은
doRiskyThing ()이 성공한 결과를
바탕으로 돌아가기 때문에 실행되지
않아야만 합니다.

무조건 실행할 내용을 지정하는 방법

요리를 하는 과정을 생각해봅시다. 일단 오븐을 켜야
겠죠?

하지만 요리가 제대로 되지 않았다면(**실패했다면**) 오
븐을 꺼야 합니다.

요리가 성공적으로 끝나도 오븐을 꺼야 합니다.

오븐은 어찌 됐든 무조건 꺼야만 합니다.

**예외 발생 여부와 상관없이 무조건 실행할
코드는 finally 블록에 집어넣으면 됩니다.**

```
try {
    turnOvenOn();
    x.bake();
} catch (BakingException ex) {
    ex.printStackTrace();
} finally {
    turnOvenOff();
}
```

finally 블록이 없으면 turnOvenOff()를 try와
catch 블록에 모두 집어넣어야 되겠죠. 오븐을 끄는
turnOvenOff() 메소드는 무조건 실행해야 하니까
요. finally 블록을 사용하면 (아래와 같이) 코드를 중
복해서 쓸 필요 없이 (위 코드와 같이) 중요한 사후
처리 코드를 한 군데 몰아놓을 수 있습니다.

```
try {
    turnOvenOn();
    x.bake();
    turnOvenOff();
} catch (BakingException ex) {
    ex.printStackTrace();
    turnOvenOff();
}
```

try 블록이 실패하면, 즉 예외가 발생하면 흐름 제
어가 바로 catch 블록으로 넘어갑니다. catch 블록
이 종료되면 finally 블록이 실행된다. finally 블록이
종료되면 그 메소드의 나머지 부분이 실행됩니다.

try 블록이 성공하면, 즉 예외가 발생하지 않으면
catch 블록은 건너뛰고 finally 블록으로 넘어갑니
다. finally 블록이 종료되면 그 메소드의 나머지 부분
이 실행됩니다.

**try 또는 catch 블록에 return 선언문이 있어도
finally 블록은 실행됩니다.** 일단 흐름 제어가
finally 블록으로 넘어갔다가 리턴됩니다.

흐름 제어

왼쪽에 있는 코드를 살펴봅시다. 이 프로그램의 출력 결과는 어떻게 될까요? 프로그램의 세 번째 줄을 String test = "예";로 고치면 그 결과가 어떻게 달라질까요?

```java
public class TestExceptions {

  public static void main(String [] args) {

    String test = "아니오";
    try {
      System.out.println("try 블록 시작");
      doRisky(test);
      System.out.println("try 블록 끝");
    } catch ( ScaryException se) {
      System.out.println("예외 발생");
    } finally {
      System.out.println("finally 블록");
    }
    System.out.println("main 끝");
  }

  static void doRisky(String test) throws ScaryException {
    System.out.println("위험한 메소드 시작");
    if ("예".equals(test))  {

      throw new ScaryException();
    }
    System.out.println("위험한 메소드 끝");
    return;
  }
}
```

test = "아니오"인 경우의 출력 결과

test = "예"인 경우의 출력 결과

test = "예"인 경우: try 블록 시작 - 위험한 메소드 시작 - 예외 발생 - finally 블록 - main 끝

test = "아니오"인 경우: try 블록 시작 - 위험한 메소드 시작 - 위험한 메소드 끝 - try 블록 끝 - finally 블록 - main 끝

메소드에서 예외를 두 개 이상 던질 수도 있습니다.

필요하다면 한 메소드에서 예외를 여러 개 던질 수도 있습니다. 하지만 그런 경우에는 메소드를 선언할 때, 던질 가능성이 있는 모든 확인 예외를 선언해야 합니다(공통적인 상위클래스가 있으면 그냥 그 상위클래스만 선언해도 됩니다).

예외를 여러 개 잡는 방법

컴파일러에서는 사용자가 해당 메소드에서 던질 수 있는 모든 확인 예외를 처리하는지 확인합니다. 이런 경우에는 try 블록 하나 밑에 catch 블록 여러 개를 집어넣으면 됩니다. 때때로 블록의 순서가 중요한 경우도 있는데, 그와 관련된 내용은 잠시 후에 알아보겠습니다.

```java
public class Laundry {

    public void doLaundry() throws PantsException, LingerieException {
        // 두 가지 예외를 던질 수 있는 코드
    }
}
```

이 메소드에서는 예외를 두 개 선언합니다.

```java
public class Foo {
    public void go() {
        Laundry laundry = new Laundry();
        try {
            laundry.doLaundry();
        } catch(PantsException pex) {
            // 복구 코드
        } catch(LingerieException lex) {
            // 복구 코드
        }
    }
}
```

doLaundry()(빨래하는 메소드)에서 PantsException을 던지면 PantsException에 해당하는 catch 블록이 실행됩니다.

doLaundry()에서 LingerieException을 던지면 LingerieException에 해당하는 catch 블록이 실행됩니다.

예외와 다형성

예외도 객체입니다. 따라서 던져질 수 있다는 점을 제외하면 예외에
도 별로 특별한 점은 없습니다. 그리고 다른 모든 객체와 마찬가지
로 Exception도 다형적으로 참조할 수 있습니다. 예를 들어,
LingerieException 객체를 ClothingException 레퍼런스에 대입할
수도 있습니다. PantsException을 Exception 레퍼런스에 대입하
는 것도 가능합니다. 감이 잡히죠? 예외의 장점 가운데 하나는 메소
드에서 그 메소드에서 던질 가능성이 있는 모든 예외를 명시적으로
선언하지 않아도 된다는 것입니다. 그냥 그러한 예외의 상위클래스
만 선언해도 되지요. catch 블록에 대해서도 마찬가지입니다. 던져
지는 모든 예외를 처리할 수만 있다면 모든 예외 객체의 유형별로
catch 블록을 따로 만들 필요는 없습니다.

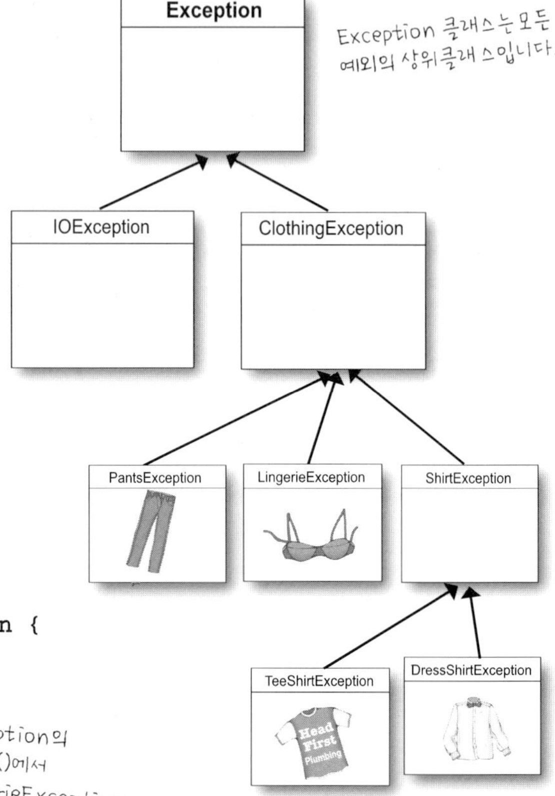

① **던지고자 하는 예외의 상위클래스 유형을
이용하여 예외를 선언할 수 있습니다.**

```java
public void doLaundry() throws ClothingException {
```

ClothingException으로 선언하면 ClothingException의
모든 하위클래스를 던질 수 있습니다. 즉, doLaundry()에서
각각 따로 선언하지 않고도 PantsException, LingerieException,
TeeShirtException, DressShirtException 등을 던질 수 있습니다.

② **던져지는 예외의 상위클래스 유형을 써서
예외를 잡을 수 있습니다.**

```java
try {
    laundry.doLaundry();



} catch(ClothingException cex) {
    // 복구 코드
}
```

ClothingException의
하위클래스를 모두 잡을
수 있습니다.

```java
try {
    laundry.doLaundry();



} catch(ShirtException sex) {
    // 복구 코드
}
```

TeeShirtException과
DressShirtException만
잡을 수 있습니다.

다형적인 catch 블록 하나로 모든 예외를 잡을 수 있다고 해서 꼭 그렇게 해야 하는 것은 아닙니다.

catch 구문에서 상위클래스 유형인 Exception을 사용하여 catch 블록을 하나만 지정하도록 예외 처리 코드를 작성하여 모든 예외를 잡아낼 수 있게 할 수도 있습니다.

```java
try {
    laundry.doLaundry();
} catch(Exception ex) {
    // 복구 코드
}
```

무엇을 복구할까요? 이 catch 블록은 모든 예외를 다 잡아내는 것이므로 어떤 문제가 있는지 알 수가 없습니다.

따로 처리해야 하는 예외에 대해서는 별도의 catch 블록을 만듭시다.

예를 들어, 코드에서 TeeShirtException과 LingerieException을 다른 방법으로 처리한다면 각각에 대해 서로 다른 catch 블록을 만들면 됩니다. 하지만 CloghingException에 속하는 다른 유형은 모두 똑같은 식으로 처리한다면 나머지를 처리하기 위한 ClothingException을 추가하면 됩니다.

```java
try {
    laundry.doLaundry();

} catch(TeeShirtException tex) {
    // TeeShirtException 처리

} catch(LingerieException lex) {
    // LingerieException 처리

} catch(ClothingException cex) {
    // 기타 모든 ClothingException 처리
}
```

TeeShirtException과 LingerieException은 각각 별도의 복구 코드가 필요하기 때문에 catch 블록을 따로 만들어서 써야합니다.

다른 ClothingException은 모두 여기에서 잡아냅니다.

catch 블록을 여러 개 사용할 때는 작은 것부터 큰 것으로 나열해야 합니다.

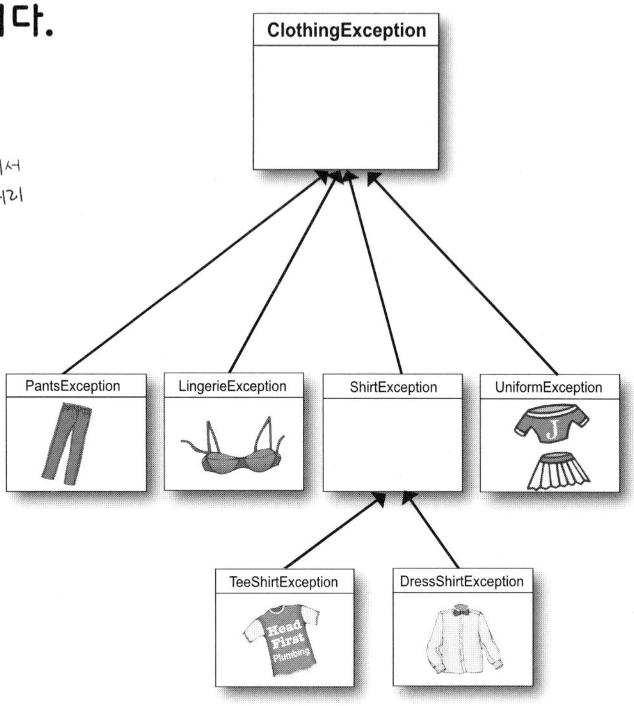

TeeShirtException은 여기에서 잡습니다. 나머지는 여기에서 처리하지 못합니다.

catch(TeeShirtException tex)

TeeShirtException은 여기까지 오지 못하지만 다른 모든 ShirtException 하위클래스는 여기에서 잡을 수 있습니다.

catch(ShirtException sex)

TeeShirtException과 ShirtException은 여기까지 오지 못하고 다른 모든 ClothingException은 여기에서 잡힙니다.

catch(ClothingException cex)

상속 트리에서 위로 올라갈수록 catch '바구니'가 커집니다. 상속 트리에서 밑으로 내려올수록, 즉 더 구체적인 Exception 클래스일수록 catch 바구니는 작아집니다. 원래 다형성이 그런 것이니까요.

ShirtException의 catch 바구니에는 TeeShirtException과 DressShirtException이 들어갈 수 있습니다(그리고 ShirtException을 확장하는 모든 하위클래스도 그 바구니에 들어갈 수 있죠). ClothingException은 더 큽니다(ClothingException 유형으로 참조할 수 있는 것이 더 많죠). Clothing Exception 유형의 예외는 물론 모든 하위클래스(PantsException, UniformException, LingerieException, ShirtException)도 포함됩니다. 모든 catch 인자의 어머니는 Exception 유형입니다. (미확인) 런타임 예외를 포함한 모든 예외를 잡아낼 수 있죠. 따라서 테스트 과정을 제외하면 Exception에 대한 catch 블록을 만드는 일은 거의 없을 것입니다.

큰 바구니를 작은 바구니보다 위에 놓을 수는 없습니다.

그렇게 해도 되긴 하지만 그러면 컴파일이 되지 않습니다. catch 블록은 여러 개 중에서 가장 적절한 것이 선택되는 오버로드된 메소드와는 다릅니다. catch 블록이 있으면 JVM에서는 무조건 첫번째 블록부터 시작해서 그 예외를 처리할 수 있는 catch 블록을 찾을 때까지 아래로 내려갑니다. 첫번째 catch 블록이 **catch(Exception ex)**라면 컴파일러에서는 다른 catch 블록이 전혀 필요 없다는 것을 알 수 있겠죠. 그 밑에 있는 다른 catch 블록은 절대 쓰이지 않을테니까요.

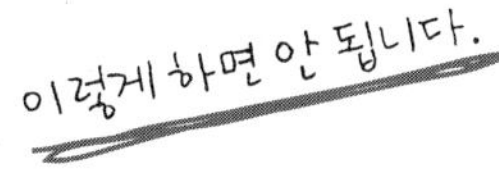


```
try {

    laundry.doLaundry();
```

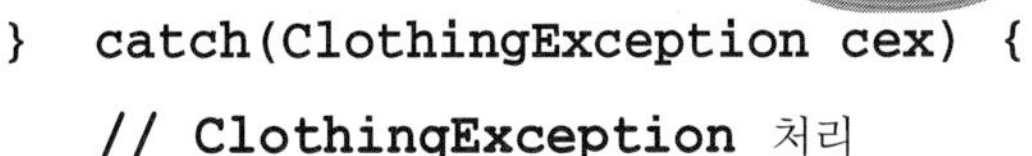

```
    } catch(ClothingException cex) {

        // ClothingException 처리
```

```
    } catch(LingerieException lex) {

        // LingerieException 처리
```

```
    } catch(ShirtException sex) {

        // ShirtException 처리

    }
```

형제 사이의 예외(상속 트리에서 같은 단계에 있는 예외)는 순서에 상관없이 배열할 수 있습니다. 서로 상대방의 예외를 잡을 수가 없을 테니까요.

ShirtException을 LingerieException 위에 놓는 것은 괜찮습니다. 전혀 문제가 생기지 않죠. ShirtException은 다른 클래스(ShirtException의 하위클래스)도 잡을 수 있기 때문에 더 큰(폭넓은) 유형이라고 할 수 있긴 하지만 ShirtException에서 어차피 LingerieException을 잡을 수는 없기 때문에 상관 없습니다.

여기에 있는 try/catch 블록에 문법적인 문제가 없다고 가정합시다. 이 코드에 나와있는 Exception 클래스를 정확하게 반영할 수 있는 서로 다른 클래스 다이어그램 두 개를 만들어보세요. 즉, 이 코드에 있는 try/catch 블록이 문법적으로 문제가 없게 할 수 있는 클래스 상속 구조를 만들면 됩니다.

```java
try {

  x.doRisky();

} catch(AlphaEx a) {

   // AlphaEx 처리

} catch(BetaEx b) {

   // BetaEx 처리

} catch(GammaEx c) {

   // GammaEx 처리

} catch(DeltaEx d) {

   // DeltaEx 처리

}
```

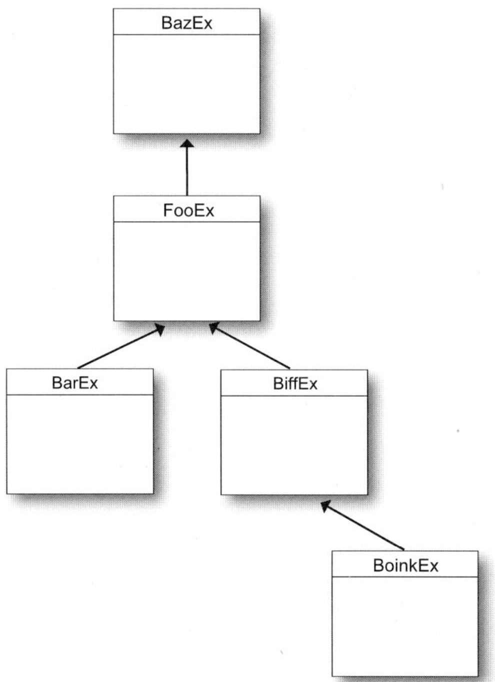

왼쪽에 있는 클래스 다이어그램을 정확하게 반영하여 문법적으로 문제가 없는 try/catch 구조 두 개(왼쪽 위에 있는 코드와 같은 것)를 만들어보세요. try 블록에 있는 메소드에서 여기에 나와있는 모든 예외를 던질 수 있다고 가정하고 만들어야 합니다.

예외를 처리하고 싶지 않으면...

그냥 피해도 됩니다.

예외를 처리하고 싶지 않으면 선언을 통해서 그냥 피해버려도 됩니다.

위험한 메소드를 호출할 때 컴파일러에서는 그러한 사실을 알아야 합니다. 대부분의 경우에 위험한 메소드를 호출하는 부분을 try/catch로 감싸야 합니다. 하지만 다른 방법도 있습니다. 그냥 일단 미뤄둔 다음 여러분이 만든 메소드를 호출하는 코드에서 예외를 잡아내게 하면 됩니다.

방법은 간단합니다. 그냥 여러분이 만든 코드에서 그 예외를 던질 수 있다고 선언하면 됩니다. 정확하게 말하자면 여러분이 만든 코드에서 그 예외를 던지는 것은 아니지만 별로 문제가 되지 않습니다. 여러분이 만든 코드에서 예외를 그대로 통과시켜주는 역할을 하니까요.

하지만 예외를 그냥 치워버리면 try/catch를 쓰지 않을텐데, 위험한 메소드(doLaundry())에서 정말로 예외를 던지면 어떤 일이 일어날까요?

메소드에서 예외를 던지면 그 메소드는 스택에서 곧바로 제거됩니다. 그리고 그 예외가 스택 바로 밑에 있는 메소드(즉, 그 메소드를 호출한 메소드)로 던져집니다. 하지만 호출한 메소드에서 예외를 그냥 회피한다면 그 메소드에도 catch 블록이 없기 때문에 그 호출한 메소드도 스택에서 바로 제거됩니다. 그러면 예외는 다시 그 다음 메소드로 던져지죠. 그렇다면 이런 과정은 언제쯤 끝날까요? 잠시 후에 배울 테니까 조금만 기다리세요.

```java
public void foo() throws ReallyBadException {
    // try/catch없이 위험한 메소드 호출
    laundry.doLaundry();
}
```

실제로 예외를 던지는 것은 아니지만 호출하는 위험한 메소드에 대한 try/catch 블록을 사용하지 않기 때문에 이 메소드도 '위험한메소드'가 됩니다. 이 메소드를 호출하는 메소드에서 그 예외를 처리해야하니까요.

선언을 통해 회피하는 것은 불가피한 것을 잠시 미뤄두는 것뿐입니다.

조만간 누군가는 처리해야 합니다. 하지만 main( )에서 예외를 회피하면 어떻게 될까요?

```java
public class Washer {
    Laundry laundry = new Laundry();

    public void foo() throws ClothingException {
        laundry.doLaundry();
    }

    public static void main (String[] args) throws ClothingException {
        Washer a = new Washer();
        a.foo();
    }
}
```

두 메소드에서 모두 예외를 (선언함으로써) 회피합니다. 그러면 아무도 처리할 수 없죠. 그래도 컴파일은 됩니다.

1 doLaundry()에서 ClothingException을 던집니다.

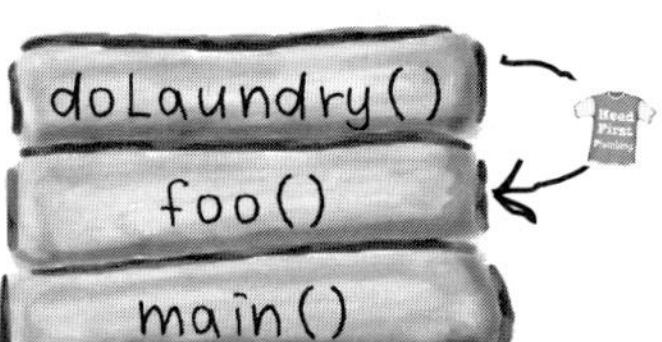

main( )에서 foo( )를 호출합니다.

foo( )에서 doLaundry( )를 호출합니다.

doLaundry( )에서 실행 도중에 ClothingException을 던집니다.

2 foo( )에서 예외를 회피합니다.

doLaundry( )가 바로 스택에서 제거되고 예외가 foo( )로 던져집니다.

하지만 foo( )에는 try/catch가 없기 때문에...

3 main( )에서도 예외를 회피합니다.

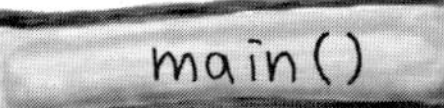

foo( )가 바로 스택에서 제거되고 예외가... 어, 어디로 던져지죠? JVM 밖에는 남은 게 없잖아요. 그리고 JVM에서는 "나한테 이런 걸 기대하지 마"라고 말하죠.

4 JVM이 종료됩니다.

 여기에서는 티셔츠 그림으로 ClothingException을 표기하고 있습니다. 뭐 청바지를 더 좋아하는 독자들도 있겠지만 이해해주세요.

처리하거나 선언하거나, 반드시 지키세요.

이제 위험한(예외를 던지는) 메소드를 호출할 때 컴파일러를 만족시키는
두 가지 방법을 모두 배웠습니다.

① 처리하기

위험한 메소드를 호출하는 선언문을 try/catch 구조로 감쌉니다.

```
try {
    laundry.doLaundry();
} catch(ClothingException cex) {
    // 예외 처리
}
```

doLaundry()에서 던질 수 있는 모든 예외를 처리할 수 있는 catch 블록이어야합니다. 그렇게하지 않으면 컴파일러에서 모든 예외를 잡아내지 못한다는 오류 메시지를 뱉어냅니다.

② 선언하기(회피하기)

메소드에서 호출하는 위험한 메소드와 똑같은 예외를 던진다고 선언
합니다.

```
void foo() throws ClothingException {
    laundry.doLaundry();
}
```

doLaundry() 메소드에서는 ClothingException을 던지지만 그 예외를 선언함으로써 foo() 메소드에서는 그 예외를 회피할 수 있습니다. try/catch를 사용하지 않아도 되지요.

하지만 이렇게 하면 foo() 메소드를 호출하는 쪽에서도 다시 처리하
거나 선언하거나 둘 중 한 가지를 해야 합니다. foo()에서 예외를 선
언하여 회피하면, 그리고 main()에서 foo()를 호출한다면 main()에
서 그 예외를 처리해야 합니다.

```
public class Washer {
    Laundry laundry = new Laundry();

    public void foo() throws ClothingException {
        laundry.doLaundry();
    }
    public static void main (String[] args) {
        Washer a = new Washer();
        a.foo();
    }
}
```

문제가있습니다!!!
이렇게 되면 main()이 컴파일되지 않습니다. 그리고 "unreported exception" 오류가 나지요. 컴파일러 입장에서는 foo() 메소드에서 예외를 던지는 것이니까요.

foo() 메소드에서는 doLaundry()에서 던지는 ClothingException을 회피하기 때문에 main()에서 a.foo()를 try/catch로 감싸거나 main()에서도 throws ClothingException 구문을 써서 예외를 선언해야합니다.

음악 코드로 돌아가봅시다.

지금쯤이면 까맣게 잊어버렸을 것 같은데, 사실 이 장 시작 부분에서 JavaSound를
이용하는 코드를 만들고 있었죠? 그 때 Sequencer 객체를 만들었는데,
MidiSystem.get Sequencer() 메소드에서 확인 예외(MidiUnavailableException)
를 선언하기 때문에 컴파일을 할 수가 없었습니다. 하지만 이제 그 메소드를 호출하
는 부분을 try/catch로 감싸서 그 문제를 해결할 수 있습니다.

```java
public void play() {
        try {

        Sequencer sequencer = MidiSystem.getSequencer();
        System.out.println("Successfully got a sequencer");


        } catch(MidiUnavailableException ex) {
        System.out.println("Bummer");
        }
} // play 메소드 끝
```

이제 try/catch 블록으로 감싸놓았기
때문에 getSequencer()를 호출해도
전혀 문제가 생기지 않습니다.

catch 매개변수로 '올바른' 예외를 지정
해야 합니다.
'catch(FileNotFoundException f)'라고
하면 이 코드가 컴파일이 되지 않았을 것
입니다. 다형성을 사용하더라도
MidiUnavailableException은
FileNotFoundException이 들어갈
자리에는 들어갈 수 없으니까요.

그냥 catch 블록이 있다고 해서 모든 문제가
해결되는 것은 아닙니다. 던져지는 것을 제대로
잡아낼 수 있는 catch 블록을 써야 되겠죠.

예외와 관련된 규칙

① **try없이 catch나 finally만 사용할 수는 없습니다.**

```java
void go() {
    Foo f = new Foo();
    f.foof();
    catch(FooException ex) { }
}
```

문법에어긋납니다.
try 블록이 없잖아요.

② **try와 catch 사이에 코드를 집어넣을 수 없습니다.**

```java
try {
    x.doStuff();
}
int y = 43;
} catch(Exception ex) { }
```

문법에어긋납니다. try와
catch 사이에는 코드를
집어넣을 수 없으니까요.

③ **try 뒤에는 반드시 catch나 finally가 있어야 합니다.**

```java
try {
    x.doStuff();
} finally {
    // 뒷정리
}
```

catch 블록이 없어도 finally가
있으면 문법적으로 문제가 없습니다.
하지만 try만 달랑 있는 건 안 됩니다.

④ **try 뒤에 (catch 없이) finally만 있으면 예외를
선언해야 합니다.**

```java
void go() throws FooException {
    try {
        x.doStuff();
    } finally { }
}
```

try만 있고 catch가
없으면 처리하거나
선언하거나 규칙을
만족시키지 못합니다.
이런 경우에는 반드시
예외를 선언해야 합니다.

코드 키친

여러분이 직접 할 필요는 없습니다.
하지만 직접 하는 게 더 재미있죠.

이 장의 나머지 부분은 꼭 읽어야
하는 것은 아닙니다.

그냥 인스턴트 코드를 써서
음악 애플리케이션을 만들어도
됩니다.

하지만 JavaSound에 대해
더 자세히 배우고 싶다면 다음
페이지로 넘어가보세요.

실제로 소리를 만들어봅시다.

352페이지에서 어떤 것을 (그리고 어떻게) 연주해야 하는지에 대한 지시사항을 어떤 식으로 미디 데이터에 저장하는지 배웠고 미디 데이터가 실제로 우리가 듣는 소리를 만들어내는 것은 아니라는 것도 배웠습니다. 소리가 스피커에서 나오려면 미디 지시사항을 받아서 하드웨어적인 악기 또는 '가상적인' 악기(소프트웨어 신서사이저)를 구동시켜서 소리를 만들어내는 일종의 미디 장치로 미디 데이터를 보내야 합니다. 이 책에서는 소프트웨어 장치만 사용하므로 여기에서는 JavaSound에서 어떤 식으로 소리를 만들어내는지 알아보겠습니다.

네 가지가 필요합니다:

① 음악을 재생하는 것

② 재생할 음악

③ Sequence에서 실제 정보가 들어있는 부분

④ 실제 음악 정보: 연주할 음표, 지속 시간 등

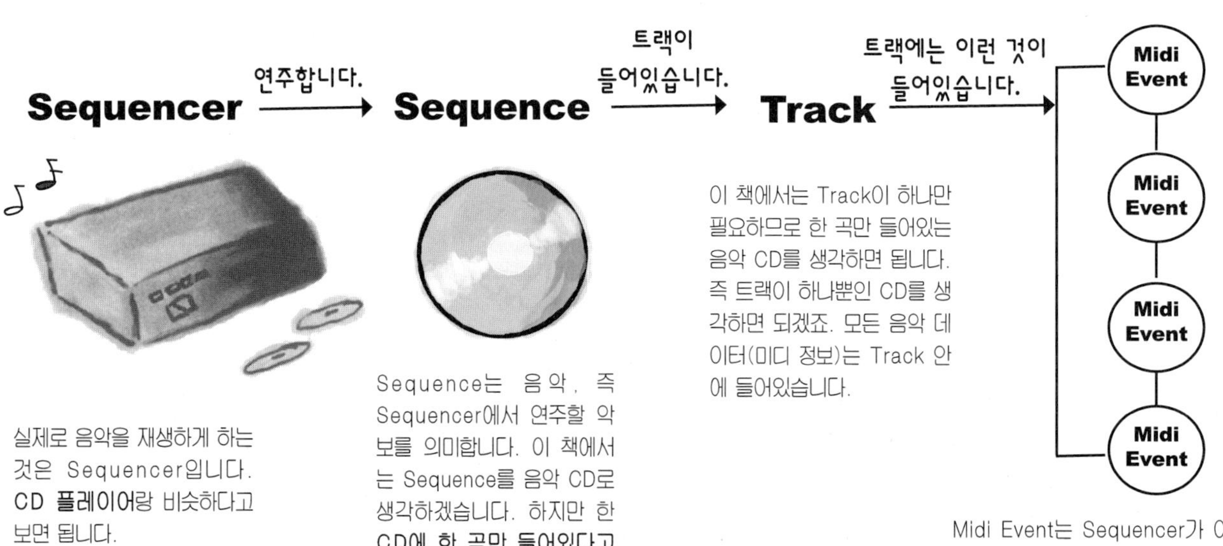

실제로 음악을 재생하게 하는 것은 Sequencer입니다. CD 플레이어랑 비슷하다고 보면 됩니다.

Sequence는 음악, 즉 Sequencer에서 연주할 악보를 의미합니다. 이 책에서는 Sequence를 음악 CD로 생각하겠습니다. 하지만 한 CD에 한 곡만 들어있다고 생각하겠습니다.

이 책에서는 Track이 하나만 필요하므로 한 곡만 들어있는 음악 CD를 생각하면 됩니다. 즉 트랙이 하나뿐인 CD를 생각하면 되겠죠. 모든 음악 데이터(미디 정보)는 Track 안에 들어있습니다.

Midi Event는 Sequencer가 이해할 수 있는 메시지입니다. 미디 이벤트에서는 "지금 이 순간에 중간 '다' 음을 재생하는데, 이 속도와 이 세기로 누르고 이 정도 시간 동안 누르고 있어라" 같은 정보가 들어있습니다.

Midi Event에 "현재 악기를 플루트로 변경하시오" 같은 명령이 들어있을 수도 있습니다.

이 책에서는 Sequence를 한 곡만 들어있는 CD(트랙이 하나뿐인 CD)로 생각하겠습니다. 음악을 연주하는 방법은 Track에 들어있고 Track은 Sequence의 일부분입니다.

그리고 다섯 단계를 거쳐야 합니다:

① Sequencer를 구해서 엽니다.

```
Sequencer player = MidiSystem.getSequencer();
player.open();
```

② 새로운 Sequence를 만듭니다.

```
Sequence seq = new Sequence(timing,4);
```

③ Sequence에서 새로운 Track을 가져옵니다.

```
Track t = seq.createTrack();
```

④ Track에 MidiEvent를 채우고 그 Sequence를 Sequencer에 넘겨줍니다.

```
t.add(myMidiEvent1);
player.setSequence(seq);
```

첫번째 사운드 애플리케이션

여기에 있는 코드를 입력하고 실행해보세요. 피아노로 한 음을 연주하는 것을 들을
수 있을 것입니다.

```java
import javax.sound.midi.*;                    // 미디 패키지를 반드시 불러와야합니다.

public class MiniMiniMusicApp {

    public static void main(String[] args) {
        MiniMiniMusicApp mini = new MiniMiniMusicApp();
        mini.play();
    } // main 메소드 끝

    public void play() {

        try {

            Sequencer player = MidiSystem.getSequencer();   // ①  Sequencer를 받아서 엽니다(그래야만
            player.open();                                  //     쓸 수 있습니다. Sequencer는 자동으로
                                                            //     열리지 않거든요).

            Sequence seq = new Sequence(Sequence.PPQ, 4);   // ②  Sequencer 생성자로 넘기는 인자에 대해서는
                                                            //     신경 쓰지 않아도 됩니다. 그냥 그대로 입력해서
                                                            //     쓰세요(그냥 원래 이런 인자를 쓴다고 생각하면
                                                            //     됩니다).

            Track track = seq.createTrack();                // ③  Sequence에 Track을 요청합니다. Track은
                                                            //     Sequence에 들어있고 미디 데이터는 Track에
                                                            //     들어있으니까요.

            ShortMessage a = new ShortMessage();            // ④  Track에 MidiEvent를 집어넣습니다.
            a.setMessage(144, 1, 44, 100);                  //     이 부분은 거의 인스턴트 코드라고 보면
            MidiEvent noteOn = new MidiEvent(a, 1);         //     됩니다. 중요한 부분은 setMessage()
            track.add(noteOn);                              //     메소드에 대한 인자와 MidiEvent
                                                            //     생성자에 대한 인자입니다. 그런 인자는
            ShortMessage b = new ShortMessage();            //     다음 페이지에서 살펴 보겠습니다.
            b.setMessage(128, 1, 44, 100);
            MidiEvent noteOff = new MidiEvent(b, 16);
            track.add(noteOff);

            player.setSequence(seq);            // Sequencer에 Sequence를 보냅니다.
                                                // (CD 플레이어에 CD를 집어넣는 것과 마찬가지입니다)

            player.start();                     // Sequencer의 start() 메소드를 호출합니다.
                                                // (CD의 재생 버튼을 누르는 것과 비슷합니다)
        } catch (Exception ex) {
            ex.printStackTrace();
        }
    } // play 메소드 끝
} // 클래스 끝
```

MidiEvent(음악 데이터)를 만드는 방법

MidiEvent는 곡의 한 부분에 대한 지시사항입니다. 일련의 MidiEvent는 일종의 자동 재생 피아노용 악보 같은 것이라고 생각하면 됩니다. 우리가 주로 사용하는 MidiEvent는 대부분 '할 일'과 '할 시기'를 지정하기 위한 용도로 쓰입니다. 그 중에서 '할 시기'를 지정하는 부분이 상당히 중요합니다. 음악에서는 타이밍이 정말 중요하기 때문이죠. "이 음표 다음에는 이 음표가 오고…" 하는 식으로 말이죠. 그리고 MidiEvent에는 꽤 자세한 내용이 들어가기 때문에 언제 어떤 음표를 연주하기 시작할지(NOTE ON 이벤트), 언제 그 음표를 연주하는 것을 끝낼지(NOTE OFF 이벤트)를 알려줘야 합니다. "사(G) 음을 연주하는 것을 끝내라"라는 메시지(NOTE OFF 메시지)가 "사(G) 음을 연주하기 시작해라"라는 메시지(NOTE ON 메시지)보다 앞에 있으면 제대로 작동하지 않는다는 것을 알 수 있겠죠?

미디 지시사항은 사실 Message 객체에 들어갑니다. MidiEvent는 Message와 그 메시지를 가동시키는 시기가 합쳐진 것입니다. 즉 Message 객체에 "가운데 '다 음'을 연주해라" 같은 내용이 들어가고 MidiEvent에는 "이 메시지를 네 번째 비트에서 가동시켜라" 같은 내용이 들어가겠죠.

따라서 항상 Message와 MidiEvent가 필요합니다.

Message에서는 무엇을 할지를, MidiEvent에서는 그것을 언제 할지를 지정합니다.

> MidiEvent에서는 무엇을 할지, 그리고 언제 할지를 지정합니다.
>
> 모든 지시사항에는 그 지시사항을 이행할 시기가 포함되어있어야만 합니다.
>
> 즉 어떤 비트(박자)에서 그 일이 일어날지를 지정해야 합니다.

① **Message를 만듭니다.**

```
ShortMessage a = new ShortMessage();
```

② 메시지에 **지시사항을 집어넣습니다.**

```
a.setMessage(144, 1, 44, 100);
```

> 이 메시지는 "44번 음표를 연주하는 것을 시작하시오"를 의미합니다(다른 숫자에 대해서는 다음 페이지에서 알아보겠습니다).

③ 메시지를 이용하여 새로운 **MidiEvent를 만듭니다.**

```
MidiEvent noteOn = new MidiEvent(a, 1);
```

> 지시사항은 메시지에 들어있지만 MidiEvent에서는 그 지시사항을 가동할 시기를 추가해줍니다. 이 MidiEvent에서는 'a'라는 메시지를 첫번째 박자(1번 비트)에서 가동시키도록 지정했습니다.

④ **MidiEvent를 Track에 추가합니다.**

```
track.add(noteOn);
```

> Track에 MidiEvent 객체가 저장됩니다. Sequence에서는 각 이벤트가 일어나야할 시기를 바탕으로 Track을 정리하고 Sequence에서는 그렇게 주어진 순서에 따라 음악을 재생합니다. 정확하게 똑같은 시각에 이벤트 여러 개가 동시에 일어날 수도 있습니다. 예를 들어, 음표 두 개를 동시에 연주하거나 서로 다른 악기를 동시에 연주할 수도 있습니다.

미디 메시지: MidiEvent의 핵심

미디 메시지에는 '무엇을' 할지를 지정하는 부분이 들어있습니다. 즉, 시퀀서에서 실행할 실제 지시사항이 들어 있습니다. 지시사항의 첫번째 인자는 언제나 메시지 유형입니다. 나머지 세 인자에 전달하는 값은 메시지의 종류에 따라 달라집니다. 예를 들어, 144라는 유형의 메시지는 'NOTE ON(연주 시작)'을 의미합니다. 하지만 NOTE ON을 수행하려면 시퀀서에서 몇 가지 정보가 더 필요합니다. 시퀀서에서 "알았습니다. 연주를 시작할께요. 그런데 어떤 채널을 쓰죠?"라고 물어보면 어떻게 해야 될까요? 즉 드럼을 연주해야 할지 피아노를 연주해야 할지 등을 지정해야 합니다. 어떤 음을 연주해야 할까요? 중간 '다'?, '라-샵'?, 어떤 속도로 그 음을 연주해야 할까요?

미디 메시지를 만들려면 ShortMessage 인스턴스를 만들고 setMessage()를 호출해야 합니다. 이 때 인자 네 개를 전달해야 합니다. 하지만 그 메시지에서는 '할 일'만 지정하기 때문에 그 메시지를 언제 가동시켜야 하는지를 지정하여 이벤트를 만들어야 합니다.

메시지를 해부해봅시다.

setMessage()의 첫번째인자는 언제나 메시지 '유형'을 나타내는 값입니다. 나머지 인자 세 개의 의미는 메시지 유형에 따라 달라집니다.

```
                    메시지 유형   채널   연주할 음   속도
a.setMessage(144,    1,    44,    100);
```

뒤에 있는 인자 세 개는 메시지 유형에 따라 달라집니다.
이 메시지는 NOTE ON 메시지므로 나머지 인자 세 개는
Sequence에서 음을 연주하기 위해 필요한 값입니다.

> 메시지는 무엇을 할지를 지정하는 것이고 MidiEvent 에서는 언제 그것을 할지를 지정해줍니다.

② **채널**

채널은 밴드에 있는 연주자라고 생각하면 됩니다. 1번 채널은 1번 연주자(키보드 연주자), 9번 채널은 드러머 같은 식으로 보면 되죠.

③ **연주할 음**

0 이상 127 이하의 숫자며 숫자가 클수록 높은 음을 의미합니다.

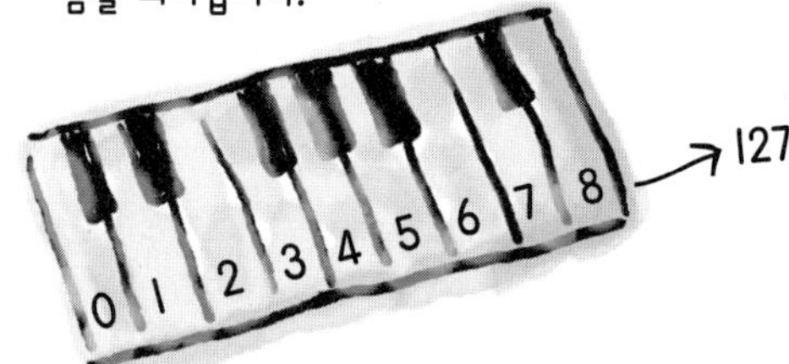

① **메시지 유형**

144는 NOTE ON을 의미합니다.

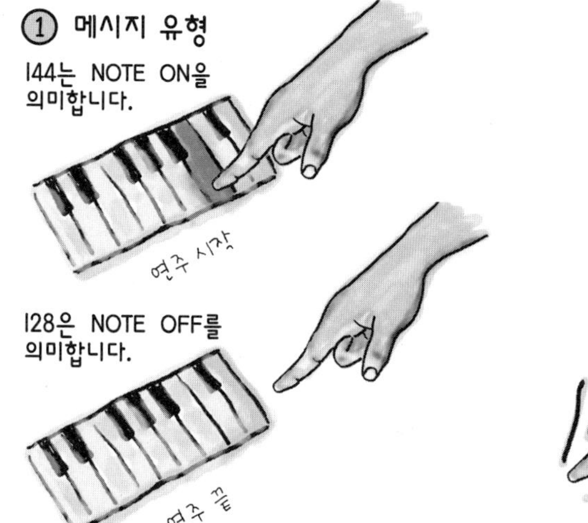

128은 NOTE OFF를 의미합니다.

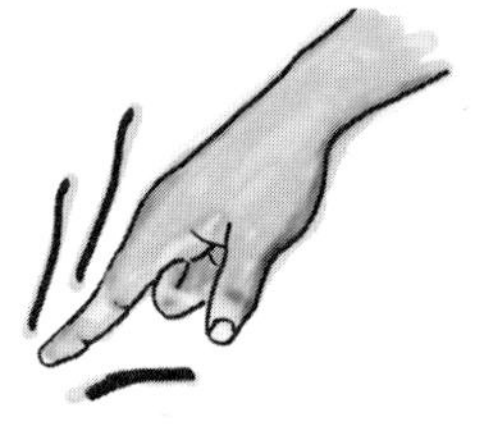

④ **속도**

얼마나 빠르고 세게 연주해야 할까요?(건반을 누르는 속도) 0은 가장 부드럽게 누르는 것으로 거의 소리가 들리지 않습니다. 보통 기본값으로 100 정도를 쓰면 됩니다.

메시지를 바꿔봅시다.

이제 미디 메시지에 어떤 것이 들어가는지 배웠으니까 직접 실험을 해 봅시다.
연주할 음을 바꿀 수도 있고 지속 시간을 바꿀 수도 있고 음을 추가하거나 악기
를 바꿀 수도 있습니다.

① **음을 바꿔봅시다.**

연주 시작 및 연주 끝 메시지에 0 이상 127 이하의 숫자를
집어 넣어보세요.

```
a.setMessage(144, 1, 20, 100);
```

② **지속 시간을 바꿔봅시다.**

연주 끝 이벤트(메시지가 아니라 이벤트입니다)를 고쳐서 더
빨리 또는 더 늦게 연주를 끝내도록 고쳐보세요.

```
b.setMessage(128, 1, 44, 100);
MidiEvent noteOff = new MidiEvent(b, 3);
```

③ **악기를 바꿔봅시다.**

연주 시작 메시지 앞에 1번 채널의 악기를 기본값인 피아노가 아
닌 다른 악기로 설정하는 새로운 메시지를 추가해봅시다. 악기 변
경 메시지는 '192'이고 세 번째 인자가 실제 악기를 나타냅니다(0
이상 127 이하의 값을 사용하면 됩니다).

```
first.setMessage(192, 1, 102, 0);
```

악기 변경 메시지
1번 채널 (1번 연주자)
102번 악기로 바꿉니다.

버전 2: 명령행 인자를 써서 소리를 조절해봅시다.

이 버전도 이전 버전과 마찬가지로 한 음만 연주합니다. 하지만 이번에는 명령행 인자를 써서 악기와 음을 바꿀 수 있습니다. 0 이상 127 이하의 정수 두 개를 전달해서 직접 소리를 들어보세요. 첫번째 인자는 악기를, 두 번째 인자는 음을 나타냅니다.

```java
import javax.sound.midi.*;

public class MiniMusicCmdLine {     // 첫번째

    public static void main(String[] args) {
        MiniMusicCmdLine mini = new MiniMusicCmdLine();
        if (args.length < 2) {
            System.out.println("악기와 음 높이를 지정하는 인자를 입력하세요.");
        } else {
            int instrument = Integer.parseInt(args[0]);
            int note = Integer.parseInt(args[1]);
            mini.play(instrument, note);
        }
    } // main 끝

    public void play(int instrument, int note) {

        try {

            Sequencer player = MidiSystem.getSequencer();
            player.open();
            Sequence seq = new Sequence(Sequence.PPQ, 4);
            Track track = seq.createTrack();

            MidiEvent event = null;

            ShortMessage first = new ShortMessage();
            first.setMessage(192, 1, instrument, 0);
            MidiEvent changeInstrument = new MidiEvent(first, 1);
            track.add(changeInstrument);

            ShortMessage a = new ShortMessage();
            a.setMessage(144, 1, note, 100);
            MidiEvent noteOn = new MidiEvent(a, 1);
            track.add(noteOn);

            ShortMessage b = new ShortMessage();
            b.setMessage(128, 1, note, 100);
            MidiEvent noteOff = new MidiEvent(b, 16);
            track.add(noteOff);
            player.setSequence(seq);
            player.start();

        } catch (Exception ex) {ex.printStackTrace();}
    } // play 메소드 끝
} // 클래스 끝
```

0 이상 127 이하의 정수 두 개를 지정해서 실행해보세요. 일단 다음과 같은 명령을 입력하고 소리를 들어봅시다.

```
File  Edit  Window  Help  Attenuate
%java MiniMusicCmdLine 102 30

%java MiniMusicCmdLine 80 20

%java MiniMusicCmdLine 40 70
```

앞으로 코드 키친에서는 어떤 것을 만들까요?

15장: 최종 목표

마지막에는 드럼 채팅 클라이언트 역할을 하는 비트박스를 만들 것입니다. 그러려면 GUI(이벤트 처리 포함), 입출력, 네트워크, 스레드 등에 대해 배워야 합니다. 앞으로 세 장(12, 13, 14장)에 걸쳐서 그러한 내용을 모두 배워봅시다.

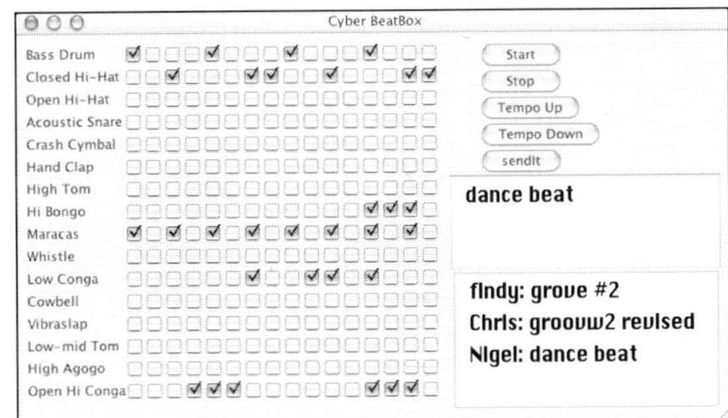

12장: 미디 이벤트

12장의 코드 키친에서는 간단한 '뮤직 비디오(사실 그렇게 부르기에는 너무 빈약합니다만...)'를 만들겠습니다. 그 뮤직 비디오에서는 미디 음악의 박자에 맞춰 무작위적으로 직사각형을 그립니다. 다양한 미디 이벤트(지금까지는 몇 개 배우지 않았죠?)를 만들고 연주하는 방법을 알아볼 것입니다.

첫번째 박자

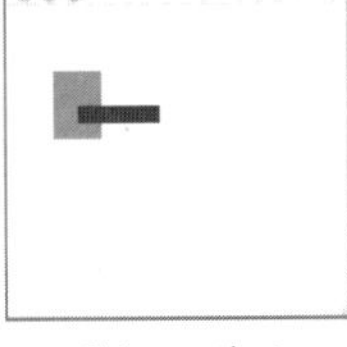

두번째 박자

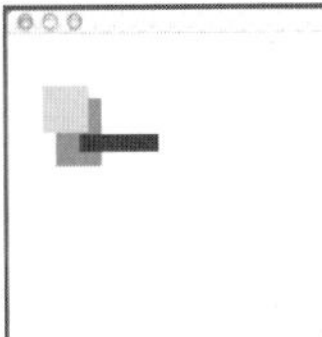

세번째 박자

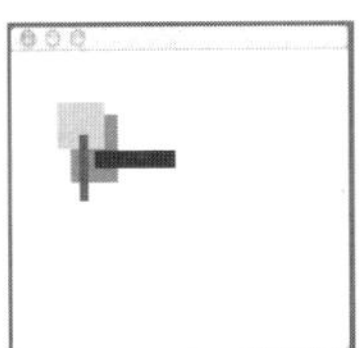

네번째 박자

13장: 독립형 비트박스 프로그램

이제 GUI를 모두 갖춘 실제 비트박스를 만들 것입니다. 하지만 아직은 기능에 제한이 있습니다. 일단 패턴을 변경하고 나면 이전 패턴은 그냥 없어집니다. 아직은 저장 및 복구 기능도 없고 네트워크를 통해 데이터를 주고받을 수도 없습니다(하지만 이 프로그램을 써서 드럼 패턴을 만드는 연습은 할 수 있겠죠?).

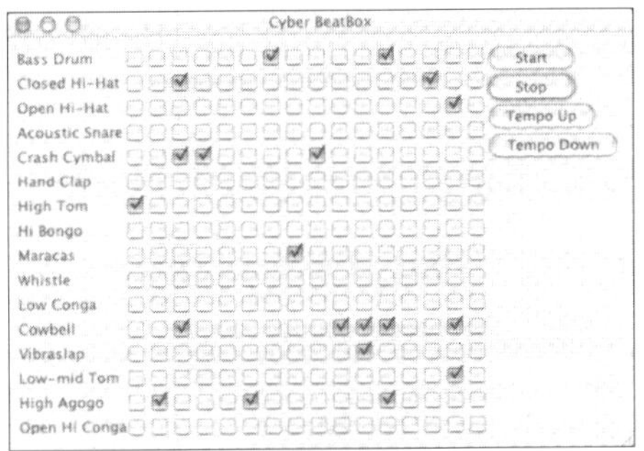

14장: 저장과 복구

이제 완벽한 패턴을 만들었을 때 그 패턴을 파일로 저장하고 나중에 다시 불러와서 연주할 수도 있습니다. 여기까지 하고 나면 15장에서 만들 최종 버전(패턴을 파일로 저장하지 않고 네트워크를 통해 채팅 서버로 보내는 버전)을 만들 준비가 거의 다 끝납니다.

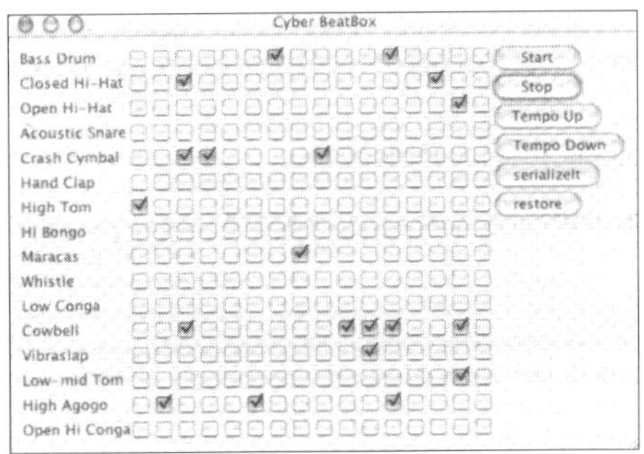

이 장에서는 예외에 대해 알아보았습니다. 아래의
각 문장을 보고 참인지 거짓인지를 맞춰보세요.

👍 참일까요? 거짓일까요? 👎

1. try 블록 뒤에는 반드시 catch와 finally 블록이 있어야 합니다.

2. 컴파일러에서 확인하는 예외를 유발할 수 있는 메소드를 호출할 때는 반드시 위험한 코드를
   try/catch 블록으로 감싸야 합니다.

3. catch 블록을 다형적으로 만들 수도 있습니다.

4. 컴파일러에서 확인하는 예외만 잡을 수 있습니다.

5. try/catch 블록을 정의할 때는 반드시 finally 블록이 필요합니다.

6. try 블록을 정의할 때는 catch 또는 finally 블록을 쓸 수 있으며 둘 다 써도 됩니다.

7. 메소드를 만들 때 컴파일러에서 확인하는 예외를 던질 수 있다고 선언하면 그 예외를 던지는 코드도
   try/catch 블록으로 감싸야 합니다.

8. 프로그램의 main( ) 메소드에서는 그 메소드로 던져진 처리되지 않은 예외를 모두 처리해야 합니다.

9. try 블록 하나에 서로 다른 catch 블록 여러 개를 붙일 수 있습니다.

10. 메소드에서는 한 종류의 예외만 던질 수 있습니다.

11. finally 블록은 예외가 던져지든 말든 무조건 실행됩니다.

12. finally 블록은 try 블록 없이도 존재할 수 있습니다.

13. catch나 finally 블록 없이 try 블록만 쓸 수도 있습니다.

14. 예외를 처리하는 것을 '회피한다' 고 부르기도 합니다.

15. catch 블록의 순서는 전혀 중요하지 않습니다.

16. try 블록과 finally 블록이 있는 메소드에서는 선택적으로 예외를 선언할 수도 있습니다.

17. 런타임 예외도 반드시 처리하거나 선언해야 합니다.

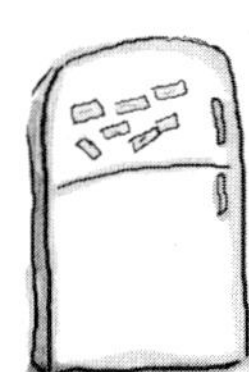

코드 자석

냉장고 위에 자바 프로그램 코드가 아무렇게나 널려 있습니다. 코드 쪼가리를 재배치해서 아래에 있는 것과 같은 결과를 출력하는 자바 프로그램을 만들어보세요. 아, 그런데 중괄호 몇 개는 바닥에 떨어져버렸군요. 찾기 힘드니까 필요하면 마음대로 추가해보세요.

```java
System.out.print("r");
```

```java
try {
```

```java
System.out.print("t");
```

```java
doRisky(test);
```

```java
System.out.println("s");
```

```java
} finally {
```

```java
System.out.print("o");
```

```java
class MyEx extends Exception { }

public class ExTestDrive {
```

```java
System.out.print("w");
```

```java
if ("yes".equals(t)) {
```

```java
System.out.print("a");
```

```java
throw new MyEx();
```

```java
} catch (MyEx e) {
```

```java
static void doRisky(String t) throws MyEx {
    System.out.print("h");
```

```java
public static void main(String [] args) {
    String test = args[0];
```

```
File  Edit  Window  Help  ThrowUp
% java ExTestDrive yes
thaws

% java ExTestDrive no
throws
```

자바 낱말풀이 7.0

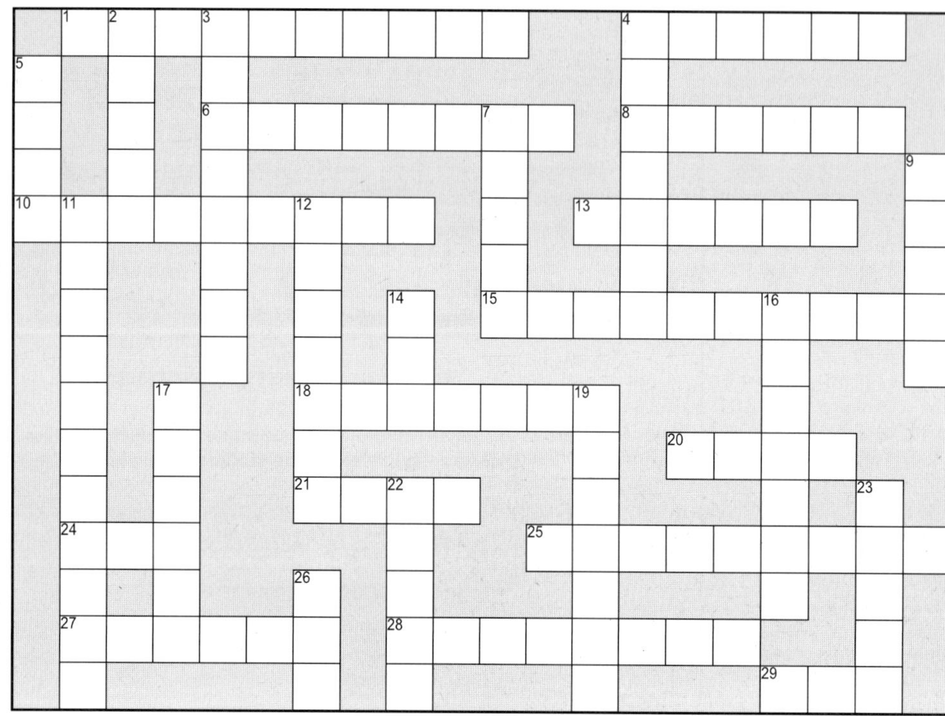

어떻게 해야 하는지 알죠?

역자 힌트: 다음 단어를 영어로 써야 합니다.

대입(assignment), 스택에서 제거됨(popped), 영역(scope), 인스턴스(instance), 호출(invoke), 처리하다(handle), 클래스(class), 상태(state), 계층 구조(hierarchy), 인스턴스를 만들다(instantiate), 세터(setter), 회피하다(duck), 구상(concrete), 선언하다(declare), 키워드(keyword), 트리(tree), 상속 받다(inherit), 알고리즘(algorithm), 예외(exceptions), 확인된(checked)

가로

1. 값을 집어넣습니다.
4. 맨 위에 있던 것이 날아갔습니다.
6. 더 구체적으로 만든 것
8. 시작시킵니다.
10. 가계도
13. 회피하는 것 말고 다른 것
15. 문제의 객체
18. 자바에서 핵심적인 것 가운데 하나
20. 클래스 계층 구조
21. 처리하기 곤란할 때
24. 매우 흔한 원시 유형
25. 코드의 조리법
27. 메소드에서 예외를 던질 수 있을 때
28. 피카소는 없어요.
29. 일련의 사건이 줄줄이 시작됩니다.

세로

2. 현재 사용 가능함
3. 템플릿을 만듭니다.
4. 애들한테는 보여주지 않습니다.
5. 거의 정적인 API 클래스
7. 행동에 관한 것이 아닙니다.
9. 템플릿
11. 인스턴스를 만듭니다.
12. 컴파일러에서 확인한다죠?
14. 위험을 감수합니다.
16. 자동으로 받을 수 있습니다.
17. 변경하는 메소드
19. 회피한다는 것을 공표합니다.
22. 처리합니다.
23. 안 좋은 소식을 만들어냅니다.
26. 내가 할 일 가운데 한 가지

추가 힌트:

가로
6. 자바에서 가장 쉽게 이해할 수 있는
8. 메소드를 시작시킬 때마다 하죠?
13. 선언하지 않아도 이렇게 할요.

20. 클래스에도 이런 유형이 있습니다.
21. 안된 것은 이렇게 이룹니다.
27. 컴파일러가 만들어냅니다.
28. 추상 미술의 그림

세로
2. 메소드 안에서 이 변수의 영역은 좁습니다.
3. for ____ (for example 말고)
5. 수정할 것이 많지 않습니다.

9. public 변수 decalre하면 있죠.
16. 서브클래스에서 물려받는 것
17. '세터' 말고요?

연습문제 정답

참일까요? 거짓일까요?

1. **거짓.** 둘 중 하나만 있어도 되고 둘 다 있어도 됩니다.

2. **거짓.** 예외를 선언할 수도 있습니다.

3. **참**

4. **거짓.** 런타임 예외도 잡아낼 수 있습니다.

5. **거짓.** (반드시 필요한 것은 아님)

6. **참.** 둘 다 써도 됩니다.

7. **거짓.** 선언하는 것만으로도 충분합니다.

8. **거짓.** 하지만 처리하지 않으면 JVM이 다운될 수도 있습니다.

9. **참**

10. **거짓**

11. **참.** 일반적으로 아직 완료되지 않은 작업을 마무리하기 위한 용도로 쓰입니다.

12. **거짓**

13. **거짓**

14. **거짓.** 예외를 선언하는 것이 회피하는 것입니다.

15. **거짓.** 광범위한 예외일수록 나중에 잡아야 합니다.

16. **거짓.** catch 블록이 없으면 반드시 선언해야 합니다.

17. **거짓**

코드 자석

```java
class MyEx extends Exception { }

public class ExTestDrive {

  public static void main(String [] args) {
    String test = args[0];
    try {

      System.out.print("t");

      doRisky(test);

      System.out.print("o");

    } catch ( MyEx e) {

      System.out.print("a");

    } finally {

      System.out.print("w");
    }
    System.out.println("s");
  }

  static void doRisky(String t) throws MyEx {
    System.out.print("h");

    if ("yes".equals(t)) {

      throw new MyEx();
    }

    System.out.print("r");

  }
}
```

```
File Edit Window Help Chill

% java ExTestDrive yes
thaws

% java ExTestDrive no
throws
```

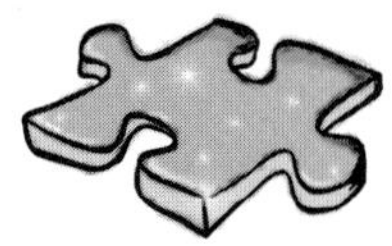

자바 낱말풀이 정답

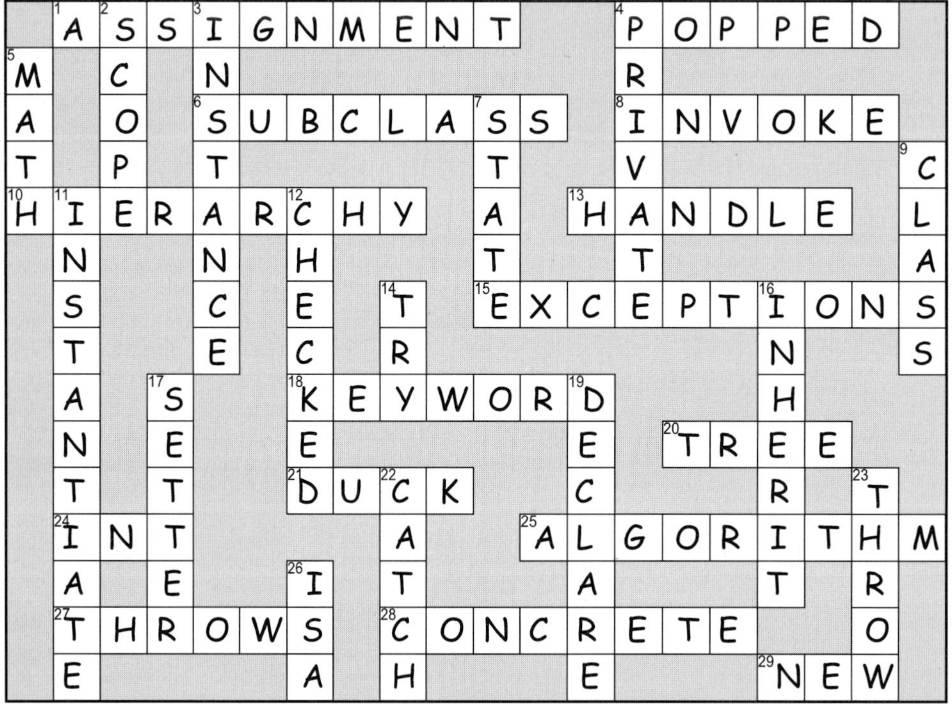

그래픽 이야기

현실을 직시합시다. GUI는 반드시 필요합니다. 다른 사람들이 쓸 애플리케이션을 만들고 있다면 그래픽 인터페이스가 필요합니다. 자기가 직접 사용할 프로그램을 만드는 경우에도 그래픽 인터페이스를 만들면 더 편리하게 쓸 수 있을 것입니다. 평생 (웹 페이지가 클라이언트 사용자 인터페이스 역할을 하는) 서버에서 돌리는 프로그램만 만들고 살 작정이라고 하더라도 언젠가는 도구(tool)를 만들게 되는 날이 올지 모릅니다. 그리고 도구를 만들다 보면 그래픽 인터페이스가 필요할 것입니다. 명령행 애플리케이션은 복고풍이라고 할 수 있는데, 연약하고 유연성이 부족하고 그리 사용자 친화적이 아니라는 단점이 있습니다. 앞으로 두 장에 걸쳐서 GUI에 대해 알아보고 그 과정에서 **이벤트 처리와 내부 클래스**와 같은 자바 언어의 몇 가지 핵심적인 기능도 살펴보겠습니다. 이 장에서는 화면에 버튼을 만들고 그 버튼을 클릭했을 때 어떤 일을 하도록 지시하는 방법을 알아보겠습니다. 화면에 색을 칠하고 jpeg 그림 파일을 띄우고 간단한 애니메이션도 만들어보겠습니다.

모든 것은 창에서 시작합니다.

JFrame은 화면 위에 있는 창(window)을 나타내는 객체입니다. 버튼이나 체크상자, 텍스트 필드 같은 인터페이스와 관련된 것은 모두 창에 집어넣습니다. 메뉴 항목이 들어있는 메뉴 막대를 집어넣을 수도 있습니다. 그리고 플랫폼에 따라 달라지긴 하지만 창을 최소화하거나 최대화 또는 닫기 위한 아이콘 같은 것이 들어갈 수도 있습니다.

JFrame의 모양은 플랫폼에 따라 다르게 나타납니다. 여기에 있는 것은 Mac OS X에서 실행시켰을 때 볼 수 있는 JFrame의 모양입니다.

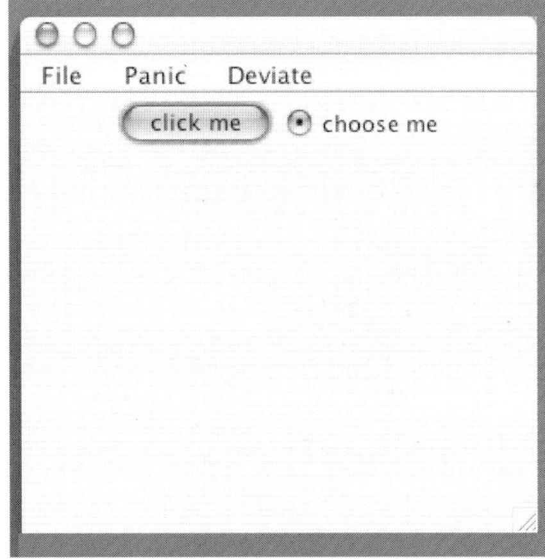

메뉴 막대와 위젯 두 개
(버튼과 라디오 버튼)가
있는 JFrame입니다.

"한 번만 더
명령행 애플리케이션이
보이면
자넨 해고야!"

창에 위젯을 추가합시다.

일단 JFrame을 만들고 나면 그 JFrame에 각종 구성요소(component, 위젯(widget)이라고도 합니다)를 집어넣을 수 있습니다. 창에 집어넣을 수 있는 스윙 구성요소는 헤아리기 힘들 정도로 다양한데, javax.swing 패키지에서 찾아볼 수 있습니다. 자주 쓰이는 것만 열거해본다면 JButton, JRadioButton, JCheckBox, JLabel, JList, JScrollPane, JSlider, JTextArea, JTextField, JTable 등이 있습니다. 대부분은 사용 방법이 매우 간단하지만 JTable처럼 조금 복잡한 것도 있습니다.

GUI를 만드는 것도 전혀 어렵지 않습니다.

① 프레임(JFrame)을 만듭니다.
```
JFrame frame = new JFrame();
```

② 위젯(버튼, 텍스트 필등 등)을 만듭니다.
```
JButton button = new JButton("click me");
```

③ 위젯을 프레임에 추가합니다.
```
frame.getContentPane().add(button);
```

프레임에 뭔가를 추가할때 직접 추가하지는 않습니다.
프레임은 창을 둘러싸고 있는 테두리라고 생각해야 합니다.
실제 위젯을 추가할 때는 틀(pane)에 추가해야합니다.

④ 화면에 표시합니다.
(크기를 다음 화면에 표시되도록 설정합니다)
```
frame.setSize(300,300);
frame.setVisible(true);
```

첫번째 GUI: 버튼

```java
import javax.swing.*;


public class SimpleGui1 {
    public static void main (String[] args) {

        JFrame frame = new JFrame();
        JButton button = new JButton("click me");


        frame.setDefaultCloseOperation(JFrame.EXIT_ON_CLOSE);


        frame.getContentPane().add(button);


        frame.setSize(300,300);


        frame.setVisible(true);
    }
}
```

이 스윙 패키지는 반드시 불러와야 합니다.

프레임과 버튼을 만듭니다.

(버튼 생성자에, 버튼에 표시할 텍스트를 전달할 수 있습니다)

이렇게 하면 창을 닫았을 때 프로그램이 바로 종료됩니다(이 행을 빼먹으면 화면에 계속 남아있습니다).

버튼을 프레임의 내용 틀(content pane)에 추가합니다.

프레임의 크기를 픽셀 단위로 지정합니다.

마지막으로 화면에 표시되도록 설정합니다. (이 단계를 빼먹으면 코드를 실행했을 때 화면에 아무것도 나타나지 않습니다)

실행시키면 어떤 것이 화면에 표시될까요?

```
%java SimpleGui1
```

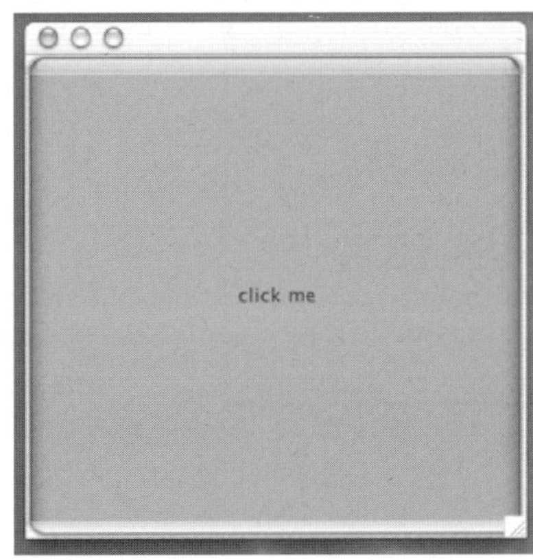

무지하게 큰 버튼이 생겼네요.

버튼은 프레임의 전 공간을 차지합니다.
잠시 후에 버튼의 크기와 위치를 제어하는
방법을 알아보겠습니다.

그런데 클릭해도 반응이 없네요.

정확하게 말하자면 아무 반응이 없는 것은 아닙니다. 버튼을 누르면 눌린 것 같은 모양으로 바뀌긴 하니까요(플랫폼에 따라 모양은 다르지만 어떤 방법으로든 버튼이 눌렸다는 것을 느낄 수는 있을 것입니다).

질문을 고쳐보자면 "사용자가 버튼을 클릭했을 때 어떤 특정한 일을 하게 만들려면 어떻게 할까요?"라고 할 수 있을 것입니다.

그러려면 두 가지가 있어야 합니다.

① 사용자가 클릭했을 때 호출할 **메소드**
 (버튼을 클릭했을 때 해야 할 행동)

② 그 메소드를 언제 실행시켜야 할지를 **알아내는** 방법,
 즉 사용자가 버튼을 클릭했는지 알 수 있는 방법

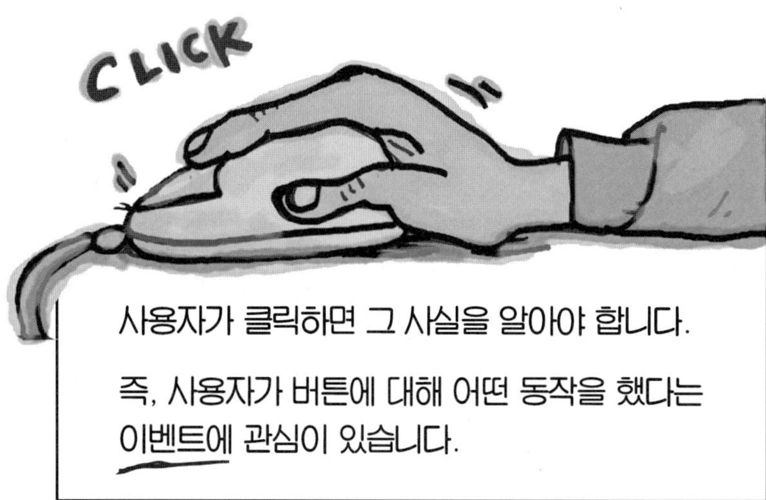

바보 같은 질문은 없습니다

Q : MS 윈도우즈에서 실행시키면 버튼의 모양이 일반 윈도우즈용 프로그램의 버튼하고 똑같나요?

A : 원한다면 그렇게 할 수 있습니다. 사용자가 몇 가지 '룩앤필(look and feel, 인터페이스 모양을 제어하기 위한 핵심 라이브러리에 들어있는 일련의 클래스)' 중에서 원하는 것을 선택할 수 있으니까요. 대부분의 경우에 최소한 서로 다른 룩앤필 두 개를 쓸 수 있습니다. 메탈(Metal)이라고도 알려져 있는 표준 자바 룩앤필과 그 플랫폼 고유의 룩앤필은 어떤 플랫폼에도 있으니까요. 이 책에서는 Mac OS X의 화면이 나와있는데, OS X의 '아쿠아(Aqua) 룩앤필' 또는 '메탈 룩앤필'을 사용했습니다.

Q : 프로그램에서 언제나 아쿠아 룩앤필을 사용할 수도 있나요? 윈도우즈에서 돌릴 때도 아쿠아를 쓸 수 있나요?

A : 그건 안 됩니다. 모든 플랫폼에서 모든 룩앤필을 지원하지 않기 때문입니다. 항상 같은 모양으로 보이게 하고 싶으면 룩앤필을 명시적으로 메탈로 설정하여 어떤 플랫폼에서 실행시켜도 똑같은 모양으로 보이게 해도 되고 룩앤필을 지정하지 않으면 기본 룩앤필을 사용하므로 아예 룩앤필을 지정하지 않는 방법을 써도 됩니다.

Q : 스윙은 너무 느려서 아무도 안 쓴다고 하던데, 정말인가요?

A : 옛날엔 그랬지만 지금은 그렇지 않습니다. 물론, 느린 시스템에서는 느리다는 느낌을 받을 수 있습니다. 하지만 요즘 나오는 시스템에서 1.3 이후 버전의 자바를 사용한다면 스윙 GUI와 고유 GUI의 차이를 별로 느끼지 못할 것입니다. 요즘은 다양한 애플리케이션에서 스윙을 꽤 많이 사용합니다.

사용자 이벤트를 받아들이는 방법

사용자가 버튼을 클릭하면 버튼에 있는 텍스트가 click me에서 I've been clicked로 바뀌게 하고 싶다면 어떻게 해야 할까요? 우선 버튼의 텍스트를 변경하는 메소드가 필요합니다(API를 잠깐 훑어보면 그런 기능을 하는 메소드를 찾을 수 있습니다).

```java
public void changeIt() {
    button.setText("I've been clicked!");
}
```

그런데 이것만 가지고는 안 됩니다. 이 메소드를 언제 실행해야 하는지 어떻게 알 수 있을까요? **버튼이 클릭되었는지 어떻게 알 수 있을까요?**

자바에서 사용자 이벤트(event)를 받고 처리하는 과정을 이벤트 처리(event-handling)라고 부릅니다. 자바에는 여러 가지 서로 다른 유형의 이벤트가 있는데, 그 중 대부분은 GUI와 관련된 사용자의 행동에 따른 이벤트입니다. 사용자가 어떤 버튼을 클릭하면 그것도 이벤트가 됩니다. "사용자가 이 버튼을 눌렀을 때 행해질 행동을 원한다"는 것을 의미하는 이벤트라고 할 수 있습니다. 그 버튼이 '느린 템포' 버튼이라면 사용자가 템포가 느려지는 일이 일어나기를 바라는 것이겠죠. 채팅 클라이언트의 보내기(Send) 버튼이라면 사용자가 메시지를 보내는 일이 일어나기를 바라는 것일테고요. 사용자가 어떤 일이 일어나기를 원한다는 것을 나타내는 버튼을 클릭하는 이벤트는 가장 직접적인 이벤트 가운데 하나라고 할 수 있습니다.

버튼에 대해서는 보통 버튼이 눌려 있는 상황이나 버튼을 클릭했다가 마우스 버튼에서 손가락을 떼는 것과 같은 중간 단계에 대해서는 별로 신경을 쓸 필요가 없습니다. 사용자가 버튼을 얼마나 오랫동안 누르고 있는지, 마우스를 그 위에 얼마 동안 올려놓고 있는지, 계속 망설이면서 버튼 위에 포인터를 올려놨다가 다시 다른 데로 옮겼다가 하는 행동을 얼마나 많이 하는지 등에 대해서는 신경을 쓸 필요가 없습니다. 그냥 **언제 필요한 일을 해야 하는지가 중요하겠죠.** 즉, 사용자가 버튼을 눌러서 그 버튼을 눌렀을 때 해야 할 일을 하도록 지시하는 시기가 가장 중요합니다.

우선 우리가 그 버튼에 대해 관심을 가지고 있다는 것을 알려줘야 합니다.

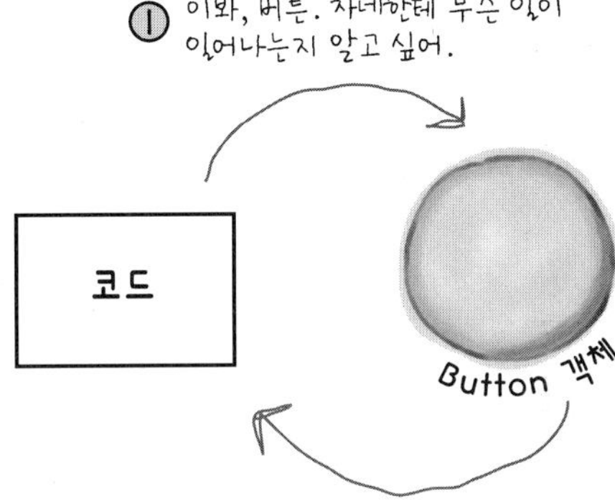

그리고 버튼을 클릭하는 이벤트가 일어났을 때 사용자를 다시 부를 수 있는 방법이 필요합니다.

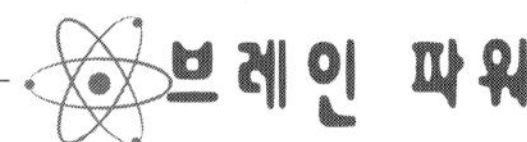

1) 버튼 객체에게 그 버튼에 대해 일어나는 이벤트에 관심이 있다는 것을 어떻게 알려줄 수 있을까요?

2) 버튼에서 어떻게 사용자를 다시 부를 수 있을까요? 버튼에 메소드명(changeIt())을 직접 알려줄 수 있는 방법은 없다고 가정하겠습니다. 그렇다면 이벤트가 일어났을 때 실행할 메소드가 있다는 것을 어떤 식으로 알려줄 수 있을까요? 〔힌트: 앞서 만들었던 Pet 클래스를 생각해보세요.〕

버튼의 이벤트에 관심이 있다면 "그 쪽 이벤트에 관심이 있다"는 것을 알려주는 인터페이스를 구현 하면 됩니다.

리스너(listener, 청취자라는 뜻을 가진 단어지만 그냥 리스너라고 쓰겠습니다) 인터페이스는 리스너(사용자)와 이벤트 소스(버튼)를 연결해주는 다리 역할을 합니다.

스윙 GUI 구성요소는 모두 이벤트 소스입니다. 이벤트 소스(event source)란 사용자의 행동(마우스를 클릭하거나 키를 입력하거나 창을 닫는 등의 행동)을 이벤트로 바꿔주는 객체를 뜻합니다. 그리고 이벤트도 객체로 표현됩니다. 어떤 이벤트 클래스에 속하는 객체로 나타낼 수 있지요. API에서 java.awt.event 패키지를 살펴보면 다양한 이벤트 클래스를 발견할 수 있습니다(이름에 모두 Event가 들어있기 때문에 쉽게 찾을 수 있습니다). MouseEvent, KeyEvent, WindowEvent, ActionEvent를 비롯한 다양한 이벤트가 있습니다.

사용자가 (버튼을 클릭한다든가 하는) 뭔가 의미 있는 행동을 하면 이벤트 소스(버튼 등)에서 이벤트 객체를 생성합니다. 여러분이 코드를 작성할 때는 대부분 이벤트를 만드는 것보다는 이벤트를 받아오는 코드를 만들 것입니다(이벤트를 만드는 코드가 이 책에는 없습니다). 즉, 이벤트 소스보다는 이벤트 리스너를 만드는 일을 훨씬 많이 할 것입니다.

모든 이벤트 유형마다 그 유형에 맞는 리스너 인터페이스가 있습니다. MouseEvent가 필요하다면 MouseListener 인터페이스를 구현하면 됩니다. 그리고 WindowEvent가 필요하다면 WindowListener를 구현하면 됩니다. 감이 잡히죠? 그리고 인터페이스와 관련된 규칙을 잊지 맙시다(class Dog implements Pet과 같은 식으로). 어떤 인터페이스를 구현하겠다고 선언했으면 그 인터페이스에 있는 모든 메소드를 구현해야 합니다. 즉, 모든 메소드의 코드를 만들어야 합니다.

리스너 인터페이스 중에는 메소드 두 개 이상이 들어있는 것도 있습니다. 이벤트의 종류가 달라질 수 있기 때문입니다. 예를 들어, MouseListener를 구현했다면 mousePressed, mouseReleased, mouseMoved 등의 이벤트가 나올 수 있습니다. 이런 마우스 관련 이벤트는 모두 똑같이 MouseEvent로 표현되지만 인터페이스에서 각 이벤트마다 서로 다른 메소드가 정해져 있습니다. MouseListener를 구현하면 사용자가 마우스를 눌렀을 때는 mousePressed() 메소드가 호출됩니다. 그리고 사용자가 마우스 버튼에서 손가락을 떼면 mouseReleased() 메소드가 호출됩니다. 따라서 마우스 이벤트와 관련된 객체는 MouseEvent 하나뿐이지만 마우스 이벤트의 유형에 따라 이벤트 메소드는 달라집니다.

버튼에서 여러분에게 연락할 수 있는 방법을 리스너 인터페이스를 구현하여 제공할 수 있습니다. 인터페이스에 콜백 메소드*가 선언되어 있기 때문이죠.

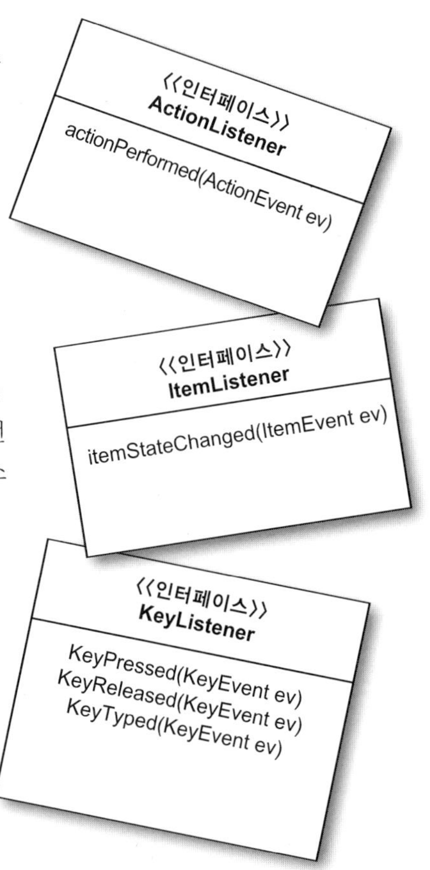

*역자주: call-back method, 이벤트 소스에서 이벤트가 일어났을 때 호출함으로써 이벤트 리스너에 그 이벤트가 일어났음을 알려주기 위한 메소드입니다.

리스너와 소스 사이의 의사 소통 방법:

리스너

어떤 클래스에서 버튼의 ActionEvent를 알아야 한다면 ActionListener 인터페이스를 구현하면 됩니다. 버튼에서도 그 사실을 알아야 하므로 버튼의 addActionListener() 메소드를 호출해야 합니다. 이때 그 클래스에 대한 레퍼런스를 전달해야 하므로 this를 인자로 전달합니다. 이벤트가 일어나면 버튼에서 클래스로 연락을 해야 하는데, 그 경우에는 리스너 인터페이스에 있는 메소드를 호출합니다. ActionListener 역할을 하려면 인터페이스에 하나밖에 없는 메소드인 actionPerformed()를 구현해야 합니다. 그리고 이 메소드를 구현하지 않으면 아예 컴파일이 되지 않겠죠?

이벤트 소스

버튼은 ActionEvent의 소스므로 어떤 객체가 그 이벤트에 대한 리스너인지 알아야 합니다. 버튼에는 addActionListener()라는 메소드가 있어서 그 버튼에 관심 있는 객체(리스너)에서 그 버튼에게 "내가 관심 있어"라고 알려줄 수 있습니다.

어떤 리스너에서 버튼의 addActionListener()를 호출하면 버튼에서는 매개변수(리스너 객체에 대한 레퍼런스)를 받아서 목록에 저장합니다. 사용자가 버튼을 클릭하면 버튼에서는 목록에 있는 모든 리스너 객체의 actionPerformed() 메소드를 호출하여 이벤트를 '발사' 합니다.

버튼의 ActionEvent를 받는 방법

① ActionListener 인터페이스를 구현합니다.

② 버튼에 등록합니다(이벤트가 생기면 알려달라고 말합니다).

③ 이벤트 처리 메소드를 등록합니다(ActionListener 인터페이스의 actionPerformed( ) 메소드를 구현합니다).

```java
import javax.swing.*;
import java.awt.event.*;
```

ActionListener와 ActionEvent가 들어있는 패키지를 사용하기 위한 import 선언문

①

```java
public class SimpleGui1B implements ActionListener {
   JButton button;

   public static void main (String[] args) {
     SimpleGui1B gui = new SimpleGui1B();
     gui.go();
   }

   public void go() {
     JFrame frame = new JFrame();
     button = new JButton("click me");
```

인터페이스를 구현합니다. 이 구문은 "SimpleGui1B의 인스턴스는 ActionListener임"이라는 것을 뜻합니다.

(버튼에서는 ActionListener를 구현한 클래스에만 이벤트를 보내줍니다)

②
```java
     button.addActionListener(this);
```

버튼에 등록합니다. 즉 이 코드는 "나도 리스너 목록에 끼워 줘"라고 말하는 역할을 합니다. 이때 전달하는 인자는 반드시 ActionListener를 구현한 클래스의 객체여야합니다.

```java
     frame.getContentPane().add(button);
     frame.setDefaultCloseOperation(JFrame.EXIT_ON_CLOSE);
     frame.setSize(300,300);
     frame.setVisible(true);
   }
```

ActionListener 인터페이스의 actionPerformed() 메소드를 구현합니다. 이 메소드가 바로 실제 이벤트를 처리하는 메소드입니다.

③
```java
   public void actionPerformed(ActionEvent event) {
       button.setText("I've been clicked!");
   }
}
```

버튼에서는 이 메소드를 호출하여 이벤트가 일어났다는 것을 알려줍니다. ActionEvent 객체를 인자로 보내주는데, 여기에서는 그 객체를 쓸 필요가 없습니다. 이벤트가 일어났음을 아는 것만으로도 충분합니다.

리스너, 소스, 그리고 이벤트

자바 프로그램에서 이벤트의 소스가 되는 일은 별로 없습니다.

좋은 리스너(listener)가 되도록 노력하는 것이 좋습니다.

(남의 말을 잘 들어주는 것도 사회 생활에서 매우 중요한 요소입니다)

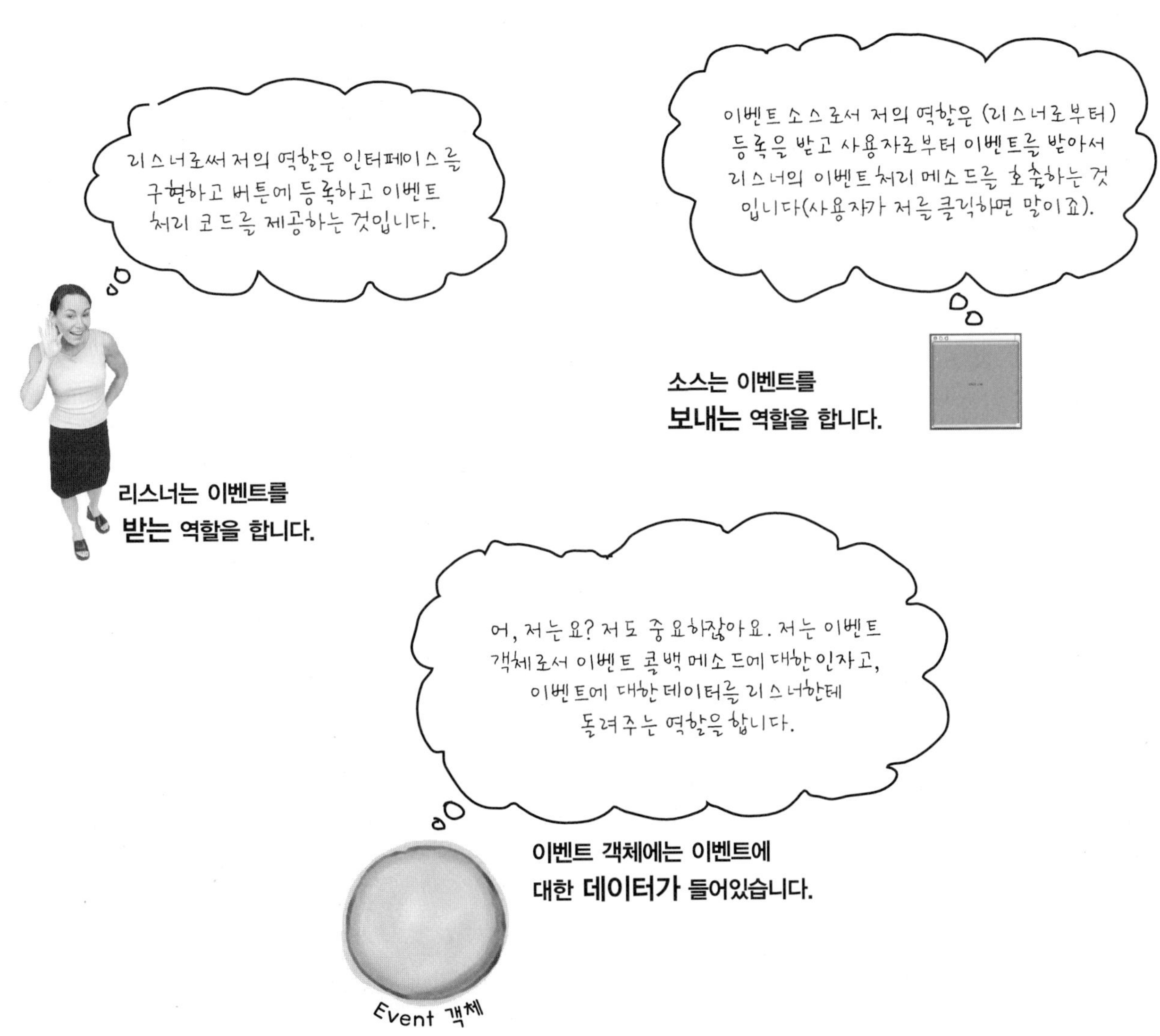

리스너는 이벤트를 받는 역할을 합니다.

소스는 이벤트를 보내는 역할을 합니다.

이벤트 객체에는 이벤트에 대한 데이터가 들어있습니다.

바보 같은 질문은 없습니다

Q: 왜 이벤트 소스를 만들 수 없는 거죠?

A: 물론, 이벤트 소스를 만들 수도 있습니다. 대부분의 경우에 이벤트를 내보내는 코드보다는 이벤트를 받아들이는 코드를 만들게 되는 것뿐입니다(특히, 자바를 배우는 초기에는 더욱 그렇죠). 여러분이 다루는 이벤트는 대부분 자바 API에 있는 클래스로부터 나오기 때문에 그냥 그런 이벤트에 대한 리스너만 만들면 됩니다. 물론, 주식 시세를 감시하는 프로그램을 만들 때 뭔가 중요해 보이는 것이 있으면 StockMarketEvent라는 이벤트를 던지도록 설계할 수도 있습니다. 그런 경우에는 StockWatcher 객체(주식 시황 감시용 객체)를 이벤트 소스로 만들어서 버튼과 같은 다른 이벤트 소스에서 하는 것과 똑같은 역할을 하게 하면 됩니다. 그 이벤트에 대한 리스너 인터페이스와 누군가가 호출하면 호출한 객체(리스너)를 리스너의 목록에 추가하게 하는 등록 메소드(addStockListener( ))도 만들어야 합니다. 그리고 그 이벤트가 일어나면 StockEvent 객체(이 클래스도 만들어야 합니다)의 인스턴스를 만들고 stockChanged (Stock Eventev) 메소드를 호출하여 목록에 있는 모든 리스너에 그 객체를 보내야 합니다. 그리고 모든 이벤트 유형에 대해 반드시 그 유형에 맞는 리스너 인터페이스가 있어야 한다는 점을 잊지 마세요 (StockChanged( ) 메소드가 들어있는 StockListener 인터페이스를 만들어야 합니다).

Q: 이벤트 콜백 메소드로 전달되는 이벤트 객체가 왜 중요한지 잘 모르겠네요. 누군가가 mousePressed 메소드를 호출했을 때 다른 어떤 정보가 있어야 하나요?

A: 대부분의 경우에 이벤트 객체가 없어도 됩니다. 이벤트 객체는 이벤트에 대한 정보를 보내기 위한 작은 데이터 전달자일 뿐입니다. 하지만 이벤트에 대한 자세한 내용을 알아야 하는 경우가 있습니다. 예를 들어, mousePressed( ) 메소드가 호출되었다면 누군가가 마우스를 눌렀다는 것을 알 수 있습니다. 하지만 정확하게 어느 위치에서 마우스를 눌렀는지 알고 싶다면 어떻게 해야 할까요? 즉, 마우스를 누른 위치의 X와 Y 좌표를 알고 싶다면 어떻게 해야 할까요?

또는 리스너 하나를 객체 여러 개에 등록해야 할 경우도 있습니다. 예를 들어, 컴퓨터 화면에 띄워서 쓸 수 있는 계산기에는 숫자 키 열 개가 있는데, 어차피 그 역할은 모두 똑같기 때문에 각 키마다 리스너를 따로 만들 필요는 없습니다. 대신 숫자 키 열 개에 똑같은 리스너를 등록한 다음 이벤트를 받았을 때(즉, 이벤트 콜백 메소드가 호출되었을 때) 이벤트 객체에 있는 메소드를 호출하여 실제 이벤트 소스(즉, 어떤 키에서 이 이벤트를 보냈는지)를 알아내는 방법을 쓰는 것이 좋습니다.

연필을 깎으며

여기에 있는 각 위젯(사용자 인터페이스 객체)은 하나 이상의 이벤트 소스 역할을 합니다. 각 위젯과 그 위젯에서 만들어낼 수 있는 이벤트를 연결해보세요. 이 중에는 이벤트 소스 두 개 이상이 있을 수 있고 위젯 두 개 이상에서 같은 이벤트를 만들어낼 수도 있습니다.

위젯	이벤트 메소드
체크상자	windowClosing( ) (창이 닫힐 때)
텍스트 필드	actionPerformed( ) (사용자가 어떤 행동을 했을 때)
스크롤 목록	itemStateChanged( ) (항목 상태가 바뀌었을 때)
버튼	mousePressed( ) (마우스를 눌렀을 때)
대화상자	keyTyped( ) (키를 눌렀을 때)
라디오 버튼	mouseExited( ) (마우스가 영역을 벗어났을 때)
메뉴 항목	focusGained( ) (키보드 포커스가 들어왔을 때)

어떤 객체가 이벤트 소스인지 아닌지는 어떻게 알 수 있나요?

API에서 찾아보세요.

어떤 걸 살펴봐야 하죠?

'add'로 시작하고 'Listener'로 끝나는 이름을 가지고 리스너 인터페이스 인자를 받아들이는 메소드가 있는지 찾아보면 됩니다. 즉, 다음과 같은 메소드가 있다고 가정해봅시다.

addKeyListener(KeyListener k)

이 메소드가 들어있는 클래스는 KeyEvent의 이벤트 소스입니다. 즉, 그러한 명명 패턴을 가지고 알 수 있습니다.

다시 그래픽으로...

이제 이벤트가 어떤 식으로 돌아가는지 약간 알아봤으니 다시 화면에 뭔가를 집어넣는 방법을 알아보겠습니다(이벤트에 대해서는 나중에 더 자세하게 알아볼 것입니다). 이벤트 처리에 대한 내용을 살펴보기 전에 얼마 동안에 걸쳐서 그래픽과 관련된 내용을 살펴보겠습니다.

GUI에 뭔가를 집어넣는 세 가지 방법:

① **프레임에 위젯을 집어넣는 방법**
버튼, 메뉴, 라디오 버튼 등의 위젯을 집어넣습니다.

```
frame.getContentPane().add(myButton);
```

javax.swing에는 십여 개가 넘는 위젯 유형이 포함되어 있습니다.

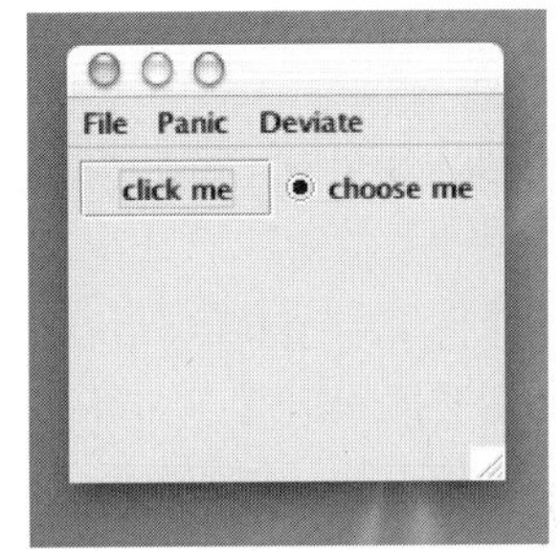

② **위젯에 2D 그래픽을 그립니다.**
그래픽 객체를 사용하여 도형을 그릴 수 있습니다.

```
graphics.fillOval(70, 70, 100, 100);
```

단순한 상자나 원 외에 더 복잡한 것도 그릴 수 있습니다. Java2D API에는 여러 가지 특이하고 복잡한 그래픽 메소드가 들어있기 때문에 그런 메소드를 쓰면 됩니다.

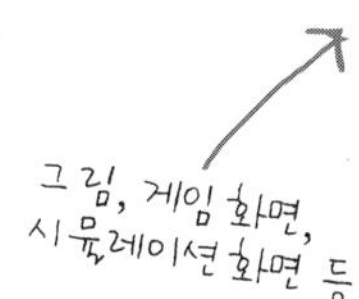

그림, 게임 화면, 시뮬레이션 화면 등

도표, 비즈니스용 그림 등

③ **위젯에 JPEG를 집어넣습니다.**
위젯에 그림을 집어넣을 수도 있습니다.

```
graphics.drawImage(myPic,10,10,this);
```

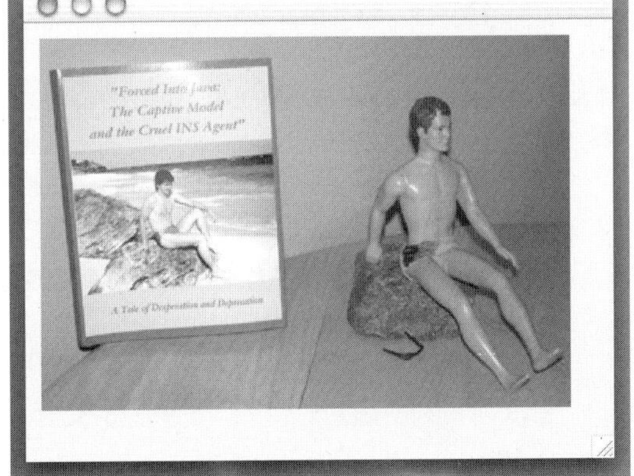

그림을 그리기 위한 위젯을 만들어봅시다.

화면에 직접 만든 그래픽을 표시할 때 가장 좋은 방법은 그림을 직접 그릴 수 있는 위젯을 만드는 것입니다. 그리고 버튼같은 다른 위젯과 마찬가지로 그 위젯을 화면에 표시해주면 자신이 만든 그래픽이 화면에 나타납니다. 애니메이션처럼 그림을 움직이게 하거나 버튼을 클릭할 때마다 화면의 색을 바꾸는 것과 같은 일도 할 수 있습니다.

방법은 정말 간단합니다.

JPanel의 하위클래스를 만들고 paintComponent( )라는 메소드를 오버라이드하면 됩니다.

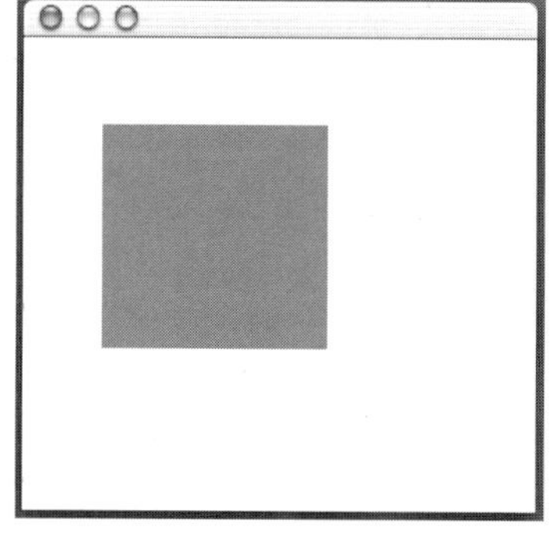

그래픽 관련 코드는 모두 paintComponent() 메소드에 들어갑니다. 이 메소드는 시스템에서 그 위젯을 화면에 표시하기 위해 호출하는 메소드라고 생각하면 됩니다. 원을 그리고 싶다면 paintComponent() 메소드에 원을 그리기 위한 코드를 집어넣으면 됩니다. 그림 패널이 들어있는 프레임이 화면에 표시되면 paintComponent()가 호출되면서 원이 화면에 그려질 것입니다. 사용자가 그 창을 아이콘화시키거나 최소화시켰다가 원래 모양으로 되돌릴 때도 JVM에서 paintComponent()를 호출하여 그림을 다시 그립니다. 즉 JVM에서 화면을 갱신할 때마다 paintComponent() 메소드가 호출됩니다.

한 가지 또 다른 중요한 사실은 **사용자가 이 메소드를 직접 호출하는 일은 절대 없다**는 것입니다. 이 메소드의 인자(Graphics 객체)는 실제 화면에 표시되는 그림을 그리기 위한 캔버스입니다. 그런데 그 객체는 사용자가 직접 건드릴 수 없고 시스템에서 주는 것을 받아서 써야만 합니다. 하지만 시스템에 화면을 갱신해달라는 요청을 함으로써(repaint() 메소드 호출) 결과적으로는 paintComponent()가 호출되게 하는 방법이 있긴 합니다. 이 방법은 나중에 알아보겠습니다.

```java
import java.awt.*;
import javax.swing.*;


class MyDrawPanel extends JPanel {

    public void paintComponent(Graphics g) {

        g.setColor(Color.orange);

        g.fillRect(20,50,100,100);
    }
}
```

paintComponent()로 할 수 있는 일

paintComponent()로 할 수 있는 것을 몇 가지 더 살펴봅시다. 물론, 이 책만 읽는 것보다는 여러분이 직접 프로그램을 짜서 화면에 그림이 나타나는 것을 살펴보는 것이 확실히 재미있습니다. 숫자를 바꿔보거나 API에서 Graphics 클래스를 찾아서 이 것저것 해보는 것도 도움이 많이 될 것입니다(그리고 Graphics 클래스에 들어있는 것 외에도 정말 많은 일을 할 수 있습니다).

JPEG 파일 표시

```
public void paintComponent(Graphics g) {

    Image image = new ImageIcon("catzilla.jpg").getImage();

    g.drawImage(image,3,4,this);

}
```

파일명을 지정하는 부분

그림의 왼쪽 맨 윗부분의 위치를 나타내는 x, y 좌표를 입력해야 합니다. 이렇게 하면 '패널의 왼쪽 끝에서 세 픽셀, 위쪽 끝에서 네 픽셀 떨어진 지점'을 그림의 왼쪽 맨 윗부분으로 지정할 수 있습니다. 이 숫자는 항상 전체 프레임이 아닌 위젯(여기에서는 우리가 만든 JPanel의 하위클래스)에 대한 상대적인 위치를 나타냅니다.

검은 색 배경에 임의의 색으로 칠해진 원 그리기

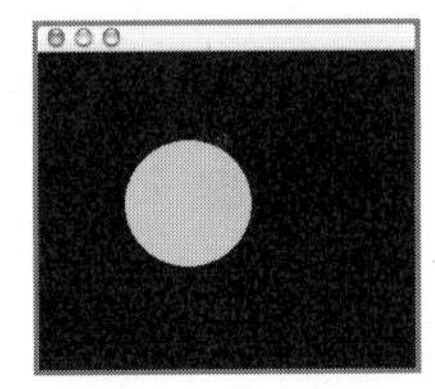

```
public void paintComponent(Graphics g) {

    g.fillRect(0,0,this.getWidth(), this.getHeight());



    int red = (int) (Math.random() * 256);
    int green = (int) (Math.random() * 256);
    int blue = (int) (Math.random() * 256);

    Color randomColor = new Color(red, green, blue);
    g.setColor(randomColor);
    g.fillOval(70,70,100,100);

}
```

패널 전체를 검은색(기본색)으로 칠합니다.

처음 인자 두 개는 패널을 기준으로 하여 그림을 그리기 위한 왼쪽 위 끝의 위치를 지정하는 좌표입니다. 즉 '왼쪽 끝에서 0픽셀, 위쪽 끝에서 0픽셀 떨어진 지점에서 시작함'을 의미합니다. 나머지 인자 두 개는 이 직사각형의 너비는 패널의 너비(this.getWidth())와 같게 하고 높이도 패널의 높이(this.getHeight())와 같게 하라는 것을 의미합니다(fillRect()는 직사각형을 그리는 메소드입니다).

각각 빨간색 성분, 녹색 성분, 파란색 성분(RGB; Red, Green, Blue)을 나타내는 정수 세 개를 전달하여 색을 만들 수 있습니다.

왼쪽에서 70픽셀, 위에서 70픽셀 떨어진 위치에 너비가 100픽셀, 높이가 100픽셀인 원을 그리라는 것을 의미합니다. (fillOval()은 타원(oval)을 그리는 메소드고, 너비와 높이를 똑같이 지정하면 원을 그릴 수 있습니다)

Graphics 레퍼런스는 Graphics2D를 참조합니다.

paintComponent()의 인자는 Graphics(java.awt.Graphics) 유형으로 선언되어있습니다.

```
public void paintComponent(Graphics g) { }
```

따라서 매개변수 'g'는 Graphics 객체여야 합니다. 즉 (다형성을 고려하면) Graphics의 하위클래스를 써도 됩니다. 그리고 실제로도 Graphics의 하위클래스를 사용합니다.

'g' 매개변수가 참조하는 객체는 사실 Graphics2D 클래스의 인스턴스입니다.

이 사실이 왜 중요할까요? Graphics 레퍼런스로는 할 수 없지만 Graphics2D 레퍼런스로는 할 수 있는 것이 있기 때문입니다. Graphics2D 객체는 Graphics 객체보다 더 많은 기능이 있으며 실제로 그 Graphics 레퍼런스는 Graphics2D 객체를 참조합니다.

다형성과 관련된 내용을 다시 한 번 떠올려보세요. 컴파일러에서는 사용자가 호출할 수 있는 메소드를 객체 유형이 아닌 레퍼런스 유형을 바탕으로 결정합니다. 따라서 다음과 같이 Dog 객체를 Animal 레퍼런스 변수로 참조한다고 생각해봅시다.

```
Animal a = new Dog();
```

다음과 같은 식으로 bark() 메소드(Dog 객체에만 있는 '짖는' 메소드)를 호출할 수 없습니다.

```
a.bark();
```

물론, 우리는 a가 Dog 객체를 참조하고 있다는 것을 알고 있지만 컴파일러에서는 'a'가 Animal 유형이므로 Animal 클래스에는 bark() 메소드에 해당하는 리모컨 버튼이 없다는 결론을 내리고는 컴파일을 해주지 않습니다. 하지만 다음과 같은 식으로 하면 Dog 객체의 기능을 모두 사용할 수 있습니다.

```
Dog d = (Dog) a;
d.bark();
```

따라서 Graphics 객체를 다룰 때도 다음과 같은 규칙을 적용하면 됩니다.

Graphics2D 클래스에 들어있는 메소드가 필요하다면 paintComponent의 매개변수('g')를 그대로 사용하면 안 됩니다. 대신 다른 Graphics2D 변수로 캐스트해서 쓰면 됩니다.

```
Graphics2D g2d = (Graphics2D) g;
```

Graphics 레퍼런스를 가지고 호출할 수 있는 메소드:

- drawImage()
- drawLine()
- drawPolygon()
- drawRect()
- drawOval()
- fillRect()
- fillRoundRect()
- setColor()

Graphics2D 객체를 Graphics2D 레퍼런스로 캐스트하는 방법:

```
Graphics2D g2d = (Graphics2D) g;
```

Graphics2D 레퍼런스를 가지고 호출할 수 있는 메소드:

- fill3DRect()
- draw3DRect()
- rotate()
- scale()
- shear()
- transform()
- setRenderingHints()

(물론, 이 외에 다른 메소드도 있습니다. API 문서를 확인해보면 어떤 메소드가 있는지 확인해볼 수 있습니다)

원을 단색이 아닌 그래디언트로 칠할 수도 있습니다.

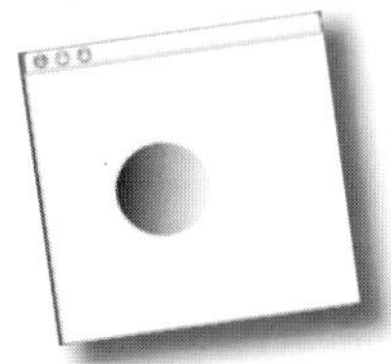

사실 Graphics 객체의 탈을 쓴 Graphics2D 객체입니다.

```java
public void paintComponent(Graphics g) {

    Graphics2D g2d = (Graphics2D) g;

    GradientPaint gradient = new GradientPaint(70,70,Color.blue, 150,150, Color.orange);

    g2d.setPaint(gradient);

    g2d.fillOval(70,70,100,100);

}
```

Graphics에는 없고 Graphics2D에만 있는 것을 호출하려면 캐스트 해야 합니다.

시작점　시작하는 색　끝점　끝나는 색

이렇게 하면 가상 페인트 브러시(색칠할 때 쓰는 붓을 생각하면 됩니다)를 단색이 아닌 그래디언트로 지정할 수 있습니다.

fillOval() 메소드는 '현재 페인트 브러시로 지정된 것(여기에서는 그래디언트)으로 타원을 채우는 메소드'입니다.

```java
public void paintComponent(Graphics g) {
    Graphics2D g2d = (Graphics2D) g;

    int red = (int) (Math.random() * 256);
    int green = (int) (Math.random() * 256);
    int blue = (int) (Math.random() * 256);
    Color startColor = new Color(red, green, blue);

    red = (int) (Math.random() * 256);
    green = (int) (Math.random() * 256);
    blue = (int) (Math.random() * 256);
    Color endColor = new Color(red, green, blue);

    GradientPaint gradient = new GradientPaint(70,70,startColor, 150,150, endColor);
    g2d.setPaint(gradient);
    g2d.fillOval(70,70,100,100);

}
```

이 코드는 위에 있는 것을 조금 고쳐서 그래디언트의 시작과 끝 색을 무작위로 지정하게 만든 것입니다. 직접 실행해 보세요.

핵심정리

──── 이벤트 ────

- GUI를 만들 때는 우선 창을 만들어야 하는데, 보통 JFrame을 사용합니다.

```
JFrame frame = new JFrame();
```

- JFrame에 위젯(버튼, 텍스트 필드 등)을 추가할 때는 다음과 같은 식으로 하면 됩니다.

```
frame.getContentPane().add(button);
```

- 다른 대부분의 구성요소와 달리 JFrame에는 다른 위젯을 직접 추가할 수 없기 때문에 반드시 JFrame의 내용 틀(content pane)에 추가해야 합니다.

- 창(JFrame)을 화면에 표시하려면 크기를 지정한 다음 화면에 나타나게 설정해야 합니다.

```
frame.setSize(300,300);
frame.setVisible(true);
```

- 사용자가 언제 버튼을 클릭하는지(또는 사용자 인터페이스에 대해 어떤 행동을 하는지) 알아내려면 GUI 이벤트가 일어나는지 지켜봐야 합니다.

- 이벤트가 일어나는지 지켜보려면 이벤트 소스에 등록해야 합니다. 이벤트 소스는 사용자의 행동에 따라 이벤트를 '발사'하는 것(버튼, 체크 상자 등)을 뜻합니다.

- 리스너 인터페이스는 이벤트 소스에서 이벤트를 받아서 처리하는 메소드를 호출할 수 있는 방법을 제공합니다. 그 인터페이스에는 이벤트가 일어났을 때 이벤트 소스에서 호출하는 메소드가 정의되어 있습니다.

- 이벤트 소스에 등록할 때는 소스의 등록 메소드를 호출하면 됩니다. 등록 메소드명은 항상 다음과 같은 식으로 되어있습니다.

add<이벤트 유형**>Listener**

예를 들어, 버튼의 ActionEvent에 등록하고 싶다면 다음과 같은 메소드를 호출하면 됩니다.

```
button.addActionListener(this);
```

- 리스너 인터페이스를 구현할 때는 그 인터페이스에서 선언한 모든 이벤트 처리 메소드를 구현해야 합니다. 이벤트 처리 코드는 리스너의 콜백 메소드에 집어넣으면 됩니다. 예를 들어 ActionEvent에 대한 메소드는 다음과 같은 식으로 만들면 됩니다.

```
public void actionPerformed(ActionEvent event) {
    button.setText("you clicked!");
}
```

- 이벤트 처리 메소드로 전달된 이벤트 객체에는 이벤트의 소스에 대한 정보를 포함한 이벤트에 대한 정보가 들어있습니다.

──── 그래픽 ────

- 위젯에 2차원 그래픽을 직접 그릴 수 있습니다.

- .gif나 .jpeg 파일을 위젯에 직접 그릴 수도 있습니다.

- (.gif나 .jpeg 파일을 표시하는 것을 포함하여) 그래픽을 직접 만들고 싶다면 JPanel의 하위클래스를 만든 다음 paintComponent() 메소드를 오버라이드하면 됩니다.

- paintComponent() 메소드는 GUI 시스템에서 호출합니다. 사용자가 직접 호출하는 일은 절대 없습니다. paintComponent()의 인자는 Graphics 객체로 화면에 표시되는 그림을 그릴 도화지 같은 역할을 한다고 생각할 수 있습니다. 그 객체는 사용자가 직접 만들 수 없습니다.

- Graphics 객체(paintComponent()의 매개변수)에서는 보통 다음과 같은 메소드를 호출합니다.

```
g.setColor(Color.blue);
g.fillRect(20,50,100,120);
```

- .jpg 파일을 화면에 출력할 때는 다음과 같은 식으로 Image 객체를 만듭니다.

```
Image image = new    ImageIcon
("catzilla.jpg").getImage();
```

그리고 다음과 같이 이미지를 그리면 됩니다.

```
g.drawImage(image,3,4,this);
```

- paintComponent()의 Graphics 매개변수로 참조하는 객체는 사실 Graphics2D 클래스의 인스턴스입니다. Graphics2D 클래스에는 다음의 메소드를 비롯한 다양한 메소드가 들어있습니다.

```
fill3DRect(), draw3DRect(),
rotate(), scale(), shear(),
transform()
```

- Graphics2D 메소드를 호출하려면 매개변수를 Graphics 객체에서 Graphics2D 객체로 캐스트해야 합니다.

```
Graphics2D g2d = (Graphics2D) g;
```

지금까지 이벤트를 받는 방법과
그림을 그리는 방법을 배웠습니다.

그런데 이벤트를 받았을 때 그림을 그리려면 어떻게 해야 할까요?

이벤트에 따라 그림 패널에 있는 그림을 바꿔봅시다. 여기서는 사용자가 버튼을 클릭할 때마다 원의 색이 바뀌도록 해 보겠습니다. 프로그램의 전체적인 흐름은 다음과 같습니다.

애플리케이션 실행

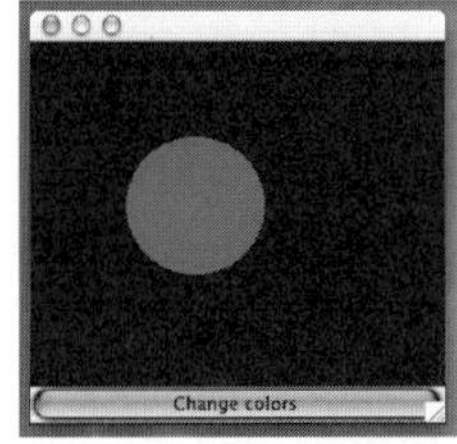

1 프레임을 만들고 그 안에 위젯 두 개(그림을 그리는 패널과 버튼)를 집어넣습니다. 리스너를 만든 다음 버튼에 등록합니다. 그리고 프레임을 화면에 표시하고 사용자가 클릭할 때까지 대기합니다.

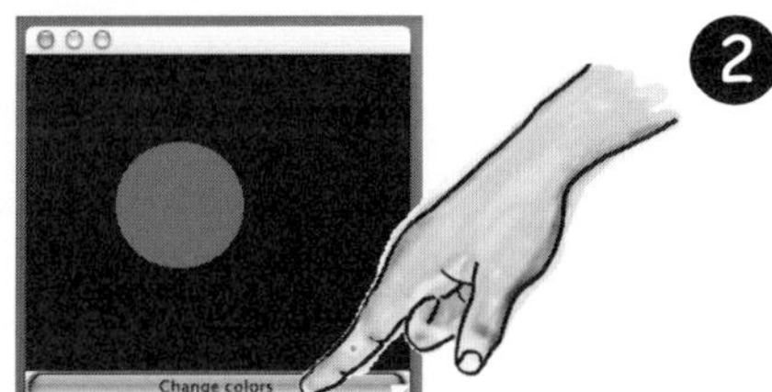

2 사용자가 버튼을 클릭하면 버튼에서 이벤트 객체를 만들고 리스너의 이벤트 핸들러*를 호출합니다.

3 이벤트 핸들러에서 프레임의 repaint( ) 메소드를 호출합니다. 그러면 시스템에서 그림 패널의 paintComponent( )를 호출합니다.

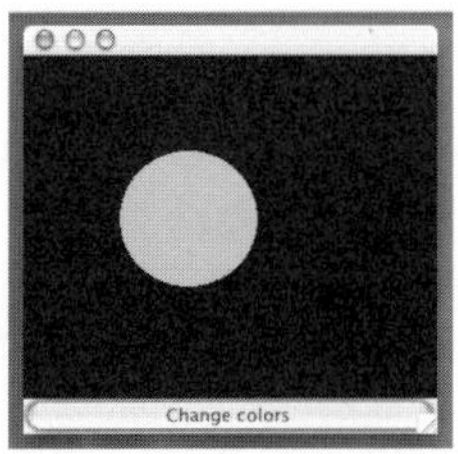

4 paintComponent( )가 다시 실행되면서 원을 무작위로 선택한 색으로 칠하면 원의 색이 바뀝니다.

*역자주: 이벤트를 처리하는 메소드

GUI 레이아웃:
프레임에 위젯을 두 개 이상 집어넣는 방법

GUI 레이아웃에 대해서는 다음 장에서 본격적으로 알아보겠지만 일단 여기에서 간단하게 알아보고 넘어가겠습니다. 기본적으로 프레임에는 사용자가 위젯을 집어넣을 수 있는 지역(region)이 다섯 개 있습니다. 그리고 프레임의 각 지역에는 위젯 한 개만 집어넣을 수 있습니다. 그러면 위젯을 다섯 개 넘게 집어넣을 때는 어떻게 하냐고요? 다 방법이 있습니다. 그 중 한 위젯으로 위젯 여러 개가 들어있는 패널을 집어넣을 수 있고, 같은 과정을 반복하면 이론적으로 무한히 많은 위젯을 집어넣을 수 있으니까요. 사실, 다음과 같은 식으로 프레임에 버튼을 집어넣는 방법은 '속임수'라고 할 수 있습니다.

```
frame.getContentPane().add(button);
```

원래는 이렇게 하면 안 됩니다(인자가 하나밖에 없는 add 메소드는 일종의 편법이라고 할 수 있습니다).

프레임의 기본 내용 틀에 위젯을 추가할 때는 이 방법을 쓰는 것이 바람직합니다(보통 이렇게 하는 것이 필수적입니다). 항상 그 위젯을 어디에(어느 지역에) 넣어야 할지를 지정해야 합니다.

인자가 하나뿐인 add 메소드(별로 권장할만 하지 않은 메소드)를 호출하면 위젯은 자동으로 중앙 지역(center region)으로 들어갑니다.

```
frame.getContentPane().add(BorderLayout.CENTER, button);
```

지역(상수로 지정함)과 그 지역에 추가할 위젯, 이렇게 인자 두 개를 받아들이는 add 메소드를 호출합니다.

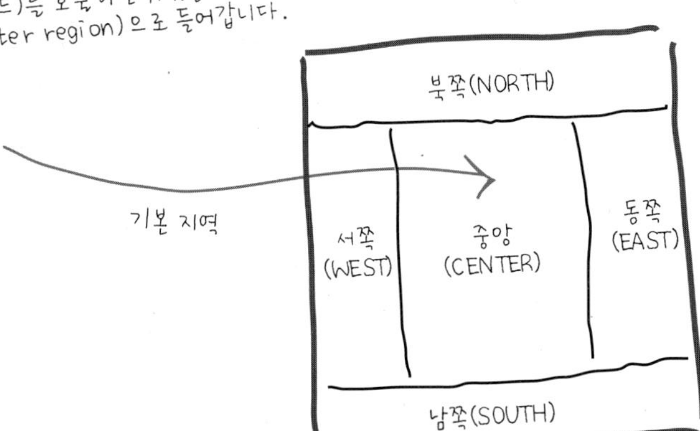

연필을 깎으며

403페이지에 나와있는 그림을 보고 프레임에 버튼과 패널을 추가하기 위한 코드를 작성해 보세요.

버튼을 클릭할 때마다 원의 색이 바뀝니다.

```java
import javax.swing.*;
import java.awt.*;
import java.awt.event.*;


public class SimpleGui3C implements ActionListener {

    JFrame frame;

    public static void main (String[] args) {
        SimpleGui3C gui = new SimpleGui3C();
        gui.go();
    }

    public void go() {
        frame = new JFrame();
        frame.setDefaultCloseOperation(JFrame.EXIT_ON_CLOSE);

        JButton button = new JButton("Change colors");
        button.addActionListener(this);

        MyDrawPanel drawPanel = new MyDrawPanel();

        frame.getContentPane().add(BorderLayout.SOUTH, button);
        frame.getContentPane().add(BorderLayout.CENTER, drawPanel);
        frame.setSize(300,300);
        frame.setVisible(true);
    }

    public void actionPerformed(ActionEvent event) {
        frame.repaint();
    }
}
```

리스너(this)를 버튼에 추가합니다.

위젯(버튼과 그림 패널) 두 개를 프레임의 두 지역에 추가합니다.

사용자가 버튼을 클릭하면 프레임의 repaint() 메소드를 호출합니다. 그러면 그 프레임에 들어있는 모든 위젯의 paintComponent() 메소드가 호출됩니다.

사용자가 만든 그림 패널(MyDrawPanel의 인스턴스)은 프레임의 중앙(CENTER) 지역에 들어갑니다.

버튼은 프레임의 남쪽(SOUTH) 지역에 들어갑니다.

```java
class MyDrawPanel extends JPanel {

    public void paintComponent(Graphics g) {
        // 타원을 무작위적으로 선택한 색으로 칠하기 위한 코드
        // 실제 코드는 401페이지에 있습니다.
    }

}
```

사용자가 버튼을 클릭할때마다 그림 패널의 paintComponent() 메소드가 호출됩니다.

버튼 두 개를 만들어봅시다.

이번에는 버튼 두 개를 만들어봅시다. 남쪽에 있는 버튼은 지금과 마찬가지로 프레임의 repaint() 메소드를 호출하여 그림을 다시 그리는 버튼입니다. 새로 추가한 버튼(이번에는 동쪽 지역에 붙이겠습니다)을 눌렀을 때 레이블의 텍스트를 바꾸는 버튼입니다(레이블은 그냥 화면에 나타나는 텍스트입니다).

그러면 위젯이 네 개 있어야 합니다.

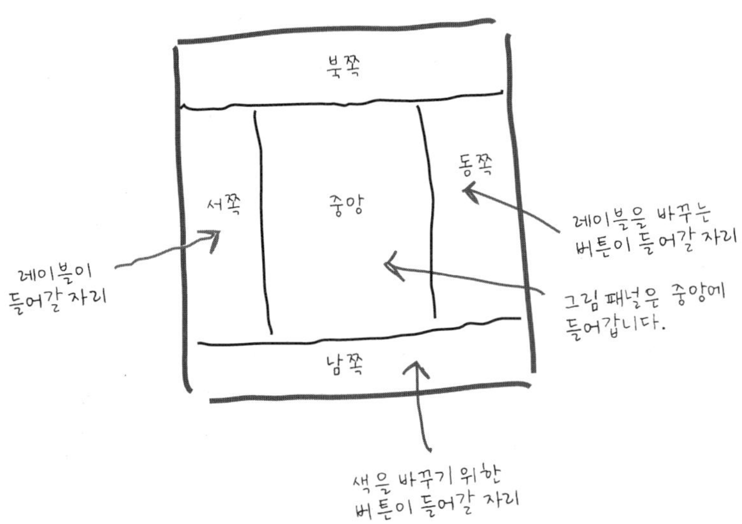

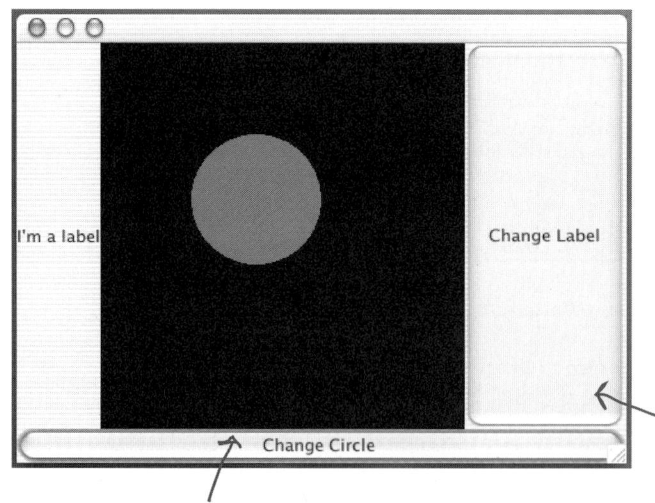

이 버튼은 원의 색을 바꾸는 역할을 합니다.

이 버튼은 반대편에 있는 텍스트를 바꾸는 역할을 합니다.

그리고 이벤트는 두개가 있어야 합니다.

에잉?

그렇게 할 수 있나요? actionPerformed() 메소드는 한 개 뿐인데 어떻게 이벤트 두 개를 처리할 수 있을까요?

각 버튼의 역할이 다른 경우에 서로 다른 두 버튼에 대한 행동 이벤트(ActionEvent)를 어떻게 처리해야 할까요?

① 첫번째 방법
actionPerformed() 메소드 두 개를 구현합니다.

```java
class MyGui implements ActionListener {
    // 여러 가지 다른 작업을 처리하는 코드

    public void actionPerformed(ActionEvent event) {
        frame.repaint();
    }

    public void actionPerformed(ActionEvent event) {
        label.setLabel("That hurt!");
    }
}
```

하지만 이렇게 하는 것은 불가능합니다.

문제점: 이렇게 할 수가 없습니다. 자바 클래스에서는 똑같은 메소드를 두 번 구현하면 안 됩니다. 아예 컴파일이 되지 않습니다. 그리고 그렇게 할 수 있다고 치더라도 이벤트 소스에서 둘 중 어떤 메소드를 호출해야 할지 알아낼 수 있는 방법이 없지 않을까요?

---

② 두 번째 방법
똑같은 리스너를 버튼 두 개에 모두 등록합니다.

```java
class MyGui implements ActionListener {
    //인스턴스 변수 선언

    public void go() {
        // gui 구축
        colorButton = new JButton();
        labelButton = new JButton();
        colorButton.addActionListener(this);
        labelButton.addActionListener(this);
        // 기타 gui 관련 코드...
    }

    public void actionPerformed(ActionEvent event) {
        if (event.getSource() == colorButton) {
            frame.repaint();
        } else {
            label.setLabel("That hurt!");
        }
    }
}
```

두 버튼 모두에 대해 같은 리스너를 등록합니다.

이벤트 객체를 확인하여 어떤 버튼에서 보냈는지 알아냅니다. 그리고 그 결과를 바탕으로 어떤 일을 해야 할지를 결정합니다.

문제점: 프로그램이 돌아가긴 하는데 이런 방법은 객체지향적인 관점에서 볼 때 별로 좋지 않습니다. 이벤트 핸들러 하나에서 여러 가지 서로 다른 작업을 한다는 것은 결국 메소드 하나로 서로 다른 작업 여러 개를 처리한다는 것을 의미합니다. 그러면 소스 하나를 처리하는 방법을 바꿀 때 다른 모든 이벤트도 함께 처리하는 이벤트 핸들러를 건드려야 한다는 문제점이 생깁니다. 상황에 따라 이 방법이 좋을 수도 있지만 일반적으로 관리의 용이성이나 확장성 면에서 단점이 많다고 할 수 있습니다.

각 버튼의 역할이 다른 경우에 서로 다른 버튼 두 개에 대한 행동 이벤트(ActionEvent)를 어떻게 처리해야 할까요?

③ 세 번째 옵션
서로 다른 ActionListener 클래스 두 개를 만듭니다.

```java
class MyGui  {
    JFrame frame;
    JLabel label;
    void gui() {
        // 리스너 인스턴스 두 개를 만들고 하나는 색을 변경하는 버튼에,
        // 다른 하나는 레이블을 변경하는 버튼에 등록합니다.
    }
}  //  클래스 끝
```

```java
class ColorButtonListener implements ActionListener {
    public void actionPerformed(ActionEvent event) {
        frame.repaint();
    }
}
```

이렇게 하면 안 됩니다. 이 클래스에는 MyGui 클래스에 들어있는 'frame' 변수에 대한 레퍼런스가 없으니까요.

```java
class LabelButtonListener implements ActionListener {
    public void actionPerformed(ActionEvent event) {
        label.setLabel("That hurt!");
    }
}
```

이것도 안 됩니다. 'label'이라는 변수에 대한 레퍼런스가 없으니까요.

문제점: 이 두 클래스에서는 각각 'frame'과 'label'이라는 변수를 써야 하는데, 그 두 변수에 접근할 수가 없습니다. 접근할 수 있게 고칠 수도 있지만 그렇게 하려면 각 리스너 클래스에 GUI 클래스에 대한 레퍼런스를 집어넣어서 리스너의 actionPerformed( ) 메소드에서 그 GUI 클래스 레퍼런스를 통해 GUI 클래스의 변수에 접근해야 합니다. 그러면 캡슐화를 깨 버리는 문제가 생기기 때문에 다시 GUI의 위젯에 대한 게터 메소드(getFrame( ), getLabel( ) 등)를 만들어야 합니다. 그리고 리스너 클래스에 생성자를 추가해서 리스너의 인스턴스를 만들 때 GUI에 대한 레퍼런스를 리스너에 전달할 수 있게 해야 할 수도 있습니다. 그렇게 하다 보면 코드가 점점 더 지저분해지고 복잡해질 수밖에 없습니다.

뭔가 더 나은 방법이 없을까요?

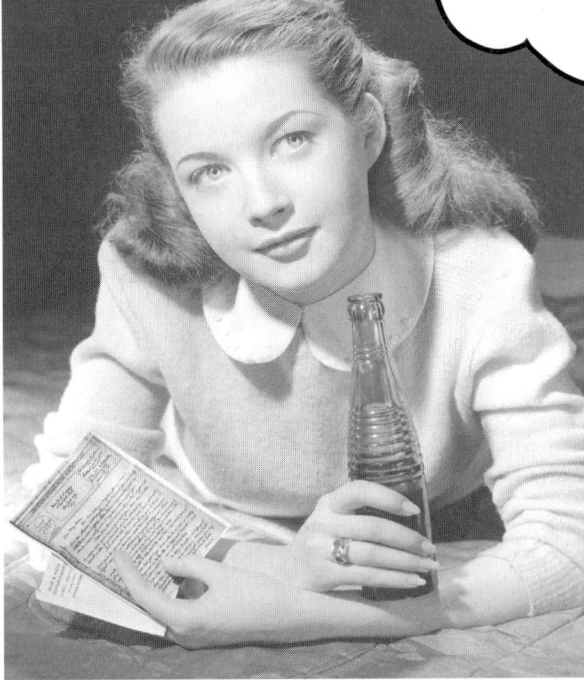

리스너 클래스 두 개가 따로 있지만 그 리스너
클래스에서 GUI 클래스의 인스턴스 변수를
접근할 수 있으면 정말 환상적이지 않을까요?
리스너 클래스가 다른 클래스에 들어있는 것처럼
말이죠. 그러면 정말 여러 장점을 활용할 수 있을
텐데요. 정말 얼마나 좋을까요?
하지만 그런 건 꿈 속에서나 있을 수
있는 일이겠죠?

내부 클래스가 있습니다.

한 클래스가 다른 클래스 안에 들어가게 할 수 있습니다. 방법도 아주 쉽습니다.
내부 클래스(inner class)를 정의하는 부분이 외부 클래스(outer class)를 감싸는
중괄호 안에 들어가기만 하면 되니까요.

간단한 내부 클래스:

```
class MyOuterClass  {

    class MyInnerClass {
        void go() {
        }
    }

}
```

내부 클래스는
외부 클래스 안에
들어있습니다.

내부 클래스에서는
외부 클래스의 모든
메소드와 변수를
사용할 수 있습니다.
심지어 private로
지정된 메소드와
변수도 전부 쓸 수
있습니다.
내부 클래스에서는
그런 외부 클래스의
변수와 메소드도
모두 내부 클래스
안에서 선언한 것처럼
사용하면 됩니다.

내부 클래스*는 외부 클래스**에 있는 것을 사용할 수 있는 특별한 권한을 부
여받습니다. 심지어 private로 지정된 것도 마음대로 사용할 수 있습니다. 그
리고 내부 클래스에서는 외부 클래스의 모든 변수와 메소드(private로 지정된
것 포함)를 마치 내부 클래스 내에서 정의한 변수와 메소드인 것처럼 사용할 수
있습니다. 바로 그러한 특징이 내부 클래스의 가장 큰 장점입니다. 일반 클래스
의 장점을 대부분 활용할 수 있는 데다가 특별한 접근 권한까지 있으니까요.

내부 클래스에서 외부 클래스 변수를 사용하는 방법:

```
class MyOuterClass  {

    private int x;

    class MyInnerClass {
        void go() {
            x = 42;
        }
    }  // 내부 클래스 끝

}  // 외부 클래스 끝
```

'x'를 내부 클래스의 변수와 마찬가지로
사용하면 됩니다.

---

*역자주: 어떤 클래스 안에서 정의되는 클래스라고 생각하면 됩니다. **역자주: 내부 클래스와 반대되는 개념으로, 어떤 내부 클래스를 감싸고 있는 클래스입니다.

내부 클래스의 인스턴스는
외부 클래스의 인스턴스와 연결되어야 합니다.*

"내부 클래스에서 외부 클래스에 있는 것에 접근한다"는 말을 더 정확하게 표현하자면 "내부 클래스의 어떤 인스턴스에서 외부 클래스의 어떤 인스턴스에 있는 것에 접근한다"라고 해야 할 것입니다. 그런데 어떤 인스턴스를 말하는 것일까요?

임의 내부 클래스의 인스턴스에서 임의 외부 클래스의 인스턴스에 있는 메소드와 변수를 마음대로 접근할 수 있을까요? **그렇진 않습니다.**

내부 객체는 반드시 힙에 들어있는 특정 **외부** 객체와 연결되어야만 합니다.

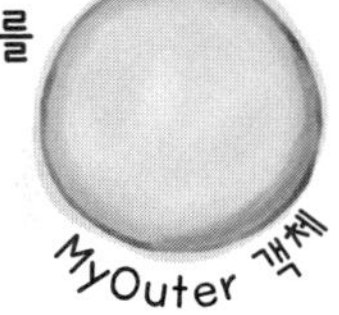

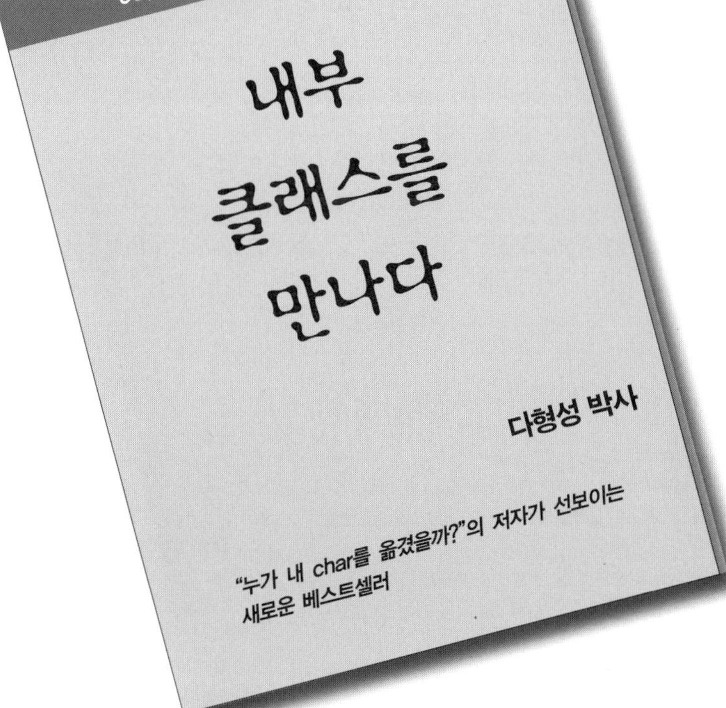

① 외부 클래스의 인스턴스를 만듭니다.

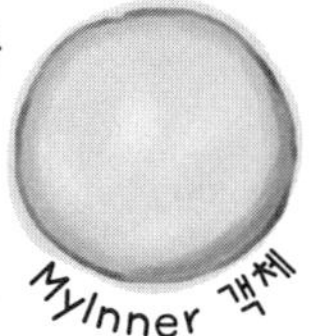

② 외부 클래스의 인스턴스를 이용하여 내부 클래스의 인스턴스를 만듭니다.

③ 이제 외부 객체와 내부 객체는 밀접하게 연결됩니다.

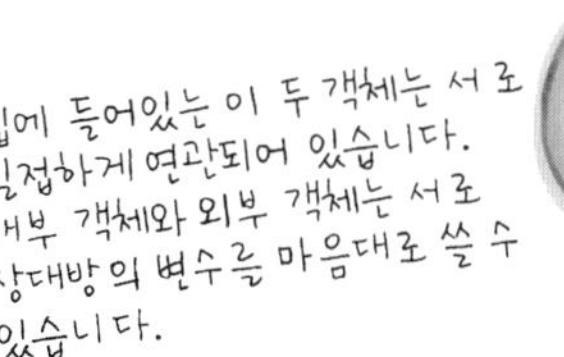
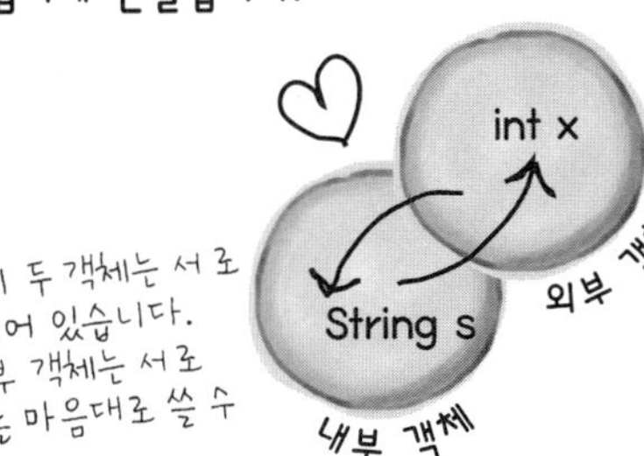

힙에 들어있는 이 두 객체는 서로 밀접하게 연관되어 있습니다. 내부 객체와 외부 객체는 서로 상대방의 변수를 마음대로 쓸 수 있습니다.

---

*예외도 있습니다. 아주 특별한 경우로, 정적 메소드에서 정의된 내부 클래스의 경우에는 그렇지 않습니다. 하지만 여기에서는 그런 내용은 다루지 않겠습니다. 자바를 쓰면서 그런 일을 한 번도 경험하지 않는 독자들도 많을 것입니다.

내부 클래스의 인스턴스를 만드는 방법

외부 클래스 안에 있는 코드에서 내부 클래스의 인스턴스를 만들면 바로 그 외부 객체에 새로 만들어진 내부 객체가 결합됩니다. 예를 들어, 어떤 메소드 안에 있는 코드에서 내부 클래스의 인스턴스를 만들었다면 그 내부 객체는 그 메소드가 실행된 인스턴스에 결합됩니다.

외부 클래스에 있는 코드에서 내부 클래스의 인스턴스를 만들 때는 그냥 다른 클래스의 인스턴스를 만들 때와 똑같은 방법으로 만들면 됩니다. **new MyInner**() 같은 식으로 말이죠.

```java
class MyOuter  {

    private int x;

    MyInner inner = new MyInner();

    public void doStuff() {
        inner.go();
    }

    class MyInner {
        void go() {
            x = 42;
        }
    } // 내부 클래스 끝

} // 외부 클래스 끝
```

외부 클래스에 'x'라는 private로 지정한 인스턴스 변수가 있습니다.

내부 클래스의 인스턴스를 만듭니다.

내부 클래스의 메소드를 호출합니다.

내부 클래스에 있는 메소드에서는 외부 클래스의 인스턴스 변수인 'x'를 그냥 자기 객체 안에 들어 있는 변수와 마찬가지로 사용할 수 있습니다.

잠시 한 마디

외부 클래스가 아닌. 그 밖에서 실행되는 코드에서도 내부 클래스의 인스턴스를 만들 수 있습니다. 하지만 그 경우에는 조금 특별한 문법을 사용해야 합니다. 다른 클래스 안에 들어있는 내부 클래스를 사용하는 일은 거의 없지만 혹시 궁금해하는 독자들이 있을까 해서 그 방법을 알려줄까 합니다.

```java
class Foo {
    public static void main (String[] args) {
        MyOuter outerObj = new MyOuter();
        MyOuter.MyInner innerObj = outerObj.new MyInner();
    }
}
```

버튼 두 개를 처리하는 코드는 다음과 같습니다.

```java
public class TwoButtons {

    JFrame frame;
    JLabel label;

    public static void main (String[] args) {
        TwoButtons gui = new TwoButtons ();
        gui.go();
    }

    public void go() {
        frame = new JFrame();
        frame.setDefaultCloseOperation(JFrame.EXIT_ON_CLOSE);

        JButton labelButton = new JButton("Change Label");
        labelButton.addActionListener(new LabelListener());

        JButton colorButton = new JButton("Change Circle");
        colorButton.addActionListener(new ColorListener());

        label = new JLabel("I'm a label");
        MyDrawPanel drawPanel = new MyDrawPanel();

        frame.getContentPane().add(BorderLayout.SOUTH, colorButton);
        frame.getContentPane().add(BorderLayout.CENTER, drawPanel);
        frame.getContentPane().add(BorderLayout.EAST, labelButton);
        frame.getContentPane().add(BorderLayout.WEST, label);

        frame.setSize(300,300);
        frame.setVisible(true);
    }

    class LabelListener implements ActionListener {
        public void actionPerformed(ActionEvent event) {
            label.setText("Ouch!");
        }
    } // 내부 클래스 끝

    class ColorListener implements ActionListener {
        public void actionPerformed(ActionEvent event) {
            frame.repaint();
        }
    } // 내부 클래스 끝

}
```

이제 메인 GUI 클래스에서는 ActionListener를 구현하지 않습니다.

버튼의 리스너 등록 메소드에 this가 아닌 다른 리스너 클래스(내부 클래스)를 가지고 만든 객체를 전달합니다.

TwoButtons 객체

외부객체

내부 객체

LabelListener 객체

내부 객체

ColorListener 객체

이제 클래스 하나 안에 ActionListener 두 개를 집어넣을 수 있군요.

내부 클래스에서도 'label' 변수를 사용할 수 있습니다.

내부 클래스에서는 외부 클래스 객체에 대한 레퍼런스 없이 그냥 'frame' 인스턴스 변수를 사용하면 됩니다.

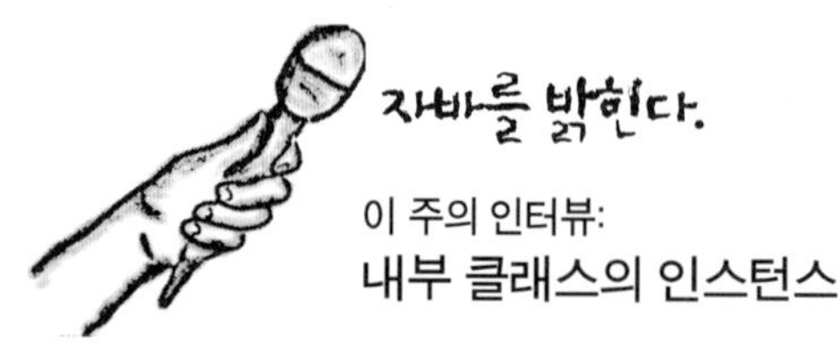

이 주의 인터뷰:
내부 클래스의 인스턴스

헤드퍼스트: 내부 클래스는 어떤 면에서 중요하다고 할 수 있을까요?

내부 객체: 어디부터 시작해야 할까요? 우선 우리가 있으면 한 클래스에서 같은 인터페이스를 여러 번 구현할 수가 있습니다. 일반적인 자바 클래스에서는 한 메소드를 두 번 이상 구현할 수 없다는 것은 이미 알고 계시죠? 하지만 내부 클래스를 사용하면 서로 다른 내부 클래스에서 똑같은 인터페이스를 구현할 수 있기 때문에 똑같은 인터페이스 메소드를 여러 번 구현할 수가 있습니다.

헤드퍼스트: 똑같은 메소드를 두 번 이상 구현할 일이 있나요?

내부 객체: GUI 이벤트 핸들러를 한번 생각해봅시다. 버튼 세 개가 있는데 각각 서로 다른 기능을 해야 할 때 ActionListener를 구현하는 내부 클래스 세 개를 만들면 각 클래스마다 서로 다른 actionPerformed 메소드를 구현할 수 있지요.

헤드퍼스트: 그러면 내부 클래스는 이벤트 핸들러를 만들기 위한 용도로만 쓰이나요?

내부 객체: 아, 그건 아니죠. 이벤트 핸들러는 그냥 대표적인 예 가운데 하나일 뿐입니다. 어떤 클래스를 따로 만들어야 하는데, 그 클래스가 다른 클래스의 일부분인 것 같은 특성을 가져야 하는 경우에는 내부 클래스를 쓰는 것이 좋습니다. 내부 클래스 외에는 대안이 없는 경우도 있죠.

헤드퍼스트: 아직 이해가 잘 안 되는데, 내부 클래스라는 것이 다른 클래스에 들어있는 것처럼 행동해야 한다면 왜 처음부터 클래스를 별도로 만들죠? 그냥 내부 클래스에 들어갈 코드를 외부 클래스에 바로 넣으면 되잖아요.

내부 객체: 방금 전에 한 가지 예를 설명해드렸죠? 같은 인터페이스를 여러 번 구현해야 하는 경우에 내부 클래스가 필요하다는 것 말입니다. 하지만 인터페이스를 사용하는 경우말고도 각각 서로 다른 뭔가를 나타내는 서로 다른 클래스가 필요한 경우가 있습니다. 객체지향이라는 원칙에 충실하려면 말이죠.

헤드퍼스트: 휴. 잠깐만요. OO 설계에 있어서 가장 큰 장점이 바로 재사용할 수 있다는 것과 관리가 용이하다는 것으로 알고 있습니다. 만약, 서로 다른 클래스 두 개가 있다면 클래스 하나에 모든 내용을 집어넣을 때와 달리 그 둘을 서로 독립적으로 수정하고 사용할 수 있잖아요. 하지만 내부 클래스를 사용하면 실은 클래스 하나만 사용할 뿐이죠. 맞나요? 그러면 다른 것과 독립되어있고 재사용할 수 있는 것은 결국 그 외부 클래스 하나뿐이 잖아요. 내부 클래스는 재사용을 할 수 없는 것 아닌가요? 어떤 사람들은 내부 클래스가 전혀 쓸모 없다고 하던데요?

내부 객체: 내부 클래스가 그리 재사용하기가 용이하지 않다는 것은 맞는 말입니다. 그리고 전혀 재사용을 할 수 없는 경우도 있죠. 항상 외부 클래스

의 인스턴스 변수나 메소드하고 밀접하게 결합되어있으니까요. 하지만...

헤드퍼스트: 그럼 제 말이 맞네요. 재사용할 수 없다면 왜 아예 다른 클래스를 만들어서 쓰지 않죠? 앞서 얘기한 인터페이스 문제를 제외하면 괜히 더 불편할 것 같은데요?

내부 객체: 아까 말하려고 했는데, 'A는 B다' 관계와 다형성에 대해 생각해봐야 합니다.

헤드퍼스트: 그런 것에 대해 생각해야 되는 이유는 뭔가요?

내부 객체: 외부 클래스와 내부 클래스가 서로 다른 'A는 B다' 테스트를 통과해야 할 수도 있으니까요. 다형적인 GUI 리스너를 예로 들어 생각해 봅시다. 버튼의 리스너 등록 메소드의 인자는 무엇으로 선언되어 있죠? 그러니까 API를 보면 addActionListener() 메소드에 무엇(클래스 또는 인터페이스 유형)을 전달해야 한다고 나와있죠?

헤드퍼스트: 리스너를 전달해야 되네요. 특정 리스너 인터페이스를 구현하는 객체 말이죠. 이 경우에는 ActionListener네요. 이 정도는 다들 알고 있는 내용인데요, 어떤 말씀을 하시려고 하는 건지요?

내부 객체: 제가 말씀 드리려는 것은 다형적으로 볼 때 딱 한 가지 정해진 유형만 받아들이는 메소드가 있다는 거죠. 즉 ActionListener에 대해 'A는 B다' 테스트를 통과하는 것만 받아들일 수 있죠. 하지만 (이 부분이 중요한 부분인데요) 어떤 클래스가 인터페이스가 아닌 어떤 클래스 유형에 대해 'A는 B다' 테스트를 통과해야 한다면 어떻게 해야 할까요?

헤드퍼스트: 그냥 그 클래스를 확장해서 만들면 안 되나요? 원래 하위클래스라는 게 그런 용도로 만드는 거잖아요. B가 A의 하위클래스라면 A가 들어갈 자리에 B도 마음대로 집어넣어도 되니까요. 전에 배운 것처럼 Animal이 들어갈 자리에 Dog도 쓸 수 있잖아요.

내부 객체: 맞습니다. 이제 서로 다른 클래스 두 개에 대해 'A는 B다' 테스트를 통과해야 한다면 어떻게 해야 할까요? 물론, 그 두 클래스가 서로 다른 상속 계층 구조에 속해있다고 할 때 말이죠.

헤드퍼스트: 흠... 무슨 뜻인지 조금씩 감이 잡히는군요. 인터페이스를 여러 개 구현할 수 있지만 클래스를 하나만 확장할 수 있으니까 클래스 유형을 생각할 때는 클래스 여러 개에 대해 'A는 B다' 테스트를 통과할 수 없다는 것을 말씀하려고 하시는군요.

내부 객체: 그렇습니다. Dog면서 동시에 Button일 수는 없죠. 하지만 어떤 Dog 객체가 때때로 Button 역할을 해야 한다면 (즉, Button을 인자로 받아들이는 메소드에 Dog 객체를 전달해야 한다면) Dog 클래스(Animal 클래스를 확장한 것이므로 Button을 확장할 수는 없죠)에 Button 클래스를 확장해서 Dog 대신 Button 역할을 하는 내부 클래스를 집어넣으면 됩니다. 그리고 Button이 필요할 때마다 Dog에서는 그 내부 객체인 Button 객체를 대신 보내면 됩니다. 즉 x.takeButton(this) 대신 Dog 객체에서 x.takeButton(new MyInnerButton( )) 같은 식으로 하면 되죠.

헤드퍼스트: 조금 더 이해하기 좋은 예를 들어주시겠습니까?

내부 객체: JPanel의 하위클래스를 직접 만들어서 사용한 그림 패널을 기억하시죠? 그 클래스는 내부 클래스가 아닌 독립적인 클래스입니다. 그 클래스에서 메인 GUI의 인스턴스 변수를 접근할 일은 없으니까 별로 문제될 것은 없습니다. 하지만 메인 GUI의 인스턴스 변수를 사용한다거나 해야 하면 어떻게 해야 할까요? 그 패널에 애니메이션을 표시해야 하는데, 좌표를 메인 애플리케이션으로부터 받아야 한다면 어떻게 해야 할까요?(GUI의 다른 부분에서 사용자가 지정한다든가 하는 경우를 생각하면 됩니다) 그런 경우에는 그림 패널을 내부 클래스로 만들면서 원래대로 JPanel의 하위클래스로 만들면 외부 클래스는 여전히 다른 클래스의 하위클래스로 만들어도 되겠죠.

헤드퍼스트: 아, 이제 좀 알겠네요. 그러면 그 그림 패널은 어차피 해당 GUI 애플리케이션에서만 그릴 그림을 그리는 거니까 독립적인 클래스에 비해 재사용성이 떨어져도 별로 흠이 되지 않겠군요.

내부 객체: 예. 이제 제대로 이해를 하시는군요.

헤드퍼스트: 좋습니다. 그러면 이제 내부 객체와 외부 객체 사이의 '관계'에 대해 얘기해볼까요?

내부 객체: 뭘 그런 데 관심을 두고 그러십니까... 다형성 같은 심각한 주제에서는 뭔가 흥미로운 가십 거리가 나오지 않나 보죠?

헤드퍼스트: 사람들이 자극적인 기사를 얼마나 좋아하는지 모르시는군요. 어쨌든, 누군가가 당신을 만들면 즉시 외부 객체와 결합하게 되는 것이 맞나요?

내부 객체: 예. 그렇습니다. 어떤 사람은 그런 특징을 부모님끼리 결혼시키기로 한 약속대로 결혼하는 것에 비유하기도 하더군요. 하지만 우리들은 우리가 어떤 객체에 결합되어있다는 표현은 잘 쓰지 않습니다.

헤드퍼스트: 그렇군요. 그럼 그 결혼에 대한 비유대로 나가보죠. 혹시 이혼하고 다른 객체와 재혼하는 것도 가능한가요?

내부 객체: 불가능해요. 한 번 결혼하면 평생 함께 해야만 하죠.

헤드퍼스트: 평생이라 함은 내부 객체가 살아있는 동안을 의미하나요? 아니면 외부 객체? 아니면 둘 다를 얘기하는 건가요?

내부 객체: 제가 살아있는 동안을 얘기하는 겁니다. 저는 다른 어떤 외부 객체하고도 연결될 수 없거든요. 가비지 컬렉션을 통해서만 외부 객체로부터 벗어날 수 있습니다.

헤드퍼스트: 그럼 외부 객체는요? 외부 객체는 다른 내부 객체하고 연관될 수 있나요?

내부 객체: 하하하. 그게 궁금하셨나요? 그렇습니다. 제 '친구'는 원한다면 무한히 많은 내부 객체와도 연관될 수 있지요.

헤드퍼스트: 그럼 이혼을 하고 나서 다시 재혼하고 그런 식인가요? 아니면 동시에 여러 내부 객체하고 '결혼'할 수 있나요?

내부 객체: 동시에 여러 객체와 연관될 수 있습니다. 이제 만족하시겠습니까?

헤드퍼스트: 예, 알겠습니다. 처음에 "똑같은 인터페이스를 여러 번 구현할 수 있다"는 점을 강조하셨는데, 결국은 그 결과로 이런 일부 다처제 같은 형태가 나오게 되는군요. 외부 클래스에 버튼이 세 개 있다면 이벤트를 처리하기 위해 서로 다른 내부 클래스 세 개(즉, 서로 다른 내부 클래스 객체 세 개)가 필요하다는 것이 확실히 이해가 되네요. 지금까지 힘든 답변 해주셔서 감사드립니다.

내부 클래스를 써서 애니메이션을 만들어봅시다.

이벤트 리스너를 만들 때는 같은 이벤트 처리용 메소드 여러 개를 구현할 수 있기 때문에 내부 클래스를 사용하는 것이 좋습니다. 이번에는 외부 클래스에서 확장하지 않는 (외부 클래스의 상속 트리에서 그 클래스 위에 있지 않은) 클래스의 하위클래스 역할을 하기 위해 내부 클래스를 활용하는 경우를 생각해보겠습니다. 즉 외부 클래스와 내부 클래스가 서로 다른 상속 트리에 들어있는 경우를 생각해보겠습니다.

간단한 애니메이션을 만들어봅시다. 원이 화면 왼쪽 위에서 오른쪽 아래로 움직이는 아주 간단한 애니메이션입니다.

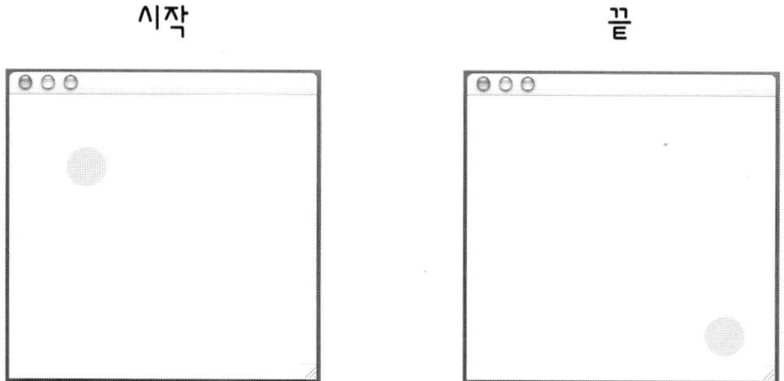

이 애니메이션이 작동하는 원리

① 특정 x, y 좌표에 객체를 그립니다.

```
g.fillOval(20,50,100,100);
```

왼쪽에서 20 픽셀,
위에서 50 픽셀

② 다른 x, y 좌표에 객체를 새로 그립니다.

```
g.fillOval(25,55,100,100);
```

왼쪽에서 25픽셀, 위에서 55픽셀
(객체가 약간 아래, 오른쪽으로 이동합니다)

③ 애니메이션이 계속 진행되는 동안 x, y 값을 바꿔가면서 위의 단계를 반복합니다.

바보 같은 질문은 없습니다

Q : 여기에서 왜 애니메이션에 대해 배우는 거죠? 저는 게임을 만든다거나 할 생각이 없거든요.

A : 게임을 만들진 않을지라도 어떤 과정의 진행 결과를 시간에 따라 보여주는 시뮬레이션 같은 것을 만들지도 모르지 않습니까? 아니면 예를 들어, 프로그램에서 사용중인 메모리량을 보여준다거나 로드 밸런스 기능이 있는 서버로 들어오는 트래픽량을 보여주는 시각화 도구를 만들 수도 있죠. 연속적으로 변화하는 숫자를 받아서 그 숫자를 뭔가 의미 있는 것으로 해석하는 작업을 하다 보면 애니메이션 기능이 필요할 수 있습니다.

너무 비즈니스 위주로 얘기하는 건가요? 물론, 방금 설명한 것은 "공식적인 이유"라고 할 수 있습니다. 우리가 이런 내용을 다루는 진짜 이유는 내부 클래스의 다른 활용 방법을 보여주기 위해서입니다(그리고 필자들이 애니메이션을 좋아하고, Head First 시리즈의 다음 책 중 하나는 J2EE인데, 거기서는 애니메이션 같은 것을 다룰 수 없기 때문이기도 합니다).

다음과 같은 것이 정말로 필요합니다.

```java
class MyDrawPanel extends JPanel {
    public void paintComponent(Graphics g) {
        g.setColor(Color.orange);
        g.fillOval(x,y,100,100);
    }
}
```

연필을 깎으며

그런데 x와 y 좌표는 어디에서 바꾸죠?

그리고 repaint( )는 어디에서 호출하죠?

공이 그림 패널의 왼쪽 위에서 오른쪽 아래로 움직이도록 할 수 있는 **간단한 방법을 고안**해보세요.
다음 페이지에 정답이 나와 있으니까 이 문제를 다 풀기 전에는 다음 페이지로 넘어가지 마세요.
힌트: 그림 패널을 내부 클래스로 만들어보세요.
힌트 하나 더: paintComponent( )에는 반복 기능이 있는 순환문을 전혀 쓰지 마세요.
밑에 있는 빈 공간에 자신의 아이디어(또는 코드)를 적어보세요.

간단한 애니메이션 코드

```java
import javax.swing.*;
import java.awt.*;

public class SimpleAnimation {

    int x = 70;
    int y = 70;

    public static void main (String[] args) {
        SimpleAnimation gui = new SimpleAnimation ();
        gui.go();
    }

    public void go() {
        JFrame frame = new JFrame();
        frame.setDefaultCloseOperation(JFrame.EXIT_ON_CLOSE);

        MyDrawPanel drawPanel = new MyDrawPanel();

        frame.getContentPane().add(drawPanel);
        frame.setSize(300,300);
        frame.setVisible(true);

        for (int i = 0; i < 130; i++) {

            x++;
            y++;

            drawPanel.repaint();

            try {
                Thread.sleep(50);
            } catch(Exception ex) { }
        }

    } // go() 메소드 끝

    class MyDrawPanel extends JPanel {

        public void paintComponent(Graphics g) {
            g.setColor(Color.green);
            g.fillOval(x,y,40,40);
        }
    } // 내부 클래스 끝
} // 외부 클래스 끝
```

메인 GUI 클래스에 원의 x와 y 좌표를 저장하기 위한 인스턴스 변수 두 개를 만듭니다.

이 부분은 크게 다르지 않습니다. 위젯을 만들고 프레임에 집어넣기만 하면 됩니다.

130번 반복합니다.

애니메이션을 수행하는 부분

x와 y좌표를 증가시킵니다.

스스로 다시 칠하라고 패널에게 말합니다(그러면 우리는 새로운 위치에 있는 원을 볼 수 있습니다).

속도를 약간 줄입니다(안 그러면 너무 빨리 움직여서 안 보일 수도 있습니다). 아직 배운 내용은 아니니까 몰라도 걱정하지 마세요. 스레드에 대한 내용은 15장에서 배웁니다.

이 부분이 내부 클래스 부분입니다.

지속적으로 갱신되는 외부 클래스의 x와 y좌표를 사용합니다.

어? 움직이지 않고 쭉 번지네요?

뭘 잘못했을까요?

paintComponent( ) 메소드에 한 가지 잘못된 부분이 있습니다.

원래 있던 것을 지우지 않았군요.
그래서 흔적이 그대로 남았네요.

매번 원을 그릴 때마다 패널 전체를 배경색으로 채우면 이 문제를 해결할 수 있습니다. 아래에 있는 코드를 보면 메소드 시작 부분에 두 줄이 추가되어있습니다. 첫번째 선언문은 색을 흰색(그림 패널의 배경색)으로 설정하는 것이고, 두 번째 선언문은 패널 전체에 해당하는 직사각형 부분을 그 색으로 칠하는 선언문입니다. 즉 x, y 좌표가 모두 0인 점(패널의 맨 왼쪽, 맨 위 지점)에서 시작해서 패널의 맨 오른쪽, 맨 아래 지점까지로 이루어지는 직사각형을 흰색으로 칠하는 것입니다.

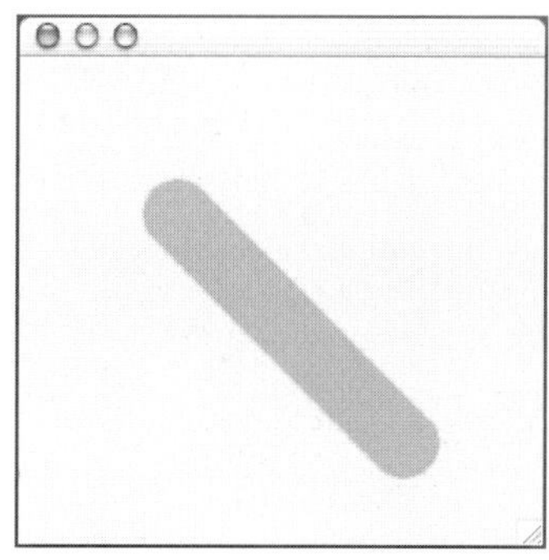
우리가 원했던 모양이 나오지 않네요.

```java
public void paintComponent(Graphics g) {
    g.setColor(Color.white);
    g.fillRect(0,0,this.getWidth(), this.getHeight());

    g.setColor(Color.green);
    g.fillOval(x,y,40,40);

}
```

getWidth()와 getHeight()는 JPanel로부터 상속 받은 메소드입니다.

연필을 깎으며(그냥 재미로 해 보세요)

밑에 있는 것과 같은 애니메이션을 만들려면 x와 y 좌표를 어떻게 바꿔야 할까요?(첫번째 문제에서는 픽셀 세 개씩 움직인다고 가정하겠습니다)

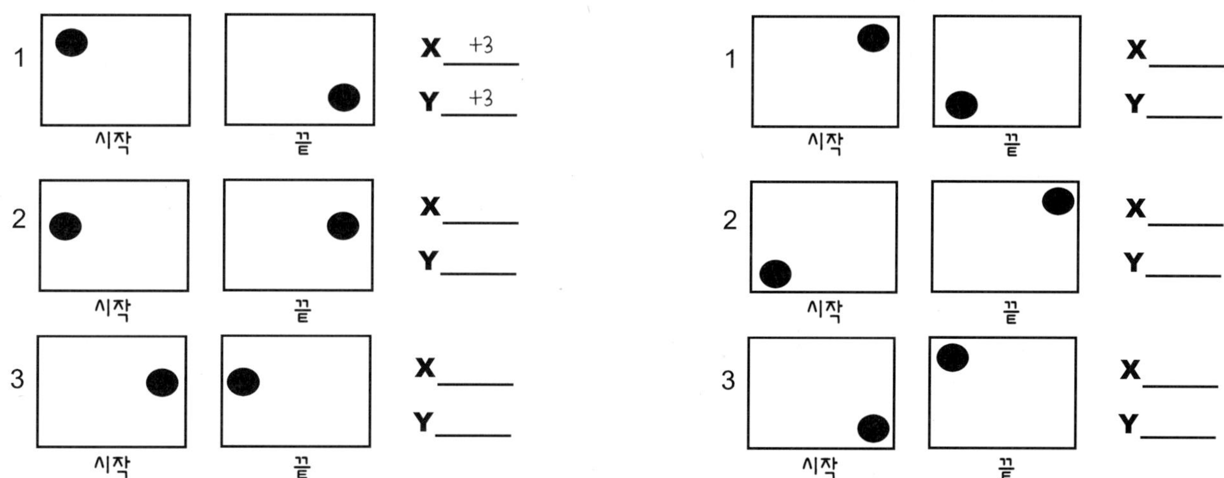

코드 키친

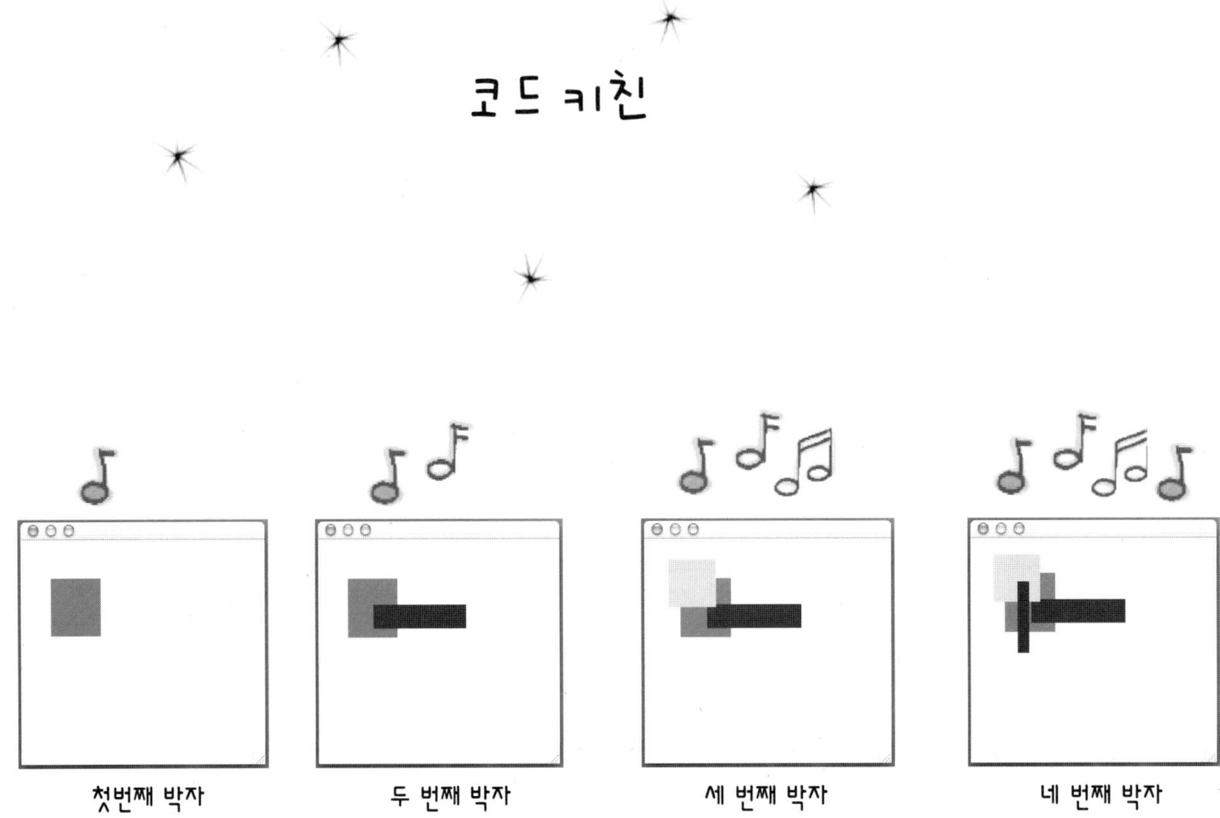

뮤직 비디오를 만들어봅시다. 여기에서는 음악의 박자에 맞춰서 무작위적으로 바뀌는 그래픽을 사용하겠습니다.

여기에서는 음악 자체에 의해 생성되는 GUI와는 무관한 새로운 이벤트를 등록하고 그에 대한 리스너를 만들 것입니다.

이 부분을 꼭 읽어볼 필요는 없습니다. 하지만 이 부분도 읽어보면 분명히 도움이 될 것입니다. 그리고 재미도 있죠. 뭔가 인상적인 것을 만들 수 있으니까요.

(솔직히 말하자면 그리 많이 인상적인 것은 아닙니다만 ...)

GUI와 무관한 이벤트를 받는 방법

정확하게 말하자면 뮤직 비디오라고 하기는 좀 그렇지만, 어쨌든 음악의 박자에 맞춰서 무작위적으로 생성된 그래픽을 표시해주는 프로그램을 만들어보겠습니다. 간단하게 정리해보면 이 프로그램은 음악의 박자를 듣고 각 박자마다 무작위적으로 만들어진 직사각형을 화면에 그려주는 역할을 합니다.

그런데 이렇게 하려면 한 가지 지금까지 다루지 않았던 문제를 생각해야 합니다. 지금까지는 GUI 이벤트만 받아서 썼는데 이제는 특정 종류의 미디 이벤트를 받아야 합니다. 알고 보면 GUI와 무관한 이벤트도 GUI 이벤트와 똑같은 식으로 처리할 수 있습니다. 리스너 인터페이스를 구현하고 그 리스너를 이벤트 소스에 등록한 다음 이벤트 소스에서 이벤트 핸들러 메소드(리스너 인터페이스에서 정의한 메소드)를 호출할 때까지 기다리기만 하면 됩니다.

음악의 박자를 '듣는' 가장 간단한 방법은 시퀀서에서 이벤트를 받을 때마다 우리 코드에서도 이벤트를 받아서 그래픽을 표시할 수 있도록 실제 미디 이벤트에 등록하고 그 이벤트를 받는 방법입니다. 하지만 문제가 있습니다. 사실 버그라고 할 수 있는데, 우리가 만드는 미디 이벤트(NOTE ON에 해당하는 이벤트)를 우리가 받을 수 없다는 것입니다.

따라서 그런 문제를 피해가기 위한 작업을 해야 합니다. 미디 이벤트 중에는 우리가 받아들일 수 있는 ControllerEvent라는 이벤트가 있습니다. 그래서 일단 그 이벤트에 등록을 한 다음 모든 NOTE ON 이벤트에 대해 똑같은 박자에서 그에 매치되는 ControllerEvent가 발생되는지를 확인합니다. ControllerEvent가 동시에 생성되는지 어떻게 확인할 수 있을까요? 다른 이벤트와 마찬가지로 그 이벤트를 트랙에 추가하면 됩니다. 즉 음악 시퀀스를 다음과 같은 식으로 돌리면 되겠죠.

> 첫 번째 박자 – NOTE ON, 컨트롤러 이벤트
>
> 두 번째 박자 – NOTE OFF
>
> 세 번째 박자 – NOTE ON, 컨트롤러 이벤트
>
> 네 번째 박자 – NOTE OFF
>
> ....

이 프로그램에서는 미디 메시지와 이벤트를 꽤 많이 만들어야 하므로 실제 프로그램으로 들어가기 전에 미디 메시지와 이벤트를 조금 더 쉽게 추가하는 방법을 알아보겠습니다.

음악 프로그램에서 해야 할 일

① 피아노(다른 악기도 괜찮습니다)에서 음을 무작위적으로 선택해서 연주하기 위한 일련의 미디 메시지/이벤트를 만듭니다.

② 이벤트에 대한 리스너를 등록합니다.

③ 시퀀서 연주를 시작합니다.

④ 리스너의 이벤트 핸들러 메소드가 호출될 때마다 그림 패널에 무작위적으로 직사각형을 그리고 repaint() 메소드를 호출합니다.

똑같은 프로그램을 세 번 만들겠습니다.

① 첫번째 버전: 미디 이벤트를 만들고 추가하는 작업을 간단하게 처리할 수 있게 해 주는 코드(여러 개를 만들어야 하므로 이런 코드가 필요합니다).

② 두 번째 버전: 리스너를 등록하고 이벤트를 감시하는 코드. 그래픽은 만들지 않습니다. 매 박자마다 명령행으로 메시지를 출력합니다.

③ 세 번째 버전: 진짜 프로그램. 두 번째 버전에 그래픽을 추가합니다.

메시지/이벤트를 쉽게 만드는 방법

지금 쓰고 있는 방법을 그대로 쓰면 메시지와 이벤트를 만들고 트랙에 추가하기가 상당히 귀찮습니다. 메시지마다 메시지 인스턴스(이 경우에는 ShortMessage)를 만들고 setMessage()를 호출하고 메시지에 대한 MidiEvent를 만들고 그 이벤트를 트랙에 추가해야 합니다. 11장에 있는 코드에서는 각 메시지마다 각 단계를 모두 밟았습니다. 즉, 한 음의 연주를 시작하고 연주를 끝내려면 코드가 여덟 줄이나 필요했죠. NOTE ON 이벤트를 추가하는 데 네 줄, NOTE OFF 이벤트를 추가하는 데 네 줄이 필요하니까요.

```java
ShortMessage a = new ShortMessage();
a.setMessage(144, 1, note, 100);
MidiEvent noteOn = new MidiEvent(a, 1);
track.add(noteOn);

ShortMessage b = new ShortMessage();
b.setMessage(128, 1, note, 100);
MidiEvent noteOff = new MidiEvent(b, 16);
track.add(noteOff);
```

각 이벤트마다 해야 할 일

① 메시지 인스턴스를 만듭니다.

```java
ShortMessage first = new ShortMessage();
```

② setMessage()를 호출하여 지시사항을 전달합니다.

```java
first.setMessage(192, 1, instrument, 0)
```

③ 메시지에 대한 MidiEvent 인스턴스를 만듭니다.

```java
MidiEvent noteOn = new MidiEvent(first, 1);
```

④ 이벤트를 트랙에 추가합니다.

```java
track.add(noteOn);
```

메시지를 만들고 나서 MidiEvent를 리턴하는 정적 유틸리티 메소드를 만듭시다.

```java
public static MidiEvent makeEvent(int comd, int chan, int one, int two, int tick) {
    MidiEvent event = null;
    try {
        ShortMessage a = new ShortMessage();
        a.setMessage(comd, chan, one, two);
        event = new MidiEvent(a, tick);

    }catch(Exception e) { }
    return event;
}
```

메시지를 만들기 위한 인자 네 개

메시지가 언제 실행돼야 하는지를 나타내는 숫자

오... 매개변수가 다섯 개나 되는군요.

메소드 매개변수를 써서 메시지와 이벤트를 만듭니다.

이벤트를 리턴합니다(메시지가 모두 들어있는 MidiEvent).

예제: makeEvent( ) 메소드 활용 방법

여기서는 이벤트 처리나 그래픽 같은 것은 다루지 않고 쭉 올라가는 음 15개
를 연주해보겠습니다. 이 코드는 makeEvent() 메소드 사용법을 익히기 위한
것입니다. 바로 이 메소드 덕분에 두 번째와 세 번째 버전을 훨씬 간단하게 만
들 수 있습니다.

```java
import javax.sound.midi.*;          // import 선언문은 빠뜨리지 맙시다.

public class MiniMusicPlayer1 {

    public static void main(String[] args) {

        try {

            Sequencer sequencer = MidiSystem.getSequencer();   // 시퀀서를 만들고 엽니다.
            sequencer.open();


            Sequence seq = new Sequence(Sequence.PPQ, 4);   // 시퀀스와 트랙을 하나씩 만듭니다.
            Track track = seq.createTrack();

        for (int i = 5; i < 61; i+= 4) {   // 음이 올라가는 순서대로 이벤트 여러 개를
                                           // 만듭니다(피아노 로 5번 음에서 61번 음까지).

            track.add(makeEvent(144,1,i,100,i));
            track.add(makeEvent(128,1,i,100,i + 2));
            // 새로 만든 makeEvent() 메소드를 써서 메시지와
            // 이벤트를 만든 다음 그 결과(makeEvent에서 리턴한
            // MidiEvent)를 트랙에 추가합니다.
            // 하나는 NOTE ON(144) 이벤트, 다른 하나는
            // NOTE OFF 이벤트(128)입니다.

        } // 순환문 끝

            sequencer.setSequence(seq);
            sequencer.setTempoInBPM(220);   // 시작
            sequencer.start();
        } catch (Exception ex) {ex.printStackTrace();}
    } // 메소드 끝


    public static MidiEvent makeEvent(int comd, int chan, int one, int two, int tick) {
        MidiEvent event = null;
        try {
          ShortMessage a = new ShortMessage();
          a.setMessage(comd, chan, one, two);
         event = new MidiEvent(a, tick);

        }catch(Exception e) { }
        return event;
    }
} // 클래스 끝
```

두 번째 버전: ControllerEvent를 등록하고 받는 방법

```java
import javax.sound.midi.*;
public class MiniMusicPlayer2 implements ControllerEventListener {
    public static void main(String[] args) {
        MiniMusicPlayer2 mini = new MiniMusicPlayer2();
        mini.go();
    }
    public void go() {

      try {
        Sequencer sequencer = MidiSystem.getSequencer();
        sequencer.open();

        int[] eventsIWant = {127};
        sequencer.addControllerEventListener(this, eventsIWant);

        Sequence seq = new Sequence(Sequence.PPQ, 4);
        Track track = seq.createTrack();

        for (int i = 5; i < 60; i+= 4) {
           track.add(makeEvent(144,1,i,100,i));

           track.add(makeEvent(176,1,127,0,i));

           track.add(makeEvent(128,1,i,100,i + 2));
        } // 순환문 끝

        sequencer.setSequence(seq);
        sequencer.setTempoInBPM(220);
        sequencer.start();
      } catch (Exception ex) {ex.printStackTrace();}
    } // go() 메소드 끝

    public void controlChange(ShortMessage event) {
        System.out.println("la");
    }

    public MidiEvent makeEvent(int comd, int chan, int one, int two, int tick) {
        MidiEvent event = null;
        try {
          ShortMessage a = new ShortMessage();
          a.setMessage(comd, chan, one, two);
          event = new MidiEvent(a, tick);

        }catch(Exception e) { }
        return event;
    }
} // 클래스 끝
```

ControllerEvent를 감시해야하므로 그에 해당하는 리스너 인터페이스를 구현합니다.

이벤트를 시퀀서에 등록합니다. 이 이벤트 등록 메소드에서는 리스너와 필요한 ControllerEvent의 목록을 나타내는 int 배열을 인자로 받아들입니다. 여기에서는 127번 이벤트 하나만 필요합니다.

박자를 골라내기 위해 필요한 코드입니다. 이벤트 번호 127번을 인자로 전달하여 별도의 ControllerEvent (176은 이벤트 유형이 ControllerEvent라는 것을 지정하기 위한 숫자)를 추가합니다. 이 이벤트는 사실 아무 기능도 하지 않습니다. 그냥 음이 연주될 때마다 이벤트를 받아오기 위해 집어넣을 뿐입니다.

즉, 우리가 받을 수 있는 이벤트를 발생시키기 위한 용도로만 쓰이는 이벤트입니다(NOTE ON/OFF 이벤트는 우리가 받을 수가 없으니까요). 이 이벤트는 NOTE ON과 동시에 이어 납니다. 따라서 NOTE ON 이벤트가 이어나면 우리가 추가한 이벤트에서도 ControllerEvent를 발생시키기 때문에 간접적으로나마 NOTE ON 이벤트가 발생했다는 것을 알 수 있죠.

이벤트 핸들러 메소드입니다. ControllerEvent에 대한 리스너 인터페이스에 들어있는 메소드입니다. 그 이벤트를 받을 때마다 명령행으로 "la"를 출력하겠습니다.

이전 버전과 다른 부분은 회색으로 표시했습니다. (그리고 이번에는 모두 main()에 집어넣지 않고 별도의 메소드를 만들어서 실행시킵니다)

세 번째 버전: 음악에 맞춰서 그래픽을 표시하는 프로그램

마지막 버전에서는 두 번째 버전을 바탕으로 GUI 부분을 추가합니다. 프레임을 구축하고 그림 패널을 추가하고 매번 이벤트를 받을 때마다 새로운 직사각형을 그리고 repaint() 메소드를 호출하여 화면을 갱신합니다. 그 외에는 그냥 계속 올라가는 음을 연주하는 것이 아니고 무작위적으로 만들어진 음을 연주한다는 점을 제외하면 두 번째 버전과 같습니다.

(간단한 GUI를 만든 것 외에) 코드에서 가장 크게 달라진 점은 프로그램 자체가 아닌 그림 패널에서 ControllerEventListener를 구현한다는 것입니다. 따라서 그림 패널(내부 클래스)에서 이벤트를 받으면 알아서 직사각형을 그릴 수 있습니다.

이 버전의 전체 코드는 다음 페이지에 있습니다.

그림 패널 내부 클래스:

이번에는 그림 패널이 리스너입니다.

```java
class MyDrawPanel extends JPanel implements ControllerEventListener {

    boolean msg = false;
```

일단 플래그를 false로 설정한 다음 이벤트를 받을 때만 true로 설정합니다.

```java
    public void controlChange(ShortMessage event) {
        msg = true;
        repaint();
    }
```

이벤트를 받았으므로 플래그를 true로 설정하고 repaint()를 호출합니다.

```java
    public void paintComponent(Graphics g) {
      if (msg) {
```

다른 이유로 인해 repaint()가 호출될 수도 있는데, ControllerEvent가 발생한 경우에만 그림을 다시 그려야하므로 플래그를 써야 합니다.

```java
        Graphics2D g2 = (Graphics2D) g;

        int r = (int) (Math.random() * 250);
        int gr = (int) (Math.random() * 250);
        int b = (int) (Math.random() * 250);
```

나머지는 무작위적으로 색을 생성한후 거의 무작위적으로(완전히 무작위적인 것은 아닙니다) 직사각형을 그리기 위한 코드입니다.

```java
        g.setColor(new Color(r,gr,b));

        int ht = (int) ((Math.random() * 120) + 10);
        int width = (int) ((Math.random() * 120) + 10);
        int x = (int) ((Math.random() * 40) + 10);
        int y = (int) ((Math.random() * 40) + 10);
        g.fillRect(x,y,ht, width);
        msg = false;

      } // if문 끝
    } // 메소드 끝
} // 내부 클래스 끝
```

여기에 있는 코드는 세 번째 버전의 전체 코드입니다. 이 코드는 두 번째 버전을 거의 그대로 활용해서 만든 것입니다. 앞 페이지를 훔쳐보지 말고 코드에 적당한 설명을 달아보세요.

```java
import javax.sound.midi.*;
import java.io.*;
import javax.swing.*;
import java.awt.*;

public class MiniMusicPlayer3 {

    static JFrame f = new JFrame("My First Music Video");
    static MyDrawPanel ml;

    public static void main(String[] args) {
        MiniMusicPlayer3 mini = new MiniMusicPlayer3();
        mini.go();
    } // 메소드 끝


    public  void setUpGui() {
        ml = new MyDrawPanel();
        f.setContentPane(ml);
        f.setBounds(30,30, 300,300);
        f.setVisible(true);
    } // 메소드 끝

    public void go() {
        setUpGui();

        try {

            Sequencer sequencer = MidiSystem.getSequencer();
            sequencer.open();
            sequencer.addControllerEventListener(ml, new int[] {127});
            Sequence seq = new Sequence(Sequence.PPQ, 4);
            Track track = seq.createTrack();

            int r = 0;
            for (int i = 0; i < 60; i+= 4) {

                r = (int) ((Math.random() * 50) + 1);
                track.add(makeEvent(144,1,r,100,i));
                track.add(makeEvent(176,1,127,0,i));
                track.add(makeEvent(128,1,r,100,i + 2));
            } // 순환문 끝

            sequencer.setSequence(seq);
            sequencer.start();
            sequencer.setTempoInBPM(120);
        } catch (Exception ex) {ex.printStackTrace();}
    } // 메소드 끝
```

```java
    public MidiEvent makeEvent(int comd, int chan, int one, int two, int tick) {
        MidiEvent event = null;
        try {
            ShortMessage a = new ShortMessage();
            a.setMessage(comd, chan, one, two);
            event = new MidiEvent(a, tick);

        }catch(Exception e) { }
        return event;
    } // 메소드 끝



class MyDrawPanel extends JPanel implements ControllerEventListener {
    boolean msg = false;

    public void controlChange(ShortMessage event) {
        msg = true;
        repaint();
    }

    public void paintComponent(Graphics g) {
     if (msg) {

        Graphics2D g2 = (Graphics2D) g;

        int r = (int) (Math.random() * 250);
        int gr = (int) (Math.random() * 250);
        int b = (int) (Math.random() * 250);

        g.setColor(new Color(r,gr,b));

        int ht = (int) ((Math.random() * 120) + 10);
        int width = (int) ((Math.random() * 120) + 10);

        int x = (int) ((Math.random() * 40) + 10);
        int y = (int) ((Math.random() * 40) + 10);

        g.fillRect(x,y,ht, width);
        msg = false;

     } // if문 끝
    } // 메소드 끝
 } // 내부 클래스 끝

} // 클래스 끝
```

연습문제

나는 누구일까요?

여러 가지 자바 구성요소가 완벽하게 분장을 하고는 "나는 누구일까요?" 파티 게임을 하고 있습니다. 각 힌트를 보고 그 내용을 바탕으로 누군지 알아 맞춰 보세요. 물론, 항상 진실만을 말한다고 가정해야겠죠? 여러 구성 요소에 대해 적용할 수 있는 내용이 나온다면 모든 항목을 선택하면 됩니다. 각 문장 옆에 있는 빈칸에 이름을 적어 보세요.

오늘의 참석자:

이 장에서 등장한 것은 모두 답이 될 수 있습니다.

모든 GUI는 내 손안에 있습니다. ___________

모든 이벤트 유형마다 이것이 하나씩 있죠. ___________

리스너의 핵심 메소드 ___________

이 메소드로 JFrame의 크기를 결정합니다. ___________

이 메소드에 코드를 추가하기 하지만 직접 호출하는 일은 절대 없습니다. ___________

사용자가 어떤 행동을 하면 그것은 ___(이) 가 됩니다. ___________

대부분 이벤트 소스입니다. ___________

데이터를 리스너에 전달하는 역할을 합니다. ___________

addXxxListener( ) 메소드가 있으면 그 객체는 ____입니다. ___________

리스너를 어떻게 등록하죠? ___________

그래픽 코드가 들어가는 메소드 ___________

보통 어떤 인스턴스에 묶여있습니다. ___________

(Graphics g)의 'g'는 사실 이 클래스의 객체입니다. ___________

paintComponent( )를 실행시키기 위해 호출해야 하는 메소드 ___________

스윙 관련 클래스는 대부분 이 패키지에 들어있습니다. ___________

연습문제


```java
import javax.swing.*;
import java.awt.event.*;
import java.awt.*;

class InnerButton {

  JFrame frame;
  JButton b;

  public static void main(String [] args) {
    InnerButton gui = new InnerButton();
    gui.go();
  }

  public void go() {
    frame = new JFrame();
    frame.setDefaultCloseOperation(
                JFrame.EXIT_ON_CLOSE);

    b = new JButton("A");
    b.addActionListener();

    frame.getContentPane().add(
                BorderLayout.SOUTH, b);
    frame.setSize(200,100);
    frame.setVisible(true);
  }

  class BListener extends ActionListener {
    public void actionPerformed(ActionEvent e) {
      if (b.getText().equals("A")) {
        b.setText("B");
      } else {
        b.setText("A");
      }
    }
  }
}
```

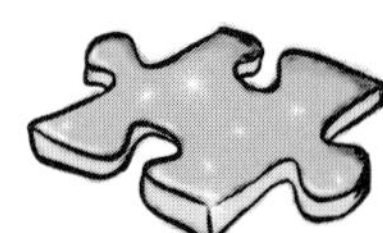

수영장 퍼즐

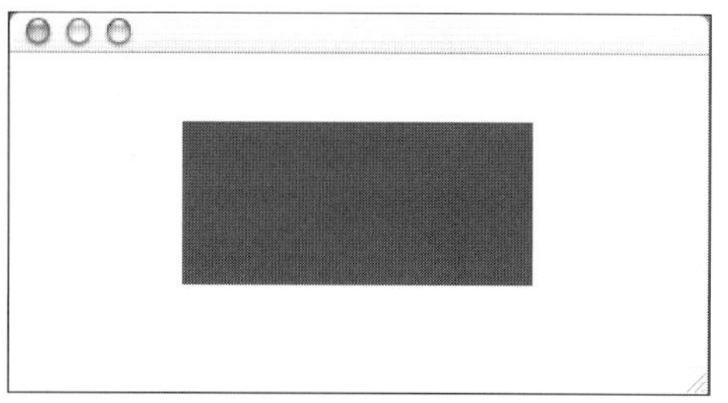

수영장 안에 있는 코드 조각을 꺼내서 코드의 빈칸에 채워보세요. 같은 조각을 여러 번 사용해도 되는데, 이 중에는 전혀 쓰이지 않는 조각이 있을 수도 있습니다. 이 퍼즐의 목표는 문제없이 컴파일과 실행이 되어 다음과 같은 결과를 출력하는 클래스를 만드는 것입니다.

출력결과:

작아지는 파란 직사각형입니다. 이 프로그램을 실행시키면 파란색 직사각형이 계속 작아지다가 결국은 없어져서 흰색 배경만 남습니다.

```java
import javax.swing.*;
import java.awt.*;
public class Animate {
    int x = 1;
    int y = 1;
    public static void main (String[] args) {
        Animate gui = new Animate ();
        gui.go();
    }
    public void go() {
        JFrame ___________ = new JFrame();
        frame.setDefaultCloseOperation(
                JFrame.EXIT_ON_CLOSE);
        _________________________________;
        __________.getContentPane().add(drawP);
        ______________________;
        __________.setVisible(true);
        for (int i=0; i<124; ______________) {
            ___________________;
            ___________________;
            try {
                Thread.sleep(50);
            } catch(Exception ex) { }
        }
    }
    class MyDrawP extends JPanel {
        public void paintComponent(
                (Graphics __________) {
            _________________________________;
            _________________________________;
            _________________________________;
            _________________________________;
        }
    }
}
```

주의: 수영장 안에 있는 각 코드 조각을 두 번 이상 써도 됩니다.

연습문제 정답

나는 누구일까요?

모든 GUI는 내 손 안에 있습니다.	**JFrame**
모든 이벤트 유형마다 이것이 하나씩 있죠.	**리스너 인터페이스**
리스너의 핵심 메소드	**actionPerformed( )**
이 메소드로 JFrame의 크기를 결정합니다.	**setSize( )**
이 메소드에 코드를 추가하긴 하지만 직접 호출하는 일은 절대 없습니다.	**paintComponent( )**
사용자가 어떤 행동을 하면 그것은 _____(이)가 됩니다.	**이벤트**
대부분 이벤트 소스입니다.	**스윙 구성요소**
데이터를 리스너에 전달하는 역할을 합니다.	**이벤트 객체**
addXxxListener( ) 메소드가 있으면 그 객체는 ______입니다.	**이벤트 소스**
리스너를 어떻게 등록하죠?	**addActionListener( )**
그래픽 코드가 들어가는 메소드	**paintComponent( )**
보통 어떤 인스턴스에 묶여있습니다.	**내부 클래스**
(Graphics g)의 'g'는 사실 이 클래스의 객체입니다.	**Graphics2D**
paintComponent( )를 실행시키기 위해 호출해야 하는 메소드	**repaint( )**
스윙 관련 클래스는 대부분 이 패키지에 들어있습니다.	**javax.swing**

컴파일러가 되어봅시다.

```java
import javax.swing.*;
import java.awt.event.*;
import java.awt.*;

class InnerButton {
  JFrame frame;
  JButton b;

  public static void main(String [] args) {
    InnerButton gui = new InnerButton();
    gui.go();
  }

  public void go() {
    frame = new JFrame();
    frame.setDefaultCloseOperation(
            JFrame.EXIT_ON_CLOSE);

    b = new JButton("A");
    b.addActionListener(new BListener());

    frame.getContentPane().add(
            BorderLayout.SOUTH, b);
    frame.setSize(200,100);
    frame.setVisible(true);
  }
  class BListener implements ActionListener {
    public void actionPerformed(ActionEvent e) {
      if (b.getText().equals("A")) {
        b.setText("B");
      } else {
        b.setText("A");
      }
    }
  }
}
```

코드를 수정하고 나면 클릭할 때마다 A, B로 번갈아 가면서 바뀌는 버튼이 들어있는 GUI가 만들어집니다.

addActionListener() 메소드는 ActionListener 인터페이스를 구현하는 클래스를 인자로 받아들입니다.

ActionListener는 인터페이스입니다. 인터페이스는 (extends 키워드로) 확장하지 않고 (implements 키워드로) 구현해야 됩니다.

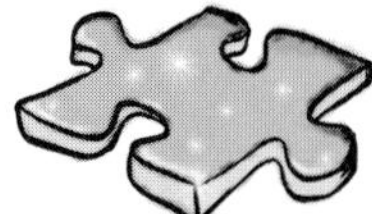

수영장 퍼즐

작아지다가 결국은 사라지는
파란 직사각형

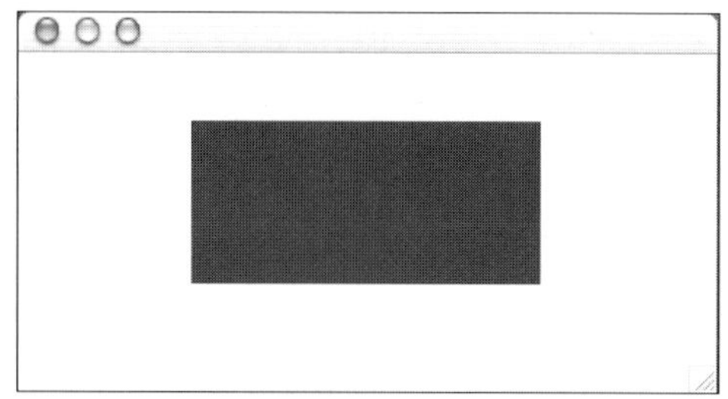

```java
import javax.swing.*;
import java.awt.*;
public class Animate {
    int x = 1;
    int y = 1;
    public static void main (String[] args) {
        Animate gui = new Animate ();
        gui.go();
    }
    public void go() {
        JFrame frame = new JFrame();
        frame.setDefaultCloseOperation(
                JFrame.EXIT_ON_CLOSE);
        MyDrawP drawP = new MyDrawP();
        frame.getContentPane().add(drawP);
        frame.setSize(500,270);
        frame.setVisible(true);
        for (int i = 0; i < 124; i++,y++,x++) {
            x++;
            drawP.repaint();
            try {
                Thread.sleep(50);
            } catch(Exception ex) { }
        }
    }
class MyDrawP extends JPanel {
    public void paintComponent(Graphics g ) {
        g.setColor(Color.white);
        g.fillRect(0,0,500,250);
        g.setColor(Color.blue);
        g.fillRect(x,y,500-x*2,250-y*2);
    }
}
}
```

스윙을 알아봅시다

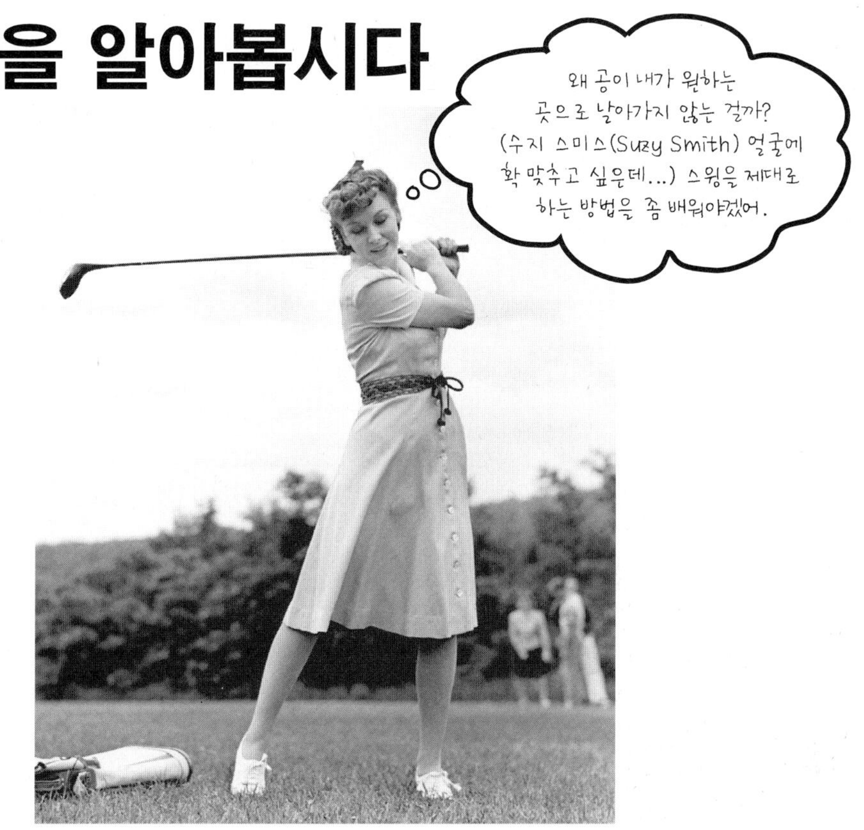

스윙은 쉽습니다. 화면에서 위젯이 나타나는 위치에 신경을 쓰지 않는다면 말이죠. 스윙 코드는 꽤 쉬워 보입니다. 하지만 컴파일해서 실행시킨 다음 그 결과를 보면 "좀 이상하게 나오네?"하는 생각이 드는 경우가 많죠. **레이아웃 관리자(layout manager)**라는 것 덕분에 코드를 짜기는 쉬운데. 대신 제어하기가 만만치 않다는 문제가 생깁니다. 레이아웃 관리자 객체는 자바 GUI에서 위젯의 크기와 위치를 제어하는 역할을 합니다. 여러분 대신 수많은 일을 하지요. 하지만 그 결과가 언제나 마음에 들지 않을 수 있습니다. 두 버튼의 크기가 같았으면 했는데. 그렇지 않은 경우도 있고 텍스트 필드의 길이를 3인치 정도로 하고 싶었는데 9인치. 또는 1인치로 만들어지는 경우도 있습니다. 그리고 텍스트 필드를 어떤 레이블 옆에 놓고 싶었는데. 그 밑으로 가는 경우도 있습니다. 하지만 조금만 신경을 쓰면 레이아웃 관리자가 여러분의 뜻에 복종하게 만들 수 있습니다. 이 장에서는 스윙에 대해서 배울 텐데 레이아웃 관리자뿐 아니라 위젯에 대해서도 더 많은 것을 배울 수 있을 것입니다. 위젯을 만들고. 화면 위의 원하는 곳에 위치시키고. 프로그램에서 사용하게 될 것입니다.

스윙 구성요소

우리가 지금까지 위젯이라고 부른 것은 더 정확하게 말하자면 구성요소 (component)라고 하는 것이 좋습니다. 우리가 GUI에 집어넣는 것, 즉 사용자한테 보이는 것, 사용자가 건드리는 것을 구성요소라고 부르지요. 텍스트 필드, 버튼, 스크롤 목록, 라디오 버튼 등은 모두 구성요소입니다. 그런 구성요소는 모두 **javax. swing.JComponent**를 확장한 것입니다.

구성요소 안에 다른 구성요소가 들어갈 수도 있습니다.

스윙에서는 거의 모든 구성요소에 다른 구성요소를 집어넣을 수 있습니다. 즉 거의 모든 것을 다른 것에 집어넣는 게 가능합니다. 하지만 대부분의 경우에 버튼이나 목록과 같은 대화형(user interactive) 구성요소를 프레임이나 패널과 같은 배경 (background) 구성요소에 집어넣습니다. 패널을 버튼 안에 집어넣거나 하는 것도 가능하긴 하지만 별로 쓸모는 없겠죠?

하지만 JFrame을 제외하면 대화형 구성요소와 배경 구성요소를 구분하는 것이 그리 만만치 않습니다. 예를 들어, JPanel은 보통 다른 구성요소들을 그룹 하나로 묶기 위한 배경 구성요소로 쓰이지만 JPanel 자체도 대화형 구성요소로 쓸 수 있습니다. 다른 구성요소와 마찬가지로 JPanel에서 발생하는 마우스 클릭이나 키스트로크를 비롯한 이벤트에 등록할 수도 있습니다.

GUI를 만들기 위한 네 가지 목록(리뷰)

① 창(JFrame 객체)을 만듭니다.

```
JFrame frame = new JFrame();
```

② 구성요소를 만듭니다.

```
JButton button = new JButton("click me");
```

③ 구성요소를 프레임에 추가합니다.

```
frame.getContentPane().add(BorderLayout.EAST, button);
```

④ 화면에 표시합니다(크기를 지정한 다음 화면에 표시되게 설정합니다).

```
frame.setSize(300,300);
frame.setVisible(true);
```

배경 구성요소에

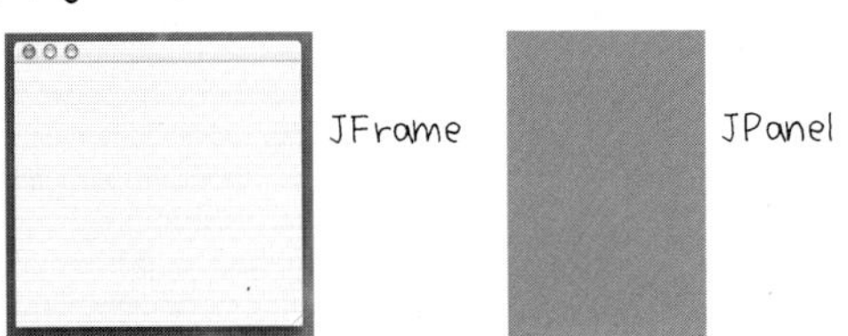

대화형 구성요소를 집어넣습니다.

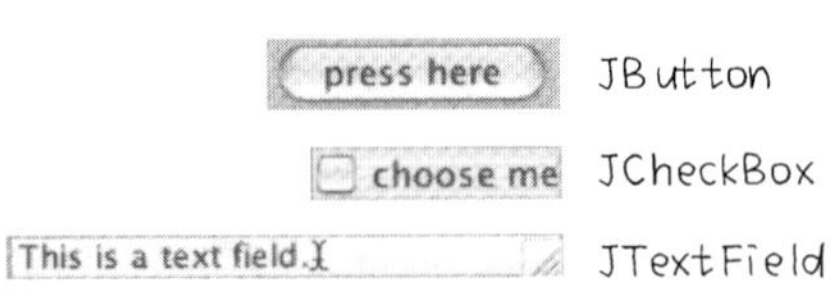

레이아웃 관리자

레이아웃 관리자(layout manager)는 특별한 구성요소와 연관된 자바 객체로, 거의 모든 경우에 배경 구성요소와 연관됩니다. 레이아웃 관리자는 그 레이아웃 관리자와 연관된 구성요소 내부에 들어있는 구성요소들을 제어하는 역할을 합니다. 즉, 어떤 프레임에 패널이 들어있는데, 그 패널에 버튼이 들어있다면 패널의 레이아웃 관리자는 버튼의 크기와 위치를, 프레임의 레이아웃 관리자는 패널의 크기와 위치를 제어합니다. 반면에 버튼에는 다른 구성요소가 들어있지 않기 때문에 그에 대한 레이아웃 관리자가 없어도 됩니다.

패널에 구성요소 다섯 개가 들어있다면 각 구성요소에 별도의 레이아웃 관리자가 있다고 하더라도 패널에 들어있는 구성요소 다섯 개의 크기와 위치는 모두 패널의 레이아웃 관리자에 의해 관리됩니다. 그리고 그 구성요소 다섯 개 안에도 다른 것이 들어있다면 각각 그 구성요소의 레이아웃 관리자에 의해 관리됩니다.

보통 아래에 있는 코드에서처럼 버튼을 패널에 '추가' 하면 패널에 버튼이 '들어있다' 라고 합니다.

```
myPanel.add(button);
```

레이아웃 관리자의 종류는 상당히 다양한데, 각 배경 구성요소마다 다릅니다. 레이아웃 관리자에는 레이아웃을 구축할 때 각각 지켜야 할 정책이 있습니다. 예를 들어, 어떤 레이아웃 관리자에서는 패널에 들어있는 모든 구성요소의 크기가 같아야 하고 그리드 형태로 배치되어야 한다는 정책을 사용할 수도 있고 또 다른 레이아웃 관리자에서는 각 구성요소의 크기는 별도로 정할 수 있지만 반드시 수직 방향으로 쌓아놓게 한다는 정책이 있을 수도 있습니다. 다중 레이아웃의 예를 들면 다음과 같습니다.

```
JPanel panelA = new JPanel();
JPanel panelB = new JPanel();
panelB.add(new JButton("button 1"));
panelB.add(new JButton("button 2"));
panelB.add(new JButton("button 3"));
panelA.add(panelB);
```

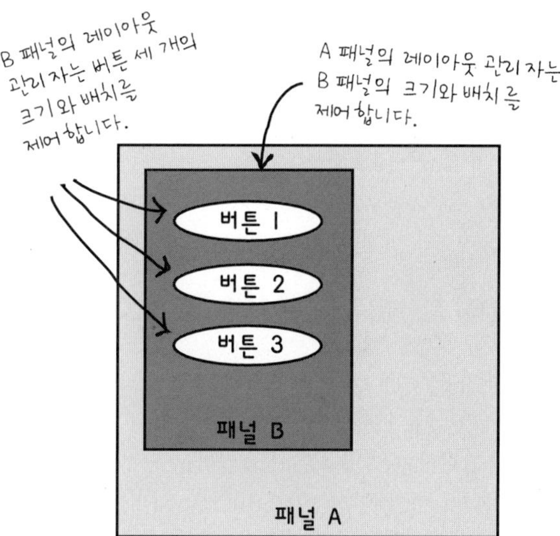

A 패널의 레이아웃 관리자에서는 버튼 세 개에 대해서는 전혀 신경을 쓰지 않습니다. 제어와 관련된 계층구조는 한 층으로만 이루어져 있습니다. A 패널의 레이아웃 관리자는 A 패널에 직접 추가되는 것만 제어합니다. A 패널에 직접 들어있는 구성요소에 포함되어 있는 다른 구성요소는 전혀 제어할 수 없습니다.

레이아웃 관리자는 어떤 식으로 결정을 내릴까요?

레이아웃 관리자마다 구성요소를 배열하는 정책(그리드 형태로 배열하거나 크기를 모두 똑같이 하거나 수직 방향으로 배열하는 등)은 서로 다르지만 배치되는 구성요소도 각각 (약간이나마) 자신의 주장을 펼칠 수 있습니다. 일반적으로 배경 구성요소를 배치하는 과정은 대략 다음과 같습니다.

레이아웃 시나리오:

① 패널을 만들고 버튼 세 개를 추가합니다.

② 패널의 레이아웃 관리자가 각 버튼에게 어떤 크기를 원하는지 물어봅니다.

③ 패널의 레이아웃 관리자가 레이아웃 정책을 바탕으로 버튼에서 요청한 크기를 전부 받아들여야 할지, 일부만 받아들여야 할지, 아니면 전혀 받아들일 수 없을지 결정합니다.

④ 패널을 프레임에 추가합니다.

⑤ 프레임의 레이아웃 관리자가 패널에게 어떤 크기를 원하는지 물어봅니다.

⑥ 프레임의 레이아웃 관리자가 레이아웃 정책을 바탕으로 패널에서 요청한 크기를 전부 받아들여야 할지, 일부만 받아들여야 할지, 아니면 전혀 받아들일 수 없을지 결정합니다.

레이아웃 관리자마다 정책이 서로 다릅니다.

일부 레이아웃 관리자에서는 구성요소에서 요구하는 크기를 존중합니다. 버튼에서 높이를 30픽셀, 너비를 50픽셀로 하고 싶다고 요청하면 레이아웃 관리자는 그 요청을 수용합니다. 구성요소에서 요청하는 크기를 일부만 받아들이는 레이아웃 관리자도 있습니다. 버튼에서 높이를 30픽셀, 너비를 50픽셀로 요청했을 때 높이만 30픽셀로, 너비는 그 버튼의 배경 패널의 너비로 맞추는 경우도 있습니다. 배치되는 구성요소 중에서 가장 큰 것의 요구사항만 받아들이고 나머지 구성요소는 같은 크기로 배치하는 경우도 있습니다. 상황에 따라 레이아웃 관리자에서 하는 일이 매우 복잡해질 수도 있지만 대부분의 경우에는 레이아웃 관리자의 정책을 알고 나면 그 결과를 어렵지 않게 예측할 수 있습니다.

세 가지 대표적인 레이아웃 관리자:

BorderLayout

BorderLayout 관리자는 배경 구성요소를 지역 다섯 개로 나눕니다. BorderLayout 관리자에 의해 제어되는 배경에는 각 지역별로 구성요소 하나씩만 집어넣을 수 있습니다. 이 관리자에서 배치하는 구성요소는 일반적으로 요청한 크기대로 만들어지지 않습니다. BorderLayout은 프레임의 기본 레이아웃 관리자입니다.

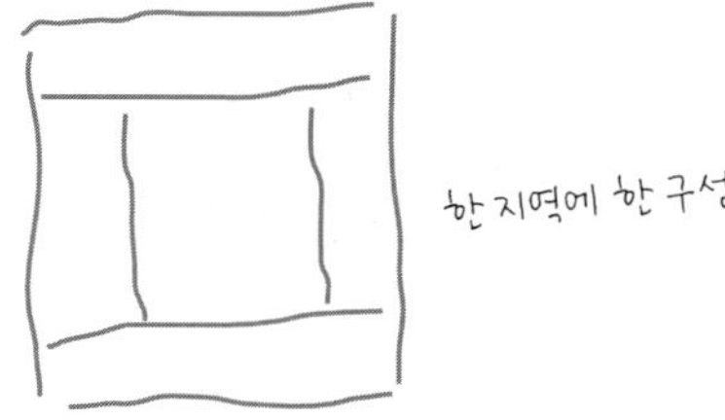

FlowLayout

FlowLayout 관리자는 단어가 아닌 구성요소를 배치한다는 점을 제외하면 워드 프로세서와 비슷한 식으로 작동합니다. 각 구성요소의 크기는 그 구성요소에서 요청한대로 정해지며 추가된 순서대로, 그리고 '왼쪽 맞춤' 형태로 왼쪽에서 오른쪽으로 배치됩니다. 어떤 구성요소가 수평 방향으로 들어맞지 않으면 다음 '행'에 배치됩니다. FlowLayout은 패널의 기본 레이아웃 관리자입니다.

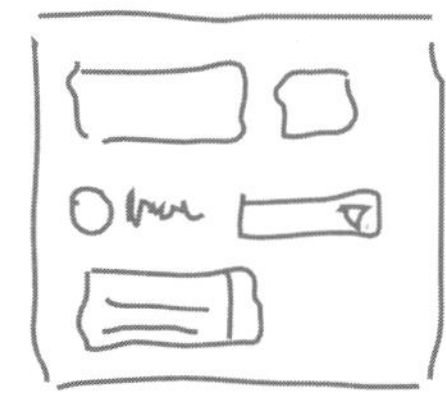

BoxLayout

BoxLayout 관리자는 각 구성요소마다 요청한 크기대로 만들어질 수 있다는 것, 그리고 추가된 순서대로 배치된다는 면에서 볼 때 FlowLayout과 비슷합니다. 하지만 구성요소를 수직 방향으로 쌓을 수 있다는 점에서 FlowLayout과 다릅니다(수평 방향으로 나열할 수도 있지만 수직 방향으로 늘어놓는 경우가 훨씬 많습니다). 즉, FlowLayout과 비슷한데, 각 구성요소를 추가한 다음 매번 엔터키를 눌러서 **강제로** 줄을 바꾸는 것이라고 생각해도 됩니다.

BorderLayout에는 지역이 다섯 개 있습니다:

동쪽, 서쪽, 북쪽, 남쪽, 중앙

동쪽 지역에 버튼을 추가해봅시다.

```java
import javax.swing.*;
import java.awt.*;          // BorderLayout은 java.awt 패키지에 들어있습니다.

public class Button1 {

    public static void main (String[] args) {
        Button1 gui = new Button1();
        gui.go();
    }

    public void go() {
        JFrame frame = new JFrame();
        JButton button = new JButton("click me");   // 지역을 지정합니다.
        frame.getContentPane().add(BorderLayout.EAST, button);
        frame.setSize(200,200);
        frame.setVisible(true);
    }
}
```

⚛ 브레인 파워

BorderLayout에서 어떻게 버튼 크기를 오른쪽 그림과 같이 정했을까요?

레이아웃 관리자에서는 어떤 요인을 고려해야 할까요?

왜 더 넓게 또는 더 높게 만들어지지 않을까요?

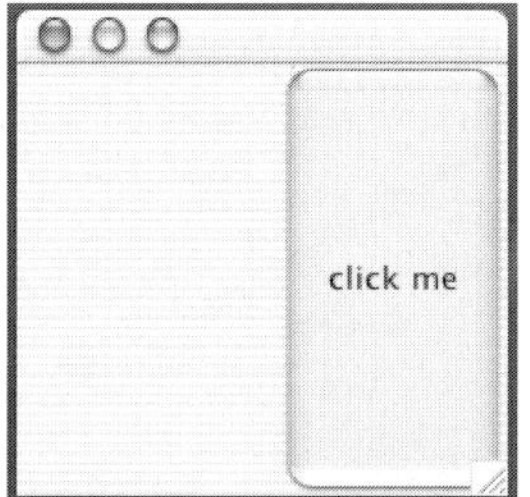

버튼에 글자를 더 집어넣으면 어떻게 되는지 알아볼까요?

```java
public void go() {
    JFrame frame = new JFrame();
    JButton button = new JButton("click like you mean it");
    frame.getContentPane().add(BorderLayout.EAST, button);
    frame.setSize(200,200);
    frame.setVisible(true);
}
```

버튼을 북쪽 지역에 배치해봅시다.

```java
public void go() {
    JFrame frame = new JFrame();
    JButton button = new JButton("There is no spoon...");
    frame.getContentPane().add(BorderLayout.NORTH, button);
    frame.setSize(200,200);
    frame.setVisible(true);
}
```

버튼의 높이는 버튼이 원하는 대로 되지만 너비는 프레임 너비에 맞춰집니다.

이번에는 버튼의 높이를 키워볼까요?

어떻게 하면 더 크게 할 수 있을까요? 버튼의 너비는 최대한으로 설정됩니다. 즉, 프레임의 너비만큼으로 정해지죠. 하지만 폰트를 키우면 버튼의 높이를 늘일 수 있습니다.

```java
public void go() {
    JFrame frame = new JFrame();
    JButton button = new JButton("Click This!");
    Font bigFont = new Font("serif", Font.BOLD, 28);
    button.setFont(bigFont);
    frame.getContentPane().add(BorderLayout.NORTH, button);
    frame.setSize(200,200);
    frame.setVisible(true);
}
```

폰트를 키우면 프레임에서 버튼의 높이를 크게 할당할 수 있습니다.

버튼의 너비는 전과 같지만 높이는 늘어났습니다. 버튼에서 요구하는 크기에 맞게 북쪽 지역이 늘어났기 때문입니다.

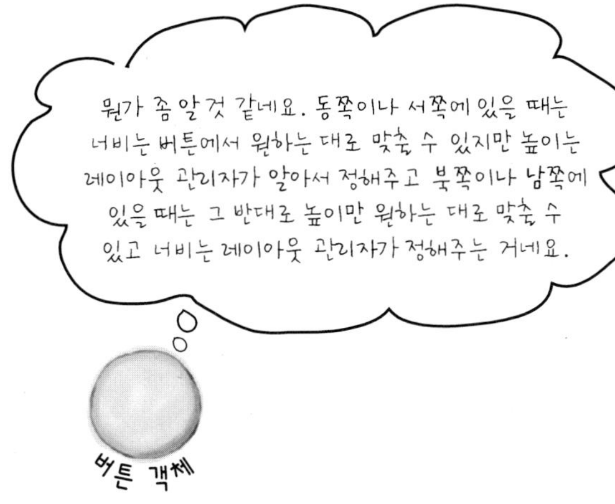

그러면 중앙 지역에서는 어떻게 될까요?

중앙 지역에는 남아있는 공간이 모두 할당됩니다.

(한 가지 예외사항이 있는데. 나중에 알아보겠습니다)

```java
public void go() {
    JFrame frame = new JFrame();

    JButton east = new JButton("동쪽");
    JButton west = new JButton("서쪽");
    JButton north = new JButton("북쪽");
    JButton south = new JButton("남쪽");
    JButton center = new JButton("중앙");

    frame.getContentPane().add(BorderLayout.EAST, east);
    frame.getContentPane().add(BorderLayout.WEST, west);
    frame.getContentPane().add(BorderLayout.NORTH, north);
    frame.getContentPane().add(BorderLayout.SOUTH, south);
    frame.getContentPane().add(BorderLayout.CENTER, center);

    frame.setSize(300,300);
    frame.setVisible(true);
}
```

중앙에 들어가는 구성요소는 프레임 크기(이 코드에서는 300 X 300)를 바탕으로 남은 공간을 할당받습니다.

동쪽과 서쪽에 들어가는 구성요소는 너비만 원하는 대로 맞춰집니다. 북쪽과 남쪽에 들어가는 구성요소는 높이만 원하는 대로 맞춰집니다.

북쪽이나 남쪽에 뭔가를 집어 넣으면 너비가 프레임 너비와 똑같아지기 때문에 북쪽과 남쪽 지역이 비어있으면 동쪽과 서쪽에 있는 구성요소의 높이는 원하는 대로 맞출 수 없습니다.

FlowLayout에서는 구성요소를 순서대로 배치합니다.

왼쪽에서 오른쪽으로, 위에서 아래로, 추가된 순서대로 배치됩니다.

동쪽 지역에 패널을 추가해봅시다.

JPanel의 레이아웃 관리자는 기본적으로 FlowLayout입니다. 프레임에 패널을 추가하면 패널의 크기와 위치는 여전히 BorderLayout 관리자에 의해 정해집니다. 하지만 그 패널 안에 들어있는 것(즉 panel.add(aComponent) 같은 식으로 호출하여 추가된 구성요소)은 패널의 FlowLayout 관리자에 의해 결정됩니다. 우선 프레임의 동쪽 지역에 비어있는 패널을 추가해보고, 다음 페이지에서 패널에 다른 구성요소를 추가해보겠습니다.

```java
import javax.swing.*;
import java.awt.*;

public class Panel1 {

    public static void main (String[] args) {
        Panel1 gui = new Panel1();
        gui.go();
    }


    public void go() {
        JFrame frame = new JFrame();
        JPanel panel = new JPanel();
        panel.setBackground(Color.darkGray);
        frame.getContentPane().add(BorderLayout.EAST, panel);
        frame.setSize(200,200);
        frame.setVisible(true);
    }
}
```

패널에 아직 아무것도 들어있지 않기 때문에 동쪽 지역에서 그리 많은 공간을 요구하지 않습니다.

패널이 어디에 있는지 알 수 있도록 쪽 회색으로 만들겠습니다.

패널에 버튼을 추가합시다.

```java
public void go() {
    JFrame frame = new JFrame();
    JPanel panel = new JPanel();
    panel.setBackground(Color.darkGray);

    JButton button = new JButton("shock me");

    panel.add(button);
    frame.getContentPane().add(BorderLayout.EAST, panel);

    frame.setSize(250,200);
    frame.setVisible(true);
}
```

패널에 버튼을 추가하고 그 패널을 프레임에 추가합니다.
패널의 레이아웃 관리자(FlowLayout 관리자)는 버튼을
제어하고 프레임의 레이아웃 관리자(BorderLayout
관리자)는 패널을 제어합니다.

패널이 확장되었습니다.
그리고 버튼은 너비와 높이가 모두
버튼이 원하는 크기로 맞춰집니다.
패널에서는 FlowLayout을
사용하며 버튼은 (프레임이 아닌)
패널의 일부분이기 때문입니다.

프레임의
BorderLayout 관리자

패널의
FlowLayout 관리자

패널에 버튼 두 개를 집어넣으면 어떻게 될까요?

```java
public void go() {
    JFrame frame = new JFrame();
    JPanel panel = new JPanel();
    panel.setBackground(Color.darkGray);

    JButton button = new JButton("shock me");
    JButton buttonTwo = new JButton("bliss");

    panel.add(button);
    panel.add(buttonTwo);

    frame.getContentPane().add(BorderLayout.EAST, panel);
    frame.setSize(250,200);
    frame.setVisible(true);
}
```

버튼 두 개를 만듭니다.

둘 다 패널에 추가합니다.

우리가 원했던 것:

위에서 아래로 순서대로 배치되길 원했지요.

실제 결과:

두 버튼이 나란히 놓일 수 있도록 패널이 확장되었습니다.

'bliss' 버튼은 'shock me' 버튼보다 작습니다. 원래 FlowLayout에서는 그런 식으로 구성요소를 배치합니다. 버튼은 (최소한) 자기가 원하는 만큼의 크기로 만들어집니다.

위쪽에 있는 코드를 다음과 같은 식으로 고치면 GUI의 모양이 어떻게 달라질까요?

```java
JButton button = new JButton("shock me");
JButton buttonTwo = new JButton("bliss");
JButton buttonThree = new JButton("huh?");
panel.add(button);
panel.add(buttonTwo);
panel.add(buttonThree);
```

왼쪽에 있는 코드를 실행시 켰을 때 GUI가 어떤 식으로 될지 생각해보고, 예상 결 과를 그려보세요.

(그리고 직접 실행해보세요)

BoxLayout을 쓰면 됩니다.

그러면 나란히 놓을 수 있는 공간이 있어도 세로 방향으로 배치할 수 있습니다.

BoxLayout에서는 FlowLayout과는 달리 수평 방향으로 공간이 있어도 강제로 구성요소를 다음 줄로 넘길 수 있습니다.

이번에는 패널의 레이아웃 관리자를 기본 관리자인 FlowLayout에서 BoxLayout으로 바꿔야 합니다.

```java
public void go() {
    JFrame frame = new JFrame();
    JPanel panel = new JPanel();
    panel.setBackground(Color.darkGray);

    panel.setLayout(new BoxLayout(panel, BoxLayout.Y_AXIS));

    JButton button = new JButton("shock me");
    JButton buttonTwo = new JButton("bliss");
    panel.add(button);
    panel.add(buttonTwo);
    frame.getContentPane().add(BorderLayout.EAST, panel);
    frame.setSize(250,200);
    frame.setVisible(true);
}
```

레이아웃 관리자를 새로 만든 BoxLayout의 인스턴스로 설정합니다.

BoxLayout 생성자를 호출할때는 레이아웃할 구성요소(패널)와 방향(수직 방향으로 배치할 때는 Y_AXIS)을 지정해야 합니다.

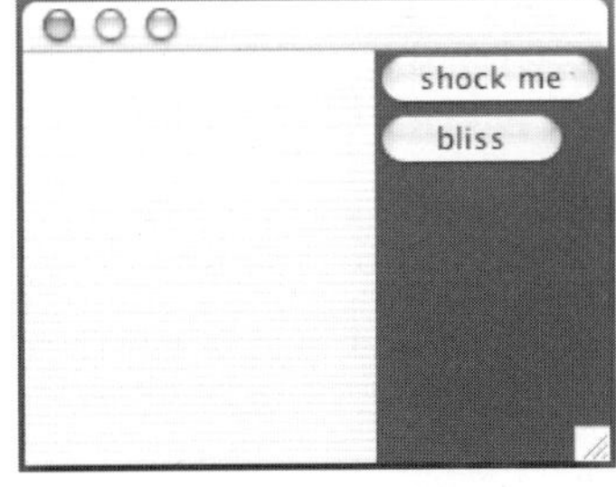

두 버튼을 모두 한 줄에 배치하지 않아도 되기때문에 패널이 좁아진 것을 확인할 수 있습니다. 패널에서 옆으로 가장 긴 버튼인 'shock me' 버튼의 너비가 바로 패널의 너비가 되고, 프레임에서는 패널의 너비를 그에 맞게 설정해줍니다.

바보 같은 질문은 없습니다

Q : 왜 패널에 하는 것처럼 프레임에 바로 추가하면 안 되나요?

A : JFrame은 뭔가가 화면에 나타나게 하는 받침대 같은 역할을 한다는 점에 있어서 특별합니다. 모든 스윙 구성요소는 순수하게 자바로 만들어져 있지만 JFrame은 디스플레이를 접근하기 위해 운영체제와 연결되어야 합니다. 내용 틀은 JFrame 위에 얹혀있는 100% 순수한 자바로 만들어진 층으로 생각하면 됩니다. 또는 JFrame이 창틀이고 내용 틀은 그 안에 있는 유리라고 생각할 수도 있습니다. 그리고 다음과 같은 코드를 써서 내용 틀 대신 직접 만든 JPanel을 사용하면 JPanel 객체를 프레임의 내용 틀로 만들 수도 있습니다.

```
myFrame.setContentPane(myPanel);
```

Q : 프레임의 레이아웃 관리자를 바꿀 수 있나요? 프레임에서 BorderLayout 대신 FlowLayout을 사용하려면 어떻게 해야 하죠?

A : 가장 쉬운 방법은 패널을 만들고 패널 안에 원하는 GUI를 만든 다음 (기본 내용 틀을 쓰는 대신) 위와 같은 코드를 이용하여 그 패널을 프레임의 내용 틀로 만드는 방법입니다.

Q : 다른 크기를 원하면 어떻게 해야 하나요? 구성요소에 대해서도 setSize( ) 같은 메소드가 있나요?

A : 예. setSize( )라는 메소드가 있습니다. 하지만 레이아웃 관리자에서는 그 메소드를 그냥 무시합니다. 구성요소의 '원하는 크기(preferred size)'와 사용자가 원하는 구성요소의 크기는 서로 같은 것이 아닙니다. 원하는 크기는 구성요소가 실제로 필요로 하는 크기를 바탕으로 결정된 크기입니다(구성요소 자체에서 결정하는 것이며 사용자가 직접 설정할 수 있는 것이 아닙니다). 레이아웃 관리자는 구성요소의 getPreferredSize( ) 메소드를 호출하고, 그 메소드에서는 사용자가 그 구성요소의 setSize( )를 호출했는지 여부에는 전혀 신경을 쓰지 않습니다.

Q : 그냥 마음대로 넣으면 안 되나요? 레이아웃 관리자를 끌 수는 없나요?

A : 그렇게 할 수도 있습니다. 구성요소마다 setLayout(null)을 호출하고 정확한 위치와 크기를 직접 지정하면 됩니다. 하지만 장기적인 관점에서 볼 때 대부분 레이아웃 관리자를 사용하는 편이 더 쉽습니다.

핵심정리

- 레이아웃 관리자는 다른 구성요소 안에 들어있는 구성요소의 크기와 위치를 제어하는 역할을 합니다.

- 다른 구성요소(배경 구성요소라고 부르기도 하는데, 정확하게 말하자면 배경 구성요소가 따로 정해져 있는 것은 아닙니다)에 어떤 구성요소를 추가하면 추가된 구성요소는 배경 구성요소의 레이아웃 관리자에 의해 결정됩니다.

- 레이아웃 관리자는 레이아웃에 대해 최종 결정을 내리기 전에 각 구성요소에 원하는 크기를 물어봅니다. 레이아웃 관리자의 정책에 따라 구성요소의 요구사항을 모두 들어줄 수도 있고 일부만 들어줄 수도 있고 아니면 전혀 들어주지 않을 수도 있습니다.

- BorderLayout 관리자를 쓸 때는 지역 가운데 다섯 곳에 구성요소를 추가할 수 있습니다. 구성요소를 추가할 때는 다음과 같은 문법을 써서 지역을 지정해야 합니다.

```
add(BorderLayout.EAST, panel);
```

- BorderLayout에서 북쪽과 남쪽에 들어가는 구성요소는 높이는 원하는 대로 되지만 너비는 원하는 대로 되지 않습니다. 동쪽과 서쪽에 들어가는 구성요소는 너비만 원하는 대로 되고 높이는 그렇지 않습니다. 중앙에 들어가는 구성요소는 (pack( )을 사용하는 경우를 제외하면) 그냥 남은 자리를 차지하게 됩니다.

- pack( ) 메소드는 구성요소를 감싸는 랩하고 비슷합니다. 중앙에 들어가는 구성요소의 원하는 크기를 바탕으로 중앙을 시작점으로 하여 나머지 영역에 있는 것을 만드는 과정을 통해 프레임의 크기를 결정합니다.

- FlowLayout에서는 구성요소를 왼쪽에서 오른쪽으로, 위에서 아래로, 추가된 순서대로 배치하며 수평 방향으로 더 이상 자리가 없을 때만 줄을 바꿉니다.

- FlowLayout을 사용하면 구성요소에서 원하는 너비와 높이를 모두 맞춰줄 수 있습니다.

- BoxLayout을 사용하면 구성요소를 수직 방향으로 차곡차곡 쌓을 수 있습니다. 옆으로 늘어놓을 수 있는 상황에서도 말이죠. FlowLayout과 마찬가지로 BoxLayout에서도 구성요소에서 원하는 너비와 높이를 모두 그대로 적용할 수 있습니다.

- BorderLayout은 프레임의 기본 레이아웃 관리자고 FlowLayout은 패널의 기본 레이아웃 관리자입니다.

- 패널에서 FlowLayout이 아닌 다른 레이아웃 관리자를 사용하고 싶다면 패널에 대해 setLayout( )을 호출해야 합니다.

스윙 구성요소를 사용해봅시다.

레이아웃 관리자에 대한 기본적인 내용을 배웠으니 이제 가장 흔하게 쓰이는 구성요소
에 속하는 텍스트 필드, 스크롤 텍스트 영역, 체크상자, 목록을 만들어봅시다. 각 구성
요소에 대한 API를 모두 소개하는 대신 그냥 몇 가지 중요한 점만 짚어보겠습니다.

JTextField

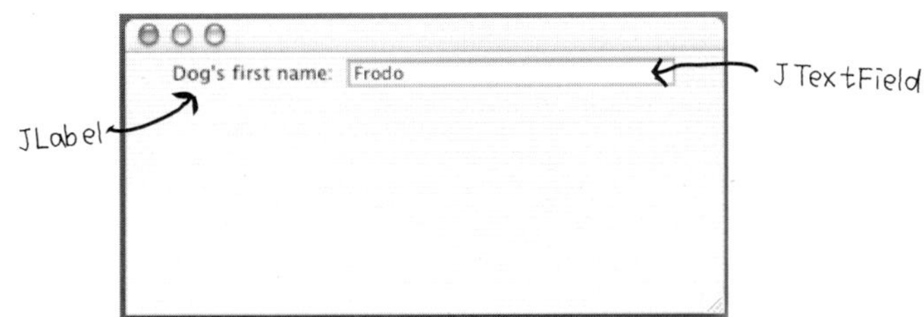

생성자

20은 20픽셀이 아니라 20열을 의미합니다.
텍스트 필드를 20자 크기로 만드는 것이죠.

```
JTextField field = new JTextField(20);

JTextField field = new JTextField("Your name");
```

사용 방법

① 텍스트 필드에 들어있는 텍스트를 알아내는 방법

```
System.out.println(field.getText());
```

② 텍스트를 집어넣는 방법

```
field.setText("whatever");
field.setText("");
```

이렇게 하면 필드에 들어있는 것을 지울 수 있습니다.

③ 사용자가 리턴 또는 엔터 키를 눌렀을 때
ActionEvent를 받아옵니다.

사용자가 키를 누를 때마다 무조건 이벤트를
받아오고 싶다면 키 이벤트를 등록하면 됩니다.

```
field.addActionListener(myActionListener);
```

④ 필드에 들어있는 텍스트를 선택/강조합니다.

```
field.selectAll();
```

⑤ 커서를 필드로 돌려놓습니다.
(사용자가 타이핑을 시작할 수 있게 말이죠)

```
field.requestFocus();
```

JTextArea

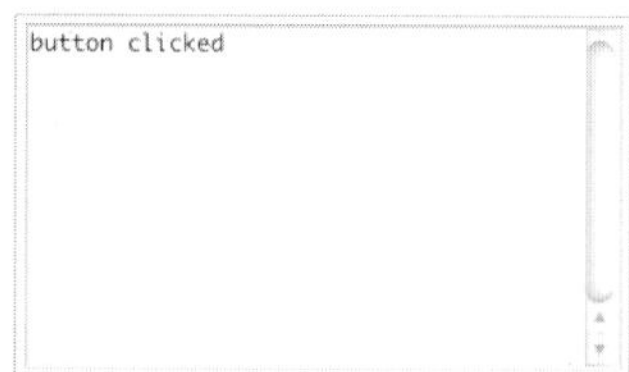

JTextField와 달리 JTextArea에는 여러 행의 텍스트가 들어갈 수 있습니다. 행 넘기기(line wrapping) 기능이나 스크롤 바가 자동으로 설정되지 않기 때문에 만드는 과정에서 몇 가지 설정을 해야 하긴 합니다. JTextArea에 스크롤 기능을 추가하려면 그 구성요소를 ScrollPane(스크롤 틀 클래스)에 집어넣어야 합니다. ScrollPane은 스크롤 기능을 제공하는 객체며 텍스트 영역의 스크롤 기능을 책임집니다.

생성자

10은 10행을 의미합니다(원하는 높이 설정).

20은 20열을 의미합니다(원하는 너비 설정).

```
JTextArea text = new JTextArea(10,20);
```

사용 방법

① 수직 스크롤 바를 만듭니다.

JScrollPane을 만들고 그 객체에 스크롤 기능을 추가해야 하는 텍스트 영역을 전달합니다.

```
JScrollPane scroller = new JScrollPane(text);
text.setLineWrap(true);
```

행 넘기기 기능(line wrapping)을 켭니다.

스크롤 틀에 수직 방향의 스크롤 바만 집어넣도록 지시합니다.

```
scroller.setVerticalScrollBarPolicy(ScrollPaneConstants.VERTICAL_SCROLLBAR_ALWAYS);
scroller.setHorizontalScrollBarPolicy(ScrollPaneConstants.HORIZONTAL_SCROLLBAR_NEVER);

panel.add(scroller);
```

중요한 부분!! 텍스트 영역을 (스크롤 틀 생성자를 통해서) 스크롤 틀에 전달한 다음 그 스크롤 틀을 패널에 추가합니다. 텍스트 영역을 패널에 직접 추가하지 않습니다.

② 그 안에 있는 텍스트를 바꿉니다.

```
text.setText("Not all who are lost are wandering");
```

③ 텍스트를 추가합니다.

```
text.append("button clicked");
```

④ 필드에 들어있는 텍스트를 선택/강조합니다.

```
text.selectAll();
```

⑤ 커서를 다시 필드에 위치시킵니다(그래야 사용자가 바로 타이핑을 할 수 있습니다).

```
text.requestFocus();
```

JTextArea 예제

```java
import javax.swing.*;
import java.awt.*;
import java.awt.event.*;


public class TextArea1 implements ActionListener {

    JTextArea text;

    public static void main (String[] args) {
       TextArea1 gui = new TextArea1();
       gui.go();
    }


    public void go() {
       JFrame frame = new JFrame();
       JPanel panel = new JPanel();
       JButton button = new JButton("Just Click It");
       button.addActionListener(this);
       text = new JTextArea(10,20);
       text.setLineWrap(true);

       JScrollPane scroller = new JScrollPane(text);
       scroller.setVerticalScrollBarPolicy(ScrollPaneConstants.VERTICAL_SCROLLBAR_ALWAYS);
       scroller.setHorizontalScrollBarPolicy(ScrollPaneConstants.HORIZONTAL_SCROLLBAR_NEVER);

       panel.add(scroller);

       frame.getContentPane().add(BorderLayout.CENTER, panel);
       frame.getContentPane().add(BorderLayout.SOUTH, button);

       frame.setSize(350,300);
       frame.setVisible(true);
    }

    public void actionPerformed(ActionEvent ev) {
       text.append("button clicked \n ");
    }
}
```

개행문자(new line)를 넣어서 버튼을 클릭할때마다 줄이 바뀌도록 합니다. \n을 빼먹으면 다음과 같이 연결되어버립니다.

JCheckBox

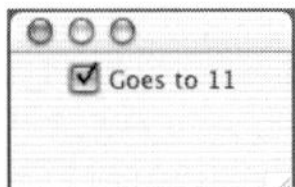

생성자

```
JCheckBox check = new JCheckBox("Goes to 11");
```

사용 방법

① 아이템 이벤트(선택 또는 선택 해제하는 이벤트)를 감시합니다.

```
check.addItemListener(this);
```

② 이벤트를 처리합니다(선택 여부를 알아냅니다).

```
public void itemStateChanged(ItemEvent ev) {
    String onOrOff = "off";
    if (check.isSelected()) onOrOff = "on";
    System.out.println("Check box is " + onOrOff);
}
```

③ 코드에서 선택 또는 선택 해제를 처리합니다.

```
check.setSelected(true);
check.setSelected(false);
```

바보 같은 질문은 없습니다

Q : 레이아웃 관리자는 유용성에 비해 너무 쓰기가 힘든 것 아닌가요? 이렇게 골치 아프게 쓰느니 차라리 모든 구성요소의 크기와 위치를 직접 코드에 집어넣는 게 편할지도 모르겠는데요?

A : 레이아웃 관리자를 사용하여 정확하게 자신이 원하는 레이아웃을 만드는 것이 그리 만만한 일은 아닙니다. 하지만 레이아웃 관리자에서 해 주는 일을 한 번 생각해봅시다. "구성요소가 화면 위에서 어떤 위치에 놓이는가"하는 문제는 간단해 보일 수도 있지만 사실 상당히 복잡한 문제입니다. 예를 들어, 구성요소끼리 겹치는 문제가 있을 수도 있는데, 그런 문제도 레이아웃 관리자에서 알아서 처리해줍니다. 즉 구성요소 사이의 간격(그리고 프레임 경계선 사이의 간격)을 관리하는 방법도 모두 알고 있지요. 물론 그런 일을 프로그래머가 직접 처리할 수도 있지만 구성요소를 아주 촘촘하게 배열해야 한다면 어떻게 해야 할지 한번 생각해보세요. 일일이 수동으로 제대로 배치할 수도 있겠지만 결국 JVM만 편하게 해 줄 뿐 별로 큰 이득이 없습니다.

왜 그럴까요? 바로 구성요소가 플랫폼마다 조금씩 다를 수 있기 때문입니다. 특히 해당 플랫폼 고유의 '룩앤필'을 사용하는 경우에 그런 문제가 더 크게 부각됩니다. 버튼의 테두리 모양과 같은 미묘한 차이점 때문에 어떤 플랫폼에서는 깔끔하게 잘 정렬되던 구성요소들이 다른 플랫폼에서는 완전히 엉망이 될 수도 있습니다.

그리고 아직 레이아웃 관리자의 정말 중요한 역할을 배우지 않았는데요, 사용자가 창의 크기를 조절하면 어떻게 될까요? 아니면 동적인 GUI를 사용하는 경우처럼 구성요소가 새로 생기거나 없어진다면 어떻게 될까요? 배경 구성요소의 크기나 내용이 달라질 때마다 모든 구성요소의 레이아웃을 변경해야 한다면... 정말 상상만 해도 끔찍하겠죠?

JList

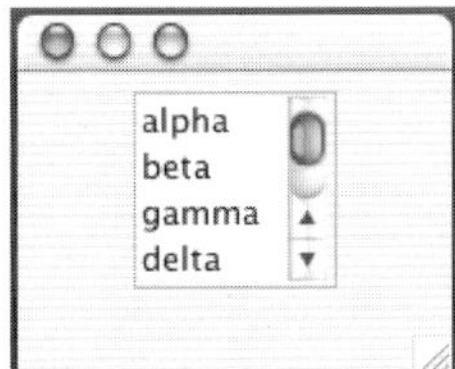

생성자

JList 생성자는 임의의 객체 유형의 배열을 받아들입니다. 반드시 String일 필요는 없지만 실제 목록에 표시될 때는 String 형태로 표현됩니다.

```
String [] listEntries = {"alpha", "beta", "gamma", "delta",
                         "epsilon", "zeta", "eta", "theta"};

JList = new JList(listEntries);
```

사용 방법

JTextArea를 만들 때하고 똑같습니다. (목록을 넘겨주면서) JScrollPane을 만들고 (목록이 아닌) 그 스크롤 틀을 패널에 추가해야합니다.

① 수직 스크롤 바가 들어가도록 합니다.

```
JScrollPane scroller = new JScrollPane(list);
scroller.setVerticalScrollBarPolicy(ScrollPaneConstants.VERTICAL_SCROLLBAR_ALWAYS);
scroller.setHorizontalScrollBarPolicy(ScrollPaneConstants.HORIZONTAL_SCROLLBAR_NEVER);

panel.add(scroller);
```

② 스크롤하기 전에 보여줄 행의 개수를 설정합니다.

```
list.setVisibleRowCount(4);
```

③ 한 번에 하나만 선택할 수 있도록 설정합니다.

```
list.setSelectionMode(ListSelectionModel.SINGLE_SELECTION);
```

④ 목록 선택 이벤트에 등록합니다.

```
list.addListSelectionListener(this);
```

이 if문을 집어넣지 않으면 이벤트를 두 번 받게 됩니다.

⑤ 이벤트를 처리합니다(목록에서 어떤 항목에 선택되었는지 알아냅니다).

```
public void valueChanged(ListSelectionEvent lse) {
    if( !lse.getValueIsAdjusting()) {
        String selection = (String) list.getSelectedValue();
        System.out.println(selection);
    }
}
```

getSelectedValue()에서는 Object를 리턴합니다. 목록에 String 객체만 들어갈 수 있는 건 아니니까요.

코드 키친

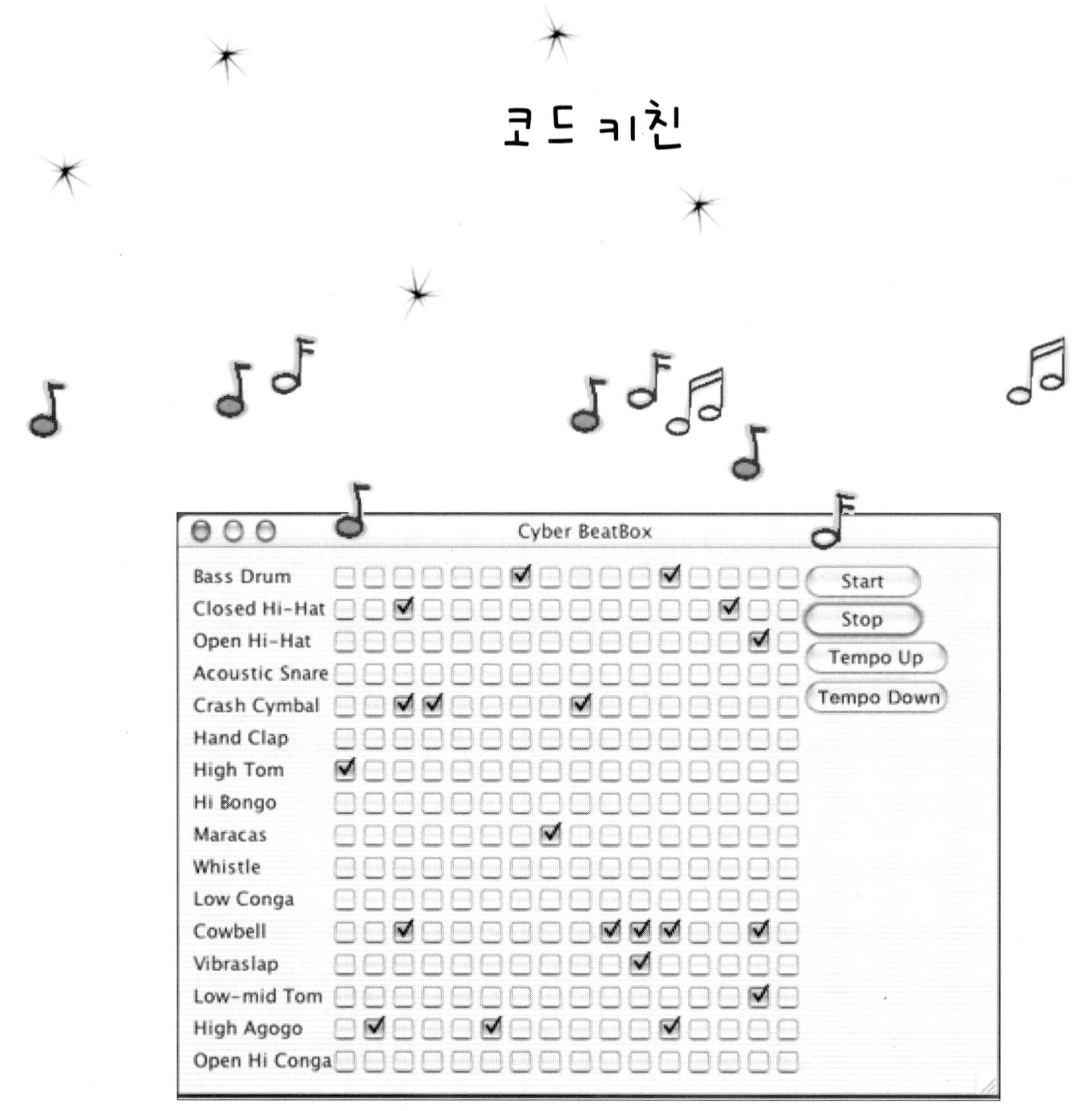

이 부분은 필수 사항이 아닙니다. 여기에서는 GUI를 사용하는 제대로 된 비트박스 프로그램을 만들 것입니다. 14장에서는 드럼 패턴을 저장하고 다시 불러오는 방법을 배울 것입니다. 그리고 마지막으로 15장에서는 비트박스를 개조해서 채팅 클라이언트 역할까지 할 수 있게 만들 것입니다.

비트박스 프로그램 만들기

여기에 나와있는 코드는 비트박스(BeatBox) 프로그램의 전체 코드며 이 프로그램에는 연주를
시작하고 멈추고 템포를 바꾸는 버튼이 들어갑니다. 여기에 있는 코드를 모두 입력해서 컴파일
하면 완벽한 프로그램을 사용할 수 있으며 코드에 자세한 설명을 해 놓았지만 일단 전체적인
개요를 살펴보면 다음과 같습니다.

① 체크되지 않은 상태로 시작하는 체크상자(JCheckBox) 256개와 악기명에 해당하는
레이블(JLabel) 열 여섯 개, 그리고 버튼 네 개가 들어있는 GUI를 만듭니다.

② 버튼 네 개에 대해 ActionListener를 등록합니다. 패턴에 의한 사운드를 동적으로
(즉, 사용자가 상자에 체크를 하자마자) 바꾸지는 않으므로 각각의 체크상자에 대한 리스
너는 필요 없습니다. 대신 사용자가 Start 버튼을 누를 때까지 기다렸다가 체크상자
256개를 모두 확인하여 그 상태를 알아내고 미디 트랙을 만들어냅니다.

③ 시퀀서를 받아오고 시퀀스를 만들고 트랙을 만드는 과정 등을 통해 미디 시스템을
설정합니다(이건 전에도 해 본 적이 있죠?). 여기에서는 자바 5.0에서 새로 도입된 시퀀
서 메소드인 setLoopCount()를 사용합니다. 이 메소드를 이용하면 시퀀스를 반복시
킬 회수를 지정할 수 있습니다. 빠르기는 시퀀서의 빠르기(템포) 팩터를 써서 더 빠르
게 또는 느리게 조절할 수 있고, 루프를 반복할 때마다 새로운 빠르기를 적용할 수
있습니다.

④ 사용자가 'Start'를 눌렀을 때 실제 행동이 시작됩니다. 'Start' 버튼에 대한 이벤트
처리 메소드에서는 buildTrackAndStart( ) 메소드를 호출합니다. 그 메소드에서는
체크상자 256개를 모두 확인해서 (한 번에 한 행씩, 즉 한 악기에 해당하는 16박자씩을 확
인합니다) 상태를 알아내고 그 정보를 바탕으로 미디 트랙을 구축합니다(앞 장에서 사
용한 makeEvent( ) 메소드를 활용합니다). 일단 트랙을 만들고 나면 사용자가 'Stop'을
누를 때까지 계속 연주하도록 시퀀서를 시작합니다(처음부터 순환을 시키기로 했기 때문
에 그렇게 되지요).

```java
import java.awt.*;
import javax.swing.*;
import javax.sound.midi.*;
import java.util.*;
import java.awt.event.*;


public class BeatBox {

    JPanel mainPanel;
    ArrayList<JCheckBox> checkboxList;
    Sequencer sequencer;
    Sequence sequence;
    Track track;
    JFrame theFrame;

    String[] instrumentNames = {"Bass Drum", "Closed Hi-Hat",
        "Open Hi-Hat","Acoustic Snare", "Crash Cymbal", "Hand Clap",
        "High Tom", "Hi Bongo", "Maracas", "Whistle", "Low Conga",
        "Cowbell", "Vibraslap", "Low-mid Tom", "High Agogo",
        "Open Hi Conga"};
    int[] instruments = {35,42,46,38,49,39,50,60,70,72,64,56,58,47,67,63};


    public static void main (String[] args) {
        new BeatBox().buildGUI();
    }

    public void buildGUI() {
        theFrame = new JFrame("Cyber BeatBox");
        theFrame.setDefaultCloseOperation(JFrame.EXIT_ON_CLOSE);
        BorderLayout layout = new BorderLayout();
        JPanel background = new JPanel(layout);
        background.setBorder(BorderFactory.createEmptyBorder(10,10,10,10));

        checkboxList = new ArrayList<JCheckBox>();
        Box buttonBox = new Box(BoxLayout.Y_AXIS);

        JButton start = new JButton("Start");
        start.addActionListener(new MyStartListener());
        buttonBox.add(start);

        JButton stop = new JButton("Stop");
        stop.addActionListener(new MyStopListener());
        buttonBox.add(stop);

        JButton upTempo = new JButton("Tempo Up");
        upTempo.addActionListener(new MyUpTempoListener());
        buttonBox.add(upTempo);

        JButton downTempo = new JButton("Tempo Down");
```

체크상자를 ArrayList에 저장합니다.

GUI 레이블을 만들 때 사용할 악기명을 String 배열로 저장합니다.

실제 드럼 '건반'을 나타냅니다. 드럼 채널은 피아노의 각 건반이 서로 다른 드럼을 나타내는 것과 같다고 보면 됩니다. 35번 건반은 베이스 드럼을, 42번 건반은 하이햇(H-Hat)을 나타내는 식으로 말이죠.

비어있는 경계선(empty border)을 사용하여 패널 둘레와 구성요소가 들어가는 자리 사이에 빈 공간을 만들 수 있습니다.

이 부분에는 별로 중요한 것은 없습니다. 대부분 전에 본 적이 있죠?

```java
        downTempo.addActionListener(new MyDownTempoListener());
        buttonBox.add(downTempo);

        Box nameBox = new Box(BoxLayout.Y_AXIS);
        for (int i = 0; i < 16; i++) {
            nameBox.add(new Label(instrumentNames[i]));
        }

        background.add(BorderLayout.EAST, buttonBox);
        background.add(BorderLayout.WEST, nameBox);

        theFrame.getContentPane().add(background);

        GridLayout grid = new GridLayout(16,16);
        grid.setVgap(1);
        grid.setHgap(2);
        mainPanel = new JPanel(grid);
        background.add(BorderLayout.CENTER, mainPanel);

        for (int i = 0; i < 256; i++) {
            JCheckBox c = new JCheckBox();
            c.setSelected(false);
            checkboxList.add(c);
            mainPanel.add(c);
        } // 순환문 끝

        setUpMidi();

        theFrame.setBounds(50,50,300,300);
        theFrame.pack();
        theFrame.setVisible(true);
    } // buildGUI 메소드 끝


public void setUpMidi() {
    try {
        sequencer = MidiSystem.getSequencer();
        sequencer.open();
        sequence = new Sequence(Sequence.PPQ,4);
        track = sequence.createTrack();
        sequencer.setTempoInBPM(120);

    } catch(Exception e) {e.printStackTrace();}
} // setUpMidi 메소드 끝
```

여기도 GUI 설정 코드입니다.
별로 특이한것은 없습니다.

체크상자를 만들고 모든 값을 (체크되지 않은 상태로 만들기 위해) 'false'로 설정한 다음 ArrayList와 GUI 패널에 추가합니다.

시퀀서, 시퀀스, 트랙을 만들기 위한 일반적인 미디 관련 코드. 여기에도 별로 특별한 내용은 없습니다.

지금부터가 중요합니다. 체크 상자의 상태를 MIDI 이벤트로 바꾼 다음 그 이벤트를 트랙에 추가합니다.

```java
public void buildTrackAndStart() {
  int[] trackList = null;

  sequence.deleteTrack(track);
  track = sequence.createTrack();

  for (int i = 0; i < 16; i++) {
    trackList = new int[16];

    int key = instruments[i];

    for (int j = 0; j < 16; j++ ) {

      JCheckBox jc = checkboxList.get(j + (16*i));
      if ( jc.isSelected()) {
        trackList[j] = key;
      } else {
        trackList[j] = 0;
      }
    } // 안쪽 for문 끝

    makeTracks(trackList);
    track.add(makeEvent(176,1,127,0,16));
  } // 바깥쪽 for문 끝

  track.add(makeEvent(192,9,1,0,15));
  try {

    sequencer.setSequence(sequence);
    sequencer.setLoopCount(sequencer.LOOP_CONTINUOUSLY);
    sequencer.start();
    sequencer.setTempoInBPM(120);
  } catch(Exception e)  {e.printStackTrace();}
} // buildTrackAndStart 메소드 끝


public class MyStartListener implements ActionListener {
  public void actionPerformed(ActionEvent a) {
    buildTrackAndStart();
  }
} // 내부 클래스 끝
```

각 악기의 열여섯 박자에 대한 값을 원소가 16개인 배열에 저장합니다. 어떤 악기가 특정 박자에서 연주되어야 하면 그 원소의 값에 건반 번호를 넣습니다. 반대로 연주되어야 하지 않는다면 0을 집어넣습니다.

기존 트랙을 제거하고 트랙을 새로 만듭니다.

열 16개(베이스, 콩고 등) 모두에 대해 같은 작업을 처리합니다.

어떤 악기인지를 나타내는 건반 번호를 설정합니다. (베이스, 하이햇 등 각 악기에 해당하는 실제 미디 번호가 instruments 배열에 들어있습니다.)

이 열에 들어있는 모든 박자에 대해 같은 작업을 반복합니다.

이 박자에 해당하는 체크상자가 선택되었는지 확인합니다. 선택되어 있으면 배열의 그 자리(그 박자를 나타내는 자리)에 건반 값을 집어넣습니다. 그렇지 않으면 그 박자에서는 그 악기를 연주하지 않아야하므로 0으로 설정합니다.

이 악기의 16개의 모든 박자에 대해 이벤트를 만들고 트랙에 추가합니다.

16번째 박자에는 반드시 이벤트가 있어야 합니다. 이렇게 하지 않으면 다시 시작하기 전에 16 박자가 모두 끝나지 않을 수도 있습니다.

루프 반복 회수를 지정하기 위한 메소드. 여기에서는 계속 반복할 수 있도록 sequencer.LOOP_CONTINUOUSLY를 인자로 전달했습니다.

연주합니다.

첫 번째 내부 클래스. 버튼의 리스너입니다. 별로 특별한 건 없습니다.

```java
public class MyStopListener implements ActionListener {
    public void actionPerformed(ActionEvent a) {
        sequencer.stop();
    }
} // 내부 클래스 끝

public class MyUpTempoListener implements ActionListener {
    public void actionPerformed(ActionEvent a) {
        float tempoFactor = sequencer.getTempoFactor();
        sequencer.setTempoFactor((float)(tempoFactor * 1.03));
    }
} // 내부 클래스 끝

public class MyDownTempoListener implements ActionListener {
    public void actionPerformed(ActionEvent a) {
        float tempoFactor = sequencer.getTempoFactor();
        sequencer.setTempoFactor((float)(tempoFactor * .97));
    }
} // 내부 클래스 끝
```

나머지 두 내부 클래스. 이것도 버튼에 대한 리스너 역할을 합니다.

setTempoFactor( ) 메소드는 시퀀서의 빠르기(템포)를 주어진 배율을 가지고 변경합니다. 기본값은 1.0이고, 여기에서는 빠르기를 3% 증가 또는 감소 시킵니다.

```java
public void makeTracks(int[] list) {

    for (int i = 0; i < 16; i++) {
        int key = list[i];

        if (key != 0) {
            track.add(makeEvent(144,9,key, 100, i));
            track.add(makeEvent(128,9,key, 100, i+1));
        }
    }
}

public  MidiEvent makeEvent(int comd, int chan, int one, int two, int tick) {
    MidiEvent event = null;
    try {
        ShortMessage a = new ShortMessage();
        a.setMessage(comd, chan, one, two);
        event = new MidiEvent(a, tick);

    } catch(Exception e) {e.printStackTrace(); }
    return event;
}

} // 클래스 끝
```

한 악기의 16 박자 전체에 대해 이벤트를 만듭니다. int[] 배열에는 그 악기에 해당하는 건반 번호 또는 0이 들어갑니다. 0이 들어있다면 그 박자에서는 해당 악기가 연주되지 않아야 합니다. 0이 아닌 값이 들어있다면 이벤트를 만들어서 트랙에 추가합니다.

NOTE ON과 NOTE OFF 이벤트를 만들고 트랙에 추가합니다.

12장 코드 키친에 있던 유틸리티 메소드와 같은 메소드입니다. 새로운 내용은 없습니다.

어떤 코드에서 어떤 레이아웃을 만들어낼까요?

밑에 있는 화면 여섯 개 가운데 다섯 개는 맞은편에 있는 코드에 의해 만들어진 것입니다. 각 코드를 살펴보고 그 코드에 해당하는 화면을 찾아보세요

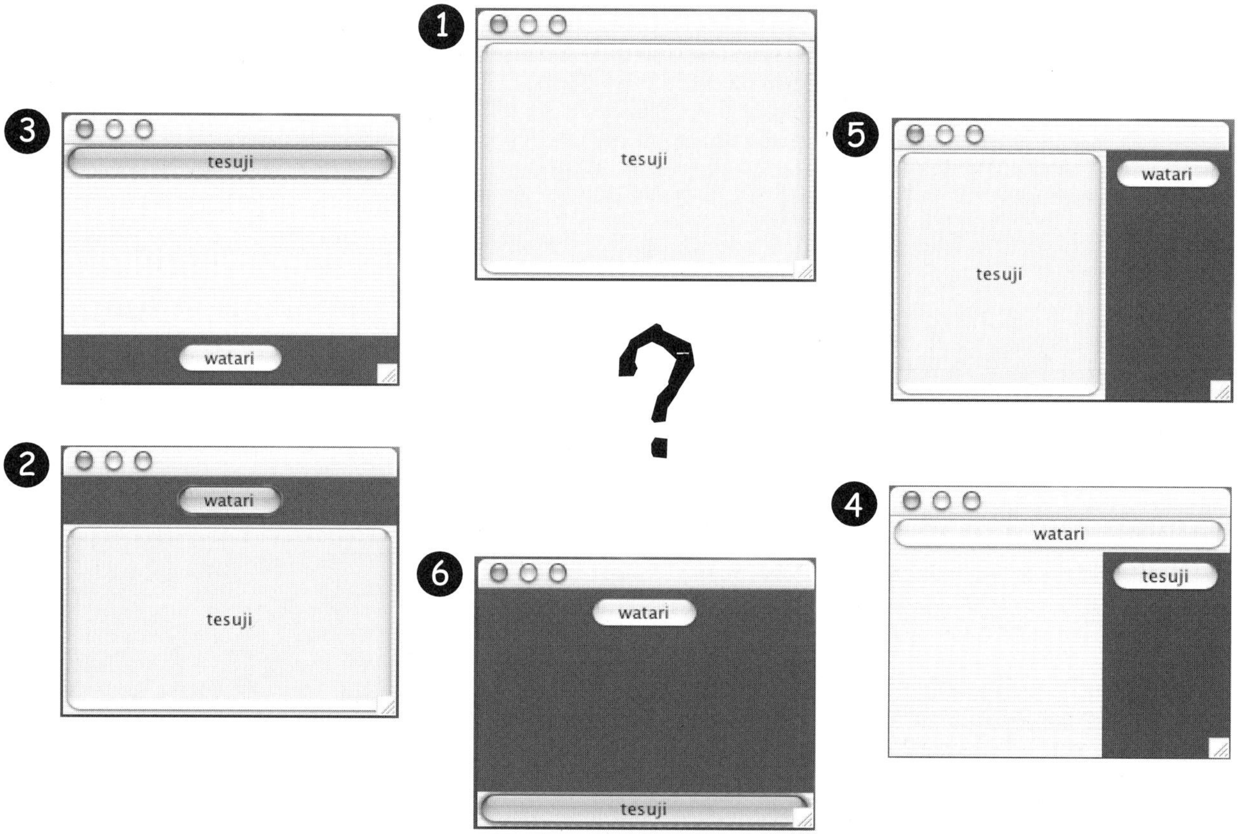

코 드

A
```java
JFrame frame = new JFrame();
JPanel panel = new JPanel();
panel.setBackground(Color.darkGray);
JButton button = new JButton("tesuji");
JButton buttonTwo = new JButton("watari");
frame.getContentPane().add(BorderLayout.NORTH,panel);
panel.add(buttonTwo);
frame.getContentPane().add(BorderLayout.CENTER,button);
```

B
```java
JFrame frame = new JFrame();
JPanel panel = new JPanel();
panel.setBackground(Color.darkGray);
JButton button = new JButton("tesuji");
JButton buttonTwo = new JButton("watari");
panel.add(buttonTwo);
frame.getContentPane().add(BorderLayout.CENTER,button);
frame.getContentPane().add(BorderLayout.EAST, panel);
```

C
```java
JFrame frame = new JFrame();
JPanel panel = new JPanel();
panel.setBackground(Color.darkGray);
JButton button = new JButton("tesuji");
JButton buttonTwo = new JButton("watari");
panel.add(buttonTwo);
frame.getContentPane().add(BorderLayout.CENTER,button);
```

D
```java
JFrame frame = new JFrame();
JPanel panel = new JPanel();
panel.setBackground(Color.darkGray);
JButton button = new JButton("tesuji");
JButton buttonTwo = new JButton("watari");
panel.add(button);
frame.getContentPane().add(BorderLayout.NORTH,buttonTwo);
frame.getContentPane().add(BorderLayout.EAST, panel);
```

E
```java
JFrame frame = new JFrame();
JPanel panel = new JPanel();
panel.setBackground(Color.darkGray);
JButton button = new JButton("tesuji");
JButton buttonTwo = new JButton("watari");
frame.getContentPane().add(BorderLayout.SOUTH,panel);
panel.add(buttonTwo);
frame.getContentPane().add(BorderLayout.NORTH,button);
```

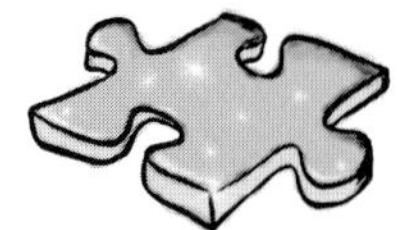

GUI 낱말풀이 7.0

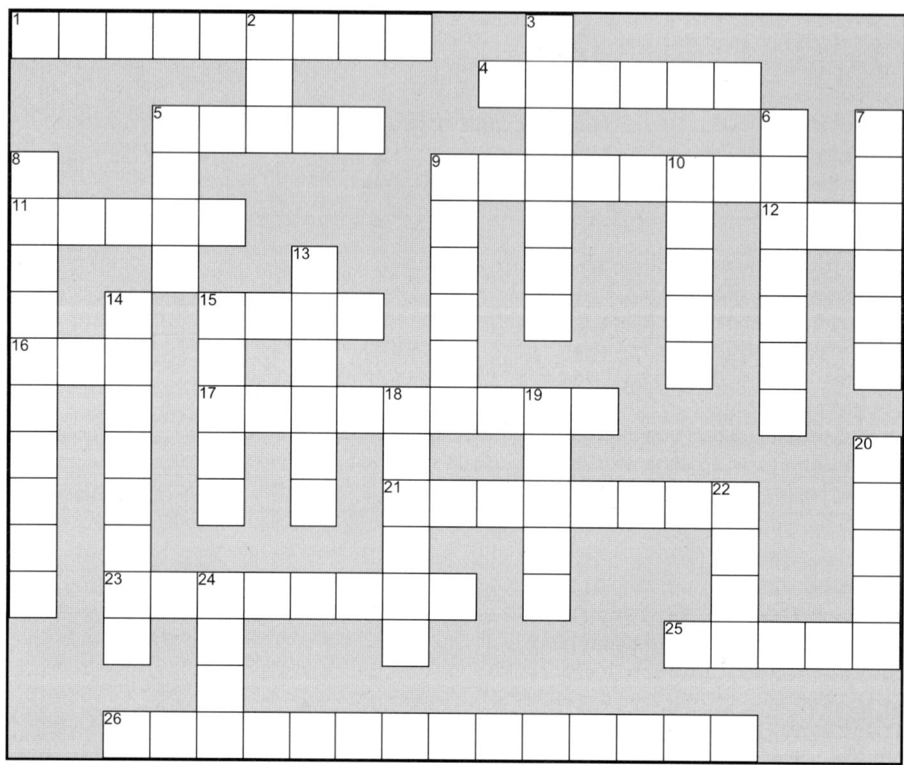

여러분도 할 수 있습니다.

가로

1. 그림을 그리는 도화지
4. BorderLayout에서 가장 마지막으로 처리되는 지역
5. 자바의 기본 룩앤필
9. 웨이터랑 비슷합니다.
11. 뭔가 특별한 일
12. 위젯을 적용합니다.
15. JPanel의 기본 레이아웃
16. 다형성 테스트
17. 움직여봅시다.
21. 할 말이 많군요.
23. 여러 개를 선택할 수 있습니다.
25. 버튼의 친구
26. actionPerformed를 받아들이는 것

역자 힌트: 다음 단어를 영어로 써야 합니다.

그림 패널(drawpanel), 중앙(center), 메탈(metal), 아쿠아(aqua), 이벤트(event), 메뉴(menu), 정책(policy), 리스너(listener), 북쪽(north), 그래픽(graphic), 추가하다(add), 위젯(widget), 레이아웃(layout), FlowLayout(flow), 콜백(callback), 프레임(frame), 애니메이션 (animation), 행동(action), 외부(outer), 텍스트 영역(textarea), 패널 (panel), 레이블(label), 체크상자(checkbox), 동쪽(east)

세로

2. 스윙의 아버지
3. 프레임 크기 설정
5. 도움말이 들어가는 곳
6. 텍스트보다 이게 낫죠.
7. 구성요소를 친근하게 부르는 용어
8. 화면에 보이게 만들어주는 메소드
9. 배치
10. BorderLayout에서 맨 위에 있는 지역
13. 관리자가 가지고 있는 규칙
14. 소스에서 호출하는 메소드
15. BorderLayout이 기본 레이아웃 관리자입니다.
18. 사용자가 하는 것
19. 내부와 반대
20. 배경 위젯
22. 맥의 룩앤필
24. BorderLayout의 오른쪽 지역

연습문제
정답

1
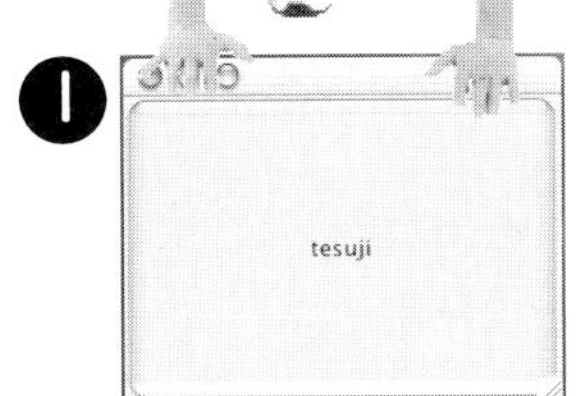

C
```java
JFrame frame = new JFrame();
JPanel panel = new JPanel();
panel.setBackground(Color.darkGray);
JButton button = new JButton("tesuji");
JButton buttonTwo = new JButton("watari");
panel.add(buttonTwo);
frame.getContentPane().add(BorderLayout.CENTER,button);
```

2

A
```java
JFrame frame = new JFrame();
JPanel panel = new JPanel();
panel.setBackground(Color.darkGray);
JButton button = new JButton("tesuji");
JButton buttonTwo = new JButton("watari");
frame.getContentPane().add(BorderLayout.NORTH,panel);
panel.add(buttonTwo);
frame.getContentPane().add(BorderLayout.CENTER,button);
```

3
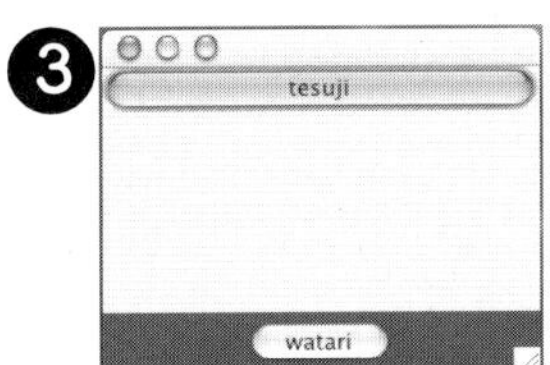

E
```java
JFrame frame = new JFrame();
JPanel panel = new JPanel();
panel.setBackground(Color.darkGray);
JButton button = new JButton("tesuji");
JButton buttonTwo = new JButton("watari");
frame.getContentPane().add(BorderLayout.SOUTH,panel);
panel.add(buttonTwo);
frame.getContentPane().add(BorderLayout.NORTH,button);
```

4
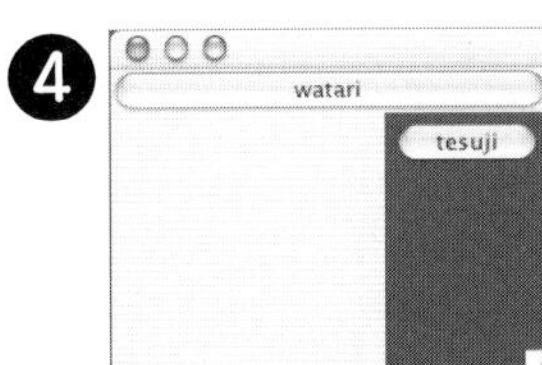

D
```java
JFrame frame = new JFrame();
JPanel panel = new JPanel();
panel.setBackground(Color.darkGray);
JButton button = new JButton("tesuji");
JButton buttonTwo = new JButton("watari");
panel.add(button);
frame.getContentPane().add(BorderLayout.NORTH,buttonTwo);
frame.getContentPane().add(BorderLayout.EAST, panel);
```

5

B
```java
JFrame frame = new JFrame();
JPanel panel = new JPanel();
panel.setBackground(Color.darkGray);
JButton button = new JButton("tesuji");
JButton buttonTwo = new JButton("watari");
panel.add(buttonTwo);
frame.getContentPane().add(BorderLayout.CENTER,button);
frame.getContentPane().add(BorderLayout.EAST, panel);
```

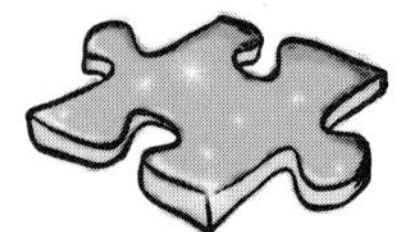

퍼즐 정답
GUI 낱말풀이 7.0

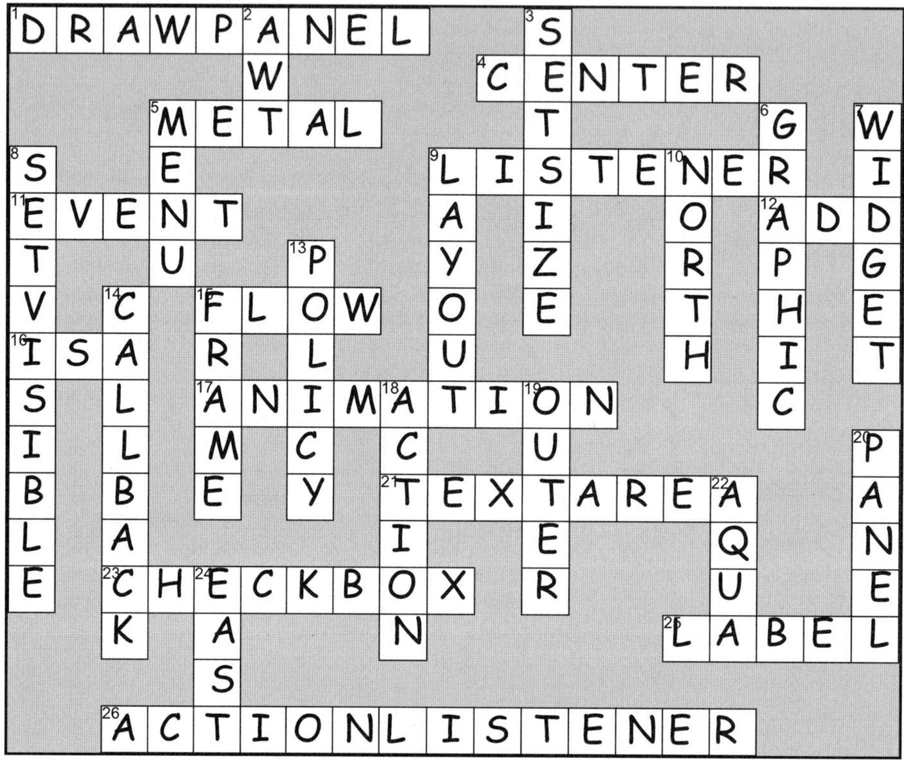

객체 저장

객체를 납작하게 압축시킬 수도 있고 빵빵하게 부풀릴 수도 있습니다. 객체에는 상태와 행동이 있습니다. 행동은 클래스 안에 들어가지만 상태는 각 객체 안에서 살지요. 그러면 객체의 상태를 저장해야 할 때는 어떻게 해야 할까요? 예를 들어. 게임을 만들고 있다면 게임 저장/불러오기 기능이 있어야 하겠죠? 차트를 만드는 애플리케이션을 만든다면 파일 저장/열기 기능이 필요할테고요. 프로그램에서 상태를 저장할 때 힘든 방법을 쓸 수도 있습니다. 각 객체를 살펴보고 각 인스턴스 변수값을 일일이 자신이 만든 유형의 파일에 집어넣는 식으로 말이죠. 하지만 **객체지향적인 방법으로 쉽게** 할 수도 있습니다. 객체 자체를 동결건조하거나. 압축하거나. 방부처리하거나 수분을 제거한 다음. 나중에 다시 원 상태로 복구시킬 수 있으니까요. 하지만 때때로 좀전에 설명한 힘든 방법이 필요할 수도 있습니다. 저장했던 파일을 자바로 만들어지지 않은 다른 애플리케이션에서 열어야 하는 경우에는 그럴 가능성이 높습니다. 따라서 이 장에서는 두 가지 방법을 모두 살펴보겠습니다.

비트박스의 패턴을 저장해봅시다.

열심히 노력한 결과 완벽한 패턴을 만들어냈습니다. 그래서 이제 그 패턴을 저장했으면 합니다. 메모지를 한 장 꺼내서 그 종이에 패턴을 옮겨 적을 수도 있겠지만, 대신 **Save** 버튼을 누르거나 File 메뉴에서 Save를 선택하면 더 좋겠죠? 이름을 정하고 디렉토리를 선택해서 최종적으로 파일을 저장하고 나면 '죽음의 블루스크린'이 뜨면서 시스템이 멎어버려도 그 패턴을 안전하게 보관할 수 있습니다.

자바 프로그램의 상태를 저장하는 방법은 다양하지만 그 중 어떤 것을 선택하는지는 저장된 상태를 가지고 무엇을 할지에 따라 달라질 것입니다. 이 장에서 다음과 같은 두 가지 방법을 생각해 보겠습니다.

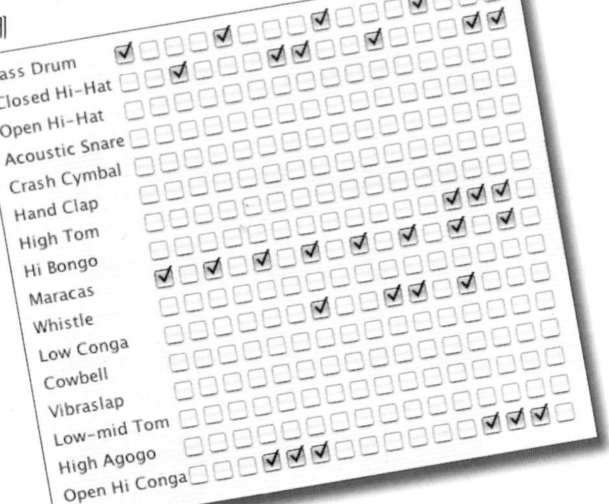

그 데이터를 만들어낸 자바 프로그램에서만 사용한다면:

① __직렬화를 사용합니다.__

납작해진(직렬화된) 객체가 저장된 파일을 만듭니다. 그리고 나중에 파일을 열 때는 프로그램에서 직렬화된(serialized) 객체를 읽어서 다시 살아 숨쉬는, 힙에 들어있는 형태의 객체로 만들면 됩니다.

데이터를 다른 프로그램에서도 사용한다면:

② __일반 텍스트 파일로 저장합니다.__

다른 프로그램에서도 파싱할 수 있도록 적당한 구분자를 써서 파일에 저장합니다. 예를 들어, 탭으로 각 필드를 구분하면 나중에 스프레드시트나 데이터베이스 애플리케이션에서도 그 파일을 이용할 수 있겠죠?

물론, 다른 방법도 있습니다. 자신이 원한다면 어떤 유형으로든 데이터를 저장할 수 있습니다. 예를 들어, 일반 텍스트 파일로 저장하지 않고 데이터를 바이트 형태로 저장할 수도 있습니다. 아니면 자바 원시 유형을 그 유형 그대로 저장할 수도 있습니다. int, long, boolean 등의 원시유형을 저장하기 위한 별도의 방법도 있습니다. 하지만 어떤 방법을 쓰든지 근본적인 입출력(I/O) 기술은 거의 똑같습니다. 어떤 데이터를 무엇인가에 쓰는 것이죠. 보통 디스크 또는 네트워크 내에 있는 파일에 씁니다(데이터를 읽는 것은 그 반대로 생각하면 되겠죠). 그리고 디스크 또는 네트워크 내에 있는 파일로부터 데이터를 읽어 들이면 됩니다. 물론 여기에서는 실제 데이터베이스를 사용하는 방법은 다루지 않겠습니다.

상태 저장

어떤 프로그램이 있는데 (여기에서는 판타지 어드벤처 게임이라고 예를 들어보죠) 그 프로그램에서 세션 두 개 이상을 사용한다고 생각해 봅시다. 게임이 진행되면서 게임 캐릭터는 '더 강해지거나, 약해지거나, 똑똑해지거나' 하는 식으로 변하기도 하고 '무기를 구하거나, 잃거나, 그 무기를 사용하거나' 할 수도 있습니다. 하지만 게임을 시작할 때마다 처음부터 새로 시작하고 싶은 사용자는 없을 것입니다. 그러다 보면 게임 엔딩을 영영 못 볼 수도 있으니까요. 따라서 캐릭터의 상태를 저장하는 방법, 그리고 그 상태를 다시 열어서 게임을 계속하기 위한 방법을 마련해야 합니다. 그리고 게임 프로그래머로서 저장과 열기 과정을 최대한 쉽고 안전하게 만들어야 할 것입니다.

GameCharacter
int power String type Weapon[] weapons
getWeapon() useWeapon() increasePower() // 기타

---

① **첫 번째 방법**

직렬화된 캐릭터 객체 세 개를 파일에 저장합니다.

파일을 만들고 직렬화된 캐릭터 객체 세 개를 그 파일에 저장합니다. 그 파일을 텍스트 파일처럼 읽으려고 하면 다음과 같이 알 수 없는 글자가 튀어나올 것입니다.

**ÌsrGameCharacter
¨%gê8MÛIpowerLjava/lang/
String;[weaponst[Ljava/lang/
String;xp2tlfur[Ljava.lang.String;≠"VÁ
È{Gxptbowtswordtdustsq˜»tTrolluq˜tb
are handstbig axsq˜xtMagicianuq˜tspe
llstinvisibility**

---

② **두 번째 방법**

일반 텍스트 파일로 저장합니다.

파일을 만들고 한 줄에 한 캐릭터씩의 정보를 저장 합니다. 각 상태는 쉼표로 구분합니다.

**50,Elf,bow, sword,dust
200,Troll,bare hands,big ax
120,Magician,spells,invisibility**

직렬화된 객체를 파일에 저장하는 방법

객체를 직렬화(저장)하는 방법은 다음과 같습니다. 굳이 외우려고 하지는 마세
요. 조금 있으면 더 자세한 내용을 배우게 될 테니까요.

① FileOutputStream**을 만듭니다.**

```
FileOutputStream fileStream = new FileOutputStream("MyGame.ser");
```

> "MyGame.ser"이라는 파일이 존재하지 않으면 자동으로 새로 만들어집니다.

> FileOutputStream 객체를 만듭니다. FileOutputStream을 파일에 연결하는 방법(그리고 파일을 만드는 방법)을 알고 있지요.

② ObjectOutputStream**을 만듭니다.**

```
ObjectOutputStream os = new ObjectOutputStream(fileStream);
```

> ObjectOutputStream을 사용하면 객체를 저장할 수 있는데, 파일에 직접 연결할 수는 없습니다. 보조 객체가 필요합니다. 이런 과정을 '한 스트림을 다른 스트림과 연쇄(chain)'한다고 부릅니다.

③ 객체를 <u>저장합니다.</u>

```
os.writeObject(characterOne);
os.writeObject(characterTwo);
os.writeObject(characterThree);
```

> characterOne, characterTwo, characterThree로 참조되는 객체를 직렬화하고 "MyGame.ser"에 저장합니다.

④ ObjectOutputStream**을** <u>**닫습니다.**</u>

```
os.close();
```

> 맨 위에 있는 스트림을 닫으면 그 밑에 있는 스트림도 모두 닫히므로 FileOutputStream(그리고 그 파일)도 자동으로 닫힙니다.

데이터는 스트림 형태로 이동합니다.

연결 스트림은 출발지
또는 목적지(파일, 소켓 등)
로의 연결을 나타냅니다.

하지만 연쇄 스트림은
혼자서는 어디에 연결될 수
없고 반드시 연결 스트림에
연쇄되어야 합니다.

자바 입출력 API에는 파일이나 네트워크 소켓과 같은 출발지 또는 목적지로의 연결을 나타내는 연결 스트림 (connection stream)과 다른 스트림에 연쇄되어야만 쓸 수 있는 연쇄 스트림(chain stream)이 있습니다.

최소한 스트림 두 개(하나는 연결을 나타내고 하나는 메소드를 호출할 대상으로 쓰임)를 연결해야만 유용한 작업을 할 수 있는 경우도 있습니다. 왜 두 개가 필요할까요? 연결 스트림은 일반적으로 너무 저수준이기 때문입니다. 예를 들어, FileOutputStream(연결 스트림)에는 바이트를 저장하기 위한 메소드가 들어있습니다. 하지만 바이트 단위로 직접 저장하는 일은 별로 없습니다. 우리가 실제로 저장해야 하는 것은 객체므로 더 고수준의 연쇄 스트림이 필요합니다.

그런데 왜 꼭 필요한 기능을 제공하는 스트림 한 개를 만들어서 쓰지 않고 이런 식으로 할까요? 객체를 저장하는 기능을 제공하는데, 사실은 그 밑에서 바이트로 저장해주는 그런 스트림을 만들어서 쓰면 편하지 않을까요? 바람직한 객체지향적인 방법을 생각해보세요. 각 클래스는 하나씩의 기능만 잘 발휘하는 것이 좋습니다. FileOutputStream은 파일에 바이트를 저장합니다. ObjectOutputStream은 객체를 스트림으로 보낼 수 있는 형태의 데이터로 바꿔주는 일을 하지요. 따라서 파일에 데이터를 저장해주는 FileOutputStream을 만들고 그 끝에 ObjectOutputStream(연쇄 스트림)을 연결합니다. 그리고 나서 ObjectOutputStream에 대해 writeObject()를 호출하면 그 객체가 스트림으로 들어가서 FileOutputStream으로 이동하고, 최종적으로는 파일에 바이트 형태로 기록이 됩니다.

이렇게 다양한 연결 및 연쇄 스트림을 조합하면 엄청나게 유연한 프로그래밍을 할 수 있습니다. 스트림 클래스를 하나만 써야 한다면 API 설계자가 만들어놓은 한 가지 방법에만 의존해야 될 것입니다. 즉, API를 만들 때부터 우리가 원하는 대로 만들지 않았다면 다른 방법을 찾아봐야 할 수 밖에 없겠죠. 하지만 이렇게 연쇄할 수 있는 형태로 되어있기 때문에 원하는 방식으로 연쇄해서 쓰면 됩니다.

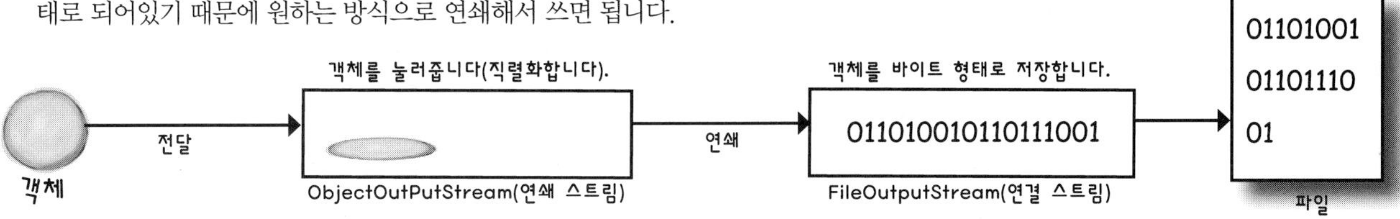

직렬화되면 객체는 어떻게 될까요?

① 힙 안에 들어있는 객체

힙에 들어있는 객체는 상태(객체의 인스턴스 변수값)
가 있습니다. 이 값이 바로 어떤 클래스에 속하는
여러 인스턴스를 서로 구분할 수 있게 해 주는 역
할을 하죠.

② 직렬화된 객체

직렬화된 객체에는 **인스턴스 변수 값이 저장되**
어있습니다. 나중에 다시 원상태로 복구하면 힙 안
에 이전과 똑같은 내용을 가진 인스턴스(객체)를 만
들어낼 수 있습니다.

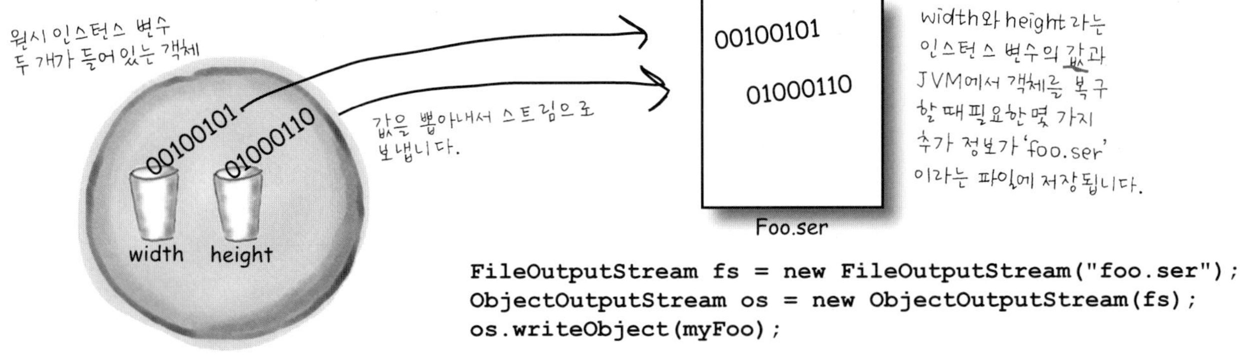


```
Foo myFoo = new Foo ();
myFoo.setWidth(37);
myFoo.setHeight(70);
```

```
FileOutputStream fs = new FileOutputStream("foo.ser");
ObjectOutputStream os = new ObjectOutputStream(fs);
os.writeObject(myFoo);
```

'foo.ser' 파일에 연결되는 FileOutputStream을
만든 다음 거기에 ObjectOutputStream을 연쇄
시키고 ObjectOutputStream에 객체를 저장하라
는 명령을 보냅니다.

객체의 상태란 정확하게 무엇일까요?
어떤 것을 저장해야 할까요?

이제 점점 흥미로운 내용이 나오기 시작합니다. 37이나 70과 같은 원시값을 저장하는 것은 쉬운데요, 객체에 객체 레퍼런스인 변수가 들어있으면 어떻게 될까요? 예를 들어, 객체 레퍼런스 인스턴스 변수 다섯 개가 들어있는 객체는 어떤 식으로 저장할까요? 그리고 그런 인스턴스 변수로 창조되는 객체에 또 다른 인스턴스 변수가 들어있다면 어떻게 될까요?

한번 생각해봅시다. 객체의 어느 부분을 그 객체에만 있는 것이라고 할 수 있을까요? 처음에 저장했던 것과 똑같은 객체를 얻기 위해 어떤 것을 복구해야 하는지 한 번 상상해보세요. 물론, 메모리 내의 위치는 달라지겠죠. 하지만 그런 것은 별로 중요하지 않습니다. 정말 중요한 것은 힙 어딘가에, 전에 저장했던 객체와 똑같은 상태를 가지는 객체를 만들어낼 수 있어야 한다는 점이죠.

브레인 파워

Car 객체를 원래의 상태로 복구하기 위해서는 어떤 작업이 이루어져야 할까요?

Car를 저장하기 위해 어떤 것이 필요할지 (그리고 어떻게 해야 할지) 생각해보세요.

그리고 Engine(엔진) 객체에 Carburator (카뷰레터)에 대한 레퍼런스가 있다면 어떻게 될까요? Tire[ ] 배열 객체에는 어떤 것이 들어갈까요?

Car 객체에는 다른 객체 두개를 참조하는 인스턴스 변수 두 개가 있습니다.

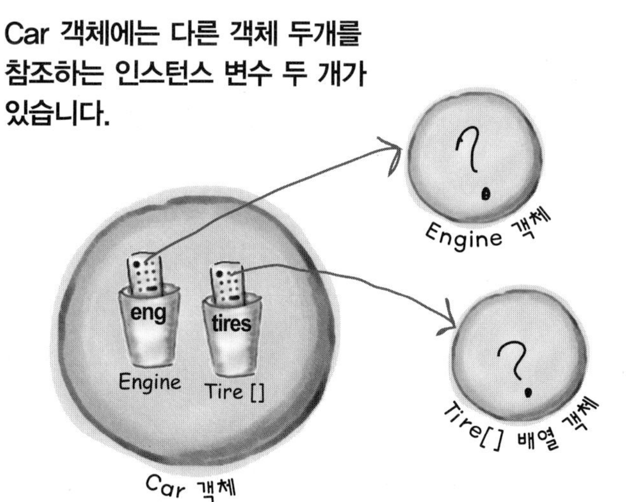

Car 객체를 저장하려면 어떤 것이 필요할까요?

객체가 직렬화되면 인스턴스 변수로 참조되는 모든 객체 또한 직렬화됩니다. 그리고 그렇게 직렬화된 객체에서 참조하는 다른 모든 객체도 직렬화되고, 또 그렇게 직렬화된 객체에서 참조하는 객체도 모두 직렬화됩니다. 연관된 것은 모두 직렬화되는 것이죠. 하지만 다행히도 그런 작업은 모두 자동으로 진행됩니다.

여기에 있는 Kennel(개 사육장)이라는 객체에는 Dog[] 배열 객체에 대한 레퍼런스가 있습니다. Dog[]에는 Dog 객체 두 개에 대한 레퍼런스가 들어있습니다. 각 Dog 객체에는 String과 Collar(개목걸이) 객체에 대한 레퍼런스가 들어있습니다. String 객체에는 글자 여러 개가 모여있고 Collar 객체에는 int가 들어있습니다.

Kennel을 저장하면 이런 것들이 모두 저장됩니다.

직렬화를 하면 그 객체와 관련된 것이 몽땅 저장됩니다. 직렬화되는 객체에서 시작해서 인스턴스 변수로 참조된 모든 객체가 줄줄이 엮여서 저장되지요.

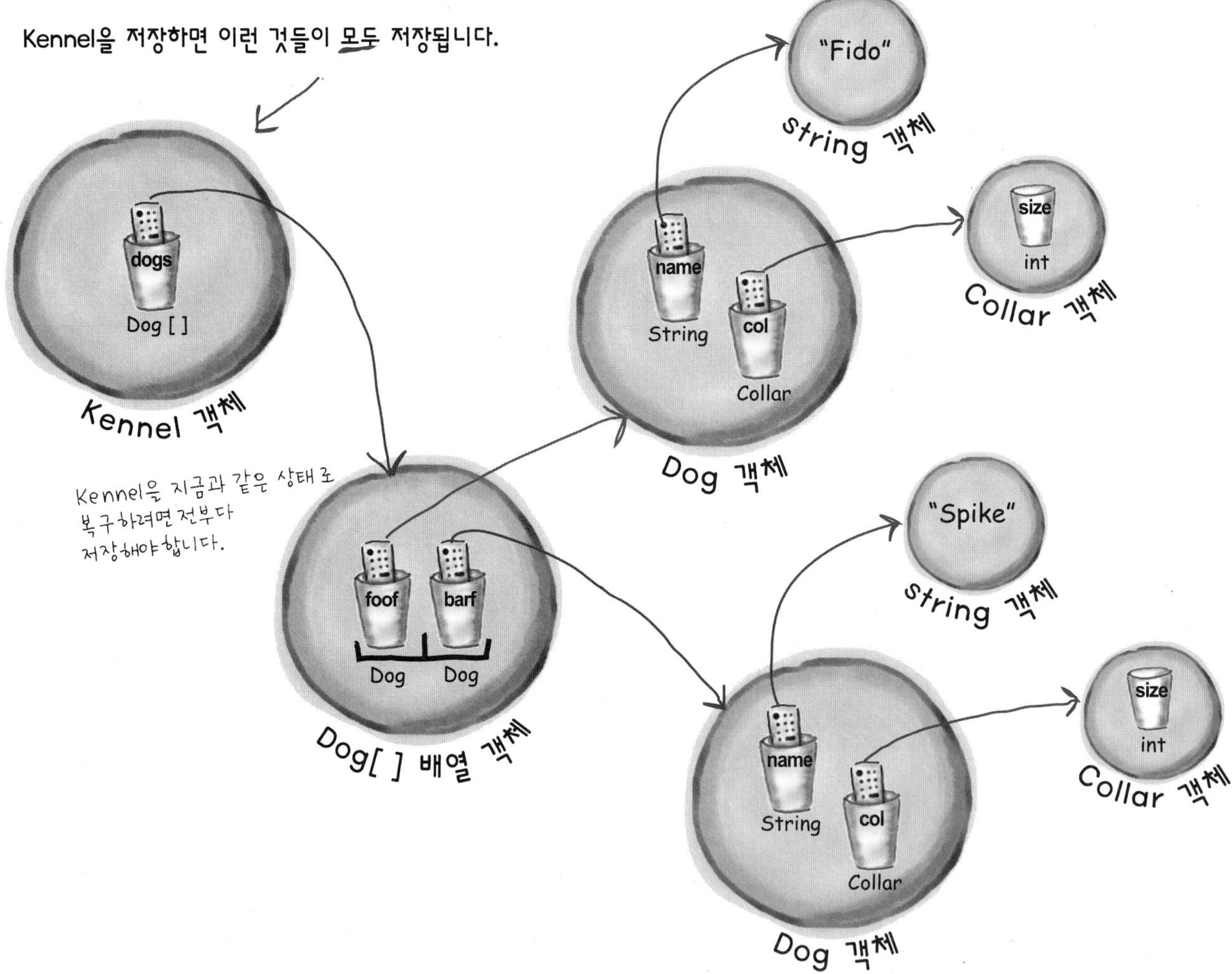

클래스를 직렬화할 수 있게 하고 싶다면
Serializable 인터페이스를 구현해야 합니다.

Serializable 인터페이스는 표지(marker) 또는 태그(tag) 인터페이스라고 부르기도 합니다. 인터페이스에 정작 구현해야 할 메소드는 하나도 없기 때문입니다. 이 인터페이스는 그 인터페이스를 구현하는 클래스가 직렬화할 수 있는 클래스라는 것을 나타내는 역할만 합니다. 즉, 그런 유형의 객체는 직렬화 메커니즘을 통해 저장할 수 있다는 것을 뜻하죠. 어떤 클래스의 상위클래스 가운데 하나라도 직렬화할 수 있는 클래스가 있다면 하위클래스를 정의할 때 implements Serializable 구문을 쓰지 않아도 자동으로 직렬화할 수 있습니다(원래 인터페이스라는 것이 이렇죠. 상위클래스가 Serializable이면 하위클래스도 마찬가지로 Serializable 클래스가 됩니다).

```java
objectOutputStream.writeObject(myBox);
```

여기에 들어가는 객체는 반드시 Serializable이어야만 합니다. 그렇지 않으면 런타임 오류가 납니다.

```java
import java.io.*;
```

Serializable이 java.io 패키지에 들어있기 때문에 이 import 문이 필요합니다.

```java
public class Box implements Serializable {
```

구현해야하는 메소드는 없지만 'implements Serializable'이라고 하면 JVM에서 이 유형의 객체는 직렬화할 수 있다는 것을 알 수 있지요.

```java
    private int width;
    private int height;
```

이 두 값이 저장됩니다.

```java
    public void setWidth(int w) {
        width = w;
    }

    public void setHeight(int h) {
        height = h;
    }

    public static void main (String[] args) {

        Box myBox = new Box();
        myBox.setWidth(50);
        myBox.setHeight(20);

        try {
            FileOutputStream fs = new FileOutputStream("foo.ser");
            ObjectOutputStream os = new ObjectOutputStream(fs);
            os.writeObject(myBox);
            os.close();
        } catch(Exception ex) {
            ex.printStackTrace();
        }
    }
}
```

입출력 부분에서 예외를 던질 수 있습니다.

"foo.ser"이라는 이름의 파일이 있으면 그 파일에 연결하고 그렇지 않으면 그 이름을 가지는 파일을 새로 만듭니다.

연결 스트림에 연쇄되는 ObjectOutputStream을 만듭니다. 그리고 나서 그 객체를 저장하라는 명령을 내립니다.

직렬화는 '모 아니면 도'입니다.

객체의 상태 중에 일부가 올바르게 저장되지 않는다면
어떻게 될지 상상하실 수 있으세요?

객체를 저장할 때 그 객체와
관련된 것들이 모두 제대로
직렬화되지 않으면 그 직렬화는
제대로 완료되지 않습니다.

Pond(연못)라는 객체가 있을 때
그 안에 있는 Duck 인스턴스
변수를 직렬화할 수 없으면(즉,
그 객체가 Serializable을 구현한
클래스에 속하지 않으면) 그
Pond 객체는 직렬화할 수
없습니다.

```java
import java.io.*;

public class Pond implements Serializable {

    private Duck duck = new Duck();

    public static void main (String[] args) {
        Pond myPond = new Pond();
        try {
            FileOutputStream fs = new FileOutputStream("Pond.ser");
            ObjectOutputStream os = new ObjectOutputStream(fs);

            os.writeObject(myPond);
            os.close();

        } catch(Exception ex) {
            ex.printStackTrace();
        }
    }
}
```

Pond 객체는 직렬화될 수
있는 것으로 선언되어 있습
니다.

Pond 클래스에는 Duck 인스턴스
변수 한 개가 있습니다.

myPond(Pond 객체)를 직렬화하려고 하면
그 Duck 인스턴스 변수는 자동으로 직렬화됩니다.

Pond 클래스의 main 메소드를 실행하려고 하면
다음과 같은 결과가 나옵니다:

```
File Edit Window Help Regret

% java Pond
java.io.NotSerializableException: Duck
        at Pond.main(Pond.java:13)
```

```java
public class Duck {
    // duck 클래스 코드
}
```

헉! Duck은 직렬화할 수 없습니다.
Duck 클래스는 Serializable을 구현
하지 않기 때문에 Pond 객체를 직렬화
하려고 하면 Pond에 들어있는 Duck
인스턴스 변수가 저장될 수 없습니다.
따라서 결국 직렬화가 되지 않습니다.

어떤 인스턴스 변수를 저장할 수 없다면 (또는 저장해선 안 된다면) 그 변수는 <u>transient</u>로 지정하면 됩니다.

직렬화하는 과정에서 어떤 인스턴스 변수를 건너뛰고 싶다면 해당 변수에
transient 키워드를 써서 표시하면 됩니다.

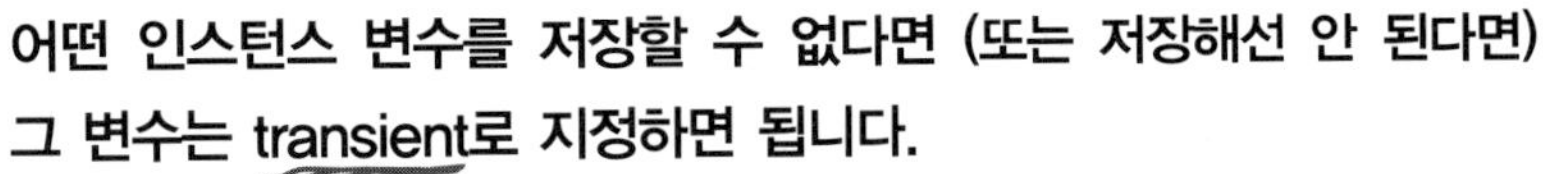


```java
import java.io.*;
class Chat implements Serializable {
    transient String currentID;

    String userName;

    // 나머지 코드
}
```

직렬화할 수 없는(Serializable이 아닌) 인스턴스 변수가 있다면 그 변수를
transient로 지정하여 직렬화 과정에서 그 변수를 건너뛰게 하면 됩니다.

그렇다면 직렬화할 수 없는 변수는 왜 직렬화할 수 없는 것일까요? 클래스를 설
계한 사람이 깜빡 잊고 Serializable을 구현하지 않았을 수도 있습니다. 아니면
객체가 실행 중에 생기는 특정 정보, 그래서 저장할 수 없는 정보에 의존하는 경
우도 있습니다. 자바 클래스 라이브러리에 있는 것은 대부분 직렬화할 수 있지
만 네트워크 연결이라든가 스레드, 파일 객체 같은 것은 저장할 수 없습니다.
모두 실행 중에 결정되는 특정 '경험' 에 의존하는 것이기 때문입니다. 바꿔 말
하자면 프로그램을 실행하는 그 시점에서만 적용할 수 있는 방법으로 인스턴스
가 만들어지거나 특정 플랫폼에서, 특정 JVM에서 만들어지기 때문입니다. 그
런 객체는 일단 프로그램이 종료되고 나면 다시 원래의 의미를 그대로 가질 수
있도록 되살리는 것이 불가능합니다. 매번 처음부터 새로 만들어야만 하는 것
이지요.

바보 같은 질문은 없습니다

Q : 직렬화가 그렇게 중요하다면 왜 모든 클래스에 기본으로 적용하지 않나요? Object 클래스에서 Serializable을 구현하면 모든 하위클래스가 자동으로 Serializable이 되지 않나요?

A : 대부분의 클래스는 Serializable을 구현하는 것이 좋고 실제로도 그 인터페이스를 구현하지만 언제나 선택의 여지는 있습니다. 그리고 클래스를 만들 때는 각 클래스마다 조건을 고려하여 Serializable을 구현하여 직렬화할 수 있도록 만들지를 결정해야 합니다. 무엇보다도 만약, 모든 클래스가 기본적으로 직렬화할 수 있도록 만들어졌다면 어떻게 직렬화할 수 있는 기능을 끌 수 있을까요? 인터페이스는 어떤 기능을 없애는 역할이 아닌 어떤 기능을 부여하는 역할을 하기 때문에 어떤 객체를 저장할 수 없다는 것을 나타내기 위해 "implements NonSerializable" 같은 식으로 해야 한다면 다형성 모형이 제대로 작동할 수 없을 것입니다.

Q : 직렬화할 수 없는 클래스를 만들 필요가 있을까요?

A : 그리 다양한 이유가 있는 것은 아니지만 예를 들자면 보안 문제 때문에 비밀번호 객체 같은 것은 저장할 수 없게 해야 할 수도 있을 것입니다. 또는 핵심 인스턴스 변수가 직렬화할 수 없는 객체기 때문에 클래스를 직렬화할 수 있게 만들어서 저장한다는 것 자체가 별로 합당하지 않은 경우도 있습니다.

Q : 사용 중인 어떤 클래스가 직렬화할 수 없는데, 직렬화할 수 없어야만 하는 이유가 딱히 없다면 (물론, 클래스를 설계한 사람이 깜빡 잊었다거나 멍청한 경우를 제외하고 말입니다) 그 '좋지 않은' 클래스의 하위클래스를 만들어서 직렬화할 수 있게 할 수 있을까요?

A : 예, 그렇습니다. 그 클래스를 확장할 수만 있다면 (즉, final로 선언되지 않은 클래스라면) 직렬화할 수 있는 하위클래스를 만들고 상위클래스 유형대신 새로 만든 직렬화할 수 있는 하위클래스를 사용하면 됩니다(다형성 덕분에 이런 것이 가능하죠). 그러면 결국 다른 궁금증이 생길 것 같군요. 상위클래스를 직렬화할 수 없다는 것이 과연 무엇을 의미할까요?

Q : 앞에 있는 대답에서도 제기됐지만, 직렬화할 수 없는 상위클래스로부터 직렬화할 수 있는 하위클래스를 만든다는 것은 무엇을 의미할까요?

A : 일단 클래스를 복구했을 때 어떤 일이 일어나는지 생각해봐야 합니다(앞으로 몇 페이지에 걸쳐서 그와 관련된 내용을 알아볼 것입니다). 간단하게 말하자면 어떤 객체를 복구할 때 그 상위클래스가 직렬화할 수 없는 클래스라면 그 유형의 새로운 객체가 생성될 때와 마찬가지로 상위클래스 생성자가 실행될 것입니다. 어떤 클래스가 직렬화되지 말아야 할 합당한 이유가 없다면 직렬화할 수 있는 하위클래스를 만드는 것이 상당히 좋은 해결책이 될 수 있습니다.

Q : 아, 뭔가 중요한 게 떠올랐습니다. 어떤 변수를 transient로 지정하면 그 변수값은 직렬화할 때 건너뛰게 되지 않습니까? 그러면 그 변수는 어떻게 되나요? 직렬화할 수 없는 인스턴스 변수가 있는 경우에 그 변수를 transient로 지정해서 그 문제를 해결하는데, 객체를 다시 원상태로 복구했을 때 transient로 지정했던 그 인스턴스 변수도 다시 필요한 것 아닌가요? 직렬화라는 게 원래 객체의 상태를 그대로 보존하기 위한 것이잖아요.

A : 예. 중요한 문제입니다. 하지만 다행히도 해결책은 있습니다. 어떤 객체를 직렬화하면 transient로 지정된 레퍼런스 인스턴스 변수값은 저장할 당시의 값하고는 상관없이 무조건 널(null)이 됩니다. 즉 그 인스턴스 변수와 연관되었던 다른 객체나 변수는 모두 저장이 되지 않습니다. 물론, 그 변수에 null이 아닌 값이 들어있어야 하는 경우도 있으므로 이런 결과가 좋지 않은 경우도 있습니다.

이런 경우에는 크게 두 가지 해결책이 있습니다.

1) 객체를 복구할 때 널 인스턴스 변수를 어떤 기본 상태로 되돌립니다. 복구된 객체가 transient 변수의 특정 값에 의존하지 않을 때는 이런 방법을 사용하면 됩니다. 즉, Dog에 Collar가 있어야 하는 것은 중요할 수 있지만 모든 Collar 객체가 똑같다거나 하는 이유로 인해 부활한 Dog에 새로운 Collar를 부여하더라도 아무도 그 차이를 깨닫지 못한다면 그냥 어떤 기본값을 할당하는 방법을 쓸 수 있겠죠.

2) transient 변수값이 중요하다면(예를 들어, transient로 지정된 Collar 객체의 색과 디자인이 각 Dog 객체마다 다르다면) Collar에서 핵심적인 역할을 하는 값을 저장한 다음 나중에 Dog 객체가 복구되었을 때 그 값을 이용하여 원래 Collar 객체와 똑같은 Collar 객체를 새로 만들면 됩니다.

Q : 어떤 객체와 연관된 객체 중에 두 개의 객체가 똑같다면 어떻게 되나요? 예를 들어, Kennel 객체에 서로 다른 Cat 객체 두 개가 들어있는데, 그 두 Cat 객체에는 똑같은 Owner 객체에 대한 레퍼런스가 있다면 어떻게 되나요? 그 Owner는 두 번 저장되나요? 그렇지 않았으면 좋겠는데요.

A : 좋은 질문입니다. 직렬화할 때는 어떤 객체와 연관된 객체 중에 똑같은 객체가 있는 경우에 그런 상황을 똑똑하게 잘 처리합니다. 그런 경우에는 그 중 하나만 저장되고 나중에 복구할 때는 다시 그 객체 하나에 대한 레퍼런스로 복구됩니다.

역직렬화: 객체 복구

어떤 객체를 직렬화하는 것과 관련된 가장 중요한 점은 나중에 JVM을 다시 실행시킬 때, 또는 아예 다른 JVM에서 실행시킬 때에도 원래의 상태로 되돌릴 수 있어야 한다는 점입니다. 역직렬화(deserialization)는 직렬화를 뒤집어놓은 것과 비슷합니다.

① **FileInputStream**을 만듭니다.

```
FileInputStream fileStream = new FileInputStream("MyGame.ser");
```

"MyGame.ser"이라는 파일이 없으면 예외가 발생됩니다.

FileInputStream 객체를 만듭니다. FileInputStream은 기존의 파일에 연결할 수 있습니다.

② **ObjectInputStream**을 만듭니다.

```
ObjectInputStream os = new ObjectInputStream(fileStream);
```

ObjectInputStream은 객체를 읽게 해 주지만 파일에 직접 연결할 수는 없습니다. 반드시 연결 스트림에 연쇄되어야 하는데, 이 경우에는 FileInputStream에 연쇄시키면 됩니다.

③ 객체를 **읽습니다.**

```
Object one = os.readObject();
Object two = os.readObject();
Object three = os.readObject();
```

readObject()를 호출하면 그 스트림의 다음 객체를 받아 올 수 있습니다. 따라서 처음에 저장된 순서 그대로 가져올 수 있습니다. 하지만 저장한 횟수보다 더 많이 가져오려고 하면 예외가 발생됩니다.

④ 객체를 **캐스트합니다.**

```
GameCharacter elf = (GameCharacter) one;
GameCharacter troll = (GameCharacter) two;
GameCharacter magician = (GameCharacter) three;
```

readObject()의 리턴값은 Object 유형입니다(ArrayList와 마찬가지죠). 따라서 우리가 알고 있는 원래 유형으로 다시 캐스트해야 합니다.

⑤ **ObjectInputStream**을 **닫습니다.**

```
os.close();
```

맨 위에 있는 스트림을 닫으면 그 밑에 있는 것도 같이 닫히기 때문에 FileInputStream(그리고 그 파일)도 자동으로 닫힙니다.

역직렬화할 때는 어떤 일이 일어날까요?

객체를 역직렬화할 때 JVM은 직렬화되었던 객체가 직렬화 당시에 가지고 있던 것과 똑같은
상태를 가지는 객체를 힙 안에 새로 만들려는 시도를 하게 됩니다. 널(객체 레퍼런스인 경우)
또는 기본 원시값을 가지게 되는 transient로 지정된 변수를 제외하면 말이죠.

❶ 스트림으로부터 객체를 **읽어옵니다.**

❷ JVM에서 (직렬화된 객체와 함께 저장된 정보를
통해) 객체의 클래스 유형을 **결정합니다.**

❸ JVM에서 객체의 클래스를 찾아서 불러오려는
시도를 합니다. 클래스를 찾거나 불러오는 데
실패한다면 JVM에서는 예외를 던지고 역직렬
화는 실패합니다.

❹ 새로운 객체는 힙에 공간을 할당받지만 **직렬화
된 객체의 생성자는 실행되지 않습니다.** 생
성자가 실행된다면 객체의 상태가 원래 '새로
운' 객체의 상태로 돌아갈 텐데, 그러면 안 되
니까요. 힙에 만들어지는 객체는 처음 생성될
때의 상태가 아닌 직렬화되었을 때의 상태로
되돌아가야 하니까요.

❺ **객체의 상속 트리에서 그 위 어딘가에 직렬화할 수 없는 클래스가 있다면 그 직렬화할 수 없는 클래스의 생성자가 실행됩니다**(그리고 그 클래스의 상위클래스의 생성자도 줄줄이 실행되겠죠? 그 클래스의 상위클래스를 직렬화할 수 있는 경우에도 마찬가지입니다). 일단 생성자 연쇄 호출이 시작되고 나면 멈출 수가 없기 때문에 가장 가까운 직렬화할 수 없는 클래스부터 시작해서 그 위로 있는 모든 상위클래스의 생성자에서 상태를 새로 초기화하게 됩니다.

❻ **객체의 인스턴스 변수에 직렬화된 상태값이 대입됩니다.** transient로 지정된 변수는 객체 레퍼런스인 경우에는 null이, 원시 변수인 경우에는 기본값(0, false 등)이 주어집니다.

바보 같은 질문은 없습니다

Q : 왜 클래스도 객체와 함께 저장되지 않나요? 그렇게 하면 "클래스를 찾을 수 있는가?"하는 문제에 신경을 쓰지 않아도 되지 않을까요?

A : 물론, 직렬화 과정을 그런 식으로 만들었을 수도 있습니다. 하지만 그런 방법을 쓰면 낭비되는 공간과 과부하가 너무 큽니다. 물론, 용량이 늘어나는 것이 직렬화를 써서 로컬 하드 드라이브에 파일로 저장할 때는 큰 문제가 되지 않을 수도 있지만 직렬화 기법은 네트워크 연결을 통해 객체를 보낼 때도 쓰입니다. 만약, 직렬화된 객체마다 클래스가 들어가야 한다면 네트워크 대역폭 문제가 상당히 커질 수도 있습니다.

하지만 네트워크를 통해 전송하기 위해 직렬화된 객체의 경우에는 직렬화된 객체에 그 객체의 클래스를 찾을 수 있는 URL을 기록해둘 수 있습니다. 이 방법은 자바의 원격 메소드 호출(RMI, Remote Method Invocation) 기법에서 쓰이는데, 예를 들어, 직렬화된 객체를 메소드 인자로 전달하거나 할 때 그 호출을 받는 JVM에 해당 클래스가 없으면 그 URL을 이용하여 자동으로 네트워크를 통해 클래스를 가져올 수 있습니다(RMI에 대한 내용은 18장에서 알아보겠습니다).

Q : 정적 변수는요? 정적 변수도 직렬화되나요?

A : 아닙니다. '정적'이라는 것은 '객체마다 하나씩'이 아닌 '클래스마다 하나씩'을 의미한다고 했죠? 그러니까 정적 변수는 저장되지 않고 객체를 역직렬화할 때 현재 정적 변수에 들어있는 값을 받게 되지요. 따라서 직렬화할 수 있는 객체를 만들 때는 동적으로 바뀔 수 있는 정적 변수에 의존하지 않게 만들어야 합니다. 객체를 복구했을 때 원래 값과 다른 값을 가지게 되면 곤란하니까요.

게임 캐릭터 저장 및 불러오기

```java
import java.io.*;

public class GameSaverTest {
    public static void main(String[] args) {
        GameCharacter one = new GameCharacter(50, "Elf", new String[] {"bow", "sword", "dust"});
        GameCharacter two = new GameCharacter(200, "Troll", new String[] {"bare hands", "big ax"});
        GameCharacter three = new GameCharacter(120, "Magician", new String[] {"spells", "invisibility"});

        // 캐릭터를 가지고 캐릭터의 상태 값을 바꿔줄 만한 작업을 하는 코드가 있다고 생각해 보세요.

        try {
            ObjectOutputStream os = new ObjectOutputStream(new FileOutputStream("Game.ser"));
            os.writeObject(one);
            os.writeObject(two);
            os.writeObject(three);
            os.close();
        } catch(IOException ex) {
            ex.printStackTrace();
        }
        one = null;
        two = null;
        three = null;

        try {
            ObjectInputStream is = new ObjectInputStream(new FileInputStream("Game.ser"));
            GameCharacter oneRestore = (GameCharacter) is.readObject();
            GameCharacter twoRestore = (GameCharacter) is.readObject();
            GameCharacter threeRestore = (GameCharacter) is.readObject();

            System.out.println("One's type: " + oneRestore.getType());
            System.out.println("Two's type: " + twoRestore.getType());
            System.out.println("Three's type: " + threeRestore.getType());
        } catch(Exception ex) {
            ex.printStackTrace();
        }
    }
}
```

몇 가지 캐릭터를 만듭니다.

null로 설정하면 힙에 있는 객체에 접근할 수 없습니다.

파일로부터 다시 읽어들입니다...

제대로 읽었는지 확인합니다.

```
File Edit  Window Help Resuscitate
% java GameSaver

One's type: Elf

Two's type: Troll

Three's type: Magician
```

GameCharacter 클래스

```java
import java.io.*;

public class GameCharacter implements Serializable {
    int power;
    String type;
    String[] weapons;

    public GameCharacter(int p, String t, String[] w) {
        power = p;
        type = t;
        weapons = w;
    }

    public int getPower() {
      return power;
    }

    public String getType() {
        return type;
    }

    public String getWeapons() {
        String weaponList = "";

        for (int i = 0; i < weapons.length; i++) {
            weaponList += weapons[i] + " ";
        }
        return weaponList;
    }
}
```

여기에는 실제 게임에 필요한 내용은 없습니다. 그냥 직렬화를 테스트해보기 위한 기본적인 내용만 들어있죠. 혹시 관심 있으시면 필요한 코드를 추가해서 게임 비스 무례하게 만들어 보세요.

객체 직렬화

핵심정리

- 객체를 직렬화하면 객체의 상태를 저장할 수 있습니다.

- 객체를 직렬화하려면 ObjectOutputStream(java.io 패키지에 들어있습니다) 이 필요합니다.

- 스트림에는 연결 스트림과 연쇄 스트림이 있습니다.

- 연결 스트림은 출발지나 목적지(보통 파일, 네트워크 소켓 연결, 콘솔 등)에 대한 연결을 나타냅니다.

- 연쇄 스트림은 출발지 또는 목적지에 연결할 수 없기 때문에 반드시 연결 스트림 또는 다른 스트림에 연쇄되어야 합니다.

- 객체를 직렬화해서 파일로 저장하고 싶다면 FileOutput Stream을 만들고 그 스트림에 ObjectOutput Stream을 연쇄시키면 됩니다.

- 객체를 직렬화할 때는 ObjectOutputStream의 writeObject(theObject) 메소드를 호출하면 됩니다. FileOutputStream에 있는 메소드는 호출할 필요가 없습니다.

- Serializable 인터페이스를 구현한 객체만 직렬화할 수 있습니다. 어떤 클래스의 상위클래스 중에 Serializable을 구현하는 클래스가 있다면 선언할 때 implements Serializable이라고 쓰지 않아도 자동으로 직렬화할 수 있는 클래스가 됩니다.

- 객체가 직렬화되면 그 객체와 연관된 모든 객체가 직렬화됩니다. 즉 직렬화된 객체의 인스턴스 변수에 의해 참조된 객체들도 모두 직렬화되고, 그 객체들에서 참조하는 객체들도 모두 직렬화되고... 이런 식으로 모든 연관된 것들이 직렬화됩니다.

- 연관된 객체 중에 직렬화할 수 없는 것이 하나라도 있으면 직렬화 과정에서 그 인스턴스 변수를 건너뛰지 않는 이상 실행 중에 예외가 던져집니다.

- 직렬화할 때 어떤 인스턴스 변수를 건너뛰고 싶다면 transient 키워드를 사용하면 됩니다. 그 변수는 나중에 복구될 때 널(객체 레퍼런스인 경우) 또는 기본값(원시 변수인 경우)을 할당 받게 됩니다.

- 역직렬화를 할 때는 그 JVM에서 해당 객체와 연관된 모든 객체의 클래스를 사용할 수 있어야만 합니다.

- 객체를 읽을 때는 (readObject( ) 사용) 처음에 객체를 저장한 것과 같은 순서로 읽어오게 됩니다.

- readObject( )의 리턴 유형은 Object므로 역직렬화 과정에서 원래 유형으로 캐스트해야 합니다.

- 정적 변수는 직렬화되지 않습니다. 정적 변수값은 한 유형에 속하는 모든 객체들이 클래스에 들어있는 단 한 개 뿐인 값을 공유하기 때문에 특정 객체 상태의 일부로 저장할 이유가 전혀 없습니다.

String을 텍스트 파일에 저장하는 방법

같은 자바 프로그램에서 사용할 목적으로 데이터를 저장하고 다시 불러오는 데는 직렬화를 통해 객체를 저장하는 방법이 가장 쉬운 방법입니다. 하지만 자바 프로그램을 만들 때 다른 프로그램(자바로 만들지 않은 프로그램)에서도 읽을 수 있도록 데이터를 일반 텍스트 파일로 저장해야 하는 경우도 있겠죠? 예를 들어, 서블릿(웹 서버에서 돌아가는 자바 코드)에서 사용자가 브라우저에 입력한 폼 데이터를 받은 다음 그 내용을 누군가가 스프레드시트로 읽어서 분석하거나 할 수 있게 하도록 텍스트 파일에 저장해야 하는 경우를 생각할 수 있을 것입니다.

텍스트 데이터(String 객체)를 저장하는 것은 객체를 저장하는 것과 비슷합니다. 다만 객체 대신 String을 저장하고 FileOutputStream 대신 FileWriter를 쓴다는 점이 다를 뿐입니다(그리고 ObjectOutputStream에 연쇄시키지 않아도 됩니다).

게임 캐릭터 데이터를
일반 텍스트 파일로 저장한 결과

```
50,Elf,bow,sword,dust
200,Troll,bare hands,big ax
120,Magician,spells,invisibility
```

직렬화된 객체를 저장하는 방법:

```java
objectOutputStream.writeObject(someObject);
```

String을 저장하는 방법:

```java
fileWriter.write("My first String to save");
```

```java
import java.io.*;     // FileWriter를 쓰려면 java.io 패키지가 필요합니다.

class WriteAFile {
    public static void main (String[] args) {

        try {
            FileWriter writer = new FileWriter("Foo.txt");     // "Foo.txt"라는 파일이 없으면 FileWriter에서 새로 만듭니다.

            writer.write("hello foo!");     // write() 메소드는 String을 인자로 받아들입니다.

            writer.close();     // 작업이 끝나면 닫습니다.

        } catch(IOException ex) {
            ex.printStackTrace();
        }
    }
}
```

입출력 관련 코드는 모두 try/catch 블록 안에 집어넣어야합니다. IO Exception을 던질 수 있으니까요.

텍스트 파일 예제: 암기장

학창시절에 사용하던 암기장을 기억하시나요? 한 쪽에는 문제가, 다른 한 쪽에는 답이 적혀있던 종이 말입니다. 그런 암기장은 뭔가를 이해하기 위한 용도로는 그리 도움이 되지 않지만 달달 외우는 데 있어서는 꽤 쓸만하죠.

여기에서는 클래스 세 개로 이뤄진 전자식 암기장을 만들어보겠습니다.

1) **QuizCardBuilder**: 암기장을 만들고 저장하기 위한 간단한 도구

2) **QuizCardPlayer**: 암기장을 불러와서 사용자에게 질문을 해 주는 클래스

3) **QuizCard**: 카드 데이터를 나타내는 간단한 클래스. 여기서는
QuizCardBuilder와 QuizCardPlayer 클래스만 만들겠습니다.
QuizCard 클래스는 오른쪽에 있는 다이어그램을 바탕으로
여러분이 직접 만들어보세요.

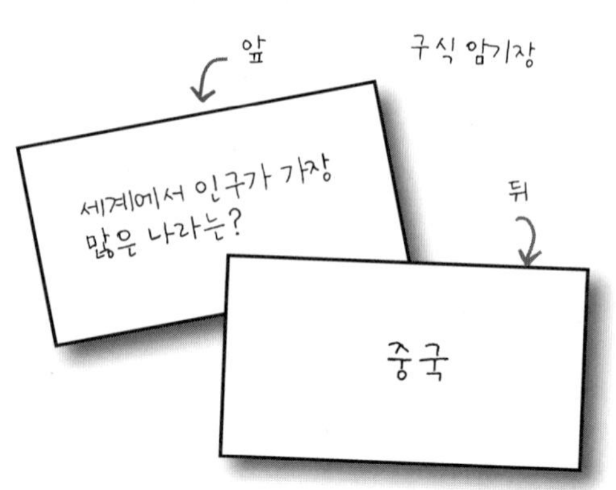

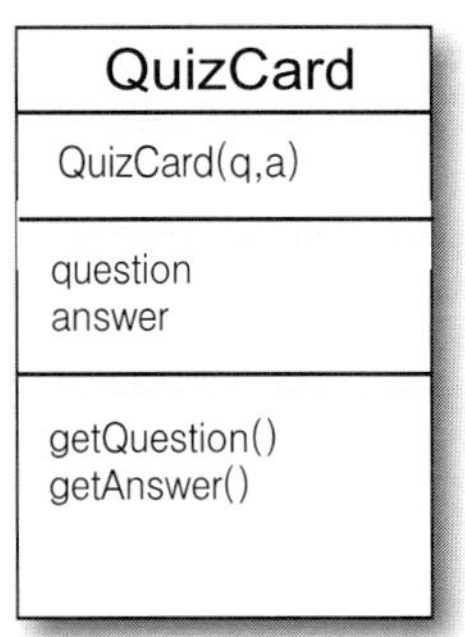

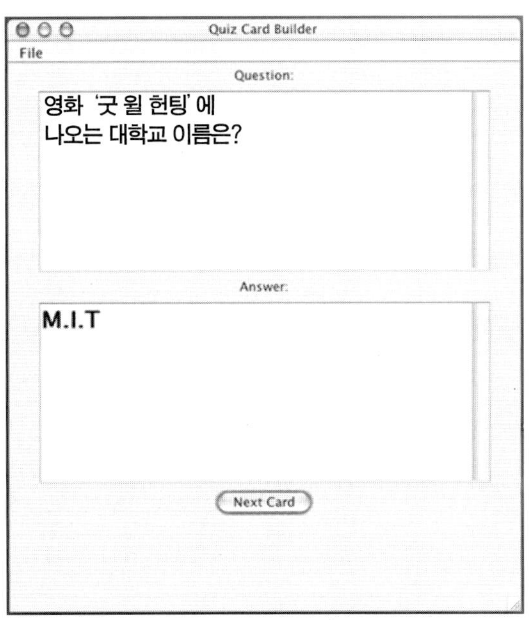

QuizCardBuilder

File 메뉴가 있고, 그 메뉴에는 현재 암기장 텍스트
파일로 저장하기 위한 'Save' 옵션이 있습니다.

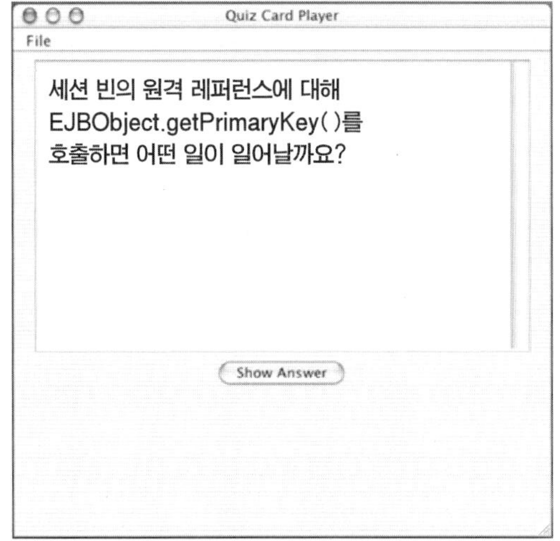

QuizCardPlayer

File 메뉴에 텍스트 파일에서 암기장을
불러오기 위한 'Load' 옵션이 있습니다.

QuizCardBuilder(코드 개요)

```
public class QuizCardBuilder {

    public void go() {
        // GUI를 만들고 화면에 표시
    }
```

이벤트 리스너를 만들고 등록하는 과정을 포함한, GUI를 만들고 화면에 표시하는 작업을 처리합니다.

내부 클래스
```
    public class NextCardListener implements ActionListener {
        public void actionPerformed(ActionEvent ev) {
            // 현재 카드를 목록에 추가하고 텍스트 영역을 지움
        }
    }
```

사용자가 'Next Card' 버튼을 클릭했을 때 실행됩니다. 즉, 사용자가 방금 입력한 카드를 목록에 저장하고 다음 카드를 만들려고 할 때 실행됩니다.

내부 클래스
```
    public class SaveMenuListener implements ActionListener {
        public void actionPerformed(ActionEvent ev) {
            // 파일 대화상자를 열고
            // 파일명을 정한 다음 저장함
        }
    }
```

사용자가 File 메뉴에서 'Save'를 선택했을 때, 즉 현재 목록에 있는 카드를 한꺼번에 저장하려고 할 때 실행됩니다(양자역학, 영화퀴즈, 자바 규칙 퀴즈 같은 식으로 묶을 수 있겠죠?).

내부 클래스
```
    public class NewMenuListener implements ActionListener {
        public void actionPerformed(ActionEvent ev) {
            // 카드 목록을 비우고 텍스트 영역을 지움
        }
    }
```

사용자가 File 메뉴에서 'New'를 선택했을 때, 즉 완전히 새로운 카드 세트를 시작하려고 할 때 실행됩니다(따라서 카드 목록과 텍스트 영역을 모두 비웁니다).

```
    private void saveFile(File file) {
        // 카드 목록을 순환하면서 각 내용을 나중에 파싱할 수 있는
        // 방식으로 파일에 저장함(각 부분이 확실히 구분되도록 저장)
    }
}
```

SaveMenuListener에 의해 호출되며 파일에 내용을 저장하는 작업을 처리합니다.

```java
import java.util.*;
import java.awt.event.*;
import javax.swing.*;
import java.awt.*;
import java.io.*;

public class QuizCardBuilder {

    private JTextArea question;
    private JTextArea answer;
    private ArrayList<QuizCard> cardList;
    private JFrame frame;


    public static void main (String[] args) {
        QuizCardBuilder builder = new QuizCardBuilder();
        builder.go();
    }


    public void go() {
        // GUI를 만드는 코드

        frame = new JFrame("Quiz Card Builder");
        JPanel mainPanel = new JPanel();
        Font bigFont = new Font("sanserif", Font.BOLD, 24);
        question = new JTextArea(6,20);
        question.setLineWrap(true);
        question.setWrapStyleWord(true);
        question.setFont(bigFont);

        JScrollPane qScroller = new JScrollPane(question);
        qScroller.setVerticalScrollBarPolicy(ScrollPaneConstants.VERTICAL_SCROLLBAR_ALWAYS);
        qScroller.setHorizontalScrollBarPolicy(ScrollPaneConstants.HORIZONTAL_SCROLLBAR_NEVER);

        answer = new JTextArea(6,20);
        answer.setLineWrap(true);
        answer.setWrapStyleWord(true);
        answer.setFont(bigFont);

        JScrollPane aScroller = new JScrollPane(answer);
        aScroller.setVerticalScrollBarPolicy(ScrollPaneConstants.VERTICAL_SCROLLBAR_ALWAYS);
        aScroller.setHorizontalScrollBarPolicy(ScrollPaneConstants.HORIZONTAL_SCROLLBAR_NEVER);

        JButton nextButton = new JButton("Next Card");

        cardList = new ArrayList<QuizCard>();

        JLabel qLabel = new JLabel("Question:");
        JLabel aLabel = new JLabel("Answer:");

        mainPanel.add(qLabel);
        mainPanel.add(qScroller);
        mainPanel.add(aLabel);
        mainPanel.add(aScroller);
        mainPanel.add(nextButton);
        nextButton.addActionListener(new NextCardListener());
        JMenuBar menuBar = new JMenuBar();
        JMenu fileMenu = new JMenu("File");
        JMenuItem newMenuItem = new JMenuItem("New");
```

여기는 그냥 GUI 코드입니다. 별로 특별한 내용은 없지만 MenuBar, Menu, MenuItem과 관련된 코드는 한번 살펴보세요.

```java
        JMenuItem saveMenuItem = new JMenuItem("Save");
        newMenuItem.addActionListener(new NewMenuListener());

        saveMenuItem.addActionListener(new SaveMenuListener());
        fileMenu.add(newMenuItem);
        fileMenu.add(saveMenuItem);
        menuBar.add(fileMenu);
        frame.setJMenuBar(menuBar);
        frame.getContentPane().add(BorderLayout.CENTER, mainPanel);
        frame.setSize(500,600);
        frame.setVisible(true);
    }

    public class NextCardListener implements ActionListener {
        public void actionPerformed(ActionEvent ev) {

            QuizCard card = new QuizCard(question.getText(), answer.getText());
            cardList.add(card);
            clearCard();
        }
    }

    public class SaveMenuListener implements ActionListener {
        public void actionPerformed(ActionEvent ev) {
            QuizCard card = new QuizCard(question.getText(), answer.getText());
            cardList.add(card);

            JFileChooser fileSave = new JFileChooser();
            fileSave.showSaveDialog(frame);
            saveFile(fileSave.getSelectedFile());
        }
    }

    public class NewMenuListener implements ActionListener {
        public void actionPerformed(ActionEvent ev) {
            cardList.clear();
            clearCard();
        }
    }

    private void clearCard() {
        question.setText("");
        answer.setText("");
        question.requestFocus();
    }

    private void saveFile(File file) {
      try {
        BufferedWriter writer = new BufferedWriter(new FileWriter(file));

        for(QuizCard card:cardList) {
            writer.write(card.getQuestion() + "/");
            writer.write(card.getAnswer() + "\n");
        }
        writer.close();

      } catch(IOException ex) {
          System.out.println("couldn't write the cardList out");
          ex.printStackTrace();
      }
    }
}
```

메뉴막대를 만들고 File 메뉴를 만들고 그 File 메뉴에 'New'와 'Save' 메뉴 항목을 집어넣습니다. 그리고 그 메뉴를 메뉴 막대에 추가하고 프레임에 그 메뉴막대를 사용하라는 명령을 내립니다. 메뉴 아이템에서는 ActionEvent를 발생시킬 수 있습니다.

파일 대화상자를 불러오고 사용자가 대화상자에서 'Save'를 선택할 때까지 이 행에서 대기합니다. 파일 선택과 같이 파일 대화상자에서 진행되는 여러 작업은 JFileChooser가 처리해줍니다. 정말 쉽죠?

실제 파일에 대한 쓰기 작업을 처리하는 메소드입니다. (SaveMenuListener의 이벤트 핸들러에서 이 메소드를 호출합니다.) 이 메소드에 대한 인자는 사용자가 저장하고자 하는 'File' 객체입니다. File 클래스에 대한 내용은 다음 페이지에서 살펴보겠습니다.

쓰기 작업을 더 효율적으로 진행하기 위해 BufferedWriter를 새로운 FileWriter에 연결시킵니다. (이와 관련된 내용은 몇 페이지 뒤에서 알아보겠습니다.)

카드 내용이 저장된 ArrayList를 전부 훑어보면서 한 행에 한 카드씩, 질문과 정답은 '/'로 구분하고 맨 뒤에는 개행문자('\n')를 추가하여 저장합니다.

java.io.File 클래스

java.io.File 클래스는 디스크에 있는 파일을 나타내지만 파일에 들어있는
내용을 나타내는 것은 아닙니다. 즉 File 객체는 실제 파일의 내용을 나타
낸다기보다는 파일(또는 디렉토리)의 경로명과 비슷한 것으로 생각할 수
있습니다. File 클래스에는 읽기나 쓰기 같은 작업을 하는 메소드는 없습
니다. 대신 File 객체를 사용하면 String 파일명을 사용하는 경우에 비해
훨씬 안전하게 파일을 표현할 수 있습니다. 예를 들어, 생성자에서 String
으로 된 파일명을 받아들이는 클래스(FileWriter, FileInputStream 등)에
서는 대부분 File 객체를 대신 받아들일 수 있습니다. 즉, File 객체를 만
들고 경로명이 올바른지 등을 확인한 다음 FileWriter 또는 FileInputStream
등의 객체에 그 File 객체를 전달해도 됩니다.

File 객체는 디스크에 있는 파일이나
디렉토리의 이름과 경로를 나타냅니다.
예를 들면 다음과 같은 것을 나타낼 수
있습니다.

/Users/Kathy/Data/GameFile.txt

하지만 그 파일에 들어있는 데이터를
나타낸다거나 그 데이터에 접근할 수 있게
해 주는 것은 아닙니다.

File 객체로 할 수 있는 작업의 예:

① 이미 존재하는 파일을 나타내는 File 객체를 만듭니다.
```java
File f = new File("MyCode.txt");
```

② 새로운 디렉토리를 만듭니다.
```java
File dir = new File("Chapter7");
dir.mkdir();
```

③ 디렉토리에 들어있는 내용의 목록을 출력합니다.
```java
if (dir.isDirectory()) {
    String[] dirContents = dir.list();
    for (int i = 0; i < dirContents.length; i++) {
        System.out.println(dirContents[i]);
    }
}
```

④ 파일 또는 디렉토리의 절대 경로명을 구합니다.
```java
System.out.println(dir.getAbsolutePath());
```

⑤ 파일 또는 디렉토리를 삭제합니다(성공한 경우에는 true를 리턴합니다).
```java
boolean isDeleted = f.delete();
```

주소와 실제 그 주소가
나타내는 집이 같은 것은
아니죠. File 객체는
주소와 마찬가지라고
보면 됩니다. 특정 파일의
이름과 위치를 나타낼 뿐,
실제 파일 자체를 나타내
는 것은 아닙니다.

"GameFile.txt"라는 파일명을
나타내는 File 객체입니다.

GameFile.txt

```
50,Elf,bow,sword,dust
200,Troll,bare hands,big ax
120,Magician,spells,invisibility
```

File 객체는 그 파일
안에 들어있는 데이터를
나타낸다거나
그러한 데이터를 직접
접근할 수 있게 해 주는
것이 아닙니다.

버퍼의 미학

버퍼없이 프로그래밍을 하는 것은 마치 쇼핑 카트 없이 쇼핑하는 것과 비슷할 것입니다. 쇼핑 카트가 없으면 물건을 한 번에 하나씩(참치 캔 한 개 옮기고, 다시 돌아가서 휴지 한 개 옮기고 하는 식으로) 자동차로 옮겨야 하겠죠.

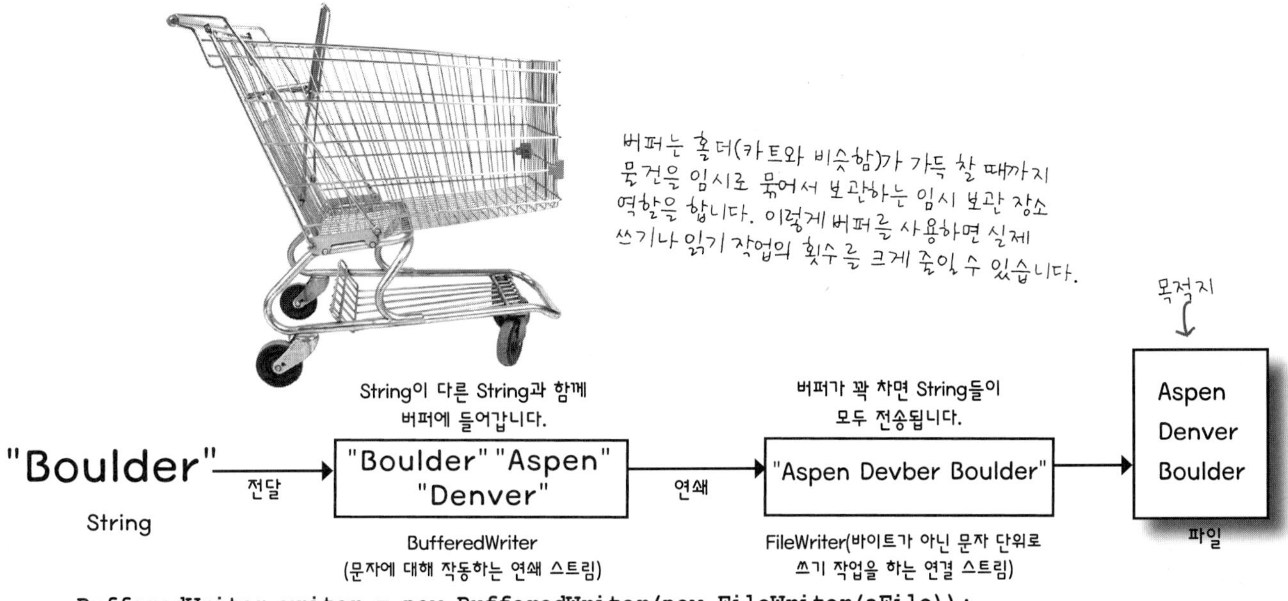


```
BufferedWriter writer = new BufferedWriter(new FileWriter(aFile));
```


FileWriter 객체에 대한 레퍼런스를 따로 저장할 필요가 없습니다. 메소드를 호출할 때는 항상 BufferedWriter를 사용하고, 나중에 스트림을 닫을 때도 BufferedWriter만 닫으면 연쇄되어있는 다른 스트림도 자동으로 닫히기 때문에 그냥 BufferedWriter 스트림에만 신경을 쓰면 됩니다.

버퍼의 가장 큰 장점은 버퍼를 쓰지 않을 때에 비해 훨씬 더 효율적이라는 것입니다. FileWriter만 가지고도 write(someString) 같은 식으로 메소드를 호출하여 파일에 대해 쓰기 작업을 할 수 있지만 매번 문자열을 전달할 때마다 파일에 대해 쓰기 작업을 해야 합니다. 하지만 그런 과부하를 원하는 프로그래머는 별로 없을 것입니다. 메모리 내에서의 데이터 조작에 비하면 디스크에 기록하는 작업은 엄청나게 느리기 때문이죠. FileWriter에 BufferedWriter를 연쇄시키면 BufferedWriter의 버퍼가 꽉 찰 때까지 기다리게 됩니다. 따라서 버퍼가 꽉 찬 후에만 FileWriter에서 디스크에 있는 파일로의 쓰기 작업이 진행됩니다.

버퍼가 꽉 차기 전에 데이터를 보내고 싶은 경우에도 방법은 있습니다. 그냥 강제로 보내면 됩니다. writer.flush()를 호출하면 "버퍼에 어떤 내용이 들어있든 상관없이 지금 당장 보내라"라는 명령을 내릴 수 있습니다.

텍스트 파일을 읽는 방법

파일로부터 텍스트를 읽는 방법은 간단합니다. 여기서는 파일을 나타내는 File 객체와 읽기 작업을 처리하는 FileReader 객체, 읽기 작업의 효율을 향상시키기 위한 BufferedReader를 이용하겠습니다.

읽기 작업은 while 순환문에서 한 번에 한 행씩 읽어 들이는 식으로 진행됩니다. 그리고 readLine( )에서 null을 리턴하면 순환문이 끝납니다. 이런 방법은 읽기 작업을 할 때 가장 흔하게 쓰이는 방법입니다(직렬화된 객체가 아닌 것을 읽을 때는 말이죠). while 순환문에서(정확하게 말하자면 while의 테스트 구문에서) 읽기 작업을 하고 더 이상 읽어올 것이 없으면(읽기 메소드에서 null을 리턴하면) 작업을 끝내죠.

MyText.txt

import java.io.* 선언문을 잊지 마세요.

```java
import java.io.*;

class ReadAFile {
    public static void main (String[] args) {

        try {
            File myFile = new File("MyText.txt");
            FileReader fileReader = new FileReader(myFile);

            BufferedReader reader = new BufferedReader(fileReader);


            String line = null;

            while ((line = reader.readLine()) != null) {
                System.out.println(line);
            }
            reader.close();

        } catch(Exception ex) {
            ex.printStackTrace();
        }
    }
}
```

FileReader는 텍스트 파일로 연결되는 문자를 위한 연결 스트림입니다.

행을 읽어 올 때마다 각 행을 저장하기 위한 String 변수를 만듭니다.

읽기 작업의 효율을 향상 시키기 위해 FileReader를 BufferedReader에 연쇄시킵니다(프로그램에서 버퍼에 들어있는 내용을 모두 읽어서). 버퍼가 비워진 후에만 실제로 파일을 읽어오는 작업을 합니다.

텍스트 한 행을 읽은 다음 그 행을 line이라는 String 변수에 저장하는 부분입니다. 대상 변수가 null이 아니면 (뭔가 읽을 것이 있으면 null이 아니게 되겠죠?) 방금 읽어온 것을 출력합니다. 아니면 "읽을 행이 아직 남아있으면 읽어온 다음 출력하라"는 명령으로 이해해도 됩니다.

QuizCardPlayer(코드 개요)

```
public class QuizCardPlayer {

    public void go() {
        // GUI를 만들고 화면에 출력합니다.
    }

    public class NextCardListener implements ActionListener {
        public void actionPerformed(ActionEvent ev) {
            // 질문이면 답을 보여주고, 그렇지 않다면 다음 질문을 보여줍니다.
            // 질문을 보여주는지 답을 보여주는지를 확인하기 위한 플래그를 설정합니다.
        }
    }

    public class OpenMenuListener implements ActionListener {
        public void actionPerformed(ActionEvent ev) {
            // 파일 대화 상자를 표시합니다.
            // 사용자가 암기장 카드 세트를 선택하게 할 수 있습니다.
        }
    }

    private void loadFile(File file) {
        // OpenMenuListener 이벤트 핸들러에서 요청한 텍스트 파일을 읽어서
        // 암기장 카드로 구성된 ArrayList를 만듭니다. 이 때 파일을 한 행씩 읽은 다음
        // makeCard() 메소드를 호출하여 그 행을 바탕으로 새 카드를 만듭니다.
        // (한 줄에 질문과 답이 둘 다 들어갑니다. 문제와 답은 "/"로 구분합니다.)
    }

    private void makeCard(String lineToParse) {
        //loadFile 메소드에서 호출하는 메소드로 텍스트 파일에서 한 행을 받아서
        // 두 부분(문제와 답)으로 파싱한 다음 새로운 QuizCard 객체를 만들고
        // 그 객체를 CardList라는 ArrayList에 추가합니다.
    }
}
```

```java
import java.util.*;
import java.awt.event.*;
import javax.swing.*;
import java.awt.*;
import java.io.*;

public class QuizCardPlayer {

    private JTextArea display;
    private JTextArea answer;
    private ArrayList<QuizCard> cardList;
    private QuizCard currentCard;
    private int currentCardIndex;
    private JFrame frame;
    private JButton nextButton;
    private boolean isShowAnswer;


    public static void main (String[] args) {
        QuizCardPlayer reader = new QuizCardPlayer();
        reader.go();
    }

    public void go() {

        // GUI를 만드는 코드

        frame = new JFrame("Quiz Card Player");
        JPanel mainPanel = new JPanel();
        Font bigFont = new Font("sanserif", Font.BOLD, 24);

        display = new JTextArea(10,20);
        display.setFont(bigFont);

        display.setLineWrap(true);
        display.setEditable(false);

        JScrollPane qScroller = new JScrollPane(display);
        qScroller.setVerticalScrollBarPolicy(ScrollPaneConstants.VERTICAL_SCROLLBAR_ALWAYS);
        qScroller.setHorizontalScrollBarPolicy(ScrollPaneConstants.HORIZONTAL_SCROLLBAR_NEVER);
        nextButton = new JButton("Show Question");
        mainPanel.add(qScroller);
        mainPanel.add(nextButton);
        nextButton.addActionListener(new NextCardListener());

        JMenuBar menuBar = new JMenuBar();
        JMenu fileMenu = new JMenu("File");
        JMenuItem loadMenuItem = new JMenuItem("Load card set");
        loadMenuItem.addActionListener(new OpenMenuListener());
        fileMenu.add(loadMenuItem);
        menuBar.add(fileMenu);
        frame.setJMenuBar(menuBar);
        frame.getContentPane().add(BorderLayout.CENTER, mainPanel);
        frame.setSize(640,500);
        frame.setVisible(true);

    } // go 메소드 끝
```

```java
public class NextCardListener implements ActionListener {
    public void actionPerformed(ActionEvent ev) {
        if (isShowAnswer) {
            // 문제는 이미 봤으니까 정답을 보여줍니다.
            display.setText(currentCard.getAnswer());
            nextButton.setText("Next Card");
            isShowAnswer = false;
        } else {
            // 다음 문제를 보여줍니다.
            if (currentCardIndex < cardList.size()) {

                showNextCard();

            } else {
                // 카드가 더 없습니다.
                display.setText("That was last card");
                nextButton.setEnabled(false);
            }
        }
    }
}
```

질문을 보여주고 있는지 아니면 답을 보여주고 있는지 확인하기 위해 isShowAnswer라는 부울 플래그를 확인한 다음 그 값에 따라 적당한 작업을 처리합니다.

```java
public class OpenMenuListener implements ActionListener {
    public void actionPerformed(ActionEvent ev) {
        JFileChooser fileOpen = new JFileChooser();
        fileOpen.showOpenDialog(frame);
        loadFile(fileOpen.getSelectedFile());
    }
}

private void loadFile(File file) {

    cardList = new ArrayList<QuizCard>();
    try {
        BufferedReader reader = new BufferedReader(new FileReader(file));
        String line = null;
        while ((line = reader.readLine()) != null) {
            makeCard(line);
        }
        reader.close();

    } catch(Exception ex) {
        System.out.println("couldn't read the card file");
        ex.printStackTrace();
    }

    // 첫 번째 카드부터 보여주기 시작합니다.
    showNextCard();
}

private void makeCard(String lineToParse) {
    String[] result = lineToParse.split("/");
    QuizCard card = new QuizCard(result[0], result[1]);
    cardList.add(card);
    System.out.println("made a card");
}

private void showNextCard() {
    currentCard = cardList.get(currentCardIndex);
    currentCardIndex++;
    display.setText(currentCard.getQuestion());
    nextButton.setText("Show Answer");
    isShowAnswer = true;
}
} // 클래스 끝
```

파일 대화상자를 만들고 사용자가 파일을 선택하게 합니다.

FileReader에 파일 열기 대화상자에서 사용자가 선택한 File 객체를 전달하여 새로운 FileReader에 연쇄된 BufferedReader를 만듭니다.

한 번에 한 줄씩 읽어오고 행을 파싱하고 매개변수로 받은 행으로부터 QuizCard를 만들고 그 카드 객체를 ArrayList에 추가하는 기능을 하는 makeCard() 메소드로 전달합니다.

텍스트 파일의 각 행은 한 장씩의 암기장 카드를 나타내지만 문제와 정답을 분리하려면 파싱을 해야 합니다. String의 split() 메소드를 써서 한 행을 두 토큰(하나는 문제, 하나는 정답)으로 분리합니다. split() 메소드에 대해서는 다음 페이지에서 알아보겠습니다.

split( )을 이용하여 파싱하는 방법

다음과 같은 암기장 카드가 있다고 생각해보세요:

실제 파일에는 다음과 같은 식으로 저장되어있죠:

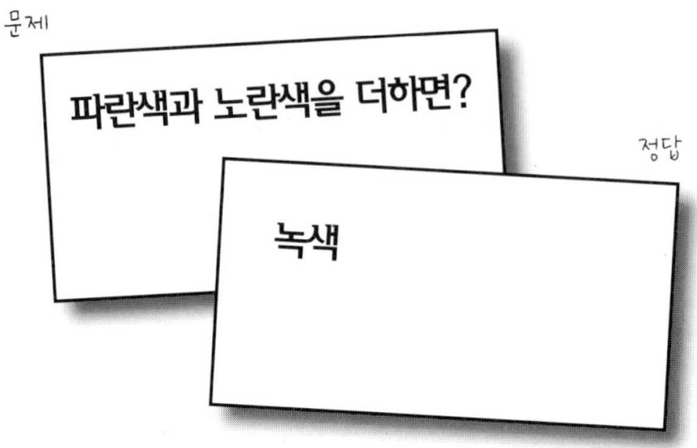

문제와 정답은 어떻게 분리할까요?

파일을 읽을 때 보면 문제와 정답은 한 행에 들어있고 슬래시(/)로 구분됩니다.
(원래 파일에 저장할 때 그런 식으로 하기로 했으니까요)

String의 split( ) 메소드를 사용하면 String을 여러 조각으로 나눌 수 있습니다.

Split()은 "String 객체와 구분자를 지정하면 알아서 조각내서 string 배열로 리턴해
주는" 기능을 하는 클래스입니다.

1번 토큰   구분자   2번 토큰

QuizCardPlayer 애플리케이션에
서 파일로부터 읽어들인 한 줄은 이
런 식으로 되어 있습니다.

```java
String toTest = "What is blue + yellow?/green";

String[] result = toTest.split("/");

for (String token:result) {

    System.out.println(token);

}
```

split() 메소드에서는 인자로 전달 받은 '/'를 기준으로 String을
(이 경우에는) 두 부분으로 나눕니다. (참고: split()은 여기에 나
와있는 것 보다 훨씬 강력합니다. 필터, 와일드카드 등을 써서
엄청나게 복잡한 파싱도 해낼 수 있습니다.)

배열에 대해서 순환문을 돌리면서 각 토큰(부분)을 출력합
니다. 이 경우에는 토큰이 "What is blue + yellow?"하고
"green"이렇게 두 개가 되겠죠.

바보 같은 질문은 없습니다

Q: API를 찾아보니까 java.io 패키지에는 클래스가 500개는 있는 것 같네요. 어떤 걸 써야 할지 어떻게 알 수 있죠?

A: I/O API에서는 모듈화된 '연쇄' 개념을 사용하기 때문에 연결 스트림과 연쇄 스트림('필터(filter)' 스트림이라고도 부름)을 연결해서 다양한 조합을 만들 수 있으므로 여러분이 원하는 거의 모든 것을 만들어낼 수 있습니다.

연쇄는 단 두 단계로만 만들 수 있는 것이 아닙니다. 연쇄 스트림 여러 개를 쭉 연쇄시켜서 원하는 작업을 처리할 수 있습니다.

하지만 대부분의 경우에는 몇 가지 간단한 클래스만 사용하면 됩니다. 텍스트 파일에 대한 작업을 할 때는 BufferedReader와 Buffered Writer(각각 FileReader와 FileWriter에 연쇄시킵니다)만 사용하면 거의 모든 것을 할 수 있습니다. 직렬화된 객체에 대한 작업을 할 때는 ObjectOutputStream과 ObjectInputStream(각 FileOutputStream과 FileInputStream에 연쇄시킵니다)을 써서 거의 모든 작업을 처리할 수 있죠.

즉, 지금까지 이 책에서 다룬 내용만 가지고도 자바 입출력과 관련된 작업의 90% 정도는 할 수 있습니다.

Q: 자바 1.4에서 새로 추가된 신형 입출력인 nio 클래스는요?

A: java.nio 클래스는 성능이 크게 향상되었으며 프로그램이 돌아가고 있는 시스템의 고유 기능을 많이 활용합니다. nio의 가장 중요한 기능 중의 하나는 버퍼를 직접 제어하는 기능입니다. 또 다른 대표적인 기능으로는 더 이상 읽거나 쓸 것이 없는 경우에 입출력 코드에서 마냥 기다리지 않게 하는 넌블로킹(non-blocking) 입출력이 있습니다. 기존의 클래스 중에서도 일부 클래스에서는 (FileInputStream과 FileOutputStream도 해당됩니다) 사실 새로운 기능을 활용하고 있습니다. 하지만 nio 클래스는 사용 방법이 더 복잡하기 때문에 새로운 기능이 정말 필요한 것이 아니라면 여기에서 소개한 간단한 버전을 그대로 사용하는 것이 편합니다. 그리고 nio를 쓸 때 잘못하면 오히려 성능이 저하될 수도 있습니다. 아마 여러분이 일반적으로 하는 작업의 90% 정도는 nio가 아닌 I/O로도 충분히 할 수 있을 것입니다. 특히 자바를 이제 막 시작하는 사용자들에게는 더욱 그렇습니다.

하지만 FileInputStream을 사용하면서 getChannel( ) 메소드(버전 1.4부터 FileInputStream에 새로 추가된 메소드)를 통해 채널(channel)에 직접 접근하면 nio 클래스를 조금 편하게 사용할 수도 있습니다.

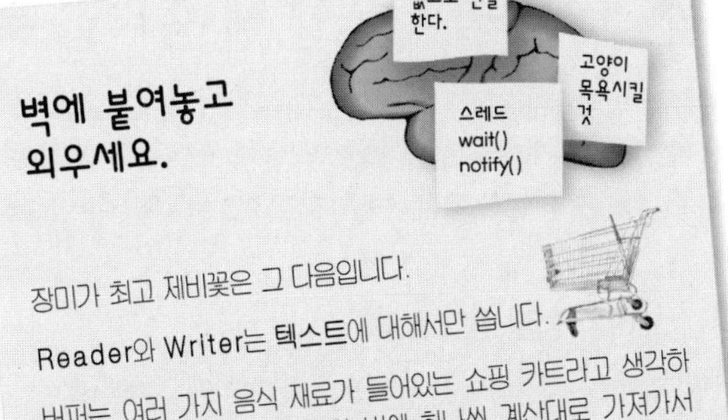

벽에 붙여놓고 외우세요.

장미가 최고 제비꽃은 그 다음입니다.

Reader와 **Writer**는 텍스트에 대해서만 씁니다.

버퍼는 여러 가지 음식 재료가 들어있는 쇼핑 카트라고 생각하면 됩니다. 카트가 없으면 한 번에 하나씩 계산대로 가져가서 계산하고 차에 갖다 놓는 식으로 불편하게 장을 봐야겠지요. 하지만 카트(버퍼)가 있으면 일단 전부 카트에 집어넣은 다음 계산을 하고 차에 갖다 싣는 것과 같은 작업을 한 번만 처리하면 됩니다.

핵심정리

- 텍스트 파일에 저장할 때는 FileWriter 연결 스트림부터 시작합니다.

- FileWriter를 BufferedWriter에 연쇄시키면 효율을 향상시킬 수 있습니다.

- File 객체는 특정 경로에 있는 파일을 나타내며 실제 파일의 내용을 나타내는 것은 아닙니다.

- File 객체를 가지고 디렉토리를 만들거나 돌아다니거나 삭제할 수 있습니다.

- String으로 된 파일명을 가지는 대부분의 스트림에서는 File 객체도 사용할 수 있으며 File 객체를 사용하는 것이 더 안전한 편입니다.

- 텍스트 파일을 읽을 때는 FileReader 연결 스트림부터 시작합니다.

- FileReader를 BufferedReader에 연쇄시키면 효율을 향상시킬 수 있습니다.

- 텍스트 파일을 파싱하려면 파일이 서로 다른 부분을 구분할 수 있게 만들어져 있는지 확인을 해야 합니다. 보통 특정 문자를 가지고 서로 다른 부분을 구분하는 방법을 씁니다.

- String을 몇 개의 개별 토큰으로 분리시키기 위한 용도로는 String의 split() 메소드를 쓰면 됩니다. 구분자가 하나만 있는 문자열은 구분자를 기준으로 왼쪽에 하나, 오른쪽에 하나, 이렇게 총 두 개의 토큰으로 나뉩니다. 구분자는 토큰에 포함되지 않습니다.

버전 ID: 직렬화를 할 때 주의할 부분

이제 자바에서의 입출력이 실은 매우 간단하다는 것을 모두 깨달았을 것입니다. 특히 흔히 쓰이는 연결 스트림/연쇄 스트림의 조합을 사용하면 정말 간단하죠. 하지만 반드시 알아야 할 매우 중요한 내용이 있습니다.

버전 제어가 정말 중요합니다.

어떤 객체를 직렬화했을 때 그 객체를 역직렬화하고 사용하려면 그 클래스가 있어야 합니다. 정말 당연한 말이죠? 하지만 그 사이에 클래스를 변경했을 경우에는 그게 그리 당연하지가 않습니다. Dog 객체를 직렬화해뒀는데 나중에 그 클래스에 있는 인스턴스 변수 중 하나를 double에서 String으로 바꿨다면 어떤 일이 일어날까요? 그러면 자바의 유형 안전성을 크게 위반하는 심각한 문제가 일어납니다. 하지만 호환성 문제를 일으킬만한 것은 그 외에도 많이 있습니다.

클래스를 변경했을 때 역직렬화 과정에서 문제가 일어날 수 있는 경우:

인스턴스 변수를 삭제하는 경우

인스턴스 변수의 유형을 변경하는 경우

transient로 지정하지 않았던 인스턴스 변수를 transient로 지정하는 경우

클래스를 상속 계층에서 위나 아래로 옮기는 경우

Serializable이었던 클래스를 Serializable이 아닌 클래스로 변경하는 경우 (즉, 클래스 정의부에서 implements Serializable을 지워버리는 경우)

인스턴스 변수를 정적 변수로 변경하는 경우

클래스를 변경해도 역직렬화와 관련된 문제가 생기지 않는 경우:

클래스에 새로운 인스턴스 변수를 추가하는 경우 (직렬화 당시에 없었던 변수에는 그냥 기본값이 대입됩니다)

상속 트리에 클래스를 추가하는 경우

상속 트리에서 클래스를 제거하는 경우

인스턴스 변수의 접근 레벨을 역직렬화 과정에서 변수에 값을 대입하는 데 문제가 없는 범위 내에서 변경하는 경우

transient로 지정했던 인스턴스 변수를 transient가 아닌 변수로 변경하는 경우(그냥 기본값이 저장됩니다)

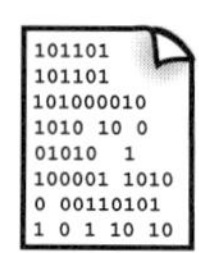

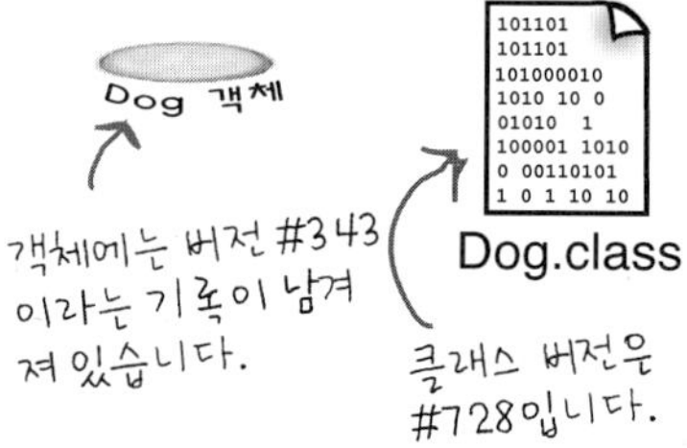

⑤ 역직렬화가 되지 않습니다.
JVM에서 예전에 직렬화한 객체의 새로운 클래스를 바탕으로 역직렬화할 수 없다는 메시지를 출력합니다.

serialVersionUID를 사용하는 방법

객체를 직렬화하면 그 객체(그 객체와 관련된 모든 객체 포함)에는 그 객체가 속한 클래스의 버전 ID 번호가 찍힙니다. 그 ID를 serialVersionUID라고 부르며 그 값은 클래스 구조에 대한 정보를 바탕으로 계산됩니다. 객체를 역직렬화할 때 그 객체를 직렬화한 다음에 클래스가 변경되었으면 클래스의 serialVersionUID는 다를 수 있습니다. 그러면 역직렬화를 할 수 없습니다. 하지만 이런 문제를 해결할 수 있는 방법이 있습니다.

클래스가 바뀔 가능성이 있다는 생각이 들면 클래스에 직렬 버전 ID를 집어넣으세요.

자바에서 어떤 객체를 역직렬화하려고 할 때는 직렬화된 객체의 serialVersionUID와 JVM에서 그 객체를 역직렬화하는 데 사용할 클래스의 직렬 버전 ID를 비교합니다. 예를 들어, 어떤 Dog 인스턴스를 직렬화할 당시의 ID가 23이었다고 가정하면(실제 serialVersionUID는 훨씬 복잡합니다). JVM에서 그 Dog 객체를 역직렬화하려고 할 때 우선 Dog 객체의 serialVersionUID값과 Dog 클래스의 serialVersionUID값을 비교합니다. 두 숫자가 같지 않으면 JVM에서는 지금 사용하는 클래스가 객체를 직렬화할 때 썼던 클래스와 호환성이 없는 것으로 간주하고 역직렬화 과정에서 예외를 발생시킵니다.

이런 문제를 해결하려면 클래스에 serialVersionUID를 집어넣은 다음 클래스가 바뀌더라도 똑같은 값을 갖게 해서 클래스가 변경되더라도 JVM에서는 "클래스가 직렬화된 객체와 호환되는군"이라고 생각하게 해야 합니다.

하지만 이 방법을 사용하려면 클래스를 변경할 때 세심한 주의를 기울여야 합니다. 즉, 새로운 클래스를 가지고 기존의 객체를 역직렬화하더라도 문제가 생기지 않게 여러분이 책임을 져야 합니다.

어떤 클래스의 serialVersionUID를 알고 싶다면 자바 개발 키트에 포함되어있는 serialver이라는 도구를 사용하면 됩니다.

```
File Edit Window Help serialKiller

% serialver Dog
Dog: static final long
serialVersionUID = -
5849794470654667210L;
```

객체를 직렬화한 후에 클래스가 변경될 가능성이 있다는 생각이 들면:

① serialver이라는 명령행 도구를 써서 클래스의 버전 ID를 알아냅니다.

```
File Edit Window Help serialKiller

% serialver Dog
Dog: static final long
serialVersionUID = -
5849794470654667210L;
```

② 출력된 결과를 클래스에 붙여넣습니다.

```
public class Dog implements serializable {

    static final long serialVersionUID =
            -6849794470754667710L;

    private String name;
    private int size;

    // 메소드 코드가 들어갈 자리
}
```

③ 클래스를 변경할 때 클래스를 변경한 결과에 확실히 책임을 질 수 있어야만 합니다. 예를 들어, 기존의 Dog 객체를 직렬화한 후에 추가된 인스턴스 변수에 기본값을 대입하더라도 역직렬화된 Dog 객체에 별 문제가 없게 만들어야만 합니다.

코드 키친

"serializeIt" 버튼을 클릭하면
현재 패턴이 저장됩니다.

"restore" 버튼을 클릭하면
저장된 패턴을 불러오고
체크상자를 리셋합니다.

비트박스에 패턴을 저장하고
다시 불러오는 기능을 추가해봅시다.

비트박스 패턴을 저장하는 방법

비트박스 프로그램에서 드럼 패턴은 사실 수많은 체크상자로 이루어져있을 뿐입니다. 시퀀스를 연주할 때는 코드에서 체크상자들을 훑으면서 박자 16개에서 각각 어떤 드럼 사운드를 연주해야 할지를 결정합니다. 따라서 패턴을 저장할 때는 체크상자의 상태만 저장하면 됩니다.

각각 체크상자 256개의 상태가 들어있는 간단한 부울 배열을 만들어서 쓰면 됩니다. 배열 객체는 배열 안에 들어있는 것이 직렬화할 수 있기만 하면 직렬화할 수 있기 때문에 부울 변수의 배열을 저장하는 데는 전혀 문제될 것이 없습니다.

패턴을 다시 읽어 들일 때는 부울 배열 객체 한 개를 읽어온 다음 (역직렬화를 하고) 체크상자를 복구하면 됩니다. 대부분의 코드는 비트박스 GUI를 만들었던 코드 키친에서 이미 나왔으므로 이 장에서는 저장 및 복구와 관련된 코드만 살펴보겠습니다.

다음 장에서는 패턴을 파일에 저장하는 대신 네트워크를 통해 서버로 보내는 기능을 추가할 예정인데, 여기에 있는 코드 키친에서는 그런 기능을 미리 준비하겠습니다. 그리고 다음 장에서는 패턴을 파일에서 불러오지 않고 서버로부터 받아오게 하겠습니다.

패턴 직렬화

> 비트박스 코드 안에 들어갈 내부 클래스입니다.

```java
public class MySendListener implements ActionListener {

    public void actionPerformed(ActionEvent a) {

        boolean[] checkboxState = new boolean[256];

        for (int i = 0; i < 256; i++) {

            JCheckBox check = (JCheckBox) checkboxList.get(i);
            if (check.isSelected()) {
                checkboxState[i] = true;
            }
        }

        try {
            FileOutputStream fileStream = new FileOutputStream(new File("Checkbox.ser"));
            ObjectOutputStream os = new ObjectOutputStream(fileStream);
            os.writeObject(checkboxState);
        } catch(Exception ex) {
            ex.printStackTrace();
        }

    } // 메소드 끝
} // 내부 클래스 끝
```

> 사용자가 버튼을 클릭해서 ActionEvent가 발생된 경우에 실행됩니다.

> 각 체크상자의 상태를 담아두기 위한 부울 배열을 만듭니다.

> checkboxList(체크상자로 이루어진 ArrayList)를 훑어보면서 각 체크상자의 상태를 확인하고 그 결과를 부울 배열에 추가합니다.

> 이 부분은 식은 죽 먹기입니다. 부울 배열을 직렬화해서 저장하기만 하면 됩니다.

비트박스 패턴을 복구하는 방법

패턴을 복구할 때는 저장 과정을 그대로 뒤집어놓으면 됩니다. 부울 배열을 읽은 다음 그 배열을 써서 GUI 체크상자의 상태를 복구하면 되지요. 사용자가 "restore" 버튼을 누르면 이런 작업이 진행됩니다.

패턴 복구

이것도 비트박스 클래스 안에 들어가는 내부 클래스입니다.

```java
public class MyReadInListener implements ActionListener {

    public void actionPerformed(ActionEvent a) {
        boolean[] checkboxState = null;
        try {
            FileInputStream fileIn = new FileInputStream(new File("Checkbox.ser"));
            ObjectInputStream is = new ObjectInputStream(fileIn);
            checkboxState = (boolean[]) is.readObject();

        } catch(Exception ex) {ex.printStackTrace();}


        for (int i = 0; i < 256; i++) {
            JCheckBox check = (JCheckBox) checkboxList.get(i);
            if (checkboxState[i]) {
                check.setSelected(true);
            } else {
                check.setSelected(false);
            }
        }

        sequencer.stop();
        buildTrackAndStart();

    } // 메소드 끝
} // 내부 클래스 끝
```

파일에서 객체 하나(부울 배열)를 읽은 다음 부울 배열로 다시 캐스트합니다. (readObject()에서는 항상 Object 유형의 레퍼런스를 리턴하니까요)

이제 실제 JCheckBox 객체로 구성된 ArrayList(checkobxList)에 들어있는 각각의 체크상자의 상태를 원래대로 복구합니다.

현재 연주중인 것을 멈추고 ArrayList에 들어있는 체크상자의 새로운 상태를 이용하여 시퀀스를 재구성합니다.

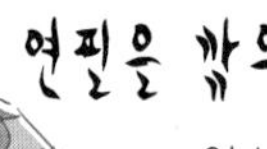

연필을 깎으며

이 버전에는 중요한 한계가 있습니다. "serializeIt" 버튼을 누르면 자동으로 "CheckBox.ser"이라는 이름의 파일에 자동으로 직렬화된 객체를 저장합니다(기존 파일이 없으면 새 파일을 만듭니다). 하지만 매번 저장할 때마다 전에 저장했던 파일을 덮어쓰게 됩니다.

JFileChooser를 활용하여 사용자가 마음대로, 제한없이, 파일의 이름을 정하고 저장할 수 있게 저장과 복구 기능을 개선시켜봅시다. 그러면 이전에 저장한 패턴 파일을 마음대로 불러오고 복구할 수 있겠죠?

저장할 수 있을까?

이 중에서 직렬화할 수 있는 것과 없는 것을 골라보세요.
직렬화할 수 없다면 왜 직렬화할 수 없는지 적어보세요.
별 의미가 없다거나, 보안 문제가 있다거나,
지금 돌아가고 있는 JVM에서만 작동할 수 있다거나
하는 이유를 생각할 수 있겠죠? API를 뒤져보지 않고
가장 합당하다고 생각되는 답을 제안해보세요.

객체 유형	직렬화 가능 여부	직렬화할 수 없다면 그 이유는?
Object	예 / 아니오	________________________
String	예 / 아니오	________________________
File	예 / 아니오	________________________
Date	예 / 아니오	________________________
OutputStream	예 / 아니오	________________________
JFrame	예 / 아니오	________________________
integer	예 / 아니오	________________________
System	예 / 아니오	________________________

무엇이 맞을까요?

오른쪽의 코드 조각 중에서
컴파일이 가능한 코드를
골라보세요.
(물론, 제대로 된 클래스 안에
들어있다고 가정해야겠지요?)

```java
FileReader fileReader = new FileReader();
BufferedReader reader = new BufferedReader(fileReader);
```

```java
FileOutputStream f = new FileOutputStream(new File("Foo.ser"));
ObjectOutputStream os = new ObjectOutputStream(f);
```

```java
BufferedReader reader = new BufferedReader(new FileReader(file));
String line = null;
while ((line = reader.readLine()) != null) {
    makeCard(line);
}
```

```java
ObjectInputStream is = new ObjectInputStream(new FileOutputStream("Game.ser"));
GameCharacter oneAgain = (GameCharacter) is.readObject();
```

이 장에서는 자바 입출력을 알아보았습니다.
밑에 있는 각각의 입출력 관련 내용이 참인지
거짓인지 맞춰보세요.

👍 참일까요? 거짓일까요? 👎

1. 자바로 만들어지지 않은 프로그램에서 사용할 데이터를 저장할 때는 직렬화를 쓰는 것이 좋습니다.

2. 객체의 상태는 직렬화를 통해서만 저장할 수 있습니다.

3. ObjectOutputStream은 직렬화된 객체를 저장하기 위해 쓰이는 클래스입니다.

4. 연쇄 스트림은 그 자체만으로 사용할 수도 있고 연결 스트림과 함께 사용할 수도 있습니다.

5. writeObject()를 한 번 호출했을 때 객체 여러 개가 한꺼번에 저장될 수도 있습니다.

6. 모든 클래스는 기본적으로 직렬화할 수 있습니다.

7. transient 변경자를 사용하면 인스턴스 변수를 직렬화할 수 있습니다.

8. 상위클래스가 직렬화할 수 없는 클래스면 하위클래스도 직렬화할 수 없습니다.

9. 객체를 역직렬화할 때는 마지막에 들어간 것이 가장 먼저 나옵니다.

10. 객체를 역직렬화할 때 그 생성자는 실행되지 않습니다.

11. 직렬화를 할 때, 그리고 텍스트 파일을 저장할 때 모두 예외가 던져질 수 있습니다.

12. BufferedWriter는 FileWriter에 연쇄시킬 수 있습니다.

13. File 객체는 파일만 나타낼 수 있고 디렉토리는 나타낼 수 없습니다.

14. 버퍼가 차기 전에 강제로 버퍼에 있는 데이터를 보내게 할 수는 없습니다.

15. 파일을 쓰는 과정과 읽는 과정에서 모두 버퍼를 사용할 수 있습니다.

16. String의 split() 메소드에서는 결과 배열에 구분자도 포함시킵니다.

17. 클래스를 변경하면 기존의 클래스를 써서 직렬화한 객체는 절대 사용할 수 없습니다.

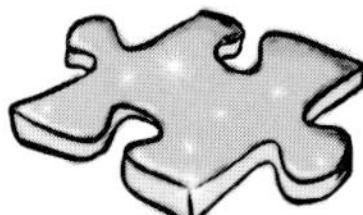

코드 자석

이번 문제는 조금 까다롭기 때문에 연습문제에서 퍼즐로 바꿨습니다. 여기에 나와있는 코드 자석들을 짜맞춰서 밑에 있는 것과 같은 결과를 출력할 수 있는 자바 프로그램을 만들어보세요(이 자석 중에는 쓰이지 않는 것도 있을 수 있습니다).

```java
System.out.println(d.getX()+d.getY()+d.getZ());
```

```java
class DungeonGame implements Serializable {
```

```java
try {
```

```java
FileOutputStream fos = new
    FileOutputStream("dg.ser");
```

```java
short getZ() {
    return Z;
```

```java
e.printStackTrace();
```

```java
oos.close();
```

```java
ObjectInputStream ois = new
    ObjectInputStream(fis);
```

```java
int getX() {
    return x;
```

```java
System.out.println(d.getX()+d.getY()+d.getZ());
```

```java
FileInputStream fis = new
    FileInputStream("dg.ser");
```

```java
public int x = 3;
transient long y = 4;
private short z = 5;
```

```java
long getY() {
    return y;
```

```java
class DungeonTest {
```

```java
ois.close();
```

```java
import java.io.*;
```

```java
fos.writeObject(d);
```

```java
} catch (Exception e) {
```

```java
d = (DungeonGame) ois.readObject();
```

```java
ObjectOutputStream oos = new
    ObjectOutputStream(fos);
```

```java
oos.writeObject(d);
```

```java
public static void main(String [] args) {
    DungeonGame d = new DungeonGame();
```

```
File  Edit  Window  Help  Torture
% java DungeonTest
12
8
```

연습문제
정답

1. 자바로 만들어지지 않은 프로그램에서 사용할 데이터를 저장할 때는 직렬화를 쓰는 것이 좋습니다.　　거짓

2. 객체의 상태는 직렬화를 통해서만 저장할 수 있습니다.　　거짓

3. ObjectOutputStream은 직렬화된 객체를 저장하기 위해 쓰이는 클래스입니다.　　참

4. 연쇄 스트림은 그 자체만으로 사용할 수도 있고 연결 스트림과 함께 사용할 수도 있습니다.　　거짓

5. writeObject()를 한 번 호출했을 때 객체 여러 개가 한꺼번에 저장될 수도 있습니다.　　참

6. 모든 클래스는 기본적으로 직렬화할 수 있습니다.　　거짓

7. transient 변경자를 사용하면 인스턴스 변수를 직렬화할 수 있습니다.　　거짓

8. 상위클래스가 직렬화할 수 없는 클래스면 하위클래스도 직렬화할 수 없습니다.　　거짓

9. 객체를 역직렬화할 때는 마지막에 들어간 것이 가장 먼저 나옵니다.　　거짓

10. 객체를 역직렬화할 때 그 생성자는 실행되지 않습니다.　　참

11. 직렬화를 할 때, 그리고 텍스트 파일을 저장할 때 모두 예외가 던져질 수 있습니다.　　참

12. BufferedWriter는 FileWriter에 연쇄시킬 수 있습니다.　　참

13. File 객체는 파일만 나타낼 수 있고 디렉토리는 나타낼 수 없습니다.　　거짓

14. 버퍼가 꽉 차기 전에 강제로 버퍼에 있는 데이터를 보내도록 할 수는 없습니다.　　거짓

15. 파일을 쓰는 과정과 읽는 과정에서 모두 버퍼를 사용할 수 있습니다.　　참

16. String의 split() 메소드에서는 결과 배열에 구분자도 포함시킵니다.　　거짓

17. 클래스를 변경하면 기존의 클래스를 써서 직렬화한 객체는 절대 사용할 수 없습니다.　　거짓

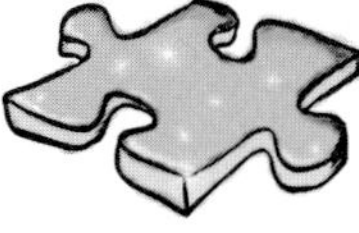

```java
import java.io.*;

class DungeonGame implements Serializable {
  public int x = 3;
  transient long y = 4;
  private short z = 5;
  int getX() {
    return x;
  }
  long getY() {
    return y;
  }
  short getZ() {
    return z;
  }
}


class DungeonTest {
  public static void main(String [] args) {
    DungeonGame d = new DungeonGame();
    System.out.println(d.getX() + d.getY() + d.getZ());
    try {
      FileOutputStream fos = new FileOutputStream("dg.ser");
      ObjectOutputStream oos = new ObjectOutputStream(fos);
      oos.writeObject(d);
      oos.close();
      FileInputStream fis = new FileInputStream("dg.ser");
      ObjectInputStream ois = new ObjectInputStream(fis);
      d = (DungeonGame) ois.readObject();
      ois.close();
    } catch (Exception e) {
      e.printStackTrace();
    }
    System.out.println(d.getX() + d.getY() + d.getZ());
  }
}
```

```
 File  Edit  Window  Help  Escape
% java DungeonTest
12
8
```

연결하는 방법

외부 세계와 연결해봅시다. 여러분의 자바 프로그램에서 팔을 쭉 뻗어서 다른 시스템에 있는 프로그램과 접촉할 수도 있습니다. 별로 어렵지 않습니다. 저수준 네트워킹과 관련된 자잘한 내용은 java.net 라이브러리에 들어있는 클래스에서 알아서 처리해줍니다. 자바의 가장 큰 장점 중 하나는 네트워크를 통해서 데이터를 주고받는 것이. 사슬 끝에 조금 다른 연결 스트림이 있다는 것을 제외하면 일반적인 입출력과 전혀 다르지 않다는 점입니다. BufferedReader가 있으면 읽을 수 있습니다. 그리고 BufferedReader에서는 그 데이터가 파일에서 나왔는지 아니면 이더넷 케이블로부터 왔는지 등에 대해서 신경을 쓰지 않습니다. 이 장에서는 소켓을 써서 외부 세계에 연결해보겠습니다. 여기서는 클라이언트 소켓과 서버 소켓을 만들어봅시다. 이는 클라이언트와 서버를 만들고 서로 데이터를 주고받을 수 있게 합니다. 이 장이 끝날 무렵이면 완벽하게 작동하는 멀티스레드 기능을 갖춘 채팅 클라이언트를 완성할 것입니다. 멀티스레딩을 배우고 나면 밥(Bob)한테 말을 하면서 동시에 수지(Suzy)가 하는 얘기를 듣는 비법도 익힐 수 있을 것입니다.

실시간 비트박스 채팅

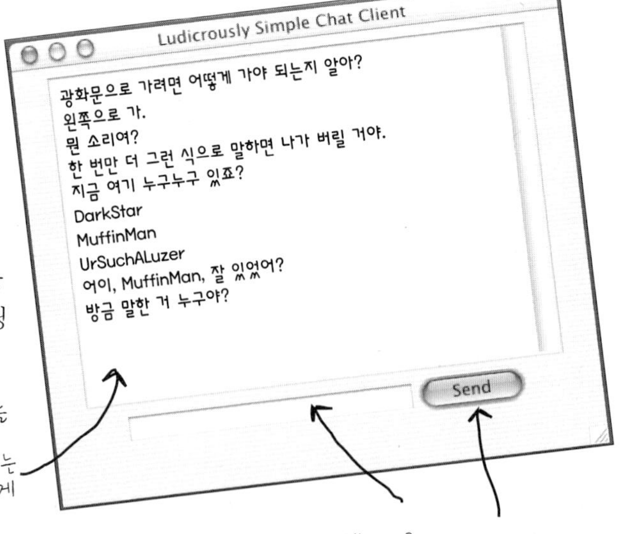

메시지를 입력하고 sendIt 버튼을 누르면 메시지와 현재 비트 패턴을 보낼 수 있습니다.

받은 메시지를 클릭하면 그 메시지와 함께 들어온 패턴을 불러올 수 있습니다.

컴퓨터 게임을 만들고 있다고 가정해봅시다. 여러분과 여러분의 팀에 속한 사람들은 게임의 각 부분에 대한 사운드를 만들어야 합니다. 비트박스의 채팅 버전을 이용하면 팀원끼리 협동 작업을 할 수 있습니다. 메시지와 함께 비트 패턴을 보내면 비트박스 채팅을 같이 하고 있는 다른 사람들이 모두 그 패턴을 받을 수 있습니다. 따라서 다른 팀원의 메시지를 읽을 수 있을 뿐 아니라 받은 메시지가 있는 창에서 메시지를 클릭하기만 하면 그 사람이 보낸 비트 패턴을 연주할 수도 있습니다.

이 장에서는 여기에 나와있는 것과 같은 채팅 클라이언트를 만드는 데 필요한 내용을 배울 것입니다. 또한 채팅 서버를 만드는 방법에 대해서도 약간 알아볼 것입니다. 비트박스 채팅 클라이언트 코드는 나중에 코드 키친에서 알아보겠지만 그 전에 우선 텍스트 메시지를 주고받을 수 있는 매우 간단한 채팅 클라이언트와 채팅 서버를 만들어보겠습니다.

이 간단한 클라이언트를 써서 채팅을 즐길 수 있습니다. 모든 메시지는 모든 채팅 참가자들에게 전달됩니다.

메시지를 서버로 보낼 수 있습니다.

채팅 프로그램 개요

클라이언트에서는 서버에
대해 알아야 합니다.

서버에서는 모든 클라이언트에
대해 알아야 합니다.

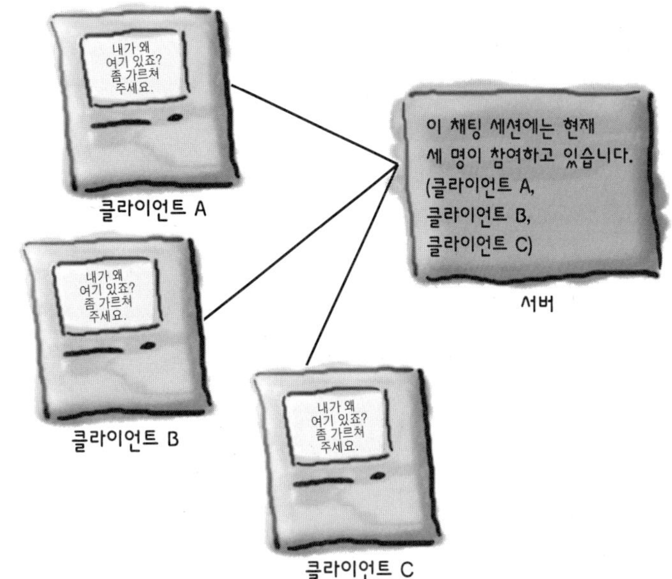

작동 원리:

1 클라이언트가 서버에 접속합니다.

2 서버에서 접속을 허용하고 클라이언트를
수신인 목록에 추가합니다.

3 다른 클라이언트가 서버에 접속합니다.

4 클라이언트 A에서 채팅 서비스로
메시지를 보냅니다.

5 서버에서 메시지를 모든 참가자들에게 보냅니다.
(메시지를 보낸 사용자에게도 보냅니다)

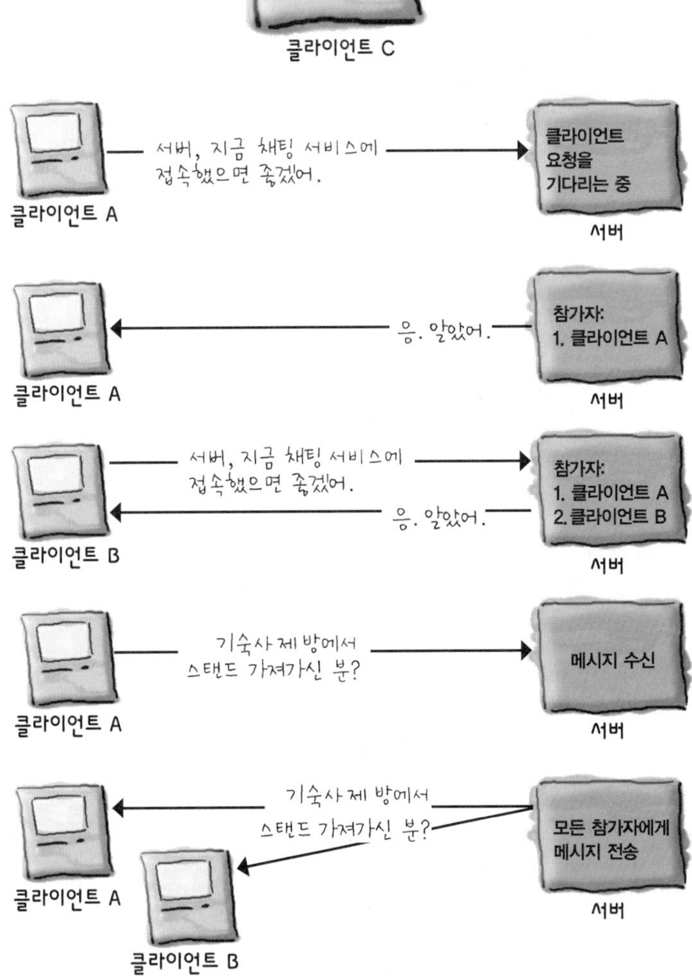

연결하기, 보내기, 받기

클라이언트가 작동하게 하려면 세 가지 방법이 필요합니다.

1) 클라이언트와 서버 사이에서 초기 **연결**을 정립하는 방법

2) 서버로 메시지를 **보내는 방법**

3) 서버로부터 메시지를 **받는 방법**

이런 작업을 처리하려면 여러 가지 저수준 작업이 이뤄져야 합니다. 하지만 다행히도 자바 API의 네트워킹 패키지(java.net) 덕분에 그런 작업은 식은 죽 먹기라고 할 수 있습니다. 프로그래밍을 하다 보면 네트워킹과 입출력 코드보다는 오히려 GUI 코드를 훨씬 많이 보게 될 것입니다.

그런데 그게 전부가 아닙니다.

간단한 채팅 클라이언트에는, 이 책에서는 아직 접하지 못했던 문제가 도사리고 있습니다. 동시에 두 가지 일을 처리해야 한다는 것이 그 문제입니다. 연결하는 작업은 한 번에 처리됩니다(성공하든 실패하든 말이죠). 하지만 그 이후에 메시지를 보내면서 동시에 (서버를 통해서) 다른 참가자가 보낸 메시지를 받을 수 있어야 합니다. 이 문제를 해결하려면 몇 가지 문제를 생각해봐야겠군요. 몇 페이지만 더 읽으면 해결책을 알 수 있을 것입니다.

❶ 연결하기

소켓 연결을 정립하여 클라이언트가 서버에 연결합니다.

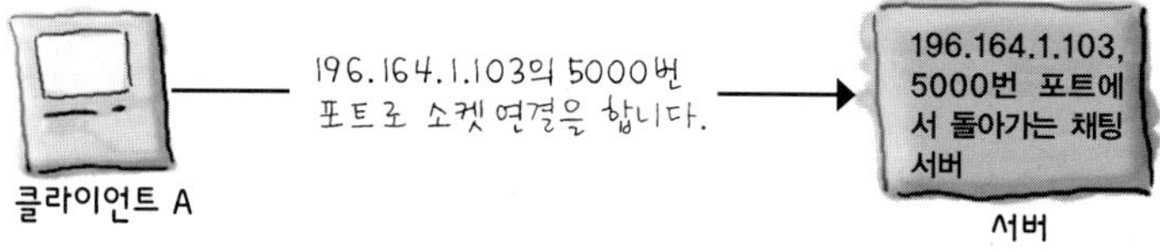

❷ 보내기

클라이언트에서 서버로 메시지를 보냅니다.

❸ 받기

클라이언트에서 서버로부터 메시지를 받습니다.

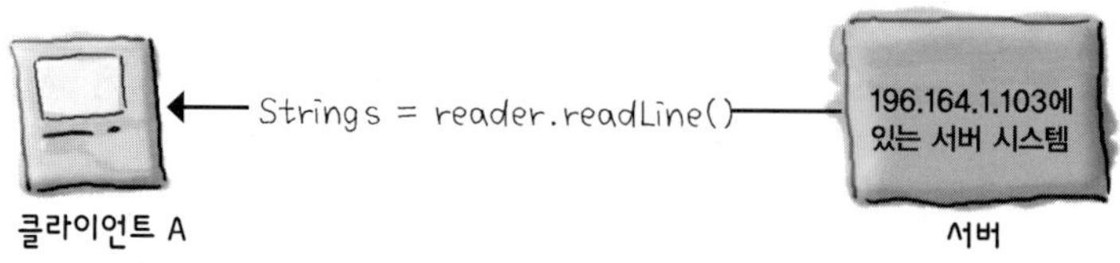

네트워크 소켓 연결을 만듭니다.

다른 시스템에 연결하려면 소켓(Socket) 연결이 필요합니다. Socket(java. net.Socket 클래스)은 두 시스템 사이의 네트워크 연결을 나타내는 객체입니다. 연결이란 무엇일까요? 두 시스템 사이의 관계를 나타냅니다. 이 때 **두 소프트웨어가 서로에 대해 알고 있어야 합니다.** 가장 중요한 것은 그 **두 소프트웨어가 상대방과 통신하는 방법**, 즉 상대방에게 비트들을 보내는 방법을 알고 있다는 점입니다.

다행히도 저수준에서 일어나는 자질구레한 일에는 신경을 쓸 필요가 없습니다. '네트워킹 스택'의 훨씬 낮은 단계에서 처리되기 때문이죠. '네트워킹 스택'이 뭔지 잘 몰라도 전혀 걱정할 필요는 없습니다. 어떤 운영체제에서 돌아가고 있는 JVM 위에서 실행되는 자바 프로그램에서 물리적인 하드웨어(예를 들어, 이더넷 케이블 등)로, 그리고 다시 어떤 시스템으로 정보(비트)가 움직이는 층을 바라보는 한 가지 방법에 불과하니까요. 물론, 누군가는 지저분한 일을 처리해야 합니다. 하지만 여러분이 그럴 필요는 없습니다. 지저분한 일은 운영체제별로 들어있는 소프트웨어와 자바 네트워킹 API에서 처리해주니까요. 여러분이 신경을 써야 하는 부분은 고수준(매우 고수준) 부분일 뿐이고, 엄청나게 간단하답니다. 준비 되셨죠?


```
Socket chatSocket = new Socket("196.164.1.103", 5000);
```

TCP 포트는 숫자에 불과합니다.
서버에 있는 특정 프로그램을
나타내는 16비트 숫자입니다.

인터넷 웹(HTTP) 서버는 80번 포트에서 돌아갑니다. 그게 표준 포트 번호입니다. 텔넷 서버가 있다면 23번, FTP는 20번, POP3 메일 서버는 110번, SMTP는 25번, 타임 서버는 37번, 이런 식으로 표준 포트 번호가 정해져 있습니다. 포트 번호는 유일 식별자(unique identifier)라고 생각할 수 있습니다. 서버에서 돌아가고 있는 특정 소프트웨어로의 논리적인 연결을 나타내기 위한 것이죠. 그게 전부입니다. 컴퓨터 어디를 찾아봐도 TCP 포트라는 것은 없습니다. 대신 서버에는 포트 65,536개(0번~65,535번)가 있습니다. 따라서 TCP 포트라는 것은 어떤 물리적인 장치를 꽂는 장소를 나타낸다든가 하는 것이 아닙니다. 그냥 용도에 따라 적정하게 쓰이는 숫자에 불과할 뿐입니다.

포트 번호가 없으면 클라이언트에서 어떤 애플리케이션을 원하는지를 서버 쪽에서 알 수가 없습니다. 그리고 각 애플리케이션마다 서로 다른 프로토콜을 가질 수 있는데, 식별자가 없다면 정말 골치 아픈 일이 많이 생기겠죠? 예를 들어, 웹 브라우저가 HTTP 서버가 아닌 POP3 메일 서버에 접속되면 어떻게 될까요? 메일 서버에서는 HTTP 요청을 파싱하는 방법을 알 수가 없겠죠. 혹시 그 요청을 파싱하는 방법을 안다고 하더라도 HTTP 요청에 대응되는 서비스를 제공하는 방법은 알 수가 없겠죠.

서버 프로그램을 만들 때는 그 프로그램을 실행시킬 때 사용할 포트 번호를 지정하기 위한 코드가 들어가야 합니다(자바에서 그런 작업을 하는 방법은 잠시 후에 알아보겠습니다). 우리가 이 장에서 만들고자 하는 채팅 프로그램에서는 5,000번 포트를 쓰기로 했습니다. 별다른 이유는 없습니다. 그냥 그 포트 번호를 쓰고 싶을 뿐입니다. 그리고 1,024번에서 65,535번 사이에 들어가기 때문이기도 합니다. 0이상 1023이하의 포트 번호는 아까 얘기했던 대표적인 서비스들을 위한 번호로 예약되어있기 때문에 마음대로 쓰지 않는 것이 좋습니다.

그리고 서비스(서버 프로그램)를 회사 네트워크 내에서 돌릴 예정이라면 자신이 사용하고자 하는 포트를 다른 용도로 이미 사용하고 있지 않은지 시스템 관리자에게 물어보는 것이 좋습니다. 예를 들어, 시스템 관리자에게 물어보면 3,000번 이하의 포트 번호는 전혀 쓸 수 없다고 할지도 모르겠죠. 하여간 아무렇게나 포트 번호를 정하지는 않는 것이 좋습니다. 물론, 그냥 집 안에서만 돌릴 네트워크라면 그냥 식구들끼리만 동의한 후 마음대로 포트 번호를 정해서 써도 되긴 할 것입니다.

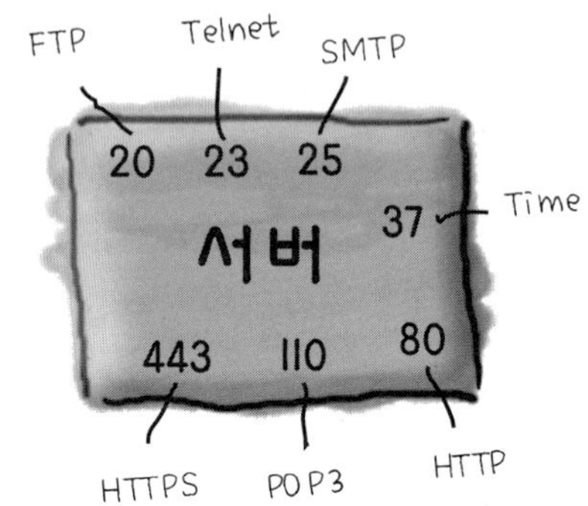

최대 포트 65,536개에 포트마다 하나씩의 서로 다른 서버 애플리케이션이 한 서버에서 돌아갈 수 있습니다.

0번부터 1,023번까지의 TCP 포트 번호는 미리 정해진 서비스를 위해 예약되어 있습니다. 직접 서버 프로그램을 만들 때는 1,023번까지의 번호는 쓰지 않는 것이 좋습니다.*

우리가 만들 채팅 서버에서는 5,000번 포트를 사용하겠습니다. 그냥 1,024번부터 65,535번 사이에서 적당히 고른 숫자입니다.

*물론, 그런 포트를 전혀 쓸 수 없는 건 아니겠지만, 포트 번호를 함부로 쓰면 시스템 관리자가 가만히 있지 않겠죠?

바보 같은 질문은 없습니다

Q : 연결하고 싶은 서버 프로그램의 포트 번호는 어떻게 알 수 있을까요?

A : 그 프로그램이 잘 알려진 서비스인지 아닌지에 따라 방법이 다릅니다. 앞 페이지에 나온 것처럼 잘 알려진 서비스(HTTP, SMTP, FTP 등)라면 인터넷에서 찾을 수 있습니다(구글에서 'Well-know TCP Port'를 검색해보세요.) 아니면 개인적인 친분이 있는 시스템 관리자한테 물어봐도 알 수 있겠죠?

하지만 프로그램이 잘 알려진 서비스가 아닌 경우에는 그 서비스를 누가 제공하는지 찾아서 직접 물어봐야 합니다. 보통, 누군가가 서버 프로그램을 만들었을 때 다른 사람들이 그 서비스를 사용하는 클라이언트를 만들어주기를 원한다면 IP 주소, 포트 번호, 서비스 프로토콜을 공개할 것입니다. 예를 들어, 바둑 게임 서버용 클라이언트를 만들고 싶다면 바둑 서버 사이트를 찾아서 그 서버에 맞는 클라이언트를 만드는 방법에 대한 정보를 찾아봐야겠죠.

Q : 포트 하나에서 여러 프로그램이 돌아갈 수도 있나요? 즉, 같은 서버에 있는 프로그램 두 개 이상이 같은 포트 번호를 써도 되나요?

A : 안 됩니다. 이미 사용 중인 포트에 프로그램을 결합시키려고 하면 BindException이라는 예외가 발생합니다. 프로그램을 포트에 결합시킨다(bind)는 것은 서버 애플리케이션을 실행시키고 어떤 특정 포트에서 돌아가게 한다는 것을 의미합니다. 이 장의 서버 부분으로 들어가면 이와 관련된 더 자세한 내용을 알아볼 것입니다.

IP 주소는 '동대문 시장'과 같은 시장명이라고 생각할 수 있습니다.

포트 번호는 'OOO 레코드'와 같은 특정 가게명이라고 생각할 수 있습니다.

브레인 파워

자. 이제 소켓 연결이 이루어졌습니다. 클라이언트와 서버는 각각 상대방의 IP 주소와 TCP 포트 번호를 알고 있습니다. 그러면 이제 뭘 해야 할까요? 그 연결을 통해 어떤 방법으로 통신을 할 수 있을까요? 즉. 비트들을 한 곳에서 다른 곳으로 어떻게 옮길 수 있을까요? 여러분의 채팅 클라이언트에서 보내고 받아야 하는 메시지의 종류를 한 번 생각해 봅시다.

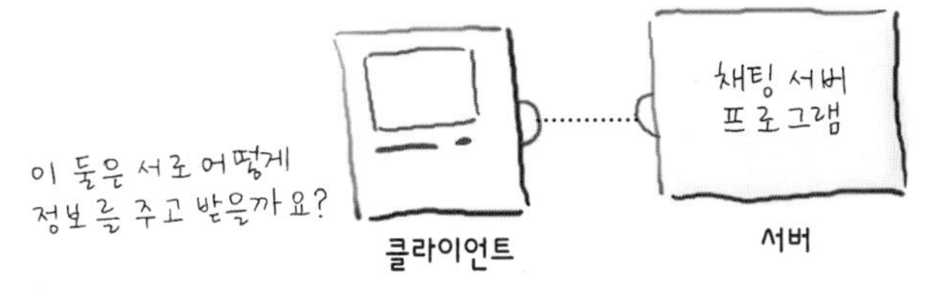

Socket으로부터 데이터를 읽으려면 BufferedReader를 사용하면 됩니다.

Socket 연결을 통해서 데이터를 주고받을 때는 스트림을 사용합니다. 14장에서 사용했던 것과 같은 일반적인 입출력 스트림을 사용하지요. 자바의 가장 훌륭한 기능 중의 하나는 대부분의 입출력 작업에서 고수준 연쇄 스트림이 실제로 어디에 연결되어있는지에 별로 신경을 쓰지 않아도 된다는 점입니다. 즉, 파일에 대한 읽기 작업을 할 때와 마찬가지로 BufferedReader를 사용할 수 있습니다. 단지 다른 점은 그 밑에 깔려있는 연결 스트림이 File이 아닌 Socket에 연결되어 있다는 점입니다.

❶ 서버에 Socket 연결을 합니다.

```
Socket chatSocket = new Socket("127.0.0.1", 5000);
```

채팅 서버에서 5,000번 포트를 사용하기로 했으므로 이 포트 번호를 사용합니다.

127.0.0.1은 localhost의 IP 주소입니다. 즉, 이 코드가 돌아가고 있는 호스트를 나타내는 IP 주소지요. 클라이언트와 서버를 독립적인 시스템 하나에서 테스트하고 있을 때는 이 IP 주소를 사용하면 됩니다.

❷ Socket의 저수준(연결) 입력 스트림에 연쇄된 InputStreamReader를 만듭니다.

```
InputStreamReader stream = new InputStreamReader(chatSocket.getInputStream());
```

InputStreamReader는 저수준 바이트 스트림(Socket에서 오는 것과 같은 스트림)과 고수준 문자 스트림(BufferedReader와 같이 우리가 직접 사용할, 맨 위에 있는 스트림)을 이어주는 '다리'입니다.

소켓에 입력 스트림을 요구하기만 하면 됩니다. 이 스트림은 저수준 연결 스트림이지만 나중에 텍스트와 더 '친한' 것에 연쇄시킬 것입니다.

BufferedReader를 InputStreamReader(Socket으로부터 받은 저수준 연결 스트림에 연쇄시켰던 스트림)에 연쇄시킵니다.

❸ BufferedReader를 만들고 읽습니다.

```
BufferedReader reader = new BufferedReader(stream);
String message = reader.readLine();
```

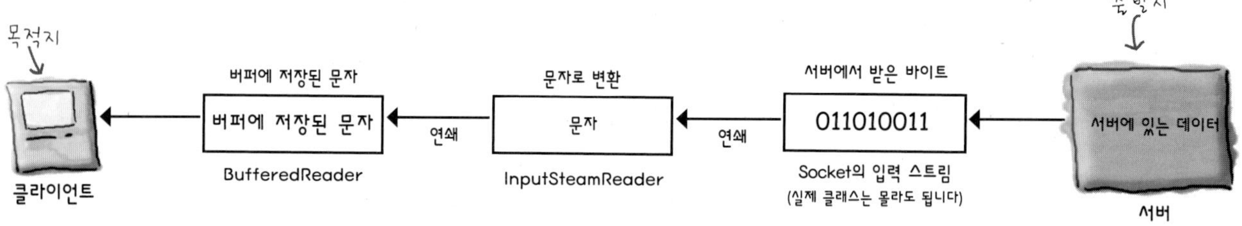

데이터를 Socket으로 쓸 때는 PrintWriter를 사용합니다.

14장에서는 PrintWriter는 사용하지 않았습니다. 대신 BufferedWriter를 썼죠. 여기서도 선택의 여지가 있는데, 한 번에 하나씩의 String 객체를 쓸 때는 PrintWriter를 쓰는 것이 가장 표준적인 방법입니다. PrintWriter에서 가장 핵심적인 메소드는 print()와 println()입니다. System.out에서와 마찬가지죠.

❶ 서버에 Socket 연결을 합니다.

이 부분은 전 페이지와 똑같습니다. 서버로 데이터를 보낼 때도 물론, 접속은 해야하니까요.

```
Socket chatSocket = new Socket("127.0.0.1", 5000);
```

❷ 소켓의 저수준(연결) 출력 스트림에 연쇄된 PrintWriter를 만듭니다.

```
PrintWriter writer = new PrintWriter(chatSocket.getOutputStream( ));
```

PrintWriter는 그 자체가 문자 데이터와 Socket의 저수준 출력 스트림으로부터 받는 바이트 사이의 다리 역할을 합니다. PrintWriter를 Socket의 출력 스트림에 연쇄시키면 String을 소켓 연결에 바로 쓸 수 있습니다.

Socket 객체는 저수준 연결 스트림을 제공하며 그 스트림을 PrintWriter 생성자로 전달하여 PrintWriter 객체를 만듭니다.

❸ 뭔가를 씁니다(출력합니다).

```
writer.println("보낼 메시지 ");
writer.print(" 또 다른 메시지 ");
```

println()에서는 보내는 String 맨 뒤에 개행 문자를 추가합니다.

print()에서는 개행 문자를 추가하지 않습니다.

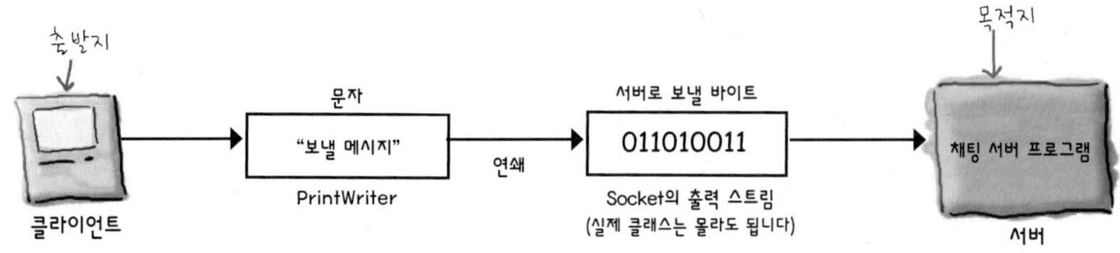

DailyAdviceClient

채팅 애플리케이션을 만들기 전에 조금 간단한 것부터 시작해보겠습니다. 우리의 조언 전문가가 지루한 코딩에 지쳐버린 프로그래머들에게 실용적인 조언을 제공해주는 서버 프로그램 역할을 합니다.

여기에서는 조언 전문가 프로그램에 대한 클라이언트 프로그램을 만들어보겠습니다. 이 프로그램은 매번 접속할 때마다 서버로부터 메시지를 받아옵니다.

머뭇거리지 말고 바로 시작해보세요. 이 애플리케이션을 만들고 나서 정말 중요한 조언을 얻을 수 있을지도 모르잖아요.

❶ 연결하기

클라이언트에서는 서버에 연결해서 서버로부터 입력 스트림을 받습니다.

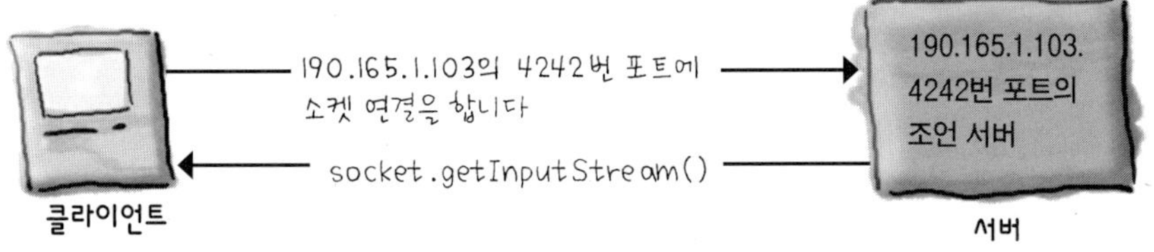

❷ 읽기

클라이언트에서 서버로부터 메시지를 읽어옵니다.

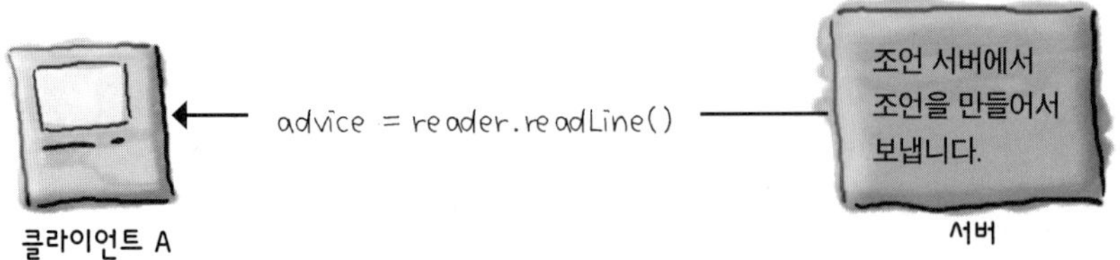

DailyAdviceClient 코드

이 프로그램에서는 Socket과 BufferedReader를 만들고(중간에 다른 스트림도 필요합니다) 서버 애플리케이션(4242번 포트에서 돌아가고 있는 애플리케이션)으로부터 한 행을 읽어옵니다.

```java
import java.io.*;
import java.net.*;                    // ← Socket 클래스가 java.net에 들어있습니다.

public class DailyAdviceClient {

    public void go() {
        try {                          // ← 잘못될 수 있는 부분이 많기 때문에 try/catch를 써야 합니다.
            Socket s = new Socket("127.0.0.1", 4242);
            // 이 코드가 실행되는 것과 같은 호스트("localhost")의 4242번 포트에서 실행중인 애플리케이션에 대한 Socket 연결을 만듭니다.

            InputStreamReader streamReader = new InputStreamReader(s.getInputStream());
            BufferedReader reader = new BufferedReader(streamReader);
            // Socket으로부터의 입력 스트림에 대한 InputStreamReader에 BufferedReader를 연쇄시킵니다.

            String advice = reader.readLine();
            System.out.println("Today you should: " + advice);
            // 이 readLine()은 파일에 연쇄된 BufferedReader를 쓸 때 사용한 readLine()과 완전히 똑같이 쓰면 됩니다. 즉 BufferedReader의 메소드를 호출할 때 그 객체에서는 문자들이 어디에서 오는지에 대해서 전혀 신경을 쓰지 않습니다.

            reader.close();            // ← 이렇게 하면 모든 스트림이 닫힙니다.

        } catch(IOException ex) {
            ex.printStackTrace();
        }
    }

    public static void main(String[] args) {
        DailyAdviceClient client = new DailyAdviceClient();
        client.go();
    }
}
```

연필을 깎으며

Socket을 통한 읽기 및 쓰기와 관련된 스트림/클래스를 얼마나 잘 기억하고 있는지 확인
해보겠습니다. 다른 내용은 보지 말고 기억에만 의존해서 답을 써 보세요.

Socket으로부터 **텍스트를 읽을 때**

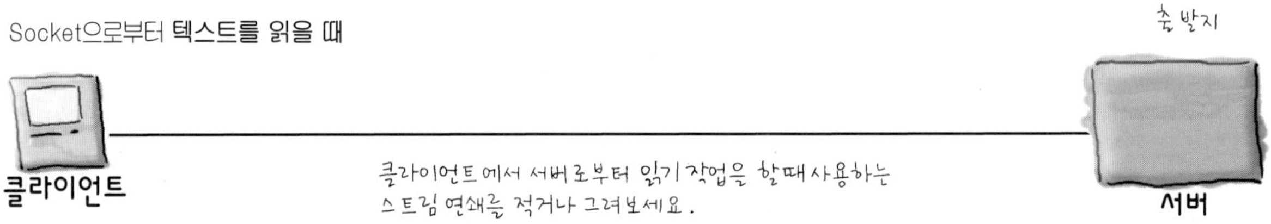

클라이언트

출발지

서버

클라이언트에서 서버로부터 읽기작업을 할때 사용하는
스트림 연쇄를 적거나 그려보세요.

Socket으로 **텍스트를 보낼 때**

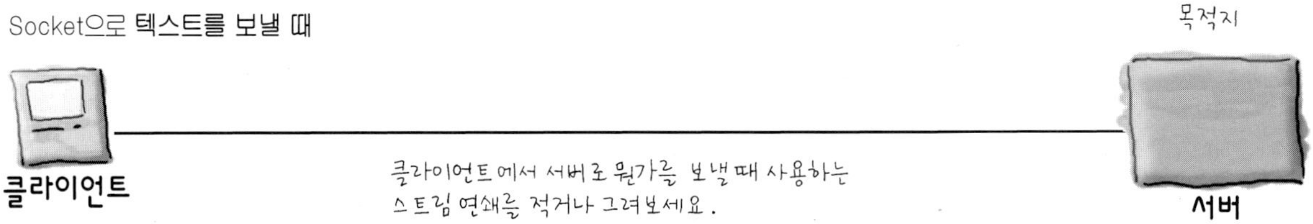

클라이언트

목적지

서버

클라이언트에서 서버로 뭔가를 보낼때 사용하는
스트림 연쇄를 적거나 그려보세요.

연필을 깎으며

빈 칸을 채워보세요.

서버와 Socket 연결을 위해 클라이언트에서 필요로 하는 두 가지 정보는? _______________

____

HTTP와 FTP와 같은 '잘 알려진 서비스'를 위해 예약된 TCP 포트 번호는? _______________

참일까요? 거짓일까요?: TCP 포트 번호의 범위는 short 원시값으로 표현할 수 있습니다. _______________

간단한 서버 만들기

서버 애플리케이션을 만들려면 어떤 것이 필요할까요? Socket이 두 개만 있으면
됩니다. 하나는 클라이언트 요청(클라이언트에서 new Socket()을 실행시키는 것)
을 기다리는 ServerSocket 소켓과 클라이언트와의 통신을 위해 쓰이는 일반적
인 소켓이죠.

작동 원리:

❶ 서버 애플리케이션에서 특정 포트에 대한 ServerSocket을 만듭니다.

```
ServerSocket serverSock = new ServerSocket(4242);
```

이렇게 하면 서버 애플리케이션에서 4242번 포트로
들어오는 클라이언트 요청을 감시하는 작업이 시작됩니다.

❷ 클라이언트에서 서버 애플리케이션으로 Socket 연결을 합니다.

```
Socket sock = new Socket("190.165.1.103", 4242);
```

클라이언트에서는 IP 주소와 포트 번호를 알고 있습니다(서버
애플리케이션을 만든 사람이 포트 번호를 공개했을 수도 있고 개인적
으로 알려줬을 수도 있겠죠).

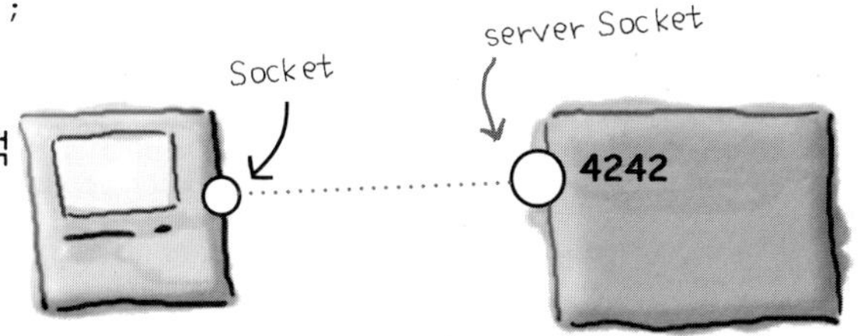

❸ 서버에서 클라이언트와 통신하기 위한 새로운 Socket을 만듭니다.

```
Socket sock = serverSock.accept();
```

accept( ) 메소드에서는 클라이언트의 Socket이 연결할 때까지 계속
기다립니다. 마침내 클라이언트에서 연결을 시도하면 그 메소드에서
클라이언트와 통신하는 방법을 알고 있는(즉, 클라이언트의 IP
주소와 포트 번호를 알고 있는) 일반적인 Socket(포트 번호는
다릅니다)을 리턴합니다. 그 Socket의 포트 번호는
ServerSocket의 포트 번호와 다릅니다. 그래야 ServerSocket
이 다른 클라이언트가 연결하는지 감시할 수 있을 테니까요.

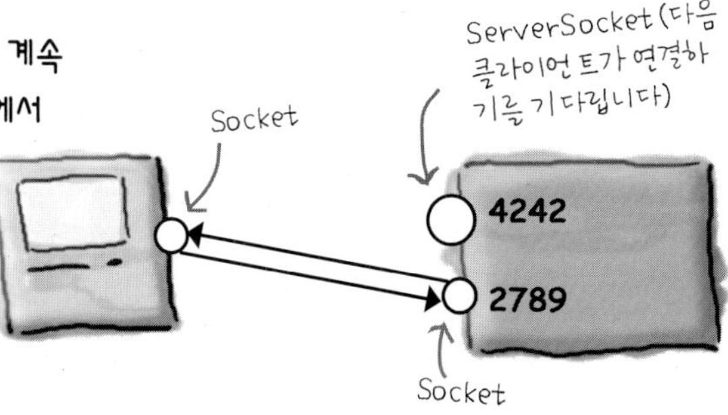

DailyAdviceServer 코드

이 프로그램에서는 ServerSocket을 만들고 클라이언트 요청이 들어올 때까지 기다립니다. 클라이언트 요청이 들어오면(즉, 어떤 클라이언트에서 이 애플리케이션에 연결하기 위한 Socket 객체를 새로 만들면) 서버에서는 새 Socket 객체를 만들어서 그 클라이언트로 연결합니다. 서버에서는 (Socket의 출력 스트림을 이용하여) PrintWriter를 만들고 클라이언트로 메시지를 보냅니다.

(여기에 있는 문자열은 일부러 줄을 띄운 것이 아니고 편집상 줄이 나뉘었을 뿐입니다. String 한개를 입력하는 도중에 엔터 키를 눌러서 다음 행으로 넘어가면 안 됩니다)

```java
import java.io.*;
import java.net.*;          // import 선언문을 빼먹으면 안 되겠죠?

public class DailyAdviceServer {          // 이 배열에 들어있는 조언이 클라이언트로 전달됩니다.

    String[] adviceList = {"조금씩 드세요.", "꼭 맞는 청바지를 입어보세요. 별로 뚱뚱해 보이지 않을 거예요.",
    "딱 한 마디만 하겠습니다: 좋지 않아요.", "오늘 하루만 솔직해집시다. 윗사람한테 용감하게 의견을 말해보세요!",
    "그 머리 스타일은 좀 안 어울리는 것 같은데요."};

    public void go() {

        try {
            ServerSocket serverSock = new ServerSocket(4242);
            // ServerSocket을 통해 이 서버 애플리케이션은 이 코드가 실행되고 있는 시스템의 4242번 포트로 들어오는 클라이언트 요청을 감시합니다.

            // 서버에서는 클라이언트 요청이 들어오는지 확인하고 서비스를 처리하는 무한 루프를 돌립니다.
            while(true) {
                Socket sock = serverSock.accept();
                // accept() 메소드는 요청이 들어올 때까지 그냥 기다립니다. 그리고 클라이언트 요청이 들어오면 클라이언트와의 통신을 위해 (현재 쓰이고 있지 않은 포트에 대한) Socket을 리턴합니다.

                PrintWriter writer = new PrintWriter(sock.getOutputStream());
                String advice = getAdvice();
                writer.println(advice);
                writer.close();
                System.out.println(advice);
                // 이제 클라이언트에 대한 Socket 연결을 써서 PrintWriter를 만들고 클라이언트에 String 조언 메시지를 보냅니다. (println() 메소드 사용) 그리고 나면 클라이언트와의 작업이 끝난 것이므로 Socket을 닫습니다.
            }

        } catch(IOException ex) {
            ex.printStackTrace();
        }
    } // go 메소드 끝

    private String getAdvice() {
        int random = (int) (Math.random() * adviceList.length);
        return adviceList[random];
    }

    public static void main(String[] args) {
        DailyAdviceServer server = new DailyAdviceServer();
        server.go();
    }
}
```

☢ 브레인 파워

서버에서는 클라이언트와 통신하는 방법을 어떻게 알 수 있나요?

클라이언트에서는 서버의 IP 주소와 포트 번호를 알고 있습니다. 하지만 서버에서는 어떻게 클라이언트와 Socket 연결을 하고 입력 스트림과 출력 스트림을 만들 수 있을까요?

서버에서 클라이언트에 대한 정보를 어떻게. 언제. 어디에서 알아낼 수 있을지 생각해보세요.

바보 같은 질문은 없습니다

Q : 앞 페이지에 있는 조언 서버 코드에는 아주 심각한 제약조건이 있는 것 같네요. 한 번에 하나씩의 클라이언트만 처리할 수 있지 않나요?

A : 예. 그렇습니다. 현재 클라이언트와의 작업이 끝나고 무한 루프를 도는 다음 순번이 되기 전까지는(즉 accept( ) 메소드가 다시 호출되면, 새로운 클라이언트에서 요청이 들어오면 Socket을 새로 만들고 전체 과정을 시작할 수 있게 되기 전까지는) 다른 클라이언트로부터 들어오는 요청을 받아들일 수가 없습니다.

Q : 그러면 서버에서 클라이언트 여러 개를 동시에 처리할 수 있게 하려면 어떻게 해야 하나요? 예를 들어, 채팅 서버에서는 DailyAdviceServer에서 썼던 방법을 절대 그대로 쓸 수 없잖아요.

A : 아, 그 문제는 상당히 간단하게 해결할 수 있습니다. 스레드를 따로 만들고 각 클라이언트의 Socket을 새로운 스레드로 넘겨주면 됩니다. 그 방법은 잠시 후에 알아보겠습니다.

핵심정리

- 클라이언트와 서버 애플리케이션은 Socket 연결을 통해서 통신합니다.

- Socket은 서로 다른 물리적인 시스템 두 개에서 실행될 가능성이 있는(물론, 같은 시스템에서 돌아갈 수도 있습니다) 애플리케이션 두 개 사이의 연결을 나타냅니다.

- 클라이언트는 서버 애플리케이션의 IP 주소(또는 도메인명)와 TCP 포트 번호를 알아야 합니다.

- TCP 포트는 특정 서버 애플리케이션에 할당된 16비트 부호가 없는 정수입니다. TCP 포트 번호는 서로 다른 클라이언트가 똑같은 시스템에 접속하여 그 시스템에서 돌아가고 있는 서로 다른 애플리케이션과 통신을 할 수 있게 해주는 역할을 합니다.

- 0번부터 1,023번까지의 포트 번호는 HTTP, FTP, SMTP와 같이 '잘 알려진 서비스'용으로 예약되어있습니다.

- 클라이언트에서는 서버 Socket을 만드는 방법으로 서버에 연결합니다.

```
Socket s = new Socket("127.0.0.1", 4200);
```

- 일단 연결되고 나면 클라이언트는 소켓으로부터 입력 및 출력 스트림을 얻을 수 있습니다. 이런 스트림은 저수준 '연결' 스트림입니다.

```
sock.getInputStream();
sock.getOutputStream();
```

- 서버로부터 텍스트 데이터를 읽고 싶다면 Socket으로부터 가져온 입력 스트림에 연쇄된 InputStreamReader와 이와 연쇄된 BufferedReader를 만들면 됩니다.

- InputStreamReader는 바이트를 받아서 텍스트(문자) 데이터로 변환해주는 '다리' 역할을 하는 스트림입니다. 주로 고수준의 BufferedReader와 저수준의 Socket 입력 스트림 사이에 들어가는 가운데 고리 역할을 합니다.

- 서버로 텍스트 데이터를 보낼 때는 소켓의 출력 스트림에 직접 연쇄된 PrintWriter를 만들면 됩니다. 이 객체의 print( ) 또는 println( ) 메소드를 호출하면 서버로 String을 보낼 수 있습니다.

- 서버에서는 특정 포트 번호로 들어오는 클라이언트 요청을 기다리기 위해 ServerSocket을 사용합니다.

- ServerSocket으로 요청이 들어오면 그 클라이언트와 Socket 연결을 함으로써 그 요청을 수락합니다.

채팅 클라이언트를 만들어봅시다.

지금부터 두 단계를 거쳐서 채팅 클라이언트를 만들어보겠습니다. 우선 서버로 메시지를 보내기만 할 뿐 채팅방에 있는 다른 사람이 보낸 메시지를 받을 수는 없는 보내기 전용 버전을 만들겠습니다(조금 황당하죠? 메시지를 보내기만 하고 받을 수는 없는 채팅 프로그램을 만들다니…).

그리고 나서 완전한 기능을 하는, 즉 채팅 메시지를 보낼 수도 있고 받을 수도 있는 프로그램을 만들어보겠습니다.

첫번째 버전: 보내기 전용 프로그램

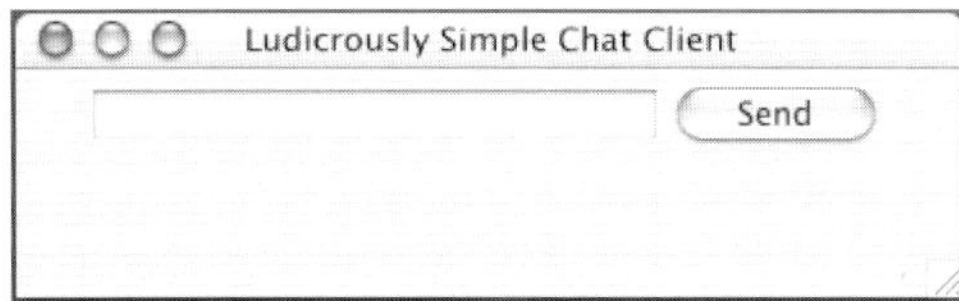

메시지를 입력하고 'Send'를 누르면 서버로 메시지를 보낼 수 있습니다. 이 버전에서는 서버로부터 아무 메시지도 받지 않을 것이므로 스크롤 텍스트 영역은 만들지 않겠습니다.

코드 개요

```java
public class SimpleChatClientA {

    JTextField outgoing;
    PrintWriter writer;
    Socket sock;

    public void go() {
        // GUI 를 만들고 send 버튼에 대한 리스너를 등록합니다.
        // setUpNetworking() 메소드를 호출합니다.
    }

    private void setUpNetworking() {
        // Socket 을 만들고 PrintWriter 를 만듭니다.
        // 그 PrintWriter 를 writer 인스턴스 변수에 대입합니다.
    }

    public class SendButtonListener implements ActionListener {
        public void actionPerformed(ActionEvent ev) {
            // 텍스트 필드로부터 텍스트를 알아낸 다음
            // writer(PrintWriter 객체)를 써서 서버로 보냅니다.
        }
    } // SendButtonListener 내부 클래스 끝

} // 외부 클래스 끝
```

```java
import java.io.*;
import java.net.*;
import javax.swing.*;
import java.awt.*;
import java.awt.event.*;

public class SimpleChatClientA {

    JTextField outgoing;
    PrintWriter writer;
    Socket sock;

    public void go() {
        JFrame frame = new JFrame("Ludicrously Simple Chat Client");
        JPanel mainPanel = new JPanel();
        outgoing = new JTextField(20);
        JButton sendButton = new JButton("Send");
        sendButton.addActionListener(new SendButtonListener());
        mainPanel.add(outgoing);
        mainPanel.add(sendButton);
        frame.getContentPane().add(BorderLayout.CENTER, mainPanel);
        setUpNetworking();
        frame.setSize(400,500);
        frame.setVisible(true);
    } // go 메소드 끝

    private void setUpNetworking() {
        try {
            sock = new Socket("127.0.0.1", 5000);
            writer = new PrintWriter(sock.getOutputStream());
            System.out.println("networking established");
        } catch(IOException ex) {
            ex.printStackTrace();
        }
    } // setUpNetworking 끝

    public class SendButtonListener implements ActionListener {
        public void actionPerformed(ActionEvent ev) {
            try {
                writer.println(outgoing.getText());
                writer.flush();

            } catch(Exception ex) {
                ex.printStackTrace();
            }
            outgoing.setText("");
            outgoing.requestFocus();
        }
    }   // SendButtonListener 내부 클래스 끝

    public static void main(String[] args) {
        new SimpleChatClientA().go();
    }
} // 외부 클래스 끝
```

스트림 클래스(java.io)와 Socket(java.net) 및 GUI 관련 클래스를 불러오기 위한 import 선언문입니다.

GUI를 만듭니다. 새로운 내용도 없고 네트워크나 입출력과 관련된 내용도 없습니다.

한 시스템에서 서버와 클라이언트를 모두 테스트할수 있도록 하기 위해 localhost를 사용합니다.

Socket과 PrintWriter를 만드는 부분입니다. (go() 메소드에서 애플리케이션 GUI를 화면에 표시하기 직전에 이 메소드를 호출합니다)

메시지를 보내는 작업을 하는 부분입니다. writer는 Socket으로부터 얻은 출력 스트림에 연쇄되어있기 때문에 println()을 호출할때마다 그 String이 네트워크를 통해서 서버로 전달됩니다.

이 코드를 테스트해보고 싶으면 이 장 맨 뒤에 있는 서버의 인스턴트 코드도 입력해서 컴파일해야 합니다. 우선 한 쪽 터미널에서는 서버를 실행한 다음 다른 터미널에서 이 클라이언트를 실행시키면 됩니다.

두 번째 버전: 보내기와 받기

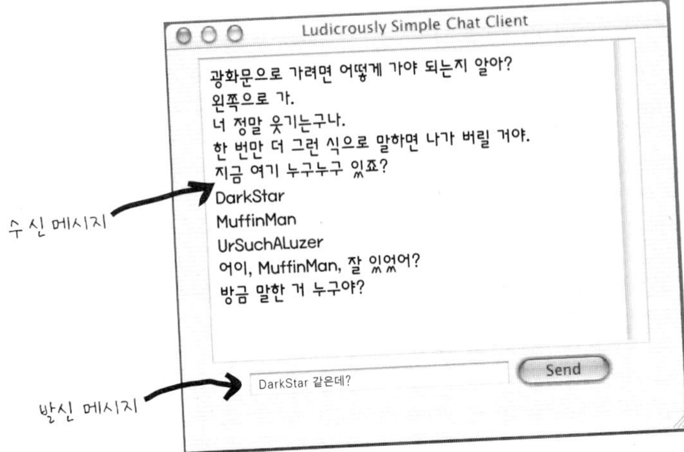

서버에서는 클라이언트로부터 메시지를 받자마자 채팅에 참여하고 있는 모든 클라이언트로 메시지를 보냅니다. 클라이언트에서 메시지를 보냈을 때 서버에서 그 메시지를 모든 클라이언트로 보내기 전까지는 메시지를 보낸 클라이언트의 수신 메시지 표시 영역에 그 메시지가 출력되지 않습니다.

중요한 문제: 서버로부터 어떻게 메시지를 받을 수 있을까요?

간단합니다. 네트워크를 설정할 때 입력 스트림도 같이 만들면 됩니다(BufferedReader를 쓰면 되겠죠?). 그리고 readLine()을 써서 메시지를 읽으면 됩니다.

더 중요한 문제: 언제 서버로부터 메시지를 받나요?

한 번 생각해보세요. 어떤 방법이 있을까요?

① 첫번째 방법: 20초마다 서버를 확인합니다.

장점: 불가능한 방법은 아닙니다.

단점: 서버에서, 그 클라이언트에서 이미 받은 메시지와 아직 받지 않은 메시지를 어떻게 알 수 있을까요? 그리고 서버에서는 메시지를 받을 때마다 바로 나눠주고 신경을 끄는 방법 대신 메시지를 저장하는 방법을 써야 할 것입니다. 그리고 왜 20초라는 시간도 참 애매합니다. 이렇게 오랫동안 기다려야 하면 채팅이 상당히 느리고 불편할 것이고, 그 시간 간격을 줄이면 불필요하게 서버를 자주 확인해야 하기 때문에 비효율적인 프로그램이 될 가능성이 높아지죠.

② 두 번째 방법: 사용자가 메시지를 보낼 때마다 서버로부터 메시지를 받아옵니다.

장점: 프로그램을 만들기가 매우 쉽습니다.

단점: 아주 멍청한 방법입니다. 메시지를 확인하는 간격이 아주 불규칙적으로 되는 데다가 사용자가 글을 잘 안 쓰고 지켜보기만 하는 편이면 어떻게 해야 할까요?

③ 세 번째 방법: 서버에서 메시지를 보내면 바로 메시지를 읽습니다.

장점: 가장 효율적이고 사용하기도 편합니다.

단점: 동시에 두 가지 일을 하려면 어떻게 해야 할까요? 이 코드를 어디에 집어넣어야 할까요? 항상 서버로부터 메시지를 읽어오기 위해 대기하고 있는 순환문이 필요합니다. 하지만 그 순환문을 어디에 집어넣어야 할까요? 일단 GUI를 띄우고 나면 GUI 구성요소에서 이벤트를 내놓을 때까지는 아무 일도 일어나지 않는 데 말이죠.

지금쯤이면 세 번째 옵션을 사용할 것이라는 것을 눈치 챘겠죠?

모든 것이 연속적으로 진행되어야 합니다. 사용자가 GUI를 건드리는 것은 전혀 방해하지 않으면서 서버로부터 오는 메시지를 확인할 수 있어야만 합니다. 그래야 사용자가 새 메시지를 타이핑하거나 수신 메시지를 스크롤하는 동안에도 그 뒤에서는 서버로부터 들어오는 메시지를 계속 받을 수 있습니다.

즉, 새로운 스레드가 필요합니다. 별도의 스택을 새로 만들어야 한다는 거죠.

보내기 전용 버전(첫번째 버전)에서 했던 것은 똑같이 작동하면서 동시에 서버로부터 정보를 읽어들이고 수신 메시지가 출력되는 텍스트 영역에 그 정보를 표시하는 별도의 프로세스가 돌아가야 합니다.

물론, 정확하게 말하자면 약간 달라집니다. 컴퓨터에 프로세서 여러 개가 있는 것이 아니라면 새로 만들어진 자바 스레드는 운영체제 내에서 별도의 프로세스로 돌아가지 않습니다. 하지만 거의 그런 것처럼 느껴지죠.

자바에서의 멀티스레딩

자바에서는 언어 자체에 다중 스레딩 기능이 내장되어 있습니다. 그리고 새로운 실행 스레드를 만드는 방법도 아주 간단합니다

```
Thread t = new Thread();
t.start();
```

이 코드가 전부입니다. 새로운 Thread 객체를 만들면 별도의 호출 스택이 있는 실행 스레드가 새로 시작됩니다.

하지만 한 가지 문제점이 있습니다.

그 스레드는 아무것도 하지 않는 스레드기 때문에 만들어지자마자 죽어버립니다. 스레드가 죽으면 새로 만들어진 스택도 사라지고, 결국 모두 아무것도 아닌 게 되고 말겠죠.

중요한 구성요소 한 가지가 빠져 있습니다. 바로 작업(job)이죠. 즉, 별도의 스레드에서 실행시킬 코드가 필요합니다.

자바에서 다중 스레딩을 사용하려면 스레드와 그 스레드에 의해 실행되는 작업에 모두 신경을 써야 합니다. 그리고 java.lang 패키지에 들어있는 Thread 클래스도 살펴봐야겠죠?(java.lang은 따로 import 선언문을 쓰지 않아도 무조건 쓸 수 있는 패키지라는 것을 기억하고 있죠? String이나 System과 같은 자바 언어에서 가장 근본적인 클래스가 들어있는 패키지라는 것도요).

자바에서는 스레드 여러 개를 사용할 수 있지만 Thread 클래스는 하나뿐입니다.

스레드라고 그냥 한글로(영문으로는 소문자 't'로 시작해서 thread로) 쓸 때도 있고 Thread라고 대문자로 시작해서 쓰는 경우도 있습니다. 스레드라고 하는 경우는 별도의 실행 스레드(thread of execution)를 의미하는 것입니다. 즉, 별도의 호출 스택(call stack)이 있다는 것을 의미하는 것이죠. Thread라고 나와있으면 자바의 명명 규칙을 한번 생각해보세요. 자바에서 대문자로 시작하는 것에는 어떤 게 있죠? 예. 클래스와 인터페이스가 있습니다. 이 경우에 Thread는 java.lang 패키지에 들어 있는 클래스명을 뜻합니다. Thread 객체는 실행 스레드를 의미합니다. 따라서 새로운 실행 스레드를 만들 때는 Thread 클래스의 인스턴스를 만들어야 됩니다.

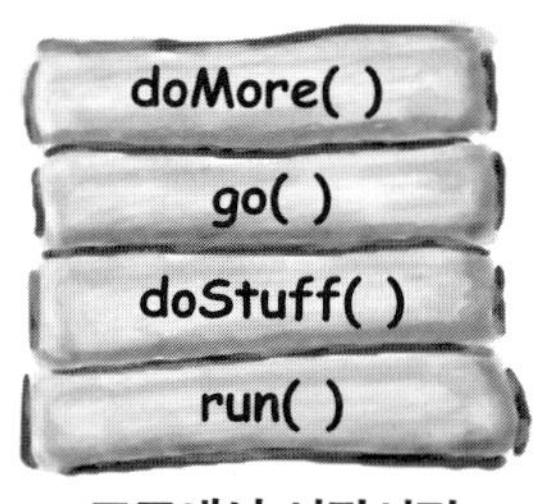

스레드는 별도의 실행 스레드를 지칭합니다. 즉, 별도의 호출 스택을 의미하는 것이죠. 모든 자바 애플리케이션에서는 메인 스레드(스택 맨 밑에 main() 메소드가 들어있는 스레드)를 시작합니다. 메인 스레드를 시작하는 것은 JVM에서 책임집니다(가비지 컬렉션 스레드와 같은 JVM에서 관장하는 다른 스레드도 JVM에서 알아서 관리합니다). 그리고 프로그래머들이 다른 스레드를 시작시키는 코드를 직접 만들 수도 있습니다.

Thread

Thread
void join() void start()
static void sleep()

java.lang.Thread 클래스

Thread(대문자 T로 시작)는 실행 스레드를 나타내는 클래스입니다. 스레드를 시작(start)시키고 한 스레드를 다른 스레드와 결합(join)시키고 스레드를 대기 상태로 돌리는(sleep) 메소드 등이 들어있죠. (다른 메소드도 있지만 가장 중요한 것을 골라보면 start(), join(), sleep() 등을 생각할 수 있습니다)

호출 스택이 두 개 이상 있다는 것은 무엇을 의미하나요?

호출 스택이 두 개 이상 있으면 여러 가지가 동시에 일어나는 것처럼 보이게 할 수 있습니다. 물론, 실제로는 CPU가 두 개 이상 있는 시스템에서만 한 번에 두 가지 이상의 일을 할 수 있지만 자바 스레드를 사용하면 여러 가지 일을 동시에 진행하는 것처럼 보이게 할 수 있습니다. 즉, 여러 스택이 아주 빠르게 번갈아 실행되기 때문에 여러 스택이 동시에 실행되는 것처럼 보이지요. 자바는 실제 운영체제 위에서 돌아가고 있는 프로세스에 불과하다는 것을 떠올려보세요. 따라서 처음에는 자바 자체가 운영체제의 '현재 실행중인 프로세스'가 되어야 합니다. 하지만 일단 자바가 실행될 차례가 되면 JVM에서는 정확하게 어떤 것을 실행시킬까요? 어떤 바이트코드를 실행시킬까요? 현재 실행중인 스택의 맨 위에 있는 것을 실행시킵니다. 그리고 0.1초도 안 되어 현재 실행중인 코드가 다른 스택에 있는 다른 메소드로 전환될 수 있습니다.

스레드에서 해야 하는 일 중에는 스레드의 스택에서 현재 (어떤 메소드에 들어있는) 어떤 선언문이 실행되고 있는지를 추적하는 작업도 포함되어 있습니다.

아마 다음과 같은 식으로 진행되겠죠?

① JVM에서 main( ) 메소드를 호출합니다.

```
public static void main(String[] args) {
...
}
```

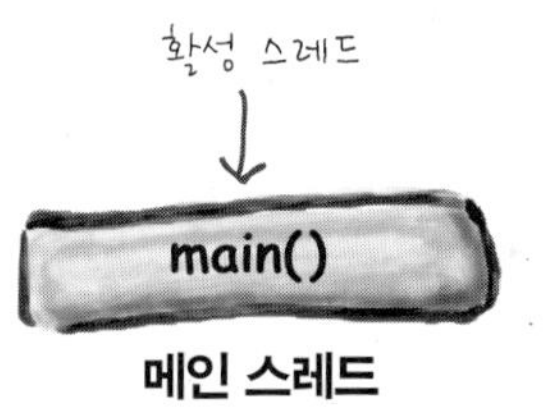

② main( )에서 새로운 스레드를 시작합니다. 새로운 스레드가 시작되면 메인 스레드는 일시적으로 멈춥니다.

```
Runnable r = new MyThreadJob();
Thread t = new Thread(r);
t.start();
Dog d = new Dog();
```

잠시 후에 무슨 뜻인지 배우게 될 것입니다.

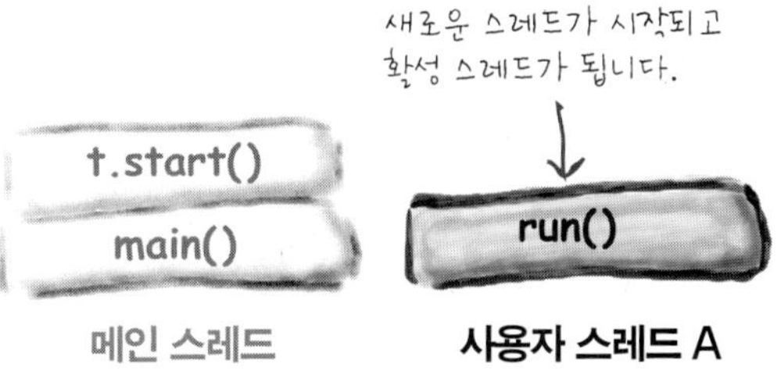

③ JVM에서는 두 스레드가 종료될 때까지 새로운 스레드(사용자 스레드 A)와 원래의 메인 스레드 사이를 왔다 갔다 합니다.

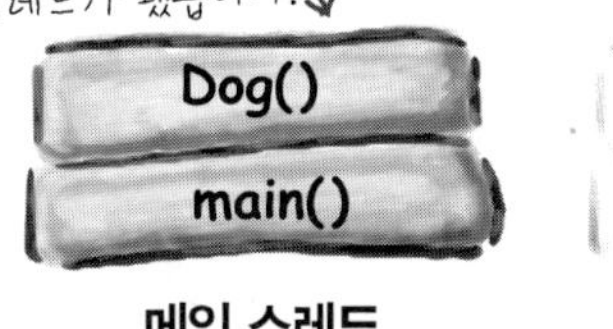

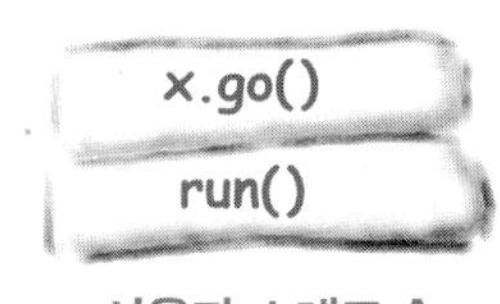

새로운 스레드를 시작하는 방법

❶ Runnable 객체(스레드에서 할 작업)를 만듭니다.

Runnable threadJob = new MyRunnable();

Runnable은 인터페이스입니다. Runnable 인터페이스에 대한 것은 다음 페이지에서 배울 것입니다. Runnable 인터페이스를 구현하는 클래스를 만들어야 하며 스레드에서 처리할 작업은 그 클래스에서 정의합니다. 즉 새로운 스레드의 호출 스택에서 실행할 메소드를 그 클래스에서 정의해야 합니다.

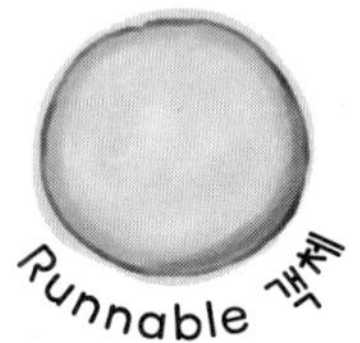

**❷ Thread 객체(일꾼)를 만들고 그 객체에
Runnable 객체(작업)를 전달합니다.**

Thread myThread = new Thread(threadJob);

새로운 Runnable 객체를 Thread 생성자에 전달합니다. 이렇게 하면 새로운 Thread 객체에서 새로운 스택 맨 밑에 넣을 메소드(Runnable 객체의 run() 메소드)를 알려줄 수 있습니다.

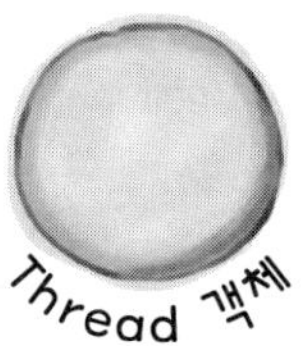

❸ Thread 객체를 시작시킵니다.

myThread.start( );

Thread의 start( ) 메소드를 호출하기 전까지는 아무 일도 일어나지 않습니다. start( ) 메소드를 호출하면 그제서야 Thread 인스턴스에서 새로운 실행 스레드를 만들어내는 것이죠. 새로운 스레드가 시작되면 Runnable 객체의 run( ) 메소드를 받아서 새로운 스레드의 스택 맨 아래에 집어넣습니다.

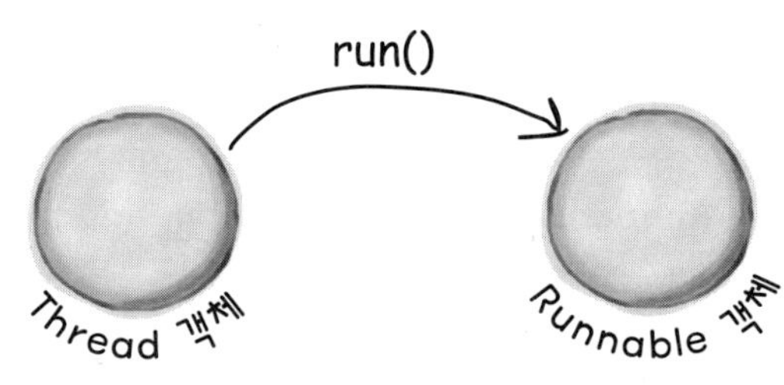

모든 Thread에는 할 작업을 정해줘야 합니다.
새로운 스레드 스택에 집어넣을 메소드가 필요하죠.

Runnable 객체와 Thread 객체의 관계는 작업과 일꾼 사이의 관계와 같습니다. Runnable 객체에 스레드에서 실행시킬 작업이 들어있지요.

객체에는 새로운 스레드 스택의 맨 밑에 들어가는 run()이라는 메소드가 들어있습니다.

객체에는 작업을 줘야 합니다. 스레드가 시작되었을 때 그 스레드에서 할 작업을 줘야 하는 것이죠. 그 작업은 사실 새로운 스레드의 스택에 들어가는 첫번째 메소드며 반드시 다음과 같은 형태의 메소드여야만 합니다.

```
public void run() {
        // 새로운 스레드에서 실행시킬 코드
}
```

Runnable 인터페이스에서는 public void run() 메소드 하나만 정의합니다(인터페이스므로 어떻게 지정하든 그 메소드는 무조건 public으로 지정됩니다).

스레드에서는 스택 맨 아래에 어떤 메소드를 넣을지 어떻게 알 수 있을까요? 바로 Runnable 인터페이스에서 맺은 약속을 통해 알 수 있습니다. 스레드에서 할 일은 Runnable 인터페이스를 구현하는 모든 클래스에서 정의할 수 있습니다. 그리고 Thread 생성자에 Runnable을 구현하는 객체를 전달하기만 하면 스레드에서 알아서 일을 합니다.

Runnable을 Thread 생성자에 전달하는 것은 사실 Thread에 run() 메소드를 구하는 방법을 알려주는 것이라고 할 수 있습니다. 즉, Thread에 할 일을 주는 것이지요.

스레드에서 할 일을 만들려면
Runnable 인터페이스를 구현하세요.

Runnable은 java.lang 패키지에 들어있기 때문에 import 선언문을 쓰지 않아도 됩니다.

```java
class MyRunnable implements Runnable {

    public void run() {
        go();
    }

    public void go() {
        doMore();
    }

    public void doMore() {
        System.out.println("top o' the stack");
    }
}
```

❷ Runnable에는 구현할 메소드가 public void run()하나 밖에 없습니다(인자는 없습니다). 스레드에서 실행해야할 작업이 바로 여기에 들어가야 합니다. 새로운 스택 맨 밑에 바로 이 메소드가 들어갑니다.

```java
public class ThreadTester {

    public static void main (String[] args) {

        Runnable threadJob = new MyRunnable();
        Thread myThread = new Thread(threadJob);

        myThread .start();

        System.out.println("back in main");
    }
}
```

Thread 생성자에 Runnable 인터페이스를 전달합니다. 이렇게하면 스레드에 새로운 스택 맨 아래에 집어넣을 메소드(즉, 새로운 스레드에서 가장 먼저 실행할 메소드)를 알려줄 수 있습니다.

❶ Thread 인스턴스의 start() 메소드를 실행시키기 전까지는 새로운 실행 스레드가 만들어지지 않습니다. 즉, 그 전까지는 스레드가 스레드 역할을 못하죠. start() 메소드를 실행시키기 전까지는 다른 일반적인 객체와 비슷한 그냥 Thread의 인스턴스일 뿐 스레드다운 성질이 있질 못합니다.

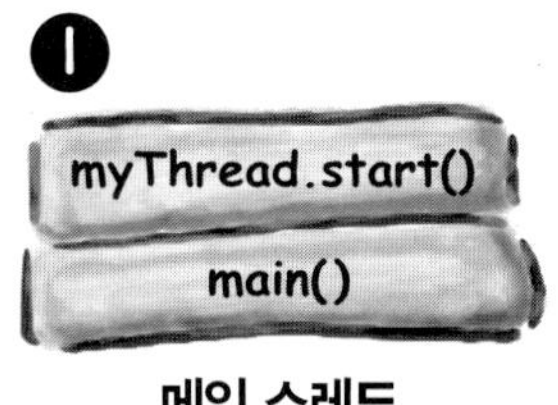

❶ 메인 스레드

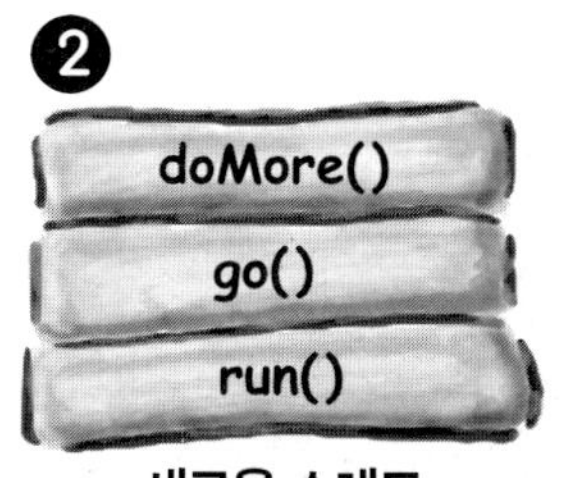

❷ 새로운 스레드

⚛ 브레인 파워

위에 있는 ThreadTester 클래스를 실행시키면 어떤 결과가 나올까요?(몇 페이지 뒤에서 그 결과를 알 수 있습니다)

새로 만들어진 스레드의 세 가지 상태


```
Thread t = new Thread(r);
```



```
Thread t = new Thread(r);
```

Thread 인스턴스가 만들어지긴 했지만 아직 시작되지 않았습니다. 즉 Thread 객체만 있고 아직 실행 스레드는 없는 상태입니다.

```
t.start();
```

스레드를 시작하면 실행 가능한 상태(runnable state)로 들어갑니다. 즉, 실행할 준비가 되어있고 실행 대상으로 선정되기를 기다리고 있는 상태가 되는 것입니다. 이 시점에서는 이 스레드를 위한 새로운 호출 스택이 있습니다.

모든 스레드가 추구하는 상태가 바로 이 상태입니다. 즉 선택을 받아서 '현재 실행중인 스레드'가 되는 것입니다. 그런 결정은 JVM 스레드 스케줄러만이 내릴 수 있습니다. 때때로 그런 결정에 영향을 끼칠 수는 있지만 실행 가능한 상태의 스레드를 강제로 실행중인 상태의 스레드로 만들 수는 없습니다. 실행중인 상태에서는 그 스레드가 (그리고 그 스레드만) 활성 호출 스택을 가지게 되고 그 스택의 맨 위에 있는 메소드가 실행되지요.

하지만 이게 전부가 아닙니다. 일단 스레드가 실행 가능한 상태에 들어가고 나면 실행 가능한 상태와 실행중인 상태, 그리고 또 다른 추가적인 상태인 '일시적인 실행 불가능 상태('봉쇄 상태(blocked state)'라고도 부릅니다)' 사이에서 왔다 갔다하게 됩니다.

실행 가능한 상태와 실행중인 상태 사이에서의 전환

일반적으로 스레드는 JVM 스레드 스케줄러가 실행시킬 스레드를 선택했다가 다른 스레드에 기회를 주는 과정을 반복함에 따라 실행 가능한 상태와 실행중인 상태 사이에서 왔다 갔다 합니다.

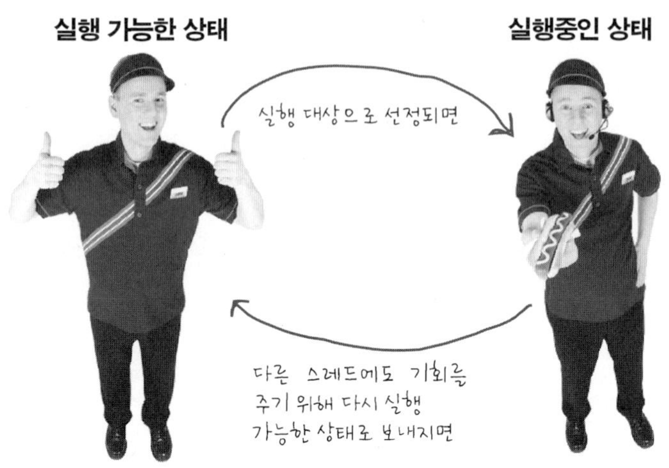

스레드가 일시적인 실행 불가능 상태가 될 수도 있습니다.

스레드 스케줄러에서 여러 가지 이유로 인해 실행중인 스레드를 봉쇄 상태로 전환할 수도 있습니다. 예를 들어, 스레드에서 Socket 입력 스트림으로부터 어떤 데이터를 받아야 하는 코드를 실행 중인데 아직 읽을 데이터가 없는 경우를 생각할 수 있겠죠. 이런 경우에는 스레드 스케줄러에서 다시 작동할 수 있는 요건이 만족되기 전까지 스레드를 실행중인 상태로 돌려주지 않습니다. 아니면 실행중인 코드에서 그 스레드를 대기 상태로 돌리라고 했을 수도 있습니다(sleep() 메소드를 호출하면 그렇게 됩니다). 아니면 어떤 객체의 메소드를 호출하려고 했는데 그 객체가 '잠겨' 있을 수도 있습니다. 그런 경우에는 그 객체에 대한 락(lock)을 소유하고 있던 객체에서 그 락을 해제하기 전까지는 스레드가 실행될 수 없겠죠.

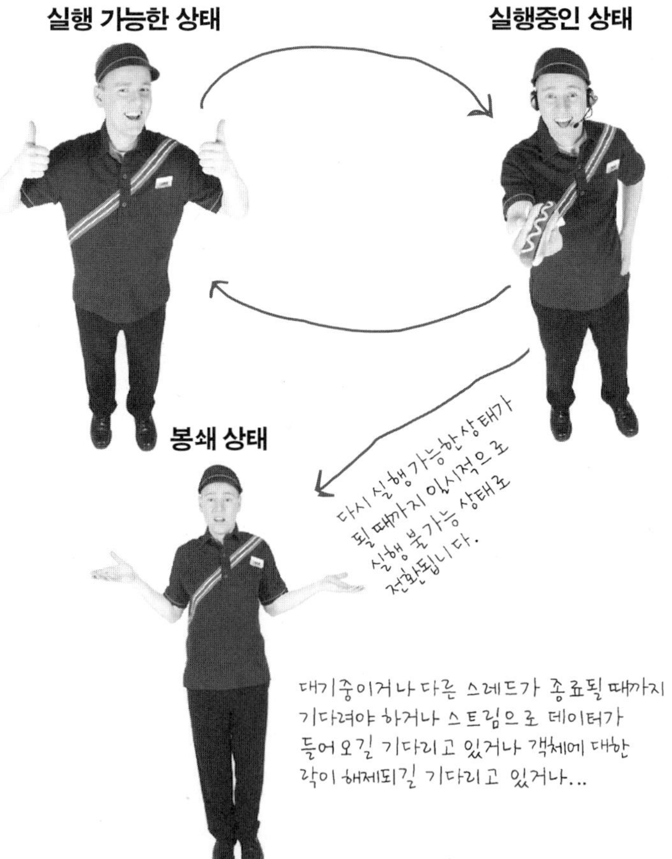

스레드 스케줄러

누가 실행중인 상태에서 실행 가능한 상태로 움직여야 할지, 언제 (그리고 어떤 상황에서) 스레드가 실행중인 상태를 떠나야 하는지 등의 결정은 모두 스레드 스케줄러가 내립니다. 스케줄러는 어떤 스레드가 실행되어야 하는지, 얼마나 오랫동안 실행되어야 하는지, 그리고 스케줄러에서 그 스레드를 현재 실행중인 상태에서 쫓아냈을 때 그 스레드가 어디로 가야 하는지도 결정합니다.

스케줄러를 사용자 마음대로 제어할 수는 없습니다. API에는 스케줄러에 대해 호출할 수 있는 메소드가 하나도 없으니까요. 가장 중요한 것은 스케줄링과 관련하여 어떤 것도 확언할 수 없다는 것입니다(거의 확실하게 보장되는 것이 약간 있긴 하지만 그런 것도 완벽하게 보장이 되는 것은 아닙니다).

한 가지 반드시 지켜야 하는 규칙이 있습니다. "**스케줄러가 어떤 특별한 방식으로 작동할 것을 가정하고 프로그램을 만들면 안 된다**"는 규칙이 바로 그것입니다. 스케줄러는 JVM에 따라 다르게 구현되어있고 같은 시스템에서 같은 프로그램을 돌려도 결과가 달라질 수 있습니다. 초보 자바 프로그래머들이 저지르기 쉬운 매우 치명적인 실수 중의 하나로 멀티스레드 자바 프로그램을 시스템 한 대에서만 테스트해보고는 그 프로그램을 어디에서 실행시키든지 스레드 스케줄러가 항상 그런 식으로 작동할 것이라고 생각하는 것을 들 수 있습니다.

그러면 프로그램을 한 번만 만들면 어디에서든지 실행시킬 수 있다는 자바의 가장 중요한 모토 중의 하나는 어떻게 되는 걸까요? 진정으로 아무 플랫폼에서나 실행할 수 있는 자바 코드를 만들려면 스레드 스케줄러가 어떤 식으로 돌아가든지 잘 작동하는 멀티스레드 프로그램을 만들어야 합니다. 예를 들어, 스케줄러에서 모든 스레드를 똑같은 정도로 실행 가능한 상태에 집어넣어주어야 한다는 조건 같은 것에 의존하면 안 됩니다. 요즘 나오는 JVM에서는 그럴 가능성이 거의 없지만 여러분이 만든 프로그램을 "5번 스레드, 네가 가장 중요하니까 적어도 내가 책임지는 동안은 네가 할 일이 끝날 때까지, 즉 run() 메소드가 종료될 때까지 계속 너만 작업해도 돼"와 같은 식으로 일을 하는 스케줄러가 있는 JVM에서 실행시킬 가능성도 완전히 배제할 수는 없습니다.

스레드 스케줄러에 가장 큰 영향을 미치는 것 가운데 하나는 바로 대기 상태입니다. 어떤 스레드를 대기 상태에 집어넣으면, 그 시간이 몇 밀리초 밖에 되지 않더라도 그 실행중인 상태의 스레드가 실행중인 상태에서 벗어나고 다른 스레드에 실행 기회를 주게 됩니다. 스레드의 sleep() 메소드에서는 한 가지 보장해주는 것이 있습니다. 대기중인 스레드는 대기 시간이 종료되기 전까지는 절대 현재 실행중인 스레드가 되지 않는다는 것입니다. 예를 들어, 어떤 스레드를 2초(2,000밀리초) 동안 대기시켰다면 그 스레드는 그 2초가 지나가기 전에는 절대 실행중인 상태의 스레드가 될 수 없습니다.

스케줄러의 불확실성을 보여줄 수 있는 예제

어떤 시스템에서 다음과 같은 코드를 실행시켰더니:

```java
class MyRunnable implements Runnable {

    public void run() {
        go();
    }

    public void go() {
        doMore();
    }

    public void doMore() {
        System.out.println("top o' the stack");
    }
}


public class ThreadTestDrive {

    public static void main (String[] args) {

        Runnable threadJob = new MyRunnable();
        Thread myThread = new Thread(threadJob);

        myThread.start();

        System.out.println("back in main");
    }
}
```

다음과 같은 결과가 나왔습니다:

```
File Edit Window Help PickMe
% java ThreadTestDrive
back in main
top o' the stack
% java ThreadTestDrive
top o' the stack
back in main
% java ThreadTestDrive
top o' the stack
back in main
% java ThreadTestDrive
top o' the stack
back in main
% java ThreadTestDrive
top o' the stack
back in main
% java ThreadTestDrive
top o' the stack
back in main
% java ThreadTestDrive
back in main
top o' the stack
```

순서가 아무렇게나 바뀐다는 것을 알 수 있습니다. 새로운 스레드가 먼저 끝나기도 하고 메인 스레드가 먼저 끝나는 경우도 있습니다.

왜 결과가 달라질까요?

이런 식으로 돌아가는 경우도 있습니다:

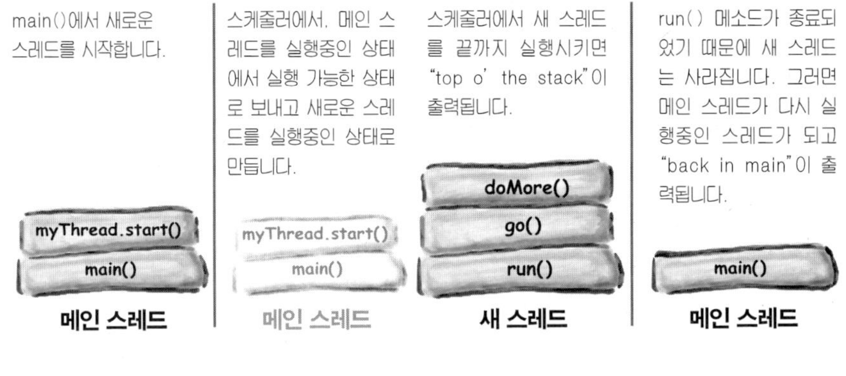

그리고 다음과 같은 식으로 돌아갈 수도 있습니다:

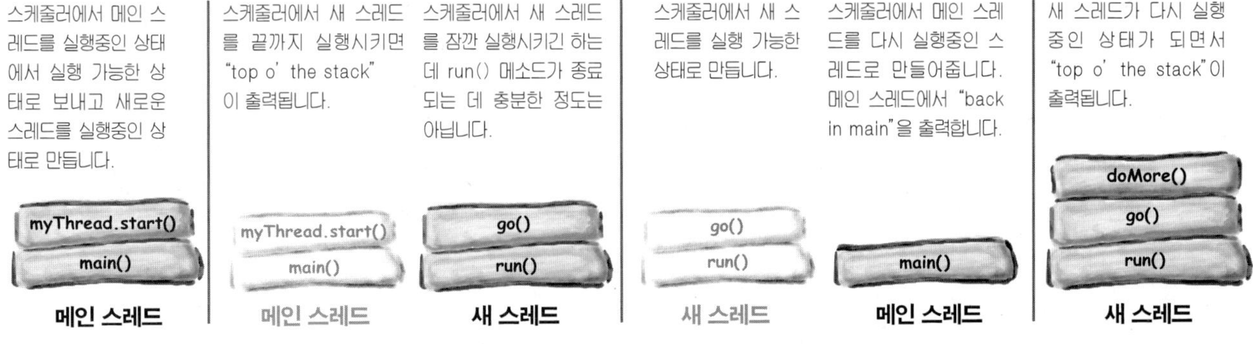

바보 같은 질문은 없습니다

Q : 어떤 코드를 보니까 Runnable을 구현한 클래스를 따로 만들지 않고 대신 Thread의 하위클래스를 만들고 그 Thread 클래스의 run( ) 메소드만 오버라이드하는 경우도 있었거든요. 그렇게 해서 인자가 없는 Thread 생성자를 호출하던데, 그렇게 해도 되나요?

Thread t = new Thread( ); // Runnable 객체를 쓰지 않음

A : 예. 그런 식으로 스레드를 만들어도 됩니다. 하지만 객체지향적인 관점에서 생각해보세요. 원래 하위클래스를 만드는 목적이 뭐였죠? 지금 여기서는 Thread 객체와 그 스레드에서 해야 하는 작업을 구분해서 얘기하고 있습니다. 객체지향적인 관점에서 보면 그 둘의 역할은 확실히 구분되어 있고 서로 다른 클래스에 속합니다. 새로운, 더 구체적인 유형의 Thread 클래스를 만들고 싶을 때 Thread의 하위클래스를 만드는 것이 더 표준적이고 정상적입니다. 즉 Thread를 일꾼이라고 생각한다면 더 구체적인 일꾼의 행동이 필요한 것이 아니라면 Thread 클래스를 확장하지 않는 것이 더 타당합니다. 하지만 Thread, 또는 일꾼이 해야 하는 새로운 작업이 필요한 것이라면 (그 일꾼을 위한 것이 아닌) 그 작업을 처리하기 위한 Runnable을 구현하는 별도의 클래스를 만드는 것이 객체지향적인 관점에서 더 올바르다고 할 수 있습니다.

물론, 방금 설명한 내용은 설계상의 문제지 성능이나 언어 자체의 문제는 아닙니다. Thread의 하위클래스를 만들고 run( ) 메소드를 오버라이드하는 것은 문법적으로는 전혀 문제가 없지만 그리 좋은 생각이라고 할 수는 없습니다.

Q : Thread 객체도 재사용할 수 있나요? 새로운 작업을 지정한 다음 start( ) 메소드를 다시 호출해서 재시작해도 되나요?

A : 안 됩니다. 어떤 스레드의 run( ) 메소드가 일단 종료되고 나면 그 스레드는 절대로 다시 시작시킬 수 없습니다. 정확하게 말하자면 그런 시점이 되면 스레드는 아직까지 배우지 않은 상태인 **사망 상태(dead state)**가 됩니다. 사망 상태의 스레드는 run( ) 메소드의 실행이 끝나 있는 상태며 절대로 재시작될 수 없습니다. 물론, 그 Thread 객체가 여전히 힙에 남아있을 수 있습니다. 그리고 (가능하다면) 다른 메소드를 실행할 수 있을지도 모릅니다. 하지만 그 Thread 객체는 이미 '스레드다운 성질'을 영구적으로 잃어버린 상태입니다. 즉, 더 이상 별도의 호출 스택도 없고 그 Thread 객체는 더 이상 '스레드'가 아닙니다. 그 시점에서는 다른 객체들과 마찬가지로 그냥 객체 하나에 불과합니다.

하지만 다양한 작업을 처리하기 위한 용도로 사용할 수 있도록 스레드 여러 개로 구성된 풀을 만드는 설계 패턴도 있습니다. 하지만 그런 방법을 쓰는 경우에도 죽어버린 스레드를 재시작하지는 않습니다.

핵심정리

- '스레드(thread)'는 자바에서의 실행 스레드를 의미합니다.

- 자바에서는 스레드마다 각각의 호출 스택이 있습니다.

- 대문자 T로 시작하는 Thread는 java.lang.Thread 클래스를 의미합니다. Thread 객체는 실행 스레드를 나타냅니다.

- Thread에는 처리할 작업, 즉 할 일이 있어야 합니다. Thread에서 처리할 작업은 Runnable 인터페이스를 구현하는 클래스의 인스턴스로 지정할 수 있습니다.

- Runnable 인터페이스에는 메소드가 run( ) 하나밖에 없습니다. 새로운 콜 스택의 맨 밑으로 들어가는 것이 바로 이 메소드입니다. 즉, 새로운 스레드에서 가장 먼저 실행되는 것이 바로 이 run( ) 메소드입니다.

- 새로운 스레드를 시작하려면 Thread의 생성자에 전달할 Runnable 객체가 필요합니다.

- Thread의 인스턴스를 만들긴 했는데, 아직 start( ) 메소드를 호출하지 않았으면 그 스레드는 아직 새 스레드 상태에 있다고 부릅니다.

- (Thread 객체의 start( ) 메소드를 호출하여) 스레드를 시작하면 새로운 스택이 생성되며 Runnable의 run( ) 메소드가 스택 맨 아래에 들어갑니다. 그러면 그 스레드는 이제 실행되기를 기다리고 있는 실행 가능한 상태가 됩니다.

- JVM의 스레드 스케줄러에 의해 현재 실행중인 스레드로 선택받으면 그 스레드는 실행중인 상태가 됩니다. 프로세서가 하나뿐인 시스템에서는 현재 실행중인 스레드가 하나밖에 있을 수 없습니다.

- 스레드가 실행중인 상태에서 봉쇄된 상태(일시적인 실행 불가능 상태)로 옮겨지는 경우도 있습니다. 스트림으로부터 들어오는 데이터를 기다리고 있을 때, 대기 상태로 들어갔을 때, 객체에 대한 잠금이 해제되기를 기다리고 있을 때와 같은 상황에서 스레드가 봉쇄될 수 있습니다.

- 스레드 스케줄링은 어떤 특정한 방식으로 작동한다는 보장이 없기 때문에 모든 스레드가 공평하게 기회를 부여받을 수 있으리라는 가정은 하지 말아야 합니다 (sleep( ) 메소드를 호출하여). 스레드를 주기적으로 대기 상태로 전환시키는 방식으로 순번이 돌아가는 것에 영향을 미칠 수는 있습니다.

스레드를 대기 상태로 전환시키는 방법

스레드들이 공평하게 순번을 할당받게 하는 가장 좋은 방법 가운데 하나는 주기적으로 대기 상태에 집어넣어주는 것입니다. 대기 상태에 집어넣고 싶다면 정적 메소드인 sleep() 메소드를 호출하면 되는데, 이 때 대기 시간을 밀리초(1/1000초) 단위로 지정하기 위한 숫자를 인자로 전달해야 합니다.

예를 들어, 다음과 같이 하면 됩니다.

```
Thread.sleep(2000);
```

이렇게 하면 스레드가 실행중인 상태에서 나와서 실행 가능한 상태에서 2초 동안 벗어나 있게 됩니다. 즉 2초(2000밀리초)가 지나기 전에는 그 스레드는 실행중인 상태가 될 수 없는 것입니다.

그런데 sleep 메소드에서 InterruptedException이라는 확인 예외를 던질 수 있기 때문에 sleep을 호출할 때는 항상 try/catch 블록 안에서 호출해야 합니다(아니면 그런 예외를 선언해버려도 되겠지요). 따라서 실제로 sleep() 메소드를 호출하는 코드는 보통 다음과 같은 식으로 생겼습니다.

```
try {
        Thread.sleep(2000);
} catch(InterruptedException ex) {
        ex.printStackTrace();
}
```

물론, 스레드가 대기 상태에서 전혀 방해를 받지 않을 수도 있습니다. 사실 이 예외는 거의 아무도 사용하지 않는 스레드 통신 메커니즘을 지원하기 위해 API에 들어있습니다. 하지만 그렇다고 하더라도 그 예외를 처리하거나 선언하긴 해야 되니 sleep()을 호출할 때는 그냥 try/catch 블록으로 감싸는 습관을 기르는 것이 좋습니다.

이렇게 하고 나면 지정된 시간이 지나가기 전에는 스레드가 다시 실행되지 않는다는 것을 알 수 있지만 '타이머'가 끝나고 나서도 얼마 정도 시간이 지난 다음에 깨어날 가능성도 있을까요? 그럴 수도 있고 그렇지 않을 수도 있습니다. 사실 별로 중요하진 않습니다. 스레드가 대기 상태에서 깨어나더라도 언제나 실행 가능한 상태로 되돌아가게 되니까요. 스레드가 지정된 시간이 지나면 자동으로 잠에서 깨어나서 현재 실행중인 상태가 되는 것은 아닙니다. 스레드의 대기 상태가 풀리면 그 스레드의 운명은 다시 스레드 스케줄러의 손에 맡겨지게 됩니다. 완벽한 타이밍을 필요로 하지 않는 애플리케이션에서도 스레드 몇 개가 없으면 스레드의 대기 상태가 풀렸을 때(예를 들어, 2000밀리초가 되자마자) 바로 스레드가 실행 상태로 들어갈 수도 있습니다. 하지만 반드시 그렇게 되리라고 확신할 수는 없습니다.

다른 스레드에도 확실하게 실행 기회가 주어지게 하고 싶다면 스레드를 대기 상태로 보내세요.

대기 상태에서 벗어난 스레드는 항상 실행 가능한 상태가 됩니다. 스레드 스케줄러가 다시 실행 가능한 상태로 만들어줘야만 다시 실행될 수 있지요.

sleep()을 써서 실행 결과의
예측성을 높이는 방법

앞서 실행할 때마다 다른 결과가 나오는 프로그램을 만든 적이 있습니다. 532페이지로 돌아가서 코드와 실행 결과를 다시 한번 잘 살펴봅시다. 새로운 스레드가 종료될 때까지("top o' the stack"이 출력될 때까지) 메인 스레드가 기다려야 하는 경우도 있었고 새로운 스레드가 끝나기 전에 실행 가능한 상태로 전환되어 메인 스레드에서 "back in main"을 먼저 출력하는 경우도 있었습니다. 그런 문제를 고치려면 어떻게 해야 할까요? 일단, 잠시 쉬면서 "back in main"이 반드시 "top o' the stack"보다 먼저 출력되게 하려면 어디에서 sleep()을 호출해야 할지 생각해봅시다.

답을 생각해보기 전까지는 나머지 내용을 읽지 마세요(답은 여러 개 있을 수 있습니다).

어떻게 해야 할지 아시겠어요?

```java
public class MyRunnable implements Runnable {

    public void run() {
        go();
    }
    public void go() {

        try {
            Thread.sleep(2000);
        } catch(InterruptedException ex) {
            ex.printStackTrace();
        }

        doMore();
    }
    public void doMore() {
        System.out.println("top o' the stack");
    }
}

class ThreadTester {
    public static void main (String[] args) {
        Runnable theJob = new MyRunnable();
        Thread t = new Thread(theJob);
        t.start();
        System.out.println("back in main");
    }
}
```

이렇게 출력 선언문이 항상 같은 순서로
실행되게 하면 좋겠죠?

```
File Edit  Window Help  SnoozeButton

% java ThreadTestDrive

back in main

top o' the stack

% java ThreadTestDrive

back in main

top o' the stack

% java ThreadTestDrive

back in main

top o' the stack

% java ThreadTestDrive

back in main

top o' the stack

% java ThreadTestDrive

back in main

top o' the stack
```

여기서 sleep을 호출하면 새로운 스레드가
(강제로) 현재 실행중인 상태에서 쫓겨납니다.

메인 스레드가 다시 현재 실행중인 스레드가
되면서 "back in main"을 출력합니다.
그리고 이 행으로 오기 전까지는 잠시 시간
간격(대략 2초 이상)이 있을 것입니다.
이 행에서는 doMore()를 호출하고,
그러면 "top o' the stack"이 출력되지요.

스레드 두 개를 만들고 시작하는 방법

스레드에는 이름이 있습니다. 스레드명은 여러분이 직접 선택해도 되고 기본 이름을 사용해도 됩니다. 하지만 이름이 있으면 어떤 스레드가 실행되고 있는지를 알 수 있다는 장점이 있습니다. 다음 예제에서는 스레드 두 개를 시작시킵니다. 각 스레드에서 하는 일은 똑같습니다. 다만, 순환문을 돌리면서 매번 반복할 때마다 현재 실행중인 스레드명을 출력하는 것이지요.

```java
public class RunThreads implements Runnable {

    public static void main(String[] args) {
        RunThreads runner = new RunThreads();
        Thread alpha = new Thread(runner);
        Thread beta = new Thread(runner);
        alpha.setName("Alpha thread");
        beta.setName("Beta thread");
        alpha.start();
        beta.start();
    }

    public void run() {
        for (int i = 0; i < 25; i++) {
            String threadName = Thread.currentThread().getName();
            System.out.println(threadName + " is running");
        }
    }
}
```

Runnable 인스턴스 한 개를 만듭니다.

똑같은 Runnable 객체로 스레드 두 개를 만듭니다. (두 스레드의 작업은 똑같습니다. 몇 페이지 뒤에서 "Runnable 한 개로만 만들어진 스레드 두 개"에 대해 더 자세하게 알아보겠습니다)

스레드에 이름을 부여합니다.

스레드를 시작합니다.

각 스레드에서 이 순환문을 돌리면서 매번 이름을 출력할 것입니다.

무슨 일이 일어날까요?

스레드가 돌아가면서 실행될까요? 스레드명이 계속 바뀌면서 나올까요? 얼마나 자주 스레드가 바뀔까요? 몇 번만에 바뀔까요? 다섯번마다 바뀔까요?

그 답은 이미 알고 있습니다. "아무도 모른다"가 바로 그 답이죠. 모든 건 스케줄러에게 달려있으니까요. 운영체제, JVM의 종류, CPU 등에 따라 결과가 크게 달라질 수도 있습니다.

필자가 Mac OS X 10.2(Jaguar)에서 다섯 번 이하로 반복한 경우에는 항상 Alpha 스레드가 반복이 끝날 때까지 실행된 다음 Beta 스레드가 반복이 끝날 때까지 실행되었습니다. 물론, 반드시 그렇게 된다는 보장이 있는 것은 아니지만 항상 일관적인 결과가 나왔습니다.

하지만 순환문을 25번 이상 돌리면 결과가 조금씩 달라집니다. Alpha 스레드가 25번 반복을 끝내기 전에 스케줄러에서 Beta 스레드를 실행중인 스레드로 전환해줄 수도 있으니까요.

순환문을 25번 반복하면서 출력되는 결과의 일부분

```
File  Edit  Window  Help  Centauri
Alpha thread is running
Alpha thread is running
Alpha thread is running
Beta thread is running
Alpha thread is running
Beta thread is running
Beta thread is running
Beta thread is running
Beta thread is running
Beta thread is running
Beta thread is running
Beta thread is running
Beta thread is running
Beta thread is running
Beta thread is running
Beta thread is running
Beta thread is running
Beta thread is running
Beta thread is running
Alpha thread is running
```

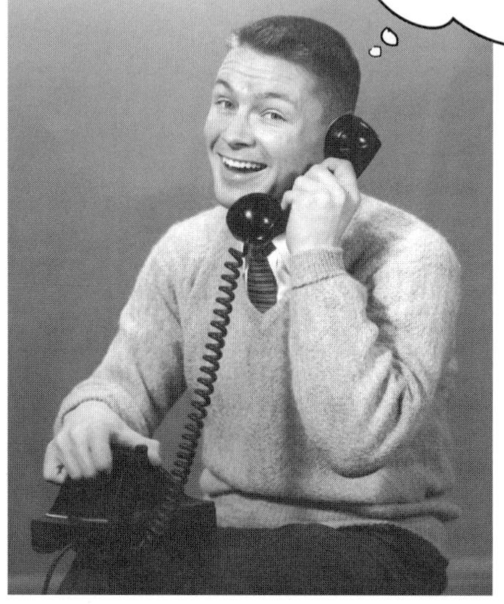

음... 단점도 있습니다. 스레드 때문에 병행성 '문제'가 유발될 수 있습니다.

병행성(concurrency) 문제는 경쟁 조건을 불러일으킵니다. 경쟁 조건은 데이터 변조를 유발하게 되고, 데이터 변조는 두려움을 불러일으키고... 그 뒤에는 어떻게 될지 아시겠죠?

결국, 한 가지 최악의 상황에 다다를 수 있습니다. 스레드 두 개 이상이 객체의 데이터 하나에 접근하게 되는 것이죠. 즉, 서로 다른 스택 두 개에서 실행되는 메소드가 객체에 있는 동일한 객체에 대한 게터 또는 세터 메소드를 호출하게 되는 문제가 생길 수 있습니다.

이런 문제는 '왼손이 하는 일을 오른손이 모르게 되는' 문제라고 할 수 있습니다. 스레드 두 개가 다른 상황에는 신경을 쓰지 않고 자기 생각만 하고 각자 자기가 호출할 메소드만 호출하게 되는 것이죠. 스레드가 실행 중이지 않을 때는, 즉 실행 가능한 상태 또는 봉쇄 상태에서는 무의식 상태라고 할 수 있습니다. 하지만 다시 현재 실행중인 스레드가 되고 나면 자신이 전에 중단되었다는 것은 전혀 기억을 하지 못합니다.

위기에 빠진 결혼생활

이 부부는 구원 받을 수 있을 것인가?

스티브 박사 쇼 특별편입니다.

[42번 에피소드 원고]

스티브 박사 쇼에 오신 것을 환영합니다.

오늘은 이혼의 가장 큰 이유가 되는 경제적인 문제와 부부생활 문제를 중심으로 이야기해보겠습니다.

오늘 소개할 부부는 라이언(Ryan)과 모니카(Monica) 부부로 침대와 은행 계좌를 모두 공유하고 있습니다. 하지만 그들에게 닥친 문제를 해결할 수 없다면 얼마 안 있어서 헤어질지도 모릅니다. 무슨 문제냐고요? 두 사람이 한 계좌를 공유하는 것과 관련된 아주 고전적인 문제죠.

모니카가 한 말을 정리해보자면 다음과 같습니다.

"라이언과 저는 당좌계좌에서 잔고를 넘겨서 쓰지 않기로 약속했어요. 누구든 돈을 뽑기 전에 계좌 잔고를 확인해야 한다는 원칙을 세웠죠. 그런데 갑자기 수표가 부도가 나면서 한도 초과 수수료를 물어야 하게 되었어요."

라이언과 모니카: "두 사람이 한 계좌를 공유하는" 문제의 희생양입니다.

저는 그럴 리가 없다고 생각했죠. 우리가 처음에 세운 원칙이 안전하다고 생각했으니까요. 하지만 이런 일이 일어나고 말았어요.

라이언이 어느 날 50달러가 필요해서 계좌 잔고를 확인해보니 100달러가 있었대요. 그래서 전혀 걱정 없이 돈을 꺼내 쓰기로 했죠. 그런데 **돈을 꺼내기 전에 잠이 들어버렸어요.**

라이언이 은행 잔고를 확인한 다음 바로 돈을 뽑지 않고 잠이 들고 맙니다. 잠에서 깬 다음 잔고를 다시 확인하지 않고 바로 돈을 뽑습니다.

그런데 그 때 제가 끼어든 거예요. 라이언이 잠든 사이에 저는 100달러를 뽑아야 했죠. 그래서 잔고를 확인하고는 (**라이언이 아직 돈을 안 꺼냈으니까 100달러가 남아있었겠죠**) 100달러가 남아있길래 별 생각 없이 돈을 꺼냈죠. 다른 문제는 전혀 없었고요. 그런데 그 때 라이언이 잠에서 깨어났고 별 생각 없이 돈을 인출했어요. 결국 통장 잔고가 마이너스로 내려갔지 뭐예요. 그 사람은 자기가 잠들었던 건 생각도 못하고 계좌를 다시 확인하지 안고 그냥 돈을 뽑아버린 거예요. 제발 도와주세요, 스티브 박사님.

좋은 해결책이 없을까요? 그들의 미래는 어둡기만 한 걸까요? 라이언이 잠드는 것까지 막을 수 있는 방법은 없겠죠. 하지만 라이언이 잠에서 깰 때까지 모니카가 계좌를 건드리지 못하게 할 수는 없을까요?

자, 광고가 나가는 동안 어떻게 해야 할지 생각해보세요.

코드로 만들어본 라이언과 모니카 문제

아래에 스레드 두 개(라이언과 모니카)가 객체 하나(은행 계좌)를 공유할 때 생길 수 있는 문제를 보여주는 예제가 있습니다.

이 코드에는 BankAccount와 RyanAndMonicaJob이라는 클래스 두 개가 있습니다. RyanAndMonicaJob 클래스에는 Runnable을 구현하고 라이언과 모니카가 모두 하는 행동(잔고를 확인하고 인출하는 행동)이 들어 있습니다. 하지만 두 스레드는 모두 잔고를 확인하고 인출하는 사이에 한 번 대기 상태에 들어갑니다(잠이 듭니다).

RyanAndMonicaJob 클래스에는 BankAccount 유형의 인스턴스 변수가 있는데, 이 인스턴스 변수는 둘이 공유하고 있는 계좌를 나타냅니다.

코드는 다음과 같은 식으로 돌아갑니다.

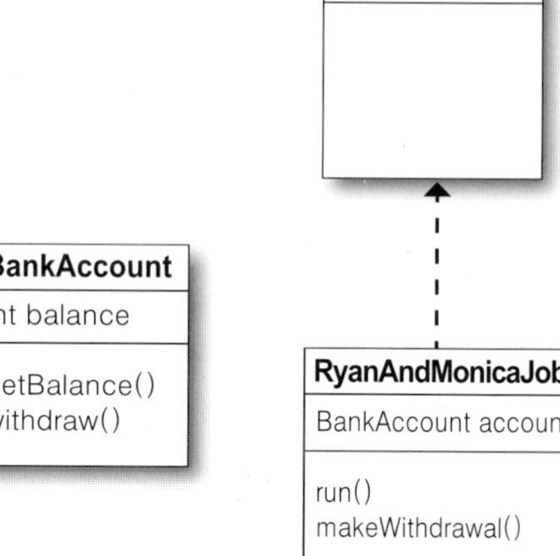

① RyanAndMonicaJob의 인스턴스 한 개를 만듭니다.

   RyanAndMonicaJob 클래스는 Runnable(처리할 작업)이고 모니카와 라이언이 똑같은 일을 할 것이므로 인스턴스가 하나만 있으면 됩니다.

   ```
   RyanAndMonicaJob   theJob = new RyanAndMonicaJob();
   ```

② 똑같은 Runnable을 가지고 스레드 두 개를 만듭니다.
   (아까 만든 RyanAndMonicaJob 인스턴스를 사용합니다)

   ```
   Thread one = new Thread(theJob);
   Thread two = new Thread(theJob);
   ```

③ 스레드에 이름을 부여하고 시작시킵니다.

   ```
   one.setName("Ryan");
   two.setName("Monica");
   one.start();
   two.start();
   ```

④ 각 스레드에서 run() 메소드를 실행하는 것을 지켜봅니다.
   (계좌 잔고를 확인하고 인출을 하겠죠?)

   한 스레드는 라이언을, 다른 스레드는 모니카를 나타냅니다. 두 스레드에서 모두 연속적으로 잔고를 확인하고 인출을 합니다. 물론, 잔고가 뽑으려는 금액보다 많을 때만 인출을 하지요.

   ```
   if (account.getBalance() >= amount) {
      try {
         Thread.sleep(500);
      } catch(InterruptedException ex) {ex.printStackTrace(); }
   }
   ```

run() 메소드에서는 라이언과 모니카가 하는 일이 실행됩니다. 잔고를 확인하고 잔고가 충분하면 인출을 하지요.

이렇게 해야 잔고보다 더 많이 뽑는 일을 방지할 수 있습니다.

하지만 라이언이나 모니카가 잔고를 확인한 후에, 그리고 인출을 하기 전에 잠이 들지 않아야 되겠죠?(즉, 대기 상태로 전환되지 않아야 되겠죠?)

라이언과 모니카 예제

```java
class BankAccount {
    private int balance = 100;

    public int getBalance() {
        return balance;
    }
    public void withdraw(int amount) {
        balance = balance - amount;
    }
}

public class RyanAndMonicaJob implements Runnable {

    private BankAccount account = new BankAccount();

    public static void main (String [] args) {
        RyanAndMonicaJob   theJob = new RyanAndMonicaJob();
        Thread one = new Thread(theJob);
        Thread two = new Thread(theJob);
        one.setName("Ryan");
        two.setName("Monica");
        one.start();
        two.start();
    }

    public void run() {
      for (int x = 0; x < 10; x++) {
        makeWithdrawal(10);
        if (account.getBalance() < 0) {
          System.out.println("Overdrawn!");
        }
      }
    }

    private void makeWithdrawal(int amount) {
       if (account.getBalance() >= amount) {
       System.out.println(Thread.currentThread().getName() + " is about to withdraw");
        try {
          System.out.println(Thread.currentThread().getName() + " is going to sleep");
          Thread.sleep(500);
        } catch(InterruptedException ex) {ex.printStackTrace(); }
        System.out.println(Thread.currentThread().getName() + " woke up.");
        account.withdraw(amount);
        System.out.println(Thread.currentThread().getName() + " completes the withdrawal");
       }
      else {
        System.out.println("Sorry, not enough for " + Thread.currentThread().getName());
      }
    }
}
```

처음에 잔고 100달러에서 시작합니다.

RyanAndMonicaJob의 인스턴스는 하나 밖에 없을 것입니다. 즉 은행 계좌 인스턴스도 하나만 있으면 됩니다. 두 스레드에서는 모두 이 계좌 하나만 접근할 것입니다.

Runnable 객체(작업)의 인스턴스를 만듭니다.

똑같은 Runnable 객체를 전달하여 스레드 두 개를 만듭니다. 그러면 두 스레드에서 같은 Runnable 클래스에 들어있는 계좌 인스턴스 하나를 사용하게 되겠죠.

run() 메소드에서는 스레드에서 순환문을 돌리면서 매번 반복할때마다 인출을 시도합니다. 돈을 인출하고 나서 잔고를 다시 확인하여 잔고가 마이너스가 되었는지 확인합니다.

계좌 잔고를 확인하고 돈이 부족하면 메시지를 출력합니다. 부족하지 않다면 대기 상태로 넘어간 다음 나중에 인출 과정을 끝냅니다. 라이언이 잔고를 확인하고 잠깐 잠들었다가 깨서 돈을 뽑는 것과 똑같습니다.

실행 과정에서 어떤 일이 일어나고 있는지 확인하기 위해 출력 선언문 여러 개를 썼습니다.

```
File Edit  Window Help Visa
Ryan is about to withdraw
Ryan is going to sleep
Monica woke up.
Monica completes the withdrawl
Monica is about to withdraw
Monica is going to sleep
Ryan woke up.
Ryan completes the withdrawl
Ryan is about to withdraw
Ryan is going to sleep
Monica woke up.
Monica completes the withdrawl
Monica is about to withdraw
Monica is going to sleep
Ryan woke up.
Ryan completes the withdrawl
Ryan is about to withdraw
Ryan is going to sleep
Monica woke up.
Monica completes the withdrawl
Sorry, not enough for Monica
Sorry, not enough for Monica
Sorry, not enough for Monica
Sorry, not enough for Monica
Sorry, not enough for Monica
Ryan woke up.
Ryan completes the withdrawl
Overdrawn!
Sorry, not enough for Ryan
Overdrawn!
Sorry, not enough for Ryan
Overdrawn!
Sorry, not enough for Ryan
Overdrawn!
```


makeWithdrawal() 메소드에서 항상 인출 전에 잔고를 확인하는데도 계좌에서 남아있는 잔고보다 돈을 더 많이 뽑는 문제가 생깁니다.

상황을 설명해보자면 다음과 같습니다.

라이언이 잔고가 충분한지 확인한 다음 잠이 듭니다.

그 동안 모니카가 끼어들어서 잔고를 확인합니다. 그러면 돈이 충분히 남아있겠죠? 하지만 모니카는 라이언이 잠에서 깨어나서 돈을 인출하리라는 것은 전혀 알 수가 없습니다.

모니카가 잠이 듭니다.

라이언이 일어나서 돈을 뽑습니다.

모니카가 일어나서 돈을 뽑습니다. 그런데 큰 문제가 생겼습니다. 모니카가 잔고를 확인하고 잠시 잠든 사이에 라이언이 일어나서 돈을 인출했습니다.

모니카가 전에 잔고를 확인했던 것은 사실 무의미합니다. 라이언이 이미 잔고를 확인하고 돈을 인출할 준비를 하고 있었으니까요.

따라서 라이언이 잠든 사이에, 즉 라이언이 일을 마치기 전에 모니카가 계좌에 접근할 수 없게 만들어야 합니다. 그 반대도 마찬가지입니다.

계좌 접근과 관련된 락이 필요합니다.

락(lock)은 다음과 같은 식으로 작동해야 합니다:

① 계좌 거래(잔고 확인과 인출)와 관련된 락*이 있습니다. 열쇠는 하나밖에 없고 누군가가 계좌에 접근하기 전까지는 락과 함께 있습니다.

아무도 계좌를 사용하고 있지 않을 때는 은행 계좌 거래가 열려 있습니다.

② 라이언이 은행 계좌를 사용하려면 (잔고를 확인하고 인출하려면) 락을 잠그고 열쇠는 자기가 가지고 있어야 합니다. 그러면 열쇠가 없으니까 아무도 그 계좌를 사용할 수가 없겠죠.

계좌에 접근할 때 자물쇠를 잠그고 열쇠를 가져갑니다.

③ 거래를 끝내기 전까지 라이언은 열쇠를 계속 가지고 있습니다. 하나밖에 없는 열쇠를 라이언이 가지고 있으니까 모니카는 라이언이 자물쇠를 풀고 열쇠를 반납하기 전까지는 계좌(또는 수표책)를 접근할 수 없습니다.

이렇게 하면 라이언이 잔고를 확인하고 나서 잠이 들어도 열쇠를 자기가 가지고 있으니 잔고가 전과 똑같다고 확신할 수 있습니다.

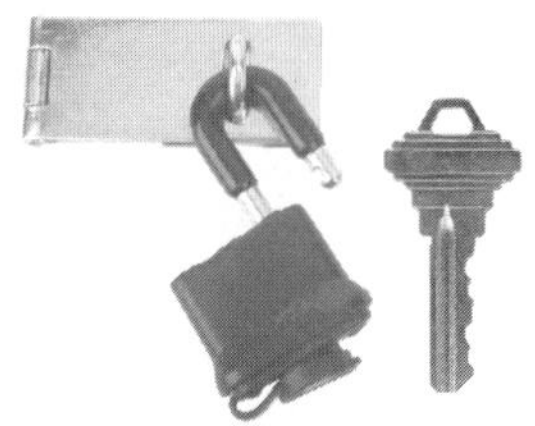

라이언이 거래를 끝내고 나면 자물쇠를 풀고 열쇠를 반납합니다. 이제 모니카(또는 라이언이 다시 쓸 수도 있죠)도 그 열쇠를 쓸 수 있습니다.

*역자주: 자물쇠라고 생각하면 됩니다.

makeWithdrawal() 메소드는
원자적*으로 작동해야 합니다.

일단 스레드 하나가 makeWithdrawal() 메소드로 들어가고 나면 다른 스레드가 끼어들기 전에 메소드가 종료될 수 있게 만들어야 합니다.

즉, 일단 스레드에서 계좌의 잔고를 확인한 다음에는 다른 스레드에서 계좌를 확인하기 전에 그 스레드에서 인출까지 마칠 수 있게 해야 합니다.

어떤 메소드를 한 번에 한 스레드만 접근할 수 있게 하고 싶으면 **synchronized**라는 키워드를 사용하면 됩니다.

이렇게 하면 은행 계좌를 보호할 수 있습니다. 은행 계좌 자체에 자물쇠를 다는 것이 아니고 은행 거래를 하는 메소드에 락(자물쇠)을 거는 것입니다. 이렇게 하면 한 스레드에서 메소드 중간에 대기 상태로 들어가더라도 거래 과정을 처음부터 끝까지 완료할 수 있습니다.

은행 계좌를 잠그는 것이 아니라면 정확하게 어떤 것이 잠기는 것일까요? 메소드일까요? Runnable 객체일까요? 아니면 스레드 자체일까요?

그건 다음 페이지에서 알아보겠습니다. 하지만 코드 자체는 상당히 간단합니다.
메소드를 선언할 때 synchronized라는 키워드만 추가하면 됩니다.

synchronized라는 키워드는 "그 동기화된(synchronized) 코드에 접근하려면 스레드가 열쇠를 가지고 있어야"한다는 것을 의미합니다.

(은행 계좌 같은) 데이터를 보호하고 싶다면 그 데이터를 건드리는 메소드를 동기화 시키면 됩니다.

```java
private synchronized void makeWithdrawal(int amount) {

    if (account.getBalance() >= amount) {
        System.out.println(Thread.currentThread().getName() + " is about to withdraw");
        try {
            System.out.println(Thread.currentThread().getName() + " is going to sleep");
            Thread.sleep(500);
        } catch(InterruptedException ex) {ex.printStackTrace(); }
        System.out.println(Thread.currentThread().getName() + " woke up.");
        account.withdraw(amount);
        System.out.println(Thread.currentThread().getName() + " completes the withdrawl");
    } else {
        System.out.println("Sorry, not enough for " + Thread.currentThread().getName());
    }
}
```

(물리에 정통한 독자들을 위해 한 마디: 여기에서 사용한 '원자적'이라는 용어는 아원자 입자에 대해서는 전혀 고려하지 않은 용어입니다. 스레드나 트랜잭션(transaction)과 관련된 내용을 다룰 때 '원자적'이라는 단어가 등장하면 아인슈타인식이 아닌 뉴튼식으로 생각하세요. 필자들이 마음대로 할 수 있었다면 스레드와 관련된 대부분의 내용에 대해 하이젠베르크의 불확정성원리를 적용할 수 있었을 것 같습니다)

*역자주: 여기서 '원자적'이라는 용어는 '쪼갤 수 없는 성질을 가진'이라는 뜻으로 이해하면 됩니다.

객체의 락을 사용하는 방법

모든 객체에는 락이 있습니다. 대부분의 경우에는 그 락이 풀려있고, 그 바로 옆에 열쇠가 있다고 생각하면 됩니다. 객체의 락은 동기화된 메소드가 있을 때만 작동합니다. 객체에 하나 이상의 동기화된 메소드가 있으면 **그 객체의 락에 맞는 열쇠를 가지고 있는 스레드만 동기화된 메소드에 들어갈 수 있습니다.**

락은 메소드마다 하나씩 있는 것이 아니고 객체마다 하나씩 있습니다. 객체에 동기화된 메소드가 두 개 있다고 해서 같은 메소드에 스레드 두 개가 들어갈 수 있는 것은 아닙니다. 즉 동기화된 메소드 하나에 스레드 두 개가 들어갈 수는 없습니다.

한 번 생각해봅시다. 객체의 인스턴스 변수를 조작할 가능성이 있는 메소드가 여러 개 있다면 그런 메소드는 모두 synchronized 메소드로 보호해야 합니다.

동기화의 목적은 중요한 데이터를 보호하는 데 있습니다. 하지만 데이터 자체를 잠그는 것이 아니라 그 데이터를 접근하는 메소드를 동기화시켜야 합니다.

그러면 어떤 스레드가 (run() 메소드에서 시작해서) 콜 스택을 쌓아 올리다가 갑자기 동기화된 메소드를 만나면 어떤 일이 일어날까요? 스레드에서는 메소드에 들어가려면 열쇠가 필요하다는 것을 깨닫게 됩니다. 그리고는 열쇠를 찾겠죠(이 부분은 JVM에서 처리하므로 자바 API에는 객체에 대한 락에 접근하는 기능은 없습니다). 만약, 열쇠를 쓸 수 있으면 스레드에서는 열쇠를 얼른 집어서 메소드로 들어갑니다.

일단, 열쇠를 획득하고 나면 목숨처럼 소중하게 그 열쇠를 잡고 놔주지 않습니다. 동기화된 메소드가 끝나기 전에는 절대 열쇠를 내주지 않지요. 그 스레드가 열쇠를 잡고 있는 동안에는 다른 어떤 스레드도 그 객체의 동기화된 메소드에 들어갈 수가 없습니다. 그 객체에 대한 열쇠가 없으니까요.

무시무시한 '갱신 내용 손실' 문제

데이터베이스 분야에서 나온 고전적인 병행성(concurrency) 문제를 살펴보겠습니다. 이 문제는 라이언과 모니카 이야기하고 밀접하게 연관되어있지만 여기에서는 또 다른 문제를 살펴보기 위해 이 예제를 사용하겠습니다.

갱신 내용 손실(lost update) 문제는 한 프로세스 주위를 맴돕니다.

1단계: 계좌 잔고 확인   `int i = balance;`

2단계: 잔고에 1 추가   `balance = i +1;`

여기에서 이렇게 한 이유는 컴퓨터에서 잔고 변경을 두 단계에 걸쳐서 처리하기 위해서입니다. 실제 프로그래밍을 할 때는 보통 다음과 같이 선언문 하나로 처리하겠죠.

```
balance++;
```

하지만 두 단계로 처리하게 만들면 비원자적 프로세스(중간에 끊길 수도 있는 프로세스) 문제가 확실하게 드러날 것입니다. '잔고를 구해서 현재 잔고에 1을 더하는' 매우 간단한 단계를 두 개(또는 그 이상)의 단계로 상상해봅시다. 그리고 그 두 개 이상의 단계가 아주 복잡해서 도저히 선언문 한 개로는 처리될 수 없는 경우를 생각해봅시다.

이 '갱신 내용 손실' 문제에는 서로 잔고를 증가시키려고 하는 스레드가 두 개 있습니다.

```java
class TestSync implements Runnable {
    private int balance;

    public void run() {
        for(int i = 0; i < 50; i++) {
            increment();
            System.out.println("balance is " + balance);
        }
    }

    public void increment() {
        int i = balance;
        balance = i + 1;
    }
}

public class TestSyncTest {
    public static void main (String[] args) {
        TestSync job = new TestSync();
        Thread a = new Thread(job);
        Thread b = new Thread(job);
        a.start();
        b.start();
    }
}
```

이 코드를 실행시켜봅시다.

① **A 스레드가 잠시 실행됩니다.**

balance의 값을 i 변수에 대입합니다.
balance의 값은 0이므로 i의 값은 0이 됩니다.
balance에 i+1을 계산한 결과를 대입합니다.
이제 balance의 값은 1이 됩니다.
balance의 값을 i 변수에 대입합니다.
balance의 값이 1이므로 i의 값도 1이 됩니다.
balance에 i+1을 계산한 결과를 대입합니다.
이제 balance의 값은 2가 되었습니다.

② **B 스레드가 잠시 실행됩니다.**

balance의 값을 i 변수에 대입합니다.
balance의 값은 2이므로 i의 값은 2가 됩니다.
balance에 i+1을 계산한 결과를 대입합니다.
이제 balance의 값은 3이 됩니다.
balance의 값을 i 변수에 대입합니다.
balance의 값이 3이므로 i의 값도 3이 됩니다.

*[balance 값이 4로 **설정되기 전에** B 스레드가
다시 실행 가능한 상태로 전환됩니다]*

③ **A 스레드가 아까 멈췄던 곳 바로 아래에서 다시 시작됩니다.**

balance의 값을 i 변수에 대입합니다.
balance의 값은 3이므로 i의 값은 3이 됩니다.
balance에 i+1을 계산한 결과를 대입합니다.
이제 balance의 값은 4가 됩니다.
balance의 값을 i 변수에 대입합니다.
balance의 값이 4이므로 i의 값도 4가 됩니다.
balance에 i+1을 계산한 결과를 대입합니다.
이제 balance의 값은 5가 됩니다.

A 스레드에서 마지막으로 갱신한
내용이 손실되었습니다. B 스레드에
서 전에 balance의 값을 읽었는데,
그 후에 실행 가능한 상태로
전환되었다가 다시 실행중인 상태로
전환되면서 원래 작업중이던 곳으로
되돌아갔기 때문에 이런 일이
일어납니다.

④ **B 스레드가 아까 멈췄던 곳 바로 아래에서 다시 시작됩니다.**

balance에 i+1을 계산한 결과를 대입합니다.
이제 balance의 값은 4가 됩니다.

헉!!

A 스레드에서 값을 5로 갱신했는데, 다시 B 스레드가
실행중인 스레드가 되면서 마치 A에서 값을 갱신하지
않았던 것과 같은 결과가 나옵니다.

increment() 메소드를 원자적인 것으로 만들어봅시다.
동기화하면 됩니다.

increment() 메소드를 동기화하면 메소드에 들어있는 두 단계를 쪼갤 수 없는 하나로
뭉쳐진 덩어리로 만들 수 있기 때문에 '갱신 내용 손실' 문제를 해결할 수 있습니다.

```java
public synchronized void increment() {
    int i = balance;
    balance = i + 1;
}
```

어떤 스레드가 메소드에 들어가고 나면 다른 어떤 스레드가 메소드에 들어가기 전에 메소드에 있는 모든 단계를 마칠 수 있도록 해야 합니다(즉, 더 이상 쪼갤 수 없는 원자적인 과정으로 만들어줘야 합니다)

바보 같은
질문은 없습니다

Q: 그냥 스레드를 사용할 때도 안전할 수 있도록 전부 다 동기화하면
안 되나요?

A: 예, 그렇게 하지 않는 것이 좋습니다. 동기화라는 것이 단점이
전혀 없는 건 아니니까요. 우선 동기화된 메소드에는 어느 정도의 과부
하가 있습니다. 바꿔 말하자면 어떤 코드에서 동기화된 메소드가 나타
나면 '열쇠가 있는지' 알아보는 과정에서 성능이 저하될 수 있습니다
(물론, 그런 성능 저하를 쉽게 느낄 수 있는 것은 아닙니다).

두 번째로 동기화된 메소드를 쓰면 동기화로 인해 병행성이 제한되어
서 프로그램 속도가 느려질 수 있습니다. 즉, 동기화된 메소드가 있으
면 다른 스레드는 자기 차례가 돌아올 때까지 기다려야만 합니다. 코드
에 따라 이런 문제가 그리 중요하지 않을 수도 있지만 반드시 이런 문
제가 없는지 생각해봐야 합니다.

세 번째로 가장 큰 단점은 동기화된 메소드 때문에 프로그램이 멎어버
릴 수도 있다는 것입니다(다음 페이지 참조).

경험에서 얻어낸 규칙을 언급해보자면 될 수 있으면 꼭 동기화해야 할
필요성이 있는 것만 동기화시키는 것이 좋습니다. 그리고 사실은 메소
드보다 더 작은 특정 부분만 동기화시키는 것도 가능합니다. 이 책에서
는 다루지 않겠지만 synchronized 키워드를 한 메소드 수준에서 적용
하지 않고 더 세분화시켜서 한 개 또는 몇 개 정도의 선언문에만 적용
하는 방법도 있습니다.

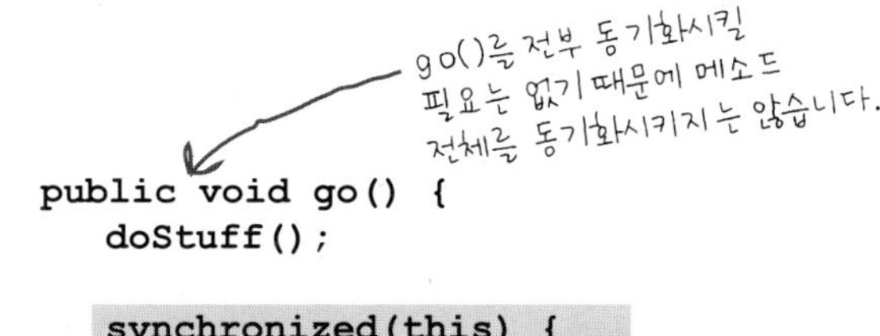

이제 이 두 메소드를 호출하는 부분만 하나의 원자적인 단위로 묶었습니다. synchronized 키워드를 (메소드 선언부에서는 사용하지 않고) 메소드 내에서 사용할때는 스레드가 열쇠를 가지고 있어야만 하는 객체를 인자로 제공해야 합니다.

다른 방법도 있지만 현재 객체(this)에 대해 동기화를 하는 경우가 대부분입니다. 메소드 전체를 동기화할때도 현재 객체에 락을 걸 겁니다.

① A 스레드가 잠시 실행됩니다.

increment() 메소드에 들어가려고 시도합니다.
메소드가 동기화되어 있으므로 이 객체에 대한 **열쇠를** 가져옵니다.
balance의 값을 i 변수에 대입합니다.
balance의 값은 0이므로 i의 값은 0이 됩니다.
balance에 i+1을 계산한 결과를 대입합니다.
이제 balance의 값은 1이 됩니다.
열쇠를 반납합니다(increment() 메소드가 종료됩니다).
increment() 메소드로 다시 들어가면서 **열쇠를** 가져옵니다.
balance의 값을 i 변수에 대입합니다.
balance의 값이 1이므로 i의 값도 1이 됩니다.

〔이제 A 스레드가 다시 실행 가능한 상태로 전환됩니다. 하지만 아직 동기화된
메소드가 끝나지 않았기 때문에 열쇠는 여전히 A 스레드가 가지고 있습니다〕

② B 스레드가 실행중인 스레드로 전환됩니다.

increment() 메소드에 들어가려고 시도합니다. 이 메소드는 동기화되어 있으므로
열쇠를 받아야 합니다.
그런데 열쇠가 없습니다.

〔이제 B 스레드는 '객체에 락이 걸려있는 경우'에 들어가는 대기실로 갑니다〕

① A 스레드가 아까 멈췄던 곳 바로 아래에서 다시 시작됩니다.
(아직도 열쇠를 가지고 있습니다)

balance에 i+1을 계산한 결과를 대입합니다.
이제 balance의 값은 2가 됩니다.
열쇠를 반납합니다.

〔이제 A 스레드가 다시 실행 가능한 상태로 전환됩니다. 하지만 이번에는
increment() 메소드가 끝났기 때문에 더 이상 열쇠를 가지고 있지 않습니다〕

② B 스레드가 다시 실행 가능한 상태로 전환됩니다.

increment() 메소드에 들어가려고 시도합니다. 이 메소드는 동기화되어 있으므로
열쇠를 받아야 합니다.
이번에는 열쇠가 있으니까 열쇠를 가져옵니다.
balance의 값을 i 변수에 대입합니다.

〔계속 실행됨…〕

동기화와 관련된 치명적인 문제

스레드 교착상태(thread deadlock)만큼 프로그램을 망가뜨리는 것도 없습니다. 따라서 동기화된 코드를 사용할 때는 각별한 주의를 기울여야 합니다. 스레드 교착상태는 스레드 두 개가 서로 상대방이 필요로 하는 열쇠를 가지고 있는 경우에 생길 수 있습니다. 이렇게 되면 절대로 그 상황에서 벗어날 수가 없기 때문에 그 두 스레드는 마냥 기다리기만 합니다. 아무 일도 못하고 기다리기만 하는 거죠.

데이터베이스나 기타 애플리케이션 서버를 다뤄본 적이 있다면 이런 문제에 관해 들어본 적이 있을 것입니다. 데이터베이스에서는 여기서 설명한 동기화와 비슷한 잠금 메커니즘을 많이 사용합니다. 하지만 제대로 된 트랜잭션 관리 시스템에서는 때때로 교착상태를 처리할 수도 있습니다. 예를 들어, 트랜잭션 두 개가 너무 오랫동안 종료되지 않고 있으면 교착상태에 빠졌다고 가정하는 방법을 사용할 수도 있습니다. 하지만 애플리케이션 서버에는 자바와는 달리 롤백된 트랜잭션의 상태를 트랜잭션(원자적인 부분)이 시작되기 이전의 상태로 되돌려주는 '트랜잭션 롤백(transaction rollback)'을 할 수 있습니다.

자바에는 이런 교착상태를 처리할 수 있는 메커니즘이 없습니다. 아예 교착상태에 빠졌다는 사실을 인식하지도 못합니다. 따라서 프로그래머가 잘 만드는 수 밖에는 없습니다. 멀티스레드 코드를 많이 만든다면 스코트 오크스(Scott Oaks)와 헨리 웡(Henry Wong)이 저술한 『자바 쓰레드』(한빛미디어, 2000)를 읽어보면 교착상태를 피하는 데 도움이 될만한 설계 팁을 익힐 수 있을 것입니다. 가장 널리 활용할 수 있는 팁은 스레드가 시작되는 순서를 자세히 살펴보는 방법입니다.

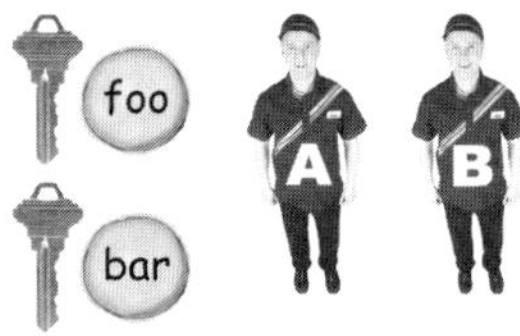

객체 두 개와 스레드 두 개만 있으면 교착상태에 빠질 수 있습니다.

교착상태에 빠질 수 있는 간단한 시나리오:

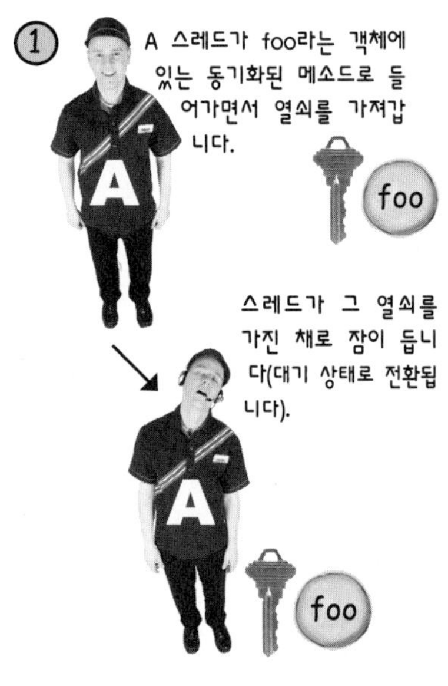

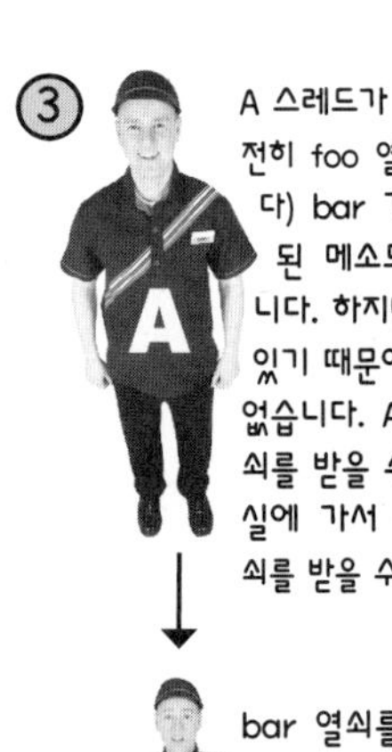

핵심정리

- Thread.sleep( )이라는 정적 메소드는 적어도 sleep 메소드에 전달된 인자로 지정한 시간 동안 스레드를 실행중인 상태를 떠나있게 만듭니다. Thread.sleep(200)이라고 하면 스레드가 200 밀리초동안 잠들게(대기 상태로 들어가게) 됩니다.

- sleep( ) 메소드에서는 확인 예외(InterruptedException)를 던지기 때문에 sleep( )을 호출할 때는 반드시 try/catch로 감싸거나 예외를 선언해야 합니다.

- 모든 스레드에 실행될 기회를 부여하기 위한 용도로 sleep( )을 사용할 수 있습니다. 하지만 그 스레드가 언제 다시 실행중인 상태로 돌아갈지에 대한 보장은 없습니다. 예를 들어, 바로 다음 차례로 돌아올 수도 있습니다. 스레드가 공평하게 실행될 수 있게 하고 싶다면 대부분의 경우에는 적당한 시간을 지정하여 sleep( )을 호출하는 것으로도 충분합니다.

- setName( ) 메소드를 써서 스레드에 이름을 붙일 수도 있습니다. 모든 스레드에는 기본 이름이 주어지지만 따로 이름을 붙여주면 스레드를 추적하는 데 도움이 됩니다. 특히 print나 println 선언문을 써서 디버깅을 할 때 꽤 유용합니다.

- 스레드 두 개 이상이, 힙에 있는 동일한 객체를 접근하는 경우에 심각한 문제가 생길 수 있습니다.

- 스레드 두 개 이상에서 똑같은 객체에 접근하면 데이터가 엉망이 될 수 있습니다. 예를 들어, 한 스레드가 객체의 중요한 상태를 조작하는 도중에 실행중인 상태에서 벗어나면 심각한 문제가 생길 수 있습니다.

- 스레드를 사용할 때도 객체를 안전하게 만들고 싶다면 어떤 선언문들이 원자적인 절차로 처리되어야 하는지(쪼개지지 않고 한꺼번에 처리되어야 하는지) 결정해야 합니다. 즉, 다른 스레드가 같은 객체의 같은 메소드에 들어가기 전에 끝까지 실행되어야만 하는 메소드를 결정해야 합니다.

- 스레드 두 개가 메소드 하나에 동시에 들어가는 일을 방지하고 싶다면 메소드 선언부에 synchronized 키워드를 추가해야 합니다.

- 모든 객체에는 자물쇠가 하나씩 있으며 그 자물쇠에는 열쇠가 하나밖에 없습니다. 대부분의 경우에 그 자물쇠에 대해서 신경을 쓸 필요가 없지만 객체에 동기화된 메소드가 있으면 자물쇠가 매우 중요한 역할을 합니다.

- 스레드에서 어떤 동기화된 메소드로 들어가려면 그 객체(스레드에서 실행시키려고 하는 메소드가 들어있는 객체)에 대한 열쇠가 있어야 합니다. 열쇠가 없으면 (다른 스레드가 열쇠를 쥐고 있으면) 그 스레드는 대기실 같은 공간으로 들어가서 열쇠를 쓸 수 있게 될 때까지 기다려야 합니다.

- 객체에 동기화된 메소드가 두 개 이상 있어도 열쇠는 여전히 하나밖에 없습니다. 어떤 스레드가 그 객체에 있는 동기화된 메소드에 들어가면 다른 어떤 스레드도 같은 객체에 있는 동기화된 메소드에 들어갈 수 없습니다. 이런 제한이 있어야 데이터를 조작하는 모든 메소드를 동기화함으로써 데이터를 보호할 수 있습니다.

향상된 SimpleChatClient

이 장의 초반부에서 서버로 메시지를 보낼 수만 있고 아무것도 받을 수 없는 SimpleChatClient라는 프로그램을 만들었습니다. 벌써 잊어버린 건 아니겠죠? 거기에서 두 가지를 한꺼번에 하는 방법을 찾아야 했기 때문에 스레드에 대한 내용을 시작했 잖아요. 그 프로그램에서 동시에 처리하려고 했던 두 가지 일은 메시지를 서버로 보내는 일(사용자가 GUI를 건드려야 하는 일) 을 하고 서버로부터 받은 메시지를 스크롤 텍스트 영역에 표시하여 받아온 메시지를 읽을 수 있게 해 주는 일이었죠.

```java
import java.io.*;
import java.net.*;
import java.util.*;
import javax.swing.*;
import java.awt.*;
import java.awt.event.*;

public class SimpleChatClient {

    JTextArea incoming;
    JTextField outgoing;
    BufferedReader reader;
    PrintWriter writer;
    Socket sock;

    public static void main(String[] args) {
        SimpleChatClient client = new SimpleChatClient();
        client.go();
    }

    public void go() {

        JFrame frame = new JFrame("Ludicrously Simple Chat Client");
        JPanel mainPanel = new JPanel();
        incoming = new JTextArea(15,50);
        incoming.setLineWrap(true);
        incoming.setWrapStyleWord(true);
        incoming.setEditable(false);
        JScrollPane qScroller = new JScrollPane(incoming);
        qScroller.setVerticalScrollBarPolicy(ScrollPaneConstants.VERTICAL_SCROLLBAR_ALWAYS);
        qScroller.setHorizontalScrollBarPolicy(ScrollPaneConstants.HORIZONTAL_SCROLLBAR_NEVER);
        outgoing = new JTextField(20);
        JButton sendButton = new JButton("Send");
        sendButton.addActionListener(new SendButtonListener());
        mainPanel.add(qScroller);
        mainPanel.add(outgoing);
        mainPanel.add(sendButton);
        setUpNetworking();

        Thread readerThread = new Thread(new IncomingReader());
        readerThread.start();

        frame.getContentPane().add(BorderLayout.CENTER, mainPanel);
        frame.setSize(400,500);
        frame.setVisible(true);

    } // go 메소드 끝
```

아직 이 장이 끝나지 않았습니다. 하지만 얼마 안 있으면 끝나니까 조금만 참고 계속 읽어 보세요.

대부분 전에 봤던 GUI 코드입니다. 강조되어있는 readerThread라는 스레드를 시작하는 부분을 제외하면 특별한 내용은 없습니다.

새로운 내부 클래스를 스레드의 Runnable (작업)로 하여 새로운 스레드를 시작합니다. 이 스레드에서는 서버의 소켓 스트림으로부터 받은 데이터를 읽어서 그 메시지를 스크롤 텍스트 영역으로 표시합니다.

```java
    private void setUpNetworking() {

        try {
            sock = new Socket("127.0.0.1", 5000);
            InputStreamReader streamReader = new InputStreamReader(sock.getInputStream());
            reader = new BufferedReader(streamReader);
            writer = new PrintWriter(sock.getOutputStream());
            System.out.println("networking established");
        } catch(IOException ex) {
            ex.printStackTrace();
        }
    } // setUpNetworking 메소드 끝
```

소켓을 이용하여 입력 스트림과 출력 스트림을 받아옵니다. 출력 스트림은 이미 서버로 메시지를 보내기 위한 용도로 쓰이고 있었고, 이번에는 새로 만든 readerThread에서 메시지를 받아 오기 위한 용도로 입력 스트림을 사용합니다.

```java
public class SendButtonListener implements ActionListener {
    public void actionPerformed(ActionEvent ev) {
        try {
            writer.println(outgoing.getText());
            writer.flush();

        } catch(Exception ex) {
            ex.printStackTrace();
        }
        outgoing.setText("");
        outgoing.requestFocus();
    }
} // 내부 클래스 끝
```

새로운 내용은 없습니다. 사용자가 Send 버튼을 클릭하면 이 메소드에서 텍스트 필드에 있는 내용을 서버로 보냅니다.

```java
public class IncomingReader implements Runnable {
    public void run() {
        String message;
        try {

            while ((message = reader.readLine()) != null) {
                System.out.println("read " + message);
                incoming.append(message + "\n");

            } // while 순환문 끝
        } catch(Exception ex) {ex.printStackTrace();}
    } // run 메소드 끝
} // 내부 클래스 끝
```

바로 이 부분이 스레드가 일하는 부분입니다.

run() 메소드에서는 (서버에서 넘어 오지 않은 것을 받을 때까지) 순환문을 돌리면서 한 번에 한 행씩 받아서 각 행을 스크롤 텍스트 영역에 추가 합니다(이 때 개행 문자를 추가합니다).

```java
} // 외부 클래스 끝
```

엄청나게 간단한 채팅 서버

이 서버 코드는 이 장에서 만든 두 가지 채팅 클라이언트에서 모두 사용할 수 있습니다. 지금까지 설명했던 주의사항은 여기에도 적용됩니다. 코드를 최대한 간단하게 만들기 위해 실제 서버를 만들 때 반드시 필요한 내용이 상당 부분 생략되었습니다. 바꿔서 말하자면 이 프로그램은 잘 작동하긴 하지만 이 서버 코드를 망가뜨릴 수 있는 방법이 백 개는 족히 넘습니다. 이 책을 다 보고 나서 뭔가 연습문제 같은 것이 필요하다면 이 서버를 더 든든하게 만들어보세요.

그리고 지금 할 수 있는 연습문제로는, 이 코드에 설명을 붙여보세요. 우리가 설명해주는 것보다는 여러분이 직접 코드가 어떤 식으로 돌아가는지 설명해보는 것이 훨씬 도움이 많이 될 것입니다. 그리고 이 코드는 엄연한 인스턴트 코드므로 모두 이해하려고 애쓸 필요는 없습니다. 그냥 앞서 만든 두 가지 채팅 클라이언트를 지원하기 위해 만든 것이니까요.

> 채팅 클라이언트를 실행하려면 터미널 두 개가 필요합니다. 우선 이 서버를 한 터미널에서 실행시킨 다음 다른 터미널에서 클라이언트를 실행시키면 됩니다.

```java
import java.io.*;
import java.net.*;
import java.util.*;

public class VerySimpleChatServer {

    ArrayList clientOutputStreams;

    public class ClientHandler implements Runnable {
        BufferedReader reader;
        Socket sock;

        public ClientHandler(Socket clientSocket) {
          try {
            sock = clientSocket;
            InputStreamReader isReader = new InputStreamReader(sock.getInputStream());
            reader = new BufferedReader(isReader);

          } catch(Exception ex) {ex.printStackTrace();}
        } // 생성자 끝

        public void run() {
          String message;
          try {
            while ((message = reader.readLine()) != null) {
               System.out.println("read " + message);
               tellEveryone(message);

            } // while 순환문 끝
          } catch(Exception ex) {ex.printStackTrace();}
        } // run 메소드 끝
    } // 내부 클래스 끝
```

```java
    public static void main (String[] args) {
        new VerySimpleChatServer().go();
    }

    public void go() {
        clientOutputStreams = new ArrayList();
        try {
          ServerSocket serverSock = new ServerSocket(5000);

          while(true) {
              Socket clientSocket = serverSock.accept();
              PrintWriter writer = new PrintWriter(clientSocket.getOutputStream());
              clientOutputStreams.add(writer);

              Thread t = new Thread(new ClientHandler(clientSocket));
              t.start();
              System.out.println("got a connection");
          }

        } catch(Exception ex) {
          ex.printStackTrace();
        }
    } // go 메소드 끝

    public void tellEveryone(String message) {

        Iterator it = clientOutputStreams.iterator();
        while(it.hasNext()) {
           try {
              PrintWriter writer = (PrintWriter) it.next();
              writer.println(message);
              writer.flush();
           } catch(Exception ex) {
                ex.printStackTrace();
           }

        } // while 순환문 끝

    } // tellEveryone 메소드 끝
} // 클래스 끝
```

바보 같은 질문은 없습니다

Q : 정적 변수의 상태는 보호하지 않아도 되나요? 정적 변수의 상태를 바꾸는 정적 메소드가 있다면 그런 경우에도 동기화를 쓸 수 있나요?

A : 예. 그런데 정적 메소드는 클래스에 대해서만 실행시킬 수 있을 뿐 클래스의 개별 인스턴스에 대해서는 실행시킬 수 없다고 했었죠? 그렇다면 정적 메소드를 동기화했을 때는 어떤 객체의 락을 사용해야 할까요? 게다가 아예 그 클래스의 인스턴스가 없을 수도 있지요. 다행스럽게도 각 객체마다 락이 있는 것처럼 로딩된 클래스에도 락이 하나씩 있습니다. 따라서 힙에 Dog 객체 세 개가 있다면 Dog와 관련된 락은 총 네 개가 있습니다. 락 세 개는 Dog 인스턴스 세 개에 속하고 하나는 Dog 클래스 자체에 속합니다. 정적 메소드를 동기화하면 자바에서는 클래스 자체의 락을 사용합니다. 따라서 클래스 하나에서 정적 메소드 두 개를 동기화시키면 둘 중 한 메소드에라도 들어가려 할 때 클래스 락이 필요합니다.

Q : 스레드 우선순위는 뭔가요? 그걸 쓰면 스레드 스케줄링을 제어할 수 있다고 하던데요?

A : 스레드 우선순위가 스케줄러에 영향을 주는 데 어느 정도 도움이 될 수는 있습니다. 하지만 그렇다고 해서 스케줄링이 확실히 어떻게 된다는 것이 보장되는 것은 아닙니다. 스레드 우선순위는 그 스레드가 여러분에게 얼마나 중요한지를 알려주기 위한 숫자값입니다. 일반적으로 스케줄러에서는 우선순위가 높은 스레드가 갑자기 실행 가능한 상태로 들어오면 우선순위가 낮은 스레드를 실행중인 상태에서 밀어냅니다. 하지만 다시 말하지만 반드시 어떻게 된다는 보장은 없습니다. 우선순위는 성능에 영향을 주기 위한 용도로만 사용하는 것이 좋습니다. 프로그램이 제대로 작동되기 위한 용도로 우선순위를 사용하는 일은 절대 없어야 합니다.

Q : 왜 보호하고자 하는 데이터가 들어있는 클래스의 모든 게터와 세터 메소드를 동기화하는 방법은 사용하지 않나요? 앞서 Runnable 클래스에 있는 makeWithdrawal( ) 메소드를 동기화하는 대신 BankAccount 클래스에 있는 getBalance( )와 withdraw( ) 메소드를 동기화해도 되지 않았을까요?

A : 사실 다른 스레드에서 다른 방식으로 사용하는 경우에 대비해서 BankAccount 클래스에 있는 그 두 메소드도 동기화했어야 합니다. 하지만 그 예제에서는 다른 어떤 코드에서도 계좌를 접근하지 않았기 때문에 그냥 넘어갔습니다.

하지만 게터와 세터(이 경우에는 getBalance( )와 withdraw( ))를 동기화하는 것만으로는 부족합니다. 동기화에서 가장 중요한 것은 코드의 특정 부분이 원자적으로 작동하게 만드는 것이었습니다. 즉 각각의 메소드가 중요하다기보다는 **두 개 이상의 단계를 거쳐야만 종료되는 메소드가 중요한 것입니다.** 한 번 생각해봅시다. makeWithdrawal( ) 메소드를 동기화하지 않았다면 라이언은 (동기화된 getBalance( ) 메소드를 호출해서) 잔고를 확인하고 나서 메소드가 종료되면 바로 열쇠를 반납했겠죠?

물론, 라이언이 잠에서 깨어난 뒤에 바로 그 열쇠를 다시 받아서 동기화된 withdraw( ) 메소드를 호출할 수도 있지만 이렇게 한다고 해서 동기화를 사용하기 전에 있었던 문제가 해결되는 것은 아닙니다. 라이언이 잔고를 확인하고 나서 잠든 후에 모니카가 나타나서 라이언이 돈을 인출하기 전에 잔고를 확인하는 일은 여전히 일어날 수 있으니까요.

따라서 모든 접근 메소드를 동기화하는 것은 다른 스레드가 끼어드는 문제를 예방하기 위해 좋을 수도 있긴 하지만 그렇게 하더라도 하나의 원자적인 단위로 실행되어야 하는 선언문이 들어있는 메소드를 동기화해야 하는 것은 마찬가지입니다.

코드 키친

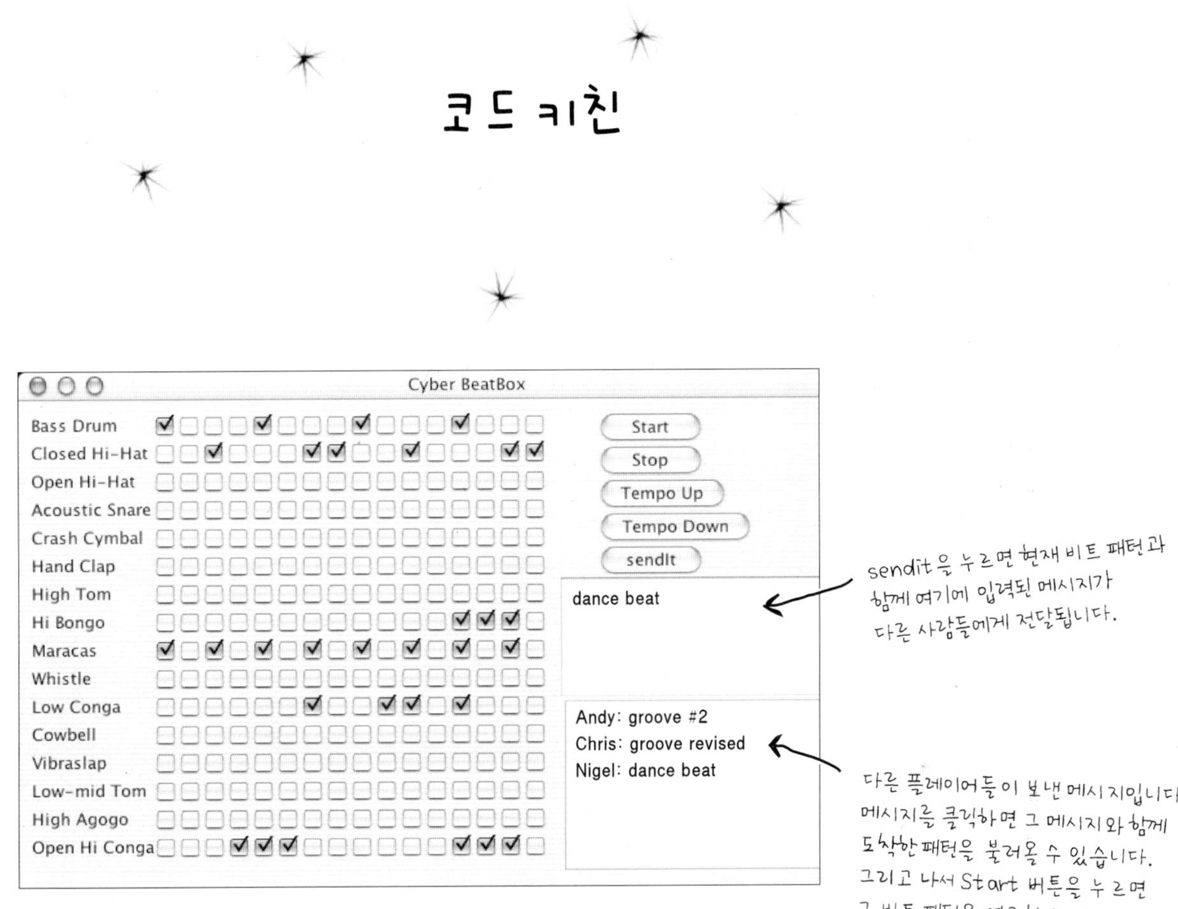

sendit을 누르면 현재 비트 패턴과 함께 여기에 입력된 메시지가 다른 사람들에게 전달됩니다.

다른 플레이어들이 보낸 메시지입니다. 메시지를 클릭하면 그 메시지와 함께 도착한 패턴을 불러올 수 있습니다. 그리고 나서 Start 버튼을 누르면 그 비트 패턴을 연주할 수 있지요.

드디어 비트박스의 마지막 버전입니다.

이 프로그램에서는 간단한 음악 서버에 접속할 수 있기 때문에 다른 클라이언트와 비트 패턴을 주고받을 수 있습니다.

코드가 정말 길기 때문에 전체 코드는 나중에 '부록 A'에서 소개하겠습니다.

코 드 자석

냉장고 위에 자바 프로그램 코드가 아무렇게나 널려 있습니다. 코드 쪼가리를 재배치해서 아래에 있는 것과 같은 결과를 출력하는 자바 프로그램을 만들어보세요. 아. 그런데 중괄호 몇 개는 바닥에 떨어져버렸군요. 찾기 힘드니까 필요하면 마음대로 추가해보세요.

```
public class TestThreads {
```

```
class ThreadOne
```

```
class Accum {
```

```
class ThreadTwo
```


보너스 질문: 왜 Accum 클래스에서 저런 변경자를 사용했을까요?

코드 자석

```
Accum a = Accum.getAccum();
```

```
Thread one = new Thread(t1);
```

```
System.out.println("two "+a.getCount());
```

```
} catch(InterruptedException ex) { }
```

```
ThreadTwo t2 = new ThreadTwo();
```

```
try {
```

```
return counter;
```

```
counter += add;
```

```
Thread two = new Thread(t2);
```

```
implements Runnable {
```

```
one.start();
```

```
Accum a =  Accum.getAccum();
```

```
Thread.sleep(50);
```

```
public static Accum getAccum() {
```

```
} catch(InterruptedException ex) { }
```

```
private static Accum a = new Accum();
```

```
private int counter = 0;
```

```
public void run() {
```

```
a.updateCounter(1);
```

```
Thread.sleep(50);
```

```
for(int x=0; x < 99; x++) {
```

```
implements Runnable {
```

```
a.updateCounter(1000);
```

```
public int getCount() {
```

```
return a;
```

```
System.out.println(" one "+a.getCont());
```

```
public void updateCounter(int add) {
```

```
for(int x=0; x < 98; x++) {
```

```
two.start();
```

```
public static void main(String [] args) {
```

```
try {
```

```
public void run() {
```

```
private Accum() { }
```

```
ThreadOne t1 = new ThreadOne();
```

```java
public class TestThreads {
  public static void main(String [] args) {
    ThreadOne t1 = new ThreadOne();
    ThreadTwo t2 = new ThreadTwo();
    Thread one = new Thread(t1);
    Thread two = new Thread(t2);
    one.start();
    two.start();
  }
}


class Accum {
  private static Accum a = new Accum();
  private int counter = 0;

  private Accum() { }

  public static Accum getAccum() {
    return a;
  }

  public void updateCounter(int add) {
    counter += add;
  }

  public int getCount() {
    return counter;
  }
}


class ThreadOne implements Runnable {
  Accum a = Accum.getAccum();
  public void run() {
    for(int x=0; x < 98; x++) {
      a.updateCounter(1000);
      try {
        Thread.sleep(50);
      } catch(InterruptedException ex) { }
    }
    System.out.println("one "+a.getCount());
  }
}
```

두 스레드가 Accum의 인스턴스 하나에 접근하기 때문에 서로 다른 클래스 두 개에 있는 스레드에서 세 번째 클래스의 똑같은 객체를 갱신합니다.

private static Accum a = new Accum( ); 이라는 코드에서는 Accum의 정적 인스턴스(static이 붙으면 한 클래스에 하나씩만 있다는 것을 의미합니다)를 만드는 선언문입니다. 그리고 Accum 에 private 생성자가 들어있다는 것은 Accum 객체를 아무도 만들 수 없다는 것을 의미합니다. 이 두 가지 방법(private 생성자 와 정적 게터 메소드)이 함께 쓰여서 '싱글턴(Singleton)'이라는 것을 만들어냅니다. 싱글턴은 애플리케이션 내에 존재할 수 있는 객체의 인스턴스의 개수를 제한하기 위한 객체지향 패턴입니다 (그 이름에서 유추할 수 있듯이 싱글턴의 인스턴스는 보통 한 개 밖에 없습니다). 하지만 어떤 방법으로든지 인스턴스 생성을 제한 하고자 하는 경우에 이 패턴을 사용할 수 있습니다.

Accum 클래스의 정적 인스턴스를 만듭니다.

private로 지정된 생성자

```java
class ThreadTwo implements Runnable {
  Accum a = Accum.getAccum();
  public void run() {
    for(int x=0; x < 99; x++) {
      a.updateCounter(1);
      try {
        Thread.sleep(50);
      } catch(InterruptedException ex) { }
    }
    System.out.println("two "+a.getCount());
  }
}
```

에어락 문제

사라(Sarah)는 선내 개발팀의 설계검토회의에 참석하러 가는 길에 입구에서, 인도양을 넘어서 태양이 떠오르는 모습을 물끄러미 쳐다보았다. 우주선의 회의실은 밀실공포증을 자아낼 듯한 공간이었지만 저 아래쪽에 보이는 지구에 드리워진 밤을 몰아내고 있는 푸른색과 흰색으로 만들어진 초승달 모양의 밝은 무늬는 사라에게 경외심과 감사의 마음을 불러일으켰다.

그날 아침 회의는 우주선의 에어락(airlock, 우주선 안팎으로 드나들 때 내부와 외부를 완벽하게 차단하기 위한 밀폐장치)에 적용될 제어 시스템 때문에 소집되었다. 건설 과정이 거의 막바지에 이르면서 우주 유영 계획이 점점 더 많이 잡히게 되었고 우주선 안으로 들어오는 사람과 우주선 밖으로 나가는 사람들이 모두 포화 상태에 이르렀다. 사라를 본 톰(Tom)은 "좋은 아침, 시간 잘 맞추네. 이제 막 설계를 자세하게 검토하려고 했는데…"라고 인사를 건넸다.

톰이 말했습니다. "다들 아시다시피 각 에어락 안팎에는 우주용으로 특별히 강화 처리된 GUI 터미널이 마련되어있습니다. 우주 유영을 하는 사람이 우주선 안으로 들어오거나 밖으로 나갈 때는 이런 터미널을 통해서 에어락 절차를 시작합니다" 사라가 고개를 끄덕이면서 톰에게 물었다. "톰, 들어가고 나갈 때 어떤 메소드가 호출되나요?" 톰은 자리에서 일어나서 하얀 칠판쪽으로 둥둥 떠서 움직이고는 "우선 나가는 메소드를 간단하게 설명하자면 다음과 같습니다"라고 말하고 칠판에 재빠르게 다음과 같은 내용을 적었습니다.

우주선 에어락에서 나가는 절차

> **출입구 상태 점검**
>
> **에어락에 공기를 채움**
>
> **안쪽 해치 개방**
>
> **에어락 상태 확인**
>
> **안쪽 해치 폐쇄**
>
> **에어락 공기 제거**
>
> **바깥쪽 해치 개방**
>
> **에어락이 비었는지 확인**
>
> **바깥쪽 해치 폐쇄**

"이 절차가 중간에 방해 받는 일이 없도록 이 '우주선 에어락에서 나가는 절차' 메소드에서 호출하는 메소드는 모두 동기화 처리를 했습니다." 톰이 설명을 붙였습니다. "에어락에서 어떤 우주 유영사가 옷을 갈아입고 있는데, 다른 사람이 끼어들면 안 되니까요."

톰이 하얀 칠판을 지우는 동안 모든 사람들이 키득거리면서 웃었습니다. 하지만 사라는 뭔가 골똘히 생각을 하더니 톰이 에어락으로 들어오는 절차를 적으려고 할 때 입을 열기 시작했습니다. "잠깐만요, 톰. 에어락에서 나가는 절차를 설계하는 데 있어서 심각한 문제가 있는 것 같군요. 아까 그 코드를 다시 한 번 생각해봅시다. 치명적인 문제가 있을 수도 있어요."

왜 사라는 갑자기 톰을 멈춰 세웠을까요? 그녀는 어떤 문제를 의심하게 있었을까요?

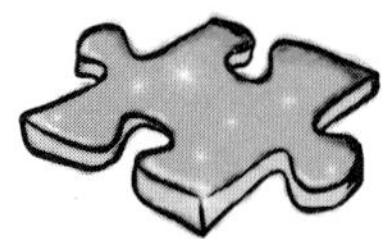

사라가 생각해낸 것은?

사라는 에어락에서 나가는 절차가 중간에 방해 받지 않기 위해서는 '우주선에서 나가는 절차'를 처리하는 메소드가 동기화되어야 한다는 것을 깨달았습니다. 지금 이 설계대로 나간다면 밖에서 돌아오려고 하는 우주 유영사 때문에 외부로 나가려는 절차가 방해를 받을 수 있었기 때문이죠. 밖으로 나가는 절차를 처리하는 메소드에서 호출한 각각의 메소드에서는 방해를 받지 않겠지만 그런 메소드를 호출하는 중간에는 방해를 받을 수 있으니까요. 사라는 그 절차 전체가 하나의 원자적인 단위로 실행되어야 한다는 것을 발견했습니다. 그리고 '우주선에서 나가는 절차'를 처리하는 메소드가 동기화되면 중간에 방해를 받는 일이 절대 생기지 않도록 할 수 있다는 것을 알고 있었죠.

자료구조

자바에서는 정렬도 한 방에 할 수 있습니다. 자료를 수집하고 처리하는 데 필요한 웬만한 도구들은 전부 다 들어있기 때문에 따로 정렬 알고리즘을 구현하지 않아도 되죠. (물론 이 책으로 전산학 개론 같은 수업을 듣고 있다면 그냥 자바 API에 들어있는 메소드를 쓰지 않고 직접 구현해야 할 가능성이 꽤 높긴 할 겁니다.) 자바 컬렉션 프레임워크는 상황에 따라 필요할 만한 거의 모든 자료구조를 가지고 있습니다. 새로운 항목을 추가하기 좋은 리스트가 필요하신가요? 이름만 가지고 뭔가를 찾고 싶으세요? 자동으로 중복된 항목을 빼 주는 리스트가 있으면 좋겠다고요? 동료들의 목록을 배신 때린 횟수 순으로 정렬하고 싶다고요? 애완동물 목록을 부릴 수 있는 재주 개수를 기준으로 정렬하고 싶다고요? 이런 모든 기능을 자바 API에서 제공해줍니다.

주크박스에서 각 곡의 인기도를 알아봅시다.

루의 식당에서 자동 주크박스 시스템을 관리하는 일을 맡게 되었다고 가정해봅시다. 이 주크박스 자체에는 자바가 내장되어 있지 않지만 매번 손님이 어떤 곡을 재생시킬 때마다 간단한 텍스트 파일에 그 곡에 대한 자료가 기록됩니다.

여러분이 해야 할 일은 그 자료를 가지고 곡의 인기도를 알아내고 보고서를 작성하고 재생목록을 조절하는 것입니다. 애플리케이션을 전부 다 여러 분이 만들어야 하는 건 아닙니다. 다른 소프트웨어 개발자와 웨이터도 같이 일을 하니까요. 여러분은 자바 애플리케이션에서 자료를 관리하고 정렬하는 부분만 맡으면 됩니다. 루가 데이터베이스에 대해 안 좋은 추억을 가지고 있기 때문에 이 작업은 전부 메모리에 들어있는 데이터 컬렉션 내에서만 처리해야 합니다. 여러 분이 받을 수 있는 것은 주크박스에 계속해서 내용을 추가해주는 파일 뿐입니다. 필요한 모든 정보는 거기에서 가져와야 하죠.

이미 무엇을 읽어와야 하고 어떻게 그 파일을 파싱하는지는 알고 있고, 지금까지 가져온 자료는 전부 ArrayList에 저장해 놓았다고 해봅시다.

SongList.txt

```
Pink Moon/Nick Drake
Somersault/Zero 7
Shiva Moon/Prem Joshua
Circles/BT
Deep Channel/Afro Celts
Passenger/Headmix
Listen/Tahiti 80
```

주크박스에서 만들어내는 파일입니다. 여러분은 이 파일을 읽어들이고 곡 데이터를 처리하는 코드를 만들어야하는 거죠. 소스 코드와 클래스 파일을 분리해봅시다.

첫 번째 문제
곡을 알파벳 순으로 정렬하기

파일에 곡 목록이 들어있고, 한 줄에 한 곡씩에 대한 정보가 들어있습니다. 제목과 아티스트는 슬래시로 구분됩니다. 따라서 각 행을 파싱하고 모든 정보를 ArrayList에 집어넣는 일은 꽤 간단할 것입니다.

윗 사람들은 곡 제목에만 관심이 있기 때문에 일단 지금은 곡 제목만 들어있는 목록을 만들면 됩니다.

하지만 목록을 보면 알파벳 순으로 정렬이 돼 있지 않네요. 어떻게 하면 정렬을 할 수 있을까요?

ArrayList에서는 원소들이 리스트에 삽입된 순서대로 정렬됩니다. 따라서 ArrayList에 집어넣는다고 해서 자동으로 정렬이 되지 않죠. 근데 혹시 ArrayList 클래스에 sort() 메소드 같은 게 있진 않을까요?

지금까지 만든 코드 (정렬 기능 없음)

```java
import java.util.*;
import java.io.*;

public class Jukebox1 {

    ArrayList<String> songList = new ArrayList<String>();

    public static void main(String[] args) {
        new Jukebox1().go();
    }

    public void go() {
        getSongs();
        System.out.println(songList);
    }


    void getSongs() {
        try {
            File file = new File("SongList.txt");
            BufferedReader reader = new BufferedReader(new FileReader(file));
            String line =  null;
            while ((line= reader.readLine()) != null) {
                addSong(line);
            }

        } catch(Exception ex) {
            ex.printStackTrace();
        }
    }

    void addSong(String lineToParse) {
        String[] tokens = lineToParse.split("/");
        songList.add(tokens[0]);
    }

}
```

곡 제목 들을 String으로 구성된 ArrayList에 저장합니다.

파일 로딩을 시작하고 songList ArrayList에 들어있는 내용을 출력하는 메소드

여기에는 별로 특별한 건 없습니다. 파일을 읽어 들이고 각 행에 대해서 addSong()을 호출합니다.

addSong 메소드는 입출력에 관한 내용을 배울 때 암기장을 처리했던 코드하고 똑같은 식으로 작동합니다. 제목과 아티스트가 모두 들어있는 각 줄을 split() 메소드를 써서 두 조각(토큰)으로 나누는 거죠.

곡 제목만 필요하기 때문에 첫 번째 토큰만 songList(ArrayList)에 집어넣습니다.

```
File Edit  Window Help Dance

%java Jukebox1
[Pink Moon, Somersault,
Shiva Moon, Circles,
Deep Channel, Passenger,
Listen]
```

songList의 내용이 ArrayList에 추가된 순서대로(즉 원래 텍스트 파일에 들어 있는 순서대로) 출력됩니다. 알파벳 순서대로 정렬되지 않은 상태죠.

그런데... ArrayList 클래스에는 sort() 메소드가 없네요...

ArrayList를 살펴보면 정렬 관련 메소드는 하나도 없는 것 같네요. 상속 계층구조를 따라 올라가도 별 뾰족한 수는 없는 것 같네요. ArrayList에 대해서 정렬 메소드를 호출할 수 없다는 건 분명한 듯 합니다.

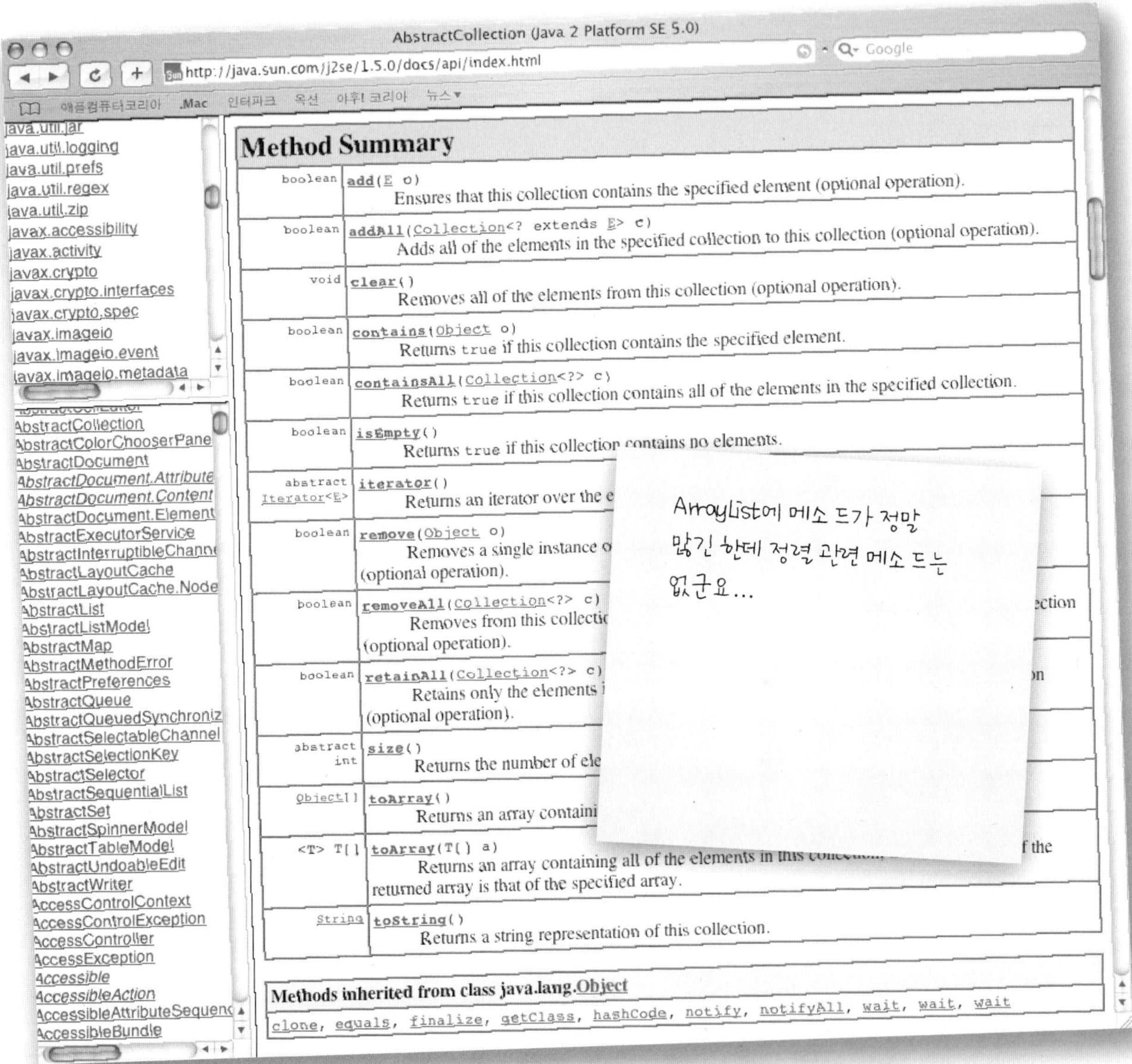

ArrayList 말고 다른 컬렉션도 있죠.

ArrayList가 가장 흔하게 쓰이는 편이긴 하지만 다른 용도로 쓸 수 있는 또 다른
컬렉션들도 있습니다. 몇 가지 예를 들면 다음과 같습니다.

➤ TreeSet

원소들을 정렬된 상태로 유지하며 원소가 중복되어 들어가지 않게 해줍니다.

➤ HashMap

원소들을 이름/값 쌍 형식으로 저장하고 접근할 수 있게 해줍니다.

➤ LinkedList

컬렉션 중간에서 원소를 추가하거나 삭제하는 작업을 더 빠르게 처리할 수
있게 해주는 컬렉션입니다. (사실 이런 경우에도 ArrayList를 써도 상관 없
습니다.)

➤ HashSet

컬렉션에 중복된 원소가 들어가지 않도록 해주고, 컬렉션 내에서 어떤 원소
를 빠르게 찾을 수 있게 해줍니다.

➤ LinkedHashMap

일반 HashMap과 거의 똑같지만 원소(이름/값 쌍)가 삽입된 순서를 그대
로 유지시켜줄 수도 있고, 원소에 마지막으로 접근했던 순서를 기억하도록
설정할 수도 있다는 점이 다릅니다.

TreeSet을 쓸 수도 있습니다.
아니면 <u>Collections.sort()</u> 메소드를 쓸 수도 있습니다.

모든 String(곡 제목)을 ArrayList 대신 TreeSet에 집어넣으면 String들이 자동으로 알파벳 순서
대로 정렬됩니다. 목록을 출력하면 원소들이 항상 알파벳 순으로 정렬되어 나오는 거죠.

집합(집합에 대해서는 잠시 후에 알아보겠습니다.)이
필요하다거나 목록이 항상 알파벳 순으로 정렬
되어 있어야 하는 경우에는 매우 좋죠.

반면에 목록이 항상 정렬되어 있을 필요가 없다
면 TreeSet을 썼을 때 괜히 불필요하게 느려질
수도 있습니다. 매번 새로운 원소를 삽입할 때마
다 어떤 자리에 집어넣어야 하는지를 확인하느
라 시간이 필요할 테니까요. ArrayList를 쓸 때는
새로운 원소를 삽입할 때 그냥 맨 뒤에 집어넣으
면 되기 때문에 속도가 빠르겠죠.

---

java.util.Collections

public static void **copy**(List destination, List source)

public static List **emptyList**()

public static void **fill**(List listToFill, Object objToFillItWith)

public static int **frequency**(Collection c, Object o)

public static void **reverse**(List list)

public static void **rotate**(List list, int distance)

public static void **shuffle**(List list)

public static void **sort**(List list)

public static boolea~~n~~ ~~replaceAll~~(List list, Object oldVal, Object newVal)

// 기타 메소드

> Collections 클래스에는 sort() 메소드가
> 있네요. 인자 유형이 List로 되어 있는데,
> ArrayList는 List 인터페이스를
> 구현하니까 인자로 쓸 수 있겠죠.
> 다형성 덕분에 List를 인자로 받는
> 메소드에 ArrayList를 전달해도 전혀
> 문제가 없습니다.

Q: 하지만 ArrayList에서도 맨 뒤 말고 특정 인덱
스에 집어넣을 수 있잖아요. add() 메소드 중에 삽입할
원소 외에 int 값도 인자로 받는 오버로드된 메소드가
있으니까요. 그렇게 하면 그냥 맨 뒤에 집어넣는 것보다
더 느린가요?

A: 예. ArrayList 맨 뒤가 아닌 다른 자리에 원소를 삽입하면 맨 뒤에
집어넣을 때에 비해 더 느립니다. 따라서 오버로드된 add(index, element)
메소드는 그냥 add(element) 메소드보다 느리게 작동합니다. 하지만
ArrayList를 사용하는 경우에는 대부분 특정 인덱스 위치에 원소를 집어넣
는 일은 잘 안 하게 될 것입니다.

Q: LinkedList 클래스도 있던데, 원소를 집어넣는 데는 그 클래스를
활용하는 게 더 낫지 않나요? 대학교 때 들은 자료구조론 수업 내용을 떠
올려 보면 그럴 것 같은데...

A: 좋은 지적입니다. 중간에 뭔가를 집어넣거나, 중간에서 뭔가를 삭제할 때는
LinkedList가 더 빠를 수 있습니다. 하지만 엄청나게 많은 원소들을 다루는 경우가 아니라면
LinkedList 중간에 원소를 집어넣는 것이나 ArrayList 중간에 원소를 집어넣는 것이나 크게
차이가 나지 않습니다. LinkedList에 대해서는 잠시 후에 더 자세히 살펴보도록 하겠습니다.

> 참고: 여기에 있는 Collections 클래스 API는
> 실제 API에 나와있는 것과는 다릅니다.
> 지면 관계상 제네릭 유형 정보(잠시 후에
> 배울 것입니다.)는 빼 놓았거든요.

주크박스 코드에 Collections.sort() 추가하기.

```java
import java.util.*;
import java.io.*;

public class Jukebox1 {

    ArrayList<String> songList = new ArrayList<String>();

    public static void main(String[] args) {
        new Jukebox1().go();
    }

    public void go() {
        getSongs();
        System.out.println(songList);
        Collections.sort(songList);
        System.out.println(songList);
    }

    void getSongs() {
        try {
            File file = new File("SongList.txt");
            BufferedReader reader = new BufferedReader(new FileReader(file));
            String line =  null;
            while ((line= reader.readLine()) != null) {
                addSong(line);
            }

        } catch(Exception ex) {
            ex.printStackTrace();
        }
    }

    void addSong(String lineToParse) {
        String[] tokens = lineToParse.split("/");
        songList.add(tokens[0]);
    }
}
```

Collections.sort() 메소드는 String으로 구성된 목록을 알파벳 순으로 정렬해줍니다.

Collections 클래스의 sort()라는 정적 메소드를 호출한다음 목록을 다시 출력합니다. 두 번째로 목록을 출력할때는 알파벳 순으로 출력됩니다.

```
 File Edit  Window  Help Chill

 %java Jukebox1


 [Pink Moon, Somersault, Shiva Moon, Circles, Deep
 Channel, Passenger, Listen]


 [Circles, Deep Channel, Listen, Passenger, Pink
 Moon, Shiva Moon, Somersault]
```

sort() 호출 전

sort() 호출 후

하지만 String이 아닌
Song 객체를 정렬해야 합니다.

팀장님이 오시더니 그냥 String이 아니라 실제 Song 클래스 인스턴스를 목록에 넣어야겠다고 하는군요. 그리고 새로운 주크박스에서는 이제 두 개가 아닌 네 개의 정보(토큰)를 기록하게 되었습니다.

Song 클래스는 정말 간단합니다. 특이한 부분은 오버라이드된 toString() 메소드 뿐이죠. toString()은 Object 클래스에 정의되어 있기 때문에 자바에 있는 모든 클래스에서 상속하는 메소드입니다. 그리고 (System.out.println(anObject) 같은 코드를 써서) 객체를 출력할 때는 항상 toString() 메소드가 호출되기 때문에 기본으로 제공되는 유일 식별자 코드 말고 다른 걸 출력하고 싶다면 이 메소드를 오버라이드해야 합니다. 목록을 출력할 때에도 각 객체의 toString() 메소드가 호출될 것입니다.

SongList.txt

```
Pink Moon/Nick Drake/5/80
Somersault/Zero 7/4/84
Shiva Moon/Prem Joshua/6/120
Circles/BT/5/110
Deep Channel/Afro Celts/4/120
Passenger/Headmix/4/100
Listen/Tahiti 80/5/90
```

이제 주크박스에서 만들어 내는 파일에 두 개가 아닌 네 개의 속성이 기록됩니다. 그리고 이 속성들을 모두 목록에 집어넣어야 하므로 네 가지 속성을 모두 인스턴스 변수로 저장할 수 있는 형태의 Song 클래스를 만들어야 합니다.

```java
class Song {
    String title;
    String artist;
    String rating;
    String bpm;

    Song(String t, String a, String r, String b) {
        title = t;
        artist = a;
        rating = r;
        bpm = b;
    }

    public String getTitle() {
        return title;
    }

    public String getArtist() {
        return artist;
    }

    public String getRating() {
        return rating;
    }

    public String getBpm() {
        return bpm;
    }

    public String toString() {
        return title;
    }
}
```

파일에 들어 있는 네 가지 속성을 저장하기 위한 네 개의 인스턴스 변수

변수는 모두 Song이 생성될 때 생성자에서 설정됩니다.

네 가지 속성에 대한 게터 메소드

System.out.println(aSongObject) 메소드를 호출했을 때 곡 제목이 출력될 수 있도록 하기 위해 toString()을 오버라이드합니다. System.out.println(aListOfSongs)를 호출하면 목록에 들어있는 각 원소의 toString() 메소드가 호출됩니다.

String 대신 Song을 사용하도록
주크박스 코드 수정하기.

코드는 약간만 고치면 됩니다. 파일 입출력 코드, 파싱 코드(String.split())는 거의 똑같습니다.
한 줄(한 곡)당 토큰이 네 개라는 점, 그리고 네 개를 모두 사용해서 Song 객체를 만든다는 점
만 제외하면 말이죠. 그리고 ArrayList의 유형도 <String>에서 <Song>으로 고쳐야 되겠죠?

```java
import java.util.*;
import java.io.*;
```



```java
public class Jukebox3 {

    ArrayList<Song> songList = new ArrayList<Song>();
    public static void main(String[] args) {
        new Jukebox3().go();
    }
    public void go() {
        getSongs();
        System.out.println(songList);
        Collections.sort(songList);
        System.out.println(songList);
    }
    void getSongs() {
        try {
            File file = new File("SongListMore.txt");
            BufferedReader reader = new BufferedReader(new FileReader(file));
            String line =  null;
            while ((line= reader.readLine()) != null) {
                addSong(line);
            }
        } catch(Exception ex) {
            ex.printStackTrace();
        }
    }

    void addSong(String lineToParse) {
        String[] tokens = lineToParse.split("/");

        Song nextSong = new Song(tokens[0], tokens[1], tokens[2], tokens[3]);
        songList.add(nextSong);
    }
}
```

컴파일이 되지 않아요!

어? 뭔가 문제가 있나 봅니다. Collections 클래스에 관한 문서를 보면 분명히 List를 인자로 받아들이는 sort() 메소드가 있다고 했는데...

ArrayList는 분명히 List의 일종입니다. ArrayList에서 List 인터페이스를 구현하니까요. 그러면 당연히 잘 돼야 할 것 같죠?

하지만 실제로는 그렇지 않습니다.

컴파일러에서는 ArrayList<Song>을 인자로 받아들이는 sort 메소드를 찾을 수 없다고 하는군요. Song 객체로 구성된 ArrayList를 싫어하기라도 하는 걸까요? ArrayList〈String〉을 쓸 때는 이런 오류가 안 났었잖아요... 도대체 Song과 String 사이에 무슨 차이가 있는 걸까요? 왜 컴파일러가 이 코드를 거부할까요?

```
File Edit  Window Help Bummer
%javac Jukebox3.java
Jukebox3.java:15: cannot find symbol
symbol   : method sort(java.util.ArrayList<Song>)
location: class java.util.Collections
              Collections.sort(songList);
                         ^
1 error
```

이럴 때는 "무엇에 대해서 정렬을 하는 걸까?" 하는 것을 생각해봐야 합니다. Song 객체들을 비교할 때 sort() 메소드에서는 어떤 기준을 가지고 비교해야 할까요. 지금 우리가 원하는 것처럼 각 곡의 제목(title 값)을 가지고 정렬해야 한다면 sort() 메소드에 bpm 같은 값이 아닌 title 값을 가지고 정렬해야 한다는 것을 알려줄 수 있어야 할 것입니다.

이와 관련된 내용은 잠시 후에 자세히 알아보기로 하고, 일단은 왜 컴파일러에서 sort() 메소드에 Song으로 구성된 ArrayList를 전달하는 것 조차도 허락하지 않는지 확인해보도록 합시다.

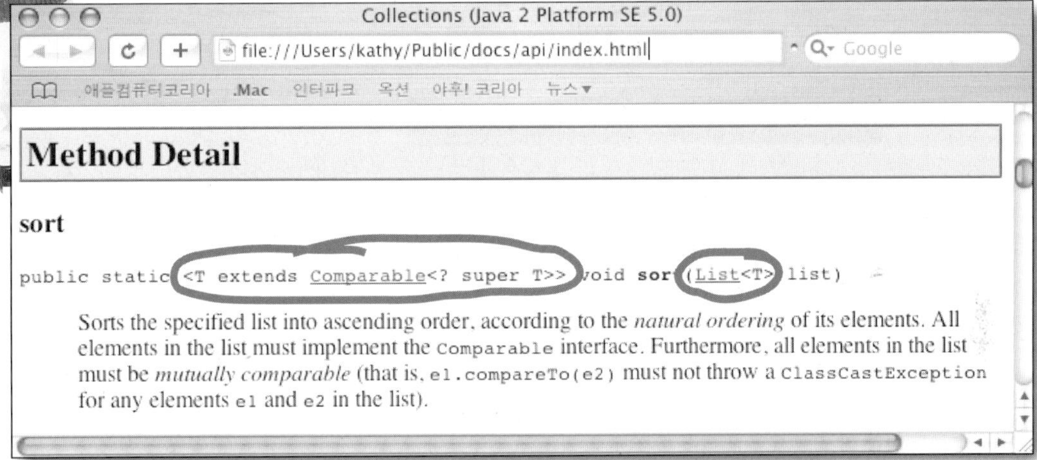

sort() 메소드 선언

API 문서를 보면 sort() 메소드가 되게 이상하게 선언되어 있다는 생각이 들 것입니다. (java.util.Collections
클래스에서 sort() 메소드가 있는 곳으로 찾아가 보세요.) '이상하다'는 생각이 들지 않더라도 지금까지 봐 온
것하고는 확실히 다르게 생겼다는 느낌은 들 것입니다.

이렇게 이상하게 선언된 이유는 sort() 메소드(및 자바의 컬렉션 프레임워크 전체)에서 제네릭(generics)을
아주 많이 사용하기 때문입니다. 자바 소스 코드나 문서에서 〈〉 기호가 보인다면 (자바 5.0에 새로 추가된)
제네릭을 뜻한다고 생각하면 됩니다. String으로 구성된 ArrayList는 정렬할 수 있었는데 Song으로 구성
된 ArrayList는 정렬할 수 없었던 이유를 알아내려면 아무래도 이 문서들을 해독하는 방법부터 알아야 할
것 같네요.

제네릭과 형 안전성

한 마디로 말하자면 제네릭과 관련된 코드는 거의 전부 컬렉션과 관련된 코드라고 할 수 있습니다. 제네릭을 다른 방식으로 사용할 수도 있지만 제네릭에서 가장 중요한 점은 형 안전성을 갖춘 컬렉션을 만들 수 있다는 것입니다. 바꿔 말하자면 Dog를 Duck으로 구성된 목록에 집어넣었을 때 컴파일러가 미리 파악하고 사고가 나는 것을 막아줄 수 있게 되는 것이죠.

(자바 5.0에서) 제네릭스가 도입되기 전까지는 모든 컬렉션에 Object 유형의 객체를 아무렇게나 집어넣을 수 있었기 때문에 어떤 객체를 집어넣든 컴파일러에서 신경쓰지 않았습니다. ArrayList에 아무 것이나 집어넣어도 전혀 상관없었죠. 모든 ArrayList가 ArrayList〈Object〉로 선언된 것이나 마찬가지였습니다.

제네릭을 쓰지 않을 때

SoccerBall, Fish, Guitar, Car 객체 레퍼런스를 아무렇게나 넣어도 됩니다.

제네릭스가 도입되기 전에는 ArrayList의 유형을 지정할 수가 없었기 때문에 add( ) 메소드에서 Object 유형의 인자를 무조건 받아들였습니다.

나올 때는 전부 Object 유형으로 나오게 되죠.

제네릭을 사용하려면 형 안전성이 확보된 컬렉션을 만들 수 있습니다. 문제를 실행 도중이 아닌 컴파일할 때 바로 잡아낼 가능성이 높아지죠.

제네릭이 없으면 Cat 객체들을 저장하려고 만든 ArrayList에 Pumpkin 객체를 집어넣더라도 컴파일러에서 아무 말도 하지 않습니다.

제네릭을 쓸 때

객체는 Fish 객체에 대한 레퍼런스로만 들어갈 수 있습니다.

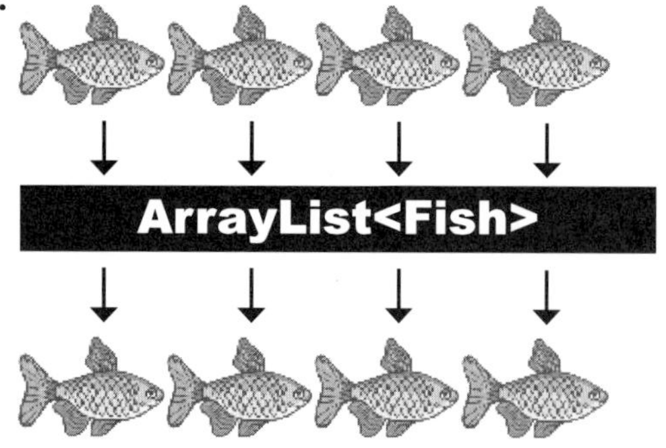

나올 때도 항상 Fish 유형으로 나오게 되죠.

제네릭 기능이 도입된 이후로 ArrayList〈Fish〉에는 Fish 객체만 집어넣을 수 있고, 객체를 꺼낼 때도 Fish 레퍼런스로 나오게 됩니다. 엉뚱하게 그 목록에 Volkswagen 객체가 들어간다거나 목록에서 꺼낸 객체를 Fish 레퍼런스로 캐스팅할 수 없다거나하는 일에 대해서 신경쓰지 않아도 되는 거죠.

제네릭에 대하여...

제네릭에 관해 공부해야 할 것이 꽤 많긴 하지만, 대부분의 프로그래머는 다음 세 가지만 알아도 충분합니다.

① 제네릭을 쓰는 클래스(ArrayList 등)의 인스턴스를 만드는 방법

ArrayList를 만들 때는 일반 배열을 만들 때와 마찬가지로 목록에 들어갈 수 있는 객체의 유형을 알려줘야 합니다.

```
new ArrayList<Song>()
```

② 제네릭 유형의 변수를 선언하고 변수에 값을 대입하는 방법

제네릭 유형에 대해서는 다형성이 어떤 식으로 작동할까요? ArrayList⟨Animal⟩ 레퍼런스 변수가 있을 때 거기에 ArrayList⟨Dog⟩를 대입할 수 있을까요? List⟨Animal⟩에 ArrayList⟨Animal⟩을 대입하는 건 어떨까요? 조만간 배우게 될 것입니다.

```
List<Song> songList =
    new ArrayList<Song>()
```

③ 제네릭 유형을 인자로 받아들이는 메소드 선언(호출) 방법

어떤 메소드에서 Animal 객체로 구성된 ArrayList를 인자로 받아들인다고 한다면 그 정확한 의미는 무엇일까요? Dog 객체로 구성된 ArrayList를 전달해도 될까요? 일반 배열을 인자로 받아들이는 메소드를 만들 때하고 상당히 다른, 다형성과 관련된 몇 가지 복잡 미묘한 문제에 대해 살펴보도록 합시다.

(사실 이 문제도 2번하고 연관되어 있습니다. 그만큼 중요하다는 얘기죠.)

```
void foo(List<Song> list)

x.foo(songList)
```

Q: 그런데 제네릭 클래스를 직접 만드는 방법에 대해서는 몰라도 되나요? 클래스 인스턴스를 만드는 사람이 실제로 사용할 클래스 유형을 결정할 수 있는 클래스 유형을 만들고 싶으면 어떻게 해야 하나요?

A: 아마 그런 클래스를 직접 만들 일은 별로 없을 것입니다. 한번 생각해보세요. API를 설계한 사람들은 사람들이 필요로 할만한 거의 모든 자료구조를 커버할 수 있는 컬렉션 클래스 라이브러리를 만들었습니다. 그리고 제네릭 기능을 사용할 만한 클래스는 사실상 컬렉션 클래스, 즉 다른 원소들을 담아두기 위한 용도로 만들어진 클래스밖에 없죠. 다른 프로그래머들이 이런 '다른 원소들을 담아두기 위한 용도로 만들어진' 클래스를 쓸 때는 선언하고 인스턴스를 만들 때 원소의 유형을 선언하도록 만들어야 할 것입니다.

이런 제네릭 클래스를 만드는 것도 당연히 가능하긴 합니다. 하지만 그리 흔한 것은 아니기 때문에 여기에서는 다루지 않도록 하겠습니다. (아마 여기에서 배우는 내용을 바탕으로 어떻게 할 수 있는지 감을 잡을 수도 있긴 할 것입니다.)

제네릭 클래스 사용법

가장 흔하게 쓰이는 유형은 ArrayList이므로 우선 ArrayList부터 시작해
볼까요? 제네릭 클래스에 대한 문서를 볼 때 가장 중요한 두 가지를 꼽아
보면 다음과 같습니다.

1) 클래스 선언부

2) 원소를 추가하기 위한 메소드 선언부

ArrayList 문서 해독하기
('E'가 도대체 뭘까요?)

'E'는 '컬렉션에 저장하고
컬렉션에서 리턴할 원소의
유형'이라고 생각하면 됩니다.
(E는 Element(원소)에서
오는 것이죠.)

'E'가 있는 곳에는 ArrayList를 선언하고 생성할때
사용할 실제 유형이 들어갑니다.

ArrayList는 AbstractList의 서브클래스이므로
ArrayList의 유형으로 어떤 클래스 유형을 선언하면
그 유형이 자동으로 AbstractList의 유형으로 쓰입니다.

```java
public class ArrayList<E> extends AbstractList<E> implements List<E>  ... {

    public boolean add(E o)



    // 기타 코드
}
```

아주 중요한 부분입니다. 'E'가 무엇이든 간에 그
유형에 의해서 ArrayList에 집어넣을 수 있는 객체의
유형이 결정됩니다.

주어진 유형(<E>의 값)이 자동으로 List
인터페이스의 유형이 됩니다.

'E'는 ArrayList의 인스턴스를 생성할 때 쓰이는 유형을 나타냅니다.
ArrayList 문서에 'E'라는 것이 등장한다면 무조건 ArrayList의 인스턴스
를 만들 때 〈〉 안에 집어넣는 유형으로 바로 치환해서 생각하면 됩니다.

따라서 new ArrayList〈Song〉이라고 한다면 'E'를 사용하는 모든 메소드
및 변수 선언에서 'E'가 'Song'이 된다고 생각하면 됩니다.

ArrayList에서 유형 매개변수를 사용하는 방법

다음과 같은 코드를 쓰면:

```java
ArrayList<String> thisList = new ArrayList<String>
```

다음과 같은 ArrayList가:

```java
public class ArrayList<E> extends AbstractList<E> ... {


    public boolean add(E o)
    // 기타 코드
}
```

컴파일러에 의해 다음과 같은 식으로 해석됩니다:

```java
public class ArrayList<String> extends AbstractList<String>... {


    public boolean add(String o)
    // 기타 코드
}
```

즉 'E'가 ArrayList를 생성할 때 사용한 실제 유형(유형 매개변수(type parameter)라고도 부름)으로 치환됩니다. 그래서 'E'와 호환되는 유형의 레퍼런스를 제외한 다른 레퍼런스는 ArrayList의 add() 메소드에 전달할 수 없는 것이죠. ArrayList〈**String**〉을 만들었다면 그 add() 메소드는 **add(String o)**로 변신하는 것입니다. **Dog** 유형의 ArrayList를 만들면 그 add() 메소드는 **add(Dog o)**로 변신하죠.

Q : 반드시 'E'만 쓸 수 있나요? API 문서의 sort() 메소드를 설명하는 부분에서는 'T'라고 했던 것 같은데요?

A : 자바에서 식별자로 쓸 수 있는 것은 무엇이든 써도 됩니다. 즉 메소드나 변수 이름으로 쓸 수 있는 것이라면 무엇이든 유형 매개변수로 써도 되죠. 하지만 보통 한 글자만 사용하는 것이 관례로 되어 있고, 컬렉션 클래스를 작성하는 경우(이 때는 컬렉션에 저장할 원소(Element)의 유형임을 나타내기 좋도록 'E'를 사용합니다)를 제외하면 일반적으로 'T'를 사용합니다.

제네릭 메소드 사용법

제네릭 클래스(generic class)란 클래스 선언에 유형 매개변수가 들어있는 클래스를 뜻합
니다. 제네릭 메소드(generic method)는 메소드 선언 서명에 유형 매개변수가 포함되어
있는 메소드를 뜻하죠.

메소드에서는 몇 가지 서로 다른 방법으로 유형 매개변수를 사용할 수 있습니다.

① 클래스 선언부에서 정의된 유형 매개변수를 사용하는 방법

```
public class ArrayList<E> extends AbstractList<E> ... {
    public boolean add(E o)
```

클래스를 정의할 때 이미 'E'를 썼기 때문에
여기에도 'E'를 쓸 수 있습니다.

클래스를 정의할 때 유형 매개변수를 선언했다면 그 유형을 특정 클래스 또는 인터페이스
유형을 사용하는 것과 똑같은 방식으로 사용할 수 있습니다. 여기에서 메소드 인자를 선
언할 때 쓰인 유형은 나중에 클래스 인스턴스를 만들 때 주어진 유형으로 치환되겠죠.

② 클래스 선언부에서 쓰이지 않은 유형 매개변수를 사용하는 방법

```
public <T extends Animal> void takeThing(ArrayList<T> list)
```

여기에서 이 <T>를 사용할 수 있는 이유는, 메소드를
선언할 때 앞에서 'T'를 선언했기 때문입니다.

클래스 자체에서는 유형 매개변수를 사용하지 않더라도 특별한 위치(리턴 유형을 선언하는
곳 바로 앞)에서 선언해주기만 하면 메소드 내에서 유형 매개변수를 별도로 지정해서 쓸
수 있습니다. 어떤 메소드가 위와 같은 식으로 선언되어 있는 경우, Animal 유형(하위클
래스 유형 포함)이면 뭐든지 T 자리에 들어갈 수 있습니다.

조금 이상해지고 있죠?

아래의 코드는:

```java
public <T extends Animal> void takeThing(ArrayList<T> list)
```

다음 코드하고 같지 않습니다:

```java
public void takeThing(ArrayList<Animal> list)
```

둘 다 문법적으로는 올바른 코드입니다. 하지만 위 두 코드는 서로 다릅니다.

첫 번째 코드에서는 〈**T extends Animal**〉이 메소드 선언에 포함되어 있으며, Animal 또는 하위클래스(Dog, Cat 등) 유형으로 구성된 ArrayList라면 무엇이든 인자로 사용할 수 있습니다. 따라서 위쪽에 있는 방식으로 선언된 메소드를 호출할 때는 ArrayList〈Dog〉, ArrayList〈Cat〉, ArrayList〈Animal〉 등을 마음대로 인자로 쓸 수 있습니다.

하지만 아래쪽에 있는 코드에서는 인자가 ArrayList〈Animal〉 유형으로 선언되어 있기 때문에 ArrayList〈Animal〉만 인자로 사용할 수 있습니다. 즉 위쪽에 있는 코드로 선언한 메소드에서는 Animal에 속하는 임의의 유형(Animal, Dog, Cat 등)으로 구성된 ArrayList를 인자로 받아들일 수 있지만 아래쪽에 있는 코드로 선언한 메소드에서는 Animal로 구성된 ArrayList만 인자로 받아들일 수 있습니다. ArrayList〈Dog〉, ArrayList〈Cat〉은 안 되고 ArrayList〈Animal〉만 되죠.

뭔가 다형성의 핵심을 위반하고 있는 게 아닌가 하는 생각이 들지도 모르겠습니다. 하지만 이 장 맨 뒤쪽에서 자세한 내용을 다시 한번 살펴보고 나면 확실히 이해할 수 있을 것입니다. 일단 지금은 sort() 메소드를 써서 songList를 정렬하는 방법을 알아보기 위해 대강 짚고 넘어가는 상황이기 때문에 이상하게 생긴 코드들이 등장하는 sort() 메소드 관련 API 문서를 이해할 수 있는 정도로만 알아두고 넘어가도록 합시다.

우선 지금은 위쪽에 있는 메소드를 선언하는 구문이 문법적으로 틀리지 않은 구문이며 Animal 또는 Animal의 하위유형의 객체들로 구성되는 ArrayList 객체를 인자로 받아들일 수 있는 메소드를 선언한다는 정도만 알아두도록 합시다.

이제 다시 sort() 메소드로 돌아가 볼까요?

앞에서 이런 오류 메시지를 봤죠?

```
File Edit Window Help Bummer

%javac Jukebox3.java
Jukebox3.java:15: cannot find symbol
symbol   : method sort(java.util.ArrayList<Song>)
location: class java.util.Collections
                Collections.sort(songList);
                ^

1 error
```

```java
import java.util.*;
import java.io.*;


public class Jukebox3 {
    ArrayList<Song> songList = new ArrayList<Song>();
    public static void main(String[] args) {
        new Jukebox3().go();
    }
    public void go() {
        getSongs();
        System.out.println(songList);
        Collections.sort(songList);
        System.out.println(songList);
    }
    void getSongs() {
        try {
            File file = new File("SongListMore.txt");
            BufferedReader reader = new BufferedReader(new FileReader(file));
            String line =  null;
            while ((line= reader.readLine()) != null) {
                addSong(line);
            }
        } catch(Exception ex) {
            ex.printStackTrace();
        }
    }
    void addSong(String lineToParse) {
        String[] tokens = lineToParse.split("/");
        Song nextSong = new Song(tokens[0], tokens[1], tokens[2], tokens[3]);
        songList.add(nextSong);
    }
}
```

sort() 메소드 다시 보기

자... 그러면 String으로 구성된 목록에 대해서는 잘 돌아가던 sort() 메소드가
Song으로 구성된 목록에 대해서는 왜 오류를 내는지 확인
해보기 위해 API 문서에서 sort() 메소드에 대한 내용을 다
시 살펴봅시다. API 문서는 이렇게 생겼었죠?

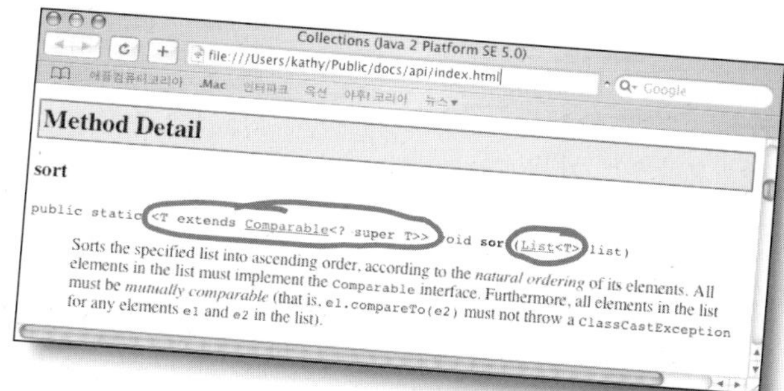

**sort() 메소드에서는 Comparable 객체로 구성된
목록만 받아들일 수 있습니다.**

**Song은 Comparable의 하위유형이 아니기 때
문에 Song으로 구성된 목록을 sort() 메소드의
인자로 전달할 수 없습니다.**

적어도 지금 상태로는 말이죠...

```
public static <T extends Comparable<? super T>> void sort(List<T> list)
```

'T'가 반드시 Comparable 유형
이어야 한다는 것을 뜻합니다.

(이 부분은 일단 무시하고 넘어가겠습니다.
간단하게 말하자면 Comparable의 유형매개
변수가 T 또는 T의 상위유형이어야 한다는
것을 뜻합니다.)

'Comparable을 확장하는' 유형
으로 구성된 List(또는 그 하위
유형, ArrayList 등)만을 인자
로 전달할 수 있다는 것을 뜻
합니다.

API 문서에서 String을 찾아보니까 String도
Comparable을 확장(extends)한 게 아니고 구현
(implements)했던데요? Comparable은 인터페이스
잖아요. 그러면 <T extends Comparable>이라고
하는 게 말이 안 되지 않나요?

```
public final class String extends Object implements Serializable,
                        Comparable<String>, CharSequence
```

제네릭에서 '확장(extends)'한다는 것은 '확장(extends) 또는 구현(implements)'을 뜻합니다.

자바 엔지니어들이 제네릭을 설계할 때, Animal의 하위클래스로만 제한한다든 가 하는 식으로 매개변수화된 유형에 제약조건을 줄 수 있는 방법을 고안해야 했 습니다. 하지만 특정 인터페이스를 구현하는 클래스로 유형을 제한할 수 있는 방 법도 필요했죠. 그래서 두 상황(확장 및 구현)에 모두 적용할 수 있는 구문이 필요 했습니다. 즉, extends와 implements를 모두 지칭하기 위한 뭔가가 필요했죠.

결국 둘 중에 하나를 선택하기로 했고, extends를 사용하자는 결론을 내리게 됐 죠. 하지만 여기에서 쓰이는 extends라는 구문은 오른쪽에 있는 것이 클래스든 인터페이스든 상관없이 "A는 B이다" 관계를 나타내는 역할을 합니다.

> 제네릭을 다룰 때 등장하는 'extends' 키워드는 "A는 B이다" 관계를 나타내는 것으로 클래스와 인터페이스 모두에 대해 똑같이 쓰입니다.

> Comparable은 인터페이스입니다. 따라서 이 코드는 'T는 Comparable 인터페이스를 구현하는 유형'이라는 뜻으로 이해해야 합니다.

```
public static <T extends Comparable<? super T>> void sort(List<T> list)
```

> 'extends' 오른쪽에 있는 것이 클래스인지 인터페이스인지는 중요하지 않습니다. 무조건 'extends' 키워드를 사용합니다.

Q: 왜 'is' 같은 새로운 키워드를 만들어서 쓰진 않았나요?

A: 언어에 새로운 키워드를 추가하는 것은 전혀 만만한 일이 아닙니다. 이전 버전에서 만들었던 자바 코드를 못 쓰게 될 수 있기 때문이죠. 예를 들어 어떤 변수 이름을 'is'라고 붙였다면 어떻게 될까요? (실제로 이 책에서도 입력 스트림(input stream) 변수에 is라는 이름을 붙이기도 했습니다.) 키워드는 식별자로 사용할 수 없기 때문에 새로운 키워드가 예약어로 지 정되기 전에 그 키워드를 식별자로 사용했던 코드는 다시 써 먹을 수가 없게 됩니다. 따라서 기존 키워드를 재사용할 수 있다 면, 'extends' 키워드의 경우와 마찬가지로 재사용하는 쪽으로 갈 수 밖에 없습니다. 하지만 어쩔 수 없이 새로운 키워드를 추가해야 하는 경우도 있긴 합니다.

아주 드물긴 하지만 자바 1.4에서 추가된 assert나 자바 5.0에서 추가된 enum(부록 참조)과 같이 새로운 키워드가 추가되는 경우도 있긴 합니다. 이렇게 새로운 키워드가 추가되면 기존 코드를 사용하지 못하게 될 수도 있지만, 새로운 버전의 자바에서 도 컴파일 및 실행 옵션을 써서 기존 버전처럼 돌아가도록 할 수 있습니다. "자바 1.4라는 걸 알긴 아는데, 그냥 1.3인 것처럼 행동해 줘. 전에는 assert라는 것을 변수 이름으로 쓸 수 있었는데, 당신네들이 키워드로 새로 추가하는 바람에 전부 꼬여 버 렸단 말야..."라고 얘기해 줄 수 있는 명령행 플래그가 있거든요. 컴파일러나 JVM에서 그런 플래그를 사용하면 기존 버전에서 컴파일/실행할 때와 똑같이 사용할 수 있습니다.

(어떤 플래그를 사용할 수 있는지 알고 싶다면 명령행에서 javac(컴파일러)나 java(JVM)라고 입력해보세요. 뒤에 아무 것도 쓰지 말고요. 그러면 쓸 수 있는 옵션 목록을 볼 수 있습니다. 17장에서도 몇 가지 플래그에 대한 정보를 얻을 수 있습니다.)

드디어 문제점을 찾았습니다...
Song 클래스에서 Comparable 인터페이스를 구현해야 하는군요.

ArrayList〈Song〉을 sort() 메소드에 전달하려면 Song 클래스에서 Comparable을 구현해야만 합니다. sort() 메소드가 그런 식으로 정의되어 있으니까요. API 문서를 살펴보면 Comparable 인터페이스가 메소드 한 개만 구현하면 되는 간단한 인터페이스라는 것을 알 수 있습니다.

java.lang.Comparable

```
public interface Comparable<T> {
    int compareTo(T o);
}
```

compareTo()에 관한 설명은 다음과 같습니다.

리턴값:

이 객체가 주어진 객체보다 작으면 음의 정수, 둘이 같으면 0, 이 객체가 주어진 객체보다 크면 양의 정수를 리턴함

어떤 Song 객체에 대해서 compareTo() 메소드를 호출하면서 다른 Song 객체에 대한 레퍼런스를 전달하는 식으로 사용하면 될 것 같군요. compareTo() 메소드가 실행되는 Song 객체에서는 인자로 전달 받은 Song 객체가 목록에서 더 위에 가야 하는지, 아래로 가야 하는지, 아니면 똑같은 위치에 있어야 하는지를 알아내야 합니다.

이제 두 Song 객체를 어떤 기준으로 정렬해야 할지 결정하고 그 기준에 맞춰서 compareTo() 메소드를 구현해야 합니다. 음수(음의 정수라면 어떤 값이든 상관 없습니다.)를 리턴한다는 것은 인자로 전달 받은 Song 객체가 더 '크다'는 것을 뜻합니다. 양수를 리턴한다는 것은 인자로 전달 받은 Song 객체가 더 '작다'는 것을 뜻합니다. 그리고 0을 리턴한다는 것은 두 Song 객체가 서로 '같다'는 것을 뜻합니다. (정렬할 때 같은 위치에 놓인다는 것을 뜻할 뿐이지 두 객체가 동일한 객체라는 뜻은 아닙니다.) 똑같은 제목을 가진 Song 객체가 두 개 있을 수도 있으니까요. (나중에 이와 연관된 내용을 자세히 살펴보도록 하겠습니다.)

Song 객체들을 어떻게 비교하는가 하는 중요한 문제가 남아 있습니다.

비교 기준을 정하기 전에는 Comparable 인터페이스를 구현할 수 없습니다.

연필을 깎으며

Song 객체를 제목(title 변수) 순으로 정렬할 수 있도록 compareTo()를 구현해 봅시다. 그냥 아이디어를 적어 보거나 유사코드 형태로 써도 됩니다.

힌트: 제대로만 한다면 코드가 세 줄도 안 됩니다.

역자 주: 이미 알고 있겠지만 안타깝게도 API 문서는 영어와 일본어로만 제공됩니다. 여기에서는 독자들의 편의를 위해 한글로 적어놨지만, 실제로 API 문서를 보실 때는 영어나 일본어로 된 내용을 직접 읽어야 합니다.

업그레이드된 Song 클래스

제목 순으로 정렬하기로 결정했기 때문에 compareTo() 메소드에서 그 객체의 title 값을 인자로 전달된 Song 객체의 title 값하고 비교하기로 했습니다. 즉 그 메소드를 실행시키는 Song 객체에서 메소드 인자의 title 값을 자기 title 값하고 비교합니다.

흠... sort() 메소드가 String으로 구성된 목록에 대해서는 잘 작동하니까 String 클래스 자체에는 알파벳 순으로 크고 작음을 비교할 수 있는 메소드가 있다는 것을 알 수 있겠죠? 즉 String 클래스에도 compareTo() 메소드가 있을 테니까 바로 그 메소드를 이용하면 되겠습니다. 이렇게 하면 한 쪽 title 변수의 compareTo() 메소드를 호출하면서 인자로 전달 받은 Song의 title 값을 인자로 전달하기만 하면 비교 및 알파벳 순서상의 대소 관계를 결정하는 알고리즘에 대해서 신경쓰지 않아도 될 것입니다.

```java
class Song implements Comparable<Song> {
    String title;
    String artist;
    String rating;
    String bpm;

    public int compareTo(Song s) {
        return title.compareTo(s.getTitle());
    }

    Song(String t, String a, String r, String b) {
        title = t;
        artist = a;
        rating = r;
        bpm = b;
    }

    public String getTitle() {
        return title;
    }

    public String getArtist() {
        return artist;
    }

    public String getRating() {
        return rating;
    }

    public String getBpm() {
        return bpm;
    }

    public String toString() {
        return title;
    }
}
```

보통 이 둘은 같습니다. Comparable 인터페이스를 구현하는 클래스에서 대소 비교를 할 대상 유형을 지정하는 것이니까요.

이 구문은 Song 객체를 정렬할 때 다른 Song 객체하고 비교할 수 있다는 것을 뜻합니다.

sort() 메소드에서는 compareTo()에 어떤 Song 객체를 인자로 전달하여 그 Song 객체를 compareTo() 메소드가 호출된 Song 객체하고 비교해 줍니다.

간단하죠? 그냥 title이라는 String 객체에 할일을 넘겨버리면 됩니다. String에도 compareTo() 메소드가 있으니까요.

이번에는 별 문제 없이 컴파일 및 실행이 됩니다. 목록을 출력한 다음 sort() 메소드를 호출해서 곡들을 제목 알파벳 순으로 정렬하고 다시 한 번 목록을 출력합니다.

```
File  Edit  Window  Help  Ambient

%java Jukebox3

[Pink Moon, Somersault, Shiva Moon, Circles, Deep
Channel, Passenger, Listen]

[Circles, Deep Channel, Listen, Passenger, Pink
Moon, Shiva Moon, Somersault]
```

목록을 정렬은 했는데...

새로운 문제가 생겼습니다. 음식점 주인 루가 곡 목록을 제목 순, 아티스트 순, 이렇게 서로 다른 기준으로 출력해달라고 하는군요.

하지만 (Comparable을 구현해서) 원소를 비교할 수 있게 만드는 과정에서 compareTo() 메소드는 단 한 번만 구현할 수 있습니다. 그러면 어떻게 이 문제를 해결할 수 있을까요?

아주 좋지 않은 방법이긴 하지만 Song 클래스에 플래그 변수를 집어넣은 다음 compareTo() 메소드에 있는 if문에서 플래그 값을, 제목을 기준으로 비교할지 아티스트를 기준으로 비교할지 결정하는 방법을 쓸 수도 있을 것입니다.

하지만 그런 방법은 아주 좋지 않은 방법입니다. 나중에 두고 두고 골칫덩어리가 될 수도 있죠. 게다가 그보다 훨씬 나은 다른 해결책도 있습니다. API에 바로 이런 용도로 (같은 것을 두 가지 이상의 방법으로 비교하기 위한 용도로) 내장되어 있는 기능이 있거든요.

Collections API를 다시 살펴봅시다. 잘 보면 또 다른 sort() 메소드가 있는데, 그 메소드에서는 Comparator를 인자로 받아들입니다.

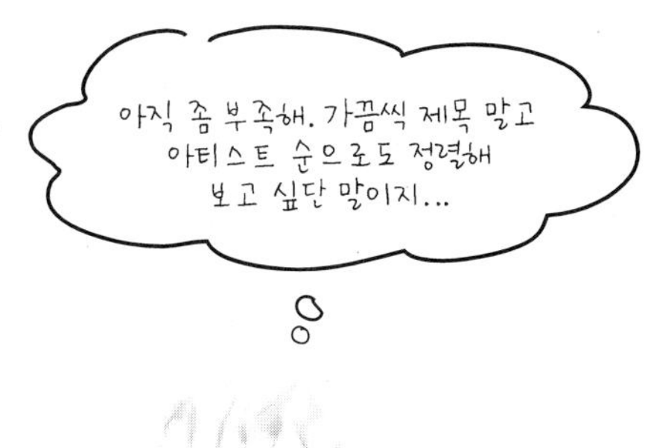

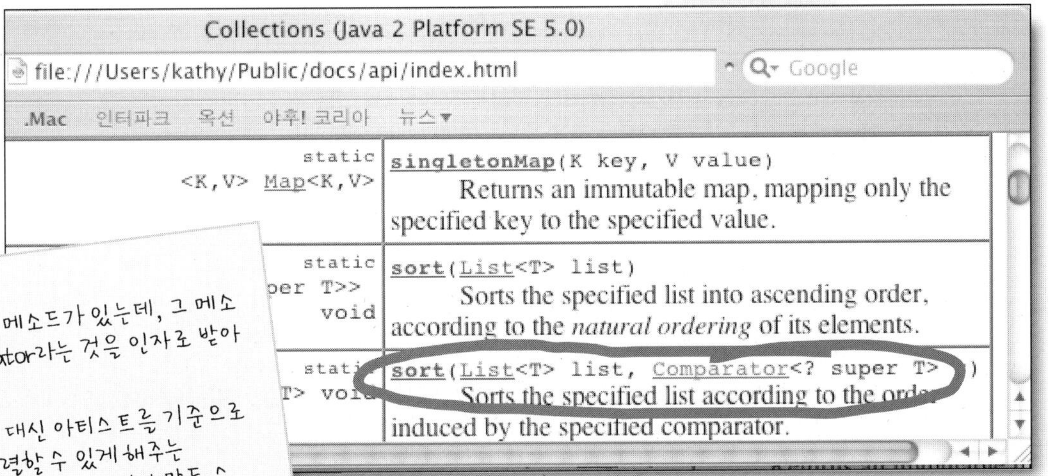

Collections (Java 2 Platform SE 5.0)

file:///Users/kathy/Public/docs/api/index.html

.Mac   인터파크   옥션   야후! 코리아   뉴스▼

static <K,V> Map<K,V>	**singletonMap**(K key, V value) Returns an immutable map, mapping only the specified key to the specified value.
static ...per T>> void	**sort**(List<T> list) Sorts the specified list into ascending order, according to the *natural ordering* of its elements.
static T> void	**sort**(List<T> list, Comparator<? super T>) Sorts the specified list according to the order induced by the specified comparator.

오버로드된 sort() 메소드가 있는데, 그 메소드에서는 Comparator라는 것을 인자로 받아들인다.

생각해보기: 제목 대신 아티스트를 기준으로 곡을 비교하고 정렬할 수 있게 해주는 Comparator는 어떻게 가져오거나 만들 수 있을까?

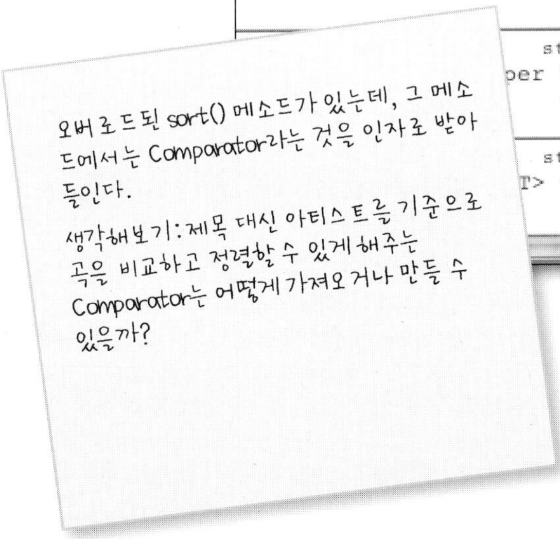

Comparator 사용법

목록에 있는 어떤 원소가 자신을 같은 유형의 다른 원소하고 비교하는 방법은 compareTo( ) 메소드를 이용하는 방법 밖에 없습니다. 하지만 Comparator는 비교하고자 하는 원소 유형과는 별개입니다. 그 자체가 별도의 클래스죠. 따라서 원하는 대로 마음껏 만들 수 있습니다. 곡을 아티스트를 기준으로 비교하고 싶다면 ArtistComparator를 만들면 됩니다. 분당 박자 수(bpm; beats per minute)를 기준으로 비교하고 싶다면 BPMComparator를 만들면 되겠죠.

Comparator를 준비하고 나면 List와 Comparator를 인자로 받아들이는 오버로드된 sort( ) 메소드를 호출하기만 하면 됩니다. sort( ) 메소드가 알아서 정렬을 해주죠.

Comparator를 인자로 받는 sort( ) 메소드에서는 메소드를 정렬할 때 원소 자체에 있는 compareTo( ) 메소드 대신 Comparator를 사용합니다. 즉, Comparator를 인자로 받아들이는 sort( ) 메소드에서는 아예 목록에 들어있는 원소의 compareTo( ) 메소드를 호출하지도 않습니다. Comparator에 있는 compare( ) 메소드만 호출하죠.

규칙을 정리해보면 다음과 같습니다.

java.util.Comparator

```
public interface Comparator<T> {
    int compare(T o1, T o2);
}
```

sort( ) 메소드에 Comparator 객체를 전달하면 정렬 순서가 원소의 compareTo( ) 메소드가 아닌 Comparator에 의해서 결정됩니다.

➤ 인자가 한 개인 sort(List o) 메소드를 호출하면 목록에 있는 원소의 compareTo() 메소드에 의해 순서가 결정됩니다. 따라서 목록에 들어있는 원소가 반드시 Comparable 인터페이스를 구현한 클래스 유형이어야만 합니다.

➤ sort(List o, Comparator c)를 호출했을 때는 목록에 있는 원소의 compareTo() 메소드가 호출되지 않고 대신 Comparator의 compare() 메소드가 호출됩니다. 즉 목록에 들어있는 원소들이 Comparable 인터페이스를 구현하지 않은 클래스 유형이어도 상관 없습니다.

Q: 그러면 Comparable 클래스를 구현하지 않는 클래스가 있다고 할 때, 그 클래스의 소스 코드가 없어도 Comparator만 만들면 정렬할 수 있는 건가요?

A: 예, 그렇습니다. 아니면 원소의 하위클래스를 만든 다음 하위클래스에서 Comparable을 구현할 수도 있겠죠.

Q: 그런데 왜 모든 클래스에서 Comparable 인터페이스를 구현하지 않죠?

A: 혹시 뭐든지 정렬할 수 있다고 생각합니까? 어떤 식으로도 자연스럽게 순서를 매길 수 없는 원소 유형이 있다면 Comparable을 구현하는 것이 적합하지 못하다고 할 수 있을 것입니다. 그리고 Comparator를 직접 만들기만 하면 다른 프로그래머들이 뭐든 원하는 방식으로 비교할 수 있기 때문에 굳이 일일이 Comparable을 구현해야 하는 건 아니라고 할 수 있죠.

주크박스에서 Comparator를 사용하는 방법

이 코드에서는 세 가지를 바꿨습니다.

1) Comparator를 (그리고 예전에 compareTo() 메소드에서 하던 일을 처리하는 compare() 메소드를) 구현하는 내부 클래스를 추가합니다.

2) Comparator 내부 클래스의 인스턴스를 만듭니다.

3) 오버로드된 sort() 메소드를 호출하며, 이때 곡 목록과 Comparator 내부 클래스의 인스턴스를 모두 인자로 전달합니다.

Song 클래스의 toString() 메소드도 곡 제목과 아티스트를 모두 출력하도록 고쳤습니다. (정렬 기준과 무관하게 *제목: 아티스트* 형태로 출력합니다.)

```java
import java.util.*;
import java.io.*;

public class Jukebox5 {
    ArrayList<Song> songList = new ArrayList<Song>();
    public static void main(String[] args) {
        new Jukebox5().go();
    }

    class ArtistCompare implements Comparator<Song> {
        public int compare(Song one, Song two) {
            return one.getArtist().compareTo(two.getArtist());
        }
    }

    public void go() {
        getSongs();
        System.out.println(songList);
        Collections.sort(songList);
        System.out.println(songList);

        ArtistCompare  artistCompare = new ArtistCompare();
        Collections.sort(songList, artistCompare);

        System.out.println(songList);
    }

    void getSongs() {
        // 입출력 코드
    }

    void addSong(String lineToParse) {
        // 주어진 행을 파싱하고 곡 목록에 추가
    }
}
```

Comparator를 구현하는 내부 클래스를 만듭니다. (유형매개변수하고 비교하고자 하는 유형이 똑같죠? 이 경우에는 Song 객체입니다.)

String(아티스트)이죠?

String에서는 이미 알파벳 순서를 기준으로 비교하는 방법을 알고 있기 때문에 실제 비교 작업은 String 변수(Song의 artist 변수)에서 처리합니다.

Comparator 내부 클래스의 인스턴스를 만듭니다.

sort() 메소드를 호출합니다. 이때 목록과 새로 만든 Comparator 객체에 대한 레퍼런스를 인자로 전달합니다.

> 참고: 여기에서는 Song의 compareTo() 메소드에서 title 변수를 기준으로 비교하는 코드를 그대로 남겨뒀습니다. 인자가 하나 뿐인 sort() 메소드를 호출했을 때는 곡 제목 순으로 정렬되겠죠. 하지만 이렇게 하는 대신 제목을 기준으로 비교하는 Comparator와 아티스트를 기준으로 비교하는 Comparator를 각각 서로 다른 내부 클래스로 만들어서 사용하고, Song에서 아예 Comparable을 구현하지 않는 방식을 쓸 수도 있습니다. 즉 항상 인자가 두 개인 Collections.sort() 메소드를 사용할 수도 있는 것이죠.

```java
import ___________________;

public class SortMountains {

   LinkedList_______________ mtn = new LinkedList_____________();

   class NameCompare ________________________________________ {
      public int compare(Mountain one, Mountain two) {

         return _____________________________;
      }
   }
   class HeightCompare _______________________________________ {
      public int compare(Mountain one, Mountain two) {

         return (_____________________________);
      }
   }
   public static void main(String [] args) {
      new SortMountain().go();
   }
   public void go() {
      mtn.add(new Mountain("Longs", 14255));
      mtn.add(new Mountain("Elbert", 14433));
      mtn.add(new Mountain("Maroon", 14156));
      mtn.add(new Mountain("Castle", 14265));

      System.out.println("as entered:\n" + mtn);
      NameCompare nc = new NameCompare();

      ___________________________________;
      System.out.println("by name:\n" + mtn);
      HeightCompare hc = new HeightCompare();

      ___________________________________;
      System.out.println("by height:\n" + mtn);
   }
}

class Mountain {

   _____________________;

   _____________________;

   _____________________ {

      _____________________;

      _____________________;
   }

   _______________________________ {

      _____________________;
   }
}
```

리버스 엔지니어링

이 코드가 한 파일에 들어있다고 가정해봅시다. 빈 칸을 채워서 아래 실행 결과가 출력되는 프로그램을 만들어봅시다.

참고: 정답은 이 장 맨 뒤에 있습니다.

실행 결과:

```
File  Edit  Window  Help  ThisOne'sForBob
%java SortMountains
as entered:
[Longs 14255, Elbert 14433, Maroon 14156, Castle 14265]
by name:
[Castle 14265, Elbert 14433, Longs 14255, Maroon 14156]
by height:
[Elbert 14433, Castle 14265, Longs 14255, Maroon 14156]
```

빈 칸을 채워봅시다

아래에 질문이 몇 개 있습니다. 정답 후보 가운데
올바른 답을 빈 칸에 적어보세요.

Comparator,

Comparable,

compare To( ),

compare( ),

예,

아니오

다음과 같은 컴파일 가능한 선언문에 대해:

    Collections.sort(myArrayList);

1. myArrayList에 저장된 객체의 클래스에서 반드시 구현해야 하는 것은? ___________

2. myArrayList에 저장된 객체의 클래스에서 반드시 구현해야 하는 메소드는? ___________

3. myArrayList에 저장된 객체의 클래스에서 Comparator와 Comparable을
   동시에 구현할 수 있나요? ___________

다음과 같은 컴파일 가능한 선언문에 대해:

    Collections.sort(myArrayList, myCompare);

4. myArrayList에 저장된 객체의 클래스에서 Comparable을 구현해도 될까요? ___________

5. myArrayList에 저장된 객체의 클래스에서 Comparator를 구현해도 될까요? ___________

6. myArrayList에 저장된 객체의 클래스에서 Comparable을 꼭 구현해야 되나요? ___________

7. myArrayList에 저장된 객체의 클래스에서 Comparator를 꼭 구현해야 되나요? ___________

8. myCompare 객체의 클래스에서 반드시 구현해야 하는 것은? ___________

9. myCompare 객체의 클래스에서 반드시 구현해야 하는 메소드는? ___________

흠... 정렬은 되는데 중복된 게 있네요...

이제 정렬은 아주 잘 됩니다. 제목(Song 객체의 compareTo( ) 메소드 사용)과 아티스트(Comparator의 compare( ) 메소드 사용)를 기준으로 정렬하는 데 전혀 문제가 없죠. 하지만 아까 썼던 테스트용 주크박스 텍스트 파일로는 잘 알 수 없었던 문제가 있다는 것을 뒤늦게 발견할 수 있었습니다. 정렬된 목록에 중복된 항목이 들어갈 수 있다는 것입니다.

주크박스에서는 똑같은 곡이 이미 재생되었는지 여부에 관계 없이 무조건 곡 정보를 텍스트 파일에 기록하는 것 같습니다. 주크박스에서 만들어내는 SongListMore.txt 파일에는 재생된 모든 곡에 대한 정보가 무조건 기록되다 보니 똑같은 곡이 여러 번 기록되는 것이죠.

```
File Edit  Window  Help  TooManyNotes

%java Jukebox4


[Pink Moon: Nick Drake, Somersault: Zero 7, Shiva Moon: Prem
Joshua, Circles: BT, Deep Channel: Afro Celts, Passenger:
Headmix, Listen: Tahiti 80, Listen: Tahiti 80, Listen: Tahiti
80, Circles: BT]


[Circles: BT, Circles: BT, Deep Channel: Afro Celts, Listen:
Tahiti 80, Listen: Tahiti 80, Listen: Tahiti 80, Passenger:
Headmix, Pink Moon: Nick Drake, Shiva Moon: Prem Joshua,
Somersault: Zero 7]


[Deep Channel: Afro Celts, Circles: BT, Circles: BT, Passenger:
Headmix, Pink Moon: Nick Drake, Shiva Moon: Prem Joshua, Listen:
Tahiti 80, Listen: Tahiti 80, Listen: Tahiti 80, Somersault:
Zero 7]
```


SongListMore.txt

```
Pink Moon/Nick Drake/5/80
Somersault/Zero 7/4/84
Shiva Moon/Prem Joshua/6/120
Circles/BT/5/110
Deep Channel/Afro Celts/4/120
Passenger/Headmix/4/100
Listen/Tahiti 80/5/90
Listen/Tahiti 80/5/90
Listen/Tahiti 80/5/90
Circles/BT/5/110
```

SongListMore.txt 파일에 중복된 내용들이 들어 있습니다. 재생된 순서대로 무조건 곡 정보를 기록하니까요. 이 파일을 보면 누군가가 'Listen'이라는 곡을 세 번 연속으로 재생한 다음, 전에 한 번 재생됐던 'Circles'를 다시 한 번 재생했다는 걸 알 수 있죠.
이렇게 여러 번 재생했던 기록도 나중에 필요할 수 있기 때문에 텍스트 파일을 기록하는 방식을 바꿀 수는 없습니다. 자바 코드를 고쳐서 중복된 항목을 없애야 되겠죠.

List 대신 Set을 씁시다.

컬렉션 API를 보면 크게 세 가지 인터페이스가 있습니다. 바로 List, Set, Map이죠. ArrayList는 List에 속합니다. 하지만 지금 우리한테 필요한 건 Set인 것 같네요.

▶ List – 순서가 중요할 때

인덱스 위치를 알고 있는 컬렉션

목록(list)을 사용하면 어떤 원소가 그 목록의 어느 위치에 있는지 알 수 있습니다. 같은 객체를 참조하는 원소가 두 개 이상 있어도 됩니다.

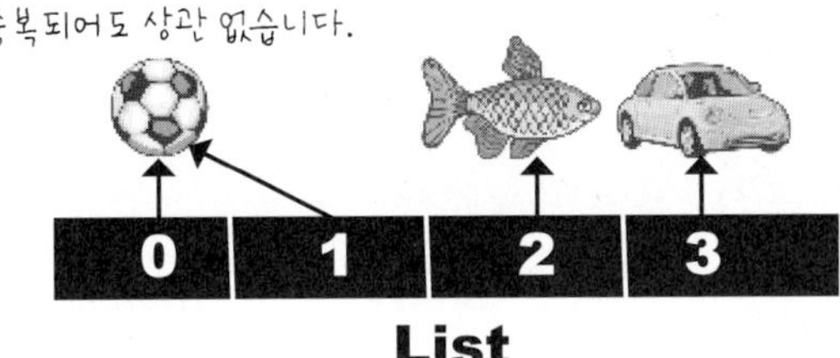

▶ Set – 유일성이 중요할 때

중복을 허용하지 않는 컬렉션

집합(set)(역자 주: 중고등학교 수학 시간에 "한 집합에는 똑같은 원소가 두 개 이상 들어갈 수 없다"고 배웠죠?)에서는 어떤 것이 이미 컬렉션에 들어있는지를 알 수 있습니다. 똑같은(또는 동치인 것으로 간주되는 – 동치(equality)에 대해서는 잠시 후에 알아보겠습니다.) 객체를 참조하는 원소가 두 개 이상 들어갈 수 없습니다.

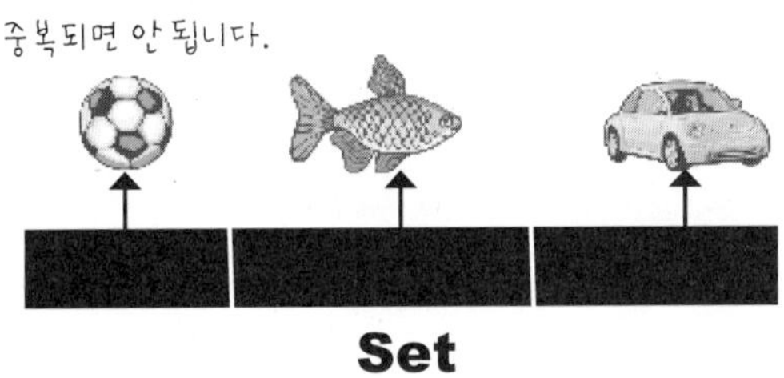

▶ Map – 키를 가지고 뭔가를 찾는 것이 중요할 때

키-값 쌍을 사용하는 컬렉션

맵(map)에서는 주어진 키에 대응되는 값을 알고 있습니다. 서로 다른 키로 같은 값을 참조하는 것은 가능하지만 같은 키가 여러 개 들어갈 수는 없습니다. 보통 String을 키로 사용하지만 (그렇게 하면 이름/값 속성 목록 등을 만들 수 있겠죠.) 키로 사용할 수 있는 객체의 유형에는 제한이 없습니다.

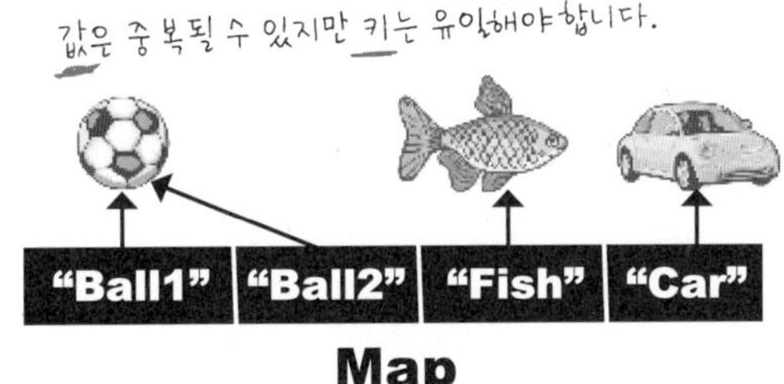

컬렉션 API (요약)

Map 인터페이스는 Collection 인터페이스를 직접 확장한 것은 아니지만 Map도 '컬렉션 프레임워크' (또는 '컬렉션 API')에 포함되는 것으로 간주됩니다. 따라서 Map의 상속 트리에 java.util.Collection이 포함되어 있진 않지만 여전히 컬렉션이라고 부를 수 있습니다.

(참고: 이 다이어그램은 컬렉션 API를 전부 그려 놓은 것은 아닙니다. 다른 클래스나 인터페이스도 있지만, 제일 중요한 것만 추려 놓았습니다.)

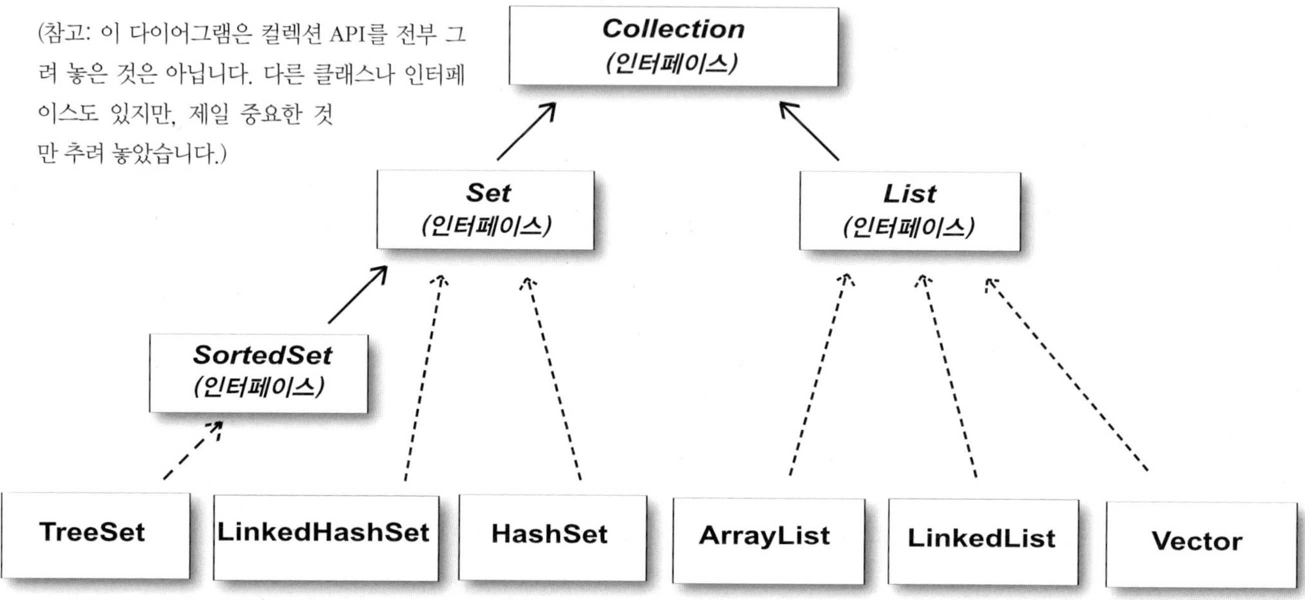

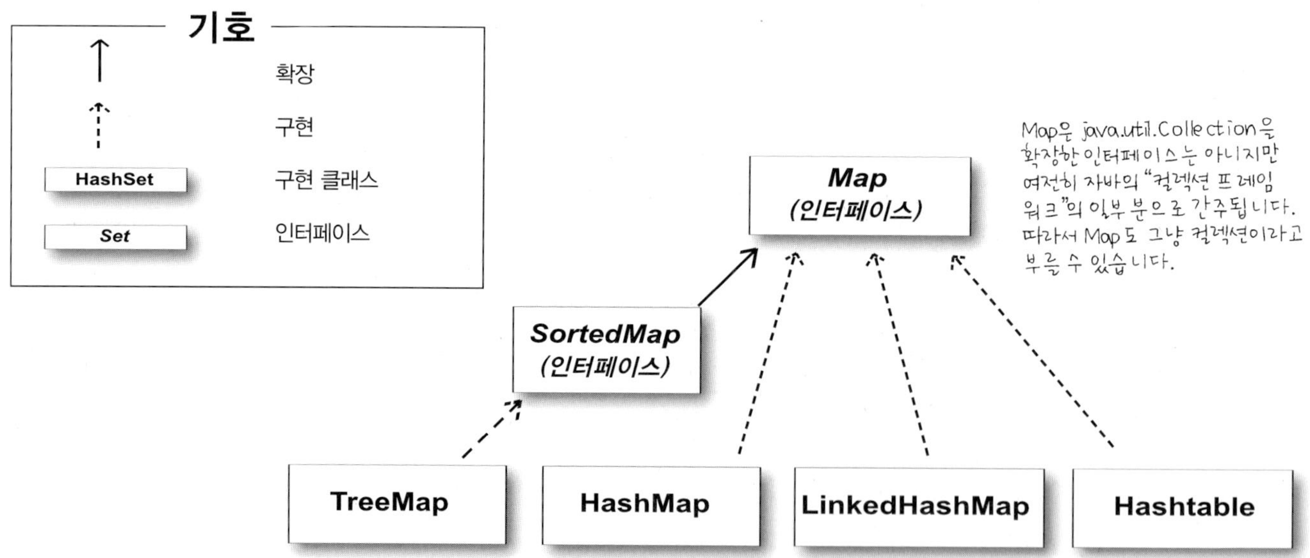

ArrayList 대신 HashSet을 써 볼까요?

곡을 HashSet에 저장하도록 주크박스 프로그램을 고쳤습니다. (주의: 지면 관계상 일부 코드는 생략했습니다. 이전 버전에서 복사해서 붙이면 됩니다. 그리고 출력 결과를 좀더 간결하게 볼 수 있도록 이전 버전에서 했던 것처럼 Song의 toString() 메소드를 써서 곡 제목만 출력했습니다.)

```java
import java.util.*;
import java.io.*;

public class Jukebox6 {
    ArrayList<Song> songList = new ArrayList<Song>();
    // main 메소드 등

    public void go() {
        getSongs();
        System.out.println(songList);
        Collections.sort(songList);
        System.out.println(songList);

        HashSet<Song> songSet = new HashSet<Song>();
        songSet.addAll(songList);
        System.out.println(songSet);
    }
    // getSongs() 및 addSong() 메소드
}
```

getSongs()는 그대로 뒀습니다. 따라서 곡 정보는 일단 ArrayList에 저장됩니다.

유형 매개변수를 Song으로 지정하여 HashSet을 새로 만듭니다.

HashSet에는 다른 컬렉션을 인자로 받아서 HashSet에 전부 집어넣는 addAll()이라는 메소드가 있습니다. 각 Song 객체를 하나씩 집어넣는 것하고 똑같은 결과를 얻을 수 있습니다.

```
File  Edit  Window  Help  GetBetterMusic

%java Jukebox6

[Pink Moon, Somersault, Shiva Moon, Circles, Deep Channel,
Passenger, Listen, Listen, Listen, Circles]

[Circles, Circles, Deep Channel, Listen, Listen, Listen,
Passenger, Pink Moon, Shiva Moon, Somersault]

[Pink Moon, Listen, Shiva Moon, Circles, Listen, Deep Channel,
Passenger, Circles, Listen, Somersault]
```

ArrayList 정렬 전

ArrayList 정렬 후 (제목 순)

HashSet에 집어넣은 후에 HashSet을 출력한 결과 (sort() 메소드는 다시 호출하지 않았습니다.)

집합을 써도 별 도움이 안 되는군요. 여전히 중복된 원소들이 있는데요?

(게다가 목록을 HashSet에 집어넣고 나니 까 정렬된 것도 다 흐트러져 버렸습니다. 하지만 그 문제는 잠시 후에 살펴보겠습니다.)

두 객체가 같다는 것의 의미는?

우선 두 Song 레퍼런스가 중복되어 있다는 것을 어떻게 해석해야 할 지 생각해 봅시다. 중복되어 있다고 할 수 있으려면 두 객체가 같다고 할 수 있어야 되겠죠? 이때 같다는 것이 두 레퍼런스가 똑같은 객체를 가리키고 있다는 것을 뜻할까요? 아니면 제목이 똑같은 서로 다른 객체도 같다고 할 수 있을까요?

이로 인해 새로운 문제가 대두됩니다. 바로 레퍼런스 동치(reference equality)와 객체 동치(object equality)죠.

foo와 bar라는 두 객체가 같다면 foo.equals(bar)에서 true를 리턴해야 하고, hashCode()에서 리턴하는 값도 같아야 합니다. 집합에서 두 객체가 중복되어 있다는 결론을 내릴 수 있도록 하려면 Object로부터 상속받은 hashCode()와 equals() 메소드를 오버라이드해서 서로 다른 두 객체도 같은 것으로 간주될 수 있도록 만들어야 합니다.

➤ 레퍼런스 동치

힙에 있는 한 객체를 서로 다른 레퍼런스로 참조하는 경우

힙에 있는 하나의 객체를 두 개의 레퍼런스로 참조한다면 그 두 레퍼런스는 동치입니다. 두 레퍼런스에 대해서 hashCode() 메소드를 호출하면 똑같은 결과가 나옵니다. hashCode() 메소드를 오버라이드하지 않는다면 (Object 클래스로부터 상속받은) 기본 메소드가 실행되며, 각 객체별로 유일한 숫자를 리턴하게 됩니다. (대부분 버전의 자바에서 해시코드를 힙에 있는 객체의 메모리 주소를 바탕으로 만듭니다. 따라서 서로 다른 객체가 같은 해시코드를 가질 수는 없습니다.)

두 레퍼런스가 정말 같은 객체를 참조하고 있는지 확인해보고 싶다면 변수에 들어있는 비트들을 있는 그대로 비교하는 == 연산자를 사용하면 됩니다. 두 레퍼런스가 같은 객체를 참조한다면 완전히 똑같은 비트들이 저장되어 있을 테니까요.

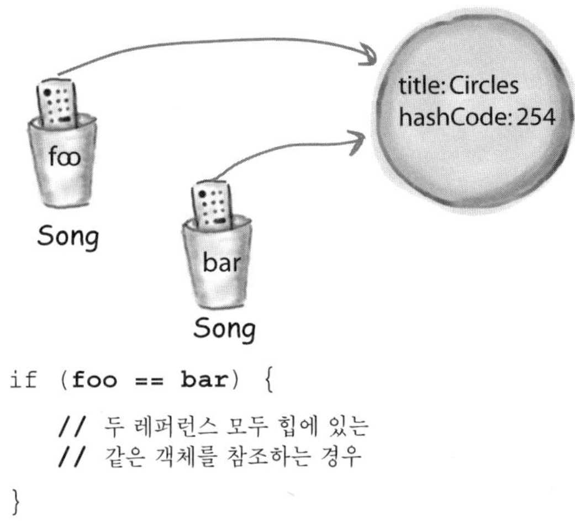


```
if (foo == bar) {
    // 두 레퍼런스 모두 힙에 있는
    // 같은 객체를 참조하는 경우
}
```

➤ 객체 동치

힙에 객체가 두 개 들어있고, 두 레퍼런스가 각 객체를 참조하지만 그 두 객체가 동치인 것으로 간주할 수 있는 경우

두 개의 서로 다른 Song 객체를 같은 것으로 간주하려면(예를 들어 title 변수의 값이 같으면 두 Song 객체가 같은 것이라고 간주할 수 있겠죠.) Object 클래스로부터 상속 받은 hashCode()와 equals() 메소드를 전부 오버라이드해야 합니다.

앞에서도 얘기했듯이 hashCode()를 오버라이드하지 않으면 기본적으로 객체마다 유일한 해시코드 값을 리턴하게 됩니다. 따라서 hashCode()를 오버라이드해서 두 개의 서로 동등한 객체에서 같은 해시코드를 리턴하도록 해야 합니다. 그리고 어떤 객체에 대해서 다른 객체를 인자로 전달하면서 equals() 메소드를 호출했을 때도 서로 같은 것으로 간주할 객체끼리는 true를 리턴할 수 있도록 equals() 메소드도 오버라이드해야 합니다.

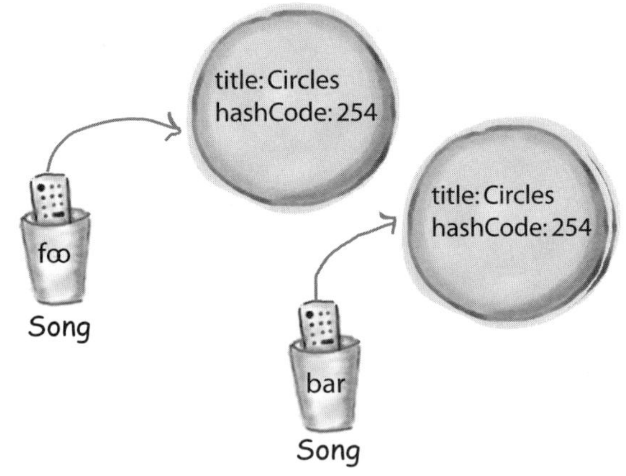


```
(foo.equals(bar) && foo.hashCode() == bar.hashCode()) {
    // 두 레퍼런스가 한 객체를 참조할 수도 있고,
    // 같은 것으로 간주되는 서로 다른 객체를 참조할 수도 있습니다.
}
```

HashSet에서 중복을 확인하는 방법: hashCode()와 equals()

객체를 HashSet에 집어넣으면 HashSet에서는 객체의 해시코드 값을 써서 어디에 집어넣을지를 결정합니다. 그리고 새로 들어온 객체의 해시코드를 기존에 들어있던 객체들의 해시코드하고 비교해서 같은 해시코드를 가지는 기존 객체가 하나도 없을 때만 새로 들어온 객체가 중복되지 않은 것으로 간주하죠.

즉, HashSet에서는 해시코드가 다르면 같은 객체로 간주하지 않습니다.

따라서 같은 것으로 간주할 객체들은 같은 해시코드를 가질 수 있도록 hashCode()를 오버라이드해야 합니다.

하지만 해시코드가 같아도 두 객체가 같지 않을 수 있기 때문에

(다음 페이지 참조) HashSet에서는 같은 해시코드를 가지는 두 객체(새로 집어넣을 객체와 기존에 들어있는 객체)에 대해 equals() 메소드를 써서 두 객체가 정말 같은지를 판별합니다.

그렇게 했을 때에도 두 객체가 같은 것으로 나온다면 HashSet에서는 추가하려고 하는 객체가 이미 집합에 들어있는 것하고 중복되었다는 결론을 내리고 새 객체를 집합에 추가하지 않습니다.

이때 예외가 발생되진 않습니다. 대신 HashSet의 add() 메소드에서는 새로운 객체가 추가되었는지 여부를 알려주는 부울값을 리턴합니다. 만약 리턴값이 false라면 새로 추가하려고 했던 객체가 이미 집합에 들어있어서 객체가 추가되지 않았다는 것을 알 수 있죠.

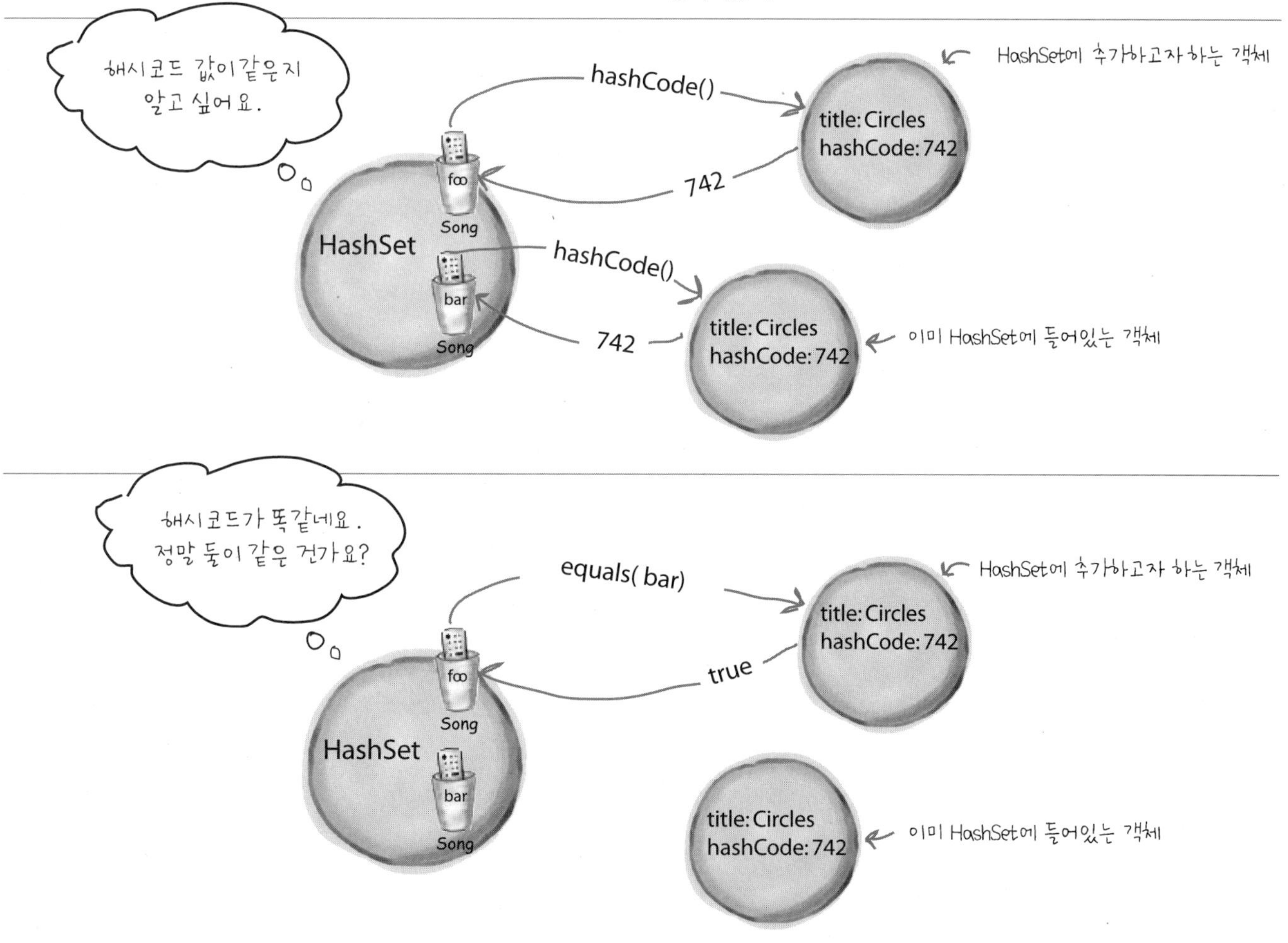

hashCode()와 equals()를 오버라이딩한 Song 클래스

```java
class Song implements Comparable<Song>{
   String title;
   String artist;
   String rating;
   String bpm;


   public boolean equals(Object aSong) {
      Song s = (Song) aSong;
      return getTitle().equals(s.getTitle());
   }


   public int hashCode() {
      return title.hashCode();
   }

   public int compareTo(Song s) {
      return title.compareTo(s.getTitle());
   }

   Song(String t, String a, String r, String b) {
      title = t;
      artist = a;
      rating = r;
      bpm = b;
   }

   public String getTitle() {
      return title;
   }

   public String getArtist() {
      return artist;
   }

   public String getRating() {
      return rating;
   }

   public String getBpm() {
     return bpm;
   }

   public String toString() {
      return title;
   }
}
```

Song 객체가 인자로 전달됩니다.

title이 String이라는 것이 얼마나 다행인지 모릅니다. String에서는 equals() 메소드를 오버라이드해놓았거든요. 그냥 이 코드만 사용하면 equals() 메소드를 우리가 원하는 방식으로 구현할 수 있어요.

여기도 마찬가지입니다. String 클래스에서 hashCode() 메소드도 오버라이드해놓았기 때문에 title의 hashCode() 메소드에서 리턴한 결과만 리턴하면 됩니다. hashCode()하고 equals()에서 똑같은 인스턴스 변수를 사용하는 이유가 무엇인지 한번 생각해보세요.

이제 제대로 돌아가네요. HashSet은 출력하면 중복된 것은 제외된 상태로 출력됩니다. 하지만 여기에서도 sort()는 호출하지 않았습니다. ArrayList를 HashSet에 집어넣으면 HashSet에서 정렬된 순서를 그대로 유지해주지 않는다는 걸 확인할 수 있죠?

HashCode()와 equals()와 관련된 규칙

API 문서에서 Object 클래스에 대한 내용을 보면 다음과 같은 규칙을 반드시 준수해야 한다고 나와 있습니다.

▶ 두 객체가 같으면 반드시 같은 해시코드를 가져야 한다.

▶ 두 객체가 같으면 equals() 메소드를 호출했을 때 true를 리턴해야 한다. 즉, a, b가 같으면 a.equals(b)와 b.equals(a) 둘 다 true여야 한다.

▶ 두 객체의 해시코드 값이 같다고 해서 반드시 같은 것은 아니다. 하지만 두 객체가 같으면 두 해시코드는 반드시 같아야 한다.

▶ equals()를 오버라이드하면 반드시 hashCode()도 오버라이드해야 한다.

▶ hashCode()에서는 기본적으로 힙에 있는 각 객체마다 서로 다른 값을 가지는 유일한 정수를 리턴합니다. 클래스에서 hashCode() 메소드를 오버라이드하지 않으면 절대로 그 유형의 두 객체가 같은 것으로 간주될 수 없습니다.

▶ equals() 메소드에서는 기본적으로 == 연산자를 써서 객체를 비교합니다. 즉, 두 레퍼런스가 힙에 있는 한 객체를 참조하는지를 확인하죠. 따라서 equals()를 오버라이드하지 않으면 절대 그 유형의 두 객체가 같은 것으로 간주될 수 없습니다. 서로 다른 객체에 대한 레퍼런스에 들어 있는 비트들이 같을 수가 없으니까요.

a. equals(b)가 true라면
a. hashCode() == b.hashCode()도 성립합니다.

하지만 a.hashCode() == b.hashCode()가 성립해도 a.equals(b)가 반드시 true인 것은 아닙니다.

바보 같은 질문은 없습니다

Q: 어떻게 하면 객체가 같지 않은데도 해시코드는 같을 수 있나요?

A: HashSet에서는 원소에 최대한 빠르게 접근할 수 있도록 해시코드를 써서 원소를 저장합니다. ArrayList에 (인덱스가 아닌) 어떤 객체의 사본을 인자로 전달해서 그 객체를 찾을 때는 맨 앞에 있는 것부터 하나씩 같은 객체가 있는지 찾는 방식을 사용합니다. 하지만 HashSet에서는 해시코드를 원소가 담겨 있는 통의 레이블처럼 사용하기 때문에 훨씬 빠르게 찾을 수 있습니다. "집합에서 이 객체랑 똑같은 객체를 찾고 싶어요…"라고 하면 HashSet에서는 주어진 객체의 해시코드 값(예를 들어 742라고 해보죠)을 구한 다음 "아, 해시코드 742번이 어디 저장돼 있는지 알지…"라고 하면서 바로 742번 통으로 가서 객체가 있는지 확인합니다.

자세하게 들어가자면 훨씬 더 복잡한 내용을 알아야 하겠지만 일단 HashSet을 효율적으로 사용하는 데 있어서는 이 정도만 알아도 충분합니다. 사실 좋은 해시코드 알고리즘을 만드는 일은 박사학위 논문 주제가 될 수 있을 만큼 어려운 일이기 때문에 이 책에서 자세히 다루기는 좀 곤란하죠.

지금 중요한 것은 객체가 같지 않더라도 해시코드는 같을 수 있다는 점입니다. hashCode()에서 사용하는 '해싱 알고리즘'에서 서로 다른 객체들에 대해 같은 해시코드 값을 만들어낼 수도 있기 때문이죠. 물론 그런 경우에는 HashSet에서 여러 객체들이 같은 통에 들어갈 수 있습니다. (각 통은 특정 해시코드 값을 나타내니까요.) 하지만 그렇게 된다고 해서 큰 문제가 생기는 것은 아닙니다. HashSet의 속도가 조금 떨어질 수 있긴 하지만 같은 해시코드 통에 객체가 여러 개 들어있다고 해도 equals() 메소드를 써서 정확하게 매치되는 객체를 찾아낼 수 있습니다. 즉, 해시코드 값을 써서 검색 범위를 좁힐 수는 있지만 정확하게 매치되는 것을 찾으려면 같은 통에 있는 모든 객체(같은 해시코드 값을 가지는 객체)에 대해서 equals() 메소드를 써서 정말 같은 객체인지 확인해야 합니다.

집합을 정렬된 상태로 유지시키고 싶다면 TreeSet을 쓰면 됩니다.

TreeSet은 중복을 방지해준다는 면에서 HashSet과 비슷합니다. 하지만 정렬을 유지시켜주는 기능도 있습니다. 인자가 없는 생성자를 이용해서 TreeSet을 만들면 객체의 compareTo() 메소드를 써서 자동으로 정렬된 집합을 만들어줍니다. 그리고 생성자에 Comparator를 넘겨주면 그 객체의 compare() 메소드를 써서 정렬을 해줍니다. 정렬을 하지 않아도 될 때도 항상 정렬을 하기 때문에 속도가 조금 느리다는 단점도 있긴 합니다. 하지만 대부분의 경우에 그 속도 저하를 거의 느끼기 힘들 것입니다.

```java
import java.util.*;
import java.io.*;
public class Jukebox8 {
    ArrayList<Song> songList = new ArrayList<Song>();
    int val;

    public static void main(String[] args) {
        new Jukebox8().go();
    }

    public void go() {
        getSongs();
        System.out.println(songList);
        Collections.sort(songList);
        System.out.println(songList);
        TreeSet<Song> songSet = new TreeSet<Song>();
        songSet.addAll(songList);
        System.out.println(songSet);
    }

    void getSongs() {
        try {
            File file = new File("SongListMore.txt");
            BufferedReader reader = new BufferedReader(new FileReader(file));
            String line =  null;
            while ((line= reader.readLine()) != null) {
                addSong(line);
            }

        } catch(Exception ex) {
            ex.printStackTrace();
        }
    }

    void addSong(String lineToParse) {
        String[] tokens = lineToParse.split("/");
        Song nextSong = new Song(tokens[0], tokens[1], tokens[2], tokens[3]);
        songList.add(nextSong);
    }
}
```

HashSet 대신 TreeSet의 인스턴스를 만듭니다. 인자가 없는 생성자를 호출하면 Song 객체의 compareTo() 메소드를 가지고 정렬을 합니다.

(Comparator를 인자로 전달할 수도 있습니다.)

addAll()을 써서 HashSet에 있는 모든 Song 객체들을 집어넣을 수 있습니다. (아니면 각 곡을 ArrayList에 넣을 때 했던 것처럼 songSet.add() 메소드를 써서 하나씩 넣을 수도 있습니다.)

TreeSet에 관해 알아야 할 것들...

TreeSet은 별로 어렵게 생기진 않았지만 이 클래스를 사용하기 전에 몇 가지 알아둬야 할 것들이 있습니다. 워낙 중요하기 때문에 여러분이 직접 생각해볼 수 있도록 연습문제로 만들어 봤습니다. 이 연습문제를 직접 풀기 전에는 다음 페이지로 넘어가지 마세요. 꼭 직접 풀어보고 나서 다음으로 넘어가야 합니다.

코드를 잘 보고 아래 질문에 답해
보세요. (참고: 이 코드는 문법적으
로 올바른 코드입니다.)

```java
import java.util.*;

public class TestTree {
    public static void main (String[] args) {
        new TestTree().go();
    }

    public void go() {
        Book b1 = new Book("How Cats Work");
        Book b2 = new Book("Remix your Body");
        Book b3 = new Book("Finding Emo");

        TreeSet<Book> tree = new TreeSet<Book>();
        tree.add(b1);
        tree.add(b2);
        tree.add(b3);
        System.out.println(tree);
    }
}

class Book {
    String title;
    public Book(String t) {
        title = t;
    }
}
```

1) 이 코드를 컴파일하면 어떻게 될까요?

____

2) 컴파일하고 나서 TestTree 클래스를 실행하면 어떤 결과가 나올까요?

____

3) (컴파일할 때나 실행할 때) 이 코드에 문제가 있다면 어떻게 고쳐야 할까요?

____

TreeSet 원소는 반드시 Comparable이어야 합니다.

TreeSet한테는 프로그래머의 마음을 읽어서 정렬하는 방법을 직접 알아내는 방법은 없습니다.
우리가 직접 어떻게 해야 하는지 알려줘야만 합니다.

TreeSet을 사용하려면 다음 두 조건 중 적어도 하나는 만족되어야 합니다.

▶ **집합에 들어가는 원소가 *Comparable*을 구현하는 유형이어야 합니다.**

앞 페이지에 있는 Book 클래스에서는 Comparable을 구현하지 않습니다. 따라서 제대로 실행되지 않습니다. 이 불쌍한 TreeSet은 원소들을 정렬시켜 놓는 사명을 띠고 태어났건만 Book 객체를 정렬하는 방법을 모르고 있습니다. TreeSet의 add() 메소드의 인자 유형이 Comparable로 선언된 건 아니기 때문에 컴파일할 때는 오류가 나지 않습니다. TreeSet을 만들 때 지정한 유형이라면 Comparable이 아니어도 상관 없으니까요. 즉, new TreeSet<Book>()라고 했다면 add() 메소드는 add(Book) 형태로 선언이 되는 셈이 되죠. Book 클래스에서 Comparable을 구현해야 한다는 조건은 어디에도 없습니다. 하지만 사용자가 집합에 두 번째 원소를 집어넣으려고 하면 런타임 오류가 납니다. 객체의 compareTo() 메소드를 처음으로 호출하려고 하는데... 메소드가 없다 보니 오류가 나는 거죠.

```java
class Book implements Comparable <book> {
  String title;
  public Book(String t) {
    title = t;
  }
  public int compareTo(Object b) {
    Book book = (Book) b;
    return title.compareTo(book.title);
  }
}
```

또는

▶ **Comparator를 인자로 받아들이는 TreeSet의 오버로드된 생성자를 사용합니다.**

TreeSet은 sort() 메소드하고 꽤 비슷하게 작동합니다. 원소에서 Comparable을 구현하면 원소의 compareTo() 메소드를 써도 되고, 집합에 들어갈 원소들을 정렬하는 방법을 알려주는 Comparator를 만들어서 전해줘도 되죠. Comparator를 사용하고 싶다면 Comparator를 인자로 받아들이는 오버로드된 TreeSet 생성자를 사용하면 됩니다.

```java
public class BookCompare implements Comparator<Book> {
    public int compare(Book one, Book two) {
        return (one.title.compareTo(two.title));
    }
}

class Test {
    public void go() {
    Book b1 = new Book("How Cats Work");
    Book b2 = new Book("Remix your Body");
    Book b3 = new Book("Finding Emo");
    BookCompare bCompare = new BookCompare();
    TreeSet<Book> tree = new TreeSet<Book>(bCompare);
    tree.add(b1);
    tree.add(b2);
    tree.add(b3);
    System.out.println(tree);
  }
}
```

목록과 집합에 대해 배웠으니 이제 맵을 사용해볼까요?

목록이나 집합도 좋지만 가끔은 맵(map)이 가장 적합한 경우도 있습니다. (맵은 Collection 인터페이스를 확장한 것은 아니지만 자바 컬렉션 프레임워크에는 포함된다고 했었죠?)

속성 목록 역할을 하는 컬렉션이 필요하다고 해봅시다. 여기서 속성 목록이란 어떤 이름을 건네주면 그 이름에 대응되는 값을 돌려주는 것을 뜻합니다. 이때 키로는 보통 String을 사용하지만 어떤 자바 객체든 키로 사용할 수 있습니다. (아니면 오토박싱을 활용해서 원시 유형을 키로 쓸 수도 있습니다.)

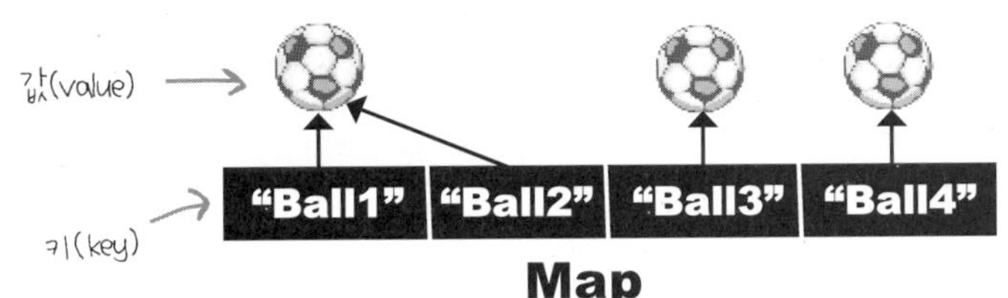

Map에 있는 각 원소는 사실 두 객체 (키와 값)입니다. 값은 중복될 수 있지만 키는 중복될 수 없습니다.

맵 사용 예제

```java
import java.util.*;

public class TestMap {

    public static void main(String[] args) {

        HashMap<String, Integer> scores = new HashMap<String, Integer>();

        scores.put("Kathy", 42);
        scores.put("Bert", 343);
        scores.put("Skyler", 420);

        System.out.println(scores);
        System.out.println(scores.get("Bert"));
    }
}
```

HashMap을 쓸 때는 매개변수가 두 개 필요합니다. 첫 번째는 키 유형을, 두 번째는 값 유형을 나타냅니다.

add() 대신 put()을 사용합니다. 인자도 두 개(키, 값) 전달해야 되겠죠?

get() 메소드에서는 키를 인자로 받고 값(이 경우에는 Integer)을 리턴합니다.

```
File Edit Window Help WhereAmI

%java TestMap

{Skyler=420, Bert=343, Kathy=42}
343
```

Map을 출력하면 목록이나 집합과는 달리 []가 아닌 {}로 싸여서 출력됩니다. 그리고 키=값 형태로 출력되죠.

다시 제네릭으로

이 장 맨 앞 부분에서 제네릭 유형을 인자로 받아들이는 메소드가 꽤 이상하게 작동할
수 있다는 것을 확인할 수 있었습니다. 그리고 여기에서 '이상하다'는 것은 다형성 관
점에서 볼 때 그렇다는 것이었죠. 지금도 계속 좀 이상하다는 느낌이 들 수 있는데, 몇
페이지에 걸쳐서 뭐가 어떻게 되는지 공부하고 나면 제대로 이해할 수 있을 것입니다.

우선 배열 인자가 어떻게 다형적으로 작동하는지 다시 한번 짚어본 다음 같은 작업을
제네릭 목록으로 처리하는 방법에 대해 살펴보겠습니다. 다음 코드는 아무 오류 없이
컴파일 및 실행할 수 있습니다.

일반 배열을 사용하는 경우:

> 어떤 메소드 인자가 Animal의 배열이면 어떤
> Animal 하위유형의 배열이든 인자로 사용할
> 수 있습니다.
>
> 즉, 어떤 메소드가 다음과 같이 선언되어 있
> 다면:
>
> *void foo(Animal[] a) {}*
>
> Dog가 Animal을 확장한 클래스라면 다음
> 두 구문은 모두 잘 실행됩니다.
>
> *foo(anAnimalArray);*
> *foo(aDogArray);*

```java
import java.util.*;

public class TestGenerics1 {
    public static void main(String[] args) {
        new TestGenerics1().go();
    }

    public void go() {
        Animal[] animals = {new Dog(), new Cat(), new Dog()};
        Dog[] dogs = {new Dog(), new Dog(), new Dog()};
        takeAnimals(animals);
        takeAnimals(dogs);
    }

    public void takeAnimals(Animal[] animals) {
        for(Animal a: animals) {
            a.eat();
        }
    }
}
```

> Dog 객체와 Cat 객체가 섞여 있는 Animal 배열을 선언
> 하고 생성합니다.

> takeAnimals() 메소드를 호출합니다.
> 위에서 만든 두 배열을 모두 인자로 전달
> 했습니다.

> Dog만 들어있는 Dog 배열을 만듭니다.
> (Cat을 집어넣으면 컴파일러에서 오류를
> 내겠죠.)

> Dog는 Animal이기 때문에 takeAnimal()
> 메소드에서는 Animal[]이나 Dog[] 모두 인자로
> 받아들일 수 있습니다. 다형성의 승리죠.

> animals 매개변수는 Animal 배열로 선언되었고, 캐스
> 팅을 하지 않기 때문에 Animal 유형에서 선언한 메소드
> 만 호출할 수 있습니다. (어차피 Dog나 Cat이 아무렇
> 게나 들어있을 수도 있기 때문에 함부로 캐스팅할 수
> 도 없습니다.)

```java
abstract class Animal {
    void eat() {
        System.out.println("animal eating");
    }
}
class Dog extends Animal {
    void bark() { }
}
class Cat extends Animal {
    void meow() { }
}
```

> 간단하게 정리해본 Animal 클래스 계층구조

제네릭과 다형성

배열을 쓸 때는 별 문제 없이 다형성이 잘 작동하는군요. 하지만 배열 대신
ArrayList를 써도 마찬가지로 할 수 있을까요? 뭔가 될 것 같죠? 정말 그럴까요?

우선 Animal ArrayList를 가지고 해봅시다. go() 메소드를 조금 고쳤습니다.

ArrayList〈Animal〉을 전달하는 경우

Animal[]을 ArrayList〈Animal〉로 고쳤습니다.

```java
public void go() {
    ArrayList<Animal> animals = new ArrayList<Animal>();
    animals.add(new Dog());
    animals.add(new Cat());
    animals.add(new Dog());

    takeAnimals(animals);
}
```

배열을 생성할때처럼 한 번에 원소들을 집어넣을 수
없기 때문에 하나씩 순서대로 집어넣어야합니다.

animals 변수가 배열이 아닌 ArrayList에 대한
레퍼런스라는 점을 제외하면 전과 마찬가지입니다.

```java
public void takeAnimals(ArrayList<Animal> animals) {
    for(Animal a: animals) {
    a.eat();
    }
}
```

인자가 배열에서 ArrayList로 바뀐 점은 제외하면
전과 같습니다. 이 향상된 for문은 배열과 컬렉션 모 두에
대해 사용할 수 있습니다.

별 문제 없이 컴파일해서 실행할 수 있습니다.

```
File  Edit  Window  Help  CatFoodIsBetter
%java TestGenerics2

animal eating
animal eating
animal eating
```

그런데 ArrayList⟨Dog⟩에 대해서도 잘 돌아갈까요?

다형성 덕분에 Animal 배열을 인자로 받아들이는 메소드에 Dog 배열을 전달하는 데 전혀 문제가 없습니다. ArrayList⟨Animal⟩ 인자를 받아들이는 메소드에 ArrayList⟨Animal⟩을 전달하는 건 당연히 됩니다. 그런데 ArrayList⟨Animal⟩ 인자가 들어갈 자리에 ArrayList⟨Dog⟩를 전달해도 될까요? 배열을 쓸 때 잘 됐다면 여기에서도 돼야 하지 않을까요?

ArrayList⟨Dog⟩를 전달하는 경우

```java
public void go() {
    ArrayList<Animal> animals = new ArrayList<Animal>();
    animals.add(new Dog());
    animals.add(new Cat());
    animals.add(new Dog());
    takeAnimals(animals);        ←  이 부분은 잘 작동했죠?

    ArrayList<Dog> dogs = new ArrayList<Dog>();
    dogs.add(new Dog());
    dogs.add(new Dog());         Dog ArrayList를 만들고 Dog 객체를 몇 개 집어넣습니다.
    takeAnimals(dogs);  ←
                          배열이 아닌 ArrayList를 쓸 때도 잘 돌아갈까요?


public void takeAnimals(ArrayList<Animal> animals) {
    for(Animal a: animals) {
    a.eat();
    }
  }
```

컴파일 결과:

```
File Edit Window Help CatsAreSmarter

%java TestGenerics3

TestGenerics3.java:21: takeAnimals(java.util.
ArrayList<Animal>) in TestGenerics3 cannot be applied to
(java.util.ArrayList<Dog>)
    takeAnimals(dogs);
    ^
1 error
```

잘 될 줄 알았는데...
이상하네요...

만약 그렇게 할 수 있다면...

컴파일러에서 그렇게 할 수 있게 해준다고 생각해봅시다. 다음과 같은 식으로 선언된 메소드에 ArrayList〈Dog〉를 인자로 전달할 수 있다고 가정해 보죠.

```java
public void takeAnimals(ArrayList<Animal> animals) {
    for(Animal a: animals) {
        a.eat();
    }
}
```

이 메소드에는 별로 위험해 보이는 게 없죠? 원래 다형성이라는 게 Animal이 할 수 있는 것(여기에서는 eat())은 Dog도 할 수 있다는 걸 바탕으로 쓰이는 거니까요. 그렇다면 각 Dog 레퍼런스의 eat() 메소드를 호출하는 것을 허용함으로써 생길 수 있는 문제점에는 어떤 것이 있을까요?

없습니다. 전혀 문제될 것이 없습니다.

위 코드의 경우에는 전혀 문제될 것이 없습니다. 하지만 다음과 같은 코드를 한 번 생각해볼까요?

```java
public void takeAnimals(ArrayList<Animal> animals) {
    animals.add(new Cat());
}
```


바로 저런 코드 때문에 문제가 생길 수 있습니다. Cat을 ArrayList〈Animal〉에 집어넣는 것 자체에는 문제가 없습니다. 그리고 원래 그런 목적으로 Animal과 같은 상위유형으로 ArrayList를 만드는 거죠. 그냥 한 Animal ArrayList에 온갖 동물 객체들을 다 집어넣을 수 있도록 하기 위해서 말이죠.

하지만 이렇게 Animal ArrayList를 인자로 받아들이는 메소드에 (Dog만 집어넣을 수 있는) Dog ArrayList를 넘겨주면 Cat이 Dog 목록에 들어갈 수도 있습니다. 컴파일러에서는 이런 메소드에 Dog ArrayList를 넘기면 누군가가 실행 중에 Cat을 Dog 목록에 집어넣을 수도 있다는 것을 알고 있습니다. 그래서 아예 그런 일이 일어날 수 없도록 컴파일시에 오류를 내고 컴파일을 해주지 않습니다.

메소드를 선언할 때 인자 유형을 *ArrayList〈Animal〉*로 선언하면 *ArrayList〈Animal〉*만 인자로 받을 수 있습니다. *ArrayList〈Dog〉*나 *ArrayList〈Cat〉*은 인자로 받지 못합니다.

배열 유형은 실행 중에도 다시 확인하지만 컬렉션 유형은 컴파일 중에만 확인합니다.

실제로 Dog[]로 선언된 배열에 Cat을 집어넣어 봅시다. (인자 유형이 Animal[]로 선언된 메소드에 Dog[] 배열을 인자로 넘긴 다음에 그 안에서 Cat을 집어넣는 경우를 말하는 것입니다.)

```java
public void go() {
    Dog[] dogs = {new Dog(), new Dog(), new Dog()};
    takeAnimals(dogs);
}

public void takeAnimals(Animal[] animals) {
    animals[0] = new Cat();
}
```

Cat 객체를 새로 만들어서 Dog 배열에 집어넣습니다. 컴파일러에서는 별 말 없이 넘어갑니다. 메소드에 Cat 배열이나 Animal 배열이 전달되었을 수도 있다는 것을 알고 있으니까요. 그런 경우에는 별 문제 없으니까 컴파일할 때도 아무 문제 없이 넘어갈 수 있습니다.

컴파일은 되는데, 실행해보면:

```
File Edit Window Help CatsAreSmarter
%java TestGenerics1
Exception in thread "main" java.lang.ArrayStoreException:
Cat
        at TestGenerics1.takeAnimals(TestGenerics1.java:16)
        at TestGenerics1.go(TestGenerics1.java:12)
        at TestGenerics1.main(TestGenerics1.java:5)
```

휴... JVM이 막아주는군요.

다형적인 컬렉션 유형을 메소드 인자로 사용하는 방법이 있다면 정말 얼마나 좋을까요? 동물병원 프로그램에서 Dog 목록이나 Cat 목록을 자유자재로 받아줄 수 있으면 정말 좋을텐데... 그러면 목록에 대해서 순환문을 돌리면서 immunize() 메소드만 호출하면 바로 예방접종을 끝낼 수 있잖아요. 물론 그러면서도 Dog 목록에 Cat 객체를 집어넣는 일은 할수 없는, 안전한 프로그램을 만들 수 있어야 되겠죠. 하지만... 이런 일은 꿈 속에서나 일어날 수 있겠죠?

와일드카드 출동!!

조금 이상하게 느껴질지 모르겠지만 Animal의 하위유형으로 구성된 ArrayList를 받아들일 수 있는 메소드 인자를 만들 수 있는 방법이 있습니다. 가장 간단한 방법 은 와일드카드(wildcard)를 쓰는 것입니다. 와일드카드는 바로 이런 용도로 자바 에 새로 추가된 기능입니다.

```
public void takeAnimals(ArrayList<? extends Animal> animals) {
    for(Animal a: animals) {
        a.eat();
    }
}
```

어쩌면 "뭐가 달라진 거지? 어차피 똑같은 문제가 있지 않나? 지금 저 메소드에서 는 Animal의 하위유형에 들어있다는 것이 확실한 메소드를 호출하기 때문에 전 혀 위험할 게 없겠지만 여전히 ArrayList〈Dog〉에 Cat 객체를 집어넣는다거나 하 는 일이 일어날 수 있는 것 아닌가? 어차피 실행 중에 유형을 검사해주지 않을 텐 데 와일드카드를 쓰지 않고 선언하는 것하고 이렇게 와일드카드를 써서 선언하는 것하고 다를 게 없지 않을까?" 하는 생각이 들지도 모르겠습니다.

하지만 전하고 확실히 다른 점이 있습니다. 선언할 때 〈?〉 와일드카드를 사용하면 컴파일러에서 목록에 뭔가를 추가하는 작업을 전혀 허용하지 않게 됩니다.

앞에서도 나왔지만, 여기에서 쓰이는 'extends'라는 키워드는 유형에 따라 '확장(extends)'을 뜻할 수도 있고 '구현(implements)'을 뜻할 수도 있습니다. 따라서 Pet 인터페이스를 구현하는 유형으로 구성된 ArrayList를 인자로 받아들이고 싶다면 다음과 같은 식으로 선언하면 됩니다.

ArrayList〈? extends Pet〉

메소드 인자에서 와일드카드를 사용하면 메소드 매개변수에 의해 참조 되는 목록에 손상이 갈 만한 작업을 할 수 없습니다. 컴파일러가 다 막 아 버리죠.

목록에 있는 원소들에 대해서 메소드를 호출하는 것은 여전히 가능하 지만 목록에 원소를 추가하는 작업은 할 수 없습니다.

즉, 목록 원소를 가지고 어떤 작업이든 할 수 있긴 하지만, 목록에 새 로운 것을 집어넣을 수는 없습니다. 실행 중에 위험한 일이 일어날 수 있는 가능성을 컴파일러에서 원천봉쇄하기 때문에 런타임 오류가 나는 일은 생기지 않습니다.

따라서 위와 같은 식으로 선언된 takeAnimals()에서 다음과 같은 코 드는 문제 없이 사용할 수 있습니다.

```
for(Animal a: animals) {
    a.eat();
}
```

하지만 다음과 같은 코드가 들어있으면 컴파일이 되지 않습니다.

```
animals.add(new Cat());
```

다른 문법, 같은 기능

얼마 전에 API 문서에서 sort() 메소드에 대한 내용을 찾아 봤던 부분을 기억 하시나요? 그 메소드에서도 제네릭 유형을 사용했는데 유형 매개변수가 리턴 유형 앞에 정의되어 있었죠? 그것도 결국 유형 매개변수를 선언하는 방법인데, 문법만 조금 다를 뿐 그 기능은 똑같습니다.

아래 코드하고,

```
public <T extends Animal> void takeThing(ArrayList<T> list)
```

아래 있는 코드는 똑같은 기능을 합니다.

```
public void takeThing(ArrayList<? extends Animal> list)
```

바보 같은 질문은 없습니다

Q: 둘 다 기능이 똑같다면 왜 이렇게 서로 다른 두 가지 방법이 있는 거죠?

A: 'T'를 다른 곳에서 사용하는지에 따라 달라집니다. 예를 들어 메소드에 인자가 두 개 있는데 둘 다 Animal을 확장하는 유형으로 구성된 목록이라면 어떻게 해야 할까요? 그런 경우에는 그냥 다음과 같은 식으로 유형 매개변수를 한 번만 선언하는 쪽이 더 효율적이겠죠?

```
public <T extends Animal> void takeThing(ArrayList<T> one, ArrayList<T> two)
```

다음과 같은 식으로 매번 타이핑하는 것보다는 위에 있는 코드가 훨씬 낫죠.

```
public void takeThing(ArrayList<? extends Animal> one,
                      ArrayList<? extends Animal> two)
```

컴파일러가 되어 봅시다. (고급)

여러분이 컴파일러라고 생각하고 다음 구문들이 제대로 컴파일이 될 수 있는지 판단해보세요. 이 중에는 이 장에서 다루지 않은 구문도 있기 때문에 지금까지 배운 내용을 주어진 상황에 적용해서 판단을 해야 합니다. 대강 짐작해서 찍어야 할 수도 있겠지만. 어쨌든 지금까지 배운 것을 바탕으로 적절한 결론을 내려보세요. 컴파일이 되는 구문 옆에 있는 상자에 X표로 표시해주세요.

(참고: 이 코드는 문법적으로 올바르게 만들어진 클래스/메소드 내에 있다고 가정해야 합니다.)

컴파일이 될까요?

☐ `ArrayList<Dog> dogs1 = new ArrayList<Animal>();`

☐ `ArrayList<Animal> animals1 = new ArrayList<Dog>();`

☐ `List<Animal> list = new ArrayList<Animal>();`

☐ `ArrayList<Dog> dogs = new ArrayList<Dog>();`

☐ `ArrayList<Animal> animals = dogs;`

☐ `List<Dog> dogList = dogs;`

☐ `ArrayList<Object> objects = new ArrayList<Object>();`

☐ `List<Object> objList = objects;`

☐ `ArrayList<Object> objs = new ArrayList<Dog>();`

```java
import java.util.*;

public class SortMountains {

  LinkedList<Mountain> mtn = new LinkedList<Mountain>();

  class NameCompare implements Comparator <Mountain> {
    public int compare(Mountain one, Mountain two) {

      return one.name.compareTo(two.name);
    }
  }
  class HeightCompare implements Comparator <Mountain> {
    public int compare(Mountain one, Mountain two) {

      return (two.height - one.height);
    }
  }
  public static void main(String [] args) {
    new SortMountain().go();
  }
  public void go() {
    mtn.add(new Mountain("Longs", 14255));
    mtn.add(new Mountain("Elbert", 14433));
    mtn.add(new Mountain("Maroon", 14156));
    mtn.add(new Mountain("Castle", 14265));

    System.out.println("as entered:\n" + mtn);
    NameCompare nc = new NameCompare();

    Collections.sort(mtn, nc);
    System.out.println("by name:\n" + mtn);
    HeightCompare hc = new HeightCompare();

    Collections.sort(mtn, hc);
    System.out.println("by height:\n" + mtn);
  }
}

class Mountain {
  String name;
  int height;

  Mountain(String n, int h) {
    name = n;
    height = h;
  }
  public String toString( ) {
    return name + " " + height;
  }
}
```


출력 결과:

```
File  Edit  Window  Help  ThisOne'sForBob
%java SortMountains
as entered:
[Longs 14255, Elbert 14433, Maroon 14156, Castle 14265]
by name:
[Castle 14265, Elbert 14433, Longs 14255, Maroon 14156]
by height:
[Elbert 14433, Castle 14265, Longs 14255, Maroon 14156]
```

연습문제 정답

정답 후보:

Comparator,

Comparable,

compareTo( ),

compare( ),

예,

아니오

다음과 같은 컴파일 가능한 선언문에 대해:

```
Collections.sort(myArrayList);
```

1. myArrayList에 저장된 객체의 클래스에서 반드시 구현해야 하는 것은?

Comparable

2. myArrayList에 저장된 객체의 클래스에서 반드시 구현해야 하는 메소드는?

compareTo( )

3. myArrayList에 저장된 객체의 클래스에서 Comparator와 Comparable을 동시에 구현할 수 있나요?

예

다음과 같은 컴파일 가능한 선언문에 대해:

```
Collections.sort(myArrayList, myCompare);
```

4. myArrayList에 저장된 객체의 클래스에서 Comparable을 구현해도 될까요?

예

5. myArrayList에 저장된 객체의 클래스에서 Comparator를 구현해도 될까요?

예

6. myArrayList에 저장된 객체의 클래스에서 Comparable을 꼭 구현해야 되나요?

아니오

7. myArrayList에 저장된 객체의 클래스에서 Comparator를 꼭 구현해야 되나요?

아니오

8. myCompare 객체의 클래스에서 반드시 구현해야 하는 것은?

Comparator

9. myCompare 객체의 클래스에서 반드시 구현해야 하는 메소드는?

compare( )

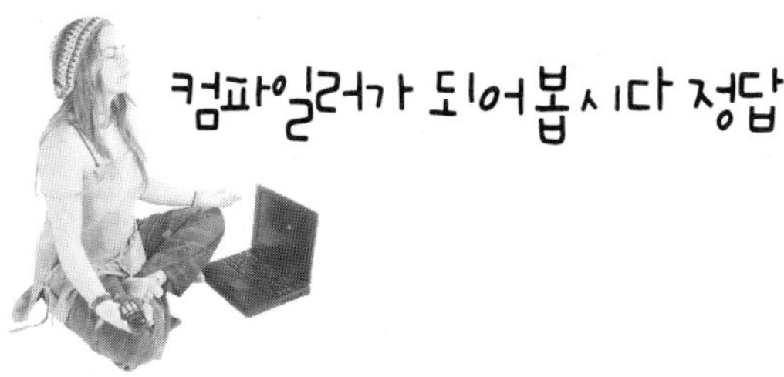

컴파일이 될까요?

```
☐ ArrayList<Dog> dogs1 = new ArrayList<Animal>();

☐ ArrayList<Animal> animals1 = new ArrayList<Dog>();

☒ List<Animal> list = new ArrayList<Animal>();

☒ ArrayList<Dog> dogs = new ArrayList<Dog>();

☐ ArrayList<Animal> animals = dogs;

☒ List<Dog> dogList = dogs;

☒ ArrayList<Object> objects = new ArrayList<Object>();

☒ List<Object> objList = objects;

☐ ArrayList<Object> objs = new ArrayList<Dog>();
```

코드를 배포합시다

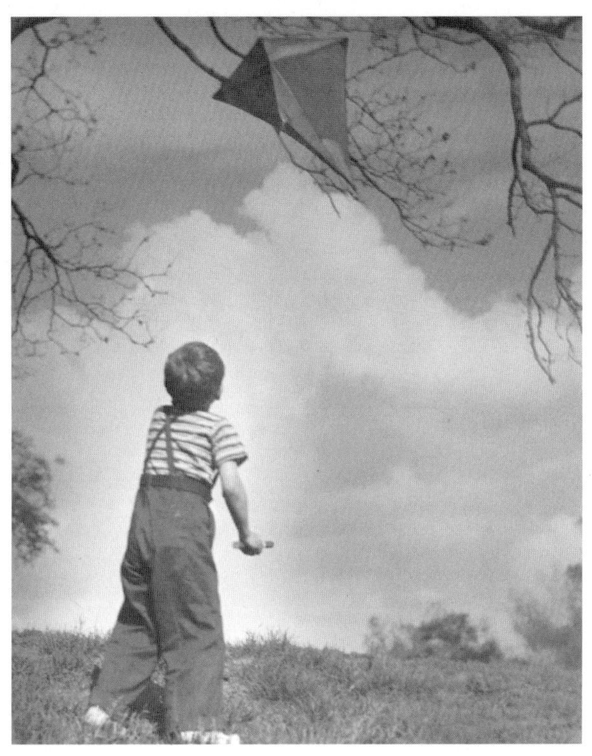

이제 코드를 배포할 때가 되었습니다. 코드를 잘 만들었습니다. 그리고 테스트도 하고 다시 다듬는 과정도 모두 끝났습니다. 이제 뭔가 그럴듯한 프로그램을 만들어서 제대로 작동하는 것까지 확인했는데, 이제 어떻게 해야 할까요? 어떻게 하면 사용자들에게 여러분의 코드를 나눠줄 수 있을까요? 정확하게 어떤 것을 사용자들에게 전달해야 할까요? 사용자가 어떤 사람인지 정확하게 알 수 없다면 어떻게 해야 할까요? 이제 마지막 두 장에 걸쳐서 여러분이 만든 자바 코드를 조직화시키고 패키지로 묶고, 배포하는 방법을 알아보겠습니다. 실행 가능한 jar, 자바 웹 스타트, RMI, 서블릿 등을 포함한 로컬, 세미로컬, 원격 배포 옵션을 살펴보겠습니다. 이 장에서는 주로 코드를 조직화하고 패키지로 묶는 방법을 알아볼 것입니다. 이런 방법은 배포 방법에 상관없이 반드시 알아야 하거든요. 마지막 장에서는 자바의 가장 큰 장점 중 하나를 알아볼 것입니다. 너무 긴장하지 마세요. 코드를 배포한다고 해서 영원히 작별을 하는 것은 아니니까요. 결국에는 항상 관리를 해 줘야만 하니까요.

애플리케이션 배포

자바 애플리케이션이란 것은 정확하게 무엇을 의미할까요? 즉 일단 개발을 끝내고 나서 무엇을 사용자에게 넘겨줘야 할까요? 프로그램을 사용할 사람은 여러분과 똑같은 시스템을 가지고 있지 않을 가능성이 높습니다. 더 중요한 것은 아직 여러분이 가지고 있는 애플리케이션이 사용자에게는 없다는 점입니다. 이제 여러분이 만든 프로그램을 모양새를 갖춰서 바깥 세상으로 내보낼 때가 되었습니다. 이 장에서는 실행 가능한 JAR를 포함한 로컬 배포(local deployment) 방법과 일부분은 로컬이고 일부분은 원격적이라고 할 수 있는 자바 웹 스타트에 대해 알아볼 것입니다. 다음 장에서는 RMI와 서블릿을 포함한 원격 배포 방법을 좀더 자세히 알아보겠습니다.

배포 방법

① **로컬**

애플리케이션 전체가 최종사용자의 컴퓨터에서 실행 가능한 JAR로 배포된 독립적인 프로그램(GUI 프로그램인 경우가 많음)으로 실행됩니다(JAR에 대해서는 잠시 후에 알아보겠습니다).

② **로컬과 원격의 혼합형**

애플리케이션의 일부분이 돌아가고 있는 서버와 사용자의 로컬 시스템에서 실행되면서 서버에 연결되어 작업을 처리하는 클라이언트 부분으로 나뉘어져 있습니다.

③ **원격**

자바 애플리케이션 전체가 서버 시스템에서 돌아가고 클라이언트는 웹 브라우저와 같은 자바를 사용하지 않는 방법을 통해서 서버에 접근합니다.

하지만 배포에 대한 내용을 본격적으로 알아보기 전에 잠시 뒤로 물러서서 애플리케이션 프로그래밍을 끝낸 다음 최종사용자들에게 넘겨줄 클래스 파일만 뽑아낼 때 어떻게 해야 하는지 알아보겠습니다. 작업 디렉토리에는 어떤 것이 들어있을까요?

자바 프로그램은 클래스 여러 개가 모여있는 것입니다. 개발을 하고 나면 그 결과로 클래스가 만들어지지요.

가장 중요한 것은 클래스를 다 만들고 나서 어떻게 해야 할까 하는 것입니다.

브레인 파워

자바 프로그램을 최종사용자의 컴퓨터에서 돌아가는 독립적인 로컬 애플리케이션으로 나눠주는 방법에는 어떤 장점과 단점이 있을까요?

자바 프로그램을 자바 코드는 서버에서 서블릿 형태로 돌아가고 사용자는 웹 브라우저를 사용하는 웹 기반의 시스템으로 만드는 방법에는 어떤 장점과 단점이 있을까요?

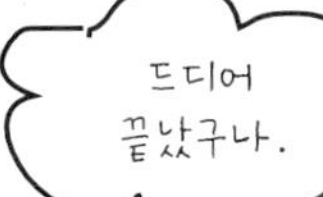

다음과 같은 시나리오를 상상해보세요...

밥은 새로 만든 자바 프로그램을 거의 다 끝냈습니다. "한 번만 더 컴파일하면 돼"라고 말하기를 몇 주 거듭한 후에 이제 정말로 작업이 끝나가고 있습니다. 그가 만든 프로그램은 꽤 복잡한 GUI 애플리케이션이기 때문에 코드 중 상당 부분은 스윙 코드입니다. 그가 직접 만든 클래스는 아홉 개 밖에 되지 않지요.

드디어 프로그램을 고객에게 넘겨줄 때가 되었습니다. 밥은 고객의 컴퓨터에는 이미 자바 API가 설치되어있기 때문에 아홉 개의 클래스 파일만 복사해주면 될 것이라고 생각했습니다. 그래서 그가 작업한 파일이 들어있는 디렉토리로 들어가서 ls *명령어를 실행시켰습니다. 그런데...

이런, 뭔가 이상한 일이 일어났습니다. 파일 18개(소스 코드 파일 아홉 개, 컴파일된 클래스 파일 아홉개)가 있을 줄 알았는데 디렉토리를 살펴보니 파일이 31개나 되었습니다. 그리고 다음과 같은 이상한 이름이 있는 파일이 아주 많이 있었습니다.

Account$FileListener.class

Chart$SaveListener.class

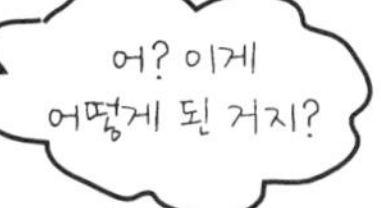

이런 식으로 말이죠. 그는 그가 만든 GUI 이벤트 리스너 내부 클래스에 대해서도 컴파일러가 클래스 파일을 만들어낸다는 것과 그 이상한 이름이 붙어있는 클래스가 내부 클래스 파일이라는 것을 까맣게 잊고 있었습니다.

그는 필요한 클래스 파일만 열심히 골라냈습니다. 그 중 하나라도 빼먹으면 프로그램이 제대로 돌아가지 않습니다. 하지만 실수로 소스 코드 파일을 하나라도 고객에게 보내면 안 되기 때문에 파일이 잔뜩 들어있는 디렉토리 한 개에서 필요한 파일만 골라내는 일은 정말 쉽지 않은 일이었습니다.

*역자주: 도스에서의 dir 명령어와 같은 것이라고 보면 됩니다.

소스 코드와 클래스 파일을 분리해봅시다.

한 디렉토리에 수많은 소스 코드와 클래스 파일이 아무렇게나 들어가있으면 정말 지저분해집니다. 사실 처음부터 파일을 조직화해서 소스 코드와 컴파일된 코드를 분리해놓았어야 했습니다. 즉 컴파일된 클래스 파일이 소스 코드와 같은 디렉토리에 들어가게 하지 말았어야 했죠.

이 문제를 푸는 열쇠는 디렉토리 구조를 조직화하고 –d라는 컴파일러 옵션을 활용하는 데 있습니다.

파일을 조직화하는 방법은 수십 가지가 넘게 있고, 회사에서 정해놓은 규칙이 있는 경우도 있습니다. 여기서는 거의 표준으로 정착된 조직화 방법을 소개해 보겠습니다.

이 방법에서는 프로젝트 디렉토리를 만들고 그 안에 source와 classes라는 디렉토리를 만듭니다. 우선 소스 코드(.java 파일)는 source 디렉토리에 저장합니다. 그리고 코드를 컴파일할 때는 컴파일 결과(.class 파일)가 classes 디렉토리에 들어가게 하는 옵션을 사용하면 됩니다.

다행히도 이런 일을 가능하게 해 주는 –d라는 컴파일러 플래그가 있습니다.

–d(디렉토리, directory) 플래그를 써서 컴파일하는 방법

```
%cd MyProject/source
%javac  -d ../classes  MyApp.java
```

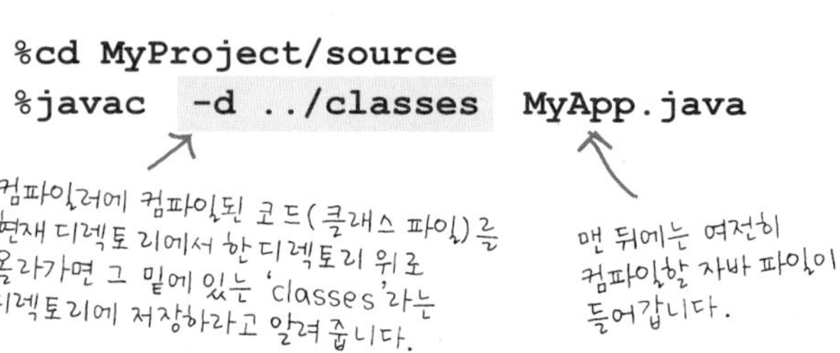

컴파일러에 컴파일된 코드(클래스 파일)를 현재 디렉토리에서 한 디렉토리 위로 올라가면 그 밑에 있는 'classes'라는 디렉토리에 저장하라고 알려줍니다.

맨 뒤에는 여전히 컴파일할 자바 파일이 들어갑니다.

–d 플래그를 사용하면 클래스 파일이 소스 코드가 들어있는 디렉토리에 그대로 저장되는 기본 옵션을 받아들이는 대신 컴파일된 코드를 저장할 디렉토리를 지정할 수 있습니다. 소스 디렉토리에 있는 모든 .java 파일을 컴파일하고 싶다면 다음과 같이 하면 됩니다.

```
%javac  -d ../classes  *.java
```

*.java라고 쓰면 현재 디렉토리에 있는 모든 소스 파일이 컴파일됩니다.

코드 실행 방법

```
%cd MyProject/classes
%java Mini
```

프로그램은 "classes"디렉토리에서 실행시키면 됩니다.

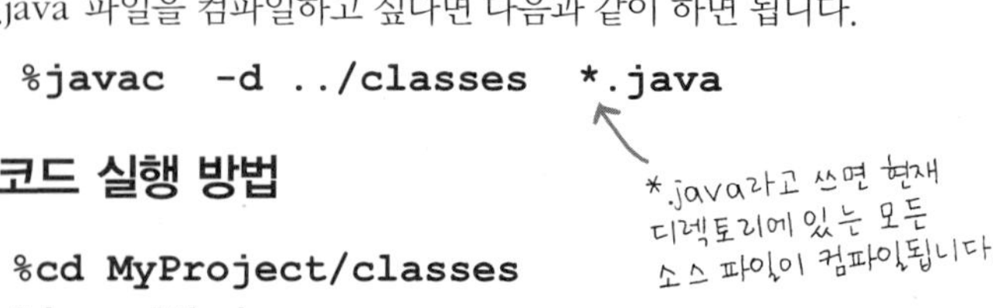

(혹시 문제가 생기는 경우에 대비하여: 이 장에 나와있는 내용은 모두 현재작업 디렉토리(즉 "." 디렉토리)가 클래스 경로에 포함되어있다고 가정한 것입니다. classpath 환경 변수를 직접 설정하는 경우에는 반드시 그 경로에 "."을 포함시켜야 합니다)

자바 클래스를 JAR에 집어넣읍시다.

JAR 파일은 자바 아카이브(Java ARchive) 파일입니다. pkzip 파일 유형을 기반으로 하고 있으며 모든 클래스를 하나로 묶을 수 있게 해 주기 때문에 고객에게 클래스 파일 28개를 그냥 전달하는 대신 JAR 파일 하나만 넘겨줄 수 있습니다. 유닉스의 tar 명령어에 익숙하다면 jar 도구 명령어도 그리 어렵지 않게 쓸 수 있을 것입니다(JAR라고 모두 대문자로 쓴 것은 아카이브 파일을 지칭하는 것입니다. jar라고 소문자로 쓰는 경우에는 JAR 파일을 만들 때 사용하는 jar이라는 프로그램을 가리키는 것입니다).

그러면 이제 고객이 그 JAR 파일을 어떻게 사용해야 하는지 알아봅시다. 어떻게 하면 그 파일을 실행시킬 수 있을까요?

JAR 파일을 실행 가능한 파일로 만들면 됩니다.

실행 가능한 JAR(executable JAR)란 프로그램을 실행시키기 위해 클래스 파일을 따로 꺼내지 않아도 되는 JAR 파일을 의미합니다. 클래스 파일을 그냥 JAR 안에 들어있는 채로 애플리케이션을 실행시킬 수 있지요. 이렇게 하려면 manifest 파일을 만들어야 합니다. 이 파일은 JAR 안에 들어가며 JAR 안에 들어있는 파일에 대한 정보를 가지고 있습니다. JAR 파일을 실행 가능한 파일로 만들려면 manifest 파일에서 JVM에, main() 메소드가 어떤 클래스에 들어있는지를 알려줘야 합니다.

실행 가능한 JAR를 만드는 방법

① 클래스 파일이 모두 <u>classes</u> 디렉토리에 들어있는지 확인합니다.

　　잠시 후에 더 다듬어 보겠지만 일단 지금은 모든 클래스 파일을 'classes'라는 이름을 가진 디렉토리에 집어넣겠습니다.

② main() 메소드가 어떤 클래스에 들어있는지를 알려주는 manifest.txt 파일을 만듭니다.

　　다음과 같이 한 줄만 들어있는 manifest.txt라는 텍스트 파일을 만듭니다.

```
Main-Class: MyApp
```
　　← 뒤에 .class를 붙이지 않습니다.

　　Main-Class 행을 다 입력하고 나서 반드시 엔터 키를 한 번 눌러주세요. 그렇게 하지 않으면 이 파일이 제대로 작동하지 않을 수 있습니다. 이렇게 만든 manifest 파일을 "classes" 디렉토리에 저장하세요.

③ jar 도구를 실행시켜서 classes 디렉토리에 들어있는 모든 파일(manifest 포함)이 저장된 JAR 파일을 만듭니다.

```
%cd MiniProject/classes
%jar -cvmf manifest.txt app1.jar *.class
또는
%jar -cvmf manifest.txt app1.jar MyApp.class
```

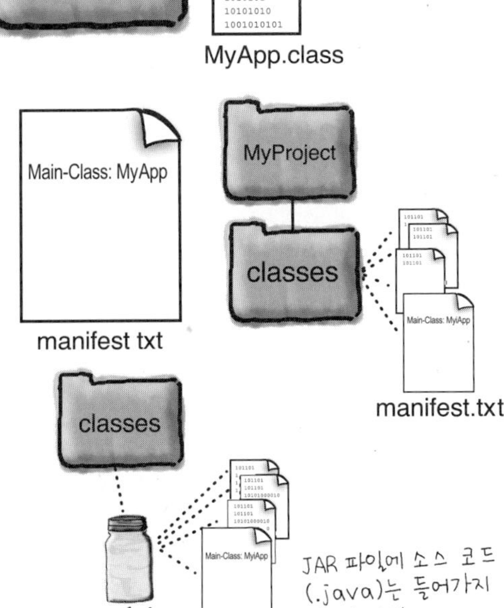

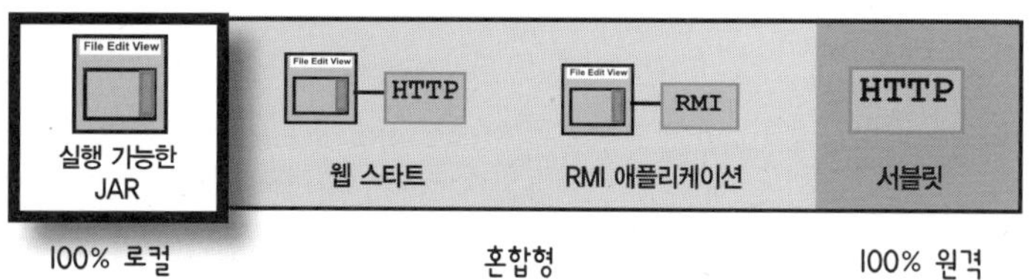

100% 로컬 자바 애플리케이션은 대부분 실행 가능한 JAR 파일 형태로 배포됩니다.

JAR를 실행시키는 방법

자바(JVM)에서는 JAR에서 클래스를 불러오고 그 클래스의 main() 메소드를 호출할 수 있습니다. 사실 애플리케이션 전체를 JAR에 넣어둔 채로 사용할 수도 있습니다. 일단 시작만 되면(main() 메소드가 실행되기 시작하면) JVM에서는 클래스가 어디에 들어 있든 찾을 수만 있다면 상관하지 않습니다. 그리고 JVM에서 클래스를 찾을 때는 클래스 경로에 들어있는 JAR 파일도 검색합니다. JAR 파일이 있으면 JVM에서는 클래스를 찾아서 불러와야 하는 경우에 그 JAR 파일도 검색합니다.

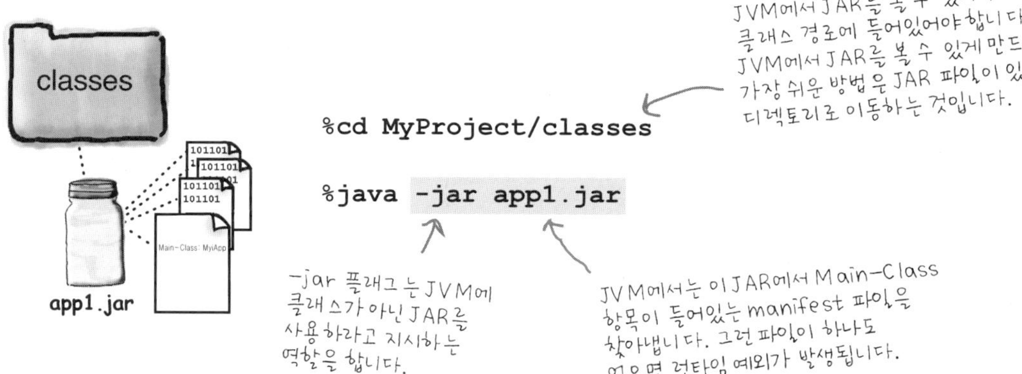

JVM에서 JAR를 볼 수 있어야 하므로 클래스 경로에 들어있어야 합니다. JVM에서 JAR를 볼 수 있게 만드는 가장 쉬운 방법은 JAR 파일이 있는 디렉토리로 이동하는 것입니다.

-jar 플래그는 JVM에 클래스가 아닌 JAR를 사용하라고 지시하는 역할을 합니다.

JVM에서는 이 JAR에서 Main-Class 항목이 들어있는 manifest 파일을 찾아냅니다. 그런 파일이 하나도 없으면 런타임 예외가 발생됩니다.

운영체제 설정에 따라 JAR 파일을 더블클릭하기만 해도 실행시킬 수 있습니다. 대부분의 MS 윈도우즈나 Mac OS X에서는 이런 방법을 쓸 수 있습니다. 보통 이렇게 하고 싶으면 JAR를 선택하고 운영체제에 "연결 프로그램"을 지정하면 됩니다.

바보 같은 질문은 없습니다

Q: 그냥 디렉토리를 통째로 JAR 파일로 묶어버리면 안 되나요?

A: JVM에서는 JAR 파일 내부를 살펴봤을 때 필요한 것이 바로 거기에 들어있을 것으로 생각합니다. 클래스가 패키지의 일부분이 아니라면 다른 디렉토리에 들어가지 않습니다. 그리고 클래스가 어떤 패키지에 속해있는 경우에도 그 패키지 선언문에 매치되는 디렉토리만 살펴볼 뿐입니다.

Q: 무슨 말인지 잘 모르겠는데요?

A: 클래스 파일을 아무 디렉토리에나 집어넣고 그대로 JAR 파일로 묶어버리면 안 됩니다. 하지만 클래스가 패키지에 속해 있으면 패키지 디렉토리 구조 전체를 JAR 파일로 묶을 수 있습니다. 정확하게 말하자면 그렇게 해야 합니다. 이에 대한 내용은 다음 페이지에서 알아볼 테니까 너무 긴장하진 마세요.

클래스를 패키지에 집어넣읍시다.

재사용할 수 있는 클래스 파일을 만들어서 다른 사람들도 쓸 수 있게 내부 개발자 라이브러리에 올려놨다고 가정해봅시다. 지금까지 본 객체지향적인 물건 중에 가장 뛰어난 것을 만들어냈다는 기쁨도 잠시, 갑자기 전화가 왔습니다. 클래스 중에서 두 개가, 프레드가 조금 전에 라이브러리에 집어넣은 것과 이름이 겹친다는 것이었습니다. 이런 일이 일어나면 정말 지옥이 따로 없습니다. 이름에 충돌이 생기면 개발 과정이 모두 엉망이 되니까요.

이런 문제가 생긴 이유는 패키지를 사용하지 않았기 때문입니다. 물론, 패키지에 들어있는 자바 API 클래스를 사용한다는 점에서 보면 패키지를 사용한 것이 맞긴 합니다만 자신이 만든 클래스를 패키지에 집어넣지는 않았죠. 실제 프로그래밍을 하다 보면 이렇게 클래스를 패키지에 집어넣지 않으면 아주 안 좋은 결과를 불러오게 됩니다.

이제 앞서 사용했던 구성을 약간 변경해서 클래스를 패키지에 집어넣고 JAR에 패키지를 통째로 집어넣겠습니다. 자질구레한 부분에서 조금 까다로운 것이 있는데, 틀리지 않도록 각별히 주의해야 합니다. 조금만 틀려도 코드 컴파일이나 실행 과정에서 문제가 생길 수 있습니다.

패키지를 이용한 클래스명 충돌 방지 방법

패키지가 원래 이름 충돌을 방지하기 위한 용도로 만들어진 것은 아니지만 이름 충돌을 방지하는 것도 패키지의 핵심적인 기능 가운데 하나라고 할 수 있습니다. Customer, Account, ShoppingCart라는 이름을 가진 클래스를 만들었다고 가정해봅시다. 그런데 알고 보면 전자상거래 분야의 개발자들 중에 절반 이상은 이런 이름을 가진 클래스를 쓰고 있습니다. 객체지향 분야에서는 이렇게 이름이 겹치는 것이 상당히 위험합니다. 객체지향의 중요한 특징 가운데 하나가 재사용이 가능한 구성요소를 만드는 것이라면 개발자들은 다양한 출처에서 만들어진 구성요소를 조립해서 뭔가 새로운 것을 만들어낼 수 있어야 합니다. 따라서 여러분이 만든 구성요소도 여러분이 만들지 않은, 심지어 전혀 알지도 못하는 것들하고 '잘 어울릴 수 있어야' 됩니다.

6장에서 패키지와 클래스의 전체 이름이 어떤 식으로 결정되는지 배운 적이 있습니다. ArrayList 클래스의 전체 이름은 java.util.ArrayList, JButton은 javax.swing. JButton, Socket은 java.net.Socket이죠. 그 중 ArrayList와 Socket의 첫번째 이름은 공통적으로 java입니다. 즉 전체 이름의 첫번째 부분이 'java' 입니다. 패키지 구조를 생각할 때는 계층구조를 생각해보고 그에 맞게 클래스를 조직화하면 됩니다.

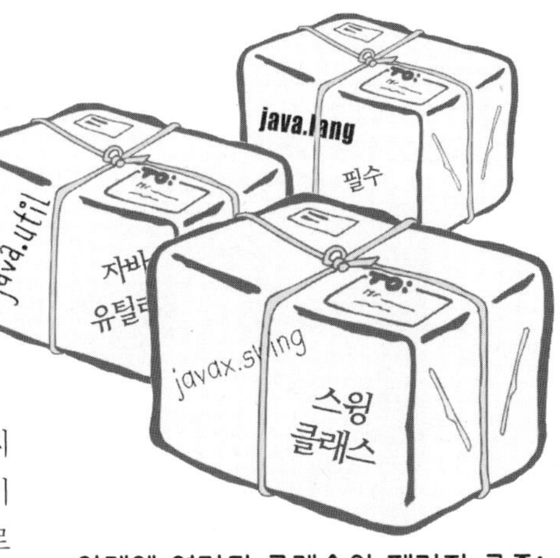

아래에 열거된 클래스의 패키지 구조:

java.text.NumberFormat
java.util.ArrayList
java.awt.FlowLayout
java.awt.event.ActionEvent
java.net.Socket

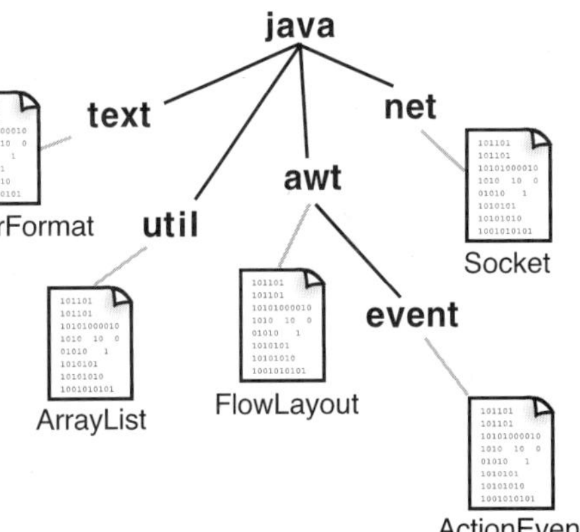

이 그림을 보면 뭔가 떠오르는 거 없나요? 디렉토리 계층구조하고 아주 비슷하죠?

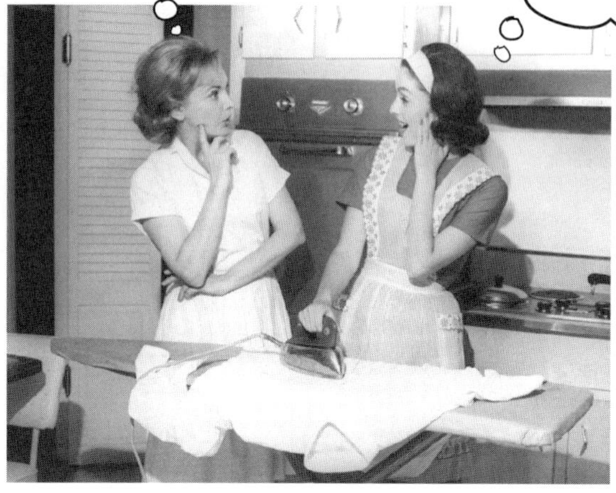

패키지명의 충돌을 막는 방법

클래스를 패키지에 집어넣으면 다른 클래스와 이름이 같아서 충돌이 생기는 걸 줄일 수 있지만 똑같은 패키지명을 붙이는 문제는 어떻게 해결할 수 있을까요? 즉, 두 프로그래머가 Account라는 이름을 가지는 클래스를 shopping.customers라는 패키지에 집어넣으려고 하는 것과 같은 문제는 어떻게 해결할 수 있을까요? 그렇게 되면 두 클래스 모두 다음과 같이 똑같은 전체 이름을 가지게 되겠죠?

shopping.customers.Account

썬에서는 이러한 위험을 크게 줄여줄 수 있는 패키지 명명 방법을 강력하게 추천하고 있습니다. 모든 클래스에 역도메인명을 붙여주는 방법이 바로 그 방법입니다. 도메인명은 반드시 유일해야만 합니다. 홍길동이라는 이름을 가진 사람은 여러 명 있을 수 있지만 doh.com과 같은 도메인명은 단 한 도메인에서만 가질 수 있습니다.

패키지를 쓰면 이름 충돌 문제를 막을 수 있지만 패키지명이 유일한 경우에만 확실하게 문제가 생기는 것을 방지할 수 있을 것입니다.

가장 좋은 방법은 패키지명 앞에 도메인명을 역순으로 쓰는 것입니다.

역도메인 패키지명

com.headfirstjava.projects.Chart

도메인명을 각각 점(.)으로 구분하여 거꾸로 적는 식으로 패키지명을 정합니다. 그리고 그 뒤에 자신이 원하는 조직적인 구조를 추가하면 됩니다.

클래스명에서는 반드시 단어의 첫 글자를 대문자로 씁시다.

project.Chart라는 이름은 꽤 흔하게 볼 수 있을지 몰라도 그 앞에 com.headfirstjava를 덧붙이면 그 내부에 속해 있는 개발자끼리만 조심하면 이름이 겹치는 문제를 방지할 수 있습니다.

클래스를 패키지에 집어넣는 방법

① 패키지명을 결정합니다.

여기에서는 com.headfirstjava를 예로 들겠습니다. 클래스명은 PackageExercise로 하면 클래스의 전체 이름은 **com.headfirstjava.PackageExercise**가 되겠죠.

② 클래스에 package 선언문을 집어넣습니다.

package 선언문은 소스 코드 파일의 첫번째 선언문이어야 합니다. 어떤 import 선언문보다도 앞에 있어야 하죠. 소스 코드 파일 하나에는 package 선언문이 하나밖에 들어갈 수 없기 때문에 **소스 파일 하나에 들어있는 클래스는 모두 같은 패키지에 들어있어야 합니다.** 즉 내부 클래스도 같은 패키지에 들어가게 됩니다.

```
package com.headfirstjava;

import javax.swing.*;

public class PackageExercise {
    // 코드가 들어갈 자리
}
```

③ 디렉토리 구조를 패키지 구조에 맞게 설정합니다.

package 선언문을 추가해서 클래스가 속하는 패키지를 지정한다고 해서 일이 끝나는 것은 아닙니다. 그 클래스를 패키지 구조에 맞는 디렉토리 구조에 집어넣기 전에는 클래스가 진정한 의미에서 그 패키지에 들어있다고 할 수 없습니다. 따라서 클래스의 전체 이름이 com.headfirstjava.PackageExercise라면 PackageExercise의 소스 코드는 com이라는 디렉토리 밑에 있는 **headfirstjava**라는 디렉토리 밑에 놓아야 합니다.

그렇게 하지 않고도 컴파일을 할 수는 있습니다. 하지만 그렇게 해 놓고 나중에 고생하는 것보다는 처음부터 이렇게 제대로 해 두는 것이 확실히 편합니다. 소스 코드를 패키지 구조와 매치되는 디렉토리 구조에 저장해두면 나중에 생길 수 있는 골칫거리를 모두 미연에 방지할 수 있습니다.

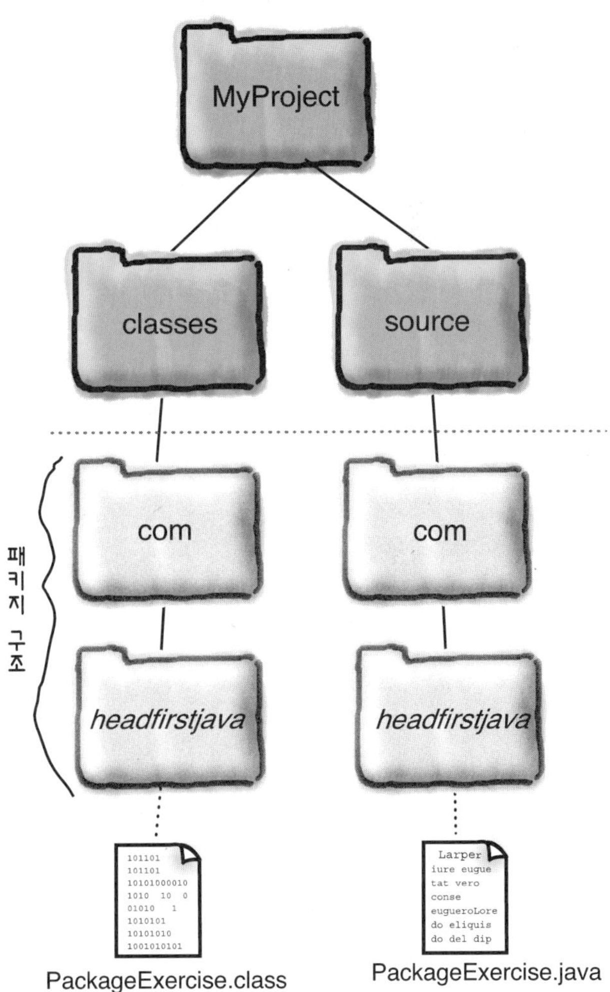

소스 코드와 클래스 트리 모두 제대로 된 디렉토리 구조로 만듭시다.

패키지를 써서 컴파일하고 실행하는 방법

클래스가 패키지에 들어있으면 컴파일과 실행 방법이 조금 어려워집니다. 가장 중요한 문제는 컴파일러와 JVM에서 여러분의 클래스와 다른 필요한 클래스를 모두 찾을 수 있어야 한다는 것입니다. 핵심 API에 들어있는 클래스에 대해서는 전혀 문제가 없습니다. 필요한 것이 어디에 있는지 잘 알고 있으니까요. 하지만 여러분이 만든 클래스에 대해서는 소스 파일이 들어있는 디렉토리에, 그대로 컴파일해서 저장하면 제대로 작동하질 않습니다. 하지만 이 페이지에 나와있는 구조를 잘 따르기만 한다면 별 문제가 없을 것입니다. 물론, 다른 방법도 있지만 필자들이 보기에는 이 방법이 가장 믿을만하고 편한 것 같습니다.

-d(디렉토리) 플래그를 써서 컴파일하는 방법:

```
%cd MyProject/source
%javac  -d ../classes  com/headfirstjava/PackageExercise.java
```

소스 디렉토리에서 컴파일해야 합니다. 절대로 .java 파일이 있는 디렉토리로 이동하면 안 됩니다.

컴파일된 코드(클래스 파일)를 클래스 디렉토리에 올바른 패키지 구조에 맞게 저장하게 하는 플래그

이제 실제 소스 코드 파일이 들어있는 디렉토리의 경로를 모두 지정해야 합니다.

com.headfirstjava 패키지에 들어있는 모든 .java 파일을 컴파일하고 싶다면 다음과 같이 하면 됩니다.

```
%javac  -d ../classes  com/headfirstjava/*.java
```

이 디렉토리에 들어있는 모든 소스 (java) 파일을 컴파일합니다.

코드를 실행시키는 방법:

```
%cd MyProject/classes
```

프로그램은 "classes" 디렉토리에서 실행시킵니다.

```
%java com.headfirstjava.PackageExercise
```

클래스의 전체 이름을 적어줘야 합니다. JVM에서는 그 이름을 바탕으로 현재 디렉토리 (classes 디렉토리)에서 com이라는 디렉토리로 들어가고 다시 headfirstjava라는 디렉토리로 들어간 다음 그 클래스를 찾아냅니다. 클래스가 "com이나 classes" 디렉토리에 들어있으면 프로그램이 실행되지 않습니다.

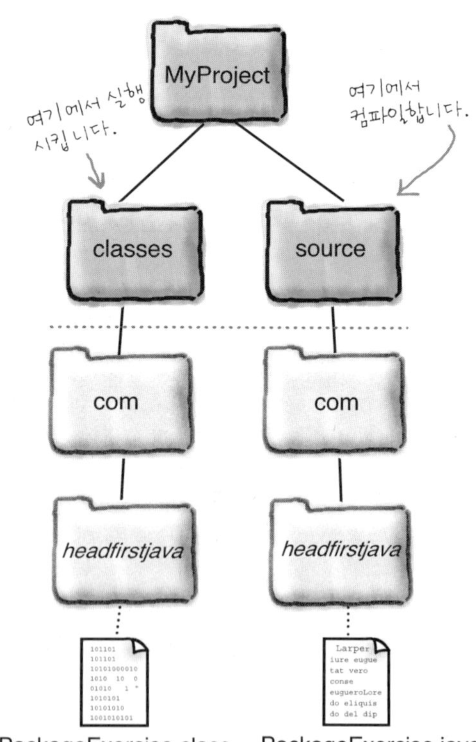

-d 플래그는 사실 더 많은 기능을 제공합니다.

-d 플래그를 지정해서 컴파일하면 컴파일된 클래스를 원하는 디렉토리에 넣어줄 뿐만 아니라 그 클래스가 속한 패키지에 맞게 클래스를 적당한 디렉토리 안에 알아서 넣어준다는 장점이 있습니다.

하지만 그 외에도 더 좋은 기능이 있습니다.

소스 코드에 대해서는 디렉토리 구조를 모두 잘 설정해 놨는데 아직 classes 디렉토리 밑에는 디렉토리 구조를 제대로 만들지 않았다고 생각해봅시다. 이런 상황에서도 고민할 필요가 없습니다. -d 플래그를 써서 컴파일하면 컴파일러에서 디렉토리가 없으면 새 디렉토리를 자동으로 만들어서 적절한 디렉토리 트리 안에 컴파일된 클래스 파일을 저장해줍니다.

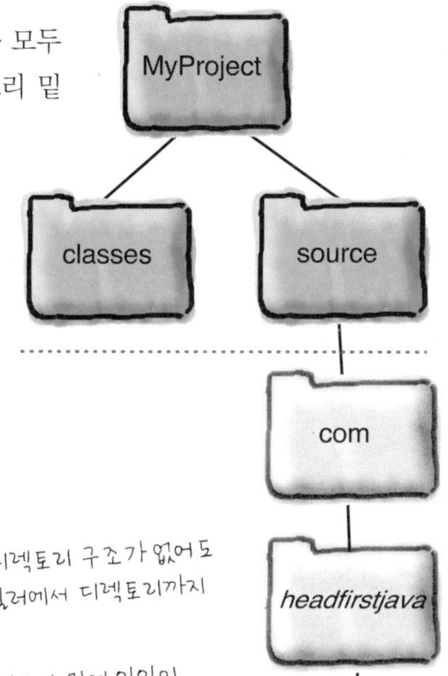

‘classes’ 밑에는 패키지 디렉토리 구조가 없어도 -d 옵션을 사용하면 컴파일러에서 디렉토리까지 만들어줍니다.

따라서 ‘classes’ 루트 디렉토리 밑에 일일이 디렉토리를 만들지 않아도 됩니다. 사실 컴파일러가 알아서 만들도록 하는 쪽이, 잘못 입력해서 이상한 이름의 디렉토리가 만들어질 염려가 없기 때문에 더 낫다고 할 수 있습니다.

-d 플래그는 컴파일러에 "-d 뒤에 지정된 디렉토리를 루트 디렉토리로 사용하여 클래스를 패키지 디렉토리 구조에 맞게 집어넣어라. 디렉토리가 없으면 먼저 디렉토리를 만든 다음 클래스를 올바른 위치에 집어넣어라"라는 명령을 하는 플래그입니다.

바보 같은 질문은 없습니다

Q: 메인 클래스가 들어있던 디렉토리로 들어가려고 했는데 JVM에서 클래스를 찾을 수 없다고 하네요. 그런데 현재 디렉토리를 보면 분명히 그 클래스 파일이 있거든요?

A: 클래스를 패키지에 집어넣고 나면 반드시 전체 이름을 사용해야 합니다. 명령행에서 실행시킬 main( ) 메소드가 들어있는 클래스의 전체 이름을 반드시 지정해야 합니다. 그런데 전체 이름에는 패키지 구조가 포함되어있기 때문에 자바에서는 그 클래스가 패키지 구조에 맞는 디렉토리에 들어있어야만 제대로 실행을 해 줍니다. 따라서 명령행에서 다음과 같은 명령을 내린다고 가정해봅시다.

```
%java com.foo.Book
```

그러면 JVM에서는 현재 디렉토리 그리고 다른 클래스경로에서 ‘com’이라는 디렉토리를 찾습니다. ‘com’이라는 디렉토리를 찾은 다음 그 안에 있는 ‘foo’라는 디렉토리를 찾기 전에는 Book이라는 클래스를 찾지 않습니다. 그렇게 com 밑에 있는 foo 디렉토리로 들어가기 전에는 다른 Book 클래스는 올바른 Book 클래스로 인정하지 않습니다. Book 클래스를 다른 곳에서 찾으면 그 클래스가 올바른 구조 안에 들어있다고 하더라도 그렇지 않은 것으로 간주합니다. 예를 들어, JVM에서 디렉토리 트리의 윗부분을 뒤져보고 나서 "아, 이 위에 com이라는 디렉토리가 있고, 지금 여기가 foo 디렉토리구나. 그러면 이게 바로 그 Book 클래스구나." 이런 식으로 생각하지는 않습니다.

패키지를 가지고 실행 가능한 JAR를 만드는 방법

클래스가 패키지에 들어있으면 패키지 디렉토리 구조도 JAR 안에 들어가야 합니다. 패키지를 쓰지 않았을 때와 마찬가지 방법으로 클래스를 JAR에 집어넣을 수는 없습니다. 그리고 패키지 위에 불필요한 다른 디렉토리가 없는지도 확인해야 합니다. 패키지의 첫번째 디렉토리(.com 도메인인 경우에는 com이겠죠?)가 반드시 JAR의 첫번째 디렉토리여야만 합니다. 실수로 패키지 위의 디렉토리(예를 들면 'classes' 디렉토리를 생각할 수 있겠죠?)가 포함되면 JAR는 제대로 작동할 수 없습니다.

실행 가능한 JAR를 만드는 방법:

① 클래스 파일이 classes 디렉토리 밑에 제대로 된
패키지 구조로 저장되어있는지 확인합니다.

② main( ) 메소드가 들어있는 클래스를 지정하기 위한
manifest.txt 파일을 만듭니다. 이 때 반드시 전체
이름을 써야 합니다.

다음과 같은 내용이 들어있는 manifest.txt라는 텍스트 파일을 만듭니다.

```
Main-Class: com.headfirstjava.PackageExercise
```

이 파일을 classes 디렉토리에 집어넣습니다.

③ jar 도구를 실행시켜서 패키지 디렉토리와 manifest
파일이 들어있는 JAR 파일을 만듭니다.

'com' 디렉토리만 포함시키면 패키지 전체(그리고 모든 클래스)가 JAR로
들어갑니다.

```
%cd MyProject/classes

%jar -cvmf  manifest.txt  packEx.jar  com
```

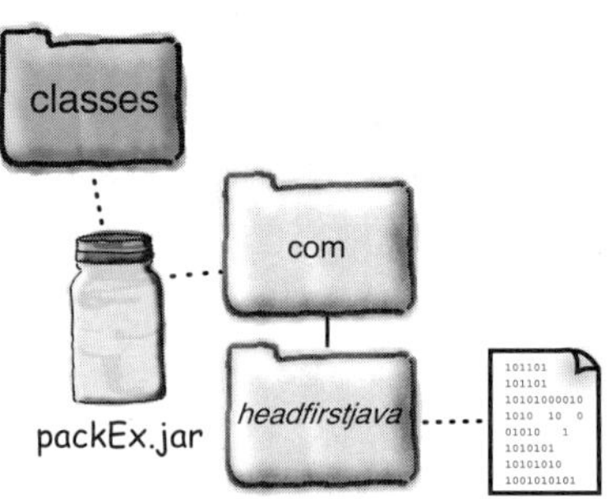

manifest 파일은 어디로 갔을까요?

직접 JAR 파일에 어떤 내용이 들어가있는지 확인해보세요. 명령행에서 jar 도구를 이용하여 JAR 파일을 만들고 실행시키는 것 외에 다른 일을 할 수도 있으니까요. JAR에 들어있는 내용을 풀어낼 수도 있습니다(tar 파일을 풀거나 zip 파일의 압축을 푸는 것과 마찬가지입니다).

packEx.jar를 Skyler라는 디렉토리에 풀어놓았다고 생각해봅시다.

목록을 출력하고 파일의 내용을 풀어놓는 jar 명령어

① JAR 파일에 들어있는 내용 목록을 출력하는 방법

```
% jar -tf packEx.jar
```

-tf는 '테이블 파일(table file)'을 의미합니다. 즉 JAR 파일에 들어있는 내용을 보여주는 테이블을 보여달라는 것을 의미하는 플래그입니다.

```
File  Edit  Window  Help  Pickle

% cd Skyler
% jar -tf packEx.jar
META-INF/
META-INF/MANIFEST.MF
com/
com/headfirstjava/
com/headfirstjava/
PackageExercise.class
```

② JAR의 내용을 풀어놓는 방법

```
% cd Skyler
% jar -xf packEx.jar
```

-xf는 '파일 추출(extract file)'을 의미하며 zip 또는 tar 파일을 푸는 것과 마찬가지입니다. packEx.jar 파일을 풀면 현재 디렉토리에 META-INF 디렉토리와 com 디렉토리가 만들어질 것입니다.

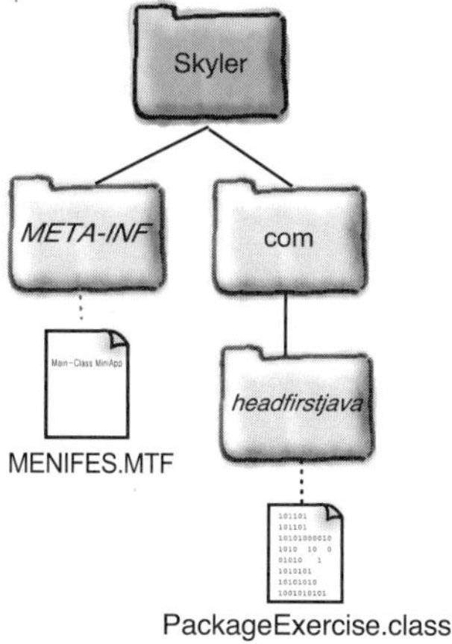

PackageExercise.class

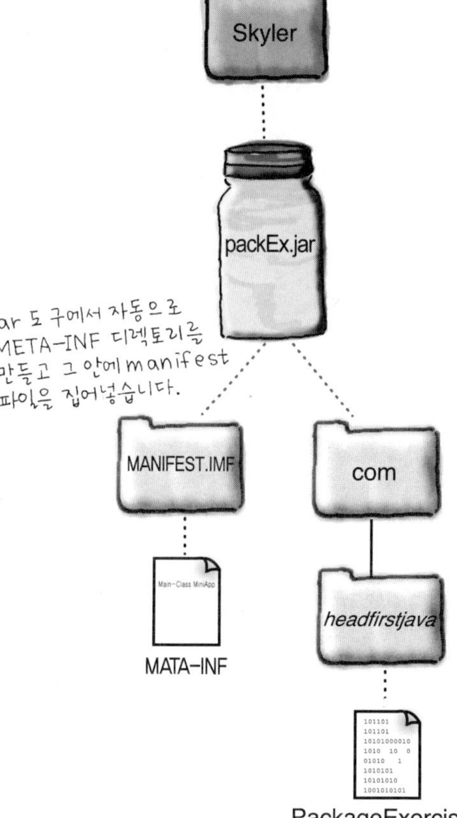

PackageExercise.class

META-INF는 '메타 정보(meta information)'를 의미합니다. jar 도구에서는 META-INF 디렉토리와 그 안에 들어가는 MANIFEST.MF 라는 파일을 만들어냅니다. 그리고 여러분이 만든 manifest 파일의 내용을 받아서 MANIFEST.MF 파일에 집어넣습니다. 따라서 여러분이 만든 manifest 파일이 바로 JAR 파일에 들어가는 것이 아니고 그 내용이 '진짜' manifest 파일(MANIFEST.MF)에 저장됩니다.

연필을 깎으며

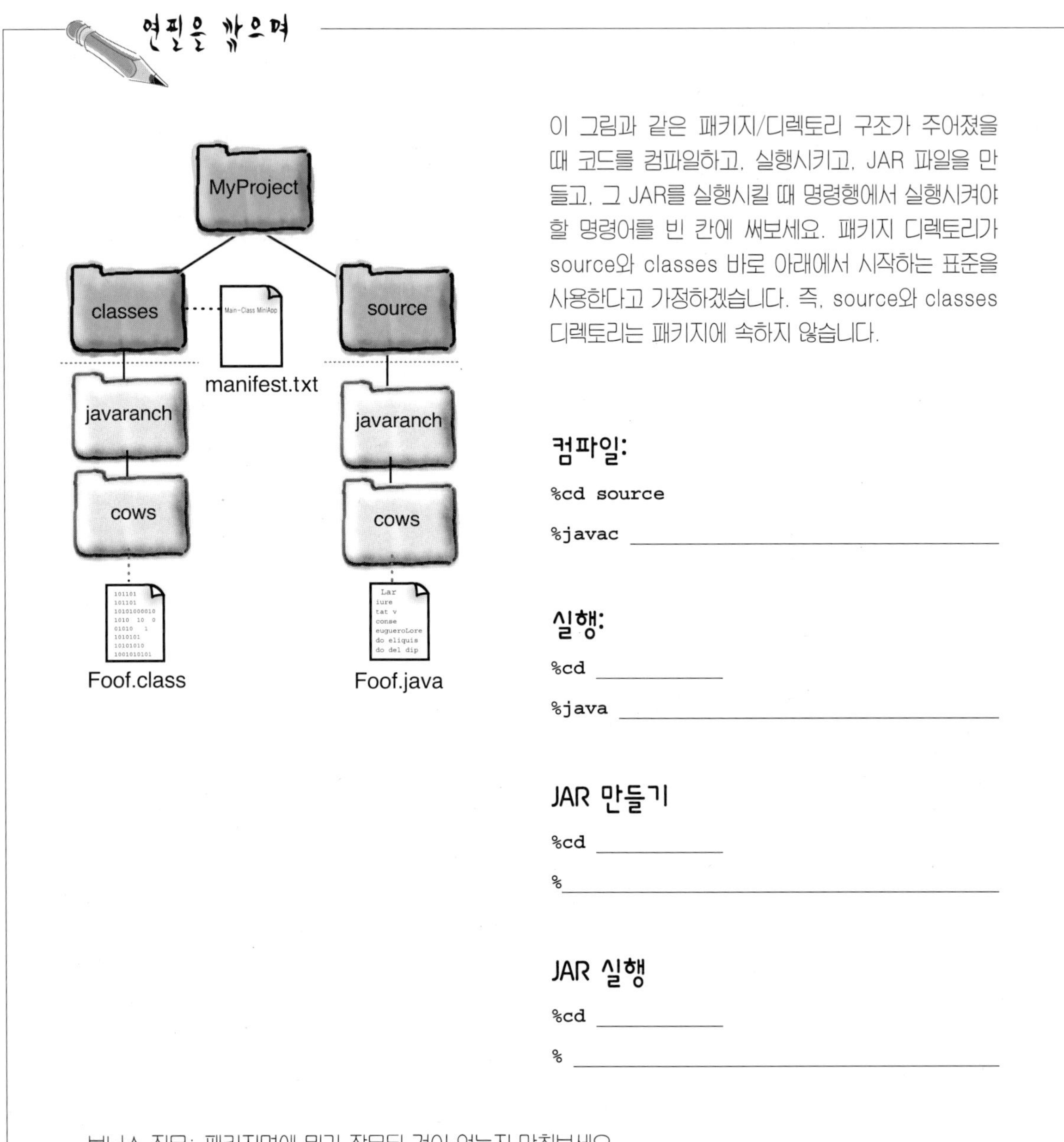

이 그림과 같은 패키지/디렉토리 구조가 주어졌을 때 코드를 컴파일하고, 실행시키고, JAR 파일을 만들고, 그 JAR를 실행시킬 때 명령행에서 실행시켜야 할 명령어를 빈 칸에 써보세요. 패키지 디렉토리가 source와 classes 바로 아래에서 시작하는 표준을 사용한다고 가정하겠습니다. 즉, source와 classes 디렉토리는 패키지에 속하지 않습니다.

컴파일:

```
%cd source
%javac ________________________________
```

실행:

```
%cd ____________
%java ________________________________
```

JAR 만들기

```
%cd ____________
% ___________________________________
```

JAR 실행

```
%cd ____________
% ___________________________________
```

보너스 질문: 패키지명에 뭔가 잘못된 것이 없는지 맞춰보세요.

바보 같은 질문은 없습니다

Q: 실행 가능한 JAR를 실행하려고 하는데, 최종사용자의 시스템에는 자바가 설치되어있지 않다면 어떤 일이 일어날까요?

A: 아무 일도 일어나지 않습니다. JVM 없이는 자바 코드가 실행될 수 없으니까요. 최종사용자의 시스템에도 자바가 반드시 설치되어있어야 합니다.

Q: 그러면 최종사용자의 시스템에 어떻게 자바가 설치되게 할 수 있을까요?

A: 이상적으로 이야기하자면 설치 프로그램을 직접 만들고 애플리케이션과 함께 배포할 수 있습니다. 여러 회사에서 간단한 것에서 아주 강력한 것까지 다양한 설치 프로그램을 제공하고 있습니다. 예를 들어 설치 프로그램에서 올바른 버전의 자바가 설치되어있는지 확인한 다음 설치되어있지 않으면 애플리케이션을 설치하기 전에 적절한 버전의 자바를 먼저 설치하고 설정할 수도 있습니다. Installshield, InstallAnywhere, DeployDirector 같은 곳에서 모두 자바 설치 솔루션을 제공합니다.

이런 설치 프로그램을 사용할 때의 또 다른 장점으로 거의 모든 자바 플랫폼에 대한 설치 프로그램이 들어있는 배포용 CD롬을 만들 수도 있다는 것입니다. 이렇게 하면 한 장의 CD로 모든 플랫폼을 커버할 수 있죠. 예를 들어, 사용자가 솔라리스를 사용한다면 솔라리스용 자바가 설치되고 MS 윈도우즈를 쓴다면 MS 윈도우즈용 버전이 설치되겠죠. 돈만 충분히 있다면 이런 설치 프로그램을 사용하는 방법이 최종사용자의 시스템에 올바른 버전의 자바를 설치하고 설정하는 가장 쉬운 방법이라고 할 수 있습니다.

핵심정리

- 소스 코드와 클래스 파일이 같은 디렉토리에 들어가지 않게 프로젝트를 조직화하는 것이 좋습니다.

- 표준적인 조직화 구조는 일단 project 디렉토리를 만들고 그 밑에 source 디렉토리와 classes 디렉토리를 집어넣는 구조입니다.

- 클래스를 패키지를 이용하여 조직화하면 다른 클래스와 이름이 겹치는 문제를 방지할 수 있습니다. 그 때 클래스명 앞에 도메인명을 뒤집어놓은 것을 덧붙여야 합니다.

- 클래스를 패키지에 집어넣으려면 package 선언문을 소스 코드 파일 맨 위에 (다른 어떤 import 선언문보다 위에) 집어넣어야 합니다.

```
package com.wickedlysmart;
```

- 어떤 클래스가 패키지 안에 들어가 있으려면 그 클래스는 패키지 구조에 정확하게 매치되는 디렉토리 구조 안에 들어있어야 합니다. 예를 들어 com.wickedlysmart.Foo라는 클래스가 있다면 그 Foo 클래스 파일은 반드시 com이라는 디렉토리 밑에 있는 wickedlysmart라는 디렉토리에 들어있어야 합니다.

- 컴파일된 클래스가 classes 디렉토리 밑에 올바른 패키지 디렉토리 구조에 저장되게 하려면 –d 컴파일러 플래그를 사용하면 됩니다.

```
% cd source
% javac -d ../classes com/wickedlysmart/Foo.java
```

- 코드를 실행시키려면 classes 디렉토리로 이동한 다음 클래스의 전체 이름을 지정해야 합니다.

```
% cd classes
% java com.wickedlysmart.Foo
```

- 클래스를 JAR(자바 아카이브) 파일로 묶을 수도 있습니다. JAR는 pkzip 유형을 바탕으로 만들어져 있습니다.

- JAR에 main() 메소드가 들어있는 클래스를 알려주기 위한 manifest 파일을 집어넣으면 실행 가능한 JAR 파일을 만들 수 있습니다. manifest 파일을 만들 때는 예를 들자면 다음과 같은 항목이 들어있는 텍스트 파일을 만들면 됩니다.

```
Main-Class: com.wickedlysmart.Foo
```

- Main–Class 내용이 들어있는 행 뒤에 반드시 엔터 키를 눌러야 됩니다. 그렇게 하지 않으면 manifest 파일이 제대로 작동하지 않을 수 있습니다.

- JAR 파일을 만들 때는 다음과 같은 명령을 입력하면 됩니다.

```
jar -cvfm manifest.txt MyJar.jar com
```

- 디렉토리 구조 전체(그리고 패키지 구조에 매치되는 디렉토리)가 반드시 JAR 파일 안에 들어있어야 합니다.

- 실행 가능한 JAR 파일을 실행할 때는 다음과 같은 명령을 입력하면 됩니다.

```
java -jar MyJar.jar
```

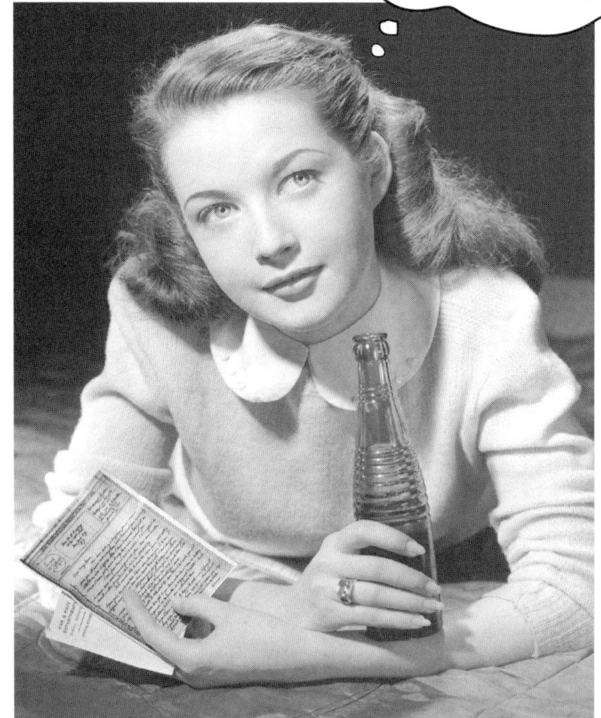
실행 가능한 JAR 파일도 좋은데, 웹을 통해서 배포될 수 있는 기능이 풍부한 독립형 클라이언트 GUI를 만들 수 있다면 정말 좋지 않을까요? 그러면 CD 롬을 만들어서 배포하지 않아도 될 테니까요. 그리고 그 프로그램이 자동으로 바뀐 부분만 고치면서 자체적으로 갱신할 수 있으면 정말 좋지 않을까요? 그러면 클라이언트는 항상 최신 상태를 유지할 수 있을 테고 새로운 버전을 배포하는 방법에는 신경을 쓰지 않아도 될 테니까요.

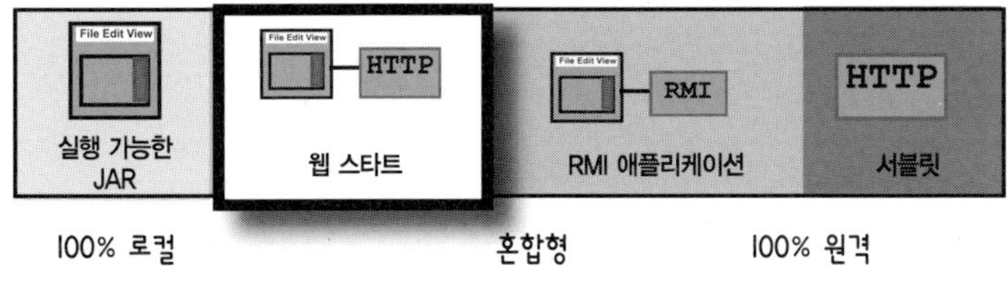

자바 웹 스타트

자바 웹 스타트(JWS, Java Web Start)를 사용하면 그 애플리케이션은 처음에는 웹 브라우저에서 실행되지만(웹 스타트라는 말이 붙은 이유를 알 수 있겠죠?) 그 이후로는 브라우저에 얽매이지 않고 (거의) 독립형 애플리케이션처럼 실행됩니다. 일단 최종사용자의 시스템에 내려받고 나면(사용자가 내려받기 과정을 시작시키는 웹 브라우저 링크를 클릭했을 때 내려받게 됩니다) 그 시스템에 그대로 남습니다.

자바 웹 스타트는 간단하게 말하자면 클라이언트 시스템에서 돌아가는 조그만 자바 프로그램인데 브라우저 플러그인과 매우 비슷하게 작동합니다(브라우저에서 .pdf 파일을 열면 어도비 아크로뱃 리더가 구동되는 것과 비슷합니다). 이 자바 프로그램을 자바 웹 스타트 '보조 애플리케이션' 이라고 부르며 이 프로그램의 가장 중요한 역할은 JWS 애플리케이션을 내려받고 갱신하고 구동(실행)시키는 것입니다.

JWS가 애플리케이션(실행 가능한 JAR)을 내려받고 나면 그 애플리케이션의 main() 메소드를 호출합니다. 일단 한 번 그렇게 하고 나면 최종사용자는 웹 페이지 링크를 거칠 필요 없이 JWS 보조 애플리케이션에서 바로 애플리케이션 디렉토리를 구동시킬 수 있습니다.

하지만 그보다 더 중요한 점이 있습니다. JWS의 가장 놀라운 기능은 서버에 있는 애플리케이션이 조금이라도 (클래스 파일 한 개라도) 변경되면(사용자는 아무것도 하지 않아도) 자동으로 갱신된 코드를 내려받고 기존 코드에 통합시켜주는 기능입니다.

물론, 최종사용자가 언제 자바와 자바 웹 스타트를 설치하는지를 비롯한 몇 가지 문제가 있긴 합니다. 애플리케이션을 가져오고 실행시키는 과정을 처리하려면 자바와 자바 웹 스타트(그 자체가 간단한 자바 프로그램입니다)가 모두 필요합니다. 하지만 그 문제도 이미 해결되어있습니다. 최종사용자의 시스템에 JWS가 없으면 썬에서 내려받게 할 수 있으니까요. 그리고 JWS가 있긴 한데 자바 버전이 구버전이라면 (JWS 애플리케이션에서 특정 버전의 자바를 요구할 수 있습니다) 최종사용자의 시스템에 새로운 버전의 자바 2 스탠다드 에디션을 설치하는 것도 가능합니다.

무엇보다도 가장 좋은 점은 사용법이 간단하다는 것입니다. JWS 애플리케이션을 서버에 올려놓을 때도 그냥 일반 HTML 페이지나 JPEG 이미지와 같은 일반적인 유형의 웹 자원을 올려놓는 것과 마찬가지로 하면 됩니다. 그냥 JWS 애플리케이션에 대한 링크가 들어있는 웹(HTML) 페이지를 만들기만 하면 되니까요.

결국 JWS 애플리케이션은 최종사용자가 웹을 통해서 내려받을 수 있는 실행 가능한 파일과 크게 다르지 않습니다.

최종사용자는 웹 페이지에서 링크만 클릭해면 자바 웹 스타트를 구동시킬 수 있습니다.

일단 내려받게 되고나면 그 애플리케이션은 다른 독립형 자바 애플리케이션과 마찬가지로 브라우저 밖에서 실행됩니다.

사실 자바 웹 스타트 애플리케이션은 웹을 통해서 배포되는 실행 가능한 JAR입니다.

자바 웹 스타트의 작동 원리

① 클라이언트에서 여러분의 JWS 애플리케이션(.jnlp 파일)에 대한 웹 페이지 링크를 클릭합니다.

웹 페이지 링크

```
<a href="MyApp.jnlp">클릭</a>
```

② 웹 서버(HTTP)에서 그 요청을 받은 다음 .jnlp 파일(JAR 파일이 아닙니다)을 돌려보냅니다.

.jnlp 파일은 애플리케이션의 실행 가능한 JAR 파일의 이름을 지정해주는 XML 문서입니다.

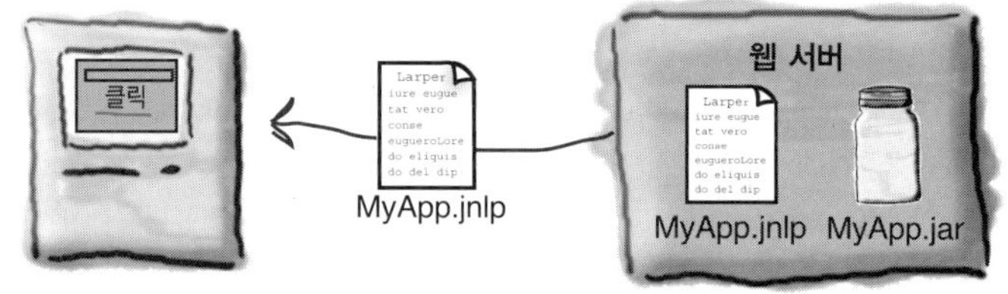

③ 브라우저에 의해 자바 웹 스타트(클라이언트에 있는 조그만 '보조 애플리케이션')가 시작됩니다. JWS 보조 애플리케이션에서는 .jnlp 파일을 읽은 다음 서버에 MyApp.jar 파일을 요구합니다.

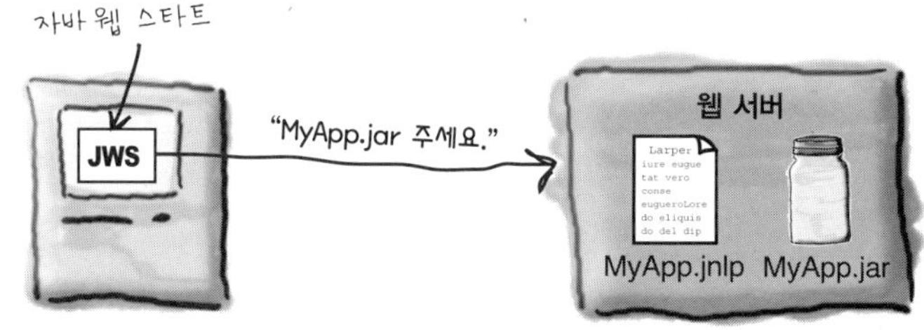

④ 웹 서버에서 요청받은 .jar 파일을 제공합니다.

⑤ 자바 웹 스타트에서 JAR를 받아서 지정된 main( ) 메소드를 호출하여 애플리케이션을 시작합니다(실행 가능한 JAR를 실행하는 경우와 마찬가지입니다).

사용자가 다음에 이 애플리케이션을 실행시킬 때는 그냥 자바 웹 스타트 애플리케이션을 실행시킨 다음 거기에서 애플리케이션을 구동시키면 됩니다. 인터넷에 연결이 되어있지 않아도 실행시킬 수 있습니다.

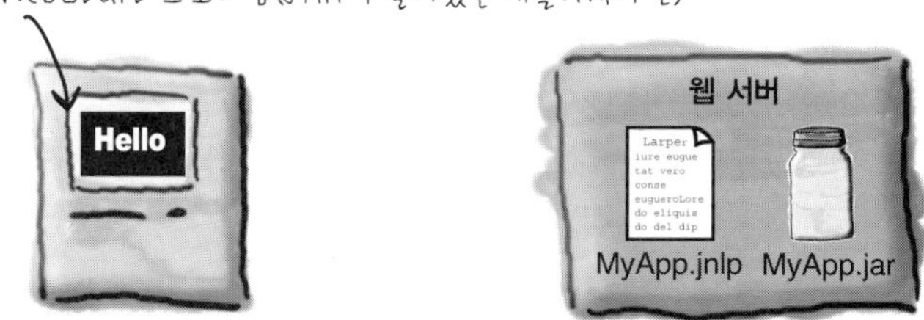

.jnlp 파일

자바 웹 스타트 애플리케이션을 만들 때는 그 애플리케이션에 대한 설명이 들어있는
.jnlp(자바 네트워크 구동 규약, Java Network Launch Protocol) 파일이 필요합니다.
JWS 보조 애플리케이션에서 읽어서 JAR 파일을 찾아내고 (JAR의 main() 메소드를 호출
하여) 그 애플리케이션을 시작하기 위한 용도로 사용하는 것이 바로 이 파일입니다. .jnlp
파일은 간단한 XML 문서로, 여기에서는 여러 가지 서로 다른 내용을 집어넣을 수 있는
데, 최소한 다음과 같은 내용이 필요합니다.

```xml
<?xml version="1.0" encoding="utf-8"?>

<jnlp spec="0.2 1.0"
        codebase="http://127.0.0.1/~kathy"
        href="MyApp.jnlp">

    <information>
        <title>kathy App</title>
        <vendor>Wickedly Smart</vendor>
        <homepage href="index.html"/>
        <description>Head First WebStart demo</description>
        <icon href="kathys.gif"/>
        <offline-allowed/>
    </information>

    <resources>
        <j2se version="1.3+"/>
        <jar href="MyApp.jar"/>
    </resources>

    <application-desc main-class="HelloWebStart"/>
</jnlp>
```

'codebase' 태그는 서버에서 웹 스타트 관련 내용이
있는 위치의 '루트'를 지정하는 곳입니다. 여기서는
로컬호스트에서 테스트하고 있기 때문에 로컬 루프백
주소인 "127.0.0.1"을 사용했습니다. 이 책의 웹 서버에
있는 웹 스타트 애플리케이션에 대해서는
"http://www.wickedlysmart.com"이라고 쓰면 되겠죠.

코드베이스를 기준으로 한 .jnlp 파일의
위치를 지정하는 부분입니다. 이 예제에
서는 MyApp.jnlp가 다른 디렉토리가
아닌 웹 서버의 루트 디렉토리에 있는 것
으로 나와있습니다.

여기에 있는 태그는 모두 필요합니다. 하나라도 빼먹으면 애플리케이션이
제대로 작동하지 않을 수 있습니다. 'information' 태그는 JWS 보조
애플리케이션에서 사용하며 대부분 사용자가 이전에 내려 받기한
애플리케이션을 구동시키고자 할때화면에 표시할 내용과 관련되어 있습니다.

이렇게하면 사용자가 인터넷에 연결되지 않은
상태에서 프로그램을 실행할 수 있습니다.
사용자가 오프라인으로 작업하는 경우에는
자동 갱신 기능이 작동하지 않습니다.

자바 1.3 이후 버전이 필요하다는 것을 의미합니다.

실행가능한 JAR의 이름입니다. 애플리케이션에서
필요로 하는 다른 클래스나 사운드, 이미지 등이 들어있는
다른 JAR 파일도 있을 수 있습니다.

manifest 파일의 Main-Class 항목과 마찬가지로
JAR에 들어있는 클래스 중에서 main() 메소드가
들어있는 클래스를 지정하기 위한 태그입니다.

자바 웹 스타트(JWS) 애플리케이션을 만들어서 배포하는 방법

① 애플리케이션을 가지고 실행 가능한 JAR를 만듭니다.

MyApp.jar

② jnlp 파일을 만듭니다.

MyApp.jnlp

③ JAR와 .jnlp 파일을 웹 서버에 저장합니다.

④ 웹 서버에 새로운 mime 유형을 추가합니다.

```
application/x-java-jnlp-file
```

이렇게 하면 서버에서 .jnlp 파일을 보낼 때 올바른 헤더를 보낼 수 있습니다. 제대로 된 헤더를 보내야 .jnlp 파일을 받은 브라우저에서 그 파일이 무슨 파일인지, 어떻게 해야 JWS 보조 애플리케이션을 시작할 수 있는지를 알 수 있습니다.

⑤ .jnlp 파일에 대한 링크가 들어있는 웹 페이지를 만듭니다.

```
<HTML>
  <BODY>
    <a href="MyApp2.jnlp">Launch My Application</a>
  </BODY>
</HTML>
```

연습문제

닭이 먼저냐? 달걀이 먼저냐?

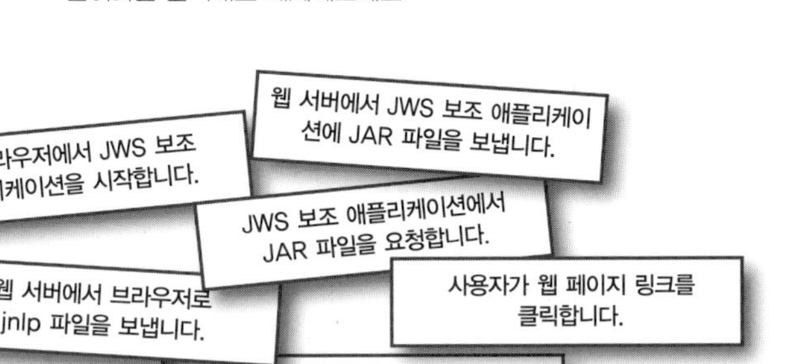

밑에 있는 사건 여러 개를 살펴보고 JWS 애플리케이션에서 일어나는 순서대로 배치해보세요.

1.

2.

3.

4.

5.

6.

7.

바보 같은 질문은 없습니다

Q : 자바 웹 스타트와 애플릿은 어떻게 다른가요?

A : 애플릿은 웹 브라우저 밖에서는 살 수 없습니다. 애플릿은 그냥 웹으로부터 오는 것이 아니고 웹 페이지의 일부분으로써 오는 것입니다. 즉 브라우저 입장에서 볼 때 애플릿은 JPEG 파일과 같은 다른 자원과 다르지 않습니다. 브라우저에서는 자바 플러그인이나 브라우저에 내장된 자바(요즘은 그리 흔하지 않습니다)를 이용해서 애플릿을 실행시킵니다. 그리고 애플릿에는 자동 갱신과 같은 기능이 없고 반드시 브라우저에서만 구동되어야 합니다. JWS 애플리케이션은 일단 웹으로부터 내려받고 나면 나중에 사용자가 그 애플리케이션을 다시 구동할 때 브라우저를 사용하지 않아도 됩니다. 대신 JWS 보조 애플리케이션을 시작한 다음 그 애플리케이션을 이용하여 이미 내려받기한 애플리케이션을 다시 실행시키면 됩니다.

Q : JWS에는 보안상 제약 같은 것은 없나요?

A : JWS 애플리케이션에는 "사용자의 하드 드라이브를 읽거나 쓸 수 없다거나"하는 몇 가지 제약이 있을 수 있습니다. 하지만 JWS에는 사용자의 승인을 받으면 애플리케이션에서 사용자의 드라이브에 있는 특별한 제한된 영역에 파일을 저장할 수 있도록 특수한 열기 및 저장 대화상자가 들어있는 API가 따로 있습니다.

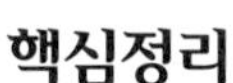

핵심정리

- 자바 웹 스타트 기술을 이용하면 웹으로부터 독립형 클라이언트 애플리케이션을 배포할 수 있습니다.

- 자바 웹 스타트에는 클라이언트 쪽에 (자바와 함께) 반드시 설치되어야 하는 '보조 애플리케이션' 이 있습니다.

- 자바 웹 스타트(JWS) 애플리케이션은 실행 가능한 JAR와 .jnlp 파일, 이렇게 두 조각으로 구성됩니다.

- .jnlp 파일은 여러분의 JWS 애플리케이션을 기술하는 간단한 XML 문서입니다. 이 파일에는 JAR의 이름과 위치, main( ) 메소드가 들어있는 클래스명 등을 지정하기 위한 태그가 들어갑니다.

- (사용자가 .jnlp 파일에 대한 링크를 클릭해서) 브라우저에서 서버로부터 .jnlp 파일을 받으면 그 브라우저에서는 JWS 보조 애플리케이션을 시작합니다.

- JWS 보조 애플리케이션에서는 .jnlp 파일을 읽은 다음 웹 서버에 실행 가능한 JAR 파일을 요청합니다.

- JWS에서는 JAR 파일을 받으면 main( ) 메소드(.jnlp 파일에서 지정함)를 호출합니다.

이 장에서는 패키지를 만드는 법, 배포하는 방법, JWS 사용 방법을 배웠습니다. 밑에 나와있는 각각의 문장을 보고 참인지 거짓인지 맞춰보세요.

 참일까요? 거짓일까요?

1. 자바 컴파일러에는 .class 파일을 저장할 위치를 지정하기 위한 −d라는 플래그가 있습니다.

2. JAR는 .class 파일이 들어가는 표준 디렉토리입니다.

3. 자바 아카이브를 만들 때는 jar.mf라는 파일을 만들어야 합니다.

4. 자바 아카이브에서는 그 안에 있는 지원 파일을 통해 main() 메소드가 들어있는 클래스를 선언합니다.

5. JAR 파일의 압축을 풀기 전에는 JVM에서 그 안에 있는 클래스를 사용할 수 없습니다.

6. 명령행에서 자바 아카이브를 호출할 때는 −arch 플래그를 사용하면 됩니다.

7. 패키지 구조는 계층구조를 써서 효과적으로 나타낼 수 있습니다.

8. 패키지명을 정할 때 회사명은 사용하지 않는 것이 좋습니다.

9. 같은 소스 파일에 있는 서로 다른 클래스는 서로 다른 패키지에 포함될 수 있습니다.

10. 패키지에 들어있는 클래스를 컴파일할 때는 −p 플래그를 쓰는 것이 좋습니다.

11. 패키지에 들어있는 클래스를 컴파일할 때는 전체 이름에 디렉토리 트리가 반영되어야 합니다.

12. −d 플래그를 적절하게 사용하면 클래스 트리를 디렉토리로 만들 때 잘못 타이핑하는 실수를 방지할 수 있습니다.

13. 패키지가 들어있는 JAR를 풀어내면 meta−inf라는 디렉토리가 만들어집니다.

14. 패키지가 들어있는 JAR를 풀어내면 manifest.mf라는 파일이 만들어집니다.

15. JWS 보조 애플리케이션은 항상 브라우저와 연계되어 실행됩니다.

16. JWS 애플리케이션이 제대로 작동하려면 .nlp(네트워크 구동 규약, Network Launch Protocol) 파일이 필요합니다.

17. JWS의 main() 메소드는 JAR 파일에서 지정합니다.

연습문제

십자 낱말풀이 7.0

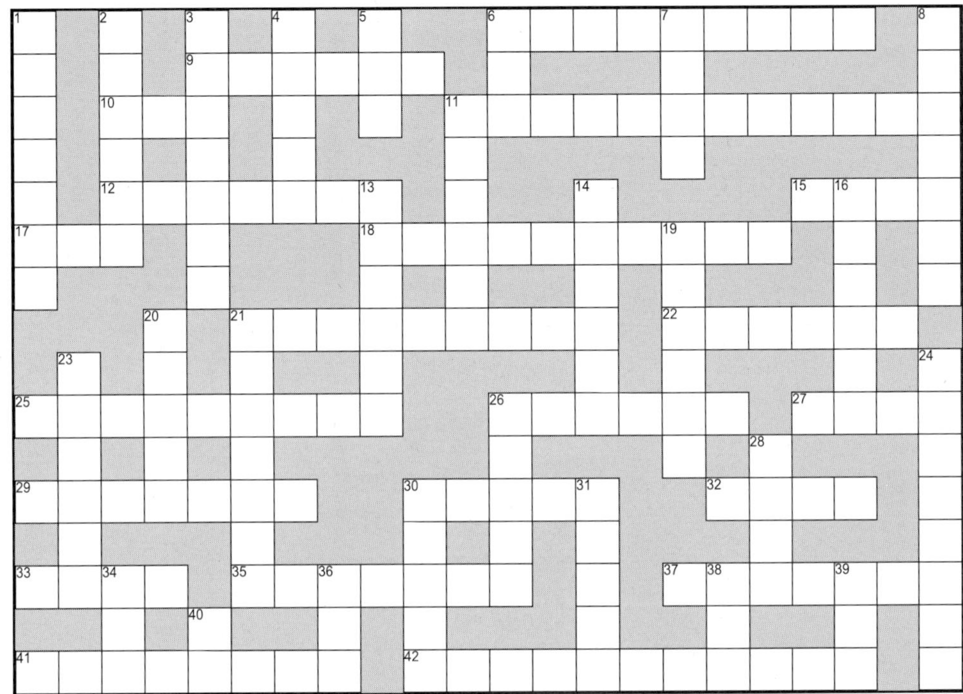

이번에는 지금까지 배운 모든 내용이 답이 될 수 있습니다.

역자 힌트: 다음 단어를 영어로 써야 합니다.

대화상자(dialogs), 객체(object), 가비지(garbage), 정렬(sort), 위젯(widgets), 토큰(token), 원자적(atomic), 스트림(stream), 연쇄(chained), 실행 가능(executable), 접근(access), 저장(save), 이진(binary), 디렉토리(directory), 패키지(package), 바이트(byte), 복구(restore), 필터(filter), 버퍼(buffer), 소켓(socket), 사용자(user), 래퍼(wrappers), 포트(port), 순환문(loop), 익스트림(extreme), 클래스(class), 캡슐화(encapsulate), 상태(state), 구현(implement), 정적(static)

가로

6. 저장되지 않습니다.
9. 저는 쪼개지지 않습니다.
10. 배포할 수 있습니다.
11. 열쇠가 필요합니다.
12. 입출력 관련 스트림에는 연결 스트림과 ○○ 스트림이 있습니다.
15. 바람을 뺍니다.
17. 캡슐화 관련 메소드 중에 앞에 단어가 붙어있는 메소드가 많죠.
18. 이걸 배포해야 합니다.
21. 이렇게 만들어보세요.
22. 입출력 과정에서 걸러내는 역할을 합니다.
25. 디스크의 한 부분을 차지하는 것
26. 이건 저한테만 있습니다.
27. GUI의 대상
29. 자바에서 한 덩어리로 뭉치는 단위
30. 공장
32. for, while
33. 비트가 여덟 개 모이면?
35. 원래 상태로 돌려놓습니다.
37. ○○○○ 프로그래밍이 유행하고 있죠.
41. 어디에서 시작하는지 알려주는 파일
42. 간단한 방화벽 역할도 합니다.

세로

1. 갑자기 확 떠오르는 위젯
2. 자바는 ○○지향 언어입니다.
3. 버려진 존재는 ○○○ 컬렉터가 처리합니다.
4. 한 조각
5. 둘 중 더 작은 값을 선택하기 위한 Math 메소드
6. 용감하게 일단 한 번 해 봅시다.
7. 순서대로 늘어놓습니다.
8. GUI 구성요소
11. 입출력에서 데이터는 여기를 따라 움직입니다.
13. 조직화해서 내놓는 것
14. 인스턴스를 위한 것이 아닙니다.
16. 누가 허락 받았나요?
19. 효율 강화 전문
20. 일찍 빠져나갑니다.
21. 아주 많이 쓰이는 래퍼 클래스
23. 0 아니면 1
24. 자바에서 '옷'에 해당하는 것
26. 행동 말고?
28. 소켓은 뭐랑 연결되죠?
30. 입출력을 정리할 때 호출하는 메소드는?
31. 잠시 낮잠을 자 볼까요?
34. 삼각함수
36. 캡슐화 관련 메소드 중에 앞에 이 단어가 붙어있는 것이 많습니다.
38. JNLP 유형
39. VB에서 프로그램을 만들었을 때 그 확장자
40. 자바에서의 분기문

1. 사용자가 웹 페이지 링크를 클릭합니다.

2. 브라우저에서 웹 서버에 .jnlp 파일을 요청합니다.

3. 웹 서버에서 브라우저로 .jnlp 파일을 보냅니다.

4. 웹 브라우저에서 JWS 보조 애플리케이션을 시작합니다.

5. JWS 보조 애플리케이션에서 JAR 파일을 요청합니다.

6. 웹 서버에서 JWS 보조 애플리케이션에 JAR 파일을 보냅니다.

7. JWS 보조 애플리케이션에서 JAR의 main( ) 메소드를 호출합니다.

참 1. 자바 컴파일러에는 .class 파일을 저장할 위치를 지정하기 위한 –d라는 플래그가 있습니다.

거짓 2. JAR는 .class 파일이 들어가는 표준 디렉토리입니다.

거짓 3. 자바 아카이브를 만들 때는 jar.mf라는 파일을 만들어야 합니다.

참 4. 자바 아카이브에서는 그 안에 있는 지원 파일을 통해 main( ) 메소드가 들어있는 클래스를 선언합니다.

거짓 5. JAR 파일의 압축을 풀기 전에는 JVM에서 그 안에 있는 클래스를 사용할 수 없습니다.

거짓 6. 명령행에서 자바 아카이브를 호출할 때는 –arch 플래그를 사용하면 됩니다.

참 7. 패키지 구조는 계층구조를 써서 효과적으로 나타낼 수 있습니다.

거짓 8. 패키지명을 정할 때 회사 이름은 사용하지 않는 것이 좋습니다.

거짓 9. 같은 소스 파일에 있는 서로 다른 클래스는 서로 다른 패키지에 포함될 수 있습니다.

거짓 10. 패키지에 들어있는 클래스를 컴파일할 때는 –p 플래그를 쓰는 것이 좋습니다.

참 11. 패키지에 들어있는 클래스를 컴파일할 때는 전체 이름에 디렉토리 트리가 반영되어야 합니다.

참 12. –d 플래그를 적절하게 사용하면 클래스 트리를 디렉토리로 만들 때 잘못 타이핑하는 실수를 방지할 수 있습니다.

참 13. 패키지가 들어있는 JAR를 풀어내면 meta–inf라는 디렉토리가 만들어집니다.

참 14. 패키지가 들어있는 JAR를 풀어내면 manifest.mf라는 파일이 만들어집니다.

거짓 15. JWS 보조 애플리케이션은 항상 브라우저와 연계되어 실행됩니다.

거짓 16. JWS 애플리케이션이 제대로 작동하려면 .nlp(네트워크 구동 규약, Java Network Launch Protocol) 파일이 필요합니다.

거짓 17. JWS의 main( ) 메소드는 JAR 파일에서 지정합니다.

십자 낱말풀이 7.0

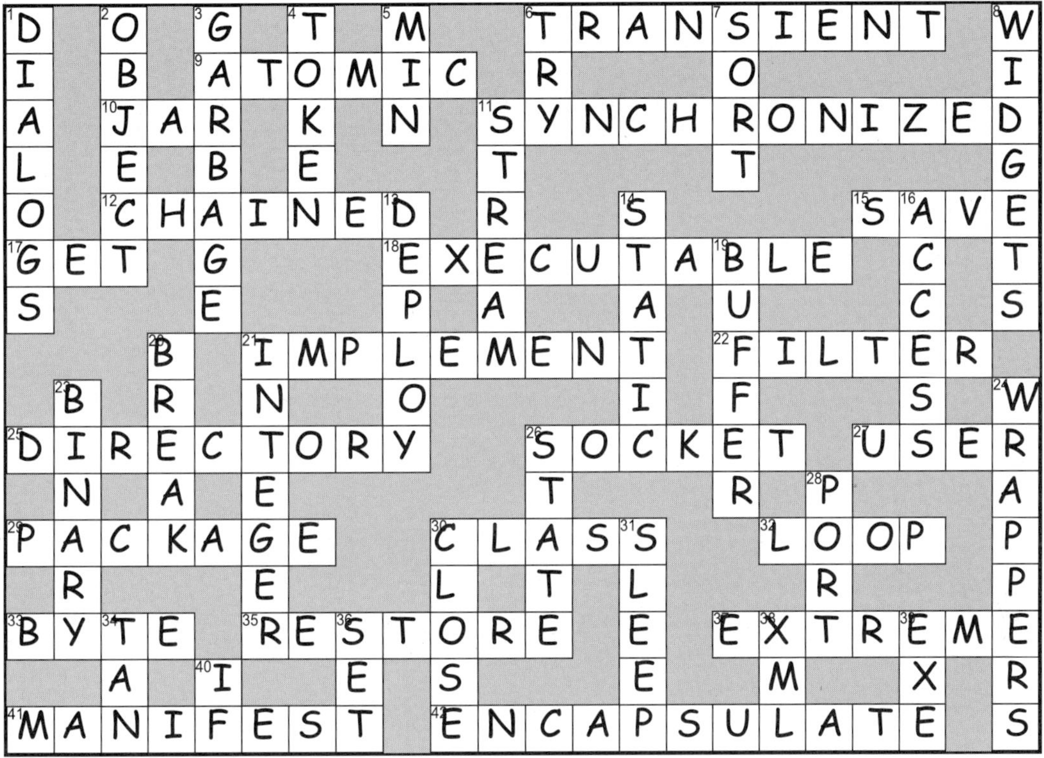

분산 컴퓨팅

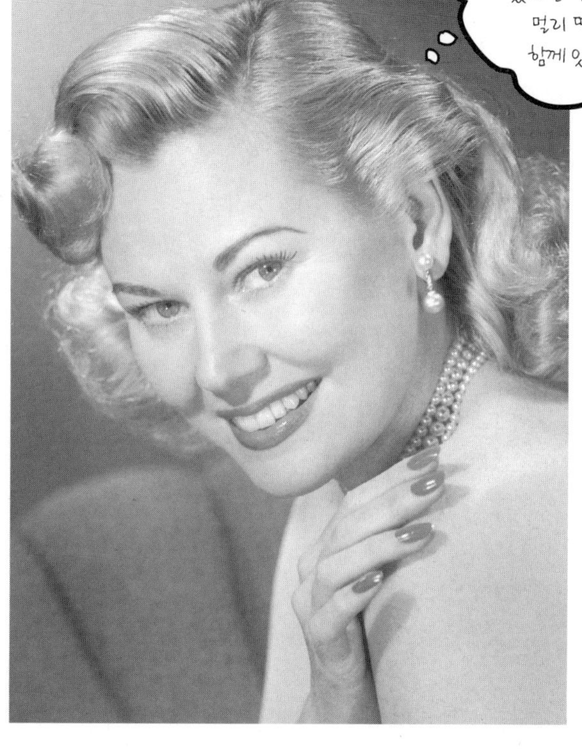

멀리 떨어져 있는 것이 반드시 나쁜 것은 아닙니다. 물론, 애플리케이션 전체가 한 장소에서, 같은 힙에서 JVM 하나를 통해 실행되면 일이 상당히 쉬워지긴 합니다. 하지만 언제나 그럴 수는 없죠. 그리고 항상 그 방법이 좋다고 할 수도 없습니다. 애플리케이션에서 복잡한 계산을 처리해야 하는데, 최종사용자한테는 자바 기능이 있는 간단한 장치만 있다면 어떻게 해야 할까요? 애플리케이션에서 데이터베이스로부터 데이터를 받아야 하는데, 보안 문제 때문에 서버에 있는 코드에서만 데이터베이스를 접근할 수 있다면 어떻게 해야 할까요? 트랜잭션 관리 시스템 내에서 실행되어야 하는 대형 전자상거래 백엔드 프로그램을 써야 한다면? 때때로 애플리케이션이 일부분은 서버에서 돌아가고 다른 부분(보통 클라이언트)은 다른 시스템에서 돌아가야 하는 경우도 있습니다. 이 장에서는 자바에 있는 엄청나게 간단한 원격 메소드 호출(RMI, Remote Method Invocation) 기술에 대해 알아보겠습니다. 그리고 서블릿, 엔터프라이즈 자바 빈즈(EJB, Enterprise Java Beans), 지니(Jini)에 대해서도 간단하게 살펴보고 EJB와 지니가 RMI에 어떤 식으로 의존하는지 알아보겠습니다. 마지막으로 자바에서 만들 수 있는 가장 훌륭한 것 가운데 하나인 범용 서비스 브라우저 (universal service browser)를 만드는 것으로 이 책을 마치겠습니다.

메소드 호출은 항상 같은 힙에 들어있는 두 객체 사이에서 이루어집니다.

이 책에서 지금까지는 호출하는 객체와 같은 JVM에서 돌아가고 있는 객체에 대해서만 메소드를 호출했습니다. 즉, 호출하는 객체와 호출을 당하는(호출되는 메소드가 들어있는) 개체는 똑같은 힙 안에 들어 있습니다.

```
class Foo {
    void go() {
        Bar b = new Bar();
        b.doStuff();
    }
    public static void main (String[] args) {
        Foo f = new Foo();
        f.go();
    }
}
```

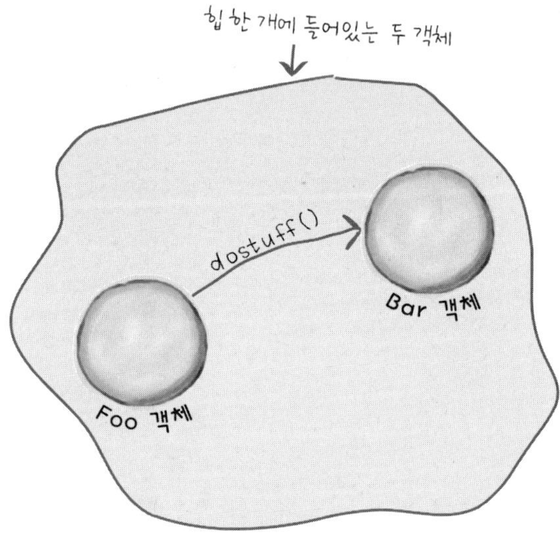

대부분의 애플리케이션에서 한 객체가 다른 객체에 있는 메소드를 호출하면 두 객체는 모두 같은 힙에 들어있습니다. 즉, 둘 다 같은 JVM에서 돌아가고 있죠.

위의 코드에서 f로 참조되는 Foo 인스턴스와 b로 참조되는 Bar 객체는 똑같은 JVM에서 관리하는 같은 힙 안에 들어있다는 것은 아마 다들 알고 있을 것입니다. 힙에 있는 객체에 접근하는 방법을 나타내는 레퍼런스 변수에 비트를 채워 넣는 일은 JVM에서 맡아서 처리합니다. JVM은 항상 각 객체가 어디에 있는지, 어떻게 그 객체에 접근할 수 있는지를 알고 있죠. 하지만 JVM에서는 그 자신의 힙에 있는 인스턴스에 대한 것만 알고 있습니다. 예를 들어, 한 시스템에서 돌아가고 있는 JVM에서 다른 시스템에서 돌아가고 있는 JVM의 힙 공간에 대해서 알 수 있게 할 수는 없습니다. 사실, 어떤 시스템에서 돌아가고 있는 JVM에서 같은 시스템에서 돌아가고 있는 다른 JVM에 대해서도 전혀 알수가 없습니다. JVM이 물리적으로 같은 시스템에 있는 것인지 다른 시스템에 있는 것인지는 전혀 중요하지 않습니다. 중요한 것은 JVM 두 개가 별도로 호출된 JVM이라는 것입니다.

다른 시스템에서 돌아가고 있는 객체에 있는 메소드를 호출하려면 어떻게 해야 할까요?

어떤 시스템에서 다른 시스템으로 정보를 보내는 방법은 이미 배웠습니다. 소켓과 입출력을 사용하면 되지요. 다른 시스템에 대한 소켓 연결을 연 다음 OutputStream을 받아서 거기에 데이터를 쓰면 됩니다.

하지만 다른 시스템, 다른 JVM에서 실행중인 메소드를 호출하고 싶다면 어떻게 해야 할까요? 물론, 직접 규약을 만든 다음 ServerSocket에 데이터를 보내면 서버에서 그 데이터를 파싱하여 무엇을 원하는지 알아내고, 작업을 처리하고, 다른 스트림으로 데이터를 보내는 식으로 할 수도 있습니다. 하지만 너무 불편한 방법이지요. 다른 JVM에 있는 객체에 대한 레퍼런스를 받아서 그냥 메소드를 호출할 수 있다면 얼마나 좋을까요?

컴퓨터 두 대가 있다고 상상해봅시다.

빅에는 리틀이 원하는 것이 있습니다.

바로 강력한 계산력이지요.

리틀은 빅이 복잡한 계산을 해 줄 수 있도록 빅한테 데이터를 보내고 싶습니다.

그런데 그냥 다음과 같은 식으로 단순하게 메소드를 호출하고 싶습니다.

```
double doCalcUsingDatabase(CalcNumbers numbers)
```

그리고 그 결과만 받았으면 하는 작은 바람이 있습니다.

하지만 어떻게 해면 리틀이 빅에 있는 객체에 대한 레퍼런스를 받을 수 있을까요?

리틀에 있는 객체 A는 빅에 있는
객체 B의 메소드를 호출하고 싶어합니다.

그런데 어떻게 하면 다른 시스템(다른 JVM, 다른 힙)에 있는 메소드를
호출할 수 있을까요?

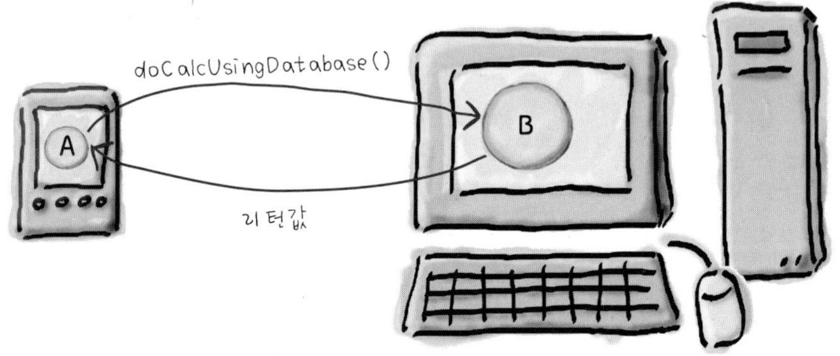

하지만 그렇게 할 수 없습니다.

완전히 불가능한 건 아니지만 직접 호출하는 것은 불가능합니다. 다른 힙에 있는 것에 대한
레퍼런스를 받을 수는 없으니까요. 다음과 같은 코드를 사용한다고 가정합시다.

```
Dog d = ???
```

d가 참조하는 것은 반드시 이 선언문을 실행시킨 코드와 같은 힙 공간에 있어야만 합니다.

하지만 로컬 메소드를 호출하는 것과 비슷한 식으로 소켓과 입출력을 써서 여러분이 원하
는 것을 처리할 수 있는(다른 시스템에서 돌아가고 있는 객체의 메소드를 호출할 수 있는) 뭔가
를 만든다고 상상해봅시다.

즉, 원격 객체(다른 곳의 힙에 들어있는 객체)의 메소드를 호출하는데, 코드에서 볼 때는 로컬
객체의 메소드를 호출하는 것과 크게 다르지 않게 만드는 것을 생각해봅시다. 일상적으로
사용하는 메소드 호출 방법과 마찬가지로 편의성은 유지하고 원격 메소드 호출의 강력한
기능까지 누리는 것, 이것이 바로 우리의 목표입니다.

RMI(원격 메소드 호출, Remote Method Invocation)를 사용하면 그 목표를 달성할 수 있습
니다.

하지만 일단 잠시 뒤로 물러서서 RMI를 직접 만든다면 어떻게 만들어야 할지 생각해봅시
다. 직접 만드는 방법을 이해하면 RMI 작동 원리를 배우는 데 도움이 될 것입니다.

원격 메소드 호출 방법을 설계해봅시다.

**서버, 클라이언트, 서버 보조 객체, 클라이언트 보조 객체,
이렇게 네 가지를 만듭니다.**

① 클라이언트와 서버 애플리케이션을 만듭니다. 서버 애플리케이션은 클라이언트에서
호출하고자 하는 메소드를 가지고 있는 객체가 들어있는 **원격 서비스**입니다.

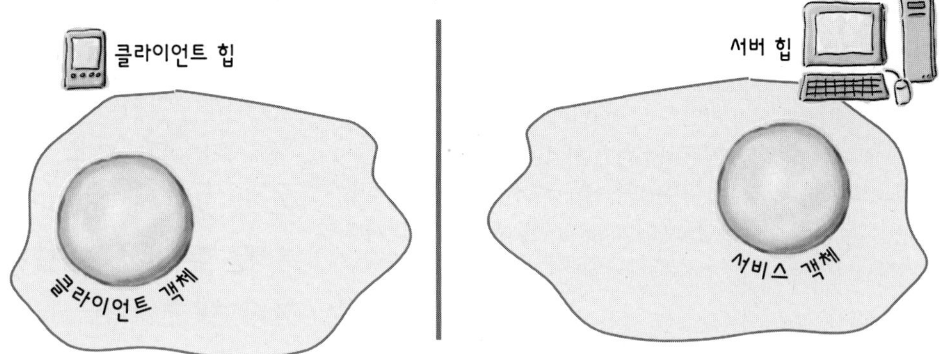

② 클라이언트와 서버 '보조 객체(helper)'를 만듭니다. 이 보조 객체는 클라이언트와
서비스가 마치 같은 힙 안에 들어있는 것처럼 행동할 수 있도록 저수준 네트워킹, 입
출력과 관련된 자질구레한 일을 모두 처리해주는 역할을 합니다.

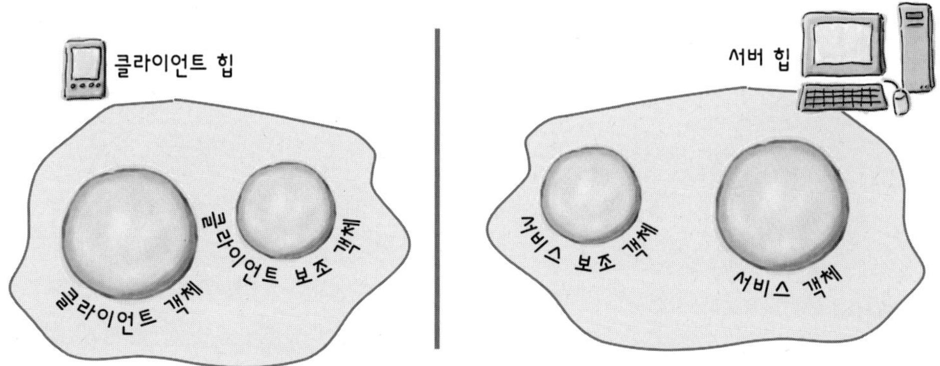

'보조 객체'의 역할

'보조 객체(helper)'는 실제 통신 작업을 처리하는 객체입니다. "클라이언트가 로컬 객체에 있는 메소드를 호출하는 척"하는 것을 가능하게 해 줍니다. 사실, 클라이언트는 로컬 객체에 있는 메소드를 호출합니다. 클라이언트는 그 보조 객체를 실제 서비스로 간주하고 클라이언트 보조 객체에 대한 메소드를 호출합니다. 결국, 클라이언트 보조 객체는 진짜 객체를 대신하는 역할을 합니다.

즉, 클라이언트 보조 객체가 서비스 객체처럼 행세하기 때문에 클라이언트 객체에서는 실제로 원격 서비스의 메소드를 호출한다고 생각하게 되는 것입니다. 결국 클라이언트 보조 객체는 "클라이언트에서 **호출하려고 하는 메소드를 가지고 있는 객체인 척**"하는 객체입니다.

하지만 클라이언트 보조 객체는 사실 진짜 원격 서비스는 아닙니다. (서비스에서 제공하는 것과 같은 메소드가 있기 때문에) 원격 서비스인 것처럼 행동하긴 하지만 거기에는 클라이언트에서 예상하고 있는 실제 메소드 처리 코드 같은 것은 없습니다. 대신 클라이언트 보조 객체에서는 서버와 접촉하고 메소드 호출에 대한 정보(메소드명, 인자 등)를 전송하고 서버에서 결과를 리턴할 때까지 기다립니다.

서버 쪽에서는 서비스 보조 객체에서, (소켓 연결을 통해) 클라이언트 보조 객체에서 보낸 요청을 받아서 호출에 대한 정보를 열어보고 진짜 서비스 객체에 있는 진짜 메소드를 호출합니다. 따라서 서비스 객체 입장에서는 로컬 객체에서 그 메소드를 호출한 것이 됩니다. 원격 클라이언트가 아닌 같은 힙에 있는 서비스 보조 객체에서 메소드를 호출하니까요.

서비스 보조 객체는 서비스로부터 리턴값을 받아서 포장해서 다시 (소켓의 출력 스트림을 통해) 클라이언트 보조 객체로 보냅니다. 클라이언트 보조 객체는 그 포장을 풀고 그 정보를 다시 클라이언트 객체로 리턴합니다.

클라이언트 객체는 원격 메소드 호출을 하는 것 같지만 사실은 같은 힙에 들어있는 보조 객체의 메소드를 호출합니다. 그 보조 객체는 소켓 및 스트림과 관련된 자질구레한 작업을 처리해줍니다.

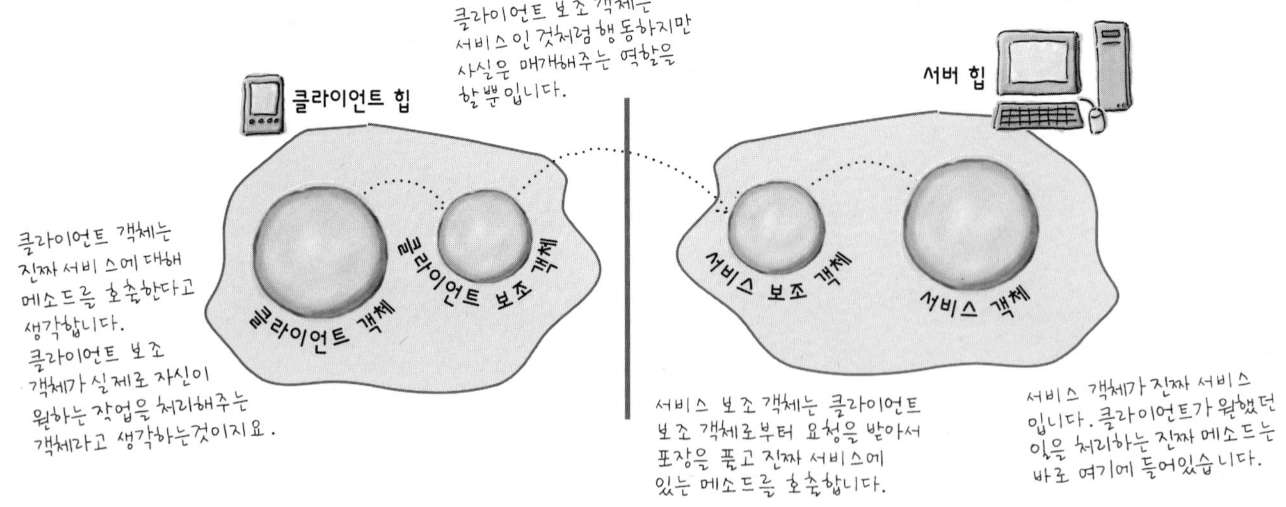

메소드 호출 과정

① 클라이언트 객체에서 클라이언트 보조 객체에 있는 doBigThing( )을 호출합니다.

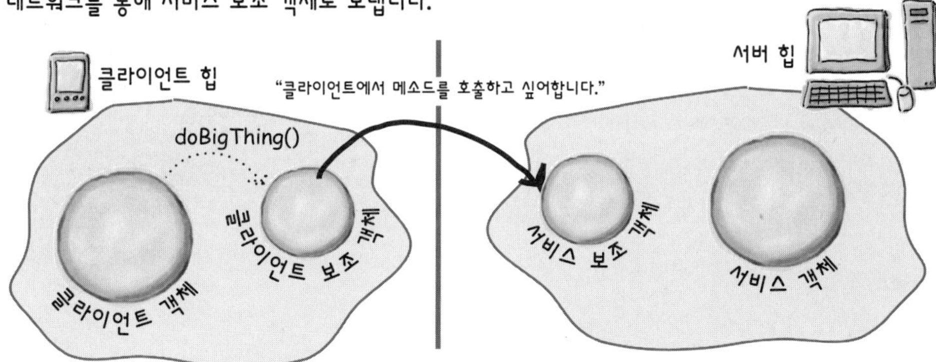

② 클라이언트 보조 객체에서 메소드 호출에 대한 정보(인자, 메소드명 등)를 포장해서
네트워크를 통해 서비스 보조 객체로 보냅니다.

③ 서비스 보조 객체에서 클라이언트 보조 객체로부터 받은 정보를 풀어서 어떤 객체
의 어떤 메소드를 호출할지 알아낸 다음 진짜 서비스 객체에 있는 진짜 메소드를
호출합니다.

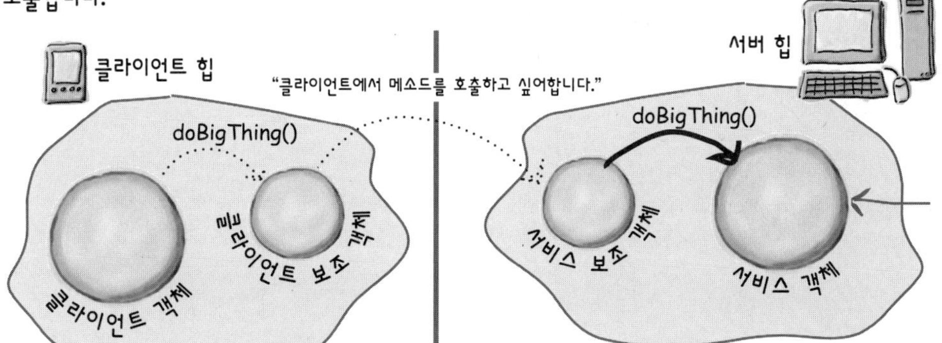

자바 RMI가 클라이언트와 서비스 보조 객체를 제공합니다.

자바에서는 RMI가 클라이언트와 서비스 보조 객체를 만들어주고 클라이언트 보조 객체가 진짜 서비스인 것처럼 보이게 하는 방법도 알고 있습니다. 즉, RMI에서 클라이언트 보조 객체에, 원격 서비스에 대해 호출하고자 하는 것과 같은 메소드를 배정해주는 방법도 알고 있습니다.

그리고 RMI는 클라이언트에서 클라이언트 보조 객체(진짜 서비스인 것처럼 행동하는 객체)를 찾고 가져올 수 있게 해주는 룩업 시스템을 비롯한 모든 필요한 기반을 제공합니다.

RMI를 사용하면 네트워킹이나 입출력 코드를 직접 만들 필요가 없습니다. 클라이언트에서는 같은 JVM에서 돌아가고 있는 객체에 대해 메소드를 호출할 때와 완전히 똑같은 방법으로 원격 메소드(진짜 서비스에 있는 메소드)를 호출할 수 있습니다.

'거의' 그렇습니다.

RMI 호출과 (일반적인) 로컬 메소드 호출에는 한 가지 차이점이 있습니다. 클라이언트 입장에서 볼 때 로컬 객체를 호출하는 것처럼 보일지 몰라도 엄연히 클라이언트 보조 클래스에서 메소드 호출을 네트워크를 통해서 보냅니다. 따라서 네트워킹, 입출력과 관련된 작업입니다. 그리고 네트워킹과 입출력 메소드에서는 어떤 점을 생각해야 할까요?

위험 요소가 있다는 것을 생각해야 합니다.

언제든지 예외가 날아올 수 있습니다.

따라서 클라이언트에서는 그런 위험이 있다는 것을 인식할 필요가 있습니다. 즉, 원격 메소드를 호출할 때 클라이언트 입장에서는 보조 객체에 대한 로컬 메소드 호출에 불과하지만 그 호출이 결국 소켓, 그리고 스트림과 연관되어있다는 점을 확실히 알아야 합니다. 클라이언트에서 메소드를 호출하는 과정은 로컬 메소드 호출에 불과하지만 보조 객체가 그것을 원격 호출로 바꿔주는 거죠. 원격 호출이란 다른 JVM에 있는 객체에 대해 호출되는 메소드를 의미합니다. 호출에 대한 정보가 한 JVM에서 다른 JVM으로 전송되는 방법은 보조 객체에서 사용하는 규약에 따라 달라질 수 있습니다.

RMI를 사용할 때 JRMP, IIOP, 이렇게 두 가지 규약 가운데 하나를 사용할 수 있습니다. JRMP는 RMI에서 원래 사용하던 규약으로 자바에서, 자바로 원격 호출을 하기 위한 용도만으로 만들어졌습니다. 반면에 IIOP는 CORBA(Common Object Request Broker Architecture)용 규약이며 자바가 아닌 원격 객체에 있는 것도 호출할 수 있는 규약입니다. 양쪽에서 모두 자바를 사용하지 않으면 엄청나게 많은 해석과 변환이 이루어져야 하기 때문에 CORBA는 RMI에 비해 일반적으로 아주 쓰기가 힘듭니다.

하지만 다행히도 여기에서는 양쪽 다 자바를 사용하는 경우만 생각하고 있으므로 훨씬 쉬운 RMI에 대해서만 알아보겠습니다.

RMI에서 클라이언트 보조 객체는 '스터브(stub)'고 서버 보조 객체는 '스켈레톤(skeleton)'입니다.

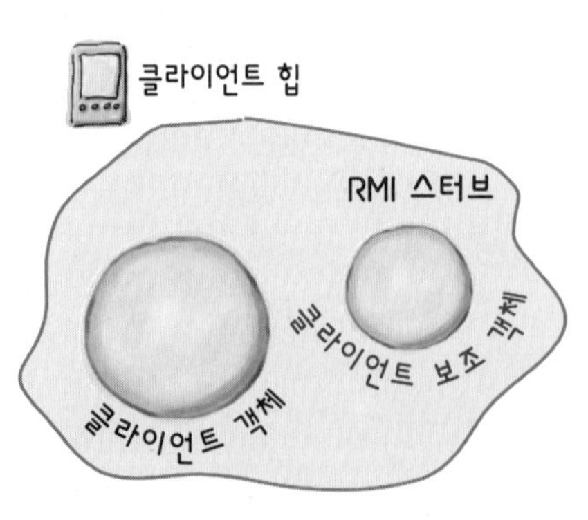

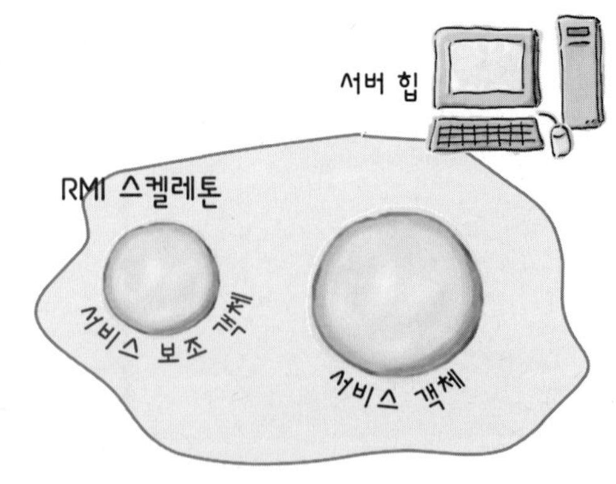

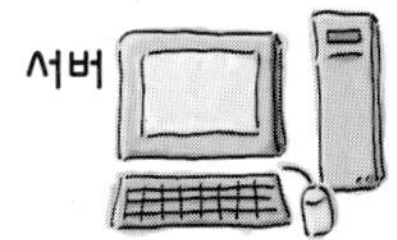

원격 서비스를 만드는 방법

원격 서비스(서버를 돌리는 프로그램)를 만드는 다섯 단계를 간략하게 살펴보겠습니다. 잘 이해가 안 돼도 걱정하지 마세요. 각 단계별로 조금 있다가 따로 설명하겠습니다.

1단계:

원격 인터페이스를 만듭니다.

원격 인터페이스는 클라이언트에서 원격으로 호출할 수 있는 메소드를 정의하는 부분입니다. 나중에 클라이언트는 이것을, 서비스를 위한 다형적인 클래스 유형으로 사용합니다. 스터브와 실제 서비스에서 모두 이 인터페이스를 구현합니다.

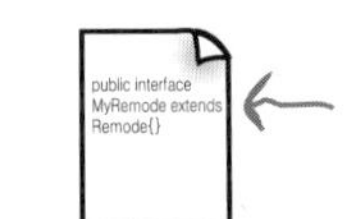

MyRemove.java

클라이언트에서 호출할 원격 메소드를 정의하는 인터페이스입니다.

2단계:

원격 인터페이스를 구현한 클래스를 만듭니다.

이 클래스에서 실제 작업을 처리합니다. 원격 인터페이스에서 정의한 원격 메소드를 여기에서 실제로 구현합니다. 나중에 클라이언트에서 메소드를 호출할 때는 이 객체에 대해 호출합니다.

MyRemoteImpl.java

실제 서비스입니다. 실제 작업을 처리하는 메소드가 들어 있는 클래스입니다. 원격 인터페이스를 구현합니다.

3단계:

rmic를 이용하여 스터브와 스켈레톤을 생성합니다.

스터브와 스켈레톤은 각각 클라이언트와 서버 보조 객체입니다. 이 클래스를 직접 만들거나 클래스를 생성하는 소스 코드를 살펴볼 필요는 없습니다. JDK에 들어있는 rmic 도구를 실행시키면 자동으로 처리됩니다.

실제 서비스 구현 클래스에 대해 rmic를 실행시킵니다.

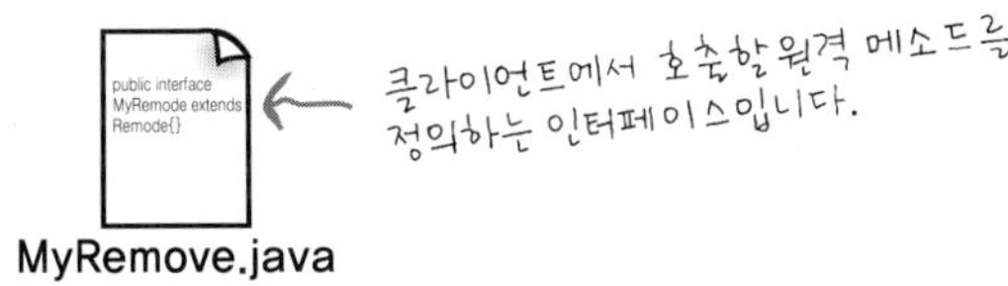

보조 객체를 위한 클래스 두 개가 만들어집니다.

MyServiceImpl_Stub.class

MyServiceImpl_Skel.class

4단계:

RMI 레지스트리(rmiregistry)를 시작합니다.

rmiregistry는 전화번호부의 목차 같은 것과 비슷합니다. 사용자가 클라이언트 보조 객체를 얻을 때 이것을 사용합니다.

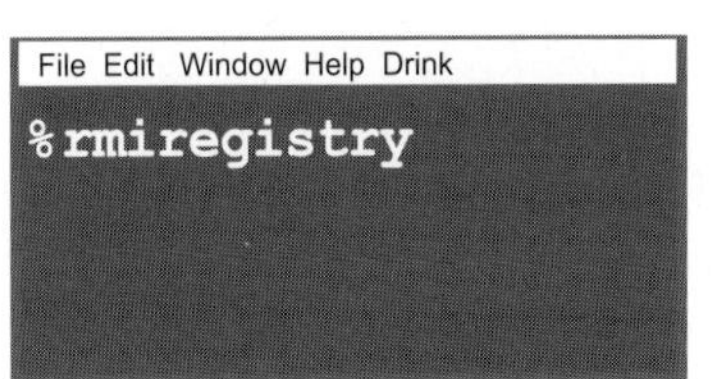

별도의 터미널에서 실행시키세요.

5단계:

원격 서비스를 시작합니다.

서비스 객체를 실행시켜야 합니다. 서비스 구현 클래스에서는 서비스의 인스턴스를 만들고 RMI 레지스트리에 등록합니다. 등록을 하고 나면 클라이언트에서 서비스를 사용할 수 있습니다.

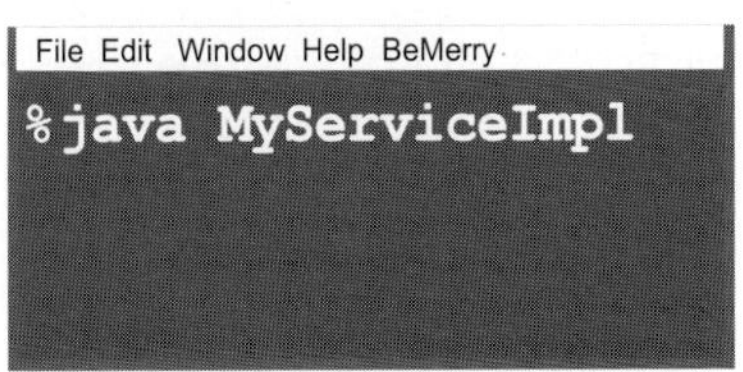

1단계: 원격 인터페이스를 만듭니다.

public interface
MyRemote extends
Remote{}

MyRemote.java

(1) java.rmi.Remote를 확장합니다.

Remote는 '표지' 인터페이스입니다. 즉, 아무 메소드도 없는 인터페이스입니다. 하지만 RMI에서 특별한 의미를 가지기 때문에 이 규칙을 지켜야 합니다. 그리고 여기에서 'extends'를 써야 한다는 점에 주의해야 합니다. 이렇게 한 인터페이스 에서 다른 인터페이스를 확장할 수도 있습니다.

```
public interface MyRemote extends Remote {
```

인터페이스가 원격 메소드 호출을 위한 것이라고 선언 해야 합니다.
인터페이스에서 다른 인터페이스를 구현할 수는 없지만 다른 인터페이스를 확장하는 것은 가능합니다.

(2) 모든 메소드에서 RemoteException을 던진다는 것을 선언합니다.

원격 인터페이스는 클라이언트에서 서비스를 위한 다형적인 유형으로 사용하기 위한 것입니다. 즉, 클라이언트에서 그 원격 인터페이스를 구현하는 객체에 대해 메소드를 호출합니다. 그 객체는 물론, 스터브 객체며 스터브 객체에서는 네트워 킹과 입출력을 처리하기 때문에 안 좋은 일이 일어날 수 있습니다. 클라이언트에 서는 이러한 원격 예외를 처리하거나 선언해야 합니다. 인터페이스에 있는 메소드 에서 예외를 선언하면 그 유형(인터페이스 유형)에 대한 레퍼런스를 통해서, 그 메 소드를 호출하는 코드에서는 예외를 처리하거나 선언해야만 합니다.

```
import java.rmi.*;
```

← Remote 인터페이스는 java.rmi에 들어있습니다.

```
public interface MyRemote extends Remote {
    public String sayHello() throws RemoteException;
}
```

원격 메소드 호출은 모두 '위험한' 것으로 간주됩니다. 모든 메소드에 대해서 RemoteException을 선언하면 클라이언트에서 그 작업이 제대로 처리될 수 없다는 것을 알고 예외를 처리하거나 선언할 수 있습니다.

(3) 인자나 리턴값이 원시 유형 또는 Serializable 유형인지 확인합니다.

원격 메소드의 인자와 리턴값은 반드시 원시 유형 또는 Serializable이어야만 합 니다. 한번 생각해봅시다. 원격 메소드에 대한 인자는 포장해서 네트워크를 통해 전달해야 하는데, 그 과정에서 직렬화가 필요합니다. 리턴값에 대해서도 마찬가지 입니다. 원시 유형, String을 비롯한 API에 들어있는 대부분의 유형(배열이나 컬렉 션 종류 포함)은 별 문제 없이 쓸 수 있습니다. 여러분이 직접 만든 유형을 사용할 때는 그 클래스를 만들 때 Serializable 인터페이스를 구현했는지 꼭 확인해봐야 합니다.

```
public String sayHello() throws RemoteException;
```

이 리턴값은 서버에서 클라이언트로 전송되어야 하므로 Serializable이어야 합니다.
인자와 리턴값을 주고받을 때는 직렬화해서 전송하기 때문입니다.

2단계: 원격 인터페이스를 구현한 클래스를 만듭니다.

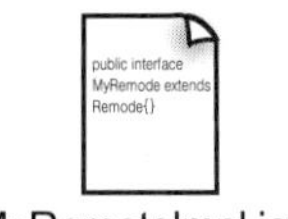

MyRemoteImpl.java

① 원격 인터페이스를 구현합니다.

서비스에서는 클라이언트에서 호출할 메소드가 있는 원격 인터페이스를 구현해야 합니다.

```java
public class MyRemoteImpl extends UnicastRemoteObject implements MyRemote {
    public String sayHello() {
        return "Server says, 'Hey'";
    }
    // 또 다른 코드
}
```

컴파일러에서 아까 구현한 인터페이스에 들어있는 모든 메소드를 구현했는지 확인해줍니다. 이 경우에는 하나밖에 없는 것으로 가정하겠습니다.

② UnicastRemoteObject를 확장합니다.

원격 서비스 객체 역할을 하려면 객체에 '원격으로 돌아가는 것과 관련된' 기능이 들어있어야 합니다. UnicastRemoteObject(java.rmi.server 패키지에 들어있습니다)를 확장하고 그 클래스(상위클래스)에서 필요한 작업을 처리하게 하는 것이 가장 간단한 방법입니다.

```java
public class MyRemoteImpl extends UnicastRemoteObject implements MyRemote {
```

③ RemoteException을 선언하는 아무 인자도 없는 생성자를 만듭니다.

이 클래스의 상위클래스인 UnicastRemote에는 한 가지 문제점이 있습니다. 생성자에서 RemoteException을 던진다는 것입니다. 이런 문제를 해결할 수 있는 유일한 방법은 원격 인터페이스를 구현한 클래스의 생성자도 RemoteException을 던지는 것으로 선언하는 것입니다. 이렇게 해야만 RemoteException을 선언할 수 있으니까요. 클래스의 인스턴스를 만들 때는 상위클래스의 생성자가 항상 호출된다는 점을 생각하면 반드시 그렇게 해야 합니다. 상위클래스 생성자에서 예외를 던지면 별 수 없이 그 클래스의 생성자에서도 예외를 던지는 것으로 선언해야 합니다.

```java
public MyRemoteImpl() throws RemoteException { }
```

생성자에 아무 내용을 집어넣지 않아도 됩니다. 상위클래스에서 예외를 던지기 때문에 이 클래스의 생성자에서도 예외를 던질 수 있음을 선언하기 위한 코드기 때문이죠.

④ 서비스를 RMI 레지스트리에 등록합니다.

이제 원격 서비스가 만들어졌으므로 원격 클라이언트에서 그 서비스를 사용할 수 있게 만들어야 합니다. 클래스의 인스턴스를 만들고 RMI 레지스트리(반드시 실행중이어야 합니다. 그렇지 않으면 밑에 있는 코드가 제대로 작동하지 않습니다)에 집어넣으면 됩니다. 원격 인터페이스를 구현한 클래스를 등록하면 RMI 시스템에서는 서비스를 스터브로 대체하고 그 스터브를 레지스트리에 집어넣습니다. 클라이언트에서 써야 하니까요. 서비스를 등록할 때는 java.rmi.Naming 클래스에 있는 정적 메소드인 rebind() 메소드를 이용하면 됩니다.

```java
try {
    MyRemote service = new MyRemoteImpl();
    Naming.rebind("Remote Hello", service);
} catch(Exception ex) {...}
```

서비스에 이름(클라이언트의 레지스트리에서 이 서비스를 찾을 때 사용하는 이름)을 붙여주고 RMI 레지스트리에 등록합니다. 서비스 객체를 결합시키면 RMI에서는 서비스를 스터브로 대체하고 그 스터브를 레지스트리에 집어넣습니다.

3단계: 스터브와 스켈레톤을 생성합니다.

① **(원격 인터페이스가 아닌) 원격 인터페이스를 구현한 클래스에 대해 *rmic*를 실행합니다.**

자바 SDK에 들어있는 rmic 도구는 서비스 인터페이스를 구현한 클래스를 받아서 새로운 클래스 두 개(스터브와 스켈레톤)를 생성해줍니다. 이 도구에서 스터브와 스켈레톤의 이름을 정할 때는 원격 인터페이스를 구현한 클래스명 뒤에 _Stub와 _Skel을 각각 추가합니다. 그리고 rmic에는 스켈레톤을 생성하지 않거나 클래스의 소스 코드가 어떻게 되는지 살펴보거나 프로토콜로 IIOP를 사용하는 것과 같은 다른 옵션도 있습니다. 하지만 여기서 하는 방법을 주로 사용할 것입니다. 이렇게 만들어진 클래스는 현재 디렉토리에 저장됩니다. 이 때 rmic에서 인터페이스를 구현한 클래스를 볼 수 있어야 하므로 그 클래스가 들어있는 디렉토리에서 rmic를 실행해야 할 가능성이 높습니다(여기서는 예제를 간단하게 만들기 위해 일부러 패키지를 사용하지 않았습니다. 실제 프로그래밍을 할 때는 패키지 디렉토리 구조와 전체 이름을 활용해야 할 것입니다).

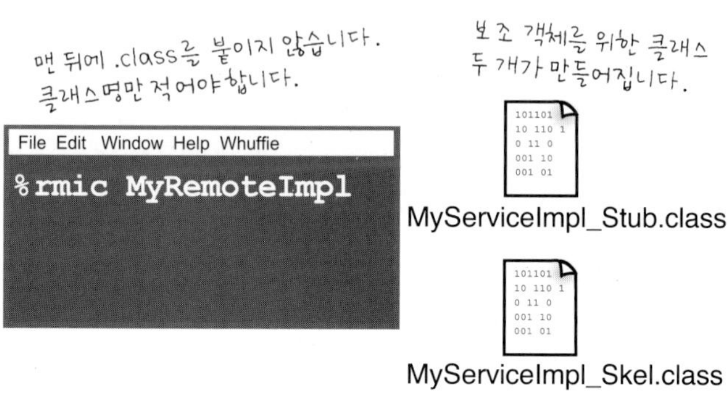

4단계: rmiregistry를 실행합니다.

① **터미널을 열고 *rmiregistry*를 시작합니다.**

반드시 클래스에 접근할 수 있는 디렉토리에서 실행시켜야 합니다. 가장 간단한 방법은 'classes' 디렉토리에서 실행시키는 것입니다.

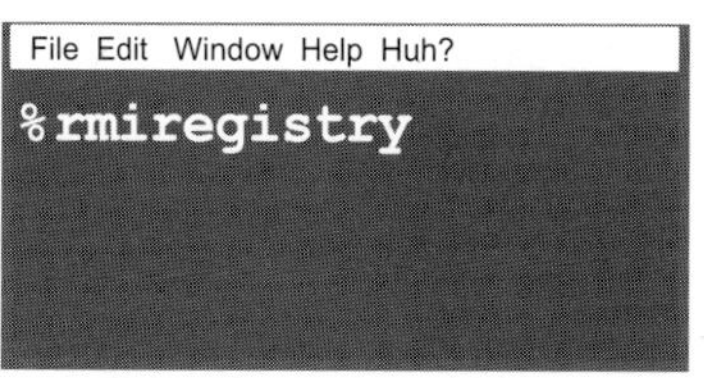

5단계: 서비스를 시작합니다.

① **다른 터미널을 열고 서비스를 시작합니다.**

원격 인터페이스를 구현한 클래스의 main() 메소드에서 시작할 수도 있고 다른 구동용 클래스에서 시작할 수도 있을 것입니다. 이 예제에서는 편의상 시작 코드를 원격 인터페이스를 구현한 클래스에 집어넣었습니다. 이 main() 메소드에서는 객체의 인스턴스를 만들고 RMI 레지스트리에 등록합니다.

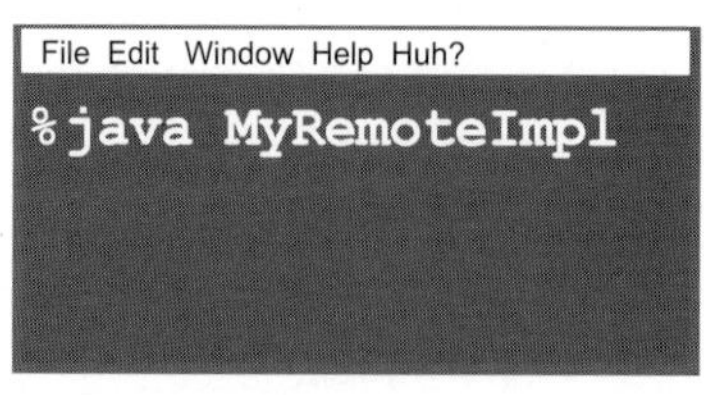

서버용 코드

원격 인터페이스

RemoteException과 Remote 인터페이스가
java.rmi 패키지에 들어있습니다.

```java
import java.rmi.*;

public interface MyRemote extends Remote {

    public String sayHello() throws RemoteException;
}
```

인터페이스에서 반드시 java.rmi.Remote를
확장해야 합니다.

모든 원격 메소드에서 RemoteException을
선언해야만 합니다.

원격 서비스(인터페이스를 구현한 클래스):

```java
import java.rmi.*;
import java.rmi.server.*;

public class MyRemoteImpl extends UnicastRemoteObject implements MyRemote {

    public String sayHello() {
        return "Server says, 'Hey'";
    }

    public MyRemoteImpl() throws RemoteException { }

    public static void main (String[] args) {

        try {
            MyRemote service = new MyRemoteImpl();
            Naming.rebind("Remote Hello", service);
        } catch(Exception ex) {
            ex.printStackTrace();
        }
    }
}
```

UnicastRemoteObject가 java.rmi.server
패키지에 들어있습니다.

원격 객체를 만들 때는 UnicastRemoteObject를 확
장하는 것이 가장 쉬운 방법입니다.

앞서 만든 원격 인터페이스를
구현해야만 합니다.

당연히 모든 인터페이스 메소드를
구현해야만 합니다.
하지만 RemoteException을
선언하지는 않아도 됩니다.

상위 클래스 생성자(UnicastRemoteObject
생성자)에서 예외를 선언하기 때문에 반드시
생성자를 만들어야 합니다. 이렇게 해야 생성자에서
위험한 코드(상위 클래스 생성자)를 호출한다는
것을 선언할 수 있으니까요.

원격 객체를 만들고 Naming.rebind()라는 정적 메
소드를 써서 RMI 레지스트리에 결합시킵니다.
나중에 클라이언트에서 RMI 레지스트리에 있는
서비스를 찾을 때 바로 여기에서 지정한 이름을
사용합니다.

클라이언트에서는 스터브 객체를 어떻게 받을까요?

클라이언트에서 메소드를 호출할 때 스터브 객체(클라이언트 보조 객체)에 대해 메소드를 호출하기 때문에 반드시 스터브 객체를 받아야 합니다. 바로 이 과정에서 RMI 레지스트리가 쓰입니다. 클라이언트에서는 전화번호부의 목차를 뒤지는 것과 비슷한 식으로 '룩업(lookup)' 작업을 하는데, 이 때 이름을 지정해주고 그 이름을 가진 스터브를 찾아달라는 요구를 합니다.

lookup()은 Naming 클래스의 정적 메소드입니다.

서비스를 등록할 때 지정한 이름을 써야합니다.

```
MyRemote service = (MyRemote)    Naming.lookup("rmi://127.0.0.1/Remote Hello");
```

클라이언트에서는 항상 원격 인터페이스를 서비스 유형으로 사용합니다. 사실 클라이언트에서는 원격 서비스의 실제 클래스명을 알 필요도 없습니다.

lookup() 메소드는 Object 유형을 리턴하기 때문에 인터페이스 유형으로 캐스트해야 합니다.

호스트명 또는 IP 주소가 들어가는 자리

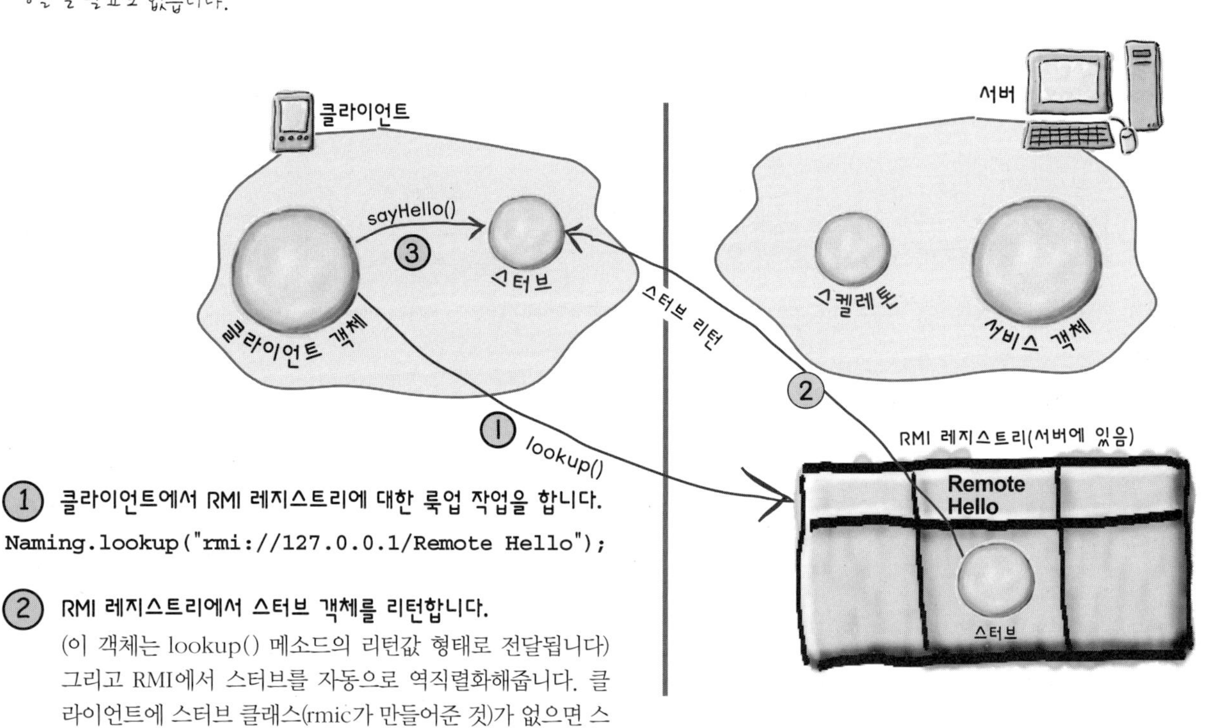

① 클라이언트에서 RMI 레지스트리에 대한 룩업 작업을 합니다.

```
Naming.lookup("rmi://127.0.0.1/Remote Hello");
```

② RMI 레지스트리에서 스터브 객체를 리턴합니다.
(이 객체는 lookup() 메소드의 리턴값 형태로 전달됩니다) 그리고 RMI에서 스터브를 자동으로 역직렬화해줍니다. 클라이언트에 스터브 클래스(rmic가 만들어준 것)가 없으면 스터브가 역직렬화되지 않습니다.

③ 클라이언트에서 실제 서비스에 있는 메소드를 호출하는 것과 같은 방법으로 스터브에 있는 메소드를 호출합니다.

클라이언트에서는 스터브 클래스를 어떻게 받을까요?

아직 중요한 문제가 남아있습니다. 언젠가는, 그리고 어떤 방법으로든 클라이언트에서 룩업을 할 때 스터브 클래스(전에 rmic로 생성한 것)가 있어야만 합니다. 그렇지 않으면 클래스에서 스터브를 역직렬화할 수 없기 때문에 완전히 엉망이 되고 마니까요. 간단한 시스템에서는 그냥 스터브 클래스를 직접 클라이언트로 복사해도 됩니다.

이 책에서 다루기에는 조금 어려운 내용이지만 훨씬 훌륭한 방법이 있습니다. 혹시 관심있는 독자들을 위해 간단하게 설명하자면 그 방법은 '동적 클래스 다운로딩(dynamic class downloading)'이라는 방법입니다. 동적 클래스 다운로딩을 쓸 때는 클라이언트에 있는 RMI 시스템에 그 객체의 클래스 파일을 찾을 수 있는 URL을 알려주는 정보가 스터브 객체에 기록됩니다(스터브 객체뿐 아니라 어떤 직렬화된 객체에든 이 방법을 적용할 수 있습니다). 객체를 역직렬화하는 과정에서 RMI 시스템에서 클래스를 로컬 시스템에서 찾을 수 없을 때 그 URL로 HTTP Get 요청을 해서 클래스 파일을 받아옵니다. 이 방법을 사용하려면 클래스 파일을 제공하기 위한 웹 서버가 필요하고 클라이언트의 보안 매개변수를 조금 바꿔야 합니다. 동적 클래스 다운로딩과 관련된 몇 가지 까다로운 문제가 더 있지만 이 책의 수준을 넘어서므로 다루지 않겠습니다.

클라이언트 코드

Naming 클래스(RMI 레지스트리 룩업에 필요함)가 java.rmi 패키지에 들어있습니다.

```java
import java.rmi.*;

public class MyRemoteClient {
    public static void main (String[] args) {
        new MyRemoteClient().go();
    }

    public void go() {

        try {
            MyRemote service = (MyRemote) Naming.lookup("rmi://127.0.0.1/Remote Hello");

            String s = service.sayHello();

            System.out.println(s);
        } catch(Exception ex) {
            ex.printStackTrace();
        }
    }
}
```

레지스트리에서 보낸 객체는 Object 유형이므로 반드시 캐스트를 해야 합니다.

일반 메소드 호출 방법하고 똑같습니다. (RemoteException을 처리하거나 선언해야한다는 점을 제외하면 말이죠)

IP 주소 또는 호스트명이 필요합니다.

서비스를 연결/재연결 할때 사용한 이름도 필요합니다.

각 시스템에 필요한 클래스 파일이 있는지 확인합시다.

RMI를 사용할 때 프로그래머들이 가장 많이 틀리는 세 가지 사항을 정리해보면 다음과 같습니다.

1) 원격 서비스를 시작하기 전에 rmiregistry를 실행시키는 것을 잊어버리는 경우가 많습니다.
   (Naming.rebind() 메소드로 서비스를 등록하는 시점에서 반드시 rmiregistry가 실행되고 있어야 합니다)

2) 인자와 리턴 유형이 Serializable이 아닌 경우가 종종 있습니다.
   (실행해보기 전에는 알아내기 힘듭니다. 컴파일러에서는 바로 오류를 잡아줄 수가 없습니다)

3) 클라이언트에 스터브 클래스를 집어넣는 것을 잊어버리는 경우도 많이 있습니다.

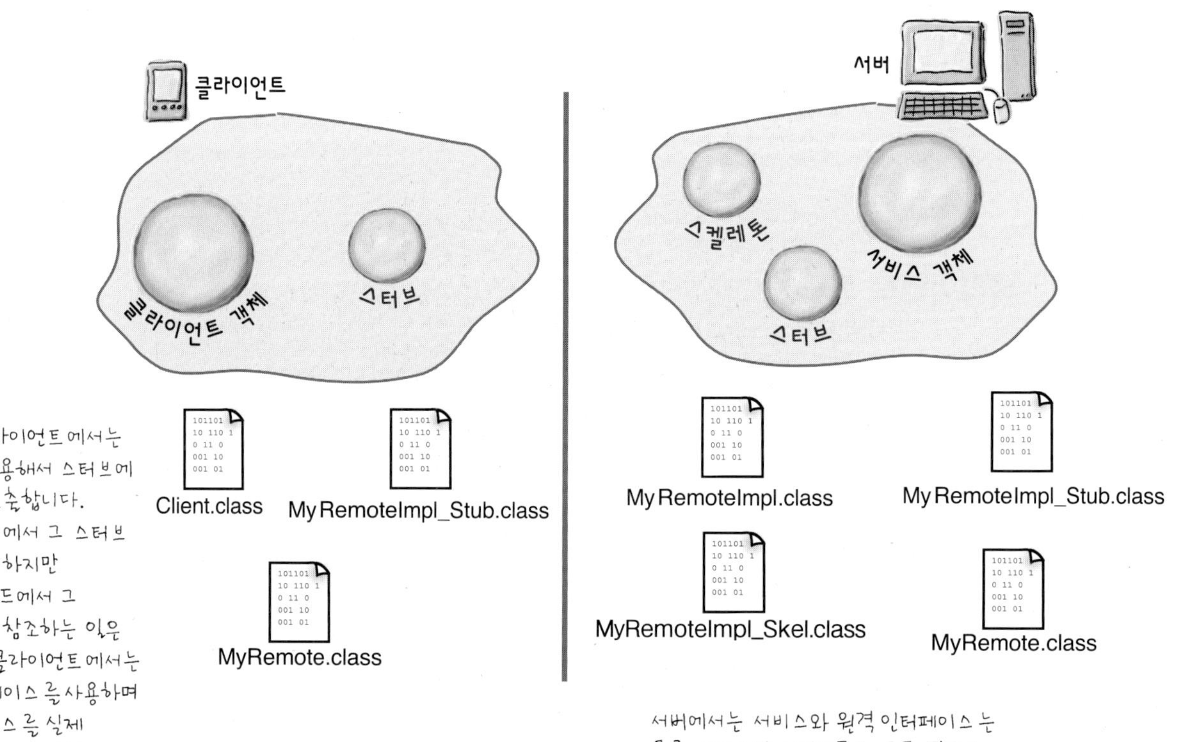

잊지 마세요. 클라이언트에서는 인터페이스를 이용해서 스터브에 있는 메소드를 호출합니다. 클라이언트 JVM에서 그 스터브 클래스를 필요로 하지만 클라이언트의 코드에서 그 스터브 클래스를 참조하는 일은 전혀 없습니다. 클라이언트에서는 항상 원격 인터페이스를 사용하며 그 원격 인터페이스를 실제 원격 객체인 것처럼 생각합니다.

서버에서는 서비스와 원격 인터페이스는 물론 스터브와 스켈레톤도 모두 필요로 합니다. 실제 서비스가 RMI 레지스트리에 결합될 때 스터브가 실제 서비스로 대체되기 때문에 스터브 클래스가 반드시 필요합니다.

닭이 먼저냐? 달걀이 먼저냐?

밑에 있는 각 사건을 살펴보고 자바 RMI 애플리케이션에서 일어나는 순서대로 배치해보세요.

1.

2.

3.

4.

5.

6.

7.

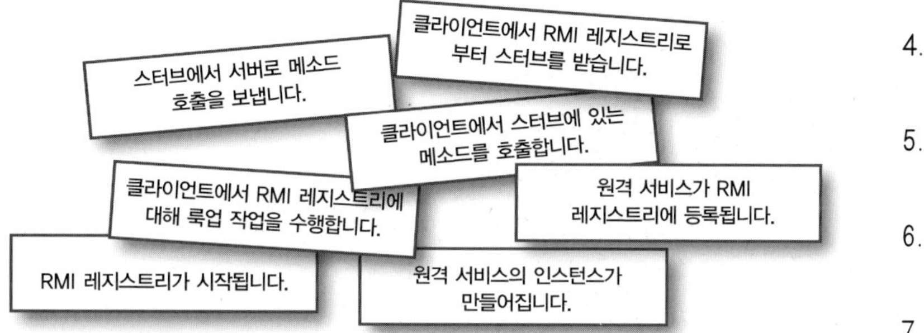

핵심정리

- 한 힙에 들어있는 객체가 다른 힙에 있는 객체(다른 JVM에서 돌아가고 있는 객체)에 대한 일반적인 자바 레퍼런스를 받을 수 없습니다.

- 자바 원격 메소드 호출(RMI)를 이용하면 원격 객체(다른 JVM에 있는 객체)의 메소드를 호출하는 것처럼 보이게 할 수 있는데, 실제로 그런 것은 아닙니다.

- 클라이언트에서 원격 객체에 있는 메소드를 호출할 때 클라이언트에서 실제로 호출하는 것은 원격 객체 대리자의 메소드입니다. 그 대리자를 '스터브'라고 부릅니다.

- 스터브는 메소드 호출을 포장해서 서버로 보내주는 저수준 네트워킹과 관련된 자질구레한 작업(소켓, 스트림, 직렬화 등)을 처리해주는 클라이언트 보조 객체입니다.

- 원격 서비스(즉, 원격 클라이언트에서 최종적으로 메소드를 호출하는 객체)를 만들려면 우선 원격 인터페이스를 만들어야 합니다.

- 원격 인터페이스는 java.rmi.Remote 인터페이스를 확장해야 하며 모든 메소드에서 RemoteException을 선언해야 합니다.

- 원격 서비스에서는 원격 인터페이스를 구현해야 합니다.

- 원격 서비스는 UnicastRemoteObject를 확장해야 합니다(정확하게 말하자면 원격 객체를 만드는 다른 방법도 있지만 UnicastRemoteObject를 확장하는 방법이 가장 간단합니다).

- 원격 서비스 클래스에는 반드시 생성자가 있어야 하며 그 생성자에서는 RemoteException을 선언해야 합니다(상위클래스 생성자에서 RemoteException을 선언하기 때문입니다).

- 원격 서비스의 인스턴스를 반드시 만들어야 하며 그 객체는 RMI 레지스트리에 등록되어야 합니다.

- 원격 서비스를 등록할 때는 Naming.rebind("서비스명", 서비스 인스턴스);라는 선언문으로 rebind()라는 정적 메소드를 호출해야 합니다.

- RMI 레지스트리는 반드시 원격 서비스와 같은 시스템에서 돌아가고 있어야 하며 이 프로그램(rmiregistry)은 반드시 원격 객체를 RMI 레지스트리에 등록하기 전에 시작되어야 합니다.

- 클라이언트에서는 Naming.lookup("rmi://호스트명/서비스명"); 과 같은 선언문으로 lookup()이라는 정적 메소드를 호출하여 원격 서비스를 찾습니다.

- RMI와 관련된 작업을 할 때는 대부분의 경우에 RemoteException이 던져집니다(컴파일러에서 이 예외를 던지는지 확인합니다). 즉, 서비스를 레지스트리에 등록하는 작업, 레지스트리에서 서비스를 찾는 룩업 작업, 클라이언트에서 스터브에 있는 메소드를 호출하는 모든 원격 메소드 호출 작업에서 그 예외가 던져질 수 있습니다.

그런데 누가 RMI를 쓰죠?

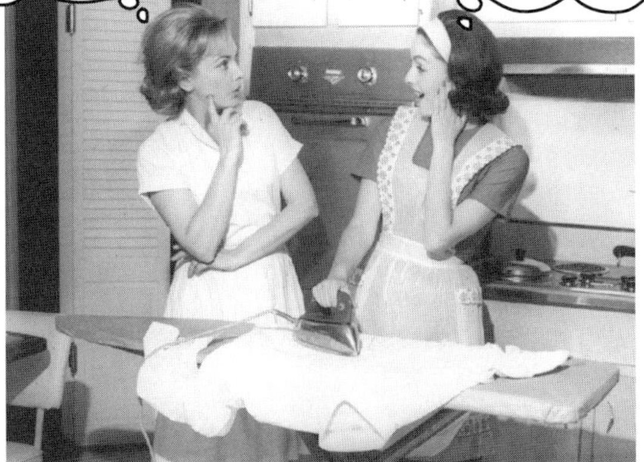

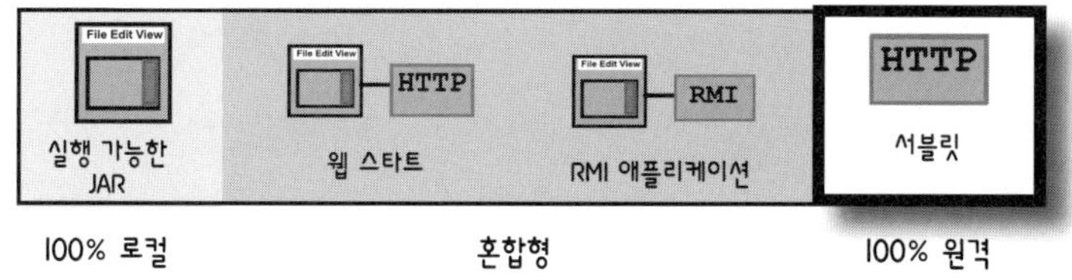

서블릿은요?

서블릿(servlet)은 HTTP 웹 서버에서 웹 서버와 함께 돌아가는 자바 프로그램입니다. 클라이언트에서 웹 브라우저를 써서 웹 페이지와 정보를 주고받을 때 HTTP 요청이 웹 서버로 전송됩니다. 그 요청에 응답하는 데 자바 서블릿이 필요하다면 웹 서버에서 서블릿 코드를 실행시킵니다(또는 서블릿이 이미 실행되고 있으면 서블릿 코드를 호출하기만 하면 됩니다). 서블릿 코드는 클라이언트의 요청에 따라 필요한 작업을 처리하기 위해 서버에서 실행되는 코드일 뿐입니다(예를 들어, 정보를 텍스트 파일 또는 데이터베이스에 저장하는 작업을 할 수 있겠죠). 펄로 만들어진 CGI 스크립트에 익숙하다면 어떤 역할을 하는지 알 수 있을 것입니다. 웹 개발자들은 사용자가 제출한 정보를 데이터베이스에 저장하거나 웹사이트의 게시판을 운영한다거나 하는 용도로 CGI 스크립트 또는 서블릿을 사용합니다.

서블릿에서도 RMI를 사용할 수 있습니다.

J2EE 기술은 서블릿과 EJB를 혼합하기 위한 용도로 가장 많이 쓰이는데, 이 때 서블릿이 EJB의 클라이언트가 됩니다. 그 경우에 서블릿에서는 RMI를 이용하여 EJB와 정보를 주고받습니다(EJB에서 RMI를 사용하는 방법은 지금까지 살펴본 방법과 약간 다릅니다).

① 클라이언트에서 등록 폼을 작성하고 'Submit' 버튼을 클릭합니다. HTTP 서버(웹 서버)에서 요청을 받은 다음 서블릿으로 보내야 하는 경우에는 그 요청을 서블릿으로 전달합니다.

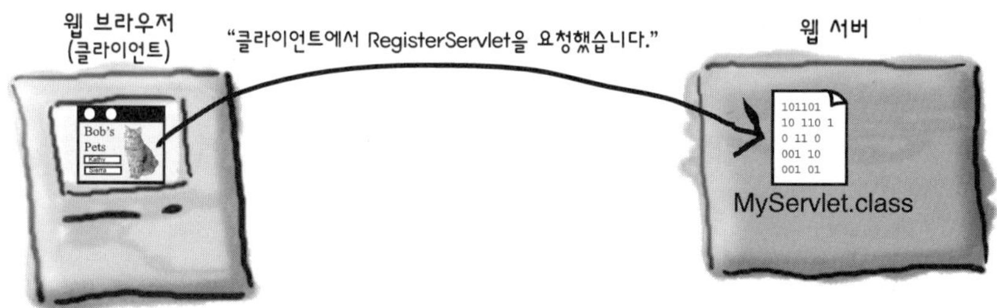

② 서블릿(자바 코드)이 실행되면서 데이터베이스에 데이터를 추가하고 (그 내용에 맞는) 웹 페이지를 만들어내고 그것을 클라이언트로 보내면 브라우저에 웹 페이지가 표시됩니다.

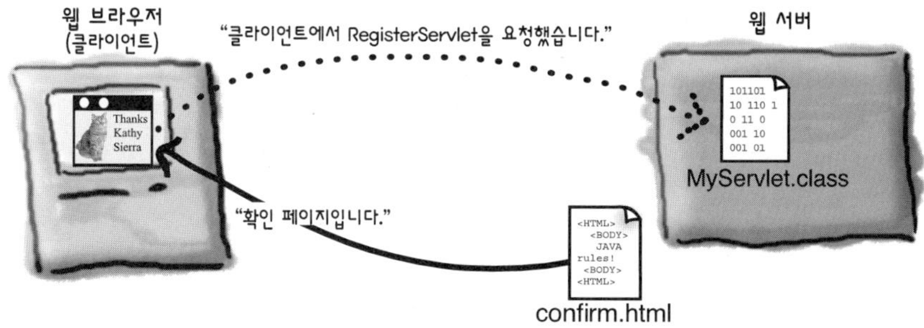

서블릿을 만들고 실행시키는 방법

① 서블릿을 저장해야 하는 위치를 알아냅니다.

이 예제에서는 웹 서버가 이미 돌아가고 있고 이미 서블릿을 지원할 수 있게 설정이
되어있다고 가정하겠습니다. 가장 중요한 것은 서버에서 서블릿 클래스를 사용할
수 있도록 하기 위해 그 파일을 저장하는 위치입니다. ISP에서 제공하는 웹 사이트
를 사용한다면 호스팅 서비스를 제공하는 쪽에서 CGI 스크립트를 집어넣어야 하
는 위치를 알려주는 것과 마찬가지로 서블릿을 저장할 위치를 알려줄 것입니다.

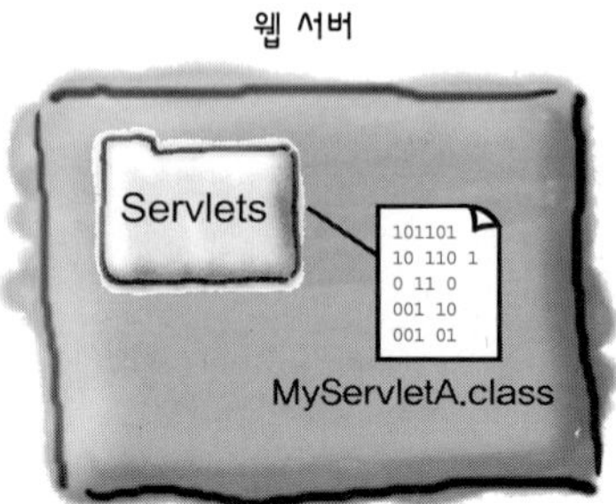

② servlets.jar를 구해서 클래스경로에 추가합니다.

서블릿은 표준 자바 라이브러리에 포함되어있지 않습니다. 따라서 서블릿 클래스들을
패키지로 묶어놓은 servlets.jar 파일이 필요합니다. 서블릿 클래스는 java.sun.com
에서 받을 수도 있고 자바를 쓸 수 있게 해 놓은 웹 서버(apache.org 사이트에서 받을
수 있는 아파치 톰캣 등)에서 구할 수도 있습니다. 이 클래스가 없으면 서블릿을 컴파
일할 수가 없습니다.

③ HttpServlet을 확장하여 서블릿 클래스를 만듭니다.

서블릿은 HttpServlet(javax.servlet.http 패키지에 있음)을 확장한 자바 클래스에 불
과합니다. 다른 유형의 서블릿을 만들 수도 있지만 대부분의 경우에 HttpServlet을
사용합니다.

```
public class MyServletA extends HttpServlet { ... }
```

④ 서블릿을 호출하는 HTML 페이지를 만듭니다.

사용자가 서블릿으로 연결되는 링크를 클릭하면 웹 서버에서는 서블릿을 찾아서
HTTP 명령(GET, POST 등)에 따라 적절한 메소드를 호출합니다.

```
<a href="Servlets/MyServletA">This is the most amazing servlet.</a>
```

⑤ 서블릿과 HTML을 웹 서버에서 사용할 수 있게 만듭니다.

웹 서버에 따라 다릅니다. (그리고 사용하는 자바 서블릿 버전에 따라 다
릅니다.) ISP에 따라 웹사이트의 'Servlets' 디렉토리에 집어넣기만 하
면 될 수도 있지만, 톰캣 최신 버전을 사용한다면 서블릿과 웹 페이지
를 적당한 위치에 집어넣는 것 외에도 여러 가지 복잡한 작업을 해야
할 수도 있습니다. (헤드 퍼스트 시리즈로 나온 서블릿 책을 읽어보는 것
도 좋습니다.)

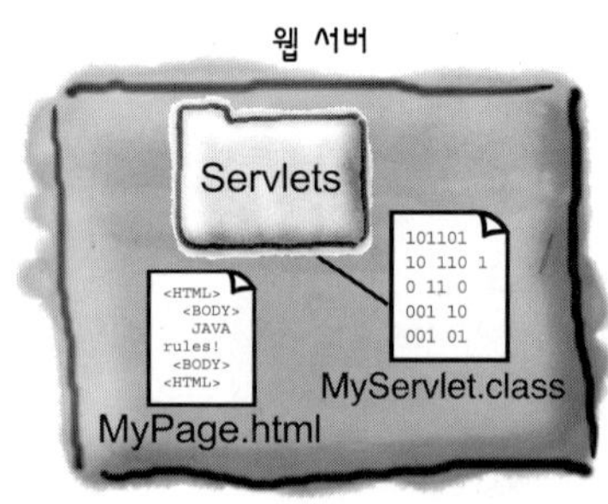

아주 간단한 서블릿 코드

```java
import java.io.*;
import javax.servlet.*;
import javax.servlet.http.*;


public class MyServletA extends HttpServlet {


    public void doGet (HttpServletRequest request, HttpServletResponse response)
                        throws  ServletException, IOException  {


    response.setContentType("text/html");


    PrintWriter out = response.getWriter();

    String message = "If you're reading this, it worked!";

    out.println("<HTML><BODY>");
    out.println("<H1>" + message + "</H1>");
    out.println("</BODY></HTML>");
    out.close();
    }
}
```

io 외에도 두 가지 서블릿 패키지를 불러와야 합니다. 이 두 패키지는 자바 표준 라이브러리에 들어있지 않은 패키지이므로 별도로 내려받아서 클래스경로에 집어넣어야합니다.

대부분의 '평범한' 서블릿은 HttpServlet을 확장해서 만듭니다. 그 클래스에 있는 메소드를 적당히 오버라이드해서 쓰면 됩니다.

간단한 HTTP GET 메시지를 처리하기 위해 doGet을 오버라이드합니다.

웹 서버에서 이 메소드를 호출합니다. 이 때 클라이언트에서 보낸 요청(여기에서 데이터를 뽑아낼 수 있습니다)과 응답(웹 페이지)을 돌려보낼 때 사용할 '응답(reponse)' 객체를 전달해줍니다.

서버와 브라우저에 서블릿을 실행한 결과 어떤 종류의 문서가 나가게 되는지 알려주는 역할을 합니다.

reponse 객체는 서버로 정보를 '쓰기' 위한 출력 스트림을 제공합니다.

HTML 페이지를 보냅니다. 이 페이지는 서버를 통해서 브라우저로 전송되며 고정된 문서로 저장되어있는 것은 아니지만 다른 HTML 페이지와 마찬가지로 보내집니다. 즉, 이런 내용이 들어있는 HTML 파일이 서버에 들어있는 것은 아닙니다. 즉석에서 만들어져서 보내지는 것입니다.

서블릿에 대한 링크가 있는 HTML 페이지

```html
<HTML>
  <BODY>
    <a href="servlets/MyServletA">This is an amazing servlet.</a>
  </BODY>
</HTML>
```

브라우저에서 이 웹 페이지를 열었을 때 볼 수 있는 화면:

링크를 클릭하면 서블릿이 가동됩니다.

핵심정리

- 서블릿은 HTTP(웹) 서버에서 돌아가는 자바 클래스입니다.

- 서블릿은 웹 페이지를 통한 클라이언트와의 상호작용의 결과로 서버에서 돌아가는 코드로 쓰입니다. 예를 들어, 클라이언트에서 웹 페이지 폼의 형태로 정보를 제공하면 서블릿에서는 그 정보를 처리하고 데이터베이스에 추가한 다음 그 내용을 확인해주는 답변 페이지를 보내줄 수 있습니다.

- 서블릿을 컴파일하려면 servlets.jar 파일에 들어있는 서블릿 패키지가 필요합니다. 서블릿 클래스는 자바 표준 라이브러리에 포함되어있지 않기 때문에 java.sun.com에서 servlets.jar를 내려받거나 서블릿 기능이 있는 웹 서버에서 복사해와야 합니다.(참고: Servlet 라이브러리는 자바 2 엔터프라이즈 에디션(J2EE)에 포함되어 있습니다.)

- 서블릿을 실행하려면 apache.org에서 제공하는 톰캣과 같은 서블릿을 실행시킬 수 있는 웹 서버가 필요합니다.

- 서블릿은 웹 서버에서 지정한 위치에 저장해야 하므로 서블릿을 실행시키기 전에 어디에 저장해야 하는지 알아야 합니다. 서블릿을 지원하는 ISP에 웹사이트를 호스팅하고 있다면 ISP에서 어떤 디렉토리에 서블릿을 저장해야 하는지 알려줄 것입니다.

- 일반적으로 서블릿을 만들 때는 HttpServlet을 확장하고 doGet( )이나 doPost( )와 같은 서블릿 메소드를 오버라이드합니다.

- 웹 서버에서는 클라이언트의 요청에 따라 서블릿을 시작하고 적당한 메소드(doGet( ) 등)를 호출합니다.

- 서블릿에서는 doGet( ) 메소드의 response 매개변수로부터 얻은 PrintWriter 출력 스트림을 받아서 적절한 응답을 돌려보낼 수 있습니다.

- 서블릿에서는 HTML 페이지를 전송합니다.

바보 같은 질문은 없습니다

Q : JSP는 뭔가요? 그리고 서블릿과는 어떤 관계인가요?

A : JSP는 자바 서버 페이지(Java Server Page)의 머리글자입니다. 결국 웹 서버에서 JSP를 서블릿으로 바꾸긴 하는데, 서블릿과 JSP의 가장 큰 차이점은 "개발자가 무엇을 만드느냐"입니다. 서블릿에서는 (클라이언트에 HTML을 보내는 경우에) 출력 선언문에 HTML이 들어가는 자바 클래스를 만들어야 합니다. 하지만 JSP를 사용하는 경우에는 반대로 자바 코드가 들어있는 HTML 페이지를 만들어야 합니다.

JSP를 쓰면 웹 페이지 자체는 일반적인 HTML 페이지처럼 만들면서 서버에서 처리되는 자바 코드(그리고 자바 코드를 가동시키는 태그)를 그 안에 집어넣어서 동적인 웹 페이지를 만들 수 있습니다.

일반 서블릿과 비교했을 때 JSP의 가장 큰 장점은 서블릿에서 출력 선언문을 이용해서 HTML을 만들어내는 것보다는 JSP 페이지에서 HTML 부분을 만드는 것이 훨씬 편하다는 점입니다. 그냥 적당히 복잡한 HTML 페이지를 만드는 것과 println( ) 메소드를 써서 그런 페이지를 출력하는 것을 상상해보면 얼마나 편리한지 알 수 있을 것입니다.

하지만 서블릿에서 동적인 응답을 보낼 필요가 없다거나 HTML을 출력 선언문을 써서 보내는 게 그리 힘들지 않기 때문에 굳이 JSP를 쓰지 않아도 되는 경우도 많이 있습니다. 아니면 아직 많은 웹 서버에서 서블릿은 지원하는데, JSP는 지원하지 않기 때문에 어쩔 수 없이 서블릿을 써야 할 수도 있습니다.

JSP의 또 다른 장점은 자바 개발자는 서블릿을 만들고 웹 페이지 개발자는 JSP를 만들어서 작업을 분리할 수 있다는 점입니다. 상당히 그럴듯한 장점이지만, 일이 그리 간단한 것은 아닙니다. 실전에서 보면 JSP를 만드는 사람들도 자바를 어느 정도 배워야 하기 때문에 HTML 웹 페이지 디자이너가 바로 JSP 페이지를 만들 수 있는 것은 아닙니다. 특별한 도구가 없다면 말이죠. 하지만 다행히도 코드를 처음부터 만들지 않아도 웹 페이지 디자이너가 손쉽게 JSP를 만들어낼 수 있는 JSP 저작 도구가 나오고 있습니다.

Q : 서블릿에 대한 내용은 이게 끝인가요? 한참 동안 RMI에 대해 설명한 것을 생각하면 좀 썰렁한 것 같은데요?

A : 예. 이게 끝입니다. RMI는 자바 언어의 일부분이고 RMI를 위한 클래스는 모두 표준 라이브러리에 들어있습니다. 서블릿과 JSP는 자바 언어에 포함된 것이 아니고 표준 확장(standard extension)으로 간주됩니다. RMI는 요즘 나오는 모든 JVM에서 돌릴 수 있지만 서블릿과 JSP를 돌리려면 서블릿, JSP가 지원되도록 설정된 웹 서버와 서블릿 '컨테이너'가 필요합니다. 간단하게 말하자면 이 내용은 이 책의 범위를 벗어난 내용입니다. 하지만 『Head First Servlets & JSP』(한빛미디어, 2005)에 아주 자세하게 나와 있으니까 그 책을 한번 보세요.

재미삼아 자동 구문 생성기를
서블릿으로 만들어봅시다.

이제 서블릿에 대한 내용은 더 자세히 알
아보지 않기로 했지만 1장에서 만들었던
자동 구문 생성기를 서블릿으로 한 번 만
들어 보고 넘어가겠습니다. 서블릿도 자바
입니다. 그리고 자바 코드에서는 다른 클
래스에 있는 자바 코드를 호출할 수 있지
요. 따라서 서블릿에서도 전에 만들었던
자동 구문 생성기의 메소드를 호출할 수
있습니다. 자동 구문 생성기 클래스를 서
블릿과 같은 디렉토리에 집어넣기만 하면
됩니다(자동 구문 생성기 코드는 다음 페
이지에 있습니다).

```java
import java.io.*;

import javax.servlet.*;
import javax.servlet.http.*;

public class KathyServlet extends HttpServlet {
    public void doGet (HttpServletRequest request, HttpServletResponse response)
                                    throws ServletException, IOException  {

        String title = "PhraseOMatic has generated the following phrase.";

        response.setContentType("text/html");
        PrintWriter out = response.getWriter();

        out.println("<HTML><HEAD><TITLE>");
        out.println("PhraseOmatic");
        out.println("</TITLE></HEAD><BODY>");
        out.println("<H1>" + title + "</H1>");
        out.println("<P>" + PhraseOMatic.makePhrase());
        out.println("<P><a href=\"KathyServlet\">make another phrase</a></p>");
        out.println("</BODY></HTML>");

        out.close();
    }
}
```

서블릿 친화적인 자동 구문 생성기 코드

1장에 있던 코드하고는 조금 다른 버전입니다. 원래 버전에서는 모든 것을 main() 메소드에서 돌렸기 때문에 구문을 새로 만들 때마다 명령행에서 프로그램을 실행시켜야 했습니다. 이 버전에서는 makePhrase()라는 정적 메소드를 호출했을 때 (구문이 들어있는) String을 리턴합니다. 이렇게 하면 다른 코드에서도 임의로 만들어진 구문이 들어있는 String을 리턴받을 수 있습니다.

그리고 이 코드를 입력할 때 String 배열 부분에서 줄이 바뀌는 부분에 걸려있는 단어에서 쓴 하이픈은 입력하지 마세요. 그리고 강제로 줄을 바꾸지도 말고요. 여기에서는 편집하다 보니 어쩔 수 없이 그렇게 했습니다. String 중간에서 (큰따옴표 사이에서) 절대로 엔터 키를 누르면 안 됩니다.

```java
public class PhraseOMatic {
   public static String makePhrase() {

      // 세 종류의 단어 목록을 만듭니다.
      String[] wordListOne = {"24/7","multi-Tier","30,000 foot","B-to-B","win-win","front-end", "web-based","pervasive", "smart", "six-sigma","critical-path", "dynamic"};

      String[] wordListTwo = {"empowered", "sticky", "valued-added", "oriented", "centric", "distributed", "clustered", "branded","outside-the-box", "positioned", "networked", "focused", "leveraged", "aligned", "targeted", "shared", "cooperative", "accelerated"};

      String[] wordListThree = {"process", "tipping point", "solution", "architecture", "core competency", "strategy", "mindshare", "portal", "space", "vision", "paradigm", "mission"};

      // 각 목록에 들어있는 단어의 개수를 알아냅니다.
      int oneLength = wordListOne.length;
      int twoLength = wordListTwo.length;
      int threeLength = wordListThree.length;

      // 각 단어 목록에서 단어를 선택하기 위한 난수 세 개를 만듭니다.
      int rand1 = (int) (Math.random() * oneLength);
      int rand2 = (int) (Math.random() * twoLength);
      int rand3 = (int) (Math.random() * threeLength);

      // 구문을 만듭니다.
      String phrase = wordListOne[rand1] + " " + wordListTwo[rand2] + " " +
wordListThree[rand3];

      // 만들어낸 구문을 리턴합니다.
      return ("What we need is a " + phrase);
   }
}
```

엔터프라이즈 자바빈즈: 초강력 RMI

RMI는 원격 서비스를 만들고 실행시킬 때 매우 유용합니다. 하지만 RMI만 가지고 아마존이나 이베이같은 사이트를 만들 수는 없습니다. 아주 심각한 대규모 기업용 애플리케이션을 만들 때는 뭔가가 더 필요합니다. 트랜잭션을 처리하고 복잡한 병행성 문제(여러 사람이 한꺼번에 어떤 물건을 사려고 하는 경우에 생길 수 있습니다), 보안 문제(아무나 중요한 데이터베이스를 건드릴 수 있게 하면 안 됩니다), 데이터 관리 등을 처리할 수 있는 뭔가가 필요합니다. 그런 것을 처리하기 위해서는 엔터프라이즈 애플리케이션 서버(enterprise application server)가 필요합니다.

자바에서는 자바 2 엔터프라이즈 에디션(J2EE, Java 2 Enterprise Edition) 서버가 필요합니다. J2EE 서버에는 웹 서버와 엔터프라이즈 자바빈즈(EJB, Enterprise JavaBeans) 서버가 모두 포함되어있기 때문에 서블릿과 EJB가 모두 들어있는 애플리케이션을 돌릴 수 있습니다. EJB도 서블릿과 마찬가지로 이 책의 수준을 크게 넘어서고, EJB 예제를 보여줄 만한 간단한 코드를 만들 수도 없기 때문에 여기에서는 그 작동 원리만 조금 살펴보고 넘어가겠습니다. EJB에 대한 자세한 내용을 원한다면 『Head First EJB』(한빛미디어, 2005)를 읽어보세요.

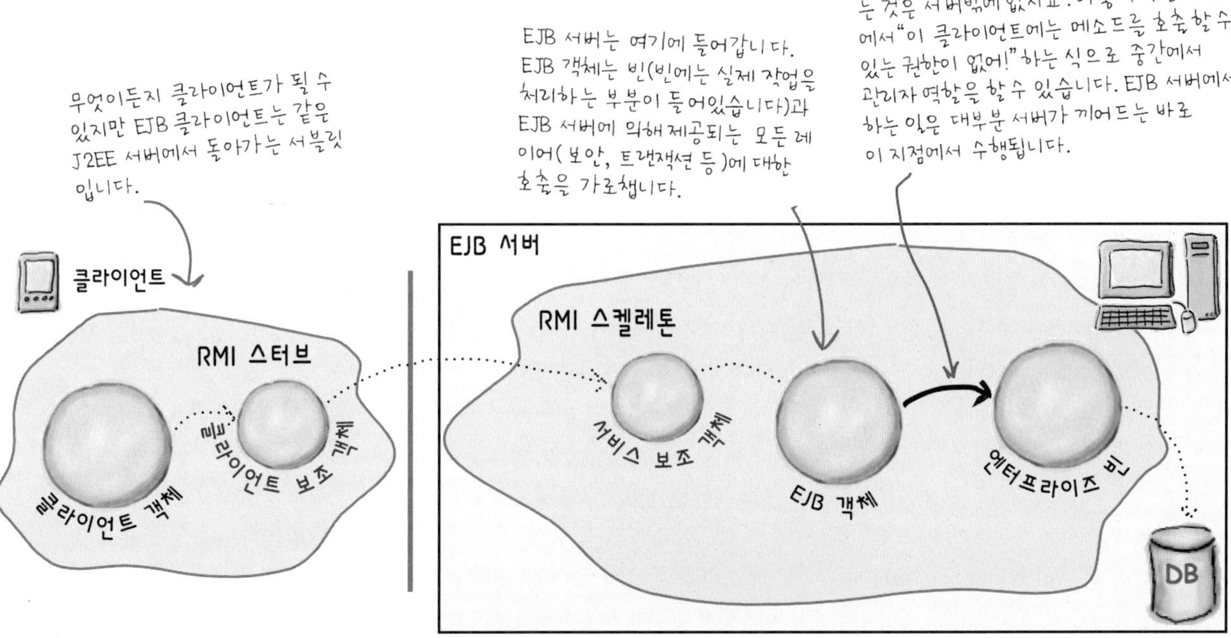

EJB를 아주 간단하게, 일부분만 표현한 그림입니다.

마지막으로 지니에 대해 약간 알아보겠습니다.

필자는 지니(Jini)를 정말 좋아합니다. 자바에서 가장 좋은 것 가운데 하나로 지니를 꼽을 정도입니다. EJB가 RMI를 아주 강력하게 만들어놓은 것이라고 할 수 있다면 지니는 RMI에 날개를 달아준 것이라고 할 수 있습니다. 순수한 자바의 은총이라고 할 수 있죠. EJB 관련 내용과 마찬가지로 이 책에서 지니를 자세하게 다룰 수는 없습니다. 하지만 RMI를 알고 있다면 4분의 3 정도는 배운 상태라고 할 수 있습니다. 기술면에서 말하면 그렇다는 뜻입니다. 하지만 개념적인 면에서 보면 엄청나게 큰 발전이 있습니다. 거의 날아간다고 봐야죠.

지니에서는 RMI(다른 프로토콜도 관여할 수 있습니다)를 사용하지만 다음과 같은 몇 가지 주요 기능을 제공합니다.

어댑티브 디스커버리(adaptive discovery)

자가치유 네트워크(self-healing networks)

RMI를 사용할 때는 클라이언트에서 원격 서비스의 이름과 위치를 알아야 했습니다. 룩업을 위한 클라이언트 코드에는 원격 서비스의 IP 주소나 호스트명(RMI 레지스트리가 실행되고 있는 곳)과 서비스를 등록할 때 사용한 논리명이 필요합니다.

하지만 지니를 사용하면 클라이언트에서 한 가지만 알고 있으면 됩니다. 서비스에서 구현한 **인터페이스**만 알면 됩니다. 다른 건 필요 없습니다.

그러면 어떻게 그걸 가지고 서비스를 찾을 수 있을까요? 지니 룩업 서비스에 그 비밀이 숨어있습니다. 지니 룩업 서비스(Jini lookup service)는 RMI 레지스트리에 비해 훨씬 강력하면서 유연합니다. 우선 지니 룩업 서비스는 자동으로 네트워크에 자신이 있다는 것을 발표합니다. 룩업 서비스가 온라인이 되면 (IP 멀티캐스트를 이용하여) "저 여기 있어요"라는 메시지를 뿌립니다.

하지만 그게 전부는 아닙니다. 룩업 서비스에서 이미 자신이 온라인에 있다는 것을 알린 이후에 클라이언트가 온라인이 되면 전체 네트워크에 "룩업 서비스 있어요?"하는 메시지를 뿌릴 수 있습니다.

하지만 클라이언트 쪽에서 필요로 하는 것은 룩업 서비스 자체가 아니라 룩업 서비스에 등록된 서비스입니다. RMI 원격 서비스, 다른 직렬화된 자바 객체, 프린터, 카메라, 커피 메이커와 같은 장치 같은 것이 실제로 필요하죠.

이제 점점 더 흥미로운 부분으로 들어가기 시작합니다. 어떤 서비스가 온라인이 되면 동적으로 네트워크에 있는 지니 룩업 서비스를 찾아서 등록합니다. 서비스가 룩업 서비스에 '룩업' 되면 그 서비스에서는 룩업 서비스에 들어갈 직렬화된 객체를 보냅니다. 그 직렬화된 객체는 RMI 원격 서비스에 대한 스터브일 수도 있고 네트워크 장치에 대한 드라이버일 수도 있고 클라이언트 시스템에서 통째로 내려받아서 실행할 수 있는 서비스 전체일 수도 있습니다. 그리고 이름으로 등록하는 대신 그 서비스가 구현하고 있는 인터페이스로 등록합니다.

일단 클라이언트에서 룩업 서비스에 대한 레퍼런스를 확보하고 나면 그 룩업 서비스에 "어이, ScientificCalculator를 구현하는 거 있어?"하고 물어볼 수 있습니다. 그러면 룩업 서비스에서는 등록된 인터페이스의 목록을 뒤져보고 매치되는 것을 찾으면 "응, 그 인터페이스를 구현한 거 있어. 나한테 등록한 ScientificCalculator 서비스가 보낸 직렬화된 객체 여기 있어"라고 답합니다.

어댑티브 디스커버리 작동 과정

① 지니 룩업 서비스가 네트워크 어딘가에서 구동되면서 IP 멀티캐스트를 이용해서 자신이 온라인으로 들어왔음을 알립니다.

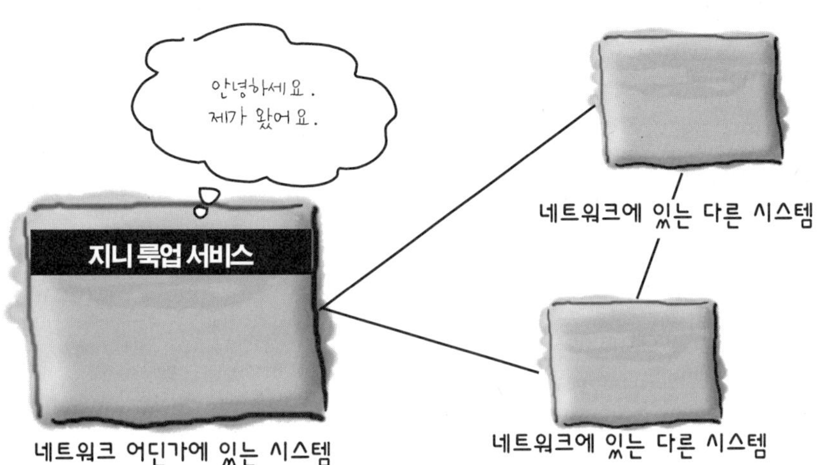

② 다른 시스템에서 돌아가고 있던 지니 서비스에서 새로 등장한 룩업 서비스에 등록하고 싶다는 요청을 합니다. 이 때 이름이 아니라 기능을 기준으로 등록합니다. 즉 그 서비스가 구현하고 있는 서비스 인터페이스를 등록합니다. 그리고 그 과정에서 룩업 서비스에 저장해둘 직렬화된 객체를 보냅니다.

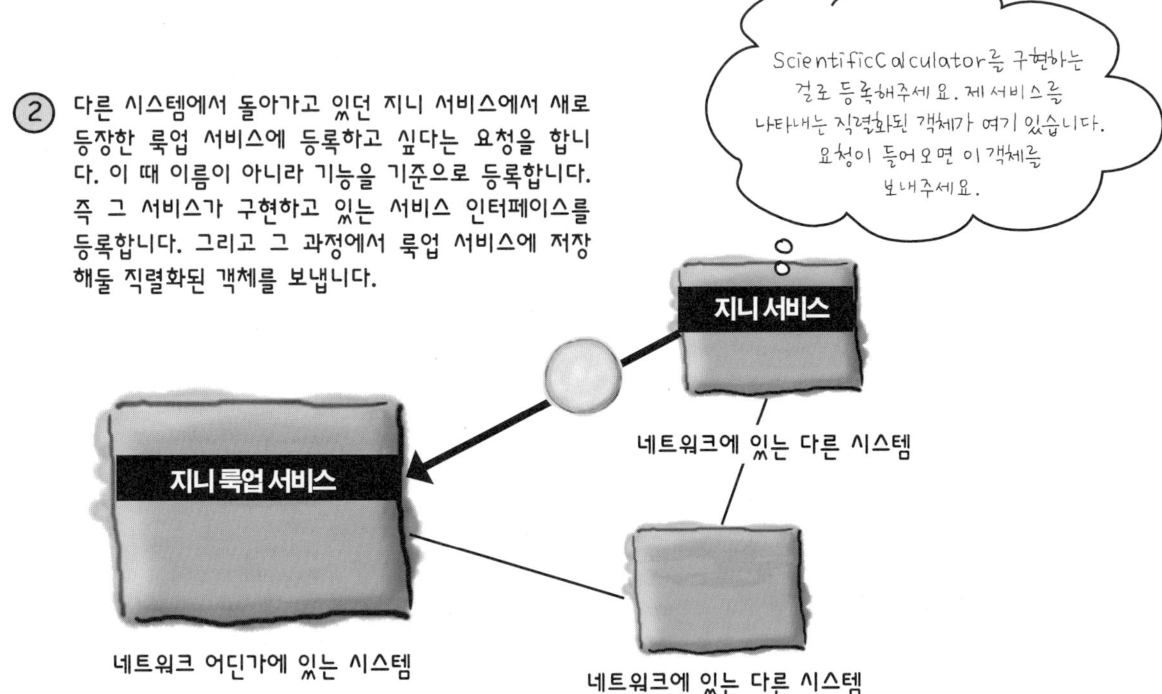

어댑티브 디스커버리 작동 과정(계속)

③ 네트워크에 있는 클라이언트에서 Scientific Calculator 인터페이스를 구현하는 것을 요청합니다. 그런 서비스가 존재하는지, 어디에 있는지를 알아야 하므로 룩업 서비스에 물어봅니다.

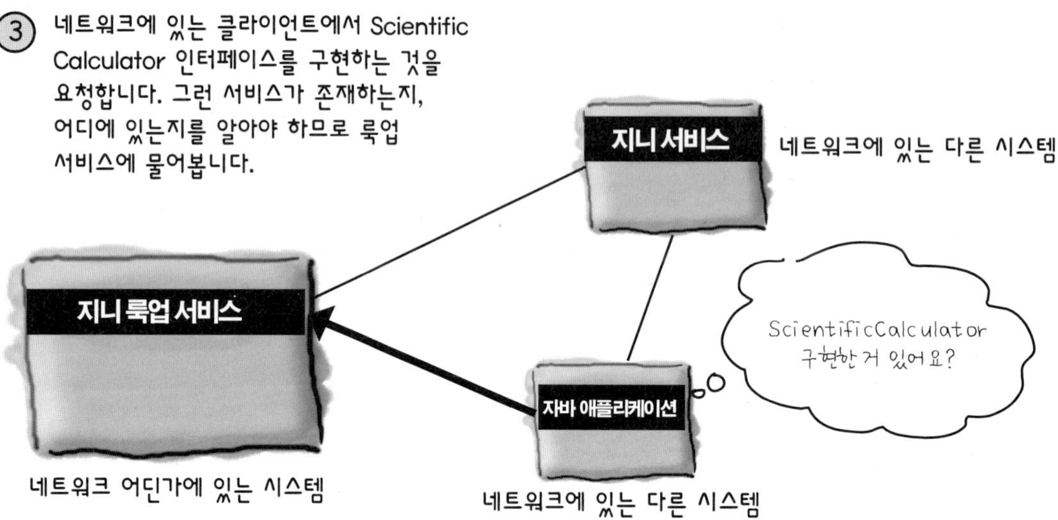

④ ScientificCalculator 인터페이스를 구현한 것이 등록되어 있으므로 룩업 서비스에서 응답을 합니다.

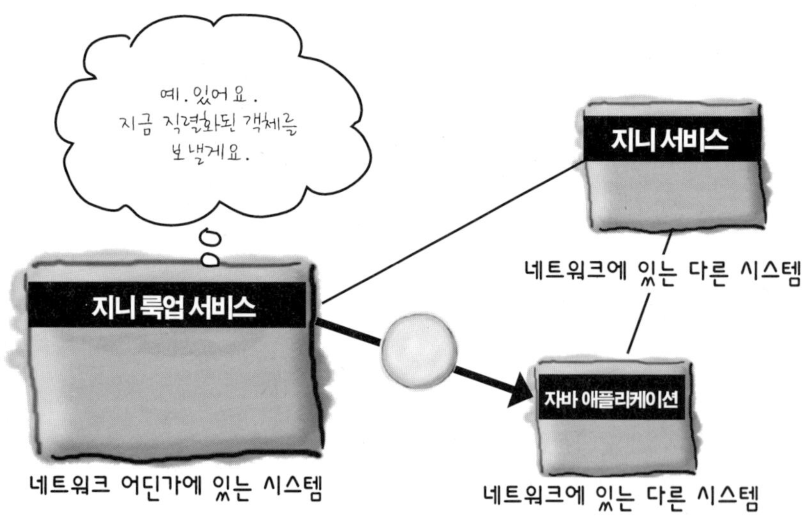

자가치유 네트워크 작동 과정

① 지니 서비스가 룩업 서비스에 등록해달라는 요청을 했습니다. 룩업 서비스에서는 '임차권(lease)'을 줍니다. 새로 등록된 서비스는 그 임차권을 계속 갱신해야 합니다. 그렇게 하지 않으면 룩업 서비스에서 서비스가 오프라인이 된 것으로 간주합니다. 룩업 서비스에서는 네트워크에 있는 다른 시스템에게 사용 가능한 서비스에 대해 정확한 정보를 제공해야 하니까요.

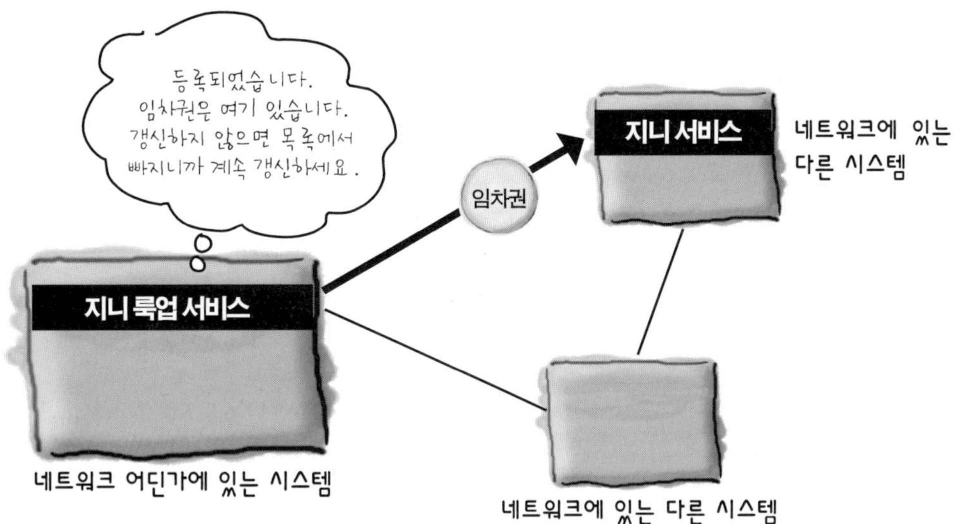

② (누군가가 서비스를 중단한 경우) 서비스가 오프라인이 되면서 임차권을 갱신하지 않습니다. 룩업 서비스에서는 그 서비스를 목록에서 제외시킵니다.

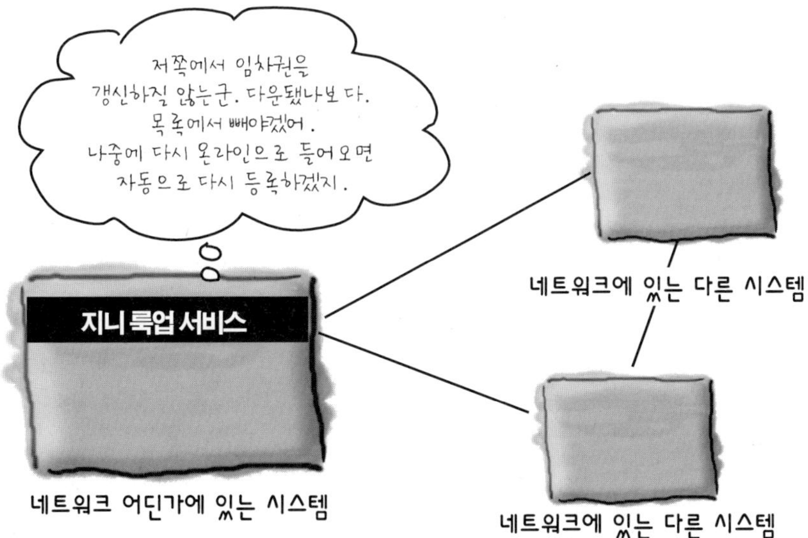

마지막 프로젝트: 범용 서비스 브라우저

지니를 쓸 수 있진 않지만 (쉽게) 그렇게 만들 수 있는 것을 구현해보겠습니다. 이 애플리케이션은 RMI만 가지고 지니와 비슷한 느낌을 줍니다. 이 애플리케이션과 지니 애플리케이션의 가장 큰 차이점은 서비스를 찾는 과정에 있습니다. 자동으로 자신이 있음을 알리고 네트워크 어디에서든지 돌아갈 수 있는 지니 룩업 서비스 대신 원격 서비스와 같은 시스템에서만 돌아가는 RMI 레지스트리를 이용할 것입니다. 그리고 이 프로그램은 자신이 있다는 것을 자동으로 알릴 수 없습니다.

그리고 룩업 서비스를 이용하여 서비스가 자체적으로 등록하는 대신 이 애플리케이션에서는 (Naming.rebind()를 이용하여) 우리가 직접 RMI 레지스트리에 등록해야 합니다.

하지만 일단 클라이언트가 RMI 레지스트리에서 서비스를 발견하고 나면 애플리케이션의 나머지 부분은 지니를 이용하는 것과 거의 동일한 방법으로 작동합니다(대신 서비스가 다운되었을 때 자가치유 기능을 제공하는 임차권 개념은 빠져 있습니다).

범용 서비스 브라우저(Universal Service Browser)는 특화된 웹 브라우저 같은 것이라고 보면 됩니다. 서비스 브라우저에서는 HTML 페이지 대신 범용 서비스(universal service)라고 부르는 대화형 자바 GUI를 내려받아서 화면에 표시합니다.

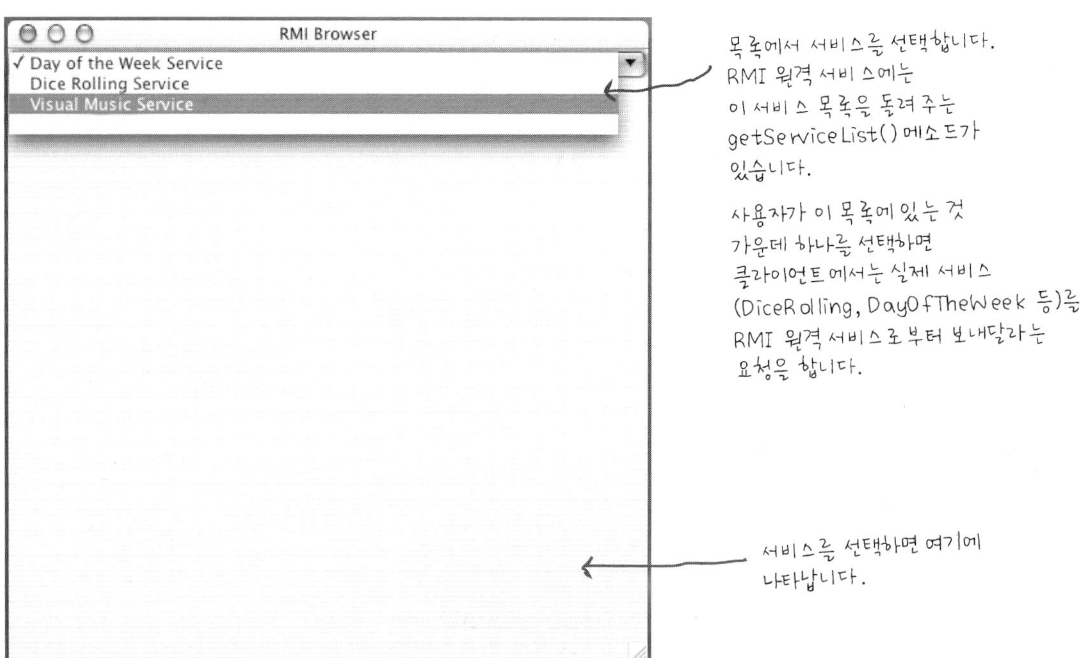

목록에서 서비스를 선택합니다. RMI 원격 서비스에는 이 서비스 목록을 돌려 주는 getServiceList() 메소드가 있습니다.

사용자가 이 목록에 있는 것 가운데 하나를 선택하면 클라이언트에서는 실제 서비스 (DiceRolling, DayOfTheWeek 등)를 RMI 원격 서비스로부터 보내달라는 요청을 합니다.

서비스를 선택하면 여기에 나타납니다.

작동 원리:

① 클라이언트가 시작되면서 RMI 레지스트리에 대해 "ServiceServer"라는 서비스가 있는지 룩업을 수행합니다. 그리고 스터브를 받아옵니다.

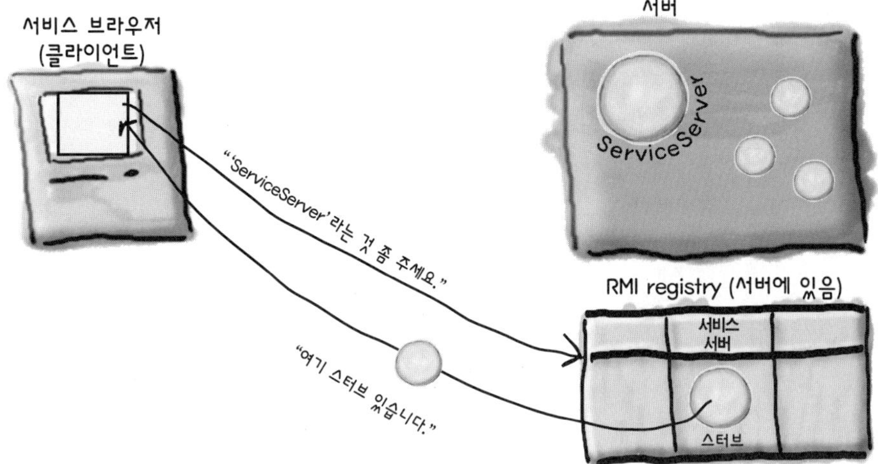

② 클라이언트에서 스터브에 있는 getServiceList( ) 메소드를 호출합니다. ServiceServer에서 서비스의 배열을 리턴합니다.

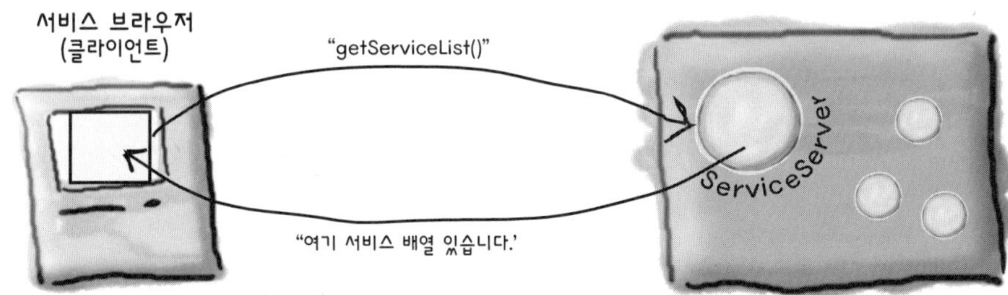

③ 클라이언트에서 서비스의 목록을 GUI에 표시합니다.

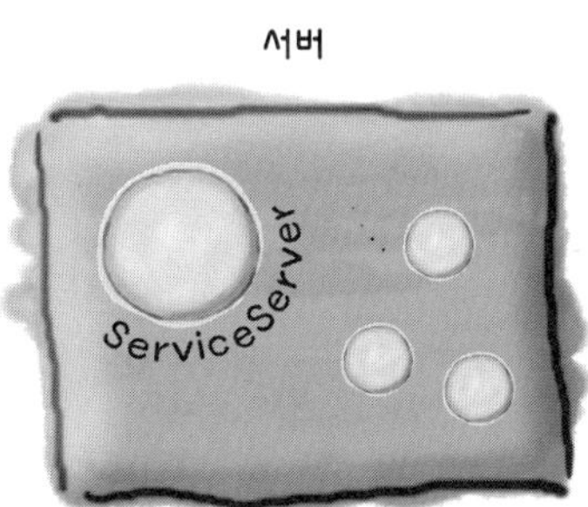

작동 원리(계속)

④ 사용자가 목록에서 서비스를 선택하면 클라이언트에서 원격 서비스의 getService( )를 호출합니다. 원격 서비스에서 클라이언트 브라우저에서 실행될 실제 서비스를 직렬화된 객체 형태로 리턴합니다.

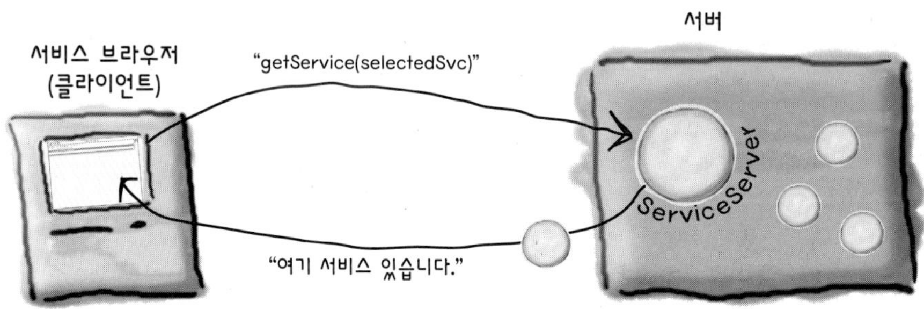

⑤ 클라이언트에서 방금 원격 서비스로부터 받은 직렬화된 서비스 객체의 getGuiPanel() 메소드를 호출합니다. 그 서비스의 GUI가 브라우저 내에 표시되고 사용자는 로컬 시스템에서 그 서비스를 사용할 수 있습니다. 이 시점에서는 사용자가 다른 서비스를 사용하기로 하기 전까지는 원격 서비스가 없어도 됩니다.

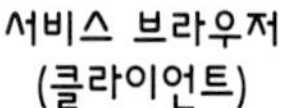

클래스와 인터페이스:

① **ServiceServer 인터페이스는 Remote를 확장합니다.**
원격 서비스를 위한 일반적인 RMI 원격 인터페이스(원격 서비스에는 서비스 목록을 받아서 선택된 서비스를 리턴하는 메소드가 있습니다)

② **ServiceServerImpl 클래스는 ServiceServer를 구현합니다.**
실제 RMI 원격 서비스(UnicastRemoteObject를 확장합니다)입니다. 모든 서비스의 인스턴스(나중에 클라이언트로 전송될 수 있습니다)를 만들어서 저장하고 서버 자체(ServiceServerImpl)를 RMI 레지스트리에 등록합니다.

③ **ServiceBrowser 클래스**
클라이언트. 매우 간단한 GUI를 만들고 RMI 레지스트리를 룩업하여 ServiceServer 스터브를 받아오고 그 스터브에 대해 원격 메소드를 호출하여 GUI 목록에 보여줄 서비스의 목록을 가져옵니다.

④ **Service 인터페이스**
가장 중요한 인터페이스입니다. 이 엄청나게 간단한 인터페이스에는 getGuiPanel()이라는 메소드 단 하나가 있습니다. 클라이언트로 전송되는 모든 서비스는 이 인터페이스를 구현해야 합니다. 바로 이 인터페이스를 통해서 모든 것이 범용적이 될 수 있는 것이지요. 이 인터페이스를 구현하면 클라이언트 쪽에서 실제 그 서비스가 어떤 클래스(또는 클래스들)로 구성되어있는지 전혀 모르더라도 서비스를 받아올 수 있습니다. 클라이언트에서 알고 있는 것은 무엇이 오든지 그 클래스는 Service 인터페이스를 구현하므로 반드시 getGuiPanel() 메소드가 있어야 한다는 점입니다.
클라이언트에서는 ServiceServer 스터브에 대해 getService(selectedSvc) 메소드를 호출하여 직렬화된 객체를 받을 수 있으며 클라이언트에서는 그 객체에 "그 쪽이 뭔지는 잘 모르지만 Service 인터페이스를 구현하는군요. 그러니까 getGuiPanel()을 호출할 수 있겠죠? 그리고 getGuiPanel()에서는 JPanel을 리턴하니까 그걸 브라우저 GUI에 집어넣고 사용자가 쓸 수 있도록 만들어주겠습니다"라고 말합니다.

⑤ **DiceService 클래스는 Service를 구현합니다.**
혹시 주사위 갖고 계세요? 주사위가 없는데, 주사위가 필요하다면 이 서비스를 써서 1에서 6까지의 숫자를 무작위적으로 만들어보세요.

⑥ **MiniMusicService 클래스도 Service를 구현합니다.**
첫번째 GUI 코드 키친에서 만들었던 조그만 '뮤직 비디오' 애플리케이션을 기억하고 계시죠? 그 애플리케이션을 서비스로 만들었습니다. 이걸 계속 쓰다 보면 언젠가는 룸메이트도 도망가 버리겠죠?

⑦ **DayOfTheWeekService 클래스도 Service를 구현합니다.**
자신이 태어난 요일이 궁금하지 않으세요? 이 프로그램을 써 보세요. 날짜를 입력하면 요일을 알려줍니다.

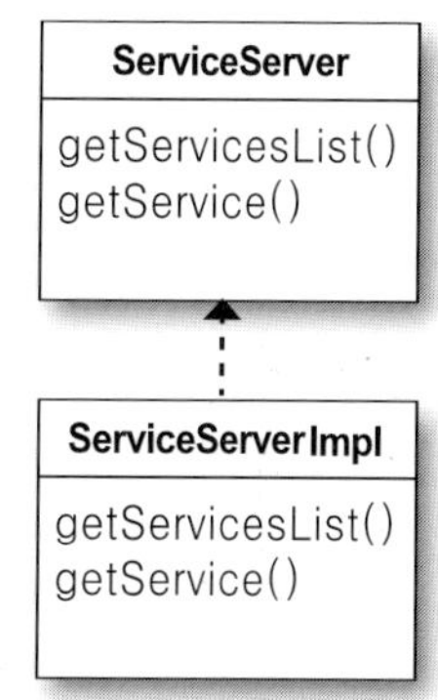

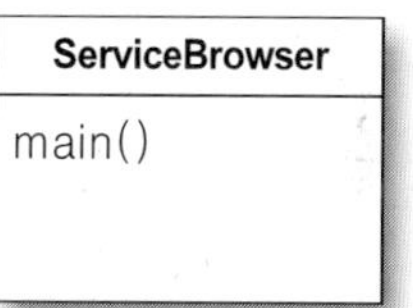

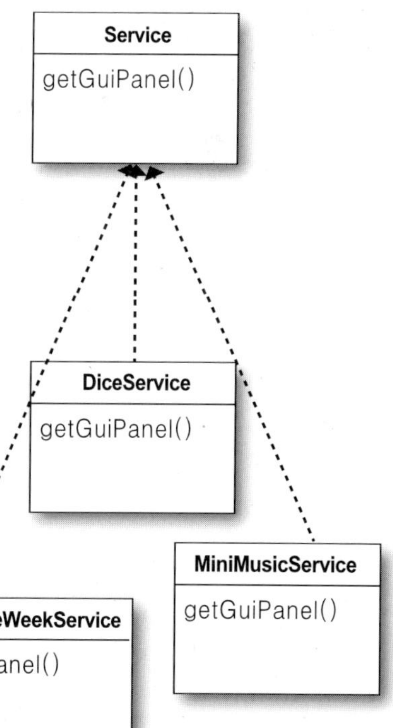

ServiceServer 인터페이스(원격 인터페이스)

```java
import java.rmi.*;

public interface ServiceServer extends Remote {

    Object[] getServiceList() throws RemoteException;

    Service getService(Object serviceKey) throws RemoteException;
}
```

그냥 평범한 RMI 원격 인터페이스입니다. 원격 서비스에 있어야 하는 메소드 두 개를 정의합니다.

Service 인터페이스(GUI 서비스에서 구현하는 인터페이스)

```java
import javax.swing.*;
import java.io.*;

public interface Service extends Serializable {
    public JPanel getGuiPanel();
}
```

모든 범용 서비스에 있어야하는 메소드인 getGuiPanel()을 정의하는 메소드입니다. 이 인터페이스는 Serializable을 확장한것이므로 Service 인터페이스를 구현하는 클래스는 모두 자동으로 직렬화할 수 있는 클래스가 됩니다.

모든 서비스는 클라이언트가 원격 ServiceServer의 getService() 메소드를 호출했을 때 서버로부터 네트워크를 통해 전달되기 때문에 반드시 직렬화할 수 있어야만 합니다.

ServiceServerImpl 클래스(원격 인터페이스를 구현한 클래스)

```java
import java.rmi.*;
import java.util.*;
import java.rmi.server.*;
```

일반적인 RMI용 클래스입니다.

```java
public class ServiceServerImpl extends UnicastRemoteObject implements ServiceServer  {

    HashMap serviceList;
```

서비스는 HashMap 컬렉션에 저장됩니다. 이 컬렉션에는 한 개가 아닌 객체 두 개를 집어넣습니다. 키 객체(String 등)와 값 객체(아무 객체나 들어가도 됩니다)가 들어갑니다(HashMap에 대한 내용은 '16장'에도 나와있습니다).

```java
    public ServiceServerImpl() throws RemoteException {
        setUpServices();
    }

    private void setUpServices() {
        serviceList = new HashMap();
        serviceList.put("Dice Rolling Service", new DiceService());
        serviceList.put("Day of the Week Service", new DayOfTheWeekService());
        serviceList.put("Visual Music Service", new MiniMusicService());
    }
```

생성자가 호출되면 실제 범용 서비스(DiceService, MiniMusicService 등)를 초기화합니다.

서비스(실제 서비스 객체)를 만들고 그 객체를 String으로 된 이름(키)과 함께 HashMap에 집어넣습니다.

```java
    public Object[] getServiceList() {
        System.out.println("in remote");
        return serviceList.keySet().toArray();
    }
```

클라이언트에서 (사용자가 서비스를 선택할 수 있도록) 브라우저에 표시할 서비스의 목록을 얻어갈 때 이 메소드를 호출합니다. 그러면 HashMap에 있는 키의 값만 모아서 (실제로는 String이 들어있지만) Object 유형의 배열을 만든 다음 그 배열을 보냅니다. 클라이언트에서 getService()를 호출하여 실제 서비스를 요구하기 전에는 실제 Service 객체는 보내지 않습니다.

```java
    public Service getService(Object serviceKey) throws RemoteException {
        Service theService = (Service) serviceList.get(serviceKey);
        return theService;
    }
```

사용자가 서비스 목록(위에 있는 메소드로부터 구한 목록)에서 서비스를 선택하면 클라이언트에서 이 메소드를 호출합니다. 이 코드에서는 키(처음에 클라이언트로 전송된 키와 같음)를 이용하여 그에 대응되는 서비스를 HashMap으로부터 찾아냅니다.

```java
    public static void main (String[] args) {
        try {
            Naming.rebind("ServiceServer", new ServiceServerImpl());
        } catch(Exception ex) { }
            ex.printStackTrace();
        }
        System.out.println("Remote service is running");
    }
}
```

ServiceBrowser 클래스(클라이언트)

```java
import java.awt.*;
import javax.swing.*;
import java.rmi.*;
import java.awt.event.*;


public class ServiceBrowser {

   JPanel mainPanel;
   JComboBox serviceList;
   ServiceServer server;


   public void buildGUI() {
      JFrame frame = new JFrame("RMI Browser");
      mainPanel = new JPanel();
      frame.getContentPane().add(BorderLayout.CENTER, mainPanel);

      Object[] services = getServicesList();


      serviceList = new JComboBox(services);


      frame.getContentPane().add(BorderLayout.NORTH, serviceList);

      serviceList.addActionListener(new MyListListener());

      frame.setSize(500,500);
      frame.setVisible(true);

   }

   void loadService(Object serviceSelection) {
      try {
         Service svc = server.getService(serviceSelection);

         mainPanel.removeAll();
         mainPanel.add(svc.getGuiPanel());
         mainPanel.validate();
         mainPanel.repaint();
      } catch(Exception ex) {
         ex.printStackTrace();
      }
   }
}
```

이 메소드에서는 RMI 레지스트리 룩업을 수행하고 스터브를 받고 getServiceList()를 호출합니다. (실제 메소드는 다음 페이지에 나와있습니다)

서비스(Object 배열)를 JComboBox(목록)에 추가합니다. JComboBox에서는 배열에 들어있는 것으로부터 화면에 표시할 수 있는 String을 만들어내는 방법을 알고 있습니다.

사용자가 어떤 서비스를 선택했을 때 실제 서비스를 GUI에 추가하는 부분(이 메소드는 JComboBox의 이벤트 리스너에 의해 호출됩니다)의 원격 서버(ServiceServer의 스터브)에서 getService()를 호출하며, 이때 화면에 표시되었던 String(getServiceList()을 호출했을 때 받았던 것과 똑같은 String 객체)을 매개변수로 전달합니다. 서버에서는 실제 서비스(직렬화된 서비스)를 리턴하는데, 그 직렬화된 객체는(RMI를 거치면서) 역직렬화되므로 그 서비스에 대해 getGuiPanel()을 호출하고 그 결과(JPanel 객체)를 브라우저의 mainPanel에 추가하기만 하면 됩니다.

```java
Object[] getServicesList() {
    Object obj = null;
    Object[] services = null;

    try {

        obj = Naming.lookup("rmi://127.0.0.1/ServiceServer");

    }
    catch(Exception ex) {
     ex.printStackTrace();
    }
    server = (ServiceServer) obj;


    try {

      services = server.getServiceList();

    } catch(Exception ex) {
        ex.printStackTrace();
    }
    return services;

}

class MyListListener implements ActionListener {
    public void actionPerformed(ActionEvent ev) {

        Object selection =  serviceList.getSelectedItem();
        loadService(selection);
    }
 }

public static void main(String[] args) {
    new ServiceBrowser().buildGUI();
}
}
```

RMI 룩업을 처리하고 스터브를 받아옵니다.

스터브를 원격 인터페이스 유형으로 캐스트합니다. 이렇게 해야 그 객체에 대해 getServiceList()를 호출할 수 있으니까요.

getServiceList()에서는 Object의 배열을 리턴합니다. 그 배열은 JComboBox를 통해 화면에 표시되고, 사용자는 그 콤보 박스에서 원하는 서비스를 선택할 수 있습니다.

이 코드는 사용자가 JComboBox 목록에서 원하는 서비스를 선택했을 때만 실행됩니다. 따라서 그 스켈레톤을 받아서 적당한 서비스를 불러옵니다(사용자가 선택한 서비스에 해당하는 서버를 요구하는 loadService 메소드 참조).

DiceService 클래스(Service를 구현하는 범용 서비스)

```java
import javax.swing.*;
import java.awt.event.*;
import java.io.*;

public class DiceService implements Service {

    JLabel label;
    JComboBox numOfDice;


    public JPanel getGuiPanel() {
        JPanel panel = new JPanel();
        JButton button = new JButton("Roll 'em!");
        String[] choices = {"1", "2", "3", "4", "5", "6"};
        numOfDice = new JComboBox(choices);
        label = new JLabel("dice values here");
        button.addActionListener(new RollEmListener());
        panel.add(numOfDice);
        panel.add(button);
        panel.add(label);
        return panel;
    }

    public class RollEmListener implements ActionListener {
        public void actionPerformed(ActionEvent ev) {
            // 주사위를 굴립니다.
            String diceOutput = "";
            String selection = (String)  numOfDice.getSelectedItem();
            int numOfDiceToRoll = Integer.parseInt(selection);
            for (int i = 0; i < numOfDiceToRoll; i++) {
                int r = (int) ((Math.random() * 6) + 1);
                diceOutput += (" " + r);
            }
        label.setText(diceOutput);

        }
    }
```

이 메소드가 바로 Service 인터페이스의 메소드입니다. 사용자가 이 서비스를 선택하면 클라이언트에서 이 서비스를 불러오고 이 메소드를 호출합니다. getGuiPanel()은 JPanel을 리턴하는 메소드로, 실제 주사위를 굴리는 GUI를 여기에서 만듭니다.

연필을 깎으며

이 DiceService를 향상시키는 방법에 대해 생각해봅시다. 예를 들어 GUI와 관련된 장에서 배운 내용을 활용하여 그래픽을 활용해봅시다. 직사각형을 그리고 그 주사위 눈에 맞게 적당한 개수의 원을 그리면 되겠죠?

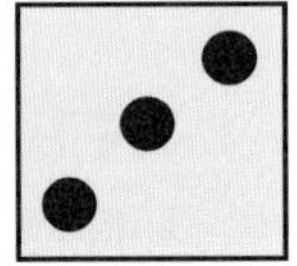
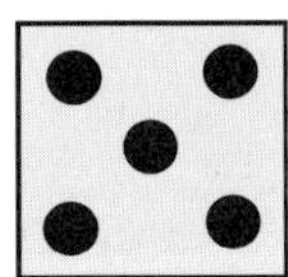

MiniMusicService 클래스(Service를 구현하는 범용 서비스)

```java
import javax.sound.midi.*;
import java.io.*;
import javax.swing.*;
import java.awt.*;
import java.awt.event.*;

public class MiniMusicService implements Service {

    MyDrawPanel myPanel;

    public JPanel getGuiPanel() {
        JPanel mainPanel = new JPanel();
        myPanel = new MyDrawPanel();
        JButton playItButton = new JButton("Play it");
        playItButton.addActionListener(new PlayItListener());
        mainPanel.add(myPanel);
        mainPanel.add(playItButton);
        return mainPanel;
    }

    public class PlayItListener implements ActionListener {
        public void actionPerformed(ActionEvent ev) {

            try {

                sequencer sequencer = MidiSystem.getSequencer();
                sequencer.open();

                Sequencer.addControllerEventListener(myPanel, new int[] {127});
                Sequence seq = new Sequence(Sequence.PPQ, 4);
                Track track = seq.createTrack();

                for (int i = 0; i < 100; i+= 4) {

                    int  rNum = (int) ((Math.random() * 50) + 1);
                    if (rNum < 38) { // num이 38보다 작은 경우에만(전체의 4분의 3) 합니다.
                        track.add(makeEvent(144,1,rNum,100,i));
                        track.add(makeEvent(176,1,127,0,i));
                        track.add(makeEvent(128,1,rNum,100,i + 2));
                    }
                } // 순환문 끝

                sequencer.setSequence(seq);
                sequencer.start();
                sequencer.setTempoInBPM(220);
            } catch (Exception ex) {ex.printStackTrace();}

        } // actionPerformed 메소드 끝
    } // 내부 클래스 끝
```

서비스 메소드입니다. 버튼과 그림을 그리는 서비스(나중에 직사각형이 그려집니다)를 화면에 표시합니다.

12장의 코드 키친에 나와있는 음악 관련 코드므로 이 부분은 다시 설명하지 않겠습니다.

MiniMusicService 코드 계속

```java
public MidiEvent makeEvent(int comd, int chan, int one, int two, int tick) {
    MidiEvent event = null;
      try {
          ShortMessage a = new ShortMessage();
          a.setMessage(comd, chan, one, two);
          event = new MidiEvent(a, tick);

      }catch(Exception e) { }
    return event;
    }


class MyDrawPanel extends JPanel implements ControllerEventListener {

    // 이벤트가 발생한 경우에만 그림을 그립니다.
    boolean msg = false;

    public void controlChange(ShortMessage event) {
       msg = true;
       repaint();
    }

    public Dimension getPreferredSize() {
       return new Dimension(300,300);
    }

    public void paintComponent(Graphics g) {
       if (msg) {

           Graphics2D g2 = (Graphics2D) g;

           int r = (int) (Math.random() * 250);
           int gr = (int) (Math.random() * 250);
           int b = (int) (Math.random() * 250);

           g.setColor(new Color(r,gr,b));

           int ht = (int) ((Math.random() * 120) + 10);
           int width = (int) ((Math.random() * 120) + 10);

           int x = (int) ((Math.random() * 40) + 10);
           int y =  (int) ((Math.random() * 40) + 10);

           g.fillRect(x,y,ht, width);
           msg = false;

       } // if 문 끝
    } // 메소드 끝
  } // 내부 클래스 끝
} // 클래스 끝
```

여기에도 새로운 내용은 없습니다. 그래픽 관련 코드 키친에서 이미 봤던 코드니까요. 연습문제를 푸는 기분으로 이 코드에 직접 설명을 붙여보고 12장의 코드 키친에 나와있는 설명하고 비교해보세요.

DayOfTheWeekService 클래스(Service를 구현하는 범용 서비스)

```java
import javax.swing.*;
import java.awt.event.*;
import java.awt.*;
import java.io.*;
import java.util.*;
import java.text.*;

public class DayOfTheWeekService implements Service {

    JLabel outputLabel;
    JComboBox month;
    JTextField day;
    JTextField year;

    public JPanel getGuiPanel() {
        JPanel panel = new JPanel();
        JButton button = new JButton("Do it!");
        button.addActionListener(new DoItListener());
        outputLabel = new JLabel("date appears here");
        DateFormatSymbols dateStuff = new DateFormatSymbols();
        month = new JComboBox(dateStuff.getMonths());
        day = new JTextField(8);
        year = new JTextField(8);
        JPanel inputPanel = new JPanel(new GridLayout(3,2));
        inputPanel.add(new JLabel("Month"));
        inputPanel.add(month);
        inputPanel.add(new JLabel("Day"));
        inputPanel.add(day);
        inputPanel.add(new JLabel("Year"));
        inputPanel.add(year);
        panel.add(inputPanel);
        panel.add(button);
        panel.add(outputLabel);
        return panel;
    }

    public class DoItListener implements ActionListener {
        public void actionPerformed(ActionEvent ev) {
            int monthNum = month.getSelectedIndex();
            int dayNum = Integer.parseInt(day.getText());
            int yearNum = Integer.parseInt(year.getText());
            Calendar c = Calendar.getInstance();
            c.set(Calendar.MONTH, monthNum);
            c.set(Calendar.DAY_OF_MONTH, dayNum);
            c.set(Calendar.YEAR, yearNum);
            Date date = c.getTime();
            String dayOfWeek = (new SimpleDateFormat("EEEE")).format(date);
            outputLabel.setText(dayOfWeek);
        }
    }
}
```

GUI를 만드는 Service 인터페이스의 메소드

숫자 및 날짜 포매팅과 관련된 내용이 잘 기억나지 않는다면 10장을 참고하세요. 하지만 여기에서는 Calendar 클래스를 사용하기 때문에 코드가 약간 다릅니다. 그리고 SimpleDateFormat을 사용하면 날짜를 출력하는 패턴을 지정할 수 있습니다.

축하합니다.

드디어 이 책을 끝내셨군요.

축하합니다.
드디어 이 책을 끝내셨군요.
물론, 아직 부록 두 개가 더 남아있습니다.
찾아보기도 남아있고요.
아, 그리고 웹사이트도 남았군요.
다시 생각해보니 아직 축하하기엔 조금 이른 감이 있군요.

부록 A:
마지막 코드 키친

Cyber BeatBox

Bass Drum
Closed Hi-Hat
Open Hi-Hat
Acoustic Snare
Crash Cymbal
Hand Clap
High Tom
Hi Bongo
Maracas
Whistle
Low Conga
Cowbell
Vibraslap
Low-mid Tom
High Agogo
Open Hi Conga

Start
Stop
Tempo Up
Tempo Down
sendIt

dance beat

Andy: groove #2

Chris: groove revised

Nigel: dance beat

sendIt을 누르면 현재 비트 패턴과 함께 여기에 입력된 메시지가 다른 사람들에게 전달됩니다.

다른 플레이어들이 보낸 메시지입니다. 메시지를 클릭하면 그 메시지와 함께 도착한 패턴을 불러올 수 있습니다. 그리고 나서 Start 버튼을 누르면 그 비트 패턴을 연주할 수 있지요.

드디어 비트박스의 마지막 버전입니다.

이 프로그램에서는 간단한 음악 서버에 접속할 수 있기 때문에 다른 클라이언트와 비트 패턴을 주고받을 수 있습니다.

마지막 비트박스 클라이언트 프로그램

여기에 있는 코드는 대부분 이전 장의 코드 키친에 있던 코드와 똑같기 때문에 설명은 일부 생략하겠습니다.
새로운 부분만 설명하면 다음과 같습니다.

GUI – 받은 메시지를 표시하기 위한 텍스트 영역(정확하게 말하면, 스크롤 목록)과 텍스트 필드를 위한 두 개
의 구성요소가 추가되었습니다.

네트워킹 – SimpleChatClient와 마찬가지로 서버에 연결하고 입력 및 출력 스트림을 받습니다.

스레드 – SimpleChatClient와 마찬가지로 서버로부터 들어오는 메시지를 계속 읽어들이는 클래스를 시작
합니다. 이번에는 단순한 텍스트 메시지만 받는 것이 아니고 객체 두 개를 전달받습니다. 하나는 String으로
된 메시지고 나머지 하나는 (모든 체크상자의 상태가 들어있는) 직렬화된 ArrayList입니다.

```java
import java.awt.*;
import javax.swing.*;
import java.io.*;
import javax.sound.midi.*;
import java.util.*;
import java.awt.event.*;
import java.net.*;
import javax.swing.event.*;

public class BeatBoxFinal {

    JFrame theFrame;
    JPanel mainPanel;
    JList incomingList;
    JTextField userMessage;
    ArrayList<JCheckBox> checkboxList;
    int nextNum;
    Vector<String> listVector = new Vector<String>();
    String userName;
    ObjectOutputStream out;
    ObjectInputStream in;
    HashMap<String, boolean[]> otherSeqsMap = new HashMap<String, boolean[]>();

    Sequencer sequencer;
    Sequence sequence;
    Sequence mySequence = null;
    Track track;


    String[] instrumentNames = {"Bass Drum", "Closed Hi-Hat", "Open Hi-Hat","Acoustic
    Snare", "Crash Cymbal", "Hand Clap", "High Tom", "Hi Bongo", "Maracas", "Whistle",
    "Low Conga", "Cowbell", "Vibraslap", "Low-mid Tom", "High Agogo", "Open Hi Conga"};

    int[] instruments = {35,42,46,38,49,39,50,60,70,72,64,56,58,47,67,63};
```

```java
public static void main (String[] args) {
    new BeatBoxFinal().startUp(args[0]);   // args[0]은 사용자 ID입니다.
}


public void startUp(String name) {
    userName = name;
    // 서버에 접속합니다.
    try {
       Socket sock = new Socket("127.0.0.1", 4242);
       out = new ObjectOutputStream(sock.getOutputStream());
       in = new ObjectInputStream(sock.getInputStream());
       Thread remote = new Thread(new RemoteReader());
       remote.start();
    } catch(Exception ex) {
         System.out.println("couldn't connect - you'll have to play alone.");
    }
    setUpMidi();
    buildGUI();
} // startUp() 메소드 끝


  public void buildGUI() {

     theFrame = new JFrame("Cyber BeatBox");
     BorderLayout layout = new BorderLayout();
     JPanel background = new JPanel(layout);
     background.setBorder(BorderFactory.createEmptyBorder(10,10,10,10));

     checkboxList = new ArrayList<JCheckBox>();

     Box buttonBox = new Box(BoxLayout.Y_AXIS);
     JButton start = new JButton("Start");
     start.addActionListener(new MyStartListener());
     buttonBox.add(start);

     JButton stop = new JButton("Stop");
     stop.addActionListener(new MyStopListener());
     buttonBox.add(stop);

     JButton upTempo = new JButton("Tempo Up");
     upTempo.addActionListener(new MyUpTempoListener());
     buttonBox.add(upTempo);

     JButton downTempo = new JButton("Tempo Down");
     downTempo.addActionListener(new MyDownTempoListener());
     buttonBox.add(downTempo);

     JButton sendIt = new JButton("sendIt");
     sendIt.addActionListener(new MySendListener());
     buttonBox.add(sendIt);

     userMessage = new JTextField();
```

화면 이름을 지정하기 위해 명령행 인자를 추가합니다.
예: % java BeatBoxFinal theFlash

새로운 내용은 없습니다. 네트워킹, 입출력을 설정하고 메시지를 읽어오는 스레드를 만들고 시작합니다.

GUI 코드입니다. 새로운 내용은 없습니다.

```java
buttonBox.add(userMessage);

incomingList = new JList();
incomingList.addListSelectionListener(new MyListSelectionListener());
incomingList.setSelectionMode(ListSelectionModel.SINGLE_SELECTION);
JScrollPane theList = new JScrollPane(incomingList);
buttonBox.add(theList);
incomingList.setListData(listVector);     // 처음에는 데이터가 없습니다.

Box nameBox = new Box(BoxLayout.Y_AXIS);
for (int i = 0; i < 16; i++) {
    nameBox.add(new Label(instrumentNames[i]));
}

background.add(BorderLayout.EAST, buttonBox);
background.add(BorderLayout.WEST, nameBox);

theFrame.getContentPane().add(background);

GridLayout grid = new GridLayout(16,16);
grid.setVgap(1);
grid.setHgap(2);
mainPanel = new JPanel(grid);
background.add(BorderLayout.CENTER, mainPanel);

for (int i = 0; i < 256; i++) {
    JCheckBox c = new JCheckBox();
    c.setSelected(false);
    checkboxList.add(c);
    mainPanel.add(c);
} // for문 끝

theFrame.setBounds(50,50,300,300);
theFrame.pack();
theFrame.setVisible(true);
} // 메소드 끝


public void setUpMidi() {
  try {
    sequencer = MidiSystem.getSequencer();
    sequencer.open();
    sequence = new Sequence(Sequence.PPQ,4);
    track = sequence.createTrack();
    sequencer.setTempoInBPM(bpm);

  } catch(Exception e) {e.printStackTrace();}
} // 메소드 끝
```

JList는 지금까지 한 번도 사용하지 않은 구성 요소입니다. 이 구성요소를 통해서 받은 메시지가 화면에 표시됩니다. 메시지를 보기만 할 수 있는 일반적인 채팅과 달리 이 애플리케이션에서는 목록에서 메시지를 선택하면 그 메시지에 들어있는 비트패턴을 불러와서 연주할 수 있습니다.

별로 새로운 내용은 없습니다.

Sequencer를 받고 Sequence를 만든 다음 Track을 만듭니다.

```java
public void buildTrackAndStart() {
    ArrayList<Integer> trackList = null;
    sequence.deleteTrack(track);
    track = sequence.createTrack();

    for (int i = 0; i < 16; i++) {
        trackList = new ArrayList<Integer>();

        for (int j = 0; j < 16; j++) {
            JCheckBox jc = (JCheckBox) checkboxList.get(j + (16*i));
            if (jc.isSelected()) {
                int key = instruments[i];
                trackList.add(new Integer(key));
            } else {
                trackList.add(null);
            }
        } // 내부 순환문 끝
        makeTracks(trackList);
    } // 외부 순환문 끝

    track.add(makeEvent(192,9,1,0,15));
    try {
        sequencer.setSequence(sequence);
        sequencer.setLoopCount(sequencer.LOOP_CONTINUOUSLY);
        sequencer.start();
        sequencer.setTempoInBPM(120);
    } catch(Exception e) {e.printStackTrace();}
} // 메소드 끝

 public class MyStartListener implements ActionListener {
   public void actionPerformed(ActionEvent a) {
       buildTrackAndStart();
   }
 }


public class MyStopListener implements ActionListener {
    public void actionPerformed(ActionEvent a) {
        sequencer.stop();
    }
}


public class MyUpTempoListener implements ActionListener {
    public void actionPerformed(ActionEvent a) {
        float tempoFactor = sequencer.getTempoFactor();
        sequencer.setTempoFactor((float)(tempoFactor * 1.03));
    }
 }


 public class MyDownTempoListener implements ActionListener {
    public void actionPerformed(ActionEvent a) {
        float tempoFactor = sequencer.getTempoFactor();
        sequencer.setTempoFactor((float)(tempoFactor *.97));
    }
 }
}
```

체크상자에 대해 순환문을 돌리면서 그 상태를 확인하고 그 결과를 각 악기에 대응시키고 MidiEvent를 만들어서 트랙을 구성합니다. 꽤 복잡해 보이지만 이전 장에 나왔던 것과 똑같으므로 자세한 설명은 이전 장에 있는 코드 키친을 참조하세요.

GUI 리스너입니다. 이전에 만들었던 것과 똑같습니다.

```java
public class MySendListener implements ActionListener {
    public void actionPerformed(ActionEvent a) {
        // 체크상자의 상태만으로 구성된 arrylist를 만듭니다.
        boolean[] checkboxState = new boolean[256];

        for (int i = 0; i < 256; i++) {
            JCheckBox check = (JCheckBox) checkboxList.get(i);
            if (check.isSelected()) {
                checkboxState[i] = true;
            }
        } // for문 끝

        String messageToSend = null;

        try {
            out.writeObject(userName + nextNum++ + ": " + userMessage.getText());
            out.writeObject(checkboxState);
        } catch(Exception ex) {
            System.out.println("Sorry dude. Could not send it to the server.");
        }
        userMessage.setText("");
    } // 메소드 끝
} // 내부 클래스 끝
```

여기에는 조금 새로운 내용이 들어있습니다. String 메시지를 보내는 대신 객체 두 개 (String 메시지와 비트 패턴)를 직렬화하고 그 두 객체를 소켓 출력 스트림으로(즉 서버로) 보낸다는 점을 제외하면 SimpleChatClient에 나와있는 코드와 매우 비슷합니다.

```java
public class MyListSelectionListener implements ListSelectionListener {
    public void valueChanged(ListSelectionEvent le) {
        if (!le.getValueIsAdjusting()) {
            String selected = (String) incomingList.getSelectedValue();
            if (selected != null) {
                boolean[] selectedState = (boolean[]) otherSeqsMap.get(selected);
                changeSequence(selectedState);
                sequencer.stop();
                buildTrackAndStart();
            }
        }
    } // 메소드 끝
} // 내부 클래스 끝
```

여기에도 새로운 내용이 나오는군요. 사용자가 메시지 목록에서 한 메시지를 선택했을 경우에 실행되는 ListSelectionListener입니다. 사용자가 메시지를 선택하면 즉시 그 메시지와 연관된 비트 패턴 (otherSeqsMap이라는 HashMap 객체)을 불러오고 연주를 시작합니다. ListSelectionEvent를 처리하기 위해 필요한 몇 가지 if문이 쓰이고 있습니다.

```java
public class RemoteReader implements Runnable {
    boolean[] checkboxState = null;
    String nameToShow = null;
    Object obj = null;
    public void run() {
      try {
          while((obj=in.readObject()) != null) {
            String nameToShow = (String) obj;
            checkboxState = (boolean[]) in.readObject();
            otherSeqsMap.put(nameToShow, checkboxState);

            listVector.add(nameToShow);
            incomingList.setListData(listVector);
          } // while문 끝
      } catch(Exception ex) {ex.printStackTrace();}
    } // run 끝
} // 내부 클래스 끝
```

스레드에서 처리할 작업입니다. 서버로부터 데이터를 읽어오죠. 이 코드에서 데이터는 직렬화된 객체 두 개입니다. 하나는 String 메시지고 다른 하나는 비트 패턴(체크상자 상태 값이 들어있는 ArrayList)입니다.

메시지가 들어오면 객체 두 개(메시지와 부울형 체크상자 상태 값으로 구성된 ArrayList)를 읽어오고 (역직렬화하고) JList 구성요소에 추가합니다. JList에 항목을 추가하는 과정은 두 단계로 구성됩니다. 우선 목록 데이터에 대한 Vector 객체(Vector는 구식 ArrayList라고 보면 됩니다)를 만들고 JList에 그 Vector를 이용하여 목록에 표시하라는 명령을 내립니다.

```java
public class MyPlayMineListener implements ActionListene:
    public void actionPerformed(ActionEvent a) {
      if (mySequence != null) {
          sequence = mySequence;   // 내가 만든 시퀀스로 돌아감
      }
    } // actionPerformed 끝
} // 내부 클래스 끝


public void changeSequence(boolean[] checkboxState) {
    for (int i = 0; i < 256; i++) {
        JCheckBox check = (JCheckBox) checkboxList.get(i)
        if (checkboxState[i]) {
            check.setSelected(true);
        } else {
            check.setSelected(false);
        }
    } // for문 끝
} // 메소드 끝
```

사용자가 목록에서 뭔가를 선택하면 그 선택된 항목에 해당하는 패턴으로 바로 변경합니다.

```java
public void makeTracks(ArrayList list) {
    Iterator it = list.iterator();


    for (int i = 0; i < 16; i++) {
        Integer num = (Integer) it.next();
        if (num != null) {
          int numKey = num.intValue();
          track.add(makeEvent(144,9,numKey, 100, i));
          track.add(makeEvent(128,9,numKey,100, i + 1));
        }
    } // for문 끝
} // 메소드 끝
```

MIDI 관련 부분은 이전 버전하고 똑같습니다.

```java
public  MidiEvent makeEvent(int comd, int chan, int one, int two, int tick) {
    MidiEvent event = null;
    try {
        ShortMessage a = new ShortMessage();
        a.setMessage(comd, chan, one, two);
        event = new MidiEvent(a, tick);

    } catch(Exception e) { }
    return event;
} // 메소드 끝
} // 전체 클래스 끝
```

별 다른 내용은 없습니다. 이전 버전하고 똑같습니다.

이 프로그램을 어떻게 더 향상시킬 수 있을까요?

다음과 같은 것부터 시작해보세요.

1) 패턴을 선택하고 나면 현재 연주되는 패턴이 그냥 날아갑니다. 어떤 패턴을 새로 만들고 있는데(또는 전에 만들었던 것을 고치고 있는데). 그렇게 된다면 정말 마음이 아프겠죠. 작업중인 패턴을 저장하겠냐고 물어보는 대화 상자 같은 것이 뜨도록 한다면 더 좋지 않을까요?

2) 명령행 인자를 입력하지 않으면 실행할 때 예외가 발생합니다. 메인 메소드에 명령행 인자를 입력하지 않았는지 확인하는 코드를 집어넣어봅시다. 사용자가 아무 인자도 입력하지 않으면 기본값을 사용하거나 인자를 입력하여 다시 실행하라는 메시지를 출력하고 프로그램이 종료되게 고쳐봅시다.

3) 클릭하면 자동으로 무작위적인 패턴을 만들어주는 버튼을 추가하면 좋지 않을까요? 이렇게 해서 뭔가 괜찮은 패턴이 나올 수도 있으니까요. 그리고 재즈, 락과 같은 음악에 해당하는 기본 패턴을 불러올 수 있고. 그런 패턴을 사용자가 지정해줄 수 있게 하는 기능을 추가해보는 건 어떨까요?

www.HeadFirstJava.com에서 몇 가지 패턴을 내려받을 수 있습니다.

마지막 비트박스 서버 프로그램

여기에 있는 코드는 대부분 15장에서 만들었던 SimpleChatServer하고 똑같습니다.
차이점이 있다면 이 서버에서는 단순한 String이 아닌 두 개의 직렬화된 객체를 받아
서 다시 보낸다는 점입니다.

```java
import java.io.*;
import java.net.*;
import java.util.*;

public class MusicServer {

    ArrayList<ObjectOutputStream> clientOutputStreams;

    public static void main (String[] args) {
        new MusicServer().go();
    }

    public class ClientHandler implements Runnable {

        ObjectInputStream in;
        Socket clientSocket;

        public ClientHandler(Socket socket) {
          try {
            clientSocket = socket;
             in = new ObjectInputStream(clientSocket.getInputStream());

          } catch(Exception ex) {ex.printStackTrace();}
          } // 생성자 끝


        public void run() {
            Object o2 = null;
            Object o1 = null;
          try {

            while ((o1 = in.readObject()) != null) {

              o2 = in.readObject();

              System.out.println("read two objects");
              tellEveryone(o1, o2);
             } // while 순환문 끝

          } catch(Exception ex) {ex.printStackTrace();}
       } // run 끝
    } // 내부 클래스 끝
```

```java
public void go() {
  clientOutputStreams = new ArrayList<ObjectOutputStream>();

    try {
      ServerSocket serverSock = new ServerSocket(4242);

      while(true) {
        Socket clientSocket = serverSock.accept();
        ObjectOutputStream out = new ObjectOutputStream(clientSocket.getOutputStream());
        clientOutputStreams.add(out);

        Thread t = new Thread(new ClientHandler(clientSocket));
        t.start();

        System.out.println("got a connection");
      }
    }catch(Exception ex) {
      ex.printStackTrace();
    }
} // go 메소드 끝

public void tellEveryone(Object one, Object two) {
   Iterator it = clientOutputStreams.iterator();
   while(it.hasNext()) {
     try {
        ObjectOutputStream out = (ObjectOutputStream) it.next();
        out.writeObject(one);
        out.writeObject(two);
     }catch(Exception ex) {ex.printStackTrace();}
   }
} // tellEveryone 메소드 끝

} // 클래스 끝
```

부록 B

거의 본문에 들어갈 뻔 했던 내용 TOP 10

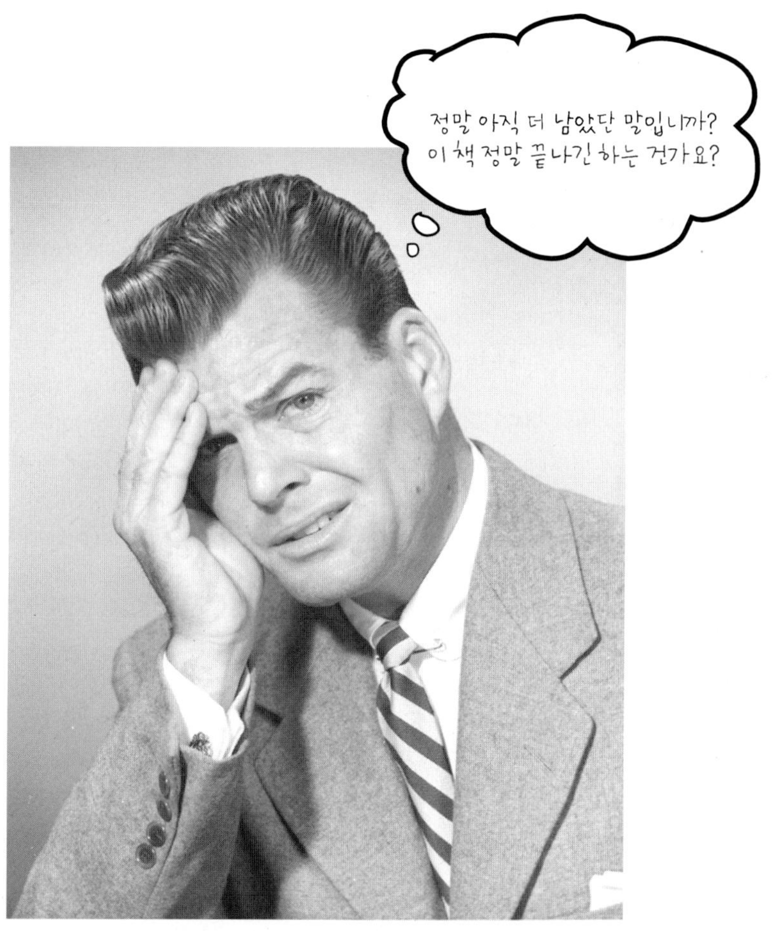

지금까지 아주 많은 내용을 배웠습니다. 그리고 이 책도 거의 끝나갑니다. 정말 독자 여러분이 보고 싶을 거예요. 하지만 아직 여러분을 자바 세상으로 내보내기에는 부족한 것 같습니다. 조금 더 배워야 합니다. 물론. 여러분이 알아야 할 내용을 이 간단한 부록에 전부 집어넣을 수는 없습니다. 사실 처음에는 자바에 대해 알아야 할 모든 것(지금까지 다루지 않은 것 포함)을 이 책에 집어넣으려고 하기도 했답니다. 그런데 그렇게 하려면 글자 크기를 0.00003 포인트로 줄여야 했죠. 내용을 모두 집어넣을 수는 있겠지만 아무도 읽을 수가 없었을 것입니다. 그래서 거의 다 생략하고 그냥 이렇게 10가지만 부록으로 정리하기로 했습니다.

이제 정말 끝났습니다. 찾아보기만 빼면요(찾아보기도 꼭 읽어보세요).

10위: 비트 연산

이런 걸 왜 알아야 하죠?

한 바이트에 비트 여덟 개가 있다는 것은 이미 이야기한 적이 있습니다. 그리고 short는 16비트, int는 몇 비트, 이런 내용도 배운 적이 있고요. 그런데 각 비트를 0으로 만들거나 1로 만드는 것과 같은 작업을 해야 할 수도 있습니다. 예를 들어, 자바가 내장된 토스터를 만든다거나 할 때 메모리를 정말 아껴야 한다면 비트 수준에서 데이터를 조작하는 작업을 해야 할 수도 있습니다. 모든 비트를 표시하면 보기 힘들기 때문에 int의 32비트 전체가 아닌 마지막 8비트 부분만 표시했습니다.

비트 단위 NOT 연산자: ~

이 연산자는 주어진 원시 값의 모든 비트를 0은 1로, 1은 0으로 바꿔줍니다.

```
int x = 10;          // 00001010
x = ~x;              // 11110101
```

다음 세 가지 연산자는 원시 값 두 개를 비트 단위로 비교한 후 그 비교 결과를 바탕으로 한 결과를 리턴합니다. 이 세 가지 연산자에 대해서 다음 두 변수를 가지고 예를 들어 보겠습니다.

```
int x = 10;          // 00001010
int y = 6;           // 00000110
```

비트 단위 AND 연산자: &

이 연산자는 두 비트가 모두 1인 경우에만 1이 되는 비트들로 이루어진 값을 리턴합니다.

```
int a = x & y;       // 00000010
```

비트 단위 OR 연산자: |

이 연산자는 둘 중 한 비트만 1이면 1이 되는 비트들로 이루어진 값을 리턴합니다.

```
int a | y;           // 00001110
```

비트 단위 XOR 연산자: ^

이 연산자는 둘 중 한 비트가 1일 때에만 1이 되는 비트들로 이루어진 값을 리턴합니다.

```
int a = x ^ y;       // 00001100
```

시프트 연산자

시프트 연산자는 하나의 정수 원시 값을 받아서 모든 비트를 한 방향으로 미는 연산자입니다. 이진법을 잘 생각해보면 모든 비트를 왼쪽으로 밀면 그 숫자에 2씩을 곱하는 것과 같고 오른쪽으로 밀면 그 숫자를 2로 나누는 것과 같다는 것을 알 수 있을 것입니다.

여기에서는 다음과 같은 변수를 예로 들어 설명하겠습니다.

```
int x = -11;            // 11110101
```

음수의 이진법 표현에 대한 설명이 필요하겠군요. 2의 보수 표현법을 아주 간략하게 설명하겠습니다. 정수의 가장 왼쪽에 있는 비트는 **부호 비트**입니다. 자바에서는 음의 정수의 부호 비트를 항상 1로 설정합니다. 그리고 양의 정수의 부호 비트는 항상 0으로 설정되어 있죠. 자바에서는 음수를 저장할 때 2의 보수 방식을 사용합니다. 2의 보수를 써서 숫자의 부호를 변경할 때는 모든 비트를 (0은 1로, 1은 0으로) 뒤집은 다음 1을 더합니다(예를 들어, 바이트에서는 뒤집힌 값에 00000001을 더한다고 생각하면 되겠죠?).

오른쪽 시프트 연산자: >>

이 연산자는 숫자의 모든 비트를 오른쪽으로 주어진 숫자만큼 밀어주는 연산자입니다. 그리고 왼쪽에 남는 비트는 무조건 원래 맨 왼쪽에 있던 값으로 채웁니다. **따라서 부호 비트는 바뀌지 않습니다.**

```
int y = x >> 2;         // 11111101
```

부호가 없는 오른쪽 시프트 연산자: >>>

오른쪽 시프트 연산자와 비슷하지만 왼쪽에 남는 비트를 무조건 0으로 채웁니다. **따라서 부호 비트가 바뀔 수 있습니다.**

```
int y = x >>> 2;        // 00111101
```

왼쪽 시프트 연산자: <<

부호가 없는 왼쪽 시프트 연산자와 비슷한데, 방향이 반대입니다. 따라서 왼쪽으로 밀고, 오른쪽에는 0을 집어넣습니다. **부호 비트가 바뀔 수 있습니다.**

```
int y = x << 2;         // 11010100
```

9위: 불변성(Immutability)

String의 불변성이라는 것이 왜 중요하죠?

자바 프로그램이 점점 커지면 String 객체가 엄청나게 많아질 것입니다. 보안 문제 때문에, 그리고 메모리 절약을 위해 (자바 프로그램을 자바 기능이 포함된 핸드폰에서 돌릴 수도 있으니까요) 자바의 String은 불변성을 가지도록 만들어져 있습니다. 그 의미를 예를 들어 알아보겠습니다.

```
String s = "0";

for (int x = 1; x < 10; x++) {
  s = s + x;
}
```

이렇게 하면 String 객체 열 개(각각 "0", "01", "012", …, "0123456789")가 만들어집니다. 마지막에 생기는 s 변수는 "0123456789"라는 값이 들어있는 String을 참조하게 되지만 그 시점에서 볼 때 String 열 개가 존재합니다.

새로운 String을 만들 때 JVM에서는 그 객체를 'String 풀'이라는 특별한 메모리 공간에 집어넣습니다. 이 String 풀에 똑같은 값을 가지는 다른 String이 있으면 JVM에서는 똑같은 String을 새로 만들지 않고 그 변수에서 이미 존재하는 항목을 참조하도록 만듭니다. String은 불변적이기 때문에 JVM에서 이런 방법을 쓸 수 있습니다. 불변적이라는 말은 어떤 레퍼런스 변수에서 그 String의 값을 변경할 수 없다는 것입니다. 다른 변수도 같은 String을 참조하고 있을 수 있으니까요.

String 풀과 관련된 또 다른 문제로 가비지 컬렉터가 그 부분을 건드리지 않는다는 점이 있습니다. 따라서 앞에 있는 예제를 예로 든다면, 나중에 우연히 "01234" 값을 가지는 String을 또 만들지 않는다면 아까 그 순환문에서 만들었던 String 아홉 개는 모두 메모리만 차지하고 있게 됩니다. 절대 사라지지 않습니다.

그런데 어떻게 메모리가 절약될까요?

세심한 주의를 기울이지 않으면 메모리가 절약되지 않습니다. 하지만 String 불변성이 어떤 식으로 작동하는지 잘 알고 있다면 때때로 그 특징을 활용해서 메모리를 절약할 수 있습니다. String 연산(문자열 연결 등)을 아주 많이 한다면 그런 용도에 더 적합한 StringBuffer 클래스를 사용하는 것이 낫습니다. StringBuffer에 대한 내용은 잠시 후에 알아보겠습니다.

래퍼는 왜 불변적이어야 하나요?

Math 클래스가 나오는 부분에서 래퍼 클래스의 두 가지 주된 용도를 알아본 적이 있습니다.

- 원시 값을 객체처럼 쓰기 위해
- 정적 유틸리티 메소드(Integer.parseInt() 등)를 사용하기 위해

그런데 다음과 같은 식으로 래퍼 객체를 만들 때는 한 가지 염두에 두어야 할 사항이 있습니다.

```
Integer iWrap = new Integer(42);
```

그 래퍼 객체는 불변적입니다. 따라서 그 값은 항상 42가 되지요. **래퍼 객체에는 세터 메소드가 없습니다.** 물론 iWrap을 다른 래퍼 객체로 참조할 수도 있지만 그렇게 하면 객체 두 개가 만들어집니다. 일단 래퍼 객체를 만들고 나면 그 객체의 값을 변경할 수가 없습니다.

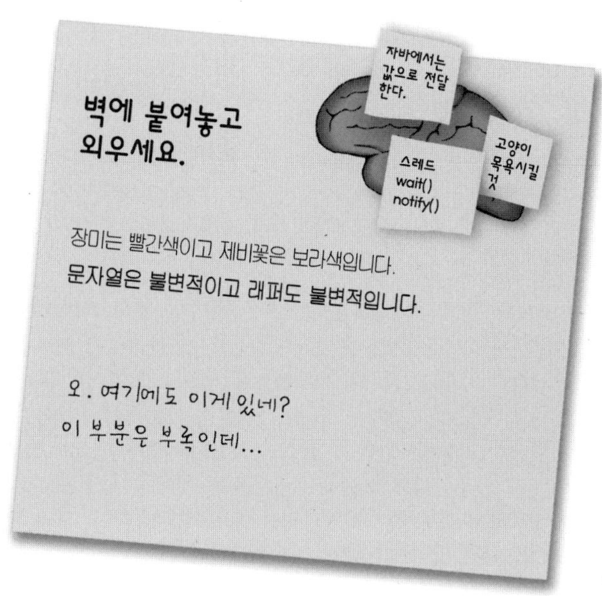

8위: assert 선언문

개발 과정에서 자바 프로그램을 디버깅하는 방법에 대해서는 별로 설명하지 않았습니다. 필자는 자바를 배울 때 이 책에서 했던 것처럼 반드시 명령행에서 컴파일하고 실행해야 한다고 생각합니다. 일단 자바 프로가 되고 나서 IDE[*]를 사용하게 된다면 별도의 디버깅 도구를 사용할 수 있습니다. 옛날에는 자바 프로그래밍을 할 때 디버깅을 하려면 흐름 제어가 제대로 작동하고 있는지 확인하기 위해 프로그램에 변수의 현재 상태를 출력하고 코드 내의 어떤 부분에 제대로 도착했는지 확인하기 위한 System.out.println() 메소드를 엄청나게 많이 집어넣어야 했습니다(6장에 있는 인스턴트 코드에도 그런 용도로 쓰이는 출력 선언문이 몇 개 들어있습니다). 그리고 프로그램이 모두 제대로 작동하는 것이 확인되면 다시 System.out.println() 선언문을 지워야 했죠. 하지만 자바 1.4(그리고 5.0)부터 훨씬 간편하게 디버깅을 할 수 있게 되었습니다.

assert 선언문

assert 선언문은 System.out.println()을 사용하는 방법을 한층 강화시킨 것이라고 생각하면 됩니다. 출력 선언문을 추가하는 것과 비슷한 방법으로 assert 선언문을 코드에 추가하면 됩니다. 자바 5.0 컴파일러에서는 5.0과 호환되는 소스 파일을 컴파일한다는 가정 하에 컴파일을 합니다. 따라서 자바 5.0부터는 별도로 옵션을 주지 않아도 assert 기능이 활성화된 상태로 컴파일합니다.

그냥 실행시키면 JVM에서 assert 선언문을 무시하고 실행시키기 때문에 속도가 전혀 느려지지 않습니다. 하지만 JVM에 assert 선언문을 적용해서 실행시키라고 지정해주기만 하면 디버깅을 도와주는 기능이 돌아가기 시작합니다.

종종 assert 선언문이 최종 프로그램에 남아있는 것이 마음에 안 든다고 하는 사람들도 있지만 assert 선언문을 남겨두면 프로그램을 납품한 이후에도 여러 모로 유용합니다. 고객이 어떤 문제가 있다고 했을 때 고객에게 assert 선언문을 적용시키는 방식으로 프로그램을 실행해보라고 한 다음 그 출력 결과를 보내달라고 할 수도 있으니까요. assert 선언문을 전부 빼고 나서 프로그램을 배포하는 경우에는 그런 방법을 쓸 수가 없습니다. 그리고 assert 선언문을 집어넣는다고 해서 특별한 단점이 있는 것도 아닙니다. JVM에서 그 부분을 완전히 무시하고 실행시키기 때문에 성능이 저하되거나 하는 일은 없습니다.

assert 선언문 활용 방법

뭔가 틀린 것이 있는지 확인하고 싶은 부분에 assert 선언문을 추가하면 됩니다. 예를 들어, 다음과 같이 하면 됩니다.

```
assert (height > 0);
// 참이면 계속 프로그램을 돌리고
// 거짓이면 AssertionError를 던집니다.
```

다음과 같은 식으로 스택 트레이스에 필요한 정보를 추가할 수도 있습니다.

```
assert (height > 0) : "height = " +
height + " weight =" + weight;
```

콜론 뒤에는 **0이 아닌 값으로 평가**되기만 하면 어떤 자바 표현식이든 쓸 수 있습니다. 하지만 assert 선언문에서 객체의 상태를 변화시키는 작업은 절대 하지 말아야 합니다. 만약, 그렇게 하면 선언문이 적용되도록 하여 실행시킬 때 assert 선언문 때문에 프로그램이 다른 식으로 작동할 수 있으니까요.

assert 선언문을 적용하여 컴파일하고 실행시키는 방법

assert 선언문을 적용하여 컴파일할 때는 다음과 같이 하면 됩니다.

```
javac TestDriveGame.java
```

(명령행 옵션을 지정하지 않으면 assert 선언문이 적용됩니다.)
assert 선언문을 적용하여 실행하고 싶으면 다음과 같은 식으로 하면 됩니다.

```
java -ea TestDriveGame
```

---

[*]IDE는 통합 개발 환경(Integrated Development Environment)을 뜻하며 이클립스(Eclipse) 볼랜드 JBuilder, 오픈 소스로 나오는 NetBeans(netbeans.org) 등이 있습니다.

7위: 블록 영역

9장에서 로컬 변수는 그 변수를 선언한 메소드가 스택에 있는 동안만 살 수 있다는 것을 배웠습니다. 하지만 그보다 수명이 더 짧은 변수도 있습니다. 메소드 안에서 코드 블록(block)을 만드는 경우가 종종 있습니다. 사실 코드 블록은 지금까지 꽤 많이 쓰였습니다. 단지 블록이라는 단어를 쓰지 않았을 뿐입니다. 코드 블록은 메소드 내에서 자주 등장하며 중괄호({})로 싸여 있습니다. 코드 블록의 예로는 순환문(for, while)이나 조건문(if 선언문 등)을 들 수 있습니다.

예제를 한 번 살펴보겠습니다.

```
void doStuff() {                   메소드 블록 시작

    int x = 0;              메소드 전체 영역에 속하는 로컬 변수
    for(int y = 0; y < 5; y++) {         for 순환문을 시작하는 블록입니다.
                                         y는 이 순환문 안으로 영역이
                                         제한되어있습니다.

        x = x + y;            이렇게 써도 전혀 문제가 없습니다. x와 y가 모두 살아있으니까요.
    }         for 순환문 블록 끝


    x = x * y;           이렇게 하면 컴파일이 안 됩니다. y는 이미 사라졌
                         거든요 (언어에 따라 블록 영역이 없는 경우도 있으
                         므로 다른 언어를 사용할 때는 주의해야 합니다).
}
      메소드가 끝나는 블록입니다. x도 이제 사라집니다.
```

이 예제에서 y는 블록 내에서 선언된 블록 변수입니다. 그리고 y는 for 순환문이 끝나자마자 사라져 버립니다. 가능하면 인스턴스 변수보다는 로컬 변수를, 로컬 변수보다는 블록 변수를 사용하는 것이 자바 프로그램을 디버깅하기에 훨씬 좋습니다. 영역을 벗어난 변수를 사용하면 컴파일러에서 바로 그런 문제가 있다는 것을 알려주기 때문에 런타임 오류가 나는 것을 방지할 수 있으니까요.

6위: 연결 호출

이 책에서도 꽤 복잡한 주제를 다루긴 했지만 코드를 최대한 간단하고 읽기 좋도록 만들기 위해 많은 노력을 기울였습니다. 자바에도 합법적이면서도 복잡한 코드를 확 줄여서 쓸 수 있는 방법이 여러 가지 있습니다. 하지만 그렇게 하면 코드를 이해하기가 정말 힘들어질 것입니다. 특히 여러분이 직접 만들지 않은 코드를 읽을 때는 문제가 더 복잡해집니다. 그 중에서 비교적 많이 쓰이는 것으로 연결 호출(linked invocation)이라는 것이 있습니다. 예를 들어, 다음과 같은 코드가 있을 수 있습니다.

```java
StringBuffer sb = new StringBuffer("spring");
sb = sb.delete(3,6).insert(2,"umme").deleteCharAt(1);
System.out.println("sb = "+ sb);
// 이렇게 하면 sb = summer라고 출력됩니다.
```

코드 두 번째 줄에서는 무슨 일이 일어나고 있을까요? 실전에서 이런 코드를 사용할 일은 없겠지만 그래도 이 정도의 코드는 이해할 수 있어야 합니다.

1 – 왼쪽에서 오른쪽으로 해석합니다.

2 – 가장 왼쪽에 있는 메소드 호출 결과를 알아냅니다. 이 경우에는 sb.delete(3,6)이죠. API 문서에서 StringBuffer를 찾아보면 delete() 메소드에서 StringBuffer 객체를 리턴한다는 것을 알 수 있습니다. 이 delete() 메소드에서는 "spr"이라는 값을 가진 StringBuffer를 리턴합니다.

3 – 그 "spr"이라는 값을 가진 StringBuffer에 대해 다음 메소드(insert())가 호출됩니다. 그러면 다시 StringBuffer가 리턴되는데(반드시 이전 메소드에서 리턴한 것과 같은 유형의 값이 리턴되는 것은 아닙니다) 그 객체에 대해 다시 그 다음 메소드가 호출됩니다. 이론적으로는 선언문 하나에서 수없이 많은 메소드를 호출할 수 있습니다(물론, 한 선언문에서 네 개 이상의 메소드를 연결해서 호출하는 경우는 별로 없습니다). 위에 있는 두 번째 선언문을 연결 호출을 사용하지 않고 다음과 같이 더 보기 편하게 고쳐 쓸 수도 있습니다.

```java
sb = sb.delete(3,6);
sb = sb.insert(2,"umme");
sb = sb.deleteCharAt(1);
```

더 자주 쓰이고 유용한 연결 호출의 예를 들면 다음과 같습니다. 이 책에도 이미 등장했던 방법인데요. 이 방법은 main() 메소드에서 그 메소드가 들어있는 클래스의 메소드를 호출해야 하는데, 그 클래스의 인스턴스를 따로 저장해 둘 필요가 없는 경우에 쓰입니다. 즉 main()에서 인스턴스의 메소드를 호출하기 위한 목적만으로 인스턴스를 만들어야 하는 경우에 이렇게 하면 편합니다.

```java
class Foo {
  public static void main(String [] args) [
    new Foo().go();
  }
  void go() {
    // 처리할 작업을 나타내는 코드
  }
}
```

go()를 호출하고 싶긴 한데 Foo 인스턴스 자체는 별로 중요하지 않을 때 새로 만든 Foo 객체를 저장하지 않은 채로 이렇게 해도 됩니다.

5위: 익명 및 정적 중첩 클래스

다양한 중첩 클래스

GUI 이벤트 처리 방법을 배울 때 리스너 인터페이스를 구현하는 한 가지 방법으로 내부 클래스(중첩 클래스(nested class))를 사용하는 방법을 배웠습니다. 그때 배웠던 것은 가장 흔하게 쓰이고, 실용적이면서 코드를 이해하기 쉬운 형태의 중첩 클래스였습니다. 다른 클래스 안에서 클래스를 정의하면 됐으니까요. 내부 클래스는 외부 클래스의 한 멤버이므로 내부 클래스의 인스턴스가 필요하면 반드시 외부 클래스의 인스턴스도 있어야 합니다.

하지만 '정적(static)' 내부 클래스와 '익명(anonymous)' 내부 클래스라는 다른 종류의 내부 클래스가 있습니다. 여기에서 자세한 내용을 다루진 못하겠지만, 적어도 다른 사람이 만든 코드를 보면서 좌절감을 느끼지 않을 정도는 알아두는 게 좋겠죠? 자바를 다루다 보면 별별 걸 다 볼 수 있겠지만, 익명 내부 클래스는 그 중에서도 가장 이상하게 생긴 코드에 속합니다. 우선 조금 더 간단한 정적 내부 클래스부터 시작해볼까요?

정적 중첩 클래스

'정적(static)'이라는 용어의 뜻은 이미 다 알고 있죠? 특정 인스턴스가 아닌 클래스에 들어있는 것에 보통 '정적'이라는 말을 붙이는 거죠. 정적 중첩 클래스는 이벤트 리스너용으로 썼던 일반 중첩 클래스하고 똑같이 생겼지만 그 앞에 static이라는 키워드가 붙어 있습니다.

```java
public class FooOuter {
    static class BarInner {
        void sayIt() {
            System.out.println("method of a static inner class");
        }
    }
}

class Test {
    public static void main (String[] args) {
        FooOuter.BarInner foo = new FooOuter.BarInner();
        foo.sayIt();
    }
}
```

정적 중첩 클래스는 다른 클래스 안에 들어 있으면서 앞에 static이라는 변경자가 붙어서 선언된 클래스입니다.

정적 중첩 클래스는 정적이기 때문에 외부 클래스의 인스턴스가 필요하지 않습니다. 그냥 정적 메소드를 호출하거나 정적 변수를 사용할때와 마찬가지로 클래스 이름을 써서 사용할 수 있습니다.

정적 중첩 클래스는 외부 객체와의 관계를 활용하지 않는다는 점에서 보면 중첩 클래스가 아닌 일반 클래스하고 비슷합니다. 하지만 정적 중첩 클래스도 여전히 그 외부 클래스의 한 멤버로 간주되기 때문에 외부 클래스에서 private으로 선언된 멤버들을 마음대로 사용할 수 있습니다. 그러나 static으로 선언된 것만 사용할 수 있습니다. 정적 중첩 클래스는 외부 클래스의 특정 인스턴스하고 연결되어 있지 않기 때문에 정적 변수나 정적 메소드가 아닌 멤버는 사용할 수 없습니다.

익명 및 정적 중첩 클래스

'중첩'과 '내부'의 차이점

다른 클래스 영역 내에서 정의된 자바 클래스를 중첩(nested) 클래스라고 부릅니다. 익명 중첩 클래스든 정적 중첩 클래스든 일반 중첩 클래스든 상관 없이 쓸 수 있는 명칭입니다. 만약 다른 클래스 안에 들어있다면 '중첩' 클래스입니다. 하지만 정적 중첩 클래스가 아닌 것은 보통 '내부' 클래스라고 부릅니다. 실제로 이 책에서도 전에는 내부 클래스라는 표현을 썼죠. 기본 원칙은 이렇습니다. 모든 내부 클래스는 중첩 클래스지만 모든 중첩 클래스가 내부 클래스인 것은 아닙니다.

익명 내부 클래스

GUI 코드를 만들고 있는데 갑자기 ActionListener를 구현하는 클래스의 인스턴스가 필요하다는 걸 깨달았다고 가정해봅시다. 하지만 ActionListener의 인스턴스가 없다면 어떻게 해야 할까요? 그리고 그 리스너를 위한 클래스도 만들지 않았다면 어떻게 해야 할까요? 두 가지 방법을 생각할 수 있습니다.

1) 전에 GUI 코드를 만들 때 했던 것처럼 코드에 내부 클래스를 만들고 그 인스턴스를 만든 다음 그 인스턴스를 버튼의 이벤트 등록 메소드(addActionListener())의 인자로 전달합니다.

또는

2) 익명 내부 클래스를 만들고 바로 즉석에서 인스턴스를 만듭니다. 말 그대로 **리스너 객체가 필요한 위치에서 이런 작업을 모두 하는 거죠.** 보통 인스턴스만 들어갈 자리에서 클래스와 인스턴스를 한꺼번에 즉석에서 만드는 작업을 해버리는 것입니다. 보통 메소드 인자로 인스턴스만 전달하는데, 익명 내부 클래스를 사용한다면 클래스를 통째로 전달해버리는 것입니다.

```java
import java.awt.event.*;
import javax.swing.*;
public class TestAnon {
    public static void main (String[] args) {

        JFrame frame = new JFrame();
        JButton button = new JButton("click");
        frame.getContentPane().add(button);
        // button.addActionListener(quitListener);


        button.addActionListener(new ActionListener() {
            public void actionPerformed(ActionEvent ev) {
                System.exit(0);
            }

        });
```

4위: 접근 단계와 접근 변경자

자바에는 접근 단계 네 개와 접근 변경자 세 개가 있습니다. 기본 접근 단계(아무 변경자도 쓰지 않았을 경우의 접근 단계)도
하나의 접근 단계기 때문에 변경자는 세 개밖에 없습니다.

접근 단계(제한이 적은 것에서 제한이 심한 것 순서대로)

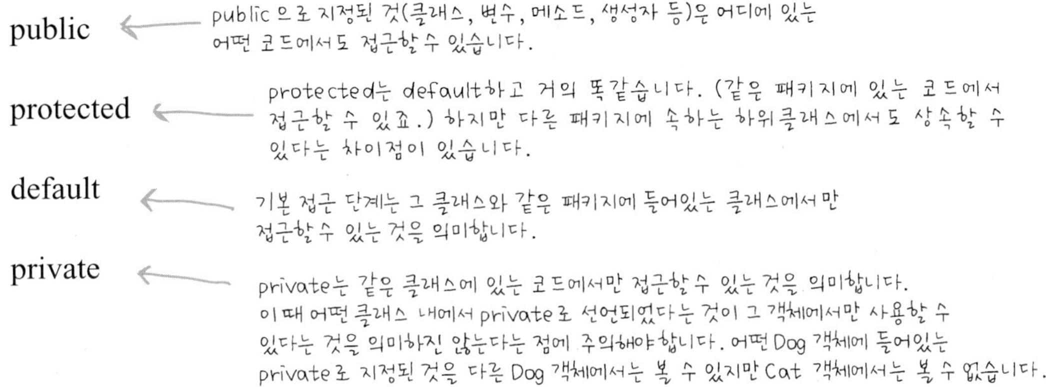

접근 변경자

```
public
protected
private
```

대부분의 경우에 public과 private 접근 단계만 사용하면 됩니다.

public

다른 코드에서 사용할 수 있는 클래스, 상수(static final 변수), 메소드(세터나 게터 등), 그리고 대부분의 생성자는 public으로 지정하
면 됩니다.

private

거의 모든 인스턴스 변수, 그리고 외부에서 호출하면 안 되는 메소드(public으로 지정된 메소드에서 사용하기 위한 용도로 만들어진 메
소드)는 private로 지정하면 됩니다.

나머지 접근 단계 두 개는 그리 많이 쓰이지는 않지만 다른 코드에서 가끔씩 나올 수도 있으므로 알아두는 것이 좋습니다.

접근 단계와 접근 변경자(계속)

기본 접근 단계와 protected 접근 단계

기본 접근 단계

protected와 기본 접근 단계는 모두 패키지와 연관되어있습니다. 기본 접근은 간단합니다. 같은 패키지에 있는 코드에서만 기본 접근 단계로 지정된 것을 접근할 수 있습니다. 예를 들어, 어떤 클래스에 아무 접근 변경자도 사용하지 않으면 (public으로 지정하지 않은 클래스는) 그 클래스와 같은 패키지에 들어있는 클래스에서만 접근할 수 있습니다.

하지만 어떤 클래스를 접근한다는 것은 정확하게 무엇을 의미할까요? 어떤 클래스를 접근할 수 없는 코드는 그 클래스에 대한 생각조차 할 수 없습니다. 그리고 여기에서 생각한다는 것은 코드에서 그 클래스를 사용한다는 것을 의미합니다. 예를 들어, 어떤 클래스를 접근할 수 없으면 접근 권한 문제로 인해 그 클래스의 인스턴스를 만들거나 그 클래스 유형의 변수나 인수, 리턴값 등을 지정할 수도 없습니다. 아예 코드에 그 클래스명을 입력할 수도 없죠. 만약, 그 클래스명을 입력하면 컴파일러에서 오류를 낼 것입니다.

기본 접근 단계가 있는 클래스에 public 메소드가 있을 때 그 public 메소드는 완전히 공개된 메소드가 아닙니다. 아예 클래스를 볼 수 없다면 그 클래스에 있는 메소드도 볼 수 없을 테니까요.

왜 같은 패키지에 있는 코드에서만 쓸 수 있는 접근 권한이 필요할까요? 일반적으로 패키지는 서로 연관되어서 작동하는 일련의 클래스로 구성됩니다. 따라서 같은 패키지에 있는 클래스끼리는 서로 다른 클래스에 있는 코드를 접근할 수 있도록 하고 외부(패키지 밖에 있는 코드)에서는 일부 클래스와 메소드만 사용할 수 있게 하는 것도 의미가 있을 것입니다.

지금까지 기본 접근 단계에 대해 알아보았습니다. 정리해보면 간단합니다. 어떤 것의 접근 단계가 기본 접근 단계라면(즉, 아무 접근 변경자도 지정되지 않았다면) 같은 패키지에 있는 것(클래스, 변수, 메소드, 내부 클래스)에서만 그것을 접근할 수 있습니다.

그러면 protected는 뭘까요?

protected 접근 단계

protected 접근 단계는 기본 접근 단계하고 거의 똑같은데, 하위클래스에서 protected로 지정된 것도 상속할 수 있다는 점이 다릅니다. 그 하위클래스가 상위클래스가 속해있는 패키지와 다른 패키지에 있는 경우에도 말이죠. 그 점을 제외하면 똑같습니다. protected는 하위클래스가 상위클래스와 다른 패키지에 들어있어도 메소드나 생성자와 같은 클래스 안에 있는 것을 상속할 수 있는 기능을 제공해줍니다.

사실 대부분의 개발자들은 protected를 사용할 필요성을 느끼지 못하지만 설계 방법에 따라 protected 접근 단계를 사용하는 경우도 있고 언젠가는 꼭 그 접근 단계가 필요한 경우도 찾아오게 될 것입니다. protected의 특징 가운데 (다른 접근 단계과는 달리) protected 접근 단계는 상속에만 적용된다는 점이 있습니다. 다른 패키지에 들어있는 하위클래스에 상위클래스(protected로 지정된 메소드가 들어있는 상위클래스)의 레퍼런스가 있으면 그 하위클래스에서는 그 상위클래스 레퍼런스를 써서 protected로 지정된 메소드를 사용할 수 없습니다. 하위클래스에서 그 메소드를 사용하려면 반드시 상속해서 써야만 합니다. 즉 다른 패키지에 들어있는 하위클래스에는 protected로 지정된 메소드에 대한 접근 권한이 없습니다. 단지 상속을 통해서 그 메소드를 받을 수 있을 뿐입니다.

3위: String과 StringBuffer 메소드

String과 StringBuffer(몇 페이지 앞에서 불변성에 대해 배울 때도 String은 불변적인 객체라고 배웠었죠? String에 대해 여러 연산 작업을 할 때는 StringBuffer/StringBuilder가 훨씬 더 효율적입니다)는 자바 API에 있는 클래스 중에서 가장 많이 쓰이는 편에 속합니다. 자바 5.0부터는 StringBuffer 대신 StringBuilder 클래스를 사용해야 합니다. (조금 드물긴 하지만 스레드를 쓸 때 안전한 문자열 작업을 원한다면 StringBuffer를 써야 합니다.) String, StringBuffer/StringBuilder 클래스에 있는 핵심 메소드를 정리해보면 다음과 같습니다.

String과 StringBuffer/StringBuilder에 모두 들어있는 메소드:

```
char charAt(int index);                 // 특정 위치에 있는 문자

int length();                           // 문자열의 길이

String substring(int start, int end);   // 문자열의 일부를 뽑아냄

String toString();                      // 객체를 문자열로 나타낸 값
```

문자열을 합치는 메소드:

```
String concat(string);                  // String 클래스용

String append(String);                  // StringBuffer, StringBuilder 클래스용
```

String 클래스에 들어있는 메소드:

```
String replace(char old, char new);     // 특정 문자를 모두 새로운 문자로 치환

String substring(int begin, int end);   // String의 일부를 뽑아냄

char [ ] toCharArray();                 // char 배열로 변환

String toLowerCase();                   // 모두 소문자로 변환

String toUpperCase();                   // 모두 대문자로 변환

String trim();                          // 끝에 붙어있는 공백문자 제거

String valueOf(char [ ])                // char 배열로부터 문자열을 만들어냄

String valueOf(int i)                   // 원시 값으로부터 문자열을 만들어냄

                                        // 다른 원시 유형도 지원함
```

StringBuffer 및 StringBuilder 클래스에 들어있는 메소드:

```
StringBxxxx delete(int start, int end);                      // 일부를 삭제함

StringBxxxx insert(int offset, any primitive or a char [ ]); // 뭔가를 삽입함

StringBxxxx replace(int start, int end, String s);           // 일부분을 String 객체로 치환

StringBxxxx reverse();                                       // StringBxxxx 객체를 뒤집음

void setCharAt(int index, char ch);                          // 주어진 문자를 치환함
```

참고: StringB*xxxx*는 String*Buffer* 또는 String*Builder*를 뜻합니다.

2위: 다차원 배열

대부분의 언어에서 예를 들어, 4×2 2차원 배열을 만들면 네 개, 두 개, 총 여덟 개의 원소로 이루어진 직사각형을 떠올릴 것입니다. 하지만 자바에서는 그런 배열이 사실 서로 연결된 배열 다섯 개로 구성됩니다. 자바에서는 2차원 배열은 배열의 배열에 불과합니다(3 차원 배열은 배열의 배열의 배열입니다. 직접 생각해보세요). 2차원 배열의 예를 들면 다음과 같습니다.

```
int[][] a2d = new int [4][2];
```

JVM에서는 원소 네 개가 들어있는 배열을 만듭니다. 이 원소 네 개는 각각 원소 두 개가 들어있는 새로 만들어진 int 배열을 참조하는 레퍼런스 변수입니다.

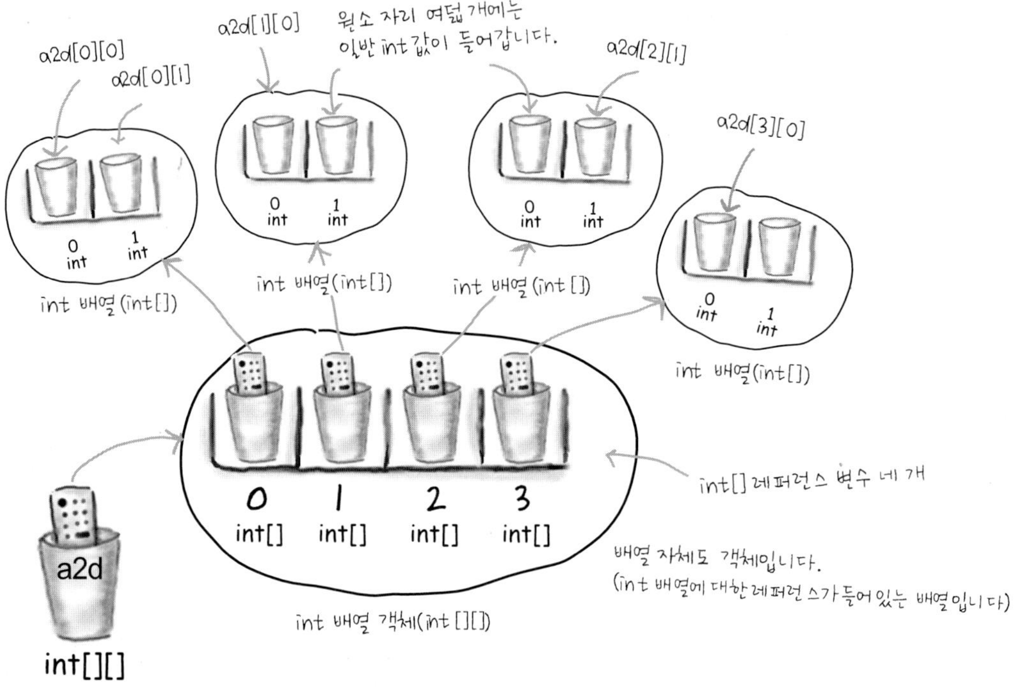

다차원 배열을 사용하는 방법

– 세 번째 배열의 두 번째 원소를 접근할 때: **int x = a2d[2][1];** // 인덱스는 **0**에서 시작하죠.

– 하위 배열 중 하나에 대한 일차원 레퍼런스를 만들 때: **int[] copy = a2d[1];**

– 2×3 배열을 간단하게 초기화하는 방법: **int[][] x = {{2,3,4}, {7,8,9}};**

– 불규칙적인 크기의 이차원 배열을 만드는 방법:

```
int[][] y = new int [2][];   // 길이가 2인 첫번째 배열만 만듭니다.

y[0] = new int [3];          // 첫번째 하위 배열의 길이를 3으로 설정합니다.

y[1] = new int [5];          // 두 번째 하위 배열의 길이를 5로 설정합니다.
```

본문에 들어갈 뻔했던 내용... 대망의 1위는? 두두두두둥

1위: 열거형(Enumerations)

API를 보면 JFrame.EXIT_ON_CLOSE를 비롯한 상수들이 정의되어 있습니다. 변수를 static final로 정의하면 직접 상수를 만들 수도 있습니다. 하지만 일련의 상수들을 한꺼번에 만들어야 하는 경우도 있습니다. 각 변수마다 그 변수에 대해서만 유효한 값을 나타낼 수 있도록 말이죠. 이런 유효한 값의 집합을 보통 열거(enumeration)라고 부릅니다. 자바 5.0이 나오기 전에는 제대로 된 열거를 만들 수 없었습니다. 하지만 자바 5.0이 나오면서부터 자바에도 남부럽지 않은 열거형이 추가되었습니다.

밴드 멤버들...

여러분이 좋아하는 어떤 밴드를 위한 웹사이트를 만든다고 가정해봅시다. 그리고 모든 커멘트가 각 밴드 멤버에 대응된다고 해보죠.

가짜 '열거형'을 이용하는 기존의 방법:

```java
public static final int JERRY = 1;
public static final int BOBBY = 2;
public static final int PHIL = 3;

// 기타 코드

if (selectedBandMember == JERRY) {
  // JERRY와 관련된 작업 처리
}
```

selectedBandMember에 어떤 유효한 값이 들어 있어야 됩니다... 그런 거라고 기대하고 이 작업을 하는 거죠.

이렇게 하면 코드를 읽기가 편하다는 장점이 있습니다. 그리고 이미 만들어 놓은 가짜 열거형의 값은 절대로 바뀌지 않습니다. JERRY는 무조건 1이죠. 하지만 selectedBandMember의 값이 반드시 1, 2 또는 3이 되도록 할 수 있는 방법이 마땅히 없다는 단점이 있습니다. 어디 이상한 데서 selectedBandMember의 값을 812로 설정해버리면 엉뚱한 결과가 나오고 말 것입니다.

열거형(계속)

이번에는 똑같은 일을 자바 5.0에 새로 추가된 열거형(enum)을 써서 해봅시다. 여기에 나와 있는 것은 꽤 간단한 예제긴 하지만, 실제로 열거형을 쓰는 경우가 대부분 간단한 편입니다.

진짜 열거형을 사용하는 경우:

```java
public enum Members { JERRY, BOBBY, PHIL };
public Members selectedBandMember;

// 기타 코드

if (selectedBandMember == Members.JERRY) {
  // JERRY 와 관련된 작업 처리
}
```

간단한 클래스를 정의하는 것과 비슷하게 생겼죠? 사실 enum은 특별한 클래스의 일종입니다. 여기에서는 'Members'라는 열거형을 새로 만들었습니다.

'selectedBandMember' 변수는 'Members' 유형이며 'JERRY', 'BOBBY', 'PHIL' 중 한가지 값만 가질 수 있습니다.

enum '인스턴스'를 참조하기 위한 구문

변수의 값에는 신경 쓸 필요가 없습니다.

열거형과 java.lang.Enum

enum을 새로 만드는 것은 사실 새로운 클래스를 만드는 것입니다. *간접적으로 java.lang.Enum을 확장하는 거죠.* enum은 별도의 소스 파일에서 독립적인 클래스로 만들 수도 있고, 다른 클래스의 멤버로 만들 수도 있습니다.

enum과 if, switch

enum을 사용할 때 if나 switch를 써서 분기 작업을 처리할 수도 있습니다. 그리고 enum 인스턴스를 비교할 때 == 또는 .equals() 메소드를 모두 쓸 수 있습니다. 보통 ==을 쓰는 쪽을 선호하는 편이긴 하죠.

변수에 enum 값을 대입합니다.

```java
Members n = Members.BOBBY;
if (n.equals(Members.JERRY)) System.out.println("Jerrrry!");
if (n == Members.BOBBY) System.out.println("Rat Dog");

Members ifName = Members.PHIL;
switch (ifName) {
  case JERRY: System.out.print("make it sing ");
  case PHIL: System.out.print("go deep ");
  case BOBBY: System.out.println("Cassidy! ");
}
```

둘 다 올바른 표현입니다. 'Rat Dog'가 출력됩니다.

퀴즈: 어떻게 출력될까요?

정답: go deep cassidy!

열거형(마지막 페이지)

enum 활용 (고급)

enum에는 생성자, 메소드, 변수 그리고 상수별 클래스 본체(constant-specific class body)라는 것도 추가할 수 있습니다. 자주 쓰이는 것은 아니지만 가끔씩 이런 것을 활용한 코드를 볼 수도 있을 것입니다.

```java
public class HfjEnum {

    enum Names {
        JERRY("lead guitar") { public String sings() {
                        return "plaintively"; }
                },
        BOBBY("rhythm guitar") { public String sings() {
                        return "hoarsely"; }
                },
        PHIL("bass");

        private String instrument;

        Names(String instrument) {
            this.instrument = instrument;
        }
        public String getInstrument() {
            return this.instrument;
        }
        public String sings() {
            return "occasionally";
        }
    }

    public static void main(String [] args) {
        for (Names n : Names.values()) {
            System.out.print(n);
            System.out.print(", instrument: "+ n.getInstrument());
            System.out.println(", sings: " + n.sings());
        }
    }
}
```

밑에서 선언한 생성자에 전달되는 인자입니다.

상수별 클래스 본체입니다. enum 값이 JERRY, BOBBY인 경우에 sing() 메소드가 여기에 있는 것으로 오버라이드된다고 생각하면 됩니다.

enum의 생성자. 선언된 enum 값마다 한 번씩 실행됩니다. (이 경우에는 세 번 실행되겠죠.)

main() 메소드에서 이 메소드가 호출되는 것을 확인할 수 있습니다.

모든 enum에는 'values()'라는 메소드가 내장되어 있습니다. 보통 여기 나와 있는 것처럼 for 순환문에서 이 메소드를 사용합니다.

```
File Edit Window Help Bootleg
%java HfjEnum

JERRY, instrument: lead guitar, sings: plaintively
BOBBY, instrument: rhythm guitar, sings: hoarsely
PHIL, instrument: bass, sings: occasionally
%
```

enum 값에 상수별 클래스 본체가 없는 경우에만 기본 sing() 메소드가 호출된다는 것을 확인할 수 있습니다.

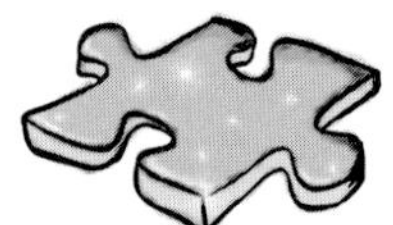

5분 미스터리

트래버서호의 귀환

우주전함 '트래버서(Traverser)' 호의 바이트 함장은 본부로부터 긴급 1급 기밀 지령을 수신했습니다. 그 메시지에는 적들이 장악하고 있는 구역을 지나서 귀환하는 데 필요한 암호화된 항해 코드 30개가 들어있었습니다. 옆 은하 출신의 적들인 해커리안은 트래버서호의 하나뿐인 항해용 컴퓨터의 힙에 가짜 객체를 만들어낼 수 있는 코드 방해 전파를 개발했습니다. 게다가 그 전파는 레퍼런스 변수를 변경하여 가짜 객체를 참조하게 만드는 기능도 있었습니다. 트래버서호의 승무원들이 가지고 있는 해커리안의 사악한 전파에 대한 유일한 방어 수단은 트래버서의 최신 자바 1.4 코드에 포함시킬 수 있는 인라인 바이러스 확인 코드뿐이었습니다.

바이트 함장은 스미스 소위에게 중요한 항해 코드를 처리할 때 다음과 같은 프로그래밍 규칙을 준수하라는 명령을 내렸습니다.

"첫번째부터 다섯 번째까지의 코드는 ParsecKey 유형의 배열에 집어넣는다. 나머지 코드 25개는 QuadrantKey 유형의 5×5 2차원 배열에 집어넣는다. 그리고 이 배열 두 개를 ShipNavigation이라는 public final 클래스의 plotCourse( ) 메소드에 전달한다. 항로 객체가 리턴되고 나면 모든 프로그램 레퍼런스 변수에 대해 인라인 바이러스 확인 코드를 적용한 다음 NavSim 프로그램을 돌려보고 나서 그 결과를 보고하라."

잠시 후에 스미스(Smith) 소위가 NavSim에서 출력된 결과를 가지고 돌아왔고 "함장님, NavSim 출력 결과 검토 준비가 끝났습니다"라고 보고했습니다. 함장은 "좋아. 결과를 한 번 보고해보게"라고 말했죠. 스미스 소위가 보고를 시작했습니다. "에, 알겠습니다. 함장님. 우선 ParsecKey 〔〕 p = new ParsecKey〔5〕;라는 코드로 ParsecKey 유형의 배열을 만들었습니다. 그리고 QuadrantKey 〔〕 〔〕 q = new QuadrantKey 〔5〕〔5〕;라는 코드로 QuadrantKey 유형의 배열을 선언하고 만들었습니다. 'for' 순환문을 써서 ParsecKey 배열에 코드 다섯 개를 집어넣은 다음 중첩된 'for' 순환문을 써서 코드 25개를 QuadrantKey 배열에 집어넣었습니다. 그리고 나서 ParsecKey 배열 한 개, 그 원소에 대해서 다섯 개, QuadrantKey 배열 한 개, 그 원소에 대해서 25개, 총 레퍼런스 변수 32개에 대해 바이러스 체크 코드를 실행시켰습니다. 바이러스 체크 결과 아무 바이러스로 발견되지 않았기 때문에 NavSim 프로그램을 실행한 다음 안전을 위해 바이러스 체크 코드를 다시 실행시켰습니다."

바이트 함장은 스미스 소위를 한참동안 차가운 눈초리로 쳐다보고는 이렇게 말했습니다. "소위, 우리 전함의 안전을 위태롭게 한 죄로 방 밖으로 나오지 못하는 벌을 내리겠네. 자바를 제대로 배우기 전까지는 방 밖으로 한 발짝도 나오지 말게. 불리언(Boolean) 대위! 소위가 하던 일을 맡아서 제대로 처리해오게."

왜 함장은 그 소위를 방에 감금했을까요?

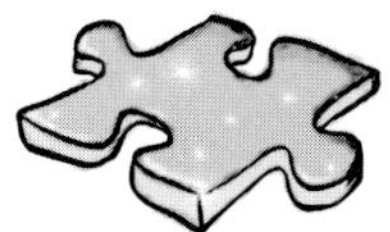

5분 미스터리 정답

트래버서호의 귀환

바이트 함장은 자바에서는 다차원 배열이 사실은 배열의 배열이라는 점을 정확하게 알고 있었습니다. 5×5 QuadrantKey 배열인 'q'에서 모든 구성요소를 접근하려면 총 레퍼런스 배열 31개가 필요했죠.

1 - 'q'에 대한 레퍼런스 변수

5 - q[0] - q[4]를 위한 레퍼런스 변수

25 - q[0][0] - q[4][4]를 위한 레퍼런스 변수

소위는 'q' 배열에 들어있는 1차원 배열에 대한 레퍼런스 변수 다섯 개를 잊었습니다. 해커리안의 전파에 의해 이 레퍼런스 변수 다섯 개가 오염되어있을 가능성이 있었기 때문에 소위가 실시했던 테스트만으로는 문제를 밝혀낼 수가 없었기 때문에 함장은 소위를 처벌한 것입니다.

영영 이별하는 건 아닙니다.

headfirstjava.com을 방문해보세요.